临汾年鉴

2020

中共临汾市委党史研究室
（临汾市地方志研究室） 编

云丘山祖师顶　（云丘山风景区供图）

图书在版编目（CIP）数据

临汾年鉴. 2020 / 中共临汾市委党史研究室（临汾市地方志研究室）编. -- 北京：方志出版社，2020.9
ISBN 978-7-5144-4384-4

Ⅰ. ①临… Ⅱ. ①中… Ⅲ. ①临汾 – 2020 – 年鉴
Ⅳ. ①Z522.53

中国版本图书馆CIP数据核字（2020）第213226号

临汾年鉴（2020）

编　　者：中共临汾市委党史研究室（临汾市地方志研究室）
责任编辑：徐　宏

出 版 者：方志出版社
地址　北京市朝阳区潘家园东里 9 号（国家方志馆4层）
邮编　100021
网址　http://www.fzph.org
发　　行：方志出版社发行中心
电话　（010）67110500
经　　销：各地新华书店
印　　刷：山西德美文化产业发展有限公司

开　　本：889 × 1240　1/16
印　　张：34
字　　数：1009千字
版　　次：2020年9月第1版　2020年9月第1次印刷
印　　数：0001 ~ 1000册

ISBN 978 – 7 – 5144 – 4384 – 4　　定价：398.00元

《临汾年鉴》编纂委员会

主　任：董一兵　李云峰

副主任：李朝旗

顾　问：陈小洪　张建平

委　员：李建国　苏文龙　高雅铭　陈振华　樊奋强　屈　波　宋大鹏
石　莹　王重阳　刘跃文　任吉龙　张东红　张建山　许拥军
张　剑　乔悟生　刘建勇　郭建军　张瑞萍　李　亮　张青山
郭冬旭　郭　波　范　帆　刘舒华　蔡志强　王阿家　李青萍
崔巨岩　郭志宏　董　杰　吉守斌　孙晓东　崔仲亮　冯　珍
史全喜　牛庆国　秦希强　牛少白　扈新起　韩明正　李永芳
杜　敏　任俊杰　冯小宁　任耀文　王晓民　白岗峰　李艾珍
董凤妮　柳红兵　范春雷　陈焕成　赵新喜　曹洪安　陈海平
赵靖平　李玉龙　尉　俊　陈国元　邰惠俊　张瑜庆　李建华
孙延震　周　廉　薛新宏　郑效锋　韩　睿　王若农　程晓强
陈明泽　延雪花　刘晓明　侯　龙

《临汾年鉴》编纂委员会办公室

主　任：屈　波

副主任：刘鹏举　靳水旺　李　慧

《临汾年鉴》编纂人员

主　　编：屈　波

副 主 编：靳水旺

责任编辑：鞠豫霞

编　　辑：李艳洁　黄海疆

工作人员：薛倩敏　冯敏敏

审图号：晋S(2020)005号

临汾市地图
晋中市
灵石县
武乡县
沁县
沁源县
襄垣县
长治市
潞州区
屯留区
长子县
上党区
霍州市
开元街道
退沙街道
师庄乡
三教乡
大张镇
李曹镇
辛置镇
陶唐峪乡
古县
岳阳镇
北平镇
古阳镇
石壁乡
旧县镇
永乐乡
南垣乡
兴唐寺乡
广胜寺镇
明姜镇
苏堡镇
槐树镇
曲亭镇
安泽县
府城镇
唐城镇
和川镇
良马乡
杜村乡
冀氏镇
马壁乡
浮山县
天坛镇
北韩乡
北王乡
张庄乡
响水河镇
米家垣乡
东张乡
寨圪塔乡
翼城县
唐兴镇
浇底乡
王庄乡
隆化镇
中卫乡
桥上镇
南梁镇
西阎镇
沁水县
阳城县
高平市
晋城市
城区
晋城市
绵山
霍山
摩天岭
怀梁山
尖山
马儿岩
舜王坪
武神山
沁河
浊漳河
后湾水库
关河水库
月岭山水库
屯绛水库
漳泽水库
申村水库
张峰水库
图例
市级行政中心
县级行政中心
乡、镇、街道
省级界
市级界
县级界
河流、湖泊
摩天岭 山峰
比例尺 1∶670 000

山西省自然资源厅 监制

数字临汾

（2019）

综 合

第一产业	103.48亿元
第二产业	628.42亿元
第三产业	720.73亿元
全市生产总值	1452.63亿元
土地面积	20302平方公里
全市常住人口	450.84万人
人口密度	222人/平方公里

固定资产投资

全社会固定资产投资	462.27亿元
第一产业	12.62亿元
第二产业	206.64亿元
第三产业	243.01亿元
新增固定资产	220.87亿元
全社会房屋竣工面积	298.1万平方米
#住宅	221.5万平方米

能 源

煤炭生产量	9916.5万吨
煤炭销售量	8100.8万吨
向省外运输煤炭	1074.5万吨
社会用电量	211.9亿千瓦时
城乡居民用电	25.2亿千瓦时
焦炭生产量	1687.9万吨
焦炭销量	1633.8万吨

物 价

居民消费价格总指数	102.7
#食品	107.9
烟酒	103.5
居住	101.6
全市居民消费价格上涨	2.7%

社会从业人员和劳动报酬

社会从业人员	225.92万人
第一产业	83.70万人
第二产业	45.18万人
第三产业	97.04万人
非私营单位从业人员	35.1万人
非私营单位在岗职工工资总额	204.47亿元
全市在岗职工平均工资	66670元

人民生活

居民人均可支配收入	22107元
城镇常住居民人均可支配收入	32895元
农村常住居民人均可支配收入	12809元
居民人均生活消费支出	11695元
城镇常住居民人均生活消费支出	16862元
农村常住居民人均生活消费支出	9528元
农村常住居民人均生产性收入	10421元

农村经济

农作物播种面积	532.22千公顷
#粮食	498.7千公顷
粮食产量	2006483吨
水果总产量	857622吨
油料产量	10765吨
肉类产量	97042吨
大牲畜年末头数	74863头
年末农业机械总动力	216.9万千瓦特

对外经济贸易

海关进出口总额	21949万美元
出口总额	20618万美元
进口总额	1331万美元
实际利用外资额	922万美元

工 业

规模以上工业单位数	435个
规模以上工业总产值	1665.89亿元
规模以上工业企业利税总额	226.13亿元
资产总计	3230.66亿元
原煤产量	6201.6万吨
洗精煤产量	2649.9万吨
发电量	241.6亿千瓦时
焦炭产量	1687.9万吨
生铁产量	1168.4万吨
钢产量	1206.6万吨
水泥产量	596.0万吨

建筑业

企业单位数	183个
建筑企业竣工面积	43.8万平方米
建筑企业总产值	119.8亿元
建筑企业房屋建筑竣工面积	944451平方米

财政 金融和保险

财政总收入	288.4亿元
#一般公共预算收入	138.1亿元
一般公共预算支出	411.2亿元
存款余额	2708.6亿元
#城乡居民储蓄存款余额	1948.4亿元
各项贷款	1649.3亿元
保费收入	92亿元

交通运输 邮电通信业

公路线路年末里程	19167公里
#高速公路	663公里
年末全市民用汽车保有量	732863辆
#载重汽车	86229辆
载客汽车	639376辆
邮电业务总量	236.72亿元
固定电话年末数	248959部
移动电话户数	4425718部
移动电话普及率	90.4部/百人

批发和零售业

社会消费品零售总额	681.1亿元
城镇零售额	562.6亿元
乡村零售额	118.5亿元
亿元以上商品交易市场	8个
亿元以上商品交易市场成交额	72.6亿元

教育 科技

高等学校数	5所
高等学校在校生数	46759人
中等专业学校数	7所
中等专业学校在校学生数	5597人
普通中学	261所
小学	778所
规模以上工业企业R&D人员(2018)	2011人
县级以上自然科学研究与技术开发机构	5个
规模以上工业企业新产品专利申请(2018)	275件
规模以上工业企业新产品产值(2018)	45.03亿元

文化 体育 卫生 民政 环保

文化馆数	18个
艺术表演团体	16个
广播站	17座
公共图书馆数	18个
体育场数	31个
医院数	194个
卫生机构数	1339个
工业废水排放总量（2018）	1339万吨
工业废气排放总量（2018）	3471万标立方米

住宿 餐饮业和旅游

住宿、餐饮业主营业务收入	35989万元
接待旅游总人数	8347.3万人次
#国际旅游者	42954人次
国内旅游者	8343万人次
旅游总收入	768亿元
#旅游外汇收入	1784万美元

临汾市第二批
“不忘初心、牢记使命”主题教育

2019年9月10日，临汾市启动第二批“不忘初心、牢记使命”主题教育，2020年1月中旬基本结束。在临汾市参加主题教育的县处级以上单位有111个、县处级以上党员领导干部1347名，参照实施单位1518个、基层党组织10540个、党员22.26万名，实现全覆盖。

10月15日，山西省人大常委会副主任、临汾市委书记岳普煜在洪洞县明姜镇镇政府调研“不忘初心 牢记使命”主体教育推进情况

11月5日，临汾市委副书记、市长董一兵在洪洞县调研读原著学原文悟原理做到学以致用实现用有所成情况

10月8日，临汾市主题教育推进会在市电子政务中心召开

10月31日，临汾市主题教育专项整治调度推进会

10月17日，临汾市主题教育专题党课暨第二次学用习近平新时代中国特色社会主义思想经验交流会在市会议中心举行

2020年1月，山西省"不忘初心 牢记使命"主题教育总结大会临汾分会场

（临汾日报社供图）

临汾市庆祝中华人民共和国成立70周年系列活动

2019年，临汾市开展庆祝中华人民共和国成立70周年系列活动。全市各行各业和广大人民群众热情参与，讲述了70年来伟大祖国的辉煌历程，赞颂了中国共产党的英明领导及新中国取得的辉煌成。组织合唱《我和我的祖国》“唱响时代赞歌”“同升国旗、同唱国歌”“与健康同行 与文明同在”职业人群健走竞赛及临汾市“时代楷模”发布晚会等20项大型活动。

庆祝中华人民共和国成立70周年
"祖国颂"全市职工歌咏比赛

我与祖国共奋进

庆祝新中国成立70周年
巾帼心向党 礼赞新中国

致敬楷模

（临汾市市直各单位供图）

中华人民共和国
第二届全国青年运动会临汾分赛场

2019年，临汾市组织举办中华人民共和国第二届全国青年运动会花样滑冰、射击飞碟、空手道三项赛事共6次比赛，163支代表队的1756名运动员参加比赛，覆盖全国28个省、市、自治区，是临汾有史以来举办的规模最大、规格最高、参赛人数最多、时间跨度最长的全国性大型综合运动会。

（临汾市体育局供图）

又见临汾碧水蓝天

2019年，临汾市空气质量综合指数排全国168重点城市第164位，退出全国“倒一”，改善率排全省第二；国家、省考核临汾市的7条河流8个断面达到了考核要求，35个水源地扣除本底值后水源水质全部达标；全市土壤环境质量总体保持稳定。

汾河公园

廉政广场

美丽汾河

汾河公园洪洞段

尧都古镇

彩虹桥

锣鼓桥

汾西境内霍永高速公路

七里峪森林氧吧

历山天然氧吧

（临汾市生态环境局供图）

编辑说明

一、《临汾年鉴》是由中共临汾市委、临汾市人民政府组织，中共临汾市委党史研究室（临汾市地方志研究室）编纂的大型年度资料性文献，是临汾市唯一的地方综合年鉴。

二、《临汾年鉴》坚持以马克思列宁主义、毛泽东思想、邓小平理论、“三个代表”重要思想、科学发展观、习近平新时代中国特色社会主义思想为指导，坚持辩证唯物主义和历史唯物主义的立场、观点、方法，求真存实，全面、客观、系统地记载临汾市自然、政治、经济、文化、社会和生态建设等各个领域的基本情况，反映年度重要事项与发展变化。

三、《临汾年鉴（2020）》的记事断限自2019年1月1日至12月31日。个别条目追溯2019年以前的内容，意在增强事物的完整性。

四、《临汾年鉴（2020）》采用分类编排法，设36个类目、201个分目、71个次分目、2133个条目，不同层次的标题用不同的字号、字体和辅助标志区别。

五、《临汾年鉴（2020）》的框架在相对稳定的基础上，作了适当增加和调整，特载记录了“改革创新、奋发有为”大讨论、“不忘初心 牢记使命”主题教育两项内容。根据临汾市机构改革实施方案，适时将“市委机关事务管理”和“市政府机关事务管理”作合并处理；将“公安局的消防支队”调整至新成立的“应急管理局”下面；将“政务服务”“公共资源交易管理”放至“行政审批管理”下面；将原来的“卫生 体育”类目分为“卫生健康”“体育”两个类目；将原来的“社会事业”类目改为“社会保障”类目。

六、《临汾年鉴（2020）》稿件均由市直各有关部门、驻临单位和各县（市、区）政府组织专人撰写，并经各单位负责人审核。所有数据由于统计的来源、口径、方法、时间不同而有差异的，均以统计局提供的统计资料为准。照片由相关单位及临汾日报社提供。

七、本年鉴有详细中英文目录、索引检索系统。

目　　录

特　　载

大事记

临汾概览

中国共产党临汾市委员会

临汾市人民代表大会

临汾市人民政府

政协临汾市委员会

纪检监察

民主党派

群团组织

法　治

军　事

经济管理

农业与农村工作

工　　业

文物　旅游

财政　税务

金融 保险

交通运输

城乡建设与管理

环境保护

教　育

科学技术

文　化

出版　传媒

卫生健康

体　育

社会保障

人　物

县（市、区）简介

开发区和壶口风景区

重要文献选载

附　　录

索　　引

CONTENTS

Special Excerpts

A Chronicle of Major Events

A General Introduction of Linfen City

Linfen City Committee of the CPC

The Standing Committee of Linfen City People's Congress

The People's Government of Linfen City

Human Resource and Social Security

Linfen City's Committee of CPPCC

Disciplinary Inspection and Supervision

Democratic Parties

Mass Organizations

Legal System

Military

Economic Administration

Agriculture and Rural Work

Industry

Business Trade and Service Industry

Information Service Industry

Cultural Relics and Tourism

Finance and Taxation

Finance and Insurance

Transportation

Urban Rural Construction and Management

Environmental Protection

Education

Science and Technology

Culture

Publishing Media

Health

Physical Education

Social Security

Characters

Brief Introduction of County(City and District)

Developing Zone and Hukou Scenic Spot

Important Documents Selection

Appendix

Index

特　　载

“改革创新、奋发有为”大讨论

【概况】　2019年，山西省委“改革创新、奋发有为”大讨论开展以来，临汾市委高度重视，把开展大讨论作为当前首要的政治任务，贯彻落实省委的决策部署，准确把握大讨论的主题、内涵和要求，狠抓重点任务落实，以大讨论牵引全市经济社会发展实现良好开局。临汾市遵循山西省委规定的“十个关键环节”（动员部署、学习讨论、举办改革创新先进典型报告会、对标一流述职评议、奖励目标责任考核优秀单位和个人、召开民主生活会和专题组织生活会、推出一批促进改革发展的重大举措、实现一季度“开门红”、深入开展“万名干部入企进村服务”活动、总结交流），科学组织安排，结合临汾实际，创新实践，以“十个坚持，十个形成”推进大讨论实现点的突破、面的活跃、质的提高，保证大讨论不散不偏，实现高标准推进、高质量进行。

【动员部署】　2019年2月18日上午，山西省委“改革创新、奋发有为”大讨论动员部署会议后，当天下午临汾市委召开“改革创新、奋发有为”大讨论动员部署会议，传达学习省委书记骆惠宁重要讲话精神和省委决策部署。2月25日前，全市各级各部门全部召开动员部署会议，对本级本部门大讨论工作进行具体安排。

【开展学习讨论】　2019年，临汾市、县两级党委（党组）中心组都制定学习讨论计划，市委中心组2月19日开始进行多次学习讨论，17个县（市、区）开展中心组学习。市直各单位党委（党组）和全市9000余个基层党支部结合实际学习习近平总书记系列重要讲话精神和习近平总书记视察山西讲话精神，学习省委、市委重要会议精神，结合“三会一课”、主题党日等开展积极讨论。

【先进典型报告会】　2019年，3月12日开始，临汾市各级各部门陆续组织党员干部观看山西省先进典型报告会视频。3月27日，市直工委组织市直单位党员干部在市影剧院举办“改革创新、奋发有为”先进事迹报告会；4月2日，临汾市举行“改革创新、奋发有为”先进典型报告会，17个县（市、区）和2个开发区都举行大讨论先进典型报告会，各部门结合实际开展本行业、本系统的先进典型报告会。

【对标一流述职评议】　2019年，临汾市坚持以评促进、推动落实，3月24日召开全市对标一流述职承诺评议会，17个县（市、区）委书记、2个开发区党工委书记、12个市直主要部门进行大会述职，40个市直部门进行书面述职。各县（市、区）、市直各单位对照市委对标一流述职承诺评议会，延伸评议层次和参会范围。

【表彰奖励目标责任制考核优秀单位和个人】　2019年，临汾市于1月2日召开全市2018年度集中考核工作安排部署暨培训会议，组建8个考核组，利用1个多月的时间，完成对各县（市、区）、市直单位和中央驻临单位的集中考核工作，于3月5日召开了集中考核工作汇报会，听取各考核组的集中考核情况汇报。5月16日，临汾市召开全市2019年度目标管理工作会议，通报全市2018年度目标责任考核工作情况及结合优秀等次评定推荐担当作为表现突出干部情况。

【选拔优秀人才】　山西省“三晋英才”支持启动计划实施以来，临汾市贯彻落实省委有关要求，突出行业认可，突出工作实绩，在全市各条战线上优中选优、好中择好，选拔出475名优秀人才代表，其中高端领军人才4名，拔尖骨干人才181名，青年优秀人才290名。

【召开民主生活会和专题组织生活会】 2019年，临汾市按照中央和省委《关于开好2018年度县以上党和国家机关党员领导干部民主生活会的通知》要求，认真谋划、统筹推进，严格程序、精心组织。截至3月10日，全市17个县（市、区）、110个市管单位党员领导干部民主生活会全部召开。3月16日，在市人民医院召开全市党支部大讨论组织生活会标杆经验推介示范培训会，对市人民医院第二党支部省级标杆经验进行推广。3月20日前，对全市各领域9961名党支部书记进行全覆盖培训。在全市17个县（市、区）9大领域选取147个基础好、有代表性的首批跟进召开的党支部作为本地区本部门组织生活会的示范样本，引领带动全市各级党支部专题组织生活会于4月10日前全部召开完成。

【促进改革发展的重大举措】 2019年，按照临汾市委四届五次全会暨市委经济工作会议安排部署，聚焦重点领域和关键环节，结合大讨论，推出大力推进能源革命、扎实推进煤层气和电力体制改革、继续深化国企国资改革、加快推进开发区改革创新等20项重大改革发展举措，争当全省转型发展排头兵，在“两转”基础上全面拓展新局面实现新突破。

【首季“开门红”】 2019年一季度，临汾市完成固定资产投资40亿元，同比增长23.3%，增速位居全省第1；规模以上工业增加值3月当月增长15.4%，一季度累计增长3.5%，增幅比1—2月回升6.4个百分点；社会消费品零售总额一季度累计完成175亿元，同比增长8.2%，高于年初预期目标（增长7.5%）0.7个百分点。

【“万名干部入企进村服务”活动】 2019年，山西省万名干部入企进村服务工作启动后，临汾成立由市委副书记李云峰为组长的临汾市委万名干部入企进村服务工作领导小组，统筹推进全市入企进村服务工作。全市抽调出政治素质硬、政策水平高、专业能力强的10093名干部（含166名省级抽调人员）参加入企进村服务工作，3月25日进驻干部全部入企进村，入驻企业489户，进驻农村2881个。入企服务收集问题320个，办结和承诺办结311个；进村服务征集问题4824条，解决3512条。

【总结交流】 2019年，临汾市委大讨论领导小组办公室3月12日下发通知，要求各级各部门对前一阶段大讨论开展情况进行阶段性总结。3月20日再次下发通知要求各级各部门开展大讨论“回头看”工作，对照实施方案进行总结，查找不足，补齐短板，推动大讨论向纵深推进。4月11日下发通知要求各级各部门对大讨论进行初步总结，梳理大讨论的典型做法和成效。5月15日，召开全市“改革创新、奋发有为”大讨论交流总结会议，对全市大讨论开展情况进行全面系统的总结，就巩固和拓展大讨论成果提出明确要求。全市各级各部门在5月25日前召开大讨论交流总结会议。

【以上率下推进】 2019年，临汾坚持把“改革创新、奋发有为”大讨论作为重要政治任务，山西省人大常委会副主任、市委书记岳普煜带头履行“第一责任人”职责。12月省委对大讨论做出安排后，市委两次召开常委会专题会议，对全市大讨论进行谋划安排。1月中旬，岳普煜以个人名义向17个县（市、区）、2个开发区党委书记下发大讨论工作要点，督促各级党委明确重点、提早筹划、上下联动。活动开始后，岳普煜分别到侯马市、永和县、翼城县、洪洞县、霍州市、乡宁县、蒲县、侯马经济开发区和市发改委、市市场监管局、市规划和自然资源局等县市和部门就开展“改革创新、奋发有为”大讨论、项目建设、一季度“开门红”、入企进村等方面工作进行调研指导。4月18日，岳普煜主持召开市委常委会，研究市委“改革创新、奋发有为”大讨论查摆问题、整改措施及责任清单和对标一流下一步打算清单。市四大班子领导带头开展学习讨论，带头查摆问题、带头整改落实，带头到县（市、区）和部门调研指导大讨论工作，以“关键少数”带动“绝大多数”。

【上下协同联动】 2019年，临汾市委成立领导小组和相关工作机构，山西省人大常委会副主任、市委书记岳普煜担任组长，市委副书记李云峰兼任办公室主任，明确工作职责。市委、市委大讨论领导小组及办公室制定下发各类指导性文件和工作通知23份，编印工作简报21期，对开展大讨论进行指导。市委大讨论领导小组办公室召开两次会议，建立健全大讨论工作联络联动机制，加强周报机制，对主要任务和工作实行台账管理。

【广泛组织发动】 2019年，临汾坚持开门搞大讨论，鼓励社会各界和人民群众踊跃建言献策。发挥人大代表和政协委员联系广泛的优势，组织和引导社会各界投身大讨论，带动党内党外、各行各业参与大讨论。工青妇等各级群团组织发挥自身优势，采取学习培训、政策宣讲会、理论辅导会、典型报告会等形式，引导职工青年妇女投身大讨论。各级各部门利用各类群众活动，运用群众喜闻乐见的文艺形式，在基层开展大讨论宣讲活动。全市9961个党支部组织开展座谈交流9449次，先进典型报告会3193次及通过网络等新媒体形式参加大讨论20000余次，党员干部深入田间地头、厂矿车间等一线宣传大讨论41000余次。引导群众围绕“我为改革创新做什么”建言献策8474次，征求意见29000余条，解决问题10000余个。

【对标一流跟进】 2019年，临汾市把问题导向贯穿始终，树立高点定位、对标一流的意识和理念，查摆问题，夯实对标举措，使对标的过程成为发现问题，明晰举措的过程，推动全市经济社会实现高质量发展。全市各级各部门党组织全部召开民主生活会和专题组织生活会，聚焦“六个破除”，把自己摆进去、把职责摆进去、把工作摆进去，开展批评和自我批评，深入查摆经济社会发展中最为薄弱的工作短板。通过开展对标一流述职承诺评议，各级各部门对标一流，制定查摆问题、整改举措责任清单和对标一流下一步打算清单。各级各部门围绕大讨论中查摆的突出问题、主要整改措施及整改进展情况、对标一流下一步打算等制定清单12000余个。

【宣传引导】 2019年，临汾市利用报、台、网的各自优势，创新报道方式手段，做好融媒宣传，建立大讨论微信公众号，在《临汾日报》、临汾电视台等主要新闻媒体开设大讨论专栏专题，对各县（市、区）及市直单位大讨论活动进行宣传报道，发动社会各界全员参与大讨论。《临汾日报》2月19日在头版开设“改革创新、奋发有为”专栏，对大讨论进行跟踪报道；临汾广播电视平台围绕大讨论活动主题，开设“改革创新 奋发有为”大讨论、“改革创新 奋发有为”大讨论——万名干部入企进村服务、“改革创新 奋发有为”大讨论——县（市、区）委书记访谈、“改革创新 奋发有为”大讨论开讲啦、我为改革创新做什么大家谈、最美基层干部等专题专栏，发布资讯信息，跟踪报道进展情况，邀请市委党校专家教授对全省、全市大讨论动员大会精神、省委书记骆惠宁和市委书记岳普煜讲话精神进行专家访谈+图视文综合解读。创办全新专题栏目《“改革创新 奋发有为”大讨论开讲啦》，每周7天在临汾一套综合频道黄金时段连续播发。全市新闻媒体共刊播相关内容838篇（条）。其中，临汾日报刊发144篇；临汾新闻网及其公众号原创作品及转发日报所有稿件250篇；临汾广播电视台播发222条；山西电视台播发23条。全市确定16条宣传标语，开展集中宣传，制作宣传条幅、墙体标语600余条，新增宣传面积8000余平米。利用户外大屏、楼宇电视和公交车、出租车等公共交通工具的电子显示屏进行刊播。市区内1800辆出租车每天约播放864000条（次）、423辆公交车每天约播放50760条（次），200余家临街商铺电子屏全天候滚动播出。在车站、机场、高速路出入口、主要等级公路等重点区域制作发布标语宣传版面进行宣传。

【跟踪督导】 2019年，临汾市构建督导工作体系，细化工作标准，完善工作机制，实现联络督导工作高起点开局、高标准推进、高质量落实。从27个市直部门（单位）抽调了40名干部组成13个联络督导小组，对17个县（市、区）、3个开发区、2个学院、95家市直单位、29家中央、省属驻临单位和企业大讨论开展情况进行联络督导。坚持深入基层，沉到一线，做到大讨论工作方案必看、专题工作汇报必听、学习研讨情况必查、县级基层代表必访，提高联络督导工作的科学性和准确性。各联络督导组到756个基层单位开展实地督导。

【地方亮点】 2019年，临汾市委推进20件实事，推进大讨论，打造大讨论临汾品牌。推进落实《临汾市争当新能源革命排头兵行动方案》，摸清并建立2019年新能源领域重点新建和重点续建的项目清单，谋划编制《临汾市煤层气产业发展规划（2020—2025年）》，布局煤层气全产业链项目与工程，把资源优势转换为产业优势。完成13个煤层气区块的核查工作；组织电力用户电力直接交易申报，扩大电力直接交易规模，一季度有70户用户参与直购电交易，电量15.14亿千瓦时，为企业减轻负担

3010万元；组织开展“处僵治困”专项行动，编制完成《市属国有企业处置僵尸企业工作方案》（征求意见稿）；选取尧都区、侯马市为试点县（市、区)，探索建立“标准地”出让模式，推进“标准地”改革。打造临汾特色农产品品牌，制定《关于加大农产品品牌建设力度的工作方案》，吉县苹果、隰县玉露香梨入选"中国邮政名优农产品”；落实与蒲县宏源投资公司签订的《沿黄现代农业文化旅游带综合开发框架协议》，加快黄河文化公园建设，制定《关于打造黄河文化公园现代农业文化旅游带的工作方案》，与山西宏源集团签订沿黄现代农业文化旅游带合作协议，打造国家级旅游景区和国际旅游目的地。推进招商图谱县区化、清单化和责任化，制定推进招商图谱三化的工作方案，健全完善临汾市产业链招商指导目录，到江苏就先进装备制造业专题、到长三角地区就新能源汽车专题开展两次精准招商活动，组织汾西县，侯开区，洪洞开发区3个县（市、区）、开发区参加4月8日第十三届中国（河南）国际投资贸易洽谈会（简称河南投洽会）进行产品布展宣传并与客商对接洽谈，组织侯开区，蒲县等8个县（市、区）、开发区参加4月18日2019中国·天津投资贸易洽谈会暨PECC博览会（简称津洽会）参加布展，产品推介等，全市签约项目16个，总投资216.5亿元。

【服务基层】　2019年，山西省“万名干部入企进村服务”活动启动后，各入企进村服务小组坚持“一线工作法”，到车间、班组和各类创新载体，到农户、田间地头和各类新型农业经营主体，围绕入企进村服务职责，采取精准宣讲政策，加快政策落地，梳理企业农村和基层群众反映的问题，对接相关职能部门，研究工作措施，协调解决问题，实现联络对接、政策宣讲、调研分析、问题解决“四个到位”。华翔集团入企服务小组与企业相关负责人面对面座谈交流，宣讲解读国地税合并后的税收相关政策，为企业具体测算分析各种税负。华翔集团可享受减税降费优惠政策1800万元左右，可给企业增加流动资金约1200万元，增加利润约600万元。山西戎子酒庄有限公司的入企服务小组每日召开总结会议，采取一天一议、一事一议的工作办法，推政策落地和服务企业职责。在企业提出的生物制肥、联合营销、资源共享、旅游与产业融合等方面的问题，提出20余条得到企业高度认同的意见建议。在企业提出红酒产品由食品工业税调整为农产品税以降低企业负担等需上报处理的诉求问题上，小组利用成员有市税务局成员的优势，以最快的速度整理材料上报。通过开展入企进村服务，一些困扰企业和农村的实际问题得到有效解决。

【干部担当作为】　2019年，临汾市通过大讨论，引领全市广大党员干部聚焦全市工作大局和中心任务，在推动高质量发展中敢于担当、勤于实干、勇于作为。临汾市在主要媒体开设“三晋英才”专栏，从中选拔一批典型进行宣传报道，讲好英才故事，引导全市各界向英才学习。尧都区把“锤炼尧都铁军”作为自选动作，在全区各级党组织的2、3、4月主题党日活动中开展学习讨论，在全区干部队伍中形成“实干至上、行动至上、落实至上”的思想共识。安泽县践行“四走”工作法，走上去对接、走出去招商、走下去落实、走进去解难，走上去94次，走出去182次，走下去590次，走进去561次，争取扶持资金2.33亿元，争取政策支持36项，了解民意1132条，解决实际问题1747个。

【典型引领】　2019年，临汾市各级各部门开展主题活动。市委统战部结合工作职责和分管领域，开展非公经济、民营企业“大推进”活动，召开临汾市“千企谋发展、百亿助转型”签约大会；开展侨情“大调查”，做好了解侨情、维护侨益、发挥侨力的工作，4月中国侨联副主席邵旭军一行在临汾市调研给予肯定，全国政协海外列席侨胞李文忠为贫困县捐赠5辆医疗巡诊车，方便偏远农村贫困患者就近就医、快速诊治；开展宗教“百日攻坚”行动，加大对基督教非法势力后续治理、教育转化和私设聚会点的治理，举办基层党组织书记宗教工作专题培训班，引导宗教界坚持中国化方向，践行社会主义核心价值观，维护民族团结、宗教和睦、社会稳定；开展“四比四促”活动，组织各民主党派围绕产业转型、改革开放、民营经济发展、生态治理、脱贫攻坚、乡村振兴、民生事业等重点工作进行专题调研，指导民主党派开展“四比四促”。市税务局针对纳税人就近便捷办理涉税事项和节约办税成本的需求，在征管系统并库的基础上，拓展“实体办税兜底”的办税渠道和范围，通过合理设置权限、明确办理流程、异地办税测试等措施，对7大类99项办税服务厅即办涉税业务实现全市通办，使纳税人异地办税变成现实。市人民医院第二党支部设计一张流程图统领全局，高标准全纪实先行召开组织生活会，作为全市事业单位中唯一代表在全省组织生活会经验交流会上发言，为党支部召开组织生活会提供模板。安泽县开展基层寻访大家谈、干群面对面座谈、知名专家学者访谈“三访谈”活动，推行“四走”工作法，开展“老带新、手牵手、传帮带”新老书记话发展活动。襄汾县邓庄镇以“六新”目标为出发点，以“三个一批”为落脚点，排查一批安全隐患，排查范围包括废弃厂房、学校、危房、取缔的小散乱污企业等，杜绝安全事故的发生；处理一批矛盾纠纷，结合“枫桥经验”，加强矛盾纠纷排查，发现苗头，及时化解，确保全镇不出现一起赴省进京上访案件和群体性上访事件；办好一批实事好事，结合各村2019年“定查评”目标任务台账，党委书记一个村一个村走访，一项任务一项任务敲定，制定任务书，画好路线图。

【思想解放】 2019年，临汾市各级党组织和党员干部都投身大讨论，开展主题活动，抓好集中学习、自我教育，深入系统地学习习近平新时代中国特色社会主义思想、习近平总书记视察山西重要讲话精神和习近平总书记在庆祝改革开放40周年大会上的讲话等规定篇目，组织学习研讨、交流互动。党员干部通过参与大讨论，树立自我革新的勇气和胸怀，增强机遇意识、市场意识、法治意识、创新意识、服务意识。

【改革创新】 2019年，临汾市各级各部门坚持开门搞讨论，在全市范围内形成人人争当改革先锋、人人投身创新实践的良好氛围。市级层面在广泛征求意见的基础上，制定全面深化改革要点和责任分工（草案），各县（市、区）、各部门聚焦关键领域、抓住薄弱环节，完善改革思路，做实改革举措，释放改革活力，提高改革效能。

【奋发有为】 2019年，临汾市开展担当作为先进典型评选，将一年工作中成绩突出、甘于奉献的干部推选出来。全市各级各部门以大讨论为契机，向先进地区学典型、找差距、提标准，在各个层面开展对标一流述职交流，引导党员干部结合岗位实际把一流标准树立起来，争创一流工作业绩。各级各部门融入国家发展大战略，开展了各层次的考察学习交流，开拓眼界、学习先进地区做法经验，谋划新思路，探索新模式。

【项目建设】 2019年，临汾市开展“深化转型项目建设年”活动，抓住一批带动性、引领性强的大项目好项目。一季度，全市建设项目521个，总投资2359.1亿元，年度计划投资578.7亿元。其中，产业转型项目154个，总投资1095.2亿元（占比46.4%）。全市316个新建项目中，75%的项目办理立项手续，63%的项目办理土地手续，62%的项目办理规划手续，50%的项目办理环评手续。3月16日至23日在全市开展“集中开工周”活动，至一季度末，开复工项目248个，全市规模以上工业企业开工率达到90%，全市固定资产投资完成40亿元，同比增长23.3%，增速位居山西省第一，扭转连续11个月的负增长态势，实现首季“开门红”。

【优化营商环境】 2019年，临汾市出台《关于支持民营经济发展的意见》，对中小企业优惠政策进行宣传。举办“千企谋发展·百亿助转型”签约大会，市工商联与省联社临汾办事处签订合作框架协议，尧都农商行等4家农商行分别与山西永鑫煤焦化有限责任公司、山西万盛源天然气集团等7家民营企业签订80亿元的合作意向书。印发《关于修订完善行政审批服务事项办事指南和办理规程的通知》，推进营商环境评价工作，在全省较早的完成15个评价指标的部门网上问卷填报工作。实现政务服务“一张网”提速，开展临汾市智慧政务综合金融服务项目。推进“承诺制+并联审批”工作，“一次两会”工作法，受到省政府通报表扬并在全省推广，全市115个项目实行承诺制并联审批。

【区域发展】 2019年，临汾市坚持区域协调高质量发展战略，推进百里汾河、百里黄河、百里太岳“三个百里”经济带建设。推动传统产业优化升级，逐步转移，腾出转型发展空间。发挥国家重点生态功能区优势，依托丰富旅游资源，发展“文旅+农业”，依托优良自然禀赋，发展“传统产业+新能源”。在生态优先前提下，承接百里汾河经济带及区域外产业转移。依托太岳山区生态环境优势，培育壮大现代特色农业，发展生态休闲旅游。“三个百里”经济带已经列入3月22日印发的《山西省人民政府关于促进区域协调发展的指导意见》，上升为省级战略，规划纲要已形成初稿。

【招才引智】 2019年，临汾市推

动“九临合作”战略合作框架协议，市中心医院葛均波院士工作站揭牌成立；探索具有临汾特色的脱贫攻坚和乡村振兴新模式、新路径，在安泽、浮山等县建立农业示范区和合作社，召开“九临合作”大田生物配肥技术暨配套农机春播培训展示现场会，推广多学科深度交叉和技术集成创新形成的绿色农业集成技术；大宁县与北京共仁公益基金会、中国乡建院、中科院植物研究所共同组建山西省首家乡村振兴研究院，发挥乡村振兴研究院科研、人才、技术等资源优势，实现政、产、学、研、用有机结合。

【民生就业】 2019年，临汾市完善就业援助体系，拓宽就业渠道，推进全民技能提升工程，举办“浮山厨艺”“襄汾烧饼”“蒲县柳编”“曲沃电工焊工”“全市电力行业”等各具特色的职工职业技能大赛，建立完善“培训+鉴定+就业+服务”的培训就业模式，扩大“临汾技工”品牌影响力。一季度，全市培训13630人，城镇新增就业16844人。

【重要文件】

关于深入开展大讨论全力办好20件实事的通知

各县（市、区）委、人民政府，临汾、侯马经济开发区党工委、管委会，市直各有关单位：

开展“改革创新、奋发有为”大讨论，是省委贯彻落实习近平总书记重要讲话精神，推动山西改革开放再出发的具体行动和重大举措。按照省委骆惠宁书记“把学习提高、解放思想贯穿始终，把深入实践、解决问题贯穿始终，把对标一流、提高水平贯穿始终”的要求，为了确保我市大讨论能够体现省委精神、契合临汾实际、突出临汾特色，经研究决定，以办好20件实事为抓手，切实把大讨论做细做实、推向深入，为临汾在“两转”基础上全面拓展党的建设和党的事业新局面提供强大动力。

1.大力推进能源革命。抓住“国家支持山西开展能源革命综合试点”这一重大机遇，全面落实国发42号、晋发49号文件精神，加快发展风能、太阳能、水电、生物质能发电、光伏发电和煤层气综合利用等新能源产业，把资源优势转化为加快能源革命和构建现代产业体系的优势，争当全省能源革命“排头兵”。（责任单位：市发展改革委、市能源局）。认真研究相关政策，加强与省里对接，结合我市焦化产业现状和各县市区现有园区分布情况，制定出台全市焦化产业布局意见，逐步推进焦化产业由平川向两山进行转移。（责任单位：市工业和信息化局）

2.扎实推进煤层气和电力体制改革。利用东西两山丰富的煤层气资源，在煤层气用量、问题及煤层气企业与地方经济结合等方面，研究制定相应的议案，把有限的资源转化为发展的优势，助推临汾经济社会发展。（责任单位：市能源局）在煤层气体制改革方面，积极配合省厅做好煤层气开采企业的煤层气矿业权退出工作，加快煤层气勘查区块出让和“三气”综合开发，推进相关设施建设。（责任单位：市规划和自然资源局）在电力体制改革方面，继续深化电力供给侧结构性改革，按照省委省政府相关政策，大力推广并完善大用户直供电，及时组织符合大用户直供电条件的企业向省里申报电力直接交易支持。（责任单位：市能源局、国网临汾供电公司）

3.加大对中小企业的培育支持力度。大力实施中小企业培育工程，对符合“小升规”条件的企业给予政策和资金支持，在去年51家企业纳入统计范围的基础上，力争使更多中小企业入统。（责任单位：市工业和信息化局〈市民营经济发展促进局〉）

4.加大农产品品牌建设力度。加快发展特色现代农业，打破区域、部门和所有制界限，整合资本和品牌等要素，加大优质品牌创建，全产业链开发名特优产品，做大做强吉县苹果、隰县梨、安泽连翘、古县和汾西核桃等区域公共品牌，进一步提高我市农产品优势品牌市场占有率。（责任单位：市农业农村局）

5.加快推进黄河文化公园建设。加快落实与宏源投资公司签订的《沿黄现代农业文化旅游带综合开发框架协议》，高标准建设黄河文化公园，争取将黄河文化公园建设作为我省锻造黄河板块的重要内容，上升为省级战略，打造成为国家级旅游景区和国际旅游目的地，争取实现年接待游客1000万人次、实现旅游综合收入120亿元的目标。（责任单位：市文化和旅游局）。一是完善道路交通基础设施，依托“黄河1号”沿黄扶贫旅游公路，建设景区连接路。（责任单位：市交通运输局、相关县市区）。二是实施沿黄8县区（含尧都区）景区建设，包括两个龙头（黄河壶口瀑布旅游区、永和乾坤湾旅游区）、两个风情小镇（壶口黄河风情小镇、屯里特色康养小镇）、三个特色旅游村（东征红色旅游村、马家湾窑洞艺术村、化乐文化古村）、五个旅游区（笊篱寨度假旅游区、师家滩风情旅游区、蒲园生态文化旅游区、中国梨博园温泉旅游度假区和师家沟文化旅游区），提升隰县小西天、蒲县东岳庙、汾西师家沟、永和楼山等一批小景点，推进壶口、云丘山AAAAA级，乾坤湾、戎子酒庄、人祖山AAAA级等旅游景区创建。（责任单位：市文化和旅游局、相关县市区）。三是以壶口瀑布、乾坤湾为核心，推进沿线农业综合开发，打造现代农业文化旅游带，构建具有黄土高原个性的农产品文创品牌。（责任单位：市农业农村局、有关县市区）

6.积极对接省里申办"中华根祖文化旅游节"。依托以洪洞大槐树为主要核心的"根祖文化"和尧文化等特色文化资源，打造我市"中国根·黄河魂"旅游品牌，全方位与省里对接，为全省申办工作做出积极贡献。（责任单位：市文化和旅游局）

7.充分发挥物流承载城市作用。紧紧抓住我市作为陆港型物流城市成功入选国家物流枢纽布局承载城市的机遇，按照省里"加快构建立体联网、内外联通、多式联运的综合交通运输体系"的部署要求，综合考虑临汾的区位条件优势，进一步健全完善物流及环保规划，加快建设物流场所、货站、战略装车点、铁路公路运输交换站、点对点物流运输通道，加快与瓦日铁路、南同蒲铁路的互通，与侯月铁路的外联，做好安泽永鑫货运铁路专用线的延伸，充分发挥物流枢纽城市作用，使临汾真正成为改革开放一线。（责任单位：市发展改革委、市交通运输局）

8.扎实推进"一市四区"行政区划调整，加快形成中心城市的大格局。以行政区划调整为契机，按照"一带两区三轴多点"的城镇化布局，加快推进"一市四区"行政区划调整。（责任单位：市民政局）加快中心城区规划设计以及特色城镇组团培育，着力打造"晋南区域中心城市"，拓展城镇空间，在全省城镇化版图中赢得一席之地。（责任单位：市规划和自然资源局、市住房和城乡建设局）

9.继续深化国企国资改革。扎实做好僵尸企业出清工作，对长期停产、资不抵债的企业，通过兼并重组、债务重组、清理淘汰等方式，全面展开处置"僵尸企业"行动，加快其市场化出清步伐。全面启动市属国有企业专业化重组，对规模小、市场前景好的市属企业帮助其通过引入战略投资者、员工持股等方式发展混合所有制经济，进一步做大做强。全力推进国企分离办社会工作，进一步推进企业脱钩，一企一策，制定市属国有企业的改革工作方案，对主业相同相关的市属企业进行重组整合。大力推进职能部门下属企业改制，积极推动各党政机关、事业单位加快与所办企业脱钩，全面推动政企分开、政资分开、事企分开，所有权和经营权分离。（责任单位：市国资委）

10.推进招商图谱县区化、清单化和责任化。用好《临汾市重点产业招商地图》，以"三化"为重点，继续在完善招商图谱上下功夫，进一步提高招商引资的针对性和有效性。（责任单位：市促进外来投资局）县区化推进，各县市区要突出比较优势，找准发展定位，明确主攻方向，集中谋划实施一批对行业领域、对本县市区乃至全市的长期发展有较大影响、有明显带动和促进作用的大项目、好项目。（责任单位：各县市区）清单化管理，在县级梳理、完善图谱后，由市级汇总分类，建立清单，统筹识谱读谱活动。（责任单位：市促进外来投资局、各县市区）责任化落实，由市发展改革委牵头，推进项目对接，每月对各县市区签约项目的成功率、落地率、开工率进行检查、统计、汇总，公开通报，确保已签约招商引资项目加快落地建设、投产达效。（责任单位：市发展改革委）

11.深入实施国际市场开拓"千企百展"行动计划。加快融入国家"一带一路"建设，结合我市实际，发挥机械制造和农产品优势，针对不同类型的市场分类施策，支持企业走出去，拓展"一带一路"沿线国家市场，在外建厂、建设分基地制造中心。对精密铸件、汽车配重、刹车盘、刹车鼓、石油钻杆、石油钻铤、照明灯具等出口产品企业进行重点扶持，支持相关企业和产品积极参加第二届进口博览会和中国进出口商品交易会、亚欧博览会、中阿博览会、南亚博览会等国内重点进出口展会以及网上交易会、采购商考察交流会，帮助我市企业拓展外销渠道。（责任单位：市商务局）

12.积极组织筹办综合性招商推介活动。继续坚持"注重实效、精准招商"的原则，瞄准京津冀、长三角、粤港澳大湾区等重点区域，积极"走出去"，以临汾经济开发区和侯马经济开发区为主，开展3场综合性招商推介活动。（牵头单位：市促进外来投资局，配合

单位：临汾经济开发区、侯马经济开发区）

13.与发达地区共建产业园。认真贯彻落实《山西省开发区条例》，进一步加强我市与天津港、威海港、日照港等沿海港口城市在港口建设、五定班列、海铁联运、基础设施等方面的合作。与京津冀、沪广深、雄安新区等地积极对接，在园区建设与管理、产业转移与承接、信息与品牌共享等方面开展广泛合作，通过规划、建设、管理和税收分配等合作机制，实现资源互补、互利共赢、协调发展的区域经济合作模式，努力在共建产业园区上率先取得突破。（责任单位：市商务局）

14.打造国际产业合作园区。一是加快中韩铸造产业园建设，充分发挥临汾职业技术学院教科研优势，推进山西经纬达与韩国现代、韩国泰恒、韩国大光等战略伙伴合作，在尧都区大阳绿色精密铸造产业园打造以“装备制造+产学研”为特色的中韩国际产能合作产业园。二是依托侯马经济开发区云创电子科技有限公司，扩大CNC手机金属结构件代加工业务，加快培育外贸综合服务试点企业，打造中韩国际合作产业园区。三是加强与我市中欧班列途经和贸易合作的德国、捷克等欧洲国家的对接交流，争取与欧洲国家在临汾开发区、侯马开发区建立产业园区。（牵头单位：市商务局，配合单位：市工业和信息化局、临汾职业技术学院、尧都区、临汾经济开发区、侯马经济开发区）

15.扎实推进“承诺制+并联审批”改革。按照流程化、限时化、标准化的目标要求，对全市企业项目投资28项审批事项，列出清单，规定时限，推行审批服务“一窗通办模式”和“不见面审批”“最多跑一次”标准化建设，大幅压缩企业办理时间。（责任单位：市发展改革委、市行政审批服务管理局）

16.扎实推进“承诺制+标准地”改革。围绕开发区建设，对各县市区进行摸底排查并列出计划，2019年要完成临汾、侯马、洪洞、襄汾、安泽5个经济开发区总体规划、控制性详细规划和规划环评报告，高标准推进起步区建设，做好“九通一平”，为下一步开发区建设和发展筑牢基础。（责任单位：市商务局）各县市区和经济开发区要加强标准地建设和土地收储工作，按照标准地的要求，清理、整理、梳理现有的存量土地，切实打开制约项目落地建设的瓶颈。（责任单位：市规划和自然资源局、各县市区、各经济开发区）

17.加快城镇污水处理厂提效改造。加快推进汾河临汾段流域内13个污水处理厂的提质改造和保温提效工程。一是对已完成提质改造工程的7座（隰县、蒲县、曲沃县、古县、大宁县、浮山县和广胜寺镇污水处理厂），要抓好运营；二是对已完工的2座（隰县、蒲县），要加快调试；三是对已完成保温提效工程的9座（浮山县、大宁县、乡宁县、吉县、隰县、永和县、襄汾县、曲沃县、蒲县），要加快推进其余工作的开展。（责任单位：市城市管理局、市住房和城乡建设局、各相关县）

18.加大采煤沉陷区、矸石山治理力度。认真落实《临汾市2018—2020年矿山生态恢复治理工作方案》，将加强采煤沉陷区和矸石山治理作为2019年推进土壤污染治理的重要工作，全方位推进采煤沉陷区治理，加快推进煤炭开采企业矿山生态环境恢复治理工作，全面启动灭失主体矸石山治理，严肃查处煤炭企业矸石违法处置、违法倾倒等生态破坏问题，坚决打赢净土保卫战。（责任单位：市规划和自然资源局）

19.做好机场扩建、海关设置等工作。一是抓住省里支持临汾机场改扩建的有利机遇，扎实推进临汾民航机场通用航空保障设施建设。（责任单位：市交通局、临汾民航机场）二是支持侯马海关提升现有海关功能，加快建设临汾机场新海关，争取早日开关运行，为进一步扩大开放提供条件。（责任单位：市商务局、侯马海关）

20.加快师大搬迁工程建设。按照省里推动“1331”工程提质增效的要求，进一步加大对山西师大的支持力度，全面启动师大整体搬迁工程，加快推进一期工程建设，力争早日投入使用。（责任单位：市园林局）

各级各部门要进一步深化思想认识，提高政治站位，将大讨论和20件实事作摆在突出位置，提上重要日程，按照省委、市委的部署安排，对照“六个破除”“六个着力”“六个坚持”“六个新突破”的要求，进一步解放思想、提升标准、狠抓落实，推动20件实事有序开展、落到实处。

一要加强组织领导。各分管市领导要根据工作分工和职责要求，切实加强组织领导，周密安排部署，统筹协调好各地各部门之间的关系，推进工作落实。各责任单位、牵头单位和有关县市区要主动扛起责任，密切协作配合，及时研究解决大讨论和20件实事推进过程中发现的问题，切实把各项工作做实做细。

二要做到互促互进。20件实事各责任单位、牵头单位和县市区要科学统筹安排，精心组织实施，各级各部门都要全力支持20件实事；广大党员干部要带头革故鼎新，切实发挥好示范引领作用；宣传部门要充分利用各种新闻媒介，营造浓厚氛围，形成强大合力，以扎实的工作业绩体现大讨论活动成效。

三要强化督导落实。市委“改革创新、奋发有为”大讨论领导小组办公室联络督导组要加强督导，督促各县市区和各有关单位认真扎实有序推进20件实事，并将督导情况汇总上报领导小组办公室。各责任单位、牵头单位和有关县市区要将推进20件实事的工作进展情况每10天向领导小组办公室上报一次，市委领导小组将根据推进情况，适时听取汇报。

（2019年2月21日）

关于进一步深入推进“改革创新、奋发有为”大讨论扎实做好有关工作的通知

一、强化宣传造势，在全社会营造大讨论浓厚氛围

要进一步加大宣传力度，充分利用各种行之有效的宣传手段，积极构建有效载体，努力营造热烈浓厚的社会氛围，确保大讨论有声有色。

充分利用报、台、网的各自优势，多渠道、多视角、多层次对我市大讨论开展宣传。要切实建好用好我市“改革创新、奋发有为”大讨论微信宣传公众平台，做好舆论引导，努力扩大影响力。临汾日报在做好大讨论日常专题报道的基础上，要在显著位置开设“最美基层干部”专栏，加强典型宣传报道工作。临汾广播电视台在利用广播电视平台、新媒体平台、公益平台继续办好现有大讨论主题专栏的基础上，要新建办好“‘改革创新、奋发有为’大讨论开讲了”专栏，对大讨论进行深度宣传报道。

各级各部门要做好本地区、本单位、本系统、本行业领域的大讨论宣传，在城区主要干道、主要路口、交通干线、客运车辆、大型商场、营业场所、学校、机关、企业以及重要公共场所等投放宣传标语，制作大型宣传版面，利用电子屏进行滚动宣传，推动大讨论形成声势。各级人大和政协也要充分发挥人大代表和政协委员联系广泛的优势，深入广大人民群众，积极开展大讨论宣讲活动，带动广大人民群众参与到大讨论中。各级群团组织要充分发挥群团组织的优势，创新载体形式，广泛发动服务对象积极参与大讨论，汇聚改革创新的强大合力。

要结合“三下乡”活动和扶贫工作，利用春节以来各类群众活动集中的特点，在基层大力开展大讨论宣讲活动，既要讲理论政策，又要结合身边人、身边事，注重运用快板、小品、相声等群众喜闻乐见的多种文艺形式进行宣讲，讲好平阳大地广大党员干部群众改革创新、奋发有为的精彩故事，确保宣讲取得实实在在的成效。

二、突出工作创新，打造临汾大讨论特色亮点

省委大讨论明确了“动员部署，学习讨论，举办改革创新先进典型报告会，对标一流述职评议，奖励目标责任考核优秀单位和个人，召开民主生活会和专题组织生活会，推出一批促进改革发展的重大举措，实现一季度‘开门红’，深入开展‘万名干部入企进村服务’活动，总结交流”10个关键环节和规定动作，市委针对大讨论安排了30项规定动作，尤其是推出了7项具有临汾特色的“自选动作”：①各部门出台改革创新具体措施并公示；②开展“问计于企”专项活动；③加强同改革开放先进地区交流合作；④积极组织与省属大型企业对接；⑤组织开展“我为临汾改革出主意”金点子有奖征集活动；⑥利用市长热线、随手拍，开设不作为、慢作为、乱作为举报热线；⑦组织对市直经济管理部门营商环境进行第三方评估。同时，为了把我市大讨论做细做实，市委以全力办好20件实事为抓手大力推进大讨论，打造大讨论临汾品牌。

各级各部门既要严格落实好省委规定的10个关键环节和规定动作以及市委的安排部署，又要因地制宜推出具有特色的工作和亮点举措，努力在全市掀起深入学习、深入研讨、深入交流的热潮，不断丰富大讨论的内涵，创造大讨论临汾经验。

三、压实工作责任，推动大讨论各项任务全面落实

各级各部门要严格对照省委规定要求和市委《实施方案》，坚持问题导向、目标导向、实践导向，对工作要求进行再对标、再提升，对任务分工进行再细化、再明确，对推进举措进行再改进、再完善，特别是要准确把握大讨论各个环节的时间节点要求，对省、市要求上报的工作事项认真进行梳理，明确责任领导，专人负责落实，并将进展情况、工作亮点和典型经验及时向市委大讨论领导小组办公室上报。

各级大讨论领导小组办公室及下设的协调组、材料组、宣传组、联络督导组等专项工作小组，都要进一步健全完善创新工作运行机制，把开展大讨论作为当前首要政治任务，深入研究谋划，精准指导实施，明确责任分工，抓好统筹协调，搞好上下对接，及时沟通汇报，形成上下联动、横向协同的工作合力，保证大讨论各项活动有序推进。（2019年3月11日）

【领导讲话】

在全市“改革创新、奋发有为”大讨论交流总结会上的讲话摘要

（2019年5月15日）

岳普煜

一、大讨论是改革创新的深刻洗礼，汇聚起新时代临汾发展的强大正能量

开展“改革创新、奋发有为”大讨论，是省委把握发展大势、紧跟时代步伐，掀起的一场学习革命、思想革命、工作革命。大讨论聚焦“改革创新、奋发有为”，突出“六个破除”“六个着力”“六个坚持”，贯彻中央重大部署，顺应了时代潮流，切中了问题要害，全市广大党员干部经受了一次深刻的洗礼。大讨论开展以来，全市上下把开展大讨论作为一项重要的政治任务，认真学习贯彻习近平总书记视察山西重要讲话精神和省委骆惠宁书记来临调研指示要求，认真贯彻落实省委、市委的决策部署，准确把握大讨论的主题、内涵和要求，紧扣“十个关键环节”，狠抓重点任务落实，大胆创新实践，以“十个坚持，十个形成”推进大讨论实现点的突破、面的活跃、质的提高，保证大讨论不散不偏，实现高标准推进、高质量进行。

（一）坚持以上率下，形成高位推进的良好态势。市委高度重视，成立了高规格的领导小组和相关工作机构，由我担任组长，云峰同志兼任办公室主任。市委常委会及领导小组多次研究，及时听取汇报并跟进指导。市委全会审议通过了《关于开展“改革创新、奋发有为”大讨论的实施方案》，各级领导干部特别是主要负责同志认真履行“第一责任人”职责、率先垂范，层层压实责任、层层传导压力，以“关键少数”带动“绝大多数”，确保大讨论持续高位推进。

（二）坚持上下协同，形成整体联动的工作格局。市委常委班子和市人大、市政府、市政协党组主要负责同志亲自部署推进，市级领导带头开展学习讨论，带头查摆问题、带头整改落实，带头深入县（市、区）和部门调研指导大讨论工作。一级做给一级看，一级带着一级干。大讨论开展以来，市委、领导小组及办公室制定下发各类指导性文件和工作通知 23 份，编印工作简报20期，对开展大讨论进行全方位指导。市委大讨论领导小组办公室召开了两次会议，建立健全大讨论工作联络联动机制，加强周报机制，对主要任务和工作实行台账管理，坚决杜绝上热中温下冷的问题发生，持续推动大讨论向纵深推进。

（三）坚持广泛发动，形成人人参与的全民热潮。坚持开门搞大讨论，鼓励社会各界和人民群众踊跃建言献策。在市“两会”期间，代表、委员们结合大讨论，踊跃发言，积极讨论，建言献策，充分发挥自身联系广泛的优势，组织和引导社会各界投身大讨论，以实际行动带动党内党外、各行各业参与大讨论。工青妇等各级群团组织充分发挥自身优势，采取学习培训、政策宣讲会、理论辅导会、典型报告会等多种形式，积极引导广大职工青年妇女投身大讨论，激发大家的动力和活力。各级各部门利用各类群众活动，运用群众喜闻乐见的文艺形式，在基层大力开展大讨论宣讲活动，掀起了人人参与大讨论的热潮。截至目前，全市9961个党支部共组织开展座谈交流9449次、先进典型报告会3193次，广大党员干部带头示范，深入田间地头、厂矿车间等一线宣传大讨论，各行业各领域党组织充分发挥支部的战斗堡垒作用，积极引导群众围绕“我为改革创新做什么”建言献策8474次，共征求意见近3万条，解决问题1万多个，全市党员干部群众参与大讨论的氛围浓厚。

（四）坚持对标一流，形成奋勇争先的赶超局面。牢固树立高点定位、对标一流的意识和理念，深入查摆问题，夯实对标举措，使对标的过程成为发现问题，明晰举措的过程，推动全市经济社会实现高质量发展。全市各级各部门党组织全部召开了民主生活会和专题组织生活会，聚焦“六个破除”，把自己摆进去、把职责摆进去、把工作摆进去，认真开展批评和自我批评，深入查找六个方面存在的问题，勇于揭短亮丑，达到了红脸出汗、见人见事的目的。通过开展对标一流述职承诺评议会，以评促改、以评促进、以诺促行，各级各部门对标一流，树立标杆，全部制定了查摆问题、整改举措责任

清单和对标一流下一步打算清单，做到了干有标杆、学有榜样、追有目标。

（五）坚持宣传引导，形成铺天盖地的舆论声势。不断创新方式手段，积极做好宣传报道，建立大讨论微信公众号，在《临汾日报》、临汾电视台等主要新闻媒体开设大讨论专栏专题，对各县市区及市直单位大讨论活动多渠道、多视角、多层次进行深度宣传报道，积极发动社会各界全员参与大讨论，营造了良好氛围。截至目前，市直新闻媒体共刊播相关稿件838篇（条），1237条次，山西广播电视台共播出我市大讨论新闻23条，46条次。全市确定了16条宣传标语，开展集中宣传，制作宣传条幅、墙体标语600余条，新增宣传面积8000余平方米。积极利用户外大屏、楼宇电视和公交车、出租车等公共交通工具的电子显示屏进行刊播。市区内1800辆出租车、423辆公交车、200余家临街商铺电子屏全天候滚动播放。同时，车站、机场、高速路出入口等重点区域也都制作标语、版面等进行广泛宣传。

（六）坚持跟踪督导，形成高标准推进的务实导向。坚持从严从实，细化工作标准，完善工作机制，着力构建督导工作体系。从27个市直部门（单位）抽调了40名干部组成13个联络督导小组，对17个县（市、区）、3个开发区、2个学院、95家市直单位、29家中央、省属驻临单位和企业大讨论开展情况进行全覆盖、全过程联络督导。在督导中，坚持深入基层，沉到一线，做到大讨论工作方案必看、专题工作汇报必听、学习研讨情况必查、县级基层代表必访，不断提高联络督导工作的科学性和准确性。目前，各联络督导组已经深入756个基层单位开展了实地督导，有效地推动了大讨论向纵深开展。

（七）坚持契合实际，形成富有特色的地方亮点。为切实把大讨论做细做实，推向深入，市委研究制定20件实事，并以此为抓手全力推进大讨论，着力打造大讨论“临汾品牌”。目前，各项实事都在扎实稳步推进，取得了阶段性成效。在推进能源革命上，建立了2019年新能源领域重点新建和重点续建的项目清单，谋划编制《临汾市煤层气产业发展规划（2020—2025年）》，与中石油华北公司联手，就非常规天然气在临汾的布局和管网建设策划进行研究，力争把资源优势转换为产业优势。在加快装备制造业发展上，与工信部赛迪智库进行对接，联手策划项目，坚持以推动制造业高质量发展牵引全市产业转型升级。在加强物流建设上，以我市入选陆港型国家物流枢纽承载城市为契机，聘请了中国物流学会研究制定建设方案，进一步完善城乡物流网络节点，大力推进城乡高效配送体系建设。在农产品品牌建设上，制定了《关于加大农产品品牌建设力度的工作方案》，全力打造临汾特色农产品品牌，吉县苹果、隰县玉露香梨入选“中国邮政名优农产品”。在黄河文化公园建设上，积极落实与蒲县宏源投资公司签订的《沿黄现代农业文化旅游带综合开发框架协议》，继蒲县、永和县之后，吉县、壶口管委会又与山西宏源集团签订了沿黄现代农业文化旅游带合作协议，全力打造国家级旅游景区和国际旅游目的地。在国资国企改革上，加快推进国有企业分离办社会职能工作，目前全市国有企业办消防机构分类改革已全部完成，厂办大集体改革工作基本完成，企业办教育医疗机构工作取得积极进展。组织开展“处僵治困”专项行动，加快低效无效资产处置，4家单位作为试点，坚持做到资产处置、债务化解、人员安置“三个到位”。在推进“承诺制+并联审批改革”上，对审批项目流程进行优化再造，推动审批服务事项进驻大厅统一办理，实行一窗受理、集成服务，侯马“一次两会”工作法，受到省政府通报表扬并在全省推广。目前，全市已有115个项目实行了承诺制并联审批。在产业园建设上，日照港方略物流园建设扎实推进，加强与天津港的海铁联运合作，临汾开发区已与天津泰达签订协议。积极推进中韩国际合作产业园建设，目前，园区征地清表工作已完成，展示大厅、路网、供水、污水、供电等基础设施正在建设之中，合作的第一期项目生产线即将投产。支持方略集团在德国设立CFLT公司。促进我市大企业走出去已初见成效，侯马建邦在巴基斯坦投资设厂。在中小企业培育上，全面做好“双创”培育工作，3家双创基地被拟认定为2019年省级小微企业创业创新基地。在招商引资上，推进招商图谱县区化、清单化和责任化，健全完善全市产业链招商指导目录，深入实施国际市场开拓“千企百展”行动计划，目前，已组织52家（次）企业参加了第七届中国（上海）国际技术进出口交易会、第125届广交会、高新技术博览会、黄河金三角特色博览会、中部博览会等。同时，城镇污水处理厂提效改造、采煤沉陷区、矸石山治理、机场扩建、师大搬迁工程等工作也都稳步有序推进。

（八）坚持深入一线，形成服务基层的高效机制。全省“万名干部入企进村服务”活动启动后，我市抽调出政治素质硬、政策水平高、专业能力强的10093名干部（含166名省级抽调人员）参加入企进村服务工作，3月25日进驻干部全部入企进村，全市入驻企业489户，进驻农村2881个。各入企进村服务小组坚持“一线工作法”，深入车间、班组和各类创新载体，深入农户、田间地头和各类新型农业经营主体，采取多种方式精准宣讲政策，加快政策落地，全面梳理企业农村和基层群众反映的问题，积极对接相关职能部门，研究工作措施，协调解决问题，实现了联络对接、政策宣讲、调研分析、问题解决“四个到位”。截至目前，入企服务收集问题320个，已办结和承诺办结311个；进村服务征集问题4824条，已解决3512条。一些困扰企业农村的实际问题得到有效解决，进一步打通了服务基层的最后一公里，群众获得感和满意度显著增强。

（九）坚持以论促干，形成担当作为的干部作风。通过大讨论，全市广大党员干部锤炼了过硬作风，在推动高质量发展中敢于担当、勤于实干、勇于作为。全省“三晋英才”支持计划实施以来，我市积极贯彻落实省委有关要求，在全市各条战线上优中选优、好中择好，共选拔出475名优秀人才代表，并在主要媒体开设了“三晋英才”专栏，从中选拔一批典型进行宣传报道，讲好英才故事，引导全市各界向英才学习，营造了人人渴望成才、人人努力成才、人人皆可成才、人人尽展其才的良好局面。尧都区把“锤炼尧都铁军”作为自选动作，在全区各级党组织主题党日活动中广泛开展学习讨论，形成了“实干至上、行动至上、落实至上”的思想共识。安泽县积极践行“四走”工作法，走上去对接、走出去招商、走下去落实、走进去解难，累计走上去94次，争取扶持资金2.33亿元；走出去182次，争取政策支持36项；走下去590次，了解民意1132条；走进去561次，解决实际问题1747个，全面推动工作落实，收到了良好效果。乡宁县举办“引老乡、回故乡、建家乡”招商引资大会，共签约项目10个，总投资达65.16亿元，招商引资工作取得新进展。大宁县开展了干部论坛交流，以大讨论凝聚大智慧促进大发展，成立了全省首家乡村振兴研究院，在深化农村改革、推进乡村振兴上做了有益探索和实践。

（十）坚持基层创新，形成典型引领的示范效应。各级各部门都结合自身实际，丰富活动载体，创新活动方式，开展了一系列富有特色的主题活动。市委统战部结合工作职责和分管领域，先后开展了非公经济、民营企业“大推进”、侨情“大调查”、宗教“百日攻坚”和民主党派“四比四促”等特色活动。市税务局针对纳税人就近便捷办理涉税事项和节约办税成本的需求，对7大类99项大厅即办涉税业务实现了全市通办，使纳税人异地办税变成了现实。市人民医院第二党支部高标准先行召开组织生活会，并在全省组织生活会经验交流会上发言，为党支部召开组织生活会提供了可复制、可借鉴的模板。霍州市在全体党员中引深开展“亮、比、争”活动，通过亮明党员身份、亮明工作承诺，比学习劲头、比工作业绩，争当信念坚定的标兵、争当干事创业的先锋，有效激发党员干部的创业激情和工作动力。安泽县扎实开展基层寻访大家谈、干群面对面座谈、知名专家学者访谈“三访谈”活动，开展“老带新、手牵手、传帮带”新老书记话发展活动，点燃了群众参与热情，拉近了干群距离，推动了工作落实。

二、大讨论是奋发有为的生动实践，牵引全年工作实现了良好开局

通过开展大讨论，全市广大党员干部思想活了起来，脑筋动了起来，精神鼓了起来，劲头足了起来，推动思想再解放、改革再深入、创新再发力、工作再提质，切实把大讨论的成果转化成为高质量发展的实际行动，取得了丰硕成果。

一是思想解放取得了新突破。全市各级党组织和广大党员干部都积极投身大讨论，开展了形式多样的主题活动，抓好集中学习、自我教育，深入系统地学习习近平新时代中国特色社会主义思想、习近平总书记视察山西重要讲话精神和习近平总书记在庆祝改革开放40周年大会上的讲话等规定篇目，增强党性意识和党性观念，树牢“四个意识”，坚定“四个自信”，做到了“两个维护”。广大党员干部通过参与大讨论，进一步弘扬自我革命精神，增强了机遇意识、市场意识、法治意识、创新意识、服务意识。特别是全省目标管理工作会议后，市委召开常委扩大会议，市党政领导班子成员、市人大主任、市政协主席分别发言，联系思想和工作实际进行深刻剖析、认真反思，各级各部门知耻后勇，认真检点自己工作，针对性地制定措施，进一步提振士气、真抓实干、奋起直追，广大党员干部的思想更加解放，脑筋更加灵活，精神和劲头也更足了。

二是项目建设取得了新进展。深入开展“深化转型项目建设年”活动，及早谋划、及早动手，不断夯实项目盘子，集中实施一批带动性、引领性强的大项目好项目。一季度，全市建设项目521个，总投资2359.1亿元，年度计划投资578.7亿元。其中，产业转型项目154个，总投资1095.2亿元（占比46.4%）。3月16日至23日在全市开展了“集中开工周”活动，至一季度末，已开复工项目248个，全市规上工业企业开工率达到90%，全市固定资产投资完成40亿元，同比增长23.3%，增速位居全省第1，强力扭转了连续11个月的负增长态势，实现首季“开门红”。

三是营商环境取得新提升。出台《关于支持民营经济发展的意见》，多渠道对中小企业优惠政策进行宣传。举办了“千企谋发展·百亿助转型”签约大会，市工商联与省联社临汾办事处签订合作框架协议，尧都农商行等4家农商行分别与山西永鑫煤焦化有限责任公司、山西万盛源天然气集团等7家民营企业签订了80亿元的合作意向书，充分发挥农信社金融主力军作用助推经济转型发展。印发了《关于修订完善行政审批服务事项办事指南和办理规程的通知》，全面推进营商环境评价工作，在全省较早地完成了15个评价指标的部门网上问卷填报工作。开展临汾市智慧政务综合金融服务项目，实现政务服务“一张网”提速。

四是区域发展取得新定位。坚持区域协调高质量发展战略，百里汾河经济带依托各经济技术开发区和尧都高新技术产业开发区，积极承接国外和沿海发达地区产业转移，建设资源型经济转型发展创新高地，实现“腾笼换鸟”。百里黄河经济带依托丰富旅游资源，大力发展“文旅+农业”，依托优良自然禀赋，大力发展“传统产业+新能源”，实现“双轮驱动”。百里太岳经济带在生态优先的前提下，积极承接百里汾河经济带及区域外产业转移。依托太岳山区生态环境优势，培育壮大现代特色农业，大力发展生态休闲旅游。目前，“三个百里”经济带已上升为省级战略，为我市加快发展提供了更好的空间和机遇。

五是民生就业取得新改善。完善就业援助体系，拓宽就业渠道，继续深入推进全民技能提升工程，先后举办“浮山厨艺”“襄汾烧饼”“蒲县柳编”“曲沃电工焊工”“全市电力行业”等各具特色的职工职业技能大赛，建立完善“培训+鉴定+就业+服务”的培训就业模式，扩大“临汾技工”品牌影响力。一季度，全市共培训13630人，城镇新增就业16844人。

六是招才引智取得新成效。积极推动“九临合作”战略合作框架协议在临汾落地生根、发展壮大，市级人才专项资金从80万元提升到580万元，评选表彰了15名临汾市第一届“拔尖人才”；建立了市人民医院李兆申院士工作站、蒲县李德发院士工作站、山西光宇照明夏建白院士工作站、临汾市中心医院葛均波院士工作站，实现了我市院士工作站“从无到有”的历史性突破。

三、大讨论是转型发展的强劲动力，要进一步巩固和拓展大讨论成果

总的看，我市大讨论取得了明显成效，但任何工作都不可能毕其功于一役，正如骆惠宁书记说的，要清醒地认识到，这是一场学习的革命、思想的革命和工作的革命。我们不可能靠短短的三个月就把这个革命进行到底的，一定要清醒地看到，各单位部门之间进展不平衡，一些环节的工作质量还不高，有的县市区在广泛发动群众参与上还不够充分，等等，特别是在工作中，领导干部谋划推动改革的能力有所欠缺，一些改革试点工作推进缓慢，突破和带动作用发挥不明显；创新氛围不浓、创新能力不强，全面创新的体制机制还没有形成；开放的步子还不大、速度还不快，对外开放的总体水平还不高；产业结构性问题仍然突出，还没有完全从依赖资源的思维定式中解放出来；争先进位的意识、狠抓落实的韧劲和担当作为的精神还需要加强，干部管理监督还不够严格，纠正“四风”还不够彻底，等等。

要进一步提高政治站位，持续抓好学习教育。坚持把学习贯彻习近平新时代中国特色社会主义思想作为长期重大战略任务，继续在学懂弄通做实上下功夫，切实把习近平新时代中国特色社会主义思想作为领航指标、定盘之星，做到常学常新，常用常信。要按照“班子先学、会议导学、轮训助学、平台帮学、测试促学、活动引学”的思路，认真学习习近平总书记重要讲话精神，加强对基层学习的指导和推动。要结合即将开展的“不忘初心、牢记使命”主题教育，坚定不移用习近平新时代中国特色社会主义思想武装头脑、指导实践、推动

工作。要树牢“四个意识”，坚定“四个自信”，践行“两个维护”，作任何决策都从习近平新时代中国特色社会主义思想中找遵循、找依据，坚定不移地把中央和省委的重大决策部署在临汾贯彻落实好，确保新时代临汾改革开放各项事业始终沿着正确的政治方向前进。

要进一步强化担当作为，强力抓好对标一流。通过开展大讨论，全市各级各部门主动对标对表，向先进地区学典型、找差距、提标准，领导干部研究和解决问题的能力有了很大进步，对标一流、见贤思齐、比学赶超正在成为干部队伍的主流。要进一步统一思想、凝聚共识，把广大党员干部群众的精力和注意力凝聚到干事创业、担当作为和改革创新上来，调动全社会各方面的积极性、主动性和创造性，激发大家对标一流、争创佳绩的源动力，把工作标准调整到最高，把精神状态调整到最佳，把工作劲头调整到最大，真正把一流标准树立起来，争创一流工作业绩。要进一步完善对标一流整改提升的推进措施，发挥考核的“指挥棒”作用，把各级各部门对标一流述职承诺纳入年度目标责任考核，传导工作压力，压实对标责任，督促各级各部门对工作思路和工作目标进行再完善、再明确，对重点任务和发展举措进行再改进、再深化，努力把对标成效落在经济社会发展的具体实践上，体现在高质量转型发展上，做到自我加压、开拓奋进，确保更多工作进入全省乃至全国第一方阵。各级领导干部要以身作则、以上率下，察实情、鼓实劲、干实事、求实效，为广大干部群众作出表率。要时刻以时不我待、只争朝夕的紧迫感督促鞭策自己，以自我革命的精神锻造历练自己，把班子队伍的思维理念、能力素质、作风状态带起来，树一方正气，开一方新风。要在求真务实上狠下功夫，在改革创新上狠下功夫，紧盯目标、践行承诺，充分发挥“关键少数”的关键作用，当好“施工队长”，将任务量化、举措细化、责任强化，确保对标一流承诺事项和全年工作目标如期完成。

要进一步振奋精神状态，着力抓好工作落实。大讨论是我们做好全年工作的牵引器，要把改革创新、奋发有为作为推动转型发展的主旋律和最强音，时时解放思想，处处真抓实干，不断提升新境界，取得新成果。要以“钉钉子”精神，持之以恒把20件实事抓实抓好，按照可执行、可监督、可检查、可问责的要求，有针对性地拿出对策，以更大的力度更实的责任逐项推进，把20件实事打造成临汾的特色和亮点。要把大讨论形成的共识，转化为推动改革发展的办法措施、政策制度，把大讨论形成的好经验和好做法固化下来，坚持下去，注重从深化改革、扩大开放、推动创新方面入手，以改革精神推进体制机制创新，形成一批实践成果和制度成果，推动“改革创新、奋发有为”制度化、长效化。要紧紧围绕“示范区”“排头兵”“新高地”三大目标，坚持以稳定经济增长为首要任务，着力改造提升传统产业、培育壮大新兴产业、全面提升现代服务业，进一步深化能源革命、调整产业结构、狠抓项目建设、支持民营经济、强化创新驱动、推进乡村振兴，全力巩固经济发展持续向好态势，推动我市经济社会实现高质量发展。

要进一步压实主体责任，切实抓好党的建设。认真贯彻落实新时代党的建设总要求，坚持以政治建设为统领，坚决贯彻《中共中央关于加强党的政治建设的意见》，旗帜鲜明讲政治，坚决做到“两个维护”。要坚持和加强党对一切工作的领导，把党的领导贯穿于各领域、各方面和全过程，引导党员干部增强党的意识，以党建引领经济社会发展、脱贫攻坚、乡村振兴、扫黑除恶等各项工作。要以永远在路上的坚韧和执着，扎实推进全面从严治党，持之以恒推进党风廉政建设，巩固发展反腐败斗争压倒性胜利。要加强干部监督管理，更加注重“四种形态”的精准运用，推动工作重心由“惩治极少数”向“管住大多数”转变。要以严重违纪违法案件为反面教材，汲取教训、引以为戒，真正在思想上、工作上、作风上严起来、实起来。要认真贯彻落实《关于进一步激励广大干部新时代新担当新作为努力建设高素质专业化干部队伍的实施办法》，打造忠诚干净担当的高素质专业化干部队伍，把党和人民需要的好干部精心培养起来、及时发现出来、合理使用起来，切实激励广大干部担负新使命、展现新作为。要紧扣“整体提升、全面进步”的目标，建强基层组织、夯实基础工作、提升基本能力，在更高起点、更高水平上深化拓展“三基建设”，为新时代临汾改革开放再出发提供坚强保障。

“不忘初心、牢记使命”主题教育

【概况】 2019年9月10日，临汾

市启动第二批“不忘初心、牢记使命”主题教育，2020年1月中旬基本结束。在临汾市参加主题教育的县处级以上单位有111个、县处级以上党员领导干部1347名，参照实施单位1518个、基层党组织10540个、党员22.26万名，实现全覆盖。市委聚焦深入学习贯彻习近平新时代中国特色社会主义思想这一根本任务，落实“四个到位”“四个注重”要求，抓住“关键少数”，坚持问题导向，注重分类指导，确保主题教育高起点开局、高质量推进、高标准落实。通过主题教育，全市各级党组织和党员干部接受初心使命教育，经历党内政治生活锻炼，实现思想认识再升华、政治忠诚再对标、宗旨观念再强化、担当作为再奋进、清正廉洁再提纯，解决一大批人民群众反映强烈的突出问题，带来一系列新气象新变化。

【以“关键少数”示范带动全市党员干部】 2019年，临汾市委常委班子坚持谋在先、学在前、作表率，带动“绝大多数”走深走实。在学习教育上，在开展个人自学，市委常委班子组织10次集中学习，进行3次集中交流研讨，谈认识、讲体会，摆问题、找差距，相互交流、互促共进。在调查研究上，9月开始，省人大常委会副主任、市委书记岳普煜到9个县（市、区），采取实地察看、召开座谈会等形式，就检视问题、征求意见、整治整改、“三服务”等进行实地调研。10月11日，岳普煜联系个人学习体会和调研成果，结合全市工作和干部队伍实际，以《高举思想旗帜，守初心、担使命，奋力谱写新时代临汾发展新篇章》为题，为全市300余名县处级以上干部讲专题党课。10月17日，市委常委会召开调研成果交流会，常委同志围绕改革发展稳定和党建工作中的重大问题，结合各自职责任务，交流情况、分析问题、研究措施，推动调研成果转化运用。在检视问题上，市委常委班子从一开始就列出问题清单，班子成员主动认领，带头检视问题。9月24日，市委常委会召开找差距专题会，常委同志对照党章党规，紧扣“18个是否”，进行查找剖析。12月4日，市委常委班子召开专题民主生活会，常委同志根据“四个对照”“四个找一找”的要求，开展批评和自我批评。在整改落实上，市委常委会多次对中央部署的“8+2”专项整治进行研究部署，每个专项整治都明确一名市委常委具体负责、定期调度。10月31日，岳普煜主持召开专项整治调度推进会，分析问题形势，研究对策办法，推动专项整治和整改落实取得成效。市委常委会示范带动全市各级党委（党组）履行主体责任，各级领导班子成员特别是主要负责人带头边学边查边改，一手抓好班子主题教育，一手抓好基层主题教育，推动责任落实。

【落实四项重点措施】 2019年，临汾市委坚持从实际情况出发，推进全市主题教育。提早谋划部署。第一批主题教育部署后，市委下发《通知》，要求各级党组织及时跟进学习、推动主题教育预热升温。围绕提升主题教育质量，对市级领导和县（市、区）、市直单位“一把手”，进行《纲要》《选编》专题辅导；对县（市、区）委书记、组织部长和市直单位党组（党委）书记，从10个方面作工作辅导；对主题教育办公室及巡回指导组工作人员，开展政策业务培训。7月底前，市县两级全部组建成立主题教育领导小组及其办公机构。强化调度指导。贯彻落实省委“1+4”工作安排，结合实际制定《关于在全市开展“不忘初心、牢记使命”主题教育的实施方案》，明确“17+8”具体任务要求，推动中央和省委各项部署要求具体化。坚持定期调度与全面推进、业务辅导与压力传导、任务提醒与重点督办“三个相结合”，建立日常调度工作机制。根组织各级党组织开展“回头看”，纠偏校正。针对主题教育推进不平衡的问题，岳普煜对10个单位党委（党组）书记进行集体谈话提醒。坚持一体推进。把学和做结合起来、把查和改贯通起来，把握四项重点措施的内在联系，抓住建立问题整改清单，组织党员、干部在学习中深刻查摆问题，从检视问题中明确调研方向，在调研中寻找解决问题的思路和办法，以调研成果推动问题整改落实，通过整改落实成效检验学习教育效果，将四项措施一体推进抓在手、贯到底，做到以学促研、以研促查、以查促改。

【强化党员干部的政治自觉、思想自觉和行动自觉】 2019年，临汾市委落实“以思想教育打头”的要求，把学习贯彻习近平新时代中国特色社会主义思想作为主线，推动各级党组织和党员干部在学懂弄通做实上下功夫。原原本本学。各参加单位组织党员干部制定自学计划、细化自学内容、量化自学时间、明确自学要求，逐篇逐段学习中央规定的必学书目和篇目，跟进学习习近平总书记最新重要讲话精神，深入学习习近平总书记对本地区本领域的重要指示批示精神。中共十九届四中全会召开后，全方位推动习近平新时代中国特色社会主义思想武装党员干部头脑。全市组织开展进基层宣讲1100余场次，辐射党员群众22万余人，带动党员干部读原著、学原文、悟原理，做到学思用贯通，知信行统一。交流研讨学。各级领导班子按照要求组织开展集中学习研讨，围绕8个专题互动交流，分享学习心得，深化学习效果。10月11日，市委举办学用习近平新时代中国特色社会主义思想经验交流会。丰富载体学。坚持线上与线下并重，运用“学习强国”“好干部在线”“山西智慧党建”“临汾党员先锋号”等载体进行学习。基层党支部普遍建立党员微信学习群，打造“指尖上的课堂”，方便党员随时随地学习。各地组织党员就近就便在红色教育基地接受革命传统教育和爱国主义教育。

【专项整治整改】 2019年，临汾市委把专项整治整改作为关键一环，坚持奔着问题去、盯着问题改，强化上下联动，解决问题。上下联动抓整治。市委主题教育领导小组办公室统筹协调市委巡回指导组、专项整治工作组、各县（市、区）和市直相关单位等各方力量，形成上下贯通、一体推进的工作合力。对发生在基层、根子在上面的问题，联动整改统筹解决；对带有普遍性的问题，深挖根源重点解决；对涉及多个地区、部门和单位的问题，协调推动合力解决。精准施策抓整治。对问题整改实行清单式管理、项目化推进，各级领导班子对查摆出的问题集体研究，反复梳理，注重听取群众、基层干部、离退休老干部和“两代表一委员”等各方面意见建议，找准找实专项整治整改在本地本单位的问题表现，建立问题清单。对问题清单中所列的每一条问题，逐一明确牵头领导、责任部门、整改措施和时限要求，倒排工期、挂图作战，逐条逐项推进落实，解决一个，销号一个。建章立制抓整治。在解决具体突出问题的同时，注重查找在工作推进、日常监管、制度建设等方面存在的不足，坚持边查、边改、边立制，把专项整治整改中形成的好经验好做法用制度的形式固化下来，研究出台、健全完善一批有效管用的制度规定，形成长效机制，防止问题反弹回潮。全市各级领导班子在推进能源革命综合改革、工业高质量发展、国资国企改革、民营企业健康发展、激励干部担当作为、加强基层工作等方面建立完善一系列制度，形成一批制度成果。

【保障主题教育责任落实】 2019年，临汾市委把严督实导、内外用力作为推动主题教育有效手段，发挥各级巡回指导组作用，注重开门搞教育，推动主题教育开展。“两级联动”指导。市县两级组建222个巡回指导组，构建起覆盖全面、指导有力、保障到位的工作体系。各级巡回指导组坚持精神要求联学、重点任务联推、解决难题联议、教育成效联评，精准开展指导工作。市级指导组坚持点面结合、下沉一级，联系县（市、区）的重点指导一个乡镇和一个县直单位，联系市直单位的再下探一级重点指导一个基层党支部，以“点上”的督、带动“面上”的导。县级指导组沉到底、沉到边，发挥兜底作用，进行全覆盖指导。“敞开大门”抓教育。市委在主题教育一开始，就在各类媒体公开发布“致全市广大共产党员的一封信”，激励党员参与主题教育。市委常委会带头，各级党委（党组）主动邀请“两代表一委员”、服务对象和群众代表参与学习研讨、学用交流、组织生活会、征求意见会等。坚持“请进来”与“走下去”相结合，各级党组织普遍通过走访座谈、实地调研、民生热线、微信平台、网络信箱等方式，拓展听取意见的广度和深度。全市向群众发放“明白卡”11.8万张，通过各类媒体公示、晒出整改落实项目，邀请群众参加主题教育评估工作，请群众参与、受群众监督、让群众评判。

【领导机构】 市委“不忘初心、牢记使命”主题教育领导小组组成人员如下：

组　　长：岳普煜
第一副组长：董一兵
常务副组长：李云峰
副 组 长：周计伟　李朝旗
　　　　　刘文华
成　　员：扈新起　李建国
　　　　　韩振钢　樊奋强
　　　　　武卫东　韦　阳
　　　　　李　竟　张东红
　　　　　郭　琰　杨　光
　　　　　乔悟生　史全喜
　　　　　张青山　屈　波
　　　　　程世杰　牛少白
　　　　　李永芳　吴吉红
　　　　　郝德彪　孙延震

领导小组下设办公室：

主　　任：刘文华
常务副主任：武卫东
副 主 任：韩振钢　樊奋强
　　　　　李　竟　杨　光

大事记

1月

2日 在北京举行的2018（第六届）中国生态年会上，霍州市被授予“全国生态文化旅游市”荣誉称号。

4日 临汾市召开重污染天气应对工作会议，决定从1月4日12时起，由重污染天气橙色预警（二级）升级为重污染天气红色预警（一级）。副市长潘海燕出席会议并进行应对工作安排。

△曲沃县被评为山西省级园林城市。

5日 临汾市召开2019年项目谋划情况汇报会，听取市直有关单位、各县（市、区）和临汾、侯马经济开发区项目谋划工作汇报。山西省人大常委会副主任、市委书记岳普煜主持会议并讲话。市委副书记、市长刘予强做具体部署。

6日 临汾市召开2018年度目标责任考核大会，对全市及市级领导班子和领导干部一年来的工作进行考核测评。岳普煜主持会议。省考核组组长、省委党史办原主任于若洁，省考核组副组长、省统计局副局长曹力民及省考核组成员出席会议。刘予强代表市党政班子作工作总结，并作个人述职报告。

△侯马市油画学会成立，首届油画作品展开展。

7日 临汾市政府办公厅、环保局、公安局和尧都区政府有关负责人对尧都区水门街社区、段店乡翟庄村等禁煤区的重污染天气应对措施落实情况进行突击检查。

9日 临汾市召开2018年保障性安居工程资金投入和使用绩效审计进点视频会，对各项工作进行动员、安排，启动相关审计工作。市委常委、常务副市长常青出席会议。审计组有关负责人宣读审计通知书、审计小组分工情况和审计工作方案主要内容；市住建局负责人汇报全市2018年度棚改和公租房等保障性安居工程建设、分配、管理情况。

△2018年下半年“山西好人”评选结果出炉，临汾市的刘小丽和刘婷分别荣膺助人为乐好人和见义勇为好人称号。

12日 山西大地华基建材科技有限公司揭牌成立，标志着大地控股和临汾华基混合所有制重组完成，山西省建筑垃圾资源化平台正式建立。刘予强与山西大地环境投资股份有限公司董事长屈忠让出席揭牌仪式。

12日至13日 “万里茶道看晋商”系列活动在临汾市博物馆举行。市领导李朝旗、张学伟、潘海燕、梁清燕出席。该活动由省文物局和临汾市委、市政府主办，市旅发委、市博物馆承办，山西茶文化研究会、华夏晋道商贸有限公司等单位协办。活动围绕“晋商精神和万里茶路”主题，通过展陈“正史、碑拓、著述、文献、实物”，展现晋商的“会馆、茶庄、票号”等文化遗产。活动包括“万里茶路看晋商”巡展、“华夏晋道杯”2018山西省茶艺师大赛决赛、“丝路·茶路·一带一路”高峰论坛、专家研讨会等内容。市委常委、宣传部长李朝旗致辞。

14日 临汾市召开机构改革动员大会，动员部署临汾市机构改革工作。岳普煜出席会议并讲话。刘予强主持会议。刘予强宣读省委办公厅、省政府办公厅《关于印发〈临汾市机构改革方案〉的通知》；市委常委、纪委书记、监委主任周计伟宣读《关于认真履行纪检监察机关职责确保全市深化机构改革顺利推进的通知》；市委常委、组织部部长刘文华作《临汾市机构改革实施方案》说明。

△岳普煜主持召开市委常委（扩大）会议，传达学习省委经济工作会议精神；传达全国、全省扫黑除恶专项斗争会议精神，研究临汾市贯彻落实意见；研究中共临汾市委四届五次全体会议暨市委经济工作会议有关事项；研究临汾市市县机构改革有关事项；审议并原则

通过《喜迎新中国成立七十周年——“幸福临汾”市区春节、元宵节文化活动实施方案》。

15日 中共临汾市委四届五次全体会议暨市委经济工作会议召开。会议由市委常委会主持。岳普煜讲话。刘予强作具体安排。出席会议的市委委员46人，候补委员8人。

△临汾一中举行“清华大学2018年生源中学”称号授牌仪式。副市长陈忠辉，市政府办公厅和市教育局有关负责人出席仪式。清华大学校长助理、教务处处长彭刚教授参加仪式，作专题报告。

1月15日至2月4日（腊月初十至腊月三十） 临汾市开展“我们的中国梦”——文化进万家活动，组织“百场电影走基层”。

18日 临汾市召开非洲猪瘟防控工作会议，通报解除对尧都区非洲猪瘟疫情疫区的封锁。副市长闫建国出席会议并讲话。会议通报全市非洲猪瘟疫情处置工作及疫区解除封锁评估验收情况。1月15日，省农业农村厅接到市畜牧兽医局《关于解除封锁非洲猪瘟疫区的申请》后，1月16日至17日组织省农业农村厅、省农业科学院、山西农大相关专家对临汾市非洲猪瘟疫区解除封锁进行评估验收，认为临汾市具备解除封锁的条件，建议解除封锁。

△翼城县被认定为全国第三批率先基本实现主要农作物生产全程机械化示范县。

22日 中共临汾市纪委四届四次全体会议召开，岳普煜在会上讲话。周计伟主持会议。省纪委监委机关有关同志应邀出席会议。

△临汾海关在侯马市正式挂牌。太原海关关长高继科、副关长赵羽，副市长张翔出席挂牌仪式。

23日 临汾市首届“最美社区干部”颁奖会在市影剧院举行。岳普煜为10位“最美社区干部”颁奖，刘予强为10名“最美社区干部”提名奖获得者颁奖。市领导陈纲、刘文华、王国平、张学伟、潘海燕、张翔、梁清燕出席颁奖晚会。临汾市首届“最美社区干部”颁奖晚会由市委组织部主办，市民政局、市文化局、临汾市广播电视台协办。评选活动于2018年11月12日启动，评选范围为在社区工作的基层干部，选拔出“最美社区干部”“‘最美社区干部’提名奖”各10名。

24日 临汾市举行第七届精神文明建设“五个一工程”颁奖晚会，为市文化局、侯马市委宣传部等7家单位颁发组织工作奖；为电影《乾元苍穹》、戏曲《老鹳窝》等47部作品颁发创作优秀奖。

28日 临汾市党支部书记“改革创新、奋发有为”大讨论示范培训班开班。

△“华人老家·幸福临汾”2019年临汾市春节文艺晚会在市影剧院上演。市领导李朝旗、郭行杰、郝忠祥、杨治平、王国平、冯建宁、潘海燕、刘小才与各界群众观看晚会。

30日 新组建的临汾市应急管理局、地方煤炭安全监督管理局、市政府安委会办公室揭牌成立。常青出席揭牌仪式并讲话，张翔主持仪式。

31日 新组建的临汾市文化和旅游局揭牌成立。潘海燕出席揭牌仪式并揭牌。

2月

1日 临汾市举行2019年各界人士迎春茶话会。岳普煜、刘予强等领导与各民主党派、工商联、无党派代表人士，侨胞侨属代表，台胞台属代表，民营企业家代表，民族宗教界代表，文化艺术界代表，新闻知识界代表，新的社会阶层代表等欢聚一堂。市政协主席、市委统战部部长张建平主持会议。

△临汾市委网络安全和信息化委员会办公室及临汾市互联网信息办公室举行挂牌仪式。李朝旗出席。

2日 临汾市机构改革新成立的市行政审批服务管理局举行揭牌仪式。常青出席并揭牌。

5日至19日（正月初一至正月十五） 临汾市在尧庙—华门文旅融合示范区和市汾河生态公园举行华门光影秀、汾河公园音乐喷泉贺新春活动。

9日至24日（正月初五至正月二十） 每晚7时40分，“华人老家——幸福临汾”戏曲展演活动在市影剧院开演，由市蒲剧团、市眉户剧团、小梅花蒲剧团、北京儿童艺术剧院演出戏曲传统戏、现代戏和儿童剧。

13日至23日（正月初九至正月十九） “华人老家—幸福临汾”迎新春精品书画展在市群艺馆综合展厅展出。

13日 临汾市脱贫攻坚工作会议召开。岳普煜讲话，刘予强主持会议。

△临汾市委召开农村工作会议。市委副书记李云峰讲话，闫建国主持。尧都区、洪洞县、乡宁县作交流发言。

17日 临汾市2019年春风行动暨春季人才招聘大会在市区九州广场举行。招聘会以“促进转移就业，助力脱贫攻坚”为主题，促进高校毕业生、去产能分流职工、退役士兵等重点群体就业。当天参加招聘会的求职者18000多人，现场达成就业意向人数8637人。

18日 临汾市召开全市“改革创新、奋发有为”大讨论动员部署会议。岳普煜出席并讲话，刘予强主持会议。市四套班子领导出席会议。

23日至25日 临汾市政协四届四次会议召开。

24日至26日 临汾市四届人大五次会议在市影剧院开幕。

26日 尧都区人民政府与山西宏源沿黄文旅公司举行姑射山风景名胜区项目合作框架协议签约仪式。

△临汾市委政法工作会议召开。岳普煜出席会议并讲话。

3月

1日 临汾市政府召开市区规划区及周边区域城市大清洁专项行动安排部署会议。潘海燕出席。

4日 临汾市召开2019年生态环境治理攻坚大会。岳普煜出席并讲话。潘海燕主持会议。闫建国传达全国和全省生态环境保护工作会议精神；潘海燕总结2018年生态环境保护工作，安排部署“冬防”和2019年生态环境保护工作。

5日 临汾市志愿服务联合会成立。李朝旗出席会议，为市志愿服务联合会授牌。

11日 由临汾市纪委监委主办，市文联、市博物馆协办的“丹青墨韵·清风临汾”书画展在市博物馆开展。周计伟在开幕式上致辞。

12日 临汾日报社与市生态环境局联合发起的“生态环境治理攻坚采访行动”举行启动仪式。岳普煜作出批示，刘予强致信，潘海燕为采访团授旗。

13日 临汾市行政审批服务管理局与建设银行临汾分行签署“临汾市智慧政务综合金融服务项目战略合作框架协议”。

15日 临汾市市场监督管理局、市消费者协会联合尧都区市场监督管理局、尧都区消费者协会在市区平阳广场举行2019年“3·15”国际消费者权益日大型宣传活动。

18日 临汾市召开“大棚房”问题专项清理整治工作约谈会。闫建国出席会议并讲话。

19日 市长热线系统全新升级上线。

△2019年呼包鄂巴四市山西景区推介会在内蒙古自治区包头市举行。临汾市山西帝尧旅游文化发展有限公司、大槐树寻根祭祖园、云丘山风景区和黄河壶口瀑布景区亮相推介会。

△2019年度“体验科学——中国流动科技馆”巡展在临汾同盛实验中学启动。张建平出席启动仪式并宣布活动启动。

21日 11时22分，乡宁县山体滑坡失联人员全部找到。经查明，事发时区域内有79人，事发后有46人自行逃生，13人获救，20人遇难。15日18时10分许，山西乡宁县枣岭乡卫生院北侧山体滑坡，致卫生院一栋家属楼（6户）和一座简易用房，信用社一栋家属楼（8户）、一座小型洗浴中心楼垮塌，其中一栋楼整体滑落半山腰，两栋垮塌散落沟坡，大部分被黄土掩埋。事件发生后，省委书记骆惠宁，省委副书记、省长楼阳生第一时间作出批示，要求全力组织科学救援，防止发生次生灾害，全力抢救受伤人员，做好善后工作。省委书记骆惠宁，岳普煜，副省长、省公安厅厅长刘新云，省军区副司令员邱月潮、省武警总队司令员曾友成连夜率应急消防队员、解放军和武警官兵、公安干警、地灾防治专家、医疗专家等赶赴现场，展开抢险救援工作。应急管理部副部长付建华连夜赶赴现场指导。

△临汾市文旅融合示范基地——非遗进景区活动在襄汾县荷花园景区启动。临汾市将重点在该景区开展非遗与旅游融合试点工程。

22日 临汾市召开传达贯彻全国“两会”精神会议。岳普煜主持会议并讲话。刘予强传达全国“两会”的基本情况和主要精神。

△临汾市组织收听收看全省“三晋英才”支持计划启动大会。骆惠宁在主会场出席会议并讲话。楼阳生主持会议。省政协主席李佳出席会议。

24日 临汾市召开干部入企进村动员培训会。岳普煜出席第一阶段会议并讲话。省委“改革创新、奋发有为”大讨论第10督导组组长、省委党校副巡视员赵继光到会指导。李云峰主持第一阶段会议。市领导陈纲、刘文华、闫建国出席第一阶段会议。

△临汾市召开县（市、区）委书记、市直部门对标一流述职承诺评议会。岳普煜主持会议并讲话。刘予强出席会议并讲话。

27日 临汾市市直机关“改革创新、奋发有为”大讨论先进事迹报告会在临汾影剧院举行。为市直党员作专题报告的有：荣膺感动中国“十大人物”的临汾市红丝带学校校长郭小平；被公安部授予“情满万家·全国公安派出所好民警”的市公安局直属分局尧庙派出所副所长马卉；被党中央、国务院授予“全国劳动模范”的市环卫局垃圾清理运输中心清运司机齐建国；荣膺临汾市首届“平阳工匠”的国网临汾供电公司配网带电作业班技术员刘小元。

△临汾市首所红军小学在永和县药家湾小学挂牌，是红军小学建设工程理事会正式命名的全国第260所中国工农红军小学。

28日 由中国篮球协会授权，中篮联（北京）体育有限公司、临汾市政府主办的“映连红杯”CBA中国篮球发展联赛（临汾站）比赛在同盛实验中学开幕。市政协副主席杨忠华致辞，市人大常委会主任陈小洪宣布比赛开幕。

29日 尧都区在金殿镇姑射村山西姑射山风景名胜区——游赏区开发建设项目施工现场举行2019年第一批重点项目集中开工仪式。岳普煜，市委常委、尧都区委书记陈纲出席并共同按下项目开工启动球。此次集中开工的项目20个，总投资316.74亿元，当年计划完成投资35.07亿元。其中，转型项目12个，总投资286.37亿元。

4月

1日 临汾市组织部长（干部教育培训工作）暨老干部工作会议召开。刘文华出席会议并讲话。

2日 临汾市举行“改革创新、奋发有为”大讨论先进典型报告会。赵继光到会指导。李朝旗主持。

9日 山西省扫黑除恶第3督导组督导临汾市工作汇报会在市区金都花园大饭店召开。省扫黑除恶第3督导组组长朱明出席会议并讲话。岳普煜汇报临汾市扫黑除恶专项斗争工作情况。市委常委、政法委书记郭行杰主持会议。

10日 临汾市举行山西师范大学临汾学院新校区建设领导组第一次会议暨PPP项目合同签约仪式。副市长陈忠辉出席。会议通报项目领导组成员名单和市政府关于山西师大临汾学院新校区建设PPP项目合同的批复，介绍项目前期准备情况、学院项目组分工情况和下一步工作安排，相关单位进行表态发言，山西师范大学临汾学院与工程承建方签订合同。

△“重走《黄河大合唱》创作之路”寻根活动暨永和专场音乐会在永和县乾坤湾地质公园举办，庆祝中华人民共和国成立70周年，纪念《黄河大合唱》诞生80周年。

11日 临汾市召开2019年贫困县农村妇女“两癌”免费检查工作启动会。副市长、市妇儿工委主任张翔出席会议并讲话。2019年，临汾市10个贫困县部署完成38086名农村妇女“两癌”免费检查任务，检查范围扩大到贫困县35岁至64岁的妇女。

13日 临汾市中心医院葛均波院士工作站揭牌成立。岳普煜，中国科学院院士、九三学社中央常委、复旦大学生物医学研究院院长、上海市心血管病研究所所长、复旦大学附属中山医院心内科主任葛均波出席并为工作站揭牌。岳普煜向葛均波颁发“临汾市心血管疾病特聘首席专家”证书；葛均波为市中心医院院士工作站团队颁发聘书；岳普煜、葛均波等向市中心医院联盟医院颁发“葛均波院士工作站联盟单位”牌匾。陈忠辉对院士工作站的揭牌成立表示祝贺。

16日 由大宁县委、县政府与北京共仁公益基金会、中国乡建院、中科院植物研究所共同组建的“大宁乡村振兴研究院”在大宁成立。岳普煜，北京大学习近平新时代中国特色社会主义思想研究院乡村振兴中心主任、中国人民大学学术委员会副主任、中国人民大学乡村建设中心主任温铁军出席并揭牌。岳普煜为大宁乡村振兴研究院名誉院长温铁军颁发聘书。

18日 市委全面深化改革委员会会议召开。岳普煜主持。市领导董一兵、李云峰、陈小洪、张建平、陈纲、郭行杰、刘文华、常青、郝忠祥、潘海燕、张翔，以及市委办公室和相关部门负责人参加会议。

△临汾市举行为烈属、军属和退役军人等家庭悬挂光荣牌工作启动仪式。市委常委、军分区政委王振富，闫建国出席仪式，为光荣之家代表授牌。

18日至19日 山西省爱国主义教育基地工作培训班在临汾市举办。省委宣传部副部长骞进，李朝旗出席开班仪式。各市市委宣传部副部长、宣传科长、省级爱国主义教育基地代表负责人参加培训。

19日 临汾市四届人大六次会议在金都花园大酒店召开。

△临汾市举办“千企谋发展·百亿助转型”签约大会。赵继光、张建平、常青出席会议。省联社临汾办事处负责人宣读“千企谋发展·百亿助转型”入企授信活动实施方案；山西立恒钢铁集团股份有限公司、尧都农商行等单位作表态发言；市工商联与省联社临汾办事处签订合作框架协议，尧都、襄汾、洪洞、乡宁4家农商银行分别与山西永鑫煤焦化有限责任公司、山西万盛源天然气集团等7家民营企业签订80亿元的合作意向书。

20日 临汾燃气公司实施的市射击飞碟靶场燃气配套工程完成灶具连接。市射击飞碟靶场是二青会分赛场之一，配套的燃气工程提供赛场运动员食堂5台大灶用气需求，是赛场重要的后勤保障之一。工程以滨河路东侧的气源点为起点，新建燃气中压管线经过滨河路延伸至射击飞碟靶场，通过燃气调压器进行压力调节，以低压管线延伸至运动员食堂。新建燃气中压管线260米、低压管线58米、调压器一台。

23日 山西省委第二巡视组对临汾市及所辖国定贫困县开展脱贫攻坚专项巡视动员会在电子政务中心召开。省委第二巡视组组长任在刚讲话，省委巡视办副主任郝点亮就做好巡视工作提出要求，岳普煜表态讲话，市委副书记、市长董一兵主持。

△全国政协海外列席侨胞、慈善家李文忠向临汾市国家级贫困县捐赠的5辆医疗巡诊车启用。5个“小型流动医院”将方便偏远农村贫困患者就近就医、快速诊治。张建平致辞。

24日至25日 临汾市委党史研究室（市地方志研究室）在吉县组织召开《吉县志1986—2015》专家评审会。省委党史研究院（省地方志研究院）院长张志仁，市委常委、吉县县委书记郝忠祥出席并讲话。《吉县志1986—2015》的评审标志着全市二轮修志重大工程进入收官阶段，全市17部县（市、区）志将全部完成。

25日至28日 第二届全国青年运动会花样滑冰开赛仪式在临汾冰世界乐园举行。岳普煜宣布比赛开赛。二青会组委会常务副秘书长、省体育局局长赵晓春致辞。来自全国各地的350余名运动员在24个项目上展开角逐，决出72块奖牌。27日临汾市体校选手邢珈宁和陈溪梓夺得冰上舞蹈体校甲组金牌。

26日 古县牡丹景区旅游开发有限公司与北京山海文旅集团签署合作协议，打造“天下第一牡丹”文化旅游名片。岳普煜、潘海燕出席签约仪式。

28日 第三届“全域旅游晋都行——曲沃县六区四园文化旅游系列活动月”开幕。李朝旗在开幕式致辞。文化旅游系列活动月以“唱响古晋都·追梦新曲沃”为主题，在全县16个景区筹备两大类、16项主题和专题活动：一是7项“六区四园文化旅游”特色主题活动；二是9项“全域旅游晋都行”系列专题活动。

29日 临汾市2019年文化科技卫生“三下乡”集中示范活动在尧都区尧庙镇启动。李朝旗宣布市2019年文化科技卫生“三下乡”集中示范活动启动。

△由临汾团市委主办的“青春心向党·建功新时代”纪念五四运动100周年特别主题团日活动——新团员集中入团仪式在同盛实验中学圆梦广场举行。岳普煜出席并讲话。市领导李云峰、王振富、郭行杰、常青、冯建宁、刘小才出席活动。

5月

5日至6日 中国科学院院士、九三学社山西省委主委郝跃一行到临汾市调研，与山西飞虹光电科技集团有限公司签署框架协议。陈忠辉主持签约仪式。

6日 临汾12355青少年服务台被团中央、教育部等12家部委授予全国“青少年维权岗”光荣称号。

7日至8日 副省长王成到吉县、大宁县、永和县，就脱贫攻坚、黄河防汛等工作调研。

9日 首届中国·山西曲沃国际蔬菜博览会在曲沃县开幕。来自9个国家、2个国际组织的19名外宾，6所科研院所的33名专家、学者，11个省、市的40家采购商，78家参展商，临汾市17个县（市、区）43家企业参加。闫建国主持。曲沃县委、县政府与复旦大学、巴比伦庄园（广州）农业科技有限公司签订共建复旦大学曲沃技术转移中心协议，与中国农产品流通经纪人协会、中国农科院农产品加工研究所签订战略合作协议。

12日 “2019年全国青少年冬夏令营（山西站）启动仪式”在市区汾河景区九州广场举行。由山西省体育局主办，临汾市体育局、临汾汾河景区管理处承办。市人大常委会副主任王金珍出席活动并致辞。

14日至22日 “二青会”圣火从尧庙出发，途经全市17个县（市、区），5月22日下午在晋国博物馆收火。副市长、二青会市执委会副主任兼秘书长潘海燕出席收火仪式，宣布二青会“山西燃气杯”火炬传递临汾市传递活动结束。收火仪式当天火炬手从彭真故居纪念馆出发，沿故居大道向东，至紫金山南街折返，到达彭真故居纪念馆，全程2.5千米，由25名火炬手接力传递。

20日 山西省疾病诊断相关分组（DRG）付费试点工作部署会议在临汾市召开。会议就成立专家技术指导组、出台试点工作方案和系列政策性文件、推进试点进展做安排部署。

22日 临汾市在山西师范大学举行2019年征兵宣传进高校暨大学生征兵活动启动仪式。市委常委、常务副市长、市征兵工作领导小组组长常青，临汾军分区司令员、市征兵工作领导小组副组长王彬，山西师范大学校长杨军出席启动仪式。常青宣布活动启动。

23日 临汾市举办第二届（农业农村）女性创业创新大赛决赛。省妇联副主席吕惠兰，市领导李云峰、张学伟、杨忠华观看比赛，为获奖选手颁奖。

△由民进山西省委会和民进山西开明画院主办的“奋进新时代，共圆中国梦”庆祝新中国和人民政协成立70周年暨民进山西开明画院书画作品巡展在市群艺馆开展。

5月25日至6月13日 “二青会”射击项目预赛（飞碟项目）临汾市射击射箭运动管理中心开赛，来自全国各地的23支代表队的262名运动员参加。来自太原、大同、临汾、阳泉等7个市的代表队参加34个项目的角逐。临汾市代表队获得4金、2银、5铜，总积分名列全省第三。其中，刘炳贤、苗婉茹、吴振华分别荣获男子甲组50米步枪3×40、女子甲组50米步枪3×40、男子丙组10米气步枪30发冠军；吴振华、王垚祎、张益宁荣获男子丙组10米气步枪团体冠军。

26日 第八届“5·26”国际艾滋病反歧视午餐日活动在临汾红丝带学校举行。活动以“守护梦想，为‘艾’正名”为主题。中国性病艾滋病防治协会会长郝阳，艾滋病健康基金会（AHF）亚洲局副主席、临汾红丝带学校荣誉副校长鲍宇刚，中国教育电视台主持人、临汾红丝带学校荣誉副校长周仁杰，著名表演艺术家、红丝带健康大使陈道明，著名影视演员、中国预防性病艾滋病基金会防艾义务宣传员金玉婷，市委副书记、市长董一兵及联合国艾滋病规划署、北京修实公益基金会、宇乐乐文化传媒有限公司、中国预防性病艾滋病基金会等百余名社会各界爱心人士参加活动。

28日 山西教育出版社副总编辑潘峰带领教辅室、校对室、美编室负责人一行4人，从太原赶到临汾红丝带学校，为孩子们送上节日礼物。

5月30日至6月1日 柬埔寨拜林省省长潘占托代表团在临汾市参观访问。山西省委副书记林武、省委副秘书长王成禹，市委副书记、市长董一兵，市委常委、常务副市长常青分别会见代表团一行。临汾市与拜林省拜林市签约发展友好城市关系备忘录。

31日 “寻根尧祖·圆梦中华”2019第二届尧都文化旅游节在临汾市区尧庙广场开幕。全国政协原副主席刘晓峰宣布开幕。全国政协原副秘书长卞晋平，中国侨联顾问、中国侨联原副主席唐闻生，省人大常委会原副主任、三晋文化研究会名誉会长李玉明，省政协原副主席姜新文，中国社会科学院学部委员、中国考古学会会长、中国社会科学院考古研究所原所长、副部级研究员王巍，省委宣传部副部长、省新闻出版局（版权局）局长夏祯，省文旅厅副厅长戎劲光，市领导董一兵、李云峰、陈小洪、张建平、李朝旗、陈纲、常青、王金珍、杨忠华、梁清燕出席开幕式。陈纲主持开幕式。

△以“溯文明之源·寻华夏之根”为主题的第二届尧文化高峰论坛在临汾市博物馆举办。

△临汾职业教育集团成立大会在临汾职业技术学院召开。临汾职业技术学院党委书记傅遵师、院长段江燕出席会议。

6月

1日 第二届民间祭拜尧帝大典尧帝陵国祖殿祭祀广场举行。

△山西省“海峡两岸交流基地”揭牌仪式在尧帝陵景区举行。董一兵、陈纲，省台办主任曹荣湘、副主任郝文杰出席揭牌仪式。

2日 携手共赢·圆梦尧都2019山西·临汾（尧都）招商引资推介会举办，签约项目15个，总投资194.28亿元。来自海内外的200余家企业应邀参会。

5日 第二届尧都文化旅游节在尧都公园广场闭幕。尧都区各机关团体干部职工及群众约3000余人观看文艺演出。第二届尧都文化旅游节举办第二届尧文化高峰论坛、全域旅游目的地交流座谈会、2019山西·临汾（尧都）招商引资推介会，达成签约项目15个，总投资额194.28亿元。

△临汾市人社局、市财政局等部门联合转发《省人社厅省财政厅省商务局省国资委团省委省工商联关于实施三年五万青年就业见习计划的通知》，临汾市三年青年见习计划正式启动实施。实施三年青年见习计划是指自2019年至2021年，全市用三年时间组织5400名离校两年内未就业的高校毕业生（含技工院校高级技工班、预备技师班和特殊教育院校职业教育类毕业生）和中职毕业生、16周岁至24周岁城乡失业青年（含未就业的被征地青年农民、城镇登记失业青年等）参加见习。

6日 临汾生态环境监测中心成立。省生态环境厅监察专员李凌昇，潘海燕为监测中心揭牌。

9日 由临汾市委宣传部、市教育局、市文旅局、团市委、市文联联合主办，市志愿者服务联合会、临汾风入松书店具体承办的“书香平阳·漂流万家”临汾市首届图书漂流公益活动在市区鼓楼广场启动。

11日 临汾市举行综合应急救援演练。常青与市应急管理局、市安委会成员单位有关负责人及各县（市、区）分管安全副县（市、区）长等观摩同世达罐区危险化学品泄漏救援演练。

14日 由蒲县蒲剧团编排的大型古装剧目《林娘》在临汾影剧院周末剧场上演。

16日 临汾市中心医院分别与北京大学首钢医院副院长、骨关节外科专家关振鹏教授，北京协和医院脊柱外科专家李其一教授，广州中华医药大学第一附属医院关节外科专家王海彬教授签订博士工作站合作协议并进行揭牌仪式，关振鹏教授、李其一教授、王海彬教授3个博士工作站落户临汾市。

18日 临汾市贫困地区农村饮水安全边巡边改工作总结会议召开。市委副书记、统战部部长李云峰出席会议并讲话。闫建国主持。

△临汾市妇联、晋商银行临汾分行、市广场管理处联合主办的庆祝新中国成立70周年“巾帼心向党·礼赞新中国”大型群众活动在市区平阳广场举行。

19日 山西省第一个“少年硅谷”人工智能中心在襄汾县建成。第十届全国人大常委会副委员长、中国关工委主任顾秀莲，省人大常委会副主任、市委书记岳普煜揭牌。中国关工委副主任、教育部关工委副主任王萍向襄汾县“少年硅谷”人工智能中心捐赠价值60万元的教学设备；计算机体系结构国家重点实验室副主任冯晓兵授予襄汾县“少年硅谷”人工智能中心“人工智能示范教育基地”铜牌。

△临汾市举办“少年硅谷”公益项目科技大讲堂。顾秀莲出席开班仪式并讲话。董一兵主持开班仪式。

20日 顾秀莲到临汾市红丝带学校考察。

25日 国家卫健委综合监督局举办的2019年定点扶贫地区监督执法人员培训班在临汾市开班。山西及陕西定点扶贫地区所有卫生监督机构负责人、科员50余人参加培训。

△临汾市、区两级市场监管局主办的电梯安全应急救援演练在市区恒安新东城天玺国际小区举行。陈忠辉出席并讲话。

28日 临汾市老龄公益协会组织200余人在市区平阳广场冒雨唱红歌。市老龄公益协会发动400多支队伍、3万多名志愿者，在临汾城乡100多个广场、公园、街道、社区、乡村开展庆祝中国共产党成立98周年活动。

△临汾市中心医院免费实施的首例心脏冠脉搭桥手术完成。

30日 临汾市庆七一群众文化系列活动——第十四届广场文化消夏月在汾河岸畔的九州广场开幕，岳普煜走上舞台，同干部群众合唱《没有共产党就没有新中国》。

7月

2日至12日 董一兵应南非克里斯哈尼市政府、津巴布韦国家投资局、埃及开罗市政府邀请，率团到南非、津巴布韦、埃及进行工作访问。

5日 临汾市市场监督管理局召开市直民营医疗机构落实“两品一械”不良反应监测主体责任集体约谈会，市直55家民营医疗机构主要负责人参加会议。

9日至11日 2019年山西省空手道锦标赛暨二青会测试赛结束。比赛决出31枚金牌、30枚银牌、48枚铜牌。其中，临汾市代表队以9金8银17铜、奖牌总数34枚稳居金牌榜和奖牌榜榜首。来自全省各地的9支代表队206人参加比赛。

13日至14日 在上海举行的第二十三届“中国少儿戏曲小梅花荟萃”活动中，临汾市选送的4名小选手程康、陈怀可、秦嘉懿、薛茗尤再夺4朵“金花”。临汾市“小梅花”总数57朵，位居全国地级市榜首。临汾市入选项目分别是：临汾市文化艺术学校程康的《徐策跑城》、可幻·戈登斯顿学校陈怀可的《挂画》、秦嘉懿的《火凤凰》、薛茗尤的《拾玉镯》4个个人项目和刘浩轩、马宇坤、刘思怡的《林冲夜奔》一个集体项目。

16日 山西省DRG付费业务工作培训班在临汾市开班。DRG付费国家和省级试点城市医疗保障部门行政、经办人员及有关试点医院、医保科、病案室负责人200余人参加。培训为期3天。

17日 全国人大常委会副委员长陈竺率执法检查组，就高等教育法实施情况到临汾市开展执法检查。

19日 临汾市打赢打好永和脱贫攻坚战推进会议在永和县召开。岳普煜出席会议并讲话。刘文华主持会议。刘文华宣读《关于成立临汾市打赢打好永和脱贫攻坚战领导组的通知》。

21日 临汾市“不忘初心、牢记使命”主题教育暨“一把手”政治能力提升专题培训班正式开班。岳普煜主持并讲话。专题培训从7月开始，到12月结束，主题为“践行初心使命、提升政治能力”。

26日 临汾市“机构编制云平台”启动仪式暨业务培训会召开。中央编办、省委编办相关负责人出席会议。机构编制云平台是中央编办利用云计算技术在互联网上搭建的信息化基础设施，旨在向各地编办提供硬件共享、软件开发、资料查询、数据分析、网站建设等信息化服务。

29日 临汾市召开2018年度“市长创新奖”总结大会。2016年，市委、市政府在山西省率先设立“市长创新奖”，每年列支300万元，对引领科技创新的优秀企业进行表彰奖励。根据2018年度“市长创新奖”评审结果，决定授予山西通才工贸有限公司临汾市“市长创新奖”一等奖，授予乡宁县云丘山旅游开发有限责任公司等5家单位二等奖，授予山西三水能源股份有限公司等9家单位三等奖。

△在全国退役军人工作会议上，尧都区贺家庄乡漫天岭村党总支书记张建国荣获“全国模范退役军人”称号，是临汾市唯一获此殊荣者。

△由国家体育总局体操运动管理中心、中国健美操协会主办的“2019年全国赢动少年健美操夏令营临汾分营”开幕式在临汾三中文体馆举行。

8月

1日 临汾市召开城市道路交通综合整治之创建示范路（解放路）动员部署会，推进解放东西路交通秩序整治行动。

△临汾市退役军人事务局和建设银行临汾分行联合举办退役军人服务卡首发仪式。闫建国出席，市退役军人事务局、建设银行临汾分行有关负责人及退役军人代表参加仪式。

2日至6日 第二届全国青年运动会空手道决赛在临汾同盛实验中学艺体馆开赛。来自全国26个省（市、区）93支代表队的578名运动员将争夺52个项目的金牌。临汾市夺得4枚金牌、4枚银牌、3枚铜牌。其中，临汾阳光俱乐部夺得俱乐部女子团体组手冠军；张潇芳获得女子甲组66公斤级冠军；临汾体校的徐瀚青获得男子甲组61公斤金牌、陈晓东获得男子甲组76公斤金牌。

6日 临汾市易地扶贫搬迁暨后续扶持工作现场推进会在大宁县召开。

7日 岳普煜主持召开市委全面深化改革委员会会议。

△临汾市在市区尧都公园举行全民健身系列活动启动仪式。陈纲出席，宣布活动启动。

△临汾市庆祝中华人民共和国成立70周年“唱响时代赞歌”2019临汾婚俗礼仪文化活动暨临汾首届汉式集体婚礼展演在华门景区举行。

9日 临汾市组织收听收看省政府“不忘初心、牢记使命”主题教育专项整治视频推进会议。

临汾青年创新创业大赛初赛开始，大会以“青春建功新时代、创业追梦新征程”为主题，46名青年创业者参加。

10日至15日 为期6天的二青会射击（飞碟项目）比赛在市射击射箭运动管理中心开赛。来自全国18个省、市、自治区的20支代表队、153名运动员，进行男、女飞碟多向团体和个人，男、女飞碟双向团体和个人，飞碟多向混合团体5个项目的角逐，产生9块金牌。

15日 临汾市深化农村改革攻坚深度贫困推进乡村振兴现场会在洪洞县召开。董一兵出席会议并讲话。李云峰主持。

19日 临汾市卫健系统在市人民医院举行庆祝表彰大会，表彰邓俊萍等100名“百名好医生”，致敬35年在岗医师。王金珍、陈忠辉、杨忠华出席，为获奖医师颁奖。

20日至21日 广东省江门市政协考察组到临汾市考察县乡医疗卫生机构一体化改革工作。

22日 由全国工商联与青海省人民政府联合主办的2019中国民营企业500强峰会在西宁开幕，发布“2019中国民营企业500强”系列榜单。临汾市两家企业——山西立恒钢铁集团和山西建邦集团入围，分别位列“2019中国民营企业500强”榜单第296位和386位、“中国民营企业制造业500强”榜单第172位和224位。

26日 庆祝中华人民共和国成立70周年、“听党话、跟党走”全市职工趣味运动会开幕。职工趣味运动会由市总工会主办，为期两天。设置旱地龙舟、超越障碍、众星捧月、动感五环、运动乾坤等15个竞赛项目，有各县（市、区）及有关市直单位选拔出来的20支代表队、408名运动员参加比赛。

27日 实名认证”功能模块在市政务服务“一张网”平台上线。

市民在网办多个事项时将不必再提供身份证明。“实名认证”功能模块将市政务服务“一张网”平台与建行身份认证系统进行对接，用户在“临汾政务在线”和“临汾政务通”进行注册时，通过身份证信息比对认证、登记手机号信息，通过建行卡（后期各商业银行卡都可以认证）实名认证功能，完成认证。

27日至28日 骆惠宁到临汾市蒲县、隰县、汾西县调研。

28日 临汾至长治城际公交开始试运行。临汾至长治城际公交由山西汽运集团临汾汽车运输公司、长治市长益公交有限公司联合运营，试运营期间两地共投放中型高一级以上客车24辆，设计日发20班次，每35分钟一趟，暂定票价20元。首班运营时间早7:00，末班运营时间晚6:00，由临汾城西客运站始发，单向运营里程197公里，预计运行时间2.5小时左右。

29日 “乡宁情·紫陶韵——2019乡宁（太原）紫砂陶小镇发展论坛暨招商引智推介会”在太原煤炭交易中心召开。推介会聚焦紫砂陶产业发展、招才引智、能源供应、文化旅游等项目合作，现场签约项目9个，总投资102.2亿元。

9月

1日至30日 临汾市委宣传部牵头，联合市城市管理局、汾河文化生态景区管理处、市公安局、临汾供电分公司、市电影公司等单位在市区平阳广场、鼓楼广场、九州广场、廉政广场等地开展“优秀电影公益展映月”活动。活动时间为每周五、周六晚7点30分。集中展映《流浪地球》《红海行动》等十五届“五个一”工程获奖作品，《建军大业》《百团大战》等第十四届“五个一”工程获奖作品及其他优秀电影作品。

5日 临汾市教育大会召开。

6日 临汾市贫困地区特色农产品展销中心在市区广奇财富中心揭牌。闫建国出席揭牌仪式。市消费扶贫工作领导小组与广奇绿色农产品超市合作搭建的市级销售平台，主要展出临汾市各贫困县特色农产品，囊括186家企业的360余种产品。平台试运营期间，签订采购订单300余万元。

7日至8日 农业农村部副部长张桃林到隰县、吉县调研山地特色农业发展。

9日 山西省委第四巡视组对临汾市所辖省定贫困县开展脱贫攻坚专项巡视动员会在浮山县召开。省委第四巡视组组长郭英杰代表省委巡视工作领导小组对巡视工作提出要求，省委第四巡视组副组长李增锁安排部署巡视工作。

△庆祝中华人民共和国成立70周年“歌颂祖国·赞美家乡首届临汾市中国画大展”在山西师范大学美术馆开展。

△“2019善品公社·隰县玉露香梨上市发布会”在隰县习礼村举行。

10日 临汾市“不忘初心、牢记使命”主题教育部署会召开。岳普煜出席会议并讲话。董一兵主持会议。

12日 临汾市召开落实省委脱贫攻坚专项巡视反馈问题整改动员暨集体约谈会议。岳普煜出席并讲话。董一兵主持会议。

△由临汾市委宣传部主办的第四届“好基地讲好故事”决赛在临汾广播电视台举行。全市17个县（市、区）推选出20个感人的英雄故事参加决赛。

△新能源公交高品质线路经验交流会在北京举行。临汾公共交通有限公司10路荣获全国“新能源公交高品质线路”荣誉称号，成为山西省唯一获此殊荣的公交线路。

16日 四届市委第八轮巡察暨市县巡察统筹工作动员部署会召开。周计伟出席会议并作动员讲话。刘文华主持会议。

17日 2019年“繁荣盛世·鼓舞山西”锣鼓艺术展演和临汾市合唱展演暨第三届吉县“歌唱黄河”合唱艺术周开幕式在吉县文化广场举行。

20日 2019中国旅游产业博览会上，临汾市文化和旅游局下属临汾尚尧文化艺术公司获得组委会颁发的“最具人气奖”，成为千家参展企业中唯一获奖企业，是山西省市级唯一获奖单位。

21日 临汾市开展“赞颂辉煌成就，军民同心筑梦”第二届军营开放日暨第19个全民国防教育日活动。李云峰宣布活动开幕。

24日 市委常委会“不忘初心、牢记使命”主题教育对照党章党规找差距专题会议召开。岳普煜主持。

△四届市委第八轮巡察完成对5个市直单位党组织巡察整改“回头看”和10个乡镇、20个村提级巡察的进驻。

△临汾市举行纪念新中国植树节设立40周年全民义务植树活动。市领导陈纲、郭行杰、常青、张庚博、程明温等与干部职工、志愿者300余人，在尧都区乔李镇北高村义务植树。

△黄河金三角地区老年人庆祝新中国成立70周年体育健身交流活动在临汾市举行。

25日至27日 临汾市庆祝中华人民共和国成立70周年“大美临汾·盛世中国”广场群众文化活动在市区平阳广场开幕。

26日 安泽农村商业银行股份有限公司揭牌开业暨“零售业务大提升”启动仪式举行。

△依托实体互联网医院建设的“健康小屋”在永和县坡头乡索驼村卫生室正式启用，山西省首张健康扶贫电子处方诞生。

27日 国家卫健委脑防委脑卒中筛查与防治项目临汾基地启动仪式在市中心医院举行。陈忠辉宣布该项目启动。

28日 由中国果品流通协会，吉县县委、县政府主办，吉县果业服务中心、吉县苹果产业发展协会承办的2019中国苹果年会暨山西吉县苹果品牌发展高峰论坛召开。吉县县政府与山西农业大学、西北农林科技大学签订院县共建协议。

△文化和旅游部公布首批国家全域旅游示范区名单，洪洞县成功入选。

△由临汾市委宣传部主办的“庆祝新中国成立70周年‘雕塑与文艺共享·人民与祖国同歌’全国首创雕塑音乐会”在市区古城公园雕塑艺术馆开演。

29日 临汾市“唱响时代赞歌”庆祝中华人民共和国成立70周年系列活动启动仪式在市区九州广场举行。活动由“‘与健康同行，与文明同在’健走竞赛、临汾成就展暨红色金融历史展、临汾市书法美术摄影展”三大板块组成。岳普煜出席启动仪式并为健走竞赛鸣枪发令。

29日至30日 临汾市创建办对各责任单位创建省级文明城市工作任务落实情况实施第二轮督查，检查首轮督查发现问题的整改情况，反馈近期社会监督组发现的问题。

30日 由中共临汾市委党史研究室编辑、中央文献出版社出版的《红色记忆——新民主主义革命时期中共临汾历史资料汇编》（5卷），由市地方志研究室具体承编、山西出版传媒集团·三晋出版社出版的《临汾风景名胜志》出版发行。两部文献均由岳普煜、董一兵作序。

10月

8日 临汾市召开全市“不忘初心、牢记使命”主题教育推进会。学习贯彻习近平总书记关于主题教育的重要讲话和指示批示精神，落实省委第二批主题教育推进会议部署要求。岳普煜出席并讲话，董一兵主持。

△第二届山西艺术节在山西大剧院落幕。临汾市摘得新剧目、导演、戏曲表演三项大奖。临汾市小梅花蒲剧艺术培训中心的新创蒲剧《泪洒相思地》获得“杏花奖·新剧目奖”第二名，青年导演王晓彤获得“导演奖”第一名；蒲剧艺术研究中心创排的传统蒲剧《反潼关》的主演崔鹏升荣获“戏曲表演奖”。

9日 临汾市召开标准化综合改革工作推进会，贯彻山西省会议精神，总结临汾市标准化综合改革试点推进情况。董一兵主持会议并讲话。

10日 临汾社区大学在市广播电视大学挂牌成立。陈忠辉出席挂牌仪式。

10日至12日 十一届省政协副主席刘滇生带队到临汾市开展“生态扶贫‘五个一批’落实情况”常委视察。

11日 临汾市“不忘初心、牢记使命”主题教育专题党课暨第二次学用习近平新时代中国特色社会主义思想经验交流会召开。岳普煜结合全市工作和干部队伍实际，联系个人学习和调研讲专题党课。李云峰主持会议。

△由临汾市委、市政府主办，吉县县委、县政府承办的“相约壶口·共谋发展”2019山西·临汾（吉县）专题招商引资活动在吉县壶口瀑布景区举办，签约项目9个，签约总金额64.6746亿元。张翔致辞。

11日至15日 临汾市委组织部、市扶贫办分两期在永和县阁底乡东征村举办乡镇党政班子成员、村党支部书记脱贫攻坚专题培训班，对计划脱贫摘帽的大宁、永和、汾西3个县部分乡镇党政班子成员和村党支部书记进行专题培训。

12日至14日 首届杨氏（式）太极拳精英赛在临汾铁路体育馆举行。来自全国23个省、市的126个代表队、1507名运动员参加为期3天的比赛。

14日 临汾市委党校2019年秋季学期主体班开学。岳普煜出席开学典礼并讲话。刘文华主持开学典礼。

△山西省文化和旅游厅公布第五批山西省非物质文化遗产代表性项目代表性传承人名单，计294名，其中临汾有8名。临汾市入选传承人分别为：传统音乐1人：翼城县“西阎民歌”张军海。传统美术2人：永和县“永和剪纸”刘林翠（女）、襄汾县“太平绣球”刘云芳（女）。传统技艺2人：洪洞县“玉堂春酒传统酿造技艺”李红明、“赵城卤肉传统制作技艺”

贾争气。传统医药3人：襄汾县“姚氏乳病消炎膏”姚许旺、襄汾县“东南李烧伤生肌膏”李绍斌、侯马市“谢氏艾灸”杨纯杰。全市有省级非物质文化遗产代表性项目代表性传人124人，其中省一批15人、省二批7人、省三批73人、省四批21人、省五批8人。全市“孝老爱亲、向上向善”2019“敬老月”活动在市区平阳广场启动。陈忠辉出席活动。

15日 由国家文化和旅游部主办的2019年第二期全国全域旅游培训班在洪洞县开班。文化和旅游部资源开发司副司长石艳杰、中央文化和旅游管理干部学院副院长隋吉林、省文化和旅游厅副厅长王琳，潘海燕出席开班仪式。

△全国妇联、联合国儿童基金会儿童早期发展项目山西地区推广培训班在临汾市开班。

16日 岳普煜主持召开市委常委会“不忘初心、牢记使命”主题教育调研成果交流会。

△国务院公布762处第八批全国重点文物保护单位（以下简称“国保单位”），临汾市新增11处。临汾市国保单位数量54处。新增11处国保单位包括古遗址3处：翼城县大河口遗址（西周至春秋）、翼城县南梁古城遗址（周）、翼城县苇沟—北寿城遗址（周）；古墓葬1处：襄汾县陶寺北墓地（东周）；古建筑4处：霍州市祝圣寺（元至清）、古县热留关帝庙（明清）、霍州市鼓楼（明清）、曲沃县薛家大院（清）；石窟寺及石刻2处：吉县挂甲山摩崖造像（北朝至明）、乡宁县营里千佛洞石窟（北齐至唐）；近现代重要史迹及代表性建筑1处：安泽县小李村太岳行署旧址（1942—1944）。

△临汾市海涛游泳馆被授予“省游泳训练基地”和“省游泳后备人才训练基地”，举行授牌仪式。

17日 中央“不忘初心、牢记使命”主题教育第八巡回督导组到临汾市，就主题教育开展情况进行调研督导。第八巡回督导组副组长周福启出席座谈会并讲话，岳普煜主持座谈会，汇报全市主题教育开展情况。省委“不忘初心、牢记使命”主题教育第六巡回指导组组长梁宝印汇报指导工作开展情况。

10月17日至11月底 临汾市开展万名干部下乡进村入户真脱贫、脱真贫、实帮扶活动。活动参与人员为市、县两级帮扶单位和帮扶人员，省级在临汾的帮扶单位和帮扶人员参照执行。

18日 临汾市创建省级文明城市志愿服务专项活动在市区平阳广场启动。李朝旗为各志愿服务队授旗。

△共青团临汾市委和共青团洪洞县委共同打造“开往青春的专车”青年之家主题公交——洪洞至临汾纯电动公交车301路，是山西省首个“移动的青年之家”。

18日至21日 山西临汾·北京宋庄第二届文化艺术品鉴交流展览会在临汾市蓝色港湾文化创意产业园举行。

19日 2019年秋季人才暨退役士兵专场招聘会在市人社服务中心举办。临汾市委人才办、市人社局、市退役军人事务局主办。闫建国现场检查指导。活动以“促进供需对接，加强精准服务”为主题，主要服务对象为退役士兵、高校毕业生、建档立卡贫困劳动力等群体。有159家企事业单位现场揽才，提供就业岗位6000余个。活动现场分退役士兵、农村贫困劳动力转移、打造临汾技工品牌、综合4个招聘专区，为不同类型的求职者提供就业服务。

△由中国人口宣传教育中心联合永和县委、县政府举办的“2019健行者公益活动”在永和黄河蛇曲国家地质公园拉开帷幕。来自全国各地的近600人参加。

20日 山西贫困地区农特产品“五进”对接承销活动结束。临汾市参加省对接承销消费扶贫活动，签约订单22个，总金额478万元。

△2019中华诗词“一带一路”行国际交流项目暨“农商行杯”中国飞镖公开赛（侯马站）在侯马市体育馆落幕。

22日 “大厦之门·闽韵翔安”文化旅游推介座谈会在临汾市举行。推介会由厦门市文化和旅游局、厦门市翔安区人民政府主办，厦门市翔安区文化和旅游局承办。

22日至23日 山西省人大监察和司法委员会主任委员白秀平带领山西省人大调研组到临汾市开展“基本解决执行难”执法调研并召开座谈会。

22日至25日 津巴布韦维多利亚瀑布城市长达拉梅尼·索姆威利一行在临汾市进行友好访问。董一兵会见代表团一行。

23日至25日 岳普煜主持召开市党政领导班子“不忘初心、牢记使命”主题教育第二次集中学习研讨会。

25日 “创建文明城市”2019年山西省国家体育锻炼标准达标测验活动（临汾站）启动仪式在市体育场举行。李朝旗宣布活动启动。

△由临汾市科协和市教育局

共同主办的第五届青少年机器人竞赛在同盛实验中学举行。来自临汾市13个县（市、区）的400余名选手和100余名教练员、裁判员参加，分为高中组、初中组、小学组、幼儿组，内容包括车形机器人格斗赛、人形机器人格斗赛、机器人足球赛、一带一路常规赛、创意搭建赛、无人机、创意编程7个项目的竞赛。

26日 山西省第七届全国道德模范巡讲活动临汾专场报告会在市影剧院举行。第七届全国敬业奉献道德模范提名奖获得者常明昌、孝老爱亲道德模范提名奖获得者陈秀苗、助人为乐道德模范提名奖获得者石双砚事迹代讲人解晓鹏分别作报告。

27日 为期3天的2019—2020全国花样滑冰少年系列赛暨U系列少年赛在临汾冰世界乐园落下帷幕。比赛由中国花样滑冰协会主办、临汾市尧盈旅游策划有限公司承办。设置少年甲、乙、丙3个组别。来自黑龙江省冰上训练中心、哈尔滨市冬季运动项目训练中心、吉林省体育运动学校等19支代表队的100余名运动员参赛，决出36块金牌、35块银牌、35块铜牌。

27日至30日 南非克里斯哈尼市市长王格玛·杰拉一行在临汾市进行考察访问。董一兵会见代表团一行。

30日 山西股权交易中心“企业创新板”的首个县域经济专场在襄汾县举行。襄汾县7家创新型企业集中挂牌，登陆该板块。其中，巍达新型建材、碧云天生物科技两家企业挂牌“晋兴板”；山佳阀门、瑞德合成材料、昌祥建材、埠瑞联特煤机、辉瑞制药5家企业挂牌“培育板”。襄汾县政府与山西股权交易中心签订战略合作协议。

31日 眉户电影《父亲啊！父亲》首映式暨新闻发布会在市区北美明珠新天地博纳国际影城举行，李朝旗、潘海燕、市政协副主席梁清燕，山西师范大学临汾学院党委书记毛跟云出席仪式。《父亲啊！父亲》由中国戏剧家协会、山西影视（集团）有限责任公司、山西电影制片厂（有限公司）、市文化和旅游局、市眉户剧艺术研究中心、弘泰城建集团有限公司联合拍摄，2018年8月22日开机，获得国家电影局电影公映许可证。

11月

3日 山西曲沃黄河金三角水果蔬菜产业硅谷项目招商推介会在北京梅地亚中心举行。

△临汾市文明交通志愿者协会成立，召开第一次代表大会。

6日 由交通运输部主办的2019年“我的公交我的城”重大主题宣传活动临汾站在市区华门广场启动。

△临汾市举行“初心·使命·逐梦”庆祝第20个记者节表彰活动，对全市28家新闻宣传先进集体、“十佳记者”、43名“优秀新闻工作者”、首届“好记者讲好故事”获奖选手和“临汾新闻奖”获奖作品进行表彰。市委常委、宣传部部长李朝旗出席并致辞。

7日至10日 由智利驻华大使馆外交官罗德里戈·托雷多率领的驻华大使馆官员交流团到临汾市参观访问。

9日 山西省电子社保卡和“民生山西”APP应用推广现场会在临汾市召开。省人社厅一级巡视员王建文出席，各市人社信息化工作及合作银行相关负责人参加会议。

11日 临汾市政府召开《临汾市陆港型国家物流枢纽发展规划》专家评审会。董一兵，中国物流与采购联合会副会长、中国物流学会副会长贺登才等评审会专家组成员，中国物资储运协会名誉会长、北京趋势中科物流科技研究院名誉院长姜超峰等规划编制组成员参加评审会。张翔主持。

12日 山西省推进社区教育发展现场会在临汾市召开，举行全省全民终身学习活动周开幕式。陈忠辉致欢迎词，介绍临汾市社区教育发展经验。

△“助力靓城提质、共建文明城市”广场群众活动在市区平阳广场启动。

14日 中科院无人机综合验证基地项目落地襄汾。

15日 临汾市召开国资国企改革大会。董一兵主持会议。

△尧都区矛盾纠纷多元化解中心揭牌成立。

△晋陕豫黄河金三角地区第六届职工技能大赛在临汾市落下帷幕。山西省总工会二级巡视员朱红升出席14日举行的开幕式并讲话。市人大常委会副主任、总工会主席杨治平出席开幕式、闭幕式，为获奖选手颁奖。

△由临汾市委宣传部主办、临汾广播电视台承办的第四届“好基地讲好故事”爱国主义教育基地专场故事会在梨园堂精彩开讲。

18日 中国共产党临汾市第四届委员会第七次全体会议举行。

19日 临汾市普通高中教育集团成立大会暨签约仪式在临汾三中举行。

20日 临汾市市政公用服务中心联合临汾移动、联通、电信三家通信公司以及公安、广电、供电等部门的施工人员，对市区解放路西端至解放路立交桥段的各种废弃架空线及设施进行了清理。解放路西端到解放路立交桥道路总长3250米，此次“管线下地”迁改工作中，铺设16450延米梅花管，各相关单位新铺设通信光缆54000延米，需拆除51000延米废旧光缆和26根通信电杆。

21日至27日 平阳印染布艺民间艺术精品展在市群艺馆开幕。此次展览由市群众艺术馆主办，市非物质文化遗产保护中心、市民间文艺家协会等承办，展出作品80余幅。

23日 由临汾市生态环境局、临汾日报社、山西师范大学联合开展的“助力秋冬防·百名大学生进百企入百村”宣传活动启动仪式在山西师范大学巨人广场举行。

23日至24日 2019年全国青少年U系列航空体育比赛（山西站）暨2019年全国航空模型公开赛（山西站）在临汾市开幕。

25日 襄汾中源文化旅游公司和湖南中惠旅集团就汾城古镇旅游开发项目正式签约，以项目资源、品牌资源、产业资源、金融资源、社会资源等为基础，进行多方位整合，共同建设专业的旅游产业投资建设平台、旅游景区运营管理平台、跨区域营销资源互信共享平台。汾城古镇位于襄汾西南，是始建于唐代的原生态古建筑村落，被誉为“全省十大古建群”之一，保留完好的古建群面积超2万平方米。

26日 由临汾市委宣传部、市文明办主办的第二季“临汾好人”发布仪式暨道德模范与身边好人交流活动在临汾广播电视台举行。李朝旗出席活动并为“临汾好人”颁奖。

27日 山西焦煤集团飞虹化工股份有限公司在洪洞县明姜镇举行60万吨/年烯烃及焦炉煤气制甲醇一体化项目开工仪式。董一兵出席开工仪式并宣布项目开工。山西焦煤集团党委书记、董事长王茂盛讲话。山西焦煤集团党委副书记、副董事长、总经理黄巍主持开工仪式。

28日 以“智能制造、共享未来”为主题的“2019山西省临汾市（深圳）招商引资推介会”在深圳宝安区举行。深圳市工信局副局长郑璇、山西省商务厅副厅长张效生、省政府驻广州办事处副主任杨晓珍出席。张翔致辞。推介会由临汾市联合省商务厅、省政府驻广州办事处（省珠三角招商局）主办，临汾经济开发区承办；300多位来自珠三角地区的企业精英代表，深圳山西商会及企业代表，深圳异地商会负责人及企业代表、资本机构代表等参会。

△临汾市区第八批公租房、第十五批经济适用房和第九批限价商品房公开摇号。

△“美好青春我做主”红丝带青春校园行宣传演出活动在临汾职业技术学院举行。

29日 由共青团中央、农业农村部主办的第十一届“全国农村青年致富带头人”表彰活动暨乡村振兴青年先锋首场事迹报告会在北京林业大学举行。临汾市古县石壁乡五马岭村青年农民郭朋朋荣获第十一届“全国农村青年致富带头人标兵”荣誉称号。

12月

1日 临汾市各级公立医疗机构销售25种带量采购药品，执行全国统一的采购价格。

2日 第六届感动百姓·山西乡村爱心大使名单正式揭晓，临汾市大宁县昕水镇史家坪村乡村医生张瑞廷荣获“山西乡村爱心大使”荣誉称号。

4日 临汾市在市影剧院举行“最美奋斗者”宣讲报告会，“最美奋斗者”获得者贺星龙和山西“最美奋斗者”候选人郑仙荣现场宣讲。

6日 临汾市召开秋冬季大气污染防治攻坚督查工作汇报会，听取市“秋冬防”攻坚3个督查组工作情况汇报。岳普煜出席会议并讲话。市领导王金珍、张学伟、杨益民出席。潘海燕主持会议。

7日 临汾市召开职业病防治专科联盟成立大会。陈忠辉出席并讲话。市职业病防治专科联盟由35家医疗机构组成。市第二人民医院为联盟理事长单位，市人民医院、市中心医院、市疾控中心等为副理事长单位。

△乡村振兴2019中国最美村镇评选颁奖盛典在安徽蚌埠举行，吉县东城乡社堤村参选，荣获中国最美村镇“精准扶贫典范奖”。

7日至9日 第13届“尧王杯”山西省围棋公开赛在临汾市开赛，来自太原、吕梁、晋中、运城、长治、阳泉等市的26个团队、110名选手参赛。

10日 临汾市纪委监委、市妇联联合开展“把对党忠诚纳入家庭家教家风建设”专题教育，对市直单位中层以上女干部和领导干部家属代表进行首场宣讲活动。

11日 临汾市城市管理局城市照明维护中心引用物联网技术，对原有的路灯控制管理系统进行升级，建设临汾路灯手机APP报修工单管理系统，市区路灯基本实现一杆一码。

12日 临汾市开发区（产业集聚区）建设现场推进会在临汾经济开发区召开。董一兵出席会议并讲话，张翔主持会议。

18日 襄汾经济技术开发区揭牌成立。张建平出席揭牌仪式。襄汾经济技术开发区总规划面积19.95平方千米，按照“一区三园”模式，建设高端装备制造产业园、现代服务产业园和星原传统优势产业提质园3个园区。

△临汾市干线公路、县乡主干道路广告设施清理及路域环境整治专项行动视频动员会议在市交通局召开。

△临汾市新能源行业协会成立暨第一次会员大会在临汾新能源大厦举行，会议审议通过《临汾市新能源行业协会章程》，选举产生会长、常务副会长等。

19日 全球抗结核新药“贝达喹啉”启用仪式在市第三人民医院举行。

19日至20日 第二届“平阳工匠”选树活动决赛在临汾广播电视台演播大厅举行，36名选手和9个团队参加决赛。

20日 山西光大工业旅游示范园区举行国家AAA级旅游景区授牌仪式，是临汾市第一家焦化行业AAA级工业旅游景区。

23日 临汾市首届“新时代好少年”发布仪式暨美德少年现场交流活动在市广播电视台演播厅举行。

24日 临汾市政府与太平洋财产保险公司山西分公司举行座谈会并签署战略合作协议。常青和太平洋财产保险公司山西分公司党委书记、总经理赵林增出席座谈会。

△山西省旅游资源规划开发质量评定委员会发布公告，包括临汾市曲沃晋园、洪洞广胜寺在内的全省7家景区达到国家AAAA级旅游景区标准要求，确定为国家AAAA级旅游景区。

△蒲县举行高级人才公寓入住仪式，首批8位优秀人才领到公寓钥匙。

△临汾市网络安全教育进校园总结表彰会在临汾日报社多功能厅召开。

△“美丽中国·青春行动”系列项目启动暨第九届“母亲河奖”颁奖会在北京举行，《临汾日报》小记者团荣获“绿色团队奖”，是山西省唯一获此殊荣的团队。

△《临汾市民办教育培训机构设置标准（暂行）》施行。

25日 山西省首批“黄河人家、长城人家、太行人家”175家评定名单发布，临汾19家获评“黄河人家”、11家获评“太行人家”。

26日 九三学社中央医药卫生专门委员会“九临合作”临汾名医工作室成立，市中心医院、市妇幼保健院分别与5位知名医学专家签约。全国政协委员、九三学社中央委员、九三学社中央医药卫生专门委员会主任、北京大学医学部主任助理、教授吴明；省人大常委、九三学社山西省委专职副主委李效玲，副市长、市“九临合作”领导组副组长陈忠辉，市政协副主席、九三学社临汾市委主委、市“九临合作”领导组副组长梁清燕出席授牌仪式。梁清燕在授牌仪式上致辞。签约的名医专家有九三学社中央医药卫生专门委员会委员、北京大学人民医院妇科肿瘤研究室副主任昌晓红，九三学社中央医药卫生专门委员会委员、北京大学人民医院骨髓瘤淋巴瘤病区主任路瑾，九三学社社员、北京大学人民医院产前诊断中心超声室负责人裴秋艳，九三学社社员、北京大学人民医院产前诊断中心实验室负责人张璘，九三学社社员、省人民医院妇产科主任刘萍；市中心医院“路瑾教授名医工作室”和市妇幼保健院“昌晓红名医工作室”“张璘名医工作室”“裴秋艳名医工作室”“刘萍名医工作室”五个“九临合作”临汾名医工作室正式成立。

27日 山西师范大学与襄汾荷花小镇文化旅游有限公司就校企合作进行签约；临汾市教育局授牌襄汾县荷花小镇“临汾市中小学生社会实践活动教育基地”。张建平，陈忠辉，山西师范大学副校长王云等出席签约、授牌仪式。

△临汾市人民医院博士工作站正式揭牌。

△临汾市翻译协会举办成立大会，这是山西省首家市级翻译协会。

28日 临汾市人民医院城市医疗集团成立。

△临汾市体育局与山西师大体育学院“产学研”战略合作签约仪式在山西师大体育学院举办。

29日 山西师范大学与尧都区合作，在贺家庄乡苏寨村建立实践基地。陈纲、山西师范大学党委书记卫建国为实践基地揭牌。

临汾概览

自然环境

【地理位置】 临汾市位于山西省西南部，东倚太岳，与长治、晋城为邻；西临黄河，与陕西省隔河相望；北起韩信岭，与晋中、吕梁毗连；南与运城市接壤。地理坐标为北纬35° 23′ 至36° 57′ ，东经110° 22′ 至112° 34′ 之间，南北最大纵距170多千米，东西最大横距约200千米，总面积20302平方千米，占全省13%。临汾“东临雷霍，西控河汾，南通秦蜀，北达幽并”，地理位置重要，自古为兵家必争之地。

【地形地貌】 临汾市地形轮廓大体呈“凹”字型分布，四周环山，中间平川，全境分山地、丘陵、盆地三大地形单元。其中，平川面积占19.4%，丘陵面积占51.4%，山地面积占29.2%。临汾盆地横亘全市中部，将整体隆起的高原分为东西两部分山地。东部由北向南为太岳山、中条山，西部是吕梁山脉，海拔多在1000米以上。最高处太岳山霍山主峰，海拔2346.8米，最低处乡宁县师家滩，海拔385.1米。境内有黄河、汾河、昕水河、沁河、浍河、鄂河、清水河7条河流和郭庄、龙祠、霍泉三大名泉。

【气候条件】 临汾市地处半干旱、半湿润季风气候区，属温带大陆性气候，四季分明，雨热同期。气温的特点是冬寒夏热。全市气候自然环境的主要特征是：冬季寒冷干燥，降雪稀少；春季干旱多风；秋季阴雨连绵；夏季酷热多暴雨，伏天旱雨交错。2019年，临汾市年降水略偏少，年平均气温偏高，年日照时数偏少。年内主要气象灾害有暴雪、寒潮、大风、高温、暴雨、强对流天气、秋季连阴雨等。全年气候对农业生产的影响有利有弊，冬小麦、玉米均属丰收年景，果树受冻害损失严重。（李艳洁）

自然资源

【土地资源】 临汾市国土总面积20302平方千米，受水热条件影响，土壤发育较完全，形成深重黏化层，养分含量较为丰富。普遍分布的地带性土壤类型为褐土，此外还有草原草甸土、棕壤土、沼泽土等几种类型。土地资源丰富，稳产高产肥沃耕地分布集中，土地类型多样，宜林草面积大，但森林覆盖率低，水土流失较为严重。后备土地资源仍较为丰富，盐碱荒地、沙荒地、沼泽地可改良开垦为农林牧用地，但需要排水、治河、修建扩岸工程，开发投资很大。土地开发利用率75.1%，土地垦殖率26.2%，耕地复种指数12.6%，农业用地率68%，建设用地率5.6%。人口密度185人/平方千米。

【水资源】 临汾市大小河流200余条，均属黄河水系。流域面积在1000平方千米以上的有黄河干流、汾河和沁河。黄河干流位于临汾市西侧，为晋、秦天然分界线，全长174千米，流域面积7739平方千米。汾河纵贯全境中部，流域面积10286平方千米。沁河全长95千米，流域面积2288平方千米。河流以季节性河流为主，径流量多集中在7—9月，故形成雨季排洪，旱季断水。在地域分布上，山区大于平川，东山大于西山。全市水资源总量8.52亿立方米。其中，地表水资源量5.87亿立方米，地下水资源量7.58亿立方米，重复计算量4.93亿立方米，全市产水系数0.08，产水模数4.20万立方米/平方千米。

【矿产资源】 临汾市矿产资源丰富，能源工业发展潜力巨大。探明的矿种有41种，主要有煤、油页岩、铁、铜、锌、铝、金、钴、稀有元素、石膏、石灰岩、白云岩、耐火黏土、硫铁矿、膨润土、大理石、花岗石、重晶石、长石、石英、硅石、磷、硅线石等。其中煤、铁、石膏、石灰岩、白云岩、膨润土、花岗岩、大理石、油页岩、耐火黏土等，在省内及全国均占重要地位。矿产资源综合优势度为0.73，在全省各地市中居第二位。

煤炭资源是临汾市首屈一指的矿产资源，探明储量398亿吨，占全省的14%，有河东、霍西、沁水三大煤田，其中乡宁为全国三大主焦煤基地之一，且煤层厚，埋藏浅，易开采。全市煤种齐全，伴生矿产较多。煤种有贫煤、瘦煤、无烟煤、焦煤、肥煤、气煤等6种，其中焦煤、气煤、肥煤和瘦煤都是炼焦煤。主要伴生矿有油页岩、铝土矿、耐火黏土、锰铁矿等，另外还有大量的风化煤。煤炭质量较好，灰分和硫的含量适中，变质程度高，发热量大，中等可选，结焦性能好。乡宁主焦煤为全国三大主焦煤基地之一，开发条件优越。三大煤田除霍州煤田的霍山西麓边缘地质构造复杂，开采较困难外，其他煤田的地质构造和水文地质条件都比较简单，煤层多，单层厚，煤层稳定，倾角小，埋藏浅，交通方便，开发条件较好。

铁矿是第二大矿产资源，总储量为4.2亿吨。其中，磁铁矿储量为1.8亿吨，褐铁矿和赤铁矿储量约2.4亿吨。铁矿富矿比例高，占全省富矿的70%以上，大部分开采条件较好。

有色金属矿产资源种类较多，有铜、铅、铝、钴、金、银等7种，但大部分储量不大。铜矿虽储量不大，但品位高，伴生的有益组分含量高，开采价值大。铅、锌矿分布在洪洞、翼城、蒲县、古县的部分区域。铝土矿分布于霍州什林和汾西店底一带，地质工作程度相对较低。稀有元素矿产主要有锂、铷、稀土、铌、钽等几种，其中翼城石姑娘山的锂铷矿是省内独一无二的。

非金属矿产成矿地质条件良好，资源丰富，现发现的24种非金属矿产中石膏、石灰岩、白云岩等在全省或全国具有重要优势，石膏矿膏体厚位大，品位高，分布广，远景储量234亿吨，开采条件好。其余如水泥灰岩、膨润土、花岗岩、耐火黏土、麦饭石等则可望成为国内优势矿产。大理石储量1.5亿立方米，石英石储量2000万吨，被誉为“有千种用途黏土”的膨润土分布在本市的永和县、大宁县和吉县。

【生物资源】 临汾市植物资源是全省最丰富的地区之一，除农作物外，现调查到的种子植物有606种。在植物分布上，东南山地丘陵地带以油松栎类和华山松占优势，农作物有小麦、玉米、谷子等，经济林有苹果、核桃、柿、板栗、山楂等，土特产主要有黑木耳、猴头等，名贵中草药植物有菖蒲、竹节人参和灵芝等。东部山地以沙棘、荆条等次生灌草丛植被为主，经济林有核桃、瓦氏榛子、山楂、枣、桑、苹果、梨等，土特产有猴头、佛手和烟草，农作物以玉米、谷子为主。东部山地盛产药材，其中山芋肉、贝母负有盛名。太岳山区以油松、辽东栎林及次生灌草丛植被为主，是山西省主要的林业基地。果品主要有梨、柿。中草药种类繁多，其中以党参、贝母、山茱萸、藿香等最著名。临汾盆地以冬麦、玉米等农作物栽培为主，特产丰富，以曲沃的蔬菜、临汾的尧枣、洪洞的莲菜等闻名于省内外。吕梁山以油松、白皮松、辽东栎林及次生灌丛植被为主，土特产有松香、生漆、猴头、木耳等，中草药以甘草、五加皮、苍术、党参、核仁等著名。西部黄土残塬丘陵植被以灌丛和草丛为主，土特产有隰县金梨和永和红枣，农作物以冬小麦、玉米、马铃薯为主，经济作物有棉花、大豆等。

森林资源贫乏。现有的天然次生林和人工林总面积24.47万公顷，人均林地0.07公顷，为全国人均林的1/2左右。人均木材蓄积量1.7立方米，只有全国人均蓄积量的1/6。森林不但面积小，蓄积量少，而且分布不均，林龄组成不协调，森林质量差。天然草地面积占全市总面积的24.9%，现已查明的主要草种有豆科的胡枝子、兰花棘豆、米口袋、野豌豆，禾木科的黄茨、隐子草、早熟禾、白羊草，禾草科的苔草、蒿草等。

野生动物种类丰富，陆栖脊椎动物有300余种，占全省总种数的74%。在本区动物种类中，属国家一类保护动物的有白鹳、黑鹳和褐马鸡等，其中褐马鸡是世界闻名的珍稀动物，是中国的国宝和特有珍禽。二类保护动物有金钱豹、原麝、大天鹅、鸳鸯。三类保护动物有青羊、大鸨、金雕、玉带海雕等。由于临汾市处于古北界的南部，随着夏季太平洋暖湿气团的深入，东洋界动物潜入临汾，古北界和东洋界动物俱有，区系组成复杂。兽类主要有狼、狐、兔、果子狸、猪獾等，鸟类主要有麻雀、家燕、喜鹊、凤头杜鹃、龙斑鸠、大嘴乌鸦、凤头百灵、石鸡、褐马鸡、胡兀鹫、岩鸽等，两栖爬行类

有黑斑蛙（青蛙、田鸡）、花背蟾蜍、无趾壁虎、中华大蟾蜍等。

（李艳洁）

临汾之最

【自然】 2018年，临汾市晴天日数以蒲县最多，年均106.1天；以侯马市最少，年均81.7天。各县（市、区）年气温最低值出现在西部山区的蒲县，年均9.0℃；最高值出现在侯马市，年均12.8℃。全市最低温度出现在安泽县，为1990年2月1日的-26.6℃；最高温度在尧都区，为2005年6月23日的42.3℃。本市气温年均分布在27.1℃至30.5℃之间，平均28.6℃，最小值27.1℃，出现在汾西县；最大值30.5℃，出现在永和县。年太阳总辐射量最大地域以隰县为最，年均总辐射5545兆焦耳/平方米。光合有效辐射最大中心在隰县，年总量大于2600兆焦耳/平方米。全市日照时数最多的县是隰县，年均2642小时；最少的是古县，年日照2140小时。

临汾最高点为中条山主峰霍山，海拔2346.8米，最低点在乡宁县师家滩，海拔385.1米，相对高差1900多米。第一大河流是汾河，纵贯全境中部，流域面积10286平方千米。含沙量最小的河系是沁河，全长95千米，流域面积2288平方千米，是临汾唯一未被污染的河流。临汾最大的溶岩泉郭庄泉，泉域面积5600平方千米。

蕴藏量最高的矿产资源是煤炭资源，有河东、霍西、沁水三大煤田，全市含煤面积1.54万平方千米。

国土面积最大的乡宁县，2024平方千米；国土面积最小的侯马市，274平方千米。人均土地占有量最多的安泽县，人均土地2.75公顷。

临汾有文字记载的最大地震为清康熙三十四年（1695）四月初六日戌时，属8级地震，波及晋、冀、鲁、豫、陕、甘、苏、鄂8省，东西、南北长约千公里。中华人民共和国成立以来最大的泥石流为1982年8月2日，霍州山谷口发生泥石流，呈扇形，东西长420米，南北宽70米，以12米/秒流速下滑，在约20分钟的时间里吞噬了11人的生命，摧毁窑洞20多孔，冲走粮食1万余千克、毁没耕地8公顷，毁3000余株成林树木，堆积厚度0.5米至1.5米。最大的山体滑坡为1984年，发生在大宁县城关石沟，压死、压伤各5人，7孔窑洞倒塌，5孔窑洞裂缝不能住人。最大的地裂为1979年，一场大雨后，侯马紫金山前出现地裂缝，长约1000米，最宽0.8米，深1米至3米。最大的地陷为1982年3月5日，蒲县克城乡张公庄村西南1千米的山坡上发生地陷，陷落坑近似圆形，直径60余米，深约40米，面积约3000余平方米。2009年发生冬、春、夏三季连旱，特别是春旱，是临汾市有气象记录以来55年中最严重的干旱。

【人文】 “丁村尖状器”是丁村遗址出土的代表性石器，这种石器在中国以及其他国家从未被发现过，故被定名为“丁村尖状器”。

“击壤”处碑（残），传说其时“天下太和，百姓无争，有老人击壤而歌”，唱出了被认为中国最早的诗歌《击壤歌》。

“陶寺遗址”是原始社会末期文化的典型，约相当于公元前2600至公元前2100年，被公认为是中国近年来最为重大的考古成果。

“陶寺遗址”古祭祀台，占地1400平方米，祭祀台兼有观天授时功能，是迄今发现的中国最早最远古的观象台。

吉县柿子滩旧石器时代遗址群是中国目前距今1万年至2万年间现存面积最大、堆积最厚、内涵最丰富的一处埋藏遗址。

位于曲沃县曲村镇曲村、北赵、三张及翼城县里砦镇天马村之间的曲村—天马遗址是迄今全国发现的最大的西周文化遗址。

“侯马盟书”，皆以毛笔书写于石片、玉片之上，可辨识者5000余件，系中国发现的最古老的完整的毛笔手迹和精美的书法作品，被评为新中国成立以来十大考古发现之一。

20世纪初发现于甘肃的平阳木版年画《四美图》，收藏于俄罗斯国家博物馆，为中国现存最早最完整的年画实物珍品。

发现于广胜寺的《赵城金藏》，现藏于国家图书馆，是中国佛教稀世宝典，与《永乐大典》《四库全书》《敦煌遗书》并称为国家图书馆四大镇馆之宝。

侯马市董氏兄弟墓出土的舞台演出砖俑，是研究中国戏剧雏型的珍奇实物。

尧都区魏村牛王庙戏台，始建于元至元二十年（1283），是迄今为止中国遗留最早的元代戏台。翼城县武池村乔泽庙戏台，始建于元泰定元年（1324），是现存元代规模最大的戏台。尧都区东羊村后土庙戏台，始建于元至正四年（1344），内檐梁架结构巧妙，交迭成八卦型，在古戏台中堪称绝无仅有。

洪洞广胜寺飞虹塔，始建于明嘉靖六年（1527），是中国现存四大名塔之一。

毗邻广胜寺下寺的水神庙元代戏曲壁画“尧都见爱大行散乐忠都秀在此作场”13幅197平方米，绘成于元泰定元年（1324），是中国唯一幸存的元代戏剧壁画。

老君洞《太上显化图》，镌于明嘉靖四十五年（1566），为39块、81幅完整青石线刻，是罕见的宗教文物，也是中国石雕连环画珍品。

蒲县东岳庙“十八层地狱”，从第一殿“阴阳界”到第十殿“轮回转生”，140余尊怪异泥塑组成的地狱博览，是中国寺庙中珍品。

霍州署衙，始建于唐朝，现存建筑为元、明、清遗迹，面积18700平方米，是古代司法制度仅存的典范。

洪洞县“苏三监狱”，始建于明洪武二年（1369），是中国仅存最完整的明代监狱。

保存在曲沃县中学内的清代县试贡院，堪称全国仅存之遗迹。

姑射山神居洞“崇道庙”，建有道教始祖老子、佛祖释迦牟尼和儒教创始人孔子及古帝尧王等89尊泥塑，是临汾唯一三教同居一窟的寺庙。

临汾威风锣鼓场面壮阔、气势磅礴，被誉为“中国第一鼓”。

1929年12月，临汾晋益面粉股份有限公司成立，装141千瓦锅驼机1台，德国西门子发电机1台，容量60千瓦，年产面粉13万袋。临汾有电、有机制面粉厂自此始。

1935年5月10日，同蒲铁路太原至临汾段通车运营。临汾火车站始建。

1950年4月11日至14日，晋南首届人民体育大会在临汾举行，竞赛项目67项，参加运动员3754名。

1955年9月25日，山西省第一座农村小型水力发电站——洪赵县明姜水电站开工建设，安装48千瓦水轮发电机一台，12月4日建成投产。

1979年3月16日，从霍县发电厂经临汾刘村至运城的220千伏输电线路建成送电。为全区第一条220千伏输电线路。

1982年8月，襄汾轧钢厂张秋生等3人集体承包经营该厂，临汾工业企业首次实行承包经营责任制。

1984年1月3日，中共临汾地委、临汾行署批转临汾地区编制委员会《关于地区党政机关机构设置的意见》，进行改革开放后第一次地区党政机关机构调整。

1985年1月1日，《临汾报》改刊为《临汾日报》，请全国人大常委会委员长彭真题写报名，首次出版发行。

1985年9月28日，临汾地区第一座无线电台临汾人民广播电台落成试播。

1985年11月10日，中国第一个反映汉民族民俗风情的专题性博物馆——临汾丁村民俗博物馆开馆。

1991年10月11日至20日，临汾地区举办首届尧都锣鼓艺术节。

1992年经贸部批准临汾地区外贸进出口经营权。

1992年5月5日，中共临汾地委按照“公开、民主、平等、择优”的原则，首次在全区选拔30名左右副县级工业领导干部。

1992年7月，临汾地区与世界银行教育贷款协议在太原签订，世行教育贷款在临汾地区开始启动。

1992年8月26日，中共临汾地委、临汾地区行署首次出台招商引资优惠政策。

1993年9月8日，中国银行山西省信托投资公司临汾证券业务部剪彩成立。

1993年3月，临汾地区蒲剧院实验团在新加坡参加“1993华族文化节地方戏曲展”，蒲剧《挂画》《跑城》首次走出国门。

1993年上半年，临汾地区选择山西电控厂、临汾有机化工厂、临汾煤机厂、襄汾纺织厂、襄汾县百货一店、临汾市振兴商场等国营企业进行首次股份制试点。

1994年2月1日，中共中央总书记、国家主席、中央军委主席江泽民在临汾考察。

1994年9月19日至10月18日，首届中国·临汾黄河壶口漂流月在吉县壶口举行。

1996年，首家台资医院，临汾长良医院前身——旺安医院始建。

1997年6月1日，柯受良在吉县壶口驾驶三菱轿车飞越黄河成功。

1999年6月20日11时58分，朱朝辉在吉县壶口驾驶摩托车飞越黄河成功。

1998年10月18日，临汾经济技术开发区举行挂牌仪式。

1999年10月1日，全长147千米的霍侯一级公路竣工通车，是临汾公路建设史上投资规模最大、建设里程最长、工程质量要求最高的工程项目。被称为“晋南第一路”。

2000年11月1日中共临汾市委挂牌成立。2001年1月20日临汾市人民政府挂牌成立。

2001年1月16日至18日，政协临汾市第一届委员会第一次会议召开。

2001年1月17日至20日，临汾市第一届人民代表大会第一次会议召开。

2001年3月8日至10日，中国共产党临汾市第一次代表大会在临汾市召开。

2001年2月7日，获大世界吉尼斯之最的中华帝尧鼓在尧庙宫揭幕。

2001年6月22日，山西师大临汾学院成立，是山西省首家校区独立、经费独立、法人独立的二级院校。

2001年9月24日，临汾市首届“产学研”高新技术项目发布洽谈会在临汾开幕。

2002年3月18日，中国民主促进会临汾市第一次代表大会在临汾宾馆召开。

2002年3月21日，中国国民党革命委员会临汾市第一次代表大会在临汾宾馆召开。

2002年3月24日，九三学社临汾市第一次代表大会在黄河大酒店召开。

2002年3月28日，中国民主同盟临汾市第一次代表大会在黄河大酒店召开。

2002年6月23日，临汾市首届人才交流大会在市影剧院召开。

2002年7月25日，临汾市工会第一次代表大会在临汾宾馆召开。

2003年7月6日，滨河东路竣工通车，是临汾市规模最大、投资最多的市政道路工程。

2003年10月，“山西侯马·新田春秋古都文化节”在侯马举办。

2004年10月1日至2日，临汾市举行十大城建工程竣工庆典。

2005年3月1—2日，临汾市第一次妇女代表大会在临汾召开。

2005年12月31日，晋南威风锣鼓、戏剧蒲州梆子、舞蹈襄汾天塔狮舞和翼城花鼓4个项目被列为国务院公布的首批国家级非物质文化遗产名录。

2006年6月25日，《中共临汾市委组织部选聘优秀高校毕业生担任村干部公告》发布。临汾市公开选拔优秀大学生当村官。

2006年12月，经上海大世界吉尼斯总部核准确定，蒲县垒石填土植树获“大世界吉尼斯之最”称号。

2007年4月5日，首届中国·洪洞大槐树寻根祭祖大典在洪洞县大槐树寻根祭祖园举行。

2007年5月29日，安泽县举行“中华千年古县”揭牌仪式，成为全省第一个申报成功的县。

2007年12月，山西方略保税物流中心建成运行，是在中部内陆省份设立的唯一一家由政府支持建设、民营资本投入的海关保税物流中心试点。

2007年12月13日，共青团临汾市第一次代表大会在临汾召开。

尧庙广场中国立体地形图，面积为9600平方米，为全国最大的中国立体地形图。华门是中国第一座华夏文明纪念碑和门文化景观，宽80米，高50米，是全国最高的门式建筑。

2008年8月19日，山西宝特国际物流中心侯马站通车试运营。标志着年吞吐600万吨货物能力的山西首家海铁联运陆港口岸开始运行。

2016年12月20日，临汾市第二批200辆纯电动公交车投放运营，城区实现纯电动车全覆盖，成为全省首个实现纯电动公交的城市。

2019年，临汾市体育局组织承办第二届全国青年运动会花样滑冰、射击飞蝶、空手道三项赛事，是临汾有史以来举办的规模最大、规格最高、参赛人数最多、时间跨度最长的全国性大型综合运动会。

（李艳洁）

建置区划

【建置沿革】 临汾是中华民族发祥地之一，《帝王世纪》称：“尧都平阳”，即今临汾。《禹贡》分天下九州，平阳为冀州之地。冀州处九州之中央，故称“中国”，“中国”一词由此而来。西周时期，周成王封弟叔虞于唐（今翼城），因唐境内有晋水，叔虞之子燮父“易唐为晋”。春秋属诸侯国晋，晋文公北方称霸时，晋国的中心就在今曲沃、侯马、襄汾一带。战国初期，韩、赵、魏“三家分晋”，韩建都平阳。属河东郡司隶部辖。三国魏正始八年（247）置平阳郡。西晋永嘉三年（309），刘渊建汉，都平阳。北魏孝昌中置唐州。隋开皇三年（583），置临汾郡，临汾得名沿用至今。唐武德初年（618）为晋州。北宋政和六年（1116），始置平阳府，辖临汾、汾西、洪洞、岳阳、乡宁、赵城、霍邑、浮山、冀氏、和川10县及隰、吉、降3州。元为中书省山西宣慰司晋宁路（治临汾）。明清重置平阳府，统领35州县，包括今临汾、运城两市及晋中市灵石县和吕梁市石楼县。1914年，废府设道，以道辖县，临汾、洪洞、赵城、襄汾、汾城、曲沃、安泽、浮山、翼城、乡宁、吉县、霍县、汾西、隰县、蒲县、大宁、永和等17县属河东道管辖。1927年，废道直属山西省。抗日战争初期，临汾为山西省7个行政区中的第6区。1937年11月，山西省政府迁到吉县。抗战胜利后，属太岳区。1948年5月17日临汾解放。1949年2月成立晋南区，属陕甘宁边区政府，同年9月1日改属山西省。1950年1月6日成立临汾专区。1954年同运城专区合并为晋南专区（驻临汾），辖29个县。1970年专区改地区，晋南专区又按原建制划分为临汾、运城两地区。1978年设临汾地区行政公署，辖临汾、侯马2市和16县。1983年临汾县和临汾市合并为临汾市。2000年11月撤地设市，成立地级临汾市。

【行政区划】 2018年，临汾市辖尧都区、曲沃县、翼城县、襄汾县、洪洞县、古县、安泽县、浮山县、吉县、乡宁县、大宁县、隰县、永和县、蒲县、汾西县，代管侯马市、霍州市。全市共有乡镇151个，其中镇75个，乡76个，街道办事处20个。尧都区有街道办事处10个：车站街、水塔街、南街、铁路东街、解放路街、乡贤街、辛寺街、鼓楼西街、汾河办事处、滨河办事处；镇10个：土门镇、刘村镇、金殿镇、大阳镇、县底镇、魏村镇、吴村镇、尧庙镇、乔李镇、屯里镇；乡6个：贾得乡、段店乡、河底乡、枕头乡、贺家庄乡、一平垣乡。

侯马市有街道办事处5个：上马街、张村街、路东街、路西街、浍滨街；乡3个：新田乡、凤城乡、高村乡。

霍州市有街道办事处5个：退沙街、鼓楼街、南环路街、北环路街、开元街；镇4个，大张镇、白龙镇、辛置镇、李曹镇；乡3个：三教乡、师庄乡、陶唐峪乡。

曲沃县有镇5个：乐昌镇、高显镇、史村镇、曲村镇、里村镇；乡2个，北董乡、杨谈乡。

翼城县有镇6个：唐兴镇、西阎镇、南梁镇、隆化镇、里砦镇、桥上镇；乡4个：浇底乡、南唐乡、王庄乡、中卫乡。

襄汾县有镇7个：新城镇、邓庄镇、襄陵镇、古城镇、赵康镇、汾城镇、南贾镇；乡6个：大邓乡、陶寺乡、景毛乡、永固乡、西贾乡、南辛店乡。

洪洞县有镇9个：万安镇、曲亭镇、赵城镇、明姜镇、甘亭镇、苏堡镇、大槐树镇、广胜寺镇、刘家垣镇；乡7个：淹底乡、辛村乡、堤村乡、龙马乡、左木乡、山头乡、兴唐寺乡。

古县有镇4个：古阳镇、岳阳镇、北平镇、旧县镇；乡3个：南垣乡、永乐乡、石必乡。

安泽县有镇4个：府城镇、和川镇、冀氏镇、唐城镇；乡3个：良马乡、马壁乡、杜村乡。

浮山县有镇2个：天坛镇、响水河镇；乡7个：张庄乡、北韩乡、北王乡、东张乡、槐埝乡、米家垣乡、寨圪塔乡。

吉县有镇3个：屯里镇、壶口镇、吉昌镇；乡5个：车城乡、文城乡、中垛乡、东城乡、柏山寺乡。

乡宁县有镇5个：昌宁镇、管头镇、光华镇、西坡镇、台头镇；乡5个：双鹤乡、尉庄乡、枣岭乡、关王庙乡、西交口乡。

蒲县有镇4个：蒲城镇、克城镇、薛关镇、黑龙关镇；乡5个：红道乡、山中乡、古县乡、太林乡、乔家湾乡。

大宁县有镇2个：曲峨镇、昕水镇；乡4个：三多乡、太古乡、太德乡、徐家垛乡。

永和县有镇2个：芝河镇、桑壁镇；乡5个：阁底乡、交口乡、南庄乡、坡头乡、打石腰乡。

隰县有镇3个：龙泉镇、午城镇、黄土镇；乡5个：城南乡、下李乡、寨子乡、陡坡乡、阳头升乡。

汾西县有镇5个：永安镇、僧念镇、京力香镇、对竹镇、和平镇；乡3个：佃坪乡、团柏乡、邢家要乡。 （李艳洁）

民族 宗教

【民族】 2019年，临汾市有回族、满族、土家族、蒙古族、苗族、壮族、朝鲜族、彝族、布依族、白族、维吾尔族、仫佬族、畲族、藏族、黎族、侗族、瑶族、塔吉克族、仡佬族、达斡尔族、拉祜族、佤族、哈尼族、土族、锡伯族、傈僳族、羌族、景颇族28个少数民族，约1万余人（可统计数字）。

【宗教】 2019年，临汾市有佛教、道教、伊斯兰教、天主教、基督教五大宗教，信教群众25万余人（可统计数字），市级宗教团体5个：临汾市佛教协会、临汾市伊斯兰教协会、临汾市基督教“三自”爱国运动委员会、临汾市基督教协会、临汾市道教协会。

（李艳洁）

国民经济和社会发展

【综合】 2019年，临汾市地区生产总值1452.6亿元，比上年增长6.0%。其中，第一产业增加值103.5亿元，增长2.5%，占生产总值的比重为7.1%；第二产业增加值628.4亿元，增长4.7%，占生产总值的比重为43.3%；第三产业增加值720.7亿元，增长7.6%，占生产总值的比重为49.6%。第三产业中，金融业增加值78.1亿元，增长8.5%；房地产业增加值102.7亿元，增长10.4%；批发和零售业增加值109.4亿元，增长2.6%；交通运输、仓储和邮政业增加值83.7亿元，增长5.7%。人均地区生产总值32250元，按2019年平均汇率计算为4674.9美元。

图1 2015—2019年全市地区生产总值及其增长速度

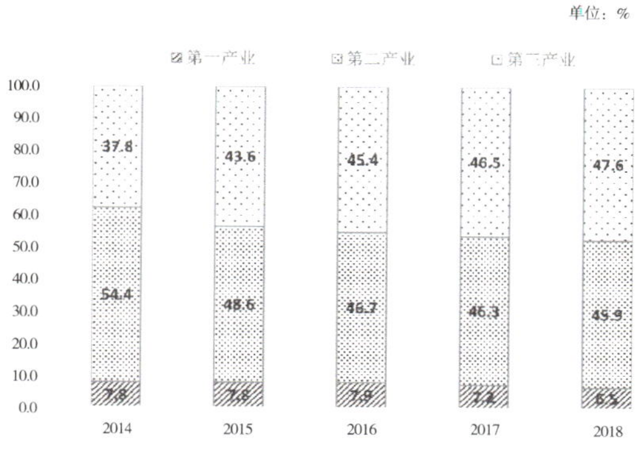

图2 2014—2018年全市地区生产总值构成

2019年，临汾市一般公共预算收入138.1亿元，比上年增长9.6%。其中，税收收入100.0亿元，增长12.1%，占一般公共预算收入的比重72.5%，比上年提高1.7个百分点。

图3 2015—2019年一般公共预算收入及其增长速度

2019年，临汾市一般公共预算支出411.3亿元，增长6.6%。其中，城乡社区事务支出增长32.4%，交通运输支出增长25.3%，节能环保支出增长21.1%，社会保障就业支出增长7.3%，卫生健康支出增长3.3%。年末全市常住人口450.84万人，比上年末增加0.81万人。全年全市出生人口3.86万人，人口出生率为8.56‰；死亡人口2.57万人，死亡率为5.71‰；自然增长率为2.85‰。人口性别比为103.06。

2019年人口数及其构成

表1 单位：人、%

指标	年末数	比重
全市常住人口	4508387	——
其中：城镇	2414686	53.56
乡村	2093701	46.44
其中：男性	2288188	50.75
女性	2220199	49.25

2019年，临汾市城镇新增就业5.50万人。转移农村劳动力5.07万人。年末城镇登记失业率1.8%，控制在4.2%的目标范围之内。全市居民消费价格比上年上涨2.7%，其中，居住类价格上涨1.6%。

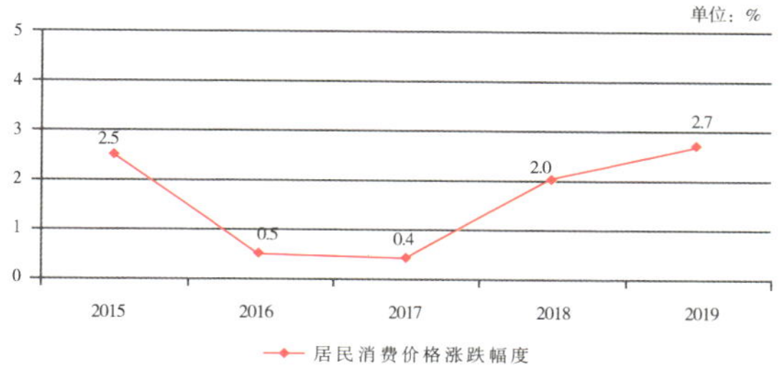

图4 2015—2019年居民消费价格比上年涨跌幅度

2019年居民消费价格比上年涨幅

表2　　单位：人、%

指标	涨幅
居民消费价格	2.7
其中：食品烟酒	7.9
衣着	−2.2
居住	1.6
生活用品及服务	持平
交通和通信	−1.6
教育文化和娱乐	1.0
医疗保健	3.9
其他用品和服务	2.2

【农业】　2019年，临汾市农作物种植面积526260公顷，比上年减少7620公顷，下降1.43%。其中，粮食种植面积492720公顷，减少5.98千公顷；油料种植面积6340公顷，减少1300公顷；蔬菜种植面积16690公顷，减少350千公顷。在粮食种植面积中，玉米种植面积256980公顷，减少2230公顷；小麦种植面积191080公顷，减少7790公顷。果园种植面积58530公顷，增加6760公顷。全年粮食产量213.3万吨，比上年减产16.9%。其中，夏粮86.1万吨，减产3.5%；秋粮127.2万吨，减产24.1%。

2019年主要农林产品产量及其增长速度

表3　　单位：吨、%

产品名称	产量	比上年增长
粮　食	2133396	−16.9
其中：玉　米	1179247	−24.1
小　麦	861212	−3.5
谷　子	22906	−45.2
豆　类	10349	−41.6
薯　类	22879	−24.9
油　料	10765	−25.2
棉　花	37	−52.9
蔬　菜	884962	1.3
水　果	857622	47.1
其中：苹　果	652082	47.2
红　枣	24327	1.1
食用坚果	38759	78.7
其中：核　桃	38736	79.4

全年全市完成造林32370公顷，下降5.0%。

2019年，临汾市猪牛羊肉总产量12.54万吨，比上年增长0.4%。其中，猪肉产量10.92万吨，与上年基本持平；牛肉产量0.70万吨，增长6.6%；羊肉产量0.93万吨，增长1.7%。年末生猪存栏98.0万头，生猪出栏132.21万头。牛奶产量3.82万吨，下降1.3%。禽蛋产量13.38万吨，增长2.4%。水产品产量0.58万吨，下降7.9%。

2019年末，临汾市农业机械总动力216.9万千瓦，比上年增长4.2%。机械耕地面积358240公顷，增长0.5%，机械播种面积421790公顷，下降1.2%，机械收获面积347810公顷，下降0.4%。全市农机化经营总收入达到9.45亿元，增长1.2%。

【工业和建筑业】　2019年末，临汾市规模以上工业企业384家。全年全市规模以上工业增加值比上年增长3.5%。其中，装备制造业增加值增长9.8%，战略性新兴产业增加值增长9.6%，高技术制造业增加值增长3.5%。

图5　2015—2019年规模以上工业增加值增长速度

2019年规模以上工业增加值增长速度

表4　　单位：%

指标	比上年增长
规模以上工业	3.5
其中：轻工业	−1.4
重工业	3.5
其中：国有及国有控股企业	6.8
其中：集体企业	−71.9
股份制企业	4.5
外商及港澳台商投资企业	−14.0
其中：煤炭开采和洗选业	3.3
黑色金属矿采选业	−22.7
石油、煤炭及其他燃料加工业	−2.4
化学原料和化学制品制造业	−19.0
黑色金属冶炼和压延加工业	13.6
金属制造业	−7.5
汽车制造业	14.6
电力、热力生产和供应业	3.4
燃气生产和供应业	21.3

2019年，临汾市全年全市规模以上工业企业原煤产量6201.6万吨，增长1.2%；发电量241.6亿千瓦时，下降1.0%；焦炭产量1687.9万吨，下降4.4%；钢材产量1287.3万吨，增长15.6%。

2019年规模以上工业主要产品产量及其增长速度

表5　　单位：%

产品名称	单位	产量	比上年增长
原煤	万吨	6201.6	1.2
洗精煤	万吨	2649.9	-7.0
发电量	亿千瓦时	241.6	-1.0
纱	吨	1040.0	-26.3
铁矿石原矿	万吨	144.5	-4.8
焦炭	万吨	1687.9	-4.4
化肥（折纯）	万吨	0.8	-11.8
粗苯	万吨	11.8	-7.2
塑料制品	万吨	1.5	23.5
水泥	万吨	596.0	22.6
生铁	万吨	1168.4	-1.8
粗钢	万吨	1206.6	4.9
钢材	万吨	1287.3	15.6

2019年，临汾市规模以上工业企业实现营业收入1824.7亿元，增长5.7%。其中，煤炭开采和洗选业实现营业收入599.7亿元,下降2.8%；石油、煤炭及其他燃料加工业实现营业收入369.0亿元，下降0.4%；黑色金属冶炼和压延加工业实现营业收入589.9亿元,增长28.0%；电力、热力生产和供应业实现营业收入71.3亿元，增长0.1%。

2019年，临汾市规模以上工业企业实现利税226.1亿元，下降13.6%；实现利润132.1亿元，下降11.0%。

2019年规模以上工业企业利润总额

表6　　单位：亿元

指标	2019年	2018年
规模以上工业	132.1	148.4
其中：国有及国有控股企业	66.0	60.8
其中：集体企业	-0.01	0.1
股份制企业	132.6	147.8
外商及港澳台商投资企业	-0.7	0.5

2019年，临汾市建筑业实现增加值53.7亿元，比上年增长12.9%。资质以上建筑业企业完成总产值119.8亿元，增长23.6%，共签订合同额168.8亿元，增长21.4%。房屋建筑施工面积223.2万平方米，增长6.1%。资质以上建筑业企业共195家，增加24家，其中，一级资质企业10家，二级资质企业61家，三级资质企业123家。

【固定资产投资】　2019年，临汾市固定资产投资完成462.3亿元，增长14.4%。

图6　2015—2019年固定资产投资增长速度

从三次产业看，第一产业投资完成12.6亿元，增长11.9%；第二产业投资完成206.6亿元，增长29.1%；第三产业投资完成243.0亿元，增长4.5%。工业投资完成206.7亿元，增长29.1%；工业技改投资完成114.0亿元，增长34.3%。工业技改投资占工业投资比重由上年的53.0%提高到55.2%，提高2.2个百分点。

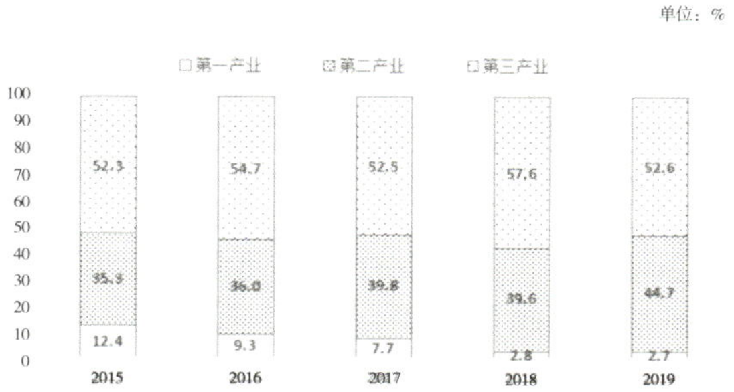

图7　2015—2019年三次产业投资占固定资产投资（不含跨市、农户）比重

2019年分行业固定资产投资（不含跨市、农户）及其增长速度

表7　　单位：亿元、%

行业	投资额	比上年增长
总　计	462.3	14.4
农林牧渔业	13.9	7.4
采矿业	59.9	22.5
制造业	89.1	38.3
电力、热力、燃气及水生产和供应业	57.7	23.1
建筑业	0.5	—
批发和零售业	0.8	-34.1
交通运输、仓储和邮政业	60.7	88.7
住宿和餐饮业	0.7	21.8
信息传输、软件和信息技术服务业	3.3	24.6
金融业	0.3	—
房地产业	120.4	-6.0
租赁和商务服务业	0.3	-44.9
科学研究和技术服务业	0.5	2.2
水利、环境和公共设施管理业	32.9	-16.0
居民服务、修理和其他服务业	0.1	-55.7
教　育	10.3	58.0
卫生、社会工作	5.2	-43.0
文化、体育和娱乐业	4.9	-37.5
公共管理、社会保障和社会组织	0.9	-63.8

2019年，临汾市在建固定资产投资项目861个。其中，亿元以上在建项目198个，计划总投资1090.4亿元，完成投资271.0?亿元。

2019年，临汾市房地产开发投资108.8亿元，下降5.3%。其中，住宅投资88.3亿元，增长7.9%；商业营业用房投资11.7亿元，下降54.2%。

2019年房地产开发和销售情况

表8

指 标	单 位	绝对值	比上年增长%
投资完成额	亿 元	108.8	-5.3
其中：住 宅	亿 元	88.3	7.9
房屋施工面积	万平方米	1718.2	9.9
其中：住 宅	万平方米	1284.0	10.8
房屋新开工面积	万平方米	286.1	-22.2
其中：住 宅	万平方米	236.7	-20.3
房屋竣工面积	万平方米	261.2	160.8
其中：住 宅	万平方米	195.2	144.1
商品房销售面积	万平方米	246.7	33.6
其中：住 宅	万平方米	239.1	34.9
商品房待售面积	万平方米	99.3	13.2
其中：住 宅	万平方米	69.3	4.5
商品房销售额	亿 元	123.5	47.1
其中：住 宅	亿 元	118.1	48.8

【能源】 2019年，临汾市一次能源生产折标准煤4598.81万吨，增长3.08%，二次能源生产折标准煤5353.13万吨，增长1.51%。全年全市向省外运输煤炭1074.48万吨，增长3.05%，外运煤炭占煤炭产量的10.84%。全年全市能源工业投资完成125.87亿元。其中，煤炭工业投资39.37亿元，增长16.04%；电力工业投资42.79亿元，增长20.13%；焦化工业投资14.22亿元，增长28.59%。

2019年，临汾市全社会用电总量211.93亿千瓦时。其中，第一产业用电1.86亿千瓦时，占全部用电量的0.88%；第二产业用电153.13亿千瓦时，占全部用电量的72.25%，其中，工业用电151.41亿千瓦时；第三产业用电31.77亿千瓦时，占全部用电量的14.99%；城乡居民用电25.17亿千瓦时，占全部用电量的11.88%。

【国内贸易】 2019年，临汾市社会消费品零售总额736.9亿元，增长7.3%。按经营地统计，城镇消费品零售额616.2亿元，增长6.8%；乡村消费品零售额120.7亿元，增长9.6%。按消费形态统计，商品零售额672.3亿元，增长6.8%；餐饮收入额 64.6亿元，增长12.7%。

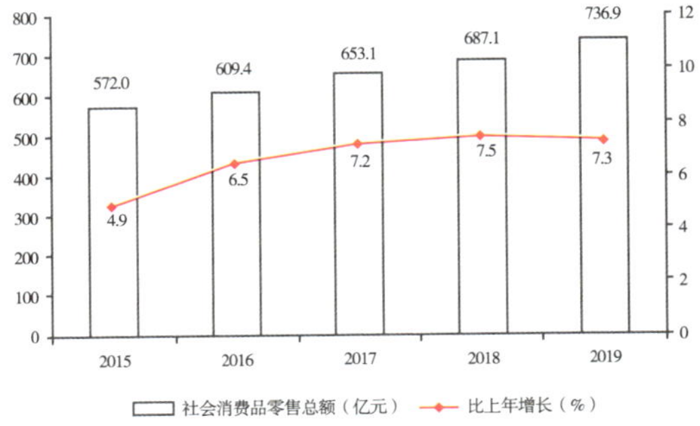

图8 2015—2019年社会消费品零售总额及其增长速度

2019年社会消费品零售总额、批零销售额、住餐营业额及其增长速度

表9 单位：亿元、%

指 标	绝对值	比上年增长
社会消费品零售总额	736.9	7.3
分地域：城 镇	616.2	6.8
其中：城 区	360.5	7.8
乡 村	120.7	9.6
批发、零售业销售额		
批发业	828.1	-3.7
零售业	785.7	6.4
住宿、餐饮业营业额		
住宿业	15.0	7.7
餐饮业	125.1	8.5

2019年限额以上批发零售业零售额及其增长速度

表10 单位：亿元、%

指 标	绝对值	比上年增长
汽车类	44.0	-12.5
石油及制品类	31.7	1.4
建筑及装潢材料类	1.6	-6.8
服装、鞋帽、针纺织品类	12.7	1.0
粮油、食品类	6.7	-3.1
家用电器和音像器材类	5.5	23.6
家具类	3.0	8.8
中西药品类	7.7	12.9
书报杂志类	2.3	-2.9
金银珠宝类	2.1	4.7
文化办公用品类	0.2	-22.5
化妆品类	0.7	6.9

【对外经济】 2019年，临汾市海关进出口总额15.1亿元，下降23.5%。其中，进口额0.9亿元，下降77.2%；出口额14.22亿元，下降9.7%。

2019年海关进出口总额及其增长速度

表11　　　　单位：亿元、%

指 标	绝对数	比上年增长
进出口总额	151416.0	−23.5
出口额	142232.0	−9.7
其中：一般贸易	141876.9	−8.7
加工贸易	353.2	−83.9
其中：机电产品	110112.0	−13.4
其中：国有企业	10246.3	−32.7
民营企业	85577.5	−2.5
外资企业	46408.1	−15.0
进口额	9184.0	−77.2
其中：一般贸易	9175.2	−77.1
加工贸易	8.9	
其中：机电产品	74.9	−82.4
其中：国有企业	68.4	−45.0
民营企业	9044.8	−77.5
外资企业	71.2	3.6

2019年，临汾市进口铁矿砂 8677.0万元，下降73.1%。出口PVC塑胶手套1.87亿元，增长70.3%。

2019年，临汾市新设立外商直接投资企业4家；实际使用外商直接投资金额921.5万美元。

【交通、邮电和旅游】 2019年末，临汾市公路通车里程19166.6公里，其中，高速公路663.1公里，与上年同期持平。公路通车里程19166.6公里，其中，高速公路663.1公里，与上年同期持平。

2019年，临汾市完成邮电业务总量236.7亿元，增长78.8%。其中，邮政业务总量4.4亿元，增长22.9%；电信业务总量232.3亿元，增长80.2%。年末全市固定电话24.9万部，增加0.3万部，增长1.2%；年末移动电话达到442.6万户，其中，4G移动电话用户385.2万户。移动电话普及率98.3部/百人。年末全市宽带接入用户111.69万户，增长11.0%。

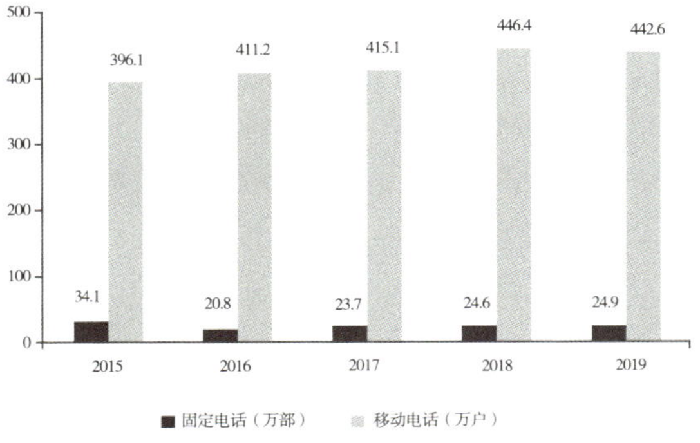

图9 2015–2019年固定、移动电话用户数

2019年，临汾市接待海外旅游者42954人次，接待国内旅游者8342.6万人次，分别增长1.5%和21.3%；旅游外汇收入1787.4万美元，增长1.7%；国内旅游收入766.8亿元，增长21.2%。旅游总收入768亿元，增长21.1%。

【金融】 2019年末，临汾市金融机构本外币各项存款余额2708.61亿元，比年初增加207.0亿元，比年初增长8.3%。各项贷款余额1649.35亿元，比年初增加223.2亿元，比年初增长15.7%。

2019年末金融机构本外币存贷款及其增长速度

表12　　　　单位：亿元、%

指 标	年末数	比年初增长
各项存款余额	2708.61	8.3
其中：住户存款	1948.42	10.5
非金融企业存款	408.50	−1.6
广义政府存款	334.94	3.8
非银行业金融机构存款	16.64	91倍
各项贷款余额	1649.35	15.7
其中：住户贷款	462.61	10.0
短期贷款	192.40	6.8
中长期贷款	270.21	12.3
非金融企业及机关团体贷款	1186.73	18.0
短期贷款	423.30	2.0
中长期贷款	539.56	32.0

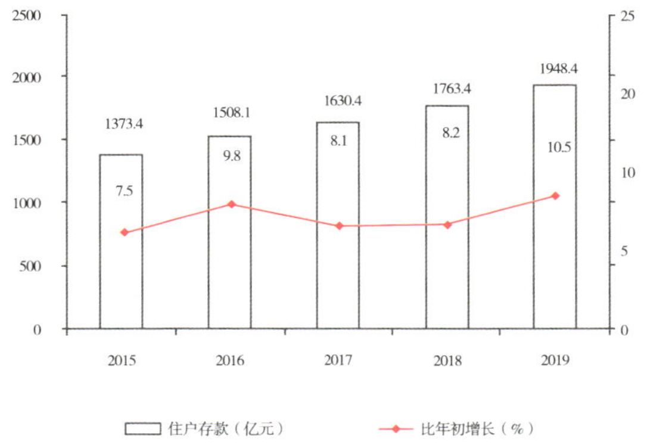

图10 2015–2019年住户存款余额及其增长速度

2019年末，临汾市住户存款1948.4亿元，比年初增长10.5%。全市农村合作金融机构（农村信用社、农村商业银行）人民币贷款余额794.96亿元，比年初增加96.35亿元，比年初增长13.79%；人民币存款余额1101.29亿元，比年初增加90.89亿元，比年初增

长9%。

2019年末，临汾市有上市公司2家。全市辖区证券市场各类证券成交额1091.4亿元，比上年增长8.7%。年末投资者资金账户开户数31.6万户，比上年末增长12.3%。

2019年，临汾市保费收入95.3亿元，增长9.5%。其中，寿险业务保费收入71.4亿元，增长6.7%；财产险业务保费收入23.9亿元，增长18.7%。健康险业务保费收入17.5亿元，意外险业务保费收入1.5亿元。

【教育和科学技术】 2019年末，临汾市有高等院校5所。新建公办幼儿园6所，认定普惠性民办幼儿园87所，学前教育毛入园率94%。

2019年各类教育发展情况

表13 单位：人

指标	招生	在校生	毕业生
研究生	1341	3842	1154
普通高等教育	12886	42917	12294
中等职业教育	8945	24201	7423
普通高中	27634	78498	29666
初 中	43902	136760	46382
小 学	47436	270944	45995
特殊教育	257	825	110
学前教育	37442	111645	38460

2019年，临汾市发明专利申请量260件。

2019年，临汾市配合省级完成监督抽查产品12大类650余批次，市级监督抽查4种产品1016个批次。全市有法定计量技术机构17个，全年完成强制检定计量器具8.29万台（件）。

2019年，临汾市有气象台（站）17个，开展12121电话天气自动答询台1个。气象系统开展人工影响天气业务的单位17个，防雹、增雨受益覆盖面积2万平方公里。卫星云图接收站17个。有专业综合地震台站1个，市级地震台网中心1个，数字测震地震台网1个，数字测震子台7个，前兆台站21个。

【文化、卫生和体育】 2019年末，临汾市有文化馆18个，博物馆16个，艺术表演团体17个。广播电视台18座。广播人口覆盖率98.24%，电视人口覆盖率99.46%。全市有公共图书馆18个，国家综合档案馆18个。有13个县级图书馆和10个文化馆达到国家三级标准以上。

2019年，临汾市实施重点文化设施项目建设，市图书馆项目主体工程建设完工。完成全市贫困县17个城市社区文化中心，国贫县337个行政村文化活动场所610万元的文化设备采购和配送。举办“庆祝新中国成立70周年”群众文化系列活动“唱响时代赞歌《我和我的祖国》大型合唱活动”；第十四届广场文化消夏月活动；开展“周末剧场”“儿童剧场”惠民品牌活动；完成送戏下乡任务2095场，提前翻番完成全年送戏下乡任务，位居全省第一；开展惠民演出“五进”活动，市直三团和艺校“五进”演出完成426场。

2019年末，临汾市有卫生机构（含诊所、村卫生室）4864家，其中，妇幼保健院（所、站）18家。全市卫生机构有床位2.34万张，其中，医院床位1.88万张，卫生院床位3606张。卫生技术人员2.79万人。

2019年组织举办第二届全国青年运动会其中的花样滑冰、射击飞碟、空手道三个项目，并组队参加花样滑冰、射击飞碟、空手道、拳击四个项目，获得金牌7枚，银牌4枚，铜牌6枚，取得办赛参赛“双丰收”。全年全市在国际国内比赛中获78金71银120铜，其中，国际比赛获1金1银2铜，国家级比赛获12金8银14铜，省级比赛获65金62银104铜。全年销售体育彩票3.54亿元，比上年下降17.29%。

【人民生活和社会保障】 2019年，临汾市居民人均可支配收入22107元，比上年增长9.5%。其中，城镇常住居民人均可支配收入32895元，增长7.2%；农村常住居民人均可支配收入12809元，增长10.1%。居民人均消费性支出12572元，比上年增长7.5%。其中，城镇居民人均消费性支出16862元，增长7.0%；农村居民人均生活消费支出9528元，增长7.5%。按全市居民五等份收入分组，城镇低收入组人均可支配收入15326元，增长8.7%；农村低收入组人均可支配收入5129元，增长13.7%。居民家庭恩格尔系数（即居民家庭食品消费支出占家庭消费支出的比重）25.4%。其中，城镇为24.3%，农村为26.8%。

图11 2015—2019年城镇常住居民人均可支配收入及其增长速度

图12 2015—2019农村常住居民人均可支配收入及其增长速度

2019年，临汾市参加基本养老保险的人数为271.59万人，比上年末增加11.38万人；参加城乡居民基本养老保险的人数为208.16万人，增加8.74万人；参加基本医疗保险的人数为389.47万人；参加失业保险的人数为36.71万人，增加0.84万人；参加工伤保险的人数为54.43万人，增加1.18万人，其中，农民工21.76万人，减少0.35万人。

2019年，临汾市纳入城市最低生活保障的居民2.64万人，发放城市低保资金17692.6万元，比上年减少2465.1万元；纳入农村最低生活保障的居民5.64万人，发放农村低保资金28771.9万元，比上年增加2366.4万元。

年末全市各类收养性单位床位数6815张，收养人数2569人。城镇建立各种社区服务机构451个。全年销售社会福利彩票3.67亿元，直接接收社会捐赠款52.62万元。

年末市区建成区新增绿化面积39.54万平方米，绿化覆盖率39.41%，人均公共绿地面积10.71平方米。全市建成区新增绿化面积198.11万平方米，绿化覆盖率38.81%，人均公共绿地面积10.06平方米。人均道路面积15.43平方米。

【资源、环境和安全生产】 2019年末，临汾市保有量506870公顷。年末全市7座中型水库，蓄水总量4496.7万立方米。全市年平均降水量475.8毫米，较上年增加23.5毫米。

2019年末，临汾市森林面积517650公顷，森林覆盖率25.5%；全市建成自然保护区3个，自然保护区面积41770公顷，占全市国土面积的2.1%。

2019年，临汾市区空气质量好于二级以上天数174天，比上年减少1天。地表水达到Ⅲ类水体的比例为25%，劣Ⅴ类水体的比例为37.5%。市区PM2.5浓度均值为62微克/立方米，比上年下降3.1%。

2019年末，临汾市城市污水处理率97.14%，比上年降低0.02个百分点；市区城市生活垃圾无害化处理率连续9年100%；全市集中供热普及率91.69%。

2019年，临汾市森林火灾受害率控制在0.5‰以内。林业有害生物成灾率0.71‰，严格控制在省要求的3.5‰以下。

2019年，临汾市发生生产经营性安全事故63起，下降61.4%；死亡75人，下降55.6%。亿元GDP生产安全事故死亡率为0.052人/亿元，比省下达年度控制指标0.11人/亿元低0.058人/亿元。全市地方监管煤矿百万吨死亡率为0.044。

机构设置和领导成员名单

中共临汾市委

书　记　岳普煜（2019年12月）
　　　　董一兵（2019年12月任）
副书记　刘予强（2019年4月免）
　　　　董一兵（2019年4月任）
　　　　李云峰
常　委　王振富
　　　　李朝旗
　　　　陈　纲
　　　　郭行杰
　　　　刘文华
　　　　常　青
　　　　周计伟（2019年12月免）

曹晓亮（2019年12月任）
郝忠祥

临汾市人大常委会

主　任　陈小洪
副主任　杨治平
　　　　王金珍
　　　　张庚博
　　　　任天顺
　　　　王国平
　　　　冯建宁
　　　　张学伟

临汾市人民政府

市　长　刘予强（2019年4月免）
　　　　董一兵（2019年4月任）
副市长　常　青
　　　　陈忠辉
　　　　潘海燕
　　　　闫建国
　　　　张　翔
　　　　马德荣（2019年1月免）
　　　　张　勇（2019年1月任）
　　　　胡小濛（2019年6月免）

政协临汾市委员会

主　席　张建平
副主席　杨安虎
　　　　杨益民
　　　　杨忠华
　　　　刘小才
　　　　程明温
　　　　梁清燕

市纪律检查委员会（监察委员会）

市委常委、纪委书记　曹晓亮（2019年12月任）
市委常委、纪委书记、监察委员会主任　周计伟
　　（2019年12月免市委常委、纪委书记）
常务副书记、监察委员会副主任　樊奋强
副书记、监察委员会副主任　任建英（2019年12月免）
　　成　功

市公安局

党委书记、局长　马德荣（2019年1月免）
　　张　勇（2019年1月任）

市法院、检察院

市中级人民法院
党组书记、院长　周太生

市人民检察院
党组书记、检察长　马红彬

市委党校（临汾行政学院）

校　长　刘文华（兼）
院　长　常　青（兼）

山西师范大学临汾学院

党委书记　毛跟云
院　　长　*秦国杰（2019年12月免）

临汾职业技术学院

党委书记　傅遵师
院　　长　段江燕

市直机关机构设置和领导成员名单

市纪律检查委员会（监察委员会）
曹晓亮　纪委书记、监察委员会主任
樊奋强　常务副书记、监委副主任
任建英　（女）副书记、监委副主任、二级巡视员（2019年9月晋升一级调研员，2019年10月连续晋升，2019年12月免职退休）
成　功　副书记、监委副主任
安海清　常委、监委委员、三级调研员（2019年12

月晋升职级）
任晓东　常委、监委委员
郭瑞强　常委、二级调研员（2019年6月套转）
宁引才　监委委员、一级调研员（2019年12月晋升职级）
冯全生　监委委员
冀红喜　秘书长
王攀峰　组织部长（2019年8月免职）
席　明　办公室主任（2019年12月机构更名，重新任职）
刘　炜　党风政风监督室（市纠正行业不正之风办公室）主任（2019年5月免职）
李　明　宣传部部长
李志英　政策法规研究室主任
李海荣　信访室主任（2019年8月任职）
葛耿昶　案件监督管理室主任、三级调研员（2019年12月晋升职级）
王攀峰　第一监督检查室主任（2019年8月任职）
张晓霞　（女）第二监督检查室主任（2019年12月机构更名）
朱立胜　第三监督检查室主任（2019年12月机构更名）
刘爱国　第四监督检查室主任（2019年12月机构更名）
张迎军　第五监督检查室主任（2019年8月任职）
王保民　第六监督检查室主任（2019年12月机构更名）
武文军　第七审查调查室主任（2019年12月机构更名）
李　峰　第八审查调查室主任（2019年12月机构更名）
牛全喜　第九审查调查室主任（2019年12月机构更名）
许月平　第十审查调查室主任（2019年12月机构更名）
付玉奇　第十一审查调查室主任（2019年12月机构更名）
库方东　第一案件审理室主任（2019年12月机构更名）
马立严　纪检监察干部监督室主任
贾文锋　机关党委专职副书记（2019年8月任职）
赵顺兆　市委巡察组正处级巡察专员（2019年8月任职）
王俊生　市委巡察组正处级巡察专员（2019年8月任职）
刘　晶　（女）市委巡察组巡察专员
李竹叶　（女）市委巡察组巡察专员
郭小平　市委巡察组巡察专员
梁利国　市委巡察组副处级巡察专员（2019年8月任职）
刘青鹏　审计中心主任（2019年4月免职，保留副县级领导职务待遇）
郭紫群　正县级检查员（2019年4月免职退休）
籍国民　一级调研员（2019年8月晋升职级）
史根源　二级调研员（2019年6月套转）
段雨浪　二级调研员（2019年6月套转）
杨根记　二级调研员（2019年6月套转）
孙太红　二级调研员（2019年6月套转）
苏海生　二级调研员（2019年6月套转）
孙永进　二级调研员（2019年8月晋升三级调研员，2019年9月连续晋升，2019年12月免第六执纪审查（调查）室主任职务）
梁　艳　（女）四级调研员（2019年6月套转）
杨志方　四级调研员（2019年12月任职级）
赵军峰　四级调研员（2019年6月套转）
杨廷淮　四级调研员（2019年6月套转）
刘太生　四级调研员（2019年6月套转）
冯德明　四级调研员（2019年6月套转）

市委办公室（原市委办公厅，2019年1月更名）

扈新起　秘书长、办公室主任、一级调研员（2019年1月机构更名，2019年12月晋升为一级调员）
孙晓东　副秘书长、办公室副主任（2019年1月机构更名）
王晓华　市委副秘书长、一级调研员（2019年1月任市委副秘书长，2019年6月套转二级调研员，2019年12月晋升为一级调研员）
韩振钢　副秘书长、办公室副主任（2019年1月机构更名，重新任职）
贾晓文　副秘书长、办公厅副主任（2019年1月机构更名，2019年5月免职）
范　帆　副秘书长、办公室副主任（2019年1月机构更名，2019年8月免职）
陈国元　市信访局党组书记、局长、市委办公室副秘书长（兼）（2019年1月机构更名，2019年5月兼任市委副秘书长）
郝永昌　市纪委监委驻市委办公室纪检监察组组长（2019年1月机构更名，重新任职）

任志晨　市委督查专员（2019年5月任职）
卢建华　市委督查室主任（2019年8月免职）
赵　瑜　市委督查专员（2019年5月任职）
王秉军　市委督查专员（2019年5月任职）
朱耀洪　二级巡视员（2019年8月晋升为一级调研员，2019年9月连续晋升）
加天山　二级调研员（2019年10月任职级）
高树森　一级调研员（2019年12月晋升职级）
苏孟彦　二级调研员（2019年6月套转）
魏贵荣　二级调研员（2019年8月晋升为三级调研员，2019年9月连续晋升）
郭临林　四级调研员（2019年6月套转）
田雄生　四级调研员（2019年6月套转）
黄临鸣　四级调研员（2019年6月套转）
刘生明　副调研员（2019年5月免职）
原　芳　（女）四级调研员（2019年1月机构改革任副调研员，原档案局（馆）副局（馆）长，2019年6月套转）

市委组织部
刘文华　部长
武卫东　常务副部长、二级巡视员（2019年8月晋升一级调研员，2019年9月连续晋升）
张瑞萍　（女）副部长（兼）、一级调研员（2019年12月晋升职级）
韦　阳　副部长（兼）
李　竟　副部长兼市委党建工作领导小组办公室主任（2019年5月任市委党建工作领导小组办公室主任）
王林波　副部长
宋大鹏　副部长（2019年5月任职）
辛耀庭　市纪委监委驻市委组织部纪检监察组组长
郭砚宾　市考核办主任（2019年5月免职）
王　瑞　（女）人才办主任
李　强　市非公经济组织和社会组织工委专职副书记（2019年5月免职）
柳　剑　市非公经济组织和社会组织工委书记（2019年5月任职）
王丽霞　（女）市委巡察组巡察专员（2019年1月任职）
李　鹏　市委巡察组副处级巡察专员（2019年8月任职）

市委宣传部
李朝旗　部长
郭景旭　常务副部长（2019年1月免职退休）
王全民　副部长（2019年1月任职）
陈海平　副部长（2019年1月免职）
张朝阳　副部长（2019年8月任职）
石　莹　（女）副部长（2019年1月任职）
杨　光　副部长（2019年1月任职）
汪馨野　市纪委监委驻市委宣传部纪检监察组组长
薛鹏寿　一级调研员（2019年1月任调研员，2019年6月套转，2019年12月晋升职级）
郭文杰　外宣办主任（副县级）（2019年1月免职）

市委统一战线工作部
李云峰　部长
郭天龙　常务副部长（兼）（2019年8月晋升一级调研员，免去常务副部长职务，2019年9月连续晋升，2019年11月退休）
任吉龙　常务副部长（2019年8月任职）
成洪亮　副部长
李　刚　副部长（2019年1月机构改革合并，原宗教局副局长）
陈逢新　副部长
冯盖骅　（女）副部长、三级调研员（2019年12月晋升职级）
郭员琰　副部长、市民族宗教事务局局长（2019年1月机构改革合并，原宗教局副局长，2019年5月任市民族宗教事务局局长）
吴小冬　市纪委监委驻市委统战部纪检监察组组长
杨　兵　二级巡视员（2019年机构改革合并免宗教局局长，任统战部调研员，2019年8月晋升为一级调研员，2019年9月连续晋升）

市委政法委员会（2019年机构改革，撤销综治办）
郭行杰　书记
张东红　常务副书记
张宁红　副书记、一级调研员（2019年12月晋升职级）
段　彩　副书记（2019年1月机构改革，免综治办主任职务）
卫　勇　副书记（2019年1月机构改革，免防范办主任职务）
白向阳　政治部主任（2019年8月免职）
孙晋辉　二级调研员（2019年6月套转）
李安林　四级调研员（2019年6月套转）
杨吉山　四级调研员（2019年6月

套转）

张志敏　（女）保留副县级领导职务待遇（2019年2月机构改革，免综治办副主任职务）

市委政策研究室（市综改办、市改革办）

张建山　主任

张喜星　副主任、一级调研员（2019年12月晋升职级）

张　冬　副主任

乔国强　副主任

张恩隽　四级调研员（2019年6月套转）

市委网络和安全信息化委员会办公室（2019年1月新组建）

许拥军　主任（2019年1月任职）

郭文杰　副主任（2019年1月任职）

市委机构编制委员会办公室（2019年1月机构更名，原市机构编制委员会办公室）

张　剑　主任、一级调研员（2019年1月任职，2019年12月晋升一级调研员）

闫建昌　副主任（2019年1月机构更名、重新任职）

徐淑爱　（女）副主任（2019年1月机构更名、重新任职）

杨雪平　二级调研员（2019年6月套转，2019年11月免职退休）

李　峰　二级调研员（2019年12月任职级）

张晓轩　四级调研员（2019年6月套转）

亢彦鹏　四级调研员（2019年6月套转）

市直属机关工作委员会

乔悟生　书记、一级调研员（2019年12月晋升职级）

王文生　副书记

李先锋　副书记

张三林　副书记

王满堂　纪工委书记、二级调研员（2019年8月晋升三级调研员，2019年9月连续晋升）

高敏红　（女）四级调研员（2019年6月套转）

王垂平　四级调研员（2019年6月套转）

市委巡察工作办公室（2019年1月机构更名，原市委巡察工作领导小组办公室）

刘建勇　主任（2019年1月机构更名，重新任职）

郭洪虎　副主任（2019年1月任职）

房　梁　副主任（2019年1月机构更名、重新任职）

迪孟杰　巡察专员（2019年8月免职）

孟昭辉　一级调研员（2019年6月套转，2019年8月免治超办主任职务，2019年12月晋升职级）

市直属机关事务管理局（2019年1月机构改革合并，原市委机关事务管理局、市政府机关事务管理局合并）

郭建军　局长（2019年1月任职）

任捷生　副局长（2019年1月任职）

刘凤鸣　副局长、三级调研员（2019年1月任职，2019年12月晋升职级）

高虹江　副局长（2019年1月任职）

刘　锋　副局长（2019年1月任职）

贾龙刚　副局长（2019年1月任职）

马　新　副局长、三级调研员（2019年1月任职，2019年12月晋升职级）

陕磊平　二级调研员（2019年6月套转）

翟少峰　四级调研员（2019年6月套转）

市委老干部局

张瑞萍　（女）局长、一级调研员（2019年12月晋升职级）

刘月明　副局长、三级调研员（2019年12月晋升职级）

郭临平　副局长

石　猛　二级调研员（2019年6月套转）

关建国　三级调研员（2019年8月晋升职级）

市政府办公室（2019年1月机构更名，原市政府办公厅）

李建国　市政府党组成员、秘书长，办公室党组书记、主任、一级调研员（2019年1月机构更名，重新任职，2019年12月晋升职级）

刘　锋　副秘书长、办公室党组成员、副主任（保留正职待遇）（2019年1月机构更名，重新任职，2019年11月免职）

吴茂林　副秘书长、办公室党组成员、副主任（兼）（2019年1月机构更名，重新任职，2019年5月免市政府副秘书长、办公室副主任职务）

白岗峰　副秘书长，办公室党组成员、副主任、一级调研员（2019年12月晋升职级）

赵　华　副秘书长，办公室党组成员、副主任（2019年1月机构更名，重新任职）

刘玉平　副秘书长，办公室党组成员、副主任（2019年1月机构更名，重新任职，2019年5月任副秘书长）

王小华　副秘书长，办公室党组成

员、副主任（2019年11月任职）
张林海　副秘书长，办公室党组成员、副主任（2019年1月机构更名，重新任职，2019年5月任副秘书长）
张福意　副秘书长，办公室党组成员、副主任（2019年5月任职）
许建明　党组成员、市纪委监委驻市政府办公室纪检监察组组长（2019年1月机构更名，重新任职，2019年12月晋升职级）
刘继东　市政府督查专员（2019年5月任职）
温晓江　市政府督查专员（2019年9月任职）
王黎鹏　二级调研员（2019年6月套转）
杨晓敏　二级调研员（2019年6月套转）
李忠民　四级调研员（2019年6月套转）
刘　琳　（女）四级调研员（2019年6月套转）
陈亚平　副调研员（2019年6月免职退休）
史康华　正县级干部（2019年5月调出）

市发展和改革委员会
程世杰　党组书记（2019年1月任，11月免）
吉守斌　党组书记、主任（2019年1月任党组副书记，2月任主任，11月任党组书记，免党组副书记）
王青丽　党组成员、副主任
任贵平　党组成员、副主任、三级调研员（2019年12月晋升三级调研员）
亢玉兰　（女）党组成员、派驻纪检监察组组长
畅红娟　（女）副主任
文锁民　党组成员、副主任
李　亮　党组成员、副主任
李万成　党组成员、副主任
陈　盛　党组成员、副主任
孙林华　党组成员、副主任
马春阳　党组成员、保留副县级领导职务待遇（2019年1月任党组成员）
尉晋宏　保留副县级领导职务待遇（2019年3月）
邢志伟　保留副县级领导职务待遇（2019年3月）
张振和　副调研员（2019年6月免职并退休）

市工业和信息化局（市政府国有资产监督管理委员会、市民营经济发展促进局）（2019年1月组建）
史全喜　党组书记、局长、市国资委党委书记（2019年1月任党组书记，2月任局长，5月任市国资委党委书记）
常立智　党组成员、市国资委党委专职副书记（2019年8月任）
余瑞金　党组成员、副局长
周俊虎　党组成员、副局长
李克强　党组成员、副局长
侯黎阳　党组成员、派驻纪检监察组组长
杜志学　（女）保留副县级领导职务待遇（2019年3月）
尚　军　保留副县级领导职务待遇（2019年3月）
张正业　四级调研员（2019年3月任副调研员，6月套转）
屈炳双　四级调研员（2019年3月任副调研员，6月套转）
刘林保　四级调研员（2019年3月任副调研员，6月套转，10月免职级退休）

市教育局（2019年1月组建市委教育工作领导小组，办公室设在教育局；2019年3月组建市委教育工作委员会，作为市委的派出机构，与市教育局合署办公）
李晋平　市委教育工委书记（2019年5月任职），局党组书记、局长
牛福生　市委教育工委专职副书记（正县级）、局党组成员（2019年5月任职）
王小彦　党组成员、副局长
刘水东　党组成员、纪检监察组组长
王　林　党组成员、副局长（2019年3月任副调研员、免副县级督学，6月套转四级调研员，8月免四级调研员、任现职）
*苏迎泽　党组成员、总督学（2019年8月任职）
管功克　党组成员、二级调研员（2019年6月套转）
刘占科　四级调研员（2019年6月套转）
张锁定　四级调研员（2019年3月任副调研员、免副县级督学，6月套转）

市科学技术局
张亚勤　党组书记（2019年1月免职）、局长（2019年2月免职）
冯　珍　（女）党组书记（2019年1月任职）、局长（2019年2月任职）、一级调研员（2019年12月晋升）
解晓林　党组成员、副局长
邱中柱　党组成员、副局长
刘　斌　副局长
张春生　党组成员、三级调研员

（2019年2月免总工程师，12月晋升现职级）

市公安局

马德荣　市政府党组成员，党委书记、局长、督察长（2019年1月免职）
张　勇　市政府党组成员，党委书记、局长、督察长（2019年1月任职）
张明星　党委副书记、常务副局长、一级调研员（2019年12月晋升职级）
赵红海　党委委员、副局长、一级调研员（2019年12月晋升职级）
高　岭　党委委员（兼）
吉绍文　党委委员、副局长、二级调研员（2019年6月套转）
郭春平　党委委员、政治部主任
崔仲亮　党委委员、副局长
张峥嵘　党委委员、副局长
邓云峰　党委委员、纪检监察组组长、第一副督察长（2019年8月任职）
杨根记　党委委员、市纪委监委驻市公安局纪检监察组组长、第一副督察长（2019年8月免职）
李　胜　党委委员、特警支队长
王亚香　（女）国内安全保卫支队支队长
师　珂　治安管理支队支队长
牛振林　刑事案件侦查支队支队长
刘继明　涉矿犯罪侦察支队支队长
张丽青　（女）涉矿犯罪侦察支队政委
贺　宁　看守所所长
杨淑平　（女）看守所政委
薛　强　特警支队政委
张天红　警令部主任
张鹏起　东城分局局长
黄生辉　霍东分局局长
王文艺　临汾开发区党工委委员、副主任、公安分局党委书记、局长（兼）（2019年1月任临汾开发区党工委委员、管委会副主任）
陈　翔　临汾开发区公安分局党委副书记、政委
席俊峰　侯马开发区公安分局党委书记、局长（兼）（2019年1月任侯马开发区党工委委员）
陆世民　侯马开发区公安分局党委副书记、政委
张冬明　三级高级警长、直属分局党委书记、局长（兼）
张安旭　三级高级警长、直属分局政委
孙铁虎　二级调研员（2019年6月套转）
谢庆军　二级调研员（2019年6月套转，2019年7月免职级退休）
周文伟　二级调研员（2019年6月套转）
孙青龙　二级调研员（2019年6月套转）
王福勇　二级调研员（2019年6月套转，2019年9月免职级退休）
陈运乐　二级调研员（2019年8月晋升为三级调研员，2019年9月连续晋升）
王自文　四级高级警长
郭　毅　四级调研员（2019年6月套转）
邹栓柱　四级调研员（2019年1月机构改革免防范办副主任职务，任公安局副调研员，2019年6月套转）
常为社　四级调研员（2019年6月套转）
刘　阳　四级调研员（2019年6月套转）
张常茂　四级高级警长
刘文祥　四级调研员（2019年2月机构改革免防范办副调研员，任市公安局副调研员，2019年6月套转）

市公安局交通警察支队

高　岭　党委书记、支队长（正县级）
申明记　党委副书记、政委
师太平　四级调研员（2019年6月套转，2019年11月免职退休）
刘　红　（女）四级调研员（2019年6月套转，2019年11月免职退休）

市民政局

廉　鹏　党组书记（2019年1月免职）、局长（2019年2月免职）
牛庆国　党组书记（2019年1月任职）、局长（2019年2月任职）
闫济忠　党组成员、副局长（2019年1月免职）
院一楠　（女）党组成员、副局长
李晓燕　（女）党组成员（兼）（2019年1月免职）
郑俊哲　党组成员、纪检监察组组长
张俊林　党组成员、副局长（2019年1月任职）
丁国刚　党组成员、二级调研员（2019年6月套转）
田荣善　二级调研员（2019年6月套转）

市司法局

秦希强　党组书记、局长、一级调研员（2019年12月晋升职级）
王继平　党组成员、副局长

刘　竞　（女）党组成员、副局长
赵仁杰　党组成员、副局长
王新辉　（女）党组成员、副局长（2019年1月机构改革免市委法治办副主任职务，任现职）
谢雍禧　二级调研员（2019年8月晋升为三级调研员，2019年9月连续晋升）
高亮明　四级调研员（2019年6月套转）
赵晓红　四级调研员（2019年6月套转）

市财政局
牛少白　党组书记、局长
刘恩和　党组成员、派驻纪检监察组组长
张全林　党组成员、副局长（2019年12月免党组成员）
苏志宏　党组成员、副局长
刘忠平　党组成员、副局长（2019年8月任副局长）
陈文章　调研员（2019年2月免职并退休）
姜永新　调研员（2019年4月免职并退休）
毛伶秀　四级调研员（2019年6月套转）
吉鸿斌　三级调研员（2019年6月套转为四级调研员，8月晋升三级调研员）
郭新民　四级调研员兼市属国有企业监事会主席（2019年6月套转）

市人力资源和社会保障局
韦　阳　党组书记、局长
崔鹏飞　副局长
师廷进　党组成员、副局长
崔　力　党组成员、副局长
宋国清　党组成员、纪检监察组组长
陈　捷　党组成员、副局长
樊海军　党组成员、二级调研员（2019年6月套转）
冀林海　党组成员（兼）（2019年2月免职）
李　凯　四级调研员（2019年6月套转，7月免职级并退休）
赵建平　副调研员（2019年3月免职并退休）
刘英庆　四级调研员（2019年6月套转，9月免职级并退休）
梁　红　副调研员（2019年4月免职并退休）

市生态环境局（2019年1月组建）
李永芳　党组书记、局长（2019年1月任党组书记，2月任局长）
邓明生　党组成员、副局长（2019年1月任）
赵素丽　（女）副局长（2019年1月任）
赵向阳　党组成员、副局长（2019年1月任）
徐红平　党组成员、二级调研员（2019年6月套转）
贾长宏　党组成员（保留原职级待遇）
姚　祥　二级调研员（2019年6月套转，2019年12月免职级退休）
侯庆林　四级调研员（2019年6月套转）
郭　波　正县级干部（2019年1月转任至市总工会）
易　鹏　党组成员、副局长（2019年7月挂任党组成员，9月挂任副局长）

市住房和城乡建设局（2019年1月由市住房保障和城乡建设管理局更名）
杜　敏　党组书记、局长（2019年1月任党组书记，2月任局长）
孙如意　党组成员、副局长（2019年1月任）
杜旭生　党组成员、派驻纪检监察组组长、二级调研员（2019年1月任党组成员、派驻纪检监察组组长，8月晋升三级调研员，9月晋升二级调研员）
李玉升　党组成员、副局长（2019年1月任）
宋建伟　党组成员、副局长（2019年1月任）
赵才顺　党组成员、保留副县级领导职务待遇（2019年1月任党组成员）
温学良　调研员（2019年1月免职并退休）
刘官虎　四级调研员（2019年3月任副调研员，6月套转）
黄玉林　四级调研员（2019年3月任副调研员，6月套转）
杨红霞　四级调研员（2019年3月任副调研员，6月套转）
程桂琴　四级调研员（2019年3月任副调研员，6月套转，11月免职级退休）
宋　东　四级调研员（2019年12月任）

市城市管理局（2019年1月组建）
任俊杰　党组书记、局长（2019年1月任党组书记，2月任局长）
洪文斌　党组成员、副局长（2019年1月任）
杨卫红　党组成员、副局长（2019年1月任）

市交通运输局
白建成　党组书记、局长（2019年1月免党组书记，2月免局长）
冯小宁　党组书记、局长（2019年1月任党组书记，2月任局长）
许学民　党组成员、副局长
陈贵林　党组成员、派驻纪检监察

组组长
令狐文选　党组成员、副局长、二级调研员（2019年8月升三级调研员，9月晋升二级调研员）
景俊青　党组成员、二级调研员（2019年6月套转）
张雷志　党组成员、二级调研员（2019年12月任）
淮电宁　党组成员、副局长（兼）（2019年12月免）
董向阳　党组成员、副局长（兼）（2019年12月任）
贺文喜　保留副县级领导职务待遇（2019年3月）
冯建荣　保留副县级领导职务待遇（2019年3月）
李春香　四级调研员（2019年6月套转）

市水利局
任耀文　党组书记、局长、一级调研员（2019年12月晋升一级调研员）
张吉星　党组成员、副局长
曹明兰　党组成员、副局长、二级调研员（2019年8月晋升三级调研员，9月晋升二级调研员）
晋洪爱　（女）副局长、三级调研员（2019年12月晋升三级调研员）
王　涛　党组成员、派驻纪检监察组组长（2019年5月免职并退休）
迪孟杰　党组成员、派驻纪检监察组组长（2019年8月任）
李会平　党组成员、二级调研员（2019年6月套转）
靳阳阳　保留副县级领导职务待遇（2019年3月）
郭亚臻　调研员（2019年3月免职并退休）
张文英　四级调研员（2019年6月套转）
许爱琴　四级调研员（2019年6月套转）

市农业农村局（2019年1月组建）
王晓民　党组书记、局长、一级调研员（2019年1月任党组书记，2月任局长，12月晋升一级调研员）
窦　凯　党组成员、副局长（2019年1月任）
吴江平　副局长（2019年1月任）
周晓东　副局长（2019年1月任）
张运宏　党组成员、副局长、二级调研员（2019年1月任党组成员、副局长，8月晋升三级调研员，9月晋升二级调研员，12月免职务职级退休）
刘海宁　党组成员、派驻纪检监察组组长（2019年1月任）
李王卫　党组成员、副局长（2019年1月任）
王　红　（女）党组成员、副局长（2019年1月任）
王亚平　党组成员、二级调研员（2019年1月任党组成员，3月任调研员，6月套转）
张小敏　保留副县级领导职务待遇（2019年3月）
马学平　四级调研员（2019年3月任副调研员，6月套转）

市规划和自然资源局（2019年1月组建）
王　军　党组书记、局长、一级调研员（2019年1月任党组书记、局长，12月晋升一级调研员）
王青川　党组成员、副局长（2019年1月任党组成员，3月任副局长）
陈振虎　党组成员、副局长（2019年1月任党组成员，3月任副局长）
乔卫东　党组成员、副局长（2019年1月任党组成员，3月任副局长）
程丙春　党组成员、副局长、三级调研员（2019年1月任党组成员，3月任副局长，12月晋升三级调研员）
杨宝灵　党组成员、副局长（2019年1月任党组成员，3月任副局长）
田　云　（女）副局长（2019年3月任）
王平珍　（女）党组成员、副局长（2019年1月任党组成员，3月任副局长）
刘国平　一级调研员（2019年1月任调研员，6月套转二级调研员，12月晋升一级调研员）
孔令光　二级调研员（2019年1月任调研员，6月套转）
王冬生　二级调研员（2019年1月任调研员，6月套转，11月免职级退休）
杨剑青　二级调研员（2019年1月任调研员，6月套转）
任尚德　四级调研员（2019年1月任副调研员，6月套转）
张居峰　四级调研员（2019年1月任副调研员，6月套转）
景海军　森林公安分局局长
刘家森　森林公安分局政委
董科年　保留原职级待遇（2019年5月）
张永革　保留原职级待遇（2019年5月）

郭方学　保留原职级待遇（2019年5月）

市商务局

张　剑　党组书记、局长（2019年1月免党组书记，2月免局长）

李俊平　党组书记、局长（2019年1月任党组书记，2月任局长，5月免党组书记，6月免局长）

吴吉红　党组书记、局长（2019年5月任党组书记，6月任局长）

贾凤山　党组成员、副局长、三级调研员（2019年12月晋升三级调研员）

高建军　党组成员、副局长、三级调研员（2019年12月晋升三级调研员）

史文斌　党组成员、二级调研员（2019年6月套转）

王　峰　党组成员、派驻纪检监察组组长

市文化和旅游局（市文物局）（2019年1月组建，原市文化局<市版权局>、原市旅游发展委员会<市文物局、市政府外事侨务办公室>）

李艾珍　（女）党组书记（2019年1月任职）、局长（2019年2月任职）、一级调研员（2019年12月晋升）

秦英俊　党组成员、副局长（2019年1月任职）、二级调研员（2019年10月晋升三级调研员，11月晋升现职级）

牟广洲　党组成员、副局长（2019年1月任职）

孙奋增　党组成员、副局长（2019年1月任职）

卫康忠　党组成员、副局长（2019年1月任职）

杨文革　党组成员、副局长（2019年1月任职）

郭雅丽　（女）党组成员、副局长（2019年1月任职，8月免职）

张龙梅　（女）党组成员、副局长（2019年1月任职）

宋清波　党组成员、纪检监察组组长（2019年1月任职）

闫瑞丽　（女）保留副处长级待遇（2019年3月免原市文化局<市版权局>总工程师）

李　刚　保留副处长级待遇（2019年3月免原市旅游发展委员会<市文物局、市政府外事侨务办公室>总工程师）

李俊勇　四级调研员（2019年3月任副调研员，6月套转）

李孔森　四级调研员（2019年3月任副调研员，6月套转）

付向平　四级调研员（2019年3月任副调研员，6月套转）

市卫生健康委员会（2019年1月组建，原市卫生和计划生育委员会）

王　山　二级巡视员（2019年1月免原市卫生和计划生育委员会党组书记、主任，保留正处长级待遇，8月晋升一级调研员，9月晋升现职级，11月免职级并退休）

董凤妮　（女）党组书记（2019年1月任职）、主任（2019年2月任职）、一级调研员（2019年12月晋升）

苏建生　党组成员、副主任（2019年1月任职）

王好收　党组成员、副主任（2019年1月任职）

吴国平　党组成员、副主任（2019年1月任职）

王建明　党组成员、纪检监察组组长（2019年1月任职）

毛崇澜　党组成员（2019年2月任职）、二级调研员（2019年3月任调研员，6月套转）

翟少华　保留副处长级待遇（2019年4月免市计划生育协会专职副会长）

刘甫宪　二级调研员（2019年3月任副调研员，6月套转四级调研员，8月晋升三级调研员，9月晋升现职级）

陈鹏飞　四级调研员（2019年3月任副调研员，6月套转）

市应急管理局（2019年1月组建）

范春雷　党组书记、局长（2019年1月任党组书记，2月任局长）

张晋乡　（女）党组成员、副局长（2019年1月任）

*黄在新　党组成员、二级调研员（2019年1月任党组成员，3月任调研员，6月套转）

郇宝国　党组成员、副局长（2019年1月任）

薛　江　党组成员、副局长（2019年1月任党组成员，8月任副局长）

黄惠勇　四级调研员（2019年3月任副调研员，6月套转）

周武俊　四级调研员（2019年3月任副调研员，6月套转）

秦官堂　四级调研员（2019年3月任副调研员，6月套转）

市审计局

陈焕成　党组书记、局长

毛志中　党组成员、副局长

焦宗宁　党组成员、副局长

张临萍　（女）党组成员、副局长

孙成选　党组成员、总审计师

陈云波　保留副县级领导职务待遇（2019年3月）

贺广愈　（女）保留副县级领导职务待遇（2019年3月）

卫传茂　副调研员（2019年6月免职退休）

宋建荣　四级调研员（2019年6月套转，9月免职级退休）

郭安平　副县级干部（2019年7月退休）

市市场监督管理局（2019年1月组建）

徐新荣　党组书记（2019年1月任）

曹洪安　党组副书记、局长（2019年1月任党组副书记，2月任局长）

李三胜　党组成员、副局长、二级调研员（2019年1月任党组成员、副局长，8月晋升三级调研员，9月晋升二级调研员）

樊银喜　党组成员、副局长（2019年1月任）

魏建华　党组成员、副局长（2019年1月任）

李俊峰　党组成员、副局长（2019年1月任）

杨晓红　党组成员、副局长（2019年1月任）

卫浩静　党组成员、副局长（2019年1月任）

姚永强　党组成员、保留副县级领导职务待遇（2019年2月任党组成员）

张　峰　党组成员、派驻纪检监察组组长（2019年1月任）

宋平镭　党组成员、中共临汾市非公经济和社会组织委员会兼职副书记、保留副县级领导职务待遇（2019年2月任党组成员，7月任中共临汾市非公经济和社会组织委员会兼职副书记）

丁　旭　党组成员、保留副县级领导职务待遇（2019年2月任党组成员）

汤　明　党组成员、二级调研员（2019年2月任党组成员，3月任调研员，6月套转）

王　红　（女）保留副县级领导职务待遇（2019年3月）

舒　婷　（女）保留副县级领导职务待遇（2019年3月）

王晓清　（女）保留副县级领导职务待遇（2019年4月）

樊耀东　保留副县级领导职务待遇（2019年4月）

杜登亭　保留副县级领导职务待遇（2019年6月退休）

李同军　调研员（2019年3月任，5月免职并退休）

张云龙　四级调研员（2019年3月任副调研员，6月套转）

许红萍　四级调研员（2019年3月任副调研员，6月套转，12月免职级退休）

程世斌　市消费者协会秘书长

王　葱　市个体劳动者协会秘书长

吴文英　市民（私）营企业协会秘书长

市退役军人事务局（2019年1月组建）

柳红兵　党组书记（2019年1月任职）、局长（2019年2月任职）、一级调研员（2019年12月晋升）

闫济忠　党组成员、副局长（2019年1月任职）

李晓燕　（女）党组成员、副局长（2019年1月任职）

市政府外事办公室（市政府台港澳事务办公室）（2019年1月组建，原市委台湾工作办公室）

赵新喜　党组书记（2019年1月任职）、主任（2019年2月任职）

李明山　党组成员、副主任（2019年1月任职）

郭雅丽　（女）党组成员、副主任（2019年8月任职）

庞红平　四级调研员（2019年1月任副调研员，6月套转）

市体育局（2019年1月组建）

陈海平　党组书记（2019年1月任职）、局长（2019年2月任职）

段晓娜　（女）党组成员、副局长（2019年1月任职）

市医疗保障局（2019年1月组建）

李玉龙　党组书记（2019年1月任职）、局长（2019年2月任职）、一级调研员（2019年12月晋升）

崔　勇　党组成员、副局长（2019年1月任职）

邢坚强　党组成员、副局长（2019年1月任职、免市爱卫会专职副主任）

张连昌　党组成员、二级调研员（2019年12月军转安置）

市行政审批服务管理局（市政务信息管理局）（2019年1月组建）

尉　俊　党组书记（2019年1月任职）、局长（2019年2月任职）、一级调研员（2019年12月晋升）

米玉芳　（女）党组成员、副局长（2019年1月任职）

任泰成　党组成员、副局长（2019年1月任职）

李秋生　三级调研员（2019年3月任副调研员，6月套转四级调

研员，8月晋升现职级）

市信访局（2019年1月更名，原市委市政府信访局）

陈国元　党组书记（2019年1月任职）、局长（2019年2月任职）、一级调研员（2019年12月晋升）
郑红东　（女）党组成员、副局长（2019年1月任职）、二级调研员（2019年8月晋升三级调研员，9月晋升现职级）
张兆祥　党组成员、副局长（2019年1月任职）
李晓斌　党组成员、副局长（2019年1月任职）
刘铁文　四级调研员（2019年3月任副调研员，6月套转）

市统计局

李俊平　（女）党组书记、局长（2019年1月免党组书记，2月免局长）
赵靖平　党组书记、局长（2019年1月任党组书记，2月任局长）
蔡黎宁　党组成员、副局长、二级调研员（2019年8月晋升三级调研员，9月晋升二级调研员）
樊晋阳　党组成员、副局长
张增福　党组成员、保留副县级领导职务待遇（2019年3月）
师先明　四级调研员（2019年6月套转）

市政府金融工作办公室（2019年1月组建）

郇惠俊　党组书记、主任（2019年1月任党组书记，2019年2月任主任）
张林平　党组成员、副主任（2019年1月任）
张亚丁　党组成员、副主任（2019年8月任）

市能源局（2019年1月组建）

郝德彪　党组书记、局长、一级调研员（2019年1月任党组书记，2月任局长，12月晋升一级调研员）
王海青　党组成员、副局长（2019年1月任）
刘　鹏　党组成员、副局长（2019年1月任党组成员，8月任副局长）
苏政锦　党组成员、派驻纪检监察组组长（2019年1月任，8月免）
徐　玮　党组成员、派驻纪检监察组组长（2019年8月任）
王常兴　四级调研员（2019年3月任副调研员，6月套转，12月免职级、个人申请提前退休）
郭海涛　四级调研员（2019年3月任副调研员，6月套转）
王贵民　四级调研员（2019年3月任副调研员，6月套转）
柴红星　四级调研员（2019年3月任副调研员，6月套转）

市扶贫开发办公室

孙延震　党组书记、主任、一级调研员（2019年12月晋升一级调研员）
张友邦　党组成员、副主任
郭采卿　党组成员、副主任、三级调研员（2019年12月晋升三级调研员）

市促进外来投资局（2019年1月组建）

周　廉　党组书记、局长（2019年1月任党组书记，2月任局长）
杨　楠　党组成员、副局长（2019年1月任）
史俊爱　党组成员、副局长（2019年8月任）

市人民防空办公室

李建华　党组书记、主任、一级调研员（2019年12月晋升）
段维让　党组副书记、调研员（2019年2月免职并退休）
王　蓬　党组成员、副主任
王会杰　党组成员、副主任

市人大常委会办公室（2019年1月机构更名，原市人大常委会办公厅）

苏文龙　秘书长、办公室主任、机关党组书记（2019年1月机构更名，重新任职）
仝天峰　副秘书长、办公室副主任（兼）、机关党组成员（2019年1月机构更名，重新任职）
郝　巍　副秘书长、办公室副主任、机关党组成员（2019年9月任职）
张春荣　副秘书长、办公室副主任（2019年1月机构更名，重新任职）
曹　樯　副秘书长、办公室副主任、机关党组成员（2019年5月免职）
文彦如　机关党组成员、市纪委监委驻市人大常委会机关纪检监察组组长
亢　军　二级调研员（2019年6月套转）
孙爱萍　副调研员（2019年3月免职退休）

市人大常委会研究室（监察和司法工作委员会，2019年3月由内务司法工作委员会更名）

仝天峰　主任（兼）
贾卫民　副主任

市人大常委会信访处
董跃明　处长

市人大常委会法制工作委员会（法制委员会）
张应钦　主任
杜志祥　副主任、二级调研员（2019年8月晋升三级调研员，2019年9月连续晋升）
符庆辉　副主任

市人大常委会财经工作委员会
武兰萍　（女）主任（2019年1月免职）
丁向阳　主任、二级巡视员（2019年1月任职，2019年8月晋升一级调研员，2019年9月连续晋升）
杨爱俊　副主任

市人大常委会教科文卫工作委员会
郭　刚　主任、一级调研员（2019年12月晋升职级）
孙　岩　（女）副主任

市人大常委会农村工作委员会
孙智英　（女）主任
乔卫民　副主任

市人大常委会城建环保工作委员会
田卫东　主任、一级调研员（2019年9月晋升职级）
吴周荣　副主任

市人大常委会人事代表工作委员会
权建军　主任、一级调研员（2019年12月晋升职级）
郭黎明　副主任

市人大常委会民族宗教侨务外事工作委员会（市人大社会建设委员会）
刘智勇　主任（2019年1月免职）
廉　鹏　主任、主任委员、二级巡视员（2019年1月任职，2019年8月晋升一级调研员，2019年9月连续晋升）
王艳玲　（女）副主任、副主任委员（2019年1月任职）

市政协办公室（2019年1月机构更名，原市政协办公厅）
陈振华　秘书长、办公室主任、机关党组书记、一级调研员（2019年1月机构更名，重新任职，2019年12月晋升职级）
解建国　副秘书长、办公室副主任（2019年1月机构更名，重新任职）
李江泽　副秘书长、办公室副主任、机关党组成员（2019年1月机构更名，重新任职）
李宝平　副秘书长、办公室副主任、机关党组成员（2019年8月任职）
邢　磊　机关党组成员、市纪委监委驻市政协机关纪检监察组组长
胡一锋　一级调研员（2019年6月套转，2019年12月晋升职级）
王吉荣　二级调研员（2019年6月套转）

市政协调研室
冯卫民　主任（2019年1月任职）

市政协提案委员会
尚　彬　主任（2019年2月任职）
张红伟　副主任

市政协经济和人口资源环境委员会（2019年1月机构更名，原市政协经济科技委员会）
张庆魁　主任、一级调研员（2019年1月机构更名，重新任职，2019年8月晋升职级）
辛慧芳　（女）副主任（2019年1月机构更名，重新任职）

市政协农业和农村委员会（2019年1月机构更名，原市政协农村委员会）
白占奎　主任（2019年1月机构更名，重新任职）
王　彬（女）副主任（2019年1月机构更名，重新任职）

市政协教科卫体委员会（2019年1月机构更名，原市政协教文卫体委员会）
徐慧琴　（女）主任、一级调研员（2019年1月机构更名，重新任职，2019年12月晋升职级）
李　欣　（女）副主任（2019年1月机构更名，重新任职）

市政协社会法制委员会
周　波　主任（2019年2月免职）
张亚勤　主任（2019年2月任职）
薛庆玺　（女）副主任

市政协民族宗教和港澳台侨联络委员会
李云岗　主任
孙忠平　副主任

市政协文化文史和学习委员会（2019年机构更名，原市政协学宣文史委员会）
陈维明　主任、一级调研员（2019年1月机构更名，

重新任职，2019年12月晋升职级）
李宝平　副主任（2019年8月免职）

山西省临汾市中级人民法院
周太山　党组书记、院长
*邵有田　党组成员、副院长、三级高级法官
李　曦　党组成员、副院长、三级高级法官
霍向阳　党组成员、副院长
张五全　党组成员、副院长
王重阳　党组成员、副院长（2019年1月任职）
弓记平　党组成员、市纪委监委驻市中级人民法院纪检监察组组长
党辉钢　党组成员、政治部主任（2019年1月任职）
白　剑　执行局局长、四级高级法官（2019年1月任职）
郭永顺　执行局政委
郑艳燕　（女）审判委员会专职委员、四级高级法官（2019年1月任职）
朱亚慧　（女）审判委员会专职委员、四级高级法官
武国界　正县级干部
杨建民　调研员（2019年6月免职退休）
贺宏生　二级调研员（2019年8月晋升三级调研员，2019年9月连续晋升）
杨益明　四级调研员（2019年1月任副调研员，2019年6月套转）
王向红　四级高级法官
巨志红　（女）四级高级法官
米新雁　（女）四级高级法官
刘爱萍　（女）四级高级法官

权补林　调研员（2019年3月免职退休）
乔志民　副调研员（2019年11月免职退休）

山西省临汾市人民检察院
马红彬　党组书记、检察长
李国希　党组副书记、副检察长、三级高级检察官
刘跃文　党组副书记、副检察长、三级高级检察官
刘俊明　党组成员、副检察长、三级高级检察官
李　明　党组成员、副检察长
潘丽君　（女）党组成员、政治部主任（2019年9月任职）
刘淑红　（女）检察委员会专职委员
王　华　检察委员会专职委员（2019年9月提前退休）
刘俊茂　检察委员会专职委员
张旭生　二级调研员（2019年6月套转）
郭永利　二级调研员（2019年8月晋升三级调研员、2019年9月晋升二级调研员、2019年12月免党组成员、市纪委监委驻市人民检察院纪检监察组组长职务，同时任职级）
周少军　二级调研员（2019年8月晋升三级调研员，2019年9月连续晋升，同时免去党组成员、政治部主任职务）
董新平　四级调研员（2019年6月套转）
李全喜　四级调研员（2019年6月套转）
吉彩菊　（女）四级高级检察官
王怀亮　四级调研员（2019年6月套转）

民主党派机关
刘　丽　（女）民革临汾市委驻会副主委
王燕莉　（女）民盟临汾市委驻会副主委
赵　强　（女）九三学社临汾市委驻会副主委
褚小平　（女）民进临汾市委驻会副主委（2019年8月免职\退休）

市工商业联合会
郭天龙　党组书记、常务副主席（兼）（2019年11月免职退休）
曹焕成　党组成员、副主席、三级调研员（2019年12月职级晋升）
乔冠峰　党组成员、副主席
景　明　二级调研员（2019年6月套转）

市总工会
杨治平　主席（兼）
冯　珍　（女）党组书记、常务副主席（2019年1月免职）
郭　波　党组书记、常务副主席（2019年1月任职）
张宏杰　党组成员、副主席
张明玉　（女）党组成员、副主席、三级调研员（2019年12月晋升职级）
师红阳　党组成员、副主席
李　弘　四级调研员（2019年6月套转）
贺　岩　（女）副县级干部

共青团临汾市委
王　栋　党组书记、书记（2019年9月免职）

范　帆　书记（2019年9月任职）
栗　军　党组成员、副书记（2019年12月免党组成员）
刘小维　（女）党组成员、副书记（2019年12月免党组成员）

市妇女联合会
杨玉果　（女）党组书记、主席
王奠邑　（女）党组成员、副主席
刘建瑞　（女）党组成员、副主席（2019年8月免职）
吕学慧　（女）党组成员、副主席
杨清凤　（女）二级调研员（2019年6月套转）
柏宝莲　（女）四级调研员（2019年6月套转）

市文学艺术界联合会
李青萍　（女）党组书记、主席
许爱英　（女）党组成员、副主席、二级调研员（2019年8月晋升三级调研员，2019年9月连续晋升）
张奎慧　党组成员、副主席
金佳奇　党组成员、副主席（2019年8月任职）
杨红旭　二级调研员（2019年12月免职级退休）

市科学技术协会
蔡志强　主席
郭迎明　党组书记
张腊虎　党组成员、副主席
薛保刚　二级调研员（2019年8月晋升三级调研员，2019年9月连续晋升）

市归国华侨联合会
王阿家　（女）主席
梁秋菊　（女）党组书记（2019年5月任职）

市残疾人联合会
郑效锋　党组书记、理事长
吴晓芳　（女）党组成员、副理事长
李惠康　党组成员、副理事长
秦彦平　二级调研员（2019年6月套转）

事业单位机构设置和领导成员名单

山西师范大学临汾学院
毛跟云　党委书记
*秦国杰　党委副书记、院长（2019年12月免职）
余作明　党委副书记
高　涨　党委委员、纪委书记
张　毅　党委委员、副院长
高怀茂　党委委员、副院长
赵志轩　党委委员、副院长
刘　坚　保留正处长级待遇（2019年2月退休）

临汾职业技术学院
傅遵师　党委书记
段江燕　（女）党委副书记、院长
武建亭　党委副书记
段效毅　（女）党委委员、纪委书记
李海平　（女）党委委员、副院长
刘凤鸣　党委委员、副院长
王丽明　党委委员、副院长
安建军　党委委员（兼）
梁吉平　保留正处长级待遇（2019年12月退休）
梁培福　保留正处长级待遇

市委党校（临汾行政学院）
刘文华　校长（兼）
常　青　临汾行政学院院长
张青山　常务副校长、临汾行政学院常务副院长
吕夺俊　党委委员、副校长、临汾行政学院副院长、三级调研员（2019年12月晋升职级）
郑巨东　党委委员、副校长、临汾行政学院副院长
秦希亮　党委委员、副校长、临汾行政学院副院长
沈新力　党委委员、副校长
卫俊林　四级调研员（保留副县级领导职务待遇）（2019年6月套转）

市委党史研究室（市地方志研究室）（机构改革合并，2019年1月成立）
屈　波　（女）主任、一级调研员（2019年1月任职，2019年12月晋升职级）
刘鹏举　副主任（2019年1月任职）
靳水旺　副主任（2019年1月任职）
李　慧　（女）副主任（2019年1月任职）
王益民　四级调研员（2019年6月套转）

市档案馆（2019年1月机构更名，原市档案局（馆））
孙晓东　馆长（2019年1月任职）
卫　斌　副馆长（2019年1月机构更名，重新任职）
王志龙　副馆长（2019年1月机构更名，重新任职）

市委信息化中心
韩振钢　主任（2019年1月任职）
刘挺峰　副主任

市委讲师团
崔巨岩　团长、一级调研员（2019年12月晋升职级）
常凤鸣　（女）副团长

辛卫青　二级调研员（2019年8月晋升三级调研员，2019年9月连续晋升）

市新闻中心

李晓红　（女）主任（2019年8月任职）

王　杰　副主任（2019年8月任职）

临汾日报社

薛鹏寿　社长（2019年1月免职）

郭志宏　社长（2019年1月任职）

高红生　总编辑（2019年1月任职）

席文明　副社长

陕文喜　副总编辑（2019年9月任职）

临汾广播电视台（2019年1月更名，原临汾市广播电视台）

董　杰　党组书记、台长（2019年1月机构更名、重新任职任职）

宁良杰　党组成员、副台长（2019年1月机构更名、重新任职任职）

张明锁　党组成员、副台长（2019年1月机构更名、重新任职任职）

卫恩瑞　党组成员、副总编（2019年1月机构更名、重新任职任职）

姚卫民　党组成员、副总编（2019年1月机构更名、重新任职任职）

市事业单位登记事务中心（2019年12月更名，原市事业单位登记管理局）

刘海明　主任（2019年12月任职）

市人民政府发展研究中心

薛新宏　党组书记、主任

靳亚伟　党组成员、副主任（2019年9月任）

亢思潮　党组成员、副主任（2019年9月任）

市财政国库支付中心（市财政国库支付局2019年8月更名为市财政国库支付中心）

马　哲　主任、三级调研员（2019年12月任主任，晋升三级调研员）

市预算绩效评价中心（市非税收入征收局2019年8月更名为市预算绩效评价中心）

卫　平　主任（2019年12月任）

市市政公用服务中心（市市政公用局2019年8月更名为市市政公用服务中心）

赵成江　主任（2019年12月任）

市房地产服务中心（市房地产管理局2019年8月更名为市房地产服务中心）

程晓强　主任（2019年12月任）

市供销合作社联合社

冯双贵　党组书记、理事会主任

任希强　党组成员、副主任（正县级）、二级巡视员（2019年8月晋升一级调研员，9月晋升二级巡视员）

郑安民　党组成员、副主任

乔丽平　（女）党组成员、副主任

市农业综合开发中心（市农业综合开发办公室2019年1月更名为市农业综合开发中心）

孙延震　市农业综合开发办公室党组书记、主任（2019年2月免职）

张小俊　市农业综合开发办公室党组成员、副主任（2019年12月免职并退休）

李虎山　副主任（2019年12月任）

莫　华　四级调研员（2019年6月套转）

市接待服务中心（2019年1月机构改革成立）

田宝庆　主任（2019年1月任职）

市政府驻北京办事处

王晓华　党组书记、主任（兼）（2019年12月免党组书记职务）

赵　泽　副主任（2019年1月任职）

市园林事业发展中心（市园林事业局2019年8月更名为市园林事业发展中心）

孙宣东　主任（2019年12月任）

刘建明　市园林事业局党委委员、副局长（2019年2月免职并退休）

市中小微企业发展中心（市中小企业局2019年1月更名为市中小企业服务中心，市中小企业服务中心2019年8月更名为市中小微企业发展中心）

王保仁　二级巡视员（2019年8月晋升市中小微企业发展中心一级调研员，9月晋升二级巡视员，12月不再提名担任领导职务）

常立宁　副主任（2019年12月任）

张洪福　副主任（2019年12月任）

张建梅　副主任（2019年8月任市中小企业服务中心副主任，2019年12月任现职）

孔晓明　市中小企业服务中心二级

调研员（2019年6月套转，9月免职级退休）

市汾西灌区水利服务中心（市汾西水利管理局2019年8月更名为市汾西灌区水利服务中心）

杨杜学　党组书记、主任（2019年12月任）
丁栓平　党组成员、副主任（2019年12月任）
杨泉霖　党组成员、副主任（2019年12月任）
王赛朝　党组成员、总工程师（2019年12月任）
王双锁　保留副处长级待遇（2019年12月自愿申请辞去领导职务）

市引沁入汾水利服务中心（市引沁入汾工程建设管理局2019年8月更名为市引沁入汾水利服务中心）

王世杰　党组书记、主任（2019年12月任）
张红林　党组成员、副主任（2019年12月任）
李云廷　党组成员、副主任（2019年12月任）

市国际金融组织贷款服务中心（市国际资金管理局2019年8月更名为市国际金融组织贷款服务中心）

陈毅林　二级巡视员（2019年8月晋升一级调研员，9月晋升二级巡视员，12月不再提名担任领导职务）
张淑宝　副主任、二级调研员（2019年8月晋升三级调研员，9月晋升二级调研员，12月任副主任）
王慧琴　（女）副主任（2019年12月任）

市畜牧发展中心（市畜牧中心<畜牧兽医局>2019年1月不再保留市畜牧兽医局的牌子，2019年8月更名为市畜牧发展中心)

张志宏　市畜牧中心党组书记、主任（局长）（2019年3月免职并退休）
王大鹏　副主任（2019年12月任）
邓文平　副主任（2019年12月任）
李炫均　市畜牧中心四级调研员（2019年6月套转，2019年12月免职级）

市农业机械发展中心（市农业机械发展中心<农机局>2019年1月不再保留市农机局的牌子）

李玉龙　市农业机械发展中心<农机局>党组书记、主任（局长）（2019年1月免职）
雷瑞庭　副主任
杨学敏　副主任
孙俊辉　副主任
杨增亲　四级调研员（2019年6月套转）

市防震减灾中心（市地震局2019年8月更名为市防震减灾中心）

赵靖平　市地震局党组书记、局长（2019年1月免）
王江海　副主任（2019年12月任）
霍拥军　市地震局党组成员、副局长
杨志刚　四级调研员（2019年6月套转，11月免职级退休）

原市国有资产管理中心（从事生产经营活动事业单位转企改制，于2019年12月撤销机构）

温建平　党委委员、副主任
陈永森　党委委员、副主任

原市信托投资管理中心（从事生产经营活动事业单位转企改制，于2019年12月撤销机构）

樊　虎　党组成员、副主任
张军民　党组成员、副主任

市疾病预防控制中心

张重辉　（女）主任
张　伟　党委书记
秦连阳　党委委员、副主任

市城镇集体工业联合社

王若农　党组书记、主任、一级调研员（2019年12月晋升）
谢长有　党组成员、副主任
牛怀孝　党组成员、副主任
张建林　党组成员、副主任
马步正　四级调研员（2019年6月套转）

临汾第一中学校

张杨管　党委副书记、校长
卢建华　党委书记（2019年8月任职）
卫福明　党委副书记
杨益民　党委委员（2019年8月免职）、副校长（2019年9月免职）（兼）
张宝仓　党委委员、副校长（2019年8月免职）
陈建平　党委委员、副校长
杨海伟　党委委员、纪检书记
韩玉涛　党委委员（2019年8月任职）、副校长（2019年9月任职）
李云刚　党委委员（2019年8月任职）、副校长（2019年9月任职）
陕　光　党委委员（2019年8月任职）、副校长（2019年9月任职）
高洪山　保留副处长级待遇

（2019年8月免党委委员，9月免副校长）

临汾第三中学校

董天保　党委副书记、校长

刘建瑞　（女）党委书记（2019年8月任职）

王纯林　副校长

赵雪云　（女）党委委员、纪检书记

柴　方　党委委员（2019年8月任职）、副校长（2019年9月任职）

洪洞县第一中学校

李小拽　党委副书记、校长

常元星　党委书记

郭洪虎　纪检组长（2019年1月免职）

王建平　党委委员、副校长

王苏龙　党委委员、副校长

张安平　党委委员、纪检书记（2019年9月任职）

曲沃中学校

赵树人　党委副书记（2019年8月任职）、校长（2019年9月任职）

刘建平　党委书记（2019年4月免职并退休）

杜文砧　党委书记（2019年8月任职，9月免校长）

王小虎　副校长

王会忠　党委委员（2019年8月任职）、副校长（2019年9月任职）

程云龙　党委委员、纪检书记（2019年9月任职）

临汾蒲剧院（临汾戏剧研究院）

任跟心　（女）党委书记、院长

郭泽民　党委委员、副院长

杨　峰　党委委员、副院长

武晓朝　党委委员、总导演

潘国梁　党委委员、副院长

市文化艺术学校（市幼儿师范学校）

牛春平　（女）党委副书记、校长

田跃华　党委书记

姚二龙　党委委员、副校长

田红琴　（女）党委委员、副校长

宋广俊　党委委员、纪检书记

市人民医院

黄新升　党委书记

苏学峰　党委副书记、院长

许红星　党委副书记

刘松山　党委委员、纪委书记

李　斌　党委委员、副院长

王铁忠　副院长

市中心医院（2019年11月机构编制调整更名）

王　勇　党委书记

贾爱芹　（女）党委副书记、院长

杨　林　党委副书记

孙国虎　党委委员、纪委书记

郭淑明　（女）党委委员、副院长

范甲卯　党委委员、副院长

狄丕文　（女）党委委员、副院长

市体育运动学校

牛鸿翔　校长

曹　鹏　副校长

尹建峰　副校长

张　敏　副校长

临汾宾馆

段安平　经　理

卫东红　副经理

耿国元　副经理

张　玲　（女）副经理

临汾人民警察学校

樊宜群　党委副书记、校长

陈晋民　党委书记

柴丽萍　（女）党委委员、副校长

李戈林　党委委员、副校长

程庆兵　党委委员、副校长

王沁泽　党委委员、纪委书记

市公安干警培训中心

王振芳　主任

临汾民航机场筹建处

苏嘉邦　党组书记、主任

张宏亮　党组成员、副主任

许向荣　党组成员、副主任

王红章　总工程师

市道路运输事业发展中心（市治理非法超限超载车辆工作办公室2019年8月更名为市道路运输事业发展中心）

孟昭辉　市治理非法超限超载车辆工作办公室主任（兼市委巡察办一级调研员）（2019年6月套转，8月免市治超办主任，12月晋升市委巡察办一级调研员）

崔海平　（女）市治理非法超限超载车辆工作办公室副主任（2019年8月免职）

原市建筑勘察设计院（从事生产经营活动事业单位转企改制，于2019年12月撤销机构）

石文红　院长

市政府工程建设服务中心（市政府工程建设事务管理局2019年8月更名为市政府工程建设服务中心）

杨　文　主任（2019年12月任）

市农业种子站（市农业种子管理站2019年8月更名为市农业种子站）
张文荣　站长（2019年12月任）

市农业干部学校
张安平　校长（2019年9月免）

市农业综合行政执法队
李永锋　队长（2019年8月任）

原市水利机械工程局（从事生产经营活动事业单位转企改制，于2019年12月撤销机构）
李保龙　局长

山西省郭庄泉域保护中心（山西省郭庄泉域管理处2019年8月更名为山西省郭庄泉域保护中心）
俎晓东　主任（2019年12月任）

市水资源管理中心（市水资源管理委员会办公室<水资源征费稽查队>2019年8月更名为市水资源管理中心）
关云山　保留副处长级待遇（2019年12月不再提名担任领导职务）
杨代亮　正县级干部

市水库移民管理中心（市水工程移民工作办公室2019年8月更名为市水库移民管理中心）
李美利　保留副处长级待遇（2019年12月自愿申请辞去领导职务）

市矿山救护大队
尉艮亮　大队长
杜建科　党支部书记

市煤炭安全执法支队
胡宇峰　支队长（2019年12月任）

市煤矿安全生产监察大队
赵希平　大队长

原市煤炭设计院（从事生产经营活动事业单位转企改制，于2019年12月撤销机构）
李文民　院长

市公路事业发展中心
袁　晋　局长（2019年12月任）
王福记　副县级干部

市投资集团有限公司
狄学飞　党委书记、董事长
黄　德　党委副书记、总经理（2019年1月任）
贾东平　党委副书记（2019年12月免职）
任华武　党委委员、纪委书记
韦　明　党委委员、副总经理

市市场监管综合行政执法队队长
王杰平　队长（2019年4月任）
张韶华　保留副县级领导职务待遇（2019年4月）
陈　锐　保留副县级领导职务待遇（2019年4月）
市质量技术监督检验测试所
苏　敏　所长

市特种设备监督检验所
贾玉平　所长

市粮食职工中等专业学校
杨清淮　校长

市财经学校
李建国　校长、党支部副书记
卫　跃　党支部书记

市汾河文化生态景区服务中心（2019年8月更名，原市汾河文化生态景区管理处）
吴　勇　原市汾河文化生态景区管理处主任（2019年1月免职）
王晓强　党组书记、主任（2019年1月任原市汾河文化生态景区管理处党组书记、主任，12月任现职）
尉　勇　党组成员、副主任（2019年1月任原市汾河文化生态景区管理处党组成员，12月任现职）
侯韶波　党组成员、副主任（2019年1月任原市汾河文化生态景区管理处党组成员，12月任现职）

临汾广播电视大学
李国成　校长
赵宝萃　副校长

市招生考试中心（2019年1月更名，原市招生考试委员会办公室）
张宝仓　主任（2019年8月任职）

市第一实验中学
张清俊　校长
黄海林　党总支书记

临汾高级技工学校
卫洪保　校长（2019年9月任职、免党支部书记）
乔国玉　党支部书记（2019年9月任职）
李海燕　保留副处长级待遇（2019年9月免校长）

市企业养老保险服务中心（2019年8月更名，原市企业养老保险管理服务中心）
景小卫　主任（2019年12月任职）

市失业保险服务中心（2019年8月更

名，原市失业保险管理服务中心）
李柏山　主任（2019年12月任职）

市人才交流服务中心
王跃祥　主任

市文化市场综合行政执法队（2019年3月组建，原市文化市场行政综合执法大队）
席铁军　队长（2019年1月免原市文化局<市版权局>党组成员，4月免原市文化市场行政综合执法大队大队长、任现职）

市博物馆
狄跟飞　馆长（2019年1月免原市旅游发展委员会<市文物局、市政府外事侨务办公室>党组成员）

市图书馆（2019年7月成立）
于平果　（女）馆长（2019年9月任职）

市卫生监督所（2019年8月更名，原市卫生局卫生监督所）
皇甫坚　所长

市妇幼保健计划生育服务中心（市妇幼保健院）
耿玉华　（女）党总支书记
杨建宏　院长

市退役军人服务中心（2019年5月组建，原市军队转业干部培训中心）
段　峰　原市军队转业干部培训中心主任（2019年9月免职并退休）

市荣军康复医院
贾改梅　（女）党支部书记
林　烨　院长

市医疗保险服务中心（2019年8月更名，原市医疗保险基金管理中心）
冀林海　主任（2019年12月任职）

市政务服务中心（2019年1月更名，原市行政审批管理中心）
胡成光　主任（2019年1月任职）
市公共资源交易中心（市政府采购中心）（2019年1月组建，原市公共资源交易中心、原市政府采购中心）
吕国文　主任（2019年1月任职）
仇群虎　保留正处长级待遇（2019年1月免原市公共资源交易管理中心党组书记、主任）

市红十字会
张贵虎　专职副会长

市住房公积金管理中心
韩　睿　党委书记、主任

临汾职业技术学院第一附属医院（市第二人民医院）
安建军　党委书记
张国庆　党委副书记、院长

曲沃晋国博物馆
董朝晖　（女）馆长（2018年8月任职）

尧都区尧帝旅游景区建设发展中心（2019年8月更名，原尧都区尧帝旅游景区管理委员会）
王金保　主任（2019年12月任职）

侯马职业中专学校
秦崃贵　校长
石　莹　（女）党委书记（2019年1月免职）

市陶寺遗址发展中心（2019年8月更名，原市陶寺遗址管理处）
杨江滨　主任（2019年12月任职）

原市老龄工作委员会办公室（2019年1月不再保留）
李晓燕　（女）专职副主任（2019年1月免职）

* 出版前被市纪委监委《清风临汾》平台通报的被开除党籍和开除公职人员

中国共产党临汾市委员会

中共临汾市委

【概况】 2019年，临汾市委高举习近平新时代中国特色社会主义思想伟大旗帜，全面贯彻中共十九大和十九届二中、三中、四中全会精神，深入学习贯彻习近平总书记视察山西重要讲话精神，落实山西省委决策部署，团结带领全市党员干部群众真抓实干、攻坚克难，在“两转”基础上全面拓展临汾党的建设和党的事业新局面。

【强化理论武装】 2019年，临汾市委坚持用习近平新时代中国特色社会主义思想武装头脑，市委中心组集体学习23次，召开全市第二次学用习近平新时代中国特色社会主义思想经验交流会。重温习近平总书记视察山西重要讲话、在推动中部地区崛起工作座谈会上的重要讲话、黄河流域生态保护和高质量发展座谈会上的重要讲话“三篇光辉文献”。开展习近平新时代中国特色社会主义思想学习纲要进基层、“不忘初心、牢记使命”主题教育等宣讲近1200场。

【对标谋划部署】 2019年，临汾市委在谋划重要工作、作出重要决策时，对标习近平总书记重要论述，对标中央决策部署要求，结合实际形成思路举措，召开34次常委会、3次全会对中央和山西省委重大决策作出安排部署。

【工作落实】 2019年，临汾市委把习近平总书记重要批示作为党内政治要件，落实习近平总书记对临汾重要批示精神，开展乡宁“3·15”山体滑坡抢险救灾和灾后重建。建立贯彻落实习近平总书记重要指示批示精神“回头看”常态化工作机制，对标习近平总书记视察山西时提出的总体要求和五项重大任务，在全市开展“回头看”，做好自查自纠，推动总书记重要讲话精神落到实处。抓好中央第十五巡视组巡视山西反馈意见整改工作，制定《关于落实省委深化中央巡视整改工作第二轮整改任务清单》，提出10条整改措施，与第一轮53条整改任务一起统筹推进落实。制定出台贯彻落实省委书记楼阳生指示要求任务清单，分解成50条工作任务，有效推进。

【稳定经济增长】 2019年，临汾市委贯彻落实中央“六稳”要求，抓好各项重点工作任务，提振市场信心，保持经济社会平稳健康发展。召开8次常委会、4次财经委会议专题研究经济工作，出台《关于落实市委经济工作会议相关目标任务的分工方案》和《支持民营经济发展的意见》，开展干部入企进村服务，实施中小企业培育工程，加大金融服务实体经济力度，落实减税降费政策，统筹做好稳增长、促改革、调结构各项工作，全市经济运行稳中有进。2019年全市GDP完成1452.6亿元，同比增长6%左右；规模以上工业增加值同比增长3.5%；固定资产投资完成462.3亿元，同比增长14.4%；社会消费品零售总额完成736.9亿元；城镇和农村常住居民人均可支配收入同比增长7.2%、10.1%。

【产业转型升级】 2019年，临汾市委抓住山西建设国家资源型经济转型综合配套改革试验区和能源革命综合改革试点的政策机遇，加快构建“4+6+N”现代产业体系。落实“三去一降一补”政策，关闭退出矿井18座，退出煤炭、铁、钢产能1395万吨、82万吨、170万吨。实施平川区域焦化、钢铁等企业“退城入园”“退川入谷”，鼓励焦化、钢铁等产能向产业优势明显和环境容量充足的山区县转移。晋南钢铁集团2×1860高炉及转炉、沃能化工30万吨乙二醇联产LNG、山西焦煤集团60万吨/年烯烃及焦炉煤气制甲醇等大项目开工建设。加大“小升规”培育力度，实施乡村振兴战略，加快发展有机旱作农业，打造农产品精深加工十大产业集群，实施高标准农田改造、特色种植基地建设等项目，一产完成投资12.6亿元，增长11.9%。加快文化旅游和现代物流业发展，推进沿黄现代农业文化旅游带建设，实施11个旅游项目，创建10家AAA级乡村旅游示范村。

【深化改革】 2019年，临汾市委成立市委全面深化改革委员会，召开3次市委深改委会议，年度48项重大改革任务和14项先行先试任务推进。党政机构改革完成，深化国资国企改革、开发区改革、农业农村改革，能源革命综合改革试点破题，全市改革推进态势强劲。

【对外开放】 2019年，临汾市委树立内陆和沿海同处开放一线的理念，扩大对外交流合作，融入“一带一路”、黄河流域、关中平原城市群等国家战略，组织外贸企业参加各类出口交易会，支持全市企业在“一带一路”沿线国家建立境外原料开采和生产加工销售基地。市委书记和市长带队前往北京、上海、天津等地招商引资，签约项目167个、总投资1221.8亿元。与柬埔寨拜林省拜林市、德国马格德堡市、南非克里斯哈尼市、津巴布韦北马省维多利亚瀑布城签约发展友好城市关系备忘录，推进与澳大利亚杰拉尔顿友好城市关系，促成“中澳联通”跨境电商平台建设落地。

【脱贫攻坚】 2019年，临汾市委健全完善脱贫攻坚目标责任和工作落实“两大体系”，推行“两清单两表格”制度，抓好中央、省委脱贫攻坚专项巡视等各类反馈问题整改工作。成立临汾市打赢打好永和脱贫攻坚战领导组，组建5个工作组进驻各县（市、区）蹲点指导，统筹抓好责任、政策、工作落实。推进“1+X”产业扶贫、消费扶贫等重点工程。3个计划摘帽县加快摘帽步伐，7个摘帽县落实“四个不摘”要求，巩固脱贫成果，7个非贫困县精准查找问题，补短板强弱项，提升全市脱贫攻坚质量成色,贫困发生率下降到0.7%。

【环境治理】 2019年，临汾市委做好中共中央、生态环境部及山西省环保督察等反馈问题整改工作，开展重点企业、重点区域和重点问题环境整治，实现市区及周边10公里范围内焦化、钢铁等企业全部“清零”。对钢铁、焦化和水泥企业采取季节差异化生产管控措施，实施“错峰减排”。开展秋冬防工作，成立3个由副厅级领导带队的秋冬防督查组，常驻县（市、区）督查。实施城市“大清洁”、市区道路交通综合整治“清乱”行动、靓城提质“三大行动”等集中整治行动。2019年，全市环境空气质量综合指数6.75，综合指数退出全国168个重点城市“倒一”，改善率排全省第三。狠抓地表水治理、水源地保护、水污染治理等工作，全市地表水水质改善。开展全市固体废物专项执法检查和产废企业的危险废物规范化工作专项检查，推进矿山生态修复工作。

【风险防范】 2019年，临汾市委制定出台《临汾市坚决打好防范化解重大风险攻坚战方案》，做好8个领域49项重点工作。统筹加强政治安全风险排查预警，做好非法集资、政府和企业债务、房地产等方面风险隐患防范化解工作，严防各类风险叠加联动。做好民生领域工作、食品药品安全工作和“二青会”、70周年大庆等重大安保工作。开展高陡边坡隐患排查、森林防火、安全生产大检查3个专项行动，全市各类经营性安全生产事故和死亡人数实现“双下降”。

【民生保障和改善】 2019年，临汾市委践行以人民为中心的发展思想，做好“增进人民福祉”和“促进人的全面发展”两篇文章。统筹推进城乡就业，实施全民技能提升工程，城镇登记失业率1.5%，维持在较低水平。推进城镇保障性安居工程建设，棚户区改造开工率86.7%；培育住房租赁市场，建立住房租赁综合服务平台。加快推进教育现代化，推动第三期学前教育行动计划和市区学校建设三年行动计划，2019年全市二本B类以上达线人数1.9万人，同比增长3.2%。巩固医药卫生体制改革成效，落实基本公共卫生服务项目，市域公办医疗机构实现基本药物的零差率销售和全覆盖，保障群众看得上病、看得好病。加大全市交通固定资产投资，打通市区断头路，构建绿色公共交通体系，交通运输部在临汾启动“我的公交我的城”大型主题宣传活动。发展体育事业，承办第二届全国青年运动会三项赛事，竞技体育再创佳绩。

【坚持和完善人民代表大会制度】 2019年，临汾市委支持市人大及其常委会依法履行宪法法律赋予的职权，突出地方特色加快立法。实现乡镇（街道）人大代表联络站全覆盖。制定《临汾市建筑工程施工扬尘污染防治规定》和《临汾市大气污染防治条例》，搭建具有临汾特色的治理污染地方法规框架。聚焦生态环境、民生领域，开展执法检查和监督工作，集中解决一批突出问题。

【坚持和完善中国共产党领导的多党合作和政治协商制度】 2019年，临汾市委支持政协履行职能，聚焦全市大局和中心工作，组织开展各类专题协商议政和视察调研活动，提出针对性操作性较强的建议。围绕人民政协成立70周年，开展大型书画摄影展和政协志编纂等相关庆祝活动。

【巩固和发展最广泛的爱国统一战线】 2019年，临汾市委做好新形势下统战工作，支持民主党派履行参政党职能，分级分类建立党外干部队伍数据库。加强对民主党派、无党派人士和新的社会阶层人士的思想政治引领。开展“九临合作”。在全市开展民族团结进步创建“七进”活动，推进中央专项巡视整治整改工作，规范宗教活动场所管理，维护民族宗教和谐稳定局面。

【“法治临汾”“平安临汾”建设】 2019年，临汾市学习“枫桥经验”，做好信访工作，群众进京上访人次同比下降，国庆期间进京到重点地区实现“零上访”。推进市县乡村四级综治中心标准化建设，探索建立“一格一员”“多格一长”的综治网格化管理模式。推进“雪亮工程”。开展扫黑除恶专项斗争，2019年打掉黑恶犯罪团伙62个，破获刑事案件825起，抓获犯罪嫌疑人801人。落实党管武装重大要求，召开市委议军会议，开展军事开放日活动，开展平战转换演练，提升全市国防动员和后备力量建设水平。

【党的政治建设】 2019年，临汾市委贯彻落实山西省委十一届八次、九次全会精神，召开市委四届六次、七次全会对全面从严治党作出针对性部署。坚持以党的政治建设为统领，践行新时代党的建设总要求，实施“红色矩阵”工程。依托清华大学继续教育学院平台，举办“一把手”政治能力提升专题培训班。执行《新形势下党内政治生活若干准则》，严明党的政治纪律和政治规矩。

【意识形态工作责任制】 2019年，临汾市委将意识形态工作纳入全市工作大局、党建工作责任制、年度目标考核体系和市委巡察范围。召开4次意识形态分析研判会，对意识形态领域形势进行分析研判，做好舆论引导。开展爱国主义教育，打造“好基地讲好故事”品牌。启动山西省级文明城市创建工作。以庆祝新中国成立70周年为主线，以“唱响时代赞歌”为主题，举办20项系列庆祝活动。洪洞县新时代文明实践中心被列为全国试点，蒲县被列为省级试点。全市6个县级融媒体中心试点通过山西省级验收。

【基层建设】 2019年，临汾市委制定深化“三基建设”加强基层工作50条工作措施，配套出台8个分类指导意见办法，全市排查软弱涣散基层党组织474个，采取领导干部“五包三联”、挂牌督办、以强带弱等工作措施，整顿软弱涣散基层党组织，完成整顿。加强和改进全市城市基层党的建设，街道、社区党组织建设坚强有力。加强社区工作者队伍建设，强化社区工作者待遇激励保障，调动社区工作者热情。发展村集体经济，基层党组织政治功能、服务功能提升。

【激励干部担当作为】 2019年，临汾市委落实省委“两大行动”和“三年计划”要求，发现培养选拔优秀年轻干部，选派优秀年轻干部到困难艰苦地区、关键吃劲岗位挂职锻炼。坚持严管和厚爱原则，加强干部监督管理。落实职务与职级并行和职级与待遇挂钩制度，打通公务员发展新通道。激励干部新时代新担当新作为，选树397名担当作为表现突出的干部。推进“基层减负年”工作，解决形式主义、官僚主义突出问题。

【正风肃纪反腐】 2019年，临汾市委召开7次市委反腐败领导小组会议，加强对反腐败工作的全过程领导。推进监察体制改革，推动监察职能向村居延伸，实现对行使公权力的公职人员监察全覆盖。开展巡察工作，落实中央八项规定精神，纠治“四风”。2019年，全市纪检监察机关立案2738件，结案2669件，给予党纪政务处分2791人，给予组织处理4661人。查处违反中央八项规定精神问题410件，处理646人。公开通报曝光69批次223起309人。

【重要会议】 2019年1月15日，召开中共临汾市第四届委员会第五次全体会议，会议以习近平新时代中国特色社会主义思想为指导，学习贯彻习近平总书记在庆祝改革开放40周年大会重要讲话精神、中央经济工作会议精神以及山西省委十一届七次全会、省委经济工作会议精神，总结全市2018年工作，安排部署2019年工作；对市管单位党政正职担当作为进行评议，对各县（市、区）、开发区和市直单位进行目标责任考核测评。会议听取岳普煜代表市委常委会所作的工作报告，会议审议通过《关于开展“改革创新奋发有为”大讨论的实施方案》《关于支持民营经济发展的意见》。

2019年9月4日，召开中共临汾市第四届委员会第六次全体会议，会议以习近平新时代中国特色社会主义思想为指导，贯彻新时代党建总要求，贯彻落实省委十一届八次全会、省纪委十一届五次全会精神，强化党要管党、全面从严治党，开创全市党建工作新局面做出部署。会议审议通过《关中共临汾市委贯彻落实省委〈关于深化“三基建设”进一步加强基层工作的若干意见〉的工作措施》。

2019年11月18日，召开中共临汾市第四届委员会第七次全体会议，会议以习近平新时代中国特色社会主义思想为指导，贯彻落实省委十一届九次全会精神，对学习贯彻中共十九届四中全会重大决策做出全面部署。会议听取岳普煜代表市委常委会所作的工作报告。

【重要文件】

1.中共临汾市委印发《关于开展“改革创新奋发有为”大讨论的实施方案》的通知（临发〔2019〕1号；2019年1月16日）

2.中共临汾市委、临汾市人民政府印发《关于支持民营经济发展的意见》（临发〔2019〕2号；2019年1月22日）

3.中共临汾市委关于印发《2018—2022年全市干部教育培训规划》的通知（临发〔2019〕3号；2019年3月29日）

4.中共临汾市委关于印发《中共临汾市委常委会2019年工作要点》的通知（临发〔2019〕4号；2019年3月29）

5.中共临汾市委印发《关于落实省委深化中央巡视整改工作第二轮整改任务清单》的通知（临发〔2019〕5号；2019年3月29）

6.中共临汾市委、临汾市人民政府关于印发《临汾市坚决打好防范化解重大风险攻坚战方案》的通知（临发〔2019〕6号；2019年4月4日）

7.中共临汾市委关于建立市人民政府向市人大常委会报告国有资产管理情况制度的意见（临发〔2019〕7号；2019年6月6日）

8.中共临汾市委、临汾市人民政府关于印发《临汾市庆祝中华人民共和国成立70周年系列活动实施方案》的通知（临发〔2019〕8号；2019年7月25日）

9.中共临汾市委贯彻落实省委《关于深化“三基建设”进一步加强基层工作的若干意见》的工作举措（临发〔2019〕9号；2019年9月11日）

10.中共临汾市委印发《关于在全市开展“不忘初心、牢记使命”主题教育实施方案》的通知（临发〔2019〕10号；2019年9月16日）

11.中共临汾市委、临汾市人民政府关于印发《临汾市能源革命综合改革试点实施方案》的通知（临发〔2019〕11号；2019年12月27日）

（陈波轶）

市委办公室工作

【概况】 2019年，临汾市委办公室在市委领导下，围绕中心、服务大局，统筹抓好各项工作，高完成各项任务，改进作风，提高工作效率，提升“三服务”工作质量和水平，确保党中央政令畅通和省委、市委决策部署的落地见效。

【“不忘初心、牢记使命”主题教育】 2019年，临汾市委办公室围绕“不忘初心、牢记使命”主题，抓住深入学习贯彻习近平新时代中国特色社会主义思想主线，把握“守初心、担使命、找差距、抓落实”总要求，把学习教育、调查研究、检视问题、整改落实贯穿主题教育全过程。坚持个人自学与集体学习相结合，班子成员坚持带头学习，通读《习近平关于“不忘初心、牢记使命”论述摘编》《习近平新时代中国特色社会主义思想学习纲要》等规定篇目，跟进学习习近平总书记的重要讲话精神和指示批示等，结合庆祝新中国成立70周年，赴安泽县沁河庄红色教育基地开展革命传统教育，运用违纪违法案件、警示教育专题片等开展警示教育。班子成员多次到帮扶包联村进行调研，发现问题，解决问题。选派3名优秀干部入企进村服务，结合实际提出合理化建议，帮助企业有效降低运行成本。听取意见，检视反思，撰写检视剖析材料，领导班子召开专题民主生活会，各支部召开专题组织生活会，办公室班子从政治、思想、作风、能力等方面剖析出8条问题。制定市委办公室“三个清单”，推进落实8个专项整治和5项整改任务落实。

【参谋辅政】 2019年，临汾市委办公室学习贯彻中央方针政策和省委、市委决策部署，提高文稿质量。制定实施会议“九不开”。加强应急值守工作，对紧急重要情况和重大突发事件，第一时间上报，落实领导干部外出请假报备制度。实行督查检查考核工作计划管理，制定实施督查“九不查”，控制综合性督查检查考核，对全市贯彻落实习近平总书记视察山西重要讲话精神进行2轮书面督查，对贯彻落实市委决策部署开展督查5次。加强统战、宗教工作，推进统战工作在市直单位实现全覆盖，专人负责。做好密码通信服务保障工作，严格发电使用管理制度，完成17个县（市、区）的密钥更换。组织开展全市保密警示教育展览活动。

【网络意识形态和网络安全责任制】 2019年，临汾市委办公室防范网络风险，加强网上宣传和舆论引导。加强精神文明建设，开展“学雷锋”志愿服务和办公室基础性文明创建活动、“弘扬传统文化、培育核心价值”宣讲活动。

【文秘工作】 2019年，临汾市委办公室围发挥参谋助手作用。强化大局意识、服务意识和责任意识，围绕市委的重大决策和中心工作，从全局和战略的高度思考问题，研究工作，起草文稿。增强“紧紧围绕大局，时时聚焦大局，处处服务大局”的意识，学习领会中央、省委、市委决策部署精神，完成领导讲话、综合材料、情况报告等各种文件起草任务。2019年，起草市委经济工作会议、脱贫攻坚专题会议、“不忘初心、牢记使命”主题教育动员大会、市委四届五次、六次、七次全体会议等文稿，约400余篇、130余万字。完善前置审核制度，优化发文报批程序，加大精简力度，提高文件质量。把好程序关、政策关、规范关、时效关，全年办理各类文件200余件，其中，临发11件，临办发20件，临办发电35件，临字39件，临办字126件，临办通报4期。其中，向省委办公厅报备规范性文件13件。印制市委和办公室文件170期，印发57000余份。做好中央和省委文件的传递阅办和管理工作，接收中央和省委文件424期，省政府和省其他部门转阅件200余期，传阅14600余人次，分发中央、省委文件14300余份，借阅上级文件200余次。做好省委文件的电子化传输和印制、发放工作，通过内网电子化传输系统印制发放省委文件147期，共计8200余份。做好文件归档工作，全年归档中央省委文件375期722份，市委文件305期792份，各县（市、区）和市直单位办理文件450余件。

【信息工作】 2019年，临汾市委办公室创新工作思路，拓宽信息渠道，优化工作机制，提高信息报送质量和水平。全年收集各县（市、区）、市直单位报送的信息万余条，编辑《山西临汾信息》787期、《双日要情》373期、《每周要情》46期、《临汾信息·副刊》11期，向各单位约稿503篇，被中办、省办采用各类信息486条（篇）。加强社情民意工作，注重从网民留言中捕捉社情动态，坚持网上听民声、集民智，网下办实事、解民忧，拓展报送重大社情的广度和深度。全年通过人民网“地方领导留言板”、黄河新闻网“我对领导有话说”等方式受理社会各界和人民群众反映的情况、问题、意见和建议255件，同比增长5%。接收省转办件130件，同比下降11%，网民给市委书记留言102件，同比增长64%，给县（市、区）党政领导的留言284件，同比增长115%，市县两级党政领导对网民留言批示147件，批示率53%。为群众解决一批冬季取暖、民工讨薪、环境污染、物业管理、征地补偿、不动产证办理、道路交通等方面的问题。

【会务值班工作】 2019年，临汾市委办公室提升综合协调能力。组织各类会议，全年组织承办、协办各类会议164次。其中：市委常委会41次，书记专题会议8次，工作会议115次。全市性工作会议19次，比上年减少16次，同比下降46%。按照应急值守、信息报送、协调指导的工作职责，坚持“全天候”“无缝隙”工作，确保值班电话不漏接，注重突发事件信息的时效性，及时收集，按时报送。来文阅办卡编号到1013期，办理紧急突发事件131件；来电阅办19件；向省委总值班室上报值班快报66期；办理信访事项来文338件；办理网络舆情335期，收集舆情汇报340次。向相关县（市、区）、单位发值班摘要235件；向省委报送市委领导外出请假报备9次；整理正处级以上领导干部外出请假报备318件，收集市政府请假报备245件；整理市委常委周报50期。

【督查工作】 2019年，临汾市委办公室围绕市委中心工作，推动市委重大决策和重要工作部署的快速落实。决策督查工作。着眼于市委领导关注的重点，组织开展决策督查5次。对全市贯彻落实习近平总书记视察山西重要讲话精神、全市各级各部门落实市委经济工作会议情况、《中共中央关于加强党的政治建设的意见》《中国共产党支部工作条例（试行）》《中国共产党纪律检查机关监督执纪工作规则》等八部党内法规贯彻落实情况、市直单位与省直有关单位对接事项落实情况进行督查。在“不忘初心、牢记使命”主题教育中，市委办公室牵头负责3个专项整治任务（专项整治贯彻落实习近平新时代中国特色社会主义思想和党中央决策部署存在突出问题、违反中央八项规定精神突出问题专项整治、形式主义官僚主义突出问题专项整治），把专项整治工作作为重要政治任务，推进专项整治各项工作任务落到实处。开展为基层减负工作。把控全市文件、会议数量，清理规范填表报数、政务类APP和微信工作群，做好各项清理规范工作，全市取消填表报数12项，取消政务类APP 5个，取消微信工作群1492个，合并微信群204个。实行督查检查考核工作计划管理，将市级督查检查考核事项精简为46项，取消22项。市级督查检查考核较去年减少79%。开展专项查办工作，全年办理领导批示件7件。做好政协提案办理工作，全年承办市政协提案25件，办理答复完毕，办复率100%。

【机要工作】 2019年，临汾市委办公室坚持党管密码原则，机要密码工作安全无误。加强密码通信基础设施建设。完成密码通信主渠道升级改造工作，完成17个县（市、区）密钥更换，进行网络技术专项培训，确保密码通信主渠道安全、畅通。发挥密码通信服务保障作用。健全完善电报办理的规章制度，确保电报办理及时高效，全年办理明电1753份、密电2588份，实现“零事故、零差错、零错情”目标。做好随行密码通信服务保障。在乡宁“3·15”山体滑坡中，第一时间部署人员设备为党政主要领导提供随行密码通信服务，为部署救援工作提供密码通信保障。强化机要密码干部教育培训，健全学习培训长效机制。开展“与共和国同成长，与机要密码事业共奋进”纪念机要密码工作创立90周年主题活动。

【保密工作】 2019年，临汾市委办公室坚持党管保密原则，提升宣传教育、指导管理、科技支撑、监督检查能力。推进保密法治宣传教育。编制完善《党政机关工作人员保密管理常识》课件，在重点涉密单位，开展保密“两识”教育，参训人员1300余人。组织开展全市保密警示教育展览活动，约960人分20个场次参观展览。组织《保密工作》《保密科学技术》征订工作。对108批次因公出国（境）人员进行涉密等级确定，规范和完善出国（境）人员报备和管理程序。开展保密检查。完成高考、中考、会考、法律职业资格考试、执业医师资格考试、公务员录用和研究生录用考试等国家统一考试的保密工作任务。对全市涉密信息系统进行保密检查，依法查处两起涉密计算机违规连接互联网案件。开展全市机要通信监督检查工作，确保国家秘密载体传递的安全、保密、畅通。对市档案馆的安全保密工作进行检查。加大涉军涉密信息保密管理力度，完善与军队联防联控联管的工作机制。提升保密科技支撑作用。完成两个检查平台升级改造和监测器部署工作。开展涉密载体销毁服务。

【档案工作】 2019年，临汾市委办公室根据《临汾市机构改革实施方案》，全市档案机构改革，局馆分设，档案行政职能划归市委办公室和各县（市、区）委办公室，市委办公室和各县（市、区）委办公室加挂档案局牌子。3月至4月，对48个市直单位，17个县（市、区）及临汾、侯马经济开发区涉改单位档案处置工作情况进行专项督查，确保机构改革中涉改单位档案的完整与安全。利用《中华人民共和国档案法》颁布实施纪念日、“6·9”国际档案日、“12·4”宪法宣传日等节日，加强普法宣传和法治教育。围绕“新中国的记忆”主题，举办档案展览。开展档案干部专业能力测评，对市直单位90名档案工作人员进行专业能力测评，对全市测评工作进行监督指导，全市1221人参加测评。（陈波轶）

·临汾市老区建设促进会·

【乡村振兴】 2019年，临汾市老区建设促进会围绕脱贫攻坚实施，抓好革命老区“五类”重点村，抓永和脱贫攻坚、曲沃全域旅游、乡宁助力乡村振兴观摩研讨，5月8日在隰县召开乡村振兴推进会和草编骨干电商培训班，实地观摩乡村振兴示范村和电商平台及脱贫帮扶企业，找到实施乡村振兴的有效结合点。与四川省成都盛元阳光环保科技有限公司达成协议，捐赠临汾市阳光牌智能净水机550台，太阳能路灯550盏，滤芯3万支，总值573.8万元。12月13日在尧都区举行全市捐赠捐助启动仪式，将捐赠物品分发到17个县（市、区），安装到“五类”重点村开展“健康饮水点亮乡村”扶贫活动。

【革命老区“五类”重点村乡村振兴基本情况调研】 2019年，临汾市老区建设促进会召开各县秘书长会议，安排对革命老区“五类”重点村乡村振兴基本情况的调研。全市17个县（市、区）按时完成调研，上报各种调研资料和专题报告，报告当地党委政府。

【“两刊”订阅】 2019年，临汾市老区建设促进会召开全市宣传工作会议，对《中国老区建设》《山西老区开发》“两刊”订阅和通讯报道6个先进县级老促会进行表彰，提出2020年“两刊”征订计划任务和报道任务。消灭空白县，发展百份县，确保50份。每县年报道不少于6篇。

【《革命老区县发展史》编纂】 2019年，临汾市老区建设促进会根据中国老区建设促进会组织编纂《全国革命老区县发展史》系列丛书，在中国共产党成立100周年前完成的规划，与山西人民出版社协商，翼城、襄汾、安泽、古县、蒲县、曲沃、乡宁、隰县、浮山与山西人民出版社签订出版协议。

【传承红色基因】 2019年，临汾市老区建设促进会宣传好当地的红色资源，教育人民牢记历史，下发关于全市对“五类”重点村建立永久标志的通知，乡宁县、霍州市完成建树，其他县在推进。党支部被山西省委组织部、老干部局推荐为“全国离退休干部先进集体”。党支部书记刘苏寿作为山西代表出席12月16日在京召开的表彰大会，受到习近平总书记等中央领导接见。

（刘苏寿）

组　织

【概况】 2019年，临汾市委组织部学习贯彻习近平新时代中国特色社会主义思想，践行新时代党的建设总要求和新时代党的组织路线，围绕服务保障全市中心大局，以“不忘初心、牢记使命”主题教育为动力，以“红色矩阵”工程为载体，落实中央和省委、市委关于党的建设和组织工作的各项决策部署，提升工作质量水平。

【主题教育】 2019年，临汾市委组织部聚焦学习贯彻习近平新时代中国特色社会主义思想根本任务，坚持四项重点措施有机融合、一体推进。组织各级党组织和党员、干部原原本本学习《选编》《纲要》《摘编》等规定书目，跟进学习习近平总书记最新重要讲话和中共十九届四中全会精神、习近平总书记视察山西重要讲话等“三篇光辉文献”，开展集中学习研讨6692次；各级领导班子和领导干部开展调研，撰写调研报告7003篇，提出解决问题举措1.6万余条；县处级以上党员领导干部和基层党组织书记普遍讲专题党课；各地各单位召开学用交流会34场。各级党组织和党员、干部系统检视违背初心使命的问题，召开对照党章党规找差距专题会和专题民主生活会、组织生活会，开展民主评议党员，县级以上领导干部以普通党员身份参加双重组织生活。开展中央“8+2”专项整治和省委5个方面整改。各级党组织和党员、干部通过走访座谈、实地调研等方式听取群众意见建议，邀请“两代表一委员”、服务对象和群众代表参与、监督、评判主题教育；各级领导干部深入开展“三服务”，推动解决一批改革发展稳定和党建方面的突出问题、民生领域的热点难点堵点问题。各级党组织结合新中国成立70周年系列庆祝活动，开展革命传统教育4443次、爱国主义教育4522场次、形势教育4542次、先进典型教育5827场次、警示教育5819场次。

【干部队伍建设】 2019年，临汾市委组织部制定出台《临汾市干部政治素质考察评价办法》，详列干部政治表现“负面清单”，甄别干部政治素质，防止带病提拔。省委组织部《晋组信息》刊发临汾市有关做法。突出人岗相适、人事相宜，提拔或平调市管干部283人次。实施《年轻干部选拔配备专项备案制度》，加大选拔优秀年轻干部担任乡镇党政正职力度，全市35岁以下乡镇党政正职36名；38岁以下85名，占比四分之一。强化干部教育培训经费保障，发挥党校干部教育培训主渠道主阵地作用，聚焦转型发展、脱贫攻坚、污染防治等重点工作，开展干部专业培训，在国内知名高校举办专业化能力提升培训班50期，培训干部3780余人次；举办领导干部政治能力提升系列讲座6期、培训干部1200余人次；举办干部大讲堂、大型讲座225场，培训干部54494人次。开展“不担当不作为问题”专项整治，问责不担当不作为干部75人，查处通报反面典型32人。开展“六查”，对560名领导干部征求执纪执法部门意见，对318名领导干部个人有关事项进行查核比对，对填报不一致的44名领导干部作出相应处理。对13个单位开展选人用人专项检查，发现、解决选人用人违规问题。在全省干部监督工作会议上作典型发言。评选表彰397名、提拔重用120名担当作为表现突出干部。做好各方面服务保障工作。推行公务员职务与职级并行制度，完成8675名公务员初套工作，晋升职级480人，打通公务员发展新通道新空间。深化与山西师范大学的战略合作，制定出台《临汾市事业单位引进高层次紧缺急需人才实施办法（试行）》等5个制度文件，破除制约人才发展的思想观念和政策壁垒，激发人才创新创造创业活力。

【基层组织建设】 2019年，临汾市委组织部制定出台深化“三基建设”、加强基层工作50项《工作措施》，配套出台8个分类指导意见和办法，明确规划图、路线图、施工图，构建统分结合、有效衔接的“1+8”制度体系，为深化“三基建设”、加强基层工作提供制度支撑。在山西省深化“三基建设”加强基层工作推进会暨行政村合并现场会上作典型发言。建立基层经费正常增长机制，街道运转经费比照乡镇提高到不低于60万元，村级组织运转经费提高到不低于15万元，社区工作经费和服务群众专项经费不低于20万元。在农村探索建立“基本报酬+绩效报酬+创收奖励”岗位报酬体系，制定集体经济发展创收奖励办法，用创收增量的20%奖励村干部；在城市社区实施“三岗十八级”岗位等级绩效薪酬制度，对取得社工职业资格的，按等级每月给予500、300、200元补贴，改善乡村（社区）干部的工作生活条件。省委组织部向全省推介临汾市做法。聚焦3个重点，突出农村领域，抓实软弱涣散基层党组织专项整治，调整优化105个村支部班子，调整91名村支部书记，清理67名受过刑事处罚、涉黑涉恶村干部，新配备127名班子成员，474个软弱涣散基层党组织全面整顿提升。投入5000万元扶持145个村发展壮大村级集体经济，全市集体经济收入5万元以上村74.6%，10万元以上的村33.9%。为每个农村择优配备1名村级组织员，为每个社区配备6名至12名专职工作者。推进抓党建促脱贫攻坚、促乡村振兴，择优选派78名第一书记，完成任职期满第一书记压茬轮换；提拔使用210名驻村干部。“1+8+N”党群服务中心联合体建设稳步推进；组建成立市委教育工委，指导县（市、区）成立教育工委或教育系统党委；结合党政机构改革，调整理顺市非公和社会组织工委机构，各领域基层党建形成整体提升、全面加强的工作格局。

【人才队伍建设】 2019年，临汾市委组织部深化人才发展体制机制改革，制定出台《临汾市事业单位引进高层次紧缺急需人才实施办法（试行）》《临汾市企业高层次人才生活补贴实施办法（试行）》等5个制度文件，瞄准高端人才，放宽引才条件，简化引才程序，营造更加开放的政策环境。指导临汾市中心医院建立葛均波院士工作站，全市院士工作站4家；通过院士工作站引进院士4名、教授13名、博士12名、高级工程师9名、专家团队28人；引进国家“万人计划”专家吴黎明博士，与有关企业合作开展翅果油特种蜜的研发和生产；依托大宁“乡村振兴研究院”等机构柔性引进中科院、清华大学、中国人大等科研院所高层次人才31人；全市新增享受国务院特殊津贴人才2人，省“百人计划”人才1人，省新兴产业领军人才1人。推进引才

2019年7月31日，临汾市基层党组织软弱涣散问题专项整治部署会
（临汾市委组织部供图）

平台建设，新建18个市级人才工作基地，分别给予10万元工作经费。强化市校人才合作，与山西师范大学签订人才战略合作协议，在教育帮扶合作、人才互挂互聘、干部培训合作、共建创业平台、人才联合培养等10个方面进行深度合作。开展“弘扬爱国奋斗精神、建功立业新时代”活动，举办7期“三晋英才”培训班；开展“双服务工作”，组织200余名专家人才赴基层一线开展帮扶指导；推荐评选奖励“三晋英才”475名，发放奖励金811万元；落实企业高层次人才生活补贴，向135名企业高层次人才发放生活补贴870余万元；落实高级专家工作补贴、健康体检、重要节日期间走访慰问等政策待遇。

【组工队伍建设】 2019年，临汾市委组织部落实习近平总书记提出的“政治上绝对可靠、对党绝对忠诚”的要求，打造过硬组工队伍。市县组织部门带头开展主题教育，带头学用习近平新时代中国特色社会主义思想，带头加强政治历练，带头加强和规范党内政治生活，带头落实“三会一课”、主题党日等基本制度。推进组工干部素能提升计划，结合全市干部专业化能力提升专班计划，建立组工干部跟班学习制度，50名组工干部参加21期培训；举办2期“新时代组工干部学习大讲堂”；开展以政治理论、政策法规、组工业务等为主要内容的“对标一流强本领·奋发有为勇争先”大比武活动，县市两级427名组工干部全员练兵。市县组织部门在“改革创新、奋发有为”大讨论和“不忘初心、牢记使命”主题教育中，对全省、全市组织部长工作会议强调的重点问题，活动中查摆出的问题进行全面系统梳理、深入开展调研、制定整改措施。落实“基层减负年”要求，弘扬求真务实、真抓实干作风，倡导抓具体、抓深入工作方法，部务会成员带头深入基层一线调研指导、解决问题、督导落实。

（临汾市委组织部）

宣 传

【概况】 2019年，临汾市委宣传部学习贯彻习近平新时代中国特色社会主义思想，全面贯彻落实习总书记“三篇光辉文献”和中共十九届四中全会精神，坚持守正创新，履职尽责，强化担当作为，肩负起“举旗帜、聚民心、育新人、兴文化、展形象”的使命任务，推动“十大创新”，全市宣传思想文化工作取得新进步，开创新局面。

【理论武装】 2019年，临汾市委宣传部贯彻落实党委（党组）中心组学习规则，创新学习方式，制定下发《市委理论学习中心组2019年学习计划》，编发《市委常委班子2018年度民主生活会学习研讨资料汇编》《市委常委会“不忘初心、牢记使命”主题教育集中学习》等中心组学习资料，对各级党委中心组学习时间、学习内容等作出制度性安排，推动各级党委（党组）中心组学习的制度化、规范化和常态化，市委中心组全年集中学习32次。发挥“两中心一平台”重要载体作用，“学习强国”学习平台在山西省11个地市，日活跃度和总积分排名第一，参与度和人均积分排名第二。举办全市学习贯彻“两会”精神暨“改革开放、奋发有为”和增强“四力”基层理论骨干培训班、学习宣传贯彻中共十九届四中全会精神基层理论骨干培训班。组织开展“双百计划”联系示范点申报工作，经省级审定确定党委（党组）理论学习中心组联系示范点2家，理论宣讲联系示范点3家。组织召开全市第二次学用习近平新时代中国特色社会主义思想经验交流会。做好《习近平新时代中国特色社会主义思想学习纲要》的学用工作。

【意识形态】 2019年，临汾市委宣传部贯彻落实党委（党组）意识形态工作责任制《实施办法》《实施细则》，坚持守正创新，调整充实市委意识形态工作领导小组、市委意识形态领域形势分析研判小组。组织召开两次意识形态领域工作专题会，4次意识形态分析研判会。配合市委第七轮巡察工作，对市人大、市委统战部等17家单位意识形态责任制落实情况进行专项检查。进行意识形态工作“回头看”，开展自查梳理，形成“回头看”工作报告。在全市推行意识形态“五有阵地”建设，打通意识形态工作责任制落实的“最后一公里”。在井冈山组织举办全市宣传系统意识形态专题培训班。按照市委关于做好重大风险排查工作的要求，围绕市意识形态领域五方面的风险，进行排查，形成专项报告。组织召开思政教育专题座谈会。召开全市中小学校思想政治理论课工作会议。贯彻《关于落实好骆书记、廉部长批示精神的函》，抓好意识形态责任制落实情况的整改工作。为强化思政课教育，结合“不忘初心、牢记使命”主题教育工作安排，10月，市委常委、宣传部长李朝旗，在临汾职业技术学院，就高校思想政治工作为师生讲专题党课。12月，组织安排13个督查组，对全市17个县（市、区），3个开发区，2所市属高校，94个市直正处级单位党委（党组）2019年意识形态责任制落实情况进行专项督查。

【新中国成立70周年庆祝活动】 2019年，临汾市委宣传部开展庆祝中华人民共和国成立70周年系列活动。组织开展《我和我的祖国》大型合唱活动，“同升国旗、同唱国歌”活动，“与健康同行 与文明同在”职业人群健走竞赛，临汾成就展暨中国红色金融历史展，临汾市书画摄影展，临汾市“时代楷模”发布晚会，“唱响时代赞歌·庆祝新中国成立70周年主题微电影大赛”等20项活动。其中作为临汾市庆祝系列活动开篇之举的唱响时代赞歌·《我和我的祖国》大型合唱活动全市17个县（市、区）151个乡镇，市、县、乡三级联动，近十万余人歌唱《我和我的祖国》《回家》。组织开展“庆祝新中国成立70周年·礼赞新时代 谱写新篇章”优秀电影展映展播活动，通过丰富多彩的电影镜头语言、鲜活生动的人物形象，弘扬中国精神、凝聚中国力量，礼赞新中国；全省“真功夫·大对决”乡镇综合文化站业务人员暨“高手在人间”乡土文化能人技能比武活动在临汾市举办；2019年临汾吉县“繁荣盛世 鼓舞山西”锣鼓艺术展演活动，提升吉县壶口瀑布的知名度和美誉度。

【社会宣传】 2019年，临汾市委宣传部聚焦习近平新时代中国特色社会主义思想的学习宣传、全市庆祝中华人民共和国成立70周年、第四届山西文化产业博览交易会社会、“不忘初心、牢记使命”主题教育、“习近平向2019年太原能源低碳发展论坛致贺信和中共十八大以来山西深化改革、转型发展、改善民生重大举措及成果”等活动，利用条幅、灯杆道旗、路名标志牌、建筑围挡、LED显示屏等宣传媒介，把党的路线、方针、政策和中央、省、市重大会议精神、重大决策部署宣传到每一个公共场所。

2019年5月25日，贺星龙被授予“最美奋斗者”称号
（临汾市委宣传部供图）

【新闻宣传】 2019年，临汾市委宣传部以习近平新时代中国特色社会主义思想为指引，围绕庆祝新中国成立70周年、“不忘初心、牢记使命”主题教育和增强“四力”教育实践工作，围绕市委、市政府重大决策部署和宣传思想工作“十大创新”，推出一批批沾泥土、带露珠、接地气、有温度的新闻作品。围绕庆祝中华人民共和国成立70周年、“不忘初心、牢记使命”主题教育、“唱响时代赞歌”系列活动、“改革创新、奋发有为”大讨论，以及二青会、靓城提质、文明城市创建、脱贫攻坚、环境治理、扫黑除恶等市委、市政府重大决策部署，组织临汾日报、临汾广播电视台在重要版面、重要时段开设“壮丽70年、奋斗新时代”“扎实开展不忘初心、牢记使命主题教育”“精准脱贫、合力攻坚”“持续推进扫黑除恶专项斗争”“生态环境治理攻坚行动”等专题专栏，宣传报道全市学习宣传贯彻习近平新时代中国特色社会主义思想的生动实践和典型经验，记录临汾市改革发展生动实践和丰硕成果，展示干部群众干事创业、奋发有为的优良作风和精神风貌。

【不忘初心、牢记使命主题教育宣传】 2019年，临汾市委宣传部制定临汾市“不忘初心、牢记使命”主题教育宣传报道方案》，印发至各县（市、区）、市直新闻宣传有关单位、省驻临记者站。《临汾日报》、临汾广播电视台在头版头条、重要版面、重要新闻栏目、重要新闻时段，开设“扎实开展不忘初心、牢记使命主题教育”“不忘初心、牢记使命”主题教育进行时等专栏专题，针对“查处群众身边的腐败问题和不正之风还有差距”的问题，配发开栏语，通过消息、专访、综述、通讯、侧记等形式进行宣传。《临汾日报》刊发相关稿件288件；临汾广播电视台在《临汾新闻》《正在进行》《直播临汾》等栏目，相关新闻133条，首复播931条次；在山西电视台《新闻联播》中播出相关新闻23条。《临汾日报》、临汾广播电视台推出“共产党员郑仙荣的故事”“我要给村里挣一个未来”（洪洞县辛南村党支部书记连金平）“我和大山有个约定”（古县沟北村第一书记王伟）等主题教育先进典型的专题24期。临汾新闻网、临汾广电网、临汾新闻早知道、《临汾日报》、临汾广播电视台微信公众号，在首页首屏设置“不忘初心、牢记使命主题教育进行时”等专版网页，临汾新闻网主题教育推送转发相关稿件149篇；临汾广电网推送主题教育相关资讯133条；临汾广播电视台微信公众号制作刊发相关资讯104条。

【新闻作品推送】 2019年，临汾广播电视台做好“头条工程”“联播工程”，主攻《山西新闻联播》和央视新闻报道，发挥县市台“更接地气”的特点，加大与各县市、各部门、各平台的联动约稿，建立通讯联动机制，从第一源头践行主体教育要求，发现鲜活素材；成立对上报道组，加强同上级媒体的沟通联络。在中央和省级主要媒体共刊（播）发各类稿件2530余篇（条），其中，在《人民日报》、新华社、中央人民广播电台、中央电视台等中央主要媒体发稿710余篇（条），在《山西日报》、山西广播电视台、黄河新闻网等省级主要媒体发稿1820余篇（条）。

【县级融媒体中心建设】 2019年，临汾市委宣传部制定《临汾市扎实推进县级融媒体中心建设实施方案》，下发《关于扎实推进县级融媒体中心建设考核工作的通知》，明确全市县级融媒体中心建设的工作标准和操作规范，首批启动县级融媒体中心建设试点为6个县市，分别为：侯马市、曲沃县、翼城县、洪洞县、安泽县、吉县。5月13日至14日，市委宣传部在曲沃县举办“临汾市县级融媒体建设培训班暨工作推进座谈会”，邀请全国先进县福建省尤溪县，浙江省长兴、安吉，江苏省邳州等有关负责人进行现场授课。7月18日至19日，市委常委、宣传部部长李朝旗带领7个县（市、区）宣传部、临汾日报社、临汾广播电视台、市新闻中心等单位负责人，赴浙江省长兴县、安吉县考察学习融媒体中心建设，就建设发展中遇到的实际问题和困难进行座谈。侯马市赴陕西富县参观学习；翼城县与晋城沁水进行交流沟通，邀请《人民日报》、中国新闻社专家进行指导；安泽县赴长治市上党区参观学习，邀请山西广电、省融媒体建设专家组指导工作；吉县赴北京、湖北武汉、运城垣曲等地学习考察。各县（市、区）提升建设标准，明确功能定位，探索符合自身实际的新路径。曲沃县重置机构采用“6+1”模式，侯马市建立青年创新工作室，吉县开设网上村德村史馆，翼城县创新广电网络建设等。6个试点县融媒体中心建设基本完成，建好统一采编中心，建立运营管理激励等配套机制，建立各自移动客户端，与省级平台对接成功。

【新闻管理】 2019年，临汾市委宣传部接待新华社、新华网、中央电视台等中央级媒体记者15次，就“我的公交我的城”、脱贫攻坚等方面进行专门采访和报道。举办临汾新闻战线首届好记者讲好故事演讲比赛。来自新闻采访一线的19名记者，围绕“不忘初心、牢记使命”、增强“四力”教育实践，讲亲历故事、谈采访过程、说内心感受。举办2019年度庆祝第20个记者节颁奖活动，对山西日报社临汾分社等28家先进集体、十佳记者、43名优秀新闻工作者、62件临汾新闻奖、新闻战线首届“好记者讲好故事”演讲比赛19名获奖选手及17家组织奖予以表彰奖励。编印《2018年度临汾新闻奖作品集》《2018媒体看临汾》。

【社会主义核心价值观建设】 2019年，临汾市委宣传部开展“三下乡”活动。举办2019年临汾市文化科技卫生“三下乡”集中示范活动，现场捐助资助国学经典、教育类书籍资料1000份（册），科技政策法规、农业技术书籍资料1000册，法制宣传资料3000份，宪法宣传册1000份，“七五”普法教材500册，宣传扑克、围裙、袋子各500个，农业书籍100本，宣传彩页5000份，挂图50张，健康知识光盘300个，手提袋1000个，健康知识书籍500册，价值3万元的避孕药具等。组织市“三下乡”活动成员单位牵头对接县（市、区）集中开展17场示范活动。深化社会主义核心价值观宣传普及。推荐《我和我的祖国》《别样的女法官》《水梦》《破疑》等15部优秀微电影，参与中央、省举办的社会主义核心价值观主题微电影征集展示活动。举办临汾市“唱响时代赞歌·庆祝新中国成立70周年主题微电影大赛”。开展社会主义核心价值观示范点创建工作，洪洞县财政局、临汾市中心学校、临汾市人民医院、曲沃县人民医院、国网山西省电力公司临汾供电公司、侯马市路东街道办事处新民巷社区、吉县屯里镇太度村民委员会等7个单位为第二批省级示范点。参加全省组织的“时代新人说——我和祖国共成长”演讲比赛。“大家小官”选手刘卫星获银奖。“改革前沿”选手徐洁和“脱贫攻坚”选手郭伟分别获铜奖。

【爱国主义教育】 2019年，临汾市委宣传部开展“第四届好基地讲好故事”活动，在全市开展第四届“好基地讲好故事”活动。11月15日，邀请市四大班子领导在临汾市梨园堂观看第四届好“基地讲好故事”——临汾市爱国主义教育基地专场故事会。印制“好基地讲好故事故事集4”在全市广泛发放。4月18日至19日，承办山西省爱国主义教育基地工作培训班，省委宣传部副部长骞进，临汾市委常委、宣传部部长李朝旗出席开班仪式。全省160参训人员观摩“好基地讲好故事”现场汇报展演。参加全省红色故事大赛，荣获优秀组织奖，白毛毛、冯莉2名选手荣获金牌志愿讲解员，药超群获优秀志愿讲解员。《毛主席来过咱永和》《穿过硝烟的歌声》两部作品获奖，在山西卫视展播。

【政策调研】 2019年，临汾市委宣传部开展调研，下发实施方案，收集调研文章43篇，完成年度调研任务，被省委宣传部评为2019年度调研工作先进单位。建立信息员报送队伍和信息报送机制。《临汾市营造良好氛围 喜迎新中国成立70周年》等稿件被省委宣传部评为优秀部刊，被省委宣传部评为信息报送工作先进单位。举办全市学习贯彻《中国共产党宣传工作条例》和信息工作培训班。

【对外宣传】 2019年，临汾市委宣传部建立健全市县两级新闻发言人队伍，规范新闻发布流程，组织举办新闻发布会10场。创作《震撼80秒！“家”之掠影》微视频宣传片；组织非遗项目平阳木版年画、太平绣球亮相澳门；组团赴深圳参加第十五届文博会，推出乡宁紫砂壶等文化产品；完成2019年孟加拉国新闻媒体从业人员研修班来晋参访临汾接待工作；配合中国国际电视台《行走黄河》节目组赴壶口瀑布采访制作并播出节目；完成《考古晋国》第二季《大槐树》的策划工作；建立“五个一”的传播格局（智慧旅游平台、形象宣传片、丛书、歌曲《回家》、旅游地图）。

【文化文艺】 2019年，临汾市文化建设围绕“平阳记忆·印象临汾”品牌建设，以尧文化、晋国文化、根祖文化、黄河文化、民俗文化“五大文化”为引领，与央视《探索·发现》栏目组合作，制作播出弘扬尧文化的五集纪录片《尧舜之都》、反映晋国文化的《考古晋国》（共四季十六集）纪录片。完成2019年全市文艺创作规划和中宣部第十五届精神文明建设“五个一工程”申报工作，《风云广胜寺》获45万元优秀作品扶持资金。组织开展以“守正创新，唱响时代赞歌”为主题的临汾市第八届精神文明建设“五个一工程”组织评选和表彰展演活动，评选出优秀作品56件。

【文旅活动】 2019年，临汾市委宣传部组织参加了第二届山西艺术节，指导开展第二届尧都文化旅游节、洪洞县大槐树文化旅游节、古县牡丹文化旅游节、乡宁县中和文化旅游节等文化节庆活动。举办“华人老家——幸福临汾”春节、元宵节系列文化活动，“平阳记忆·印象临汾”文化工程成果展览和“万里茶路看晋商”专题展览；完成双百“文化示范村”创建活动。举办临汾市第十四届广场文化消夏月活动。组织全市文艺工作者开展“我们的中国梦”——文化进万家活动。

【文化惠民活动】 2019年，临汾市委宣传部推进“五进”惠民演出、“免费送戏一千场”“周末剧场”“我们的中国梦——文化进万家”“戏曲进校园”“群众文化基层行”等文化惠民活动。全年周末剧场演出52场，在全市2955个行政村农村公益电影放映35688场，428所农村寄宿制学校放映3878场；完成免费送戏下乡2494场，参与人数15万人次，250万群众受惠。

【电影管理】 2019年，临汾市电影行业贯彻实施《电影产业促进法》，开展电影市场规范管理活动，电影市场规模扩大。全年全市城市影院新增2家，达到43家，银幕数172个，影院放映专次34万场，观影人数253万/人次，年度总票房7800万元。7月5日至8日，组织全市相关影院、执法队在金都花园召开国家电影专资办来临调研座谈会，获取县级影院第一手信息资料。加大电影市场监管力度，做好元旦、春节、中秋、国庆等节日期间电影安全放映工作；坚持日常监管与突击抽查相结合、日常监管与长效机制建设相结合，确保临汾市电影市场秩序规范；开展好中央级和省级电影专项资金的扶持奖励申报工作，确保资金拨付到位。农村公益电影放映，2019年在全市2955个行政村放映电影35688场，超额放映220场，428所农村寄宿制学校全年放映3878场，超额放映26场。

【文化产业】 2019年，临汾市委宣传部推进全市文化体制改革项目进行；完善“尧庙—华门”文旅融合示范区业态功能；开展2017年/2018年度省级文化产业发展专项资金的绩效自评工作；召开临汾市国有文化企业座谈会；组团参加第十五届中国（深圳）国际文化产业博览交易会；举办“书香平阳 漂流万家”临汾市首届图书漂流公益活动；完成国家和省级文化产业发展项目库的申报工作，推荐临汾市广播电视网络中心的“智慧广电跨代通信网”项目入选2019年度国家级文化产业发展项目库；推荐申报2020年度省级文化产业发展专项资金扶持项目；组团参加第四届山西省文化产业博览会，举办“临汾市文化产业招商项目推介会”，达成76个招商项目，总投资158亿元，签约9个重点项目，融资额8.9亿元。

【“我们的节日”主题活动】 2019年春节、元宵两节期间，临汾市委宣传部以“祥和平安、祝福美好”为主题，突出辞旧迎新、团圆平安、文明进步的传统美德。清明、端午节日期间，以纪念故人、缅怀先烈为主题，倡导文明祭扫、深挖文化内涵、弘扬家国情怀，引导人们认知传统、尊重传统、继承传统、弘扬传统。中秋节、国庆节、重阳节之际，以庆祝新中国成立70周年为主线，着眼增进爱党、爱国、爱社会主义情感，用新歌声共抒爱国情怀、共话祖国新貌，用挂国旗营造爱国氛围、弘扬民族大义，用观影片重温红色历史、感受红色精神。

【志愿服务】 2019年，临汾市委宣传部推进志愿服务信息化管理、项目化运作、社区化扎根、专业化支撑和组织化规范等“五化”措施，引深全市志愿服务工作。探索“互联网+志愿服务”工作模式。普及推广“志愿云”全国志愿服务信息系统，规范登记注册、需求采集、项目发布、供需对接、服务记录等管理，推动实现志愿服务信息的互联互通和数据的有效汇集。推动各级文明单位、文明村镇做到全员注册，协调工青妇等系统志愿者并网注册，统筹社区做好党员志愿者和群众志愿者注册工作，引导社会各志愿服务组织进行有效注册。截至2019年底，注册人数51.92万人，占比达到常驻人口11.7%。3月5日，组织召开临汾市志愿服务联合会成立大会，市委常委、宣传部部长李朝旗出席并授牌；举办临汾市“学雷锋”志愿服务集中活动誓师大会，各类志愿服务组织等1000余人参会，会后集中开展150余项志愿服务。立足创建省级文明城市实际，组建“文明之城”志愿服务总队和文明实践、文明交通等8支专项志愿服务队。开展学雷锋服务站点建设，推荐省级学雷锋服务站点10个，确定市级学雷锋站点83个。面向全社会开展志愿项目征集活动，征集宣传具有临汾市特色和影响力的志愿服务精品项目。

【未成年人思想道德建设】 2019年，临汾市委宣传部完善学校、家庭、社会“三结合”教育网络，推进未成年人思想道德建设工作，提升未成年人思想道德素质。开展“扣好人生第一粒扣子”实践活动，以“祖国好·家乡美”为载体，开展清明祭英烈、童心向党、向国旗敬礼等主题教育活动，将社会核心价值观融入道德实践活动。全市各学校以“我为文明出份力”为主题，走出校园、走上街头开展环保护卫、小小交警员等各类主题志愿服务活动。全市中小学校《学生守则》悬挂校园醒目位置和班级覆盖率100%。全市各中小学开展德育进课堂、进教材、进讲堂、进社区、进家庭等“五进”活动。开展“新时代好少年”评选活动，推选杨景舒、程宝儿等20名新时代好少年，12月举办首届“新时代好少年”发布仪式，推荐李菲特、赵昱童、李抒颖、许瑞搏入选“新时代山西好少年”。加强乡村学校少年宫建设，巩固52所中央福利彩票支持少年宫，进行年度评估，超额获得年度运行经费；推进少年宫自建项目建设，实现贫困县乡镇学校全覆盖。按照省文明办2019年8月30日下发《关于参加全省乡村少年宫建设成果短视频展演的通知》，推选的作品获得3个二等奖和2个三等奖。在迎接全省未成年人思想道德建设工作测评中，获得全省第二名的成绩。

【公民思想道德建设】 2019年，临汾市委宣传部培育和践行社会主义核心价值观，加强社会公德、职业道德、家庭美德、个人品德教育。倡导文明新风尚，推荐全国和省级道德模范以及“中国好人”“山西好人”，推荐的张美静荣获全国孝老爱亲道德模范提名奖，郭艳香、李刚、徐福生、公维玲等5人获得山西省道德模范及提名奖，蒋生宝入选“中国好人”，孙勇等3人入选“山西好人”。组织开展“为好人点赞”“临汾好人”推荐评选活动，评选出“临汾好人”30名，举办发布仪式。10月26日，组织举办“山西省第七届全国道德模范基层巡讲临汾专场报告会”，现场1000余人聆听道德模范事迹；组织撰写23名省级以上道德模范的事迹材料，内容包括人物小传、经典语录、通讯报道等；打造了张美静事迹报告稿，代表临汾市在全省巡讲活动中多场报告。春节期间组织各级文明单位开展慰问活动，看望慰问各级各类“道德模范”。市委常委、宣传部部长李朝旗走访慰问临汾市第四、五届“十大道德楷模”李刚和郭建军。

【文明城市创建】 2019年6月28日，临汾市委宣传部印发《临汾市深入开展文明城市创建工作方案》，对创建工作进安排部署。8月6日，召开全市创建省级文明城市动员会。出台《创建责任分工明细表》《创建工作任务清单》《创建文明城市工作领导小组办公室内设机构及职责分工》，理顺运行机制。编印发放《市民文明礼仪手册》《创建文明城市应知应会知识》等创建宣传手册20000余册，确定宣传内容，拟定宣传标语，修订《文明公约》，通过新闻媒体、户外广告位、电子显示屏进行宣传。确定“2313”式活动，即进行2次调研考察、组织3次督导、举行1次模拟测评和开展3次业务培训，实施创建点位标准化建设。招募“文明之城”志愿者1000余名，开展文明劝导、文明出行、环境保护等助力创建专项志愿服务活动，在平阳广场举办启动仪式。实施环境整治、文明培育、品质提升、社区共建、氛围营造等五项攻坚工程，突出环境卫生、交通环境、市容秩序、公共服务和农村环境的整治。向各责任单位下发任务清单及报送要求，逐条逐项严格标准完成省级文明城市材料申报工作。

【群众性文明创建评选活动】 2019年，临汾市各系统、各单位以文明创建为契机，培育弘扬社会主义核心价值观，丰富道德实践活动载体，参加文明创建申报评选活动。推荐山西省级文明单位、文明村镇、文明家庭等各类创建先进典型，完成省级申报推荐任务。制定出台《临汾市文明校园创建管理办法》，启动首届市级文明校园创建活动。开展2019年度山西省文明校园推荐申报工作，完成省级文明校园网上资料申报、实地考核工作，临汾市申报的55所学校，全部达标无一淘汰，在全省名列第一。承担的长治市文明校园测评工作，受到省文明办的通报表扬。研究出台市级文明单位《评选办法》，建立“533”评选机制，对2018—2019年度所有申报单位，完成单位申报、基层推荐、资格审核、测评验收等程序。开展公益广告征集活动，推选相关公益广告作品参加全省征集活动。其中《丹心铸党魂 晚霞映劲松》获影视类一等奖，《让梦想照亮家乡》获影视类二等奖，《我和我的祖国》获影视类三等奖；《与绿色携手》《孔子新游》2个作品获平面类二等奖。

【文明实践中心建设】 2019年，临汾市委宣传部确定两批9个县作为试点，建立“县（区）新时代文明实践中心、乡（镇）新时代文明实践所、村新时代文明实践站”三级联动文明实践网络。建立不同层级的新时代文明实践中心（所、站）992家，包括4个新时代文明实践中心、108所新时代文明实践所、880个新时代文明实践站。其中，洪洞县被纳入全国试点、蒲县被纳入省级试点，承办全省乡风文明规划落实暨新时代文明实践中心建设培训班，推广洪洞县的“12345678”工作经验。

（卓志峰）

统　战

【以习近平新时代中国特色社会主义思想统领统一战线工作】 2019年，临汾市委统战部加强统战干部思想政治建设和统战成员思想政治引领，紧扣“不忘初心、牢记使命”主题教育，结合“改革创新、奋发有为”大讨论活动，在民主党派和无党派人士中，开展“不忘合作初心，继续携手前进”学习教育活动，协助民主党派开展“四比四促”活动；结合庆祝新中国成立70周年组织各民主党派开展诵读会、知识竞赛、摄影展、征文研讨、演讲比赛和文艺会演等一系列活动。在非公经济人士中，开展“守法诚信经营、坚定发展信心”

为主题的非公有制经济人士理想信念教育实践活动，实施青年一代民营企业家“接力计划”，做好“企二代”“创二代”“新生代”优秀青年民营企业家的发现培养、教育引导和推荐使用工作。在宗教界人士中，举办“信教群众聚居村党组织书记培训班”，基督教教职人员培训班和天主教教职人员培训班，开展“助力新时代、共筑中国梦”系列爱国主义教育活动，举办临汾市区五大宗教团体联席论坛、“缅怀革命先烈，重温红色记忆”实践活动、“我和我的祖国”讲道交流比赛、“升国旗、唱国歌、为祖国祈福”和“我和我的祖国”主题书画、摄影展等系列活动。在新的社会阶层人士中，开展“坚持和发展中国特色社会主义主题教育活动”和“传承五四精神 筑梦新的时代”主题学教活动，组织新的社会阶层代表人士在市委党校举办“全市新的社会阶层人士统战工作”培训班，到红色教育基地、重点民营企业观摩交流。

【新型政党制度建设】 2019年，临汾市委统战部征求民主党派、工商联、无党派人士的意见建议，召开“政府工作报告”征求意见会，“各界人士迎春茶话会”，党外代表人士队伍建设座谈会等4次。支持民主党派履行参政党职能，在民主党派中开展“走基层、献良策、比贡献”活动，动员全市各民主党派围绕转型发展、打赢“防范化解重大风险、精准脱贫、污染防治”三大攻坚战、乡村振兴等重大任务，深入调查研究，撰写调研报告10多份，反映社情民意40多条。开展党外干部工作调研，掌握全市副科级以上党外干部信息资料，分级分类建立党外干部队伍数据库。推进“九临合作”开展，实施亮康行动，为80例贫困白内障患者免费实施复明手术；召开“九临合作”安泽县示范区大田生物配肥技术暨配套农机春播培训展示现场会，为安泽县提供优质“沃丰生物有机肥”30吨，配套大型农机具10台，小型谷子、玉米农机具182台供农户使用，对50多名农业技术骨干进行培训。为4个民主党派市委会配齐秘书长，建立健全50项规章制度，推进民革“示范性支部创建”和“民革党员之家”建设，民盟“活力支部”和“盟员之家”建设，民建“五有支部”建设，民进“星级基层组织创建”。

【营造非公有制经济高质量发展新环境】 2019年，临汾市委统战部帮助企业融资，举办“千企谋发展·百亿助转型”签约大会，4家金融机构与7家民营企业签订80亿元的合作意向书。构建“亲”“清”新型政商关系。组织召开“全市民营企业家座谈会”，了解民营企业在发展过程中遇到的实际困难和问题，听取民营企业家意见建议，研究推进全市经济高质量发展的思路和举措。开展“政商关系及其对政治生态影响”专项调研。指导县级工商联与检察院联合开展“检察护航民企发展”开放日活动。组织召开工作推进会暨经济形势分析研判会，制定十项举措。发挥招商引资排头兵、领头雁作用，组织中国核工业华兴建设有限公司、北京首创股份有限公司参加临汾市在天津举办的招商引资推介会；邀请异地工商联、商会、客商参加光彩事业“石楼行”和吉县、乡宁等地举办的招商引资推介会，推介临汾、宣传临汾。组织召开“市工商联二届三次执委会议”，推动工作创新，提升服务水平。

【维护民族宗教和谐稳定】 2019年，临汾市委统战部重大节日期间，在全市范围内开展清真食品安全专项整治，解决和化解清真食品的安全隐患。做好国务院第七次全国民族团结进步表彰推荐工作，翼城县北关村被国务院授予全国民族团结进步模范集体。在全市开展民族团结进步创建“进机关”“进企业”“进社区”“进乡镇”“进学校”“进寺庙”“进连队”七进活动。印发《关于在全市宗教活动场所深入开展社会主义核心价值观主题教育活动的通知》，在全省开展宗教活动场所“四进”活动。以开展宗教团体季度联席会议和年度述职评议会议为抓手，建立健全各项规章制度。

【侨务工作】 2019年，临汾市委统战部发挥桥梁纽带作用，促成山西师范大学与北京慧睿国际技术发展有限公司“互联网+与旅游产业升级”协同创新中心学术委员会在山西师大成立；推动临汾经济开发区与世雨（北京）投资基金管理有限公司签署战略合作框架协议，投资总金额逾100亿元；推动“中澳联通”项目实施；组织召开晋陕豫“黄河金三角”六市侨联工作座谈会，拓宽联谊渠道，推动区域侨联之间交流互动、资源共享、优势互补、协同发展。邀请28个国家和地区的百余名海外侨胞参加2019“海外侨胞故乡行——寻根三晋活动”，打造临汾对外开放、招商引资新窗口、新天地。做好全市海外华文教育外派教师延期任教和推荐

2019年优秀教师赴泰国、印度尼西亚、菲律宾华校任教工作，传播中华文化，宣传临汾故事。组织开展“2019年侨爱工程——送温暖老年归侨免费体检暨侨法宣传活动”；开展为“三侨生”、特困归侨、归侨侨眷及60岁以上老年归侨申请发放补助金，落实党的各项惠侨政策，加大侨务政策宣传力度。在全市范围开展对归侨、侨眷、海外侨胞和海外留学人员的摸底调查摸底，健全完善侨情人事数据库。

【党外代表人士统战工作】 2019年，临汾市委统战部对全市县级、科级无党派代表相关信息情况进行摸底、梳理汇总，建立健全无党派代表人士库。按照政治坚定、业绩突出、群众认可三大标准，制定《临汾市无党派代表人士日常管理考核办法》，对全市无党派代表人士进行考核管理。组织全市无党派代表人士开展“走基层、献良策、比贡献”主题活动，围绕防范化解重大风险、脱贫攻坚、乡村振兴、三农改革、污染防治等内容开展活动。推荐6名同志作为省欧美同学会第三届理事会理事人选；开展新时代党外知识分子思想政治工作调研工作。

【新的社会阶层人士统战工作】 2019年，临汾市委统战部组织新的社会阶层人士深入清大东方消防职业培训学校、临汾市科海自动化给水消防工程有限公司等市新联会常务理事单位学习调研。组织召开县级新的社会阶层人士联谊会建设观摩推进会，全市17个县（市、区）成立县级新的社会阶层人士联谊会。组织市新联会举办“致敬祖国70华诞——‘相约云丘山 创业共分享’”“品红木文化 话发展之路”和“感受汾酒文化，塑造诚信品格”主题活动。创建省级新阶层活动站，全市申报14家第二批省级活动站。开通“临汾新动力”公众号、“临汾新阶层”微博号。

【脱贫攻坚】 2019年，临汾市委统战部在全市统一战线开展助力深度贫困“两大行动”。组织各民主党派在“圆梦助学”行动中，“送法律、送科技、送教育、送医疗”和“产业帮扶、助力增收”等活动，结对帮扶大宁、永和县贫困大学生20名；引导鼓励全市民营企业和商会组织，深化“百企帮百村——精准到户”扶贫行动，筹备建立临汾市工商联系统消费扶贫永和工作站，以建档立卡贫困村贫困户为主要支持对象，以购买贫困群众农特产品和服务为主要手段，打造消费扶贫新格局，助力打赢永和脱贫攻坚战；组织新的社会阶层人士赴大宁县和汾西县开展“迎新春、送温暖”和“情暖寒门 爱在金秋”扶贫行动扶贫活动，通过现金帮扶、物资帮扶、就业帮扶、创业帮扶、教育帮扶、健康帮扶、消费帮扶等方式助力脱贫攻坚战；联系海外侨胞李文忠先生向临汾市5个国家级贫困县捐赠5台医疗巡诊车，助力脱贫攻坚。 （贾晓廷）

市委党校

【概况】 中共临汾市委党校是市委领导的培养党的领导干部的学校，是培训党的领导干部的主渠道，是党的思想理论建设的重要阵地，是哲学社会科学研究机构和重要智库。2019年，市委党校以习近平新时代中国特色社会主义思想和党的十九大精神为指引，狠抓干部培训等各项工作，以“三个三”活动为抓手，推进“六个统筹”，各项工作发展良好。

【干部培训】 2019年，临汾市委党校完成82个班次8463人的培训，其中主体班次5期，包括县级领导干部读书班2期，培训150人，中青年领导干部培训班2期，培训100人；专题培训和社会各界联合办班77期，培训8161人，超额完成年度目标考核任务。

【科研工作】 2019年，临汾市委党校教研人员发表学术论文62篇，其中，国家级论文1篇，省级论文36篇，市级论文25篇。全年7项课题被确定为省级课题。在山西省党校系统第十届科研基金优秀成果评奖会上，获一、二、三等奖论文各一篇。市委党校主编的《临汾学刊》和《决策研究报告》受到社会各界好评。

【队伍建设】 2019年，临汾市委党校坚持“人才强校”战略，围绕人才的培养、引进、使用3个环节，加大教师进修培训力度，实施职务与职级并行制度，推进“三个三”活动，加强人才队伍建设，教师教学水平和科研能力得到提高。市委党校拥有市委联系的高级专家3名、山西省“三晋英才”支持计划拔尖骨干人才3名。

【行政后勤】 2019年，临汾市委党校新校区PPP项目合同获批实施，土地清表费用审核拨付，清表工作完成，规划设计图纸初步完成，门户网站9月建成并投入使用，网络信息化基本实现。

【县级党校业务指导】 2019年，临汾市委党校加强对县级党校工作的指导力度，通过办学质量评估、推进“六个统筹”和师资培训等举措，助推县级党校的整体面貌和各项工作进步。 （赵 雪）

政策研究

【转型综改】 2019年，临汾市委政究室出台《2019年转型综改先行先试改革事项清单及责任分工》，安排部署全市2019年度综改工作，推进14项转型综改先行先试改革事项，制定措施推进转型综改，先行先试任务取得成效。在推进临汾市冬季清洁取暖试点城市建设、经济发达镇行政管理体制改革试点、侯马物流园区服务业集聚区试点、大宁县农村集体产权制度改革试点等方面取得成效。

【大讨论统筹协调】 2019年，临汾市委政究室以市委大讨论领导小组办公室的名义下发27份指导性文件和工作通知，筹备召开两次市委大讨论办公室工作会议，传达山西省委工作精神进行安排部署。建立工作周报机制，对主要任务实行台账管理。

【“三服务”活动】 2019年，临汾市委政究室形成《关于临汾市全面深化改革情况的报告》，报送市委分管领导。在服务基层上，形成《发展特色产业，鼓了百姓腰包——对临汾市部分贫困县及脱贫摘帽县的调查与思考》的调研报告，在山西省宣传推广临汾市典型经验，把调研成果转化为解决基层问题的实际行动。服务群众，到帮扶村古县驼腰村开展帮扶活动，向农民群众宣讲农村改革政策，开展助农秋收活动，帮助群众解决生产生活实际困难。

【调查研究】 2019年，临汾市委政究室主任张建山多次参加市委组织的重大调研活动，掌握基层工作动态。制定《市委政研室2019年调研工作计划》，组成课题组深入一线进行调研，形成《关于临汾市实施乡村振兴战略情况的调研》、《农业生产托管“临汾实践”的调查与思考》等7篇有深度的调研报告，分别被国家级、山西省级以及市级期刊和报纸刊用。其中，《关于临汾市实施乡村振兴战略情况的调研》被中央政策研究室《学习与研究》杂志、中共中央宣传部“学习强国”学习平台、省委《前进》杂志等12家媒体登载，《农业生产托管“临汾实践”的调查与思考》被《山西工作》《前进》杂志刊载。引导全体人员加强政策理论研究，张建山等撰写的《不忘初心牢记使命是党员干部的终身课题》《对我市乡村产业振兴的几点思考》6篇理论文章在《临汾日报》等刊物发表。探索建立“大政研”的工作格局，建立市委政研室政研智库，聘请党政机关、大中专院校等高层次人才11人组成智库成员，推进党委政策研究工作。

【推进深化改革】 2019年，临汾市委政究室瞄准重点领域和关键环节的重大改革任务，推进临汾全面深化改革取得新成效。制定符合临汾特色的《中共临汾市委全面深化委员会2019年重大改革安排及责任分工》，按照经济、政治、社会、文化、生态和党建六个方面安排48项改革任务306项重点推进事项。

【改革推进机制】 2019年，临汾市委政究室制定下发《中共临汾市委全面深化改革委员会工作规则》和《中共临汾市委全面深化改革委员会办公室工作细则》。对标省内外先进经验，牵头起草制定中共临汾市委全面深化改革工作报审报备制度、考核评价制度和督办制度等六项工作制度，建立具有临汾特色的“2+6”改革的推进机制。

【改革考核督察】 2019年，临汾市委政究室发挥考核导向作用，科学设置2019年度全市全面深化改革考核指标，形成对各县（市、区）“3+3”和开发区“4+1”的改革任务考核指标体系。对全市推进农村8项重点改革任务情况进行全面自查，组织专项督办组对目标责任考核省定6项改革指标和党政主要领导主抓的20项重点改革任务承担部门进行实地督办。

【改革亮点推广】 2019年，临汾市委政究室与中央、省上级部门沟通对接，宣传临汾市改革新成效。大宁县实施购买式造林、进行生态扶贫，在一个战场打赢两场战役得到山西省委主要领导肯定，《求是》杂志2019年17期《新中国70年创造人类减贫奇迹》一文中给予重点介绍；洪洞县“五位一体”农业生产托管模式入选全国十大典型模式。《尧都区推进农村集体产权制度改革，为农村经济发展增添活力》等4篇专题信息，在《山西改革信息》刊发进行宣传推广。

（马 骏）

网络安全和信息化

【概况】 2019年，临汾市委网信办以网络意识形态和网络安全“两个责任制”为抓手，按照中央、省、市部署要求和市委网信办“136”工作思路，坚持守正创新，履职尽责，把网络意识形态、网络安全工作放在心上、扛在肩上、抓在手上，推动各项任务落实处、见实效，全市网络意识形态基本面向上向好，网络安全总态势积极健康。

【提高网络传播影响力】 2019年，临汾市委网信办围绕“习近平新时代中国特色社会主义思想”“庆祝新中国成立70周年”“不忘初心、牢记使命”主题教育等重大主题，组织属地新闻网站开设专题专栏，落实上级网信部门任务指令，转发中央、省级主流媒体的重要稿件。围绕生态环保、脱贫攻坚、项目建设、扫黑除恶、旅发大会等全市重点工作，开设专题92个，官方网站联合属地新媒体，刊发稿件3000多篇。编辑推送“临汾网信”194期，印发《网上宣传》简报18期，向市直单位及各县（市、区）委网信办推送，扩大再宣传，补充和完善网上正面宣传覆盖面。充实网评员队伍，完善更新《临汾市网评工作奖励办法》，申请网评专项工作经费列入财政预算。开展舆论引导工作，组织参与完成中央和省委网信办下达的多项专题网评工作61000条。

【网上舆情管控】 2019年，临汾市委网信办提高网络意识形态的掌控力。上报《网上舆情》171期，转交办市直单位和县级网信部门舆情线索462条，主要涉及环保、扶贫、民生、安全生产等领域，对“隰县贫困户开豪车”“乡宁3·15山体滑坡”“安泽县计量站变相收费”“洪洞村民烧煤炉灶被封泥”等网上舆情，妥善应对处置。发挥网上热点舆情管控的“哨兵岗”和“消息树”作用，强化责任，细化“发现—上报—研判—处置”的舆情管控流程，将处置关口前移，把重点放在线下处置，《网上舆情》报送量下降80%，缩短舆情处置时间，压实各级各部门舆情管控的主体责任。基本上做到无乱报、无漏报、无误报、无瞒报，防患于未然。市委网信办建立与市直各单位、各县（市、区）的舆情通报、舆情督办渠道，各县（市、区）、市直部门对通报、督办、核实、上报的网上舆情，山西省委网信办督办涉临汾市网上舆情96次，市委网信办督办各县（市、区）、市直各单位舆情线索69条，把舆情反映的问题解决在线下，降低舆情发酵和舆论炒作的风险。

【网络安全防护】 2019年，临汾市委网信办严格日常巡查和安全通报。对山西师范大学临汾学院等13家单位下发漏洞通报，第一时间上报市委网络安全和信息化委员会，将漏洞情况和技术参数通知所属单位，要求立即整改，修复漏洞，确保网络安全。13家单位全部完成整改。

【网络安全普查】 6月，临汾市委网信办下发《关于开展全市各县（市、区）市直机关网络安全普查的通知》，以查促建、以查促管、以查促改、以查促防，保障各级机关重要网络与信息系统的政治安全、运行安全和数据安全。招投标程序基本结束。

【关键信息基础设施网络安全检查】 7月，临汾市委网信办下发《关于开展2019年度关键信息基础设施网络安全检查的通知》，对全市党政机关、事业单位、国有企业、重点医院、大型私营企业、大中专院校、购物平台组织开展关键信息基础设施网络安全检查工作，加快构建关键信息基础设施安全保障体系，增强网络安全运行保障能力。

【网络安全宣传周】 2019年，临汾市委网信办围绕“网络安全为人民、网络安全靠人民”主题，围绕6个主题日活动，开展网络安全宣传教育活动。全市发放宣传资料45万份，摆设宣传展板500多张，印制张贴宣传海报3000余张，悬挂横幅300多条，设置电子屏显示80多块，举办主题教育课堂350次，全市受众群众300多万。

【网络安全教育进校园活动】 2019年，临汾市委网信办提升全市中小学生中传递自觉践行网络文明行为规范，深化新时代中国特色社会主义和中国梦教育宣传，培育和践行社会主义核心价值观，下发《关于在全市中小学开展网络安全教育进校园活动的通知》，3月25日，在临汾三中举办启动仪式，通过开展“国旗下演讲、手抄报评选、主题征文、知识课堂、主题班会”等活动，在全市校园内开展网络安全教育活动。年底召开全市网络安全进校园总结表彰会，对50所先进校园，50名先进教师，100名手抄报评选优秀作品和个人，100名主题征文优秀作品和个人进行公开表彰。

【统筹推进信息化】 2019年，临汾市委网信办提升网络基础设施建设水平，市工信局、移动运营商、铁塔公司实施“宽带临汾”行动，推进高速网络建设，推进5G网络技术在全市的应用，拟定建设规划，对重点项目进行站址勘查工作，首批为二青会花样滑冰、空手道和飞碟靶场3个比赛场馆建设5G基站。制定《临汾市“企业上云”实施方案》，组织召开临汾市“企业上云”培训会、交流会，助推云计算、移动互联网、物联网、大数据等新一代信息技术产业的发展。加强各级电子政务工作统筹协调机制建设，开展“互联网＋政务服务”，实施信息惠民工程，“互联网+政务服务”一张网平台建设初步完成。 （师 军）

机构编制

【实名制管理】 2019年，临汾市委编办出台《临汾市机构编制实名制管理实施办法》（试行），落实专人专管制度，更新人员信息变动情况，反映改革情况。本轮党政机构改革后数据全部更新完成，实现实有人员10个工作日内办理。制定《临汾市市直机关事业单位实名制管理工作流程》，印发《临汾市市直事业单位编制周转池管理实施办法》（试行）。配合做好全市人才工作计划、军转干部和退役士兵安置计划，配合市审计局、市委机关事务管理局提供实名制数据支持。做好机构编制年报工作。

【监督管理】 2019年，临汾市委编办落实机构编制“一支笔”审批，做到“无编不进人、进人先核编”。探索对编外聘用人员的管理，从严规范适用岗位、职责权限和各项管理制度。制定《临汾市直机关事业单位年度用编计划申报流程》，严格机构编制事项审批程序，细化流程。涉及机构编制事项，由主管部门提出报告，编办调查论证后提出意见建议，提交主任会议或编委会审定。修订完善《临汾市机构编制监督检查实施办法》（试行），加强实时动态监管，配合组织部门完成领导职数核查，配合人社部门做好防治“吃空饷”长效机制建设。做好机构编制违规违纪问题整改。对县（市、区）和市直部门机构编制管理中存在的结构性超编、政策性超编等历史遗留问题，按照来源、类型、发生时间等情况，完善机构编制违规违纪问题台账，稳妥整改。2019年整改销号864条，整改销号率73.9%。畅通监督渠道，构建监督体系，发挥社会力量监督作用，组建全市机构编制监督员队伍，聘任机构编制监督员32名，其中市级15名，县级17名。受理12310举报，严肃处理“安泽县人力资源和社会保障局机关和下属事业单位混编混岗，挤占基层事业编制，人员、工资，编制混乱”的问题，涉及的8名任职人员全部免职，返回编制所在科室工作；31名人员混岗人员全部返回编制所在科室工作。

【党政机构改革】 2019年，临汾市委编办指导和解决全市党政机构改革中的问题和重点难点工作，加大部门间编制统筹调剂力度。改革后，全市党政机构数量为653个，其中市级48个（党委部门13个，政府部门35个），17个县（市、区）609个（党委部门159个，政府部门450个）。规范核定领导职数，市直党政部门处级以上领导职数减少23%，17个县（市、区）党政部门科级以上领导职数减少22%。市县两级设立深化改革、网信、教育、农业农村等10个党委议事协调机构，优化组织、宣传、统战、政法等党委部门职责配置，强化其统一归口协调职能。设置一批具有临汾特色的机构。打造能源革命“排头兵”，以市煤炭局为基础，组建市能源局；打造文化旅游战略性支柱产业目标，整合组建市文化和旅游局；着眼“一城四区”区划调整和城镇化发展实际，将市住房保障和城乡建设管理局以及相关机构承担的市政公用实施运行管理、市容环境卫生管理、园林绿化管理等方面的职责整合，组建市城市管理局；打好防范化解重大风险攻坚战，组建市政府金融工作办公室；推进审批服务便利化，结合正在推进的“放管服效”改革，将市政府办公厅的政务改革和管理职责，及有关部门承担的行政审批服务管理、政务信息管理等职责整合，组建市行政审批服务管理局。

【机构职责调整完善】 2019年，临汾市委编办执行机构编制法定化，坚持优化协同高效，抓好组织领导、顶层设计和监督检查，对新组建和职责有重大调整的部门做好职能衔接，促进部门之间发生“化学反应”。在“三定”规定中厘清市场监管、生态环保等领域涉及多部门事项的职责边界，建立和理顺全市的应急救援指挥体系、环保管理体系，完善和强化市场监管、退役军人事务部门职责，健全和调整文物管理、城乡规划建设部门职责。改革中，市直行政机关之间划转职责126项，事业单位划入机关职能158项；市县两级共精简事业单位185个，下放站所627个。

【乡镇机构改革】 2019年，临汾市委编办聚焦乡镇（街道）的核心职能，做好职责“加减法”，突出职能转变，重构乡镇（街道）体系，基层改革基本目标更加清晰，乡镇（街道）均综合设置3个至5个办公室和2个事业单位。

【相对集中许可权改革】 2019年，临汾市委编办做到“五个要”（站位要高、靶向要准、措施要实、流程要顺、成效要好），借鉴复制晋城的好做法、好经验，做好“一调两划”，调职责、划编制、划人员，坚持“编随事走、人随编走”，做到“硬划人、划硬人”，划清29个部门职责边界，划转313项职能事项，实现资源更节约、办事更快捷、环境更优化。

【综合行政执法】 2019年，临汾市委编办组织部对行政综合执法进行深入研讨，深入调研，摸清底数，并根据临汾实际，着眼未来5年至10年发展需求，确定执法框架体系与规模。做好市域顶层设计，完善《临汾市市场监管、文化市场、农业、交通运输和生态环境五大领域行政综合执法改革实施方案》，将市级5个领域综合行政执法队统一调整为副处级规格，县级综合行政执法队统一执行“局队合一”体制，加强综合行政执法队力量。将市县两级190支执法队伍整合为85支，精简率达到55.3%，实现精简执法队伍、下沉执法力量、统筹执法资源的改革目标，完成改革任务。

【事业单位改革】 2019年，临汾市委编办完成承担行政职能事业单位改革。把承担行政职能事业单位改革与党政机构改革同部署、同落实、同推进，实现由事业单位承担的行政职能回归机关，理顺政事关系，实现政事分开，公益服务框架基本搭建。突出重点领域关键环节改革。加强煤矿安全生产监管，成立市县（市、区）煤矿5人小组监督中心，健全市应急体系。加强生态环境保护和管理，做好生态环境机构监测监察执法垂直管理制度改革，将市环境监测站上收省生态环境厅管理，调整为省生态环境厅驻市生态环境监测机构，将各县（市、区）现有环境监测机构上收到市级，做好人员编制划转移交。强化退役军人事务职责，成立市县（市、区）退役军人服务中心。将民用爆炸物品生产、销售的安全监督管理职责交由市应急管理局承担。完成从事生产经营类事业单位改革。完善《临汾市从事生产经营活动事业单位改革实施方案》，对市级列入生产经营类的14家事业单位进行摸底，召开3次全市从事经营活动事业单位改革专题推进会，加快改革进程，市县（市、区）此项改革完成。配合退役军人事务、司法和公安等部门做好相关改革工作；配合做好县级城乡义务教育一体化、旅游管理体制、融媒体建设试点；会同行政审批部门继续推进向开发区（园区）赋权、授权等重点改革任务。

【基础工作提升】 2019年，临汾市委编办制定《关于集中开展提升基础工作专项行动的实施方案》，通过“五个抓”（抓站位、抓短板、抓整改，抓考评、抓示范）在全市集中开展提升基础工作专项行动。印发《基础工作指导手册》1000本。指导各部门（单位），特别是涉改部门（单位）按照新的“三定”规定修订完善“一目录三手册”。聘请第三方评估机构对全市1064个（其中党政群机关754个，直属事业单位147个，乡镇163个）各级党政群机关事业单位基础工作进行评估，向市委“三基办”进行专题汇报，联合下发《关于基础工作评价验收情况的通报》。所有单位全部合格，评定优秀552家、良好471家，优秀率51.9%。

【机构编制法定化】 2019年，临汾市委编办贯彻《条例》，编印《学习手册》，对《条例》的内容进行解读。建立健全机构编制与纪检监察、组织、人社、财政等部门相互协调配合约束机制。凡是机构编制事宜，按照机构编制管理权限，在调研论证基础上，提交编办实务会议或编委会议研究审议并按程序报批，保障机构编制法规执行到位。

【事业单位登记管理和电子政务建设】 2019年，临汾市委编办推行“不见面”审批模式，做好事业单位设立、变更和注销登记工作，全流程网上办理事业单位法人年度报告公示工作，全市应报送年度报告的事业单位315件，除国家涉密不予公开的2件，公示313件，公示率100%。落实事业单位登记管理服务标准化规范。全市办理事业单位法人设立登记1件，变更登记88件，注销登记4家，证书废止后重新申领1家。开展统一社会信用代码赋码换证工作，完成77家涉改党政机关赋码换证工作。开展2018年度事业单位法人公示信息抽查工作，从永久库318个正常的事业单位中随机抽取17个市直事业单位进行实地核查，占登记状态正常事业单位法人总数的5%，下达整改通知12份，8家整改到位。通过“临汾事业单位在线”向社会公开行政许可、行政处罚等信用信息，推送信用34次，信息92条。对法人被人民法院列入失信被执行人名单的临汾市军粮供应站在“事业单位网上登记管理系统”进行冻结，下发整改通知。推进网上名称管理工作，建立市直单位中文域名电子台账，2019年度，新注册域名10个，变更域名88个，注销域名42个，域名覆盖率100%。全市所有开设的党政机关、事业单位的网站挂“专用标识”，挂标覆盖率100%。启动“机构编制云平台”建设。7月26日,召开临汾市“机构编制云平台”启动仪式暨业务培训会，建立信息化管理系统平台，推动“互联网+机构编制”工作。市、县两级汇聚权责清单6254条，其中，市直465条，县（市、区）5789条。

【权责清单标准化建设】 2019年，临汾市委编办落实省委编办、省司法厅、省行政审批服务管理局《关于集中梳理调整各级政府部门权责清单的通知》精神，加强同司法、行政审批服务管理部门对接协调，集中梳理调整市政府部门权责清单。审核市行政审批服务管理局承接落实的行政职权事项5项，以政府文件印发。指导市直相关部门完成五大领域1474项综合行政执法事项试行清单的编制工作，各县（市、区）4个领域（生态环境保护综合行政执法事项试行清单由市级编制）的综合执法事项试行清单编制完成，市县两级执法工作正常开展。

【机构编制研究】 2019年，临汾市委编办加强统筹使用编制的研究。提出统筹使用各类编制资源要坚持优化协同高效、以职能变化为依据调整编制、与经济社会发展水平相适应、坚持效益最大化四项原则，从纵向统筹使用不同层级的编制、横向统筹使用不同类型的编制着手，对全市经济发展、环境保护、安全生产、退役军人等领域的机构设置、人员配备进行优化，保障党委政府重大决策部署和民生需要。优化编制资源配置，分配编制资源，倒逼部门加强内部管理、提升效率、内部挖潜，发挥编制使用效率。建立编制周转池制度。对市直行政事业单位编制进行整合，建立编制周转池，主要用于急需人才引进工作。 （徐春阳）

2019年7月，临汾市机构编制云平台启动暨业务培训 （徐春阳供图）

市直机关党建

【概况】 2019年，临汾市直属机关工作委员会贴合机关党建“围绕中心、建设队伍、服务群众”的主要任务，结合机关党建实际，坚持政治统领，强化理论武装，夯实组织基础，加强党风建设，开展党内文化活动，机关基层党组织建设各项工作富有成效。

【政治建设】 2019年，临汾市直属机关工作委员会政治建设放在机关党建统领地位，组织机关党员干部和市直机关基层党组织及党员专题学习习近平总书记7·9讲话精神。结合“不忘初心、牢记使命”主题教育，督促指导市直各党支部召开组织生活会。年初指导临汾市医院第二党支部作为山西省试点先行召开组织生活会，在全省交流经验、复制推广。做好意识形态领域工作，指导市直各党组（党委）落实意识形态责任制，每季度开展市直机关意识形态领域形势研判，办好用好“市直机关党建”微信平台。组织召开市直机关政治建设推进会，加强基层党组织政治建设，选取部分市直部门单位代表进行交流发言。

【不忘初心、牢记使命主题教育】 2019年，临汾市直属机关工作委员会结合山西省委安排部署的“改革创新、奋发有为”大讨论活动，在市委党校组织党务干部示范培训班。9月，结合“不忘初心、牢记使命”主题教育举办覆盖到700多名支部书记的专题培训；为市直全体党员配发《习近平新时代中国特色社会主义思想学习纲要》《习近平关于“不忘初心、牢记使命"论述摘编》学习资料。下发《关于规范市直机关党组（党委）理论学习中心组学习信息报备制度的通知》，落实学习报备制度。深化“一机关一品牌”学习活动，年底组织学用习近平新时代中国特色社会主义思想理论测试和理论研讨会，评选出理论研讨文章一、二、三等奖文章24篇。

【机关党组织整体建设】 2019年，临汾市直属机关工作委员会结合机构改革，加强对新成立的10个机关党委的分类指导。培养打造市纪委监委第一党支部、市委政法委党支部、市统计局机关党支部、市医院第二党支部、供电公司计量党支部等20个不同行业，不同领域的标杆党支部。命名表彰187个“五星级”党支部，引深党组书记、支部书记“大党课”活动。8月19日至25日，在市委党校、右玉干部学院举办市直机关党务干部素质能力提升培训班。

【机关作风建设】 2019年，临汾市直属机关工作委员会加强廉政教育，特别是重要时间节点的督促通知，对落实中央八项规定，进行提醒教育，开展警示教育。树立为基层松绑减负的实干导向，督促市直单位贯彻落实，按季度向市委报告一次。协助市直机关派驻纪检组报送线索处理175个，涉及180名个人或单位；审理73案，建议给予党政纪处分46案52人。配合市考核办对77个市直机关进行效能建设工作评估。

【文明创建】 2019年，临汾市直属机关工作委员会组织开展市直机关纪念建党98周年系列活动和庆祝中华人民共和国成立70周年活动。组织的“党在我心中 赞歌献祖国”大型群众情景演唱会，驻临各大新闻媒体及新华网进行报道；拍摄的《我和我的祖国》快闪MV，作为优秀学习资源在“学习强国”学习平台进行刊播。选树培育市直机关“群众文体活动先进单位”“文明家庭”“道德模范”“身边好人”等先进典型。培育推荐临汾市人民医院、临汾中心学校为省级社会主义核心价值观示范点，市公安局干警李建平为临汾市第二季“临汾好人”，5名中小学生为全市“新时代好少年”。组织300人参加全市老人关爱活动，200人参加文明城市创建志愿服务启动活动。规范文明单位创建管理，严格季度考核，年终复查，充实完善考核体系，实行限期整改制、停牌整改、摘牌除名制度。2019年，工委考核验收99个市直单位，命名92个2018—2019届市直文明达标单位。

（张晓燕）

巡　察

【概况】 2019年，临汾市委巡察办贯彻落实全国巡视工作会议、全国市县巡察工作推进会和全省巡视巡察工作会议精神，践行“两个维护”，坚守政治定位，深化政治巡察；坚持问题导向，把握工作重点，推进巡察全覆盖；加强规范化建设，巡察工作取得成效。山西省委巡视办对临汾市巡察工作专项检查时，省纪委常委、省监委委员、省委巡视办主任何青指出，“临汾市巡察工作成效明显，几年来探索创新了不少好的经验做法，在山西省得到推广借鉴，巡察整体工作顺利开展，走在全省第一方队”。

【机构沿革】 5月6日，《中共临汾市委关于成立中共临汾市委巡察工作领导小组的通知，成立中共临汾市委巡察工作领导小组，领导小组下设办公室（巡察办），承担领导小组的日常工作。2017年11月17日，《市委办公厅印发中共临汾市委巡察工作领导小组办公室、巡察组主要职责、内设机构和人员编制规定》，设立中共临汾市委巡察工作领导小组办公室（市委巡察办），为市委工作部门，正处级建制，设在中共临汾市纪律检查委员会，是市委巡察工作领导小组的日常办事机构。2019年1月16日，《中共临汾市委办公厅 临汾市人民政府办公厅印发临汾市机构改革实施方案》，将市委巡察工作领导小组办公室更名为市委巡察工作办公室，为市委工作机关。

【市委巡察全覆盖工作】 2019年，临汾市委巡察办把“六围绕一加强”和“五个持续”部署要求与政治监督重点任务融合起来、贯通起来，贯彻落实习近平总书记视察山西重要讲话精神，聚焦贯彻落实习近平总书记重要指示批示、贯彻执行党的路线方针政策和党中央及省委重大决策部署、严明党的政治纪律和政治规矩、落实管党治党政治责任、严肃党内政治生活、坚持和加强党的全面领导等方面开展政治巡察。在3月、8月开展第七轮、第八轮巡察，成立20个巡察组，采取“‘一托二’+延伸提级”“专项巡察+机动式+回头看”等方式，运用巡察了解“44233”、整改“回头看”“三查两评+再发现”等工作方法，常规巡察14个党组织，提级（专项）巡察20个乡镇、56个村，整改“回头看”5个党组织，发现上报共性问题、问题线索。两轮巡察期间同步开展“机动式”巡察、人防系统腐败问题专项巡察，发挥巡察利剑作用。截至2019年底，完成市委巡察全覆盖任务72.73%。

【市县巡察统筹工作】 2019年，临汾市委巡察办贯彻落实省委巡视办《关于推进市县巡察统筹工作的实施意见》，根据“县力量、市统筹”原则，统筹全市县级巡察组，采取“滚动式”交叉方式，县与县间隔式派驻，回避人情干扰，强化组内自我监督，发挥交叉巡察优势。市县第七轮、第八轮巡察统筹交叉51个县级巡察组，巡察227个党组织，发现共性问题2362个，问题线索406个，挽回经济损失501.9万元。

【巡察向村（社区）延伸工作】 2019年，临汾市委巡察办根据中共中央纪检委书记赵乐际对市县巡察向村级延伸的批示精神和省委“着力实现对村（社区）巡察全覆盖”要求，结合村（社区）民情特点，形成市统筹、县组织、乡配合、村整改“四级联动”工作模式，制定对村（社区）延伸巡察工作流程图，探索通过“三条路径”，指导县（市、区）巡察机构稳步推进，有效解决村（社区）数量大与巡察力量不足的矛盾问题。这一经验做法，在《晋巡参考》2019年第6期予以刊登，山西省推广。按照省委巡视工作领导小组《关于市县巡察向村（社区）党组织延伸的指导意见（试行）》部署要求，修改完善“三条路径”办法，按照“普通情况类、风险隐患类、重点关注类”3个类型分类开展对村（社区）巡察工作。截至2019年底，全市延伸巡察村（社区）2738个，发现共性问题9269个，发现问题线索881件。

2019年3月，临汾四届市委第七轮巡察工作动员部署会召开

（刘晓红供图）

【巡视巡察上下联动工作】 2019年，临汾市委巡察办制定《临汾市委巡察组配合省委巡视组联动开展脱贫攻坚专项巡察的实施方案》，探索总结巡视巡察“三统筹、三聚力、三推动”“333”联动工作模式，省委巡视组、市县巡察组同步进驻县、乡、村开展巡视巡察，标准要求“一杆尺”，操作流程“一张图”，工作推进“一体化”，达到“巡察标向一致、上下用力一致、成果共享一致”“三个一致”效果。省市县三级巡视巡察组在上借下力、下乘上势中实现监督合力持续增强、制度优势持续释放，得到省委巡视办和省委巡视组领导的肯定。6月18日，《山西日报》头版刊登临汾市巡视巡察上下联动边巡边改经验做法。

【专项检查整改工作】 2019年，临汾市委巡察办协助市委制定《关于落实山西省委巡视办专项检查反馈意见的整改方案》《反馈意见问题整改责任清单》，出台《市委巡察办关于落实省委巡视办专项检查反馈意见的整改工作方案》《市委巡察办专项检查反馈意见问题整改责任清单》，强化责任落实，梳理问题，细化整改任务，明确整改任务、整改措施、整改时限、整改责任，分解到人、到科室、到领导，将落实整改工作有关任务分解到涉及的相关职能部门，将县级巡察工作中存在的问题下发到各县（市、区），确保事事有回音、件件有着落。截至2019年底，34项具体问题整改完成32项，长期整改2项。市委第八轮巡察期间，对乡宁、蒲县、古县、安泽、浮山5个省定贫困县巡察工作情况开展专项检查，发现在组织领导、巡察质量、成果运用、联动协作、规范化建设等方面94条具体问题，专项检查结果按照市委书记专题会议提出意见修改后，向被检查的县委进行书面反馈。

【政治生态评估体系】 2019年，市委巡察办组织开展对被巡察党组织政治生态情况的评估评价工作，在参照山西省委巡视评估指标的基础上，增加年度考核、单位系统考评结果等指标，修改完善评估环节，细化评估分值，以市委反腐败领导小组名义出台《被巡察党组织政治生态定量定性评估办法（试行）》，采取“六查六看重点评，三个渠道分层评，三项结合综合评”的方式，聚焦政治监督内容，拓宽范围组织评议，了解综合分析，突出对被巡察党组织政治生态评估的政治性、广泛性和客观性。评估结果由市委巡察办汇总提交市委巡察工作领导小组研究审议，报市委书记专题会议审定，为市委了解单位政治生态情况、从严管党治党提供依据。

【巡察制度机制】 2019年，市委巡察办制定完善一系列制度机制，在市委和市委巡察工作领导小组出台“一个意见五个办法”基础上，制定市委巡察工作领导小组、市委巡察办、市委巡察组3个《工作规则》和市委巡察办、市委巡察组、被巡察党组织配合巡察3个《工作手册》，完善《巡察工作立卷归档制度》《巡察工作业务流程》等制度和巡察报告、问题线索专题报告模版，制定《市委巡察机构内部管理规定》，编印《巡察工作方法探析》《巡察工作知识手册》《巡察工作辅导材料》等工具用书，基本形成“规划统领、办法引领、规则运行、手册操作、制度支撑”的巡察制度机制体系。

【规范化建设】 2019年，市委巡察办加强党组织建设，坚持周一例会、周三集体学习制度，召开集中学习交流、学习研讨会和找差距专题会，开展“支部建在组上、党课送到村里”主题活动，准备“党课”，到田间地头“送课”，面对面宣传党的方针政策，贯彻党的发展理念，解决党员群众思想困惑。市委巡察办党支部获得2018—2019年度“五星级党支部”称号。强化巡察队伍建设，定期开展巡前政治理论和业务培训，选派市县巡察干部参加山西省委巡视组工作，组织到河南林州巡察办参观学习和取经，提升巡察工作人员能力素质；按照《市委巡察组工作人员管理监督暂行办法》《市县统筹交叉巡察工作综合评价评估办法（试行）》，对巡察组人员严格管理监督，健全完善双向评估、人员退出等制度机制，开展巡察后评估机制。加强巡察信息化建设，全年编发信息28期79篇，其中省纪委监委网站刊登11篇，市纪委监委网站刊登51篇，省委巡视办《晋巡参考》刊登5篇，在全省排名第一。

（刘晓红）

机关事务管理

【概况】 2019年，临汾市直属机关事务管理局挂牌成立，开展机关事务集中统一管理专项试点，坚持集中统一管理，以标准化、信息化为支撑，优化公共资源配置，降低机关运行成本，提升服务保障水平，推进机关事务治理体系和治理能力现代化。临汾市四大班子的机关事务管理和接待职能进行整合，市委机关事务管理局、市政府机关事务管理局、市委市政府接待处3家单位整合组建市直属机关事务管理局，作为市委工作机关。省直属机关事务管理局和市委、市政府主要领导多次听取机关事务集中统一管理工作汇报、做出指示，带动全市机关事务集中统一管理工作高标准谋划、高起点开局、高质量推进。

【办公用房管理】 2019年，临汾市直属机关事务管理局在机构改革期间，下发《关于市级机构改革期间严肃办公用房使用管理纪律的通知》，按标准对新成立的5个缺房单位安排办公用房，对12个单位办公用房做出局部调整，对闲置办公用房收回统一调剂使用，盘活办公用房存量资产。对市直20余家单位维修改造申请进行评估论证，编制年度维修计划。实施市政府机关后院改造、鼓楼北588号院办公用房改造、市委办公楼电气改造维修粉刷等20余项维修改造项目。统一管理市委机关、市政府机关、市人大政协机关、市政务服务中心、市政府招待所和鼓楼北588号院6个集中办公区48个市直单位的水、电、暖、保洁、保安等物业服务保障工作。

【公务用车管理】 2019年，临汾市直属机关事务管理局根据“三定方案”，核定市直党政机关、参公事业89个单位的公务用车编制，核定一般公务用车编制231辆，纳入公务用车平台统一管理。以公开招标方式新购置车辆76辆。在市级公务用车平台9月投入使用的基础上，本着节约经费、高效利用的原则，将各县（市、区）公车信息化建设并入市级平台，开支节约经费近千万元。除涉密、执法等公务用车外，其余车辆全部安装北斗定位系统，共计222辆，实现公车运行轨迹实时监控。2019年完成车辆保障任务5500余台次，未发生一起安全事故，未发生违规使用公务用车问题。

【政务接待】 2019年，临汾市直属机关事务管理局推行接待工作标准化、规范化、精细化、个性化。制定接待方案制定规范、接待程序规范、服务礼仪规范、接待用语规范等标准。整合各县（市、区）政务接待资源，建立全市政务接待网络，加大对各县（市、区）接待工作指导力度，对全市政务接待业务进行系统培训。完成各级政务和外事活动接待任务。完成省级脱贫攻坚巡视组、“改革创新、奋发有为”大讨论联络督导组、“不忘初心、牢记使命”主题教育巡回指导组、脱贫攻坚督导组等专项工作组的驻地保障服务任务。完成全国第二届青年运动会5项比赛和火炬传递接待工作任务。承办临汾市贫困地区农特产品“五进”对接承销展会。

【市直机关不动产管理】 2019年，临汾市委办、市政府办联合下发《关于做好市直机关不动产集中统一管理工作的通知》，制定统一权属登记、统一维修改造、建立不动产资产台账的流程和办法，明确市财政局、市规划和自然资源局等有关市直单位的职责分工。启动市直机关不动产资产划转工作。会同市财政局向市直机关下发《关于划转市直行政、参公事业单位不动产的通知》，完成17家市直机关不动产资产划转。对市直机关不动产情况进行全面摸底。完成52家市直机关办公用房和土地实地测绘统计工作，掌握市直机关不动产一手情况。

【公共机构节能】 2019年机构改革后，临汾市直属机关事务管理局夯实公共机构数据基础，重新建立公共机构名录库，录入市级党政机关事业单位75家，各县（市、区）19家，录入公共机构数量3000余家。组织全市公共机构重点用能单位和主管单位参加的全市节能工作培训会，联合市能源局举办全市节能工作推进会，提高市县两级公共机构节能管理人员的法规意识和能源统计业务能力。把公共机构示范单位创建和重点用能单位监督管理结合起来，助推临汾市公安局、临汾第一中学等5家重点用能单位开展公共机构示范单位创建工作，督促用能单位自觉加强管理，对标降耗。开展公共机构节能宣传周活动和“节能低碳、绿色出行”全市健步走活动。市机关事务局被交通运输部、公安部、国家机关事务管理局、中华全国总工会授予“2019年绿色出行宣传月和公交出行宣传周活动成绩突出集体”荣誉称号。

【机关后勤服务】 2019年，临汾市直属机关事务管理局拓展优化后勤服务，创新服务保障方式，鼓励和引导社会力量为机关提供专业化后勤服务，提升后勤服务规范化、专业化、精细化水平。6个集中办公区采用物业、餐饮、车辆等服务团队11个，对各集中办公区的办公用房、会议室、机关食堂、车辆停放场地等资产实行统一配置与统筹调配管理，提高机关资产使用效率，探索建立集中管理、标准统一、服务规范、运转高效的服务保障新模式。 （朱珂玉）

老干部工作

【概况】 2019年，临汾市委老干部局贯彻执行临汾市委、市委组织部和省委老干部局的工作部署，围绕服务中心大局，聚焦主责主业，结合实际创造性开展“一化带两化促三性”工作，打造“平阳火炬”工作品牌，全市离退休干部不忘初心、牢记使命，为党和人民事业增添正能量。

【深化学习】 2019年，临汾市委老干部局把政治引领作为老干部工作的第一要务，开展“不忘初心、牢记使命”主题教育，依托“临汾市委老干部局”微信公众号、老年大学、老干部活动中心等学习主阵地抓贯彻学习，召开习近平新时代中国特色社会主义思想和中共十九大精神、十九届四中全会精神学习报告会、座谈会、研讨会等150场次；212名老干部理论骨干宣讲215场次；通报经济社会发展情况32次；组织8259名老干部参观经济社会发展成果168次。市局和洪洞县、古县3个老干部局和92名老干部荣获山西省“不忘初心葆本色，牢记使命立新功”主题知识竞赛“优秀组织奖”“个人优胜奖”。

【选树典型示范】 2019年，临汾市委老干部局推选55名离退休干部党员先进典型和评选出的33名优秀离退休干部党支部书记，79名“平阳火炬手”、46个“平阳火炬团队”、25个“平阳火炬事业”、51个“平阳火炬接力”等一批为群众解难题、办实事的榜样个人和集体，打造“平阳火炬”方阵，与临汾广播电视台联合推出《直播临汾——“平阳火炬”》栏目，宣传报道离退休干部工作、正能量活动开展和离退休干部先进典型，推送18期18人。临汾市老区促进会党支部荣获“全国离退休干部先进集体”称号，作为受表彰代表党支部书记刘苏寿在北京人民大会堂参会，受到习近平总书记接见。

【老干部党组织建设】 2019年，临汾市委老干部局优化党组织结构，在81个市直单位建立113个单独党支部，实现应建尽建；在老年协会、老年团体、老年大学等成立46个临时党支部；市县两级举办离退休干部党支部书记及理论骨干培训班39次、2027人次，健全完善离退休干部党建工作经费保障机制，强化检查督导，保障经费落实，扩大全市离退休干部党支部覆盖面。

【活动引领】 2019年，临汾市委老干部局开展“新时代·中国梦·歌唱祖国”5个一主题活动和“我爱美丽、我爱家园、我爱临汾”助力靓城提质活动，18个宣讲团、101名骨干宣讲“我和祖国成长”故事200余场；“我的共和国一起成长”征文活动征集900余篇稿件；文体展示活动开展126场次，5名共和国同龄人赴太原参加“歌声致敬70年”山西省退休干部主题演唱会，3万余名老干部在上百个活动点同一时间共唱赞歌、喜迎华诞。举办全市老干部书画展，迎接山西省社区教育现场会，200多人参观学习。

【精准服务】 2019年，临汾市委老干部局把精准理念融入到服务管理全过程。推进离休干部家庭医生签约服务，与市卫健委、市医保局联合对离休干部和75岁以上退休干部开展家庭医生签约工作，开展“互联网+保健”服务活动；解决61名市直部门企事业单位转财务离休干部无工作遗属2016年以来取暖补贴20.7万元；提高30余名长期不能自理的离休干部护理费，建立50余名身患重病离休干部大病医疗档案，为9个市直单位25名特困老同志发放10万元帮扶资金。

【待遇落实】 2019年，临汾市委老干部局落实老干部生活待遇，建立老干部生活待遇正常增长机制，制定老干部医药费管理制度、走访慰问等各项制度，按时足额发放老干部医药费、遗属生活补助、抚恤金等经费。市县两级分组、分层级走访慰问老干部24638人次，慰问金、慰问品发放728万余元；慰问异地安置离休干部50名；推行周末剧场，上演各类剧目46场，4600余人次走进剧场看戏。

【信息融合】 2019年，临汾市委老干部局探索“互联网+老干部工作”，建成106个市直单位的4110名离退休干部数字信息库，17个县（市、区）49298名离退休干部电子档案信息库；加强市局微信公众号信息宣传主阵地建设，构建老干部学习教育、发声点赞的网络平台，推送信息58期、180余篇，其中，央视网、中组部老干部公众号、党报头条等国家级媒体刊物采用11篇，省级媒体刊物采用28篇，市级媒体刊物采用18篇。

【助力扶贫攻坚】 2019年，临汾市委老干部局联合市老促会开展推广建立“服务群众草编学艺平台”活动，建立就近就地服务群众草编学艺平台11个；出台《服务群众草编学艺平台管理办法》，推进平台示范点建设。举办草编电商培训，17个县（市、区）60余名骨干参加培训；和隰县唯讯电商培训基地签订框架协议，举办推广培训8期，覆盖山西省8地市23县，近600余名学员；在尧都区、汾西县、蒲县举办13期培训；应邀参加第25届义乌国际博览会、山西第四届文博会。举办84期草编培训，培训4000余名学员，100余名骨干。 （何晓军）

党史地方志研究

【概况】 2019年，中共临汾市委党史研究室（临汾市地方志研究室）经《临汾市机构改革实施方案》批准成立，为原市委党史研究室与原市地方志办公室两个机构的职责整合组建，正处级事业单位。新任领导班子发挥党史方志专业优势，总体工作再上新台阶。编撰出版《凝沙聚力 砥砺前行》（专著）和《追寻初心 攻坚致远》（论文专集）、编撰《红色记忆——新民主主义时期临汾党史资料》，组织评审《吉县志》，召开纪念临汾解放暨临汾攻坚战胜利70周年座谈会。2019年度临汾党史方志工作在全省党史方志系统综合考评中名列第二名；《红色记忆》（五卷本）获“全省党史研究优秀成果奖”；《临汾风景名胜志》获“全省方志研究优秀成果奖”。2019年，党史方志研究室被评为全市目标责任考核优秀单位。

【《中国共产党临汾历史》（1—3卷）资料征集】 2019年，临汾市委党史研究室（市地方志研究室）成立3个课题组，从党史专家库中聘请20多位专家学者作为课题组成员，从事《中国共产党临汾历史》（三卷本）编撰、审核工作。课题组编撰人员按编章分工，实行责任制，数次前往市档案馆、临汾日报社等部门查阅、收集中国共产党临汾地方党组织在新民主主义革命、社会主义革命和建设、改革开放和社会主义现代化建设以及党的建设的档案卷宗、影像资料和图书资料，对原始党史资料深入学习、认真整理、分析归纳，经过核查、筛选，完成60余万字的资料征集工作。

【《红色记忆——新民主主义革命时期临汾历史资料汇编》出版发行】 2019年，临汾市委党史研究室（市地方志研究室）向市委争取，将《红色记忆——新民主主义革命时期临汾历史资料汇编》作为向新中国成立70周年献礼之作。联系市内外老红军、老战士等相关人士，收录口述史实，经过大量的资料收集整理核实，编撰出版300万字《红色记忆》（五卷本）。该书由中共临汾市委党史研究室编辑，时任临汾市委书记岳普煜和市政府市长董一兵作序，中央文献出版社出版，集中反映和记载新民主主义革命时期中共临汾历史。主编屈波，全书分大革命及土地革命、抗日战争和解放战争3个历史时期，按照“回忆文章”“人物传记”“文献资料”三大部分进行整理、收录，总字数300万字。丛书反映和总结党在临汾的发展壮大历程，是具有资政功能的基本教材和党史著作，是编写《中国共产党临汾历史》的重要基础资料，是党建工作理论研究和党史工作者、党史爱好者阅读了解、查询求证、研究临汾地方党组织的历史的资料书、工具书，是进行革命传统教育、爱国主义教育、“不忘初心、牢记使命”主题教育的教材。

【县级党史基本著作编撰】 2019年4月25日至26日，临汾市委党史研究室（市地方志研究室）在翼城县组织召开《中国共产党山西翼城历史（1926—1949）》首发暨全市党史基本著作编撰工作翼城现场推进会，山西省委党史研究院（省地方志研究院）副院长巨文辉等领导出席会议，市委党史研究室（市地方志研究室）主任屈波为加快县级党史基本著作编撰进度作动员安排部署。10月至12月，市委党史研究室领导班子前往洪洞、霍州、吉县、安泽、蒲县等地督导党史基本著作编撰工作，17县（市、区）党史基本著作有序推进。

【《临汾风景名胜志》编纂出版】 2019年，临汾市委党史研究室（市地方志研究室）编纂出版向新中国成立70周年献礼之作——《临汾风景名胜志》。为确保在新中国成立70周年之际，如期高质完成，领导班子成员及相关编纂人员多次前往市直有关部门和各县（市、区）征集文字、图片资料，数次前往山西省委党史方志研究院核校志稿，8月通过省级专家评审和出版社审核，9月出版发行。该书由时任临汾市委书记岳普煜、市长董一兵作序，彩色图片527幅、100余万字，系统介绍全市风景名胜知识，突出东、西贫困山区景区景物的记述，加大绿色生态和乡村旅游景观的记述比重，对红色旅游景区景点进行专卷记载。

【县志评审出版工作】 2019年，临汾市委党史研究室（市地方志研究室）协调帮助解决县志出版工作困难，推动2部县志正式出版，3部县志完成评审或终审。《永和县志》（170万字）、《古县志》（190万字）正式出版发行；终审《汾西县志》，《安泽县志》进入终审程序，《吉县志》通过省、市级评审，17部（县市、区）二轮志书全部完成评审，并有14部出版。

【综合年鉴编纂工作】 2019年，临汾市委党史研究室（市地方志研究室）针对机构改革中不少单位合并或撤销的情况，为全面翔实记录各单位情况，组织相关人员在2019年初开始收集整理资料，确保无一单位缺漏，通过方志出版社、山西省委党史方志研究院审核，《临汾年鉴》（2019）完成编纂工作进入出版程序。组织各县（市、区）年鉴和市直部门参加专业年鉴评奖工作。帮助个别县市解决经费难题，帮助5个县降低出版费用，《永和年鉴》（2019）获得国家出版资助。审核大宁、蒲县、乡宁、永和、隰县、古县、侯马、尧都、洪洞、霍州10部县级综合年鉴，提高县级综合年鉴编纂质量，为2020年争创山西省级精品年鉴打好基础。

【党史方志宣教工作】 2019年，临汾市委党史研究室（市地方志研究室）加强党史方志宣教工作，提高稿件质量，《平阳党史》《平阳方志》高质量出版印刷，赠送四大领导班子、市直各有关单位及17县（市、区），省内外交流300余家。

【临汾市党史方志系统干部政治素质和业务能力提升培训班】 2019年，临汾市委党史研究室（市地方志研究室）组织与市委组织部、浙江大学联合举办为期一周的“临汾市党史方志系统干部政治素质和业务能力提升培训班”。聘请专家教授进行专题辅导，安排《嘉兴南湖红色教育基地》《中国共产党杭州历史馆》现场教学；组织开展《关于地方党史基本著作的编写和研究》《从史志到方志》等党史方志业务方面课堂教学。

【临汾党史网站】 2019年，临汾市委党史研究室（市地方志研究室）通过查寻人民网、中国共产党历史网、山西党史网、史志山西微信公众号、临汾新闻网等相关网站的新内容、新热点，完成临汾党史网站各栏目的编辑维护工作，更换网站首页滚动图片及宣传栏图片，保证网站各类信息的准确性、时效性和新颖性，配合市委宣传部网信办、临汾市国家保密局和临汾市公安局等部门完成网站关键信息基础设施登记和门户网站保密检查等工作，保证网站的良好运营。

讲师团工作

【概况】 2019年是中华人民共和国成立70周年，临汾市委讲师团在市委和市委宣传部的直接领导下，以习近平新时代中国特色社会主义思想为指导，服务市委中心组学习和全市党员领导干部和基层群众学习教育，紧扣理论宣讲、理论调研，突出习近平新时代中国特色社会主义思想和中共十九大、十九届三中、四中全会精神宣讲主线，各项工作开展有序、进展顺利。

【理论学习】 2019年，临汾市委讲师团坚持以学促讲、以讲带学，把学习习近平新时代中国特色社会主义思想和中共十九大精神作为首要政治任务，带头强化理论武装，在学懂弄通做实上下功夫。坚持领导带头学、围绕重点学、创新载体学、外出培训学、促进学用结合。

【宣讲队伍建设】 2019年，临汾市委讲师团选派5名理论骨干赴上海、北京、南京、珠海等地参加山西省理论宣讲骨干暨宣讲示范代表培训班、学习贯彻中共十九届四中全会精神培训班等，帮助宣讲老师把握宣讲重点、夯实理论功底。

【中心组学习辅导】 2019年，临汾市委讲师团为市委中心组学习辅导6次。内容主要有：学习习近平总书记在纪念改革开放40周年大会上的讲话精神、学习关于加强党的政治建设的8部党内法规、如何看待中美贸易摩擦、中国共产党宣传工作条例、防范化解风险挑战等内容。

【理论骨干培训班】 2019年4月10日至12日，临汾市委讲师团举办全市学习贯彻“两会”精神暨“改革开放、奋发有为”大讨论和增强“四力”教育实践工作基层理论骨干培训班，通过专题辅导、学习研讨、实地参观等方式对200余名基层理论工作者进行培训。12月6日至9日举办全市学习贯彻中共十九届四中全会精神基层理论骨干培训班，200余名来自各县（市、区）的基层理论骨干及十九届四中全会精神宣讲分团成员参加培训。

【主题调研】 2019年，临汾市委讲师团开展“不忘初心、牢记使命，加强和改进基层理论宣讲”和“加强参公事业单位党风廉政建设”主题调研工作。在尧都区尧庙镇伊村、安泽县小飞田园综合体、霍州市鼓楼街道办事处等地进行实地调研，以“加强参公事业单位党风廉政建设”为主题，到多家参公事业单位进行实地调研，了解各单位开展党风廉政工作的具体情况和困难点，结合党委讲师团实际形成调研报告。

【理论研究工作】 2019年，临汾市委讲师团结合“改革创新、奋发有为”大讨论、“不忘初心、牢记使命”主题教育、增强“四力”教育实践等活动，撰写《新时代新征程需要进一步解放思想》《加强理论学习是新时代党员干部的必修课》等理论文章。

【进基层专题宣讲活动】 2019

年，临汾市委讲师团从3月初开始，用两个多月的时间，到17个县（市、区）和10多个市直机关单位，开展50余场“改革创新、奋发有为”大讨论宣讲报告会，指导各县（市、区）开展各类报告会、讲座近1600场。同时，围绕庆祝新中国成立70周年，结合“不忘初心、牢记使命”主题教育，在全市范围内开展主题教育、学习《纲要》及建国70周年宣讲活动，联合市委党校老师组成市委宣讲团，组织宣讲老师进机关、进学校、进企业、进农村、进社区，在全市17个县（市、区）和多家市直单位开展宣讲千余场。

【十九届四中全会精神宣讲】 2019年11月21日，临汾市委讲师团协助承办省委宣讲团学习贯彻中共十九届四中全会精神临汾报告会。11月26日，召开市委宣讲团动员会，抽调24名县处级领导干部组成市委宣讲团，宣讲团成员分赴全市17个县（市、区）、2个开发区、临汾职业技术学院、山西师大临汾学院、市直工委系统、市工业和信息化局（国资委）系统、市教育局系统等地开展集中宣讲，市委宣讲团成员共开展集中宣讲53场，受众人数15000余人。组建5个宣讲分团，进机关、进学校、进企业、进农村、进社区基层宣讲分团，分团团长分别由市直机关工委、市教育局、市工业和信息化局、市农业农村局、市民政局的市委宣讲团成员担任，从12月下旬开始，在全市开展“十九届四中全会精神进基层”主题宣讲活动，开展宣讲826场，受众人数约9万余人。

【临汾市“不忘初心、牢记使命”主题教育专题党课暨第二次学用习近平思想经验交流会】 2019年，临汾市委讲师团参与筹备10月11日全市召开的“不忘初心、牢记使命”主题教育专题党课暨第二次学用习近平新时代中国特色社会主义思想经验交流会。制定会议方案，整理汇编交流材料，邀请7个单位负责人作交流发言，8个单位作书面交流。

【基层理论宣讲】 2019年，临汾市委讲师团对标先进、积极探索，创新观念理念、方法手段，做好基层理论宣讲工作，宣讲习近平新时代中国特色社会主义思想，宣传中共十九大和十九届二中、三中、四中全会精神，示范带动全市基层理论宣讲事业，形成特色理论武装品牌。在山西省委宣传部通报的2019年基层理论宣讲先进集体、个人和优秀理论宣讲报告、微视频中，临汾市基层理论宣讲工作斩获多项殊荣，尧都区委宣讲团、山西师范大学大学生理论宣讲团荣获“全省基层理论宣讲先进集体”荣誉称号；市委讲师团副团长、副教授常凤鸣，市委党校政治建设教研室主任、副教授李霄获“全省基层理论宣讲先进个人”荣誉称号；市委讲师团司琳撰写的《不忘初心，读懂〈纲要〉》、市委党校党史党建教研室主任、副教授兰雅莉的《探出新路子 踏上山西发展新征程》被评为“优秀理论宣讲报告”。省委宣传部设立首批“双百计划”联系示范点，尧都区委宣讲团、霍州市鼓楼街道办事处、安泽县府城镇小飞田园综合体被确定为“基层理论宣讲联系示范点”，吉县县委、曲沃县委被确定为“理论学习中心组联系示范点”。

【意识形态工作责任制】 2019年，临汾市委讲师团成立意识形态工作领导组、网络安全和信息化工作领导小组和意识形态领域形势分析研判小组，制定实施细则，完善责任清单。要求宣讲老师自觉加强马克思主义理论学习，学好中共十九大精神、习近平新时代中国特色社会主义思想，将意识形态工作与理论宣讲工作结合，在基层理论骨干培训班中增加“世界大变局与我国面临的风险”等意识形态专题课程，用马克思主义中国化最新理论成果阐释现实问题、指导现实社会，展现意识形态领域中话语体系的强大力量，增强主流意识形态的影响力、号召力。 （王　辉）

档案管理

【概况】 2019年，临汾市档案局、馆分设，市档案局牌子挂市委办公室，行政职能划归市委办公室，市档案馆由市政府直属事业单位调整为市委直属事业单位，内设6个科室，主要职责是对市委、市政府及市直单位的档案依法进行接收、征集、整理、保管、提供利用和信息开发，开展档案宣传、社会教育及学术研究。市档案馆强化“为党管档、为国守史、为民服务”意识，推进新馆基础设施建设，组建档案系列初级专业技术评审委员会，制定工作方案，明确和规范申报条件、程序和内容。

【国家重点档案保护】 2019年8月，临汾市档案馆完成国家重点档案目录基础体系建设项目的录入工作，共计86700条，经由山西省档案局专家审核，部分数据修改后通过验收，上报至国家档案局。

【重大活动档案管理】 2019年8月，临汾市档案馆围绕临汾市第二届全国青年运动会承办赛事工作，协助制定档案管理实施方案，召开二青会档案业务培训工作会议，做好人员培训和档案业务指导，明确工作职责、任务要求和文件材料归档范围；开展临汾赛区档案接收、移交工作，收集并向山西省二青会组委会办公室移交临汾赛区52个单位文书档案1051件，视频档案131件，照片档案399件、1225张，资料166件。10月中旬，根据临汾市农村集体产权制度改革领导组安排，对侯马市农村集体产权制度改革清产核资工作进行检查验收。

【机构改革档案处置工作】 2019年3月，临汾市档案馆参与全市中心工作，配合市档案局与市委督查室、市编办等部门联合组成5个督查组，对全市48个市直机构改革涉改单位和17个县（市、区）及临汾、侯马经济开发区涉改单位档案处置工作进行专项督查。

【档案法制宣传】 2019年，临汾市档案馆围绕“新中国的记忆”主题，联合临汾市档案局举办为期一周的档案展览，宣传新中国成立70年来临汾市经济、政治、文化、社会、生态文明建设等方面取得的巨大成就，市四大班子领导及机关干部群众参观展览；在《临汾日报》开辟“6·9”国际档案日宣传专栏，在临汾电视台播放档案宣传微视频。

【档案开发与利用】 2019年，临汾市档案馆推进《抗日战争档案汇编·临汾卷》编辑工作，组建评审委员会，对初稿进行初审，修正规范标题，增补书稿，对新增入选的档案进行专业修复和数字化。通过省档案局核审，移交至国家档案局终审。对44个全宗、1011卷档案进行划控鉴定，鉴定控制档案31卷、837件，开放档案980卷、25116件，填写《馆藏档案划控统计表》，在手工检索目录上标注控制。市档案馆拓宽档案查阅方式，设立查档电话，通过《临汾日报》向社会公布，为群众查档提供便利，全年接待查阅520人次，调卷4100卷（件），利用3500卷（件），为解决干部调配、编史修志、职工退休、身份认定、计算工龄等提供依据。

【档案队伍建设】 2019年，临汾市档案馆为蒲县、汾西等山区县机关事业单位300余名档案管理人员集中授课；发放《机关文件材料归档范围和文书档案保管期限规定务实手册》200册至90余个市直单位；组织开展全市档案系统工作人员专业能力测评，市直90名机关档案管理工作人员接受市档案馆考试测评，全市1221名专兼职档案工作人员参加测评。

（牛建蓉　师丹华）

临汾市人民代表大会

常委会工作

【概况】 2019年，临汾市人大常委会以习近平新时代中国特色社会主义思想为指导，全面贯彻中共十九大和十九届二中、三中、四中全会精神，贯彻习近平总书记关于坚持和完善人民代表大会制度重要思想和对地方人大工作的重要指示，坚持党的领导、发扬民主和严格依法办事有机统一，履行宪法法律赋予的职责，贯彻市委的决策部署，完成市四届人大五次、六次会议确定的各项任务，发挥地方国家权力机关的作用。

【用新思想引领人大工作新实践】 2019年，临汾市人大常委会落实向市委报告工作的政治纪律制度，做到重大事项一事一报，全年就依法履职重点工作向市委请示报告12次，确保常委会重要工作在市委直接领导下进行。市委重视人大工作，听取人大常委会党组专题报告，市委主要领导亲自批示，对人大工作作出明确指示要求。

【“不忘初心、牢记使命”主题教育】 2019年，临汾市人大常委会开展“不忘初心、牢记使命”主题教育，把握总体要求和目标任务，把学习教育、调查研究、检视问题、整改落实贯穿全程。常委会突出习近平新时代中国特色社会主义思想主线，领会“三篇光辉文献”深刻内涵和精神实质，联系全市改革发展所处的历史方位，把主题教育与推进市委各项决策部署结合起来，与践行以人民为中心的发展思想结合起来，与转型发展的生动实践结合起来，与持续关注城乡环境整治、营商环境改善、市区靓城提质等依法监督工作结合起来。回应群众关切，主任会议成员围绕主题教育要求的8个专题分赴基层开展务实调研，转化调研成果，完善工作制度，解决实际问题，把对党负责、为民尽责、依法履职融入人大各项工作。

【依法行使职权】 2019年，临汾市人大常委会突出立法支持保障生态环境治理，制定地方性法规2部。围绕全市重点工作，依法开展监督，听取审议“一府两院”专项工作报告19项，开展执法调研、执法检查12项，立法调研、专题调研10项。依法行使重大事项决定权，作出决议决定3项。坚持把党管干部原则同依法行使人事任免权统一起来，执行规定程序，完成人事任免职事项146人次。受理群众来信来访145件次，接待来访人员270余人次，维护群众合法权益。

【关注经济运行】 2019年，临汾市人大常委会听取审议市政府计划、预算、审计等工作报告，依法批准市级财政决算及预算调整方案，关注推动转型项目发展方面的财政资金使用，推动经济高质量发展。推进预算联网监督平台建设，建立预决算审查监督专家库，完善财政运行监督。加强对国有资产的监督，建立市政府向市人大常委会报告国有资产管理情况制度，听取审议2018年度行政事业性国有资产管理情况的专项报告和国有资产管理情况的综合报告，亮出全市行政事业性国有资产“家底”。

【招商引资】 2019年，临汾市人大常委会成立7个调研组，由各位副主任带队，历时3个月，分赴全市17个县（市、区）开展全市营商环境大调研。整个调研活动聚焦痛点堵点，走访企业260余家，了解企业在生产经营过程中遇到的普遍性困难和问题，从依法行政、优化程序、提升服务等方面提出建议，支持和推动全市营商环境优化。

【脱贫攻坚】 2019年，临汾市人大常委会连续4年持续关注脱贫攻坚工作，对脱贫攻坚进展情况进行专题调研，针对调研中发现的问题，提出狠抓基础设施建设、提高脱贫产业可持续发展能力、坚持扶贫与扶智相结合等方面的意见建议。聚焦乡村振兴，在开展调研的基础上，听取和审议市政府关于《临汾市推进乡村振兴战略情况的报告》。

【环境污染治理】 2019年，临汾市人大常委会听取审议《关于2018年度环境状况和环境保护目标完成情况报告》，下发审议意见交办函，督促审议意见落准落实。连续2年聚焦城乡环境卫生整洁，常委会对市区靓城提质“三大行动”进行视察。

【人大监督工作】 2019年，临汾市人大常委会听取审议4个专项报告。围绕医药卫生体制改革，听取审议全市县乡医疗卫生机构一体化改革的情况报告，推动解决基层群众看病难、看病贵问题。着眼司法公正，听取审议“一府两院”“扫黑除恶”专项斗争工作推进情况报告、诉讼服务工作情况报告和刑事执行检察工作情况报告，支持促进司法机关开展工作，推动群众反映强烈的司法问题得到解决。回应群众关注，跟踪监督县域内城乡义务教育一体化改革工作，推动城乡义务教育均衡发展。听取稳定和扩大就业工作、社会救助工作、安全生产工作3个专题报告，对企业复工复产、残疾人就业、学前教育“入园难入园贵”等开展调研，推动民生实事办实办好。

【提升代表履职成效】 2019年，临汾市人大常委会提高代表素质，发挥代表作用，创新代表活动载体，建成代表联络站183个，联络点310个，进站活动的各级人大代表11333人，接待群众3805人，帮助群众解决问题1830个。代表联络站建成后，拉近代表联系群众的距离，拓宽畅通联系的渠道。

【提升代表履职能力】 2019年，临汾市人大常委会实行小型化、差别化、精准化方式开展代表培训，全年组织省、市人大代表63人次参加各种类型的培训学习，提升代表依法履职综合素养和能力水平。在全市各级人大代表中开展“向申纪兰学习，做人民好代表”活动，着眼转型发展、社会稳定、民生保障等重点领域，选树人大代表典型，在全市掀起向申纪兰学习热潮。组织在临汾的省人大代表赴吕梁开展跨区域专题调研，开展市人大代表跨区域交流视察。在省十三届人大三次会议上，各代表团提出议案45件，其中，临汾代表团提出25件，位列全省第一。

【办理代表议案意见建议】 2019年，临汾市人大常委会主席团交付的8件议案，全部涉及立法，其中2个已经出台，其余6个列入立法调研项目。对代表建议的办理，市政府实行领导领办、部门承办、跟踪督办，确保建议办理的质量和效率。在承办的143件建议中，办复率100%。常委会主要领导领衔督办10件重点建议，实行人大代表、人民群众和代表建议承办单位之间的直接对话，其中120急救指挥中心联动、撤销霍侯路收费站等代表和群众特别关注的热点问题得到解决。 （贾为民）

委员大会

·临汾市四届人大五次会议·

【大会情况】 2019年2月23日下午，市四届人大五次会议举行预备会议。市人大常委会主任陈小洪主持会议。市人大常委会副主任杨治平、王金珍、张庚博、任天顺、王国平、冯建宁、张学伟出席预备会议。会议应出席代表394人，实出席361人，符合法定人数。李云峰、周计伟、李朝旗、陈纲、郭行杰、刘文华、常青、郝忠祥、王彬、陈忠辉、闫建国、张翔、张勇、胡小濛、周太生、马红彬、傅遵师、段江燕出席会议。会议选举产生大会主席团和秘书长；表决通过市四届人大五次会议议程、计划和预算审查委员会名单、议案审查委员会名单。

2月23日下午，市四届人大五次会议预备会议选举产生的大会主席团举行第一次会议。市人大常委会主任陈小洪主持会议。会议应出席主席团成员73人，实出席68人，符合法定人数。会议推选出市四届人大五次会议主席团常务主席，表决通过大会日程、大会执行主席分组名单、大会副秘书长名单。会议表决通过选举办法（草案）、市四届人大五次会议关于市四届人大有关专门委员会设立的决定（草案）、市四届人大五次会议通过市四届人大有关专门委员会组成人员名单的办法（草案）、市四届人大有关专门委员会组成人员名单（草案），提交各代表团审议。会议决定大会议案截止时间为2019年2月25日12时。

2月24日上午，市四届人大五

次会议在市影剧院开幕。该次大会应到代表394人，实到363人，符合法定人数。会议由大会主席团常务主席、执行主席陈小洪主持。大会主席团常务主席、执行主席岳普煜、李云峰、杨治平、王金珍、张庚博、任天顺、王国平、冯建宁、张学伟、苏文龙在主席台前排就座。刘予强、张建平、杨军、周计伟、李朝旗、陈纲、郭行杰、刘文华、常青、郝忠祥及其他大会主席团成员出席。陈小洪宣布临汾市第四届人民代表大会第五次会议开幕。会场全体人员起立，奏唱国歌。市长刘予强代表市人民政府向大会作《政府工作报告》。

2月24日晚，市四届人大五次会议主席团举行第二次会议。大会主席团常务主席岳普煜、陈小洪、杨治平、王金珍、任天顺、王国平、冯建宁、张学伟、苏文龙出席会议。张庚博主持会议。会议应出席主席团成员73人，实出席69人，符合法定人数。会议听取关于市四届人大五次会议选举办法（草案）、市四届人大五次会议关于市四届人大有关专门委员会设立的决定（草案）、市四届人大五次会议通过市四届人大有关专门委员会组成人员名单的办法（草案）、市四届人大有关专门委员会组成人员名单（草案）审议情况的汇报；听取关于候选人建议名单的说明。会议表决通过选举办法（草案），市四届人大五次会议关于市四届人大有关专门委员会设立的决定（草案），市四届人大五次会议通过市四届人大有关专门委员会组成人员名单的办法（草案），市四届人大有关专门委员会组成人员名单（草案），提请第二次全体会议表决。会议表决通过候选人名单（草案），作为主席团提名，提交各代表团酝酿、讨论；表决通过总监票人、总计票人名单（草案），提交各代表团审议，布置各代表团分别推选一名监票人人选。会议指定大会选举计票工作人员。

2月25日上午，市四届人大五次会议举行第二次全体会议。市人大常委会主任陈小洪向大会作市人大常委会工作报告。会议应到代表394人，实到代表363人，符合法定人数。大会主席团常务主席、执行主席冯建宁主持会议，会议执行主席王金珍、任天顺、王煦杰、郑步电、李强、王金龙、李亚丽在主席台前排就座。岳普煜、刘予强、李云峰、陈小洪、陈纲、刘文华、常青、郝忠祥等大会主席团成员出席会议。

2月25日下午，市四届人大五次会议举行第三次全体会议，听取市中级人民法院工作报告和市人民检察院工作报告。会议应到代表394人，实到代表363人，符合法定人数。大会主席团常务主席、执行主席张学伟主持会议，会议执行主席陈纲、张庚博、王彬、崔山原、杨保春、杨春权、樊洪平、加天山出席。岳普煜、刘予强、李云峰、陈小洪、张建平、刘文华、常青、郝忠祥及其他大会主席团成员出席。

2月26日上午，市四届人大五次会议主席团举行第四次会议，大会主席团常务主席岳普煜、陈小洪、杨治平、王金珍、张庚博、任天顺、王国平、冯建宁、张学伟、苏文龙出席。王国平主持会议。会议应出席主席团成员73人，实到67人，符合法定人数。会议听取关于候选人酝酿情况的汇报；表决通过总监票人、总计票人、监票人名单（草案），提请第四次全体会议表决；表决通过正式候选人名单，提交第四次全体会议选举。会议表决通过关于政府工作报告、市人大常委会工作报告、市中级人民法院工作报告、市人民检察院工作报告的决议（草案），关于临汾市2018年国民经济和社会发展计划执行情况与2019年国民经济和社会发展计划的决议（草案）、临汾市2018年全市和市本级预算执行情况与2019年全市和市本级预算的决议（草案），提请第五次全体会议表决。

2月26日上午，市四届人大五次会议举行第四次全体会议，补选临汾市第四届人民代表大会常务委员会委员。会议应到代表394名，实到代表355名，符合法定人数。大会主席团常务主席、执行主席杨治平主持会议，会议执行主席刘文华、郝忠祥、王国平、苏文龙、刘浩、庞明明、乔飞鸿出席。岳普煜、刘予强、李云峰、陈小洪、张建平、周计伟、陈纲、郭行杰、常青出席。会议表决通过总监票人、总计票人、监票人名单，随后进行投票选举。

2月26日上午，市四届人大五次会议进行分团会议，审议关于市政府及计划、财政部门工作报告的“三个决议草案”；审议关于市人大常委会及市中级人民法院、市人民检察院工作报告的“三个决议草案”。

2月26日下午，市四届人大五次会议举行第五次全体会议。省人大常委会副主任、市委书记岳普煜出席会议并讲话。大会主席团常务主席、执行主席陈小洪主持会议。会议执行主席岳普煜、张建平、杨治平、王金珍、张庚博、任天顺、王国平、冯建宁、张学伟、苏文龙出席。刘予强、李云峰、周计伟、陈纲、郭行杰、刘文华、常青、郝忠祥出席。会议应出席代表394名，实到355名，符合法定人数。会议表决通过关于政府工作报告的决议、关于临汾市2018年国民经济和社会发展计划执行情况与2019年国民经济和社会发展计划的决议、关于临汾市2018年全市和市本级预算执行情况与2019年全省和市本级预算的决议、关于临汾市人民代表大会常务委员会工作报告的决议、关于临汾市中级人民法院工作报告的决议、关于临汾市人民检察院工作报告的决议。

【大会领导和工作机构】

临汾市第四届人民代表大会第五次会议主席团和秘书长名单

（2019年2月23日临汾市第四届人民代表大会第五次会议预备会议通过）

主席团成员73人

（按姓名笔画排列）

丁向阳　马兴民　马连青　王　彬

王　栋　王阿家(女)　王启太

王国平　王金龙　王金珍(女)

王振富　王煦杰　田卫东　冯建宁

加天山　仝天峰　权建军

任　静(女)　任天顺　任跟心(女)

刘　伟　刘　浩　刘文华　乔飞鸿

齐安林　孙智英(女)　苏文龙

李　凡　李　强　李云峰　李龙飞

李亚丽(女)　李晓民　李朝旗

李殿梁　吴晋龙　杨午生

杨玉果(女)　杨治平　杨春权

杨保春　张玉龙　张吉平　张应钦

张金虎　张学伟　张庚博　张春龙

张建平　张新平　陈　纲　陈小洪

陈占平　陈金庄　武卫东　岳普煜

郑步电　庞明明　郝忠祥　段金中

贾文魁　贾安民　贾爱芹(女)

郭　刚　郭会军　郭行杰　崔山原

董跃明　蒋亚丽(女，回族)

韩建辉　廉　鹏　樊洪平　薛凤奎

秘书长：杨治平(兼)

临汾市第四届人民代表大会第五次会议议案审查委员会组成人员名单

（2019年2月23日临汾市第四届人民代表大会第五次会议预备会议通过）

主任委员：杨治平

副主任委员：苏文龙　李建国

　　　　　　孙智英(女)

委员：（9人，按姓名笔画排列）

马兴民　仝天峰　权建军　李　凡

李晓民　杨午生　张应钦　陈占平

廉　鹏

临汾市第四届人民代表大会第五次会议计划和预算审查委员会组成人员名单

（2019年2月23日临汾市第四届人民代表大会第五次会议预备会议通过）

主任委员：张学伟

副主任委员：丁向阳　陈焕成

委员：（13人，按姓名笔画排列）

马连青　牛少白　田卫东　吉守斌

刘　伟　李向阳　李建学　张玉龙

陈明泽　侯　龙　郭　刚　曹　琦

董跃明

【会议决议】

临汾市第四届人民代表大会第五次会议关于政府工作报告的决议

（2019年2月26日临汾市第四届人民代表大会第五次会议通过）

临汾市第四届人民代表大会第五次会议，听取和审议了刘予强市长所作的《政府工作报告》。会议同意这个报告，决定予以批准。

会议要求，市人民政府要以习近平新时代中国特色社会主义思想为指导，全面贯彻党的十九大和十九届二中、三中全会精神，深入贯彻习近平总书记视察山西重要讲话精神，认真贯彻市委四届五次全会暨市委经济工作会议精神，扎实开展“改革创新、奋发有为”大讨论，按照“巩固、增强、提升、畅通”八字方针要求，坚持稳中求进总基调，坚持新发展理念，坚持高质量发展，坚持把深化供给侧结构性改革与深化转型综改区建设相结合作为经济工作的主线，坚持深化市场化改革，扩大高水平开放，继续打好三大攻坚战，统筹推进稳增长、促改革、调结构、惠民生、防风险工作，进一步稳就业、稳金融、稳外贸、稳外资、稳投资、稳预期，紧紧围绕“示范区”“排头兵”“新高地”三大目标，深入推进“345”发展战略，争当全省转型发展“排头兵”，为全面建成小康社会收官打下决定性基础。

会议号召，全市人民要在中共临汾市委的坚强领导下，不忘初心、牢记使命，改革创新、奋发有为，奋力谱写新时代中国特色社会主义临汾篇章，以优异成绩迎接中华人民共和国成立70周年！

临汾市第四届人民代表大会第五次会议关于临汾市2018年国民经济和社会发展计划执行情况与2019年国民经济和社会发展计划

的决议

（2019年2月26日临汾市第四届人民代表大会第五次会议通过）

临汾市第四届人民代表大会第五次会议，审查了市人民政府提出的《关于临汾市2018年国民经济和社会发展计划执行情况与2019年国民经济和社会发展计划草案的报告》及临汾市2019年国民经济和社会发展计划草案，同意临汾市第四届人民代表大会第五次会议计划和预算审查委员会的审查报告。决定批准《关于临汾市2018年国民经济和社会发展计划执行情况与2019年国民经济和社会发展计划草案的报告》，批准临汾市2019年国民经济和社会发展计划。

临汾市第四届人民代表大会第五次会议关于临汾市2018年全市和市本级预算执行情况与2019年全市和市本级预算的决议

（2019年2月26日临汾市第四届人民代表大会第五次会议通过）

临汾市第四届人民代表大会第五次会议，审查了市人民政府提出的《关于临汾市2018年全市和市本级预算执行情况与2019年全市和市本级预算草案的报告》及2019年全市和市本级预算草案，同意临汾市第四届人民代表大会第五次会议计划和预算审查委员会的审查报告。决定批准《关于临汾市2018年全市和市本级预算执行情况与2019年全市和市本级预算草案的报告》，批准临汾市2019年市本级预算。

临汾市第四届人民代表大会第五次会议关于临汾市人民代表大会常务委员会工作报告的决议

（2019年2月26日临汾市第四届人民代表大会第五次会议通过）

临汾市第四届人民代表大会第五次会议，听取和审议了市人大常委会陈小洪主任所作的《临汾市人民代表大会常务委员会工作报告》。会议同意这个报告，决定予以批准。

会议要求，市人大常委会要在中共临汾市委的坚强领导下，高举习近平新时代中国特色社会主义思想伟大旗帜，深入学习贯彻习近平总书记关于坚持和完善人民代表大会制度的重要思想，全面贯彻党的十九大、十九届二中、三中全会精神和习近平总书记视察山西重要讲话精神，认真落实市委四届五次全会暨市委经济工作会议精神，坚持党的领导、充分发扬民主和严格依法办事有机统一，把“改革创新、奋发有为”大讨论作为牵引全年工作的总引擎，紧紧围绕实现“三大目标”和打好“三大攻坚战”，认真履行宪法法律赋予的职责，扎实做好立法、监督、决定、任免、代表等各项工作，不忘初心、牢记使命，改革创新、奋发有为，为谱写新时代中国特色社会主义临汾篇章做出新贡献，以优异成绩迎接中华人民共和国成立70周年！

临汾市第四届人民代表大会第五次会议关于临汾市中级人民法院工作报告的决议

（2019年2月26日临汾市第四届人民代表大会第五次会议通过）

临汾市第四届人民代表大会第五次会议，听取并审议了市中级人民法院周太生院长所作的《临汾市中级人民法院工作报告》。会议同意这个报告，决定予以批准。

会议要求，市中级人民法院要以习近平新时代中国特色社会主义思想为指导，全面贯彻党的十九大和十九届二中、三中全会精神，深入贯彻习近平总书记视察山西重要讲话精神，认真贯彻市委四届五次全会暨市委经济工作会议精神，认真开展“改革创新、奋发有为”大讨论，坚持党对法院工作的绝对领导，坚持主动服务保障经济社会发展大局，深化司法体制改革，全面加强队伍建设，充分发挥审判职能作用，奋力开创全市法院工作新局面，为谱写新时代中国特色社会主义临汾篇章提供有力司法保障，以优异成绩迎接中华人民共和国成立70周年!

临汾市第四届人民代表大会第五次会议关于临汾市人民检察院工作报告的决议

（2019年2月26日临汾市第四届人民代表大会第五次会议通过）

临汾市第四届人民代表大会第五次会议，听取并审议了市人民检察院马红彬检察长所作的《临汾市人民检察院工作报告》。会议同意这个报告，决定予以批准。

会议要求，市人民检察院要以习近平新时代中国特色社会主义思想为指导，全面贯彻党的十九大和十九届二中、三中全会精神，深入贯彻习近平总书记视察山西重要讲话精神，认真贯彻市委四届五次全会暨市委经济工作会议精神，认真开展“改革创新、奋发有为”大讨论，坚持党对检察工作的绝对领导，坚持主动服务保障经济社会发展大局，不断强化法律监督，全面加强队伍建设，充分发挥检察职能作用，努力开创临汾检察工作新局面，为谱写新时代中国特色社会主义临汾篇章提供有力司法保障，以优异成绩迎接中华人民共和国成立70周年!

【代表名单】

临汾市第四届人民代表大会代表名单

（394名，按代表团、姓名笔画排列）

2019年2月

尧都区（66名）

丁心玲(女，回族)　刁士琦
王　栋　王巧梅(女)　王佐军
牛玉明　亢秋云(女)　石雷锁
仝天峰　巩　磊　权哲辉　吉金仓
吕建斌　乔亚丽(女)　乔刘忠
任丽岗　任建辉　任跟心(女)
刘大吉　刘凤兰(女)
闫君霞(女)　闫忠宝　许福贵
杜玉河　杜红奎　杨午生　杨怀旺
李　军　李　茵(女)　李龙飞
李希荣(女)　李建学　李建国
李春玲(女)　李随民　吴　勇
肖　燕(女)　谷　鸣　宋　涛
补根柱　张　丹(女)　张　勇
张　翔　张吉平　张麦生　张青山
张皓霏(女)　陈　纲　陈明泽
卓心翠(女)　岳普煜　郑育敏
荆冰寅　郝勇东　侯仙记
段　瑛(女)　段金中　姜秀丽(女)
秦国杰　贾小旦　贾泉兰(女)
贾雪梅(女)　贾晨昱(女)
高向阳(女)　樊英龙　潘文根

侯马市（23名）

马兴民　马秀玲(女)　王　芳(女)
王永军　王阿家(女)　王煦杰
毛跟云　毕永刚　安子俊　李军胜
李旭东　张瑜庆　陈忠辉
范晓玲(女)　郝爱民　赵建民
秦玲玲(女)　原学义　黄卫东
黄晓君(女)　廉　鹏　蔺戈慧(女)
裴本德

霍州市（25名）

丁向阳　王子贞
王汝鑫(女，满族)　牛福生
朱小海　刘　惠(女)　刘会元
闫建国　安　纳(女)　李向阳
李红斌　李林虎　李青雁(女)
张　华　张军丽(女)　张芙蓉(女)
张建平　陈占平　郝耀明　贾耀杰
郭学义　郭建莉(女)　崔山原
程文泽　潘海燕(女)

曲沃县（22名）

王升琴(女)　王发安　邓爱萍(女)
吉守斌　吉高瑞　伊成官　杨存良
杨治平　杨保春　刘　伟　李　逸
李小勇　李晓龙　吴　滨　吴晓年
陈小叶(女)　陈小洪　陈冬彦(女)
贾爱芹(女)　铁保玲(女，回族)
郭行杰　程云萍(女)

翼城县（28名）

马　笑(女)　王国平　田　强
田小国　冯竹娣(女)　延志敏(女)
杨春权　李　刚　李　伦　李华东
李殿梁　宋永毅　张玉峰　张学伟
张淑珍(女)　陈瑞林　苗文娟(女)
周计伟　周芙蓉(女)　郑　磊
南承庚　侯过良　郭　刚　高永贤
栾兆俊　曹　琦　鹿海燕(女)
蒋亚丽(女，回族)

浮山县（14名）

牛少白　史全喜　权建军　乔飞鸿
乔越峰(女)　李　凡　李朝旗
张文学　张红波(女)　陈　华(女)
姚玉杰　栗俊昌　盖红星　鲁青海

襄汾县（38名）

牛建军　毛　倩(女)　王玉玲(女)
王会芳(女)　王启太　王爱红(女)
王醒安　邓春臣　白建成　邢长林
乔成家　朱春燕(女)　任耀文
刘　浩　刘彦青　杜　敏　苏跃亭
杨清水　李云峰　李文杰
李福枝(女)　肖建平　何世宽
宋合庆　张文忠　张俊霞(女)
郃惠俊　赵周仓　贾安民
原　将(女)　郭俊霞(女)
席普荣(女)　尉　晨　傅德明
翟战备　潘启奎(苗族)
薛丽琴(女)　魏振武

洪洞县（61名）

马向明　王　渊　王　超　王小栋
王元英(女)　王永红　王林虎
王瑞强　田剑锋　申国翠(女)
史元魁　冯辛卯　吕生荣　刘小平
刘予强　刘向明　齐安林　延保全
许　平　吴晋龙　宋晓丽(女，回族)
杨晓丽(女)　杨建军
李　英(女，土家族)　李小拽
李怀平　李建梅(女)　张　宏
张元喜　张玉龙　张红红(女)
张庚博　张钰媚(女)　张新平
陈金宝　范忠义　周太生　周聚财
瓮志刚　郑步电　郑姣龙　赵国安
段江燕(女)　段学武　贺丫玲(女)
贾宝珍(女)　柴园园　郭文仓
郭会军　郭红英(女)　郭海风(女)
郭鹏云(女)　高　涛(女)　曹洪安
扈新起　梁红丽(女)　韩丽芳(女)
董美玲(女)　董跃明　傅遵师
解高民

安泽县（11名）

韦　阳　牛庆国　卢成广　田卫东

李　强　陈　巧(女)　赵晨伟
尉亚萍(女)　尉昌华　韩建辉
董　琴(女)

古县（10名）

王金珍(女)　刘文华　刘舒华(女)
杨　宁(女)　李红岗　张金虎
张晓雷　庞明明　姚润珍(女)
贾海燕(女)

汾西县（15名）

牛元平(女)　亢红萍(女)　任天顺
刘耀山　孙智英(女)　杜志祥
杨玉果(女)　张安文　陈子华
胡小濛　郝双林　赵峰峰　贾文魁
郭　玮(女)　郭亚翠(女)

蒲县（11名）

弓桂英(女)　马长江　杨晓舟
李锁翠(女)　张彦月　张彦平
陈金庄　尚丽峰　赵丽萍(女)
樊奋强　薛凤奎

乡宁县（22名）

马红彬　王秀萍(女)　成胜堂
安　娜(女)　杜政委　杨军军
苏文龙　张文泉　张龙生
张江菊(女)　张应钦　张辛连(女)
张春龙　张福义　陈焕成
武丽英(女)　郑俊明　贺粉燕(女)
郭　波　樊洪平　燕郑锁　廉海平

吉县（11名）

吕桂明　李小红(女)　李晓民
余荣中　周海玲(女)　郝忠祥
郭志宏　高怀德　高晓芳(女)
崔绍民　葛成稳

大宁县（11名）

王金龙　王艳玲(女)　白桂萍(女)
冯建宁　许燕新　张新平
贺秀萍(女)　徐海港　常　青
符庆辉　樊　宇

隰县（12名）

王天郎　王晓斌　任　静(女)
任红祥　闫锁保　李亚丽(女)
张英杰　张保平　武卫东　孟文玉
秦慧珍(女)　霍玉虹

永和县（9名）

马连青　毛克明　冯海兰(女)
加天山　刘林翠(女)　刘建华
杨调娥(女)　范洋平　侯　龙

解放军（5名）

王　彬　王　鹏　王振富　丛环宇
孙卓鹏

·临汾市四届人大六次会议·

【大会情况】2019年4月19日上午8时30分，在雄壮的国歌声中，临汾市四届人大六次会议第一次全体会议在金都花园召开。执行主席岳普煜、李云峰、刘文华、杨治平、王金珍、张庚博、任天顺、王国平、冯建宁、张学伟、苏文龙出席。大会主席团常务主席、执行主席陈小洪主持了第一次全体会议和闭幕式。董一兵、张建平、王振富、李朝旗、陈纲、郭行杰、常青、郝忠祥及其他大会主席团成员出席。会议应出席代表394人，实出席379人，符合法定人数。代表们听取了市委常委、组织部长刘文华所作的关于市人民政府市长候选人名单（草案）的说明。

4月19日上午，市四届人大六次会议大会主席团举行第二次会议。大会主席团常务主席岳普煜、陈小洪、杨治平、王金珍、张庚博、任天顺、王国平、冯建宁、张学伟、苏文龙出席。冯建宁主持会议。会议应出席主席团成员78人，实出席76人，符合法定人数。会议听取组织组关于审议选举办法（草案）情况的汇报；表决大会选举办法（草案），提请全体会议表决；听取组织组关于酝酿、讨论候选人情况的汇报；表决市人民政府市长正式候选人名单，提请全体会议选举；表决总监票人、监票人、总计票人名单（草案），提请全体会议表决。

4月19日上午，市四届人大六次会议各代表团分别召开分团（组）会议，审议市人民政府市长候选人名单（草案）。陈小洪、张建平、王振富、李朝旗、陈纲、郭行杰、常青、郝忠祥、王彬、杨治平、王金珍、任天顺、王国平、冯建宁、张学伟、陈忠辉、潘海燕、闫建国、胡小濛、周太生、马红彬、毛跟云、秦国杰、傅遵师、段江燕、王超分别参加所在代表团的审议。

上午10时30分，第二次全体会议召开。会议应出席代表394人，实出席代表382人，符合法定人数。第二次全体会议执行主席岳普煜、陈小洪、张建平、王金珍、张庚博、任天顺、王国平、冯建宁、张学伟、苏文龙出席。大会主席团常务主席、执行主席杨治平主持会议。董一兵、李云峰、王振富、李朝旗、陈纲、郭行杰、刘文华、常青、郝忠祥及其他大会主席团成员出席会议。会议表决通过选举办法和总监票人、监票人、总计票人名单后，以无记名投票方式进行大会选举。根据会议选举结果，董一兵同志全票当选为市人民政府市长。董一兵进行宪法宣誓。宪法宣誓仪式由市四届人大六次会议主席团组织。

【大会领导和工作机构】

临汾市第四届人民代表大会第六次会议主席团和秘书长名单

（2019年4月23日临汾市第四届人民代表大会第六次会议主席团第一次会议推定）

主席团成员78人
（按姓名笔画排列）
丁向阳　马兴民　马连青　王　彬
王　栋　王阿家(女)　王启太
王国平　王金龙　王金珍(女)
王振富　王煦杰　田卫东　冯建宁
加天山　仝天峰　权建军
任　静(女)　任天顺　任跟心(女)
刘　伟　刘　浩　刘文华　乔飞鸿
齐安林　孙智英(女)　苏文龙
李　凡　李　伦　李　强　李云峰
李龙飞　李亚丽(女)　李建学
李晓民　李朝旗　吴晋龙　杨午生
杨玉果(女)　杨治平　杨春权
杨保春　张玉龙　张吉平　张应钦
张金虎　张学伟　张庚博　张春龙
张建平　张新平　陈　纲　陈小洪
陈占平　陈金庄　武卫东　岳普煜
周计伟　庞明明　郑步电　郝忠祥
段金中　贾文魁　贾安民
贾爱芹(女)　郭　刚　郭会军
郭行杰　郭志宏　常　青　崔山原
董一兵　董跃明
蒋亚丽(女，回族)　韩建辉
廉　鹏　樊洪平　薛凤奎
秘书长：杨治平(兼)

【总监票人、监票人名单】

临汾市第四届人民代表大会第六次会议总监票人、监票人名单

（2019年4月19日临汾市第四届人民代表大会第六次会议第二次全体会议通过）

总监票人：李　凡
监票人：（18人，按姓名笔画排列）
弓桂英　牛元平　牛福生　冯海兰
孙卓鹏　任丽岗　李军胜　李红岗
李晓龙　张英杰　张福义　郑　磊
徐海港　高　涛　高怀德　尉昌华
傅德明　鲁青海

【总计票人名单】

临汾市第四届人民代表大会第六次会议总计票人名单

（2019年4月19日临汾市第四届人民代表大会第六次会议第二次全体会议通过）

总计票人：郝爱民

【当选公告】

董一兵简历

董一兵，男，汉族，1963年1月生，山西闻喜人，大学学历，公共管理硕士，1985年1月加入中国共产党，1985年7月参加工作。

参加工作后任山西师范大学数学系办公室干事（主持工作）；1987年12月任山西师范大学数学系办公室副主任；1989年2月任山西师范大学数学系办公室主任；1989年4月任运城市（县级）委组织部正科级干部；1990年8月任共青团运城市（县级）委书记；1992年8月任共青团运城地委副书记；1997年7月任共青团运城地委书记（其间：1996年4月至1998年3月在中国社科院研究生院农业经济专业课程班学习）；1998年5月任稷山县委副书记、县长；2001年2月任夏县县委书记；2004年7月任运城市副市长；2009年8月任运城市委常委、秘书长（其间：2009年3月至2010年3月在新加坡南洋理工大学学习，获公共管理硕士学位）；2011年7月任朔州市委常委、组织部部长；2013年4月任忻州市委常委；2013年5月任忻州市委常委、常务副市长；2015年11月任阳泉市委副书记、代市长；2016年3月任阳泉市委副书记、市长；2017年12月任省环境保护厅党组书记；2018年2月任省环境保护厅党组书记、厅长；2018年10月任省生态环境厅党组书记、厅长；2019年4月任临汾市委副书记，市政府党组书记、代市长；2019年4月在临汾市第四届人民代表大会第六次会议上当选为临汾市人民政府市长。

【代表名单】

临汾市第四届人民代表大会代表名单

（394名，按代表团、姓名笔画排列）
2019年4月

尧都区（66名）
丁心玲(女，回族)　刁士琦
王　栋　王巧梅(女)　王佐军
牛玉明　亢秋云(女)　石雷锁
仝天峰　巩　磊　权哲辉　吉金仓
吕建斌　乔亚丽(女)　乔刘忠
任丽岗　任建辉　任跟心(女)
刘大吉　刘凤兰(女)
闫君霞(女)　闫忠宝　许福贵
杜玉河　杜红奎　杨午生　杨怀旺
李　军　李　茵(女)
李龙飞　李希荣(女)　李建学
李建国　李春玲(女)　李随民
吴　勇　肖　燕(女)　谷　鸣
宋　涛　补根柱　张　丹(女)
张　勇　张　翔　张吉平　张麦生
张青山　张皓霏(女)　陈　纲
陈明泽　卓心翠(女)　岳普煜
郑育敏　荆冰寅　郝勇东　侯仙记
段　瑛(女)　段金中　姜秀丽(女)
秦国杰　贾小旦　贾泉兰(女)
贾雪梅(女)　贾晨昱(女)
高向阳(女)　樊英龙　潘文根

侯马市（23名）

马兴民　马秀玲(女)　王　芳(女)
王永军　王阿家(女)　王煦杰
毛跟云　毕永刚　安子俊　李军胜
李旭东　张瑜庆　陈忠辉
范晓玲(女)　郝爱民　赵建民
秦玲玲(女)　原学义　黄卫东
黄晓君(女)　廉　鹏　蔺戈慧(女)
裴本德

霍州市（25名）

丁向阳　王子贞　王汝鑫(女，满族)
牛福生　朱小海　刘　惠(女)
刘会元　闫建国　安　纳(女)
李向阳　李红斌　李林虎
李青雁(女)　张　华　张军丽(女)
张芙蓉(女)　张建平　陈占平
郝耀明　贾耀杰　郭学义
郭建莉(女)　崔山原　程文泽
潘海燕(女)

曲沃县（22名）

王升琴(女)　王发安　邓爱萍(女)
吉守斌　吉高瑞　伊成官　杨存良
杨治平　杨保春　刘　伟　李　逸
李小勇　李晓龙　吴　滨　吴晓年
陈小叶(女)　陈小洪　陈冬彦(女)
贾爱芹(女)　铁保玲(女，回族)
郭行杰　程云萍(女)

翼城县（28名）

马　笑(女)　王国平　田　强
田小国　冯竹娣(女)　延志敏(女)
杨春权　李　刚　李　伦　李华东
李殿梁　宋永毅　张玉峰　张学伟
张淑珍(女)　陈瑞林　苗文娟(女)
周计伟　周芙蓉(女)　郑　磊
南承庚　侯过良　郭　刚　高永贤
栾兆俊　曹　琦　鹿海燕(女)
蒋亚丽(女，回族)

浮山县（13名）

牛少白　权建军　乔飞鸿
乔越峰(女)　李　凡　李朝旗
张文学　张红波(女)　陈　华(女)
姚玉杰　栗俊昌　盖红星　鲁青海

襄汾县（38名）

牛建军　毛　倩(女)　王玉玲(女)
王会芳(女)　王启太　王爱红(女)
王醒安　邓春臣　白建成　邢长林
乔成家　朱春燕(女)　任耀文
刘　浩　刘彦青　杜　敏　苏跃亭
杨清水　李云峰　李文杰
李福枝(女)　肖建平　何世宽
宋合庆　张文忠　张俊霞(女)
邰惠俊　赵周仓　贾安民
原　将(女)　郭俊霞(女)
席普荣(女)　尉　晨　傅德明
翟战备　潘启奎(苗族)
薛丽琴(女)　魏振武

洪洞县（62名）

马向明　王　渊　王　超　王小栋
王元英(女)　王永红　王林虎
王瑞强　田剑锋　申国翠(女)
史元魁　史全喜　冯辛卯　吕生荣
刘小平　刘向明　齐安林　延保全
许　平　吴晋龙　宋晓丽(女，回族)
杨晓丽(女)　李　英(女，土家族)
杨建军　李小拽　李怀平
李建梅(女)　张　宏　张元喜
张玉龙　张红红(女)　张庚博
张钰媚(女)　张新平　陈金宝
范忠义　周太生　周聚财　瓮志刚
郑步电　郑姣龙　赵国安
段江燕(女)　段学武　贺丫玲(女)
贾宝珍(女)　柴园园　郭文仓
郭会军　郭红英(女)　郭海风(女)
郭鹏云(女)　高　涛(女)　曹洪安
扈新起　梁红丽(女)　韩丽芳(女)
董一兵　董美玲(女)　董跃明
傅遵师　解高民

安泽县（11名）

韦　阳　牛庆国　卢成广　田卫东
李　强　陈　巧(女)　赵晨伟
尉亚萍(女)　尉昌华　韩建辉
董　琴(女)

古县（10名）

王金珍(女)　刘文华　刘舒华(女)
杨　宁(女)　李红岗　张金虎
张晓雷　庞明明　姚润珍(女)
贾海燕(女)

汾西县（15名）

牛元平(女)　亢红萍(女)　任天顺
刘耀山　孙智英(女)　杜志祥
杨玉果(女)　张安文　陈子华
胡小濛　郝双林　赵峰峰　贾文魁
郭　玮(女)　郭亚翠(女)

蒲县（11名）

弓桂英(女)　马长江　杨晓舟
李锁翠(女)　张彦月　张彦平
陈金庄　尚丽峰　赵丽萍(女)
樊奋强　薛凤奎

乡宁县（22名）

马红彬　王秀萍(女)　成胜堂
安　娜(女)　杜政委　杨军军
苏文龙　张文泉　张龙生
张江菊(女)　张应钦　张辛连(女)
张春龙　张福义　陈焕成
武丽英(女)　郑俊明　贺粉燕(女)
郭　波　樊洪平　燕郑锁　廉海平

吉县（11名）

吕桂明　李小红(女)　李晓民
余荣中　周海玲(女)　郝忠祥
郭志宏　高怀德　高晓芳(女)
崔绍民　葛成稳

大宁县（11名）

王金龙　王艳玲(女)　白桂萍(女)
冯建宁　许燕新　张新平
贺秀萍(女)　徐海港　常　青
符庆辉　樊　宇

隰县（12名）

王天郎　王晓斌　任　静(女)
任红祥　闫锁保　李亚丽(女)
张英杰　张保平　武卫东
孟文玉　秦慧珍(女)　霍玉虹

永和县（9名）

马连青　毛克明　冯海兰(女)
加天山　刘林翠(女)　刘建华
杨调娥(女)　范洋平　侯　龙

解放军（5名）

王　彬　王　鹏　王振富　丛环宇
孙卓鹏

（贾为民）

常委会会议

【第二十五次会议】 2019年1月16日，临汾市第四届人民代表大会常务委员会第二十五次会议在市会议中心3楼市人大常委会会议室举行，应出席会议的常委会组成人员41名，实际出席33名。会议议程：补选山西省第十三届人民代表大会代表；人事任免职事项及其他。

【第二十六次会议】 2019年2月1日，临汾市第四届人民代表大会常务委员会第二十六次会议在市会议中心3楼市人大常委会会议室举行，应出席会议的常委会组成人员41人，实际出席33人。会议议程：审议关于召开临汾市第四届人民代表大会第五次会议的决定（草案）；人事任免职事项及其他。

【第二十七次会议】 2019年2月21日，临汾市第四届人民代表大会常务委员会第二十七次会议在市会议中心3楼市人大常委会会议室举行，应出席会议的常委会组成人员41人，实际出席29人。会议议程：听取和审议市人民政府关于市四届人大四次会议代表建议办理情况的报告；听取关于临汾市第四届人民代表大会第五次会议筹备情况的报告；审议市人大常委会工作报告（稿）；人事免职事项；市人大常委会关于接受部分委员辞职事项；听取和审议关于代表变动及代表资格的审查报告；审议市四届人大五次会议有关名单（草案）：主席团和秘书长名单、计划和预算审查委员会组成人员名单、议案审查委员会组成人员名单、列席人员名单及其他。

【第二十八次会议】 2019年4月2日，临汾市第四届人民代表大会常务委员会第二十八次会议在市会议中心3楼市人大常委会会议室举行，应出席会议的常委会组成人员40人，实际出席34人。会议议程：审议关于召开临汾市第四届人民代表大会第六次会议的决定（草案）；人事任职事项及其他。

【第二十九次会议】 2019年4月17日，临汾市第四届人民代表大会常务委员会第二十九次会议在市会议中心3楼市人大常委会会议室举行，应出席会议的常委会组成人员40人，实际出席30人。会议议程：听取关于临汾市第四届人民代表大会第六次会议筹备情况的报告；听取和审议关于代表变动及代表资格的审查报告；审议市四届人大六次会议主席团和秘书长名单（草案）及其他。

【第三十次会议】 2019年4月25日，临汾市第四届人民代表大会常务委员会第三十次会议在市会议中心3楼市人大常委会会议室举行，应出席会议的常委会组成人员40人，实际出席30人。会议议程：审议《临汾市建筑工程施工扬尘污染防治规定（草案）》；听取和审议关于全市县乡医疗卫生机构一体化改革情况的报告，进行满意度测评；审议关于“十三五”规划《纲要》实施情况中期评估报告；人事任免职事项及其他。

【第三十一次会议】 2019年6月24日，临汾市第四届人民代表大会常务委员会第三十一次会议在市会议中心3楼市人大常委会会议室举行，应出席会议的常委会组成人员40人，实际出席30人。会议议程：听取和审议市政府关于2018年度行政事业性国有资产管理情况的专项报告；听取和审议市政府2018年度环境状况和环境目标完成情况的报告；听取和审议市政府关于《中华人民共和国畜牧法》贯彻执行情况的报告；人事任免职事项及其他。

【第三十二次会议】 2019年8月27日，临汾市第四届人民代表大会常务委员会第三十二次会议在市会议中心3楼市人大常委会会议室举行，应出席会议的常委会组成人员40人，实际出席32人。会议议程：审议《临汾市大气污染防治条例（草案）》；听取和审议市人民政府关于2019年上半年全市国民经济和社会发展计划执行情况的报告；听取和审议市人民政府关于2018年市本级财政决算及2019年上半年全市预算执行情况的报告；听取和审议市人民政府关于2018年临汾市本级预算执行和其他财政收支的审计工作报告；审议市人民政府关于2018年度国有资产管理情况的综合报告。

【第三十三次会议】 2019年10月23日，临汾市第四届人民代表大会常务委员会第三十三次会议在市会议中心3楼市人大常委会会议室举行，应出席会议的常委会组成人员40人，实际出席25人。会议议程：审议《临汾市大气污染防治条例（草案）》；审议《临汾市农村环境卫生建设与管理办法（草案）》；听取和审议临汾市推进乡村振兴战略情况的报告；听取和审议全市法院诉讼服务工作情况的报告；听取和审议全市检察机关刑事执行检察工作情况的报告；人事任免职事项及其他。

【第三十四次会议】 2019年12月25日，临汾市第四届人民代表大会常务委员会第三十四次会议在市会议中心3楼市人大常委会会议室举行，应出席会议的常委会组成人员40人，实际出席35人。机会议议程：审议《临汾市农村环境卫生综合治理促进条例（草案）》；审议市政府关于2019年市本级预算调整方案（草案）；听取和审议关于市本级2018年预算执行和其他财政收支审计查出问题整改情况的报告；听取和审议关于全市扫黑除恶专项斗争工作推进情况的报告；听取和审议市政府关于市四届人大五次会议代表建议办理情况的报告；审议市人大法制委员会关于市四届人大五次会议主席团交付的代表议案审议情况的报告（书面）；审议市人大社会建设委员会关于市四届人大五次会议主席团交付的代表议案审议情况的报告（书面）；审议市人大常委会人事代表工委关于市四届人大五次会议主席团交付的代表议案处理情况的报告（书面）；听取和审议关于全市营商环境调研情况的报告；审议市人大常委会关于进一步提高常委会会议质量的意见（草案）；人事免职事项及其他。

（贾为民）

立法工作

【概况】 2019年，临汾市人大常委会坚持党委领导、人大主导、政府依托、各方参与立法工作格局，创新立法机制，夯实立法基础。出台《关于进一步改进立法方式方法完善立法工作机制的意见》，注重发挥立法专家库、立法研究咨询基地和立法联系点的问诊把脉作用。解决“立什么”“怎么立”的问题，提高立法的精细化、精准度和针对性。

【提升立法质效】 2019年，临汾市人大常委会加强立法引领，坚持党委领导、人大主导、政府依托、各方参与的立法工作格局，围绕“绿水青山就是金山银山”发展思想，在实施《临汾市燃煤污染防治规定》《临汾市禁止燃放烟花爆竹规定》《临汾市饮用水水源保护条例》基础上，出台《关于进一步改进立法方式方法完善立法工作机制的意见》，2019年制定《临汾市建筑工程施工扬尘污染防治规定》《临汾市大气污染防治条例》和《临汾市农村环境卫生综合治理促进条例》。临汾市自获得地方立法权以来，围绕生态环境治理课题，制定实施包括大气污染、水污染等环保类地方性法规6部，初步搭建具有临汾特色的生态环境治理地方法规体系，为推动全市生态文明建设奠定法治基础。

【法规责任落实】 2019年，临汾市人大常委会对制定的《临汾市燃煤污染防治规定》《临汾市禁止燃放烟花爆竹规定》《临汾市非物质文化遗产保护管理办法》《临汾市旅游资源保护和开发办法》开展执法检查，促进地方性法规有效实施。在执法检查中，坚持深入一线，用事实说话，指出问题，提出要求，发挥执法检查“法律巡视”利剑作用，让法律法规落地生威。

（贾为民）

【2019年立法、监督、重大事项决定目录】

一、公布、制定地方性法规（3件）

1.公布实施《临汾市建筑工程施工扬尘污染防治规定》

2.制定《临汾市大气污染防治条例》

3.制定《临汾市农村环境卫生综合治理促进条例》

二、听取审议市“一府两院”报告（19项）

1.市政府关于市四届人大四次会议代表建议意见办理情况的报告

2.市政府关于市四届人大五次会议代表建议意见办理情况的报告

3.市政府关于全市县乡医疗卫生机构一体化改革情况的报告

4.市政府关于“十三五”规划纲要实施情况中期评估有关情况的报告

5.市政府关于2018年度行政事业性国有资产管理情况的专项报告

6.市政府关于2018年度环境状况和环境目标完成情况的报告

7.市政府关于贯彻执行《中华人民共和国畜牧法》工作情况的报告

8.市政府关于2019年上半年全市国民经济和社会发展计划执行情况的报告

9.市政府关于2018年市本级财

政决算及2019年上半年全市预算执行情况的报告

10.市政府关于2018年临汾市市本级预算执行和其他财政收支的审计工作报告

11.市政府关于2018年国有资产管理情况的综合报告

12.市政府关于推进乡村振兴战略情况的报告

13.市政府关于2019年市本级预算调整方案（草案）的说明

14.市政府关于市本级2018年预算执行和其他审计查出问题整改情况的报告

15.市政府关于全市扫黑除恶专项斗争工作推进情况的报告

16.市中级人民法院关于诉讼服务工作情况的报告

17.市人民检察院关于刑事执行检察工作情况的报告

18.市中级人民法院关于市四届人大五次会议代表建议办理情况的报告

19.市人民检察院关于市四届人大五次会议代表建议办理情况的报告

三、执法调研、执法检查（12项）

1.执法检查《临汾市禁止燃放烟花爆竹规定》

2.执法检查《临汾市非物质文化遗产保护管理办法》

3.执法检查《临汾市旅游资源保护和开发办法》

4.执法检查《临汾市燃煤污染防治规定》

5.执法检查《中华人民共和国职业教育法》及《山西省实施〈中华人民共和国职业教育法〉办法》

6.执法检查《中华人民共和国畜牧法》

7.配合全国人大执法检查《中华人民共和国高等教育法》

8.配合省人大执法检查《中华人民共和国科学技术普及法》和《山西省实施〈中华人民共和国科学技术普及法〉办法》

9.配合省人大执法调研《山西省永久性生态公益林保护条例》

10.配合省人大执法检查《中华人民共和国中小企业促进法》

11.配合省人大执法检查《中华人民共和国可再生能源法》

12.配合省人大执法检查《山西省汾河流域生态修复与保护条例》

四、立法调研、专题调研（10项）

1.开展《临汾市大气污染防治条例》立法调研

2.开展《临汾市农村环境卫生综合治理促进条例》立法调研

3.开展“小切口”立法专题调研

4.对全市营商环境开展专题调研

5.对脱贫攻坚和乡村振兴战略进展情况开展专题调研

6.对全市扫黑除恶专项斗争工作情况开展专题调研

7.配合省人大开展《经济林产业发展条例》立法调研

8.配合省人大开展红色文化遗址保护利用和文物保护情况立法调研

9.配合省人大开展《山西省社会文明行为促进条例》立法调研

10.配合省人大就标准化、促进中小企业发展、知识产权保护、“一枚印章管审批”法规制定开展立法调研

五、作出审议意见、重大事项决议决定（13项）

1.关于全市县乡医疗卫生机构一体化改革情况报告的审议意见

2.关于2018年度行政事业性国有资产管理情况专项报告的审议意见

3.关于市政府贯彻执行《中华人民共和国畜牧法》工作情况报告的审议意见

4.关于2019年上半年国民经济和社会发展计划执行情况报告的审议意见

5.关于2018年临汾市本级预算执行和其他财政收支审计工作报告的审议意见

6.关于临汾市2018年度国有资产管理情况综合报告的审议意见

7.关于推进乡村振兴战略情况报告的审议意见

8.关于全市扫黑除恶专项斗争工作推进情况报告的审议意见

9.关于市中级人民法院诉讼服务工作情况报告的审议意见

10.关于市人民检察院刑事执行检察工作情况报告的审议意见

11.关于批准“十三五”规划纲要部分指标调整的决议

12.关于批准临汾市本级2018年度财政决算的决议

13.关于批准2019年市本级预算调整方案的决议

（贾为民）

临汾市人民政府

政府工作

【概况】 2019年，临汾市政府坚持以习近平新时代中国特色社会主义思想为指导，全面贯彻中共十九大和十九届二中、三中、四中全会精神，深入学习贯彻习近平总书记“三篇光辉文献”精神，履职尽责，全市经济社会发展取得新进步。

【产业转型】 2019年，临汾市坚持“移花接木”提质量，推进煤焦冶电等传统产业“减优绿”，压减煤炭产能330万吨，实施16座矿井智能化改造，建成立恒170万吨7米顶装焦炉、晋南钢铁2×1860立方米高炉等项目。培育壮大新兴产业，装备制造业、战略性新兴产业和高技术产业分别增长9.8%、9.6%和3.5%。申报1个国家级、4个山西省级现代农业产业园，启动建设“曲沃智慧菜谷”；创建山西省级有机旱作农业整体推进县1个；新增省级以上农产品加工企业24家，全市农产品加工销售收入突破130亿元；“三品一标”认证总数482个，“玉露香梨”升级为省级战略品牌。在全省率先编制市级《黄河板块旅游发展总体规划（2020—2030）》，实施总投资185亿元的旅游重点项目11个，洪洞创建国家全域旅游示范区；曲沃晋园、洪洞广胜寺晋级AAAA景区，创建省级AAA乡村旅游示范村10个、黄河人家19个、太行人家11个；山西光大工业旅游示范园创建AAA景区。全市旅游产品供给丰富，旅游人气指数攀升，旅游总收入768亿元，同比增长21%。商贸物流、电子商务、现代金融、信息咨询、健康养老等生产生活性服务业加快发展，全市第三产业增长7.6%。临汾市被确定为全国首批城乡高效配送试点城市。

【经济增长】 2019年，临汾市紧盯发展目标，加强经济运行监测，推动经济企稳回升。全市地区生产总值完成1452.6亿元，比上年增长6.0%；规模以上工业增加值完成549.7亿元，比上年增长3.5%；固定资产投资完成462.3亿元，比上年增长14.4%；社会消费品零售总额完成736.9亿元，比上年增长7.3%；一般公共预算收入完成128.1亿元，比上年增长9.6%；城镇居民人均可支配收入完成32895元，比上年增长7.2%；农村居民人均可支配收入完成12809元，比上年增长10.1%。经济运行总体实现稳中有进、稳中向好，多项指标增速在全省位次前移，赶超进位取得新进展。

【改革开放】 2019年，临汾市转型综改行动计划确定的103项任务完成90%。新批开发区数量居山西省第一。央企“三供一业”维修改造完成70%，省企完成46%。6项改革标准被确定为省地方标准。农村集体资产清产核资工作通过省级验收。加强农业生产托管试点工作，洪洞模式、翼城模式在全国推广。临汾机场开通航线23条，旅客吞吐量76.8万人次。承接京津冀、环渤海产业转移，加强与黄河金三角、关中平原城市群合作，全市招商引资签约项目225个，计划总投资1393亿元。发挥尧都文化旅游节、大槐树寻根祭祖节的品牌效应。经济外向度提升，与临汾市有贸易往来的“一带一路”沿线国家31个，新缔结国际友好城市5个。成立临汾市中心医院院士工作站，提升医疗科研技术水平和临床诊治能力。新培育省级“专精特新”企业10户。15家企业荣获“市长创新奖”。新认定省级众创空间4家、星创天地4家，华翔集团入选国家专业化众创空间示范名单，实现全省“零”的突破。全省首个“少年硅谷”人工智能中心落户襄汾。

【三大攻坚战】 2019年，临汾市健全完善脱贫攻坚目标责任和工作落实“两大体系”，推行“两清单两表格”、周例会、跟踪问效等制度，全市“一县一业”“一乡一特”“一村一品”产业格局效益凸显，脱贫成效考核、专项巡视、督查检查发现的问题完成阶段性整改任务，“两不愁三保障”突出问题得到解决。大宁“购买式造林”、蒲县“道德银行”等脱贫攻坚创新范式被选树为全国先进典型。大宁、永和、隰县3个深度贫困县如期“摘帽”，86个贫困村全部退出，20951名贫困人口脱贫，脱贫攻坚实现决战决胜。狠抓大气污染防治，关停市区及周边重污染企业5家，取缔“散乱污”企业563家；8家钢铁企业、6家焦化企业完成超低排放改造；完成清洁取暖改造2413万平方米，收缴置换劣质散煤6.1万吨；落实建筑工地施工扬尘“六个百分之百”管控要求，推进柴油货车污染治理专项行动。在全国168个重点城市环境空气质量排名中，临汾市位列倒数第五。推进水污染治理，实施污水处理厂保温提效工程31项，完成入河排污口整治225个，全市优良水体和劣V类水体达到省考核要求。加强土壤污染防治，全市107家煤矿治理矸石210万吨，绿化12万平方米。临汾生态环境治理能力建设取得关键性进展，生态环境质量实现历史性突破。清偿政府存量债务17.3亿元。清理拖欠民营企业中小企业账款34.8亿元。立案侦查非法集资案件16起。科学组织乡宁“3·15”山体滑坡抢险救援，灾后重建工作提前完成。开展“三个专项行动”，全市事故起数和死亡人数实现双下降。

【民生改善】 2019年，临汾市依法拆除违章建筑32处1.1万平方米，广告下墙1238处4.8万平方米，停车进位1524个，打通5条城市“断头路”，查处市区道路交通违法行为108.5万起。实施市区解放东路拓宽改造、体育街南延等城建项目；开工建设隰吉高速等交通重点项目，续建沿黄旅游公路77公里、新开工299公里，新改建“四好农村路”3940公里；中部引黄、引沁入浮等水利工程加快推进。73个村被命名为省级改善农村人居环境示范村，完成农村改厕13684座。召开全市教育大会，明确教育现代化目标；新改建乡镇寄宿制学校75所，巩固国家义务教育均衡验收成果；高中阶段集团化办学模式改革迈出实质性步伐，提高教育教学质量。新建公办幼儿园4所，认定普惠性民办幼儿园87所。加快卫健事业发展，县级医疗集团医防融合完成，基层医疗服务质量提升；临汾市被确定为DRG付费国家试点城市。承办二青会射击飞碟、花样滑冰、空手道三项赛事。城镇新增就业54955人。城乡居民基本养老、医疗、失业、工伤等保险超额完成省定任务。新开工棚户区改造3920套，完成农村危房改造2444户。

【政府自身建设】 2019年，临汾市开展“不忘初心、牢记使命”主题教育。接受人大工作监督、法律监督和政协民主监督，办理人大代表建议143件、政协委员提案196件。市县政府机构改革完成，机构改革“后半篇文章”开篇布局。启动“一枚印章管审批”，市直27个部门269项行政审批事项实现集中划转。加快数字政府建设，建成覆盖市县乡三级的移动办公（OA）系统。强化审计监督和社会监督，纠正“四风”，保持反腐败高压态势。

【重要文件】

临汾市人民政府《关于做好2019年安全生产工作的通知》（临政发〔2019〕1号）

临汾市人民政府《关于全面推开“证照分离”改革工作的通知》（临政发〔2019〕2号）

临汾市人民政府《关于推进清洁取暖试点城市工作的实施意见》（临政发〔2019〕3号）

临汾市人民政府《关于做好当前和今后一个时期促进就业工作的实施意见》（临政发〔2019〕4号）

临汾市人民政府《关于废止和修改一批市政府文件的通知》（临政发〔2019〕5号）

临汾市人民政府《关于承接落实省政府取消和下放行政职权事项的通知》（临政发〔2019〕6号）

临汾市人民政府《关于公布第一批市级行政执法主体的通知》（临政发〔2019〕8号）

临汾市人民政府《关于公布临汾市第五批市级非物质文化遗产项目名录的通知》（临政发〔2019〕9号）

临汾市人民政府《关于印发临汾市行政审批划转事项清单的通知》（临政发〔2019〕10号）

【政令辑要】

·关于做好2019年安全生产工作的通知（摘要）·

一、完善安全生产责任制，

推进安全红线意识持久化

（一）坚守安全红线意识。各级各部门领导干部要切实把安全生产作为最基本的民生，作为比泰山还重的责任，作为任何人、任何时候、任何地方都不可触碰的高压红线，进一步强化红线意识，牢固树立“以人为本、生命至上、安全发展”的理念，。

（二）落实安全生产责任。把安全生产贯穿于经济社会发展、企业生产经营全过程。要继续完善“党政同责、一岗双责、齐抓共管、失职追责”的安全生产责任体系，严格落实《临汾市贯彻落实〈地方党政领导干部安全生产责任制规定〉实施细则》，把落实结果纳入各级党委、政府的年度工作目标考核内容，加大考核力度。

（三）深化巡查约谈工作。市安委会巡查组要围绕全年各时间阶段的安全生产工作重点，坚持问题导向，着力查找安全生产责任落实情况、重点行业领域专项整治情况、安全风险隐患排查治理情况、安全生产“反三违”情况、打非治违情况、安全生产集中检查开展情况等方面存在的突出问题。对发现的非法违法行为，要坚决依法严惩，并督促问题整改落实。对打非治违不力、重大隐患没有督促整改、事故迟报瞒报的责任人，要加大约谈问责力度，切实解决基层干部不履职、不尽责的问题。

（四）严格安全生产考核。进一步健全完善安全生产目标责任管理体系，合理设置考核指标，科学制定评分标准，强化目标的过程管控，严格安全生产目标责任考核，切实把安全生产工作作为考核各级领导班子和领导干部政绩业绩的主要指标之一，对完不成目标责任的单位要通报批评，严格实行安全生产目标责任“一票否决”制。

二、落实安全生产主体责任，实现安全生产标准化

（一）创建安全生产标准化。落实“政府引导、行业牵头、企业负责、保证质量、全面开展”的工作要求，下大力气推进企业安全生产标准化建设活动，重点从安全生产目标、组织机构和职责、安全生产投入、安全管理制度、宣传教育培训、生产设备设施、作业安全管理、隐患排查治理、重大危险源监控、安全设施“三同时”、职业健康防治、应急救援管理、事故报告、调查和处理等方面加以改进，进一步健全企业规章制度，完善安全生产条件，规范安全生产行为，做到管理标准化、技术标准化、装备标准化、环境标准化、作业标准化，全面提升企业本质安全水平。

（二）强化现场精细化管理。以班组建设为重点，加强现场管理规范化，以人、机、物、环等安全要素为重点，开展精细化管理。要细化安全管理措施，强化现场管理，将责任落实到人、工作措施到人、安全保障到人、执行规范到人，做到带班有领导、班组有标准、岗位有职责、作业有程序、操作有规程、过程有记录、绩效有考核、整改有措施、应急有保障。通过现场管理精细化工作，彻底解决现场管理混乱、现场职责不清、人流物流交错、安全环境较差、习惯性违章频发的突出问题。特别是要加强对承包、承租从事生产经营建设活动单位的检查，坚决杜绝“三违”现象，严防外包工程发生事故，切实提升安全管理水平。

（三）积极推进科技兴安战略。积极推广应用先进适用的安全技术装备，引导高风险企业开展安全技术改造和工艺设备更新，继续在矿山、危险化学品、金属冶炼等高危行业开展“机械化换人、自动化减人、智能化作业”示范创建工作。按照“一张网、一张图、一张表、一盘棋”的要求，加快推进安全生产综合监管信息化平台建设。

三、落实双重预防管控措施，加强排查治理制度化

（一）严格安全风险管控措施。

（二）严格隐患排查治理闭环管理。

四、深化重点行业专项整治，强化监督管理规范化

（一）加强安全生产源头准入。

（二）强化安全生产监管执法。

（三）深化重点行业领域专项整治。

（四）严厉查处生产安全事故。

五、加强应急救援体系建设，推动应急管理信息化

（一）加强应急救援体系建设。

（二）加强应急救援队伍建设。

（三）加强应急信息发布建设。

（四）加强企业应急管理建设。

（五）加强防灾减灾救灾建设。

（六）加强应急值班值守工作。

六、夯实安全基层基础工作，完善社会监督常态化

（一）加大安全生产投入力度。

（二）全面开展安全生产培训。

（三）强化安全宣传教育。

（四）强化安全生产社会共治。

·关于推进清洁取暖试点城市工作的实施意见（摘要）·

一、总体要求

以习近平新时代中国特色社会主义思想为指导，全面贯彻党的

十九大精神，认真落实党中央、国务院决策部署和全国生态环境保护大会要求，根据省委、省政府的全面部署，全力推进我市冬季清洁取暖工作。按照企业为主、政府推动、因地制宜、宜电则电、宜气则气、宜煤则煤（超低排放）、宜热则热，尽可能利用清洁能源，加快提高清洁取暖比重，构建绿色、节约、高效、协调的清洁取暖体系。

二、工作目标

根据国家四部委关于支持北方地区冬季清洁取暖试点工作的要求，三年示范期后，即2021年，我市城市建成区清洁取暖率达到100%；城乡结合部及所辖县（市）建成区清洁取暖率达到100%；平原地区农村清洁取暖率达到100%，实现取暖散煤全替代。

城镇新建建筑全面执行节能65%强制标准，在新建建筑节能75%地方标准编制完成后，逐步实施新建建筑节能75%地方标准。积极开展超低能耗建筑建设试点示范。

城市建成区具有节能改造价值的100.3万平方米既有建筑全部完成节能改造工作。

城乡接合部及所辖县（市）建成区完成104.4万平方米既有建筑节能改造，占具有改造价值的既有建筑总面积的83.5%。

三、工作任务

（一）优先发展集中供热

城市（含县城）建成区充分挖掘现有集中供热资源的潜力，加快热源和供热管网扩容改造，最大限度扩大集中供热面积，对符合节能条件的取暖建筑实现可供尽供。（各县市区人民政府、市住房和城乡建设局、市经信委、市发改委）

（二）精准实施“煤改电”工程

各县（市、区）要结合采暖区域的热负荷特性、电力资源、区域电网支撑能力等因素，因地制宜发展电供暖。在热力管网覆盖不到的区域，推广碳晶、石墨烯发热器件、电热膜、蓄热电暖器等分散式电供暖，作为集中供热的补充。科学发展集中电锅炉供暖，鼓励利用低谷电力，有效提升电能占终端能源消费比重。因地制宜推广使用空气源、水源、地源热泵供暖，发挥电能高品质优势，充分利用低温热源热量，提升电能取暖效率。（各县市区人民政府、市经信委、国网临汾供电公司、市发改委、市农委）

（三）有序推进“煤改气”工程

各县（市、区）要合理安排新增“煤改气”规模，按照统筹规划、循序渐进、“以气定改”“先立后破”的原则推进“煤改气”工程，要切实做到“先规划、有合同、后改造”。对确实不具备实施集中供热、“煤改电”、分散生物质、太阳能等其他清洁取暖方式的，在确保气源落实的前提下，稳妥推进“煤改气”工程。各县（市、区）要根据供气合同制定“煤改气”实施方案和年度计划，强化安全保障措施，稳步推进天然气供暖发展。

在气源充足、具备条件的区域因地制宜有序发展天然气供暖。在城乡接合部，通过城区天然气管网延伸以及LNG、CNG点对点气化装置，安装燃气锅炉房、燃气壁挂炉等方式有序推广天然气供暖。在农村地区，根据农村经济发展速度和农民消费承受能力，有序推广燃气壁挂炉，作为集中供热的补充。（各县市区人民政府、市住房和城乡建设局、市发改委、市农委、相关供气企业）

（四）做好工业余热回收供暖

以钢铁、焦化、化工等具有余热资源的企业为重点，科学规划、稳妥实施低品位工业余热供暖工程，满足一定区域内的取暖需求，鼓励支持对周边村镇集中供热。因地制宜，选择具有示范作用、辐射效应的园区和农村，统筹整合焦化、钢铁、化工等高耗能企业的余热余能资源和区域用能需求，实现能源梯级利用。（各县市区人民政府、市经信委、市发改委、市住房和城乡建设局）

（五）加大可再生能源利用比例

积极推进水热型（中深层）地热供暖。有条件的县（市、区）按照“取热不取水”的原则，以集中式与分散式相结合的方式推进中深层地热供暖。大力开发浅层地热能供暖。在城乡学校、医院、商场、高速公路服务区（收费站管理办公区）、办公楼、厂房等公共建筑，推进浅层地热能集中供暖制冷项目的开发建设。

加快推进生物质能区域供暖。各县（市、区）要加快推进对已投产的农林生物质纯发电项目、生活垃圾焚烧发电项目进行供热技术改造，为周边区域供热。推进生物质成型燃料企业发展，在不具备区域集中供热农村地区和农业大棚区域，推广小型生物质锅炉应用。

推进太阳能供暖与其他常规能源结合，实现热水、供暖复合系统的应用。结合光伏扶贫政策，重点在国家级、省级贫困县推进太阳能光伏光热供暖发电项目的开发建设。（各县市区人民政府、市国土

资源局、市农委、市发改委、市住房和城乡建设局）

四、保障措施

（一）加强组织领导，明确责任分工

市级职责

1.加强协调联动。

2.各县（市、区）要成立清洁取暖暨中央财政支持北方地区冬季清洁取暖试点城市工作领导小组，并下设清洁取暖办公室，负责编制本区域清洁取暖工作实施方案，安全质量监管、工程施工安排、资金使用管理，并协调清洁取暖相关工作的落实。定期向市领导小组及市清洁取暖办汇报项目进展及资金使用情况。

企业职责

3.企业承担清洁取暖工程主体责任，做好建设运营，提供优质服务。

（二）完善支持政策，多种渠道提供资金支持

一是多渠道筹措资金。

二是明确制定激励政策。

（三）加强技术支撑，有序推进清洁取暖工作

为科学有序推进我市冬季清洁取暖工作，市政府聘请专业技术支撑服务单位为我市的清洁取暖工作提供技术服务，编制工程技术方案和指导意见，指导和规范清洁取暖项目实施。

（四）强化项目管理，加强监督考核

各县（市、区）要加强目标责任制管理，将工作任务落实到具体项目上，提高工作效率，强化安全保障，加强监督考核。要加强过程监管，建立调度机制，对项目建设任务进行不定期抽查和年度考核。

（五）加大宣传力度，营造良好工作氛围

（刘小伟　徐曲星）

市政府办公室工作

【概况】　2019年，临汾市政府办公室坚持以习近平新时代中国特色社会主义思想为指导，紧紧围绕全市经济社会发展大局，认真落实市委、市政府各项决策部署，恪尽职守、履职担当，完成各项工作任务，保障市政府工作高效运转。

【党的建设】　2019年，临汾市政府办公室把党的政治建设放在首位，以党的建设激发班子活力、提升履职能力。加强理论学习。组织集体学习17次，学习中共十九大以及十九届二中、三中、四中全会精神，跟进学习习近平总书记系列重要讲话精神。班子成员以普通党员身份参加所在支部的组织生活会。创新支部活动方式，组织开展“走进特教学校，关爱折翼天使”学雷锋志愿服务、安泽县和川镇沁河庄刘少奇路居地革命教育等主题党日活动。开展三基建设“回头看”，修订市政府办公室“一目录三手册”，细化“三基建设”工作流程，完善相关制度。

【参谋服务】　2019年，临汾市政府办公室撰写市政府领导讲话、工作汇报等各类文稿1000余篇。就“村社一体”改革、产业转型发展等工作进行调研，形成《乡村振兴之“安泽样板田”》《关于临汾开发区改革面临的问题及建议》等调研报告。坚持全员办信息及政务信息排名、通报等工作制度，做好信息收集、编撰和上报工作。聚焦办会、办事“标准化”，健全完善首问负责、定期盘点、信息共享等工作制度，形成项目考察、外出招商、学习交流等工作规定。组织承办一系列会议、调研等活动，实现“零差错”“零失误”。完善收发文制度，严格公文审核，规范公文登记、流转、办理等各个环节，在文件落实上加强跟进督办，定期梳理汇总通报落实情况，做到准确、及时、安全、有序运转。

【专项工作】　2019年，临汾市政府办公室发挥督查工作的“拳头”作用，配合完成国务院第六次大督查等工作，围绕安全生产、生态环境治理、城市建设等重点工作开展督查督办。围绕“提倡静悄悄督查检查考核”和“强化结果导向”的工作要求，实行“13710”电子督办常态化管理，全年“13710”督办系统新增办理或交办督办事项109件，办结89件，综合办结率81.6%。督查数量比去年同期减少129项。完成政府大院互联网升级改造和市政府门户网站群改版工作，保障平台的安全稳定和网站内容的及时发布。推进移动办公（OA）系统建设，加快建设县乡移动办公网络。推进政务外网二期工程建设和市级政务信息共享交换平台建设，完成各项前期准备工作。公开市政府、市政府办公室文件41件，办理政府信息公开申请5件。重视网络舆情办理，协调办理各类网络舆情241件。执行全年24小时双人值班制度和交接班制度，掌握各类信息，分析研判，做到反应灵敏、信息畅通。全年办理各类值班文件680余件，处理突发事件168起，处理舆情40余件，发布预警类信息138期。加大对各县

（市、区）和市直部门值班工作的检查力度，抽查600余次。

【自身建设】 2019年，临汾市政府办公室对17个内设机构进行优化调整，理顺关系，明确职责。落实《干部选拔任用工作条例》，坚持正确选人用人导向，按程序调整、提拔一批科级干部。开办“干部讲堂”，党组成员围绕“三基建设”、安全生产、纪律规矩、公文起草等主题授课6次。举办“我们的节日妇女节”等系列活动，开办“道德讲堂”6次。调整驻村工作队，选派年轻干部，到对口的扶贫点汾西县僧念镇薛家庄村开展驻村帮扶工作。办公室44名干部包联58户贫困户，不定期开展入户走访帮扶，向贫困户宣传党和国家政策，协调解决生产、生活中遇到的一些实际困难。

（刘小伟　徐曲星）

民政管理

【养老服务】 2019年，临汾市民政局实施经济困难的高龄和老年人关爱行动提标工程，经济困难的高龄老年人由30元/人·月提至50元/人·月，经济困难的失能老年人由60元/人·月提至100元/人·月，提标任务全部落实。举办全市养老院服务质量建设培训班，提升管理人员素质，提高全市养老服务水平。围绕如何开展提升农村特困老人养老服务行动，实施全市敬老院提质升级工程，整合关停10人以下敬老院，关停16所。省政府工作报告中的全市45个农村老年人日间照料中心建设任务全部建设完成，完工率100%，其中，试运营16个。规范农村老年人日间照料中心运营。按照国贫县、省贫县、经济条件较好的平川县三类，组织全市17个县（市、区）民政部门主要负责人、分管副局长及业务骨干，分别在汾西、乡宁、翼城召开农村老年人日间照料中心规范运营现场推进会，穿插对全市5个国贫县进行重点督促指导20余次，按照“三清单、两办法”的管理办法（即问题清单、整改清单、责任清单和《农村老年人日间照料中心管理办法》《农村老年人活动中心管理办法》），逐村推进规范运营。

【基层政权和社区建设】 2019年，临汾市民政局规范村务公开工作，通过实地检查和走访，梳理村务公开工作中存在的不全面、不规范、不及时等问题，8月23日在曲沃县召开全市村务公开培训交流会，通过实地参观、经验交流、业务培训等方式提升全市村务公开规范化水平。对全年财务公开情况开展自查及抽查，检查督促各县（市、区）逐步将公开制度化。除涉及脱贫摘帽的永和、大宁、汾西等3个县外，其余14个县（市、区）基本完成合并工作，通过大并小、强并弱、优并好等方式，合并减少行政村620个，占任务比例的91.56%。尧都、翼城、洪洞、安泽、乡宁等5个区县超额完成合并任务。

【社会组织管理】 2019年，临汾市民政局做好社会组织年检工作。年报率80%。规范行业协会商会涉企收费。完成296家行业协会商会与行政机关脱钩工作任务。落实社会组织“双随机，一公开”监管，加强社会组织事中事后监管力度。推进社会组织党建工作，社会组织党的工作实现全覆盖，党组织覆盖率83.3%。

【区划调整和公共地名服务】 2019年，临汾市民政局加强临汾市部分行政区划调整工作领导小组，完善工作流程，依法依规稳步推进。规范开展公共地名管理工作，增设路名标志牌290块；对于现存的8处未命名道路启动命名程序。开展志愿者服务活动，截至12月底，全市实名注册志愿者人数50万余人，比2018年底翻了一番，达到全市人口总数的10%。

【社会事务】 2019年，临汾市民政局开展全市违法违规私建“住宅式”墓地等突出问题专项摸排工作，实施清明节祭扫的安全防范排查和文明殡葬宣传，推进惠民殡葬政策，办理360个家庭的免费事项，直接免除费用36万多元。截至12月底，全市销售福利彩票3.67亿元，位居山西省第二。在10月召开的山西省21次民政会议上，侯马市民政局、市城乡居民最低生活保障中心、蒲县蒲城镇民政办受表彰为全省民政工作先进集体。

（郭彦博）

人力资源和社会保障

【概况】 2019年，临汾市人力资源和社会保障局突出稳就业、强保障、抓人才、维权益、促脱贫、优服务、严党建，临汾人社事业健康发展，各项目标任务完成。市人社局被授予“全国维护妇女儿童权益先进集体”“人社部新闻宣传工作优秀单位”“市普法依法治理先进单位”等荣誉称号，社保卡窗口被评为“2017—2019年度全国人社系统优质服务窗口”，12333咨询热线被评为“山西省巾帼文明岗”。

【技能培训】 2019年，临汾市人力资源和社会保障局建立完善“培训+鉴定+就业+服务”模式，以赛促训，举办全市电力、浮山厨艺、翼城机械、蒲县柳编等10场大赛，扩大“临汾技工”品牌影响力。开展失业保险支持技能提升“展翅行动”，发放技能提升补贴90.25万元，惠及536人。推行培训实名制，规范技能培训。定期举办“临汾技工”专场招聘会，培育打造1个省级、4个市级劳务品牌，推荐申报省级高技能人才培训基地1个，建成市级创业示范基地（园区）3个。在全国第八届及山西省第七届烹饪技能大赛中，平阳宴等7个团体荣获金奖，32名选手荣获个人专项奖。2019年，全市技能培训72263人，技能鉴定24572人，新增高技能人才1034人。

【就业创业】 2019年，临汾市人力资源和社会保障局出台《关于做好当前和今后一个时期促进就业工作的实施意见》。实施高校毕业生就业见习计划和青年就业启航计划，310家企事业单位承担就业见习任务，见习人数2100余人，发放见习补贴1465.77万元。举办各类人才交流活动113场（次），签订就业意向2.79万人。失业保险援企稳岗加力增效，拨付稳岗补贴及应急稳岗补贴6990.23万元，惠及295家企业。开发公益性岗位2000余个，对就业困难人员和重点群体托底安置。为2102名在校困难大学生发放求职创业补贴210.2万元。参加山西省星火项目创业大赛，“区域特色文化旅游产品研究开发”荣获一等奖。2019年，全市城镇新增就业54955人，转移农村劳动力就业50740人，全市城镇登记失业率1.82%。

【社会保障】 2019年，临汾市人力资源和社会保障局贯彻执行社保降费政策，全年为用人单位减费7.23亿元。规范待遇发放方式，推进养老保险经办机构全部使用社保卡发放待遇。在山西省最早建立城乡居民基本养老保险丧葬补助制度，按照不低于2000元的标准执行。实施全民参保计划，基本养老保险、失业保险、工伤保险参保人数分别为271.59万人、36.71万人、54.43万人，超额完成年度目标任务。建成社会保障卡临汾制卡中心，打造“平阳一卡通”，临汾市民可持卡乘坐公交、畅游景点、脱卡购药。与支付宝合作，开展更多应用场景。全省电子社保卡和“民生山西”APP应用推广现场会在临汾市召开，推广临汾典型经验。全市新制发第三代社会保障卡64万张，签发电子社保卡73万张。审核办理退休人员一次性补贴2811人。落实有关政策，提高离休干部护理费标准，调整企业和机关事业退休人员基本养老金，调整各项工伤待遇。2019年，城镇居民人均可支配收入达32895元，增幅7.2%，高出年度任务0.7个百分点。

【人才人事】 2019年，临汾市人力资源和社会保障局为1337人发放“庆祝中华人民共和国成立70周年”纪念章。为18位专家发放国务院特殊津贴。推荐上报百千万人才工程国家级人选、省学术技术带头人等11人，院士工作站1个。为基层招募“三支一扶”大学生59名。制定职称评审标准，建立和更新职称评审委员会专家库，完成评审委员会的组建、换届和调整工作。联合起草印发《临汾市事业单位引进高层次紧缺急需人才实施办法（试行）》。完成市直49家市直事业单位公开招聘笔试、面试工作，配合完成2019年度全省公务员考试临汾考区考务工作。审核批复10个县1151人事业单位公开招聘方案。组织开校园招聘活动，为6家单位签约应届毕业生137人。组织各类人事考试14次，参考人数38834人。

【劳动关系】 2019年，临汾市人力资源和社会保障局加大劳动保障监察执法力度，开展农民工工资支付等专项检查，检查用人单位10815户，补签劳动合同8570人，追发劳动者工资等待遇592.4万元。建立应急周转金制度，预存周转金4122万元，缴存工资保证金2.556亿元。向社会公布重大劳动保障违法案件5批次26户，将9户企业及法人和实际负责人列入拖欠农民工工资“黑名单”，进行综合惩戒。对用人单位劳动用工实行动态监管，劳动合同签订率98.42%。规范劳务派遣行政许可，全市审批91家，注销6家。联合市中院召开全市裁审衔接联合培训暨工作座谈会，跟踪监测仲裁办案系统上线情况，加大劳动人事争议案件处理力度。2019年，市县两级立案受理585件，调解成功率63.9%，仲裁结案率97%，接待群众来访1140批次，处理群众来信92件，来信来访处置率96%。

【扶贫工作】 2019年，临汾市人

力资源和社会保障局加强“建档立卡”人员动态管理，对农村贫困劳动力进行筛查核实和实名登记。开展就业扶贫系列活动，全年实现建档立卡贫困劳动力转移就业12159人。建成就业扶贫车间28个，促进建档立卡贫困劳动力就地就近就业。推进城乡居民基本养老保险扶贫工作，贫困人口和低保特困人员参保率100%，全市贫困县参保率均达到山西省水平95%以上。加大企业稳岗补贴力度，降低职业技能提升补贴申领门槛，提高失业保险待遇。在全市开展“工伤保险走进扶贫车间”主题普法宣传活动。事业单位招聘计划重点向贫困县倾斜，向5个国定贫困县下达计划108个，在深度贫困县实行“乡招村用”招聘工作，为贫困县招募“三支一扶”占总量的67.8%。提高贫困地区事业单位工资收入水平。对长期在农村偏远地区一线工作的专业技术人员职称评审给予倾斜。对口帮扶永和县南庄乡百湾只村，调整22名帮扶责任人，组织开展助力脱贫送温暖、献爱心等帮扶活动。

【作风建设】 2019年，临汾市人力资源和社会保障局开展为期3年的加强行风建设改进公共服务专项行动，开展窗口单位业务技能练兵比武活动。梳理“互联网+监管”系统监管事项目录清单和检查实施清单，梳理编写行政审批和公共服务事项清单及编码174项，汇总上报就业和社会保险领域基层政务公开目录。启动就业政策落实服务落地专项行动，向社会公布“三项清单”5大类31项内容。下放劳务派遣单位审批许可权限。推进“减证便民”，开展证明事项告知承诺制试点工作，压缩办事时限，社保卡集中制卡时间由3个月缩短至一周，即时制卡立等可取，职业资格证书发放时间由15天变为秒办即发。拓展“民生山西”APP本地化服务能力，推动灵活就业线上缴费、医保线上支付等功能的实现。2019年，完成各类审批事项30601件，办结率100%。

退役军人事务管理

【概况】 2019年，临汾市退役军人事务局以退役军人为中心，构建科学规范的组织管理体系、工作运行体系、政策制度体系，解决退役军人事务工作面临的重点难点问题，完善机构建设，解决问题，统筹做好思想政治、就业安置、待遇保障、法规制度、服务管理等工作，防范化解涉军领域矛盾隐患，推动退役军人事务工作全面发展。

【市县两级机构改革】 2019年2月2日，临汾市退役军人事务局挂牌成立，3个直属事业单位划转到位。17个县（市、区）局3月20日之前挂牌成立；截至6月23日，市、县、乡、村四级退役军人服务中心（站）组建成立。5月，市委成立市委退役军人事务工作领导小组，9月上旬对市委退役军人事务工作领导小组和市拥军优属拥政爱民工作领导小组成员进行调整，各县（市、区）同步成立党委退役军人事务工作领导小组。

【信息采集】 2019年，临汾市退役军人事务局开展退役军人及其他优抚对象信息采集工作，按照“横向到边、纵向到底”的原则宣传发动，确保信息采集宣传不漏人、不漏项。全市采集任务完成率、审核通过率100%。

【走访慰问】 2019年，临汾市县两级退役军人事务部门坚持目标导向和问题导向，坚持“属地管理、分级负责，谁主管、谁负责和综合施策、化解帮扶”的原则，对全市退役军人和重点优抚对象进行普遍走访慰问，疏导涉军领域突出矛盾，落实政策，保障退役军人合法权益。7月13日，参加临汾舰光荣退役仪式，走访慰问临汾舰全体官兵；从7月26日开始集中时间，对临汾军分区、武警临汾支队、××部队等驻临部队及部分优抚对象代表、部分现役军人家属进行走访慰问，8月1日，市局在《临汾日报》上刊发《致广大退役军人慰问信》。全市走访慰问驻临部队××家，退役军人××人，企业军转干部××人。对享受国家定期抚恤补助的优抚对象发放价格临时补贴，为优抚对象发放4月至7月价格补贴，全部发放到位。

【营造崇尚军人氛围】 2019年，临汾市退役军人事务局印发宣传材料5000余份，倡议全市退役军人学习张富清先进事迹。组织实施“全国模范退役军人”、山西省“最美退役军人”推荐工作，尧都区贺家庄乡漫天岭村党总支书记张建国荣获“全国模范退役军人”称号，安泽县公安局交警大队女子岗班长张国林荣获“山西最美退役军人”称号。

【核对颁发纪念章】 2019年，临汾市退役军人事务局开展“庆祝中华人民共和国成立70周年”纪念章发放工作，成立纪念章发放工作领导小组，制定工作方案，在纪念章发放过程中核对发放人员身份，确保不错发、不漏发，全覆盖、精准到位。全系统发放629枚纪念章。

【光荣牌发放】 2019年4月18日，临汾市退役军人事务局在尧都广场举行“临汾市为烈属、军属和退役军人等家庭悬挂光荣牌启动仪式暨尧都区悬挂光荣牌仪式”。市委常委、临汾军分区政委王振富、副市长闫建国、尧都区区长吴勇出席启动仪式。市、区部分烈属、军属和退役军人代表、驻临部队代表、各民主党派、工商联和无党派人士代表，群众代表600余人参加启动仪式。为新增军烈属和退役军人等家庭入户悬挂42044块。

【推荐双拥模范城】 2019年，临汾市退役军人事务局开展山西省双拥模范城（县、区）、双拥模范单位和个人推荐工作。10月16日，全省双拥模范城（县、区）命名暨双拥模范单位和个人表彰大会在太原召开，尧都区、侯马市、曲沃县、洪洞县、乡宁县、吉县荣获新一届山西省双拥模范城（现）称号，临汾市教育局等4家单位荣获“省爱国拥军模范单位”称号，安泽县人武部等2家单位荣获省拥政爱民模范单位称号，杨保春等4人荣获“省爱国拥军模范个人”称号，周勇军等2人荣获“省拥政爱民模范个人”称号。

【烈士褒扬纪念工作】 2019年4月，临汾市退役军人事务局向社会各界及全市群众发出“传承·2019清明祭英烈”倡议书。清明节期间全市烈士陵园接待机关、企事业单位、大中小学学生、驻临部队官兵和烈士家属、退役军人5万余人次，选送的英烈讲解员王瑞娜代表山西省参加全国英烈讲解员大赛，配合市委、市政府开展纪念临汾解放71周年活动、“9·30”国家公祭日活动，以“烈士褒扬系统”为基础，查询历史资料和走访相结合，对烈士信息数据进行核对、修改、补充、完善。

2019年4月18日，临汾市开展为烈属、军属和退役军人等家庭悬挂光荣牌启动仪式 （临汾市退役军人事务管理局供图）

【落实“阳光安置”政策】 2019年，临汾市退役军人事务局制定年度安置计划，召开退役士兵安置工作座谈会，按照就近原则，将年度安置计划下达各县（市、区），对年度符合政府安排工作条件的退役士兵进行量化评分，公开、公平、公正组织退役士兵进行选岗；根据军转干部个人特长和工作经历，向党政机关推荐军转干部，采取“阳光安置”和“直通车”相结合的安置办法，安置计划分配军转干部和随调家属，接收安置退休干部（士官）、复员干部，为军转文职人员办理落户手续。

【退役军人适应性培训班】 2019年，临汾市退役军人事务局举办2019年度符合政府安置工作条件退役士兵适应性教育培训班和计划分配军转干部、自主择业军转干部适应性培训班。通过培训，使退役军人能够了解全市政治、经济、社会的发展情况、就业形势、安置政策，熟悉工作流程，开拓工作思路，提高工作认识。

【退役士兵安置“回头看”工作】 2019年，临汾市退役军人事务局到各县（市、区），对驻临企业2018年退役士兵安置情况进行回访、检查，了解单位实际、退役士兵接收上岗和工资待遇情况，了解掌握退役士兵安置政策落实情况的第一手资料。对未按照中央、山西省、市有关退役士兵安置政策落实的问题，予以指出；属于市本级问题的，要求限期整改到位；属于对上协调的，要求及时反映，与上级主管部门对接，确保问题得到解决。

【迎接退役士兵返乡】 2019年，临汾市县两级退役军人事务局开展退役士兵返乡欢迎仪式，9月3日，市、区两级退役军人事务局在临汾西站举行退役士兵返乡欢迎仪式，军地双方领导为返乡退役士兵佩戴红花、发放“政策礼包”宣传册、进行政策解答，引导退役士兵做好信息采集工作，组织多家企业开展专场招聘会。

【部分退役士兵社会保险接续前期准备】 2019年，临汾市退役军人事务局制定《临汾市部分退役士兵社会保险接续工作实施方案》《临汾市部分退役士兵社保接续工作的公告》，成立临汾市部分退役士兵社会保险接续工作专班，与市人力资源和社会保障局、市医疗保障局、市财政局、市税务局等相关部门协调对接，依法合理解决退役士兵的利益问题，做好完善基本养老、基本医疗保险参保和接续政策前期准备工作。

【发行“拥军服务卡”】 2019年8月1日，临汾市退役军人事务局与建行临汾支行举办临汾市退役军人服务卡首发仪式，副市长闫建国出席首发仪式。“退役军人服务卡”是建设银行为退役军人定制发行的专属银行卡，免收工本费、账户管理费、小额账户手续费、系统内异地存取现手续费、跨行转账费、短信服务费等，退役军人持有该卡可在建设银行临汾分行所有网点窗口优先办理业务，为退役军人提供专属设计的收益与利率优惠的理财产品和存款产品优惠政策。

【“送政策到军营，送服务到基层”活动】 2019年8月26日至30日，临汾市退役军人事务局组成多个政策宣讲团（组），到驻临汾部队开展2019年度“送政策进军营”活动，针对自主就业退役士兵和自主择业军转干部接收报到、信息登记、适应性培训、职业技能培训、学历教育等以及退役军人自主创业税费减免、自主创业担保贷款及贴息等方面的具体政策进行讲解，惠及驻临汾部队官兵。

【推进落实再就业工作】 2019年，临汾市退役军人事务局登记在册的市属及以上企业失业下岗退役军人需再就业1126人。10月，配合市静态交通设施管理有限公司招聘路内停车管理员100名（到岗上班65人）。配合市公安局、市交通局、市人社局、尧都护卫、市公交公司启动主城区公交乘务管理员招聘工作，有望安排200人左右再就业。对该群体55岁以上临近退休年龄或体弱多病等下岗再就业退役人员养老保险接续等问题，与市人社局对接，商讨解决办法，制定可行性计划，对社保补缴资金进行测算，协调办理。

【秋季人才暨退役士兵专场招聘会】 2019年，临汾市退役军人事务局与市委人才办、市人社局举办2019年秋季人才暨退役士兵专场招聘会，副市长闫建国赴现场检查指导。159家单位提供6000多个岗位，参加招聘会求职人数5000余人，1200余人达成意向，其中退役士兵300余人。

【规范接访工作】 2019年，临汾市退役军人事务局制定标准化的接访流程，提高接访工作效能，做到依法依规办事，加强人员及设施设备配备，完善配套制度措施，发挥市县乡村四级退役军人服务保障体系作用，选派业务骨干从事信访工作，确保退役军人来信有人办、来访有人接、过程受监督、结果有反馈。畅通信访渠道，健全完善退役军人事务接访大厅，运用“局长接访日”，落实首办责任。对部分退役军人合理合法、条件具备的信访事项，妥善解决；对不合理诉求，加强政策解释宣传，把矛盾和问题消除在萌芽状态。

（崔心刚）

应急管理

【概况】 2019年，临汾市贯彻安全生产和应急管理工作的决策部署，强化责任落实，加强安全培训、隐患排查治理，推进企业安全体检，开展安全专项整治，打非治违，做好防灾减灾救灾工作，提高应急保障能力，确保全市安全生产形势的稳定好转。全市发生各类生产经营性安全事故67起，死亡79人，同比减少96起，减少90人，分别下降58.9%和53.3%，实现事故起数和死亡人数双下降。

【安全生产基本情况】 2019年，临汾市有煤矿121座（市级监管11座），非煤矿山247座（地下矿山50座、尾矿库45座），危险化学品生产经营单位680家（危化生产企业50家），烟花爆竹批发企业21家、零售点222家，冶金工贸企业405家（冶金企业27家），民爆物品生产经营单位14家，洗煤厂290座，交通运输单位424家，水库54座。地质灾害隐患风险点2108处，森林面积64.8万公顷。全市境内高速公路475公里、国道585公里、省道992公里、农村公路16199公里、隧道45座、桥梁1247座。全市境内输油气输送管道约长1275公里，火力发电企业5家，水力发电企业1家，风力发电企业2家。

【安全生产重点工作】 2019年，临汾市应急管理局每月召开安全生产工作例会，分析研判安全形势，安排部署重点工作，做到超前应对防范。市安委办督促各级党政领导干部狠抓安全生产落实，在“两节两会”、中秋、国庆等重点时段，到基层一线检查指导安全生产。机构改革后，成立市应急救援总指挥部和17个专项分指挥部，加强对煤矿、防汛抗旱、森林防火、道路交通、地质灾害等突发事件的防范治理和应急处置。

【安全生产专家会诊】 2019年，临汾市应急管理局探索“政府购买服务、专家会诊指导、企业排查治理、部门执法监督”的服务机制，成立矿山、危化、冶金、建筑、水利等行业领域的专家库。组成专家工作组，到煤矿、危化品、冶金工贸、非煤矿山等行业领域的重点企业进行安全体检，对涉及危险工艺、危险流程、重大危险源和容易引发安全事故的环节、场所、部位以及生产装备装置、设施设备，进行细致检查，系统排查致灾因素和重大安全风险，整治消除重大隐患。

【安全生产大检查】 2019年，临汾市应急管理局把握各季节安全生产规律，突出关键危险因素和薄弱环节，开展安全生产大检查工作。一季度开展安全生产集中检查和交叉检查，二季度开展安全生产、高陡边坡隐患排查、森林防火3个专项行动和“大培训、大宣传、大排查、大治理专项行动”，三季度开展“防风险、保安全、迎大庆”行动，四季度开展安全生产集中整治活动，排查治理隐患，做到发现问题、整改问题、闭环管理。

【监管执法】 2019年，临汾市应急管理局杜绝“只检查不执法，只执法不处罚”，执行“四个一律”和“五个一批”要求，按照“有法可依、有法必依、执法必严、违法必究”的原则，对非法违法行为从严从重查处。全年查处非法违法行为5976起，停产整顿114家，关闭取缔46家，暂扣安全生产许可证16个，对39起典型案例分5批在临汾电视台和《临汾日报》进行公告曝光。

【煤矿安全监管】 2019年，临汾市应急管理局制定《煤矿复产复建验收管理办法》《煤矿企业安全信用等级评定办法》《煤矿技术红线管理办法》等规章制度，规范全市煤矿生产和建设秩序。健全煤矿复产复建验收制度，实施“双红线”管理，实施安全信用等级，分级分类动态差异化监管。开展瓦斯、顶板和防治水等安全专项整治，打击各类违法违规行为，全年排查煤矿重大隐患24条，停产停建31矿次，行政处罚175矿次总计6391万元。聘请专家开展煤矿安全体检，系统排查治理安全风险隐患，开展岗位作业流程标准化建设，推进煤矿安全生产动态达标。

【重点行业安全专项整治】 2019年，临汾市应急管理局汲取江苏响水天嘉宜化工厂“3·21”事故教训，对全市6个化工园区开展安全风险排查整治及风险评估工作，开展空分装置和“两重点一重大”专项整治。对危化企业装卸车系统进行治理，实现密闭装卸、流量控制、自动化管理。非煤矿山：进行辅助运输、通风系统、顶板安全专项整治，责令限期整改83家，停产整顿21家。尾矿库重点整治防排洪系统、坝体、干滩、浸润线、调洪库容、在线监测等方面隐患。地质灾害：加强高陡边坡等地质灾害和汛期安全防范的隐患排查治理，对1764处地质灾害隐患点分类处理。建筑施工：以“防坍塌、防坠落”为重点，狠抓起重机械、脚手架、深基坑等风险管控措施落实，打击各类非法转包分包。道路交通：实施公路安全生命防护工程，强化路面秩序管控，加强“两客一危”车辆的管理，对重大危险路段进行挂牌督办，打击各类交通违法行为。消防：开展“防风险、保平安、迎大庆”、大型商业综合体、冬春火灾防控等综合治理工作。森林防火：制定森林防火期十项工作措施，重点时段领导带队开展森林防火督查，定期组织森林防火模拟实战演练和培训。其他行业领域针对薄弱环节，开展专项整治。

【安全生产巡查】 2019年，临汾市应急管理局确保各项安全生产重点工作取得实效，市安委办派出多个综合检查组和煤矿、危险化学品2个专项检查组，到各县（市、区）对安全生产集中检查、交叉检查、复产复建、煤矿体检、消防、危化等重点工作进展情况进行巡查。督促各级各部门各企业把安全生产重点工作摆到重要位置，倒逼各级政府和企业压实安全生产责任。

【事故教训警示安全生产】 2019年，临汾市应急管理局“四不放过”和“科学严谨、依法依规、实事求是、注重实效”的原则，依法依规严肃查处生产安全事故，从严处罚事故企业和责任人，向社会公示结果。查处22起工矿商贸事故，给予党纪、政务处分73人，追究刑事责任9人。对事故原因进行深刻、透彻的分析，召开警示大会，做到“一企出事故、万企受教育，一地有事故、全市受警示”。

【安全生产重点工作】 2019年，临汾市72座生产煤矿全部达到二级以上标准化，431家危化品生产经营单位、20家烟花爆竹批发企业、7家非煤矿山企业、154家冶金工贸企业、13家民爆销售单位达到三级以上标准化。邀请中国科学院院士宋振骐到临汾市进行煤矿安全专题讲座，各产煤县（市、区）、煤矿监管部门、煤矿企业人员600余人参加讲座。市安委办组织各县（市、区）业务骨干赴清华大学进行应急管理能力提升培训。加强班组人员安全教育培训，强化现场作业人员安全意识，规范安全操作技能，增强应急救援知识，提高现场管理能力、抵制“三违”能力、安全操作能力、隐患排查治理能力和应急处置能力。开展安全宣传“七进”等各类贴近群众的宣传活动，每晚《临汾新闻》片尾飘字宣传安全生产，普及安全知识。

【安全生产应急救援体系】 2019年，临汾市应急管理局加强预案管理、强化救援队伍、提高应急能力，各行业领域开展应急救援演练3061场，参与应急演练3万人次。6月11日上午，市安委办开展模拟因地震造成同世达化工公司罐区发生危化品泄漏的应急救援演练，20多家单位数百人参与演练。

（秦炳震）

消防救援

【灭火救援情况】 2019年，临汾市发生火灾864起，死亡3人，受伤1人，直接经济损失870万元。同比2018年，火灾起数上升100%，死亡人数增加1人，受伤人数增加1人，直接财产损失上升56%。消防救援支队共接警出动1258起，出动消防车1576辆次，消防人员10338人次，抢救被困人员254人，疏散人员1771人，抢救财产价值1797.2万余元。

【实战练兵】 2019年，临汾市消防救援支队以全员岗位大练兵为主线，科学制定训练计划，研究实施8项激励练兵措施，聘请专业教练对体能训练进行现场指导，建立“中队周测试、大队月考核、支队季比武”练兵机制，组织开展岗位练兵比武竞赛，破解指战员体能、技能薄弱的瓶颈。承办总队地下建筑跨区域灭火救援演练，组织各级修订预案800余份，开展支队级演练8次，大（中）队级演练789次。推动政府专职消防队伍建设，新建企业专职消防队3支、乡镇专职消防队10支，新征召政府专职消防员28人，弥补指战员人力不足。

【转型升级】 2019年，临汾市消防救援支队立足“主力军”“国家队”的使命任务，建立地震救援、高层建筑、石油化工和地下场所专业救援队，实体化运行支队应急通信保障队伍。建立全员普训普考机制，组织开展专业理论、基础体能、岗位技能阶段性考核11次，表彰14人次。实施集中培训，组织基层指挥员、攻坚组队员、装备技师、监督员等业务培训9期，培训指战员300余人次。开展针对性教育，举办战训讲堂、战例研讨等专题授课6期，组织16名干部到大同支队学习考察。加强职业化培养，完成18名消防员、100名专职消防队员职业技能鉴定。

【强化保障能力】 2019年，临汾市消防救援支队推动基层基础建设，战勤物资储备中心、公寓楼具备入住条件、即将投入使用，侯马第二消防站完成立项，河西3#消防站办理征地手续，乡宁光华镇专职队完成建站；对标实战需求，全市新增防护装备6119件（套），抢险救援器材及灭火器材1019件（套）。配合总队完成跨区域地震灾害事故战勤保障实战拉动演练。解决29名消防救援人员子女入托入学问题，协调20家医院开设消防救援人员就医优先窗口和绿色通道，落实消防救援人员交通出行、旅游优待权益。

【隐患排查整治】 2019年，临汾市消防救援支队强化党政领导责任，市政府常务会议3次研究消防工作，将乡镇政府专职队建设列入政府13710督办系统，市安委会把消防安全工作纳入安全生产和消防安全目标责任体系，每月部署消防工作、通报火灾形势，开展消防安全巡查检查4次。组织16个职能部门联合开展6个消防安全专项治理活动，推动77位市县两级主要党政领导集中检查消防安全，督促指导1421家重点单位落实“三自主两公开一承诺”和“六个一”措施，约谈大型企业、消防安全重点单位1694家，连锁企业负责人11人。

【消防监督执法】 2019年，临汾市消防救援支队完成新中国成立70周年、“二青会”等重大安保任务，紧盯11类重点场所和11类突出风险，开展“体检式”防火检查指导、排查整治，检查单位25306家，督促整改火灾隐患40715处，整改销案重大火灾隐患5处。推行“双随机、一公开”监管模式，建立全市随机抽查“一单两库”，抽查单位1100余家。抽调23名骨干成立执法服务队，开展风险隐患交叉检查，组织召开大型商业综合体达标创建推进会，加强消防安全管理工作。

【消防宣传教育培训】 2019年，临汾市消防救援支队组织开展现场宣传培训活动200余场，惠及群众20万人次，培训7类重点人员1万人次，走进社会单位开展宣传5000余次，利用社会媒介播放消防公益广告和警示标语4万余次，发送消防短信2万条次。支队官方抖音账号粉丝34.2万人，点赞685.3万次，播放量1.18亿次，“击掌女孩”“饮料男孩”等热点新闻在网络爆红，被中央电视台、《人民日报》、新华社等权威媒体采用，消防微电影《重生》荣获全国消防救援队伍首届主题微电影评选三等奖。

（临汾市消防救援支队）

外事和对港澳台事务

【概况】 临汾市人民政府外事办公室为2019年机构改革中新成立单位，由原临汾市旅游发展委员会（临汾市人民政府外事侨务办公室）外事、港澳事务方面的职责和原市政府台湾事务办公室的职责整合组建，作为市政府工作部门，加挂市政府港澳台事务办公室牌子。市委台湾工作办公室设在市外事办（市港澳台办），市委对台工作领导小组的日常工作由市外事办（市港澳台办）承担。市外事办（市港澳台办）履行外事、港澳台工作主体责任，加强党对外事、台港澳工作的集中统一领导，提升队伍工作能力水平，拓宽国际交往渠道，深化临台两地交流，开创富有临汾特色的外事、台港澳工作新局面。

【友城建设】 2019年，临汾市人民政府外事办公室按照“建立一批友城关系、搭建一批合作平台、促成一批合作成果”的思路，运用“政府对话友城互动，企业合作民间交流”的形式，抓好与友城间交往，拓展和深化临汾市友好城市朋友圈。签订友好合作伙伴4个：柬埔寨王国拜林省拜林市（5月签订）、德国马格德堡市（6月签订）、南非克里斯哈尼市（7月签订）、津巴布韦北马省维多利亚瀑布城（7月签订）。

【因公出国管理】 2019年，临汾市外事办完成20批50人次的因公临时出国手续的审核报批手续。5月，市政府副市长陈忠辉率团赴日韩开展友好访问及医疗康养项目洽谈活动。7月，市委副书记、市长董一兵率团对埃及、南非、津巴布韦进行工作访问。出访期间，临汾市与南非克里斯哈尼市、津巴布韦维多利亚瀑布城建立友好合作伙伴关系；在南非开普敦，市外事办与当地“中国好产品”展厅签订备忘录，为名优产品出口南非提供平台便利。8月，市委常委、常务副市长常青率团出访印度尼西亚、澳大利亚。拜访印尼西冷市及友城澳大利亚杰拉尔顿市，走访印度尼西亚

2019年7月，临汾市与津巴布韦维多利亚瀑布城建立友城关系签约仪式

（市外事办供图）

腾邦金属制品有限公司，参加中澳联通跨境电商平台网站启动仪式，在墨尔本市与汉森城市规划所就城市规划和设计等方面情况进行座谈交流。

【外事礼宾】 2019年5月4日至5日，日本埼玉县秩父市市长久喜邦康率团在临汾市访问，副市长陈忠辉代表临汾市政府会见久喜邦康一行。5月，柬埔寨拜林省拜林市政府代表团一行7人在临汾市访问，山西省委副书记林武，临汾市委副书记、市长董一兵分别会见代表团。双方市长签署《临汾市与拜林市发展友好城市关系备忘录》。代表团参加“2019第二届尧都文化旅游节”及尧都民间祭拜尧帝大典活动。10月22日至25日，接待津巴布韦维多利亚瀑布城市长达拉梅尼·索姆威利先生一行。10月27日至30日，接待南非克里斯哈尼市市长王格玛·杰拉一行，市委副书记、市长董一兵会见代表团一行。11月7日至10日，接待由智利驻华大使馆外交官罗德里戈·托雷多先生率领的驻华大使馆官员交流团。12月，日本田中角荣和平祈念财团理事长田中京一行在临汾市参访，市委副书记、市长董一兵会见田中角荣和平祈念财团理事长田中京，双方就山西光宇半导体照明有限公司拟与日东国昌（北京）投资有限公司合作的康养产业项目进行交流。

【与山西师大建立战略合作关系】 2019年，临汾市人民政府外事办公室加强与山西师大外国语学院、外事处的联系沟通，加强智力、人才、专业项目合作，在市外事办建立山西师大外国语学院学生实践基地，为对外开放提供智力和人才支持。实践基地于12月挂牌。

【与地方外办对接】 2019年，临汾市人民政府外事办公室加强与东部沿海发达地市外事办对接，9月，市外事办到山东潍坊市开展外事工作交流对接，学习对方先进的外事工作经验和管理水平，做到资源互享。与潍坊市外事办签署《山西省临汾市与山东省潍坊市外事工作交流合作协议》。

【外事三进】 2019年，临汾市人民政府外事办公室开展外事服务“进企业、进医院、进学校”三进活动。与外向型企业对接，了解生产经营状况，产品类型及市场需求，帮助企业经营者树立全球化经营意识，组织和引导优势企业、优势产能与国际对接，参与国际合作与竞争。与重点医院、学校对接交流，为医疗和教育系统专业人才外出开展学术交流、外出研修、引进人才，加强国际合作等方面提供政策、信息及渠道和平台。对全市各医院、学院学校因公出国规范化管理、涉外工作及领事保护等知识进行宣讲。

【APEC商旅卡的申办】 2019年，临汾市人民政府外事办公室做好APEC商旅卡的申办工作的宣传，根据新的APEC商旅卡申办要求，市外事办做好宣传推广工作，以集中推介、上门宣传等方式送信息、送政策、送服务。截至2019年底，办理APEC商旅卡95张。

【涉外宣介】 2019年2月25日，临汾市外事办主任赵新喜参加在外交部蓝厅举行的以“新时代的中国：山西新转型　共享新未来”为主题的全球推介活动。7月，举办“安全文明出境游宣传月”活动，宣传外交部12308热线。传播文明旅游理念，提升文化礼仪素养，提醒临汾市出境游客做中华文明的传播者和中国形象的展示者。

【涉外安全】 2019年，临汾市人民政府外事办公室定期召开风险研判会，对涉外领域有可能出现的风险进行研判。妥善处理涉及临汾市的2起涉外事件。5月初，安泽县公民王佳在老挝琅勃拉邦省旅游景区溺亡，市外事办与相关部门取得联系，协助其亲属出境处理善后事宜；11月初，洪洞县公民冯东吉系中铁十七局电气化工程有限公司员工，在巴基斯坦工作时突发疾病，经抢救无效死亡，市外事办与中铁十七局联系，协助做好家属赴巴处理善后事宜的工作。

【临台交流】 2019年，临汾市人民政府外事办公室连续4年保持与中国台湾著名宗教团体——南鲲鯓代天府的定期互访。在市外事办（港澳台办）及山西师大历史与文化旅游学院的努力下，交流项目成为山西省重点交流项目。2019年第二届尧都文化旅游节期间南鲲鯓代天府与山西帝尧旅游文化发展有限公司签署姊妹宫庙协议。与中华统一促进党保持来往。与新一届屏东市政府建立良好关系。与高雄市黄复兴党部建立密切联系，开展双方互访。

【台胞接待】 2019年第二届尧文化旅游节期间，临汾市外事办（台港澳办）邀请以新党主席郁慕明先生为代表的8个团组近300人，有中国台湾知名人士、宗教团体、基层民众、商贸交流团、中国台湾青年等各界人员。特邀嘉宾郁慕明在台湾岛内有较大影响，参加2019年第二届尧都文化旅游节，对促进海峡两岸文化交流、增进海峡两岸同胞民族认同。维护海峡两岸和平发展大局具有很大影响。接待“中国台湾青年学生寒假山西参访团”“中国国民党黄国雄党部山西参访团”“台湾中华擎天协会山西研习营”“山西在台新娘故乡行参访团”等中国台湾参访团150人左右。

【对台经贸】 2019年，临汾市人民政府外事办公室与太原台企联建立合作关系，与山东省潍坊市台办建立合作伙伴关系，学习借鉴举办“鲁台会”的经验。市外事办（台港澳办）牵线，签约的“台商中心”项目进展顺利，一期10公顷土地完成前期规划、设计，进入征地阶段。

【台商、台胞服务】 2019年，临汾市有台资企业3家，台胞4户，常住台商5户。帮助台企解决生产经营困难，帮助侯马旺旺生产厂解决供气、税收等方面困难；帮助红豆人餐饮公司解决食品安全检查、搬迁补偿等方面问题。为台胞、台商解决生活困难。为台胞黄泰英（高雄人）解决女儿上学问题。定期慰问在临汾的台企、台胞。

【对台宣传】 2019年，临汾市人民政府外事办公室邀请中国台湾记者到临汾市采访。5月30日至6月3日，邀请中国台湾《联合报》记者在尧都区、洪洞县、霍州市、隰县、吉县等地采访，6月24日至26日在《联合报》刊登介绍临汾市风土人情、历史人文、旅游资源及6月1日祭尧大典盛况的专题报道。加强与岛内媒体合作，在中国台湾联合新闻网、联合手机报、UDNTV、网络知识库、Story有故事APP、U台说–微信公众号等岛内媒体进行专题宣传。利用“临汾台办网”进行宣传。全年“临汾台办网”更新各类信息300多条，刊发和更新介绍临汾市风俗人情、旅游资源、主要物产、历史文化、投资环境、招商项目等内容的各类资料30余篇。

【海峡两岸交流基地建设】 2019年6月1日，山西省首家省级“海峡两岸交流基地”在尧帝陵景区挂牌，省台办主任曹荣湘和临汾市委副书记、市长董一兵为景区揭牌。揭牌仪式上，曹荣湘宣读命名临汾市尧都区尧帝陵景区为山西省“海峡两岸交流基地”的决定；董一兵致辞。十二届全国政协副主席刘晓峰、山西省委副书记林武、中国台湾新党主席郁慕明及300多名台胞代表和数千名干部群众参加挂牌仪式。

【教育培训】 2019年，临汾市外事办（港澳台办）组织全市对台工作干部参加国台办组织的“2019年新形势下对台工作干部培训班”4期，参加山西省台办组织培训班3期；组织涉外干部参加省外事办组织的培训两次。12月9日至11日，市外事办（港澳台办）举办全市外事、港澳台干部能力提升培训班，邀请国台办培训中心主任王杰教授、外交学院原副院长江瑞平教授授课。（王海燕）

行政审批管理

【概况】 2019年，临汾市行政审批服务管理局推进“扮靓三个之窗”、打造“六型大厅”“奏响五个号角”的“365”工作思路，深化行政审批服务管理机构改革，构建快捷便民的审批服务体系。市政务大厅被评为全国政务大厅20强，荣获“管理赋能奖”，市长热线名列全国第11名，荣获“先锋奖”和“卓越贡献奖”。

【优化营商环境】 2019年，临汾市行政审批服务管理局优化营商环境，召开全市营商环境评价工作推

临汾市政务大厅被评为全国政务大厅20强荣获“管理赋能奖”
（市行政审批服务管理局供图）

进会。制定《临汾市营商环境评价工作表》，做到评价内容、时间、方法、分工、步骤、标准“六个明确”。建立健全工作机制，组建微信工作群，与第三方无量科技公司进行配置填报账号，提交各行业企业样本190家。制定出台《临汾市营商环境行动方案》，是山西省首家地方优化营商环境行动方案。2019年临汾市营商环境评价为山西省第二等次。

【标准化建设】 2019年，临汾市行政审批服务管理局依托山西省首家国家级政务服务标准化试点单位市政务服务中心，推进政务服务标准化建设。通过国家级政务服务标准化试点单位终期验收，创建国家级政务服务标准化单位。启动县级政务服务标准化1.0版建设。8月8日至9日，在侯马召开全市政务服务标准化侯马现场推进会。市本级新增标准62项，作废标准63项，修订标准7项，形成基础标准48项、服务规范423项、管理标准83项、岗位标准44项，共计598项的政务服务标准体系2.0版。开展地标申报工作，制定的5项临汾市地方标准发布实施。参与制定的3项山西省地方标准于2月20日实施。精简、下放审批项目23项，进驻事项的平均办理时限从20个工作日压缩至8.5个工作日，压缩率42.5%，对有法定办理时限的322个项目，办理时限平均压缩47%。对行政审批事项的平均办理环节数由原来的6个精简至3.5个，环节精简率58.3%，承诺办事效率提高近两倍。

【政务服务】 2019年，临汾市行政审批服务管理局通过技术手段新增人脸识别系统，增设网上、微信预约功能，多渠道解决一人多排号、他人代替排号等问题。与建行签约开展便民服务，实现居民网上缴纳水、电、气等费用，完善“一张网”功能。市政务服务大厅全年办理1045448件，其中，承诺件81635件，即办件963813件，即办率92%。

【工程建设项目审批制度改革】 2019年，临汾市行政审批服务管理局推进工程建设项目审批制度改革。8月14日，临汾市山西省工程建设项目审批管理系统上线运行，副市长闫建国出席启动仪式。实现工程建设项目审批时间100个工作日，优化审批、服务和管理流程。

【“承诺制+并联审批”】 2019年，临汾市行政审批服务管理局深化“放管服”改革，印发《临汾市市级投资项目并联审批综合窗口工作细则》《临汾市固定资产投资项目建设常态化工作机制》，建立并联审批、职能部门责任、项目化管理、协调调度、省市县三级联动、监督考核等10项工作机制。各县（市、区）在政务服务中心设立投资项目承诺制综合受理窗口，召开企业投资项目并联审批联席会议，解决企业难题。全市145个项目实行承诺制，侯马市创新“一次两会”工作法启动并联审批。

【便民化改革】 2019年，临汾市行政审批服务管理局根据各窗口实际状况，调整窗口布局，将业务衔接紧密的发展改革、自然资源、住建、生态环境、水利等项目类窗口布局在一起，将卫健、人社、教育等涉及职称评定的窗口布局在一起，优化办事流程，加强新增人员业务技能培训。针对办理不动产业务人员剧增、办理较难的情况，召集不动产、房产、税务等窗口负责人，研究对策，采取延时服务、增设窗口等应对措施。召开商品房开发企业座谈会，制定推进“三网融合”、银行代办业务、改造取号机、增加自助机功能、采取预约制等举措，解决群众办理业务难问题。

【简政放权】 2019年，临汾市行政审批服务管理局推进简政放权。承接取消下放行政审批事项5项。编制完成全市权责清单3083项。开展国家、省、市、县四级政务服务事项“四级四同”工作，录入信息8709条，名列山西省第一。

【“互联网+监管”系统】 2019年，临汾市行政审批服务管理局统筹35家市直部门和17个县（市、区），开展梳理编制监管事项目录清单和检查实施清单工作。印发《关于梳理全市“互联网+监管”系统监管事项目录清单和检查实施清单的通知》。建立协调联络制度，通过建立微信工作群等方式，协调沟通工作中出现的问题。建立工作情况每日通报制度，工作人员每日将各个成员认领和录入的信息进行汇总，在工作群内进行通报，抄报市政府。全市监管事项目录清单动态管理系统、“两个清单”梳理基本完成，目录清单认领完成率96%，检查实施清单录入率92%。全市监管数据入库率74.76%。

【热线服务】 2019年，临汾市行政审批服务管理局加强市长热线建设，强化热线平台建设和服务队伍建设。3月19日零点，市长热线系统全新升级上线。新系统增加IP座席，增加微信接入、在线受理功能，系统支持市、县、乡、村多级联动，整合优化知识库。实行工作例会，定期对群众诉求的难点、热点问题进行分析；每周对话务员现场录音评分进行抽查考核；每天系统监控、通报话务员接听、呼损情况。

【政务监督】 2019年，临汾市行政审批服务管理局加大热线整合力度，提升市长热线服务水平。对市级各类非紧急类35条服务热线，采取直接合并、并联转接和双号并行相结合等方式整合到12345市长热线平台，初步实现“一号对外”服务模式。受理群众诉求100777件，同比增长17.14%。其中，电话受理99335件，市长信箱受理1188件，微信79件，承接临汾随手拍164件，承接山西省行政审批服务管理局信箱11件。直接办理41832件，转派处办单位58945件，直办率41.51%，回访率86.51%，群众满意率95.66%。

【解决具体问题】 2019年，临汾市行政审批服务管理局对处办单位的办理结果进行审核，对推诿的发回重办，对办理结果不明确的退回重办，确保热线办理质量。落实《临汾市市长热线管理办法（试行）》，运用热线电话、系统平台、热线函和专报批示督办4种督办方式，提高热线的办理速度和质量。就旧货市场至临钢厂道路西侧一棵大树即将倒塌、存在严重的安全隐患问题，市建筑施工管理局职工职称及工资待遇的相关问题，春节期间受理群众诉求情况及解放西路建筑公司家属院北楼地势下沉存在安全隐患问题，编写《临汾市市长热线专报》4期，报市政府领导批示，予以协调解决；对临汾市经济开发区管委会就中大街黑马小学东门与玉秀湾小区西门间道路上路灯长期不亮、平阳北街至北外环的路段中5处路灯不亮问题，下发督办函督办解决，对临汾市城市管理局就五一西路中大街新建道路上车辆乱停放等6项无法处办的事项下发《关于配合厘清相关事项职责的函》予以配合处理；就尧都区政府28个事项存在推诿办结、无具体答复意见及退单不及时、洪洞县政府回复内容简单、吉县县政府退回重办率高、襄汾县政府办理质量不高等问题，下发《整改通知书》进行整改。接到市民感谢电话60余个。

【拓展热线功能】 2019年，临汾市行政审批服务管理局每月编发《市长热线运行情况通报》《热线每月交办事项办理情况排队表》，对本月热线情况进行通报。对于群众反映强烈的热点问题、敏感性问题，利用大数据为领导科学决策提供针对性信息服务，针对乡宁县山体滑坡事件、翼城县燃气表更换问题、隰县客车停运问题、黑车运营问题及德克士食品安全问题进行通报。与《临汾日报》、临汾市广播电视台FM95.1综合广播《综广热线》栏目等媒体合作，定期每周发布处办信息。

【公共资源交易】 2019年，临汾市行政审批服务管理局营造“公开、公平、公正、诚信”的公共资源交易市场环境。9月29日上午，公共资源电子化交易平台上线运行，市委常委、常务副市长常青出席上线仪式。新的公共资源电子化交易平台是集工程建设、政府采购、国土资源和产权交易于一体的综合性服务平台。平台按照国家发改委制定的标准对公共服务区、开放区、半封闭区、封闭区进行规范性改造，实现评审区与其他区的物理隔离；增加远程异地评标室、磋商谈判室、答疑室、专家专用卫生间、休息室、就餐室、隔夜评标休息室等10余项新功能，降低交易过程中的违规违法风险；新增4个开评标室，可同时满足10个项目进场交易。新增的音视频采集系统，能够实现自动按项目进行音视频的分类、采集、集成、刻录。平台完成各类交易1859项，成交金额112.17亿元。其中，政府采购1285项，成交金额15.45亿元；工程建设类交易416项，成交金额48.67亿元；水利交通类46项，成交金额6.03亿元；国土交易22宗，成交金额26.7亿元；PPP项目4项，成交金额18.16亿元；其他类交易125项，成交金额3.1亿元。政府采购中心承担和完成采购任务57项。其中，公开招标32项、竞争性谈判5项、竞争性磋商15项、单一来源5项。完成采购金额14663.9万元，节约资金471.1万元，节约率3.11%。

（任　辉）

·政务服务·

【概况】 2019年，临汾市政务服务中心把握创优行政审批服务工作，围绕“放管服”改革，优化审批流程，加强窗口管理，完善服务功能，提高服务质量，全年窗口办理事项1045448件，其中承诺件81635件、即办件963813件，即办率92%。6月，在山东济南召开的“公共服务第三方评估发展论坛暨营商环境提升研讨会”上，临汾市政务大厅荣获2019年全国优秀政务大厅“管理赋能奖”。中心承担的国家级标准化试点项目以95分的高分通过国标委组织的终期评估，被评为优秀。

【优化临汾营商环境】 2019年1月24日，临汾市政务服务中心组织召开全市营商环境评价工作推进会，对全市配合开展山西省域营商环境评价评估测试工作进行安排部署。制定《临汾市营商环境评价工作表》，明确实施步骤、责任分工和工作标准。采取问题导向和目标导向相结合的方式开展评价评估，数据收集以市政府各部门和企业在线填写系统问卷的形式进行。建立健全工作机制，第三方无量科技公司进行配置填报账号，指导各部门在指定网站填报相关信息，提交各行业企业样本190家，将系统问卷提交发布，形成全市营商环境评价报告。营造审批最少、流程最优、体制最顺、机制最活、效率最高、服务最好的“六最”营商环境，制定《临汾市营商环境行动方案》，内容涵盖商事制度改革、建设项目审批、公用服务、不动产登记等15个方面、80条工作任务。

【大厅窗口项目人员管理】 2019年，临汾市政务服务中心向窗口下发《关于明确进驻人员和进驻事项的函》（临审管函〔2019〕10号），要求各单位按照本部门职能，确定进驻市政务服务中心的行政审批事项，形成事项清单，在大厅设立窗口，选派工作人员并授权负责人。重新制定行政审批事项的办理流程，制定服务事项信息表（每个事项填写一份事项信息表）。推进与国家、省级政务服务平台对接，实现政务服务事项“四级四同”，6月21日组织市级所有部门、17个县（市、区）及2个开发区，保证“行政许可、行政确认、行政裁决、行政给付、行政奖励、其他类”六类事项名称、职权类型、事项编码、法律依据“四同”，完善其余要素内容。全市录入发布政务服务事项9044项。

【承诺制+并联审批”改革】 2019年，临汾市政务服务中心开展“改革创新，奋发有为”大讨论工作，推动政府职能向减审批、强监管、优服务转变，激发企业投资活力和动力，打造“六最”营商环境，制定《“承诺制+并联审批”改革工作方案》，对企业投资项目报建阶段即开工前需要完成的28项行政审批事项流程进行优化再造压缩审批时限，促进简约化服务。

【不动产登记业务】 2019年，临汾市政务服务中心推行自助办理，开展预约服务。抵押登记数据植入不动产自助查询机，增加自助查询功能；调试人脸识别系统，增设网上、微信预约功能，解决一人多排号、他人代替排号等问题。开通银行服务点，加大不动产与中行、建行关于开设抵押登记银行便民服务点的协调力度，实行延时服务。推进不动产、房产、税务业务系统“三网融合”进度，针对房产与税务业务系统对接过程中出现的代码不对应问题，协调两家单位技术人员进行对接，重新制定代码，加快数据对接。优化不动产转移登记业务流程，增设转移综合受理窗口，推进不动产、房产、税务转移登记“一窗受理、并行办理”模式，不动产登记查询由1个受理人统一查询，增加1个不动产转移综合受理窗口（13、14窗口），做到让群众少跑腿、数据多跑路。

【工程建设项目改革】 2019年，临汾市政务服务中心在大厅设立工程建设项目审批综合服务窗口，将按照工程建设项目的立项用地规划许可、工程建设许可、施工许可、竣工验收4个阶段进行办理。综合服务窗口的整合设立，打破原有各部门单独受理、信息不共享、标准不统一的壁垒，利企便民、集成服务、共享信息、综合保障，突出部门协作、转变政府职能、促进改革落地，使工程建设项目从“办事找部门”转变为“办事到窗口”，实现从“按部门设窗”到“一窗受理”的优化升级，加快推进一表受理、并联办理工作。窗口受理人员由工程建设项目相关单位轮流受理，探索进行统一收件、出件，实现“一个窗口”服务管理。

【日常监督检查】 2019年，临汾市政务服务中心。加强对大厅窗口人员的工作纪律管理。坚持一天两巡查，一周一小结，一月一总结，一季一评，做好大厅窗口及窗口工作人员的日常考勤考核工作，每天坚持检查业务办理的红黄牌情况，对窗口出现黄牌情况的进行提示预警，对出现红牌的窗口调查核实后下发督办通知，责令其做出书面情况说明。对大厅窗口进行154次黄牌警示，下发督办通知2件。每月随机邀请30名前来大厅办事的群众填写满意度调查表，对满意度情况进行汇总分析。处理争吵和投诉事件，投诉处理和回复率100%。接受热线投诉工单13件，经核实调查后反馈完毕。口头调节处理群众纠纷14起。约谈窗口负责人2起。接受群众咨询61次。每季度在大厅进行星级服务评比。评出24个星级服务窗口、45名星级服务标兵。

【县（市、区）标准化工作】2019年，临汾市政务服务中心推进各县（市、区）政务服务标准化工作，推进县（市、区）1.0版标准体系建设，在侯马召开全市政务服务标准化现场推进培训会，省政务服务标准化委员会专家、临汾市市场监管局等专家从政务服务标准化基础知识、业务实操、标准的编写、事项办事情形标准化等方面进行授课。

【窗口服务标准化】 2019年，临汾市政务服务中心与各窗口签订标准化实施计划承诺书，承诺按照工作节点的任务，完成各个阶段的标准化创建任务。在地标发布实施后，组织召开省、市地标工作宣贯会，要求窗口工作人员对发布的标准进行系统学习。

【互联网+政务服务】 2019年3月13日，临汾市审批局与建设银行临汾分行签署“临汾市智慧政务综合金融服务战略合作框架协议”，3月21日研发不动产自助机取号系统，大厅6台自助机实现多功能叫取号。3月28号开发、上线网上预约不动产叫号，实现网上预约叫号，让群众少跑腿。4月与民政低保数据实现对接互联互通。1月到7月底，“临汾政务在线”微信公众号编发421期新闻，关注人数为19241人，阅读量193591次、阅读人数105419人。临汾政务在线官方微博发布微博113条，关注粉丝290人。“一张网”建成后山西省级政务服务平台生成新网站，更新106条。

【国家级标准化创建终期评估】 2019年9月16日，山西省市场监督管理局组织专家组，对大厅国家级政务服务标准化试点项目进行终期评估。专家组实地查验大厅标准化运行情况，对大厅标准化创建工作进行现场考察，从标准化工作基本要求、标准体系建立、标准实施与持续改进、建设成效四个方面，对政务服务标准体系598项标准覆盖的所有部门以及政务服务工作全过程进行评估，专家认为中心创建工作站位高、力度大、亮点多、效果好，经评审，综合评分95分，同意通过考核评估。 （柳诗博）

·公共资源交易管理·

【公共资源全流程电子化交易】 2019年，临汾市公共资源交易中心接收原公共资源交易管理中心工作。5月，公共资源交易系统、服务系统、监督系统三大平台系统完成框架初建。5月30日，组织有关市场主体300多人对2.0版本数据规范进行培训。9月4日，组织有关市场主体300多人对先试运行的政府采购项目和工程建设项目的网上入场登记、场所预约、信息发布和招标文件下载进行演示和培训。9月29日，公共资源电子化交易平台正式上线。市委常委、常务副市长常青出席上线仪式，宣布平台上线运行。全年平台完成各类交易2665项，成交金额143.3391亿元。其中，政府采购1943项，成交金额24.8543亿元；工程建设类交易557项，成交金额66.6293亿元；国土交易27宗，成交金额30.4918亿元；PPP项目4项，成交金额18.1634亿元；其他类交易127项，成交金额3.1243亿元；国有产权类交易7项，成交金额0.076亿元。

【交易场所改造】 2019年，临汾市公共资源交易中心针对原交易场不能满足电子化交易的问题。3月19日，邀请市行政审批服务管理局、市直属机关事务管理局、市财政局的领导召开联席会议，确定场所改造方案。改造后的场所，分为公共服务区、开放区、半封闭区、封闭区、监督区5大功能区域，实现评审区与其他区的物理隔离，增加远程异地评标室、磋商谈判室、答疑室、专家专用卫生间、休息室、就餐室、隔夜评标休息室等功能，可满足10个项目同时进场交易。新的音视频采集系统，能够实现自动按项目进行音视频的分类、采集、集成、刻录。对于出现年底交易量集中，场所面积有限，磋商谈判室紧张的情况，增加交易场次，每天晚6点，磋商谈判室增加一次交易，扩大入场容量；通过移位一个门禁，增加一间磋商谈判室，减少一间评标室的办法，缓解压力。

【规范政府集中采购】 2019年，临汾市公共资源交易中心争当“全省地市级集中采购机构排头兵”。组织编写《开标评标操作流程示范文本》和《政府采购文件编制示范文本》。对复杂、矛盾突出项目进行集体会商。创新尝试于物业类采购项目价格分的计算问题，思路和方法为山西省首例。对于500万元以上的重大采购项目，探索试行专家论证制度，弥补单位工作人员因专业水平局限。优化规范内部操作流程，用体制机制防范廉政风险。

建立风控机制，项目承办人需在开标后向科室负责人提出专家抽取申请，负责人审核同意后方可抽取。2019年，中心承担和完成采购任务98项，其中公开招标49项、竞争性谈判6项、竞争性磋商35项、单一来源8项。完成采购金额1.9亿元，节约资金1221万元，节约率5.86%。（杜轶群）

信访

【概况】 2019年，临汾市信访局把做好信访工作同"不忘初心、牢记使命"主题教育紧密结合起来，同"改革创新、奋发有为"大讨论结合起来，以山西省开展的"规范化提升年"活动为平台，保障新中国成立70周年庆祝活动进行，解决群众合理合法信访事项，信访工作取得较好成绩。2019年市信访局办理、接待群众来信来访3588件次，比上年同期5210件次下降31.1%。其中，到市集体访94批2093人次，与上年同期201批3442人次相比，批数下降53.2%，人数下降39.2%。发生群众赴省集体上访32批343人次，与上年同期55批873人次相比，批数下降41.8%，人数下降60.7%。发生群众进京集体上访14批80人次，与上年同期25批165人次相比，批数下降44%，人数下降51.5%。发生群众进京到非接待场所上访61人次，与上年同期79人次相比下降22.8%。呈现出"到市信访总量、到市集体上访、赴省集体上访、进京集体上访、进京到非接待场所上访全面下降、信访形势明显好转"的"五下降，一好转"局面。

【围绕"四高四抓一提升"推进工作】 2019年，临汾市信访局围绕《信访条例》中规定县级以上人民政府信访工作机构履行"研究、分析信访情况，开展调查研究，向本级人民政府提出完善政策和改进工作的建议职责，提供决策服务。围绕抓落实，推进各项工作落地见效。围绕深化信访工作制度改革，推进信访工作制度改革措施落实落地。围绕夯实基层基础，提高基层处理信访问题的能力和水平，把矛盾化解在基层，把人员稳定在当地。狠抓信访事项录入登记、提高信访"三率"、信访事项规范办理、"双向规范、双向追究"。信访事项及时受理率、按期办结率、群众满意率超过95%，"三无"县（市、区）数量增加，越级上访量稳中有降。

【阳光信访】 2019年，临汾市信访局"三率"提高，信访机构及时受理率99.84%，有权处理机关及时受理率98.32%，按期答复率97.82%，对信访机构满意率95.41%，对有权处理机关满意率95.01%。群众通过网络投诉平台反映诉求量上升。

【责任信访】 2019年，临汾市信访局落实《信访工作责任制实施办法》，出台《关于建立治理群众进京到非接待场所上访工作机制的意见》，加大考核评价力度，为做好赴省进京上访治理工作提供制度保障。

【法治信访】 2019年，临汾市信访局建立访调对接制度，2018年12月4日成立全市访调对接人民调解委员会，选聘7名人民调解员，组建由人大代表、政协委员、政法部门退休干部以及医疗、交通等相关领域经验丰富的人民调解专家组成的精英团队。调解信访案件47案，挽回经济损失8600多万元。

【"事要解决"】 2019年，临汾市重视信访矛盾化解攻坚，发挥"头雁效应"，山西省人大常委会副主任、临汾市委书记岳普煜召开市委常委会进行专题研究，要求对国家信访局交办的信访事项，由市级领导包案，高位推动案件实质性化解。省信访局交办的案件全部由县（市、区）委书记包案化解。成立"四个重点"化解攻坚领导组，由市委常委、政法委书记郭行杰担任组长，市政府副市长、公安局长张勇担任副组长。市联席办制定下发临汾市"四个重点"攻坚战实施方案，健全统一调度、"五账"推进、定期汇报、督导抽查、追责问责、考核奖惩等工作机制，加强对"四个重点"攻坚战的协调指导和督查督办。制定任务完成进度红黑榜，悬挂于公开场合，实行挂图作战。实行一周一汇报，双周一亮晒，建立起差评常态化的督办机制。"四个重点"国家信访局两批交办临汾市16件，全部办结，办结率100%，化解14件（息诉罢访9件），化解率87.5%；省信访局三批交办73件（第一批30件，第二批8件，第三批"六个台账"35件），办结72件，办结率98.63%，化解63件（息诉罢访21件），化解率86.3%；市县51件，办结51件，办结率100%，化解45件（息诉罢访13件），化解率88.24%。

【督查督办】 2019年，临汾市信访局确保群众信访问题及时就地解决，建立《每日要情》，由市联席办把每天群众到市、赴省以及进京上访动态通报全市；市联席办以《简报》的形式，每两个月为一周期对涉案单位赴省、进京案件办理情况进行通报，督促问题解决；以《信访摘报》的形式，把到市重点疑难信访事项摘要报市委、市政府领导，按照领导指示化解信访事项，防止因处置不到位转化为赴省、进京上访；每月8日前将上月的信访情况以《信访情况通报》的形式通报全市；建立《信访情况分析报告》制度，每半年、年终就全市信访工作的主要特点、信访反映的主要问题以及下一步的措施和建议形成《信访情况分析报告》；以《信访信息》《今日头条》的形式，刊登全市各地各部门的信访工作动态、举措等信息以及好的经验做法，以便相互交流，互相借鉴。7月，给各县（市、区）委书记点对点通报上半年各县（市、区）的信访情况，指出工作中存在的问题和不足。

【“双向追究”】 2019年，临汾市信访局加大法治宣传力度，5月17日在鼓楼广场组织开展《信访条例》宣传周活动。市委常委、政法委书记郭行杰，市政府副市长、市公安局长张勇到活动现场了解宣传情况和信访工作情况，向来访群众解释政策，接待来访人员。以悬挂横幅、摆放展板、发放宣传资料、设立咨询台、开展法律咨询、现场解答等方式，向群众集中宣传《信访条例》《依法分类处理信访诉求工作规则》等法律法规，发放《信访知识宣传读本》《网上信访操作指南》《信访漫画口袋书》等宣传资料6000余份，接待群众咨询1500余人次。

【依法分类处理信访诉求】 2019年，临汾市信访局把信访事项的受理、登记、转送、交办、立案、督办等工作程序化、制度化、规范化。对机构改革后新成立单位的工作职能进行调研摸底。对不按《信访条例》规定办事，不落实信访工作责任、推诿扯皮、解决信访问题不力等不作为的，倒查责任，严肃追究。对侯马市、襄汾县、尧都区在全市进行通报批评；市政法委对襄汾县汾城镇实施社会治安综合治理一票否决。7月，因襄汾县群众进京到非接待场所涉访突出，由市委副秘书长、市信访局局长陈国元带队实地督导，责成襄汾县委、县政府作出书面检查，推动工作责任落实。

【信访信息“零报告”机制】 2019年，临汾市信访局建立由市联席会议成员单位、市直有关部门负责人和各县（市、区）分管领导、信访局长等组成的信访协调联动网络，从7月1日起启动信访信息“零报告”、信访苗头隐患首访负责机制。要求各县（市、区）、市直有关部门于每天下午3时前将当日信息报送到市联席办，重大紧急信息随时发现、随时报送。

【信息预警和沟通】 2019年，临汾市信访局建立以公安指挥中心为主的信访维稳预警平台，建立健全情报信息收集研判、情报信息互相通报等制度，确保进京上访100%预警。各县（市、区）健全完善应急工作预案。

（陈国元　侯武杰）

发展研究

【服务中心工作】 2019年，临汾市人民政府发展研究中心在临汾经济开发区、侯马经济开发区、襄汾、洪洞、汾西等基层单位，开展针对性调研活动，推出《临汾市防范化解重大风险研判报告》《加强市级新型智库建设 提高市域治理

2019年3月，临汾市人民政府发展研究中心召开市级新型智库建设研讨会　（市政府发展研究中心供图）

体系和治理能力现代化水平》《关于我市脱贫攻坚及贫困退出情况的调研报告》《临汾市社区教育工作调研报告》《临汾在关中平原城市群中的定位及发展思路研究报告》《临汾市农副产品物流业发展研究报告》《关于汾西等七县财政供养人员情况的报告》等10余篇重要调研成果；组织撰写《壮丽七十年 奋斗新时代——70年临汾市经济社会发展成就巡礼》，纳入山西省出版的《山西区域经济社会发展研究》系列丛书中。

【构建临汾智库平台】 2019年，临汾市人民政府发展研究中心发起筹建临汾发展论坛，联合国家、省、市有关研究机构和科研院所、大专院校、重点企业等单位共建智库平台，围绕市委、市政府中心工作和重大需求，开展咨询服务。召开市级新型智库建设研讨会和焦化去产能座谈会，围绕全市当前经济与社会发展的热点焦点问题进行研究梳理。举办临汾经济开发区产业规划论证会暨发展战略座谈会，邀请省内外著名专家、学者、职能部门有关负责人及企业家代表20余人，推动临汾经济开发区进完善产业规划方案和推进产业发展。开展政策咨询服务工作。班子成员为全市新任职公务员进行市情、机关工作培训教育；对全市党校系统教师开展新型智库建设培训；到吉县、汾西宣讲中共十九届四中全会精神。

【谋划全市重大思路和战略规划】 2019年，临汾市人民政府发展研究中心参与《临汾市“十四五”规划》《临汾市“三个百里”高质量协同发展战略规划纲要(2019—2035年)》《临汾市非常规天然气规划》等重大战略规划研究和编制工作，在重大战略和计划制定中建言献等。

【改进调查研究方式方法】 2019年，临汾市人民政府发展研究中心确立8家各类典型调查研究联系点，长期关注基层实践，跟踪调研；同山西师范大学经管学院签订合作共建研究基地战略框架协议，推动校地战略合作，实现资源共享；与曲沃县委党校共建城乡融合发展研究基地。

【决策参考媒体品牌】 2019年，临汾市人民政府发展研究中心打造决策咨询“直通车”，编发《经济决策资讯》22期、《决策要参》30期，所载报告和信息内容针对性强、时效性高、质量优。

【智库对外交流】 2019年，临汾市人民政府发展研究中心加强外联建设，同山西省内外兄弟部门、科研院所等单位建立合作机制，加强互动交流。中心主要领导赴渭南、兰州等市参加陇海兰新经济促进会议，同西安市、渭南市、天水市等研究机构就加强交流合作、建立关中城市群智库联盟达成共识。赴西安、宝鸡、天水等市考察关中平原城市群，形成《临汾在关中平原城市群中的定位及发展思路研究》；赴内蒙古乌兰察布、浙江义乌、河南郑州调研考察现代物流业发展。参加省社科院（山西省政府发展研究中心）组织召开的全省政府系统智库建设座谈会，主要领导就如何加强全省政府系统智库建设提出意见建议。 （亢思潮 陈彬彬）

政协临汾市委员会

常委会工作

【概况】 2019年，临汾市政协常委会在中共临汾市委领导下，以习近平新时代中国特色社会主义思想为指导，团结引领全市各级政协组织、政协委员，把握人民政协性质定位，发挥专门协商机构作用，紧扣中心大局履职尽责，为推进改革发展稳定各项事业做出贡献。

【思想政治建设】 2019年，临汾市政协常委会坚持强化理论武装，增强“四个意识”，坚定“四个自信”，自觉做到“两个维护”，确保政协事业方向正确。开展专题学习、研讨交流、专题党课等学习教育活动14次；开展专题性调研6次，形成调研报告16篇；召开各类别、各层级座谈会29次，征集各方面意见建议113条，召开专题民主生活会、组织生活会，查找分析存在的差距和问题；聚焦13个方面37条问题开展专项整治。

【协商民主】 2019年，临汾市政协常委会，聚焦品牌农业、特色产业发展，组织开展专题调研，召开专题议政性常委会会议协商，形成建议报告，市委副书记、市长董一兵做出批示。围绕推进职业教育发展协商议政。发挥职业教育在培养高素质劳动者和技术技能人才中的重要作用，以“加快推进我市职业教育改革与发展”为题，召开专题常委会议协商议政，提出协商意见建议，得到市委、市政府重视和有关部门采纳落实。围绕助力脱贫攻坚、改革开放协商议政。就生态扶贫、产业发展、劳动力务工就业等脱贫攻坚重点难点，组织开展专项视察调研，为做好精准扶贫工作，决胜脱贫攻坚战献计出力。就“县乡医疗卫生机构一体化改革”“家事审判制度改革”等专题，组织8批次、90多名委员开展监督性视察，助力推进相关举措落实。就市区靓城提质“三大行动”，由市政协主席带队，组织委员开展专项视察。一年来，四届临汾市政协及其常委会组织开展年度重点协商活动10项，组织专题调研、专项调研视察等活动46次、参与委员300多人次，形成建议报告2个，专题调研视察报告31个，议政发言材料130多份。

【强化政协统战功能】 2019年，临汾市政协常委会深化合作共事、促进多党合作。安排大会发言、联合开展调研视察、邀请参加各类协商座谈会、督办重点提案、反映社情民意信息，支持各民主党派以本党派名义在政协发表意见、提出建议，拓宽各方履职担当的平台和载体。各党派团体提交议政发言材料52篇，提出集体提案42件，反映社情民意信息516条（篇）。配合省政协民宗委，就宗教活动场所安全管理问题组织开展调研，贯彻党的民族宗教政策，推动解决信教群众关心关注的问题，维护和促进民族团结、宗教和睦。组织举办庆祝新中国成立暨人民政协成立70周年“共筑中国梦·共绘同心圆”书画摄影展，征集政协委员、社会名家及社会各界爱好者的书画摄影作品近千幅，展出461幅。

【履职能力建设】 2019年，临汾市政协常委会征集提案295件，审查立案221件，其中确定重点提案15件，主席督办重点提案3件。全年征集编报反映社情民意信息1335条（篇），全国政协、省政协采用58条（篇），省、市领导批示33条（篇）。完成500多万字的《临汾政协志》初稿编纂工作，完成《山西省政协年鉴·临汾篇》的组稿工作。健全委员履职档案，成立“委员活动之家”，加大联系服务委员力度。配合完成省政协安排的协商议政、调研视察、理论研究等工作，市政协与各县（市、区）

政协联合开展重点协商议政活动，召开各县（市、区）政协主席座谈会加强联系指导。

代表大会

【会议情况】 2019年2月22日，政协第四届临汾市委员会第四次会议举行预备会议。市政协主席、市委统战部部长张建平主持会议，副主席杨安虎、杨益民、杨忠华、刘小才、程明温、梁清燕出席会议。大会应出席委员347人，实到339人，符合法定人数。会议审议通过政协第四届临汾市委员会第四次会议议程；宣读政协第四届临汾市委员会第四次会议临时党委名单；宣读关于2018年度优秀提案、办理提案先进单位和先进工作者的通报；宣读关于2018年度反映社情民意信息工作先进单位、先进个人和优秀社情民意信息的通报。

2月23日上午，市政协四届四次会议在天鹅大酒店开幕。山西省人大常委会副主任、临汾市委书记岳普煜，市委副书记、市长刘予强到会祝贺。大会由杨安虎主持。会议应到委员347人，实到340人，符合法定人数。上午9时，杨安虎宣布大会开幕。张建平代表政协第四届临汾市委员会常务委员会向大会作工作报告。

2月23日下午，政协第四届临汾市委员会第四次会议举行第二次全体会议。市政协主席、市委统战部部长张建平，副主席杨安虎、杨益民、杨忠华、刘小才、程明温、梁清燕出席。杨安虎主持会议。市委组织部相关负责人作关于增补政协第四届临汾市委员会常务委员候选人名单（草案）的说明。

2月24日下午，政协第四届临汾市委员会第四次会议举行第三次全体会议。征集委员议政发言材料80篇，9位市政协委员议政发言。市委副书记、市长刘予强，市政协主席、市委统战部部长张建平，副市长陈忠辉，市政协副主席杨安虎、杨益民、杨忠华、刘小才、程明温、梁清燕出席会议。刘小才主持会议。会议应出席委员347名，实到委员335名，符合法定人数。会议听取市政协委员焦国栋代表民革临汾市委作的题为《大力发展“田园综合体”是推动我市乡村振兴战略的重要抓手》的发言；市政协委员杨海岩代表民盟临汾市委作的题为《促进我市跨境电商产业快速发展　打造临汾经济发展的“升级”版》的发言；市政协委员张敏之代表民建临汾市委作的题为《关于加强我市公共图书馆建设的建议》的发言；市政协委员葛晓辉代表民进临汾市委作的题为《借力“二青会”　唱好“临汾戏”》的发言；市政协委员张重辉代表九三学社临汾市委作的题为《把防范化解风险工作做实做好》的发言；市政协委员赵国林代表市工商联作的题为《优化营商环境　推进民营经济发展》的发言；市政协委员李红丽作的题为《关于规范和发展学前教育的建议》的发言；市政协委员岳楚燕作的题为《关于县乡医疗卫生机构一体化改革实施中的问题与建议》的发言；市政协委员徐慧琴作的题为《推动环境公益诉讼有效开展　助力污染防治攻坚全面胜利》的发言。

2月25日，市政协四届四次会议举行第五次全体会议，通过工作报告决议、提案工作报告决议和政治决议。大会应出席委员347名，实到328名，符合法定人数。会议通过关于政协第四届临汾市委员会常务委员会工作报告的决议；通过政协第四届临汾市委员会常务委员会关于四届三次会议以来提案工作情况报告的决议；通过政协第四届临汾市委员会第四次会议政治决议。

【会议决议】

中国人民政治协商会议第四届临汾市委员会第四次会议关于常务委员会工作报告的决议

（2019年2月25日政协第四届临汾市委员会第四次会议通过）

中国人民政治协商会议第四届临汾市委员会第四次会议，批准张建平同志代表政协第四届临汾市委员会常务委员会所作的工作报告。

中国人民政治协商会议第四届临汾市委员会第四次会议关于四届三次会议以来提案工作情况报告的决议

（2019年2月25日政协第四届临汾市委员会第四次会议通过）

中国人民政治协商会议第四届临汾市委员会第四次会议，听取并审议通过了杨益民同志代表政协第四届临汾市委员会常务委员会所作的关于四届三次会议以来提案工作情况的报告。

中国人民政治协商会议第四届临汾市委员会第四次会议政治决议

（2019年2月25日政协第四届临汾市委员会第四次会议通过）

中国人民政治协商会议第四

届临汾市委员会第四次会议，于2019年2月23日至25日在临汾举行。

会议期间，省人大常委会副主任、中共临汾市委书记岳普煜同志，市委副书记、市长刘予强同志等市领导出席开幕大会、闭幕大会，并参与委员分组讨论，听取大会议政发言，与委员共商改革发展大计，共谋富民强市之策。岳普煜同志、刘予强同志分别在开幕大会和议政发言大会上发表了重要讲话。会议听取并讨论了刘予强市长所作的政府工作报告，听取并讨论了其他报告，对上述报告表示赞同并提出意见建议。会议审议批准张建平同志代表政协第四届临汾市委员会常务委员会所作的工作报告，审议批准杨益民同志代表政协第四届临汾市委员会常务委员会所作的提案工作报告。

会议认为，2018年，面对错综复杂形势和艰巨繁重任务，在市委的正确领导下，全市上下坚持以习近平新时代中国特色社会主义思想为指导，深入学习贯彻党的十九大和十九届二中、三中全会精神，深入学习贯彻习近平总书记视察山西重要讲话精神，统筹推进“五位一体”总体布局，协调推进“四个全面”战略布局，认真落实省委“三大目标”，大力实施市委“345”发展战略，坚持稳中求进工作总基调，扎实推动高质量发展，坚定不移走转型之路；全面深化改革开放，不断激发创新活力；大力实施治污攻坚，生态环境质量持续改善；聚焦攻坚深度贫困，努力提升脱贫质量成色；坚持以人民为中心的发展思想，切实保障和改善民生；全面加强党的建设，努力实现政治生态持久的风清气正，全市经济、政治、文化、社会、生态文明和党的建设都取得新成效。市政协及其常委会始终坚持政协工作性质定位，牢牢把握团结和民主两大主题，切实发挥协商民主重要渠道和专门机构的作用，认真履行政治协商、民主监督、参政议政职能，勇于担当、积极作为，求真务实、开拓进取，扎实推进各项工作，为全市改革发展稳定做出了积极贡献。

会议强调，要坚持以习近平新时代中国特色社会主义思想为指导，坚定不移用新思想定向领航，增强“四个意识”、坚定“四个自信”、做到“两个维护”，不断巩固团结奋斗的共同思想政治基础。不断深化习近平总书记关于加强和改进人民政协工作的重要思想学习研讨，切实加强对政协重大理论和实践问题的研究探讨，努力做到学思用贯通。知信行统一。

会议强调，要扎实开展“改革创新、奋发有为”大讨论。全市各级政协组织、政协各参加单位、广大政协委员和政协工作者要充分认识开展大讨论的重大意义，强化政治自觉、思想自觉、行动自觉，切实把思想和行动统一到省委、市委关于大讨论的部署要求上来，充分发挥政协特色优势和职能作用，结合政协工作实际，把大讨论活动抓实抓好，确保取得实实在在的成效，汇聚起攻坚克难、勇往直前的强大力量，推动全市改革发展稳定取得新突破。

会议强调，要坚持围绕中心、服务大局这一政协履职根本原则，紧紧围绕市委、市政府重大决策部署和中心工作任务，谋划和组织好全年各项重点履职工作。聚焦市委四届五次全会确定的“六项重点任务”和“十项重点推进工作”，精准建言，务实献策，积极助力市委、市政府各项重点工作任务推进落实。全面完成好年度协商工作计划任务，通过扎实推进协商民主实践，不断丰富协商层次，拓展协商范围和内容，提升协商水平和实效，发挥好协商民主重要渠道和专门协商机构作用。

会议强调，要坚持把履职质量导向放在更加突出的位置，大兴调查研究之风，建立完善制度程序机制，创新履职方式载体，以求真务实的态度努力提高工作质量，推动实现各项工作提质增效。

会议强调，要进一步深化同各民主党派、工商联和无党派人士在政协的合作共事，积极做好与民族宗教界代表人士的经常性沟通工作，进一步加强港澳台侨联络和外事工作，做好委员中党外知识分子、非公有制经济人士、新的社会阶层人士、出国和归国留学人员的联谊交友工作，大力宣传临汾、推介临汾，为海内外各界人士到临汾参访讲学、商洽合作、投资兴业牵线搭桥，搞好服务。

会议强调，要注重强基固本，着力加强政协自身建设。抓实委员履职服务与管理工作，大力教育引导委员做到懂政协、会协商、善议政和守纪律、讲规矩、重品行。更好发挥专委会在政协工作中的基础性作用，健全完善工作机制，积极营造争先创优的良好氛围。坚持从严要求、从严教育、从严管理，切实加强政协机关建设，持之以恒强素质，驰而不息抓作风，努力打造忠诚、担当、干净的干部队伍，以优质服务推动政协工作提质增效。

会议号召，全市各级政协组织、政协各参加单位和广大政协委员，要更加紧密地团结在以习近平同志为核心的党中央周围，在中共临汾市委的坚强领导下，同心同德，奋发进取，以永不懈怠的精神状态和一往无前的奋斗姿态，为谱写临汾改革发展新篇章而共同奋斗，以优异成绩迎接中华人民共和国成立70周年、人民政协成立70周年！

【委员名单】

委员名单（347人）

中共（23人）

王全民　成　功　乔成家　刘小才
孙晓东　李江泽　李　竟　杨安虎
吴茂林　张三林　张东红　张成梁
张庆魁　张瑞萍(女)　张建平
陈振华　陈维明　屈　波(女)
秦希强　徐慧琴(女)　冯卫民
尚　彬　程明温

民革（7人）

马春丽(女)　刘光明　刘　丽(女)
闫完平(女)　李云岗　谢碧玲(女)
冀凤翔

民盟（9人）

王海龙　王燕莉(女)　田　云(女)
刘淑娟(女)　杨建军　杨益民
杨海岩　张李平　蒙　峻

民建（8人）

刘　霞　杨丽青(女)　张　立
张　鹏　赵忠孝　聂　力(女)
蔡志强　黎　卓(女)

民进（9人）

马跟云　叶励民　朱亚慧(女)
杜秀红(女)　杨建新　陈杰芳(女)
贺洪英(女)　郭丽丽(女)
褚小平(女)

九三学社（6人）

王全武　邓跃文　赵　强(女)
梁清燕(女)　褚春虎　薛俊苗(女)

无党派（8人）

白占奎　刘淑红(女)　杨忠华
张建华　张春荣　陈华犁　郑武会
解建国

共青团（4人）

王冬宁　尉　勇　李海龙　杨　鹏

总工会（9人）

张立忠　张宏杰　曹红印　蔡海平
孙　铭(女)　岳　淼(女)　高　宇
曹鹏飞　梁　虎

妇联（6人）

杨清凤(女)　赵志琴(女)
郭俊芳(女)　王　英(女)
任俊风(女)　樊　倩(女)

青联（6人）

张优雅(女)　卜子涛　王　翠(女)
李少飞　郭金钢　樊云超

工商联（24人）

乔冠峰　郭天龙　王继华(女)
冯永生　冯亚胜　毕云霞(女)
孙胜杰　孙慧云(女)　李　伟
李国辉　张小明　张弘荣
张晓华(女)　陈长水　林　友
罗国平　季　新　单保峰　赵国林
张聚田　梁　博　董运行
澹台一民　魏　华

科协（3人）

曹寒冰　孔淑庆(女)　郝秀琴(女)

侨联（5人）

卢建华　史淑兰(女)　沈晓静(女)
张增瑞　罗永忠

文化艺术（17人）

王晓辉　任江波　刘玉林　孙忠晓
李青萍(女)　梁玉庆　潘国梁
亢金马　付慧萍(女)　行卫东
刘明星　孙建军　杨　洋　张怀玉
郑亚兰(女)　郭　彬　葛晓辉

科技（11人）

辛东平　张亚勤　张春生
王姣爱(女)　卢清峰　刘　剑
李玉晖　张立军　郭素铂　梁建荣
郭建军

社科（12人）

崔艳萍(女)　任高杰　杜芳芳(女)
李志胜　宋晋宏　张鹏慧
袁慧芳(女)　郭宝爱(女)　石耀辉
席润民　韩腊丽(女)　焦国栋

经济（53人）

弓记平　马晓罗　邓茂红　田中峰
刘志东　刘耀狮　李运动　李建珍
李俊平(女)　杨令平　张　驰
张　剑　陈顺堂　范春雷
郑　妤(女)　赵建荣　赵德华
胡一锋　姚张红　徐新荣　黄　德
尉　俊　董春丽(女)　王贵娥(女)
亓华栋　孔鹏伟　宁建峰　乔全锁
任卫军　刘　凯　许　锐　李国栋
李学义　杨　艇　狄旭焱　张盼盼
张晓峰　陈　钊　陈　林　武　学
谢静萍(女)　苗永华　周建民
赵素丽(女)　郝宇峰　徐进力
黄新民　常崇斌　雷文阳　蔚宪宏
刘　龙　潘亚明　魏峰杰

农业（24人）

周　廉　王君宏　臧维恒　安国旺
孙延震　李　伟　陈亚俊　赵怀俭
郭　翔　程世杰　冯建华
冯　慧(女)　成增强　李建红
杨红梅(女)　陈　江　范敏正

南少凯　贺振宇　郭姝含(女)
曹淑珍(女)　董娟兰(女)　靳阳阳
樊国琴(女)

教育（21人）

王小彦　王宁平　张学军　张宝仓
张　毅　陈　晶(女)　赵志轩
卫俊剑　王纯林　白顺序　吕笑钢
朱云龙　郭　静(女)　刘维仲
李红丽(女)　杨　军　张敏之(女)
索延晋　贾贵香(女)　常美娟(女)
崔　坚

体育（4人）

牛鸿翔　杨延庆　王小红(女)
郭小燕(女)

新闻出版（6人）

董　杰　卫　博(女)　李安锋
杨慧静(女)　肖建华　檀晋光

医药卫生（25人）

冯　斌　杨建宏　张　伟
张新枝(女)　柳红兵　翟少华
王晓强　王铁忠　史志明　史　炜
吴春玲(女)　冯荣棠(女)
刘丹娜(女)　刘佳胜　苏江平
李宁波　李建义　张旭昀　张宝惠
张重辉(女)　岳楚燕(女)　秦　勇
贾春阳　薛华斌　薛艳玲(女)

社福（5人）

田荣善　冀林海　加力娜(女)
张立武　张晓华

少数名族（5人）

李　琨　白　茹(女)　李明义
杨克琦　霍聂鹏

宗教（6人）

郭　琰　马丙瑞　刘根柱　杨森林
周润中　释净慈

特别邀请（31人）

鲁立波　李青彦　秦海玉　高雅铭
薛泽会　程延平　周希斌　张全管
曹丽娟(女)　费向前　董　玲(女)
常立智　阴和平　郭婷慧(女)
高成锁　任吉龙　段玉明　赵松强
梁国刚　张欢虎　阎　鹏　吴吉红
张　鹏　李永升　杨对明　郝　巍
宋新亮　薛小平　乔建平　李放明
李睿煜

常委会会议

【四届十三次常委会议】　2019年2月22日，市政协召开四届十三次常委会议。市政协主席、市委统战部部长张建平，副主席杨安虎、杨益民、杨忠华、刘小才、程明温、梁清燕出席会议。会议听取市委办公室、市政府办公室关于市政协四届三次会议以来办理提案情况的通报；协商讨论政府工作报告（征求意见稿）；审议通过政协第四届临汾市委员会常务委员会工作报告（讨论稿），推举报告人；审议通过政协第四届临汾市委员会常务委员会关于四届三次会议以来提案工作情况的报告（讨论稿），推举报告人；审议通过政协第四届临汾市委员会第四次会议有关事项；通过人事事项。

【四届十四次常委会议】　2019年2月25日上午，市政协召开四届十四次常委会议。市政协主席、市委统战部部长张建平，市政协副主席杨安虎、杨益民、杨忠华、刘小才、程明温、梁清燕出席会议。张建平主持会议。会议审议通过政协第四届临汾市委员会第四次会议选举办法（草案）；审议通过政协第四届临汾市委员会第四次会议总监票人、监票人、总计票人名单（草案）；审议通过政协第四届临汾市委员会常务委员候选人名单（草案）；审议通过关于政协第四届临汾市委员会常务委员会工作报告的决议（草案）；审议通过政协第四届临汾市委员会常务委员会关于四届三次会议以来提案工作情况报告的决议（草案）；审议通过政协第四届临汾市委员会第四次会议政治决议（草案）。

【四届十五次常委会议】　2019年8月13日至14日，市政协四届十五次常委会议召开，围绕重点协商课题“打造名优品牌，发展农业特色产业”进行专题协商议政。市政协主席张建平，副主席杨安虎、杨益民、杨忠华、刘小才、程明温、梁清燕及秘书长、全体市政协常委出席会议。张建平主持开幕会。闫建国代表市政府通报全市打造名优品牌、发展农业特色产业工作情况；审议通过《关于打造名优品牌，发展农业特色产业的建议报告》。

【四届十六次常委会议】　2019年12月16日至17日，市政协四届十六次常委会议召开，围绕加强职业教育、深化职业教育产教融合发展课题进行专题协商议政。市政协主席张建平，副主席杨安虎、杨益民、杨忠华、刘小才、程明温、梁清燕及秘书长、全体市政协常委出席会议。张建平主持开幕会，杨安虎主持闭幕会。陈忠辉代表市政府通报市职业教育产教融合发展工作情况；杨忠华作《关于加快推进我市职业教育改革与发展的建议报告(讨论稿)》的说明；审议通过《关于加快推进我市职业教育改革与发展的建议报告》。

纪检　监察

纪检监察工作

【概况】　2019年，在山西省纪委监委和市委领导下，临汾市纪检监察机关不忘初心、牢记使命，增强“四个意识”，坚定“四个自信”，做到“两个维护”，落实全面从严治党各项部署，落实纪检监察工作高质量发展各项要求，坚定不移推进正风肃纪反腐，各项工作取得新进展新成效。

【加强党的政治建设】　2019年，临汾市纪检监察机关把党的政治建设摆在首位，市纪委常委会把学习贯彻习近平新时代中国特色社会主义思想贯穿纪检监察工作全过程，举办中心组理论学习研讨17次。开展“不忘初心、牢记使命”主题教育，通过班子成员讲党课、举办知识竞赛、开展革命传统教育等形式强化思想武装；开展市纪委书记、副书记专题调研和班子成员领题调研，聚焦14个重点课题，形成一批调研成果。协助市委完善党风廉政建设责任清单，推动主体责任落实落细；严明政治纪律和政治规矩，查处违反政治纪律问题51件，处分52人。加强对全市县处级以上党政机关领导班子民主生活会的督导检查，严肃党内政治生活。协助做好选人用人工作，全市回复党风廉政意见25859人次，对477人提出暂缓或否定性意见。实施精准问责9项举措，全市问责党组织15个、党员领导干部321人，问责领导干部576人，以问责倒逼“两个责任”有效落实。

【深化纪检监察体制改革】　2019年，临汾市纪委监委一体推进“三项改革”，将制度优势转化为治理效能，提升纪检监察工作规范化法治化水平。强化党对反腐败工作的全过程领导，市委反腐败领导小组召开会议5次，研究议题23个，对深挖彻查涉黑涉恶腐败和“保护伞”、能源领域反腐败专项行动等重点工作进行专题部署；严格执行向党委请示报告制度，市纪委监委报请市委审核批准初核6件、立案42人、采取留置措施4人、作出处分决定15人。落实“两为主一报告”要求，在工作部署、案件查办等方面强化对各县（市、区）纪委监委的领导和指导。调整班子成员分工，一体分管监督检查和审查调查，理顺前后台职能，实现贯通协同；新增审理二室，强化审理职能；明确对问题线索研判为第一、二种形态处置的，由监督检查室办理。制定派驻机构改革方案、规范化建设意见，推进派驻监督职能优化、协同高效。出台县（市、区）监委向乡镇（街道）派出监察室指导意见，全市171个乡镇（街道）完成派出监察室挂牌工作，依据授权开展监察监督；注重发挥村级纪检监察联络员作用，推动监督向基层延伸。

【纠治“四风”】　2019年，临汾市纪委监委落实中央八项规定精神，将作风建设引向深入。坚持日常监督和节点监督相结合，紧盯“关键少数”包括已退休领导干部，深挖细查“私车公养”“干部出游企业买单”等隐形变异问题，从严查处顶风违纪特别是十九大后仍然不收敛、不收手行为；健全完善联动协作、立体监督“四风”问题机制，形成齐抓共管、合力“围剿”的工作格局。全市查处违反中央八项规定精神问题410件，处理646人，其中党纪政务处分354人，市纪委监委公开通报曝光9批次42起。严明政治纪律和政治规矩，破除形式主义、官僚主义，落实中办《关于解决形式主义突出问题为基层减负的通知》精神，督促市县两级党委（党组）“回头看”，开展《我身边的形式主义官僚主义》问卷调查，聚焦群众反映强烈的突出问题，查处形式主义、官僚主义问题608件，处理890人，其中党纪政务处分494人。印发《贯彻落实中央八项规定精神学习手册》，梳理10方面制度规定，列出100条纪律红线，向全市党员干部和公职人员推送廉政提醒信息，督促严格落实中央八项规定精神，深化拓展作风建设成果。

【日常监督】 2019年，临汾市纪委监委履行监督基本职责，提升日常监督效能。把握监督首责，突出“关键少数”，对全市1424名市管干部和10627名县管干部进行“画像”，为实施精准监督奠定基础。探索开展“一访四谈”“3+1”专项检查，丰富监督手段，提高发现问题能力。以蒲县为试点，探索建设覆盖党员干部、监察对象的廉政信息大数据平台，运用大数据分析研判，提升监督效能。制定派驻纪检监察组强化日常监督实施办法，把发现问题的数量质量纳入考评体系，推动派驻监督提质增效。创新运用“三步曲”工作法，提高问题线索研判和处置的精准度。全市纪检监察机关处置问题线索9198件，谈话函询5595件次，日常监督的管理约束作用进一步发挥。精准运用“四种形态”处理10499人次，第一、二、三、四种形态分别占比72.5%、22.7%、2.2%、2.6%，监督执纪由“惩治极少数”向“管住大多数”拓展。出台《关于进一步发挥纪委监委职能作用激励干部担当作为的实施办法》，传递“三个鲜明信号”，注重规范谈话函询、初核等工作程序，注重打击诬告陷害行为，为9名党员领导干部澄清正名，营造干事创业的良好氛围。

【专项整治】 2019年，临汾市纪委监委坚持统筹抓好各项专项整治工作，推动全面从严治党持续向基层延伸。在主题教育中专项整治漠视侵害群众利益问题，确定4类26项整治重点，督促17个责任单位精准查纠问题190个，完成整改188个；实行市县两级纪委监委班子成员包案督办，对漠视侵害群众利益问题优先受理、优先处置、优先办理，全市查处违纪违法案件223起223人，其中党纪政务处分118人，通报曝光15批次47件56人。深化扶贫领域专项治理，紧盯贪污侵占、虚报冒领、截留挪用、挥霍浪费、吃拿卡要、优亲厚友等问题，查处扶贫领域腐败和作风问题1064件1064人，其中党纪政务处分486人，移送审查起诉12人，通报曝光39批122起197人，督促相关部门完善制度33项。深挖彻查涉黑涉恶腐败和“保护伞”，坚决落实“两个一律复核”，查处涉黑涉恶腐败和“保护伞”344人，党纪政务处分128人，组织处理219人，移送审查起诉29人。贯彻落实能源领域反腐败专项行动工作要求，制定任务清单，传导工作压力，为能源革命综合改革试点保驾护航。开展人防系统腐败和“大棚房”问题专项整治，全市收集受理人防系统腐败问题线索51件，立案审查调查37件，党纪政务处分53人，组织处理23人，留置2人，移送审查起诉4人，推动主责部门整改问题832个，追缴易地建设费2.09亿元，补建防空地下室120402平方米；发现“大棚房”问题7个，党纪政务处分15人，组织处理16人。严肃查处民生领域侵害群众利益问题，聚焦“微腐败”，查处违纪违法问题3348件3348人。开展生态环保领域责任追究，紧盯中央巡视和中央、省环保督察反馈意见整改情况，对失职失责的相关部门和工作人员进行严肃追责，问责55人，其中党纪处分12人，其他处理43人。

【反腐败斗争】 2019年，临汾市纪委监委一体推进“三不”机制，反腐败斗争压倒性胜利不断巩固发展。坚持稳高压态势、稳惩治力度、稳干部群众对持续正风反腐的预期。实行班子成员包案、市县一体化办案，对重大案件统一指挥、直查直办；突出重点削减存量、零容忍遏制增量，反腐败工作取得明显成效。全市纪检监察机关受理信访举报8123件次，立案2738件，结案2669件，党纪政务处分2791人，其中处分县处级干部40人，留置42人，移送审查起诉108人。严肃查处临汾广播电视台原党组书记、台长王新龙，安泽县委原常委、县政府原副县长李峻石等有较大影响的案件；严肃查处洪洞县医疗集团原党委书记、院长杨峰，尧都区解放路办事处平阳社区第一党支部原书记兰维成，尧都区滨河办事处党家楼社区委员会原书记、主任党长顺等“小官巨贪”典型案件。在法纪震慑和政策感召下，8名违纪违法干部主动投案。建立575人的审查调查人才库，提高监督审查调查专业化水平。发挥市县一体化办案机制优势，集中力量突破案件，全年查处155人。做好审查调查“后半篇文章”，强化以案促改，市县两级纪检监察机关下发纪检监察建议书788份，完善制度机制。发挥典型案件的警示教育作用，摄制专题教育片《初心明鉴》《捉“鼠”惩贪》，编印违纪违法领导干部忏悔录和剖析警示录，通过媒体公开曝光84案98人。协助市委抓好张茂才严重违纪违法案件专题警示教育，肃清流毒影响。举办“丹青墨韵、清风临汾”书画展，开展“把对党忠诚纳入家庭家教家风建设”专题教育。　（廉雪峰）

巡察工作

【概况】　2019年，临汾市委巡察工作领导小组坚守政治巡察工作定位，推进巡察全覆盖，完成市委第六轮巡察反馈移交等工作和第七、第八轮巡察任务。第七、第八轮巡察分别采取“一托二+延伸提级”“专项巡察+机动式+回头看”的方式，常规巡察14个党组织，提级巡察21个村。全市巡察工作进入山西省第一方阵，在探索创新和信息报送两个方面名列全省第一。

【专项巡察】　2019年，临汾市委巡察工作领导小组配合省委第二、第四巡视组开展脱贫攻坚专项巡察，提级巡察20个乡镇和35个村，对5个已巡察过但机构改革后职能发生变化的党组织，开展整改“回头看”。发现共性问题865个，问题线索322件。开展人防系统专项巡察，发现共性问题113个，问题线索34件。开展“机动式”巡察，发现并移交2个典型问题。对5个省定贫困县巡察工作进行专项检查，开展23次督导检查，做到对17个县（市、区）专项检查、督导检查全覆盖，向县级党委主要领导和巡察领导小组现场反馈问题，推动巡察工作规范运行。

【整改落实】　2019年，临汾市委巡察工作领导小组坚持发现问题与整改落实并重，把督查巡视巡察整改落实情况作为日常监督重要内容，对脱贫攻坚专项巡视巡察整改落实情况进行专项督查，典型案例实行领导包联督办。对省委前五轮巡视和市委前七轮巡察整改情况进行“回头看”，推动巡视巡察反馈问题整改落到实处。　（廉雪峰）

市纪委四届四次全会

【会议情况】　2019年1月22日，中共临汾市纪委四届四次全体会议召开，省人大常委会副主任、市委书记岳普煜出席会议并作重要讲话。市领导刘予强、李云峰、陈小洪、周计伟、李朝旗、陈纲、郭行杰、刘文华、常青、郝忠祥出席会议。市委常委、纪委书记、监委主任周计伟主持会议并作工作报告。省纪委监委机关有关同志应邀出席会议。市副厅级以上领导；市纪委委员、市监委委员；各县（市、区）委书记、县（市、区）长、纪委书记；临汾、侯马经济开发区党工委书记、管委会主任、纪工委书记；市直各单位及条管单位主要负责人，市纪委监委各派驻纪检监察组组长，条管单位和部分市直单位纪检组长（纪委书记）；市委巡察机构副县级以上干部；市纪委监委机关室主任（负责人）、县处级纪检监察员、直属事业单位负责人参加会议。

【会议决议】

中国共产党临汾市第四届纪律检查委员会第四次全体会议决议

（2019年1月22日中国共产党临汾市第四届纪律检查委员会第四次全体会议通过）

中国共产党临汾市第四届纪律检查委员会第四次全体会议，于2019年1月22日在临汾举行。出席这次全会的市纪委委员31人，列席172人。

省人大常委会副主任、市委书记岳普煜出席会议并讲话。市委常委，市人大常委会、市政府、市政协领导，市法院院长，市检察院检察长出席会议。有关方面负责同志参加会议。

全会由市纪律检查委员会常务委员会主持。全会以习近平新时代中国特色社会主义思想为指导，全面贯彻习近平总书记在十九届中央纪委三次全会上的重要讲话和全会精神，全面贯彻省纪委十一届四次全会和市委四届五次全会精神，总结2018年全市纪检监察工作，部署2019年任务，审议通过了周计伟同志代表市纪委常委会所作的《全面推动纪检监察工作高质量发展，巩固发展反腐败斗争压倒性胜利》工作报告。

全会认真学习领会岳普煜同志讲话精神。一致认为，讲话深入贯彻了党的十九大和十九届二中、三中全会精神，深入贯彻了习近平总书记在中央纪委三次全会上的重要讲话和全会精神，深入贯彻了骆惠宁同志在省纪委十一届四次全会上的讲话和全会精神。讲话强调，习近平总书记的重要讲话，站在党和国家事业发展全局的高度，充分肯定了党的十九大以来全面从严治党取得的新的重大成果，深刻总结了改革开放40年来党进行自我革命的宝贵经验，对以全面从严治党巩固党的团结统一、为决胜全面建成小康社会提供坚强保障作出战略部署，为新时代继续推进全面从严治党指明了方向。骆惠宁同志在省纪委十一届四次全会上的讲话，对全省深入贯彻落实习近平总书记重要讲话和中央纪委全会精神作出部署，为进一步推动全面从严治党向纵深发展指明方向。我们要把思想和行动统一到党中央和省委部署要求上来，悉心学习领会，指导工作实践。

讲话指出，2018年，全市党的建设得到全方位加强，全面从严治党实效性不断提高，风清气正的良好局面进一步形成。要充分认识我市反腐败斗争取得压倒性胜利、全面从严治党取得新的重大成果，坚定夺取更大胜利的信念。讲话要求，做好今年工作，要全面贯彻习近平总书记在中央纪委三次全会上的重要讲话和全会精神，全面贯彻骆惠宁同志在省纪委十一届四次全会上的讲话和全会精神，进一步强化思想武装，旗帜鲜明地坚持和加强党的全面领导；进一步加强政治建设，坚定不移践行“两个维护”；进一步整治“四风”，深化拓展落实中央八项规定精神成果；进一步巩固发展压倒性胜利，始终保持惩治腐败高压态势；进一步完善监督体系，切实提升监督效能；进一步整治群众身边不正之风和腐败问题，让人民群众有更多更直接更实在的获得感。讲话强调，要强化担当、落实责任，围绕全面从严治党管党，在实现党对反腐败工作全过程领导上有新作为；围绕提高精准监督执纪水平，在建设纪检监察铁军上有新作为；围绕抓好“关键少数”，在贯彻新形势下党内政治生活若干准则上有新作为，不断强化履行管党治党政治责任的思想和行动自觉。

全会指出，2018年，在省纪委监委和市委坚强领导下，全市各级纪检监察机关牢固树立“四个意识”，做到“两个维护”，坚持稳中求进工作总基调，坚持以改革为先导为动力，牢牢把握监督第一职责，紧紧围绕审查调查和追责问责两大任务，始终保持在“两转”基础上全面拓展党的建设和党的事业新局面的清醒与自觉，忠实履行纪检监察两项职责，充分发挥新体制新机制优势，不松劲、不停步、再出发，推动全面从严治党、党风廉政建设和反腐败工作取得新进展新成效。突出加强政治建设，全面从严治党政治责任进一步压实。持续深化监察体制改革，党对反腐败工作的领导进一步加强。切实履行监督第一职责，监督效能进一步提升。不断加大审查调查力度，推动反腐败斗争取得压倒性胜利。集中整治形式主义、官僚主义突出问题，作风建设成果进一步拓展。统筹抓好三个专项整治，群众身边腐败和作风问题进一步遏制。坚定不移深化政治巡察，巡视巡察整改工作进一步落实。持之以恒加强自身建设，纪检监察干部能力素质进一步提升。全会分析了工作中面临的形势和存在的问题，要求高度重视、认真解决。

全会提出，2019年是中华人民共和国成立70周年，是全面建成小康社会、实现第一个百年奋斗目标的关键之年。做好纪检监察工作的总体要求是：以习近平新时代中国特色社会主义思想为指导，深入贯彻落实党的十九大和十九届二中、三中全会精神，全面贯彻十九届中央纪委三次全会、省纪委十一届四次全会和市委四届五次全会精神，不忘初心、牢记使命，强化“四个意识”、坚定“四个自信”，忠实履行《中国共产党党章》和宪法赋予的职责，坚持稳中求进工作总基调，坚持以改革为先导为动力，坚持高质量发展方向，一体推进不敢腐不能腐不想腐，扎实开展“纪检监察工作提质增效年”活动，以践行“两个维护”为着力点，切实加强党的政治建设；以提升效能为着力点，做实做细监督首责；以数量质量再提升为着力点，不断提高审查调查法治化规范化水平；以巩固改革成果为着力点，强化夯实派驻机构和乡镇纪委工作；以拓展深度广度为着力点，抓实抓好群众身边腐败和作风问题整治工作；以建设模范机关为着力点，补短板、强作风，锻造铸就过硬队伍，推动全面从严治党、党风廉政建设和反腐败工作向纵深发展，为谱写新时代临汾发展新篇章提供坚强政治和纪律保障。

全会明确，2019年纪检监察工作的主要任务是：

第一，围绕全面加强党的政治建设，切实履行“两个维护”重大政治责任。深入持久学习习近平新时代中国特色社会主义思想，扎实开展“不忘初心、牢记使命”主题教育。强化对增强“四个意识”、落实党中央、省委、市委重大决策部署的监督，严明政治纪律和政治规矩，确保党中央的权威。

第二，围绕加快推进反腐败工作法治化规范化，不断深化纪检监察体制改革。强化上级纪委对下级纪委的领导和指导，健全完善查办腐败案件以上级纪委领导为主的工作机制。全面加强派驻机构和乡镇纪委规范化建设，提高派驻监督和乡镇监察全覆盖质量。建立完善纪律审查和监察调查转换衔接办法，促进执纪执法全面贯通，健全统一决策、一体运行的工作机制。

第三，围绕提升扩大监督效能，努力把监督第一职责做深做实做细。强化日常监督，形成监督与接受监督的浓厚氛围和良好习惯。管住、管好一把手，使监督工作更加聚焦、精准、有力。贯通运用监督执纪“四种形态”，注重谈话和函询相结合，在“治未病”上积极作为。要把适用纪律和适用法律结合起来，实现监督效能最大化。

第四，围绕政治巡察职能定位，充分发挥巡察尖兵利剑作用。认真开展市委第七轮、第八轮常规巡察，高质量推进巡察全覆盖。把巡察与评估考核政治生态状况相结合，与整治群众反映强烈问题相结合，与解决日常监督发现的突出问题相结合，推动巡察工作全覆盖在广度和深度上拓展。统筹推进市县交叉巡察，形成市县巡察一体化、一盘棋的格局。加强巡视巡察整改和成果运用。

第五，围绕巩固拓展落实中央八项规定精神成果，着力破除形式主义、官僚主义。树立打持久战的思想，下定打攻坚战的决心，集中整治形式主义、官僚主义，严肃查处不敬畏不在乎、喊口号装样子、空泛表态、应景造势、敷衍塞责、出工不出力等突出问题。继续盯紧享乐主义、奢靡之风，深挖细查不收手、不知止，规避组织监督，由明转暗、隐形变异等问题。

第六，围绕一体推进不敢腐、不能腐、不想腐，巩固发展反腐败斗争压倒性胜利。紧盯事关发展全局的重大工程、重点领域、关键岗位，强化对权力集中、资金密集、资源富集的部门和行业的监督，加大金融领域反腐力度，依法查处贪污贿赂、滥用职权、玩忽职守、徇私舞弊等职务违法和职务犯罪，坚决清除甘于被“围猎”的腐败分子，推动构建亲清新型政商关系。

第七，围绕提升人民群众获得感、幸福感、安全感，持续整治群众身边腐败和作风问题。深化扶贫领域专项治理，以精准监督执纪问责助推精准脱贫。深化民生领域专项整治，解决教育医疗、环境保护、食品药品安全等侵害群众利益的问题。深挖彻查涉黑涉恶腐败及“保护伞”问题，严厉打击“村霸”、宗族势力和黄赌毒背后的腐败行为。

第八，围绕党要管党、全面从严治党政治要求，推动“两个责任”落到实处。要牢牢牵住主体责任这个“牛鼻子”，推动全市各级党组织把主体责任一贯到底。认真履行好协助职责，把监督责任摆进去，扭住主体责任，强化监督的再监督，使主体责任和监督责任贯通协同、形成合力。

第九，围绕建设让党放心、人民满意的模范机关，从严从实加强纪检监察干部队伍建设。要从严教育、锤炼党性，锻造过硬思想；要从严要求、提升素质，锻造过硬能力；要从严管理、注重激励，锻造过硬作风。严格执行监督执纪工作规则，严明“三条禁令”，认真开展补短板、强作风专项行动，彰显新时代纪检监察干部的政治本色。

全会号召，要紧密团结在以习近平同志为核心的党中央周围，在省纪委监委和市委的坚强领导下，不忘初心、牢记使命，忠于职守，敢于担当，奋力推动全市全面从严治党、党风廉政建设和反腐败斗争取得更大战略性成果，以优异成绩庆祝中华人民共和国成立70周年。

民主党派

中国国民党革命委员会临汾市委

【概况】 民革临汾市委下辖1个区委会，6个县级支部，分别是民革尧都区委员会，民革襄汾总支、市直支部、霍州支部、洪洞支部、侯马支部、曲沃支部。2019年底，全市有党员263人。其中，担任全国政协委员1人；省政协委员1人；市人大常委1人，人大代表3人；市政协常委3人，市政协委员9人；县（区）人大常委4人，人大代表3人。

【参政议政】 2019年，民革临汾市委建言献策，建立科学合理的基层组织结构，参政议政，制定《民革临汾市委参政议政调研课题管理办法》，鼓励党员申报调研课题，开展调查研究。全年市委会收到提案、意见、建议135篇，调研报告10篇。民革省委采用6篇，市政协采用20篇。民革临汾市委围绕与山西省相关的国家重大战略，重大决策建言献策，开展脱贫攻坚、文化旅游、医疗卫生、环境治理、民生改善等课题调研。围绕中共山西省委、省政府的中心工作和群众关心的热点问题建言献策，开展乡村振兴、文化旅游、医疗卫生等调研活动。围绕体现民革特色的“三农、涉台、社会法制”建言献策。盟员李云岗撰写的《关于陶寺文化的开发与打造的建议》被市政协评为重点督办提案；盟员闫完平撰写的《关于临汾旅游应大力宣扬尧文化突出地方特色 带动相关产业发展的建议》被市政协评为优秀提案，《市区120急救能力亟待加强》被市政协评为优秀社情民意。

【调研活动】 2019年，民革临汾市委与北京海淀区工委调研组一行在临汾市人民医院进行调研，北京世纪坛医院急诊科主任王真以“pk/PD看抗菌药物的合理应用”课题、北京世纪坛医院急诊科副主任医师陈菲以“胸腔积液的鉴别诊断”课题作讲座。北京大学第三医院北方医院中医针灸科副主任陈佳进行现场病例指导。

围绕乡村振兴和全域旅游进行参访调研，前往中共曲沃县委党校“美丽乡村建设”现场教学点——诗经故里田园综合体景区，晋国博物馆、襄汾陶寺遗址等地实地考察。在曲沃县与县委、县政府围绕“乡村振兴”课题召开座谈会，民革中央人口资源环境专委会委员、北京市侨联华商联谊会秘书长薛冰、中国农业科学院蔬菜花卉研究所副研究员闫妍分别从农村垃圾处理，蔬菜、果树种植及农业发展等方面提出对曲沃县经济发展的建议。

【社会服务】 2019年，民革临汾市委开展健康扶贫走基层活动。市委会副主委刘丽带领民革党员王明元、张守平等医疗专家组成的专业医疗队，走进扶贫点浮山县北韩乡大户垣村，开展“健康扶贫走基层”——送医下乡活动。

【圆梦助学行动】 2019年，民革临汾市委贯彻落实全市统一战线助力脱贫攻坚“百千百工程”和“圆梦助学行动”，赴大宁县开展“精准扶贫，圆梦助学”活动，将爱心送到学生手中。2019年是圆梦助学活动开展第二年。民革市直支部主委、临汾五洲国际广场董事长宣景文，民革党员、乡宁县管头镇政府副镇长董斌虎，民革党员、大宁县财政局三多乡财政所科员姚欣，分别向大宁县贫困大学生刘洋、王玉婧、杨晓敏每年捐助3000元，连续3年。

【对台工作】 2019年2月14日至15日，民革临汾市委会接待“第十八届台湾高校杰出青年大陆参访团”到临汾市进行研学参访。来自台湾知名高校的36位青年学生，领略临汾的独特美景，了解大槐树景

2019年1月11日，民革临汾中山书画院举办“两岸一家亲 新春送祝福”寄赠仪式　（民革临汾市委供图）

区“根祖文化”的内涵，开展联谊交流活动。

【“两岸一家亲·新春送祝福”主题活动】　“两岸一家亲·新春送祝福”主题活动开展5年，上千台湾同胞家中贴上满载着祝福与思念的春联和福字。2019年，民革临汾市委会多次收到来自台湾同胞寄送的春联，将来自台湾的春联赠送给临汾一中师生、襄汾一线交警，把“两岸一家亲·共筑中国梦”的理念深化于每一个民众的心中。

【“两岸情”诗社】　2019年，民革临汾市委成立“两岸情”诗社，旨在以诗词活动为桥梁，唤起两岸民众同根、同宗、同文、同源的民族情怀。诗社有成员102人，收集原创诗词楹联作品1000多篇，组织诗社成员开展文化下乡活动，采风结束后将大家撰写的精品诗词汇集成册，在中国黄河旅游网宣传。

（吴丽丽）

中国民主同盟临汾市委

【概况】　2019年，民盟临汾市委牢记多党合作初心，继承和发扬民盟“奔走国事、关注民生”的优良传统，开展各项工作。3月获民盟山西省委新媒体宣传工作先进集体、思想宣传工作先进集体；民盟中央优秀发行单位奖；杨海岩、王海龙、米文俊等8名盟员获民盟山西省委优秀盟员称号。

【建言献策】　2019年，民盟临汾市委收到提案、意见、建议178篇，调研报告10篇。其中，杨海岩、华珍撰写的《关于促进跨境电子商务发展的建议》《药企呼吁及时对新〈药品管理法〉中具体问题进行权威解答》2篇被报送全国政协；米文俊撰写的《浅谈数字经济与民营企业经济实体深度融合的现状与建议》被民盟中央评为优秀论文；宋高社撰写的《关于做好校外培训机构专项治理工作的建议》被山西省副省长张复明批示；刘淑娟撰写的《关于在全省中小学阶段实施“课后服务”的建议》等10篇信息被省政协采用；杨建军撰写的《残疾人出行还需保持盲道通畅》等6篇信息被盟省委采用；盟员王永红撰写的《基层在网络市场监管执法中的问题及建议》、董文达撰写的《关于在全市推广“戏曲广播体操”》的建议等50篇信息被市政协采用；盟员陈婉婉撰写的《关于加强法治临汾建设之城区道路交通管理秩序建议》提案，作为盟市委的集体提案被市政协定为重点督办提案。

【调研活动】　2019年，民盟临汾市委把社会服务工作与调研活动结合，围绕乡村振兴、养老、职业教育、大数据应用、新时期维护社会和谐稳定开展社会治理等主题，前往浮山县、永和县福利院、临汾市访调对接人民调委会、并丽艺通学校、临汾大数据中心等地进行调研，到基层一线，掌握第一手资料，形成调研报告及建议。

【助力乡村振兴】　2019年3月，民盟临汾市委经济工作委员会主任齐董辉、综合支部副主委赵晓军等盟员帮助清乐院村解决村民扩大樱桃种植面积资金困难问题，筹资30万元，帮助村民购买樱桃树苗，扩大种植面积11.87公顷，举行签约仪式。5月，民盟筹资2万余元帮助清乐院村举办第二届樱桃采摘节。民盟山西省委主委王维平带领调研组进村入户调研，参加第二届采摘节开幕式。樱桃种植面达到积33.33公顷，基本形成产业规模。

【社会服务】　2019年，民盟临汾

市委医疗工作委员会、农村工作委员会组织专家到贺家庄乡、浮山县东张乡开展“乡村儿童关爱”“送健康下乡”义诊、“庆丰收、送科技”活动。经济工作委员会开展慰问烈属活动。民盟尧都区委基层组织开展“烛光行动 手拉手”名师送教活动、联片教研活动、“诵千古华章 扬传统文化”专题讲座“主题阅读校园行”图书捐赠、“消费扶贫助力脱贫攻坚”活动。民盟侯马市委、民盟襄汾总支开展“关爱老人、奉献爱心”社会实践活动。民盟洪洞支部到后山头村开展帮扶送温暖活动。直属基层组织举办法制讲座，开展“同心送温暖”、向贫苦地区捐赠衣物活动。2019年，全盟开展社会服务24次，参加盟员300余人。（杨建军）

中国民主建国会临汾市委

【概况】 2019年，民建临汾市委会高举中国特色社会主义伟大旗帜，将深入学习贯彻习近平新时代中国特色社会主义思想和中共十九大精神作为首要政治任务，围绕新中国成立70周年、人民政协和多党合作制度确立70周年，开展“改革创新、奋发有为”“四比四促”“不忘合作初心，继续携手前进”等主题教育活动，在思想建设、参政履职、自身建设等方面取得一定成绩。

【庆祝新中国成立70周年】 2019年，民建临汾市委会庆祝新中国成立70周年，开展“不忘合作初心，继续携手前进”主题教育活动，举办庆祝新中国成立70周年“礼赞祖国”演讲比赛。9月28日，市委会组织市委委员、各基层（地方）组织班子成员等40余人，到临汾市安泽县红色革命教育基地接受革命传统教育。向民建中央、民建山西省委、市政协等单位推荐报送纪念新中国成立70周年书画作品十余幅，其中会员刘宁生的国画《太行横黛色·数峰出云间》作品入选民建中央庆祝新中国成立70周年艺术作品展，陈新华、王拥军的作品获市政协“共筑中国梦·共绘同心圆”书画摄影展优秀奖。

【“临汾民建”公众号】 2019年，民建临汾市委会做好“临汾民建”公众号的更新维护、信息推送，建立市委委员工作群、参政议政工作群及各专委会工作群等。发挥民建经济界特色，搭建临汾民建企业家沟通交流平台，促进会内信息共享，市委会编印《民建临汾市委会企业家通讯录》。

【服务地方经济】 2019年，民建临汾市委会提交议政发言7篇，提案41篇；全年提交社情民意58篇，其中《关于加强城区垃圾处理的建议》《关于打造“花果城”的建议》《关于开展优秀纪录片进校园的建议》等被市政协《社情民意》专刊采用。贯彻“走基层、献良策、比贡献”指导精神，围绕公共法律服务体系、营商环境、职业教育、农业特色产业发展等开展调查研究。

【脱贫攻坚】 2019年，民建临汾市委会与民建山西省委赴大宁、吉县、隰县、永和等贫困县开展脱贫攻坚民主监督工作，对脱贫攻坚工作中发现的问题交换意见，提出建议。市委会响应省委统战部“百千百”工程和临汾市统一战线助力攻坚深度贫困“两大行动”，组织会内9名爱心企业家对接贫困大学生圆梦助学。10月8日，市委会副主委杨丽青带领机关干部及会员单位，在临汾市平阳广场进行防治高血压健康义诊宣传；9月26日，由民建会员单位洪洞县电子商务协会承办，民建洪洞县基层委员会、民建洪洞县基层委员会经济委员会协办，在洪洞县淹底乡杨岳村，召开第二届中国农民丰收节。民建市直三总支、侯马市基层委员会开展一年一度的志愿服务高考活动。12月在民建中央脱贫攻坚表彰大会上，民建临汾市委会荣获脱贫攻坚“先进集体”称号，会员徐延龙、张洪涛获脱贫攻坚“先进个人”表彰。

（成三强）

中国民主促进会临汾市委

【概况】 民进临汾市委会成立于2002年3月18日，下辖民进尧都区委会、民进侯马市委会、民进霍州总支3个地方委员会，26个基层支部，会员609人。会员中省市县三级人大代表、政协委员62人（次），占10.2%。其中，省人大代表1人，省政协委员1人。2019年，民进临汾市委会学习贯彻习近平新时代中国特色社会主义思想和中共十九大、民进十二大精神，围绕中共临汾市委、市政府中心工作以“基层组织建设年”为抓手，以“四比四促”活动为契机，夯实思想政治共识，完成各项工作任务。

【基层组织建设】 2019年，民进

临汾市委会开展星级基层组织创建活动，3个支部被省委会评为“五星级支部”，民进侯马六中支部被评为“民进全国先进基层组织”。推进“智慧组工”应用，选派20余名会员参加山西民进基层组织负责人培训，全市27个基层组织通过省委会验收。拓宽交流渠道，与太原、运城等地民进组织开展交流互访，参加晋陕豫黄河金三角区域民进工作联席会议。

【组织发展质量】 2019年，民进临汾市委会严把积极分子入会关，以质量优先、特色鲜明为原则，坚持巩固与发展相结合，规范组织发展工作，全年发展新会员18名，全市会员总数增至609人。完善会员信息库，对副科级以上的会员个人信息进行核实登记。选派会员代表临汾参加省委会在阳泉举办的“弘扬爱国奋斗精神、建功立业新时代”先进事迹报告会，作主题报告。鼓励会员双岗建功，6人入选“三晋英才”支持计划。

【参政议政】 2019年，民进临汾市委会参加中共临汾市委、市政府、市政协召开的各类协商会、座谈会、情况通报会，就全市重大方针政策的制定、政府工作报告等参与政治协商，提出民进建议。开展“走基层、献良策、比贡献”活动，与民进山西师大委员会联合，围绕临汾文旅融合发展调研，形成7篇调研成果。利用“两会”平台，在政协全会上提交团体提案13篇、大会发言4件，其中《办好“二青会”，唱好“临汾戏”》在政协议政大会上作口头发言材料，多篇信息被省、市政协列为重点提案和领导督办提案。做好日常信息工作，全年反映社情民意信息86篇，其中，被市政协采用25篇，转报省政协18篇。报送统战信息208条，采用14条。市委会参政议政工作3次获民进山西省委会和市政协表彰。

【社会服务】 2019年，民进临汾市委会常发挥主界别优势，用好会内教育和文化资源，开展送教下乡、春联万家、法律进校园等活动。围绕提高学生自救互救能力，开展“救在身边·民进在行动”宣讲演示活动和健康义诊宣传活动。开展定点帮扶村脱贫攻坚工作，组织帮扶村十余名果农赴吉县考察学习，助推苹果产业发展。市委会扶贫工作队多次到东池村开展民主监督、资助贫困学生和特色农产品推介活动，就村集体经济破“0”、安居房建设、特色农业发展、政策性保障落地等情况开展调查研究，向相关部门反馈有关情况，巩固脱贫攻坚成果。

【宣传工作】 2019年，民进临汾市委会坚持正确的政治方向和舆论导向，狠抓宣传思想工作，编发《临汾民进快讯》200期，会员微信群“e家亲”中宣传各类信息近200次，新闻媒体报道50余次。抓好网络舆情工作，利用关键时间节点开展普法活动，对潜在舆情风险提前发现，及早消除。

九三学社临汾市委

【概况】 2019年，九三学社临汾市委学习贯彻中共中央《关于加强中国特色社会主义参政党建设的意见》、习近平总书记关于多党合作重要论述，围绕中共临汾市委、市政府中心工作，以思想政治建设为核心、组织建设为基础、履职能力建设为支撑、作风建设为抓手、制度建设为保障，聚焦重点领域和关键环节履行职能，发挥作用，以新思路推动新成效，以新担当展示新作为，为临汾转型发展贡献力量。

【思想建设】 2019年，九三学社临汾市委开展“改革创新、奋发有为”大讨论、“弘扬爱国奋斗精神、建功立业新时代”主题活动、“四比四促”和“走基层、献良策、比贡献”活动，邀请全国政协委员、九三学社中央委员许进在安泽县作专题报告；在微信群集中推送社中央《习近平新时代中国特色社会主义思想的文化解读》等4期政治辅导，举办庆祝中华人民共和国成立70周年暨九三学社创建74周年纪念活动，筛选21名社员事迹，制作专题展板和事迹手册集中展示。组织社员参加市政协“庆祝中华人民共和国暨人民政协成立70周年书画摄影展”，4名社员选送的6幅书画作品入选。组织市委委员、骨干社员前往临汾市烈士陵园缅怀革命先烈，赴武乡八路军总部纪念馆、洪洞县红军八路军纪念馆、尧都区刘村镇秦家大院、尧都区大阳镇官雀战役纪念馆接受红色教育，赴河南省林州市红旗渠学习红旗渠精神；组织机关干部观看中华人民共和国成立70周年献礼电影《我和我的祖国》。围绕庆祝中华人民共和国成立70周年和九三学社创建74周年，向社员征集“五四运动精神与新时代九三学社发展”研讨会论文、“新中国成立与中国新型政党制度确立70周年”征文。社市委创新社会服务品牌“医疗帮扶能力提升工程”被市委统战部作为统战工作实践创新成果上报省委统战部。

【组织建设】 2019年，九三学社临汾市委坚持“人才强社”战略，注重夯实组织基础，推进干部队伍建设。选拔推荐骨干社员参加社中央、社省委、市政协、市委统战部等部门举办的各类培训班。全年发展新社员18名，全市社员总数243人。组织机关干部赴九三学社北京市海淀区委“对标一流”学习考察，与九三学社三门峡市委交流社务工作，在社内推广“社员之家”APP平台。

【履职能力】 2019年，九三学社临汾市委加强参政议政核心履职能力建设，获社省委议政成果贡献一等奖，5名社员获参政议政工作先进个人。省市“两会”期间，向社省委提交团体提案5篇，个人提案3篇；向市政协提交团体议政发言2篇，其中张重辉撰写的团体议政发言《把防范化解风险工作做实做好》作为大会发言，薛俊苗撰写的团体议政发言《加快推进我市养老服务体系建设的建议》作为书面发言；向市政协提交团体提案12篇，个人提案23篇，其中梁清燕撰写的团体提案《关于进一步加强城市养犬管理的建议》、赵素丽撰写的个人提案《关于加强西山环境综合整治的建议》被列为重点提案。协调组织承办九三学社“晋陕豫黄河金三角区域统筹协调发展”赴临调研；组织社员赴临汾侨联眼科医院、临汾市中心医院、临汾市妇幼保健院等地就提升医疗服务能力等专项调研；赴安泽县、汾西县、尧都区就推动乡村振兴、农业产业发展、文化保护与资源开发等专项调研，形成一批调研成果。举荐社员参加市政协反映社情民意信息工作能力提升培训班、社省委参政议政工作培训班，加强对基层组织和社员撰写社情民意信息的服务指导。全年向社省委、市政协、市委统战部提交社情民意信息80篇，被市政协采用14篇，社省委采用28篇。其中，朱厚斌《关于在汛期对尾矿库现场排查险情的建议》被省政协单篇专报，赵强《中兽医药专业人才培养刻不容缓》被省政协综合采用；梁清燕《重视急救，提高急救实效的建议》、高宏琴《关于规范民营医疗机构挂牌研究所的建议》被市领导批示；李霞《建议将临汾市西山黄土高原区规划为我省有机旱作农业示范区》、史壮明《市场监管体制改革应注意防范执法风险》被评为优秀社情民意信息。

【社会服务】 2019年，九三学社临汾市委以“九临合作”为平台，在临汾市中心医院建立葛均波院士工作站；在山西飞虹光电科技集团建立郝跃院士专家工作站；协调临汾市中心医院与北京大学人民医院路瑾教授达成帮扶协议，启动建设“路瑾教授名医工作室”；启动临汾妇幼保健服务能力提升项目，协调北京大学人民医院、山西省人民医院4名专家，对临汾市妇幼保健院进行医疗帮扶。争取九三学社中央在临汾市开展“亮康行动”，由临汾市侨联眼科医院实施，为102名建档立卡贫困户患者实施免费复明手术118例，这是九三学社在山西省开展的首个“亮康行动”。贯彻落实全市统一战线脱贫攻坚“圆梦助学行动”，对大宁县2名贫困大学生进行帮扶。推进浮山县张庄乡小郭村的对口帮扶，为小郭村贫困户争取扶贫专项资金8000元。协调九三学社省委在安泽县示范区举办大田生物配肥技术暨配套农机春播培训展示现场会，向安泽县提供212台播种机，赠送10吨有机肥料。 （郭　强）

2019年12月，九三学社中央医药卫生专门委员会“九临合作”临汾名医工作室授牌仪式 （九三学社临汾市委供图）

群团组织

工　会

【概况】　2019年，临汾市总工会开展“作风建设年”活动，服务经济建设、服务职工群众，获得全国“安康杯”竞赛安全文化宣传活动先进单位、全国“七五”普法中期先进单位、全总工会财务工作先进单位、山西省文明单位、优秀市工会、山西省先进女职工组织等多项荣誉。

【职工思想政治引领】　2019年，临汾市总工会强化网络意识形态责任制。贯彻落实《党委网络意识形态工作责任制实施细则》《涉临网络舆情处置工作细则》文件精神，成立市总工会网络安全和信息化工作领导小组，健全网络意识形态责任制，注重传统媒体与新兴媒体融合发展，加强与临汾日报、临汾电视台的系列宣传合作，提高市总工会网站的科学化管理水平，开通“临汾市总工会”微信公众号，通过网站、微信等媒体手段拓宽主流新闻媒体报道的传播渠道，发布工会信息动态、交流典型经验、传播先进文化、弘扬职工正能量，加强网上正面宣传。把加强工会系统网上工会建设作为重点工作考核内容之一列入对全市工会工作考核体系，各级工会开通微信公众号，打造市总工会微信矩阵。建立督促完善网络舆情应急处置机制，建设网络宣传员队伍，应对网络谣言、负面炒作、攻击渗透等网络乱象。

【职工文化建设】　2019年，临汾市总工会开展“中国梦·劳动美”主题教育活动及“培育好家风——女职工在行动”系列活动；弘扬社会主义核心价值观，推进职工书屋建设，全市新建“职工书屋”32个，其中国家级示范点1个，省级示范点2个。开展职工听党话、跟党走“劳动筑梦”主题演讲比赛，选拔优秀选手参加省总工会举办的演讲比赛，取得优异成绩，组队参加省总工会举办的歌咏比赛，获得铜奖。开展“美丽临汾，我们在行动”环保宣传文艺演出基层行活动、劳模“四送”和劳模宣传月活动、“道德讲堂”和志愿者服务活动。以“听党话、跟党走”为主题，举办全市趣味运动会；以“中国梦·劳动美——与共和国同成长、与新时代齐奋进”为主题，开展全市职工“祖国颂”歌咏比赛。

【助力打好“污染防治攻坚战”】　2019年，临汾市总工会联合团市委、市妇联开展“美丽临汾·我们在行动”助力污染防治攻坚战系列宣传活动。开展全市职工环境保护知识竞赛68场次，直接参与竞赛人员1760人；举办助力环保网上趣味知识竞赛，参与人数5.3万余人次；联合创办“临汾工青妇助力环保在行动”微信公众平台，开展微视频、图文作品环保宣传，引发网上分享转播热潮；利用公交车和职工“爱心服务站”，拓展环保宣传渠道，进行环保公益宣传；举办环保宣传作品征集活动，征集各类作品427件，点击阅览总访问量130万余人次。

【助力打好精准脱贫攻坚战】　2019年，临汾市总工会开展“助力脱贫攻坚 奉献职工爱心”消费扶贫工作。号召动员全市各级工会组织重点聚焦永和、大宁、汾西等贫困县，购买农副产品用于职工福利发放。市总工会加强同贫困县区的沟通协商，在严把购进质量关，制定福利大礼包、加强信息统计和整合等方面强化规划和管理。19个县（市、区）总工会组织签约520余家，市直各基层工会组织签约110余家，全年消费扶贫总金额3000万元以上。

【助力防范化解重大风险攻坚战】　2019年，临汾市总工会推进

“七五”普法，深化扫黑除恶专项行动，利用“3·8”维权月、“12·4”法制宣传日，开展普法宣传活动。建立健全市总工会“4234”职工法律维权体系，推进职工法律援助维权服务工作，市总职工服务中心接待职工1050余人次，受理投诉278起；调解化解劳资纠纷269起，其中群体性事件71起，帮助农民工追回欠薪1900余万元。开展“尊法守法 携手筑梦”服务农民工公益法律服务行动，在全市组织10个律师事务所、学雷锋法律宣传志愿者58人，成立12个小分队。在厂矿、企业、园区开展普法宣传121场次，接受咨询852人次，现场宣讲22826人次，岗位技能培训3700人次，心理健康辅导316人次，现场受理劳动争议案件19起，办理法律援助案件14起，为农民工挽回经济损失126万元。全国普法办授予市总工会“全国七五普法中期先进集体”荣誉称号。

【建功立业】 2019年，临汾市总工会围绕全市深化供给侧结构性改革与深化转型综改区建设工作要求，在全市重点项目、重点工程和煤炭、焦化、冶金等重点领域50万职工中开展以“六比六看”为主要内容的劳动竞赛。结合临汾市生态环境治理攻坚行动，在职工中开展生态环保节能减排劳动竞赛，在职工会员家庭中开展低碳家庭竞赛活动。开展劳模推荐评选工作，推荐评选出全国工人先锋号1个，全国五一劳动奖章1个，山西省模范单位8个，山西省模范集体9个，山西省特级劳动模范9名，山西省劳动模范62名。

【“五小六化”提质行动】 2019年，临汾市总工会在全市开展“五小六化”提质行动；在全市电力行业开展“改革创新、奋发有为”职工技能大赛活动；组织举办第六届晋陕豫黄河金三角地区（家政服务业）职工技能大赛。全市各级工会在煤炭、钢铁铸造、电力、医疗、教育、金融系统、燃气、疾控、家政服务业等行业组织开展劳动竞赛活动2000余场次。坚持“五小六化”提质集群化发展的思路，对在“五小六化”活动中表现突出的项目和团队，以创建工作室的形式进行优化培养、强化提升。制定下发《临汾市总工会职工（劳模）创新工作室实施办法》，对市级创新工作室给予3万元的资金扶持。全市创建创新工作室63个。开展师带徒和技术攻关技术创新活动。

【“平阳工匠”选树活动】 2019年，临汾市总工会在全市推进全民技能提升工程，打造“临汾技工”品牌，培养造就技术人才。以“弘扬工匠精神，助力转型跨越”为主题，举办全市第二届“平阳工匠”选树活动，活动从7月开始，历时5个月，聚焦全市主导骨干行业，侧重新兴产业、传统产业、基础建设以及传统工艺（手艺）等行业，在全市范围内选树具有知识型、创新型、技能型的“平阳工匠团队”3个，“平阳工匠团队提名奖”6个，“平阳工匠”10名，“平阳工匠提名奖”20名，选树“金牌工人”100名。

【维护职工劳动经济和民主权益】 2019年，临汾市总工会贯彻落实《山西省企业工资集体协商条例》，召开临汾市家庭服务行业2019—2020年度工资集体协商会议，签订全市工资专项集体合同7469份，覆盖企业15154家，签订女职工专项集体合同2007份，签约率、履约率96%以上。组织开展全市“女职工权益保护法律法规知识竞赛”，各县（市、区）和市直基层工会女职委组织问卷答题活动，近35000名女职工参与答题。组织开展女职工维权月活动，联合职工维权帮扶中心开展女职工法律法规宣传活动，发放宣传书籍1000余册、宣传彩页万余份。全市开展宣传活动300余场，发放宣传资料6.5万余份，为近2500余名女职工提供咨询服务。在企业普遍建立职代会制度，开展厂务公开、职代会建制专项行动。以“适应经济新常态，职工代表在行动”为重点开展“公开解难题、民主促发展”主题活动。国有集体企业两个建制率100%，非公企业两个建制率97%以上。

【群防群治安全防线】 2019年，临汾市总工会在全市1990家企业、52万余名职工中，以“美丽·安康·幸福”创建行动为统领开展2019年度“安康杯”竞赛活动。组织开展《中华人民共和国职业病防治法》宣传周线上知识竞赛活动，在临汾市总工会微信平台链接“中工网”和“浙工之家”微信公众号，全市1万余名职工参加答题活动。开展2019年全市“安全生产月”活动，下发《临汾市总工会关于开展2019年“安全生产月”活动的通知》，开展群众性安全文化活动。组织“安全生产咨询日”活动，发放全国职工公共安全卫生应急避险知识普及教材500余本、宣传资料5000余份，委托临汾“平阳平安媒体行”代表市工会到企业发放普及教材600余本、宣传单5000余份。

【帮扶困难职工】 2019年，临汾市总工会联合人社局、市人才交流中心等单位联合举办以“促进转移就业，助力脱贫攻坚”为主题的临汾市2019年春风行动暨春季人才招聘大会，参加招聘企业610个，提供就业岗位2万个，现场达成就业意向人数8600多人。2019年元旦、春节期间，市总开展“两节”送温暖活动，慰问困难职工1463人，慰问资金238余万元。解决部分未建档但临时遇到困难的职工困难申请11人次，救助金额10万余元。开展大病医疗互助活动，全年结算理付6批次、1662人，金额421.04余万元。在全市范围内开展“情系职工、清凉一夏”活动，各级工会送清凉活动慰问职工1.9万余人，慰问资金90.6万余元。其中，市总工会慰问交警、环卫工人等2582人，慰问资金25万余元。组织开展2019年度金秋助学活动，对286户在档困难职工进行助学救助，救助金额122.75万元。

【职工“爱心服务站”建设】 2019年，临汾市总工会实施爱心服务站“百站”建设工程，在临汾机场接机厅、候机厅和市政府政务大厅，大运高速襄汾服务区东西两侧建设5个高标准职工爱心服务站，为职工提供歇脚处、补给站、阅览室、咨询台等服务，借助“互联网+”，通过触摸一体机，实现职工同市总维权服务平台的在线连接，即时在线解决政策法律咨询、合法权益维护等实际问题，接待处理有关职工入会、维权服务、心理健康等案例20余起，市区职工爱心服务站接待职工人数13500余人次，触摸一体机访问量3800余人次，工会业务咨询560余人次。全市19个县（市、区）总工会建设职工爱心服务站119个。

【工会会员普惠制】 2019年，临汾市总工会引深会员普惠化服务，全市发放会员普惠卡4.5万张，发放“两节”慰问礼包1万份。开展第二届工会会员家电节，市总联合临汾市城西客运站旅游集散中心，开通首届古县牡丹旅游直通车，凡参加古县牡丹节旅游直通车的工会会员均可享受减免15元优惠。做好职工就业服务、心理关怀、婚恋服务，推进“妈咪小屋”建设和职工心理健康咨询示范基地创建。

（张 娟）

共青团临汾市委

【概况】 2019年，共青团临汾市委以学习习近平新时代中国特色社会主义思想为主线，按照团省委、市委安排部署，围绕市第三次团代会工作安排，履行引领凝聚青年、组织动员青年、联系服务青年的职责使命，深化改革攻坚，全面从严治团，推进团的基层建设，全市团的各项工作和建设实现新发展。

【主题活动】 2019年，共青团临汾市委开展“青春心向党·建功新时代”主题宣传教育活动。组织全市团员青年集中收看团省委特别主题团日直播，14433人参与；举办“青春心向党 建功新时代”纪念五四运动100周年暨庆祝新中国成立70周年文艺演出，举行主题团日活动暨新团员集中入团仪式，强化团员的荣辱感和组织归属感，增强青少年听党话、跟党走的思想和行动自觉。深化“青年大学习”。印发《关于在新入团团员青年中常态化开展“青年大学习”行动的通知》，3.5万人参与学习；在浮山县、吉县、汾西县、霍州市开展《五四精神与新当代青年的责任和使命》主题宣讲8场；推选143名青年为“临汾向上向善好青年”；在团属微信、微博、抖音推送正能量信息，阅读量130万人次；生产、制作5部新媒体文化产品，阅读量20万人次。

【青年建功立业】 2019年，共青团临汾市委开展服务乡村振兴“双争双兴”工程。协调北京大学博士生服务团9人在安泽县开展调研，了解乡村振兴、全域旅游等有关情况，为安泽的发展提出了富有建设性的意见。围绕服务青年就业创业，开展第六届“创青春”青年创新创业大赛，开展青年电商培训783人，古县优秀创业青年郭朋朋荣获团中央、农村农业部“全国农村青年致富带头人标兵”称号。组织各界青年在乡宁县管头中心校开展收集“实现1个微心愿”活动。组织青企协会员代表到重庆就青年创新创业、乡村振兴考察交流。开展帮扶村脱贫工作。为村中安装宽带设备，修建移动信号塔；帮助贫困户装修、搬家，护国村5户易地搬迁户入住；向永和县桑壁镇桑壁中心校捐赠价值5万元的爱心棉被、学习卡；组织青年之家志愿者为护国村墙壁绘制美丽乡村墙绘。开展青春助力脱贫攻坚。组织青联委员、青企协会员开展“7+1”系列活动，到尧都区大阳镇、古县旧县镇、浮山县北王乡等地开展精准帮扶，为100名贫困学生捐赠价值5000余元的学习用品。实施“千校万岗”大中专学生就业精准帮扶，为贫困学生提供岗位300个。做好青年示范工程。开展市级“青年文明号”“青年安全生产示范岗”创建，26家单位创建“青年文明号”，17家单位创建“青年安全生产示范岗”。围绕助力环保攻坚行动，组织开展“我是蓝天小卫士”环保宣传活动，参与人数1200余人；开展“践行新风尚、青春更闪亮”环保亲子徒步活动，参与人数400余人，《临汾日报》小记者团青年之家荣获团中央第九届“保护母亲河”奖。做好二青会志愿服务工作。招募200名青年志愿者，举办志愿者培训会，完成3项赛事和火炬传递等志愿服务工作。

【服务青年】 2019年，共青团临汾市委做好法治宣传教育。组织各级团组织开展学法、守法、用法活动，提高青少年的国家安全、网络安全和法治意识。邀请专业律师在临汾高级技术学校开展以“抵制非法集资 远离校园贷 构筑和谐校园”为主题的防范非法集资宣讲活动，增强青年学生防范和抵御非法集资活动的能力。加强青少年法治宣传教育的专兼职队伍和青少年法治教育基地等阵地建设，开展“守护青春”法治广播工作，全市各学校落实每周1次播放。组织开展“防艾在行动，团团进社区”活动，发放关于未成年人保护法、预防青少年违法犯罪、禁毒防艾相关宣传资料。开展青少年维权工作。建立校外未成年人心理健康辅导站；实施“未成年人司法保护综合服务项目”，开展26次社会调查，16起维权救助，3场亲职教育，为46名涉罪未成年人开展帮教矫治工作，为涉罪未成年人提供异地合适成年人到场服务26次，12355青少年服务台获全国“青少年维权岗”称号。其中，对浮山姐妹小花、小朵（化名）实施救助的案例入选团中央和最高检“未成年人检察社会支持体系建设工作十大典型案（事）例”。开展2019年全国青少年模拟政协提案征集，征集中学中职组提案13份，大学组2份，社会组1份。其中社会组提案入选团中央提案。组织开展“轻松备考·12355与你同行”减压活动，为考前焦虑压力大的学生提供咨询。建立临汾市青年工作联席会议制度，召开临汾市青年工作联席会议第一次全会，明确青年工作联席会议主要职责、工作规则和工作要求。开展“面对面”活动。组织市、区两级人大代表、政协委员在区府社区召开以“引导和支持青年社会组织参与社会建设——让青年走进社区”为主题的面对面活动。

【团的基层建设】 2019年，共青团临汾市委树立“全团大抓基层”的导向，召开团的基层建设工作会、推进会、培训会、交流会等6次，加强对团的基层建设工作的组织领导。制定下发《共青团临汾市委关于实施“一带三强”全面提升团的组织力三年行动方案》《共青团临汾市委基层规范化建设实施方案》，对加强团的基层建设作制度层面的设计。开展基层规范化建设。厘清学校、机关事业单位、企业、乡镇街道等传统领域团组织的隶属关系；各基层团组织按照“五有六上墙”的标准进行规范，明确主题团日活动的主题和流程；依托“智慧团建”系统对全市5934个团支部进行整顿，完成整顿的团支部有5195个。实施基层团组织“百日清零”行动，全市17个县（市、区）在非公企业、社会组织、社区、部队等领域均建立团组织，消除空白现象。在新兴青年社会组织中建立临汾快递行业协会团支部，在北美明珠新天地商场建立团委，在非公企业临汾师达律师事务所建立团支部，实现对商场、社会组

2019年8月9日，第六届创青春临汾青年创新创业大赛
（共青团临汾市委供图）

织、非公企业等领域的覆盖。针对学生团员毕业后失联的问题，依托“智慧团建”系统，转入20813人，转出5372人，转接率95.7%。全市建“青年之家”241家，开展活动600余场，覆盖青少年6万余人，形成3公里服务圈，打通联系、服务青年的“最后一公里”。

【团的干部队伍管理】 2019年，共青团临汾市委联合市委组织部在井冈山革命传统教育基地开展全市团干部理想信念修养培训班，53名团干参加。组建“专职团干部+兼职团干部+‘青年之家’工作人员+志愿者”的工作队伍。制定出台《共青团临汾市委兼职团干部管理办法（试行）》和《共青团临汾市委兼职团干部考核实施细则（试行）》，在册兼职团干部65人。建立兼职团干部团支部，强化兼职团干部的组织认同感和归属感。

（梁李平）

妇女联合会

【概况】 2019年，临汾市各级妇联组织服务妇女群众，全市妇联改革和妇女工作取得新业绩。全国妇联党组书记、副主席、书记处第一书记黄晓薇对临汾市妇联《深化基层妇联改革，推动思想政治引领落地见效》和《妇女信教问题调研报告》作出重要批示。市妇联作为全市唯一单位，被市委向山西省委推荐为“人民满意的公务员集体”。

【统一思想认识】 2019年，临汾市妇联把学习贯彻习近平总书记重要讲话精神和中央决策部署作为第一要务，组织全市各级妇联干部系统学、跟进学、联系实际学，把思想和行动统一到习近平总书记视察山西重要讲话精神和“三篇光辉文献”精神上来，保持和增强妇联组织政治性先进性群众性。开展“改革创新、奋发有为”大讨论和“不忘初心、牢记使命”主题教育，教育引导妇联干部和妇女群众树牢“四个意识”，坚定“四个自信”，做到“两个维护”。

【宣传教育】 2019年，临汾市妇联开展“巾帼心向党·礼赞新中国”“十百千万巾帼大宣讲”等群众性主题活动1900余场次，覆盖30余万人次。举办全市妇联系统加强思想政治引领暨深化基层妇联改革专题培训班，提升做好新时代妇联工作的能力和水平。举办庆祝新中国成立70周年畅谈会暨《临汾妇女运动百年大事记》新书研讨会，重温临汾妇女百年运动历程。开展全市妇女信教情况专题调研，形成调研报告，在宗教重点村开展正面引导工作。

【建强网上阵地】 2019年，临汾市妇联强化互联网思维，推动以“临汾妇联”大数据平台为统领的“一网两微两号一平台”新媒体矩阵提档升级，通过“互联网+”实现妇联与妇女群众互动常态化、沟通零距离。开展妇联执委“亮晒述评”“网上维权直通车”“家庭教育网上课堂”等活动，覆盖近50万妇女群众，信息点击转发量上千万次。

【创业创新巾帼行动】 2019年，临汾市妇联举办全市第二届女性（农业农村）创新创业技能大赛，培育“妇”字号巧手、农产品、电子商务等特色品牌。与市委人才办、市人社局联合举办2019年“春风行动”暨春季人才招聘大会，帮助3000余名妇女达成就业意向。落实小额担保贷款财政贴息政策，为妇女创业就业提供资金支持。

【巾帼脱贫行动】 2019年，临汾市妇联开展“做好六件实事，助力脱贫攻坚”“姐妹手拉手，巾帼脱贫快步走”活动，帮助贫困妇女实现稳定脱贫、持续增收。举办“消费扶贫巾帼在行动”活动，为贫困地区特色农产品搭建销售推介平台。实施“百万农民冬季培训”计划项目，举办全市新型农业经营主体、服务主体和农村实用技术培训82期，参训妇女4600余人次。

【乡村振兴巾帼行动】 2019年，临汾市妇联实施“农村妇女素质提升计划”，举办全国妇女手工编织协会临汾妇联“订单式”培训班和新型职业女农民（中药材种植）培训班。举办“三娘子”、工艺编结、中餐料理、推拿按摩、手工编织、月嫂护工等技能培训班120期，参训妇女1.1万余人次，为农村妇女搭建学艺增收平台。

【“美丽庭院”创建活动】 2019年，临汾市妇联开展“美丽庭院”创建主题月活动。评选表彰市级“美丽庭院”示范户1000户。开展“推动移风易俗·弘扬时代新风”和“三争三好”公益巡讲进“美丽庭院”活动，引领妇女和家庭在“美丽庭院”创建中共建幸福家庭。

【家庭文明创建】 2019年，临汾市妇联落实《山西省家庭教育促进条例》和《临汾市家庭教育五年规划（2016—2020年）》。开展“争当好女性、争做好母亲、争创好家庭”系列活动，组织好家庭好家风公益巡讲、平阳女性示范大课堂和“给妈妈的一封信”征文等活动3200余次，参与家庭8万余户，受益群众20余万人次。常态化开展寻找“最美家庭”活动，涌现出全国最美家庭3户、三晋最美家庭15户、省级五好家庭10户。联合市纪委开展“把对党忠诚纳入家庭家教家风建设”专题教育活动。

【家庭教育支持行动】 2019年，临汾市妇联与全国妇联、联合国儿基会联合举办儿童早期发展社区家庭支持（ECD）项目国家级培训班，拓展“贫困地区儿童早期综合发展”汾西县试点项目成果，扩大家庭教育志愿服务队伍，打造市、县、乡、村家庭教育试点基地，常态化开展家庭教育巡讲，构建覆盖城乡的家庭教育指导服务体系。落地“妇联阵地+社区支持服务”项目试点。开展中国儿童中心“德润童心”德育实践试点工作。

【家庭服务】 2019年，临汾市妇联实施农村妇女“两癌”免费检查和救助项目，为73名农村患病妇女发放73万元救助金。实施“儿童安全健康成长守护行动”公益项目。开展“把爱带回家”双百万结对寒假特别行动，开展“把优良家风带回家”“把法治安全带回家”“集中走访”等五项关爱行动。维护妇女权益，发挥法规政策性别平等评估机制作用，在“妇女之家”普遍建立妇女议事会、设立村妇女维权站。完善婚姻家庭矛盾纠纷预防化解机制，将婚姻家庭矛盾纠纷调解纳入综治考核范围。开通“网上维权直通车”，12338妇女维权热线县级区域全覆盖，四级调解中心基本成立，实现线上线下同步维权。

【家庭理论研究】 2019年，临汾市妇联编印《好女性、好母亲、好家庭故事分享》，讲好女性典范和优秀家庭故事，引导全市妇女在改革发展稳定第一线建功立业，在家庭建设、家庭教育、家风传承中尽心尽责，建设好家庭、涵养好家教、培育好家风。

【基层组织】 2019年，临汾市妇联出台《关于进一步加强村（社区）妇女小组建设的实施意见》，将创业女大学生、女致富带头人等热爱妇女工作的优秀妇女吸纳到妇联组织中来，推动2000人以上的行政村配备20名以上执委。乡镇妇联组织区域化建设和乡镇“妇女之家”建设全覆盖，执委联系服务妇女群众“1+10”和“面对面”工作法落实有力，乡镇（街道）妇联组织区域化建设效能释放。全市机关事业单位组建妇委会1026个，“四新”领域中建立妇女组织903个，组建网格型和功能性妇女小组15553个，全市5万名执委全年开展各类活动3万多场次。

【阵地建设】 2019年，临汾市妇联坚持党建带妇建，将妇女创新创业、家庭教育、妇女维权等工作入驻党群服务站，实现党建妇建优势互补、同心同向、同频共振。2660个村（社区）“妇女之家”入驻党群活动中心。整合家庭教育实践基地、亲子阅读基地和儿童活动中心等妇联自有资源，打造网上网下示范“妇女之家”，满足妇女群众进“家”的不同需求。发挥“妇女微家”的辐射和补充作用，将“妇女之家”的功能、服务和活动延伸到妇女生活的最小单元。

（卫丽丽）

科学技术协会

【第五届临汾市青少年机器人竞赛】 2019年，临汾市科协组织开展第五届临汾市青少年机器人竞赛活动。竞赛有来自全市13个县（市、区）350余名参赛队员和100余名教练员参加，有车形机器人格斗赛、人形机器人格斗赛、机器人足球赛、一带一路常规赛、创意搭建赛、无人机、创意编程7个项目的竞赛。评选出一等奖54项，二等奖75项，三等奖95项。优秀教练员13名，优秀组织单位11个。现场观众2000余人，网络直播点击量30000余次，成为临汾市青少年科技教育活动的一大品牌。

【青少年科技教育活动】 2019年，临汾市科协组织开展临汾市第34届青少年科技创新大赛活动，在山西省第34届青少年科技创新大赛活动中，临汾市获得一等奖10项，二等奖18项，三等奖25项。在全国赛事中，临汾一中郭亮老师的科技辅导员作品《探源临汾古戏台》和学生作品《医用担架的设计和改良》入围全国终评，获得全国赛事三等奖；组织参加第十九届中国青少年机器人竞赛山西联赛活动，临汾市获得二等奖28项，三等奖20项；组织各学校参加山西省机器人创意编程比赛；在全国创意编程竞赛中，山西师大实验小学、临汾市解放路学校、临汾市同盛实验中学获得多项一、二等奖。开展流动科技馆巡展活动，在尧都区、襄汾县、蒲县、曲沃县、洪洞县、安泽县、乡宁县、浮山县和临汾一中、同盛实验中学开展巡展活动，参观人数8.5万人次。

【科普宣传】　2019年，临汾市科协组建科技志愿者支队25个，人数2000余人。在“全国科普日”及防灾减灾主题宣传活动、食品安全周宣传活动、三下乡、世界无烟日等大型主题科普宣传活动期间，各县（市、区）科技志愿者支队，投身公益科普宣传。全年发放《健康备要》《防灾减灾手册》《青少年食品安全读本》《食品安全“谣”不可及》《创新改变生活》等各类科普资料10万册，展出科普版面380余块（次），受众人数10万余人。

【科技服务】　2019年，安泽县科协在黄花节期间，举办“科普杯”少儿模特赛，服务“四大类人群”，少儿模特赛惠及人数2000余人。曲沃县科协组织科技志愿者在东关社区、西南街社区、北关社区开展“关爱中老年人健康义诊”公益科普活动，活动现场摆放科普宣传版面10余块、发放科普图书1000余册、发放科普宣传袋1000余个、科普纪念品200个。市畜牧兽医协会科技志愿者支队送技术、送服务，多次开展各项技术培训班活动。市超声影像协会科技志愿者支队开展下乡扶贫工作，为尧都区魏村乡10个村65岁老人免费体检超声检查1200多人次，为临汾市地方病8岁至10岁儿童甲状腺彩超普查500多人次，为尧都区北门外社区脑卒中高危人群颈动彩超筛查460人次。市气象学会科技志愿者支队整合传统媒体和新媒体的宣传效能，创新多项科普互动环节，参与应对气候变化绿色行动。市心理卫生协会科技志愿者支队走进尧都区看守所开展心理健康服务访谈，走进浮山职业中学、浮山文昌小学开展“关爱关心留守儿童，开展团体心理辅导”公益课。市糖尿病防治学会科技志愿者支队在第56个“学雷锋纪念日”暨第20个“中国青年志愿者服务日”到来之际，在平阳广场为百姓义诊，免费测血糖、血压。活动免费监测血糖、血压200余人，监测出高血压及糖尿病人50余人现场义诊，向人民群众讲解健康教育知识，发放健康教育宣传资料500余份。市心理咨询师协会科技志愿者支队组织开展家庭教育公益大讲堂、中小学生潜能开发系列公益活动。

2019年3月19日，临汾市中国流动科技馆启动仪式
（市科协供图）

【科普服务】　2019年，临汾市科协表彰各类优秀科普基地，推动基层科普基础设施建设，发挥科普组织网络作用，浮山县东街社区，侯马市路东办事处市府北巷社区和翼城县丹阳社区3个社区被命名为2019年“山西省优秀科普示范社区”；临汾市博物馆、侯马市新创客教育科技有限公司、襄汾县碧秀农林开发有限公司等5家单位被认定为“山西省科普教育基地”；汾西县云瑞惠农合作社、霍州市聚盛牧业有限公司、安泽县富民农资购销合作社等10个单位被认定为2019年“山西省农村科普示范基地”。新建乡宁县欣隆养牛专业合作社和洪洞县兴牧养猪协会两个科普惠农中心服务站。

【“科普中国e站”提质增效工程】　2019年，临汾市建各类“科普中国e站”50个，做好“科普中国e站”软件系统和内容服务，强化线上监管，临汾市对“科普中国e站”进行提档升级，建设科普云平台，工程完成后对“科普中国e站”将实现大数据自动采集推送、后台自动监控和信息发布管理，提高“科普中国e站”管理能力和运营效果。

【服务企业创新发展】 2019年，临汾市科协强化“科技信息应用及创新方法企业推广”和“金桥工程”工作力度。推荐紫光LED外延片的研发、焦炉煤气净化工研究、丁烯-2异构化生产丁烯-1技术研究、焦炉烟气低温定量氧化耦合强化吸收同时脱硫脱硝中试技术研究、焦炉烟尘治理及机焦侧除尘关键技术研发5个项目被列入山西省“金桥工程”项目；11月1日，古县正泰煤气化有限公司学会服务站挂牌成立，省环境科学学会就废水零排放和拖尾烟气消白技术开展技术指导和技术咨询服务。山西焦化集团有限公司学会服务站邀请高级工程师林官敬进行焦炉烟尘治理及机焦侧除尘关键技术服务；组织企业科协征集合理化建议，收到173条，调动科技工作者的热情。

【全国创新方法大赛】 2019年11月20日，临汾市科协组队参加在湖南长沙举行的“创新创业，方法先行”2019年中国创新方法大赛总决赛，临汾市选送的山西焦化集团科协代表队“基于TRIZ理论的顶装焦炉机侧除尘装置”项目通过项目展示、理论测试，获得全国三等奖。

【服务经济引进人才】 2019年3月，临汾市继2018年临汾市人民医院成立李兆申院士专家工作站，临汾市中心医院葛俊波院士专家工作站挂牌成立，山西省人大常委会副主任、市委书记岳普煜和葛俊波院士为院士专家工作站揭牌，临汾市四大班子和各有关部门负责人出席揭牌仪式。山西飞虹纳米科技集团有限公司与西安电子科技大学郝跃院士成功对接，就成立郝跃院士专家工作站签署框架协议。

【服务公众】 2019年，临汾市科协按照“政府推动、全民参与、提升素质、促进和谐”的工作方针，围绕一个目标，突出“四大人群”，抓好“六项工程”，协调21个成员单位和17个县（市、区）开展技能培训、阵地建设、科技宣讲、科技教育、媒体宣传等项活动。7月12日，召开2019年全市全民科学素质工作会暨经验交流会议，下发《2019年临汾市全民科学素质行动工作要点》，与各县（市、区）签订全民科学素质建设目标责任状。11月19日，召开2019年全民科学素质工作联络员培训会议暨科普大讲堂，中国科普研究所科普理论研究室主任、研究员高宏斌到会授课。组织举办“临汾科协”微信公众平台科普知识有奖竞答活动，参加人数92324人（次）。组织参加山西省2019年公民科学素质网络知识竞赛，参赛人数75647人，答题人次1424938人次。组织举办临汾市青少年科技骨干教师培训班，包括中小学生科技创新成果竞赛、科技辅导员竞赛、青少年科学影像节竞赛、创意编程和智能制造、信息学奥赛5个项目的培训，来自10多个县（市、区）和市直学校100余名老师参加。

【学术交流】 2019年，临汾市超声影像协会把提高超声医师专业水平作为工作重点，邀请省内外专家作专题报告、进行学术交流活动和到基层医院巡讲。市护理学会把护理质量作为护理管理工作的核心，多批次开展数据时代护理质量精细化管理培训班，提高护理管理能力；学会会员100余人分别赴北京、西安、太原、广州等地参加中华护理学会及省护理学会举办的各种护理学术交流会议；举办全市“首届伤口、造口护理案例大赛”比赛，组织参加山西省护理学会决赛，曹晓丽荣获全省二等奖。市气象学会组织征稿77篇参加山西省气象学会年会，获得年会优秀组织奖；气象学会组织征稿12篇参加黄河三门峡库区三省汛期联防气象服务协作会议暨学术交流会，荣获一等奖1篇，二等奖2篇、三等奖2篇；在全省气象科普讲解大赛中，荣获视频制作一等奖、优秀创作奖和组织奖。

【服务农村】 2019年，临汾市科协以科技为依托，找准科技与经济结合点，抓好技术推广和成果应用，开展贫困劳动力就业培训、新型职业农民培育，提高贫困人口科学素质，科技助力精准扶贫工作卓有成效。全年组织动员科技工作者、科协工作者1364人（次），推广新技术、新产品、新项目14个，开展科普服务140次，培训科技特色产业38个，建立科技助力精准扶贫示范基地32个，开展流动科技馆巡展10次，开展健康扶贫171次，举办科普讲座84次，参加培训、参观和咨询人数23万人次。临汾市科协定点帮扶村乡宁县尉庄乡张家塔村，结合实际确定发展核桃、油牡丹、翅果油、连翘种植产业和牛羊养殖产业的思路，聘请3位专家分别开展核桃种植和牛羊养殖现场授课指导，参训人员百余人次，培养核桃种植管理和牛羊养殖管理科普带头人各8名，核桃树高位换优实现全覆盖，推动脱贫产业发展壮大。开展农村领域“五小”竞赛活动，申报推荐16个优秀成果项目，创造效益293万元。开展全市农民冬季培训工作，举办培训班94期，投入师资161人，培训5658人次。

（李　莹）

归国华侨联合会

【庆祝新中国成立70周年系列活动】 2019年，临汾市归国华侨联合会在侨界群众中开展“我和我的祖国”主题征文、侨眼看家乡随手拍、寻找侨界老照片等活动，让更多的海外侨胞、归侨侨眷了解临汾、热爱家乡，感受改革开放40年来临汾发生的巨大变化。参与举办重走《黄河大合唱》创作之路寻根活动暨纪念《黄河大合唱》诞生80周年音乐会，中央电视台进行专题报道；组织第二十届世界华人学生作文大赛，征集参赛作品872篇。组织侨界政协委员、人大代表、基层侨联负责人、侨企负责人、骨干侨胞等侨界群众接受爱国主义教育，召开座谈会，畅谈祖国及家乡发展的变化。

【为侨服务】 2019年，临汾市归国华侨联合会坚持“以人为本、为侨服务”，关心困难归侨侨眷，关注贫困归侨侨眷的生活和工作情况，为归侨侨眷办好事、办实事、解难事，开展“送温暖，献爱心”活动，全年走访慰问60余户归侨侨眷，发放慰问金5万余元。开展义诊活动，免费对全市70岁以上的老归侨、80岁以上的侨眷进行眼部疾病筛查及眼部保健知识宣讲，建立眼部健康个人档案。拓展新侨工作，搭建新侨人才创业创新平台，申报省级新侨创新创业示范基地8个。

【帮扶工作】 2019年，临汾市归国华侨联合会带领侨企到和县桑壁镇郑家垣村，开展帮扶送温暖活动，为全村农户送去棉门帘137条、价值近万元，面粉146袋、价值1.3万余元，为贫困户送去军棉大衣5件、澳大利亚魏基成夫妇捐赠的棉衣35件，开展消费扶贫行动，消费扶贫近万元。争取民政部门救助款5000元；开展义诊活动，为村民进行免费的眼部疾病健康检查，针对行动不便的老人，开展送医送药入户服务，建立眼部健康档案。

【维护侨益】 2019年，临汾市归国华侨联合会成立由12名市级法律专家组成的市侨联法律顾问委员会，依托金贝律师事务所建立涉侨法律工作站，维护归侨侨眷、留学生、侨商的合法权益，使侨界人士、侨商及侨资侨属企业尊法、学法、知法、守法、懂法、用法，理顺涉侨领域的各种矛盾。举办“关爱侨胞，法律伴我行”法治讲座，归侨侨眷和留学生代表等80余人参加。开展“送法进侨企”活动，引导侨企诚信为本，守法经营。

【助推全市经济发展】 2019年，临汾市归国华侨联合会牵线搭桥，促成澳大利亚华侨、山西省“百人计划”专家、山西省“互联网+与旅游产业升级”协同创新中心首席专家吴明瑄博士所在的山西师范大学与北京慧睿国际技术发展有限公司2019年教育部产学合作协同育人项目签约、“互联网+与旅游产业升级”协同创新中心学术委员会在师大成立；推动临汾经济开发区与世雨（北京）投资基金管理有限公司签署临汾经济开发区基础设施建设投资基金战略合作框架协议，投资总金额逾100亿；推动“中澳联通”项目线上平台开通。

【海外联谊】 2019年，临汾市归国华侨联合会凝聚侨心侨力侨智。由中国侨联支持举办、山西省侨联主办、市侨联承办的2019“海外侨胞故乡行——寻根三晋活动”在临汾市举行，来自28个国家和地区的百余名海外侨胞应邀参加，参加尧帝文化交流、经贸洽谈与旅游推介等活动，扩大临汾市海外影响力和知名度。（李　婷）

工商业联合会

【概况】 2019年，临汾市工商联促进全市非公有制经济健康发展和非公有制经济人士健康成长，推动全市经济社会全面发展。7月2日，临汾市委副书记、市委统战部部长李云峰在市工商联走访调研。12月24日至25日，全联第七调研组在临汾市调研并听取市工商联工作汇报。

【非公有制经济人士理想信念教育】 2019年，临汾市工商联组织机关干部及非公有制经济人士学习习近平新时代中国特色社会主义思想和中央十九大及十九届二中、三中、四中全会精神。12月15日至20日,组织市工商联兼职副主席、副会长、县级工商联书记（主席）、部分常委及企业家代表50人，赴遵义开展“牢记初心使命、促进两个健康”专题培训。组织参加省联“改革创新、奋发有为”大讨论政策宣讲会。为民营企业、商会发放《民营经济学习资料汇编》。组织民营企业家学习贯彻全省推进工业高质量发展大会精神，参加全省年轻一代民营企业家理想信念、一带一路走出去、执委队伍、重点商会、民营企业党员出资人、法律知识等培训。

【引导民营企业履行社会责任】2019年，临汾市工商联落实市委市政府坚决打好脱贫攻坚战的精神，深化“百企帮百村—精准到户”扶贫行动，引导民营企业参与社会扶贫，聚焦深度贫困地区和产业扶贫项目，加大产业帮扶、就业帮扶力度，助推深度贫困地区群众如期脱贫致富。以“消费扶贫”为抓手，向全市非公经济人士发出倡议，倡导购买贫困地区产品，献扶贫济困爱心，通过“以购代帮”“以销代扶”的方式参与消费扶贫，帮助贫困户实现增收。

【招商引资】 2019年，临汾市工商联组织中国核工业华兴建设有限公司、北京首创股份有限公司参加临汾市在天津举办的招商引资推介会；组织参加乡宁县“引老乡、回故乡、建家乡”招商引资推介会。邀请外籍客商参加“相约壶口 共谋发展”2019山西·临汾（吉县）专题招商引资活动。邀请粤港澳大湾区客商参加2019山西省临汾市（深圳）招商引资推介会，以招商促转型、促发展，提升临汾创新开放新格局。

【搭建金融服务平台】 2019年4月19日，临汾市工商联参与举办“千企谋发展·百亿助转型”签约大会。省人大常委会副主任、市委书记岳普煜出席会议。市工商联与省联社临汾办事处签订合作框架协议，尧都、襄汾等4家农商银行分别与山西永鑫煤焦化有限责任公司、山西万盛源天然气集团等7家民营企业签订80亿元的合作意向书。组织交通银行与部分民营企业家进行座谈。与市税务局建立服务支持民营经济发展联席会议制度，围绕减税降费措施落地做好服务和支持民营经济发展的各项工作。

【构建亲清政商关系】 2019年10月31日，临汾市工商联组织召开全市民营企业家座谈会。市长董一兵出席并讲话。市委副书记、统战部长李云峰主持会议。山西通才工贸有限公司董事长吴晓年等10位企业家就围绕促进金融、钢铁、焦化等行业健康发展发言，对经济转型、高质量发展提出意见建议。董一兵市长与企业家们就提出的困难和问题深入交流。

【开展调查研究】 2019年，临汾市工商联查找自身问题和解决实际问题，确立煤焦钢物流运输行业状况、政商关系、商会现状3个调研课题，制定调研安排及调研内容，带着问题到企业开展调查研究工作。3月5日，组织部分企业家召开座谈会，面对面了解企业发展诉求。与省联“改革创新、奋发有为”调研组赴尧都区、襄汾、曲沃、洪洞县部分企业进行调研，对山西通才工贸、山西万盛源天然气、兴民林业、临汾海姿焦化、山西光宇半导体照明股份有限公司等10家企业进行走访，发放调研表，了解企业发展经营过程中的困难和问题。开展市直商协会调研，了解掌握市直商会组织情况，强化商协会自身建设，指导市直商协会开展“改革创新、奋发有为”大讨论活动。

【法律维权服务】 2019年，临汾市工商联与政法委、司法局、法检两院联系、密切配合，完善法律维权服务机制，依托市服务和保障民营经济健康发展领导组和办公室的维权平台，维护民营企业的合法权益。4月30日上午，与市法学会联合组织召开服务民营企业法治政策座谈会。8月23日，组织工商联界别人大代表、政协委员、民营企业家代表和部分商会负责人参加以“检察护航民企发展”为主题的检察开放日活动。11月11日上午，与市中级人民法院联合组织召开民营企业座谈会。12月6日上午，在市河北商会举办普法宣传进商会、进民企活动。

【二届三次执委会议】 2019年6月26日，临汾市工商联二届三次执委会议召开。市委副书记、统战部长李云峰出席会议并讲话。市委统战部常务副部长、工商联党组书记郭天龙主持会议。市工商联围绕市委中心工作，把握“两个健康”主题，在政治引领、凝聚共识、参政议政、服务发展、精准扶贫、社会公益、组织建设等方面取得成效。

【商会改革】 2019年，临汾市工商联贯彻落实市委、市政府主要领导的批示意见，领导班子成员专题下商会进行调研，摸清第一手资料，组织人员研究起草临汾市贯彻实施意见（草案），现草案起草完毕，征求意见中。推进“四好”商会创建工作，下发《关于进一步加强商（协）会自身建设的指导意见》，开展商会会长集中学习、年终述职、专题研讨等各项工作，引导商会加强自身建设。市河南商会获评全国“四好”商会。

【“五好”县级工商联创建】2019年，临汾市工商联指导县级工商联开展“五好”创建工作，开展县级工商联组织建设情况调查，摸清组织建设新情况，帮助县级工商联解决实际困难。下发创建五好自查工作通知，提高创建工作水平。曲沃、翼城等8家县级工商联获评全国“五好”县级工商联。

（王春军）

文学艺术界联合会

【概况】 2019年，临汾市文联围绕文化强市建设的总体目标，贯彻习近平新时代中国特色社会主义思想、中共十九大和十九届二中、三中、四中全会精神及习近平总书记视察山西重要讲话精神，发挥文联组织、联络、协调和服务的职能，团结广大文艺工作者，推进文艺创作，开展文艺活动，促进艺术交流，完成全年各项目标任务。

【庆祝中华人民共和国成立70周年活动】 2019年5月1日，临汾市文联、临汾画院举办临汾市书画名家邀请展，40位参展作者均为临汾籍中国书法家协会会员和中国美术家协会会员。9月9日，庆祝中华人民共和国成立70周年“歌颂祖国·赞美家乡——首届临汾市中国画大展”成功开展。展览用中国画的创作方式，赞颂新中国成立70年来的巨大变化和国强民富的美好现实。9月29日，唱响时代赞歌——庆祝中华人民共和国成立70周年“丹青翰墨 盛世华章”临汾市书法美术摄影作品展开幕。9月29日，庆祝中华人民共和国成立70周年“致敬楷模”主题文艺晚会举办。晚会通过“建设者之歌、改革者之歌、新时代之歌”三大篇章，用原创主题节目歌颂70年来，在革命、建设、改革进程中各个领域涌现出的时代楷模。12月27日，唱响时代赞歌——庆祝中华人民共和国成立70周年主题微电影大赛颁奖典礼落下帷幕。活动征集130余部参赛作品，推选出35部优秀微电影作品。组织市作协完成70万字的《唱响时代赞歌》报告文学集（初稿）。

【文艺志愿者服务活动】 2019年，临汾市文联组织各县（市、区）文联、市直各协会启动“我们的中国梦”——文化进万家活动。市县书协、美协组织上百位书画家及书画爱好者在市博物馆，尧都区吴村镇，襄汾县农商行、大邓乡，翼城县南梁镇、县公安局，乡宁县台头镇西疙瘩小学，侯马市新民巷社区，霍州市社会福利服务中心，洪洞县文化广场，浮山县工商联等地义务书写春联福字，书写春联3万余幅、“福”字2万余张，绘制美术作品上百幅。各县文联、市剧协、市曲协、市摄协等各文艺团体开展“送戏下乡”“送曲艺进基层”“公益拍摄全家福”等形式多样的活动。

【“三下乡”集中示范活动】 2019年4月29日，临汾市文联参加2019全市文化科技卫生“三下乡”集中示范活动，设3个展台。活动中，向市民发放1000余本《平阳文艺》画册和其他书籍，传播文化，临汾市委宣传部部长李朝旗带队视察。

【戏曲进基层活动】 2019年5月8日，临汾市文联带领临汾市戏剧家协会文艺志愿者服务队举办“名家荟萃，齐聚华州”戏曲进基层活动，把戏曲送到人民群众家门口，奉献戏曲盛宴。

【文艺扶贫创作采风】 2019年8月6日，临汾市文联联系协调中国文联文艺志愿服务中心，组织著名词作家乔方，曲作家栾凯到大宁县进行文艺扶贫创作采风，创作扶贫原创歌曲《幸福红》，由著名歌唱家张也演唱，发挥文艺在脱贫攻坚中的助力作用。

【文艺交流】 2019年4月11日至14日，临汾市文联参加山西省第九次文代会、第七次作代会。临汾市文艺界18名代表前往省会参加省文联第九次代表大会。4月19日，市文联组织全市文联系统学习文代会、作代会精神。6月1日，组织6个县（市、区）文联负责人赴浙江省宁波市余姚市学习交流。8月6日，受邀参加2019中国青海格尔木昆仑文化旅游节，与格尔木文联进行文化交流。8月19日至23日，推选6名县（市、区）作协负责人，参加全国基层作协负责人、文学组织工作者增强“四力”专题培训班。10月19日，河南省新密市文联邀请参加庆祝新中国成立70周年全国部分地市（县、区）文联大型书法美术摄影作品展。11月13日，“黄河”与“长江”文学对话·晋鄂作家文学对话活动在临汾市洪洞县举办。

【文艺精品展览展示】 2019年1月25日，临汾市文联举办临汾市“迎新春”水彩画作品展。3月

11日，由临汾市纪委监委和临汾市文联举办的“丹青墨韵·清风临汾”书画展在临汾博物馆开展。展出书法、美术、摄影、剪纸作品240件。3月27日，山西省第七届群众书法篆刻作品展——临汾巡展举办。展览是山西省书协为庆祝改革开放40周年举办的一次重要展事活动，展示山西省基层群众在书法篆刻方面所取得的艺术成果。主办、承办《赵城金藏》全国美术作品展、庆祝中华人民共和国成立70周年安泽县“不忘初心、牢记使命”主题教育纪实摄影图片展、“春华秋实”当代中国画名家作品邀请展、侯马盟书原片展等展览。

【拓展工作领域】 2019年3月23日，临汾市影视家协会成立，填补临汾文艺家协会在电影电视领域的空白。4月25日，临汾市文联荣获第二届“我们与你在一起”全国大型诗歌公益活动先进团体。12月18日，由市文联牵头联络协调的反映八路军学兵队真实经历的红色电影《底色》在CCTV6播出，对宣传临汾、宣传尧都的红色文化有着十分重要的意义。

残疾人联合会

【完成山西省政府民生实事任务】 2019年，山西省政府民生实事“残疾预防重点干预和残疾儿童抢救性康复项目”落实到临汾市任务5966名。临汾市初筛阳性0岁至6岁儿童提供残疾复筛和诊断服务项目完成353名，完成率147.08%；疑似残疾人提供残疾评定服务完成6325名，完成率126.5%；残疾儿童抢救性康复服务项目完成815名，完成率112.26%。民生实事项目总完成数7493名，完成率125.59%。

【残疾人精准康复服务】 2019年，临汾市残疾人联合会完善精准康复服务组织管理体系和服务平台建设，建立健全工作队伍，完善政策保障和组织保障，提升服务质量。全市20381名残疾人享受精准康复服务，康复服务率95.82%，超出任务15.82%；建档立卡以及因病致（返）贫残疾儿童和持证残疾人接受基本康复服务的比例99.54%，超出任务14.54%；基本辅助器具适配率97.24%，超出任务12.24%；建档立卡贫困残疾人基本辅助器具适配率100%，超出任务5%。组织技术力量到基层开展免费维修辅助器具活动。

【全国残疾人基本服务状况和需求信息数据动态更新】 2019年，临汾市残疾人联合会推进全国残疾人基本服务状况和需求信息数据动态更新工作，完成17个县（市、区）信息数据动态更新工作，参与动态更新119195人，其中入户登记110970人、电话登记1979人，入户率98.25%。所有调查数据按时上报。全年办理残疾人证11456例。做好第三代残疾人证试点工作，办理第三代残疾人证10595例。

【残疾人教育】 2019年，临汾市残疾人联合会实施2019年中央彩票公益金学前助学项目，完成学前助学任务174人（上年剩余4人），资助资金52.2万元。完成山西省彩票公益金助学项目，资助87人，资助资金28.9万元。市残联自筹资金25万元，资助贫困残疾大学生和残疾人子女大学生99人。联合教育部门做好残疾儿童少年义务教育招生入学工作，全市有适龄残疾儿童2731人，其中入学2706人，缓学25人。

【残疾人就业培训】 2019年，临汾市残疾人联合会完成农村贫困残疾人实用技术培训任务1038人，各县（市、区）开展电商、中医保健按摩、农作物高产栽培技术、家畜防疫及饲养管理技术等方面的培训；完成残疾人免费职业技能培训704人，培训项目有保健按摩、数码后期、美容化妆、编织绘画、电话客服等。全年新增城乡残疾人就业1033人。

【残疾人托养服务】 2019年，山西省残联下达临汾市“阳光家园计划”任务、省彩票公益金残疾人托养任务、中央彩票公益金残疾人托养任务948人，各县（市、区）结合实际提供个性化的托养服务，完成688人，其余260人组织实施。

【农村基层党组织助残扶贫工程】 2019年，临汾市残疾人联合会实施农村基层党组织助残扶贫工程，落实市级配套资金59万元，各县（市、区）落实配套资金58.5万元，全市发放资金178.5万元，帮助600户贫困残疾人通过发展种植、养殖等实现增收。

【基础设施建设】 2019年，临汾市残疾人联合会康复中心及综合服务中心进行深化装饰和设备安装工作，即将竣工；蒲县、隰县、吉县、乡宁、永和、霍州、翼城、大宁等8个县市建成（或在建）残疾人基础设施。

【保障残疾人合法权益】 2019

年，临汾市残疾人联合会处理残疾人来信来访来电1483人次，其中利用“12385”维权热线接受残疾人咨询1139人次，处理“12345”市长热线转办问题59起；调解山西省残联转办的残疾人信访事件4起；法律顾问现场坐班处理和解决3起残疾人在司法方面的诉求，为残疾人提供法律服务。贫困重度残疾人家庭无障碍改造实施，为201户贫困重度残疾人家庭实施无障碍改造，改善居住条件；发放残疾人机动轮椅车燃油补贴156人、4.56万元；为50名考取驾照的残疾人每人发放1000元补助。与市城市管理局和交警队联合开展非法占用盲道专项整治行动。

【宣传文体工作】 2019年，临汾市残疾人联合会与临汾电视台合作，在《直播临汾》播放公益广告，对全市残疾人工作进行报道，播出37期；在市广播电视台开办专题栏目《残疾人之声》，宣传残疾人事业，每周播出1期。9月26日，市残联在鼓楼广场举办“不忘初心、牢记使命”临汾市残疾人事业30周年成就展，展示全市残疾人事业30年来的发展历程和成就。在全国第十届残疾人运动会暨全国第七届特奥会上，临汾市残疾人运动员在举重、游泳两个项目中，获得金牌4枚、银牌9枚、铜牌2枚。12月，郑效锋被中国残联、国家体育总局授予“2015—2018年全国残疾人体育先进个人”称号。5月16日，在第六次全国自强模范暨助残先进表彰大会上，洪洞县盲人何亚军荣获“全国自强模范”称号，受到习近平总书记会见。11月29日，古县残疾人郭朋朋被共青团中央、农业农村部授予第十一届“全国农村青年致富带头人标兵”荣誉称号。在9月召开的山西省第六次自强模范暨助残先进表彰大会上，6名山西省自强模范、5名山西省残联系统先进工作者、5名山西省助残先进个人、3个“西省助残先进集体、3个残疾人之家受到表彰。

【助残日活动】 2019年，临汾市残疾人联合会举办主题为“自强脱贫 助残共享”系列活动启动仪式。市人大常委会副主任张学伟、市政府副市长闫建国、市政协副主席梁清燕等领导参加启动仪式，为17个助残志愿服务队授队旗，为10名残疾人颁发“城市无障碍建设义务督导员”聘书；现场为贫困残疾人捐赠家庭急救包1000个；工作人员现场发放宣传单5000余份，对残疾人法律法规及优惠政策进行宣传。举办残疾人相亲会、组织残疾人看电影、参观博物馆等10余项活动。（韩建存）

2019年3月3日，乡宁县开展“手心翻转”残疾人园艺康疗项目

（市残疾人联合会供图）

红十字会

【应急知识普及】 2019年，临汾市红十字会完成山西省红十字会分配临汾市2000人的初级救护员培训任务和1万人次的应急救护知识普及任务。制定实施方案，对培训任务进行分解。从5月到12月，在全市范围内对教育、公安、学校、社区、企业等部门进行红十字救护员的培训和急救知识在大众间的普及。全市培训初级救护员3163人。全市完成普及应急救护知识20516人次。

【人体骨髓造血干细胞采集入库】 2019年，临汾市红十字会完成山西省红十字会下达的350人份的捐献者资料入库任务。印制捐献骨髓造血干细胞宣传折页3万份，利用“5·8”世界红十字日、“6·14”世界献血者日活动，在临汾繁华地段宣传发放。在山西师大校园、东关十字路口、临汾爱尔眼科等10个地方播放半年捐献造血干细胞知识宣传多媒体视频。完成骨髓造血干细胞血样的采集、入库350人份，安全送达太原市中心血站。完成骨髓造血干细胞高分辨采集8人次。

【无偿献血工作】 2019年，临汾市红十字会保证全市临床用血，年献血量10吨以上。开展宣传、动员工作，印制宣传折页。6月14日，临汾市“世界献血者日”宣传活动在平阳广场启动，临汾市卫健委、市红十字会、市文明办的负责人及临汾市直各医疗单位、无偿献血志愿者等数百人参加活动。启动仪式结束后，一批身穿献血志愿者服装的骑行队伍穿梭市区各街道，宣传献血知识，传播无偿献血的公益理念。古县、大宁、浮山、曲沃等县级红十字会开展主题活动。6月14日上午发放宣传资料1万余册，380人参加无偿献血，献血量达152000毫升。全年献血29200人，合11.5吨，单采血小板15292个治疗量，自愿无偿献血占临床用血比例100%。

【适龄儿童白血病、先心病的筛查、申报、救助】 2019年，临汾市红十字会第11年开展白血病、先天性心脏病等疾病的筛查、登记、申报、救助工作。加大宣传力度，扩大知晓群体，组织筛选、筛查，登记、申报。全年筛查、筛送白血病儿童100人，先心病儿童20人，登记申报有关材料43份。救助符合条件的白血病儿童19名，救助金额59万元；救助先心病儿童2名，救助金额4万元。

【遗体，人体器官、组织捐献】 2019年，临汾市红十字会组织各县（市、区）相关人员参加人体器官、组织协调员培训，建成熟悉捐献业务的协调员队伍。加大人体器官、组织捐献的宣传力度，印制、发放3万余份器官捐献宣传折页。通过微信公众号“中国人体器官捐献”，主动报名捐献遗体器官的270人。完成实体器官、组织捐献4例，获得大器官11个，帮助11人获得新生。

【宣传活动】 2019年，临汾市红十字会组织开展“5·8”世界红十字会、“6·14”世界献血者日宣传活动。联合尧都区红十字会在临汾平阳广场举办活动，红十字救护员分6次现场演示遭遇心脏骤停病人时，从判断现场安全情况到做心肺复苏的全过程，普及救护知识300人次。发放捐献造血干细胞宣传折页、人体器官组织捐献宣传折页、《中华人民共和国红十字会法》和急救知识书籍等1万余册，纪念品600份。

【红十字博爱周系列活动】 2019年，临汾市红十字会开展红十字博爱周系列活动。活动以“爱心相伴、‘救’在身边”为主题，全市各县（市、区）通过电子屏播放、悬挂宣传横幅、摆放展览版面、发放宣传单、设立咨询点和募捐箱等多种方式，对救灾、救助、救护，无偿献血宣传与推动、造血干细胞捐献、人体器官(遗体)捐献等相关知识进行宣传普及。发放《中华人民共和国红十字法》、献血法、造血干细胞捐献、预防艾滋病防治知识、人体器官捐献知识等宣传资料5万余份，纪念品2000余份，普及心肺复苏应急救护知识1000余人次，免费提供义诊服务1200余人次，获得爱心捐款12.3万元。

【普及应急救护知识】 2019年，临汾市红十字会在红十字青少年中，普及应急救护知识，开展应急救护知识答题活动。在全市红十字工作会上安排部署市、县两级红十字会开展普及应急救护知识工作。14个县（市、区）开展急救知识普及工作，普及20516人次。到临汾管理职业学院、文理学院、临汾三中开展红十字救护知识和防灾避险知识答题活动，13000余名红十字青少年参加。 （宁建荣）

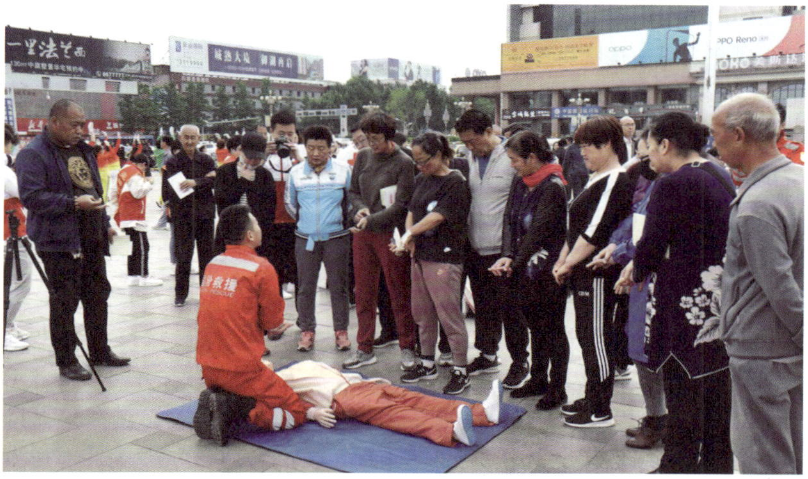

2019年5月8日，临汾市红十字会在平阳广场现场应急救护知识技能培训 （市红十字会供图）

法　治

政法委

【风险隐患分析防范】　2019年，临汾市委政法委研究制定《临汾市坚决打好防范化解重大风险攻坚战方案》，按照“谁主管谁负责、谁牵头协调谁负责和属地负责制”原则，明确全市8个领域49项重大风险96个突出风险点的牵头单位和分工负责单位，采取“一点一策”或“一点多策”方式，制定防范措施232条。实行一月一排查、一季度一研究，定期听取防范化解风险工作情况汇报，分析研判各类风险隐患发展趋势，协调解决工作中存在的困难和问题。要求各级各部门对存在的风险隐患建台账、明目标，逐一研究、逐一化解、逐一落实、逐一销账，确保部署要求落地见效。针对4月和7月山西省委防范化解重大风险督查调研组两次反馈意见，制定《临汾市推进省委防范化解重大风险和开展“三个专项行动”督查调研反馈问题整改方案》。对全市垃圾焚烧发电、吉县天然气输气管道铺设、翼城引沁入翼等3个重点项目进行社会稳定风险评估。

【防范暴恐和个人极端暴力犯罪】　2019年，临汾市委政法委开展涉恐风险隐患、涉恐重点人员大排查，强化重点场所安全防范，梳理排查反恐重点目标1422家，逐一落实安防措施；强化社会面巡逻防控，启动公安、武警联勤武装巡逻，盘查人员2.5万余名、车辆1.1万余辆；强化应急处突和宣传发动，修订完善应急预案，组织实兵拉动演练12次，发放各类宣传资料1.65万份。

【打击突出违法犯罪活动】　2019年，临汾市委政法委坚持什么犯罪突出就重点打击什么犯罪，把握扫黑除恶专项斗争“深挖根治”阶段性目标，以“线索核查”铺路、以“破案攻坚”开路、以“打伞破网”断根、以“打财断血”绝后，抄底式围剿歼灭黑恶势力，公安机关打掉黑恶犯罪组织165个（其中，黑社会性质组织18个、恶势力犯罪集团41个、恶势力犯罪团伙106个），破获各类案件1570件，抓获犯罪嫌疑人1453人；检察机关批准逮捕255件848人，提起公诉114件747人，发出检察建议书91份；法院一审宣判69件445人，二审宣判44件352人，打击战果保持山西省第一。将打击文物犯罪作为扫黑除恶专项斗争重要延伸战场掀打掉一大批文物犯罪团伙，追回包括“朱雀”“瑞兽灯”“兽面四耳铜簋”等国宝级珍品在内文物10545件。

【增强社会面整体防控效能】　2019年，临汾市委政法委铺开治乱点、消隐患、补短板各项措施，检查高陡边坡、林区、党政机关、学校、医院、金融网点、水电暖油气等各类重点要害部位和人员密集场所3300余处，发现整改隐患53处；检查油气、“三电”等重要基础设施企业319家（处），发现整改隐患21处；检查娱乐服务场所1032家，限期整改36家，停业整顿3家，取缔7家；检查寄递物流企业796家，签订安全管理责任书，发现整改隐患32处。推进“雪亮工程”，新建公共安全视频监控9650台；在跨市域、县域主要干道和城区人员密集场所，规划布建集车辆识别、人像比对、通信终端信息采集为一体的智能卡口系统646处；摸排登记、规划建设人员密集场所硬隔离设施5934处9080个，建设完成8575个。

【完善综治基层基础建设】　2019年，临汾市委政法委构建以综治中心为枢纽、以网格为基本单元，覆盖城乡社区的服务管理体系。对各级综治中心运行情况进行日常巡查、定期通报，督促各级综治中心做好信息研判和指派工作，整合司法所、派出所、民政所、劳动所等各类资源。探索建立“一格一员”和“多格一长”的综治网格化管理模式，网格员围绕民生事项服务、社情民意收集、矛盾纠纷调解、治安群防群治、特殊人群关怀、政策法律宣传、重大事件报告和其他交办事项等方面开展工作，为群众提供社会管理和公共服务八大类70多项服务项目。

【疏导与调解】 2019年，临汾市委政法委联合卫健委等12个部门印发《临汾市社会心理服务体系建设试点工作实施方案（试行）》，推广襄汾县以“职能部门+专家+志愿者”推进“心防”工作的经验做法，对社会治安风险等级较高的各类人员及非理性缠访闹访人员开展心理疏导和危机干预等服务，引导他们理性思维、和谐处事。市中院探索符合家事纠纷特点的矛盾化解方式，选调具有心理咨询师资格证书的法官和助理参与家事案件审理，对当事人进行专业的心理疏导，化解家庭矛盾，打造家事审判临汾新模式。

【司法体制改革】 2019年，临汾市委政法委深化司法体制改革，盯牢问题抓改革、提高标杆促改革。市中院提出“以执行指挥中心为枢纽、团队化协作”的“1+6”执行团队新模式，其中“1”指执行裁决团队，由4名员额法官组成，负责执行局受理的执行异议、复议案件以及对不动产处置等重大事项的审查及评议并提出处理意见，“6”指执行指挥中心、信访及综合事务团队、执行第一、二、三、四团队，执行指挥中心负责案件质效考评、情况通报、委托事项办理等方面工作，信访及综合事务团队负责全市法院执行信访、司法救助、本院执行局行政管理及协助支部党建工作，执行第一、二、三、四团队分别负责委托、提级、指定等执他类案件以及刑事涉财类案件办理。市检察院承担在认罪认罚从宽制度的主导责任，提升量刑建议精确化，保障当事人合法权益，依法规范认罪认罚案件的抗诉工作，重视认罪认罚案件的廉政风险防范，加大认罪认罚从宽制度适用力度，适用认罪认罚从宽制度办理各类刑事案件832件1082人，适用比率30%以上。

【执法司法规范化建设】 2019年，临汾市委政法委加强政法系统执法监督工作，制定《2019执法监督工作时间表路线图》，安排全年23项规定动作。针对2018年涉案财物管理工作中发现的问题，在尧都区公安局召开现场会，督促市、县两级公安机关开展涉案财物管理工作“回头看”，达到涉案财物“有管理机制、由专用场所、有管理人员、有管理机构”4个100%。授权翼城县委政法委、洪洞县委政法委、市人民检察院组成专班，在全市范围内选取人民群众反映强烈、可能存在的执法司法突出问题或者常年反复进京赴省越级访的7个重点案件开展评查，评查结束将向案件责任单位反馈发现的问题。

【政法公共服务改革】 2019年，临汾市委政法委推进公共法律服务均等化建设，把法律服务向城乡社区延伸，向农村、边远地区和困难群众倾斜。市中院构建“一站式诉讼服务中心”，在诉讼服务中心设立“五区七室”，诉讼引导服务区、业务窗口服务区、自助诉讼服务区、诉讼调解服务区、综合便民服务区，及案件分流室、多元解纷工作室、特邀调解工作室、律师调解工作室、法官接待室、律师阅卷室、12368工作室。市公安局推广“一网通一次办”平台应用。将涵盖户口、治安、出入境、交管等在内的357项关涉民众生活和企业营商审批事项的业务全部嵌入平台，实现群众、企业办事“一个入口、一个标准、一次办结”。市司法局开展一村（社区）一法律顾问工作，全市担任村法律顾问的律师进村（社区）5321次，提供法律咨询16305次，开展普法宣传次数3521次，参与处置信访案件51次，开展矛盾纠纷调解603次，为村（社区）组织重大事项把关330次，提供免费法律咨询服务39464人次。

【法治临汾建设】 2019年，临汾市委政法委找准政法工作服务大局、保障发展的切入点、结合点和着力点，组织市、县两级司法行政机关、法律服务机构参与乡宁县“3·15”滑坡灾害事件善后法律服务保障工作，为乡宁县枣岭乡政府的《乡宁县枣岭乡土地利用总体规划（2006—2020年）局部调整方案编制技术咨询服务合同》、乡宁县住建局的《乡宁3·15山体滑坡受灾和受影响住房重建安置方案》进行合法性审查，提出合理性合规性意见和建议。组织10家律师事务所64名律师为17家民营企业进行免费法治体检活动，帮助企业梳理法律风险点72个，协助企业化解矛盾纠纷23件，出具法律意见51条，开展政策宣讲21次、法律咨询33场、民营企业座谈讨论会23次。开通法律援助“绿色通道”，向残疾人、农民工等弱势群体提供咨询、调代书、代理、辩护等无障碍法律服务，对他们的申请优先接待、优先受理、优先指派，做到能援尽援。

（程　鹏）

公　安

【概况】　2019年，临汾市公安局依托山西省厅大数据智能平台，除隐患、防风险，保安全、护稳定，聚焦新中国成立70周年大庆和第二届全国青年运动会安保工作，完成重大活动、重要节日、敏感节点安保维稳任务，政治安全、维护社会安定、保障人民安宁。

【防范化解涉稳风险】　2019年，临汾市公安局开展涉众群体和非访人员稳控工作。摸排梳理传销、非法集资以及“套路贷”“晋商贷”“6·19”“P2P”等利益受损人员，筛查重点人员，逐人落实稳控措施。滚动摸排非正常访重点人员，依法处置非访活动，实现全国“两会”、七十周年大庆期间全市“零非访”工作目标。开展公安信访事项化解工作。强化日常信访事项接收处理，承办处理的597件转送走访件、转送信件、来访件、信件按期办结。强化信访积案清理和信访案件化解，实行局领导包案制度，逐案登记造册、成立专班、研究措施，山西省公安厅交办的78件信访积案和94起信访事项，全部办结化解。开展局领导接待群众来访活动，市县两级接访265件次300人次。开展矛盾纠纷排查化解。开展“枫桥式公安派出所”创建活动，采取领导班子和业务警种结对包联方式，加强和改进基层基础工作；组织基层民警“走出去”，对标一流学习借鉴先进经验；推进“一村一社区一警”、实名警务室和“智慧小区”建设；推广大槐树派出所“四员五老”经验做法，健全完善多元调解、联动调解机制；依托“一网通办”“治安管控平台”“掌上派出所”和微信、QQ等工具，创新网上调解新方式；打造29个创建示范点。全市公安派出所走访家庭、企业9.5万余户，排查化解各类矛盾纠纷4633起。

【捍卫国家安全】　2019年，临汾市公安局完善“8+N”警务运行机制，成立情报工作专班，坚持集中办公、每日调度、会商研判制度，围绕意识形态、民族宗教、网上政治安全等重点领域，获取情报信息9084条，上报山西省厅采用460条。开展意识形态领域斗争。落实市委季度分析研判报告制度；开展舆论工作，3条推文、2篇文章被公安部评为精品；开展打击网络政治谣言和有害信息专项行动。加强情报收集研判，上报情报信息、研判报告98期；梳理排查重点目标，组织开展“多轮次、全覆盖”安全检查，下发整改通知书89份；落实社会面巡逻防控“四项机制”，盘查人员3万余名、车辆1.5万余辆；组织实兵拉动演练13次，发放宣传资料1.6万余份。

【打黑除恶专项斗争】　2019年，临汾市公安局推进扫黑除恶专项斗争。围绕锚定“六个目标”、打好“六大战役”工作思路，“抄底式”围剿歼灭黑恶势力，打掉黑恶犯罪组织62个，其中，黑社会性质组织15个、恶势力犯罪集团22个、恶势力犯罪团伙25个，破案825起，抓获犯罪嫌疑人801名，查扣涉案资金30.02亿余元、车辆608辆、房产3236套，收缴枪支24支，子弹5219发，打击战果保持山西省第一，省委办公厅、省公安厅在全省推广临汾市公安局经验，在全省扫黑除恶领导组第15次推进会上，作为公安机关唯一代表作先进典型发言。

【打击文物犯罪专项行动】　2019

2019年9月20日，新中国成立70周年大庆安保决战誓师大会

（市公安局供图）

年，临汾市公安局建成、启用山西省公安厅打击文物犯罪临汾办案中心，打掉文物犯罪团伙51个，破案226起，抓获犯罪嫌疑人563名，追缴文物10673件，其中，一级文物103件、二级文物136件、三级文物371件、一般文物10063件，“朱雀”“瑞兽灯”等国宝级珍品“安全回家”，公安部刑侦局派分管局领导到办案中心调研临汾市经验做法。

【维护治安行动】 2019年，临汾市公安局以专项斗争为龙头，部署开展打击网络电信诈骗等专项打击和“食药环”“黄赌毒”等重点治乱行动。全市公安机关立刑事案件9299起，破案4421起，破案数同比上升7.59%，抓获犯罪嫌疑人3060名，缉捕逃犯1009名，破现行命案35起、命案积案11起，现行命案保持全破态势；受理各类治安案件17736起，查处7661起，查处数同比上升19.1%，行政处罚5092人。其中，“八类”刑事案件、“两抢一盗”案件、经济案件、毒品刑事案件发案大幅下降，分别下降21.05%、10.52%、10.79%、39.81%；破获网络电信新型违法犯罪案件956起，抓获嫌疑人211人，冻结网络电信诈骗被骗资金5930万元；查办“食药环”案件267起，抓获犯罪嫌疑人157人，行政处罚201人，捣毁生产窝点28个；查处涉毒案件735起，抓获犯罪嫌疑人123人，查获吸毒人员659人，其中强制戒毒206人、社区戒毒300人、行政处罚153人，缴获各类毒品14.85公斤；查办“黄赌”案件273起，抓获犯罪嫌疑人175人，行政拘留325人，行政处罚452人，尧都区兵站路、滨江歌城和侯马步行街等37处治安乱点得到整治，山西省刑侦重点工作推进会在临汾市召开。

【立体化信息化治安防控体系建设】 2019年，临汾市公安局摸排梳理十三类重点人员，关注预警43733条，流转核查1609条；利用“山西公安立体化信息化治安防控平台”摸排注册各类行业场所110021家；深化“雪亮工程”建设，新建公共安全视频监控11577台；在全市规划布建智能卡口844处；建设人员密集场所硬隔离设施8868个，完成率97.7%；安装公交车车载视频监控1139套、报警装置164个、防护隔离设施1188套，470个公交站台加装硬隔离设施，200名公交乘务管理员上岗；部署开展校园安全隐患大排查大整治，整改落实山西省厅“五个方面”“十项具体安防措施”要求；统一布局、标准化建设37个公安检查站，检查车辆6.1万余辆、人员7.6万余名。

【公安监所安全管理】 2019年，临汾市公安局实施集约化整合，暂停25个监所，承担山西省女性未成年以及6个地市男性未成年涉嫌犯罪人员的羁押任务；完成10个监所智慧监管建设任务，构建起集智慧防控、智慧管理、智慧服务、智慧作战于一体的监所管理新模式；完成市看守所、尧都区看守所监管医院和体检中心建设任务，实现在押人员“小病不出所、常见病能医治、突发疾病及时抢救”目标；打造“枫桥式拘留所”，对被拘留人员逐一甄别，化解矛盾纠纷133起，山西省智慧监管应用推进会在临汾市召开，广东、河南、辽宁等省组织6批次监管民警在临汾市学习借鉴典型经验。

【枪爆物品安全监管】 2019年，临汾市公安局建立健全民爆物品管理“四级责任”传导机制，在山西省率先完成全市83家涉爆从业单位系统升级改造，110家单位和37辆危运车辆搭建末端管控系统，197家烟花爆竹零售企业注册烟花爆竹实名购销APP，在全市推广使用数码电子雷管81000余枚。推进专项打击整治和清查收缴行动，检查涉爆单位3085次，发现整改安全隐患181条，收缴枪支63支、子弹16856发、炸药54823公斤、雷管94304枚、烟花爆竹1398件，完成4名部督涉爆逃犯缉捕任务，实现“不打响、不炸响、不流失”工作目标。

【道路交通安全管理】 2019年，临汾市公安局以城市道路交通综合整治为契机，部署开展交通秩序整治、源头隐患清零、农村安全守护等专项行动，查处交通违法行为1084854起，其中重点查处酒驾12993起、国省道“六类”现场违法76605起，全市“两客一危”“营转非”大客车、校车“三率”100%，侦破全部157起肇事逃逸案件，全市涉及人员伤亡统计范围内事故起数、死亡人数、受伤人数、直接财产损失数同比分别下降17.33%、26.74%、21.76%、19.81%。

【关键信息基础设施防护】 2019年，临汾市公安局组织开展网络安全、信息系统备案、等级保护测评等专项检查整治行动，现场检查党政机关、企事业单位376家，下发限期整改通知书243份，印发《临汾市网络与信息安全通报》43期；对全市互联网网站和信息系统进行远程技术监测，发现紧急高危漏洞103个，通报问题单位限期整改；组织开展网络攻防实战演习，发现消除紧急高危漏洞109个，中低危漏洞309个。

【执法权力运行机制改革】 2019年，临汾市公安局建设执法全流程智能管理平台22个，对接基层所队办案区63个，上传接处警和案件视音频42万余条、涉案财物入库数5362条；依托平台助推“四统一”“两统一”机制改革落地见效，实现所有执法活动平台闭环式管理；对全市9299起刑事案件立案情况进行“回头看”；规范执法办案中心登记管理、候问看护、送押执行等操作流程，部署开展办案区安全隐患专项整治，杜绝违规行为和安全事故的发生；采用组建审核专班、异地交叉审核、派驻专案等方式，推动法制民警全程参与重大专案、敏感个案办理；组织开展执法培训4期。

【“一网通办”推广应用】 2019年，临汾市公安局将群众和企业在公安机关办理的357项业务嵌入平台功能，实现“一个入口、一个标准、一次办结”，平台实名注册224万余人，注册率51.92%；企业注册7万余家，注册率81.23%。平台办理服务群众业务436万余件、服务企业业务172万余件，回复诉求3137条、市长热线1436件，发布信息371条，满意度100%。

【公安“放管服”改革】 2019年，临汾市公安局将除变更年龄和公民身份证号码以外的所有户籍审批权限下放至派出所，放开城镇落户限制，山西省内户口迁移、出入境证照办理全部实现“网上办、异地办、一次办、轻松办”，“新办企业在1天内公章刻制完毕”改革任务完成，启动公安交管5类业务“异地通办”、5项服务“便捷快办”改革措施，推进“证照分离”改革。完成“互联网+监管”系统公安监管事项目录清单编制，明确监管事项56项，行政检查事项36项。在“山西政务服务平台”发布政务服务事项51项。受理审批事项1859件，回复群众咨询1575人次，办理居民身份证22.2万余个，办理居住证1.4万余个，审签公民出入境证件12.3万余人次。

【公安大数据建设应用】 2019年，临汾市公安局对接市政府大数据园区，安全接入各类数据资源4425种，数据接入量10519亿条，日新增数据约30亿条；加强电子数据检验鉴定中心建设，规范公安技侦重点人管控平台应用，推进男性家族排查系统建设，提升大数据条件下技术手段能力；落实“一长三班”指挥模式，建立健全“一呼百应”指挥调度、“一网共享”情报支撑、“一抓到底”执行督办“三大机制”，调度一类重点人27850人次，盯办有效警情10200余起；完成全市公安信息网扩容改造，实现309个公安基层所队千兆网络带宽；完成公安350兆数字集群系统的扩建，新建数字集群基站15套，实现对机场、高铁站及主要景区的信号覆盖。

【刑事技术建设应用】 2019年，临汾市公安局落实刑事案件现场勘查“一长四必”制度，全市“现勘系统”录入现场信息8271起；推进全市男性家族排查系统建设，录入家系21.9万余条、人员207.9万余条，血样采集率99.42%；勘验案件现场6071起，出具各类鉴定报告2833份，受理出具酒精检验报告410份；实现全市“八类”刑事案件、非正常死亡事件现场勘查全覆盖。采集录入现场手印（指纹、掌纹）664起、足迹2287起、生物物证1147起，利用指纹、足迹、DNA等串并案件110串272起。通过指纹比对分别破获16年和17年前的2起命案积案，通过DNA检验比对，将潜逃19年并洗白身份的命案逃犯抓获归案，侦破2起19年前拐卖儿童案件，2名被拐人员与家人团聚。 （郭艳桃）

·公安交通管理·

【概况】 2019年，临汾市公安交警支队践行“对党忠诚、服务人民、执法公正、纪律严明”总要求，围绕降事故、保安全、保畅通工作中心，以群众满意为标准，全年全市道路交通事故四项指数全面下降。2019年，全市机动车保有量775215辆，驾驶人保有量1088751人，同比机动车保有量增加79639辆、驾驶人增加87095人，增幅分别为11%和8%。

【城市道路交通综合整治】 2019年，临汾市公安交警支队以解放路整治为重点，通过“宣、划、撤、规、劝、拖、教、罚、拘”9种方法，对解放路沿线交通违法及不文明行为开展常态化管理。固化解放路创建，向鼓楼南北西大街延伸。严查酒驾等重点交通违法行为。在全市范围内组织开展酒驾醉驾违法犯罪行为专项整治工作。每个大队每天至少查处一起酒驾醉驾违法行为，全年查处酒驾醉驾违法行为1万多起，山西排名第一。强化静态交通管理，实行四线城市路内有偿停车，主城区8条最拥堵的道路变得畅通有序。成立打击假牌照、假证件制作窝点专班，重拳出击查抄假牌假证和私刻公章制作假证两个窝点。打掉一个“两无”交通违法行为的高赛摩托车团伙。行动中，抓获11名摩托车驾驶员（全部系无证驾驶，其中1人涉嫌毒驾，当场缴获毒品若干），3辆保障车及驾驶员。

【道路管控工作】 2019年，临汾市公安交警支队全市公安交警查处违法1084854起，其中酒后驾驶12993起（醉酒880起、饮酒12113起），假牌套牌319起，无牌无证33444起，国省道现场“六类”重点违法76605起，机动车驾驶人接打手持电话30528起。

【危险化学品运输车辆管理】 2019年，临汾市公安交警支队联合应急管理、环保、公路、国土、交通运输、消防、公安治安，对危险化学品车辆禁行区域进行完善和划定。组建纠违执法小分队，打击危化品运输车辆交通违法行为，落实危化品运输车辆交通违法抄告制度。实行支队包大队、大队包中队、中队包路段、民警包重点车辆和重点人员4级承包责任制，做到易出事故路段的严管理、一般路段不失控，打击运输危化品的违法行为。

【助力环保工作】 2019年，临汾市公安交警支队在市中心区域实行货车24小时禁行。根据污染天气预警级别及时启动调整机动车限行管制措施。配合市交通局做好绿色运输示范区管控，优化柴油货车通行路线，对柴油货车和散装物料运输车在禁行区限制通行。加强对尾气排放超标处罚，依照环保部门检测取证，公安部门依法处罚、交通运输部门监督维修的联合执法模式，加强路面执法。全年全市查处尾气排放不达标1062起，闯禁令10466起，抛洒遗散17742起，遮盖不严255起。

【道路交通事故】 2019年，临汾市发生交通事故2313起，造成337人死亡、2413人受伤，直接经济损失4267195元。同比，事故起数减少485起、下降17.33%，死亡人数减少123人、下降26.74%，受伤人数减少671人、下降21.76%，直接经济损失减少1054148元、下降19.81%。四项指数全部下降。较大以上事故比2018年年减少3起，下降75%。道路交通事故死亡人数脱离400人行列，降至365人以下，达到“退四降三”目标，全市道路交通事故四项指数降幅和绝对数山西省排名均为第一。

【交通安全整治攻坚战】 2019年，临汾市公安交警支队推出查处重点违法行为“3+N”工作法。“3+N”工作法中的“3”：酒驾醉驾、无证驾驶、开车使用手机，“N”就是各大队根据辖区事故发生的实际情况，找出引发事故的前几位违法行为。支队负责人每天通过工作群通报各大队前一天“3+N”查处情况。自8月“3+N”工作法实行以来，全市交通事故四项指数出现较大幅度下降。截至12月31日，事故起数、死亡人数、受伤人数、直接财产损失同比分别下降29.61%，28.02%，31.81%，46.66%。

【交通肇事逃逸案件侦破】 2019年，临汾市公安交警支队发生道路交通肇事逃逸案件157起，100%侦破；全市交通肇事网上在逃人员抓获15人，100%抓获。

【农村道路交通安全管理】 2019年，临汾市公安交警支队联合临汾银保监分局制定《深化警保合作推进农村“两站两员”建设工作方案》，利用改建或新建的业务警保合作劝导站和组建的农村道路“警保联动”队伍，提高农村交通安全管理覆盖率和农村机动车投保率，实现综合利用、一站多能、一人多岗，提升农村交通安全现代治理水平和服务水平。全年全市建“警保”劝导站67个，开展劝导活动591079次。强化农村公路平交路口“一灯一带”建设工作，制定建设方案，明确工作目标，细化任务分工，夯实全市农村公路交通设施基础，提升农村公路平交路口安全水平。召开全市深化警保合作推进农村“两站两员”暨“一灯一带”建设工作现场会。全年农村公路平交路口安装交通信号灯36处，减速带101处。

【重点车辆安全隐患“清零”】 2019年，临汾市公安交警支队按照重点车辆安全隐患“清零”行动部署，对辖区内的重点车辆进行比对核查，筛查出“违法未处理”状态的车辆通知所属中队，由属地管理中队通知并督促企业开展违法“清零”行动。对逾期未检验、达到报废标准的，书面通报行业主管部门和运输企业，建议其暂停运营，参加检验或办理报废。全市“两客一危”“营转非”大客车、校车三率均达100%；重型货车和挂车逾期未检3915辆，检验率93.65%，逾期未报废96辆，报废率99.80%；面包车逾期未检2037辆，检验率为97.23%，逾期未报废4辆，报废率为99.89%。

【宣传教育】 2019年，临汾市公安交警支队加强对老年人安全出行的宣传教育，发布老年人安全驾车出行知识等，公布本辖区内60周岁以上驾驶人驾车事故案例。开展交通安全宣传提示13次，通过支队官方发布本地老年人交通事故案例6起，交通安全提示6次，通过短信平台推送老年人事故案例警示146000余条。全市各级公安交管部门走进辖区“两客一危一货”重点企业，采取组织上交通安全课、开展讲座等方式，向企业主管人员敲响安全警钟。通过12123手机短信平台向社会及重点驾驶人推送交通安全提示、警示信息4708万余条。开展“七进”活动，印发交通安全宣传教育手册及相关宣传材料50余万册、份，到重点企业、农村、学校开展交通安全讲座、在临汾交通安全宣传教育基地开展宣传教育活动140余次；交通安全教育基地宣传教育培训16075人次。

【交通集成指挥平台】 2019年，临汾市公安交警支队交通集成指挥平台有效预警121046起，出警拦截次数100704起，拦截次数94359起，成功率93.7%，现场处罚总数28627起。公路交通安全防控体系应用中查处五类重点违法行为11324起，查处套牌嫌疑车辆16辆，查处假牌嫌疑车辆9辆，逾期未年检7914起，逾期未报废21起，实时非现场交通违法3365起。霍州大队缉查布控现场处罚数量进入全国执法站现场处罚应用排名前列。

【非法中介扰民专项整治】 2019年，临汾市公安交警支队悬挂横幅，印制打击非法中介通告，下发致全市考生的一封公开信开展宣传，走进直播间，对打击非法中介工作进行专题宣传，回答听众相关提问。与尧都公安局和市市场监管局联合开展取缔非法中介工作。取缔支队车管所周边非法中介办公、藏身场所12家，予以吊销营业执照、关门、贴封条，一处不留。各县（市、区）公安局交警大队开展联合行动，取缔非法中介办公场所5处。支队派出明察暗访组分赴各地明察暗访整治工作，对全市打击非法中介工作进行检查指导。设立非法中介曝光台，接受群众监督举报。全市各车驾管业务场所非法中介受到打击。

【“放管服”】 2019年，临汾市公安交警支队在巩固完善2018年“马上办、网上办、就近办、一次办”20项改革措施的基础上，深化公安交管“放管服”改革，落实5类业务“异地通办”、5项服务“便捷快办”等10项改革新措施。6月1日，全市所有窗口、网点启动实施。全市下放小型汽车考试业务的县（市、区）13个，19个理论考场、25个科目二考场、19个科目三考场，承担着全市70%以上的驾驶人考试任务。在机动车销售企业代发临时号牌方面，开设的4S店登记服务站中能办理临时号牌核发业务的有12家。授权以来，4S店通过12123平台办理临时号牌核发业务1792笔。强化机动车驾驶人违法记分满分教育学习，全年受理违法记满分业务8695笔，参加教育15474人次，考试8736人次，及格7786人。

【事故矛盾纠纷化解】 2019年，临汾市公安交警支队化解因交通事故引发的社会矛盾8570起；381起交通事故认定复核案件，其中责令原办案单位重新调查、认定142起。

【执法全流程智能管理平台建设】 2019年，临汾市公安交警支队建设完成占地740平方米，房间数设置为19间，包含群众办事、执法办案、涉案财物管理、案件卷宗管理、案情分析、案件规整、警情舆导、毒检、普通讯询问、候问、辨认、隔离审讯等功能室的执法办案管理中心，实现不出中心执法办案工作全解决、“查办分离、管办分离”。

【新建指挥中心】 2019年10月1日，临汾市公安交警支队新的指挥中心落成，占地面积667平方米，总建筑面积2000平方米，抗震裂度大于9级，投资4000万元，分一、二期工程分步实施。新指挥中心部署城市智能交通管控平台、交通信号控制平台、视频结构化分析平台等系统。对交通事件进行可视化指挥调度，实现快速接处警、快速反应、快速作战指挥。远程控制市区75个路口信号灯，实现市区主要27条道路信号绿波带。

【依托大数据助力案件侦破】 2019年，临汾市公安交警支队协助

15个单位办案人员查询肇事逃逸、盗窃、诈骗、涉黑、物品遗失、治安案件37起。为25起案件提供有效线索，包括7起交通事故责任认定、8起肇事逃逸、5起治安案件、2起物品遗失案、1起涉黑案件、2起刑事案件。（赵 敏）

法 院

【概况】 2019年，临汾中院坚持以习近平新时代中国特色社会主义思想为指导，坚持党对法院工作的绝对领导，全面贯彻中央十九大和十九届二中、三中、四中全会精神，开展“不忘初心、牢记使命”主题教育。坚持从严治党，从严治院，坚持以人民为中心发展思想，建设过硬法院队伍，公正司法，司法为民，忠诚履职尽责，服务和保障临汾经济社会高质量转型发展。

【案件受理】 2019年，临汾市两级法院受理案件54903件，审结53377件，结案率97.22%，全市法院结案率位列山西省第三，审判执行质效水平提升。诉讼案件受理39000件，审结37865件，其中刑事案件受理5069件，审结4860件；民事案件受理32572件，审结31666件；行政案件受理597件，审结583件；国家赔偿与司法救助案件受理165件，审结164件；区际司法协助案件受理1件，审结0件；司法制裁案件受理10件，审结10件；非诉保全审查案件受理329件，审结327件；强制清算与破产受理5件，审结3件。执行案件受理15903件，执结15512件，执结率97.54%，山西省排名第一。

2019年，临汾中院受理案件7006件，审结6833件，结案率97.53%。诉讼案件受理6504件，审结6346件，其中刑事案件受理2304件，审结2262件；民事案件受理3586件，审结3477件；行政案件受理216件，审结211件；国家赔偿与司法救助案件受理120件，审结119件；区际司法协助案件受理1件，审结0件；司法制裁案件受理10件，审结10件；非诉保全审查案件受理15件，审结15件。执行案件受理502件，执结487件。

【法治宣传教育】 2019年，临汾中院加强法治文化阵地建设，开展送法进校园、进企业、进社区等活动，通过法院官方网站、微信公众号、微博等新媒体渠道加强普法宣传力度。与临汾职业技术学院举办“院校共建、送法进校”活动，7名法官被聘为该校法治辅导员。临汾中院普法组到临汾市第一中心学校、临汾市幼儿园、山西师范大学临汾学院、北孝社区等地普法宣传16次。普法组的法官义务参加宣传活动。

【家事审判方式改革试点】 2019年，临汾中院家事庭为最高人民法院指定的家事审判方式改革试点，贯彻“以家庭为本位，维护家庭社会和谐稳定，弘扬中华传统道德文化，推动家风、家德、家教建设”的指导思想，转变审判理念，从以往家事审判偏重财产分割、财产利益转变为更加注重身份利益和人格利益，侧重于对未成年人、妇女、老人等弱势群体的保护，注重家事审判司法功能和社会功能的结合。家事庭创新家事纠纷解决模式，树立调解优先意识，构建家事纠纷多元化解决格局，调撤率51%，与改革前审理的家事案件相比，调撤率高出25个百分点。2月家事庭被山西省人力资源和社会保障厅、山西省妇女联合会授予“山西省三八红旗集体”；被最高法院评为“全国法院先进集体”、荣立省高院“2019年度全省法院审判质效集体三等功”。

【维护社会和谐稳定】 2019年，临汾中院审结劳动争议、侵权责任纠纷等涉民生案件3639件，保障民生福祉。审结合同纠纷、物权纠纷等案件13451件。审结土地承包流转、林权转让等涉农案件388件，维护农民合法权益。审结知识产权案件105件，制裁侵权行为。临汾中院制定实施《贯彻落实市委四届五次全会暨市委经济工作会议精神的实施意见》，落实《依法保护产权和企业家合法权益营造良好法治环境的实施意见》，平等保护各类市场主体合法权益。加强“道交一体化平台”应用，推行保险行业调解前置，在线进行司法确认。两级法院全年调解结案8587件。

【行政审判】 2019年，临汾中院推进行政机关负责人出庭应诉，全市法院行政机关负责人出庭率为72.9%，同比上升22.7%。做好行政公益诉讼审判工作，侯马市法院审理的临汾市首例行政公益诉讼案件入选山西省年度行政审判十大案例。

【打击刑事犯罪】 2019年，临汾中院推进“扫黑除恶”专项斗争，坚持铁案标准，突出“打财断血”“打伞破网”工作重点，2019年市中院被山西省委政法委评为“全省扫黑除恶专项斗争先进单位”。对严重刑事犯罪保持从严惩处的高压态势，审结故意杀人、故意伤害、抢劫等侵害公民人身权利和财产权利犯罪一审案件964件；审结涉枪涉爆、危险驾驶等危害公共安全犯罪一审案件774件；审结非法经营、集资诈骗等破坏社会主义市场经济秩序犯罪一审案件261件；审结破坏环境资源、盗掘古墓葬以及涉毒、涉黄等妨害社会管理秩序犯罪一审案件560件；审结贪污、贿赂、渎职等职务犯罪一审案件65件。加大食品安全犯罪打击力度，审结山西省首例食品安全刑事附带民事公益诉讼案件。

【执行工作】 2019年，临汾中院执行局建立“以执行指挥中心枢纽、专业化团队化协作”为基本方法的执行工作新模式，将执行局下设“1+6”个团队，即1个执行裁决团队，6个执行实施团队。全市两级法院执行案件执结率97.54%，山西省排名第一；在山西省执行办案质效10项重点指标动态排名中，临汾法院排名全省前5名的有6项，其中，恢复实际执行到位率46.61%（全省法院平均水平27.81%，临汾排名第一）。全市两级法院开展“涉民生”“涉党政”“三晋跨年执行”集中执行活动，执结涉民生案件176件，执结到位金额703.95万元；执结涉党政机关案件53件，执行到位2246.65万元。全市两级法院在专项活动期间，出动警力6525人次，向公安移送35案33人，检察院起诉4案4人，判决4案4人；对拒不履行法院生效判决、裁定的被执行人罚款8案8人，司法拘留342案342人，发布失信被执行人名单32657例，限制高消费30162例，限制购买机票52806例，限制购买动车、高铁票13393例。 （周太生）

2019年7月，临汾中院办案执行中 （市中院供图）

检 察

【增强人民群众司法获得感】 2019年，临汾市检察机关坚持以人民为中心的发展思想，实行检察工作开门纳谏。召开百名“两代表一委员”座谈会、发放千份征求意见表、开展万人对检察工作满意度社会调查，征求到意见和建议12类近300条，开展整改创新。依托“12309”检察服务网络平台，对354件来信来访均在7日内答复，做到“民有所呼，我有所应”；对41件申诉上访案件，细致释法说理，实现息诉罢访、案结事了。

【“扫黑除恶”】 2019年，临汾市检察机关批准逮捕涉黑涉恶案件57件206人，提起公诉13件110人，法院判决10件93人。落实检察长第一责任，实行重点案件挂牌督办制度，检察长办理重大复杂案件31件，分组督导黑恶案件50件，提前介入黑恶案件85件。对侦查机关移送的34起案件依法认定为黑恶犯罪，占受理数的19.8%，对38起案件依法未认定为黑恶犯罪，占受理数的22%。推行大案联办、难案精办、简案快办工作模式，将打伞破网、打财断血作为办案必经环节，开展“一案三查”，做到一案一总结、一案一督导，扫黑除恶专项斗争向纵深推进。与其他政法部门、纪检监察机关形成常态化、程序化、规范化的线索核查、移送、反馈机制，形成打击合力。依法办理临汾市首例染指基层政权选举、把持基层政权的黑社会性质组织案，被告人张某某等19人因组织、领导、参加黑社会性质组织罪，分别被判处1年至23年有期徒刑。

【服务三大攻坚战】 2019年，临汾市检察机关开展“破坏环境资源安全犯罪专项立案监督活动”，监督公安机关立案1件，监督行政执法机关向公安机关移送涉嫌犯罪案件3件4人。向行政执法部门提出有关生态环境、资源保护检察建议191件，督促清理污染和非法占用河道18.1公里、被污染水域面积7.83公顷，督促回收和清理生产类固体废物2900万吨，挽回、复垦耕地和国有林地2.98公顷。派出18个扶贫工作队开展精准扶贫工作，为扶贫村办实事近百件，解决脱贫人口近千人，办理国家司法救助案件31件，对陷入生活困境的刑事案件被害人或其近亲属发放司法救助金46.5万元。加大对非法集资、虚假广告、互联网诈骗等涉众型金融犯罪的整治，批准逮捕38件46人，起诉34件49人。

【保护民营企业发展】 2019年，临汾市检察机关坚持依法惩处、平等保护、精准服务并重，促进民营经济健康发展。打击侵害民营企业合法权益犯罪。依法批准逮捕侵害干扰民营企业正常生产秩序的案件5件12人。安泽县检察院依法监督办理的犯罪嫌疑人陈某侵害山西安鑫煤业公司合法权益一案，入选全省保护民营企业发展的典型案例。落实对民营企业和企业家合法权益保护，依法开展涉民企刑事案件立案监督和办案期限监督活动，监督立案涉民营企业案件2件2人，监督侦查机关立而不侦、久拖不决案件1件。处置涉案民营企业和企业家，对涉罪民营企业家依法做到可捕可不捕的不捕、可诉可不诉的不诉，对5名涉罪民营企业家及工作人员依法作从宽处理。浮山县检察院办理的乔某某、行某某骗取贷款相对不起诉案、霍州市检察院办理的李某某涉嫌寻衅滋事变更强制措施案，保障民营企业正常经营秩序，被省检察院评为服务民营企业发展典型案例。开辟检察服务绿色通道，与市工商联建立完善常态化联系机制，出台依法保障和服务民营企业健康发展实施意见，举办“检察护航民企发展”开放日18次、开展检察助企专题调研和法律宣讲131次，印发民营企业法律读本15000余册、赠阅检察报刊1000余份。由市县检察长挂帅协调，化解全国500强民营企业——山西建邦集团多起法律纠纷，为企业挽回直接经济损失3323.5万元，间接经济损失数亿元。

【认罪认罚从宽制度】 2019年，临汾市检察机关加强与其他政法部门的沟通协调，形成由政法委牵头、检察机关主导、政法各部门配合的工作格局。全市检察机关适用认罪认罚从宽制度办理各类刑事案件1529件2165人，量刑建议采纳率86.1%，居山西省第1位。

【特殊群体司法保护】 2019年，临汾市检察机关落实“一号检察建议”，加强未成年人合法权益保护力度。全市两级院检察长和165名检察官担任法治副校长，开展法治宣讲400余场次，直接受众4万余人。办理侵害未成年人犯罪42件80人。对61名涉罪未成年人进行关爱帮教，其中16名回归课堂，2名考上大学。对18名未成年被害人提供心理救助和司法救助。侯马市检察院依法对辅导老师贾某某强制猥亵一案立案监督，被告人由行政拘留10日改判有期徒刑8个月。浮山县检察院开展涉案困境儿童司法救助、帮助两姐妹走出阴霾经验做法入选高检院、团中央未成年人检察社会支持体系建设工作十大案例，被《今日说法》栏目采用。加大对涉及农民工、残疾人和老年人等弱势群体合法权益保护力度，依法办理国家赔偿3件，发放国家赔偿金25.1万元，依法支持起诉64件，帮助130名农民工追讨各类薪资364.3万元。

【监狱巡回检察】 2019年，临汾市检察机关对山西省3个监狱进行巡回检察，排查涉黑涉恶案件118件，受理申诉、举报36件，发出纠正违法通知书和检察建议54份，监督又犯罪立案审查2件7人，发现职务犯罪案件线索5件。查办全省首例监狱工作人员职务犯罪案件，作出有罪判决，2个案例入选全国检察机关刑事执行检察和司法工作人员相关职务犯罪侦查精品案件。

【公益诉讼检察工作】 2019年，临汾市检察机关发现公益诉讼案件线索711件，立案666件，发出诉前检察建议634件。提起刑事附带民事公益诉讼19件，法院判决18件，全部支持检察机关诉讼请求。市检察院、侯马市检察院办理山西省首例食品类犯罪十倍惩罚性赔偿案件。曲沃县检察院办理的排碱沟河道垃圾污染环境、阻碍河道行洪的行政公益诉讼案被评为全省公益诉讼十大典型案例。古县检察院开展英烈设施保护公益行动，督促有关部门投入1700万元，对太岳军区岳北军分区革命旧址进行保护性修复。

【监察体制改革】 2019年，临汾市检察机关加强与纪检监察机关的沟通协调，完善“法法衔接”工作机制，与市监察委员会、市中级人民法院联合出台《关于在办理职务犯罪案件中适用认罪认罚从宽制度的具体意见》。受理监察机关移送案件78件127人，提前介入36件，决定逮捕42件54人，提起公诉92件121人，法院作出生效判决101人，全部为有罪判决。执行新修订的刑事诉讼法，立案侦查3名协警收黑钱私放醉驾人员案。

【刑事诉讼监督】 2019年，临汾市检察机关批准逮捕各类案件1421件2138人，提起公诉2469件3910人。开展引导侦查工作，在公安机关设立检察室24个。监督公安机关立案102件，撤案38件，建议行政执法机关移送涉嫌犯罪案件26件，纠正漏罪漏犯82人，纠正侦查活动违法383件。坚守防止冤假错案底线，对不构成犯罪或者证据不足的案件，不批捕416人，不起诉131人，对认为确有错误的刑事裁判提出抗诉36件。贯彻落实检察长列席同级法院审委会、院领导带头办案等制度，两级院检察长列席同级法院审委会48次，办理案件121件。

【刑事执行监督】 2019年，临汾市检察机关落实同步监督机制，依法监督纠正刑罚执行不当345件，监管活动违法469件，社区矫正监管违法889件，监督特赦案件17人。开展“财产刑执行专项检察活动”，依法纠正财产刑执行不当432件。开展羁押必要性审查，提出建议被采纳233人，占同期逮捕人数的10.9%，居山西省第1位。

【民事行政检察监督】 2019年，临汾市检察机关健全以“精准化”为导向的民事行政诉讼监督工作机制，受理审查各类民事行政申请监督案件410件，对认为确有错误的民事行政判决、裁定以及损害国家和社会公共利益的调解书，提出、提请抗诉23件；提出再审检察建议6件，法院采纳5件，改判8件。依法监督纠正审判程序违法50次，办理执行监督案件93件。办理行政非诉案件19件，发放检察建议14件，采纳13件。市检察院办理的临汾市阳光地带房地产公司被误判承担连带保证责任一案，为企业挽回经济损失880余万元。

【接受外部监督】 2019年，临汾市检察机关向同级人大及其常委会专题报告公益诉讼检察工作、认罪认罚从宽制度落实、扫黑除恶专项斗争、监狱巡回检察等工作48次，研究办理代表建议、批评和意见36件次，走访代表委员600余人次。邀请代表委员视察检察机关46次。邀请人民监督员监督个案办理87件，参与听证会、检察建议现场宣告送达等司法活动45场次。对公安机关提请复议复核的不批捕、不起诉案件，依法慎重审查。征求司法行政机关、律师协会、律师代表意见，保障律师执业权利，接待律师阅卷1502人次，听取律师意见771人次。全市检察机关同步举办“我将无我奋斗、不负人民重托—共和国建设者走进检察机关”等3个主题检察开放日，600余名代表、委员及社会各界人士走进检察机关。加大案件信息公开力度，公开法律文书2276份，发布重要案件信息103条，发布程序性信息6396条，召开新闻发布会22次，利用新媒体推送检察信息4000余条。

（马红彬）

司法行政

【概况】 2019年，全市司法行政工作坚持稳中求进工作总基调，坚持政治引领、党建先行，推进“一个统筹、四大职能”工作布局，开创新时代临汾司法行政工作新局面，为建设更高水平的平安临汾、法治临汾和幸福美丽临汾做出新贡献。市司法局被司法部授予“全国司法行政系统庆祝中华人民共和国成立70周年安保维稳工作成绩突出集体”“2019年国家统一法律职业资格考试工作表现突出单位”荣誉称号，被山西省委政法委、省人社厅授予第九届山西省公正执法先进集体荣誉称号。

【信息化建设】 2019年，临汾市司法局推动“科技强警”“网络强局”。实施“互联网+司法行政”深度融合工程，构建贯通覆盖市、县、乡三级、融合司法行政工作全业务领域的信息中枢，整体提升全系统智能化、科技化管理水平。依托科技信息化平台的支撑，全市司法行政工作系统集成度增强，人民满意度提高。《山西法制报》头版头条刊登临汾市司法行政信息化建设的典型经验。

【防范化解重大风险】 2019年，临汾市司法局为中华人民共和国成立70周年创造安全稳定社会环境，防范化解重大风险，维护政治安全、国家安定、社会稳定。组织开展防风险保安全护稳定专项行动。组织全市社区矫正机构开展社区矫正领域风险隐患排查摸底，发现整改安全隐患。推进与社区矫正对象见面谈话工作，落实监管规定，防止脱管漏管。构筑刑满释放人员维稳防控线。全年全市有安置帮教对象8876人，安置率和帮教率98%以上，重新违法犯罪率0.15%，低于全国平均水平。落实重点帮教对象必接必送制度，重点帮教对象接送率100%。组织开展刑满释放人员安全稳定大排查活动，落实安置帮教责任，做好衔接管理。严防发生个人极端暴力犯罪案件。构筑社会矛盾纠纷维稳防控线。全年全市调解民间纠纷9274件，调解成功9055件，调解成功率97.6%。开展“大排查、大调解、护稳定、迎国庆”专项活动，未发生一起群体性、“民转刑”激化案件。

【全面依法治市工作】 2019年，临汾市司法局履行全面依法治市工作统筹组织协调职责，发挥行政立法、行政执法、刑事执行、公共法律服务四大职能，打通立法、执法、司法、守法普法各个环节，为实施市委“345”战略、建设富裕文明绿色幸福美丽新临汾提供“一体化”法治支持保障。成立由市委书记任主任的市委全面依法治市委员会，下设4个协调小组。建立健全市、县两级全面依法治市（县市区）组织领导机构。市委全面依法治市委员会召开两次会议，审议通过两规则一细则、《临汾市委全面依法治市委员会2019年工作要点》、四个协调小组成员名单及工作职责。翼城县里砦感军村“小巷总理”经验、尧都区路东办事处三元社区“三架马车”经验，入选2019年山西法治蓝皮书。

【法治建设】 2019年，临汾市司法局推进行政立法工作。市人大常委会审议通过《临汾市建筑施工扬尘污染防治规定》《临汾市大气污染防治条例》等两部地方性法规。组织开展行政执法“三项制度”建设工作，组织完成行政执法三项制度相关清单指南流程图编制任务。在市场监管、交通运输、文化旅游、生态环境、农业农村“五大领域”推行部门联合执法。组织开展行政执法主体和行政执法人员清理工作、证明事项告知承诺制试点工作。推进减证便民行动。做好新时代社区矫正对象监督管理、教育矫治和社会适应性帮扶。全年全市接收社区矫正对象13499名，解除社区矫正对象11421名。在册社区矫正对象2078名，无脱管漏管现象。重新犯罪人数低于全国平均水平。贯彻落实国家主席习近平签署的主席特赦令，完成15名社区矫正对象的特赦工作。推进公共法律服务“三大平台”融合发展，深化“一厅式受理、一站式服务”公共法律服务运行机制。组织全市律师开展“一村（社区）一法律顾问”服务提升攻坚行动。实施免费法律咨询便民工程。市政协在古县召开协商议政会议，就公共法律服务体系建设进行专题议政。

【参与重点项目建设】 2019年，临汾市司法局组织12家法律服务机构参与师大搬迁工程、长临高速公路项目、霍州市汾河流域生态治理等21项重点工程项目建设。制定出台《临汾市司法局支持服务保障民营企业发展二十条措施》。组建市直民营企业律师服务团队，组织全市律师开展为民营企业进行免费法治体检活动。组织全市各法律服务机构担任民营企业法律顾问、代理民营企业开展诉讼非诉讼活动。发挥各级党政机关法律顾问的参谋作用，为重大行政决策和行政行为提供法律意见57次，协助起草和修改重大合同131次，办理行政复议122件，办理行政应诉案件21件，办理政府规范性文件合法性审查34件。在全市普及推广应用全国行政复议工作平台。推行行政机关负责人出庭应诉制度。开展“法援惠民生·关爱残疾人”“法援惠民生 助力农民工”法律援助品牌创建活动，办理相关法律援助案件204件。

【法治文明创建】 2019年，临汾市司法局开展民主法治示范村（社区）创建活动，创建全国民主法治示范村6个、法治县区2个。深化普法依法治理，3个集体、2名个人荣获全国普法办“七五”普法中期表彰。组织开展“法律七进”活动。巩固推广翼城普法短剧经验，翼城县司法局摄制的《法沐人心》微电影参加山西省司法厅第一届微视频大赛，被评为二等奖，市司法局获得优秀组织奖。推行普法责任清单制度，开展宪法学习宣传教育活动，加强领导干部日常学法和以案释法工作，推进国家工作人员旁听庭审活动常态化、制度化。推进县、乡、村三级法治文化阵地“全覆盖”建设，在山西省率先实现村（居）法治宣传教育阵地“全覆盖”。

【司法行政改革】 2019年，临汾市司法局、推进刑事案件律师辩护全覆盖，组建由150名律师组成的专家库，9个试点县（市、区）刑事案件律师辩护覆盖率100%。组织开展律师调解试点工作，17个县（市、区）成立律师调解工作室。全面推行戒毒、监狱人民警察参与社区矫正工作机制，组织开展社区矫正教育矫治“一县一品”建设。

【扫黑除恶专项斗争】 2019年，

临汾市司法局深挖细排涉黑恶案件线索。组织对全市在册社区矫正对象和刑满释放人员进行摸底排查，加大“两类特殊人群”教育疏导、严格管控，开展扫黑除恶警示教育。组织开展黑恶案件律师刑事辩护代理。（张会平）

仲 裁

【概况】 2019年，临汾仲裁委员会发挥仲裁职能优势，坚持“独立、公正、专业、高效”仲裁各类民商事纠纷，维护市场经济秩序和当事人的合法权益。全年受理各类仲裁案件69件，同比上升40.8%，案件标的额44322.89万元。审结案件53件，结案率76.8%，其中调解结案28件，调解率52.8%。全年无被人民法院裁定撤销与不予执行案件，衡量仲裁案件质量的调解和解率、快速结案率和自动履行率逐步提高。2019年，临汾仲裁委员会荣获“全市公共法律服务先进集体”。

【完善仲裁制度】 2019年，临汾仲裁委员会建立完善各项仲裁制度。严把仲裁立案关,完善立案审查制度，确保及时准确立案；完善专家咨询委员会制度，重大疑难案件的仲裁程序问题及案件实体问题提请专家咨询委员会进行咨询；实行案件跟踪管理制度，掌握和解决案件推进中的难点问题，对重点案件督办催办，防止案件久拖不决；建立重大疑难案件请示报告制度，对超审限案件、重大案件和疑难复杂案件，做好案件舆情分析、向领导报告；贯彻执行仲裁文书核阅制度，仲裁文书层层报批，严格审核，确保仲裁文书质量；建立案件回访制度，对纠纷多发的企业当事人进行不定期回访，了解当事人对案件审理工作的意见和建议，完善仲裁工作机制。

【仲裁法律宣传】 2019年，临汾仲裁委员会采取线上线下相结合的方式宣传仲裁法律制度。通过仲裁网站、微信公众平台发布仲裁工作动态14篇；到企业、机关团体讲授仲裁法律知识；发挥律师仲裁员的优势，规范建筑、房地产、金融等重点行业使用的合同文本，向当事人宣传仲裁、推广仲裁；参与各类普法宣传活动，提供现场咨询200余人次，发放宣传资料3000余份。

【仲裁队伍建设】 2019年，临汾仲裁委员会加强仲裁队伍建设，优化仲裁队伍结构。通过面向社会公开选聘，增聘不同领域的专家仲裁员61名，仲裁员122名，其中，从事法律实务93人，占比76.2%；经济、建筑专家21人，占比17.2%；从事教学研究（法学教授）8人，占比6.6%。新聘任仲裁办案秘书2名，有仲裁办案秘书3名，均是通过国家法律执业资格考试的法律专业人才。开展警示教育和职业道德教育。组织全体仲裁员观看典型案例展示和警示教育片。开展仲裁培训工作，采取外出学习、网络教学的方式，对仲裁员、仲裁秘书进行业务培训。

【服务民营企业发展】 2019年，临汾仲裁委员会强化仲裁服务民营企业健康发展。制定《关于强化仲裁服务民营企业发展的若干意见》。在行业协会、重点民营企业中聘请仲裁联络员，畅通信息交流和情况反馈渠道，完善与民营企业的沟通联络机制。开设民营企业接待室，在临汾银行业协会设立调解中心，在尧都区人民法院设立仲裁接待窗口和仲裁庭室，为民营企业选择仲裁方式解决纠纷提供便利条件。了解各行业、企业的法律需求，走访民营企业、送法上门，帮助民营企业完善内控管理、合同管理。全年受理涉及民营企业案件62件，办结40件，其中调解结案25件，保障民营企业的健康发展。

（焦 瑞）

军　事

临汾军分区

【战备训练】　2019年，临汾军分区贯彻中央军委主席习近平“全部心思向打仗聚焦、各项工作向打仗用劲”的重要指示，坚持战斗力标准，紧贴使命任务，推进战备规范化建设，夯实军事训练基础。完善战备方案体系，组织三轮会审，修订完成市县两级3类40个战备方案。规范战备基础建设，组织实施军分区本级“三室两库”改造，推进网络室和“一中心四部门”作业室建设，县（市、区）人武部补充部分民兵应急器材；优化拓展指挥手段，协调地方相关部门改造升级指挥信息中心建设，两级首长机关按纲施训，开展群众性练兵活动，受到山西省军区通报表彰。尧都、霍州、侯马、乡宁、浮山5个人武部被省军区评为战备训练先进单位。

【应急应战】　2019年，临汾军分区参加“首都联合防空作战防卫防护”课题演练，市县主要负责人参与联合指挥。对全区民兵应急连进行专项全员全装拉动，市属民兵应急营森林灭火连代表中部战区、省军区接受军委国防动员部实兵拉动检验评估；乡宁县和霍州市民兵应急分队参加乡宁县枣岭乡“3·15”山体滑坡救援。

【国防动员体系建设】　2019年，临汾军分区推进动员建设，健全市国防动员委员会领导机构，新建国动委专业办公室集中办公场所，召开全市国防动员领域重点工作部署会。组织潜力调查，召开任务推进会，组织业务培训，集中进行会审，提升数据的精准度、保鲜度、完整度。深化调整民兵建设改革，军地联合部署、统一建设标准、精准任务对接、深挖辖区潜力、择优精准编兵。市县两级加大硬件设施投入和经费保障力度，修建训练场地、补充各类器材。采取军地联合、“一把尺子量、逐个单位过”的方式方法，对民兵整组情况进行检查验收，在年底省军区民兵调整改革检查考评中，名列山西省第一。尧都区人武部被军委国防动员部表彰为民兵调整改革工作先进单位，军分区本级和襄汾县、汾西县、霍州市人武部被省表彰为民兵调整改革工作先进单位。

【征兵工作】　2019年，临汾军分区提升以大学生为主体的兵员征集质量，完成新兵和士官直招征集任务，大学生和大学毕业生征集比例

2019年9月15日，临汾军分区举办军营开放日活动

（临汾军分区供图）

历史最高，退兵数量历史最低，取得年度征兵山西省综合考评第二的好成绩，市本级和翼城县、霍州市被表彰为山西省征兵工作先进单位。

【国防教育】 2019年，临汾军分区组织“八一”军事日活动，邀请国防大学教授为全市处级以上领导干部作国防教育专题讲座，组织第二届“赞颂辉煌成就、军民同心筑梦”军营开放日暨第19个全民国防教育日活动，临汾市四大班子和军地有关部门领导、师生代表等参加。晋能集团临汾公司武装部长杨卫东被评为“2019感动山西国防动员新闻人物”，襄汾县抗日战争陈列馆馆长梁茂祥获提名奖。

【脱贫攻坚】 2019年，临汾军分区投身精准扶贫，投入30万元为军分区挂钩帮扶的隰县寨子乡峪里村修建温室大棚、硬化主干道路、推进入股分红，联合市中心医院开展“医疗下乡”活动，巩固脱贫攻坚成果。

【安全稳定】 2019年，临汾军分区狠抓安全管理工作落实，构建起党委定期议、主官亲自抓、机关合力管的工作机制。针对不同岗位特点，抓好政策法规学习、抓好经常性思想工作，提高各类人员思想觉悟、道德水准、纪律观念。定期分析安全形势，进行重大任务安全风险评估，组织安全保密辅导授课，加强人车枪弹密网管控，贯穿全年开展安全大检查和保密专项检查活动，重大节日、敏感时机组织开展“专项安全隐患排查整治”“正作风、树形象、迎国庆”作风纪律整顿，规范部队“四个秩序”。完善安全技防手段，维修民兵武器装备仓库电网、升级视频监控系统、改造营门安防设施、修缮隔离围栏，确保重点目标安全。

【综合保障】 2019年，临汾军分区坚持党委理财制度，科学统筹保障资源，创新服务保障方式。强化党委理财能力建设，严格落实制度规定，制定《临汾军分区财务管理暂行办法》。完善战备训练条件，进行战备应急库室改造，拓宽进出道路，设立快速装卸载平台，安装电动卷帘门，规范车场秩序，提高应急应战行动快速响应能力。车辆装备保障提质增效，落实“四定”管理责任，对全区车辆安全技术性能全面检测，为车辆调整换发新式号牌，组织驾驶员理论和基本技能考核。推进停偿工作任务下篇文章，对本级的1个委托管理项目，3次进行清查核资，解决9项遗留问题，作为首批项目移交。

【党委班子建设】 2019年，临汾军分区贯彻军委党的建设会议精神，军分区常委分片包干帮带团级党委班子，帮助提高党委科学决策、把关定向的能力水平。做好团级党委班子调整配备，批准增补人武部党委班子成员，充实完善组织领导力量。严肃党内政治生活，指导人武部开好“不忘初心、牢记使命”专题民主生活会。

【人力资源】 2019年，临汾军分区统筹抓好干部、战士、文职人员、职工、专武干部“五支队伍”建设，调整使用团职干部，完成退休干部移交安置、转业干部离队报到，组织社会招聘文职人员综合考察和人武部省管职工招聘，探索干部类比量化考核试点，经验做法得到省军区推广。 （赵欣欣）

武警临汾支队

【概况】 中国人民武装警察部队山西省总队临汾支队（简称武警临汾支队），原称武警临汾地区支队，2000年7月临汾地区改为地级市，更名为武警临汾市支队。2018年1月1日，武警部队实行新编制体制，支队更名为武警临汾支队。

【备战打仗】 2019年，武警临汾支队聚焦“三场维稳维权行动”，常态落实“日讲评、周通报、月排名、季评先”的量化考评机制和“三位一体”查控体系,推进“智慧磐石”工程，连续31年执勤无事故。用好“八落实”“六种组训模式”两个载体，推行五种施训理念，破解军事训练“三弱项、两短板”，落实军事训练一票否决制，树立大抓训练鲜明导向。执行总队用兵“五条规定”和“三种情况第一时间到现场”要求，完成庆祝新中国成立70周年和“青运会”安保、乡宁“3·15”抢险救援、“4·18”涉黑抓捕、“1910”“1928”团警卫勤务以及押解押运、武装巡逻等临时勤务。

【参加乡宁“3·15”地质灾害救援任务】 2019年3月15日18时10分许，临汾市乡宁县枣岭乡卫生院北侧发生山体滑坡。乡宁中队在接到灾情信息后边行动边汇报，组织官兵迅速赶赴灾害现场参与处置；临汾支队前指带机动中队迅速出动官兵，连夜奔赴事发地域，第一时间参与处置。经过五天六夜的连续奋战，参战官兵克服天黑路陡、夜间严寒，地形复杂、救援困难等实际问题，完成救援任务。

【参与处置临汾“4·18”涉黑集团抓捕行动】 2019年4月18日，临汾市政府商请支队参与抓捕行动。支队出动官兵，完成临汾市1起涉黑集团抓捕行动。历经9个小时战斗，协同公安机关抓获犯罪嫌疑人15名，完成战斗任务，打击黑恶势力，维护驻地稳定，保障人民利益。

【组织“传承2019清明节祭英烈”活动】 2019年4月4日，武警临汾支队组织“传承·2019清明节祭英烈”活动，支队党委党委、机关干部和驻市区中队部分官兵参加。官兵们随同讲解人员，缅怀临汾战役的辉煌历史和革命先辈的英雄事迹。

【完成“二青会”临汾赛区安保任务】 2019年4月25日，第二届全国青年运动会花样滑冰比赛正式在临汾市开始，赛事全程历时4天，武警临汾支队每天出动兵力执勤16小时，助力赛事安保任务。5月14日至22日在临汾17个县（市、区）进行以“青春接力 时代领跑”为主题的“二青会”圣火传递，支队按照总队火炬传递安保命令，出动兵力密组织安保任务。8月10日至15日，每日出动兵力和车辆，完成飞碟射击赛期间的安保任务。

【“五大技术”比武竞赛暨军事体育运动会】 2019年7月18、19日，武警临汾支队举办“五大技术”比武竞赛暨军事体育运动会。运动会设置射击、投弹、刺杀、擒拿格斗、军事体育五大类，共24个竞赛项目，包括个人竞技、团队项目、传统课目。

【联勤武装巡逻勤务】 2019年，武警临汾支队在元旦、春节、“两会”及五一、十一、中非峰会等特定敏感时期，出动兵力和车辆，联合公安民警在临汾市主城区和重点区域实施联勤武装巡逻，防范打击和震慑了违法犯罪活动，维护临汾地区社会稳定。

【召开薛晟记功表彰大会】 2019年3月15日上午，武警临汾支队召开薛晟同志记功表彰大会。支队党委常委、机关干部、基层全体官兵以及薛晟的家属参加表彰会。支队首长宣读薛晟的二等功奖励通令，并为其颁发奖章和荣誉证书。

【举办第五届“最美士兵”暨第三届“岗位之星”“优秀军嫂”颁奖典礼】 2019年12月6日，武警临汾支队举办第五届“最美士兵”暨第三届“岗位之星”“优秀军嫂”颁奖典礼。颁奖典礼以视频、课件放映的形式，展示10名“最美士兵”、5名“岗位之星”和5名“优秀军嫂”的先进事迹，宣读不同岗位、不同专业典型官兵及军嫂代表的颁奖辞。支队首长为受表彰对象颁发奖杯、证书，勉励他（她）们珍惜荣誉、戒骄戒躁、再立新功。

【车辆安全管理】 2019年，武警临汾支队落实车辆归场登记、次日交班汇报、车辆检查汇报等制度，坚持“六位一体”联管责任制，组织带车干部教育和车辆安全教育整顿活动。坚持每季度至少进行1至2次的应急演练；开展军车交通安全月活动，聘请交警支队人员进行安全知识讲座；与临汾市交通战备办公室完善长效运输保障机制，弥补应急运力不足的问题；维护保养，突出做好战备车辆的检修和维护，车辆完好率达到95%以上，开展以每天点评、每周讲评、每月总评为主的“三评”活动，9月，完成总队运输投送专项检查任务，完成各类保障任务。

【开展装备大点验和“两库”清理整治活动】 2019年，武警临汾支队采取中队自查、大队普查、支队专查的形式对全支队所有的装备进行清查，清查过程中做到“五个突出”，突出机动中队的装备、突出中队自购装备、突出地方馈赠的装备、突出借用地方的装备、突出防暴弹药，通过装备大点验，摸清支队装备底数。

人民防空

【概况】 2019年，临汾市人民防空办公室围绕“战时防空、平时服务、应急支援”职能使命，贯彻党中央和省市各项决策部署，落实一岗双责，开展“改革创新、奋发有为”大讨论、“不忘初心、牢记使命”主题教育和人防系统腐败问题专项治理工作，促进人防建设新发展。3月，在山西省人防系统准军事化集训队列会操中被山西省人民防空办公室授予“标兵集体”。

【军事化建设及战备训练演练】 2019年，临汾市人民防空办公室加强准军事化建设及战备训练演练工作，提升应急备战能力，履行“战时防空、平时服务、应急支援”职能使命。3月15日至17日，组织指挥完成山西省政府应急指挥中心领导部署的乡宁县枣岭乡山体滑坡现场图像传递工作（应急处突）任务；11月6日至16日，组织6名业务骨干参加省军区“组织实施国防动员”课题演练。3月，组织市办9名业务骨干参加山西省人防系统在长治市开展的第一期准军事化集训；9月19日至25日，组织市办及侯马、乡宁、吉县、浮山8名业务骨干参加全省人防系统在山东威海开展的第二期准军事化集训；12月17日至20日，组织市办3名业务骨干参加全省人防系统在大同开展的第三期准军事化集训。联合长治市、晋城市、运城市50余人，在临汾疏散基地开展四市“军事周”联合集训，签署完善四市跨区联合支援保障协议相关内容。推进完成3台防空警报淘汰及改频转换工作。5月，配合山西省军区、临汾军分区研究制定《临汾市国防动员能力标准及考评办法》，9月初，配合山西省军区、临汾军分区研究制定《临汾市县级国防动员能力标准及考评办法》。9月18日，完成全省“9·18”警报统一试鸣活动。

【人防工程质量监督】 2019年，临汾市人民防空办公室加大对人防工程建设执法检查。组织人员对在建项目人防手续办理情况、工程进展情况进行核实，对未报建项目督促履行人防义务；制定《追缴人防易地建设费实施方案》，对未办理人防手续的建设项目依法进行查处，下达法律文书，责令缴纳易地建设费或限期补建人防工程；落实企业投资项目承诺制，制定建设项目人防审批告知事项，人防建设事中事后监管实施方案，企业投资项目承诺制改革试点防空地下室建设流程、事项准入清单等配套制度。制定《人防建设事中事后监管实施方案》。对在建防空地下室项目按照要求落实过程监督，实现质量监督全覆盖，确保人防工程监督覆盖率100%，制定下发《人防安全生产工作方案》。做好已建人防工程开发利用工作，人防工程开发利用率100%。2019年，申报35个项目。按照“未批先建、批而未建、建而未验、不建不缴、欠缴未缴”5类问题分类处置，直接送达、公证送达、公告送达等途径下达法律文书100余份，向法院移交不严格履行人防义务项目单位5个。

【人防基本指挥所建设】 2019年，临汾市人民防空办公室加快指挥所项目建设工作，落实建设用地，11月4日市政府专题会议确定市人防基本指挥所在临汾开发区统一规划选址的初步意见，市政府同意将人防基本指挥所建设经费列入2020年度财政预算。

【人防宣传教育】 2019年，临汾市人民防空办公室启用人防多媒体电子屏，更新内容；抓好山西师范大学试点阵地，开展人防宣传；推进人防宣传“进党校”工作；建设微博公众号，更新内容。为军政联系会议成员单位征订《中国人民防空》杂志55份。利用政府平台、人防网站，向各类刊物、杂志、网站等媒体供稿20余篇。 （郭俊霞）

经济管理

发展和改革

【概况】 2019年，临汾市经济平稳健康运行，转型发展呈现良好态势，各项社会事业积极进步。全年地区生产总值完成1452.6亿元，同比增长6%。其中，第一产业增长2.5%，第二产业增长4.7%，第三产业增长7.6%，三次产业占比由2018年的6.5：45.9：47.6调整为7.1：43.3：49.6。固定资产投资同比增长14.4%，全省第一；居民消费价格指数上涨2.7%，控制在合理区间。

【重大规划编制】 2019年，临汾市发改委编制完成《临汾市“三个百里”区域协同高质量发展规划纲要》，成为统筹推进沿黄、沿汾、太岳“三大板块”协调发展的理论雏形，为建设省域副中心城市提供重要参考。聘请高端智库和高级人才，联合开展装备制造、非常规天然气、陆港型物流枢纽城市建设等领域项目谋划及专项规划编制工作，策划95个总投资466.7亿元的大项目。

【深化转型项目建设年】 2019年，临汾市发改委出台《临汾市深化转型项目建设年行动方案》，组织开展前期手续办理、项目集中开工等专项行动，晋南钢铁集团2×1860立方米高炉及转炉、正大制管、隰吉高速、龙马专用线等一批大项目相继开工建设。全年固定资产投资完成462.3亿元，同比增长14.4%。其中，民间投资完成280.1亿元，同比增长12.8%；工业技改投资完成114亿元，同比增长34.3%。

【重点领域改革】 2019年，临汾市发改委出台《临汾市能源革命综合改革试点实施方案》，明确重大改革、重大事项、重大攻关和重大项目，提出与山西省级对接的21项任务，形成任务书、路线图。煤层气增储上产、天然气管网建设、绿色交通、大宗固废综合利用基地等重点任务启动，全市能源革命综合试点开局。贯彻落实《国务院关于支持山西省进一步深化改革促进资源型经济转型发展的意见》文件精神，推动《临汾市进一步深化改革促进资源型经济转型发展行动计划》提出的103项任务204条举措落实落地，任务完成近90%，推进全市资源型经济转型发展。推进企业投资项目承诺制改革，市县两级均设立承诺制综合窗口，审批时间大为缩短。加快信用体系建设，市级信用信息共享平台与国家、省信用信息平台联合奖惩应用系统顺利对接，全市企业、社会组织、机关事业单位统一社会信用代码赋码率100%。

【区域交流合作】 2019年，临汾市举办曲沃黄河金三角水果蔬菜产业硅谷项目（北京）招商推介会、黄河金三角金融资本中心（深圳）招商推介会、晋陕豫黄河金三角（侯马）民营经济恳谈会等。与兄弟市召开第六届黄河金三角（北京）投资合作交流大会。制定《黄河金三角次区域合作实施意见》，加强侯马—新绛—绛县—曲沃、韩城—河津—万荣—稷山—乡宁等次区域合作。到西安市、宝鸡市、天水市进行考察对接，深化与西安市的合作。到日照市、厦门市、苏州市等地考察学习，谋划合作事宜。对接京津冀、粤港澳、长三角，拓展区域合作大通道。

【农业】 2019年，临汾市发改委推动农业产业化发展，支持农村产业融合发展试点建设、杂粮仓储设施建设、“中国好粮油”行动示范县、生猪规模化养殖等项目。曲沃县打造黄河金三角水果蔬菜产业硅谷，创建第二批国家农村产业融合发展示范园；吉县人祖山农产品开发有限公司、隰县金土地粮油有限公司入选首批山西省级粮油产业化龙头企业；汾西县国家农业产业化龙头企业洪昌养殖新建1.86万吨熟食加工厂。

【工业】 2019年，临汾市发改委实施华翔智能工厂等工业转型项目，非煤工业完成投资131.1亿元，同比增长30.8%，高于煤炭工业22.9个百分点。推进工业集聚区建设，侯马特色产业集聚区入选全省首批试点。侯马经济开发区成功获批第三批省级“双创”示范基地。发展非常规天然气等新能源产业。推进通用机场建设，乡宁、永和通用机场选址获得军方批复。

【服务业】 2019年，临汾市创建山西省首批服务业产业集聚区，争取资金支持大运公路枢纽货运物流园、振通电子商务物流园等重点项目建设。编制《临汾市陆港型国家物流枢纽发展规划》，明确物流枢纽建设布局，拓宽要素流通渠道。山西方略保税物流中心成为全国第二批多式联运示范工程项目，覆盖县乡村三级的物流快递服务网络基本形成。

【物价工作】 2019年，临汾市发改委落实一般工商业电价再降10%，为企业减负7343.6万元。理顺居民和非居民用气价格机制。完善7个收费目录清单动态调整机制，服务实体经济发展。稳定猪肉、鸡蛋等重要民生食品价格。启动物价联动机制，组织发放价格临时补贴4018万元，受惠群众达到178.42万人次。核定公租房、幼儿园、旅游景区、停车场等收费标准，加强民生事业服务价格监管。组织各项制度性农本调查，监审城市供水、瓦斯发电、水利工程供水等成本。

【生态文明建设】 2019年，临汾市严控高耗能、高污染项目布局，严禁审批钢铁、水泥、炼焦等新增产能项目，严禁审批低热值煤发电项目。优化运输结构，推进“公转铁”，实施洪洞恒富煤焦集运站铁路专用线、安泽永鑫铁路专用线、蒲县煤炭集运站等项目。发展循环经济，调整《临汾经济开发区循环化改造实施方案》，推进园区循环化改造。山西大地华基建材科技有限公司创建全国大宗固废综合利用基地。

【民生保障】 2019年，临汾市发改委充实扶贫工作队，为贫困县争取上级资金约2.59亿元，实施以工代赈、教育、基础设施等领域70余个项目，开展“五进十销”消费扶贫活动。落实采暖季4亿立方米气源，协调50万立方米/日应急气源，保障用气需求。协调推进采煤沉陷区综合治理，乡宁县被评为山西省先进县。4个国有工矿棚户区改造进展顺利。 （京辉宇）

国有资产管理

【安全监管】 2019年，临汾市国有资产管理中心与所属单位签订安全工作目标责任书，加强值班和应急处置工作。增强应急防范能力。修订安全生产应急预案，指导部分单位开展防风险、除隐患、遏事故应急演练。整改安全隐患。开展安全生产六化两下降一杜绝工作、反“三违”专项整治行动、危险化学品安全生产大排查大整治行动、2019年度安全生产活动月、安全生产集中检查活动等，对重点行业和领域进行隐患排查和专项整治。做好防汛减灾工作。安排部署汛期安全工作，加强危房监控，储备防汛物资，修缮安全设施，确保安全度汛。建立防范化解重大风险隐患工作台账，加强防范，守住风险底线。全年未发生重大安全生产事故。

【信访稳定】 2019年，临汾市国有资产管理中心落实信访稳定责任制。与所属单位签订信访稳定责任书，落实“一岗双责”和领导包联制度，启动“零报告”机制。开展分析研判，随时掌握信访信息，从源头上减少群体性上访事件的发生。落实领导信访接访制度，实质性地推进问题诉求的解决进度。畅通信访渠道，接待印业、九州、民爆等公司群众来访以及临纺、山橡、互感器棚改区拆迁户上访事项。全年处理群众来访40余次，网上处理信访件15次，处理市长热线反馈件1件，上报市国资委2件处理情况。

【国有资产监管】 2019年，临汾市国有资产管理中心完成2018年度所属企业国有资产统计年报和国有企业产权登记年度检查工作；开展本系统城市建成区内自备水井情况摸底调查工作。实地核查、协调市国资委、市财政局履行临纺、电控托管处无效资产报废手续；按程序履行临纺托管处部分低效资产资产核销和拍卖程序；协调处置解放东街拓宽改造项目征收临纺部分资产；协调调整洪洞通力机械有限公司与洪洞县教育科技局部分所属土地。向市工信局上报新东城棚改项目部对临纸生活区北院强拆强建情况，进行临纺、襄纺生活区对外出租门面房价格评估工作。在全系统内开展集中整治，清理重点区域，建立健全规范化、长效化的环境卫生机制。

【企业改制】 2019年，临汾市国有资产管理中心做好企业改制前期准备工作。成立国资国企改革领导组，编制所属企业国资国企改革方案（2019—2020年），对4户拟改制企业进行动员，指导金属和建材公司制定清算注销预案。调查分析11户有资产或有人管理的企业资产使用情况；调查核实14户“空壳”企业人员情况；调查所属29户企业退休人数和党员人数。推进“处僵治困”工作。认定24户国有“僵尸企业”，摸底上报各项统计数据。推进“三供一业”分离移交工作。配合有关部门实地勘察，拟定部分维修改造项目，签订相关协议。

【破产企业托管】 2019年，临汾市国有资产管理中心推进棚户区改造工作，安置临纺住户813户；电控推进室外配套工程项目审核和资金申报工作，住宅楼全部封顶；互感器完成拆迁工作，申报室外配套工程项目及相关资金，工程建设有序进行；平钢有160户居民签订异地安置协议；襄纺协调调整控制性规划，进行居民改造意向摸底调查，开展地质勘测、地形测绘工作，绘制小区和户型平面图，向襄汾县住建局递交项目实施申报；山橡新建小区有252户居民交款接房。实施公房和公共设施维修项目31项，使用财政资金34.3万元。加强各项经费支出管理、各项物业收费管理和后勤维修、项目管理。

（苗宇文）

规划和自然资源管理

【保障转型发展】 2019年，临汾市规划和自然资源局强化规划保障，组织全市8个地块控制性详细规划调整，25个乡级土地利用总体规划调整修改，13个县级土地利用总体规划调整修改，完成6个建设项目的大型项目选址工作；审查办理滨西小学、市矿业公司棚户区改造等11个项目建设工程规划许可（建筑面积189万平方米），7个项目建设用地规划许可，3个建设项目选址，3个地块规划条件，完成47个项目放线、77个项目验线工作。开辟用地报批“绿色通道”，全市批复用地693.33公顷，确保项目落地；全市供应土地399宗846.67公顷，其中出让土地263宗498.47公顷，实现收益47.8亿元；国有建设用地供应计划完成率295%，其中住宅用地供应计划完成率341%；推进贫困县城乡建设用地增减挂钩节余指标易地交易，完成交易425.87公顷，金额10.8亿元；保障扶贫项目用地，下达贫困县用地批复327.6公顷，专项安排贫困县新增用地计划300公顷，保障脱贫攻坚用地；开展土地供后开发利用动态巡查，2014年至2018年供地开工违约比例、开工未竣工比例、疑似闲置比例均在可控范围内；推进闲置土地盘活利用，完成省级下达的13.33公顷处置任务；开展城镇低效用地再开发，完成市县数据库和规划文本编制。

【耕地保护】 2019年，临汾市规划和自然资源局分解下达年度耕地保护责任目标，各级政府签订耕地保护目标责任状。落实占补平衡补充耕地398.93公顷，补充粮食产能335万千克，守住全市47.16万公顷耕地保护红线。加强耕地保护监督，对362个补充耕地项目4870公顷储备补充耕地进行核查；开展永久基本农田划定成果核实整改和储备区建设，17个县级储备区划定数据成果上报自然资源部，对划定的39.31万公顷永久基本农田实行特殊保护。

【矿政管理】 2019年，临汾市规划和自然资源局加强矿山储量动态监督管理，完成119座生产矿山储量年报编制审查和185座部省级发证矿山储量审查登记工作，完成矿产资源储量统计和固体矿产资源数据库整理工作。开展矿业权人勘查开采信息公示，组织396个矿业权人完成年度勘查开采信息公示填报，填报率、公示率100%；做好矿业权出让收益征收工作，追缴欠缴价款10.55亿元；核查矿产资源赋存状况，完成矿产资源调查报告编制；配合开展煤层气区块公开出让，完成8个公开出让煤层气区块的核查工作，配合省厅出让8个煤层气勘查区块。

【生态修复】 2019年，临汾市规划和自然资源局编制完成矿山地质环境保护与治理规划，开展汾渭平原废弃露天矿山综合整治前期勘察设计；开展废弃矿山和关闭矿山专项清查，完成新增恢复治理和新增损毁图斑的实地核查，填报图斑数据核实和修复项目信息；霍州4个采煤沉陷区综合治理矿山地质环境治理项目和塔儿山、二峰山土地复垦项目主体工程竣工，推动采煤沉陷区综合治理。

【管理改革】 2019年，临汾市规划和自然资源局优化国土空间开发保护格局，启动市级国土空间规划编制工作，开展生态保护红线、永久基本农田、城镇开发边界划定；开展资源环境承载力和国土空间适宜性评价；行政审批时限大幅压减，自然资源资产产权制度、建设项目压覆重要矿产资源承诺制改革、推行区域地质灾害危险性评估成效明显；推进国土"三调"任务，17个县级三调成果上报省厅；深化不动产确权登记改革，实施统一标准流程，推进"一窗受理、并行办理"和"互联网+不动产登记"，解决历史遗留问题，完成压缩时限目标，办理不动产权证书3.4万本、不动产登记证明3.5万本。完成集体土地所有权、国有建设用地使用权、房屋所有权存量数据整合汇交，建立完整的不动产登记数据库。

【打击违建】 2019年，临汾市规划和自然资源局摸排自然资源领域涉黑涉恶线索2268条，移送145条；完成"大棚房"整治任务，遏制"大棚房"反弹；摸排清查违建别墅问题，对确认的3宗违建别墅进行拆除；开展自然资源卫片执法检查，整改图斑16个33.87公顷；部署开展严厉打击违法占地、违法建设、非法违法采矿行为专项行动，27宗违法违规用矿案件全部结案，41宗违法违规用地案件拆除15万平方米、没收2.3万平方米；开展靓城提质"三大行动"，对影响市容市貌的6处违章建筑进行拆除，拆除面积3173平方米，整改有碍观瞻的临街建筑1处。

【地质灾害防治技术支撑体系】 2019年，临汾市规划和自然资源局组建市级地质灾害应急专家库，确保第一时间派出专业技术力量赶赴现场开展应急调查；组织开展地质灾害隐患排查，对高陡边坡进行"拉网式、地毯式"排查7.29万处次，对摸排出的隐患落实消除措施，对受威胁较为严重的80户264人进行紧急避让搬迁；推进农村地质灾害治理搬迁，全市813户搬迁任务开工率、竣工率100%；组织地质灾害防治宣传191次、培训70次、演练46次，发布地质灾害气象风险预警信息176次。

【测绘地理信息管理】 2019年，临汾市规划和自然资源局完成全市测绘资质单位年度报告、17个县级测绘管理部门及测绘单位统计年报，完成率100%；对全市39家测绘资质单位进行质量监督检查和测绘资质巡查，完成测绘地理信息成果质量监督检查，完成省厅指定10个涉密地理信息成果保密检查；组织实施市县基础测绘项目，完成曲沃测绘更新项目内外业工作。推动新型基础测绘、"天地图"公众版临汾市节点一体化建设、全市域现代测绘基准体系建设等工作；建立市级地图审查工作机构，完成永和等县行政区划图审查；组织6支队伍参加测绘地理信息行业职业技能大赛，荣获优秀组织奖。

【保护林业资源】 2019年，临汾市规划和自然资源局实施"两山"工程，完成营造林3.24万公顷；落实森林防火措施，市县排查隐患156项，全部整改到位；推动森林督查工作，查处行政处罚案件166起，刑事处罚案件14起，收回林地95.6公顷；开展"绿卫2019"森林草原执法专项行动，森林公安查办违法侵占林地6.4公顷，违法毁林开垦10.33公顷，违法毁坏林木积蓄21.5立方米；实施林业"五个一批"生态扶贫，落实承担任务的扶贫攻坚造林专业合作社197家，涉及贫困社员5408人，完成造林面积1.896万公顷。10个贫困县有护林员4699人，贫困护林员占比65.71%，新增国家生态护林员管护费全部用于劳务支出。

（孙寅铖）

审　计

【概况】 2019年，临汾市审计局完成审计项目65个，查出管理不规范和违规资金43.36亿元，促进上缴财政资金3.89亿元；核减政府投资3.67亿元；移送处理事项85件。提出审计建议215条，提交审计信息80篇。

【重大政策跟踪审计】 2019年，临汾市审计局完成4次重大政策措施落实情况跟踪审计，查出防范化解地方政府债务风险、减税降费、清理拖欠民营企业中小企业账款、乡村振兴、转移支付9方面39类问题，涉及资金22.03亿元。督促审计发现问题整改落实，促进国家重大政策的落地生根。

【财政审计】 2019年，临汾市审计局对市财政局、文化旅游局、生态环境局、人社局等17个部门进行预算执行审计，查出预算编制不科学、收入管理不规范、支出管理不严格等19方面68个问题，督促有关单位上缴国库资金3.34亿元、完成整改问题54个。开展侯马市、襄汾县2个县市的财政决算审计，查出滞留应上缴财政收入、预算支出不规范等57个问题。

【农业审计】 2019年，临汾市审计局完成忻州市岢岚县扶贫交叉审计，运城市万荣县、垣曲县扶贫交叉审计，侯马、襄汾、尧都、永和等6个县的扶贫资金风险排查，查出违纪违规和管理不规范资金4.92亿元，督促资金拨付2.52亿元，促进脱贫攻坚工作。

【经济责任审计】 2019年，临汾市审计局完成侯马、襄汾2个县市及文化局、统计局、商务局、农发办、工伤保险鉴定服务中心5个市直单位主要领导干部的经济责任审计。对永和县主要领导开展自然资源资产审计。

【固定资产投资审计】 2019年，临汾市审计局完成滨河东路南延、河西景观大道、站前北路、滨河西路北延道路等21个政府投资项目，查出违反基本建设程序、资金管理使用等59个问题，核减项目投资回报1.81亿元、工程结算资金1.63亿元，收缴结存项目补偿费499万元，规范工程建设项目管理，节约公共财政建设资金。

【民生资金审计】 2019年，临汾市审计局完成2017、2018年度全市养老保险基金审计，重点审计市本级及尧都区、洪洞和襄汾两县，查出7方面31个问题，追回养老保险基金1393万元。

【金融审计】 2019年，临汾市审计局完成全市9家融资担保公司、小额贷款公司和典当行的审计调查，摸清基本情况，揭示经营管理、企业发展和风险防控等方面存在的问题，防范和化解金融风险。

（郭迎建　张小强）

市场监督管理

【概况】 2019年，临汾市市场监督管理局开展大服务、大监管、大执法，保证改革初期思想不乱、队伍不散、工作不断、干劲不减。“双随机一公开”工作受到国务院市场监管部门联合“双随机一公开”监管推进情况督查调研组的充分肯定；清理整顿人力资源市场秩序专项执法行动被人力资源和社会保障部、国家市场监管总局在全国通报表扬；非公党建“八个一模式”受到国家市场监管总局的高度肯定；“二青会”食品和药品保障工作获得“第二届全国青年运动会组织筹办工作先进集体”。

【机构改革工作】 2019年，临汾市市场监督管理局、全市机构改革中动作最大、涉及面最宽、职能整合最多的部门，临汾市市场监管局的机构改革工作从2019年1月30日挂牌开始，历时3个月，完成集中办公、三定方案、人员分流、定职定岗、机构下放等各项改革任务，全体人员定岗就绪，市场监管各项工作有序开展。

【证照分离改革】 2019年，临汾市市场监督管理局取消审批2项，改为备案2项，实行告知承诺19项，优化准入服务83项等四项措施，实现第一批106项涉企行政审批事项“证照分离”改革的全覆盖，推进照后减证，实现企业持照即可经营。全市办理“证照分离”改革登记业务10968件，惠及企业9634家。

【压缩企业开办时间】 2019年，临汾市市场监督管理局实施企业名称自主申报、企业登记“审核合一”“一次性告知”容缺登记等举措，窗口工作人员一次性告知申请人可容缺的申报材料，指导申请人补正容缺申报材料。加大审批过程中的跟踪服务力度，完善容缺审批机制，联系提醒未及时补齐材料的申请人。企业开办时间压缩至3个工作日，经山西省社科院对全省的企业开办时间进行评估，临汾市居全省第三。

【企业电子化登记】 2019年，临汾市市场监督管理局实行企业名称自主申报。开展企业全程电子化登记，形成全程电子化、手机APP、窗口登记等多种相辅相成相互配套的登记注册模式，做到“零跑腿、零见面、零纸张、零费用”。推动企业注销便利化改革，构建一般程序与简易程序相互配套的市场主体退出模式。2019年，全程电子化办理设立登记11508户，变更的1351户。

【行政审批】 2019年，临汾市市场监督管理局围绕“放管服效”改革部署，以营造“六最”营商环境为目标，将特种设备使用登记下放县（市、区）局（分局），将食品经营许可与企业注册登记进行规范，实现行政许可与事中事后监管的无缝对接，将特种设备安装、改造、维修施工告知委托县（市、区）局（分局）办理，全年办理行政审批件54206件。

【质量强市】 2019年，临汾市市场监督管理局组织召开临汾市质量提升行动推进会议，印发《临汾市开展质量提升行动实施意见》《关于细化分解质量提升任务分工的通知》。制定质量发展工作要点，以质量强市为目标，立足市场监管新职责新定位，推进各项质量工作。“质量月”和“质量开放日”活动期间，全市举办近50余场的“质量开放日”活动，围绕质量专业领域，QC小组活动展示，校园进质检科普知识等形式，展示质量管理实践成果，普及质量知识。

【标准化战略】 2019年，临汾市市场监督管理局争取市县两级标准化行政主管部门落实标准化工作经费210万元。帮扶指导在建的15家标准化试点、示范项目开展工作。临汾市政务服务中心、侯马市政务服务中心、乡宁云丘山景区、戎子酒庄承担的国家级标准化试点项目均以90分以上的成绩通过国标委终期考核评估。曲沃县图书馆承担的国家级公共文化服务标准化试点、大宁县政府承担的国家级村级集体经济发展标准化试点项目通过山西省局年度考核评估。帮扶指导大槐树景区开展示范项目第二年的建设任务，完善标准体系，加强特色标准制修订工作，5月，洪洞大槐树景区主导制定的《研学旅行讲解服务要求》等6项标准被省市场监督管理局发布为省地方标准。组织市级地方标准的制修订工作。全年征集市级地方标准制修订项目25项，召开地方标准立项评估会，下达17项市地方标准立项计划。

【知识产权战略】 2019年，临汾市市场监督管理局向山西省局推荐专利奖申报8项。联合市科技局组成调查组开展核减2018年度部分专利实际资金工作，撤销2018年资助过的非正常专利申请的资助资金，要求相关人员将专利资助资金缴回县财政专户。组织开展知识产权执法“铁拳”行动，到电商平台、网购领域、交易市场、进行执法检查，全年查处各类商标侵权及假冒专利宣传案件88起，结案86起，罚没款50.35万元。开展商标注册和发明专利授权工作，2018年12月16日至2019年9月15日商标申请4232件，商标注册2763件数，截至2019年9月15日，有效注册量12069件。2019年1月至9月30日，申请专利1094件，其中发明专利183件；授权专利606件，其中发明专利41件；截至9月30日，有效专利529件。

【食品安全监管】 2019年，临汾市市场监督管理局开展食品生产安全专项监督检查，组织进行乳制品、肉制品、酒类、食用油、食醋、腐竹等重点产品监督检查。督促指导重点食品品种生产企业建立食品安全追溯体系。全市市场监督管理系统全部建立食品安全全程追溯体系信息化监管平台，实现联网对接。全市23家重点食品品种生产企业完成信息化追溯体系建设。在全市范围内开展校园及周边食品安全风险隐患排查整治工作，监督检查学校食堂、托幼机构食堂、校园周边“小餐桌”、校园周边小型餐饮单位1822家，排查问题隐患959个，制定整改措施953条，整治问题隐患931个。推进学校食堂“明厨亮灶”工程建设，推进学校食堂“明厨亮灶”工程建设，全市有学校食堂1192家，数量位居全省第二，实施“明厨亮灶”1106家，完成率92.78%，高校食堂“明厨亮灶”完成率100%。食品安全工作全年排查食品小作坊、食品经营企业7301家，完成食用农产品、食品、食品相关产品抽检监测样品总量8744批次，检出不合格品178批次；查处“黑工厂”“黑作坊”“黑窝点”5处，立案查处19家，罚没款39万元。

【药品、医疗器械安全监管】 2019年，临汾市市场监督管理局组织开展药品零售企业飞行检查63家，开展疫苗、中药饮片等药品风险品种延伸检查14家次。组织开展药品GSP检查员培训工作。药品抽检完成493批次。组织县（市、区）局全年检查化妆品经营企业1144家，责令限期整改103家，责令停业9家。对57家化妆品经营企业进行飞行检查。完成化妆品抽检45批次。组织开展化妆品线上清网线下清源专项整治和不合格及假冒化妆品专项排查。开展执业药师“挂证”行为整治，规范药品经营秩序和执业药品执业行为。开展第一类医疗器械产品备案清理规范工作。对医疗器械经营使用环节进行监督检查。组织开展医疗器械经营企业现场核查125家次，检查无菌和植入性医疗器械经营、使用单位30家，医疗器械抽检完成24批次。收集药品不良反应监测报告5860例、医疗器械不良事件监测报告2680例、化妆品不良反应监测报告220例、药物滥用监测报告320例。药品、医疗器械不良事件监测山西省排名第一。

【特种设备安全监管】 2019年，临汾市市场监督管理局组织召开全市特种设备安全工作电视电话会。做好节假日及“二青会”等重点时段特种设备安全保障工作，强化对人员密集场所使用的电梯、大型游乐设施、锅炉、压力容器等重点特种设备监督检查。在用电梯维保全过程监管覆盖率100%，电梯责任险投保率42%以上。安排部署特种设备安全大检查工作，派出9个督查组，采取现场检查，查看工作见证的方式对各县（市、区）局安全工作大检查进展情况进行督导检查。制定《2019年特种设备生产和使用单位日常监督检查计划》。

【产品质量安全监管】 2019年，临汾市市场监督管理局组织开展重点工业产品、儿童学生用品、劳动防护产品、电动自行车、食品相关产品等产品质量安全专项整治工作。配合山西省市场监督管理局完成650余批次的产品质量监督抽查及12批次不合格产品的后处理工作；协助5家检验机构完成食品相关产品、充电桩等产品30批次的风险监测工作。加强工业产品生产许可证获证企业事中事后监管，组织危险化学品、水泥、建筑用钢筋等产品专项监督检查，组织开展2次工业产品生产许可证获证企业“双随机，一公开”监督检查，检查15个企业。加大对车用油品和民用散煤等涉环保产品的监督抽查力度。全市有合法持续的加油站448家，民用散煤生产企业60家，销售企业175家，抽检车用汽油895批次、合格率99.03%，车用柴油638批次，合格率97.2%，车用尿素抽检295批次，合格率95.6%，车用燃油县抽检覆盖率100%，市级抽检覆盖率50%。全市抽检民用散煤3109批次，生产企业抽检46批次，合格率92.1%，销售企业抽检652批次，抽检覆盖率373%，合格率98.2%，民用散煤用户抽检2411批次，合格率70.5%。对抽检不合格的生产、销售企业，各县局都按相关规定进行处理。

【综合行政执法】 2019年，临汾市市场监督管理局开展整治“保健”市场乱象百日行动，打击整治以欺骗老年人为重点的保健品市场乱象。召开临汾市公平竞争审查工作联席会议，开展2019年清理现行排除竞争政策措施工作。依法查处殡葬经营行业不正当经营行为。加大各类虚假违法广告的监测力度，查看率和处理率90%。广告条次违法率低于1%。加强保健品广告监管，监测保健品广告1352条次；检查广告主体6家；检查广告836条次；行政约谈5次；行政告诫5次。开展整治互联网广告和“大棚房”问题专项整治行动。查处违法广告案件15起，罚没款20.1万元，其中互联网广告案件2起，罚没款1.2万元。报送的“富力湾房地产户外虚假广告案”被省局列为上半年山西省十大典型违法广告案件，汾西县沃德健康中心发布违法食品广告案、山西国大万民药房连锁有限公司洪洞牛站街药店发布违法保健食品案等2起案件被省市场监督管理局公布为典型违法食品、保健食品广告案例。

【查处无照经营专项行动】 2019年，临汾市市场监督管理局对涉及危害人身健康、存在重点安全隐患、威胁公共利益和安全、破坏环境资源的无照经营行为进行查处，检查经营户4735户，引导办理营业执照728户、限期改正167户、罚没4.86万元。完善网络主体数据库，全市网络商品交易服务平台8家，非网络商品交易服务平台1323家，其他34家。网店有5749家，微信公众号892家。发放电子标识414个，出动执法人员检查网络225户次，实地查看102户次，核查微信公众号83个，受理投诉12件，责令停业整改2户，查办各类网络交易违法案件7件，罚款8.13万元。

【扫黑除恶专项斗争】 2019年，临汾市市场监督管理局开展反不正当竞争、“黄赌毒”及保护伞、能源资源领域及保护伞专项整治等多项专项行动，全市出动执法人员41089人次，滚动摸排集贸市场1320个，排查市场主体17万余户，上报各级扫黑办涉黑涉恶线索45条。立案查处各类行政违法案件313起，罚没款226万元。强化市场主体事中事后监管，查处不正当竞争、商标侵权、合同欺诈等危害经济发展的违法行为。

【宣传工作】 2019年，临汾市市场监督管理局组织开展“3·15”国际消费者权益日、知识产权宣传周、“世界认证认可日”“5·20”世界计量日宣传活动，组织“实验室公众开放日”主题活动，邀请公众参观实验室检验工作，向公众普及食品、药品检验等方面的科学知识。

【县级法定计量检定机构强检工作能力建设】 2019年，临汾市市场监督管理局推进县级法定计量检定机构强检工作能力建设，召开座谈会、到基层调研，督促辖区内的法定计量强检机构持续保持原有的计量检定能力、履行法定职责；组织开展民生计量专项监督检查，对加油站、眼镜制配场、超市集贸市场、“民用四表”等场所开展计量专项监督检查。

【整治行动】 2019年，临汾市市场监督管理局围绕认证检测乱象开展整治行动，加大认证检测市场监管力度。开展质量管理体系升级行动，推动企业开展“升级版”质量管理体系认证。加强排放检验机构监督管理，实现对排放检验机构的监管全覆盖。

【基础工作日常监管】 2019年，临汾市市场监督管理局以“双随机、一公开”监管方式为主，强化基础工作日常监管。制定全市“双随机、一公开”抽查计划，完成全市基础库、执法人员库建设任务,将市县两级政府各部门694家单位纳入“双随机、一公开”监管平台，授权操作用户密码，实现市县两级多部门共享共用。指导各县（市、区）局开展2018年度年报工作，探索自主年报经验。完成2018年度年报宣传、年报任务，企业年报率91.92%。向政府各部门推送44085条、涉企信息归集198312条。

【价格监督检查】 2019年，临汾市市场监督管理局开展价格监督检查领域景区门票、教育收费、整顿规范城镇燃气安装费、落实小微企业收费优惠减免政策等专项检查工作。查处案件3起，没收违法所得3万余元，罚款11万余元。

【建立行政执法体系】 2019年，临汾市市场监督管理局建立行政执法体系，将工商12315、质监12365、食药12331、物价12358、知识产权12330五条热线整合成一条热线12315。12315指挥中心受理消费者咨询投诉举报5662件，为消费者挽回经济损失126.71万元，处置市长热线交办信息1691件，群众满意率100%。

【提升科技水平】 2019年，临汾市市场监督管理局加大科技创新投入，质检所成为山西省第一家配齐二、四、六轴检衡车的市级技术机构，新建的高标准恒温恒湿室投入使用，山西省级豆制品实验室建设加快推进，新建临汾全市社会公用计量标准7项，服务于环保的柴汽油检验按进度完成，国家级科普基地建设加快推进。特检所通过国家市场监督管理局对检验检测机构资质核准的换证评审。药检所推进食品药品检验扩项工作，指导药品生产企业提升质量检验控制水平。受理临汾市市场监督管理局汽柴油专项治理样品93批次，检定各类计量器具30812台件，检验汽柴油样品307批次，3836个参数，服务企业1862家；检验各类特种设备11372台、考试特种设备作业人员1925人；检验食品药品500余批次。

（张志敏）

统　计

· 统计管理 ·

【概况】 2019年，临汾市统计局立足统计数据质量提升，着眼服务全市经济社会高质量发展，发挥统计职责职能，推动各项工作任务完成。市统计局被国务院第四次全国经济普查领导小组评为“全国先进集体”，被山西省委、省政府授予“山西省模范单位”称号，在全省年度业务考核中获市级统计业务工作综合考核“优秀”等次。

【经济普查】 2019年，临汾市统计系统市县两级上下联动，推动普查从试点到清查，再到正式入户登记，多次受邀向省内地市介绍和推广“临汾经验”。普查登记中，推行问登记进度、问存在问题等“四问”工作法，班子成员分头带队深入普查一线，现场督导指导。数据审核时，采取“一集四化”措施，集中审核，规范化改错、流程化操作、专业化督导、痕迹化管理，实行“审核公式”负责制，解决查遗补漏、专业编码、审核改错中存在的问题。质量检查中，抽查和全面检查相结合，对17个县（市、区）数据质量进行多次检查。抽取单位现场入户，逐一访问调查，通过国家、省多级联动验收。资料开发阶段，联合浙江大学举办全市经普资料开发培训，对市县统计人员进行四经普汇总程序操作指导。市级公报全部完成。

【统计服务】 2019年，临汾市统计局完成区域经济转型升级年度考核评价和月度、季度指标目标监测工作。动态监测达标未入库单位、已开工未入统项目，确保应统尽统。针对一产投资下降情况，加大监测预警力度。服务产品提质增效。传统服务产品基础上，研究建立经济运行分析工作例会制度，整合推出《临汾经济运行监测报告》，新增《统计指标监测》，向党委政府、各县、各部门及时反馈数据。编印临汾经济社会发展成就统计分析报告、转型发展统计分析报告，以及临汾市第三次全国农业普查课题集、普查综合资料等产品，反映临汾70年经济社会发展变化过程和各领域、各行业转型发展新成就。丰富“临汾统计在线”动态栏目，向社会公众发布经济运行发展状况。以统计开放日为契机，制作印发“数”说新中国成立70周年临汾经济社会发展成就展板、宣传手册等，展示全市经济社会发展成就。市局政务信息报送采用率高居市直单位第一，在全省统计系统年度信息报送工作中位列第一，在地级以上报刊等媒体发表文章553篇，“临汾统计在线”公众号在全国市级统计调查系统微信公众号综合影响力50强排名中月月上榜，最好成绩排位第7。

【法治建设】 2019年，临汾市统计局突破深改难题攻坚。在县级统计机构领导任免时落实前置考察事项。推动执法机构组建，加强基层统计力量，调研座谈，研究解决方案，获得市县两级党委政府主要领导批示支持，市级统计执法机构挂牌成立，市县两级统计机构增加事业编制42名，乡镇（街道）统计员配备取得进展，中央决策部署落地见效。落实“谁执法、谁普法”普法责任制，常态化开展统计法进党校活动，班子成员、业务科长在市委、县委党校主体班、党政领导和有关部门培训班进行统计知识、统计法律法规宣讲。编撰《统计执法检查手册》，创新制作普法短剧，推送统计法律法规知识。开展统计造假专项整治，规范统计行为。进行统计数据实地核查，发现问题现场指导、监督整改，改善统计数据质量。分两批对6县93家企业进行统计“双随机”执法检查，全市立案查处统计违法行为47起，坚持以案释法，对其中11起进行通报。

【重点领域改革】 2019年，临汾市统计局推进重点领域方法制度改革。完善县市GDP核算方案，采用“双轨制”核算季度GDP。制定民营经济统计监测制度，完成17个县（市、区）2018年民营经济增加值测算工作。研究改进能源平衡表表式，在县一级推广。探索建立县级GDP能耗核算参数，完善能耗核算体系。开展各县生态文明建设年度监测评价工作，修改完善绿色报表制度，对2018年临汾市生态文明进行考核评价。

【规范化建设】 2019年，临汾市统计局倒排工期推动达标验收。年初制定规范化验收工作方案，实行包联制度，对尧都区、侯马等9个县（市、区）、94个乡级统计机构和联网直报企业验收工作进行部署、指导，提前一年完成山西省定建设目标。健全机制，确保数据质量。制定分专业、分岗位数据质量责任制、数据质量全过程控制办法，畅通统计违法举报渠道，形成覆盖全程、全员、全域的数据质量责任制和追溯、问责、监督机制。推进信息化基础建设。加大统计调度指挥平台推进力度，加强沟通协调，争取项目资金，寻找可靠技术，严格招标程序，投资240余万元进行高清视频会议系统和机房安全系统建设，11月底通过验收运行，达到质量标准全省一流的预期目标，实现省、市、县三级互联互通。

（任晓霞）

·统计调查·

【概况】 2019年，国家统计局临汾调查队加强党对统计调查工作的全面领导，发挥统计调查职能优势，搞准搞实统计调查数据，提升统计调查服务水平，推动统计调查工作高质量发展取得新成效。在山西调查总队2019年目标责任考核中，临汾调查队参加考评的19个专业进入表彰名次，全队综合考评继续保持全省系统优秀行列。

【统计调查业务调整】 2019年，国家统计局临汾调查队理顺农村统计调查工作机制，避免重复调查、重复统计，维护政府统计公信力。推进全市粮食畜牧业统计调查数据归口管理工作，完成调查任务、历史数据和调查资料的交接工作，自2020年1月1日起，市统计局承担的市级粮食畜牧业全面统计工作移交给国家统计局临汾调查队，临汾调查队在山西调查总队统一领导下，负责协调、组织和管理辖区内县级粮食畜牧业统计调查工作。

【城乡住户一体化调查】 2019年，国家统计局临汾调查队落实山西调查总队和山西省统计局联合下发的《山西省城乡一体化住户调查工作台账和工作制度(试行)》、山西调查总队下发的《居民收支调查工作规范化标准》及“六台账五制度”，强化对全市城乡住户调查工作的协调指导，联合市统计局对全市17个县（市、区）开展居民收支电子记账调查基础工作和数据质量检查，规范数据生产过程管理，按季对记账户开展回访，严把数据采集、录入、汇总、审核和评估等关口。加强对辅助调查员的考核管理，对源头数据质量进行严格把控。完善由临汾调查队、尧都区政府牵头，尧都区人社局、农经局、统计局等相关部门及有关乡镇、街道办事处负责人参加的市区住户调查协调工作机制，确保住户调查开展；支持电子记账经费、设备、网络环境，提高电子记账开户率。2019年底，临汾市17个县（市、区）1880户记账户中有1248户实行电子记账，电子记账率66.4%。其中：6个国家调查县电子记账率80%；11个地方调查县电子记账率59%。全年完成市区13个城乡调查点130户的居民收支调查任务、6个农民工监测调查点的调查任务及尧都区4个调查点的农民工市民化动态监测调查任务。

【劳动力调查】 2019年，国家统计局临汾调查队开展全国月度劳动力调查工作。选配辅调员，开展样本轮换工作。2月，新一轮劳动力调查样本涉及6个县（区），调查点调减为29个（其中，城市点15个，农村点14个），每月调查总户数增加到465户，其中，市队负责尧都区9个调查点144户的直接入户调查任务，及其余5个县调查工作的指导及报表审核工作。4月，临汾调查队成立劳动力调查科；各县级调查队（包括襄汾、隰县农调队）安排专人负责劳动力调查工作，全市劳动力调查专业人员增加到26人。每个调查点选聘1名至2名辅助调查员，全市6个县（区）聘用34名辅助调查员，其中，市队承担的尧都区10人、洪洞6人、安泽6人、乡宁3人、襄汾5人、隰县4人。规范数据生产过程管理。把控调查环节，实行精细化管理，采取每季度集中培训、召开座谈会、网络培训、现场指导、张贴公告、发放《致调查户的一封信》、宣传《统计法》等，提高调查对象配合度。强化陪访督导，每月至少对两个调查点、包括其他5个县调查点进行陪访督导，电话回访抽查，对辅助调查员入户是否到位、调查是否规范、核心指标追问是否彻底等进行查询核实，加强数据审核。加强辅助调查员考核管理。对辅助调查员工作情况实行一月一考核、一季一通报、一季一兑现，奖优罚劣。全年完成6县（区）29个国家调查点、465户城乡居民家庭劳动力调查任务。

【工业生产者价格调查】 2019年，临汾调查队提高数据质量。定期与各县市辅助调查员进行联系，掌握企业生产经营状况，对关停企业进行替换，确保调查样本库基本分类的稳定性。坚持业务培训与统计法制宣传“两手抓、两不误”，提高统计人员业务能力和法制意识。坚持入企回访、数据自查与执法检查相结合，对24家样本企业进行回访、检查，对6家工业生产者价格调查样本企业开展执法检查。完成全市114家工业生产者价格样本企业、13家固定资产投资价格样本企业调查任务。

【农作物面积遥感测量】 2019年，临汾调查队对国家定点的6个县（区）开展农作物面积遥感测量实地调查工作，协调推进尧都、洪洞、襄汾3个产粮大县粮食生产和农业生产形势调研等工作。开展业务培训，到基层进行遥感业务指导，规范数据采集、保存和传输，完成6个县（区）60个村，180个样方，7000余个地块秋冬播、春播和夏播面积的遥感测量数据采集、图像审核及上报工作，做好遥感工作室建设和维护工作。完成全市17个县（市、区）2018和2019年度粮食常规年报数据核定修订工作。

【居民消费价格调查】 2019年，临汾调查队掌握市场规格品价格波动状况，对关停调查点和失去代表性的规格品进行替换。按照山西调查总队规范化要求，建立居民消费

2019年8月15日，临汾调查队使用无人机开展农作物面积遥感测量工作（临汾调查队供图）

价格调查8种制度和10种台账，强化数据采集、录入、审核、查询、评估等环节。做好2020年基期轮换前期准备工作。加强对辅助调查员的管理考核力度，从数据采集、数据上报、数据审核、数据抽查、规格品维护、参加例会、临时性调查任务完成情况7个方面对辅助采价员工作进行月度记录、季度考核。加大对辅助调查员的现场指导，每月对消费规格品价格情况进行抽查，确保CPI调查源头数据质量。全年完成全市238个采价点，763个规格品的月度跟踪调查任务。

【主要畜禽抽样调查】 2019年，临汾调查队开展全市主要畜禽抽样调查和清查摸底工作。加强培训工作，利用QQ群和微信群开展日常专业培训，实现培训常态化和调查对象培训全覆盖。遵循国家统计局《主要畜禽抽样调查制度》，规范调查流程，严格数据采集和审核评估，加强回访督导和执法检查工作，提高基层基础工作和数据质量，对调查场户开展面对面台账登记辅导，提高调查台账落户质量，完成全市14个非国家调查县（市、区），94家大型畜禽养殖场（户）调查任务。针对非洲猪瘟疫情、主要畜禽出栏价格等涉农热点情况开展重点形势调研，撰写调查报告4篇。完成全年国家调查任务。

【采购经理调查】 2019年，临汾调查队按照“同行业、同规模”要求，到轮换调查样本企业开展一对一核实，夯实调查样本基础。7月，山西省建立推算山西省总指数的样本库，临汾样本由42家扩充为64家，新增样本22家，全年对全部样本企业开展基础工作自查，对10家企业开展数据质量核查，抽取13家重点企业开展统计执法检查。

【服务零售结构调查】 2019年，国家统计局临汾调查队服务零售结构调查业务临汾市抽中样本企业14家，涉及6个县（市、区），调查方式是调查员对所有样本单位逐一上门访问，现场核实现场填报，确保数据质量，采用双人录入，使用国家统计局统一数据处理平台进行审核。

【统计法治建设】 2019年，临汾调查队贯彻落实《中央关于深化统计管理体制改革提高统计数据真实性的意见》《统计违纪违法责任人处分处理建议办法》《防范和惩治统计造假弄虚作假督查工作规定》要求，结合《临汾调查系统统计法治宣传教育“七五”规划》，推进依法统计，提高统计调查数据质量。结合“9·20”“12·4”“12·8”等时间节点利用宣传咨询台、新闻报道、系列主题微信、短信等形式向社会公众开展普法活动。“9·20”首次邀请市直12个相关部门代表20余人参加“走进统计”活动。在市中心广场设立统计法治宣传咨询台2次，发放宣传册和宣传资料袋2000余个，宣传单5000余份。针对调查对象，采取“业务+法治”模式，结合回访、调研、检查、培训和年报会等，下发《企业统计信用管理办法》《统计法律事务告知书》《统计违法典型案件通报》等，实现法律责任告知全覆盖。开展两次联动执法，实施统计数据质量和基础工作检查与执法检查联动机制以及市县队执法检查“双向”联动机制，全年检查20家企业，处分6家企业，其中，给予责令改正5家企业、警告1家，未发现有重大统计严重失信企业情况。

【服务经济运行】 2019年，临汾调查队加大调研力度，提高调查服务质量和水平。组织开展新个税法实施情况、非洲猪瘟对生猪市场影响、出口退税落实情况、企业投资项目承诺制改革相关情况等12项省市紧急调研。聚焦经济发展热点、难点、焦点与民生政策等落实情况，组织编写临汾市CPI走势、农民工节后返岗、煤炭去产能、大学生信贷消费、中美贸易摩擦对出口企业影响等68项针对性强、关注度高的调研报告。配合市文明办开展临汾市文明单位第三方测评工作。全年完成《临汾市城乡居民收入分配状况研究》《临汾市城乡居民就业形势研究》等2个课题、《对临汾市焦化行业转型升级的调查与思考》《临汾市文旅融合发展情况调查报告》等4个重点调查。全年向市委市政府报送《临汾调查专报》21期，编印《临汾调查》双月刊6期，推送“临汾国调资讯”微信公众号刊85期，临汾调查品牌认知度明显提升。全年发布各类信息分析动态473篇（条），其中，山西调查总队采用147篇（条）、省委省政府采用93篇（条）、国家统计局采用42篇（条）。2019年，信息工作在山西调查总队、市政府政务信息评比中均名列前茅，荣获优秀单位。 （王　磊）

海关管理

【概况】 2019年，临汾海关以促进经济发展和维护国门安全为己

2019年5月9日，临汾海关工作人员参加辖区企业菌棒产品首发韩国仪式，现场向企业颁发植物检疫证书　　（临汾海关供图）

任，推进全面从严治党为，建设准军事化纪律部队，推进“五关”建设和“精品海关”建设。全年临汾海关受理报关单354票，同比（下同）增长29.2%；监管进出口货运量18万吨，监管进出口贸易总额2920万美元，分别增长36.1倍和4.8倍；税收入库1722万元，增长2.1倍；审核减免税货值221万美元，为辖区企业减免税合计216.7万元；辖区实有备案企业308家，增长12%；检验检疫出入境货物672批次，报检货值3665万美元；办理两简案件9起；完成核查作业2起。

【临汾海关正式挂牌成立】2018年4月20日，原侯马出入境检验检疫局职责和人员划入原侯马海关，正式以侯马海关名义开展工作。2018年12月，侯马海关更名为临汾海关对外开展工作。2019年1月22日，临汾海关在临汾侯马市举行挂牌仪式，太原海关副关长赵羽主持，关长高继科与临汾市副市长张翔出席为海关揭牌。临汾有关市直单位、经济开发区、侯马市委市政府负责人参加。

【营造优质营商环境】　2019年，临汾海关开展“亮窗”行动，落实首问负责制、一次性告知制、岗位责任制等制度，提升办事效率；压缩整体通关时间，针对提前申报、电子支付的推行加速企业通关，出口整体通关时间为1.31小时，进口整体通关时间5.43小时。实施“多证合一”改革举措，释放关税优惠红利，签发各类原产地证书1464份，为临汾地区出口企业减免进口国关税586万元；落实税收优惠政策，筛选出16家重点企业进行政策宣讲，“一对一”解决企业疑问，为企业减免两税合计216.7万元。按照国务院下发的综保区建设21条意见，以及总关工作要求，对临汾综保区建设进度进行评估，上报评估整改意见。

【服务地方外向型经济高质量发展】　2019年，临汾海关把好“洋垃圾”进境关，配合做好非洲猪瘟防控工作，开展有害生物监测，在临汾辖区布点130个监测点，完成监测数据的统计分析及总结上报，维护国门安全；结合临汾实际开展出口“破零行动”，帮助“零出口”县市、产品“破零”，2019年实现4个“零突破”，襄汾香菇菌棒实现首发韩国、曲沃香菇酱首次出口马来西亚、洪洞浅红色杨木软化板首次出口越南、大宁香菇菌棒首发韩国；促进保税物流中心业务同比小幅提升，办理入出区货物货值18万美元；协助市场管理部门抽检食品类产品2037批。2019年，临汾海关被评为临汾市促进经济社会发展重要贡献单位。

【建设“严实优新”内陆精品海关】　2019年，临汾海关贯彻落实太原海关建设“小而严、小而实、小而优、小而新”的内陆“精品海关”理念，落实“精品任务”，发掘“精品热源”，打造“精品科室”和“精品岗位”。出台《学习型海关建设实施方案》《文化建设工作规划》，对图书室、书画室、荣誉室进行深度挖掘利用，组织开展手机摄影大赛、书法交流、读书分享等主题党日活动，拍摄《我爱你中国》宣传片发布在“学习强国”“海关金钥匙”等媒体平台，在“海关金钥匙”公众号发表2篇，“并关政工”公众号发表3篇，“山西青年”公众号发表1篇。

（张小凤）

农业与农村工作

农 业

【粮食生产】 2019年，临汾市实施“藏粮于地、藏粮于技”战略，严守耕地红线，稳定粮食产量，完成粮食生产功能区划定工作，全市粮食播种面积49.27万公顷，总产21.33亿公斤。其中，夏粮播种面积19.11万公顷，总产8.61亿公斤；秋粮播种面积30.16万公顷，总产12.72亿公斤。

【蔬菜生产】 2019年，临汾市农业农村局推进设施蔬菜标准化生产和特色露地蔬菜规模开发，稳定播种面积，做大做强曲沃“晋之源”、北董大蒜等区域品牌，保障生产供应。全市蔬菜播种面积5.08万公顷，总产量250.53万吨。

【水果生产】 2019年，临汾市农业农村局新发展和改造老果园4880公顷，全市水果总面积11.46万公顷，居山西省第二位；水果总产量139.47万吨，水果生产总值46.45亿元，农民人均果品收入1450元。

【中药材生产】 2019年，临汾市新发展中药材1.38万公顷，全市中药材总面积13.33万公顷，全市中药材总产量7.48万吨，总产值16.7亿元，农民人均中药材收入476元。

【农产品加工销售】 2019年，临汾市新增省级以上龙头企业24家，达到45家，市级以上农业产业化龙头企业140家，国家级农业产业化龙头企业1家，全年农产品加工销售收入132亿元。

【农业产业扶贫】 2019年，临汾市农业农村局、推进“一村一品一主体”，提升“五有”机制，完善“1+X”产业扶贫支撑体系，推进干鲜果、畜牧、蔬菜等特色产业发展，加大项目、资金支持力度，全年下达贫困县的支农资金52244.5万元。吉县苹果、隰县玉露香、安泽连翘、汾西肉鸡、古县核桃等脱贫产业成为县域产业，有机大宁、绿色蒲县、生态浮山等发展模式日趋成熟，土地流转、入股分红、劳务就业、订单回收、生产托管等利益联结机制日趋完善，全市663个贫困村实现“五有”机制全覆盖，“一村一品”“一乡一特”“一县一业”产业格局效益凸显。2016年至2019年全市实施特色农业扶贫项目982个，80%以上的贫困村脱贫产业都在2个以上，产业带动贫困人口26.7万人，占到总贫困人口数的95%以上。

（要 敏）

农村工作

【概况】 2019年，临汾市县两级农业农村部门学习贯彻习近平总书记“三农”工作重要论述和视察山西重要讲话精神，以“不忘初心、牢记使命”主题教育激发干事创业激情，落实省市决策部署，咬定硬任务、把牢基本盘，农业农村发展稳中有进、稳中向好，实施乡村振兴战略取得突破性进展，为全市经济社会发展大局中发挥“压舱石”作用。

【农民收入】 2019年，临汾市农村居民人均可支配收入12809元，比上年增长10.1%，位居全省第四。

【农村改革】 2019年，临汾市农业农村局研究出台《2019年临汾市深化农村改革工作要点》，推进“8+3”改革，推进农业生产托管服务，洪洞县“五位一体”模式入选全国农业生产托管十大典型模式，连续3年全国大会上交流发言，“翼城模式”入选全国20大典型案例。临汾市被确定为农村集体

安泽飞岭村、乡宁大河村入选2019年中国美丽休闲乡村。图为安泽飞岭村

产权制度改革整体推进市，全市3173个集体经济组织全部完成清产核资和成员身份确认，1262个集体经济组织完成股份合作制改革。

【农村人居环境整治】 2019年，临汾市农业农村局学习借鉴浙江“千万工程”经验，选定6个县（区）31个乡（镇）100个村，开展“百村示范、千村整治”示范县、示范村建设。组织实施建筑立面风貌管控、村庄清洁行动和交通沿线环境整治，农村和交通沿线的环境面貌焕然一新。73个村被命名为省级改善农村人居环境示范村；襄汾丁村、曲沃西海等10个村被命名为山西省首批AAA级乡村旅游示范村；安泽飞岭村、乡宁大河村入选2019年中国美丽休闲乡村。

（要　敏）

农业种子管理

【新品种试验示范】 2019年，临汾市种子站根据不同农作物分布状况及种植面积，在全市优势生产区域内进行展示筛选。以玉米、小麦等作物为主，在曲沃、洪洞、翼城、侯马、襄汾等县（市、区），大面积推广前的新品种展示筛选，安排展示面积20公顷，展示点12个，展示品种55个。合理调整试点，将上年存在问题的试点给予调整和撤换，保证试验人员和试验田地能够胜任所承担试验任务加强技术培训工作，4月下旬，召开全市秋作物新品种试验技术培训会，聘请省农科院小麦研究所有关专家讲授区试基础知识及实用技术。9月下旬召开全市小麦新品种试验技术培训会，聘请山西省农科院小麦研究所有关专家讲授区试基础知识及实用技术，分析上年试验存在问题，提出解决对策，安排本年度试验任务。

【春夏播农作物试验】 2019年8月，临汾市种子站组织市站及县站有关人员对全市承担的春夏播农作物试验和临汾市开展的联合体试验、特殊用途品种试验、自行开展生产试验进行检查，各试点能按照方案落实，田间设计合理，试验操作规范。

【品种管理】 2019年，临汾市种子站引导农民群众科学选用良种，制定全年临汾市春夏播主要农作物主导品种推荐意见。玉米春播主导品种主要有：君实615、潞玉36、太育2号、晋单65、大丰30、大丰26、诚信16、晋单63、屯玉99、强盛368、华农118、强盛369、先玉335、晋单69、华农138、大玉3号等品种；夏播主导品种主要有：大丰33、君实9号、五谷702、中地88、裕丰303、浚单29、润民9号、泉玉9号、登海6702、金玉24、晋单52、晋单63、华农118、郑单958、浚单20、滑玉14等品种。大豆导品：晋豆36号、晋豆37号、汾豆56号、晋遗31、汾豆78等品种。马铃薯：克新1号、费乌瑞它、紫花白、晋薯7号、晋薯17、冀张薯8号、青薯9号等品种。平川高水肥区：以济麦22、鑫麦296、金禾923、良星99、邯麦19为主，搭配种植鲁原502、山农20、临优7287、运麦494、山农22、烟农21等品种，示范临航2018、运麦288等品种；平川中水肥区以山农22、济麦20、品育8012、晋麦87、晋麦89为主，搭配种植临优7287、晋麦83、临汾6208等品种；平川旱地以运旱20410、晋麦92、运旱21-30，晋麦90、晋麦101、临旱536、长8744、长6990为主，搭配种植中麦175、晋麦98、运旱719、临旱6号、晋麦47等品种；山区旱地以晋麦47、临丰3号为主。山区旱地以晋麦47、临丰3号为主。

【试点检查和扶贫送技术】 2019年，临汾市种子站加强农作物新品种试验监管工作，提高区试质量，

3月、5至6月，组织有关人员包括小麦试点技术人员，3次对全市部分小麦试验点进行苗期返青、抽穗期、收获期检查，检查18个试点，各试点均能按试验方案要求设计、播种、管理，观察、记载，试验小麦长势良好。个别试点存在肥力较差，播种质量等一些问题，建议立即整改。4月9日，临汾市种子站为所在的扶贫点乡宁县下川村送去4个马铃薯新品种，安排专家对当地种植户进行技术培训。主要讲授马铃薯作为第四主粮的发展形势、马铃薯播前准备、马铃薯生长期栽培管理、马铃薯病虫害防治、如何选择玉米优良品种等知识。

【种子质量监督检验】 2019年，临汾市种子站与市执法支队联合，对乡宁、吉县两县开展市场检查，对16家种子经营门店进行现场检查，检查内容主要围绕“四种”经营主体经营资质和档案，检查经营门店的备案情况、销售台账及其他经营档案。核查是否存在无证、未备案、侵权、非法转基因种子、未建立销售台账等生产经营行为，未审先推和推广销售应当停止推广销售的品种等行为。对品种包装标识，按照《农作物种子标签和使用说明管理办法》的要求，检查经营种子的包装标签和使用说明是否符合规定，检查二维码制作是否符合《农作物种子标签二维码编码规则》要求。全市检查种子门店158个，查处不合格标签16起。处理举报线索。

【市场监督抽样】 2019年春季，临汾市种子站对翼城、洪洞、尧都区、侯马、襄汾等地的主要种子企业、种子经营门店的玉米种子进行抽样工作，抽取样品20个，涉及14家门店（企业）20个品种，占到临汾市玉米种子供应渠道的60%以上，对所抽样品进行净度、水分、发芽率及真实性、转基因成分检测和品种纯度种植鉴定。秋季配合山西省种子站对尧都、洪洞两县20个种子经销部进行市场检查和抽样，抽取17个小麦种子样品，检测品种真实性格和纯度。

（张文荣）

畜 牧

【概况】 2019年，临汾市畜牧发展中心按照全市农村工作会议整体部署，围绕打赢“三大攻坚战”总体目标，加强组织领导，采取举措，狠抓责任落实，完成年度工作任务。重大动物疫病防控形势平稳，推进畜产品质量安全，畜牧标准化生产提质增效，畜禽粪污资源化利用再上台阶，确保畜产品市场供给和社会和谐稳定。

【畜牧业生产】 2019年，临汾市肉、蛋、奶总产量分别达21.6万吨、11.7万吨、5.1万吨。猪、鸡、牛、羊饲养量分别达273.3万头、4814.3万只、14.1万头、178.5万只，满足全市畜产品市场供应需求。

【优化畜牧业结构】 2019年，临汾市畜牧发展中心下达能繁母猪补贴资金301万元，组织两家生猪企业申报贷款贴息22万元。山西大象集团与全市中小养殖场开展合作，加快产业布局。2019年全市生猪存栏106万头，出栏167万头，分别超额完成省定生猪稳产增产保供任务的70%和75%。以国家级龙头企业汾西洪昌为依托，带动霍州、襄汾等肉鸡养殖大县开展肉鸡养殖，延伸产业链条，开展屠宰加工和品牌建设。汾西洪昌鸡肉产品达到俄罗斯、日本、韩国标准，出口阿富汗。6家存栏200头以上的奶牛场推广奶牛标准化养殖技术；开展粮改饲项目，完成粮改饲面积1780公顷，全株玉米青贮等优质饲草收贮量7.35万吨。推进晋南牛繁育工作，完成第一次杂交繁育。洪洞县康盛安养殖有限公司申报为2019年农业农村部畜禽养殖标准化示范场。

【重大动物疫病防控】 2019年，临汾市畜牧发展中心开展非洲猪瘟防控。全市市级、17个县级兽医实验室成为省农业农村厅非洲猪瘟检测委托实验室，检测非洲猪瘟病原学样品10573份，结果均为阴性。排查生猪5167万头次；制定《临汾市非洲猪瘟防控方案》，开展“大清洗、大消毒”活动。执行生猪调运申报制度，落实屠宰企业“非洲猪瘟自检和官方兽医派驻制度”两项制度，全市有7个生猪屠宰企业进入全国生猪屠宰企业名录。高致病性禽流感、口蹄疫等6种重大动物疫病应免密度100%。小反刍兽疫达到免疫无疫标准。免疫抗体合格率75%以上。霍州市成为兽医社会化服务省级试点；尧都区、洪洞、侯马、翼城、隰县、大宁、汾西7个县的9个企业开展强制免疫病种“先打后补”工作。翼城、洪洞、霍州3个县开展动物疫病净化示范创建工作。

【畜产品质量安全】 2019年，临汾市1328家规模养殖场全部登记备案、实行动态跟踪监测，建立健全生产、销售、兽药饲料使用、检疫免疫、无害化处理等养殖档案。18家种畜禽养殖场（户）全部注册。开展生鲜乳质量安全专项整治行动，畜禽产品安全省级例行监测抽检合格率100%。

【畜牧业绿色发展】 2019年，临汾市畜牧发展中心116个规模养殖场配备畜禽粪污处理设施设备，超额完成省定目标任务的54.6%，大型规模养殖场粪污处理利用设施配套率100%。召开两期畜牧粪污资源化利用培训班，编印临汾市畜禽粪污治理工作手册，提升全市畜牧部门业务干部工作能力，增强养殖场户治污意识。

【动物检疫】 2019年，临汾市224名官方兽医配备“智慧动监”信息采集终端设备，构建省市县乡四级“检疫监管信息化、监督执法智能化、全程监管痕迹化”的智能管理系统。 （秦晓健 乔 颖）

农业机械

【概况】 2019年，临汾市农机系统贯彻落实国发〔2018〕42号文件精神，履职尽责、担当作为，以服务乡村振兴战略、满足全市农民对机械化生产的需要为目标，补齐工作短板、突破工作瓶颈，推进农业机械化升级。全市农机总动力216.1万千瓦，主要农作物耕种收综合机械化水平75.08%，小麦全程机械化水平94.5%，玉米全程机械化水平78.54%。

【农机装备】 2019年，临汾市拖拉机保有量52838台，大中型拖拉机16959台，小型拖拉机35879台，拖拉机配套农机具105688台（套），配套比1：2。全市玉米收割机3202台，马铃薯收获机895台，农产品初加工机械6521台。农机优化结构，拓展领域，装备总量增长。

【农机生产】 2019年，临汾市发挥农机化工作在农业生产中的主力军作用，抢抓农时，组织开展重要农时的农机化生产。市县两级农机部门早部署、早谋划，突出抓好机具检修、宣传引导、技术培训、协作调配、安全检查、油料供应、应急救援、信息发布等服务保障工作，确保“春耕”“三夏”“三秋”生产作业有序开展。“春耕”期间，全市完成春机耕面积12.7万公顷，春机播面积10.1万公顷，完成机械灌溉面积5.4万公顷。“三夏”期间，全市投入各类农业机械近2万台，收获小麦19.44万公顷，其中机收17.17万公顷，机收率98.6%；夏玉米播种面积10.95万公顷，其中机播10.91万公顷，机播率99.57%。“三秋”期间，机收玉米13.05万公顷，机收率71.2%，机播小麦17.42万公顷，机播率98%以上，机耕整地15.93万公顷。

【机械化有机旱作农业】 2019年，临汾市农业机械发展中心依托深松、秸秆还田等农机项目，推进机械化有机旱作农业。全市用于深松整地作业补助资金990万元，完成作业面积5.03万公顷，其中补助面积2.34万公顷。全市落实机械化秸秆还田工程，完成还田面积32.49万公顷，还田补助面积0.33万公顷，秸秆饲料化、基料、燃料化、原料化转化11.5万吨，减轻环保压力、提高耕地地力。7月8日至10日，举办农机深松作业暨智能监控技术培训会，各县业务人员及合作社单位代表等120余人参训，进行深松作业、智慧农机等技术培训，提升深松智能监管能力，推动深松整地作业监管规范化、智能化。

【农机购置补贴】 2019年，临汾市扶持4495户购置6415台件农机具，农机报废更新补贴资金

2019年7月9日，农机深松现场技术会 （市农机局供图）

112.9万元，报废更新农机具50台。为简化补贴申请流程，方便购机户办理，推广补贴辅助管理系统手机APP的使用，在录入的6415份补贴申领表中有5609份通过手机APP系统申请办理，占总申请数的87.4%，让购机户办理补贴“最多只跑一次”成为现实。12月16日至18日，山西省农机发展中心在临汾市举办2019年农机购置补贴绩效管理暨违规查处培训班，省中心领导及各市从事购置补贴工作的相关人员等160余人参加培训。

【技术推广】 2019年，临汾市转变工作思路，提升小麦、玉米等主要农作物全程机械化水平，突出攻坚发展瓶颈，延伸机械化产业链。抓好主要农作物全程机械化。组织开展主要作物生产模式全程机械化调查，找出制约全程机械化发展的瓶颈，在农机化工作中提升小麦、玉米机收水平，新增整地机械286台，植保机械32台，新增玉米播种机械194台，新增玉米联合收获机械247台，新增小麦联合收割机62台。推进丘陵山区农业机械化发展。开展丘陵山区机械化调研，摸清丘陵山区农机产品需求。乡宁县、安泽县以宜机化改造项目为着力点，实施宜机化改造60公顷，为大中型机械应用创造条件。加大农机新技术、新机具推广力度。针对农机化生产中的薄弱环节，做好机具引进及技术推广工作，全年完成新技术、新机具培训787人，举办新技术、新机具现场会9次，建设农机新技术推广示范点4个。开展大葱机械化试验及演示，引进配套机具4台，召开作业及机具演示现场会2次。抓好全程机械化示范引领。全市有3个县（市）承担率先实现农业机械化综合示范县建设项目，建成标准化示范基地7个，面积930公顷，针对玉米精播、机收和小麦植保、秸秆处理等机械化薄弱环节，引进配套农机具40台，安装智能监控终端30台，举办机具演示、作业现场会10次，为打破全程机械化瓶颈难题提供示范效果。加强农产品加工技术装备管理。全市农产品加工机械装备新增807台，完成新装备、新技术培训390人。发展高标准农产品处理及初加工装备技术示范点3个（含2个自建点），拓展机械化服务领域。

【农机社会化服务】 2019年，临汾市培育壮大新型农机服务组织，创新农机服务模式，促进农业适度规模经营。全年培育省级示范合作社5个、示范机械化家庭农场2个、示范农机大户2个。强化规范整顿，全市清理136家“空壳社”。探索农机服务组织助力脱贫攻坚道路，抓好农机资产收益扶贫工作，成立资产收益扶贫试点合作社16个，投入资金209.71万元，吸纳贫困户171户，购买农机具32台（套），实现资产收益5.04万元。到2019年底，农机专业合作社333个，农机户74812户。

【农机培训】 2019年，临汾市围绕农机化重点工作、结合农机作业重要农时，强化农机管理人员、新型职业农民（农机操作手）培训，提升农机从业人员素质，保障农机化各项工作开展。全年完成新型职业农民农业机械操作人员690人，完成各类农机人员培训3000余人次。8月，临汾市选拔11名优秀选手参加山西省农机操作手技能大赛，取得全省第四名和第十名的成绩。汾市农机中心被省农机中心授予“第四届山西省农机操作手培训暨技能大赛最佳组织奖”。

【农机安全管理】 2019年，临汾市注册登记拖拉机、联合收割机1786台，驾驶员考试办证352人，检验拖拉机、联合收割机3372台。强化农机隐患排查和安全宣传，出动人员300余人次，排查拖拉机（含变型拖拉机）620余台次，安全教育人员530余人次，排除和整改农机安全隐患89起，纠正违章56起；签订“安全生产责任书”“安全生产承诺书”各2600余份，保障农机作业安全。农机质量监管工作中，在农业生产、安全宣传重要节点，开展农机质量宣传，“3·15”期间，出动宣传人员230余人次，散发宣传资料15000余份，接受群众咨询600余人次。对12个生产企业生产的33台玉米收获机进行质量调查，确保农民用机安全。 （张 楠）

农业综合开发

【概况】 2019年，临汾市农业综合开发中心根据《临汾市机构改革方案》通知精神，贯彻落实习近平新时代中国特色社会主义思想和中共十九大精神和中央一号文件精神，围绕乡村振兴战略，立足农业综合开发，推动乡村振兴战略的全面实施。

【2018年农业综合开发项目督导检查】 2019年6月11日至20日，临汾市农业综合开发中心受市农业农村局委托，对全市2018年农业综合开发项目进行督导检查。采取“听、看、查”相结合的方式进

行，听取基层农业综合开发工作汇报，深入实地查看工程进度和质量，核查资金到位及使用情况。对土地治理项目工程进度、单项工程质量标准、财政资金到位、配套及自筹资金落实和资金拨付使用管理情况；产业化发展项目任务及资金完成情况等进行督导检查。将发现的问题反馈给各县（市、区）农业农村局、农业开发中心，提出意见建议。

【农村集体产权清产核资验收】 2019年10月16日至20日，临汾市农业综合开发中心副调研员莫华带队，对吉县农村集体产权制度改革清产核资工作进行验收。采取听汇报、查看资料、实地盘点、入户访谈的方式，围绕清查核实资产情况、明确产权归属情况、纳入平台管理情况、规范操作程序情况、工作保障情况及成效，逐条逐项检查镇、村任务完成情况，对发现的问题当场进行反馈。

【农业综合开发调研】 2019年10月15日，临汾市农业综合开发中心赴曲沃县2018年农业综合开发项目区进行专题调研。调研组要求要贯彻十九大会议精神，因地制宜发展主导产业，坚持规模化、标准化、市场化的生产模式，通过项目建设的实际成效，谋求农发事业更大的发展，为“三农”工作做出贡献。（梁　华）

精准扶贫

【概况】 2019年，临汾市扶贫开发办公室落实中央、省关于脱贫攻坚的各项重大部署，坚持目标导向和问题导向，聚焦“两不愁三保障”，聚焦深度贫困，统筹抓好责任、政策、工作落实，推进全市脱贫攻坚各项工作，完成各项目标任务。全年退出贫困村86个，脱贫20951人，全市贫困发生率降至0.05%。大宁、永和、汾西3个国家贫困县进入摘帽程序。

【部署推进】 2019年，临汾市委、市政府把脱贫攻坚工作摆在全局工作突出位置，增强“交总账”意识。召开全市脱贫攻坚工作会议全面部署，全市深化农村改革攻坚深度贫困推进乡村振兴现场会攻坚深度贫困，全市落实山西省委脱贫攻坚专项巡视反馈问题整改动员暨集体约谈会议压实整改责任，全市易地扶贫搬迁暨后续扶持工作现场推进会强化移民后续扶持工作。市四大班子领导到基层一线和包联县和包联村，调研督查，指导脱贫攻坚工作，协调解决突出问题，帮助补齐工作短板。30余名市领导到各县（市、区）和包联村调研指导脱贫攻坚工作，发现问题，解决问题。开展全市脱贫攻坚工作“回头看”，在全市范围内开展问题大排查、大整改。制定出台《全市开展消费扶贫助力打赢脱贫攻坚战的实施方案》《临汾市解决“两不愁三保障”突出问题的实施方案》。

【问题整改】 2019年，临汾市扶贫开发办公室坚持问题导向，把整改贯穿到脱贫攻坚全过程。2018年度脱贫成效考核交办的351个问题完成阶段整改任务。对中央脱贫攻坚专项巡视自查问题，国家、省检查督查反馈问题，省四次会议反馈的问题等，制定整改方案，建立整改台账，由市、县和责任单位领导挂帅整改。市长李云峰、副市长闫建国多次召开领导组会议研究问题整改工作。成立由市委书记、市长任组长的脱贫攻坚成效考核问题整改暨省委专项巡视边巡边改领导小组，召开全市整改大会，市县两级出台整改工作方案。针对省委巡视发现的问题，边巡边改，立行立改。对“两不愁三保障”方面的饮水安全问题，由市水利局牵头，在全市开展贫困地区安全饮水边巡边改攻坚战，摸排的98个突出问题全部整改到位。省委第二巡视组反馈临汾市脱贫攻坚工作中存在的4个方面11条问题，成立以市委书记岳普煜和市长董一兵为双组长的临汾市脱贫攻坚专项巡视整改工作领导小组，下设办公室和9个工作组，明确整改责任。把反馈的问题细化为31项整改任务，制定问题、整改、责任3个清单，出台全市巡视整改工作方案。26条问题取得阶段性整改成果（24条需要长期坚持），其余5条问题加紧整改。

【压实部门责任】 2019年，临汾市在问题整改工作中，成立领导小组，建立综合协调、信息数据、产业发展、基础设施、社会保障、资金绩效等工作组，组长全部由市直有关行业部门“一把手”担任。抽调30余名业务骨干，确定专门场所集中办公。把问题整改工作分解压实到相关行业部门，每个部门有相应的整改任务。建立工作签到制度，实行一周一总结、一周一报告，压实行业部门的主体责任。

【攻坚深度贫困】 2019年，临汾市扶贫开发办公室落实“一县一策”。推进实施“一县一策”，市直有关部门与省直部门对接，指导深度贫困县用好用足用活各项优惠政策，推动“10+1”政策落实落细。大宁县创新实施专享政策，探索总结出购买式造林、资产化管护、建立森林市场、林业碳汇扶贫、赋予股份经济合作社资源开发权等9条实现途径。山西国新能源集团公司于2019年2月22日在永和县注册成立永和国新燃气销售有限公司。市级每季度召开一次对标研判会，市领导与3个计划摘帽县、市直有关部门主要领导，找问题、找差距，定任务、定措施。11月下旬，市直行业部门对贫困县退出14项指标进行核查，到3个县进行贫困退出初审检查。帮助永和、大宁完成摘帽退出任务，市委成立临汾市打赢打好永和脱贫攻坚战领导组，李云峰担任组长。推动永和、大宁健全完善“两清单两表格”、周例会、周报告、工作日志、请销假报备、催办督办、跟踪问效等工作制度，建立推行战区作战体系。完善脱贫攻坚督战机制，市委派5个工作组进驻各县（市、区）开展工作。大宁、永和、汾西3县各派驻1个工作组，摘帽的7县派驻1个工作组，7个非贫困县派驻1个工作组。

【健全体制机制】 2019年，临汾市扶贫开发办公室坚持周例会制度。各县（市、区）委书记或县（市、区）长主持召开周例会，召开48次。针对省通报交办的问题，市领导作出批示的问题，推进缓慢、成效不明显的重点工作等，向相关县（市、区）及市直有关部门发出催办函，发催办98份。各县（市、区）制定问题清单、重点工作清单、问题整改推进表、重点工作推进表，把问题解决到村到户。

【资金管理】 2019年，中央和省下达临汾市扶贫资金7.4亿元。市级财政投入5538万元，比2018年增长23.06%。加大对3个计划摘帽县的支持力度，市级财政专项扶贫资金分配给3县4620万元，占全市比重83.4%。17个县（市、区）投入财政专项扶贫资金41174万元，10个贫困县统筹整合财政涉农资金18.13亿元。运用扶贫资金动态监控系统平台，坚持“两级两次公示”制，坚持绩效评价，坚持问题导向，组织财政扶贫资金监督检查、涉农资金统筹整合使用情况专项督导，开展以扶贫资金为重点的民生领域资金专项整治活动。

【扶贫宣传】 2019年，临汾市扶贫开发办公室创办《临汾日报·脱贫攻坚专刊》。新华每日电讯刊登《寻“勤”记》，报道蒲县黎掌村激发内生动力贫困户由“懒”变“勤”的典型经历。央视新闻频道《新闻直播间》栏目播出《中国扶贫日 山西大宁“购买式造林”油松“林海”助脱贫》，新华网刊登《山西吉县：光伏电站助增收》。大宁县村医贺星龙荣获2019年全国脱贫攻坚奖，在全国巡回演讲。

【“四级书记”遍访贫困对象行动】 2019年，临汾市扶贫开发办公室把目光聚焦到村到户。市委书记每周到各县（市、区）有脱贫攻坚任务的乡镇，走访79个乡镇93次，解决问题上百条；各县（市、区）委书记走访贫困村582个，解决问题778条；乡镇党委书记走访贫困户50198户，村党组织书记走访贫困户105130户。

【万名干部下乡进村入户】 2019年，临汾市委印发《在全市开展万名干部下乡进村入户真扶贫扶真贫真脱贫十帮扶活动的通知》，从10月17日起至11月底，市、县两级帮扶单位和帮扶人员，围绕走访了解村情民意，宣传落实扶贫政策，谋划发展致富产业，精准推动就业创业，改善提升村容村貌、户容户貌等十项重点内容开展活动，推动落实帮扶责任，解决基层实际问题。

【主要领导干部驻村活动】 2019年9月至10月，临汾市在全市县级党委、政府和市直部门领导干部中，开展驻村深度解剖活动。聚焦“两不愁三保障”突出问题，选取2个村（1个为包联村，1个从脱贫任务重困难大的村、软弱涣散村、上访集中村、边远村中确定），市直帮扶单位领导干部为包联村，驻村解剖脱贫攻坚工作至少3天。坚持“一线工作法”，发现问题、深剖原因、解决问题，帮助包联村补齐短板，帮助贫困群众解决现实困难，撰写驻村深度解剖材料。

【消费扶贫】 2019年3月开始，临汾市扶贫开发办公室与临汾日报社合作，制定印发《“决战决胜脱贫攻坚、临汾日报尽锐出战”活动实施方案》，在全市打造“大力刊发免费扶贫公益广告”“举办若干次招商引资推介会”等6大扶贫板块，开辟消费扶贫新战场。《临汾日报》开辟专版，免除1000万元广告费用，用于宣传推介贫困地区的优质农副产品和特色文旅资源，刊发50余期特色农产品公益广告，在《临汾日报》微信公众号、网站免费刊发，为全市17个县（市、区）宣传推介特色农产品。8月28日上午，举办全市消费扶贫特色农产品展销活动启动仪式，现场销售农产品50余万元。9月6日市级消费扶贫销售平台正式揭牌。全市各县（市、区）开展“五进十销”消费扶贫活动，实现销售额2.28亿元。

【特色产业】 2019年，临汾市级下达4.2亿元支农资金，推进“1+X”产业扶贫体系。光伏扶贫收益资金15722.42万元，建立“月结月付”新机制，结算时间缩短75%。全市认定32家市级扶贫龙头企业和25家扶贫农民专业合作社。

【驻村帮扶行动】 2019年，临汾市扶贫开发办公室、开展“六大行动”，投入帮扶资金7300万元，引进帮扶资金2.9亿元，实施万元以上项目590个。狠抓村级班子和队伍建设，整顿软弱涣散村党组织249个，对80个软弱涣散村党组织班子进行调整优化，新配备90名村党组织班子成员，从县乡机关选派32名干部任村党组织书记，撤换51名不胜任不尽职的村党组织书记。狠抓村级集体经济，争取中央和省资金1.1亿余元，市级财政投入1200万元，扶持236个村集体经济发展项目，确保年底集体经济收入5万元以上的村70%以上。狠抓乡村扶贫干部培训，全市举办脱贫攻坚培训班296期，32564人次，培训天数498天，发放培训教材、培训资料近2万册（张）。10月11日至15日，市委组织部、市扶贫办在永和县阁底乡东征村党员教育培训基地，举办乡镇党政班子成员、村党支部书记脱贫攻坚专题培训班，对计划摘帽的大宁、永和、汾西3个县153名乡镇党政班子成员和村党支部书记等进行封闭式专题培训。关心关爱扶贫干部。加大脱贫一线干部提拔使用、表彰奖励的力度，13名受省委表彰的优秀乡镇党委书记全部提拔，280名第一书记和驻村工作队员得到提拔，71名驻村干部受到表彰。研究制定集体经济创收奖励指导意见，对集体经济收入5万元以上且创收增量超过1万元的村，拿出创收增量20%奖励村干部。

【易地搬迁】 2019年，临汾市扶贫开发办公室“十三五”期间规划实施易地扶贫搬迁49555人，对299个深度贫困自然村实施整体搬迁。376个安置点全部竣工，49555人搬迁入住或具备入住条件。

【生态扶贫】 2019年，大宁县购买式造林模式入选第二届中国优秀扶贫案例。全市扶贫攻坚造林专业合作社222家，完成造林1.93万公顷。10个贫困县有护林员4107人，其中贫困护林员2846人。

【扶贫扶志】 2019年，临汾市扶贫开发办公室开展激发干部群众脱贫攻坚内生动力“六大行动”，蒲县“道德银行”经验享誉全国，成为扶贫扶志典型模式。市级财政专门预算激发内生动力资金500万元用于奖勤罚懒。收集各县（市、区）经验案例，精编《临汾市扶贫扶志激发内生动力材料汇编》《临汾市扶贫扶志激发内生动力案例》等。

（赵景华）

干部下乡工作

【干部驻村基本情况】 2019年，临汾市在建档立卡贫困村任职的第一书记658名，驻村工作队661支，2059人，其中，省直驻村工作队71支，218人；市直驻村工作队135支，405人；县直驻村工作队455支，1365人。

【驻村帮扶领导】 2019年，临汾市委下乡办贯彻落实习近平总书记在全国两会和重庆考察期间对脱贫攻坚工作提出的新要求，落实好山西省干部驻村帮扶工作推进会的安排部署，解决在决战决胜脱贫攻坚的关键时期抓好驻村帮扶工作、加强和提升驻村帮扶工作，6月6日、10月25日召开全市干部驻村帮扶工作推进会，对全市干部驻村帮扶工作进行部署。

【干部驻村管理】 2019年，临汾市干部帮扶工作领导小组办公室制定驻村工作队和第一书记两个选派管理办法，印发《关于进一步加强“三支队伍”管理凝聚脱贫攻坚合力的通知》，厘清县乡党委以及派出单位的管理责任，推动“三支队伍”围绕脱贫攻坚协同作战。将干部驻村帮扶工作开展情况作为对县（市、区）和市直单位年度目标责任考核的综合加减分事项，推动县乡属地管理责任和单位包村帮扶责任落实；9月至10月，在全市县级党委、政府2个村（1个为包联村，1个从脱贫任务重困难大的村、软弱涣散村、上访集中村、边远村中确定），市直帮扶单位领导干部为包联村，驻村解剖脱贫攻坚工作至少3天。坚持“一线工作法”，发现问题、深剖原因、解决问题，帮助包联村补齐短板，帮助贫困群众解决现实困难，撰写驻村深度解剖材料，形成工作经验，在全市进行交流推广；印发《在全市开展万名干部下乡进村入户真扶贫扶真贫真脱贫十帮扶活动的通知》，从10月17日起至11月底，市、县两级帮扶单位和帮扶人员，围绕走访了解村情民意，宣传落实扶贫政策，谋划发展致富产业，精准推动就业创业，改善提升村容村貌、户容户貌等十项重点内容开展活动，推动落实帮扶责任，解决基层实际问题，提升贫困地区贫困群众的获得感与满意度。

【调整驻村帮扶】 2019年，临汾市干部帮扶工作领导小组办公室对市直135支驻村工作队进行调整轮换，新增4家、撤销3家驻村单位、调整2家驻村单位变帮扶单位，对119名不适宜的驻村队员进行调整轮换；从市直单位近两年新提任的干部中选派78名政治素质高、工作能力强的优秀干部，完成任职期满第一书记压茬轮换，对25名不适宜的第一书记进行调整轮换，指导各县（市、区）做好本区域驻村干部的调整轮换工作。

【驻村干部管理】 2019年，临汾市委下乡办坚持精准扶贫、精准脱贫基本方略，在山西省首创“临汾市干部驻村帮扶信息管理系统”，探索出加强驻村干部管理的“临汾路径”。该系统2018年8月运行，2019年进行功能完善，设置基本情况、政策规定、监督管理、教育培训、工作动态、典型推介、通知通告等7大模块，实现对全市干部驻村帮扶的精准管理，创新驻村干部管理方式。临汾市干部帮扶工作领导小组办公室采取线上核查和线下督查相结合的方式，明察暗访与电话抽查相结合的形式，将工作纪实和监管考评相统筹，对全市661个建档立卡贫困村第一书记和驻村工作队员在岗考勤情况、工作日志上传情况、工作报告上传情况等在线精准管理，建立督查通报机制，实行当月督查、次月通报，2019年下发9期信息系统运行通报，对到岗情况不好的驻村干部点名通报，电话抽查第一书记在岗履职情况近300人。各县（市、区）成立督查小组，负责驻村干部督查工作，实行“周督查、月巡查”制度，每周对干部驻村帮扶情况进行1次重点督查，每月进行1次全覆盖巡查，查驻村时间、工作作风，查帮扶效果、群众满意度。巡查情况逐月向派出单位反馈，巡查记录进入驻村干部管理档案，作为评先评优和召回的重要依据。召回1人，通报60人，约谈16人。

【驻村干部优秀典型】 2019年，临汾市各级干部驻村帮扶工作队及农村第一书记贯彻落实全省关于脱贫攻坚的决策部署，投身扶贫事业，涌现出一大批“懂扶贫、会帮扶、作风硬”的先进典型，解决“善作为”的问题。

大宁县徐家垛乡乐堂村卫生所乡村医生贺星龙2019年4月被省委、省政府授予“山西省特级劳动模范荣誉称号”，同年10月被国务院扶贫开发领导小组授予“全国脱贫攻坚奖贡献奖”，参加新中国成立70周年招待会，作为全国脱贫攻坚先进事迹巡回报告团成员扶贫日期间在全国巡回演讲。

山西省金融办驻吉县吉昌镇兰村工作队员赵华栋、王子为、孟瑞祥在2019年度“习近平总书记关于扶贫工作的重要论述”主题征文活动中投稿的《精准扶贫背景下驻村工作队实践困境及对策研究》论文10月25日被全国扶贫宣传教育中心评为获奖论文。

2019年10月，市交警支队驻蒲县古县乡下刘村工作队长张王平在“我的驻村故事”征文活动中，荣获《中国扶贫》杂志社、《民生周刊》杂志社优秀奖。

蒲县黑龙关镇黎掌村驻村工作队和农村第一书记郭伟的驻村故事和先进事迹多次被新华社、《农民日报》等国内知名媒体刊登和转载。

【驻村干部培训教育】 2019年，临汾市委下乡办出台临汾市《聚焦打好精准脱贫攻坚战加强干部教育培训实施方案》，将驻村干部纳入培训计划，坚持“走出去”与“请进来”相结合，加大培训力度。采取“市级示范、县级兜底”的办法10月11日至15日，市委组织部、市扶贫办分两期在永和县阁底乡东征村举办乡镇党政班子成员、村党支部书记脱贫攻坚专题培训班，对计划脱贫摘帽的大宁、永和、汾西3个县153名乡镇党政班子成员和村党支部书记进行专题培训；10月16日、20日对大宁县、吉县100余名驻村干部、乡镇副职进行集中培训；县市区结合“领头雁”培训，对县（市、区）所有驻村工作队员和农村第一书记培训238次19515人，做到培训全覆盖，确保每年接受2次以上系统培训。承担专项扶贫任务的部门按照“谁出台政策谁负责培训”的原则，组织驻村干部学习最新政策。市干部驻村帮扶工作领导小组办公室编印《第一书记学习手册》《干部驻村帮扶应知应会手册》（一、二）、《扶贫政策你问我答》《驻村帮扶百问百答》等培训教材，为推进脱贫攻坚提供理论指导和实践指南。

【驻村干部激励关怀】 2019年，临汾市干部帮扶工作领导小组办公室印发《关于进一步做好驻村干部激励关怀工作的通知》和激励扶贫干部担当、作为、容错、纠错8条措施和激励、关怀4项举措。落实村级活动场所取暖设施全覆盖，改善驻村干部工作生活条件。市直单位选派的每天补助120元，县派的补助50至70元。为市派第一书记每人每年列支5000元工作经费。督促派出单位为驻村帮扶干部办理驻村期间人身意外伤害保险，安排定期体检，协调派驻地县、乡政府帮助提供办公、食宿等基本工作条件。通过电视、报刊、网络、微信等媒介，宣传优秀第一书记和驻村工作队员的驻村帮扶先进事迹。“10·17”第六个全国扶贫日期间，临汾南高速驻村工作队利用中秋节、农民丰收节、国庆节、敬老节“四节”，结合帮扶村汾西县永安镇南沟底村实际情况，开展中秋慰问走访活动、在霍永高速汾西服务区开展特色农产品展销会、利用重阳节之际走访看望贫困老人，宣传扶贫政策、开展红薯深加工技能培训暨庆丰收活动；蒲县黑龙关镇黎掌村驻村工作队和第一书记郭伟组织开展第三届“黎掌好人”表彰大会，进行帮扶干部政策培训和入户大宣传活动。全市驻村工作队员和农村第一书记受省级及以上表彰34人。提出市县两级选拔任用干部时，要留出一定的岗位，优先考虑使用优秀驻村帮扶干部，要求第一书记、驻村工作队员提拔任用前征求干部驻村帮扶领导小组办公室意见。对任职期满考核优秀的干部，向派出单位提出使用建议。230名驻村干部得到提拔使用。其中，驻村工作队员148人中，提任副科级领导职务或晋升相应职级65人，提任正科级领导职务或晋升相应职级81人，提任副处级领导职务或晋升相应职级2人；农村第一书记82人中，提任副科级领导职务或晋升相应职级45人，提任正科级领导职务或晋升相应职级34人，提任副处级领导职务或晋升相应职级3人。

气象工作

【概况】 2019年，临汾市气象局围绕山西省气象局和临汾市委、市政府的中心工作，创新发展，气象工作取得新成绩。在2019年山西省气象行业天气预报职业技能竞赛中，获团体冠军，选手分别获得个人全能第一、二名，代表省局参加全国气象行业天气预报技能竞赛，荣获历史个例团体二等奖，个人全能第15和16名，全能团体第10名；市气象局获山西省农林水气系统五一劳动奖状。

【重点工程建设项目】 2019年，临汾市气象局推进新一代天气雷达搬迁项目，财政评审完成，进入招投标环节。向市政府申请加强气象应急体系建设，用于升级改造市局预警平台和网络保障中心，更新气象应急指挥车，完成财政评审，进行招标工作。山西省大控中心在隰县引进价值1000万元双偏振 X 波段有源相控阵天气雷达，提升冰雹灾害防御能力。

【基层保障能力增强】 2019年，临汾市建成以1部多普勒天气雷达和8部县级X波段小型数字化雷达为主的雷达监测网。建成风云三号卫星接收站。建成自动气象站288个、土壤水分站18个、农田小气候站18个，形成8×8千米网格地面监测系统，基本覆盖各乡镇及重点区域。吉县、大宁等局的基础设施建设项目通过验收；洪洞气象综合信息中心收尾；安泽、汾西、翼城迁站工作有序进行，曲沃、永和、霍州启动台站搬迁工作。依托山洪项目在安泽、翼城、汾西、吉县开展气象防灾减灾“六个一”基础能力建设。

【应急保障服务】 2019年，临汾市气象局做好“3·15”乡宁县枣岭乡山体滑坡突发事件应急气象服务，启动应急响应，出动气象应急车辆1辆、应急人员20人次，向救援指挥部报送《重要气象报告卡》1期、《气象快报》1期、《专题气象服务材料》44期，发布寒潮蓝色预警1次、大风蓝色预警信号1次。市县联合开展应急演练2次，参加市政府组织的应急演练3次，提升应急保障能力；与市应急管理局签署合作协议，建立快速高效的预警联动机制。

【环境气象服务】 2019年，临汾市气象局助力城市“污染防治攻坚战”和生态文明建设，参与大气污染防治，强化应对重污染天气科技支撑，与市生态环境局联合开展无人机大气环境垂直探测试验和论证，进入业务试运行阶段。10月，全国气候中心主任联席会在临汾市召开，临汾市政府邀请各地专家召开气候变化对大气环境影响分析座谈会，气象与生态环境签署深化合作框架协议，将在科学技术研究、生态环境监测、大气环境防治等方面开展合作。制作环境气象公报367期、环境气象要素旬报35期、

“一市一策”研究分析材料12期，发布重污染预警18期，接收人次20万次。

【特色气象服务】 2019年，临汾市临汾市被评为“2019年度CCTV《天气预报》节目传播影响力先锋城市”，被中国天气网授予“2018年度中国天气·风和之城”的美誉；翼城历山继2018年被中国气象学会授予“历法之源”称号后，被授予“中国天然氧吧”称号，2018年，安泽县被中国气象学会授予山西首批“天然氧吧”称号；安泽入选国家避暑旅游达标城市。编制完成临汾平阳记忆文化工程之气象篇，平阳气象记忆从历法之源、临汾气候、气象业务发展、气象灾害、台站变迁等方面进行撰写，共计29万余字。

【“二青会”气象服务工作】 2019年，临汾市气象局做好“二青会”花样滑冰、火炬传递、射击飞碟等赛事活动气象服务工作，气象台台长戴有学被授予“第二届全国青年运动会组织筹办工作先进个人”称号。组织召开5次新闻发布会，撰写重要气象报告卡20期、重要气象信息18期。

【人工影响天气作业】 2019年，临汾市气象局投资320万元为吉县、隰县建设6个标准化防雹作业点、投入使用，全市新建5部烟炉、2部火箭架。组织人影作业人员77人分3批到三门峡中部战区保障基地进行专业技能培训，对50余名人影管理人员进行业务技术培训。根据需要开展人工影响天气作业，全市组织地面人工增雨作业188次、飞机增雨作业51架次。2月13日人工增雪抗旱保增收效果显著，被人民网采访报道。

【气象法治化管理】 2019年，临汾市气象局召开全市防雷安全监管联席会议，推动全市防雷安全监管能力。在山西省首次办结气象行政处罚案件，对某公司超越资质许可范围开展防雷检测活动，经法定程序作出处罚。分9批对全市768家危化企业进行防雷安全“全覆盖”培训，与各企业签订防雷安全生产责任书，明确防雷安全监管职责。汛期通过预警发布平台免费向全市700多家重点防雷单位提供雷电预警服务。

2019年5月，二青会射击比赛现场气象服务　　（市气象局供图）

【省市合作体制机制】 2019年，临汾市气象局与大探中心签订战略合作协议，在技术装备保障、实验室、人才培养等方面开展合作，解决气象技术装备保障实际问题，在隰县开展天气现象仪外场试验工作和双偏振X波段有源相控阵天气雷达。与气候中心签订战略合作协议，在科技研发、技术交流方面开展合作。

【军民融合】 2019年，临汾市气象局与南机场签署《军民融合发展合作协议书》，双方在建设气象专用通信光纤和军地气象信息传输系统、重要天气会商机制等方面进行合作。为军地气象信息传输系统建设方案的制定提供技术指导，为MICAPS系统及雷达产品等方面提供气象信息服务，负责MICAPS系统安装及培训工作。双方在开展人工增雨（雪）、气象垂直监测等方面召开3次协调会，开展无人机垂直观测业务验收，进入业务试运行阶段。

【气象科普宣传】 2019年3月8日，吉县气象局葛丽娟作为山西省优秀女职工代表，在中国气象局气象会堂参加“气象女性美、奋进新时代”基层一线优秀女预报员先进事迹示范交流展示活动。在2019年全省气象科普讲解大赛中，临汾市气象局荣获视频制作一等奖、优秀创作奖和组织奖，2人被授予“2019年山西省十佳讲解员”称号；选手王文平获得第一名，在全

国气象部门气象科普讲解大赛中获优秀奖。（戴有学）

水 利

【概况】 2019年，临汾市水利局推进重大水利工程建设。全年各项水利任务指标完成，落实各项水利资金7.6亿元，完成投资7.33亿元，水利项目建设呈现投资加大、规模化项目增多的良好态势。

【大小水网建设】 2019年，临汾市水利局古贤水利枢纽前期工作取得进展，中部引黄工程进入扫尾阶段，蒲大支线延伸段工程抓紧建设。引沁入浮工程完成投资3.13亿元，到位资金超额完成，主体工程进展顺利，调概报省厅待审批。临汾市水质提升工程尧都区段管线工程一期完工。大水网涉临8个县的小水网规划方案完成批复，6座小型调蓄水库开工建设，其中汾西北掌、蒲县四沟两座主体完工。吉县腰西水库、汾西申家庄水库完成省发改委立项；隰县半沟水库在立项审批手续。

【民生水利建设】 2019年，临汾市水利局围绕脱贫攻坚，实施87处淤地坝除险加固工程、22处塬面保护工程、910处农村饮水工程；农业水价综合改革面积1.27万公顷，其中隰县下达任务700公顷，资金由县政府整合，剩余1.2万公顷的改革任务完成；完成17个县（市、区）和5个典型灌区的农业灌溉水利用系数测算成果报告，全市农业灌溉水利用系数0.569。完成水土流失治理面积4.12万公顷。巩固提升64万人饮水安全条件（其中贫困人口3.35万人），完成年度计划任务的310%，永和、大宁、汾西3个拟脱贫县全面达到脱贫攻坚农村饮水安全标准。

【水利改革】 2019年，临汾市水利局深化河长制改革，出台《临汾市关于进一步深化河长制改革的工作方案》，建立完善“河长+河长助理+河警长+巡河员”工作机制，通过政府购买服务方式，在127条河流设立巡河员1081名，组织开展全市河长制考核评估工作，强化河长履职、组织管理、机制运行和监督保障，推动河流水生态环境质量改善。优化水利政务服务，将监管事项目录清单和检查实施清单纳入“互联网+监管”系统，清理和规范水利行政许可事项，精简行政审批事项前置申请材料。

【水治理体系建设】 2019年，临汾市水利局汾河尧都区吴村段生态修复、侯马市浍河生态修复治理2项生态修复工程进展顺利。洪洞县洪安涧河、乡宁县马壁峪等6个河道治理项目开工建设。沁河重点段河道治理工程完成主槽防护工程10.6公里。开展“清河”“清四乱”专项行动，清理河道垃圾及堆积物78.58万立方米，整治河流“四乱”479处。

【水旱灾害防御】 2019年，临汾市水利局加强防汛准备，针对水库、淤地坝、在建水利工程、河道等涉及汛期安全的重点部位进行汛前大检查，完成17个县（市、区）山洪灾害监测预警系统的维护，保证系统汛前的正常运行；加强黄河汛情预测预报，全市没有发生因洪灾造成人员伤亡和重大财产损失的情况。研判旱情发展趋势，开动各种水利设施抗旱扩浇，完成实灌面积16.32万公顷。

【水资源管理】 2019年，临汾市全年用水总量7.5亿立方米、工业用水量6887.57万立方米，可完成年度用水总量控制在10.41亿立方米、万元地区生产总值用水量下降4%和万元工业增加值用水量下降1.5%的目标任务。全市地下水压采量完成1005.8万立方米，超额完成全市地下水压采量1000万立方米控制指标要求；推进地下水超采区综合整治水源替代工程，襄汾县工程进度完成90%，翼城县工程进度完成95%。（杨 洋）

·浍河水库管理·

【供水管理】 2019年，浍河水库管理分局调引黄河水3408.81万立方米，实现供水1956万立方米，其中农业供水1248.65万立方米，工业供水696.14万立方米，城市公园生态补水11.20万立方米。在供用水矛盾突出情况下，库区农业用水进行规范和管理。通过节水宣传、计划用水、完善制度、安装水表、签订协议等措施，实现协议、计量、收费“全覆盖”。

【浍河干渠改造项目】 2019年，浍河水库管理分局扩大工业供水，促进区域经济发展，自筹资金2600万元。项目初设工期6个月，合同工期4个月，管理局党委要求11月底（3个月）完成。成立施工领导组，班子成员全部参加，由工程、公安、供水、安全与防汛、机关等科室人员组成技术质检组、后勤协调组、安全生产组。面对城区施工场地狭窄，交通拥堵，管线交错，紧临民房的特殊性，领导组成员通过进社区入住户，沟通协商，化解难题。施工、制造、设计、监理参建各方，配合沟通，建立34人微信工作群。多点施工，全线推进，高峰期，开辟工作面11处，施工人员上百人，专业技术人员25人，出动大型吊车5台，特种设备1台，运送车辆30余台，经过95天奋战，11月30日主体工程按期完成。

【安全生产】 2019年，浍河水库管理分局按照安全生产“风险分级管控、隐患排查治理”双重预防机制要求，从责任落实、危险源识别、隐患排查、风险管控、制度建设五方面抓起，实行局领导与科室、科室与职工，层层签订安全目标责任书，形成一级抓一级，层层抓落实的安全生产责任体系。对浍河水库和浍河干渠等主要工程排查出的87处安全生产危险源和94处安全隐患，制作完成安全生产的“两图四表”，建立隐患治理台账，将“两图”在各办公区张贴上墙，对“四表”整理装订60册，全局职工人手一册，全年完成隐患治理17项，消除安全隐患4处。组织召开安全生产例会12次，组织安全生产大检查13次，发放各类安全生产通知书18份，重新修订安全生产管理制度。设立安全警示标志、管理制度版面、粉刷宣传标语79处（块）。全年安全生产总体形势平稳，未发生安全事故。

【水库防汛】 2019年，浍河水库管理分局按照“安全第一，常备不懈，以防为主，全力抢险”的方针，从领导、队伍、技术、方案、物资五方面狠抓落实。充实调整浍河水库2019年防汛指挥部领导机构，成立以临汾市副市长闫建国为总指挥、管理局局长常建忠为常务总指挥的浍河水库防汛指挥部，落实防汛抢险领导责任制，将有关《批复》文件一一送达指挥部成员单位。组织成立防汛抢险常备队伍，对抢险人员登记造册，进行防汛知识培训，强化防汛队伍。汛前编制上报批复《浍河水库2019年汛期调度运用计划》《浍河水库2019年防汛抢险应急预案》。汛前进行水库工程安全大检查，对泄洪洞、溢洪道启闭机、备用发电机等设施设备进行维护和试运行。召开2019年防汛工作会议，实行领导带班24小时值班工作制，强化值班纪律，保障汛情上传下达。组织完成2019年水库防汛抢险演练方案。8月12日，组织动员抢险队员190人，机械车辆15台（套），组成8个专业组，3个抢险队伍，1个机械队，完成浍河水库历史上的第一次防汛演练，对水情监测、洪水预报、异地会商、调度决策、工程抢险等方面进行实地检验。

【水库管理】 2019年，浍河水库管理分局组织水库管理人员赴山西省柏叶口水库、漳泽水库、汾河二库等地进行参观学习，找到安全生产、水库管理、用水管理、工程建设等方面的差距，提出改进措施。全年完成日常巡查270次，大检查12次，大坝沉陷测量2次，自动化监测20次。完成粉刷防浪墙38处，清扫大坝路面16次，清理排水沟9000米，淤积600立方米。张贴悬挂各种警示标识、标志、条幅、规程87处，提升水库标准化建设。

11月12日，省厅第十三考核组按照水库工程管理考核四大类35项对浍河水库进行考核。按照考核标准赋分850分，达到省级水库管理标准。11月30日，临汾市水利局组织7个平川县水利局和中小型水库等18个单位20余人，在浍河水库召开全市水库管理考核观摩现场会。

【灌区管理】 2019年，浍河水库管理分局提高灌区管理水平，组织灌区管理人员前往禹门口水源分局、禹门口东扩分局进行学习交流，新建和完善相关制度，提升灌区管理水平。全年巡查119次，处理安全隐患3处，签订安全协议1份，处置乱倒垃圾、破坏渠道、私搭乱建等行为6次，保护工程完整。组织管理人员通过走村入户，深入企业，调查实测，完成库区、灌区、园区4600公顷实灌面积统计，编写调查报告。

·汾西灌区管理·

【供水管理】 2019年，临汾市汾西灌区水利服务中心加强供水管理，实现收入提高。农业灌溉方面，采用“三利用一对应”模式，开展摸底调查工作，完善灌溉操作程序；非农业供水方面，提高服务质量，拓展用水市场，保障临汾城市居民用水和周边企业用水；龙子祠水源地保护方面，加强制度建设，开展测水量水和水质监测工作，确保调水设施运用灵活、污水坚决不能进入水源地；农业水价综合改革方面，按照政策测算，成本监审工作结束。灌区全年引水量2.55亿立方米，农业用水1亿立方米，灌溉面积32.5万亩58万亩次，农业水费收入1043万元；非农用水0.38亿立方米，非农水费收入3074万元。

【工程建设】 2019年，临汾市汾

西灌区水利服务中心推进工程建设，改善水利设施。完成临汾市龙子祠泉水文化水生态工程，总投资100万元。筹集200万元完成李村水电站增效扩容工程的并网远动通信自动化项目，通过电力部门验收后并入国家电网正式试运行。完成汾西灌区节水续建配套工程2008年新增项目的竣工验收，完成汾西灌区2007年至2013年节水续建配套工程到位资金完工验收。

【安全生产】 2019年，临汾市汾西灌区水利服务中心重视安全生产，推进依法治理。完善落实安全生产各项制度，对可能发生的事故进行超前预防。提前召开防汛会议，制定防汛方案，备好备足物资，责任到人，确保汛期安全无事故；对于长期高水位过水渠道和水库，设立警示牌，保持警示标语清晰醒目；配合河长办，推进七一渠河长制改革工作，确保河长制落实。以建设法制灌区为目标,加强对法律知识的学习和宣传工作。开展扫黑除恶专项斗争，排查所管辖区内的涉黑涉恶线索；以“防风险、除隐患、遏事故”为主题，开展“安全生产月”宣传活动。

（孙亚丹）

·引沁入汾管理·

【调水任务】 2019年，临汾市引沁入汾水利服务中心抓好安全生产，实现零事故，加强与和川水库联系，根据上游来水情况合理调度，在农业用水高峰期，加大引水流量，满足农业灌溉，为农民群众增产增收提供服务保障。汛期、农业非用水期最大限度的向涝河水库输水，保证下游水量供给。全年从和川水库引水3800万立方米。其中向洪洞调水1800万立方米，向尧都区涝河水库调水1500万立方米，向汾河生态供水500万立方米。完成全年任务的95%。

【安全生产】 2019年，临汾市引沁入汾工程输水线路长84公里，所属工程设施建设年代不一，有新建的，有过去建的，洪洞段20世纪五六十年代建设的25公里跃进渠，由于受当时条件限制，设计标准低，施工质量差。跨沟填方多，运行时间长，年久失修严重，存在着安全隐患，给安全输水带来困难。为确保完成2019年引水任务的完成，强化岗位责任制，实行铁路警察各管一段的办法，对高危地段坚持每天巡查，24小时监控；对一般的地段，每周进行一次排查；对整个渠系线路，每月一次全面排查，发现问题及时处理，不留隐患，确保输水工作安全正常进行，没有发生一起生产安全事故。

【水资源监管】 临汾市引沁入汾工程输水线路有隧洞、有河道、还有渠道，特别是渠道，穿村过巷，从百姓门前经过，是造成垃圾污染的主要来源。2019年，临汾市引沁入汾水利服务中心加强宣传，张贴布告，散布传单，对沿渠的群众进行环保教育，增强环保意识，自觉保护环境，不向渠道倾倒垃圾杂物。加强护渠工作人员的责任意识，加强对河道、渠道的监督检查，发现问题及时处理，不向下游纵深发展，输水水质好于往年，水质提升。

【工程维护】 2019年1月，由于冬季寒冷，气温下降，跃进渠结冰无法过水，影响着向涝河水库调水。临汾市引沁入汾水利服务中心动用各类机械多台，对跃进渠全线进行破冰清障、清淤，冒着严寒奋战20天，对跃进渠全线进行疏通，保证向涝河水库调水工作的正常进行。

（赵 珺）

工　业

工业和信息化

【概况】　临汾市工业和信息化局是市人民政府的工作部门，正处级建制，加挂临汾市政府国有资产监督管理委员会、临汾市民营经济发展促进局牌子。主要职责是：贯彻执行国家、省工业和信息化工作的法律法规和方针政策；拟订并组织实施工业和信息化发展规划，推进产业结构战略性调整和优化升级，推进信息化和工业化融合；监测分析工业经济运行态势；承担中小企业发展的宏观指导，贯彻执行国家、省、市有关中小企业和非国有经济的法律法规和方针政策；根据市人民政府授权，履行出资人职责，对监管企业国有资产保值增值进行监督；推进国有企业的现代企业制度建设；指导推进国有企业的改革和重组。

【主要经济指标】　2019年，临汾市工业增加值完成549.7亿元，同比增长2.6%。工业企业实现利税226.1亿元，同比下降13.6 %。煤炭工业增加值占工业增加值比重降低率与上年同期持平。制造业工业增加值占工业增加值比重上升率较上年同期上升0.14个百分点。培育“小升规”企业户数，全市有77户企业通过国家统计局“小升规”审核，超年度目标18户。

【工业经济运行】　2019年，临汾市工业和信息化局定期召开全市工业经济运行分析会，对目标任务的完成情况进行分析研究，准确掌握各县（市、区）、各行业运行动态，逐月向各县（市、区）分解下达目标任务。坚持入企服务常态化，落实“全省万名干部入企服务”活动。全市各级干部1603人，分245个服务小组对489户企业进行结对帮扶，收集各类问题371个，办结371个，办结率100%。加强银企对接，联合市金融办、银保监分局开展“送金融进企业”活动，意向资金14.4亿元。

【结构转型】　2019年，临汾市工业和信息化局印发《临汾市推进两大钢铁基地建设优化产业布局的指导意见》。晋南钢铁集团有限公司建成2×1860立方米高炉、2×150吨转炉。全市钢铁行业鼓励类装备占比超过50%，钢铁产能置换项目建设走在山西省前列。编制《临汾市焦化行业压减过剩产能暨焦化行业统筹布局高质量发展实施方案》，围绕省定1090万吨产能压减任务，实施焦化企业退城入园、退川入谷。完成546万吨产能压减任务目标，推进山西立恒焦化有限公司170万吨大机焦项目和曲沃沃能公司30万吨乙二醇联产LNG项目完工投产。印发《临汾市铸造行业专项整治方案》，重点推进甘亭（华翔）、侯马、尧都、襄汾、翼城、蒲县6个特色铸造产业园区建设。

【项目建设】　2019年，临汾市工业和信息化局实施工业转型升级重点项目75项，总投资862.9亿元。推行领导包联制度，组织开展“项目前期手续集中办理月”“项目集中开复工”“进工地、到一线、解难题”等活动。帮助全市20个项目获得山西省级技术改造资金1.51亿元，带动全市完成工业转型升级项目投资108亿元，30个转型项目完工或部分完工。

【绿色发展和重污染企业退出】　2019年，临汾市工业和信息化局加快绿色制造体系建设。制定《临汾市绿色制造2019年行动计划》。侯马经济开发区申报绿色园区成功，成为山西省唯一的绿色园区。为山西华翔集团争取第三批绿色工厂示范奖励资金200万元，上报山西光大焦化气源有限公司的焦炭和甲醇两个产品评选能效“领跑者”称号，填补全市空白。组织开展“一城三区”重污染企业关停退出行动。佛塑临汾经纬分公司、三维瑞德、远中焦化、东方恒略和顺泰实业5户重污染企业完成关停退出。

【科技创新】 2019年，临汾市工业和信息化局加强企业技术中心建设。中信机电、飞虹微纳米、立恒钢铁3户企业申报山西省级技术中心，平阳煤机、立恒焦化2户企业认定为市级企业技术中心。帮助企业争取加计扣除财政奖励资金，鼓励企业加大研发投入，增强自主创新能力，全年落实加计扣除奖励资金570万元。组织召开全市“企业上云”云服务平台培训交流会，推动全市30户企业“上云”。起草编制《临汾市2019年网络扶贫行动方案》，加快汾西、永和、大宁3个脱贫摘帽县行政村通信网络基础设施建设。汾西县120个行政村、大宁县84个行政村、永和县79个行政村互联网覆盖率达到山西省平均水平（98%）。

【清欠工作】 2019年，临汾市工业和信息化局完成清理拖欠民营企业中小企业账款工作阶段性任务。成立临汾市清理拖欠民营企业中小企业账款领导组，印发《临汾市清理拖欠民营企业中小企业账款工作方案》（临市清欠组办发〔2019〕1号），摸清底数、制定台账，建立“月通报，季约谈，半年约谈”制度。偿还拖欠账款34.76亿元，清偿比例为64.01%，超额完成省定清欠目标（60%）。

【国资国企改革】 2019年，临汾市工业和信息化局推进国资国企改革。为贯彻山西省国有企业改革大会精神，11月15日组织召开全市国资国企改革大会，对三供一业的分离移交、国有企业退休人员社会化管理、处置僵尸企业等工作进行安排部署。结合全市市国资国企改革工作实际，以市委办公室、市政府办公室文件印发《临汾市国资国企改革行动方案（2019—2020年）》。加快推进剥离国有企业办社会工作。全市“三供一业”维修改造进展51%，其中，央企完成70.94%，省企完成43.32%，完成县属企业的维修改造。（张子杰）

能源管理

【概况】 2019年，临汾市能源局完成机构改革工作，推进能源革命，构建清洁低碳安全高效的能源体系。完成矿井基本建设任务。全年投资12.1亿元，完成计划的161%。新增投产矿井6座，新增产能540万吨/年。全市生产原煤6874.35万吨、同比增加3.13%，销售原煤6800.77万吨、同比增加1.42%，商品煤销售收入369.04亿元，同比增加3.16%。全市发电245.23亿千瓦时、同比增加2.32%，用电191.79亿千瓦时、同比增加9.57%。全市煤矿瓦斯抽采量1.06亿立方米、同比增加15.79%，煤层气和致密砂岩气产量17.66亿立方米、同比增加5.54%。2019年全市万元生产总值能耗同比下降4.06%，超额完成省定3.6%的目标，受到省局表扬。推进洗选煤企业专项整治工作，推进洗洗煤企业产业提升、取缔关闭和淘汰退出工作。全年完成清洁取暖改造2413.07万平方米、18.4万户，完成改造任务的127%（按面积计算）、110%（按户数计算）。完成洁净煤供应55.51万吨，清缴散煤61267.862吨，煤质抽检4358批次，路查64960次，市级督查检查35次。

【煤炭结构调整】 2019年，临汾市能源局推进煤炭“减优绿”，关闭退出矿井2座，退出产能330万吨/年。2016年至2019年，全市关闭退出矿井18座、退出产能1395万吨/年，核减产能矿井4座、核减产能430万吨/年，退出和核减产能总计1825万吨/年。全市6座建设矿井进行产能置换，置换产能92.7万吨/年。《临汾市减量重组实施方案》上报省能源局。全市有洗选煤企业的12个县（市、区）完成排查摸底和方案编制工作。拟关闭企业84座、压减产能6380万吨/年。“一城三区”取得突破，推进取缔关闭和淘汰退出工作，关闭企业40家、退出产能3000万吨/年。全年原煤产量保持增长，提高行业效益，矿井减量重组、去产能关闭、基本建设任务完成。

【电力体制改革】 2019年，临汾市能源局优化煤电项目布局，控制燃煤发电项目总量，原则上不再新增煤电规划建设规模。全市在运的燃煤发电机组全部实施超低排放改造，达到超低排放标准。扩大电力直接交易规模，对符合申报条件的35户用电企业、1户发电企业、2户售电公司上报到山西省电力需求侧平台，培育售电主体。以大型企业自供区为重点，对列入国家第四批增量配电业务试点工作的霍州煤电集团有限责任公司，完成项目业主确定工作。电力供应保障充裕，消费持续增长。

【煤层气产业】 2019年，临汾市能源局深化煤成气开发利用，完善资源开发利用体系。推进大吉线管道工程、大宁县中石油煤层气综合开发利用工程、永和县LNG液化工程、侯马市LNG液化工程等煤层气产业项目，提高本地气源利用率。统筹调度开发利用工作。掌握全市煤层气（煤矿瓦斯）抽采利用情况，2019年煤矿瓦斯抽采量、煤层气和致密砂岩气产量稳中有升。培育重大工程项目，上报“十四五”煤成气领域重大工程项目17个，涉及10个县（市、区），总投资约268亿元。

【发展新能源】 2019年，临汾市能源局围绕电力行业清洁、高效、安全、可持续发展主线，发展新能源发电项目。全年筛选的3个光伏发电竞价项目报山西省源局备案，装机容量15万千瓦。修编的《临汾市“十三五”分散式风电项目开发建设方案》，省能源局批复8个分散式风电项目指标，装机容量16万千瓦，试行承诺制核准。通过建立联系制度、现场走访调研等形式，督促新能源发电项目投产运行。

2019年6月，市能源局现场调研清洁取暖　　（市能源局供图）

【节能降耗】 2019年，临汾市万元GDP能耗降幅位居山西省前列。节能监控持续加强。按季度发布各县（市、区）节能目标完成情况晴雨表，进行预警调控，遏制能耗过快增长。举办规模较大的节能宣传周活动，组织开展2019年节能工作培训会。制定《临汾市节能降耗2019年行动计划》，督促11个有关部门贯彻落实相关领域的节能标准和政策。

【清洁取暖】 2019年，临汾市能源局加强督导检查，突出“一城三区”示范效应，采取调研考察、督促检查等手段，实行清洁取暖周报告、半月例会等制度，倒排工期，挂图作战，组织推进工作，清洁取暖攻坚战取得阶段性胜利。

【散煤污染专项整治】 2019年，临汾市能源局按照《临汾市2019年散煤污染专项整治实施方案》的重点任务和实施步骤，狠抓散煤清缴、洁净煤供应、煤质抽检、路查路控等重点环节，加大检查督查力度，严格管控、综合管控、强力推进，散煤整治成果突出，完成全年整治目标。　（孔令婷）

煤炭产销

【安全生产】 2019年，山西煤炭运销集团临汾有限公司制定完善《安全生产问责制度》等39项安全管理制度，构建公司与煤矿两级安全生产标准化组织领导责任体系，昊兴塬、金辛达保持国家一级安全生产标准化动态达标。开展“安全生产月”和安全宣讲“三进”活动，强化管理、操作、技术“三支队伍”素质提升培训工作。采取联合检查、动态抽查、重点突查等方式，开展矿井安全“体检”“三个专项行动”、五个“十严禁”“查除防”等15轮次联合检查和安监队伍、技术队伍、煤矿“三真”管理、外包队伍等专项整治，全年查处隐患4200余条，实施“队组领导、矿领导、市公司挂牌领导”三层责任联锁把关制，实现“隐患整改、闭合销号”。强化“抓矿长、矿长抓”“一头一尾”和“准军事化”管理，推进以矿长为首的安全生产管理团队，以总工程师为首的技术管理团队，以区队长、班组长为首的现场管理团队“三个团队”建设。召开昊锦塬“现场文明施工动态达标”现场会、四通“行为规范、操作达标”现场会、昊兴塬“班组建设暨岗位作业流程标准化”现场会。

【环保工作】 2019年，山西煤炭运销集团临汾有限公司坚持“攻坚提速，环保先行”，制定实施环保工作包片联点分工责任制，做好环保工作“六到位”。所属各单位全部拆除燃煤锅炉，完成清洁供暖改造，生产矿井标准化洗车平台投入运行；加快推进环保手续办理，昊兴塬洗煤厂、四通煤业及洗煤厂项目通过环境保护竣工验收，取得排污许可证；抓好环境管理标准化建设，加大环保检查考核力度。

【生产提效】 2019年，山西煤炭运销集团临汾有限公司坚持“提质降本、增产增效”的生产经营主导思想，优化生产布局、技术装备和生产组织，谋划采掘衔接和“四量”平衡、搬家倒面不停产等举措，优化掘进、临时支护、探放水等工艺流程，探索实施转采、切顶卸压、全锚索支护等新技术、新工艺，金辛达、昊兴塬等矿井万吨掘进率下降，单产单进水平提升，生产工效实现同类矿井先进水平，商品煤产量实现历史新突破。昊兴塬2#、10#煤配采项目竣工验收，金辛达150万吨/年产能提升取得重大突破。推行目标成本管控模式，各煤矿从薪酬绩效、巷道设计、工艺优化、错峰用电、设备检修、煤质管控、材料采购等环节深入挖潜。坚持“效益优先、应洗尽洗”，昊兴塬、金辛达、四通3座生产矿井优化洗选工艺流程或强化选煤厂竣工验收，实现原煤部分入洗到全部入洗“质”的飞跃。坚持“以质论价、优质优价”原则，推广网上竞价销售，推进长协合作，加强与终端用户战略合作，确保产销衔接有序和煤炭销售效益提升。

【煤矿建设】 2019年，山西煤炭运销集团临汾有限公司推进重点矿井建设，实现四通煤业及金辛达选煤厂竣工验收，实现金辛达选煤厂及四通煤矿与选煤厂的竣工验收，新增煤炭优质产能150万吨。实现重点项目建设高标准推进。优化基建审批流程，坚持月度划线验收，保障资金拨付到位。东瑞煤业加强施工队伍管理，优化施工组织，年底二期工程完工；昊锦塬煤业推行文明施工，严格工程质量管理，实现二期工程任务过半。

【整合重组】 2019年，山西煤炭运销集团临汾有限公司提高贸易集中度，将原有的14户贸易单位整合为4户，优化贸易产业布局，强化贸易经营风险的集中管控，健全完善与用户、铁路部门贸易合作的示范合同文本以及“八严禁”，实施贸易合同跟踪、报审报批和会审会签，杜绝新增欠款。推进贸易业务做优做精，贸易公司、聚晟、古县公司、洪洞公司、尧都公司等贸易单位，发挥区位优势和比较优势，加强终端用户战略合作，优化用户结构，提升终端用户贸易比重。

【企业改革】 2019年，山西煤炭运销集团临汾有限公司规范推进金塬达和金裕达法人治理结构建设并完成工商注册；创新建矿合作模式，股东出资按股比和进度动态跟进，为两座矿井开工建设创造条件。落实“十不准”工作要求，规范执行六部门专业审核与市公司、集团两级审批程序，依法依规完成华晋、华凌等7户僵尸企业清算注销工作。东瑞煤业推行后勤服务社会化改革，创建“五有、五定、五严格”的管理模式，以点带面，在同富新、昊锦塬等5座煤矿推广复制，变用人为用工，降低用工风险。 （陈叔华）

电　网

【概况】 国网临汾供电公司成立于1970年，供电面积2.03万平方公里，担负全市143.5万客户的供电任务。下属14个县级供电公司、8个业务机构、1个集体企业。用工总量5705人，其中全民工2725人，电校151人，供电服务职工1846人，主业劳务派遣用工79人，集体企业用工904人。2019年，完成电网发展总投资7.47亿元；售电量完成153.39亿千瓦时，同比增长10.46%；营业收入71.4亿元，同比增长7.4%；资产总额69.9亿元，排山西省第四；综合线损率2.18%；完成乡宁枣岭山体滑坡、沁源山火救援、二青会重要保电等重点任务。

2019年，“多维度同时域开关柜隐患智能综合诊断仪”获山西省“五小”竞赛一等奖；襄汾张高村“煤改电”入选国网百佳工程；“大数据驱动的煤改电工程全过程跟踪审计”获国网优秀审计项目；郑仙荣当选“最美国网人”，刘小元、毛义分别获山西省特级劳模和劳动模范称号。

【电网体系】 临汾主网以北部霍州、西部孟门、南部临汾3座500千伏站为支撑，15座220千伏站沿汾河形成南北2个220千伏双环网，5座220千伏站分布两山形成东西2个220千伏双环网，构成三角四环主干网架。供电区域覆盖1区2市14县，是山西县级电网最多的地区电网。

截至2019年底，临汾电网现有500千伏变电站3座，主变18台，容量5000兆伏安；其中，220千伏变电站31座，主变66台，容量9133兆伏安（其中主网20座/42台/7170兆伏安，用户11座/24台/1963兆伏安；110千伏变电站109座，主变221台，容量8652兆伏安（主网57座/115台/4684兆伏安，用户52座/106台/3968兆伏安，其中地电12座/24台/892.5兆伏安）；35千伏变电站173座，主变320台，容量2876.61兆伏安（主网75座（其中开关站1座）/148台/1451.4兆伏安，用户98座/172台/1425.21兆伏安）；10千伏开关站32座（主网29座，用户3座）。

拥有220千伏线路77条，线路长度1867.7千米；110千伏线路131条，线路长度1569千米；35千伏线路162条，线路长度1489.7千米、电缆15.4千米；10千伏公用配电线路745条，6千伏公用线路6条，共计751条，长度总计15046.25千米，其中架空线路13851.82千米，架空绝缘化率39.34%，电缆线路1194.43千米，电缆化率7.94%；10千伏开关站28座；公用配变15886台，容量3526.4230兆伏安；柱上开关1674台；用户134.2万户，户均容量2.63千伏安，其中县域户均容量2.61千伏安。

城市配网10千伏线路141条，长度782.18千米，联络率92.8%，N-1通过率83.2%。其中电缆463.56千米，电缆化率59.27%，架空线路318.62千米，架空线路绝缘化率50.74%；10千伏开关站13座；公用配变814台，容量420.2950兆伏安；柱上开关103台；用户10万户，户均容量4.20千伏安。

临汾电网总装机6295.859兆瓦，其中集中式光伏18座、容量379.4兆瓦，风电3座、容量216.5兆瓦，生物质电厂3座、容量54兆瓦，低压分布式光伏14282座、容量281.559兆瓦。

省调电厂13座（兆光、霍州、浍滨、汾泽、河西、佳盛、尚佳、盈风岭、和鑫、锦风岭、美能、亿武、双字坪），装机容量5236.5兆瓦；地调小电厂46座、县调小电厂1座（畅银电厂），装机容量777.8兆瓦，其中火电30座，容量603兆瓦；光伏13座，容量159.4兆瓦；其他4座，容量15.4兆瓦。

临汾电网接入500千伏系统电厂2座（兆光、霍州电厂），机组4台，容量2400兆瓦，接入220千伏系统电厂机组4座（兆光、浍滨、汾泽、河西），机组8台，容量2400兆瓦，接入110千伏系统13座(含盈风岭、锦风岭、双字坪风电、和鑫光伏）24台，容量681.5兆瓦，接入35千伏系统23座（含佳盛、尚佳、美能、亿武、正信、天惠、金惠、合众、泽宇光伏）34台，容量414兆瓦，接入10千伏以下系统19座（含荣昌、惠民、华得宇、旭泉、同福、汤荣、润发、瑞业光伏）23台，容量118.8兆瓦。

【工程建设】 2019年，国网临汾供电公司全年电网基建投资1.65亿元，续建工程5项，开工10千伏及以上输变电工程11项，投产10千伏及以上输变电工程7项，完成结算任务7项。

配合国网山西省电力公司直管工程属地协调方面，临汾西500千伏输变电工程按期投产送电；陕北—湖北±800千伏特高压直流输电线路工程（临汾段）成“先签后建”工作，属地协调进度满足工程连续施工要求。

德美—官庄110千伏线路工程获得“国网公司优质工程银奖”。隰县盾安风电场110千伏送出工程、兴唐220千伏变电站3号主变扩建工程、黄土变至隰县变110千伏输电线路改造工程等3项工程获得“国网山西省电力公司2019年度第一批达标投产输变电工程”。

2019年，国网临汾供电公司是全省唯一一家无尾工、无长期挂账项目、无遗留未结算工程、无遗留未投产工程、无遗留土地手续办理及无遗留消防手续办理的“六无”单位。

【经营管理】 2019年，国网临汾供电公司营销经营管理工作是完成全年目标任务；在2019年同业对标中，降损反窃指数被国网山西省电力公司评为国网临汾供电公司唯一“领先型指标”，优质服务满意率和营销大数据应用率指数被国网山西省电力公司评为国网临汾供电公司唯一“提升型指标”。完成党和政府交付的政治任务。强化工作机制，压实基层单位“一把手”责任，推进资金接收进度，超额完成“三供一业”转资、无偿接收用户资产入账任务。创新实现扶贫光伏结算“月结月付”机制。

【收费业务】 2019年，国网临汾供电公司做好电费风险研判，严守电费回收红线，提升电费风险技术防范水平，夯实电费收费业务水平。电费业务各环节对照审计要求细化落实，制定印发电费回收指标解读、电费收费业务细化要求、账务上线方案和预备电费“省级直收”实施工作方案等文件。夯实电价基础管理，编制《电价实用指南》，对所辖范围内“煤改电”客户用电及档案信息开展专项自查工作，依托上海营销审计，结合主题活动开展“党建+营销审计”业务回头看自查工作。对接市、县政府，明确清洁取暖、水污染及“一城三区”范围内限制类焦化钢铁等企业退出工作涉及退出企业名单，动态编制电费风险“一户一策”。提升电费风险技术防范水平。推广高压智能交费业务，推行高压费控装置，对电费风险大的存量客户，制定3年实施计划，解决高压存量客户装置需求。组建预关停企业电费攻坚团队，制定“每日核算、逐级报送”“轮流催费、实时监控”“强化政府沟通、关注关停进度”等举措，实现电费回收率100%目标。

【巩固营销工作基础】 2019年，国网临汾供电公司巩固营销工作基础，提升人才队伍建设。精准实施HPLC“一区一策”轮换工作8轮次，更换新型智能表及HPLC模块，消除采集、线损异常台区,实现新老设备有序融合。开展众辉星级员工评选活动，选树四、五星级员工64名，打造“微课堂视频”个性化培训。在国网第七届供电“服务之星”竞赛决赛实现新突破，在国网山西省电力公司年度营销“服务之星”“手工核算”两大专业竞赛中，均取得团体第一，包揽个人前四名的优异成绩。

【风险防控】 2019年，国网临汾供电公司严控风险、强化管控，保证营销工作红线、底线不逾越。推进营销现场安全与生产现场安全同质化管理，全口径管控营销计划作业现场。强化客户用电安全管理，开展客户用电安全周期检查、专项检查和特殊性检查，协同保电贯穿全年，完成“二青会”、高中考、节假日等各类客户侧保电任务79次，国网临汾供电公司内外部营销安全态势平稳。克服“200多家因环保问题引发政策性关停企业”外部经营环境恶化阻力，保证电费足额回收。

【安全警示教育】 2019年，国网临汾供电公司开展“安全生产每日一题、每周一讲”，线上答题3.1万人次，线下每周一讲32次；组织579名专业管理人员、“三种人”安规考试、187名中层干部安全法律法规考试；制作《安全生产没有如果》《正确使用安全帽、安全带》等警示教育教学视频，开展检修工作开工前针对性安全警示教育。

【现场安全管控】 2019年，国网临汾供电公司制定《作业现场周管控表》，实现现场作业“六清晰”“三明确”。利用APP小程序准确定位作业现场，做到各类现场数得清、找得见。两级纠察队“四不两直”检查现场783个，查纠违章424起，处罚255万元，奖励193万元。

【专项活动】 2019年，国网临汾供电公司推进“三个专项行动”、安全生产领域检视整改、交通消防隐患排查、安全巡查等专项整治活动，坚持例行工作与专项活动互补互进。

【应急保障】 2019年，国网临汾供电公司完成30类应急预案修编，完成14家县公司区域协调联动协议签订和首次大面积停电事件应急演练；完成国庆70周年、二青会、乡宁“3·15”山体滑坡救援和沁源“3·29”森林火灾扑救保电任务。

【电力运行与电力市场】 2019年，国网临汾供电公司优化方式统领，制定13项电网补强措施，落实93项调控重点措施。开展度夏主网运行、配网运行、需求侧负荷“三个”分析，编制《临汾电网2019年夏季运行方式》，度夏期间对主网2座220千伏站区域方式、3座110千伏站站内方式、2条110千伏线,3条35千伏线及城网区域内9站、16线进行方式合理调整，确保电网平稳度夏。加强配网实时校核，完成城网全部开关站、24条线路校核，完成五一东等9座开关站实际操作。完成二青会、建国70周年等重大保电任务74项。完成两次护网行动和自动化“排雷”行动，管控七级以上检修风险93项按照“上下协同、一停多用”的原则，优化主配网停电检修策略，安排检修计划998项，同比降低12.84%。

【市场开拓】 2019年，国网临汾供电公司深挖市场项目，实现经营局面新突破。创新综合能源工作机制，采用“134”模式拓展综合能源服务市场，摒弃代采购模式，将综合能源市场开拓成效做到实处。储备综合能源项目28项，环保监测项目在全市涉气企业全面推广，综合能源业务营收3983万元，同比增长97%。净增接电容量162.92万千伏安，同比增长38.9%；制定优化营商环境两年计划，出台6类27项具体措施，企业办电申请资料由7类减至3类，环节由6个减至4个。高低压平均接电时长较国网公司要求分别减少33.04天和17.81天，企业办电基本实现复杂业务最多跑一次，简单业务一次都不跑。59个小区17321户签订意向协议，完成既定任务量的376%，位列山西省第一。完成24个5767户合表打开，专项整治漠视侵害群众利益问题1308个。

【完成客户侧保电任务】 2019年，国网临汾供电公司建立健全集中指挥、协调配合、分级负责的客户侧保电机制，落实“四到位”，实行高标准、全方位的客户侧保电服务，确保“政治保电、民生保电、应急保电”三类保电任务万无一失，完成中、高考及“二青会”部分赛事等重要客户侧保电任务。

【优化电力营商环境】 2019年，国网临汾供电公司召开民营企业座谈会和新闻发布会，推动《临汾市优化营商环境行动方案》落地，营造优化营商环境内外部氛围。定期开展“业扩随手拍”线上抽查，提升客户档案资料规范性。确实缩短高低压平均接电时长，客户“三省”“三零”服务初见成效。

【推进“三供一业”】 2019年，国网临汾供电公司将“三供一业”供电设施分离移交工作列为“一把手”工程，由各单位主要领导亲自抓，建立“通报—考核—约谈—推进”循环工作机制，压实责任落实，任务分解到人，走访移交企业，对于多家资金到位缓慢企业，指派专人驻守现场，反复催资，取得实效进展，各级单位组织127场座谈会，走访500余次，加大省属企业资金催收力度，与市政府沟通市属企业资金问题，确保2020年资金到位率80%以上。

【合表小区】 2019年，国网临汾供电公司响应国网山西省电力公司对合表小区打开工作提出的要求，完成辖区内存量合表小区摸底排查工作，核定存量合表小区101家，户数43473户。

【乡镇供电所工作】 2019年，国网临汾供电公司创新供电所动态考评模式。结合国网山西省电力公司基层减负和优化供电所考核工作，从各县供电公司抽调业务骨干，成立“星级乡镇供电所动态考评工作小组”，应用星级评价小程序，根据星级乡镇供电所建设评价规范，按季度开展对14个县供电公司108个乡镇供电所的全覆盖检查，对已命名的66个全能型、33个四星级及以上供电所进行考评，督导整改。全年迎接国网山西省电力公司两次供电所动态考评检查工作的验收，无一供电所发生掉星情况。

【员工星级考评】 2019年，国网临汾供电公司围绕职业素养、理论知识、实操技能、工作评价4个维度，建立“全能型”供电所星级员工考评机制，强化激励管理，坚持考评和奖惩相挂钩，实行员工收入“按级分配”。按照评选程序和条件，从1882名供电所员工中评选出16名五星级、48名四星级员工。

【员工业务培训】 2019年，国网临汾供电公司针对供电所员工年龄老化、学习力偏低、日常业务繁杂等突出矛盾，开展注重“短、实、准”的微课视频培训，征集、选择符合基层业务需求的主题，内容涵盖营销11个专业的典型业务，120余名员工参与脚本编写、现场排演、上台讲解拍摄过程，完成拍摄21个微课视频，发放至14个县公司循环播放学习，实现“演员”“学生”业务技能双提升。

【供电所党员管理】 2019年，国网临汾供电公司探索基层供电所党员管理模式，以“党建引领促发展，党员带动创佳绩”为主线，按“一月一积分、一月一公示、一年一考评”的方式进行动态管理，以一年为一个积分周期，建立供电所党员积分制管理档案、设置积分看板及党员个人《积分制管理手册》，实现积分管理“一档、一板、一册”的管理模式，在山西省首家推行基层供电所“党员积分制”管理模式，实现108个供电所412名党员管理全覆盖。

【科技与信息化】 2019年，国网临汾供电公司10项群众性创新项目研发，全部通过验收，可研项目完成率100%，验收通过率100%；完成国网项目“面向电网电力电子化的宽带多频电气量统一测量关键技术研究”的验收工作；完成2020年科技项目群众性创新项目储备10项。截至12月底，国网临汾供电公司拥有专利184项，其中海外专利2项，发明专利23项，实用性专利150项，外观专利9项；申请专利18项，其中发明专利5项；获得发明专利授权2项，实用性11项。2019年，申报国网山西省电力公司奖励24项，其中14项获得国网山西省电力公司奖励。申报国网山西省电力公司科技进步奖6项（“主动干预型消弧装置、灵活接地装置在中性点接地方式改造中的应用”获得一等奖、“主变保护跳闸逻辑出口检测仪研制与应用”“一种新型双重防脱落多功能紧线器的研制”“物联网电力线路及杆塔实时状态监控系统”“电力设备超景深精细巡检装置的研制与应用”获得三等奖）；申报群众性创新奖11项，其中“开关柜停电状态下的局部放电检测装置”获得一等奖、“GIS隔离开关分合闸精确指示装置”“接地小车五防锁扣”“主变有载芯体电动提升器的研制”3项获得二等奖，“10千伏计量柜内抄读互感器铭牌摄像装置”“智能电能表载波通信单元检测装置”2项获得三等奖；专利奖申报7项，其中“一种电动汽车双向智能充电桩的充放电控制方法”获得专利一等奖，“计量二次回路导线的绝缘护线夹”“一种具有无功补偿功能的V2G充放电装置”2项获得专利三等奖。

【优化网络架构】 2019年，国网临汾供电公司加强信息网络安全管理。统一出口，完成14个县供电公司网络结构优化调整，实现县供电公司所属125个供电所/营业厅、75个35千伏变电站由县调统一出口；严把入口，规范终端入网流程，完成信息内网3676台终端三重绑定（IP+MAC+端口）工作；全年处理高危漏洞及端口数475个，未发生违规外联，弱口令同比减少34.6%，网络安全态势向好。提升设备运行可靠性。实施数据通信网接入网整体改造工程，完成46座110千伏及64座35千伏变电站110台路由器更换新增工作，为数据通信网业务扩容及优化提供保障。

【扶贫工作】 2019年，国网临汾供电公司帮扶28个贫困村1027户2965人，退出贫困率99.76%，剩3户7人，均属政策兜底扶贫。投入专项资金1.14亿元，实施贫困地区电网改造升级工程19项，提前完成山西省“十三五”脱贫攻坚规划电力扶贫目标任务，“两率一户”指标均超额完成“十三五”新一轮农网改造目标要求。创新光伏“月结月付”结算模式，在《山西日报》《国家电网报》《今日头条》等媒体报道。结算扶贫电费4.23亿元，其中上网电费2.23亿元，补贴2亿元，惠及505个村49785户贫困户。2019年，支付光伏扶贫电费2.43亿元，其中上网电费1.07亿元，补贴1.36亿元。派出驻村第一书记5人、驻村工作队员25人，常态驻村开展驻村帮扶“六大行动”，在“10·17”全国扶贫日组织开展“电网系脱贫 人人献爱心”系列募捐活动，为定点帮扶大宁县而吉村捐赠少儿读物、农业科学、健康保健、医药卫生等图书1562册，香皂、肥皂、洗发水、绒手套、铁锹等劳动生活用品1980件。捐赠资金79.5万元实施特色产业发展、其中爱心超市1项、农业生产物资捐赠2项、养殖3项、种植1项、基础设施建设2项。购买助销帮扶村产品125.73万元，完成计划任务的192.57%，国网山西省电力公司排名第一。11月19日开展“送温暖、献爱心”社会捐助活动，为贫困地区募捐扶贫款6万余元。完成5个贫困村摘帽退出，23个帮扶村脱贫巩固工作。

（段丽凤　曹莎莎）

2019年12月2日，临汾供电公司员工利用红外测温仪对光伏扶贫电站开展设备和线路的巡视检查工作　　（临汾供电公司供图）

中小微企业发展

【经济运行分析】 2019年，临汾市中小微企业发展中心加强中小企业统计工作的基础性、前瞻性工作，掌握经济运行动态。1月11日至15日对2018年度中小企业经济年报表进行审核汇总，对统计人员进行统计基础知识培训和统计软件培训。做好月报和季报工作，完成9次全市中小企业经济指标月报表和3次中小企业、大型企业统计季报表的汇总上报工作。以统计数据为依据，以企业实际生产经营状况为重点，对中小企业进行监测分析，作出经济运行分析报告。全年全市中小微民营企业市场主体

15.33万户，占市场主体99%以上，从业人员78.77万人，其中个体户13.45万户、32.79万人；民营中小企业1.88万户、43.2万人；大型企业11户、2.69万人。2019年，全市中小微企业完成总产值787.96亿元，同比增3.03%；营业收入1213.12亿元，同比增4.53%；利润93.61亿元，同比增4.68%；出口产品交货值5.48亿元，同比增5%；上缴税金76.23亿元，同比增70.2%；劳动者报酬96.38亿元，同比增4.33%。

【政策宣传】 2019年，临汾市中小微企业发展中心宣传新修订的《中华人民共和国中小企业促进法》，开展"6·27"中小微企业日宣传活动，印发《关于支持民营经济发展的意见》。开展"三服务"活动，送政策、送专家、送服务、送法律进企业"三送一进"活动，开展政策解读、建立推进机制、营造发展氛围。向基层发放《2019年中小企业"三送一进"活动工作信息手册》。选择优秀社会服务机构开展服务企业活动，推送公益化服务、市场化服务和增值化服务。10月10日，邀请山西能源学院经济管理系工商管理博士戴国宝进行企业管理和经营的把脉问诊，召开民营中小微企业高质量发展座谈会，开展专家与企业的互动，建立专家与企业的长期联系机制。10月29日，赴洪洞县围绕经济运行、"小升规"、专精特新、管理标杆、创业基地、融资创新、股份制改造、全市中小微企业发展运行分析等工作进行集中调研，对10户重点企业进行业务指导和培训。11月13日至15日，对大宁、永和、汾西3个2019年脱贫摘帽贫困县的100余家企业开展"三送"服务活动。

【政策落实追踪】 2019年，临汾市中小微企业发展中心对2016年以来涉及民营企业没有落到实处的政策资金2950万元进行梳理，向相关部门进行反馈。组织10个贫困县中小企业主管部门对2016年省级专项资金1000万元使用情况进行调查，其中支持企业扶贫项目44个、740万元；补助16个小微企业服务站、43万元，补助3个公共服务平台建设117万元，共计900万元，其余100万元由县财政统一安排使用。2月，结合"改革创新、奋发有为"大讨论活动，筛选132家"小升规"重点培育企业作为山西省万名干部入企服务的重点对象。对全市中小企业融资情况工作进行3批次调查，收回调查问卷200余份。8月，与工信局、统计局联合成立5个组，对全市17个县（市）的"小升规"工作进行调研督促。9月19日，组织市县中小企业主管部门的负责人参加在侯马举行的"晋陕豫黄河金三角民营经济发展恳谈会"。落实2017年48家"小升规"入库企业奖励资金工作，2018年首次入规的31家企业奖励资金930万元下拨到县级财政。

【"规范化股份制改造"专项服务】 2019年，临汾市中小微企业发展中心建立规范化股份制改造后备企业资源库，宣传发达地区规范化股改先进做法和经验，加强法律、税务、财务等知识培训，加强与有关部门以及全市4家开展股改工作机构的对接，组织股改上市培训活动9次，培训企业250余家。开展小微企业金融知识普及教育活动，5月、10月分两批组织有股改、挂牌、上市意向或通过资本市场融资的中小微企业董事长、总经理、财务总监等30余人参加山西省股改专题培训，完成省局分配的培训任务。分两批向省局报送山西省上市挂牌后备企业库名单，上半年入库企业11家，下半年入库企业45家，全年56家企业进入股改改制工作阶段。对当年入库完成股份制改造的企业，落实资金奖励政策，推荐2018年的16家企业参加全省评审，14家获得奖励，剩余2家企业进入考察期。

【融资工作】 2019年，临汾市中小微企业发展中心深化"政银企保"合作，建立"政银企保"合作交流工作协调和推介机制，帮助小微企业多融资快融资，解决融资需求。1月18日，组织企业在中行临汾市分行召开支持民营经济发展合作签约大会，6月5日，乡宁举办"乡宁县经济转型板"开板暨企业集中挂牌仪式，山春旯食品、扬海财务咨询、恒翔科技、天昌居建筑工程、艺风广告、老百姓大药房、河东物流、金砂紫陶工艺美术有限公司等8家企业集中参加挂牌，在省股权中心晋兴板挂牌上市。7月11日，组织曲沃迈乐肥业等7家企业和华夏银行进行融资服务对接座谈会。9月参加国家级中小企业金融创新试点城市评选活动答辩工作。10月30日，襄汾县举办"企业创新板"集中挂牌仪式，巍达新型建材、碧云天生物科技2家晋兴板，山佳阀门、瑞德合成材料、昌祥建材、埠瑞联特煤机、辉瑞制药5家培育板等7家规模以上企业集中挂牌。全市191家中小微企业在省股权中心挂牌，总数居山西省各市排名第3位。对全市主板、中小板、科创板、创业板、新三板、晋兴板上挂牌企业进行摸底，向省局推荐13家企业争取挂牌上市企业融资奖励。落实小微企业融资担保业务降费奖补政策，对3家担保机构的业务数据进行审核上报，省财政分别给予侯马经济技术开发区海融中小企业融资担保有限公司补助资金121万元，临汾经济技术开发区中小企业融资担保有限公司补助基金109万元。2402万元融资模式创新资金3年来支持中小微企业贷款72笔，贷款金额62960万元。

【“双创”培育】 2019年，临汾市中小微企业发展中心指导尧都区、侯马市两个“山西省中小微企业创业创新基地示范县”和全市中小微企业创业创新基地的建设工作。拍摄“青春兴晋、根在山西、欢迎回家”主题小视频。规范建成的侯马普天、襄汾县城西、曲沃县城西、蒲县安隆、吉县兰家河、尧都区锦悦城等6个省级中小企业创业创新基地，新认定临汾市蓝色港湾文化创意产业园为2019年市小微企业创业创新基地，山西前店后厂小微企业创业创新基地、中国手艺小镇创业创新基地和乡宁双创基地3个市级创业基地被省局评为省级中小企业创业创新基地。全市9个省级中小企业创业创新基地入驻企业245户，吸纳就业人员3200人。正在培育建设的县级创业基地有10个，分别是：尧都区的华门新天地创业创新基地和中联万创.3W众创空间，侯马市的汤荣机械制造基地、军威商贸制造加工创业创新基地、振通电子商务产业园、侯马新兴纺织城商贸创业基地、山西通盛医养创业服务基地和山西前店后厂小微企业创业基地（已认定为市级双创基地），洪洞县中小企业创业基地以及乡宁县双创基地。推荐山西飞虹微纳米光电科技有限公司、临汾市政集团公司等8个企业和创客参加“创客中国”山西省中小企业创新创业大赛，山西飞虹微纳米光电科技有限公司的参赛项目“高性能蓝光LED外延片及芯片”获得三等奖。推荐侯马经济开发区申报“省级大中小企业融通型创新创业特色载体”。

【企业转型升级】 2019年，临汾市中小微企业发展中心加强规划引导，强化在人才、技术、资金、市场等方面的支持，修订完善市级“专精特新”中小企业认定办法，明确培育条件及方向，建立“专精特新”中小企业培育库，促进融通发展，实现产业链上下游设计、采购、制造、物流等多领域融合，增强“专精特新”中小企业信息化应用能力。推动“专精特新”中小企业建立“工匠工作室”“技术创新中心”。认定20家中小企业为2019年市级“专精特新”企业、15家中小企业为“管理标杆”企业。推荐17家中小企业申报省级“专精特新”中小企业，其中10家被省局评为省级“专精特新”企业。培育市级“专精特新”企业129个、市级“管理标杆”企业80个和省级“专精特新”企业42个。推荐山西飞虹微纳米光电科技有限公司、山西琪尔康翅果生物制品有限公司等4家企业申报省级2018年专精特新“小巨人”企业，其中，山西琪尔康翅果生物制品有限公司被省局认定为“专精特新”小巨人企业。推荐山西三水能源股份有限公司、山西建邦集团铸造有限公司等8家企业申报省级2019年“单项冠军”企业，推荐临汾市蓝色港湾文化创意产业园申报2020年山西省小微企业创业创新基地。

【中小微企业人才培育】 2019年，临汾市中小微企业发展中心依托国内著名大学和相应学科的领军高校，培育企业家队伍。组织推荐20家“专精特新”中小企业赴北京大学、清华大学学习；推荐两名企业家参加“山西省中小企业、民营企业董事长德国创新管理高级研修班”学习。组织10名企业家参加省局在浙江大学举办的“山西省中小企业脱贫攻坚专题研修班”。组织8名中小微企业总经理参加在北京大学举办的“全省中小民营企业总经理研修班”。5月19日，组织200名民营企业家在思麦尔大酒店举办“民营企业法律风险防控”专项培训班。组织举办“中小企业大讲堂”。开展历届研修班学员训后交流素质再提升活动，搭建训后学员交流平台。推荐上报8名技术人员参加全省高级职称评审答辩。

【中小企业服务平台建设】 2019年，临汾市中小微企业发展中心鼓励指导县级综合服务平台工作，上平台企业380户。指导华翔铸造平台等16家专业化服务子平台建设，提高平台精准服务能力，构建中小企业找得见、用得起、有保证的服务网络。开展“全市中小企业服务对接活动”“三送一进”“管理咨询诊断服务”等服务活动，打造全市服务中小微企业的知名服务品牌，服务企业2300户。培育优秀服务机构，认定山西诚源矿山安全技术服务有限公司等9家服务机构为第四批市级中小企业公共服务示范平台；推荐霍州华鸿会计事务所、山西海易水泵快捷服务、山西万盛源天然气、翼城正泽合伙税务师事务所、翼城隆鑫特种机械职业培训学校、山西三合会计师事务所6家服务平台申报2019年省级公共服务示范平台评选。整合全市范围相同或相近专业机构，指导成立专业服务联盟。扶持一批服务案例企业，初步筛选10家左右不同类型的企业作为服务案例企业，集中多种资源重点培育。

【拓展国内外市场】 2019年，临汾市中小微企业发展中心抓住山西省构建内陆地区对外开放新高地的战略机遇，帮助中小企业拓展国内外市场，加强“一带一路”产能合作，组织“专精特新”企业参加各种综合性、专业性、行业性展会，进行产品展示、项目推介。为中小企业产品和服务出口提供指导和帮助，组织10个县市局、7个优势企业45人的临汾市代表团参加4月18日至22日举办的2019中国·天津投资贸易洽谈会暨PECC博览会，宣传推介吉县壶口果业有限责任公司、山西达明一派益生菌果汁、山西尧田农业科技股份有限公司的尧田醋，与沃尔玛、家乐福等大型商超就建立产地直采、代收代储、基地建设等达成合作意向。永和县中小企业局积极和天津当地电商沟通交流。襄汾县政府与河北泊头市政府成功对接，市局和部分县局的同志与滨海新区的山西投资集团驻天津分公司进行座谈。6月24日至27日组织10家企业参加第十六届中国（国际）中小企业博览会，销售、签约1337.9万元。借助各类大型对外交流平台，组织开展商贸洽谈、技术合作、高层论坛等活动，提高对外合作成效，组织霍州鸣梦老粗布参加祁县玻璃器皿博览会暨“一带一路”中小企业特色产业产品交易会。 （雷临鸽）

城镇集体工业

【概况】 2019年，临汾市城镇集体工业联合社，承担着对全市各县（市、区）基层城联社及其成员企业进行“指导、维护、监督、协调、服务”的职能。市城联社下辖全市16个基层城联社（2010年，侯马市城联社被撤销并入该市供销社），57个成员企业（其中，市直企业9个）、1个事业单位（资产经营中心），企业职工总人数4629人（离退休1634人）。成员企业从事的主要产业有：涉农产业、工美产业、地产开发、机械制造、工艺印刷、物贸流通等涵盖一、二、三产业。2019年，全市城镇集体工业系统全年完成工业总产值6亿元；销售收入4.7亿元；利税总额0.65亿元。

【工业企业提档升级】 临汾市城镇集体工业联合社成员企业三合集团公司，前身是临汾机床厂的以铆焊车间为依托的锅炉生产车间（分厂），20多年来，公司实施三步走战略：利用位置优势由二产转型三产、延长相近（相关）产业链，构建新能源多品种锅炉研发、生产、房地产开发、物业管理、城市管网建设、集中供热、电梯安装维保、资本投资七大版块的经营格局，成长为固定资产5000余万元、员工200余人、上缴利税5000余万元的（集团）公司。2019年该公司锅炉制造按需生产，以产定销，实现销售400余万元，在完成大宁县的主网集中供热工程的基础上，投资1600万元，新建大宁第四、第五热源厂，投资460万元，对负一网、一网系统改造管线55处、改造换热站35个，增加供热面积25万平方米。开辟为多层住宅加装电梯的新业务，首部加装电梯交付使用。

【转型发展涉农产业】 2019年，临汾市城联社广鑫公司加大隰县午城镇万亩“广鑫农林牧示范园”的基地建设，一期工程投资300万元，建成5座300吨的恒温气调库，总容量1500吨，投入使用；古县城联社创建古县古树食品有限公司，将核桃精深加工列入重点项目。

【工艺美术事业】 2019年，临汾市城联社制定落实《关于推进全市工艺美术事业传承发展的实施方案》，评定市一级工艺美术大师10人、获批省级工艺美术大师3人；分别开展刺绣、钩编、剪纸、陶艺、平水绣等技艺培训，培训750余人；开展杞柳编织、钩编布艺、平水绣、绣球制作等手工技能培训，受益农民220余人；市城联社组织翼城县、襄汾县、乡宁县城联社和工艺美术协会举办3次工艺美术精品展，参与组织参加首届山西省文化旅游创意产品设计大赛，全市14件创意作品入围；参加山西省文博会，4名省级工艺美术大师和8名市级工艺美术大师参与，全市送展作品800余件，获银奖9个、铜奖7个，优秀奖10个；运用“临汾手工网”平台，刊出100余期临汾手工工美资讯。

（李 斌）

商贸服务业

商业与外贸

【概况】 2019年，临汾市商务局党组以习近平新时代中国特色社会主义思想为指导，认真履职、担当作为，商务工作保持稳中有进、健康发展，开发区（产业集聚区）建设、商贸物流、外经工作、电商扶贫等重点工作位居山西省前列。

【完成内外贸指标】 2019年，临汾市社会消费品零售总额完成736.93亿元，增长7.3%。全市进出口总额完成151416.2万元，同比减少23.49%。其中，出口142231.9万元，同比减少9.74%；进口9184.4万元，同比减少77.23%。

【开发区（产业集聚区）建设成效显著】 2019年，临汾市商务局做好开发区申报设立工作，隰县农业示范区、尧都高新区、霍州经济开发区经山西省政府批准，全市开发区数量达到8个，新批开发区数量位列全省第一。推进开发区科学发展，承担的开发区“三个强度”考核指标超额完成任务，其中开发区投资强度和产出强度两项指标位列全省第三。推进开发区（产业集聚区）建设，结合新一轮国土空间规划和产业结构调整，按照“每县至少1个开发区或产业集聚区”的原则，优化完善开发区总体布局，召开全市开发区（产业集聚区）建设推进会和现场推进会，制定《临汾市产业集聚区考核办法》，围绕“五看”要求，启动产业集聚区建设工作。“三化三制”、起步区建设、招商引资等工作加快推进，总投资10亿元的华翔智能制造产业园项目和总投资30亿元的中信机电特种车辆项目等一批转型项目落户开发区（产业集聚区）。

【外经工作】 2019年，临汾市商务局鼓励企业走出去，开展国际产能合作。华翔、华德集团分别在德国、美国、韩国等国家设有公司（办事处），建有仓储基地。山西建邦集团在澳洲投资矿山开采业，在印尼与当地企业合资设立印度尼西亚腾邦金属制品有限公司。全年全市新设立境外投资企业3家，位列山西省第二。其中：山西建邦集团有限公司在巴基斯坦新设立巴中钢铁有限公司，总投资580万美元，是巴基斯坦历史上第一家中巴合作的钢铁企业。

【城乡高效配送】 2019年临汾市被商务部等5部门确定为全国首批30个城乡高效配送试点城市之一。市商务局牵头相关部门，以骨干物流企业为龙头，推进物流配送发展，制定出台《临汾市城乡高效配送专项行动实施方案》，成立以分管市长为组长、市直有关单位为成员的领导小组。临汾兴荣物流等一批城市综合物流园开始运营，快递企业实现县域快件集中分拣，覆盖县乡村三级的物流快递服务网络基本形成。

【电商扶贫】 2019年，临汾市商务局以电商扶贫为抓手，推动电商工作全面发展。制定推进《临汾市2019年电商扶贫行动计划》，加大贫困地区电商服务体系建设力度，培育区域公共品牌，推动贫困地区农特产品网络销售和对接活动，举办“消费扶贫、电商扶贫，我们在行动”主题展销会，组织企业参加“双十一创业节”“天猫食品对接会”等活动。全市电子商务进农村综合示范县公共服务中心5个，开展农村电商人员培训21373人次，其中培训农村青年、返乡农民工20488人次，电商带动5个国定贫困县就业人数4352人次，新增网商数60个。

【对外贸易结构和质量提升】 2019年，临汾市商务局实施外贸主体培育行动计划，全年新增进出口企业16家。优化出口商品结构，机电产品进出口10.24亿元，占全市进出口总值73.3%，塑料制品（塑胶手套）出口1.7亿元，同比增长73.73%，机电和塑胶制品成为临汾市主要的出口商品。优化市场结构，与临汾市有贸易往来的6大洲62个国家和地区中，“一带一路”沿线国家达到30个，进出口完成2亿元，占进出口总值的14.19%，出口市场多元化。

【消费市场优化】 2019年，临汾市商务局促进消费增长，举办“第三届年货大集”“汽车展销活动”“美食节”及消费促进月等活动。推进商贸品牌建设，振兴老字号，襄汾县三盛合醋业被省商务厅等部门认定为首批“三晋老字号”；推进住宿餐饮业提质升级，天鹅大酒店被评为五叶级“中国绿色饭店”；组织参加全国、全省烹饪大赛，临汾市8家餐饮企业和8名个人分别被评为功勋企业、功勋人物，1人被评为大国工匠，荣获全国金奖2枚，银奖15枚，铜奖4枚。开展成品油市场、二手车市场等重点行业专项整治，市场秩序好转。市场体系建设、市场监测、应急管理、执法监督、老干部等工作推进。

（张晓晓）

·餐饮服务·

【认定工作】 2019年，临汾市餐饮服务促进中心组织完成2家餐饮企业山西面食标准制定工作。分别是：薛老五牛肉丸子面总店（牛肉丸子面）；三晋老田养生饭店（三晋老田饸饹面）。推进临汾面食品牌建设，11月15日中心联合名厨协会组织举办“临汾特色品牌面食”评选认定活动，认定30家特色面食，授予奖牌。

【培训比赛】 2019年，临汾市餐饮服务促进中心完成临汾餐饮行业参加全国第八届（山西第七届）烹饪服务技能竞赛前期筹备工作。完成全国第八届全省第七届烹饪大赛裁判员的推荐工作，9人经山西省烹饪餐饮饭店职业技能竞赛委员会经过考核特聘为大赛裁判员。9月2日至3日，组织全市餐饮行业技师、高级技师48人，在金都龙园大酒店进行考核晋级。10月14日至17日，组织全市65人参加山西省首届职业技能大赛赛前选拔培训。10月22日至26日，山西太原技师学院，组织全市15人参加首届全省职业技能大赛，三个工种：中式烹调、中式面点、餐厅服务；每项5人，领队1人。由餐饮中心推荐的岳更生、贾兴旺荣获中共山西省委人才工作领导小组颁发的“入选2018年度山西省“三晋英才”支持计划拔尖骨干人才”荣誉。

【交流学习】 2019年，临汾市餐饮服务促进中心组织临汾餐饮业参加首届中国原平面食文化节暨餐饮行业食材博览会，16家企业、19人参加。9月20日，6人参加由山西省饮食服务公司在平遥举办的“新时代、新生活、中国美业美容美发”发展高峰论坛。9月21日，组织10人赴汾阳参加第三届全国餐饮行业食材推介会。9月26日，26人参加西安市穆堂祥调味品品鉴暨订货会。9月27日，35人参加第四届中国食品餐饮、旅游博览会暨永济面食节。

【推荐受奖餐厅】 2019年，由临汾市餐饮服务促进中心、临汾市餐饮服务管理中心推荐的十佳特色风味餐厅（1家）、山西饭店（餐饮）业驰名品牌企业（9家）、山西饭店（餐饮）业终身成就奖（3人）、山西饭店（餐饮）业功勋企业家（2人）、山西饭店（餐饮）业领军人物（11人）、山西饭店（餐饮）业优秀企业家（5人）、山西饭店（餐饮）业优秀总经理（2人）、山西饭店（餐饮）业服务大师（1人）、山西饭店（餐饮）业烹饪大师（22人）受到山西省饭店业商会表彰。

（李　刚）

·家庭服务·

【概况】 临汾市家庭服务业协会成立于2015年2月，是由临汾市民政局批准、由市商务局、市家庭服务业联席会议办公室、市民政局、市总工会、市妇联等国家有关部门进行业务指导的具有社会团体法人资格的非营利性社团组织机构。协会有常务理事单位7家，理事单位21家，会员单位及个体会员100余家，主要从事养老护理、母婴护理、综合家务及家庭延伸服务等，与家庭生活相关各类服务。

2019年，临汾市有专门从事家庭服务的规模企业近400余家（指进入家庭服务企业），涌现出“隰县好佳家政”“永和好帮手家政”“吉县万事通家政”“浮山善孝行家政”等连锁化经营企业以及“浮山护工”“隰县月嫂”“临汾护工”“尧乡姐妹”等知名品牌，“58同城”依托强大的线上线下资源将业务拓展到保洁、月嫂等家庭生活服务业，与新零售结合，推进社区家庭服务。山西华夏中青家通过互联网平台交流，成立临汾网校。推动培训资源网络化，智慧家庭、家庭教育、家庭产品制造等新业态出现，家庭与养老、物业、快递等服务业融合发展态势显现。

2019年，全市家庭服务单量是29.25万件，全市家庭服务企业（包含家政服务、养老服务、社区照料服务、病患陪护、搬家服务、开锁换锁服务和残疾人托养服务机构828个，不含未登记机构，中介式和正在登记中的机构），营业额超1.65亿元。创办的“尧乡姐妹”安置女性就业人员5500余人。

【打击虚假广告】 2019年，临汾市家庭服务业协会打击临汾市家政行业出现的随意发布虚假成分广告，误导、诱骗广大市民的行为，协会向各县（市、区）临汾市家庭服务业协会分会、工会联合会分会、各团体会员及个人会员下发处理近期因虚假广告导致投诉行为的紧急通知，一旦发现投诉虚假广告的行为，协会、工会必将配合受伤害人员将其送交法律有关部门，予以严厉打击。行业扫黑除恶办公室将其纳入全国不良诚信平台，让其无法乘坐火车、飞机、公共汽车，影响子女的学习、升迁、转干。

【扶贫攻坚】 2019年，临汾市家庭服务业协会开展“百城万村”家政扶贫实施计划。提高脱贫实效，注重扶贫与扶志、扶智相结合，推进家政扶贫工作。协会通过组建扶贫工作领导小组，保障家政扶贫工作开展；宣传引导、帮助贫困人口迈出就业第一步；开展分类培训，提升家政服务技能；“就近安置”与“外出安置”相结合；实施员工制管理，确保持续稳定就业等措施提升家政扶贫试点工作水平，助力临汾5个国家级贫困县和一个省级贫困县摘帽奔小康。

【岗位技能培训】 2019年，临汾市家庭服务业协会提升、规范家庭服务业专项岗位技能培训师资和专项技能等级认定评估员实施水准，举办“家庭服务业专项岗位技能培训师与专项技能等级认定评估员认证培训”。促进家庭服务业发展，打造基于岗位技能培训与学历教育有机融合的家庭服务业岗位技能与学历双提升项目，对接家政服务组织、教育培训机构，设立“临汾市家庭服务业专项技能等级认定评估所”，签约单位提供家庭服务业岗位技能培训认证资质和教学应用体系。健全家政行业从业人员专项技能认证制度，加强对家政培训专项技能办学质量的宏观管理，成立临汾市家庭服务业家政从业人员资格认证工作委员会。负责制定和完善家政从业人员认证办法；制（修）订家政从业人员专项技能认证标准；组织开展专项技能认证工作；承办市家协委托的有关事宜。

2019年3月，市家庭服务业协会开展家政服务技能培训
（市家庭服务业协会供图）

【信用体系建设培训】 2019年10月28日，临汾市家庭服务业协会举办家政信用体系建设专题培训班。解读家政信用体系建设的相关政策及重要意义；通报现阶段临汾市家政信用信息录入工作进展；总体规划及部署临汾市开展家政信用体系建设工作；解答家政信用体系建设的操作流程及常见问题。

【技能大赛】 2019年10月28日，临汾市家庭服务业协会在市总工会、市人社局、市商务局的指导下，组织开展晋陕豫黄河金三角地区第六届职工技能大赛，带领临汾市家政行业参赛队员参加大赛，取得一等奖一名，二等奖三名，三等奖三名的成绩。

【从业人员资格认证】 2019年10月28日，临汾市家庭服务业协会召开临汾市家庭服务业家政从业人员资格认证工作委员会第一次全体委员会议，会议制定和完善家政从业人员认证办法；制定家政从业人员专项技能认定标准；讨论如何组织开展专项技能认证工作；讨论关于在临汾市举行临汾市家庭服务业家政从业人员专项技能师资、评估员培训的事项。

外来投资管理

【概况】 2019年，临汾市促进外来投资局举办招商引资推介活动和小分队专业化精准招商，推进多领域、多层次、多形式合作，提升利用外资的质量和水平，推动产业结构升级，全市促进外来投资工作实现良好开局。2019年全市签约项目225个，计划总投资1393亿元，完成山西省定签约任务1040亿元的133.9%；签约开工项目167个，招商引资签约项目当年开工率74.2%，超省下达任务指标44个百分点，在山西省排名第三。新开工项目计划总投资379.1亿元，完成省定任务332亿元的114.1%；固定资产投资项目资金到位125.1亿元，完成省定任务102亿元的122.2%；非固定资产投资项目资金到位10.3亿元，完成省定任务10亿元的103%。

【规范招商引资工作】 2019年，临汾市促进外来投资局出台《2019年临汾市招商引资活动方案》《关于对接国内500强及行业龙头企业开展精准招商行动方案》以及《临汾市2019年度产业招商目录（图谱）暨县级招商小分队分类明细》，明确举办招商活动和开展小分队招商的工作目标、具体内容、推进措施、对接方向等；提出全年举办专题招商活动和开展小分队精准招商的量化指标；各县（市、区）招商小分队产业链延伸方向及重点招商企业、重点招商区域、重点招商参与企业、重点招商项目更加明晰。按照找信息、谋合作、抓推进三步走战略，以市政府名义印发《临汾市2019年度招商引资考核办法》，出台《临汾市获取外来投资信息工作办法》。

【目标区域目标企业招商】 2019年，临汾市促进外来投资局将招商图谱“县区化、清单化”与小分队招商相融合，开展小分队精准招商活动。由市委书记、市长、分管副市长带队及市促进外来投资局组织专题精准招商对接活动12次，赴北京中国科学院控股有限公司、天津海杰金属制造有限公司、天津泰达投资控股有限公司、上海复星、上海奇士企业发展集团、江苏亚威机床股份有限公司、南京科远自动化集团股份有限公司等企业考察对接，就推进液态阳光，绿色基金，中药材、紫砂壶产业发展，金属制品制造，垃圾处理项目，新能源车、充电桩、储能、配套一体化项目，氮化镓项目，全域旅游项目，甲醇制甲酸甲酯、二氧化碳加氢合成汽油等煤化工项目，机器人比赛项目，30万吨秸秆纤维素乙醇项目及开展委托招商等内容开展精准对接，合作交流。各县（市、区）以各种形式、内容和区域组织开展小分队精准招商182次，签约落地侯马市年产200万吨高频直缝焊接钢管+40万吨冷轧镀锌卷带项目、安泽开发区1.8亿块/年煤矸石烧结多孔砖项目、古县新建1.2万吨特种微纤维生产线建设项目、翼城县年产1万吨汽车零部件铸件及机加工技改项目、曲沃县年产3000万贴医用冷敷贴和1500万支医用冷敷凝胶的一级医疗器械项目、尧都区年产10万件特种车辆零部件建设项目等优质项目。

【完成省定招商引资任务】 2019年，临汾市促进外来投资局制定《临汾市2019年度招商引资考核办法》，注重对签约项目开工以及到位资金的考核，鼓励各县（市、区）引进示范引领作用强、引入项目大、开工进度快、社会效益好的优质项目。会同市发改委坚持每月对各县（市、区）招商引资任务指标完成情况进行通报，督促各县

2019年6月2日，“携手共赢·圆梦尧都”2019山西·临汾（尧都）招商引资推介会（市促进外来投资局供图）

（市、区）加快完成任务进度。协调解决项目在落地过程中存在的困难问题。协调侯马开发区中信机电特种车辆项目的开工认定问题，项目一期总投资15亿元，2019年12月25日开工；协调解决侯马开发区总投资0.9亿元的精密机加工项目建设规划问题，2019年11月入统开工；协调市统计局对曲沃县总投资14.5亿元的置换建设1×1280立方米高炉项目的入统上报问题，项目2019年12月底开工，上报省统计局等待认定；协调解决安泽县总投资5亿元的5G高性能铝镁合金材料项目厂房租赁等问题，促进一批签约项目落地建设、投产达效。

【获取外来投资信息】 2019年，临汾市促进外来投资局制定《临汾市获取外来投资信息工作办法》，明确获取外来投资信息的渠道、办法和流程，在年中召开全市招商引资工作推进会暨学习培训会，对获取外来投资信息进行专题培训。全年向县区发布外来投资信息1800余条，其中项目信息230条，企业和客商信息1650余条，县区通过筛选、对接洽谈的有近20个项目。建立“投资临汾”微信公众号，对外宣传市县两级区位优势、资源特点、投资环境、优惠政策等内容，全年发布18期71条动态信息、招商项目90个。

【招商活动平台】 2019年，临汾市促进外来投资局与侯马开发区、尧都区、吉县等沿黄县、临汾开发区做好对接，制定招商活动方案，确定活动主题、内容和形式，谋划招商项目，筹备专题招商推介活动。全年举办4场专题招商引资推介活动，分别是2019山西临汾市（环渤海）产业合作对接会、2019山西·临汾（尧都）招商引资推介会、2019山西·临汾（吉县）招商引资活动和2019山西省临汾市（深圳）招商引资推介会，签约项目49个，总投资428.17亿元。

【服务投资企业】 2019年，临汾市促进外来投资局会同市财政局、税务局、统计局、外管局联合印发《关于做好2019年外商投资企业年度投资经营信息联合报告工作的通知》，组织外商投资企业开展年度投资经营信息填报工作，掌握全市外商投资企业发展状况；到侯马旺旺食品有限公司、液化空气（临汾）有限公司、山西华德冶铸有限公司等外资企业调研，宣讲《外商投资法》及相关政策，实地参观生产车间，与企业相关负责人进行座谈，了解企业经营状况、发展需求和困难，听取企业在营商环境方面的意见建议，增强企业在临汾投资兴业的信心。开展干部入企进村服务，安排专人以入企服务小组为单位到霍州华润燃气有限公司、霍州国新液化天然气有限公司，宣讲政策，列出具体举措协调解决企业发展难题。（市促进外来投资局）

供销合作

【概况】 2019年，临汾市供销社贯彻市委“345”战略部署和市政府“12345”工作思路，围绕市社党组确定的直属公司规范运行、综合改革有序推进、系统形象逐步提升“三项重点工作”发展思路，主要经济指标增幅保持山西省第一，综合改革业绩指标保持在全省第一方阵。

【经济运行】 2019年，临汾市供销合作社实行“一月一分析，一季一通报，半年一小结，全年总排队”的工作机制，加强经济运行分析研判，对症施策，全系统购进总额完成54.7亿元，同比增加19.69亿元，增长56.19%；销售总额完成65.9亿元，同比增加20.31亿元，增长44.57%；实现利润1510万元，同比增加393万元，增长35.18%，各项指标均比2018年大幅提升，购进总额、销售总额等主要经济指标增幅在山西省领先。

【改革发展】 2019年，临汾市供销合作社修订完善执行直属企业《社有资产监督管理办法》等“五办法一细则一通知”，建立完整的人员台账、工资台账、两保台账、固定资产台账和资产租赁收入台账。工资报表、财务报表、固定资产处置、大额资金使用实行报备制度，堵塞漏洞，消除隐患。将14个直属公司合并整合为10个。破解生产资料公司破产难题，卸掉历史包袱，激活僵尸资产，恢复综合农贸市场，开办山姆大叔幼儿园。

【综合改革】 2019年，临汾市供销合作社选定浮山、蒲县、吉县、隰县4个贫困县作为省级重点推进试点县。全年新发展农民合作社联合社13个，新建农民专业合作社36个，新建综合服务社60个。投资1042.1万元，新建提升惠农服务中心24个，辐射乡镇68个，服务农户4万户；投资414.7万元，新建提升惠农服务站47个，辐射行政村337个，服务农户2.26万户；投资119.3万元，新建或改造庄稼医院17个，服务农户2.03万户。新增土地托管面积1.07万公顷，新增土地流转面积160公顷，新增土地服务面积1.56万公顷，服务农户3.66万户，助农增收963.4万元。新建电商网点82个，其中贫困村电商网点34个，组织电商培训1315人次，电商销售额3150万元。参与组织“首届中国·曲沃国际蔬菜博览会”，供销社5家企业200余种产品参展，签约额1.11亿元；山西·曲沃黄河金三角水果蔬菜产业硅谷项目招商引资推介会在北京举办，加快“黄河金三角菜谷”项目建设步伐。

（刘学敏）

石油营销

·中石化临汾石油分公司·

【经营工作】 2019年，中石化临汾石油分公司开展“狠抓基础管理、强化现场管理、提升服务管理”活动和“站长站”轮训，提高加油站现场管理水平，发挥视频监控功能，规范员工操作流程。财务监督业务，明确量、价、费、利指标，确保量效双兼顾。做好汽油销售，加大员工考核奖励力度、APP支付绑卡、“点对点”、一站两价、周末限时降、与第三方合作，提高汽油销量。关注“四纵四横”煤运、货运、快递等主要线路，用好“点对点”“一户一策”、油非互促，增加销量；以赵康、韩村等站为试点，网上开通加柴油赠送快餐券，以线上优惠促销售。做好客户走访工作，对政府、国企单位等汽油户，利用加油卡优惠政策找回流失客户，开展加油卡和APP双会员营销，引导现金用户转卡，增加客户黏性。

【直分销工作】 2019年，中石化临汾石油分公司树立“贴近市场，差异化营销，客户不丢”的经营原则，做好市场调研，通过造势营销、差异化营销，巩固老客户发展新客户，确保客户不流失。加快预售未提消化力度，分级分类梳理客户预售未提，降低柴油预售未提规模。加大分销市场开拓力度，进行高标号汽油的营销宣传，利用节假日前社会加油站备货的契机，拓展汽油分销市场。强化客户经理考核。增加“重点客户稳定率”考核指标。加大“超销售计划完成率”考核权重，实行末位淘汰，激发销售潜能。坚持“东芦油库辐射区创效，曲沃油库辐射区上量”的思路，做好南片县域直分销市场的开拓。开展“油非双增长”活动，引导客户经理利用客户资源的优势，做好非油品营销推广，完成山西省定非油品销售任务。拓展天然气市场，完善河西LNG加气站经营手续，加强LNG天然气直分销市场调研，通过“一户一策”“一户一价”客户开发。开展成品油市场整治工作，规范社会站进货渠道，从源头进行治理，净化成品油市场。

【非油品工作】 2019年，中石化临汾石油分公司推行全员营销，调动各级各类人员销售积极性，开展轮胎展销会、创维电器节、华为内购会、赖茅品鉴、红酒品鉴、易捷店庆等展销会，开发品类大客户，提升基础品类团购销售。将加油站员工的非油完成情况与站长收入、评先晋级挂钩。用好APP券、特色商品、宝、液、易积分等优惠政策，加大店内销售；走访客户、送货上门、提升服务、朋友圈宣传等，提升基础商品销量。做好APP推广，商品宣传、店中店建设、商品推广会、促销陈列以及促销竞赛，推动油、卡、非一体化经营。做强路东超市，优化品类结构，以水果、蔬菜吸引客户进店，主打全国特色商品差异化经营。

【处置韩村垃圾场着火事件】 2019年1月21日上午6点10分左右，东芦油库安全环保组消防队员王源森接到尧都区消防大队协助出警电话后，报告油库值班领导，距油库不足两千米的韩村垃圾填埋厂着火。公司启动毗邻单位火灾应急救援预案，派出消防车及4名消防队员赶赴火场开展应急救援，展开扑救。经过近3小时的扑救，火势被完全扑灭。

【救援油品供应】 2019年3月15日，乡宁县枣岭乡卫生院北侧发生山体滑坡后，中石化临汾石油分公司启动突发事件保障预案，保障救援、工程、物资运输和救护车辆油品供应。公司负责人现场指挥，大石头、西坡、明珠桥、张马4个加油站调运油品和物资，开辟救援绿色通道，安排专人负责引导，确保救援车辆进站优先加油，为“72小时黄金救援期”赢得时间。临汾石油在乡宁县所属的10座加油站设立救援服务点，为抢险救援人员免费提供热水、泡面、面包、香肠、卓玛泉矿泉水，提供常用药品、休息场地等服务。截至3月19日，服务抢险救援车辆50余台次，加注油品3000余升，发放免费商品百余份。

【服务夏收】 2019年，中石化临汾石油分公司尧都区公司青城加油站服务夏收农机用户，为部分农机用户提供车辆停放场地、休息场所，在加油站出入口处设置支农惠农服务台，为农机用户免费提供车辆加水、临时休息、开水供应、应急药品、简易工具等服务项目，提供绿豆汤、藿香正气水等防暑物品。向农机用油大户宣传易捷商品。侯马、洪洞等县区公司开展夏收支农、惠农活动。

【处置大货车着火事件】 2019年6月17日，霍州退沙加油站外东南角方向一辆车号为晋LB4328的前四后八大型货车，因天气炎热，刹车皮温度过高起火引燃轮胎。站长房泽峰拿起灭火器灭火，10分钟后，扑灭火险，提供自来水为车辆冷却降温。由于及时灭火，直接挽回大车司机经济损失10万余元。

【处置突发火情】 2019年8月24日，一辆晋L牌照货车在中石化霍州石油中心加油站进口时，司乘人员抽烟引燃车上纸箱，加油站员工韦壮华指挥车辆驶离危险区域，博大加油站站长朱泽民与员工张辉赶往支援。着火车辆距离加油站不足20米，火势借助风力加大，很可能引燃附近车辆，对中心加油站造成威胁，朱泽民指挥使用3具4千克干粉灭火器进行扑救，火势得到控制。（毕 玲）

·中国石油临汾公司·

【价格改革试点工作】 2019年，中国石油临汾公司实施价格普遍调整与定点调整相结合，一季度主动调整价格10次，单站定点调整价格35次，与主要对手建立周价格会商机制，确保价格整体受控运行。利用电子券实施差异化营销。

【客户普查】 2019年，中国石油临汾公司进行动员宣贯、明确普查方向。零售按加油站位置确定摸排区域，优先将机关团体、企业、学校、小区、村庄列入重点普查开发内容，直批按行业划分推进，将“三老企业”“2019年重点工程”列为重点普查项目。加油站每周上报客户摸排情况和开发照片，做到留影留形。

【规范直批业务】 2019年，中国石油临汾公司重新规范直批业务流程，明确销售、存油、提油等环节所需单据、资料标准，堵塞流程漏洞，确保合规运行，有效降低公司运营管控风险；推进直批APP认证，为客户、公司搭建沟通渠道，提升销售效率。

【非油管理】 2019年，中国石油临汾公司按月开展库存盘点工作，厘清非油家底，确保问题及时处置。全年下发非油盘点通报6期，发现各类问题 52条，处罚 20 站次。推进培训成果运用，以3座站为试点组织开展非油陈列培训，参培人员40 人次，对加油站货品陈列进行规范，形成加油站陈列图册15份，提升非油管理人员的业务技能。

【优化网络布局结构】 2019年，中国石油临汾公司优化网络结构，对一座低销低效租赁站实施清理退租，通过协调运作，公司全部加油站的防渗罐和复合管线改造完成，为公司销量的实现和提升提供支撑。

【库站安全运营】 2019年，中国石油临汾公司在机关“五定”后根据部门分工理顺维修流程，提升加油站维修效率，注重侯马油库日常维护保养，全年进行大小维修83次，保障油库设备管道及油罐的安全平稳运行，强化侯马油库安全风险管控能力。

【数质量管控】 2019年，中国石油临汾公司加强油品数量管控。全年对加油机主板、编码器、流量计等设备施封132台次；抽检加油机付油精度564枪次，提升数量管控水平，加强油品质量检验。坚持好油品入库检测、跟踪化验和周期化验制度，确保油品数量合格，质量过硬。

【提升现场管控能力】 2019年，中国石油临汾公司严格视频日巡查制度，全年视频巡查加油站3850站次，实现日巡查全覆盖。全年通过对交接班、现场服务、在岗情况进行巡查发现处理问题825条，处罚0.9万元。

烟草专卖

【概况】 2019年，临汾市烟草专卖局围绕山西烟草战略目标、高质量发展总体思路和要求、建立健全责任保障体系。全市销售卷烟15.19万箱，同比增长0.67%；实现税利10.33亿元，同比增长5.77%；实现商业增加值11.8亿元，同比增长2.78%；上缴财政总额10.71亿元，同比增长19.72%；三项费用支出1.97亿元，同比下降0.82%；全市烟叶种植面积366.67公顷，收购烟叶75.5万千克。

【卷烟营销】 2019年，临汾市烟草专卖局从源头调控入手，遏制大户低价销售、二次批发等不规范经营行为；开展重点品规相机调控，贴近实际开展异动品牌联调联控，从供给侧发力，解决从紧投放和客户盈利问题；严把选户、质量、验收、维护“四关”，探索开展以客户自主投入为主的终端星级评价工作，激发调动零售客户自发参与终端建设的内生动力，推动零售终端全方位、全角度、全链条改造，释放终端渠道的规模作用；修订《全市云POS系统使用管理办法》，推进云POS系统上线运行；做优做强做大中式卷烟知名品牌，配置品类布局，强化自有品牌培育，开展“一组一品”主题活动。

【专卖管理】 2019年，临汾市烟草专卖局打击涉烟犯罪活动协作机制建设，加大互联网、自媒体涉烟犯罪活动打击力度，完成2起涉烟网络案件，其中浮山“12·13”特大卷烟制假案涉案价值近3000万元、涉案人员64名，逮捕29人，网上追逃1人，取保候审17人，判刑45人。突出网络、寄递案件查处，查获物流寄递案件660余起，查获违法卷烟61.21件。突出市场深度净化，开展“尧风”系列行动，全年查获各类案件1557起，其中真烟案件（含走私烟）966起，假烟案件591起；查获重大案件74起；查获违法卷烟1014.91件，其中真烟（含走私烟）960.68件，假烟54.23件。捣毁非法窝点72个，向公安移送8起。出台《临汾市卷烟零售户合理布局指导意见》，实现专卖许可证公共资源的合理配置。全市总持证户15045户，比年初的14957户增加88户。

【管理创新】 2019年，临汾市烟草专卖局推进基础管理，开展管理创新，两项成果分获山西省系统第七届优秀质量管理成果发布会二等奖和三等奖。强化审计监督，通过审计，取得直接经济效益30.18万元。加强采购管理，公开招标项目比重为63%，公开招标金额比重95%以上。深化精益物流管理，完善制度流程，优化送货线路，参加全省系统首届“责任杯”物流岗位及消防技能竞赛，获单项一等奖一项、二等奖一项、三等奖二项，获团体三等奖。

盐业专营

【概况】 2019年，临汾盐业分公司贯彻《食盐专营办法》，狠抓业务经营，全年销售食盐1万余吨、工业盐2573吨，确保市场需要。9月25日，市级仓储物流基地新兴项目开工，12月底完工投入使用。

【社会公益活动】 2019年，临汾盐业分公司在“‘3·15’消费者权益日”开展“‘让消费更放心’‘十县联动’”宣传活动；邀请省地病办专家、市监人员、解放路学校200与名师生及家长，举办以“盐守食品安全，呵护祖国未来”为主题的“食盐安全大课堂”活动；在“5·15预防碘缺乏病日”开展“科学补碘益智、健康扶贫利民”和“作义诊、查三率、赠碘盐”活动；与山西省地病办、临汾市市场监督管理局等部门联合举办公益宣传活动，《临汾晚报》、临汾电视台等媒体作专题报道；开展和参加社区走访慰问、“学雷锋、见行动、送温暖”“关爱老年人”“六一健康助残”等活动。

【宣传活动】 2019年，临汾盐业分公司在市中心广场制作大型户外电子屏广告，印制广告宣传单近万份、春联1000副、台历1000册、彩色宣传页万余份，“晋盐”围裙2000件；制作宣传标语张贴于繁华线路的10辆公交车上；配合相关部门在尧都区调研门店、饭店、超市、副食店、蔬菜店等近千家，发放《食盐专营办法》宣传资料及“晋盐”品牌宣传资料数千份；开展迎新年搭建“连心桥”走访慰问宣传活动，在平川、山区县22个乡镇、89个村发放宣传彩页万余份及台历春联。

【市场份额】 2019年，临汾盐业分公司实施打造区域优势战略，扩大自营市场；实施“三品”“五进”战略，拓展“晋盐”市场；实施积极对县策略，开辟县域市场，使食盐专营深入实施、“晋盐”业务扩大。

【确保食盐市场安全】 2019年，临汾盐业分公司配合尧都区市监局、襄汾县科协等部门开展“食盐安全示范区”创建，涉及35乡（镇、街道办）、近600个村（社区），惠及城乡居民110余万人。作为省级食盐储备单位，准备充足的储备食盐，确保市场供应。

（戴　雪）

信息服务业

通信服务

·电信事业·

【概况】 2019年，临汾市电信分公司围绕中国电信“三大目标、三大任务、三化转型”十二字方针，坚持新发展理念、加强信息基础设施建设，强化责任担当，为推进临汾综合智能信息服务提供支撑。

【市场运营】 2019年，中国电信临汾分公司接入网迈入千兆阶段，智能家庭超宽带网络基础设施初具规模，率先为临汾客户提供智慧家庭服务。截至2019年底，全屋Wi-Fi客户规模2万余户，山西省排名第三；移动客户发展稳步提升，客户份额提升0.7pp；流量服务提升，户均流量从1.9G提升到6.9G；宽带结构优化，出账融合率85%；云业务、物联网大连接业务发展向好。

【提速降费】 2019年，临汾市电信分公司履行企业的政治责任和社会责任，网络提速降费年度目标超额完成。其中流量单价降幅48%、中小企业宽带和专线资费下调21%；完成工信部三季度骚扰电话压降30%治理目标；完成各项重大通信保障和抢险救灾任务；完成定点扶贫点的脱贫摘帽任务，形成以网络扶贫、信息化扶贫、智力扶贫、产业扶贫为主要内容的大扶贫格局，扶贫政策惠及2500客户。

【网络建设】 2019年，临汾市电信分公司推进网络建设，4G基站总量3000余个，较2018年增长8.21%，市区、县城覆盖率分别达到98.53%和97.62%，高速、高铁覆盖率98.35%以上；宽带端口截至2019年底，城市光纤宽带覆盖率为96.44%，较2018年提升2.64%；农村光纤宽带覆盖率46%，较2018年提升1.2%。

2019年9月9日，中国电信集团公司与中国联通集团公司签署《5G网络共建共享框架合作协议书》，中国电信将与中国联通在全国范围内合作共建5G接入网络。按照5G网络共建共享规划，从2020年开始，5G网络建设在临汾将陆续铺开。

【服务提升】 2019年，临汾市电信分公司以提升客户满意度为目标，强化员工的触点服务技能，提升服务水平。客户满意度测评中，营业厅服务客户满意度99.43%，智慧家庭工程师服务客户满意度99.34%；通过首问负责制和对客户申诉进行时效闭环管理，解决客户问题申诉的效率提高，申诉率大幅下降，年度客户申诉率压降41%；推进渠道建设，新建渠道102家，渠道建设533家，拉近服务客户的距离，从源头上解决用户办理难、服务难的问题，整体服务水平山西省排名第三。在山西省通信管理局年度测评中，临汾市电信分公司客户综合满意度同城第二；手机移动语音上网同城第二，宽带同城第一。

·联合通信·

【概况】 2019年，临汾联通公司紧扣“活力、精进、可持续”3个关键词，围绕全年业绩目标和能力目标，发挥党建的统领作用，在运营模式上加快互联网化转型，在发展模式上大胆创新实践，打造新引擎、构建新能力，推动各项工作实现新突破。

【核心业务发展】 2019年，临汾联通公司通服收入趋势全年保持平稳，下半年较上半年下降1.26%；ICT、IDC及云计算拉动增收3662万元，拉动增长4.62%。

【互联网化转型】 2019年，临汾联通公司互联网化指数得分5.58分，较年初提升1.29分，排名山西省第六；2I业务出账用户24.2万户，2I综合转化率78.6%，排名全省第二；轻触点0.58万个，轻触点活跃率4.4%。

【县域基础能力】 2019年，临汾联通公司以落地“35条举措”为主线，改善县域突出短板，落实三项保障措施，推动资源下沉、人员流动、方法传授、能力沉淀，县域综合实力和市场竞争力增强，16个县域主营收入整体同比增长4.69%。

【网络能力和运营水平】 2019年，临汾联通公司聚焦感知驱动和市场驱动，全年新建宏站575个、室分11个；新建新900基站559个、升级U900基站835个；聚焦小区和农村场景，全年新建、扩容和改造宽带端口3.03万个，开展零实占分光器整治行动，零实占分光器减少786个。

【信息化服务】 2019年，临汾联通公司发挥自身优势，助力社会信息化建设。建成平安城市、智慧矿山、智慧环保、警务通、政务云等一批大数据、云计算与传统产业高度融合的成熟项目。

【改善客户感知】 2019年，临汾联通公司移网NPS整体和分项改善明显，整体改善目标完成率排名山西省第一；宽带NPS整体和分项均改善明显，整体改善目标完成率排名全省第二。

【企业文化建设】 2019年，临汾联通公司落实维权机制，开展2次总经理在线，2次企务公开活动；组织开展“岗位创新、建功一线”员工创新活动，举办“改革创新、奋发有为”先进事迹报告会、“礼赞新时代，建设新联通”大型文艺晚会；落实员工关怀，建设完成5个“温馨家园”，开办暑期子女托管班，开展送EAP培训到基层、生日送祝福、水滴互助帮扶、夏送清凉、金秋助学活动。举办元旦徒步、妇女节插花、“庆元宵 猜灯谜”活动。 （张志军）

·移动通信·

【概况】 2019年，临汾移动分公司始终秉承价值经营理念，公司通服收入增幅由年初的-7.9%提升至-3.2%，行幅差由年初-4.4PP收窄至-1.5PP，通信服务利润贡献度由13%提升至14%，公司通信用户份额66.7%，山西省第一，保持稳固优势。

【移动市场发展】 2019年，临汾移动分公司移动市场保持领先。移动用户份额保持稳固。细分用户市场，加大资源投入，狠抓触点拉新。存量市场深耕成效显著。推进资费扩容，开展高危客户回流，深化V网、家庭网、固移融合产品发展。4G客户份额62.8%，山西省第二；流量份额54.4%，全省第三。

【宽带市场发展】 2019年，临汾移动分公司家庭宽带市场取得新突破。用户规模价值提升。针对重点小区、重点客户群主动营销，紧盯异网用户挖转、到期用户续费，宽带用户达到45.8万户，份额40.6%，为山西省第三；净增份额72.6%，为全省第一。接入能力持续提升。攻坚重点小区，扩容热点区域，覆盖167万家庭，整体规模居全省第三；城市覆盖率96.5%，居全省第三；行政村覆盖率68.8%，居全省第五。

【集团市场发展】 2019年，临汾移动分公司集客市场实现增量增收。全年落地乡宁云丘山智慧旅游等47个重点项目。企业蓝海市场拓展。重点产品规模取得突破。集团成员市场稳固。开展重点集团攻坚，全年集团V网用户渗透率56.9%，山西省第一。

【网络能力】 2019年，临汾移动分公司提升网络能力。传输网络支撑能力增强。全年新增光缆1281公里、设备323架、管道74管程公里。无线网络基础能力提升。推进网络精准优质覆盖，开展900M频率重耕，加快FDD1800基站入网，全年新增4G基站2566个，4G覆盖率96.1%；支撑全网日均流量突破456.9TB。开展负荷均衡、干扰排查等优化工作，基站退服率全省第二低。数据网络接入能力提升。地市数据核心出口带宽880G，峰值流量450G，同比增长40.2%，各县市BAS上行由660G扩容至1040G。内容网络出口带宽600G，峰值流量276.5G，同比增长58.8%；IDC装机容量82架，较年初增长210%。

【5G建设】 2019年，临汾移动分公司“5G+”计划抢先布局。加强基础资源储备。新增及扩容C-RAN机房38个，搭建市县SPN传输网络，完成尧都区核心城区5G规划部署，市区及县城初步具备5G业务承载能力。完成5G试验网搭建。3月24日，临汾首座5G基站投入运营，开通试验站点20余个，完成二青会网络保障，支撑远程医疗会诊。拓展5G应用场景。与临汾市交警支队签订5G技术应用战

略合作协议，成立5G联合创新实验室，与云丘山、宏源煤矿签订合作协议。　　（韩腾飞）

邮政服务

·邮政业务与管理·

【概况】　2019年，临汾市邮政公司有邮政网点227个，其中普遍服务局所198个（含空白乡镇局所），普服纯邮政网点115个，纯储蓄网点31个，普服综合网点84个。全市普服空白乡镇邮政代办局所建设运营41个，新增补白邮政代办局所36个，城市道段总数148条，市区邮路18条，县乡邮路32条，乡邮投递道段197条，乡邮投递里程单程长度17825公里。全市全年实现业务收入38319万元，完成山西省公司下达预算目标的97.35%，全省排名第4位，全市邮政劳动生产率15.68万元/人。

【能力建设】　2019年，临汾市邮政公司投资1846万元改善生产经营环境，吉县、乡宁、隰县办公楼完成改建维修，侯马东楼实施仓储改造，浮山响水河、襄汾古城等10个网点进行装饰装修，市区东城、南城基本完成投递场地改造。加强金融网点能力建设，更新和新增CRS、ITM、清分机、叫号机、点钞机等自助设备512台。加大安防保障投入，投资540余万元用于新装修网点、场地、普服、代办网点安防设施设备改造及消防系统、器材的维护保养与配备，全年为全市7个金融网点及41个场地、普服网点、83个代办网点安装监控、报警等配套安防设备。完成60台自助填单机、ETC、储蓄授权集中系统客户端升级工作，完成全市金融网点安装金融投诉管理插件、完成室内22个金融网点线路扩容工作。

【服务三农】　2019年，临汾市邮政公司投资97.96万元实施普遍服务基础设施改造。全市103个空白乡镇实现邮政局所全覆盖，其中30个局所转为自办，建制村通邮率100%，邮农合作社新增会员3000余户。10月，成立“特战队”开展为农服务走基层活动，50余位队员组成的10个小分队深入农村农户、田间地头，针对农户需求和痛点，提供帮助和支持，20天走访吉县8个乡镇、77个行政村，为农户建档922户，服务客户1260人，帮助果农销售苹果存款771.61万元，配送化肥2808袋，寄递苹果包件7670件，签发电子社保卡5393户，快捷支付绑卡413户，加办电子银行137户。

【税邮合作】　2019年3月8日，临汾市邮政公司联合市税务局召开税邮合作推进会。与会人员参观临汾市税邮合作中心，了解发票申领（代开）流程及邮件寄递处理流程，观看税邮合作业务宣传片。临汾邮政分公司与临汾市税务局签订税邮合作战略协议。2019年，临汾邮政提供代开增值税发票、代征税款、发票配送、税务文书寄递等服务，邮税双方将探索代征社保费、税务文书寄递、税收宣传等方面的业务合作。

【服务CBDL中国篮球发展联赛】　2019年，临汾市邮政公司借助3月28日至4月1日的2018年至2019年赛季CBDL中国篮球发展联赛，做好邮政品牌宣传，包揽比赛场馆内6块广告招商牌，对邮你贷、邮薪贷、邮政金融服务及EMS寄递服务等进行宣传。尧都区分公司在赛区入场口设立摊位，成立CBDL发展联赛临时邮局，对20余款函件产品、集邮品进行集中宣传，开展“把美味临汾寄出去”主题活动，为场内客户提供邮政产品销售及土特产寄递服务。邀约金融客户观看赛事拉动储蓄存款新增1318万元，带动保费增长62万元，办理手机银行21户，新开绿卡户5户。

【高考名家讲座】　2019年3月，临汾市邮政公司联合国华人寿保险公司开展“名家之约，梦圆大学”名家助考指导讲座宣传活动，邀请山西省招生办主任杨怀珠为考生及家长进行高考政策解读及志愿报考指导。临汾市分公司自3月12日至4月20日进行活动宣传与客户预约。客户预约分两个阶段进行，第一阶段预约期10天，全市定额票源600张，凡购买保险产品5万元以上的客户，可获票一张；第二阶段全市定额票源200张，凡购买保险产品5万以上，或新增储蓄存款20万元以上的客户，可获票一张。5月11日名家讲座活动当日，预约客户497户，到访客户455户，客户参与率91.5%，活动带动新增期缴保费2308万元，新增储蓄存款9936万元。

【服务二青盛会】　2019年5月14日，临汾市邮政公司在火炬传递站设立主题邮局，对二青会特许产品进行集中摆放和实物展销，为来往客户提供邮政服务。临汾市分公司提前筹划安排，在全市各县（市、区）设立18所主题邮局进行二青会服务及特许产品展销，在各金融网点开展特许产品预定服务。

活动期间工作人员按照火炬传递路线时间，进行“接力式帮扶”，火炬传递期间，各站点设立主题邮局进行醒目式宣传，服务人员身着二青会T恤服饰，将吉祥物“青青”、雨伞等文传产品进行造型展示，集中摆放二青会特许产品、文传产品及部分集邮品进行销售；推进个性化邮票制作销售，设专人在火炬传递网红相框为志愿者及市民提供拍照服务，引导客户借助现场照片制作个性化邮票；紧抓“六一”特殊时间节点，围绕个性化邮票和“青青”吉祥物进行产品预热，开展“青青陪我过六一”网点竞赛活动。

【全民阅读活动】 2019年4月23日，临汾市邮政公司“书香三晋·文化临汾”全民阅读活动启动。活动自4月23日开始，至9月30日结束，在17个县（市、区）开展图书巡展。公司整合上百家出版社货源，为书展现场提供2000多种、5万余册图书，涉及中国经典国学、名家名著、亲子教育、社会百科、中小学阅读等内容。工作人员进社区、走单位、入学校、进家庭开展前期宣传，发放入场券吸引客户参与。各县（市、区）邮政公司在现场设立图书阅读区，场内所有图书免费阅读，公司带头开展“爱心接力·好书传递”捐赠活动，邀请爱心企业，向农家书屋、贫困学生开展捐书助学。

【“中国梦 集邮情”主题邮展】 2019年8月6日，临汾市邮政公司举办为期6天的“中国梦 集邮情”主题邮展，展出红色革命、古典文学、科技兴国、历史名人、文物古迹等题材60框，对临汾历史文化相关题材的古代建筑、历史人物、神话传说、文物古迹等14套邮票进行专题展览。邮展吸引数千名游客参观，全程提供免费讲解。

【“法制邮路”送法入户】 2019年12月，临汾市邮政公司开通“法制邮路”，开展送法入户活动，各县分公司均开展“法制邮路”启动仪式。将成套的宪法宣传资料通过各道段投递员随机投送给客户，自行设计、印制宪法宣传专题信封，邮政投递人员依据司法局提供的名址信息进行定点寄递宣传宪法读本及日常宪法宣传。各邮政单位通过邮政车身张贴法制宣传公益广告、营业网点LED屏轮番播放“弘扬宪法精神，推进国家治理体系和治理能力现代化”字幕形式弘扬宪法精神，促成普法新路。

（卫文静）

2019年4月23日，全民阅读活动书展现场　（市邮政公司供图）

·快递业务与管理·

【概况】 2019年，临汾邮政管理局打造“质量创优年”升级版，深化邮政业供给侧结构性改。全市邮政快递业业务总量完成8.68亿元，同比增长17.62%，全省排名第五，为2012年市邮政管理局成立时的3.4倍；业务收入完成7.22亿元，同比增长13.70%。其中，快递业务量完成2361.26万件，同比增长20.85%；业务收入完成3.35亿元，同比增长27.60%。全年快件收投量1.32亿件，支撑网络零售交易额198亿元。

【出台利好政策】 2019年，临汾市政府印发《优化营商环境行动方案》，明确对新兴产业实施包容审慎监管，支持城乡消费物流体系建设，鼓励快递业创新和健康发展。11月，临汾邮政管理局与市交警支队就出台快递专用电动三轮车规范通行政策达成一致意见。

【减税降费】 2019年5月，临汾邮政管理局联合市税务局开展减税降费专项培训，面向发放《邮政业减税降费政策摘编》手册1000余册。全年全市邮政业享受减税降费政策154万元。

【提升行业关注】 2019年，临汾

邮政管理局联合团市委开展“快递从业青年服务月”、关爱快递小哥座谈会、心理咨询会和参观博物馆、“双十一”快递服务旺季专项慰问等活动，开展贺家庄桃花会踏青活动及快递从业人员子女参观博物馆活动。6月，首个“快递小哥之家”揭牌成立。协调临汾日报社等，以让“快递小哥”获得更多幸福感为主题，开辟专栏报道行业先进典型。“二青会”期间，向临汾赛区组委会推荐京东快递小哥李剑作为大赛火炬手。11月，联合市人社局开展快递行业职称评审工作，全市首批16位快递员进行职业技术评定。

【延伸发展内涵】 2019年，临汾邮政管理局拓展行业发展思路，联合临汾机场召开“快递上机”工作座谈会，推动快递业与航空运输业深度融合发展。推进“一线工作法”，市局领导分组带队，到各县（市、区）开展“三新”企业核实认定工作，完成500余家企业的核实上报工作。

【邮政综合平台建设】 2019年，临汾邮政管理局引导邮政企业开展政邮合作、税邮合作、警邮合作。市级邮政企业入驻市电子政务中心，助力“不见面”审批；全市17个县27个邮政网点开办税邮合作业务，代开发票37498笔，代收税款金额2275.175万元；警邮合作业务在9个县20个邮政网点上新。

【县域快递物流园建设】 2019年，襄汾县、侯马市、乡宁县等快递物流园区巩固建设成果，多家县级企业入驻；汾西县物流园区加快建设。县域快递企业集约化进程加大，蒲县、浮山等7县快递企业实现统一配送。

【快递协会片长制】 2019年，临汾邮政管理局建立快递协会片长制提升行业自治能力，指导临汾市快递行业协会，在各县（市、区）选拔片长，负责本辖区快递企业普法宣传、标准化建设、三轮车规范管理等工作推进事宜，构建起“政府监管、行业自治、企业自律”的监督管理体系。

【行业普法】 2019年，临汾邮政管理局组织法律法规专题培训3次，结合典型案件开展警示教育2次，编印《快递业务经营许可管理办法》《邮件快件实名收寄管理办法》等普法手册4000余份，各企业开展逐级宣贯。

【肃清快递末端违规收费】 2019年，临汾邮政管理局组织开展快递末端违规收费清理整顿工作，明察暗访调查快递末端网点11个，社区门房3个，理发店1个，办公楼小卖部1个，发现、处理2起快递末端服务违规收费行为为。

【邮政市场监督检查】 2019年，临汾邮政管理局清理停摆企业，依法作废瑞丰、喜来、快捷、全峰等分支机构名录，化解网络停运带来的消费纠纷，维护行业稳定。推进行业诚信体系建设。3月，联合共青团市委、市场监督管理局联合开展“诚信快递、你我同行”“3·15”主题宣传周活动。公示随机检查事项清单，执行年度执法检查计划。

【社会监督】 2019年6月，临汾邮政管理局组织监督员召开座谈培训会，开展法律法规和社会监督业务培训。发挥微信平台监督作用，创新建立“实时监督、实时拍照、实时报送”监督方式。监督员发挥社会监督效能，全年开展监督活动420次，反馈报告420份，监督邮政网点420个，监督快递网点222个，走访用户642人。全市各级各类网点3409个，形成覆盖县乡村三级的完善服务网络。其中，邮政普遍服务网点198个，村邮站546个，邮乐购服务站2163个，151个乡镇实现“乡乡设所”，2792个建制村实现直接通邮；快递品牌17个，快递企业754家，其中，许可企业24家，分支机构336家，末端网点394个；山西师范大学等8所大中专院校及山西师范大学两处校外宿舍区均建成校园快递综合服务站；城市社区末端综合服务站增加到33个。分拨中心规范化向纵深发展，建设面积1000平方米以上的12个，2000平方米以上的8个，建成135个高标准营业网点。全市邮政用品用具生产企业5家，其中，生产信封企业4家，生产纸箱企业1家。快递专用电动三轮车规范化，1188辆车实现“四统一。

【助力脱贫攻坚】 2019年，临汾邮政管理局推进“邮政在乡”“快递下乡”工程，全市建制村直接通邮率保持100%，快递网点乡镇覆盖率100%。指导企业将寄递服务与脱贫攻坚、乡村振兴、农村电商联系起来，培育临汾本地“一市一品”特色项目和“电商+寄递”地方特色农产品项目，推动邮政企业线上销售吉县苹果130.3吨，隰县玉露香梨28.1吨，交易额389万余元，带动贫困户51户，帮助贫困户增收257万元。做好定点扶贫工作。临汾局第一批吉县窑头村驻村扶贫工作队获评“优秀驻村工作队”，两人被评为“优秀驻村工作队员”。组建扶贫工作队进驻大宁县东庄村，对口帮扶贫困户15家，为贫困户建档立卡、捐赠门帘、帮助采摘农作物等，为农户帮销苹果6000余千克。

【绿色发展】 2019年，临汾邮政管理局印发《临汾市邮政行业2019年生态环境保护工作方案》。全市邮政、寄递企业电子运单平均使用率98%以上；198个普服网点配备“瘦身”胶带和可循环使用的包装箱，电商快件二次包装率降低；快件中转进入节能减排时代，中转袋由原来的高成本、高能耗的编织袋升级为现代化的循环中转袋，全市各寄递企业自主投入环保中转袋4800个，购买循环中转袋使用量日均1000个；邮政信函和报刊使用邮政循环专用中转袋，使用率超过87%；全市892个邮政、快递网点安装包装废弃物回收装置，实现全覆盖；在绿色运输方面，城市配送车辆基本实现电动三轮车全覆盖，行业有新能源运输车辆1273辆，其中电动汽车72辆，电动三轮车1201辆。

【应急演练】 2019年7月，临汾邮政管理局联合侯马市、霍州市人民政府分别组织开展2019年度行业突发事件应急演练活动，两市消防支队、人民医院派出专业人员队伍和设施设备参与配合，临汾电视台、侯马电视台、霍州电视台进行报道，11家主要品牌寄递企业310余人参加。

【行业禁毒防爆专项培训】 2019年3月，临汾邮政管理局联合市禁毒办开展寄递渠道涉毒大排查暨禁毒宣传活动，打击利用寄递渠道涉毒活动；4月，联合市公安局禁毒支队、治安支队开展邮政行业禁毒防爆安全生产专项培训，对一线收寄、安检人员辨识毒品、枪支、管制刀具等相关知识进行专项讲解。完成两会、“二青会”和“一带一路”峰会、新中国成立70周年庆祝活动等重大会议和活动期间寄递渠道安保工作。

【实名收寄整治】 2019年，临汾邮政管理局推进实名收寄信息系统普及应用，坚持实时通报未实名企业，全年查办不执行实名收寄类案件5起，合计罚款9.2万元，要求企业停用存在安全漏洞的收寄程序，实名收寄信息化率实现从数字达标向效果达标的转变。发挥邮政业安全监控中心作用，实时监控“三项制度”落实情况，强化行业安全“技防”效果。市局全年检查各类邮政、快递企业和网点316个，约谈邮政、快递企业7次，下达责令改正通知书34份，整改意见告知书198份，立案23起，罚款21.5万元，责令停产停业整顿5起，完成19家许可企业的快递业务经营许可证年度报告审核工作，对4家未按时提交快递业务经营许可证年度报告的企业进行立案处罚。 （朗 超）

无线电管理

【好频率（台站）管理】 2019年，临汾市无线电管理局加大频率台站管理力度，按照流程和规定新设台频率进行审批。对已有设台单位按照程序进行规范管理。曲沃建邦集团有限公司办理98部对讲机，曲沃威顿水泥办理6部对讲机，完成审批工作。尧都区仁和居物业有限公司担负着小区物业管理和安全保卫，申请设立中继台1部，移动对讲机6部，按规定进行审批，办理设台使用手续。中石油管道有限责任公司西气东输分公司台站变更，进行核实登记，录入数据库，重新换发电台执照。山西同世达煤化工集团

2019年1月，临汾邮政联合团市委开展快递从业青年服务月活动
（临汾邮政管理局供图）

有限公司因厂址搬迁暂时停用频率，办理报停手续。侯马市应急管理局承担着应对重大灾害指挥部工作，提交数字中继频率申请，按审批权限和流程规定指配频点 。

【事中事后监管】 2019年，临汾市无线电管理局规范无线电频率台站管理，对临汾移动公司、电信公司、曲沃威顿水泥、山西建邦集团有限公司、临汾市人防5家设台单位进行规范管理。按规定办理设台手续，对69座微波链路和110部对讲机办理设台手续，交纳频率占用费。人防部门的台站属于专用频率，把人防台站纳入管理，澄清台站数量，填报台站资料表，进行备案登记。

【重要频率（台站）保护】 2019年，临汾市无线电管局加强临汾机场频率（台站）是重要保护对象，与临汾民航机场建立机场无线电管理长效机制，在春运、二青会、国庆阅兵等重大活动、重要时期，局长张志铭带领相关人员赴机场调研，了解频率台站使用情况，进行监测检查，现场解决实际问题。机场无线电频率（台站）运行正常，没有出现干扰等事情。

【建立联系机制】 2019年，临汾市无线电管理局加大对三大运营公司的管理，与三大运营公司建立联系机制，4月16日，临汾移动分公司总经理郭怀军在市无线电管理局调研。6月25日，局长张志铭一行4人在临汾电信公司调研，了解公司运营情况，就基站管理和微波链路管理达成一致意见。

【业余无线电台管理】 2019年，临汾市无线电管理局开展应急无线电通信志愿服务。成立临汾市阳光无线电应急救援队，对阳光应急无线电通信台（站）进行检查指导。引导应急无线电通信队伍遵守无线电法律法规，按照操作程序开展通联。临汾阳光应急救援队申请使用的438.7/433.7兆赫给予批复，下发执照。

【“五五”通联比赛】 2019年5月5日，临汾市阳光无线电应急救援队参加CRAC首届“五五”节全国通联比赛。在HAM青年之家队部架设四段水平天馈系统、调试设备，参加单人7兆SSB比赛项，通联52个，完成比赛活动，取得优异成绩。

【无线电应急通信座谈会】 2019年9月9日，临汾市无线电管理局在隰县召开无线电应急通信座谈会。临汾无线电管理局局长张志铭、隰县政府副县长苏大力出席会议。临汾无线电管理局向隰县无线电应急通信分队赠送无线电通信设备。

【科普进校园活动】 2019年10月18日，临汾市无线电管理局在无线电科普教育基地临汾市五一路学校开展科普进校园活动。发放宣传册50余份，宣传资料1000余份，宣传短袖汗衫35套。将无线电知识带到校园，提高学生们对无线电知识的认知程度。

【查处非法违规台站】 2019年，临汾市无线电管理局加大“伪基站”打击力度，排查各类干扰。受理干扰投诉3起，干扰协查1起。排查3起，排除1起，排查率100%。

【频率占用费收取】 2019年，临汾市无线电管理局对38家设台单位下发缴费通知单，通过电话催交，上门服务等方式收取频率占用费196990元，完成收费任务，年增长48%。

【受理干扰投诉】 2019年，临汾市无线电管理局 、受理干扰投诉3起，成功排查3起，排查率100%。3月6日，排查临汾市公安局在御景水城写字楼B座楼顶安装的350兆赫警用无线基站干扰事件一起。9月初排查大西高铁临汾段沿线使用的GSM-R网络通信受到干扰事件一起。4月23日，接临汾市公安局协查伪基站通知，管理局工作人员用伪基站设备前往侯马市配合市公安局警察进行协查。

【查处“黑广播”】 2019年，临汾市无线电管理局查处“黑广播”10起。2月18日，临汾市无线电管理局在临汾市尧都区漪汾花园小区C2楼顶。发现无人值守黑广播发射台，依法对该广播进行现场拆除；2月20日，在洪洞县同鑫花园小区楼顶取缔92.8兆赫同频“黑广播”； 3月7日，在御景水城楼顶查获一套无人值守“黑广播”设备；5月6日，在霍州市中镇国际花园小区4号楼楼顶依法查获一套“黑广播”设备；5月16日，在洪洞县陆合御景城小区10号楼发现“黑广播”设备并依法拆除；6月13日，在洪洞城市领袖小区5号楼34层楼顶依法查处发射频率为97.9兆赫“黑广播”设备一套，同日，在临汾市尧都区未来城小区4号楼33层楼顶依法查处发射频率为98.1兆赫“黑广播”设备一套；10月29日至30日，在铁塔基站上发现98.9兆赫黑广播，执法人员与当地铁塔部门联系将黑广播予以依法拆除；11月9日，一级消防工程师保障监测时发现94.2兆赫黑广播，在东城华洲一号小区1号楼2单元31层楼顶查处无人值守“黑广播”两套，与公安联合依法予以拆除；11月底，技术人员在日常监测中发现侯马出现不明广播信号，频率为94.2兆赫。确定该信号为“黑广播”信号；11月28日，在侯马市某小区查处“黑广播”一起，暂扣“黑广播”设备一套。

【考试保障】 2019年，临汾市无线电管理局防范和打击利用无线电设备进行考试作弊。2019年应教育、司法、财政、组织人事、卫生和县市政府等部门的邀请，完成各类考试保障23次，出动人员287人次，出动车辆76台次，动用各类设备141台次，发现作弊信号4起，技术阻断4起 。

【无线电行政执法】 2019年5月15日，临汾市无线电管理局对侯马市顺通驾校车载GPS干扰进行排查，在一辆车上发现GPS、GSM/CDMA、DCS/PHS三合一的信号屏蔽设备，依法进行处理，向当事人下达处罚决定书，依法没收信号屏蔽设备。组织3次执法专项检查活动，下达责令整改通知书7份，摸排检查24家单位，其中，行政指导企业5家。按照制定好的《开展打击治理非法用频设台和违规使用频率台站专项活动方案》进行行政执法活动。在辖区范围内建立无线电发射设备生产销售管理长效机制。规范管理临汾市辖区内无线电发射设备生产销售行为，促进无线电发射设备销售备案管理工作。完成网上销售备案经营主体审核和设备备案审核工作。审核验证经营主体数109家，其中通过审核数66家。

【军地无线电管理联系统筹协调工作】 2019年，临汾市无线电管理局完成临汾市电磁频谱管理动员办公室交办的各项任务，参加国防动员演练，按照临汾军分区的要求，完成2018年度《临汾军事年鉴》供稿工作。

【值班监测任务】 2019年，临汾市无线电管理局开展日常监测，做好专项监测任务。按照山西省局关于开展2019年频谱监测工作的要求开展监测，每个月监测时间不少于3天；加强对广播、民航等频段进行监测，监测时间1832小时，发现“黑广播”10个，依法拆除“黑广播”设备10套。

【保障“二青会”无线电用频】 2019年，临汾市无线电管理局保障“二青会”无线电频率（台站）监管工作，制定保障方案，召开会议安排部署保障工作，与工信局、体育局建立联系机制，了解比赛场地用频情况；对比赛场馆周边地区的酒店、餐厅、商场、小区物业等设台用频单位集中进行检查摸排，进行专项整治，摸排检查19家单位，对不规范用频单位下达责令整改通知书6份，对2家单位用频情况进行指导。比赛期间，管理局按照保障方案部署，开展固定监测与移动监测相结合，利用固定站进行监测，安排工作人员、车辆及设备进驻场地进行监测，对比赛期间的电磁环境进行监测分析，保障期间无线电频率（台站）运行正常，没有发现异常情况。其中，5月14日“二青会”火炬传递在临汾进行，省电视台转播车受到严重干扰，临汾管理局在彩排和正式传递的两天内排查省电视台转播车频率干扰4起，协调频率7个。

【保障国庆期间无线电通信安全】 2019年，临汾市无线电管理局做好国庆“70周年”无线电通信安全保障工作，确保机场无线电频率使用的安全畅通，国庆前夕，管理局局长张志铭带领工作人员对临汾乔李机场国庆期间无线电安全保障进行检查，实地了解民航无线电业务系统运行状况以及无线电安全保障情况。孙龙刚、霍亚鹏、王通通到北京参加70周年大阅兵保障活动。

【宣传活动】 2019年，临汾市无线电管理局加强无线电法律法规宣传工作，在省无线电管理局网站刊登信息67篇，在国家级网站投稿7篇。在广奇财富中心广场以电子屏滚动展示，设立无线电科普宣传栏。在尧都区九州广场悬挂条幅，开展业余无线电通联活动。在写字楼大厅设置移动宣传栏，进行为期一天的展示。5月5日，临汾市阳光无线电应急救援队参加CRAC首届“五五”节全国通联比赛。宣传《中华人民共和国无线电管理条例》和《山西省无线电管理条例》。9月11日管理局在方奇财富中心楼前广场开展无线电宣传活动，向群众发放纪念品、宣传册。在考试保障期间，发放宣传手册。

（纪　昀）

文物 旅游

文物古迹

【古遗址】

丁村文化遗址　位于山西襄汾县城4千米的丁村附近汾河河畔，北起史村，南至柴庄，长约11千米，旧石器时代文化遗存，距今约30万年至10万年。1953年发现，1954年作重点发掘。发现人牙三枚，旧石器2005件，哺乳动物化石——梅氏犀、披毛犀、野马、纳玛象、斑鹿、方氏鼢鼠、原始牛等28种。1976年发现一块小孩右顶骨化石。1961年被国务院公布为全国重点文物保护单位。丁村文化遗址是建国以来首次发现的、保存较为完好的、规模较大的、国内少有的旧石器时代文化遗址。

吉县柿子滩旧石器时代遗址　位于山西省吉县东城乡西村，旧石器时代文化遗存，距今2万年至1万年。1980年发现，1980年与2000年至2001年两次调查发掘，在15千米范围内发现25处旧石器和动物化石，出土3000余件石制品、动物化石及制作精美的蚌质穿孔装饰品。发现方圆2公里的古人类活动中心区域，并发现一处距今2万年左右的篝火遗迹。被评为2001年全国十大考古新发现之一。2001年被国务院公布为全国重点文物保护单位。

枣园遗址　位于翼城县隆化镇枣园村与南撖村之间的滑家河、浇底河交汇处台地上，现存面积约60万平方米，新石器时代文化遗存，距今约7000年。1991年5月发现，清理灰坑一座，陶器以红陶为主，褐陶次之，也有一些灰、黑色陶。器形有双耳小口广肩深腹罐、直腹或鼓腹罐、敞口深腹或浅腹钵、折腹钵、假圈足钵、折沿深腹盆、直口圆腹釜、三足盂、凹腰器座等，此外还有石磨棒、陶错、石刀等生产工具。1994年定其为“枣园文化”，省级文物保护单位。

陶寺遗址　位于襄汾县东北约7.5千米的陶寺村南，西临汾河，东靠塔儿山。是黄河中游地区以龙山文化陶寺类型为主的遗址，还包括庙底沟二期文化和少量战国、汉代及金、元时期遗存。遗址东西约2千米，南北约1.5千米，总面积在300万平方米以上，距今约4600年至4000年。50年代初发现，从1978年春至1984年冬，中国社会科学院考古研究所先后进行发掘。陶寺遗址发现的遗迹有房址、窖穴、水井、陶窑、石灰窑、墓葬、灰坑，及以观天授时为主并兼有祭祀功能的观象台。遗址中出土陶器、石器、玉器、骨器、漆木器、铜器、纺织品及1件铜铃形器等文物，其中陶器数千件，石器逾千件，骨器数百件，玉器、漆木器百余件。通过考证，证实陶寺遗址极可能为4000多年前尧时代的“唐尧帝都”。其年代与尧、舜、禹时代正好相当，是中华民族文化摇篮的佐证。1961年列为省级重点文物保护单位，1988年被国务院公布为全国重点文物保护单位。

下靳遗址　位于尧都区尧庙乡下靳村，临汾市区西南约10千米处，东南距陶寺遗址约25千米，海拔高度450米。新石器时代文化遗存，距今约4600年。1997年，砖厂在村北取土时发现大片墓地。1998年5月对已暴露墓地进行抢救性发掘，累计清理墓葬533座。墓葬依头向不同可分为A、B两类，A类墓有随葬品，其中以玉器为主，还有少数陶器、骨器等小件饰品；器型主要有陶罐、瓶、玉蝉、玉器、绿松石腕饰品等。B类墓无任何随葬品。2004年被列为省级重点文物保护单位。

曲村—天马遗址　位于曲沃县曲村镇曲村、北赵、三张，及翼城县里砦镇天马村之间，在曲沃和翼城两县交界处，总面积约为10.64平方千米。是以晋文化为主的西周时代遗址，其埋葬时代几乎贯穿整个西周时期，有新石器时代的仰韶文化层、龙山文化层、夏文化层、西周至战国文化层，以及秦汉元明文化层。距今2800年至3000年。1962年发现，1963年、1979年至2001年对遗址进行调查和发掘。已发掘出周代墓600多座，出土280余件青铜礼器，大量青铜兵器、车马器、完整陶器1000余件，以及数万件玉、石、骨、贝、蚌、铅器等。M8的陪祀车马坑为全国同时期最大的车马坑，清理出陪祀马100匹。1996年被国务院公布为全国重点文物保护单位。为确认西周时期晋国始封地以及晋国历史研究和夏、商、周断代工程，提供实物资料。

侯马晋国遗址　在侯马市汾、浍两河交汇处，面积约33平方千米，年代为公元前6世纪初至公元前40世纪初。该遗址也称侯马晋国都城遗址或新田遗址，为东周时期晋国最后一个都城新田所在。1952年发现，1956年发掘。古城已圮，仅存宫殿台基残迹。由古城遗址、宗庙建筑遗址、祭祀遗址、手工业作坊遗址、墓地和居址组成。

牛村古城　位于侯马市西北，南北长约1400米，东西宽约1200米。在牛村古城址南有铸造青铜器、陶器、石器、骨器的手工业作坊。

铸铜作坊遗址　面积约3000平方米，出土100多块铜锭、铅锭、铸铜生产工具及3万余件陶范。青铜礼器有鼎、豆、壶、簋、鉴、敦等，兵器有剑、镞等，此外尚有车马饰和虎符。陶范刻有精美的夔龙纹、蟠螭纹、云雷纹、环带纹、垂叶纹、人纹、鱼纹、首纹等。

盟誓遗址　位于牛村古城东南，占地3800多平方米。遗址中发现400多坑，坑内埋葬着牛、马、羊和玉币等殉葬品。其中41个坑内出土约数千件盟书，多数为朱书盟书，少数为墨书诅辞。

上马村墓葬区　位于牛村古城南、浍河南岸，面积约50万平方米，墓葬密集。其中13号墓是一座规模较大的长方形竖穴木郭墓，墓内的随葬品，除铜贝、包金贝1600多枚外，共约360多件。1961年被国务院公布为全国重点文物保护单位。1992年被评为全国考古十大发现之一。

绵山介子推遗址　位于翼城县城西北5千米处的绵山。相传介子推母子均亡命于此。后人为纪念介子推，在火烧绵山处建庙，庙内塑有介子推母亲石像，旁边是跪在母亲身边的介子推石像，以为纪念。

蔺相如墓　位于古县北平镇李子坪村口东山脚，墓高9米，周长80米，墓顶树林葱郁，墓前有一树枝曲干黑，墓堆为圆锥型，土质为陶土。墓前有一小河，名蔺河，因“文化大革命”期间造田，墓土被挖，现仅存原墓一半。墓前有碑三通，一为民国7年（1918）署理安泽知县、清末举人房长奂所立，二为1960年5月1日安泽县人民委员会所立，三为1995年6月20日古县人民政府所立。

【元代戏台】　临汾市有5座元代戏台，是中国罕见的一组古代戏台建筑。

魏村牛王庙戏台　位于临汾市西北25千米处的魏村镇魏村北牛王庙内，坐南面北，是现存全国最早戏台建筑之一。建于元至元二十年（1283），单檐歇山顶亭式建筑，平面正方形，为木构亭式舞台，台面宽7.45米，进深7.55米，台基高1.4米，四角立柱，前檐石2根为方形抹角石雕。元大德七年（1303）因大地震，戏台倾塌，至治元年（1321）重修，1978年落架复原修缮。1996年被国务院公布为国家级重点文物保护单位。

东羊东岳庙戏台　位于魏村牛王庙戏台东南5千米处的土门镇东羊村东岳庙内，现存戏台和后土圣母殿，始建于元至正四年（1344）。戏台坐南向北，正面敞朗，三面封闭，平面方形，占地面积169平方米，台顶高12.6米，单檐歇山顶。台基高1.75米，台宽7.75米，深3.5米。内檐梁架结构巧妙，交迭成八卦形，故亦名八卦亭，在古戏台中堪谓绝无仅有，独领风骚。省级重点文物保护单位。

王曲东岳庙戏台　位于东羊东岳庙戏台东南3公里处的吴村镇王曲村东岳庙内。戏台分前后两部分。前部是悬山卷棚式结构，民国初年重修时增建；后部为十字歇山顶建筑。

乔泽庙戏台　位于翼城县城南5千米处的武池村。庙已毁，唯独戏台完好保存下来。始建于元泰定元年（1324），距今678年，元、明、清各代皆予以扩建和修葺。台基高1.6米，尚袭宋金舞亭建筑规制，长13.3米，面宽进深9.3米，中线之内面积86.49平方米，呈正方形，台上有8根大柱支撑屋架，呈井字形排开，整个屋架为木制结构，藻井厅巧，琉璃脊饰。是国内现存金、元戏台建筑中规模最大的一座。山西省重点文物保护单位。

四圣宫戏台　位于翼城县西阎镇曹公村四圣宫内，建于元至正年间（1341—1368），坐南中向北，平面近方形，单檐歇山式建筑，三面封堵，整个舞台用材硕大规整，结构精巧。戏台和大殿相对，无前后台之分，为元代建筑形制。

景区简介

【尧庙—华门】 国家AAAA级景区，位于临汾市中心南3千米处。尧庙西晋以前建于汾河西岸，唐代迁于现址，是历代祭尧圣地，景区内有中华第一井、五凤楼、广运殿、万寿宫、祭祖堂和“天下第一鼓”等景观。华门有“天下第一门”美誉，是中国第一座门文化建筑，高达50米，景区展示了中华民族上下五千年辉煌灿烂的文明历史。内有华夏一统、源远流长、国门盛开、尧天舜日、连环九鼎等十六大景观。

【平阳鼓楼】 位于临汾市中心，又称大中楼，始建于北魏。基座呈正方形，周长160米，楼高4376米，是中国现存最高的鼓楼。楼上存有金明昌七年（1196）铸2500余公斤大铁钟。大中楼基座券砌门洞十字相交，通连四条主街。门洞上方各嵌有依明万历三十一年（1603）原刻复制的石雕匾额，分别为“东临雷霍”“西控河汾”“南通秦蜀”“北达幽并”。鼓楼一层厅顶为天井式彩绘格板，描绘有孔雀开屏、祥龙盘旋图案。二层梁架拱顶，形如八卦藻井，四壁皆为格棂窗。棂窗上部描绘帝尧传说故事60余幅。中层大厅内壁绘有各种花鸟山水及神话传说故事。

【铁佛寺】 山西省重点文物保护单位，位于临汾市市区内。铁佛寺又称大云寺，始建于唐贞观六年（632），寺内有寺门、中殿、方塔、藏经阁、罗汉堂等。方塔为六层八角琉璃结构，高30余米。塔内有高6.8米、面宽3.8米、重15吨的唐代铁铸释迦牟尼佛头一尊，堪称唐初艺术精品。

【姑射仙沟风景名胜区】 国家AAA级景区，省级重点文物保护单位，位于临汾市尧都区金殿镇。“华夏第一洞房”、睡女峰、仙境石、梳妆台、会仙台、云雾寺等景观景色秀丽、石洞幽幽、仙迹灿灿。景区初春繁华似锦，仲夏宜人，深秋红叶火火，隆冬冰瀑高悬，自古就有“南蓬莱，北姑射”之美誉。

【龙子祠泉】 位于临汾西南15千米姑射山支脉平山脚下。其泉以泉群形式涌流，如蜂房蚁穴，喷涌于乱石平沙之间，多年平均流量为5.5立方米/秒，常年水温17℃左右，水质良好，清澈见底，汇为渠流，延展而东。

【尧陵】 山西省重点文物保护单位，位于临汾市城东北35公里的大阳镇，是五帝之一帝尧的陵墓，墓丘高50米，周长300余米。景区由陵墓区和祭祀区两部分组成，内有牌坊、仪门、献殿、寝殿、碑亭、垛殿和祭祀大殿等景观，是祭尧场所。

【丁村旅游景区】 国家级重点文物保护单位，位于临汾市襄汾县南5公里处。“一村两国宝”的丁村景区，由丁村遗址和“丁村民居”两部分组成。丁村遗址是旧石器时期“丁村人”的文化遗址，丁村民居是明清时期北方民居建筑风格典范。

【广胜寺】 位于洪洞县城东北17千米处的霍山南麓。始于东汉建和元年（147）创建，唐大历四年（769）重修，代宗李豫御赐“广胜寺”之名延用至今。元大德七年（1303）重建，明、清增修。现存为一组元、明时期建筑群，分上寺、下寺和水神庙三部分。1961年被国务院公布为国家级重点文物保护单位。

飞虹塔耸立于飞虹塔院中心，俗称琉璃塔，始建于东汉，元大德七年（1303）毁于地震，明正德十年（1515）至嘉靖六年（1527）重修。塔身青砖砌成，各层皆有出檐，全身用黄绿蓝三彩琉璃装饰，塔中空，有踏道攀登可上，设计巧妙，为中国琉璃塔代表作，是国内保存最完整的七彩琉璃塔。

洪洞广胜寺水神庙戏剧壁画“尧都见爱大行散乐忠都秀在此作场”，1971年修复时将壁画拿下，现珍藏于广胜寺文物库。水神庙是祭祀霍泉神的风俗性祭祀庙宇，包括山门（元代戏台）、仪门、明应王殿等建筑。在水神明应王殿内四壁绘有近200平方米的元代壁画，尤以南壁东一幅戏剧壁画著称于世，完成于元代泰定元年（1324）。“尧都”即平阳，“大行散乐”即杂剧班子名称，“忠都秀”是头牌演员艺名，“作场”即演戏。画面完整地反映元代舞台演出真实场面，仿佛把680年前平阳名艺人“忠都秀”的一次生动“作场”，活灵活现地搬到世人面前，成为研究东方戏剧最直观、最古老的形象记录，升华为中国古代戏曲的一个经典性标识。是全国唯一保存的大型元代戏剧壁画。1998年，该画与古壁的打球图同时编入《中国历史》教科书。

【大槐树寻根祭祖园】 国家AAAAA级景区，位于临汾市洪洞县城内。是集名胜古迹、祭祖活动、风景游览于一体的明代移民文化景区。“问我祖先在何处·山西洪洞大槐树，先祖故居叫什么？大槐树下老鸹窝”的民谣自明流传至今，是海内外移民后裔寻根祭祖圣地。

【苏三监狱】 山西省重点文物保护单位，国家AA级景区，位于临汾市洪洞县县城内。建于明洪武二年（1369），因北京名妓周玉姐（即苏三）蒙冤落难后被囚禁于此而得名。内有虎头门、普通牢、死囚牢、“苏三井”、蜡像馆等景观，是国家唯一现存明代县衙监狱，距今有600多年历史。

【云丘山】 国家AAAA级景区，位于临汾市乡宁县境内，总面积35平方千米，海拔1829米。具有“南有武当山、北有云丘山”之称的云丘山，人文景观30余处，自然景观50余处，是集中和文化、道教文化、养生文化、生殖文化和自然景观于一身的文化名山。云丘山山奇险峻、峰高水秀，春有花、夏有冰、秋有红、冬有云，是寻觅传统文化遗踪，领略天然奇韵的旅游境地。

【历山风景旅游区】 国家级自然保护区，位于临汾市翼城县西阎镇，是“华北生物资源宝库”，区内峰峦叠翠、奇峰高耸、峡谷清幽、林密草丰，其主峰是华北地区保存最完整的亚高山草甸，是避暑、度假、科研、旅游的理想胜地。

【舜王坪】 属中条山脉，是历山主峰，位于翼城县东南西闫镇境内，距县城70千米，海拔2321米，是山西省南部最高的山。舜王坪由舜王当年驾牛执鞭躬耕历山而得名，坪顶260公顷，景区著名景点有白龙潭、黑龙潭三级瀑布、珍珠帘、紫金沟、娥皇、女英二妃洗面盆、梳妆台、舜帝饮马将军潭、绊马石、偏食牌楼、闪光峰、奇石沟、哚峰等。

【七里峪】 国家级森林公园，位于霍州市区东50千米李曹镇七里峪村。具有“华北天然氧吧”之称的七里峪现建成“三仙泉、正南沟、牛老沟、偷水沟、石人沟、井沟、崖沟、北墕草原、红岩奇松”等十大景观，为休闲、娱乐、度假、旅游的胜地。

【霍山】 位于霍州、洪洞、古县、沁源、灵石等县，南北走向约200千米，总面积700余平方千米，属太岳山脉。隋开皇十四年（594）册封为中镇，是中国古代五镇名山之一。最高峰老爷顶，海拔2551米，有双门峰、天竺峰、盘龙峰、天马峰、宝冠峰、青霞峰、笔架峰、玉柱峰、摩天峰、探月峰、连珠峰、钟鼓峰、伏虎岩、灵龟岩、凤凰岩、桃花谷、红岩谷、洗心泉、马跑泉、仙人石、老龙背、朝阳洞、万年坪、万锦坡等自然景观，皆造化神奇，各具佳妙。有136种野生动物资源，800余种植物资源。1992年经林业部批准建立国家级森林公园，公园面积约6万公顷。

【霍州署衙】 国家重点文物保护单位，位于霍州市东大街北侧，是国家保存最完整的“四大署衙”之一。署衙三进院落，规模大，体现出地方官衙的文化内涵和元代建筑风格，被中国古建筑研究专家梁思成先生称为“滑稽绝伦的建筑独例”，在中国绝无仅有。

【黄河壶口瀑布风景名胜区】 国家级风景名胜区、国家级地质公园、国家AAAA级景区、全国旅游景区40佳。位于临汾市吉县城西北46千米处的晋陕大峡谷内，是世界第一大黄色瀑布和中国第二大瀑布。瀑布宽约30至50米，落差30余米，形成“水底升烟”“彩桥通天”“群龙戏浪”“谷涧起雷”四大景观。

【人祖山】 位于壶口瀑布东北约20千米，南北蜿蜒80余千米，海拔1742米，总面积9000公顷，属吕梁山脉。山上是一望无际的天然森林，春日百花盛开，夏季林荫蔽日，秋季果实累累，冬日银装素裹。人祖山主峰有人祖庙，周围建有大小庙宇16座。人祖山传为伏羲氏所居，史书亦称庖牺氏，风姓。故北魏郦道元撰《水经注》时谓之风山，也谓“庖山”。

【锦屏山】 位于吉县县城南端，属吕梁山脉。与县城隔清水河相望，又名挂甲山。因山似一幅锦绣画屏而得名。海拔949米，山上松柏叠翠，山下流水潺潺，环境优美，风光秀丽。有佛阁晴岚、锦屏叠翠、小桥流水等主要景观。占地面积约2万平方米。

【黄河乾坤湾】 位于永和县打石腰黄家岭村，回首远眺河会里村和隔河相望的陕西延川县伏义河村流经的这段约5千米，黄河蜿蜒曲折，峰回路转，呈巨大的“S”形状，登高眺望，酷似中国传统文化中的

“阴阳八卦图”，在“S”的两个湾里各有一个古老的村落，从总体上看，就像阴阳八卦图中的那两只眼睛。据专家考证，伏羲、女娲所画“八卦”，就源于永和黄河“乾坤湾”。

【红军东征纪念馆】 红军东征纪念馆位于临汾市永和县阁底乡东征村。2005年修建，占地2500平方米。馆内设有“英明决策筑辉煌、红军东征在永和、老区人民爱红军”三个展厅。展厅以大量实物、图片、塑刻等真实再现1936年2月至5月，毛泽东、彭德怀东渡黄河，抗日救国的伟大功绩。

【永和关黄河渡口】 位于县城西北35公里黄河东岸南庄乡永和关村，自古以来为秦晋交通要道。附近山头上陶片瓦块俯拾皆是，并有数米古城墙遗迹，疑为古县城遗址。不远处有清代长城和兵营遗址，数十间石块垒制的营房清晰可辨，城墙上箭楼、望台等保存完好。与延安隔水相望，是中国共产党早期革命活动的重点地区之一。河面开阔，水流平稳，是自禹门口以上河岸最广阔的渡口。黄河文化生命树位于永和关村北，是生长在黄河岸畔的一棵千年石槐，身高30多米，树身粗约6米，四人伸长两臂难以合抱，与乾坤湾一起属于世界级别人文景观。

【小西天】 全国重点文物保护单位，位于山西省临汾市隰县城西凤山巅。小西天千佛庵以泥悬塑艺术精堪而闻名天下。寺中各尊佛像、装饰均以泥为原料，以“沥粉贴金”彩绘而成，造价昂贵，各种彩塑姿态各异，栩栩如生，令人眼花缭乱、目不暇接，实为明代彩塑罕见珍品。

【三合牡丹园】 国家AAAA级旅游景区，三合牡丹园位于临汾市古县石壁乡三合村。具有“天下第一牡丹”的三合牡丹株高1.83米，冠幅4米，丛围15米，每年开花360余朵，是全国单株体积最大，开花朵数最多的一株白牡丹。相传此牡丹为唐代所植，距今有千年历史。

陶唐峪自然风景区 陶唐峪景区位于霍州市东南20公里处的“中镇”霍山之中，占地40平方千米。景区内有仙女池、五龙池、观峰峡、一线天、玉泉寺、犀牛石、招魂楼、莲花山、水帘洞、尧帝行宫和瀑布群等景观。陶唐峪涧水潺潺，树木幽幽，是了解陶唐历史文化，领略自然风光的绝佳境地。

【荀子文化园】 荀子文化园位于临汾市安泽县城东部况山之颠，2004年，为纪念战国著名思想家荀子所建。园区内有山门、大殿、荀子塑像、荀子文化广场和动植物标本楼，楼内陈列着荀子著作32篇和野生植物标本400余种，是高等院校科研教学基地和青少年科普教育中心。

文物保护

【概况】 2019年，临汾市11处文物保护单位被国务院公布为第八批全国重点文物保护单位。完成100余处六部门探矿权、采矿权、建设用地与各类保护区重叠情况核查，实现文物保护与经济发展的双赢。组织申报丁村遗址、陶寺遗址、霍州观音庙等13处全国重点文物保护单位保护项目；完成15个基本建设项目的文物调查、勘探，发掘古墓葬21座。

【“五进”景区活动】 2019年，临汾市文化和旅游局推动非遗项目进景区、非遗产品进市场，在襄汾荷花园景区建立全市首个文旅融合示范基地，组织21项手工技艺类非遗项目入驻荷花园景区，通过展示、展演、体验、销售的模式，让非遗走出来、活下来、火起来；鼓励支持本地企业，将非遗项目物质化并批量生产，为景区游客提供个性化、特色化的非遗项目产品与旅游纪念品；加强送戏“进景区”的规模和力度，开发景区情景剧、民俗等特色表演，提升景区文化品位，增加游客游览时间。全年完成送戏2492场，受益260万人次，名列山西省第二，比预定任务翻了一番。

【加快“两权分离”改革】 2019年，尧都区尧庙、尧陵、仙洞沟碧岩寺，吉县克难坡，洪洞县广胜寺、关帝庙，乡宁五龙宫、汾西真武祠，蒲县柏山东岳庙，霍州鼓楼、霍州署，襄汾汾城古建筑群，隰县千佛庵，丁村民宅等15处涉旅文保单位加快“两权分离”改革步伐，有效研判解决体制不顺、机制不活、活力不足的瓶颈问题，激发文物景区内生动力。

【推进非遗传承发展】 2019年，临汾市加大传承发展力度，争取资金288.7万元用于扶持全市非遗项目及传承人，开展抢救性记录拍摄工作，实施非遗融入生活的“创新性”保护。大槐树祭祖习俗、金鼓乐、侯马皮影戏、曲沃碗碗腔、云丘山婚俗等60余项非遗项目进驻临汾市多个景区，推进非遗产业化、销售市场化。

【精品专题展览】 2019年，临汾市博物馆开展临汾成就、红色金融历史、晋南石雕艺术、科技等系列特色展览，为新中国成立70周年献礼。共举办“平阳讲坛”系列专题讲座活动20余次，邀请国内知名专家学者20余名，为近3000人次观众送去知识盛宴。

旅游管理与服务

【概况】 2019年，临汾市文化和旅游局先后举办庆祝中华人民共和国成立70周年——唱响时代赞歌·我和我的祖国大型合唱活动、第十四届广场文化消夏月、第二届尧都文化旅游节、第二十九届大槐树寻根祭祖节、第十二届古县牡丹文化旅游节等节事节庆；举办“两节”系列群众文化活动、2019“幸福临汾”非遗精品展演元旦文艺晚会、迎新春精品书画展、威风锣鼓传统曲牌大赛等文化惠民活动；开展“周末剧场”“儿童剧场”惠民品牌活动，使文化与旅游成功嫁接，文化活动拉动旅游市场，旅游活动增添文化魅力。全年全市实现旅游总收入768亿元，同比增长21.11%。

【文创研发】 2019年，临汾市文化和旅游局指导局属企业尚尧公司在雕版记忆、金藏记忆、青铜记忆、壁画记忆、龙盘记忆系列文创产品基础上，研发出乡村记忆、古陶记忆、黄河记忆3个系列文创产品，摘得中国旅游产业博览会“最佳人气奖”，荣获第四届山西文化产业博览交易会“优秀展示奖”。

【旅游公共设施】 2019年，临汾市文化和旅游局围绕中华根祖文化游、东线太行山水游、西线黄河风情游3条精品线路，全年临汾市旅游厕所完工99座。全市旅游厕所在百度地图上的标注率为90.5%。临汾市游客集散中心共3座，A级以上景区游客服务中心共23座。各A级景区按照环境质量提升规范，更新、更换标识标牌，旅游公共服务设施得到提升。

【品牌创建】 2019年，洪洞县成功创建为首批国家全域旅游示范区，作为样板单位承办全国第二期全域旅游培训班，全国仅有71家获此殊荣；云丘山景区通过全国AAAAA级旅游景区景观质量评审，有望成为晋南地区第二家国家AAAAA级景区；曲沃晋园、洪洞广胜寺景区成功晋级国家AAAA级旅游景区，山西光大工业旅游示范园区成功创建为AAA级旅游景区；乡宁坂儿上村被公布为首批全国乡村旅游重点村，安泽飞岭村被评为2019年中国美丽休闲乡村；安泽飞岭村等10个乡村入选山西省首批AAA级乡村旅游示范村。

【发展基础】 2019年，受临汾市旅游奖励政策带动，全市新创二星级酒店5家，三星级酒店2家；新增全国重点文物保护单位11处，为文化旅游产业发展奠定基础。

【重点项目建设】 2019年，临汾市11个文旅项目，其中，新建4个，续建7个，总投资185亿元，年度计划投资9.05亿元。乡宁县云丘山风景名胜区开发建设、河上公德山旅游建设、襄汾燕村荷花园生态农业、壶口景区风情一条街等省政府重点项目推进有力、进展有序；洪洞广胜寺景区开发建设一期工程、中镇霍山陶唐峪景区生态旅游开发、曲沃全域旅游建设、隰县紫荆山综合旅游开发、襄汾龙澍峪景区二期工程等重点项目也在加快推进、稳步实施。

【沿黄文旅开发】 2019年，临汾市与当地民营企业宏源集团达成对沿黄7县文旅资源进行总体开发共识。2018年11月中旬，省委书记楼阳生到临汾调研时，对沿黄旅游资源保护开发作出重要指示，对致力于黄河板块发展给予高度评价。楼阳生将黄河一号公路0千米设在乾坤湾。《临汾市黄河板块旅游发展总体规划（2020—2030）》通过专家评审并上报省政府，即将落地实施。

【产业扶贫】 2019年，结合“夏养山西”战略和太行毗连区优势，临汾市丰富文旅产品供给，发挥“森林康养”“医药养生”和“红色文化”优势，培育10家首批全省AAA级乡村旅游示范村，推荐黄河人家19处，太行人家11处。

【文旅宣传】 2019年，临汾市同步在央视、省台、市台黄金时段播放宣传片；开展太原南站通道和廊柱广告宣传；组织重点旅游景区和旅游企业参加东北、北京、三门峡、昆明、西安等旅游交易会；接待厦门、大连旅游部门及途牛旅游网、福建、天津同业旅行商、贵州山西商会等进景区踩线、考察、调研，全方位延伸拓展旅游客源市场。引导各景区、文旅企业打造自身宣传团队，利用官方微博、微信等自媒体平台及抖音、快手、小视频、网红达人等新媒体提高宣传营销的吸引力和参与度，增强宣传推广的体验感、互动性、即时性，受到游客的广泛关注。先后前往南非克里斯哈尼、津巴布韦、埃及开罗市，斯里兰卡、柬埔寨等国家和地区进行文化互鉴和旅游互推，融入“一带一路”，促进文明交流互鉴，传播全市优秀传统文化和文旅资源，拓展海外旅游市场。

【安全旅游】 2019年，临汾市文化和旅游局抓好大型文化旅游节庆活动和人员密集场所安全、文物安全、广播电视安全播出工作。配合做好涉旅道路交通安全、消防火灾安全、食品卫生安全、特种设备和冰雪游乐项目安全，配合打击治理“黑广播”违法犯罪集中行动。全年未发生重大涉旅安全事故。

【旅游行业监管】 2019年，临汾市文化和旅游局围绕“安顺诚特需愉”六字要诀，开展两节两会市场专项检查、文化市场专项整治行动、安全风险隐患防范化解大排查大治理、“不合理低价游”等专项整治行动。全年检查文化经营单位870家次，关停无证网吧6家，删除违禁歌曲32首，立案49起，结案率100%，营造平安有序繁荣的文化旅游环境。

【景区管理】 2019年，临汾市文化和旅游局汲取“乔家大院”被摘牌教训，多次召开景区整治会议，逐项研究整改措施。印发《临汾市A级景区服务质量和环境质量双提升行动实施方案》《临汾市A级景区专项整治工作方案》；开展旅游景区质量等级的划分与评定培训会；成立4个专项检查组，连续10天对全市A级景区和重点景区实地检查全覆盖，形成排查、登记、整改、验收、销号闭环管理机制，有效防止重开发、轻管理、重创建、轻提升现象，全面提升文化和旅游市场的服务质量和环境质量。

【精品线路】

寻根祭祖游：大槐树（住大槐树民俗饭店）—尧庙、华门—丁村—晋国博物馆；

黄河风情游：壶口瀑布—克难坡—人祖山（住窑洞宾馆）—戎子酒庄；

亲子考古两日游：陶寺遗址—丁村民居—云丘山古村落（住窑洞宾馆）；

特色文化游：行大运—看署衙（霍州署）—走乾坤（永和乾坤湾，住永和小木屋或农家乐）—赏汾西师家沟；

生态休闲自驾三日游：七里峪—古县云顶小镇（住小木屋）—安泽小黄村（乡村游）—荀子文化园—杜村太岳红色旅游拓展基地（住沁河边黄河京都酒店）—浮山印象田园—翼城舜王坪。

其中，黄河风情游、寻根祭祖游被推荐为省级旅游精品线路。

【地方特产】

霍州面塑 霍州面塑小巧玲珑，做工精巧，式样繁多，它不仅是一种风味面食、馈赠亲友的佳品，也是可供观赏的艺术珍品，不同节日、不同节气的花馍其花色造型各有讲究。过大年的登高、枣花馍，清明节的蛇盘馍，七月十五的羊羔馍、猪头、麦积、针线笸箩；孩子满月的项圈馍、老人祝寿的寿桃馍；还有人物、动物、果实、经典故事、十二生肖、二龙戏珠、龙凤呈祥、喜鹊登梅等。天上飞禽、地上走兽、水中游鱼、名作名典人物所见所闻，经过巧手加工成一幅幅精美的艺术珍品，成为霍州旅游产品。

壶口杂粮 “壶口牌”杂粮具有独特的保健食疗作用，真空包装便于储存，是家居食用和馈赠亲朋的首选佳品，杂粮系列产品主要有绿豆、红豆、大豆、芸豆、菜豆、小米、高粱米、燕麦、荞麦、玉米片、燕麦片、豆面、荞麦面、玉米面等30余个品种。壶口杂粮以科技为保证、以质量求生存、以市场为先导、以品牌求发展、以诚信为宗旨、以信誉求效益、以绿色食品为目标、以人类健康为目的、产品远销全国各地及香港。

隰县梨 隰县被誉为“中国金梨之乡”，种植历史有1500余年，是全国仅有的两个金梨品种产区之一。该县以土层深厚、耐干旱、昼夜温差大的自然优势，被国内许多果树专家公认为果树生产最佳区域。据国家专业部门检测，隰县梨果含糖量高于周边果区同类产品。其中晋蜜梨连获山西省首届（1996年）、第二届（1998年）优质果品展评会金奖。2002年，隰县梨以果面光滑、色泽艳、含糖高的优势，在国家工商局商标总局注册“隰州梨”商标。

吉县苹果 果型端正、果面光洁细腻、着色鲜艳浓红、口感香脆甜爽。曾获得山西省首届农博会金奖、山西省第一、二、三届名优水果展评会金奖、1992年首届中国农博会苹果类唯一金奖、第三届中国农博会“名牌产品”、北京国际果品鉴证会金奖、1996、2000、

2001年中国国际果品博览会“名牌产品”等大奖。1997年吉县苹果开始出口，2004年出口量大增，远销澳大利亚、加拿大、德国及泰国、老挝、俄罗斯等国家，在海外有较高声誉。

永和枣　传统品种有条枣、灰枣、小枣、团枣、麻子枣、葡萄枣、圪瘩枣、大叶枣、五星枣、葫芦枣、脆枣、沟坝枣、无核枣等13种，其中条枣和灰枣、小枣、团枣等4种为主栽品种。还利用枣开发出红枣米面粥、蜜枣、玉枣、红枣饴、红枣保健汁、酸枣汁等保健品。

古县核桃　古县核桃栽培有2000多年的历史，作为古县高优农业的拳头产业，经过几十年发展，形成老中新三大核桃区。近年来，古县新引进晋龙1号、辽核1号、辽核3号等11个优良品种，其中晋龙1号获得“山西省名优核桃”称号，在古县得到推广。截至2017年，有核桃树105万株，年产核桃125万公斤。

【旅游纪念品】

土圪塔布鞋　土圪塔麻绳手工拉花千层底布鞋一直沿用传统手工制作方式，工艺严格、独特，选料考究、做工精细，工序复杂繁多，每一双千层底布鞋都要经过拧绳、沿边、纳制、鞋底整形、合布、下料、裁断、制帮、绱鞋、排揎、成谢等十余道工序才可完成。每道工序都有严格明确的标准，讲究尺寸、手法、力度，要求干净、利落、准确；其制作工艺采用师徒传承、口传心授的传承模式，难度大。鞋底采用的麻绳手工拉花千层底在全国独一无二，是中华民族传统文化的延续和引申，毛坯是由30多层棉新白布合成，透气、吸汗性强，纳底时要选用上等麻绳，每双鞋要用麻绳、棉索200多米，粗细不能超过0.05毫米，每平方寸纳146针以上，一双鞋至少3000多针，在花型上采用民间广为流传的喜鹊、梅花、石榴、牡丹、如意、福寿等图案，表达吉祥如意、幸福安康的美好祝愿。

泥泥狗泥塑　是伏羲女娲的象形物，是远古生灵群像高度概括变形的祭祀物。人祖山泥泥狗取材于人祖山特有泥质，用红、黄、绿、白、粉五色黑底，手工捏造，彩绘文化格调，造型古朴、似拙实巧，每个产品有孔可吹，音律浑厚，独具一格，品种繁多，取材广泛，造型生动，精致细腻，栩栩如生，有人面兽身、奇禽怪兽等造型，是祈福、避灾、求子、馈赠亲友颇受欢迎的神圣物。

晋侯鸟尊　仿古青铜器，高39厘米，长30厘米，宽17.5厘米，整个鸟尊以凤鸟回眸为主体造型，头微昂，圆睛凝视，高冠直立。禽体丰满，两翼上卷，在凤鸟的背上，一只小鸟静静相依，成为鸟尊器盖上的捉手，为宗庙礼器。

乡宁紫砂陶器　分日用品及装饰品两种。以茶具为最佳，造型古朴，形态端庄，文雅别致，各成风格。沏茶能保持原有色、香、味不变，隔夜不馊，长期使用不起腻苔，不生异味，久之能使茶味隐蕴，余香暗藏，虽注入清水，犹有茶香，有“此时无茶似有茶”之谓。清代列为贡品。其耐冷热应变性佳，虽在冬日注入沸水亦不能裂，提携不炙不烫，使用愈久，色泽愈美。所制汽锅，用于烹制鸡、鸭、鱼、肉，滋味蕴蓄不散。所制花盆植入花木不易烂根，以其型色俱佳，赏用兼备，益增花木之美。

侯马皮影　侯马素有“皮影之乡”的美称，其历史可追溯到春秋时代。自唐末始，侯马即有皮影戏，至金代兴盛一时。皮影大师廉振华，生于1922年，侯马市虒祁村人，是全国著名的民间老艺人。曾组建侯马市皮影剧团，创作《采蘑菇》《鹤与龟》《大闹天宫》等皮影剧目。“振华皮影”接待过来自全国各地和美国、法国、日本等国客人。其作品深受海内外人士的欢迎，曾被中央、省、市领导作为珍贵礼品馈赠国外友人。

平阳木板年画　平阳木板年画是中国最早制作的木板年画之一。平阳木板年画题材广泛，刀工细腻，印刷精细，地方色彩浓厚，别具风韵，为广大帮人所喜闻乐见。宋金时期，平阳木板年画主要产于平阳（今临汾）、浮山、绛州（今绛县）等地，行销于今山西、陕西以及内蒙古、甘肃等地。由于木板年画的地方性及其在家庭中的实用性，如拂尘纸、门画、门楣、室外壁画等，平阳木板年画至今仍在市场上销售。

郑月巴葫芦艺术　采用镂刻、烫烙、浮雕、线刻、沥金、压模等多种工艺，制作形态各异的宝葫芦、酒具葫芦、神符葫芦、仿古葫芦、百寿葫芦、八宝葫芦以及五彩缤纷的脸谱葫芦、奇形葫芦等。特别是根艺葫芦，曾得到彭真同志的赞赏，后又作为山西省珍贵礼品赠给薄一波、任建新等同志，现名震全国，成为最有地方特色的、品位较高的珍贵礼品。

·临汾市博物馆·

【概况】　2019年，临汾市博物馆举办“唱响时代赞歌·庆祝新中国成立七十周年成就展”“中国红色金融历史展”“清风临汾书画展”“中国梦·集邮情”“晋南石雕园”等临时展览6个，吸引观众百万人次以上。其中，“表里山河”历史陈列展与“唱响时代赞歌——庆祝新中国成立70周年暨红色金融历史展”荣获山西省首届博物馆精品陈列展览评选推介精品奖，反映出人民群众对民族文化、传统文化的认知度在快速提高，对精神文化和美好生活的需要在快速增长。

【馆藏文物】 临汾市博物馆是临汾市文物中心库，全市最大的文物收藏、保护、研究和展示中心。博物馆秉持“藏展结合，开放融通”的理念，保护利用全市馆藏文物资源。2019年，临汾市馆藏文物总数量为157110/7296件套。其中，馆藏数量152858/4860件套，借展数量4252/2436件套；馆藏国家一级文物54/54件套，国家二级文物362/233件套，国家三级文物1106/771件套；涉展文物2069件，荟萃全市文物精华，可以满足临汾市可移动文物的安全保护与利用，形成独具临汾地域特色的现代化展陈。

【“平阳讲坛”专题讲座】 2019年，临汾市委宣传部、市文化和旅游局、市博物馆共同打造“平阳讲坛”文化品牌，邀请专家学者免费举办讲座，为观众传授专业知识，弘扬中国传统文化。临汾市博物馆共举办“平阳讲坛”系列专题讲座活动20余次，邀请国内知名专家学者20余名，吸引听众近3000人次。讲座活动以新颖的主题、生动的内容、灵活的方式从不同角度深入浅出地为观众展现中国传统文化的魅力。

【志愿教育服务】 2019年，临汾市博物馆参观人数150万人，开展教育活动55次，其中，有历史小课堂，研学活动，移动课堂，书法，木版年画拓印以及各种节日相关活动等，活动类型繁多，深受小朋友的喜爱，每次活动由专业讲解员为学生讲解文物知识。全年共举办3次志愿者招聘活动，拥有志愿者56人，招聘假期小小讲解员74人，服务时长达到1800个小时。

2019年4月29日，“表里山河”历史陈列展之千秋平阳
（市博物馆供图）

【基地建设】 2019年，临汾市博物馆与山西师范大学、山西师范大学临汾学院、山西师范大学现代文理学院、临汾市第一中学等院校定期开展爱国主义教育和科普教育活动，在师生中产生积极影响。博物馆成为山西省科普教育基地、临汾市爱国主义教育示范基地、临汾市人大常委会基层立法联系点，临汾市妇女联合会“平阳女性大课堂”、山西师范大学现代文理学院青年志愿者服务基地。

【文物保护】 2019年，临汾市博物馆继续巩固与中国社会科学院考古研究所、山西省考古研究所的合作，共同致力于临汾的文物保护工作。在做好文物保护工作的基础上，以文物为依托，开发文创产品，促进文创产业发展。

【文物法规宣传】 2019年，临汾市博物馆通过学习和宣传相关法律法规。制作法律宣传册，向观众派发，普及相关法律法规，让普通观众参与到打击文物犯罪中。开展普法教育展览。临汾市博物馆作为山西省第四届文博会分会场，结合“12·4”宪法日，举行法制宣传展览，向观众介绍《中华人民共和国文物保护法》《〈中华人民共和国文物保护法〉实施条例》以及临汾市地方性文物保护法律法规。

（狄跟飞）

【星级饭店】

2019年临汾市旅游星级饭店一览表

表14

星级	区域	酒店名称	地　址
四星级（5个）	临汾	临汾金海湾大酒店	临汾市开发区向阳西路
		临汾思麦尔大酒店	临汾市鼓楼东大街40号
	襄汾	襄汾丁陶大酒店	襄汾县兴农路中段
	侯马	侯马华翔大酒店	侯马市火车站南侧
		侯马华强大酒店	侯马市开发区呈王路69号
三星级（22个）	尧都	临汾五洲大酒店	临汾市解放东路33号
		临汾尧都大酒店	临汾秦蜀路南外环口
		临汾育花园大酒店	临汾鼓楼西大街
		临汾家思博尔酒店	开发区霍侯一级路北孝公交公司
		临汾东苑大酒店	临汾市临钢路
	吉县	吉县黄河壶口饭店	吉县壶口风景区售票口200米
		吉县壶口瀑布大酒店	吉县壶口风景区
		吉县人祖山忘忧山庄窑洞	屯里镇桃园村口
		吉县壶口观景楼酒店	吉县壶口景区
	襄汾	襄汾帝尧酒店	襄汾县滨河西路
		山西博煜国际大酒店	襄汾县北大街1号
	曲沃	曲沃宾馆	曲沃县县府街2号
	乡宁	乡宁玉鑫源大酒店	乡宁县迎旭大街96号
		乡宁云丘山窑洞大院	云丘山旅游风景区康家坪古村内
		乡宁云丘山琪尔康度假村	乡宁关王庙乡大河村
	翼城	翼城宾馆	翼城县红旗路688号
	霍州	霍州金州大酒店	霍州市兴霍路
		霍州宴大酒店	霍州市北环路市委党校院内
	洪洞	洪洞大槐树民俗酒店	洪洞大槐树景区
		重八席大酒店	洪洞虹通南路与朝阳东街交叉口东北角虹通大厦
	古县	古县宾馆	古县岳秀街46号
		古县天上人间度假村	古县牡丹园景区

续表14

星级	区域	酒店名称	地　址
二星级（26个）	尧都区	临汾福临大酒店	临汾解放路24号
		临汾平阳宾馆	临汾解放路8号
		临汾神农大酒店	尧都区体育南街91号
		临汾书荣大酒店	临汾市鼓楼东大街117号
	襄汾	襄汾交通大厦	襄汾县滨河路51号
		襄汾大运商务酒店	襄汾县大运路汽车站北100米
		襄汾县八方宾馆	襄汾县大运路西
		襄汾新城鹏泽宾馆	襄汾县大运路西
		襄汾新城洁康宾馆	襄汾县大运路西
		襄汾县红土地商务宾馆	襄汾县南大街28号
		襄汾县滨河大酒店	襄汾县大运路西
	曲沃	曲沃宝丽大酒店	曲沃县府西街
		曲沃信合宾馆	曲沃县府东街
	吉县	吉县壶口蓬莱山庄	吉县壶口景区
		吉县黄河壶口商务酒店	壶口镇距壶口风景区售票口800米处
		吉县壶口朱朝辉民俗酒店	壶口景区
		吉县望河楼酒店	壶口景区
	蒲县	蒲县安隆宾馆	蒲县东大街136号
	襄汾	襄汾县新城龙馨宾馆	大运路南二排1号(景观桥南路西)
		襄汾县新城众鑫宾馆	襄汾县桥东街14号
		襄汾县新城龙山宾馆	襄汾大运路路西
	乡宁	乡宁县云丘山云圣快捷酒店	云丘山康家坪村
	洪洞	洪洞县聚隆商务酒店	飞虹东街与霍侯一级路交汇处（大槐树镇新丽都装饰城）
		洪洞县恋根快捷酒店	洪滨河路滨河苑外门面房（大槐树景区南）
		山西洪洞燕特酒店公司	洪洞县西环路南口
	大宁	大宁宾馆	大宁县府东街2号

【旅行社】

2019年临汾市旅行社一览表

表15

山西四方百事通国际旅游有限公司	翼城县红海旅行社有限公司
临汾四季风航旅假日国际旅行社有限公司	蒲县安隆旅行社有限责任公司
临汾中国国际旅行社有限责任公司	翼城县凯达旅行社有限责任公司
山西缤纷假期旅行社有限公司	临汾天元旅行社有限公司
隰县隰州旅游有限公司	侯马市华铁旅游有限责任公司
山西帝尧旅行社有限公司	汾西金凤凰旅行社有限责任公司
山西广胜旅行社有限公司	临汾三河旅行社有限公司
山西怡途旅行社有限公司	曲沃县伍思旅行社有限公司
山西尧轩文化旅游发展有限公司	临汾市东方旅行社有限公司
临汾市景行旅游集散中心有限公司	临汾商务旅行社有限公司
山西云丘山新悦旅行社有限公司	临汾市尧都区夏日旅行社有限责任公司
临汾市明月天旅行社有限公司	山西梦之圆旅游发展有限公司
永和县乾坤湾旅行社有限责任公司	山西壶口之旅旅行社有限责任公司
山西三晋祥云旅游文化有限公司	临汾市新世纪旅行社有限公司
临汾市春秋国际旅行社有限公司	山西东悦旅游有限公司
临汾思麦尔旅行社有限公司	临汾市尧夏旅游有限公司
洪洞大槐树旅行社有限公司	山西北旅旅行社有限责任公司
山西自由行旅行社有限公司	临汾新闻旅行社有限公司
侯马市宏图旅行社有限公司	临汾旅游百事通旅行社有限公司
翼城县舜王坪旅行社有限责任公司	临汾假日旅游有限公司
临汾市海峡旅行社有限公司	山西丁村人旅游有限责任公司
山西友邦旅行社有限公司	侯马市三皇旅行社
临汾大奇旅行社有限公司	霍州市鑫源国际旅行社有限责任公司
临汾市尧都区经之纬旅行社有限公司	临汾中国旅行社
侯马市万里行旅行社有限责任公司	临汾市五洲旅行社有限公司
临汾市尧都区九龙航空旅行社有限公司	山西大地国际旅行社有限公司
临汾市途乐旅行社有限责任公司	临汾市人祖山旅行社有限公司

财政 税务

财 政

【一般公共预算收入】 截至2019年12月底，临汾市一般公共预算收入完成138.1亿元，完成全年预期目标134亿元的103%，同比增长9.6%。收入总量山西省第六，增幅山西省第四。

分系统情况看，税务系统完成100.1亿元，完成收入预期目标的103%，同比增长12.1%，占比72.5%；财政系统完成38亿元，完成收入预期目标的103.1%，同比增长3.5%，占比27.5%。税收收入占到全市收入的七成以上，收入结构进一步优化。从收入完成情况看，煤焦铁行业产品价格处于高位，拉动财政收入较快增长，实现增收。一般公共预算收入同比增收12亿元，增长9.6%，高于6.3%的预期目标3.3个百分点。其中，税收增收10.8亿元，拉动增长8.6%；非税增收1.2亿元，拉动增长1%。税收收入看，上年税收延缓至当年入库6.3亿元（增值税4.2亿元、资源税1.7亿元，土地增值税等其他各税0.4亿元），占到税收收入增收额的58.3%；企业所得税同比增收4亿元；受个人所得税专项附加扣除、小微企业普惠性减税、深化增值税改革等政策影响，减收1亿元。税收实际增收10.8亿元。非税收入看，两权价款、罚没收入等一次性收入集中入库，非税收入增收1.3亿元，同比增长3.5%。其中，两权价款增收0.5亿元，全市生态环境系统、应急管理系统等单位缴纳罚没收入，同比增收1.6亿元。

【一般公共预算支出】 2019年，临汾市一般公共预算支出累计执行411.3亿元，同比增长6.6%，增支25.4亿元。其中民生支出332.1亿元，占一般预算支出的80.7%，同比增长3.6%，增支11.6亿元。

财政八项支出累计执行283.9亿元，同比增长11.8%，增支29.9亿元。其中，一般公共服务支出38.9亿元，同比增长7.3%，增支5.8亿元；公共安全支出18.2亿元，同比增长7.1%，增支1.2亿元；教育支出58.2亿元，同比增长6.4%，增支3.5亿元；科学技术支出8210万元，同比下降26.5%，减支2964万元；社会保障和就业支出58.8亿元，同比增长7.3%，增支4亿元；卫生健康支出43.2亿元，同比增长3.3%，增支1.4亿元；节能环保支出24.4亿元，同比增长21.1%，增支4.3亿元；城乡社区支出41.5亿元，同比增长32.4%，增支10.1亿元。

支出同比增长6.6%，主要是文化体育与传媒支出、节能环保、城乡社区、交通运输等科目较上年出现20%以上的增幅。文化体育与传媒支出主要是因为临汾市承办二青会部分项目，新建体育场馆设施；支出中央补助地方公共文化服务体系建设资金；市本级支出图书馆建设资金等因素造成。节能环保主要是支出大气污染防治、清洁取暖补贴等资金。城乡社区支出主要是尧都区东外环扩宽改造、滨河东路北延、体育街南延等重点工程建设支出。交通运输支出主要是襄汾县、汾西县等支出公路建设资金。

【减税降费政策】 2019年，临汾市采取“321”工作措施，实行减税降费。“3”就是“三畅通”，畅通政策宣传通道，在市财政局官网设立减税降费政策网站专栏，及时公布、更新收费目录清单；畅通投诉举报通道，设立举报电话和举报箱，加强政策落实督导；畅通业务沟通渠道，在全市财政系统建立减税降费微信工作群，与市税务、有关企业建立工作联系方式，及时传达、贯彻相关政策文件。“2”就是“两展示”，将财政在减税降费工作中的推动作用编成宣传语以条幅形式悬挂展示；将减税降费的内涵、作用、普惠性特点等七项内容制成宣传版面展示。“1”就是组织编印“一本书”，对2018—2019年减税政策和2012—2019年降费政策共计61个文件进行归集整理，编订《减税降费政策汇编》，方便全市财政系统干部学政策、用政策。

【PPP项目建设】 2019年，临汾市加强PPP项目建设，基本实现公共服务重点领域PPP项目全覆盖。实施动态监管。加强PPP项目的储备及动态管理，建立项目库定期分析报告制度，每月报告市本级PPP项目实施情况，全面掌握项目资金到位、工程进展、存在问题等工作动态。通过财政部PPP综合信息平台，实现PPP项目全生命周期信息公开。提请市政府将市本级已实施的10个PPP项目跨年度政府支出责任纳入中期财政规划和年度财政预算。推进重点项目。将补齐短板、收益较高、技术成熟的项目作为重点推广范围，先后筛选垃圾焚烧发电、第四污水处理厂、临汾警务技能训练基地、引沁入汾尧都水质提升工程四个现金流稳定、国家鼓励支持的PPP项目列入年度计划逐步实施。列入山西省级以上的示范项目14个，获得奖补资金共计6940万元。靠前主动服务。针对PPP工作推进中的难点，到一线工地、项目部门，多次赴省财政厅，向上级和专家咨询协调解决，确保项目顺利推进。截至2019年年底，全市纳入财政部PPP综合信息平台管理的储备项目72个，总投资额640亿元；申请退库9个，总投资55亿元；已纳入财政部项目管理库53个，总投资318亿元。

【实体经济发展】 2019年，临汾市帮助企业缓解融资难题，筹集资金6.4亿元设立企业资金链应急周转保障金，其中，市本级企业资金链应急周转保障金规模2.3亿元，支持65户企业转贷续贷资金27.08亿元，降低企业融资门槛，推动企业健康发展。设立注册资本金为2亿元的市级政府性融资担保机构（临汾市融资担保有限公司），壮大政府性融资担保实力，缓解小微企业和创业人员发展融资压力。与山西创业投资基金管理集团合资成立注册资本3000万元的临汾市创业投资基金管理公司，由市创业投资基金管理公司担任临汾市产业引导基金管理人，公司落地临汾市，实现自己的基金自己管理。与山西省太行产业投资基金按照1:1的比例，共同出资设立规模为4亿元的产业转型股权投资基金，为产业转型升级提供融资支持，提升工业企业市场竞争力。

2019年7月，临汾市财政局领导调研蒲县昌平东街棚户区改造及周边配套基础设施建设工程 （市财政局供图）

【营商环境建设】 2019年，临汾市安排资金1433万元，主要用于“三晋英才”支持计划和人才引进、人才宣传、人才奖励等相关工作，激励引导全市各类人才为转型发展做出更大贡献。做好企业安全生产风险抵押金清退工作，已向41家企业退回抵押金6124万元。开展拖欠民营企业中小企业账款清理工作，市本级拖欠账款1.69亿元，全部为政府及其所属机构欠款，已偿还账款1.37亿元，清偿比例81.44%。市财政投入普惠金融发展专项资金863.4万元，向4家农村金融机构定向补贴，引导和鼓励金融机构主动填补农村金融服务空白。投入农村信用社改制化险及亏损补贴扶持资金206.1万元，支持16家县级农村信用社银行化改革，扶持农信社发展。

【加强税费征管】 2019年，临汾市建立“一财两税”信息沟通、数据交流和情况通报协调联动工作机制，及时关注入库动态。市财政局联合市税务局开展财税收入运行情况调研，分析研判全市经济走势、重点税源和税收变化趋势，加强收入预测和预算执行分析。落实税收政策，强化收入稽查，确保各项收入应收尽收、足额入库。

【争取上级资金】 2019年，临汾市主动与上级部门对接，反映临汾市存在的困难和资金需求，争取政策和资金支持。通过争取新增债券、一般转移支付和专项转移支付等多种渠道，共为临汾市筹措建设资金352亿元。

【存量资金】 2019年，临汾市采取“超期收回”的措施，收回超期未支单位存量资金41亿元，主要用于调结构、惠民生等支出，最大限度发挥财政资金效益。推动银政企合作，开展清洁能源项目、向阳西路城市主排水项目等9笔委托贷款业务，发放委托贷款资金1.5亿元，业务收入625.8万元，实现国有资产保值增值。

【“三公”经费支出】 2019年，临汾市严格执行“三公”经费预算，严禁超预算或无预算安排“三公”经费支出。全年市直单位“三公”经费支出3661.91万元，比预算安排数减少3669.51万元，降低50.05%。其中，因公出国（出境）费用支出为147.18万元，比预算安排数减少32.82万元，降低18.23%；公务接待费支出1156.93万元，比预算安排数减少1544.93万元，降低57.18%；公务用车运行维护及购置费支出2357.8万元，比预算安排数减少2091.76万元，降低47.01%。

【专项债发行前期指导】 2019年，临汾市财政局印发《关于规范政府专项债券发行前期工作的通知》，明确自2019年起，新增政府专项债券全部为项目收益与融资自求平衡专项债券，并对专项债券发行前期项目申报管理、发行前期流程、项目信息资料编制、第三方专业机构评估（价）报告编制、第三方专业机构管理等内容进行规定，指导各县（市、区）及市直各部门做好政府专项债券发行前期工作。

【落实偿债工作机制】 2019年，临汾市优先保障资金用于化解债务风险，有效控制政府债务余额增速。对于政府显性债务，市本级按照“不低于一般预算支出的5%、基金预算支出的10%、预算稳定调节基金的30%”的偿债原则，全年偿还到期债务本息7.7亿元；对于隐性债务，市本级按照年度化解计划，全年将到期债务规模4.7亿元列入年初预算，力争完成年度化解目标。截至12月底，全市政府债务总额305.43亿元，处于省财政厅下达临汾市政府性债务限额329.67亿元以下，没有市县因违规举债被问责，债务风险总体可控。

【加大扶贫资金投入】 2019年，临汾市财政专项扶贫资金投入11.3亿元，其中，市本级扶贫资金投入5538万元，比2018年4500万元增加1038万元，同比增长23%，实现扶贫资金“双增长”。涉及易地扶贫搬迁的11个县投入资金23.1亿元，支付20.6亿元，支付率89.3%。

【支持深度贫困县】 2019年，临汾市本级投入大宁县、永和县、汾西县3个深度贫困县专项扶贫资金4620万元，占市本级投入资金总额的83%；投入1.1亿元易地扶贫搬迁专项债券用于深度贫困县，占易地扶贫搬迁专项债券总额的57%。

【涉农资金统筹】 截至12月底，2019年全市10个贫困县实际统筹整合资金18.2亿元，完成支出17.5亿元，支付率89%。

【建立财政扶贫资金动态监控机制】 2019年，临汾市纳入监控平台的全市资金总量为102.5亿元，其中已落实扶贫资金18.4亿元，扶贫资金分配进度99.1%，扶贫资金支付金额17.5亿元，支付进度95.6%，扶贫资金分配进度山西省第二，支付进度全省第三。

【污染防治投入】 2019年，临汾市向省财政厅上报《临汾市大气污染防治总体实施方案（2018—2019）》，共包括147个工程项目，总投资达174.2亿元。全市大气污染防治资金投入9.45亿元，其中市本级财政投入2.8亿元，主要用于纯电动公交车配套充电场建设项目、公共自行车项目、市区环境综合治理与环保专项督查等；全市水污染防治资金投入2.79亿元，其中市本级财政投入1000万元，主要用于昕水河流域生态治理、汾河流域生活污水排污处理工程等。

【节能减排示范项目】 2019年，临汾市财政共清算下达节能减排综合示范城市中央奖励资金1.5亿元，其中10个县（市、区）共计26户企业减排示范项目补助1.4亿元，有效缓解全市能源供应压力。

【清洁取暖试点工作】 2019年，临汾市财政局及时安排北方地区冬季清洁取暖试点城市中央补助资金、市本级配套资金8.9亿元，支持全市清洁取暖试点工作，全年完成清洁取暖改造4.4万余户，改造完成率达165.06%。

【生态保护修复】 2019年，市加快推进采煤沉陷区治理，投入资金6994.5万元，其中，市本级配套3959.5万元，用于采煤沉陷区综合治理搬迁安置项目，改善受灾群众的居住生产条件和生活质量。

【教育发展投入】 2019年，临汾市财政投入资金8.83亿元，推动全市教育事业健康发展。其中，投入6.38亿元支持城乡义务教育均衡发展，主要用于家庭经济困难寄宿生生活费、农村校舍维修改造、乡村教师生活补贴、市直学校全面改薄等；投入1.09亿元支持现代职业教育发展，主要用于中等职业学校免学费补助、中等职业教育国家助学金、高等职业教育质量提升计划、高等职业教育学生资助补助等；投入6970.9万元支持发展学前教育，主要用于学前教育发展、学前教育幼儿资助及建设等；投入6575.7万元支持实施普通高中学生资助计划，主要用于普通高中国家助学金、改善普通高中办学条件补助、普通高中免学杂费等。

【医改投入】 2019年，市财政投入资金21亿元，支持全市医疗卫生事业发展。其中，投入资金15.5亿元，确保城乡居民医疗保险财政补助每人每年提高30元达到520元，惠及全市336万名参保城乡居民；投入城乡医疗救助和疾病应急救助资金1.6亿元，资助城乡低保对象及低保边缘户参保，对医疗机构救助、无承担能力患者的救助费用予以补偿；投入建档立卡贫困人口参保资助补助资金5711.3万元，落实医疗扶贫帮扶制度；投入资金2.7亿元，确保全市基本公共卫生服务经费每人提高14元达到69元，促进全体公民享受免费公共卫生服务，提高居民健康水平；投入资金6191万元，对取消药品加成的9家公立医院给予财政补助，减轻群众就医负担。配合医保部门做好医疗保险减支控费工作。

【文化、体育、科技投入】 2019年，市财政投入1101万元，主要用于博物馆、纪念馆、体育馆、图书馆、文化馆、文化站免费开放；市财政投入资金7441.29万元，用于文物保护、公共文化服务体系建设、惠民演出等；市财政投入资金2701万元，保障第二届全国青年运动会花样滑冰、空手道、射击飞碟比赛在临汾市顺利举办。市财政投入市长创新奖专项奖励经费300万元，投入高新技术企业奖励资金700万元，支持全市科技创新发展。

【社会保障】 2019年，临汾市财政投入资金14.3亿元，增强全市社会兜底保障能力。其中，市本级投入1.5亿元资金，确保市本级7789名行政事业单位退休职工的退休金按时足额发放；市财政投入城乡居民养老保险资金6.2亿元，确保并按时足额发放享受待遇的50.5万名城乡居民。投入困难群众救助补助资金6.4亿元，统筹用于城乡低保、特困人员救助供养、临时救助、孤儿基本生活保障及流浪乞讨人员救助补助支出。投入1830万元支持福利院养老楼建设，推动全市社会福利事业快速发展。投入4473万元用于储备粮油保管，确保储备粮油安全。市财政道路交通救助基金共筹集基金1746万元，累计垫付8笔抢救费、丧葬费，合计17.9万元，追回垫付款11.8万元，追偿率66%，有效降低或化解部分困难群众因治不起伤而引起的致残、致贫问题。

【残疾人服务】 2019年，临汾市投入资金2311万元支持残疾人服务场所建设、落实残疾人生活补贴政策、免费为60名6岁以下听力障碍和孤独症儿童提供学前教育。投入2203万元支持残疾人康复中心大楼建设及康复器材设备购置。帮扶590户建档立卡贫困户残疾人家庭改善基本生活条件，被评为省级“助残扶贫”先进集体。开展创业担保贷款财政贴息工作，全市创业担保贷款担保金3078万元，共为182户担保贷款1626.8万元，财政贴息88.18万元，贴息范围包括妇女创业、下岗再就业、高校毕业生就业人员等，实施更加积极的就业政策。

【预算管理改革】 2019年，临汾市对编制2020年部门预算进行科学安排，对定员定额标准、单位编码进行调整，明确主管部门在预算编制工作中的主体责任，主要是审核所属单位预算、依法公开本部门预算及“三公”经费信息、在法定时限内批复所属单位预算，促使部门预算真正是部门的预算。政府预算及市本级81个部门（两个涉密部门除外）在规定时间内按要求公开2019年预算情况。实行收支统管，除教育收费外的非税收入全部纳入预算内管理，纳入预算的行政性收费和罚没收入实行彻底的“收支脱钩”管理。全年办理往来资金收支业务2520笔，资金累计结余2.91亿元。建立新增债券资金支出进度考核机制，推动债券资金尽早形成实物工作量，避免债券资金闲置浪费。规范预算单位银行账户管理，对各市直单位历年留存的专户进行全面清理，对全市271家预算单位369个账户进行核查，对不符合规定的59个基建项目临时账户全面予以撤销。

【社保基金管理】 2019年，临汾市严格基金支付审核程序，确保财政资金安全、高效运行，社保基金共有14个险种，每个险种独立核算，分别存放于5家银行。社保基金银行余额46.77亿元，累计收入103.96亿元，累计支出107.27亿元，利息收入4691万元。

【财政授权支付改革】 2019年，临汾市19个县（市、区）有9家已经开始实行授权支付，提升财政预算执行效率。国库集中支付电子化实现正式上线。

【财务报告编制工作】 2019年，临汾市完成2018年度决算的上报工作，获得省厅表彰。制定印发《临汾市直机关政府购买服务工作基本流程（试行）》和《临汾市直机关政府购买服务合同（范本）》，规范政府购买服务行为。

【资产管理改革】 2019年，临汾市建立市政府向市人大常委会报告国有资产情况工作机制，明确由市财政局、国资委、规划和自然资源局等部门协调联动，做好国有资产报告的布置、编制、报送、审议和整改等各项工作。与市直属机关事务管理局联合出台《关于做好我市市财政党政机构改革有关国有资产管理工作的通知》，确保机构改革期间国有资产安全完整。

【加大国有资产管理力度】 2019年，临汾市全面实施资产信息化管理；规范市本级政府性工程项目资产管理，在市直部门、尧都区开展政府性工程项目资产核查工作，从资金、项目资产、项目监管等方面对政府投资工程项目资产管理提出明确要求，督促市直部门做好整改。对13个符合条件的市属国有企业收取国有资本金收益304.5万元，上缴入库。截至11月，全市行政事业单位共计2833个，行政事业单位资产总额402.93亿元，负债总额35.42亿元，负债率8.79%，固定资产295.49亿元，文物普查全市不可移动文物7334处，国有产权可移动文物198993件（套）。

【优化资产配置】 2019年，临汾市审核办理行政事业单位资产配置1081笔，对不符合标准的资产配置一律不予办理，节约资金1000余万元。严格资产处置审批，制定《临汾市级行政事业单位国有资产处置管理暂行办法》，建立回收企业名录库，采取随机抽取回收企业、现场竞价的方式公开处置报废资产，全年共办理处置审批事项68项，处置资产收入69.8万元。严格国有资产出租出借管理，全省率先建立行政事业单位国有资产出租出借管理制度，实行“四个一律”管理，就是出租出借一律经过主管部门和财政部门审核审批，租金水平一律由预算评审中心结合市场价格评估，一律通过政府公共资源交易平台面向社会公开招租，出租出借收入一律上缴国库，降低部门使用国有资产的廉政风险，全年共办理出租出借业务13项，收入201.5万元。

【基础设施建设】 2019年，临汾市争取中央补短板建设项目资金1.6亿元，主要用于垃圾处理、污水处理等基础设施建设，改善人居环境。建立中央补短板项目月度进展情况制度，每月了解掌握项目动态，项目开工率达85%。市财政累计下达各类交通建设项目资金5.32亿元，支持农村公路养护、三大旅游板块、农村公路建设、农村公路“畅返不畅”等项目，促进全市公路交通建设，加速推动城乡一体化发展。

【乡村振兴】 2019年，临汾市财政共投入财政支农资金23.6亿元，主要用于农业支持保护补贴、农业生产发展、林业生态保护恢复、水利发展等。制定《“一事一议”财政奖补美丽乡村建设竞争立项评审议程》和“竞争立项陈述要求”，规范县级申报、专家初审、实地考察、专家评审、现场公开结果等工作流程。投入5000万元，支持翼城县、霍州市、安泽县、吉县、大宁县5个县（市）美丽乡村建设。确定吉县、浮山、大宁、隰县为2019年扶持村集体经济发展试点县，投入资金4000万元，按照每县20个试点村每村50万元的标准进行拨付。开展政策性农业保险和特色农产品保险工作，鼓励农民积极参保，最大程度降低农业生产风险带来的损失。全年承保种植业440.7万亩，养殖业624620头，森林587.9万亩，财政补贴1.14亿元；投入资金823万元，用于奖补开展地方特色农业保险的10个县（市、区）。

【重点工程建设】 2019年，临汾市财政投入基础设施建设资金

24.5亿元，其中，市本级投入新增债券项目资金8.8亿元，推进市党纪教育基地工程建设项目、中大街南延、体育街南延、迎春街南延、广言路建设、水塔游园、广宣街游园、漪汾花园D区公租房及配套项目、南焦堡等社区城中村连片改造建设项目，以及图书馆、第三、第四幼儿园、第二中学校建设项目等一大批市政重点工程。

【开展投资评审】 2019年，临汾市实施“三个改进”，改进评审方式，针对项目评审中复杂、争议较大的问题，推行“阳光评审”，提高评审效率，节约评审成本；改进评审机制，树立终身负责、实事求是和与时俱进的评审理念，重点强化现场踏勘和信息反馈两个评审环节，及时提出优化意见；改进询价方式，利用工程材料询价网络和人工模式进行材料价格询价，做好市场询价记录，建立材料价格库，实现评审价格有据可查。全年评审项目614个，送审金额18.5亿元，审定金额15.5亿元，审减金额3亿元，审减率16.2%。其中，工程类项目168个，服务类项目232个，货物类项目214个。资产出租类项目12个，绩效评价1个。

【政府采购】 2019年，临汾市建立健全统一的技术标准和数据规范，方便供应商参与政府采购活动。已经试运行政府采购项目和工程建设项目的网上入场备案、交易场地预约、信息发布、下载招标文件等服务，有效提高政府采购工作效率。通过公开征集、单位推荐和专家自我推荐等方式，充实山西省政府采购评审专家库临汾分库，规模达1900余人，全年采购人和采购代理机构自主随机抽取专家达700余次，有效规避评人情标、关系标，提高公开招标采购的客观性、公正性、公平性。规范政府采购评审专家劳务支付标准，并将政府采购评审专家劳务报酬纳入部门预算管理。全年备案政府采购事项496项，预算资金14.94亿元，确定中标价格14.64亿元，节约资金0.3亿元，节约率2%。

【国库集中支付审核】 2019年，临汾市严格按程序办事，不符合部门预算的支出不予办理，不符合国库管理条例的支出不予办理。全年共承办市级财政国库集中支出业务66245笔，支付金额58.44亿元。严格支出审核，严格按程序办事。全年累计审核出市直单位各种不合规经济业务407笔，累计拒付或纠正金额8046.58万元。

【贷款项目实施】

1.山西包容性农业产业融合发展项目。申请利用亚行贷款16000万元，项目区域分别为：浮山县古恒牧业科技有限公司申请贷款4000万元，乡宁琪尔康翅果生物制品有限公司申请贷款5000万元，曲沃绿恒农业发展有限公司申请贷款4500万元，汾西县洪昌养殖有限公司申请贷款2500万元。已完成省、市、县转贷协议的签订，项目已进入提款报账程序。

2.侯马市城乡燃气供热有限公司热电联产供热工程项目（东城新区和路西区二期），利用中国清洁发展机制基金管理中心委托贷款5000万元。

3.襄汾县浦新发电有限公司2×15兆瓦生物质（秸秆）发电项目，利用中国清洁发展机制基金管理中心贷款3000万元。

【贷款项目推进】 山西绿色低碳美丽乡村项目3个。合计9562.6万美元，项目区域分别为：吉县集中供热、供水管网改造项目申报贷款1600万美元；侯马城乡供水主管网及水厂改扩建和农村生活污水综合利用项目申报贷款1962.64万美元；侯马怡之福养老项目申报贷款6000万美元。以上3个项目已列入国务院批准的中国利用亚行贷款2019—2021年备选项目规划，下一步将督促各项目单位尽快完成可行性研究报告并落实贷款偿还责任，为项目谈判做好准备。

【贷款项目申报】 侯马益通天然气股份限公司LNG工厂扩建一期项目，拟申报贷款金额6900万元；侯马市山西汤荣机械制造股份有限公司金属复合一体式制动鼓技术改造项目，拟申报贷款金额6900万元；临汾开发区山西华翔集团有限公司华翔精加工智能化扩产升级项目，拟申报贷款金额6900万元；以上3个中国清洁发展机制基金管理中心贷款项目省厅委派临汾兴业银行正在开展尽职调查。

【单位往来资金管理】 2019年，临汾市预算单位申请拨付资金时，对单位的每笔资金拨付申请，严格按相关规定和制度把关，规范支出行为，对不符合政策制度规定的，不符合财经纪律的，坚决予以拒付。截至11月底，往来资金预算单位为160户，办理往来资金收支业务2117笔，其中，银行转账1440笔，现金收缴677笔，资金拨付2068笔、拨付资金1.26亿元，代缴国库0.10亿元。往来资金累计结余2.87亿元

（含上年净结余1.46亿元）。

【贷款项目还本付息】 2019年，临汾市将到期债务列入当年财政预算，将各县的当年债务提早测算并下达通知，督促各县（市、区）将到期债务列入当年本级财政预算，采取沟通联系、深入项目县市区催收等方式加大贷款本息回收力度。全年完成还本付息任务12136.8万元，其中，外国政府和国际金融组织5717.55万元，清洁基金6419.25万元。

【党费专款专用】 2019年，临汾市将预算单位党费账户的资金统一纳入非税往来资金专户进行集中管理，党费账户涉及33家单位。支付资金只能用于党建专项，对不符合规定的支付申请坚决不予拨付，一般业务确保办理时限不超过3个工作日。

【干部队伍建设】 2019年，临汾市财政局推行公务员职务与职级并行制度，配合市委组织部完成1名晋升职务、3名晋升职级的市管干部和2名副县级单位科级班子的考察工作，调整科级干部26名，交流轮岗3名，完成41名公务员和参公人员初套工作，晋升职级2人。在厦门大学举办两期专业能力和素质建设培训班，全市财政系统业务骨干共220余人参加培训。组织全市行政事业单位会计人员专业能力提升和道德素养培训、全市财政电子票据改革培训、政府采购从业人员培训、地方政府专项债券发行业务等培训班34期，培训干部7131人次。（张铁钢）

税　务

【概况】 2019年，临汾市注重组织收入的稳定发展和质量提升，完成省局和各级政府的全年目标要求。全年全市税务系统完成各项收入312.5亿元，同比增长31.58%，增收75亿元。其中，税收收入完成258.7亿元，同比增长12.8%，增收29.3亿元，同比增幅在全省排名第3；非税收入完成8亿元，社保费收入完成45.8亿元。

【减税降费】 2019年，临汾市把落实减税降费作为首要政治任务，做到组织领导、机制运转、宣传辅导、督导检查、统计核算“五个到位”；打造“张杨画税”得到纳税人好评；创新推行“两账两册”工作法，为纳税人量身定制“两单一卡”，在全系统开展“晒账亮册”工作，确保宣传辅导全覆盖。全年全市累计新增减税降费29.74亿元，其中，2019年新出台减税政策22.5亿元，2018年到期2019年延续政策2488万元，2018年减税政策2019年翘尾6.97亿元。

【征收管理】 2019年，临汾市金三系统成功并库，电子税务全面推广，基本业务应用率达到95%以上；征管各项指标考核均在全省前列；与运城、三门峡、渭南等市局召开联席会，确定晋陕豫黄河金三角区域4大类10项税收业务合作事项，促进区域协同发展。税费管理更加精细。增值税改革推进，出口退税办理提速，全年共实现出口免抵退税2.29亿元，办理留抵退税1.07亿元；针对增值税发票管理薄弱环节，开展全系统专项整治工作，发票风险防控水平得到提升；企业所得税汇算清缴共汇算企业38103户，汇算补缴税款16亿元；全员全额代扣代缴个人所得税电子明细申报正确率达100%；逐户开展环保税税源比对分析，识别环保税纳税人1029户，比上年增加177户，累计申报环保税1.9亿元，申报率达100%；土地增值税清算入库3.2亿元，同比增长21%。

【税收执法】 2019年，临汾市税务局主动参与配合省局的方案制定并积极进行试点实践，得到省税务局肯定；全面提升系统运维保障能力，推动以风险管理为导向的监管

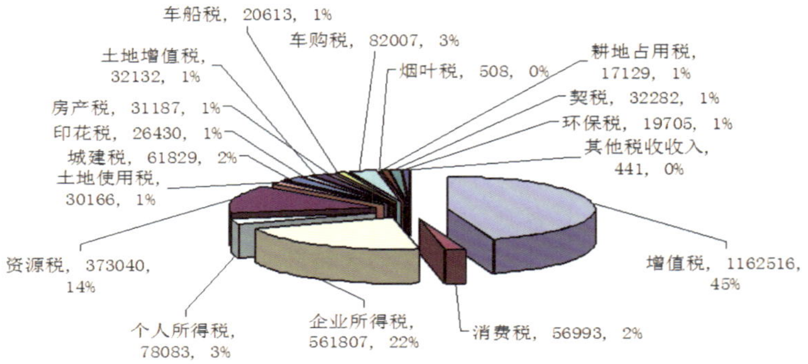

2019年分税种税收完成及占比情况（单位：万元）

2019年5月3日，临汾市服务民营企业法治政策座谈会　（市税务局供图）

模式，升级优化风险管理机制，完成对全市年纳税额百万元以上1188户企业的税收风险分析提示工作。加快健全完善税务监管体系，开展“三项制度”建设；开展税收执法督察，规范税收执法行为，对49人次进行税收执法过错责任追究。稽查铁拳震慑作用有效发挥。全年查补收入596.3万元；推进打击虚开骗税两年专项行动，立案检查169户；开展扫黑除恶专项斗争，收到16条涉税线索全部办结；审理重大税务案件13件，移交司法机关27件。

【优化税收营商环境】　2019年，临汾市深化“便民办税春风行动”，营造最优税收环境。主动推行5大类18项70条便民措施、“最多跑一次”及“全程网上办”清单，实现“零门槛”办税；提出搭建“个体工商户简易注销工作平台”的建议，被省税务局评选为“金点子”项目予以推广；拓展“实体办税兜底”的办税渠道和范围，对7大类99项办税服务厅即办涉税业务实现全市通办；发挥12366纳服热线综合服务平台作用，高质高效受理纳税咨询1456个；“税邮合作”为纳税人邮递发票71.4万份，委托邮政代开发票5.4万份，代征税款3249万元；选派426名业务骨干入驻489户企业，增进“税企互动”。纳税信用管理提档扩围，基本实现纳税信用评价对纳税人的“全覆盖”，“银税合作”为643户纳税人提供5.5亿元贷款支持。制定三类办税厅效能提升标准，确定“六改善六提升”目标，召开全市办税服务厅工作现场交流会，做实办税大厅兜底工作，推进全市办税服务水平提质增效。

【干部队伍建设】　2019年，临汾市加强干部选拔任用工作的监督，干部考核工作结合实际建立起新机制；启动职务职级并行工作，做好跨区域稽查局人员遴选工作；培养储备年轻干部，建设一支由12名青年才俊、15名专业骨干和60名岗位能手组成的三级人才梯队。开展培训强素质。分2期对县局班子成员共130余人进行领导力提升培训；组织各类业务培训59期4300余人次，开展每季度全员岗位练兵，参考人员2600余人次；组织业务考试3300余人次；15人获得全省业务大比武专业骨干称号，综合成绩全省第一。发挥绩效管理抓班子、数字人事管队伍的导向作用。

（郭柱子）

金融　保险

金融工作

【银行业信贷】　2019年，临汾市银行业金融机构落实中央、省、市关于金融服务实体经济发展各项政策，发挥“主力军”作用。截至年底，全市银行金融机构存款余额2708.61亿元，较年初增加206.47亿元，增长8.25%；贷款余额1649.35亿元，较年初增加212.37亿元，增长14.78%；存贷比达到60.9%。

【政策性金融项目对接】　2019年，临汾市金融办利用农发行服务黄河流域生态保护特惠信贷政策，组织县市区和工业企业与农发行开展融资对接，就贷款期限、贷款利率、还款来源、担保方式等进行精准对接，帮助项目融资，加快项目建设，推进全市经济高质量发展。有部分县（市、区）与农发行达成合作意向。市农发行上报待审批项目2个，拟投放1.41亿元，正在对接初评项目3个，拟投放15.59亿元。

【市场化债转股】　2019年5月，建行临汾分行确定山西焦煤集团有限公司为市场化债转股目标客户，由建行子公司建信金融资产投资有限公司通过先期收债、后期转股的方式，给予企业资金支持，有效降低企业财务成本和杠杆率。截至年底，建信投资、霍州煤电、焦煤财务公司三方签订20亿元规模收债协议，完成收债工作。后期，霍州煤电将对其下属吕梁山煤电等子公司资产进行评估，按照对建信投资的债务占比，转让相应子公司的股权，实现市场化债转股的顺利落地。

【资本助推】　主板方面：华翔集团主板上市工作推进，2019年6月6日，华翔集团正式向中国证监会上报IPO（首次公开募股）材料，2020年初有望正式IPO。方略陆港、襄汾万鑫达、光宇股份、益通股份等一批后备企业谋划上市，未来企业的资本活力得到增强。四板（省股权交易中心）方面：金融办与山西股权交易中心签订战略合作框架协议，在全省首家设立地市级运营中心。乡宁县召开“乡宁县经济转型板”开板暨中小企业集中挂牌仪式，共计8家企业在省股权交易中心挂牌。襄汾县举办“企业创新板”首个县域经济专场，共有7家创新型企业登陆“企业创新板”。全市累计推动191家中小微企业在山西股权交易中心挂牌，挂牌总数位居全省第3位。

【财政金融政策】　2019年，“临汾市企业资金链应急周转保障资金”规模扩大至2.3亿元。全年支持65户企业转贷续贷70笔，投放金额27.08亿元；累计支持149户企业转贷续贷280笔、106.43亿元。推动省太行基金与市财政加强合作，设立的临汾市创业投资基金管理有限公司正在中国证券投资基金业协会进行备案，完成后将成为全市第一家政府基金管理公司，发起设立总规模100亿元的市政府产业引导基金；与临汾济林公司合作成立4亿元的临汾太行转型发展基金，首期将向侯马开发区中信机电项目投资2亿元；与安泽县达成成立总规模10亿元的县级扶持产业子基金意向；与襄汾县、曲沃县的子基金项目在洽谈中，初步计划建立子基金公司和总规模50亿元的政府产业引导基金项目，支持工业企业项目落地生产。

【案件处置】　2019年，临汾市印发《临汾市非法集资风险处置攻坚工作方案》，明确提出利用三年时间，全面排查陈案积案，摸清风险底数，加快陈案积案消化。截至年底，全市立案侦查非法集资案件89起，涉案金额34.64亿元，人数10000余人。重点案件方面，“6·19”非法集资案处置工作取得进展，公安机关和审判机关共追缴涉案资金2511.57万元，省高院判决书中体现的涉案资金，临汾市中院对被执行人和单位下发执行通知书，正在加快追缴中。审计和公安机关正在对审计中发现的资金线索进行核查。《临汾市“6·19”集资案清退方案》临汾市政府常务会和市委常委会审议通过，确定采用货币化方式，统一比例，分批次进行清退。共归集资金3226.36万元（包括公安机关和审判机关追缴的2511.57万元和司法拍卖所得的714.79万元）。全部集资参与人的个人清退账户开户工作开始，归集资金达到一定数额后将适时启动清退工作。

【涉嫌非法集资专项风险排查】2019年，临汾市根据国家处置非法集资部际联席会议安排，印发《2019年临汾市涉嫌非法集资风险排查活动实施方案》，要求在5月至7月在全市范围内部署开展涉嫌非法集资风险线索和广告资讯信息排查整治活动，全面排查非法集资隐患线索，整治非法集资广告，有序化解各类风险。

【地方金融领域扫黑除恶】 2019年4月，临汾市扫黑除恶领导组及时增加市政府金融办为成员单位，将地方金融领域扫黑除恶作为重点领域。印制举报地方金融领域涉黑涉恶线索的通告、地方金融领域扫黑除恶专项斗争宣传手册，畅通线索举报渠道，提高公众对地方金融领域扫黑除恶专项斗争的知晓率。各县（市、区）、各有关部门结合防范非法集资宣传月活动，利用各种媒体和渠道，多维度、多层次推动地方金融领域扫黑除恶专项斗争宣传工作，发动群众参与扫黑除恶专项斗争。截至2019年年底，收到4条风险提示函，1条司法建议书，2条涉黑涉恶线索，均进行细致核查和整改。

【互联网金融风险排查和整改】2019年，临汾市推动互联网金融风险专项整治，利用P2P网贷风险专项整治数据报送管理系统实时掌握网贷公司的机构信息及数据，摸清风险底数。配合省互联网专项整治领导小组做好全市唯一一家P2P网贷机构——吉县东方红网贷公司的现场行政核查工作，多措并举，引导其良性退出。截至2019年年底，东方红网贷公司业务存量全部消化，不存在风险隐患。

【“e租宝”案临汾集资参与人的核查登记】 “e租宝”案是全国已审结的金额最大、人数最多的非法集资案件。临汾市“e租宝”非法集资案涉案人数16000余人，涉及金额3.9亿元，涉案人数及涉及金额居全省第一，善后处置工作形势严峻、任务艰巨、责任重大。截至年底，临汾市已制定《“e租宝”案临汾集资参与人信息核实登记实施方案》和实施细则，成立善后处置领导小组和工作专班，按期完成“e租宝”案集资参与人现场核实登记点设置工作，设置登记点59个。各县（市、区）、各成员单位都成立善后处置领导小组，各县（市、区）均建立工作专班。截至2019年年底，全市核实登记6768人。

【宣传教育】 5月31日，临汾市在吉县开展以“携手筑网·同防共治”为主题的防范非法集资宣传教育活动。宣传把宣传月与地方金融领域扫黑除恶专项斗争有机结合起来，向群众现场讲解法律政策和识别非法集资的方法，当天发放宣传手册、宣传页、海报上万份，宣传品4000余份，悬挂横幅10余条，摆放展板、展架12张；围绕活动主题，开展进机关、进学校、进企业、进网点、进社区、进村组、进家庭等“七进”活动，向社会不同人群宣传普及打击和防范非法集资以及互联网风险防范等相关知识，活动当天发放各类宣传资料500余份，宣传品1000余份；通过《临汾日报》《临汾晚报》《临汾新闻网》公众号等媒体连续刊载防范非法集资知识。各县（市、区）结合区域特点，组织开展形式多样的宣传活动，全市组织大型集中宣传76场、参与群众77658人次、发放宣传资料21.3万余份、新闻报道1余次、播放防范非法集资公益广告1804次。

金融监管

·中国人民银行临汾市中心支行·

【概况】 2019年，人行临汾市中心支行在货币信贷、融资服务、金融稳定等领域全面发挥牵头抓总作用，满足地方经济社会的金融需求。截至年末，全市金融机构本外币各项贷款余额1649.35亿元，较年初新增212.37亿元，增长14.78%；各项存款余额2708.61亿元，较年初新增206.47亿元，增长8.25%，为经济稳健运行提供适宜的货币金融环境。

【货币政策】 2019年，人行临汾市中心支行综合运用多项货币政策工具，创新采用“灵活分配限额”

+“一行一策、蹲点督导”的方式，推动辖区货币政策工具使用率大幅提升，申请支农再贷款10亿元、扶贫再贷款9亿元、支小再贷款11亿元，全部发放完毕，使用率达100%。在全省率先以央行评级信贷资产质押办理再贷款，拓宽货币信贷工具再贷款质押品范围。办理再贴现14.15亿元，集中为辖内民营小微企业提供流动性支持。通过落实全面降准、定向降准和差别化存款准备金率政策，将法人机构存款准备金率降至历史最低点，为25家地方法人金融机构释放可用资金31.61亿元，为尧都农商行办理常备借贷便利10亿元，增强地方法人金融机构的资金实力；推进利率市场化，落实“改革完善贷款市场报价利率（LPR）形成机制”的政策要求，强化LPR改革政策的宣传和运用，全市25家地方法人金融机构新发放贷款中参考LPR进行定价达到94%，其中有10家法人机构100%参考LPR进行定价，降低社会融资成本。

【金融支持小微企业】 2019年，人行临汾市中心支行创新实施“四微纾困”专项行动，“四位一体”推动民营小微企业金融服务工作落实落细、取得成效。联合市政府金融办、发改委、财政局、银保监局等10部门牵头出台《关于进一步深化小微企业金融服务的实施办法》，增强“几家抬”工作合力。搭建多渠道、多层次、全方位的融资对接平台，组织15家市级金融机构和近百家小微企业参与的全市银企对接会，8家市级金融机构、4家保险机构和30余家小微企业参与的大宁银企对接会，15家市级金融机构和3家龙头企业参与的曲沃融资对接会，深化银企融合发展；疏通信贷资金的“活水渠”。发挥再贷款支持效应，对全市25家法人金融机构使用再贷款发放贷款的能力和潜力进行逐个分析，“一对一”送政策、出对策，推动支小再贷款使用率提高47.12个百分点，为金融机构注入充足的信贷资金。指导降准机构制定降准资金使用方案，监督资金流向，确保资金全部用于小微企业。截至年末，全市民营经济贷款余额达667.73亿元，较年初新增77.74亿元，增量位居全省第一，增速13.18%，位居全省第二；小微企业贷款余额449.57亿元，较年初新增74.77亿元，增速19.95%；普惠型小微企业贷款余额153.49亿元，较年初新增32.30亿元，增速26.65%，位居全省第二；金融支持小微企业数量4.88万户，较年初新增8559户；民营企业贷款和小微企业贷款加权平均利率分别较年初降低0.41、0.58个百分点，降至8.39%、8.28%，缓解融资难、融资贵。

【金融扶贫】 2019年，人行临汾市中心支行与市政府扶贫办、财政局、金融办等部门联动协调，推动辖区17个县（市、区）建立金融扶贫风险补偿金2.35亿元并按政策兑付落实。运用存款准备金政策，向10个贫困县释放流动性5.4亿元。向10个贫困县下达扶贫再贷款13.3亿元，其中向2个深度贫困县下达3.61亿元，占比达40.11%，撬动2个深度贫困县各项贷款余额23.27亿元，增长49.83%，高于全省各项贷款增速40.95个百分点，金融精准扶贫贷款余额4.26亿元，增长19.87%，高于全省平均增速24.39个百分点，“两个高于”目标顺利实现。截至12月末，全市扶贫小额信贷余额12.49亿元，不良率为0.44%。截至年末，全市金融精准扶贫贷款余额66.34亿元，较年初增加4.90亿元，较年初增长7.98%，高于全省平均增速6.28个百分点，带动支持全市贫困人口15.13万人（次）。其中，建档立卡贫困人口及已脱贫人口贷款余额19.32亿元，较年初增加0.26亿元，增长1.39%，其中扶贫小额信贷累计投放4.8亿元，完成全年任务的120%；个人及产业带动精准扶贫贷款余额39.73亿元，较年初增加5.75亿元，增长16.91%；项目精准扶贫贷款余额7.30亿元，较年初下降1.11亿元，下降13.17%。

【金融风险防控】 2019年，人行临汾市中心支行统筹协调，制定人民银行《推进“3+1”精准防范化解金融风险机制建设的实施方案》，聚焦相关部门之间信息沟通不畅、区域金融生态环境不优、监管协调机制不完善等堵点难点，在16个县（市）牵头改进、推进落实，有8家地方政府召开辖内问题投保机构的金融风险化解专题会议、15家地方政府出台经济金融风险信息共享机制、10家地方政府出台金融生态环境考核机制。与金融办、银保监联合出台文件，对在“营造诚实守信金融生态环境、维护良好金融秩序”中评价较高的4个县（市、区），给予适度加大再贷款与再贴现政策资金投放、金融监管评级加分、银行开设分支机构视情况开辟绿色通道等六项激励措施。截至年末，全市不良贷款余额为83.34亿元，较年初减少3.85亿元，不良贷款率为4.95%，较年初降低0.97个百分点。

【金融消费权益保护】 2019年，人行临汾市中心支行受理金融消费者咨询及投诉64件，处理满意度达100%。做好“3·15国际消费者权益日”“普及金融知识 守住‘钱袋子’”“金融知识普及月”系列宣传活动。与市教育局联合印发“金融与诚信”知识主题教育活动，有效性评估、教师暑期培训、校外实践活动等3个实施方案，做好《金融诚信伴我行》中学读本部分章节编写和全书统稿工作，推进“小手拉大手”金融知识普及新机制。

【提升经理国库水平】 2019年，人行临汾市中心支行推进国库服务与财税体制改革相配套，实现全市社会保险费直缴入库。疏通普惠退税工作中的堵点难点，搭建起“宣传+审报+审批+退库”一站式服务新机制。组织辖内国债承销机构发行储蓄国债22期，金额23.7亿元，满足百姓稳健理财的需求。全年全辖完成一般公共预算收入138.06亿元，同比增长9.56%，完成一般公共预算支出393.83亿元，同比增长1.78%。

【加强人民币管理】 2019年，人行临汾市中心支行坚持“以需定调、以需定投”原则，办理调拨业务112笔，累计投放发行基金116.76亿元，累计回笼100.27亿元，净投放16.49亿元，保障辖区现金总量和各券别结构的供应。回收残损人民币42.52亿元，提高流通中人民币的整洁度。创建市、县、乡三级现金服务示范区4个，其中，洪洞县甘亭镇示范区在山西省评价验收中获得“优秀”。在全省率先创建“洪洞大槐树·AAAAA级景区”现金服务示范点，推动AAAA级景区及三甲医院现金服务示范点全面铺开，实现“群众少跑腿、服务多跑路”的目标。

【现代化支付“畅通工程”】 2019年，人行临汾市中心支行协调相关部门和金融机构，为全辖17个县（市、区）1246辆公交车，尧都区多条街道的静态停车服务，搭建起集“云闪付”、二维码扫付、手机闪付等多种现代化工具于一体的无障碍移动支付终端，丰富百姓智慧生活的金融体验。

【征信管理和服务】 2019年，人行临汾市中心支行办理个人和企业信用报告查询分别为19.37万笔和0.31万笔，发放机构信用代码证8097个。开展“6·14征信助力小微与民营企业融资发展”专题宣传及“千企万户”纾困行活动，组织辖内金融机构对接民营小微企业、个体工商户，授信4748户、73.24万元，获信4371户、55.96万元。

【服务企业】 2019年，人行临汾市中心支行达成融资34笔、17亿元，解决中小企业融资难、融资贵的问题。提升外汇服务质效，推进政务服务一网通办，实现外汇管理行政许可“最多跑一次”。对21家企业和7家银行开展现场辅导，对20余家企业开展培训，提升外汇政策运用水平，服务涉外经济高质量发展。（刘浩原）

·银保监分局·

【支持地方经济】 2019年，临汾银保监分局组织开展辖区银行业推进供给侧结构性改革、提升服务实体经济质效系列活动；下发《临汾市银行业机构支持新型农业经营主体的意见》，支持新型农业经营主体发展的7条主要工作措施。深化小微企业金融服务，建立新的监测考核和定期通报机制；联合市经信委等部门赴7个县市开展“送金融进企业”活动；深化银税合作，为182家纳税良好企业发放贷款212笔2.21亿元；督促保险机构积极做好玉米保险旱灾理赔，协同有关部门赴部分县市对赔付情况进行抽查核实，累计赔付1.52亿元。加大重点领域支持力度。召开专题新闻发布会，营造推动普惠金融发展氛围。推动召开临汾市“千企谋发展·百亿助转型”签约大会和大宁银政企座谈会，辖区银行机构与近40家民营企业签订合作意向82.06亿元。年末，全市银行机构发放普惠型小微企业贷款186.10亿元，较年初增长19.12%，贷款户数51000户，较年初增加8169户；发放转型综改建设贷款较年初增加5.39亿元，较年初增长4.97%；重点工程贷款较年初增加118.20亿元，较年初增长61.85%。简化理赔流程，迅速做好乡宁山体滑坡事故应急处置和理赔工作，累计对遇难者赔付78.17万元。

【支持实体经济】 2019年，临汾银保监分局引导银行机构将资金回流本地，回流信贷领域，用于支持地方“三农”和小微企业、民营企业。年末，全市农合机构资金业务占总资产比重较年初下降4.21个百分点，各项贷款占比较年初上升3.36个百分点。督促各机构完善“敢贷、愿贷、能贷”的“三农”和小微企业贷款尽职免责长效机制，鼓励各银行机构提升金融产品精细化水平，提供差异化、定制化的金融服务，拓宽抵质押物范围，为企业提供“量身定做”的信贷服务。

【降低企业融资成本】 2019年，临汾银保监分局召开银行保险业民营及小微企业金融服务工作座谈会，督促各机构取缔不合理收费项目，为生产经营正常但暂时出现流动资金紧张的企业做好转续贷服务。组织各银行机构开展涉企收费自查工作。实施银行信贷客户消费者权益保护专项检查和违规涉企收费专项检查。通过一系列监管措施，辖区银行业减费让利和转续贷工作取得成效，年末，全市银行机构取消收费项目28项，降低收费标准56项，减免服务收费1525户、8261.92万元，减免利息439户、1641.4万元，为790户企业转续贷1233笔、459.4亿元，企业平均贷款利率较年初下降0.64个百分点。车险综合费用率由6月末的47.7%降至37.93%；车险综合成本率由6月末的97.77%降至90.92%。

【金融扶贫】 2019年，临汾银保监分局抽调5名同志分赴市扶贫办、2个贫困村全脱产开展扶贫专项工作，2个贫困村均成功脱贫。在银行间合理分解4亿元扶贫小额信贷投放任务，通报扶贫小额信贷工作进展。出台金融扶贫工作督导方案，约谈扶贫小额信贷工作进展缓慢机构主要负责人。督促各保险机构推广“两减四推一倾斜”保险扶贫模式，开展扶贫小额贷款保证保险，扩大脱（返）贫责任险开展范围，做好贫困人口大病保险和大病补充医疗保险相关工作。年末，全市扶贫小额信贷余额12.66亿元，支持建档立卡贫困户27370户，同比增长0.43%，全年累计投放扶贫小额信贷4.97亿元，完成全年目标任务的124.27%；累计投放产业扶贫贷款24.37亿元，较年初增长7.49%，累计投放其他扶贫贷款3.07亿元，较年初增长33.09%。扶贫保险累计赔付金额1.74亿元，较2018年增长213.09%。

【化解重点机构风险】 2019年，临汾银保监分局推动临汾市委市政府出台《关于加快推进农村信用社改制实施“一县一策”化解处置风险的工作方案》，协助市政府召开全市防范化解金融风险暨农信社改制化险工作会议，凝聚高风险机构处置工作合力，2家机构获地方财政支持2000万元。压实行管部门和高风险机构风险处置牵头和主体责任，推动4家农商行出资4.32亿元帮扶3家机构改制，2家机构获省联社3.5亿元资金支持。抓好农商银行改制辅导和审查，高效完成8家农商银行筹建、开业工作。先后完成永和、隰县、安泽、大宁4家农商银行开业，古县、吉县2家农商银行筹建，蒲县、霍州2家农商银行筹建初审，全辖16家农合机构仅翼城未完成改制，浮山农商银行基本实现高风险机构“摘帽”。

【防控信用风险】 2019年，临汾银保监分局指导各机构建立健全大额风险暴露管理组织架构和工作制度。协调做好包商银行同业债权兑付工作。印发分局防范化解政府隐形债务风险工作方案，指导辖内银行机构审慎合规化解政府隐性债务风险。关注逾贷比变化，督促做实资产质量分类。督促银行业机构对标“五个一批”，实现不良贷款处置工作常态化。全年累计处置不良贷款43.07亿元，不良贷款占比较年初下降0.97个百分点。

【防范重点领域风险】 2019年，临汾银保监分局按季开展区域性风险分析例会，做好重点风险防范处置工作；做好十大行业授信风险、流动性、同行跨业等领域风险监测；引导农合机构强化股东股权管理，规范关联交易，合规开展利润分配。开展案件警示教育活动和案防评估，强化操作领域风险防控，全年辖区银行保险机构实现“零案件”。指导做好负面舆情、信访监测及正面引导工作，推进舆论焦点、热点、隐患点排查化解。开展网络安全风险专项治理和信息科技风险快速巡查；实施农村中小银行安全保卫专项检查，开展防范非法集资宣传月活动。

【完善行政许可】 2019年，临汾银保监分局完善行政许可，实施分类审核制度；注重联动效能，开展功能联动、上下联动、内外联动；实施履职回避和实名投票决制。全年累计审批208项许可事项，其中否决7项，否决占比3.4%，从源头上防范高管人员的“带病提拔”和机构、业务的“带病准入”。

【行政处罚】 2019年，临汾银保监分局和机构双向建立并完善问题整改台账，明确时限，即查即改。强化监管跟踪评估，逐笔销号，闭环式管理。全年各银行保险机构自查和监管检查发现问题300个，62.68亿元，督促整改241个，12.62亿元，内部问责722人次，修订制度55个。针对检查发现的违规问题，依法实施行政处罚，严格落实“双罚”，提升监管震慑力。全年累计罚款418万元，处罚责任人18人，其中，8人各罚款5万元，终身禁止3人从事银行业工作，暂停

1家保险机构部分业务。

（杨惠惠）

银　行

·中国工商银行临汾分行·

【概况】　2019年，工商银行临汾分行坚持以“三增三降三强化，三亮三比三评价”为引导，尊重当地资源禀赋，客观分析，科学谋划，围绕“一个指引、三大战役、五项重点工作”一三五工程，全面提质增效。实现拨备前利润41068万元，全省排名第9位，完成省行全年计划（34222万元）的120.00%，全省排名第3位，同比增量10306万元，全省排名第3位，增幅33.50%，全省排名第1位；实现净利润27913万元，全省排名第7位，同比增量11002万元，全省排名第2位，增幅65.05%，全省排名第2位；实现中间业务收入15799万元，全省排名第6位，完成省分行全年任务（16470万元）的95.93%，全省排名第6位同比增量2667万元，全省排名第2位，增幅20.31%，全省排名第2位。

【存款】　2019年，工商银行临汾分行人民币全部存款期末时点余额257.09亿元，全省排名第8位，较年初净增26.99亿元，全省增量排名第8位；日均余额245.54亿元，全省排名第8位，日均净增（基数为上年末日均）24.43亿元，全省排名第7位，完成省行计划（14.1亿）的173.24%。其中，私人业务存款（含保证金）期末时点余额191.01亿元，全省排名第7位，时点净增22.97亿元，全省排名第5位；日均余额180.39亿元，全省排名第7位，日均净增（较上年末日均）22.07亿元，全省排名第6位，完成省行计划（11.0亿元）的200.63%；对公存款（含保证金、含同业）期末时点余额66.08亿元，全省排名第9位，较年初增加4.02亿元，全省排名第8位；日均余额65.15亿元，全省排名第9位，日均净增（较上年末日均）2.36亿元，全省排名第9位，完成省行计划（3.1亿元）的76.09%。其中，机构（含同业）时点余额41.27亿元，全省排名第9位，较年初增加3.07亿元，全省排名第8位；日均余额39.77亿元，全省排名第10位，日均净增（较上年末日均）-1.94亿元，全省排名第10位，完成省行计划（1.1亿）的-176.56%；公司时点余额24.81亿元，全省排名第9位，较年初增加0.95亿元，全省排名第7位；日均余额25.38亿元，全省排名第9位，日均净增（较上年末日均）4.30亿元，全省排名第3位，完成省行计划（2亿元）的215.05%。

【贷款】　2019年，工商银行临汾分行人民币各项贷款（含贴现）期末时点余额143.73亿元，全省排名第7位，较年初增加20.76亿元，全省排名第3位；日均余额133.80亿元，全省排名第8位，日均净增10.82亿元，全省排名第3位。其中，公司贷款期末时点余额88.27亿元，全省排名第9位，较年初增加7.47亿元，全省排名第4位，完成省行计划（7.13亿元）的104.77%；日均余额85.19亿元，全省排名第9位，日均净增4.39亿元，全省排名第4位；个人贷款期末时点余额46.37亿元，全省排名第4位，较年初增加11.79亿元，全省排名第3位，完成省行计划（9.7亿元）的121.59%；日均余额41.25亿元，全省排名第5位，日均净增6.68亿元，全省排名第3位；票据贴现期末时点余额9.09亿元，全省排名第3位，较年初增加1.49亿元，全省排名第3位；日均余额7.36亿元，全省排名第4位，日均净增-0.25亿元，全省排名第7位。

【营业费用】　2019年，工商银行临汾分行营业费用总量25622万元，全省排名第5位，人均费用24.19万元，全省排名第7位；同比增加849万元，全省排名第5位，人均费用同比增加1.49万元，全省排名第4位。其中，人力费用14819万元，全省排名第6位，同比增加-25万元，全省排名第7位；经营性费用10803万元，全省排名第4位，同比增加874万元，全省排名第二位。

【资产业务量质并举】　2019年，工商银行临汾分行各项贷款时点增量20.76亿元，系统内排名第三。公司贷款时点增量7.47亿元，系统内排名第四，计划完成率104.77%，余额达到88.27亿元，连续3年增量、余额保持同业第一，支持实体经济，巩固市场地位。通过成功现金清收以及核销不良贷款、化解到期中票兑付风险等措施，实现不良贷款余额、不良率“双零”目标，其中，现金清收山西华尧不良贷款本息7941万元经典案例，得到省总行的肯定。

【客户拓展】　2019年，工商银行临汾分行坚持以增客户账户为根本，“点、线、面”相结合，找准目标客户群，从不同条线加大拓展力度。

拓展个人客户规模。扩大代发工资、社保、商户、私银等客群。个人全量客户净增12.87万户，规模达到151.7万户，系统排名第5，较2015年末提升1个位次，客户总量占全市城镇人口78.6%（剔除网点未覆盖的7个县域，占比97.2%）；个人资产5万元以上客户净增5835户，同比多增3027户，计划完成率166.7%，净增和任务完成率系统内分别排第二和第一；财富客户净增443户，同比多增276户。

对公拓户竞赛。先后组织参加省分行开展的两次百日竞赛活动，全年净增对公结算账户2394户，系统内排名第三，增有效账户达到80%以上。

推动机构账户发展。在法院执行案款账户全部落地的基础上，借助国地税合并、社会保险费由税务代理征收的改革良机，成功营销税务各类账户35户；抓住市县政府机构改革的机会，市级政府机构基本户（零余额户）全部落户本行，成为全省4家全覆盖分行之一，并新开市级机构账户24户，推动县域授权支付代理行资格，县级政府机构累计新开账户95户。全面动员，全员营销，ETC攻坚战取得胜利，勇夺同业第一，锻炼一支敢打硬仗的队伍，增强攻坚克难的信心。做好ETC客户“1+1+N”营销，围绕ETC优质客户，同步带动借记卡、信用卡、贵金属、私银、理财、基金、保险等N个板块的拓户工作。

【创新发展】 2019年，工商银行临汾分行在新业务、新思路、新模式上进行创新。投入运营云丘山智慧景区项目，实现线上线下票务一体化、景区现场扫码或景区公众号购票、票务分销以及景区售检票人脸识别等功能。完成大槐树寻根祭祖园聚合支付、党建云、工会云、银校通、无感停车等一批场景建设。在扶贫工作上将永和槐花电商扶贫项目打造为区域特色项目，获得当地政府的高度评价，累计实现销售扶贫农产品156万元，较上年度销售额增长200.49%，拓展业务渠道，提升品牌形象。构建多种营销场景，创新开展各类优惠活动，截至年末，实现快捷支付绑卡净增23万户，中间业务收入1755万元，占全行中间业务收入11.11%。代发工资客户渗透率72.78%，系统内排名第一；借记卡客户渗透率50.43%，系统内排名第二；融e行活跃客户渗透率87.92%，系统内排名第三；管户客户渗透率51.60%，系统内排名第四。

【渠道规划】 2019年，工商银行临汾分行推进物理网点结构性调整，落实渠道转型，实施网点标准化装修项目11个，其中，续建装修改造项目3个，迁址装修网点2个，原址装修网点6个。原有7个空白县域，占全省未覆盖县域（17个）的41.18%，古县支行作为全省首家普惠型、智慧型支行，得到县委县政府的支持，吉县支行拟于2020年开业，加紧筹备汾西支行、隰县支行。 （景　脉）

· 中国农业银行临汾分行 ·

【概况】 2019年，农行临汾分行以稳中求进、提质增效为目标，聚焦“千分制”考核，精准发力、重点突破。年末，各项存款余额272亿元，时点净增15亿元，日均净增16亿元，其中，个人存款余额203亿元，时点净增16.5亿元，日均净增15.2亿元；对公存款余额69亿元。各项贷款余额116亿元，较年初增加13亿元，其中，个人贷款余额40亿元，较年初增加10亿元；公司贷款余额76亿元，较年初增加3亿元。中间业务收入1.3亿元，同比增加2953万元，创历史新高，收入总量、年增量、计划完成率三项考核指标均位居全省第三。从重点指标完成情况看，掌上银行全省第一；个人贷款、信用卡、惠农e贷三项指标全省第三；综合绩效考核从2016年末的全省第九位跃进至2019年末的全省第四位，被省分行评为“综合绩效进步先进集体奖”。

【综合营销】 2019年，农行临汾分行以数字化转型、场景化建设为突破，抓住机遇，强势营销。截至年末，对公客户8500户、个人贵宾客户6.6万户，其中私行客户308户，分别比2016年末净增3200户、1.4万户、156户；信用卡发卡量达30.8万户，较2016年末净增21万户，客户建设取得长足发展。以“纳税E贷、抵押E贷、微捷贷”等产品为营销利器，先后为400余户小微企业提供信贷支持，解决小微企业的“融资难、融资贵、融资少”等问题。开展“七大攻坚战”，成功营销“智慧安泽”项目，提升惠民金融服务质量和效益；先后上线吉县“银医通”和壶口“银旅通”项目，填补在医疗、旅游行业合作的空白圈地；营销临汾市机关事务局“智慧餐厅”项目，开辟银政业务的新领域；拓展营销“时光颂、永辉超市”两大金融商圈项目，打造一体化金融支付应用场景。

【服务三农】 2019年，农行临汾分行以乡村振兴、金融扶贫为重点，坚持把“惠农e贷”作为服务三农的“一号工程”，做大做实“药材e贷、玉米e贷和果e贷”，全年“惠农e贷”有效新增1.76亿元，带动掌银、聚合码、卡存款等均衡发展。支持乡宁云丘山等涉农企业发展，年末涉农贷款较年初增加3.3亿元，占比达到36%，满足企业融资需求，支持企业转型发展。加快惠农圈场景建设，全年新增惠农商户85户、新增涉农机构类账户13户、新增专业大户（家庭农场）贷款客户数1319户、新增惠农卡有效客户18525户。深入定点“永和县桑壁镇东索基村”开展精准扶贫工作，通过实施建档立卡、爱心捐助、信贷倾斜等帮扶机制，其中，为50户建档立卡贫困户发放扶贫小额贷款1000余万元，脱贫攻坚取得阶段性成果。

【企业文化】 2019年，农行临汾分行以“文化兴行、文化强行”为核心，高度凝炼“党建铸魂、人文厚爱、铁军厉行、服务制胜、合规高挺”的企业文化核心理念，成为全行干部员工的思想法宝和行动指南。开展“爱心救助、温暖家访、短信祝福”等文化建设活动。全面开展“打赢班长的战争”，容军事文化、团队文化、营销文化于一体，打造网点经营的竞争力、团队力和战斗力。特邀中国古典文学与文化专业博士郦波教授、海军网信专家主任尹卓将军，先后举办“晋风与家风、国风”专题讲座和“纵观历史、展望未来”爱国主义教育，提升全行员工的理想信念和文化修养。（吴云峰）

2019年12月26日，建行临汾分行参加临汾市工会会员普惠活动启动仪式（建行临汾分行供图）

·中国建设银行临汾分行·

【概况】 2019年，建行临汾分行开展旺季营销和”3+2”营销攻坚、ETC大决战等重点活动，市场表现、战略推进、价值创造、客户发展、品牌提升等工作取得较好成绩，个人存款、经营利润等多项经营考核指标在省行系统排名前茅。年末，临汾分行本部设立10个部门，6个经营中心，所辖33个网点，732名员工。

【重点业务】 2019年，建行临汾分行结合实际，同步嵌套普惠金融和信用卡分期两大攻坚活动，推进“3+2”营销攻坚。全行发动开展ETC大决战，以“任务指标全覆盖和领导包联到组”为主要工作措施，推进党委成员包联到行责任制。发挥“裕农通+”产品叠加、场景叠加和平台叠加的优势，强化县域、乡镇裕农通+ETC的联动营销推进，实现“裕农通”全覆盖。与人社局沟通，掌握第一手信息，跟进营销，社保卡代发工资业务稳健起步。强化退役军人事务管理局的沟通合作，实现退役军人服务卡发行，建设裕农通退役军人创业服务站，开创退役军人再就业和打通农村金融服务“最后一公里”的新模式。

【对公业务】 存款方面，建行临汾分以县域、代工、商户为重点，强化个人存款产品组合营销，通过抓源头和资金承接提升个人存款市场竞争力；以有效客户、“两率”提升为重点，灵活运用对公聚财、大额存单、结构性存款等对公存款创新产品，提升对公资金闭环和公私资金闭环效率，挖掘对公客户存款潜力。贷款方面，跟进襄汾浦新发电、临汾同盛中学的贷款审批，抓紧霍州煤电两个市场化债转股项目的落地。深化与恒大、富力、中骏等重点开发商的合作，加快一手房贷市场营销投放工作，提升二手房贷款在房贷中的占比，推动房地产金融生态圈建设，重返市场高地。分期方面，吸收复制“客户先导年”和“家装节”活动的成功经验，狠抓汽车和装修两大分期业务，做深做透账单和现金分期，提升贡献度。以完善功能，提升应用为重点，推进金融科技平台推广和落地。

【财政授权支付业务】 2019年，建行临汾分行前期通过对各县进行频繁高层走访，争取国库集中支付业务的代理资格奠定人脉基础，成功获得曲沃县、霍州市、翼城县财政授权支付业务的代理资格，获得临汾市市级财政授权支付业务入围资格，以财政授权支付为带动，成功开立零余额账户100余户。

【打造“大社保”生态圈】 2019年，建行临汾分行为响应省行深耕“大社保”客户的号召，走访涉及到的退役军人事务局、医疗保障局、劳动监察大队等单位。获得临汾市三代社保卡的发卡资格，与尧都区人社局签约社保卡合作协议，批量营销尧都区2万余张社保卡，实现社保领域新的突破。与临汾市退役军人服务局建立全面合作关系，与尧都区退役军人事务局、吉县退役军人事务管理局达成初步合作意向。

【营销管理】 2019年，建行临汾分行关注政府机构体制改革，建立分层营销机制，由二级行负责辖内市级重点客户的牵头营销工作，主抓市级新组建、系统资金量大、行政管理权大、辐射面广的政府客户，指导基层行展开营销；基层行主抓县级重点客户，负责具体的产品应用和客户服务工作。成功营销政府改革账户25户，与临汾市退役军人事务局签订“拥军优抚”合作协议，与临汾市行政审批管理局签订“临汾市智慧政务综合金融服务项目战略合作框架协议”，与临汾市自然资源局建立合作意向。

【支持教育卫生建设】 2019年，建行临汾分行抓住重点事业单位法人客户，营销存贷款业务。加强对临汾市人民医院、中心医院、同盛学校、临汾一中等重点客户的营销和维护，事业类法人存款实现5亿元的新增，成功营销临汾市人民医院新增流贷2000万元和临汾市同盛学校新增固贷5000万元。以业务延伸类项目为切入点，提高客户产品覆盖度和综合贡献度。成功营销临汾市人民医院“扫码付”项目和临汾仁和中西医结合医院“一卡通”两个业务延伸项目。

【批量营销】 2019年，建行临汾分行从长尾客户拓展中抓增长。通过与上级或主管部门合作，批量化拓展乡镇政府、街道办、村委会、居委会、社委会，中小学、幼儿园、二级以下医院、社区卫生服务中心等。圆满完成长尾客户新增任务。

【住房公积金业务】 2019年，建行临汾分行做好公积金重点客户的服务工作，保持传统业务优势。做好缴存扩面、贷款发放、资金结算、信息化管理等工作，为客户提供高效的业务办理和优质的金融服务。M系统推广获得显著成果，翼城、古县、曲沃、蒲县成功上线，M系统的上线夯实维修资金归集权，为稳存增存奠定基础。

【小微企业新产品均实现落地投放】 2019年，建行临汾分行采取措施提升小微企业新产品的商机转化及授信投放，截至年末，“晋叶云贷”余额1432万元，“云电贷”余额144万元“交易快贷”余额248万元，“个体工商户经营快贷”241万元。2019年推出的所有重点新产品均实现有效投放。

【风险管控】 2019年，建行临汾分行与省行风险、保全等部门沟通协调，探索不良处置新手段、新方法，完成省行计划目标。建立线上业务全流程管控机制，管控风险，制定小微快贷全流程精细化管理规定动作，统一标准、规范动作、明晰职责，提升精细化管理水平。

【网点“三化”工作】 2019年，建行临汾分行根据省分行“亮化、美化、标准化”专项治理要求，为提升营业网点外部整体视觉效果，对7网点门楣、14个网点室外LED显示屏进行更新，门楣完成4个、LED完成8个，其余正在有序推进，美化网点内饰，调整网点功能分区布局，标准化网点物品摆放，规范标识网点，有序摆放物品和单据。

【规范化服务】 2019年，建行临汾分行组织开展明察暗访，下发12期服务效率综合指标通报和5期操作提示，指导网点改善指标、提升服务。根据临汾分行服务考核办法，对优秀网点和落后网点分别给予奖罚。开展非现场检查，按月对全辖营业网点进行远程监控检查。强化投诉管理，完善投诉处理流程，制定《临汾分行投诉处理考核实施管理细则》，及时处理好各类投诉工单，尽最大可能维护客户的合法权益。做好客户投诉数据的收集及统计分析，提高消费者投诉处理工作效率，实现监管部门客户投诉量大幅度下降。

【检查督导】 2019年，建行临汾分行全面提升和维护“劳动者港湾”品牌形象。对全行网点卫生间、无障碍通道进行改造，完善劳动者港湾及便民服务的各种标识，宣传“劳动者港湾”公益服务品牌，开展对“劳动者港湾”服务情况的抽查，查看电话接听、线上线下服务设施是否一致及对外开放情况。与临汾广播电视台智慧临汾频道合作宣传各种产品，提升建行社会形象。

【关爱员工】 2019年，建行临汾分行加大对困难职工的救助力度，根据“困难职工救助申请”情况进行认真核实、研究，确定对36名在职员工和离退休职工进行困难救助，救助金额共计93000元。举办“关爱女性健康知识讲座”，组织开展“青春心向党，建功新时代”纪念五四运动100周年系列主题活动。加强“职工小家”建设，开展“夏日送清凉，冬季送温暖”活动。为各行部以及驻村扶贫队购置急救小药箱及药品，配备瑜伽球、羽毛球、跳绳、呼啦圈等近20余种健身小器材。

·中国银行股份有限公司临汾市分行·

【概况】 2019年，中行临汾市分行支持实体经济发展，防范化解金融风险，保持稳中求进、稳中向好的工作态势，为客户提供优质高效的金融服务。截至年末，人民币各项日均（含表内）存款191.52亿元，较年初净增20.97亿元，时点余额204.65亿元，较年初净增26.06亿元。人民币各项贷款余额129.29亿元，较年初净增18.2亿元；实现中收11746万元，首次突破亿元大关，同比增幅21.85%。

【新兴产业】 2019年，中行临汾市分行以省重点产业和重点项目为支撑，将授信支持领域转向医疗、教育、旅游、交通等行业，授信结构转型发展初显成效。截至年末，非煤焦行业贷款余额55.72亿元，占比83.55%。为某交通行政单位投放固定资产贷款40.5亿元，为某旅游开发有限责任公司投放非标理财5000万元，为某工程集团股份有限公司投放流资贷款1.26亿元，为某企业投放贷款1亿元，为临汾某民营学校投放流资贷款1000万元，医药行业12户医保贷，其中5户零售药店1400万元；5户民营医院投放892万元。

【现代服务业】 2019年，中行临汾市分行提升战略定位，为智慧物流、电子商务、绿色金融、绿色旅游等现代生产服务提供授信支持，为健康养老、文化休闲、家庭护理等生活服务业的发展提供金融保障。截至2019年年末，为乡宁县云丘山批复贷款9500万元，为吉县壶口瀑布申报流资贷款5000万元，用于企业景区运营周转；加大企业支持力度，助推现代服务业发展，截至2019年年末，共支持批发零售行业13户，支持授信2007万元，测绘地理服务行业1户，某科技股份有限公司190万元，软件和信息技术服务业2户，某电子科技有限公司400万元、某科技有限公司200万元，物流行业1户，某物流股份有限公司135万元。

【装备制造业】 2019年，中行临汾市分行按照“统一战略、统一品牌、统一客户、统一渠道”的原则，加强板块业务联动，为装备制造业全生命周期高质量发展提供跨境金融、融资租赁、资产管理、保险等精细化金融产品与服务。截至年末，依托核心企业，为上下游客户提供保理融资9905万元，其中科技公司2户，共1650万元；商贸公司3户，共2234万元；煤炭类公司3户，共计1970万元；保温防腐工程公司1户，共计994万元；某水泥制品公司1户，共计627万元；某照明器材厂1户，共计347万元；某电气公司1户，共计643万元；某路桥建养公司1户，共计447万元；某特种油公司1户，共计993万元。

【民营普惠】 2019年，中行临汾市分行主动对接民营企业，发展普惠金融，拓展金融服务的深度和广度。通过机制建设、产品设计与创新发展，为小微企业发展注入金融动力。年末，民营企业贷款较年初净增6.47亿元，为某市政工程公司投放贷款12600万元、某铸造公司投放贷款13000万元、某供气供热有限公司投放贷款2000万元等。普惠金融定向降准贷款净增1.43亿元。主要为某酒店公司投放贷款1000万元、某果品生物制品有限公司投放贷款1000万元、某教育科技股份有限公司投放贷款1000万元、某钢化玻璃有限公司投放贷款800万元、某机械制造股份有限公司投放贷款500万元等。

【民营经济发展合作签约大会】 2019年，中行临汾市分行举办支持民营经济发展合作签约大会，解读《中国银行山西省分行支持民营企业发展措施30条》，临汾市委常委、常务副市长、市促进民营经济发展工作领导小组组长常青出席并讲话。会议解读《中国银行山西省分行支持民营企业发展措施30条》，山西鸿晋塑胶科技有限公司总经理吴志刚、乡宁县云丘山旅游开发有限责任公司董事长张连水及山西临汾市政工程集团股份有限公司董事长曹召成分别致辞，分享与临汾市分行的合作经历，表示未来双方将深化合作，实现新的互利共赢。签约现场，临汾市分行与首批16家民营企业代表签署战略合作协议。根据协议，双方将在多方面开展合作，实现银企共赢。

【跨境金融】 2019年，中行临汾市分行助力中小企业"走出去"，担负起支持中小企业健康发展的社会责任。以发展"轻资本"业务为重点，以创新经营为导向，使得汇率保值业务取得显著成效。拓产品。临汾市分行汇率保值业务呈现多元化发展，实现"远期结汇""远期售汇""区间宝""区间宝II"等产品的零突破，呈现多元化发展；揽创新。成功叙做创新产品"区间II"100万美元，在跨境企业服务上取得新突破。

【服务进博会】 2019年，中行临汾市分行作为当地多元化、国际化程度最高的国有银行为参加进博会的中小企业提供包括信用证、保函、应付账款融资等金融服务，帮助中小企业客户拓展市场。第二届中国国际进口博览会展期供需对接会前，中行临汾市分行拜访有外汇业务需求客户，开展全面宣传并组织客户招募，在"跨境撮合"系统完成报名35户。会中，中行临汾市分行有针对性地对客户需求进行收集，通过"跨境撮合"系统精准匹配境外客户，为期3天的对接会，客户与外方达成合作意向2户，涉及业务金额5000余万美元，完成一场高效的"跨境撮合"。

【支持开发区园区建设】 2019年，中行临汾市分行加快转型综改高质量发展，结合《中国银行支持国家级经开区、高新区高质量发展指导意见》指示精神及临汾市实际情况，定期跟进开发区园区发展的政策规划、经济指标及重大项目等信息。与区内工商、税务等政府职能部门业务系统对接，批量获取客户信息，以服务实体经济为主线，助推园区各项发展。在山西省临汾市2019年（深圳）招商引资推介会上，与临汾经济开发区管委会签署战略合作协议，确定中国银行为临汾经济开发区相关产业发展项目提供信贷支持的意向，增强银政、银企合作关系，为该行下一阶段依托临汾开发区的重点优势产业加快发展奠定基础。

【助力绿色经济发展】 2019年，中行临汾市分行将绿色金融与农业产业发展有机结合，助力"三农"发展。提出"扎实推进、务求实效，迅速行动、覆盖全辖，做大做强、做出规模"的目标要求，支持农业产业化、现代化转型升级，将绿色金融理念融入农村产业发展，建立"助农兴农"新模式。中行临汾市分行投放某养猪专业合作社贷款20万元，某果生物制品有限公司贷款1000万元，实现技术助农、绿色惠农、金融扶农的良好成效。开展送金融知识进农村专项活动，建立送金融知识进农村常态化宣传机制，定期、定人、定区、定责进农村宣传的新模式。

【化解不良贷款风险】 2019年，中行临汾市分行通过调整授信品种、调整还款计划、变更授信主体等方式，帮助企业渡过难关，化解不良贷款风险。

【发挥"债委会"作用】 2019年11月8日，中行临汾市分行组织

2019年11月，在第二届国际进出口博览会上，中行临汾市分行"跨境撮合"优质客户 （中行临汾市分行供图）

“债委会”各成员单位召开2019年度山西晋煤集团临汾晋牛煤矿投资有限责任公司和山西兆光发电有限责任公司债权人委员会联席会议，参加本次“债委会”的成员单位有工行临汾分行、农行临汾分行、建行临汾分行、兴业银行临汾分行、华夏银行临汾分行、邮储银行临汾分行等多家金融机构。本次会议特邀临汾银保监分局、临汾市金融办、临汾市银行业协会有关领导莅临指导。会议通报2019年度“债委会”运行情况；各成员行依次通报两家授信企业近期贷款到期情况及下一步授信政策。会议一致认为，在临汾银保监分局、临汾市金融办和临汾市银行业协会的监督和指导下，2019年度，“债委会”运行正常，发挥自身优势，各金融机构在“债委会”主席的组织领导下交流互动，有力支持两家企业的经营发展。

【公益惠民】　2019年，中行临汾市分行开展“普及金融知识万里行”“金融知识普及月”“国家网络安全宣传周”“打击电信网络新型违法犯罪集中宣传月”“送金融知识进校园”等活动，践行“便民、利民、惠民”的普惠金融理念，让普通民众均可享受金融发展带来的便利与实惠。参与社会公益事业，开展“高考志愿日”“学雷锋日”“志愿交通”“义务献血”等活动。

【客户服务】　2019年，中行临汾市分行坚持“以客户为中心”的服务理念，围绕“建设新时代全球一流银行”战略目标，以实际行动践行“普惠金融”发展理念，推广智能柜台、推进金融创新，为客户创造多元化金融产品，优化网点布局、为客户打造舒适化服务体验，担负起应有的社会责任，为地方经济发展和居民生活改善做出积极贡献。

【驻村精准扶贫】　2019年，中行临汾市分行与永和县呼家庄村委结为党建共建合作伙伴，以当地特色产品槐花为切入点，开展系列“槐花助脱贫”党建共建活动，拓展村民收入来源，坚定村民摆脱贫困奔向富裕的决心。11月，为助力贫困户农产品销售，拓宽销售渠道。实现贫困户增收，设立“消费扶贫超市”，协助销售呼家庄村滞销农产品，累计实现销售额8万余元。

【产业脱贫】　2019年，中行临汾市分行与地方政府、合作企业及贫困户沟通协调，开展小额扶贫信贷工作，强化项目储备，截至年末，中行临汾市分行储备两个产业扶贫储备项目，分别为永和县某养殖专业合作社，拟授信金额30万元。某能源有限公司，该企业可直接带动10余户贫困人口就业，间接提供近百个就业岗位机会，为企业核定8000万元短期流动资金，助力企业发展和贫困人口就业；全年中行临汾市分行累计投放小额扶贫贷款1500万元，为脱贫攻坚工作做出新的贡献。　（安志强）

·中国农业发展银行临汾市分行·

【概况】　2019年，中国农业发展银行临汾市分行累计发放各类贷款16.68亿元，年末各项贷款余额60.36亿元，创历史新高；实现利润5095万元；不良贷款余额3434万元，较年初减少3075万元，下降近50%；存款日均余额25.09亿元;实现中间业务收入27.98万元，同比增长21.14万元，增幅309.06%，实现国际结算业务128.96万美元，同比增加126.28万美元，增幅4711.94%。

【服务粮食安全】　2019年，中国农业发展银行临汾市分行把粮食信贷业务作为全行工作的重中之重，立足临汾粮食产销平衡区的实际，统筹做好政策性收储和市场化收购工作，年末各级粮食储备贷款余额8.69亿元，支持粮食收储5.095亿公斤，商品粮油贷款余额445万元，支持市场化收购205万公斤，配合政府粮食宏观调控，确保增储、轮换等粮食调控政策有效落地和夏秋粮收购的顺利进行。落实粮食库存和质量大清查结果，严格落实储备粮贷款管理规定，强化库存管理。

【支持民营小微企业】　2019年，中国农业发展银行临汾市分行拓展业务发展思路，支持小微企业融资。审批民营小微企业贷款630万元，为临汾实体经济发展做出新的贡献。上下联动，实现中间业务收入27.98万元，同比增长21.14万元，增幅309.06%，取得较大突破；实现国际结算量128.96万美元，同比增长126.28万美元，增幅4711.94%，取得历史性突破。

【助力脱贫攻坚】　2019年，中国农业发展银行临汾市分行以服务脱贫攻坚统领业务发展，聚焦深度贫困县，开展专项调研，加强与各贫困县政府主管部门沟通对接，加大对贫困地区金融支持力度，全年累计投放扶贫贷款1.53亿元，年末余额达到9.8亿元，支持贫困地区易地扶贫搬迁、产业网络扶贫、道路、饮水、医疗等项目建设。其中，产业扶贫贷款余额6.8亿元，带动建档立卡贫困人口125人；项目扶贫贷款余额3亿元，服务建档立卡贫困人口8.7万人。支持易地扶贫搬迁项目10个，支付资金1.85亿元，支持/带动贫困人口5330户。

【支持乡村振兴】 2019年，中国农业发展银行临汾市分行加大对棚改、交通、城乡一体化、农村人居环境改善等“三农”重点领域和薄弱环节的支持力度，加快推进PPP模式、公司自营模式、特许经营模式项目的办贷进度。开展首季“开门红”“百日攻坚”项目营销和“百日冲刺”营销办贷活动，任务层层落实，成绩奖罚并举，建立例会制度，加快审批投放，全年累计投放贷款16.68亿元，同比多投放4.07亿元。完成基础设施类贷款审批12.8亿元，累计投放14.3亿元，累放额居全省系统第二，年末基础设施类贷款余额42.26亿元，支持31个中长期项目建设。

·中国邮政储蓄银行临汾市分行·

【概况】 2019年，邮储银行临汾市分行加大对“三农”、民生等实体经济领域的支持力度，做好金融助力脱贫攻坚工作，打造普惠银行、绿色银行、和谐银行、价值银行，服务地方经济。运营质量提升，市场份额扩大，企业效益稳步提高，实现业务收入3.58亿元，实现利润1.64亿元。荣获临汾市委、市政府授予的“临汾市模范单位（集体）”荣誉称号，荣获2018年至2019年度市级“文明单位”称号。

【服务实体经济】 2019年，邮储银行临汾市分行坚持服务“三农”、城乡居民和中小企业的定位，坚守金融服务实体经济的本源，依托覆盖城乡网络优势，辖内147个物理网点搭建线上线下协同的综合金融服务平台，打通金融服务“最后一公里”，服务临汾市经济发展。普惠金融惠及大众。加大对“三农”、民生等实体经济领域的支持力度，支持各类产业企业和特色农业，畅通“金融活水”，润泽实体经济。截至年末，累计投放各类信贷资金13.14万笔、126.63亿元，支持农户、商户、中小企业主信贷资金89.92亿元。

产品创新助力小微。主动融入地方经济，打造银政、银担、银保等服务平台，破解企业融资难、融资贵、融资慢的“死结”。2019年，累计投放普惠型小微企业贷款6769户、10.95亿元。因地制宜调整产品要素，成功发放“污水贷”2700万元，“垃圾处理贷”725万元，为环保类企业解忧纾困，创新“燃气贷”“供热贷”等民生类业务，满足多样化金融需求。推广小微易贷产品，让小企业主享受快捷便利的金融服务。

【金融扶贫】 2019年，邮储银行临汾市分行设立三农金融事业部临汾分部，做好金融助力脱贫攻坚工作。扶贫小额信贷投放量连续三年位列全市各金融机构第二，累计向近7000贫困户精准投放扶贫小额贷款3.32亿元，向14户小微企业投放产业精准扶贫贷款8650万元。累计评定信用村60个，评定信用户2205户，向信用村授信5799万元。

【绿色银行】 2019年，邮储银行临汾市分行创新绿色金融产品和服务，支持绿色、低碳、循环经济发展。重点对节能环保服务、可再生能源及清洁能源项目、垃圾处理及污染防治项目、绿色交通运输项目、绿色林业开发项目、绿色农业开发项目、农村及城市水项目等方面进行信贷金融支持。

履行绿色金融社会责任，在绿色金融推广过程中，引导督促客户经理按照绿色信贷统计制度对小企业客户进行精准分类。开展对绿色环保项目的贷款扶持工作，加强对“两高一剩”产业的信贷控制，对涉及安全生产违法违纪且尚未整改的项目、涉及落后产能尚未淘汰、职业病预防控制措施不达标尚未整改的项目坚决不予信贷支持。

截至年末，累计向污水处理、新能源、燃气等企业投放小企业绿色贷款0.74亿元，完成各项绿色信贷发展指标。

【服务社区】 2019年，邮储银行临汾市分行融入社区发展。创建爱心驿站、母婴室、休息室、便民用品区，乡宁县支行、平阳广场支行分别打造成为省级文明服务三星级营业网点和全市文明营业窗口标杆网点。打造包括网上银行、手机银行、自助银行、电话银行等在内的全方位电子银行体系，形成电子渠道与实体网络互联互通，线下实体银行与线上虚拟银行齐头并进的金融服务格局。截至年末，电子银行客户数达117.11万户，手机银行客户数达90.16万户，个人网银客户数达77.83万户，电子银行交易替代率达93.32%。

【热心社会公益】 2019年，邮储银行临汾市分行发挥“邮爱公益平台”作用，参与公益和志愿服务活动，传递公益爱心，促进社会和谐发展。临汾市分行参与“邮爱公益基金”募集，截至年末，“邮爱公益基金”募集资金2830.60万元，资助33所贫困县高中1650名“邮爱自强班”贫困学生。

【预防抵制金融犯罪】　2019年，邮储银行临汾市分行遵上级行《中国邮政储蓄银行涉及恐怖活动资产冻结操作规程》，明确工作职责，制定操作流程，从制度体系上预防洗钱和恐怖融资活动。落实总行编制的《中国邮政储蓄银行反洗钱制度汇编》办法，为反洗钱岗位人员及其他相关人员提供便捷的制度手册。开展抵制金融犯罪的各项活动，扫黑除恶专项斗争线索报送量居全市金融机构首位，受到监管部门通报表扬。　（裴　鑫）

·中国交通银行临汾分行·

【概况】　交通银行是中国存续至今第一家超过百年历史的民族品牌银行，是中国第一家全国性的国有股份制商业银行，是国内银行业经营牌照最齐全的银行集团。交通银行临汾分行于2019年3月8日迁址于临汾市中大街与向阳路交叉口西北角，截至年末，本外币资产规模44.78亿元，人民币各项贷款余额22.79亿元，人民币各项存款时点余额39.41亿元，其中，对公存款时点余额16.10亿元，储蓄存款时点余额23.31亿元。

【服务实体】　2019年，交通银行临汾分行吸收各项存款余额42.3亿元，在用融资余额达到73.2亿元，其中，42.3亿存款全部投放地方经济，从其他区域争取资金31亿元投入到地方经济中。在重视效益的基础上，更讲责任，在符合政策和风险防控的前提下，尽最大可能给予民生项目支持，提供金融服务。全年重点支持临汾PPP规划三街项目获批18.3亿元；PPP飞碟靶场项目1.27亿元获批；山西师范大学新校区建设贷款授信10亿元。正在推进的民生工程项目有临汾市委党校、临汾师范学院、垃圾发电项目、中煤华晋等。

【消费者权益保护服务】　2019年，交通银行临汾分行共处理投诉14笔，有责投诉零笔。全年消保服务宣传围绕“金融知识万里行”“3·15”消费者权益日，“普及金融知识守住钱袋子”等监管部门重点活动，组织网点开展不同群体、多种形式的消保宣传32场，通过消保集中性活动与常态化宣传，引导网点发挥消保工作的自主性，营造全方位宣传氛围；成功入围仅有2个名额的“临汾市中小学生校外实践教育基地”，与人民银行携手宣传“金融与诚信”知识，履行社会责任，打造优质品牌形象。

【金融扶贫】　2019年，交通银行临汾分行助力民营经济、小微企业、金融精准扶贫，践行国有大行的责任担当，全面完成监管和省分行普惠金融考核要求。截至年末，发放扶贫小额贷款148笔、740万元，超额完成小额扶贫贷款任务。

【精准扶贫】　2019年，交通银行临汾分行落实中央和上级行精准扶贫部署，扶贫工作队帮助胡峰村申请专项救助资金，解决因风灾导致的玉米地受损问题；帮助村中困难村民治病发起爱心捐款得到村民好评。全年交通银行临汾分行定点扶贫村45户贫困户家庭，年收入达到国家脱贫标准，村民满意度大幅提升，未有返贫现象发生。

（朱晶晶）

·山西省联社临汾审计中心·

【概况】　2019年，省联社临汾审计中心按照省联社确立的“深耕三农 细作小微 精准扶贫 倾力重点”服务定位，树立“普惠金融 零售制胜”的经营理念，坚守“专注主业 回归本源 做小做优”的市场定位，实现转型提质发展与支持地方经济的“双赢”。截至2019年末，全市农信社资产总额达2605亿元；各项存款余额1149.71亿元，占全市金融机构的42.3%；各项贷款余额830.4亿元，占全市金融机构的59.1%，在存款市场份额不到43%的情况下，涉农贷款投放量占到全市90%以上，扶贫贷款投放量占到70%以上。全年全市农信社纳税额达7.77亿元。

【推进整村授信】　2019年，省联社临汾审计中心结合实际，开展“百村示范 千村推进”全面授信工作，将其作为助力乡村振兴的生动实践、打造“普惠银行”的重要抓手和支持“三农”发展的最佳路径，走进乡镇农村、社区街道、商场店铺等，主动上门与农户、商户以及各类经济组织逐一对接，开展摸底调查、采集信息资料、宣讲金融政策、推介金融产品、批量进行授信、发放小额贷款，推动全辖实现“三个全覆盖”，即：符合条件的客户授信全覆盖、有资金需求的用信全覆盖、基础金融服务全覆盖。截至年底，全市农信通过“百千工程”收集各类客户信息资料

401878户，评级授信326630户，用信客户90985户，其中，当年新授信客户222819户、新用信客户14601户。

【农村金融综合服务站建设】 2019年，省联社临汾审计中心为每个站点配备惠农终端机具、验钞机、残损币兑换仪、晋享E付二维支付码等，使广大农民足不出村，即可享受存取款、余额查询、存折补登、小额转账、生活缴费、业务咨询等基础性金融服务，为推动农民增收、农业增效、农村发展营造现代、高效、便捷、安全的良好金融环境。截至年底，全市设立农村金融综合服务站1496个。

【扶持小微企业】 2019年，省联社临汾审计中心完善服务机制，下沉服务重心，全市各行社均成立小微企业贷款专营中心，单列信贷计划，结合县域实际，研发推广特色产品，如尧都农商行的“尧贷”零售业务系列产品、侯马农商行的“股权质押及特许经营权质押贷款”、安泽农商行的“惠企兴农贷”等，有效解决小微企业“融资难”问题。

【支持地方】 2019年，省联社临汾审计中心制定出台《“千企谋发展 百亿助转型”排困解难服务实体经济工作方案》，支持具有战略性、牵引性的转型项目与实力较强的行业龙头企业。4月，市工商联牵头召开现场签约会，全市各大实体经济企业参会，现场与7家企业签约，签约金额80亿元。截至年底，全市农信累计支持省、市、县重点工程、项目59个。

针对辖内16家行社发展阶段不同、风险程度各异的现实状况，审计中心制定转型升级发展路径，实施“四个强化”的具体举措。

【争取政策优环境】 2019年，临汾市、县两级机构高度重视与地方政府的沟通，争取政策和资金支持。出台《关于加快推进农村信用社改制实施“一县一策”化解处置风险的工作方案》，市政府成立领导小组，牵头组织召开专题会议，各县市均成立以县长为组长的领导组，统筹财政、土地、税务、公安、检察院、法院等成员单位，营造全社会支持农信社改制化险的良好环境。为蒲县联社争取到政府改制专项扶持资金1500万元，与霍州市政府协调土地置换不良贷款事宜，与浮山县政府协调将国库支付业务由其他机构转至浮山农商行。

【“电子银行”建设】 2019年，省联社临汾审计中心推广社保卡、晋享e付与晋享生活“一卡两平台”。全市农信发行社保卡47.5万张，占所有金融机构的50%；累计发行IC卡311.7万张，绑定微信、支付宝、云闪付、晋享生活等支付工具的达62万张，绑卡占比达到20%；发行公务卡（贷记卡）4813张，共授信1.32亿元、用信2200万元；晋享e付活跃商户达到8848户，晋享生活绑卡数较年初增加31.7万户；与市人社部门的多次沟通协调，获得社保卡的代发资格，将城乡居民养老保险、退休工资全部通过社保卡发放；在全省率先推出社保卡授信业务；与教育部门协调，在幼儿园、中小学校采集信息，发行未成年人社保卡36.5万张，储备大量的低龄潜在客户，为将来全面占领市场打下基础。

【“网贷系统”建设】 2019年，省联社临汾审计中心在全省率先推出网贷系统，组织专人研发整村授信系统并试点运行，推动实现移动平台获客、线上线下融合、信息采集、档案管理、授信审批等流程的电子化，全面提升信贷服务质效。

【“智慧银行”建设】 2019年，省联社临汾审计中心提升客户体验度，推进网点智能化，根据需求，全市373个网点中有226个网点布放智能机具，占比60.6%；电子替代率达到62.89%，智慧机具办理业务80.73万笔、金额381699.19万元，释放柜面人员239人转入营销队伍，提升服务效率。

·晋商银行临汾分行·

【概况】 晋商银行股份有限公司是一家总行设在山西太原的股份制商业银行，为省属大型金融企业，7月18日，晋商银行在香港联合交易所主板挂牌（股票代码：2558.HK），成为山西省本土首家上市银行。晋商银行临汾分行于2011年4月26日挂牌成立，设有分行营业部、洪洞支行、尧都支行、侯马支行、广宣街支行、东城支行6家传统支行和五一西路社区支行、建设北路社区支行及市府街社区支行3家社区支行。成立以来，晋商银行临汾分行发挥本土银行优势，调结构、拓渠道、谋转型、提服务，各项业务健康发展。截至年末，全行各项贷款余额24.23亿元，各项存款余额55.92亿元，全年向地方政府缴纳税金1470.55万元，已成为临汾地区一支很重要的金融力量。

【信贷支持】 2019年，晋商银行

临汾分行针对部分民营企业生产经营遇到困难或面临流动性风险的情况，实行“区分情况、一户一策”的风险化解策略；对符合条件但暂时遇到经营困难的企业，予以资金支持，不盲目抽贷、断贷。保证新增资产重点投放；研究小微企业实体经济发展的特点，根据其上下游企业及结算周期等特点，结合银行对风险的控制，推出“快押贷”“简押快贷”“联链融”“政采贷”等多种产品，对小微企业进行贷款支持。全年针对民营企业发放信贷资金52笔，金额143952.32万元，其中针对小微企业发放信贷资金29笔，金额6109.2万元。

【创新产品和服务模式】 2019年，晋商银行临汾分行通过表内贷款、敞口银承、应收款项投资、商票保贴、“国内信用证+福费廷”“票易票”业务等表内外融资工具为民营企业提供综合融资服务；通过推广“简押快贷”产品，围绕“渠道、产品、服务效率”等重点环节，顺应小微企业客户的特殊需求，为小微企业主提供更加便捷的优质服务；推广“政采贷”“联链融”等业务，为客户提供多样化的金融产品。

【开辟民营企业绿色通道】 2019年，总行层面制定供应链金融业务发展政策、核心企业及上下游小微企业准入标准、调查及审查标准，建立重点民营企业及供应链金融方案审查审批“绿色通道”，推行“预沟通”“预授信”“并行作业”、限时办结等方式，推进模板化运作、批量化、自动化审批，将提升办贷效率。

【荣获“巾帼文明岗”荣誉称号】 2019年4月23日，晋商银行临汾分行营业部荣获由山西省妇联颁发的“巾帼文明岗”荣誉称号。授匾仪式在广奇财富中心晋商银行举行，晋商银行临汾分行领导班子、分行营业部经理、临汾市妇联主席、副主席参加该仪式。

临汾分行营业部现有员工17人，其中，女性员工12人，占比71%，分布在支行各个岗位。临汾分行营业部始终把创建“巾帼文明岗”作为提高女性素质、促进女性成长的有效载体，发扬女性“自尊、自信、自立、自强”的精神，结合工作实际，突出自身特色，提出“温暖服务·巾帼情怀”的高起点巾帼创建目标，女职工发扬“巾帼不让须眉”和艰苦奋斗、自强不息的精神，弘扬时代正能量，在各自岗位上建功立业，并将创建精神渗透到日常工作中的每一个环节和角落。

2019年4月23日，晋商银行临汾分行荣获山西省妇联颁发的“巾帼文明岗”荣誉称号（晋商银行临汾分行供图）

【扶贫小额信贷】 2019年，晋商银行临汾分行将小额信贷金融扶贫政策落到实处，加快推进精准脱贫进程，按照“风险可控、能贷尽贷、优先放贷、规模倾斜”的原则，强化扶贫小额信贷进程。成立晋商银行金融扶贫工作领导小组。加深对洪洞县扶贫村镇的帮扶，当年累计收集建档立卡贫困户368户，累计发放1840万元，全部完成扶贫小额贷款任务。截至12月末，为洪洞县建档立卡贫困户发放小额扶贫贷款余额366户，发放贷款余额1830万元。帮助建档立卡贫困户脱贫，提高放款年龄限制，因地制宜开展建档立卡贫困户的调查，做到评定和信贷合理需求覆盖。从三大方面主动对接贫困地区基础设施建设、扶贫产业等领域的金融服务需求，坚持区别对待，把资金项目集中向贫困地区和贫困村、特困群体倾斜，截至12月末，扶贫小额贷款为1402户，余额7010万元。

【驻村定点扶贫】 2019年，晋商银行临汾分行相继开展春节慰问活动；向深度贫困户、老红军、老党员发放慰问金；5月，午城村玉露香密植园修建灌溉用深井建成并交付使用，总投资约15万元，该井水深189米，出水量20立方米/小时，满足午城村下湾区玉露香密植园及农业发展所需用水；6月30日举办“迎七一、庆党生”晋商银行—午城村党建提升活动；为午城村捐赠办公家具设备；为贫困户大学生发放助学金。

【创新服务管理】 2019年，晋商银行临汾分行为打造一流网点，加速业务发展，先后多次召开金融服务工作分析会共商服务效率提升措施，不断反思、探讨工作的缺失，创新、细化服务理念，促进服务水平的提升。推进营业网点服务优化升级，将网点的6S现场管理以及相关服务设施融入消费者权益保护工作的相关内容，对营业网点的各个功能区域进行相关信息提示完善，提升营业网点客户服务体验。

【投诉管理工作】 2019年，晋商银行临汾分行根据中国人民银行消费者投诉分类标准应用的相关工作要求，逐步完善本行消费者投诉工作机制建设、处理机制、统计分析、报告整改等一系列的管理机制；要求各网点承担起消保工作主体责任，畅通投诉渠道，贯彻落实消费者投诉“首问负责制”，按照消费者投诉处理流程，及时化解各类纠纷和矛盾；定期分析消费者投诉处理反映出的各类问题，确保建立一级抓一级、层层抓落实的有效投诉管理体系。

【优化客户等候时间】 2019年，晋商银行临汾分行将操作性的柜面交易引导至电子渠道、自助终端等非人工渠道上办理；合理进行网点内分流。将客户需要办理的柜面非现金类业务，在叫号机取号过程中，实现由高柜向低柜分流，减轻高柜业务办理压力；强化现场控制和引导。根据客流量设定不同的现场控制和引导原则。客流量小时，大堂经理全程引导、陪同客户办理业务；客流量大时，大堂经理按照固定的引导线路，分区域控制引导，提高办理业务的效率；高效管理客户等候时间。通过举办丰富多彩的厅堂微沙龙，降低客户在等候过程中的焦虑，缓解客户对等候时间的主观感知。 （王　恺）

·兴业银行临汾分行·

【概况】 兴业银行临汾分行于2013年9月28日经山西省银监局批复正式筹建，2014年7月正式对外营业，是山西省兴业银行系统内首家二级分行。分行下设1家营业厅，2家同城支行，6家社区支行。分行践行“兴业、兴家、兴三晋”的企业使命，以“兴邦国唯有德仁是赖，业金融自当诚信为先”为办行宗旨，树立“服务源自真诚”的理念，以其优质、高效、规范、文明的服务与广大群众同发展、共成长。

截至2019年11月末，各项存款余额为53.1亿元，其中，对公存款余额38.35亿元，储蓄存款14.75亿元。各项贷款余额97.57亿元，其中企业贷款余额93.33亿元，个人贷款余额4.24亿元，表外业务余额63.63亿元。

【机构业务发展】 2019年，兴业银行临汾分行抓住国库集中支付代理招标契机，争取到临汾市国库集中支付代理权限；与临汾市企业养老保险管理服务中心开展合作，上线临汾市“民生山西”APP灵活就业人员缴费项目；加深与税务局合作，在三家支行放置税务局代开发票自助机，吸引小规模纳税人和一般纳税人来办理代开发票业务，拓宽企业客户和零售客户营销渠道，提升银行企业形象和市场知名度；加大对医院类客户营销，临汾市人民医院、临汾中研中医院（普通合伙）、临汾仁和中西医结合医院有限公司先后开立对公结算账户，突破医院类零业务状况，为机构业务板块增添医疗新势力。

【资产规模】 2019年，兴业银行临汾分行为隰吉高速项目提供贷款30亿元，期限28年，投放15亿元，利率按行政策执行，剩余15亿元年底提款；为涝洰河贯通工程提供贷款2.5亿元，期限10年，已投放2.26亿元；为中铝山西新材料有限公司开立银行承兑汇票1.7亿元，为大同煤矿集团临汾宏大矿业有限责任公司开立银行承兑汇票1.48亿元；为临汾聚晟能源有限责任公司开立银行承兑汇票0.39亿元等。

【助推小微企业】 2019年，兴业银行临汾分行结合市场情况，为临汾分行小微企业量身定制金融服务方案，为5家民营小微企业通过银行承兑汇票融资5000万元。针对“两增两控”小微企业指标负增长情况，制定业务发展模式，通过营销临汾当地主营票据的贸易企金进行票据贴现，为企业申请专项兴E贴额度，提升效率，提高小微企业两项指标任务完成率。

【零售业务】 2019年，兴业银行临汾分行加强业务管理，围绕零售考核指标开展一系列活动，夯实储蓄存款基础，提升客户群体，促进零售业务的发展。开展二级分行零售业务竞赛活动和2018—2019跨年储蓄存款营销竞赛活动，活动期间，新增储蓄存款25238万元，完成率126%；2019年一季度，以保险销售为重点，开展中收创利活动，在三月女神节的活动中，共营销客户数136户，有效客户数99户，在异地行排名第二，带动综金增长2967万元，在异地行排名第一，新增产品持有数104户，在异地行排名第一；开展“客户推荐客户”活动，各网点利用总行配置的礼品资源，重点对各渠道的新客户来源进行营销，做好新客户的拓展，带动新贵宾客户的增加；开展黑金客户中秋节回馈活动，活动回馈黑金客户1097户。

【防范风险】　2019年，兴业银行临汾分行强化案防内控工作，提升风险防范水平，召开3次案件防控专题会议，对分行各阶段的案防工作进行安排和部署，对各部门经营管理中遇到的问题进行探讨，发现和解决问题；合规内控方面，分行共设立全年检查项目21个，涉及检查56次，要求各部门按照工作计划进行检查；开展“治乱象促合规”工作，针对“2019年银行机构‘巩固治乱象成果 促进合规建设’工作要点”中五个方面16个检查要点，进行逐一对照进行全面排查；遵循“统一规划，分级管理，分级实施，分类培训”的原则，开展各类案防培训工作，分行全年组织进行集中培训3次，开展案防警示教育3次，专业培训5次；以“兴航程”合规经营示范年为契机，开展“一把手讲合规、说案防”“合规内控暨案防主题学习月”、组织观看《再现真相》、组织开展“监狱警示教育”等多项合规教育活动。强化员工行为管理，先后开展“新入职人员用卡异常排查”以及“员工行为大排查”等专项排查工作。

【开展金融知识宣传】　2019年临汾分行先后开展“3·15”金融消费者权益宣传活动、非法集资宣传月活动、存款保险制度宣传活动、金融知识普及月宣传活动以及电子社保卡宣传推广活动等多项活动，向广大客户宣传金融知识，履行社会责任，宣传各类产品，得到社会和广大客户的一致认可。

【优化资源配置】　2019年，兴业银行临汾分行完成侯马北机务段离行式自助银行的建设工作，现侯马北自助银行已正式投入使用，根据机构规划，开展私人银行中心装修前期筹建工作，截至年底，临汾分行私人银行装修工作正常开展。

·光大银行临汾分行·

【概况】　2019年，光大银行临汾分行截至年末，各项存款余额331646万元，较年初增加122586万元，增幅58.64%。其中，对公存款余额190168万元，较年初增加73657万元，增幅63.22%；对私存款余额141288万元，较年初增加48739万元，增幅52.66%。各项贷款余额145017万元，较年初增加95289万元，增幅191.61%。其中，公司类贷款120302万元，占比82.96%，较年初增加95465万元，增幅384.38%；个人贷款24716万元，占比17.04%。

【有效信贷投放】　2019年，光大银行临汾分行以政策导向为基础，学习、宣传相关产品，发挥主渠道作用，扩大有效信贷投放。截至12月末，支持转型综改建设涉及企业6户。其中装备制造业5户，包括太原重工股份有限公司银行承兑汇票18000万元等；民生领域保障性安居工程涉及企业1户，为临汾市保障性安居工程投资有限公司项目贷款4250万元。

【小微企业服务收费】　2019年，光大银行临汾分行遵照合规收费、以质定价、公开透明、减费让利的规定，最大限度减免对小微企业的服务收费。将免收项目增加为9项，包括资信证明费、顾问咨询费、委托贷款手续费等。针对连锁型小微企业门店，免费为其办理现金管理业务，助其轻松掌控下属门店或子公司资金运营情况，提高资金使用效率，节约其财务成本。

【贫困农村地区扶贫贷款投放】　2019年，光大银行临汾分行向临汾华翔集团投放1000万元产业扶贫贷款，带动安泽、古县等地17户贫困户参与务工劳动，实现脱贫致富。在信贷资源配置上向涉农地区企业倾斜。安排专项信贷资源支持易地扶贫搬迁、农网改造升级等国家重点领域重大工程项目建设。截至12月末，涉农贷款余额为50815万元，占比35.04%。农村企业及各类组织贷款总金额41000万元，较年初增加36450万元。

【助力脱贫攻坚】　2019年，光大银行临汾分行贯彻落实扶贫政策，由党委书记担任帮扶工作队长，抽调各部门及网点负责人组成帮扶队定期入户帮扶；选派3名队员组成驻村工作队。捐赠除草剂、喷药机、兴建篱笆墙、门楼、农业知识宣传栏，建设“光大桃园”产业基地，支持九九桃王集体经济发展；向32名留守儿童捐赠书包、运动鞋；协调星星调料批发部、马家蔬菜批发部与麦科蔬菜合作社建立长期合作关系，扩大销售渠道，以销促产，通过合作社带动全体村民发展蔬菜大棚产业；创建“扶贫爱心超市”，鼓励村民通过参加村集体活动、多做好事、善事获取积分，兑换超市物品，倡导文明和谐的村风民风；开展金融扶贫，向浮山县180户建档立卡贫困户发放900万元小额扶贫贷款，通过资产收益户均增收1500元。

【提升网点产能】 2019年，光大银行临汾分行促进网点产能提升、强化服务价值创造，于7月上中旬落地实施网点产能飞跃项目。通过项目动员、辅导通关、流程固化等措施，提振客户经理士气、提高资产配置能力、提升网点产能效率。转化项目成果，邀请200余名客户，组织开展“2019年家庭投资策略会”，为客户讲解家庭投资策略，并现场答疑解惑；出台产飞固化方案，要求理财经理坚持按照规定动作做好目标设定、客户邀约、资产配置及工作小结。

【金融宣传】 2019年，光大银行临汾分行组织防范非法集资、反洗钱、扫黑除恶宣传及征信知识宣传服务活动，加强消费者权益保护，共同促进社会和谐发展。通过加强组织领导、制定活动方案、采取员工异常行为专项排查、网点常规宣传、培训讲解、广告车宣传、商业活动综合推广、微信推广、特定人群加强宣传等多种方式，提高客户风险意识和识别能力。针对老年人金融知识薄弱等特点，5月，在临汾老年大学开展“防范非法集资、反洗钱——金融知识进课堂”活动，共计14次。通过发放宣传折页、公益礼品、讲述非法集资、洗钱、扫黑除恶案例等方式，开展防范非法集资、反洗钱及扫黑除恶的专项宣传活动。

【举办“健康大讲堂”公益活动】 2019年，光大银行临汾分行邀请临汾市知名专家现场为客户讲解健康养生知识，使到场客户深入了解更多有关健康养生方面的知识，有效增加客户满意度，搭建起有效的客户交流平台。（陈 霞）

·中信银行临汾分行·

【概况】 中信银行临汾分行成立于2016年5月8日，是太原分行成立的第四家二级分行。分行确立“规模、速度、质量、效益、协同发展”的工作方针，推进经营管理工作，支持地方经济发展，履行社会责任，打造有温度、有担当、有特色、有尊严的最佳综合金融服务企业。截至12月末，全行资产规模28.3亿元（含表外），负债规模18.68亿元，各项存款余额17.32亿元，各项贷款余额6.81亿元。

【支持实体经济】 2019年，中信银行临汾分行贯彻区域授信政策，遵循“传统与创新并举，规模与收入并行”的发展战略，以支持地方经济建设和发展普惠金融为己任，累计为临汾市融资167.15亿元，地方缴税总额549万元。

【支持地方经济发展】 2019年，中信银行临汾分行与当地企业开展业务合作，履行服务地方实体经济的职责，发挥融资优势，先后与50家企业建立信贷业务合作关系，给予综合授信额度51.41亿元，用于满足企业生产经营资金需求。截至12月末，全口径企业融资余额38.96亿元，累计在临汾投放信贷资金167.15亿元，投放行业覆盖煤炭、焦化、化工、制造、商贸、批发零售及居民服务等行业，支持地方传统产业转型升级。

【开展票据业务】 2019年，中信银行临汾分行结合区域经济发展特点，开展票据业务。截至12月末，累计为50余户企业办理票据贴现36.12亿元，为5户企业办理票据直融27.3亿元，为10户企业办理票据池质押融资3.57亿元，有效满足地方企业票据融资需求。鼓励和引导企业通过ECDS系统签发、接收、转让电票，提升电票业务占比，通过营业网点LED电子屏、宣传折页等途径，推广人民银行电票系统，引导资信状况良好的企业签发电子商业承兑汇票，增强企业商业信用，已累计签发电子银行承兑汇票94.07亿元，电子商业承兑汇票9.355亿元，累计为50余户企业办理电票贴现36.12亿元。

【创新金融产品】 2019年，中信银行临汾分行贯彻落实国家政策要求，探索产品创新和服务创新，从降低企业融资成本出发，了解企业实际困难，助力经济转型升级。通过创新金融产品、减免贷款利息、减免银承敞口费及为企业承担抵押评估费等方式，共为企业降低融资成本6698.17万元。

【开展普惠金融】 2019年，中信

银行临汾分行利用总行对小微企业的授信政策，通过房抵贷、票据贷、物流贷、票据库等产品，支持35户小微企业，累计投放信贷资金2.92亿元，其中，发放流动资金贷款0.55亿元，签发银行承兑汇票1.45亿元，办理票据贴现0.92亿元，实现小微企业批量化融资。发展个人经营贷款、信秒贷、POS网贷等产品，累计为当地小微企业主提供融资2.87亿元。

【对接政府重点项目】 2019年，中信银行临汾分行利用中信集团全牌照金融平台优势，主动加强与集团旗下各驻临机构的业务协同，对接政府在脱贫攻坚、环境保护、城市道路交通基础设施、医疗卫生、文化等领域的重点项目，对国企改革、新三板上市、PPP合作模式等重点项目开展持续跟进，通过债转股、资产证券化、银团贷款、融资租赁等产品为企业融资需求提供全方位解决方案。

证 券

·山西证券临汾分公司·

【概况】 2019年1—11月，山西证券临汾分公司三项指标任务阶段性超额完成，收入指标：目标任务为1703.3万元，实际完成1594.21万元，完成率93.60%；月均交易性资产指标：目标任务22.67亿元，实际完成24.33亿元，完成率107.32%；AUM资产日均保有量指标：目标任务4.51亿元，实际完成4.80亿元，完成率106.43%。非通道收入占比任务离目标还有小幅差距，目标任务为40.00%，截至11月底，实际完成32.62%，完成率81.55%。分公司在产品销售、两融业务规模、机构业务等非通道业务中需提升。分公司霍州新设营业部，通过公司验收小组验收，年底开业运营。

【专项任务完成】 2019年，山西证券临汾分公司根据公司的春雷行动、夏日风暴、秋日硕果、冬季攻坚活动，每次均制定专项的活动方案，多次组织落实目标研讨会。从累积数量上看，私募产品销售从2018年的7892万元增长到2019年的14182万元，同比增长80%，公募基金销售从2018年的1343.77万元增长到2019年的5697.37万元，同比增长323%，融资融券开户完成比例94%，排名第二，是3月销售的前海开源优质成长基金和9月销售的山证超短债基金大幅超额完成任务，在分公司名列前茅。

【客户规模】 2019年，山西证券临汾分公司通过增加渠道，开发高净值客户等有效方式增加市场份额。分公司交易性资产共增加4.61亿元，其中,下辖侯马营业部通过渠道维护，新开发单个5000万元资产客户，将此客户融资融券账户开通，新增融资额度5000万元。

【AUM资产规模】 在2019年大盘行情持续低迷阶段，山西证券临汾分公司分别通过新增理财客户和开发存量交易型客户配置理财产品的方法，提高AUM资产量和存量客户收益，差异化、多样化引导股票交易型客户向产品客户和投顾客户转化，做好客户资产的保值、增值。

【投资顾问业务】 2019年，山西证券临汾分公司在财富管理业务转型期间，投顾业务作为重要的服务客户手段，体现出券商专业化水平。分公司打造、强化投顾团队建设，组建“金元宝”投顾团队，上线投顾产品“热点主题1号”，为客户提供专业化投资顾问服务，开发投顾产品签约客户13户，实现签约收入6.98万元；在对高净值客户服务过程中，对客户交易行为进行分析研究，适时让客户引入资产，为客户开通线下打新业务，对核心客户提供差异化投顾服务。分公司投顾业务累计实现收入18.4万元。相比2018年投顾收入2.1万元增加16.3万元。

【服务实体经济】 2019年，山西证券临汾分公司在机构业务项目中，筛选走访辖区优质企业，根据企业经营发展情况，制定相关策略满足企业需求。全年走访尽调70余家企业，其中，落地益通股份财务顾问项目一单，实现收入10万元；落地东鑫机械挂牌山西股权交易中心晋兴板项目一单，实现一期收入4万元；完成山西建邦集团90万元收入确认工作；完成益通股份新三板转督导项目立项工作；完成山西立恒钢铁场外期权账户开户工作并推进收入落地。与金融办、开发区政府、中小企业局合作组织资本市场专业培训和业务交流座谈会，加快中小企业进军资本市场步伐。全年挂牌企业1家，完成股改企业1家，立项签约2家，意向企业3家。

·中国银河证券股份有限公司·

【概况】 2019年，中国银河证券股份有限公司临汾解放东路证券营业部实现营业收入2787万元，营业利润1979万元，收入同比上年增长29%，利润较上年同比增46%，新开有效户3426户，两融开户101户，交易量379.52亿元，产品销售33743万元。

【宣传活动】 2019年，临汾解放东路证券营业部参与公司及证监局，证券业协会和交易所组织的宣传活动，引导投资者正确认识科创板设立和注册制改革试点，理性参与科创板投资，以“3·15”国际消费者权益日为契机，组织开展“走近科创，你我同行”投资者教育专项活动。张贴“走近科创，你我同行”宣传展架、海报9个，通过营业部投资者园地，集中宣传科创板及注册制相关规章、规范性文件及自律规则等内容；通过LED显示屏播放词条《“走近科创，你我同行”投资者保护宣传月活动》、微信转发投教宣传片等；针对存量客户通过举办专题讲座（举办18场）走进校园1次、走进社区3次。发放投教宣传页2300多份，科创板风险、规则等信息61328条；微信公众号发布的文字类投教信息1篇，阅读量40人。使更多的投资者了解并尽快熟悉科创板。为科创板投资者提供公益性交易服务，传播理性投资理念。

【扶贫工作】 2019年，临汾解放东路证券营业部选派出一名优秀共产党员去甘肃省静宁县甘沟镇东杨咀村担任第一书记，带领全村干部及群众建成树枝加工扶贫车间1处、标准化蘑菇种植大棚3座，配套新建60平方米功能用房，引进张掖香菇菌棒1.42万个；由镇产业扶贫公司牵头，新建养牛小区1处，占地面积0.333公顷，牛棚2座2000平方米，可存栏300头；种植反季节黄瓜、西红柿、辣椒等蔬菜，解放东路营业部理财经理董新征为杨咀村第一书记兼驻村帮扶帮扶工作队长，董队长创新工作方式方法，通过开展经常性的走访座谈，了解群众需求，在产业结构调整、基础设施建设、人居环境改善、农民技能培训等方面持续发力，帮助杨咀村找准发展定位，理清发展思路，落实帮扶计划，得到杨咀村群众的支持和一致好评。2019年9月4日，公司扶贫办公室发出“认养一颗苹果树，扶贫济困献爱心”的倡仪书。营业部响应号召，在党支部辖属党员及营业部开展扶贫献爱心活动，共认养苹果树18颗，累计扶贫金额21600元。

（庞建红）

保　险

·中国人民财产保险股份有限公司临汾分公司·

【概况】 2019年，人保财险临汾市分公司抢抓市场机遇，深化全面对标，推进组织变革，推动机制创新，取得“竞进提质、稳中有进”的经营业绩。先后荣获省公司2019年度“综合经营管理二等奖”“应收保费管理一等奖”“农网商业险产能贡献奖”等殊荣。公司全年实现保费收入97146万元，同比增加10252万元，增速11.8%，高于全省平均水平5.47个百分点；市场份额41.8%，增量市场份额33.5%，市场第一；综合成本率95.47%，盈利优于行业，低于市场1.5个百分点。侯马、霍州、襄汾、直属四家公司承保利润超1000万元以上，成功为“二青会”临汾赛事保驾护航；妥善应对临汾乡宁滑坡、玉米旱灾等重大灾害事故；深度融入脱贫攻坚，为永和县建档立卡贫困户推出“惠农保1+N”一揽子脱贫综合保险。

【车险精细化管理】 2019年，人保财险临汾市分公司面对行业监管和特殊时期，树立“合规、效益、精进”的发展思路，围绕“渠道+资源”战略，推进渠道布局与资源整合、优化业务品质与业务结构。以家用车为重点，优化资源配置，推动业务发展；在各县域强化专营团队建设，加快专业化渠道发展；车商4S店强化送修资源管控，借鉴“厦门经验”强化三支团队建设，提升客户服务；加大各区域修理厂管控帮扶力度，借助修理资源管控，在费用差异较大的现状下，反哺家自车业务发展；银邮渠道加快机构合作，扩大与建行、中行等合作领域，提升区域市场客户占有率。

【商业非车险业务】 2019年，人保财险临汾市分公司锁定新兴重点大项目，专业策划营销方案和发展布局。公司重点在安全责任险、政府救助扶贫类保险、司法类保险、文化产业保险业务上取得一定成效，安全责任险全年增量保费达1145万元，其他责任保险新增478万元；永和支公司成功签发全县民生意外险261万元，为公司意外险市场份额全面提升奠定基础；翼城支公司办理全省系统内首单供货履约保证保险，实现全省新业务领域的突破。

【农险】 2019年，人保财险临汾市分公司创新“保险+期货”业务，翼城、安泽、永和三家公司共实现保费收入1153.5万元；提升地方特色性业务，乡宁、蒲县、汾西、隰县、永和、大宁6家公司借力使力，开办红枣、苹果和梨三种干果特色性业务。

【基础管理】　2019年，人保财险临汾市分公司在承保方面，强化质量管控，优化业务结构。实施车险承保政策动态调整，逐步降低车险业务赔付率；稳定非车险盈利预期，坚决剔除严重亏损业务，推动核保前置，有效防范重点领域风险。理赔方面，深化降本增效，强化重大赔案和关键环节管控；强化理赔铁军建设，完善理赔稽查和问责机制，有效打击虚假、欺诈案件，全面推进营改增抵扣工作，专票抵扣总金额763万元。费用方面，夯实费用精细化管理，建立车险费用预警机制，强化重点费用科目管控，开展应收保费清收和代付赔款清理，加强准备金管理，有效管理提升公司经营效益。

·中国人寿保险股份有限公司临汾分公司·

【业务发展】　2019年，中国人寿保险股份有限公司临汾分公司总保费突破20亿元，同比增长8.13%，在全国136个重点城市中排名第82位。首年标保1.67亿元，预算执行率为108.15%，同比增长54.98%；营业部、洪洞、大宁、永和、侯马、营销二部、吉县、古县、曲沃九家公司超额完成首年标保预算目标。十年期交保费1.79亿元，同比增长70.48%；营业部、营销二部、洪洞、侯马、大宁、永和、古县、曲沃、吉县、浮山10家公司超额完成。保障型业务保费1.01亿元，同比增长48.25%。短期险保费0.97亿元，预算执行率为104.5%，同比增长18.68%；营业部、大宁、洪洞、永和、营销二部、侯马、乡宁、古县8家公司超额完成。互动业务达成2880.37万元。拓展大病保险，承保全市9个县市147.9万人，全年累计为6.23万人次支付大病赔款2.33亿元。在重点城市分公司综合评分排名中位列27名。

【扩量提质】　2019年，中国人寿保险股份有限公司临汾分公司个险渠道全年累计新增6522人，月均增员率10.33%，按银保监会要求清虚及低零人力解约后，持证人力由年初的4111人增长到6186人，增幅48.82%；三定改革后大个险销售人力为6186人，达成持证人力目标。全年新增主管159人，主管占比11.08%，其中，区域总监2人。通过新增换血和严格的基础管理，到12月，日均出勤人力达到2632人，同比增长82.78%，季均有效人力达到3285人。大个险通过狠抓去虚向实，队伍质态持续向好。多元渠道架构人力229人。

【基础管理】　2019年，中国人寿保险股份有限公司临汾分公司经过弱体职场的整合，全市的职场数量由年初82个，调整到76个，四五星级优秀职场由年初的7个增长到15个，增幅114%；二三星级的中等职场由年初的29个增长到45个，增幅55.17%；准星、一星的弱体职场由年初的36个减少到16个。一季度6个职场入围总、省公司战略投资，累计获取战略投资29.85万元；二季度24个职场入围，累计获取战投57.27万元；三季度33个职场入围，累计获取战略投资66.65万元；四季度30个职场入围，累计获取战投20.55万元。全年累计获取战投总额为174.32万元。

【提升创费水平】　2019年，中国人寿保险股份有限公司临汾分公司新单创费6244.19万元，较2018年增长135.5%。团险渠道综合赔付率为57.9%，较2018年下降19个百分点。公司经营过程中，严格控制成本支出，严格控制短期险赔付支出，把有限的资金全部用到基层发展一线，用到员工收入增长上。全年全市员工人均工资9.79万元，较2018年增长11%。

【市场份额】　截至2019年12月底，中国人寿保险股份有限公司临汾分公司总保费市场份额为28.03%，领先主要竞争对手10.38个百分点，较年初提高4个百分点。

【智能柜面建设】　2019年，中国人寿保险股份有限公司临汾分公司保全e化率97.85%，同比提高20个百分点；理赔全流程智能化作业率76.45%，小额理赔时效降至0.06天，同比减少1.08天。客户自主回访替代率达到95%，人脸识别应用率达到93%。无纸化投保累计出单4.6万件，使用率100%。全年全市投入使用7台柜员自助机、17台智能排队叫号机，为客户创造更舒适、公平、友好的服务环境。

·中国太平洋财产保险股份有限公司临汾中心支公司·

【概况】　中国太平洋财产保险股份有限公司临汾中心支公司成立于2002年9月16日，设有综合管理、车险等6个职能部门，车商业务、交叉销售业务等4个渠道部门以及洪洞、侯马等10家县支公司。公司秉持“诚信天下、稳健一生、追求卓越”的核心价值观，做对客户负责、对员工负责、对股东负责、对社会负责的现代化商业保险公司。截至2019年底，公司保费收入19，410.37万元，同比增长38.61%，增速在当地主要行业排位第一，市场份额8.46%，排名第四，同比提升1.51个百分点。其中车险收入14252.61万元，同比29.98 %；非车险收入3213.2万元，同比增长146.59%；农险收入1944.56万元，同比增长12.04 %。

【经营管理】 2019年，围绕集团转型的整体要求，太平洋财产临汾中心支公司坚持“守正创新、突破发展”的总体要求，推进转型2.0战略，落实“布局、精细、严实、激活”四个关键，力争实现优于行业水平的发展速度和盈利水平，巩固市场竞争地位。

【聚焦人才】 2019年，太平洋财产临汾中心支公司树立鲜明的用人导向，细化在绩效考核、任免奖罚等用人环节明确考核标准，坚持每月进行员工测评考核。按照“德才兼备，以德为先”的原则，选拔善于作为、业绩突出的后备干部，调动员工的工作积极性，提高工作效率，提升服务质量，推进业务进程，勇创业绩新高。

【合规经营】 2019年，太平洋财产临汾中心支公司按照“管住关键、充分授权”工作思路，强化风险管控，优化各条线运行机制和工作流程，配合完成监管检查以及集团审计，以整改为契机，完善制度建设，加强对重点业务、环节、流程、权限、区域的管控。加大合规教育和培训力度，加大激励约束力度，强化合规管理，严肃问责，各项工作的开展对促进公司合规管理和基础管理发挥了重要作用。

【渠道融合】 2019年，太平洋财产临汾中心支公司推进车险业务快速发展，加强续保管理，以非车险发展为主力军，立足客户综合经营，推进车险、非车险和农险三大业务条线的融合发展，打破条线边界，提升向客户提供综合类产品和服务的能力。明确车商、电网销、交叉、个代、银保、邮政等渠道的主体功能和服务对象，重新定位和打造“太好创”工具平台，实现线下团队与线上增员模式的融合发展。

【服务创新】 2019年，公司注重产品开发，提升服务质量。坚持“以客户需求为导向”创新客户服务模式，从咨询、承保、投诉、理赔等环节入手，抓好基础服务，特别是对于理赔服务，采取各种措施，提升客户服务人员专业技能，建立客服培训体系，加大人员培训力度，提高整体素质和专业技能；探索新的服务机制，创新和实践增值服务新模式，满足日益增长的客户需求，贯彻落实“客户体验最佳、业务质量最优、风控能力最强”的转型目标，建设一个优质服务平台，发挥良好的窗口和桥梁作用，提升客户对公司的美誉度和忠诚度。

交通运输

公路建设与管理

【品质工程建设】 2019年，临汾公路分局围绕干线公路提质增效目标，突出工程建设，推进项目实施。（1）桃临线汾西境内木瓜沟至府底村段改建工程完工通车，全长34.5千米，总投资2.71亿元；（2）国道241线浮山县北王乡至县城段改线前期工作全部完成，工程于10月开工建设；（3）国道241线翼城过境改线工程项目，山西省发改委已批复，初步设计山西省交通厅已批复，施工图已经山西省交通厅、省公路局评审，修改后上报；（4）国道108线襄汾—曲沃—侯马过境公路改线工程，通过省厅省局评审，项目选址意见书已办理，项目土地预审资料已上报自然资源部，待批复；（5）为优化临汾境内干线公路路网结构，解决干线公路穿越市县主城区的突出问题，新储备安泽、永和、蒲县等6项过境公路改线项目。

【公路日常养护】 2019年，临汾公路分局路面日常养护：投入1705万元，完成挖补坑槽5.9万平方米、刷油42.5万平方米、灌缝109.8万米、贴缝4.9万米。

路基养护：整修路基边坡3543平方千米，整修绿化平台3976平方千米，清理杂物50583立方米，清理塌方13980立方米，清理疏通边沟240.4万米。

路基及设施恢复：投入184万元，主要完成新建及改造边沟1102立方米、新建及恢复挡墙48立方米、维修隔离墙976米；新增及维修波形护栏1204米；新增标志69套、划设标线2.5万平方米、振荡标线760平方米。

公路绿化：投入36万元，完成补植行道树2284棵，修剪行道树3.28万棵，裸露边坡栽植紫穗槐3.1万株，栽植爬山虎2.0万株，种花2.8万平方米、种植草坪2.6万平方米。

二次扬尘治理：完成清扫路面539072平方千米，清洗路面及洒水抑尘85982平方千米，出动洒水车1947台班、清扫车1740台班，清洗波形护栏6142千米、防眩网3931平方米、轮廓标13464根、道口标柱6766根、桥梁护栏4.6万米、隔离墙6.7万米、警示墩6849个、警示柱10000根，设施刷新19075平方米。

分局评检里程为1546.023千米，公路技术状况指数MQI值为86.2，优良路率为81.0%。

【公路养护工程】 2019年，山西省公路局安排养护工程7项，包括

2019年9月24日，临汾公路分局养护规范化管理及技术交流会
（临汾公路分局供图）

灾毁恢复工程1项、国道编号调整工程1项、安全隐患治理工程1项、危桥改造工程4项，安排停车区及道班建设10处，总投资7031.15万元。省公路局下达计划4560.38万元，实际完成投资4881.8万元，完成总投资的107%。统筹切块费用安排中修工程15项，完成投资972.1万元；安排应急抢修工程19项，完成投资126万元；安排水毁恢复工程52处，完成投资247万元；完成公路检测及技术状况分析项目3项，共投资319万元。

【桥隧管护】 2019年，临汾公路分局落实桥梁养护管理制度和桥梁工程师制度，完善“一桥一档一案一人一策”。坚持经常性检查和维修保养。全局有桥梁378座，一二类桥梁的占比为89.4%。加强对隧道的安全管理，对隧道的标志、标线、消防、照明等设施进行常态维修，保障其安全运行。

【提升应急能力】 2019年，临汾公路分局加强应急体系建设，完善应急预案、加强队伍建设、充实物资储备、定期检修保养机械设备。以公路段和道班为依托，规划37个应急站点，做到路网全覆盖。根据分局“十三五”演练规划要求，适时开展防汛、消防、危化品泄露等各类应急演练9次，有效锻炼应急队伍的快速反应能力。

【技术创新】 2019年，临汾公路分局采用公路智慧管理系统实施辅助管理，实现数据自动分析和日常巡查、养护报表、考核督办、应急管理、档案管理网络化管理，提高养护管理智能化水平。在重载交通路段推行橡胶改性沥青路面，首次采用开普封层、高粘纤维磨耗层、纤维微表处，一批新工艺、新技术得到推广应用。

【治超收费】 2019年，临汾公路分局落实超限检测工作制度和通行费收费标准，加强职业教育，强化服务意识，建设文明窗口。全年查处路政案件185起，路政案件的发现率、查处率、结案率、赔偿率均达100%，收取赔（补）偿款193.97万元，清理路障堆积物2567平方米/321处，拆除广告牌160平方米/66处。共检测货运车辆604.23万辆，查处超限车辆317辆，卸载3400.19吨，超限率控制在0.005%，受理并办结超限运输许可事项2712件。

全年西涧北收费站完成通行费征收6636.83万元，绿色通道全年减免6974辆次。

铁路机务管理

【概况】 侯马北机务段处于南同蒲、侯月线、侯西线交汇枢纽位置，分为2个段区，本段位于侯马市北站街386号，占地面积27.333公顷；介休段区位于介休市绵山南街91号，占地面积13公顷。现支配机车288台，其中内燃机车78台（DF4型27台、DF7型19台、DF8B型30台、HXN5B型2台），电力机车210台（SS4型75台、HXD2型95台、HXD2C型40台）。担当瓦日线（瓦塘—长子南，单元12对、普列59对）、魏瓦联络线（魏家滩—瓦塘5对）、介西线（介休—阳泉曲24对）、南同蒲线（侯北—介休—侯北54对，侯北—太北（榆次）32对，侯北—华山23对）、西南环线（榆次—太北14对）、侯阎线（侯北—韩城41对）、侯月线（侯北—嘉峰92对）货运任务，担当临汾—风陵渡—临汾、临汾-侯马-临汾客运交路，以及22个调车点31台专调机车作业任务（包括侯北车辆段专调1台），总运营里程2951.8公里。现有机械动力设备563台，承担DF4、DF7、DF8B型机车中修，DF4、DF7、DF8B、SS4型机车小辅修，HXD1、HXD2C、HXD2、HXN5B型机车C1-C3修，轨道起重机的小修；承担集团公司GC-270、GY-360、DA12、DAS、DA11、QGC-16、QGC-25、TY-5、JW-4、JW-4G、DA7B型轨道车年修和TY-5型轨道车大修任务。共设置党群机构6个，行政机构29个，包含16个科室、13个车间（6个异地车间），143个班组。现有干部职工4179人，其中，干部392人，工人3787人。

2019年末，资产总额195752.41万元，其中流动资产7462.89万元，固定资产净值188168.47万元。

【安全生产】 2019年，侯马北机务段制定下发标准化规范化机务段建设实施方案，形成标准化规范化建设普推态势。进行对标创建、依标管理、按标评价及推进管理标准、作业标准的流程化、清单化建设，现场作业标准精准落实。重新制定、完善11项安全管理制度，形成12类24项安全管理制度体系。追查各类安全信息5827件，下发专题通报473期，构建非正常信息流转、追踪、分析的闭环管理机制。下发《安全预警通知书》42张，开展隐患排查15项，进行安全专项整治18次，风险管控和隐患排查治理双重预防机制较好落地。完善单元重载列车操纵办法，实施重载LKJ文件100%分析，重载安全引领全段发展。推行指导司机管理一本通，形成《作业指导书》二维码，安全创新管理特色鲜明。重奖快奖安全有功人员3734人次、53.39万元，16名职工获千元以上重奖。截至年末，胜利实现第8个安全年。

【主要指标完成情况】

2019年侯马北机务段运输任务和效率指标完成情况一览表

表16

项目	单位	计划	实际	完成计划%
总走行公里	千机公里	45000	46044	102.3
总重吨公里	百万吨公里	93000	93710	100.8
日车公里	公里/台日	445	486	109.2
技术速度	公里/小时	52	53.5	102.9
日产量	万吨公里/台日	130	136.7	105.2
平均总重	吨	3600	3367	93.5

【机车设备质量】 2019年，侯马北机务段调整两个检修车间班组设置，适应机型变化和轨道车检修生产需求。改造侯北检修地面设施，增设电力检修台位，满足电力机车检修需求。合理安排检修作业时间，全年电力机车小辅修停时较上年同期降低39%，电力机车正点交车率较上年同期提高3.1%。开展机车质量平推检查和专项检查78次，减少季节性故障。推进数字化精准预防修，实现机车故障早预防、早处置，机车故障较上年同期大幅下降48.1%。推进实施SS4型机车防逆电换向手柄等加装改造16项，增强安全保障实力。明确验收室、质检科工作职能，保证驻段验收室回归后作用发挥最大化。全年开展假设查149人次，发现作业问题645件；组织机车零公里检查346台次，发现整治质量问题1466件，机力供应持续优质稳定。

【经营管理】 2019年，侯马北机务段对有权支出划分为5大类、440个费用型科目，实行逐级负责、层层包保，压实预算动态控制责任。按月下达间管费用，动态下达机车检修费用，解决费用预算与实际支出不相符问题。延长机车小辅修（C1至C3修）周期，HX型干线机车C1至C3修周期按上限控制并延长10%，SS4型机车修制由3辅1小改为2辅1小，DF4B、DF8B型调车机车检修周期由3个月延长到4个月，机车检修费用大幅降低。推进扫石器胶管、空气滤清器修理等配件修旧利废20项；减少配件委外修34.7万元；减少空调维修业务外包费用46.1万元，全年节支降耗6082.73万元，完成计划的102.6%。运输其他业务收入完成2454.47万元，实现利润41.5万元，超额完成预定指标。

【职教工作】 2019年，侯马北机务段以真培真考为目的，推行检修、运用管理人员月度考试，参考1418人次，奖励7万元，考核1.87万元，干部业务素质逐步提升。以基本规章、作业标准、工艺流程、非正常应急处置为主要内容，开展11个工种、69人参加的段级职业技能竞赛，择优选拔23人参加集团公司竞赛、2人参加国铁集团竞赛。系统制定培训方案，全面实行干部包保，兑现提职司机考试通过人员、包保人员及相关科室奖励221.65万元，全年268名提职司机考试通过率70.5%，其中，下半年通过率达89.2%，创全段乃至集团公司机务系统新高。建成弓网故障实训基地、电力机车故障处理实训基地、制动机实训基地，为职工学习专业知识，训练操作技能提供实训支撑。

【综合管理】 2019年，侯马北机务段统一规范各运用、调车等主要生产车间每日重点工作清单，推动日常重点工作落实的目录化、清单化、规范化。围绕阶段重点工作，持续跟踪问效，全年督查督办事项4592个，下发专题通报149期，完成率98%。优选19名班组长、技师，充实到运用、检修管理队伍，提高班组长、技师的工作热情；提拔任用2名中层正职、4名中层副职和9名车队管理人员，其中全日制高等院校毕业生占比达46.7%；推荐2名优秀全日制高等院校毕业生挂职车队副书记，构建青年大学生成长成才快车道。组织开展专业技术职务评聘工作，取得正高级工程师资格1人，聘任高级工程师1人、中级职务18人、初级职务19人，激发干事创业热情。

【职工生活】 2019年，侯马北机务段两次调增职工岗位绩效工资，适时提高企业年金缴费、通勤职工交通费补贴和社会通用工种技师、高级技师岗位技能津贴标准，全年职工人均收入13.39万元，职工收入保持稳步增长。开设疾病预防知识讲座2次，发放《职工健康手册》《急救常识》宣传页4300份，更新补充血压计22台、血糖试纸750支，配发医用冰袋386个，职工健康管理有效加强。组织开展篮球、拔河、百米赛、健步走、迎接新中国成立70周年等系列文体活动，精心选拔优秀选手参加集团公司举办的“百千万”站区文体比赛和才艺展示，获得集团公司2个第一名，2个第二名，2个第三名的好成绩。配备跑步机4台、动感单车4辆、拳击训练器3套、乒乓球台2个，新建成职工健身室7个。为主要生产车间、后勤保障场所安装直饮水机15台、洗漱用热宝13台，为浴池更换淋浴器50套；为一线班组、调车点更新配备空调2台、洗衣机22台、热水器6台、电磁炉9台。第3届职代会确定的11件实事好事兑现10件，1件正在进展。感同身受的人文关怀、实惠厚重的个人收入，让广大干部职工的职业荣誉感明显增强。（冯少伟）

铁路车务管理

【概况】　侯马车务段位于太原局集团公司南部，地处临汾、运城、晋城三地辖区，管辖南同蒲线、侯月线、侯阎线、大西高铁和礼垣支线的58个车站。管内营业里程831.434公里，有5个车站与邻局衔接，侯月线端氏站与郑州局集团公司衔接，大西高铁永济北站、侯阎线禹门口站、南同蒲线店坡站和风陵渡站均与西安局集团公司衔接。管内58个车站按等级分为4个一等站、12个二等站、20个三等站、22个四等站；按业务性质分为14个客货运站、8个客运站、21个货运站、15个不办理客货业务的车站。设有安全科、运输科、客运科、货运营销中心、职工培训中心、信息统计科、劳动人事科、财务科、收入科、保卫科、办公室、党委办公室12个科室。设调度车间、劳动服务公司。截至2019年末，全段干部职工总数为3875人，其中干部595人，工人3280人。

【货运增量】　2019年，侯马车务段把“三保三增”货运增运增收作为政治任务，推进网格化营销，实行项目制管理，紧盯协议户运输，助力“公转铁”落地，发展现代化物流，首趟开行“侯马北—连云港”铁海联运班列。面对环保治理、市场不旺等诸多影响，拜访政府、走访企业、寻访新户，全年完成货运量4152.3万吨。

【客运提质】　2019年，侯马车务段把安全便捷、温馨服务作为增量前提，开展服务设施专项整治，升级运城北等12个车站候车出行条件，临汾西站荣获全局高铁地级标杆车站。推动“铁路+文化旅游”，加强营销宣传推介，扩大客运市场份额，全年旅客发送1564.2万人，同比增加17.5万人；客运收入12.6亿元，两项指标刷新段史纪录。

【运输组织】　2019年，侯马车务段主打侯月交车，用足通道能力，嘉峰口最高日交车创下95列新纪录，交口运量同比增幅18%。以侯马北枢纽为龙头，各站深度挖潜、各点全面提效，接发车、取送车、装卸车效率持续提高，阶段计划兑现率达到90%以上。全年周时完成1.59天，较年度计划指标压缩0.29天；枢纽日均办理辆数达到20244车，同比增加2735车。

【安全生产】　2019年，侯马车务段全段坚守国家铁路的战略定位，主动承接“交通强国、铁路先行”历史使命，确保新中国成立七十周年、国铁集团改制、“二青会”等关键时期的安全稳定。围绕“强基达标、提质增效”工作主题，把握四型侯车高质量发展的前进方向。

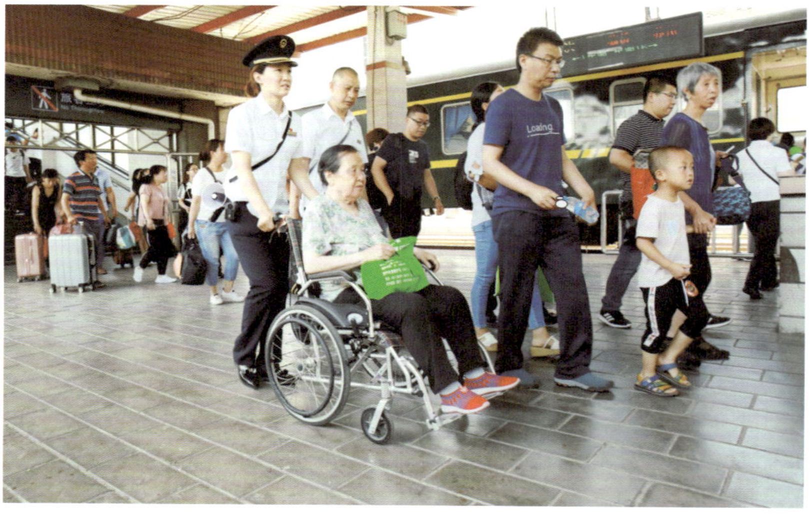

2019年，临汾市客运提质服务旅客　（侯马车务段供图）

卡控动客车安全，开展高铁环境安全综合治理，路地联合整治69件安全隐患。健全和落实安全双重预防机制，围绕“三个关键、一个重点”，研判防控四类风险，细化“四预八控”措施，完成调图、施工等重点任务。

【标准建设】 2019年，侯马车务段按照“制度有目录、备品有清单、检查有记录、结果有考核”的思路，修订84项管理制度，制定23个岗位揭挂标准和26个工种作业标准，开展“每周之星”评选等竞赛，标准化规范化建设成效明显。在全局专项验收中包揽行客货3个第一，举办侯马片区推进会，在呼和浩特安全管理现场会、全局运输系统工作会作经验交流。

【预算管理】 2019年，侯马车务段树立“增运增收是硬道理”的理念，落实货运承运清算，加强客运检票验票，定期开展收入稽查，实现增收与增量同步，全年运输总收入完成76.6亿元。将全面预算管理贯穿经营工作始终，按照“保安全、控直接、降间管、压过度、强激励”的要求，促进业财深度融合，压缩生产支出，完成节支1029万元的既定目标。

【经营行为】 2019年，侯马车务段站开展领导人员收入、职教经费使用等专项整治，扎紧办公用房、公务用车、接待用餐的“制度笼子”，经营问题实行红线、A级、B级“三级管控”，释放出立规必严、违规必纠的强烈信号。支持非运输业发展，履行主办职责，落实“五个严禁”，坚决扭正与集体经济企业的经济关系和经营行为。

【规范劳动用工】 2019年，侯马车务段完成货运集中制票中心“十合一”优化，推进客运安检工作、管外列尾作业的平稳移交。规范用工管理，清退机关助勤人员40人；根据45个车站运输变化，撤销驼峰作业员、扳道员等岗位，节约用工86人。统配人力资源，居家就近调动81人，提职改职165人，跨站替班173人次，满足职工成长意愿与合理诉求。

【科技教育】 2019年，侯马车务段以“三书、两卡”指导现场作业，编写26个工种学标教材，举办93期培训班，参培4.6万人次，技能培训基地在全局评审排名第一，荣获“四星级”。参加全局技能竞赛取得21个前三名，收获客运、货装团体冠军和行车团体亚军。助推高技能人才成长，新聘初级职称21人、中高级职称12人，段晓军成为山西省“三晋英才”拔尖人才。推进“智慧侯车”建设，创新研发安全管控中心“四预”大数据系统、接发车信息共享平台，推出二维码巡检等72项小改小革成果，集团公司信息化工作会议推广侯马车务段构建高铁信息技术安全保障的经验做法。全年19项合理化建议获奖，安全科被评为全国铁道行业优秀质量管理小组，取得9个局级优秀QC小组称号。 （张　军）

·临汾市火车站·

【概况】 2019年，临汾市火车站主动适应安全发展新形势，积极应对经济发展新常态。通过把工作重心放在发现解决问题上，把防范重点放在超前预想研判上，把卡控重点放在关键作业盯控上，夯实工作基础，提升安全水平。截至12月30日18时，临汾市火车站胜利实现安全生产3785天。

【整治安全隐患】 2019年，针对运输增量加大、调车作业频繁等因素带来的安全风险，临汾市火车站把“安全大检查”“安全专项整治”等各项活动融入到日常安全管理中，查找安全风险，堵塞管理漏洞。通过明确接发列车“四禁止”和调车作业“四禁止”办法，将分路不良区段作业、车辆防溜、非正常接发列车以及客车安全等作为卡控的重点，细化检查措施，优化作业组织，发现和解决存在的风险隐患。针对风险管理过程中暴露出的缺陷，动态修订风险管理办法，形成一套全方位防控体系，为安全生产提供保障。

【落实作业标准】 2019年，临汾市火车站以打造标准化中间站为目标，实施“制度目录化、备品清单化、物品定置化、岗位分区化”等多项举措，组织相关人员到兄弟单位学标准、找差距、思不足。以安全标准化建设为抓手，整治卫生环境，统一揭示揭挂，规范作业流程、强化标准执行，实现站容站貌整齐干净，生产岗位标准统一，人机协调规范有序。

【施工安全】 2019年，临汾市火车站成立施工领导组，加强对施工岗点监控和现场检查，利用站场视频设备，对施工现场全过程监控。严格施工方案制定，组织召开预备会、协调会、总结会，制定施工实施方案和示意图，每日由专人下载、核对施工日计划，对施工作业范围、项目及行车限制条件在平面图上明示、在信号楼揭示，指派专人对站内运行的施工作业车进行添乘指导。全站干部职工众志成城，严责落标，确保施工期间的运输生产安全。

【救援管理】 2019年，临汾市火车站修订完善应急处置岗位职责、作业流程和量化考核办法，明确值班人员工作职责。将常见的38种非正常处置流程纳入系统，做到发生故障时应急有备，正确处置。对救援队工具、备品实行定置管理，分类装箱，标签码放，便于使用。优化微信二维码巡检平台，加入视频上传功能，通过定期扫码，实现远程管控。2019年，临汾站救援备品库被评为全段“标准化”备品库。

【改造客服设施】 2019年年初，临汾火车站对侯车厅主楼进行翻新，对一层、二层两个候车室进行重修，对售票厅进行合理化改造，重新规划进站口、绿色通道、紧急通道，安装电子客票和人脸识别系统，对侯车厅照明、供暖、厕所设施设备进行全面整修维护。针对不同的旅客需求，以“平阳导购”客运品牌为平台，对重点旅客实行从购票、进站到上车的爱心服务，对行动不便的老、弱、病、残、孕等重点旅客，指定专区候车、由专人负责，提供便捷安全的服务，确保旅客出行更舒适、体验更美好。

（张红元）

·大西高铁临汾西站·

【概况】 临汾西站是侯马车务段管辖下的二等客运站，站中心里程K509+138，设到发线5条，其中Ⅰ、Ⅱ道为正线，3、4、6道为到发线；设基本站台和岛式站台各1座；站台上均设风雨棚各1座，车站设旅客地道2座。设大型养路机械停留线1条，工务轨道车库线、接触网作业车库线各1条，抢修列车停留线1条，车站西安北方向设折返线，安全线1条。

车站设有6个人工售票窗口、10台自动售取票机、14台进出站闸机，综控、消防设施各一套。

2019年，临汾西站旅客发送计划2774000人，实际全年发送旅客3347238人（其中，5月1日当天发送旅客突破历史记录达到14196人），完成年计划121%。客票收入年计划21170000元，实际完成收入2.63亿元。完成计划124%。

【安全管理】 2019年，临汾西站以保春运、保“两会”、清明和五一以及端午小长假、调整列车运行图实施、防洪防汛等为重点，结合生产实际详细安排，周密部署，分工负责，组织开展“2019年客运基本服务质量专项整治”、施工安全、防火安全、人身安全隐患排查、防溜防撞、防错办、防违反《技规》301条调车作业、全国安全生产月、安全隐患排查、全面加强高铁环境安全综合治理工作等安全专项整治活动，狠抓干部作风履职和职工岗位落标。

【“两个专项整治”活动】 2019年，临汾西站以开展“敬畏安全红线杜绝严重违章”“突出隐患管控”两个专项整治为主线，针对车站岗点分布和作业实际，加大对重点时段、关键岗位的检查力度，以“零容忍”的态度，对违反禁止性条款的问题发现一起，处理一起，追究相关管理人员的责任，触碰“红线”的严格按照“红线”管理办法考核追责，以严格的管理落实标准，确保现场安全生产有序可控。

【技术规章管理】 2019年，临汾西站干部组织相关人员对技术规章、各项管理制度和细化措施等进行全面自查、清理、规范；开展“技术规章讲解”工作，由车站干部负责进行讲解，面对面对车务应急值守人员进行辅导，提高业务素质；坚持每半月进行一次规章诵读

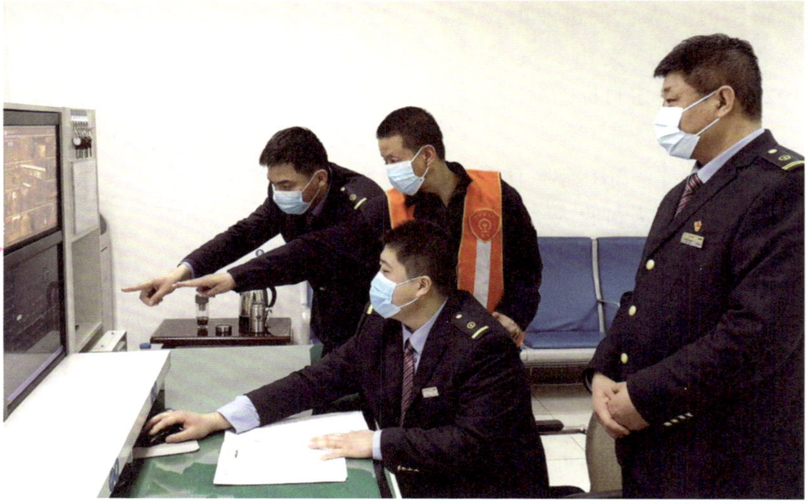

2019年6月，动车组指挥系统应急处置演练　　（临汾西站供图）

活动，对总公司、路局、车务段下发的各种文电、规章制度及时进行修、补、废工作，建立健全各类规章专盒，归档管理。

【开展自管设备春（秋）检春（秋）鉴工作】 2019年，临汾西站加强对自管设备，钩锁器、防溜铁鞋、客服设备等日常管理和检查巡视，交接班时落实交接程序；在日常管理中，教育和引导干部职工正确使用各种设施设备，按规定的程序操作，确保各种设施设备性能良好，确保自管设备管理质量有序可控。

【开展“2019年《行业细则》《标准》学习、讲解、落实”活动】 2019年，临汾西站开展应急处置演练工作，组织车站干部、车务应急值守人员学习新《行业细则》，掌握有关变化内容，进行列车冒进信号机、列车运行晃车、列车停在接触网分相无电区处置流程应急处置的演练，组织客运人员进行广播设备故障、互联网售票故障等演练，车站干部全过程参加，提高应急处置能力。

【整治旅客责任投诉问题】 2019年，临汾西站为有效遏制旅客投诉问题的发生，车站班子成员研究对班组进行分工包保，确定重点岗位和重点人员，利用交接班会和现场盯控等形式，化解对服务质量的不满，采取有效措施应对，对旅客提出的各种问题及要求进行解答和帮扶。

【培训演练】 2019年，临汾西站组织车站应急值守人员进行动车组运行途中自动降弓处置、动车组异音异响处置流程和动车组火灾、爆炸处置流程、机车、救援列车救援，动车组救援动车组，接车线有效长容纳不下救援动车组与被救援动车组，载客动车组转线流程应急等应急处置演练，提高行车职工业务素质和应急处置能力；对客运一班作业流程加强演练，重点对车站遇列车大面积晚点造成客流严重积压或突发大客流、客票（服）系统故障、POS机故障、列车停运等进行逐项培训演练，提升客运人员处置突发情况的能力；推进全员“背规”和“职业技能竞赛”活动，提高干部职工理论业务水平。

【安全隐患排查整治】 2019年，临汾西站开展高铁环境安全综合治理工作，全面整治铁路用地红线范围内安全隐患、整治铁路线路安全保护区内安全隐患违法行为及保护区外违法行为。整治铁路线路安全保护区外安全隐患、整治高铁沿线道路、水路、管路、线路影响高铁安全的隐患，消除安全隐患，夯实安全基础。

【开展“四个一”服务】 2019年，临汾西站对外公布服务热线0351-12306、0351-2146319，让重点旅客全流程享受专业化、链接式服务，使旅客在旅途中全面感受客运品牌高品质的服务，打造“温馨服务”品牌。配置“爱心服务卡”。使用“爱心服务卡”，老、幼、病、残、孕等重点旅客乘车时，重点帮扶；开通“爱心专线”。开通“服务专（0351-2146319）”，全程接力服务重点旅客，受理重点旅客出行需求；配备“服务器械”。配有轮椅、担架等辅助器械，从进站、乘车、出站全流程享受专人帮扶、专用辅助器械、站车无缝交接链接式服务；开辟重点旅客候车区。加强重点旅客候车区管理，对老幼病残孕重点旅客从购票、进站、候车、乘车等环节的服务需求出发，细化服务内容，保证重点旅客优先购票、优先候车、优先乘车，构建重点旅客全流程、链接式服务体系。

【售票岗位标准化】 2019年，临汾西站将售票室划分为：作业区和休闲区。作业区亮点为“六化”即：规章制度目录化，重点是对售票的规章制度进行整理定置存放至文件柜和文件夹内，文件柜内有目录、文件夹内有目录，保证规章制度在第一时间可以查询到；物品摆放定置化，重点是对作业人员岗位物品的摆放进行定制管理和规范。大到电脑、桌椅，小到印章、别针都要求按照规定位置进行放置；学技背规日常化，重点是对售票岗位人员作业的特点进行学习和讲解，设立学习园地和竞赛评比台对售票人员每月进行评比排队；设备台账清单化，重点是对售票室内的各种设备进行登记造册，便于巡检、查找、更换、补齐等作业需要；服务旅客优质化，重点是在窗口作业人员对旅客必须做到“十字文明用语”的要求，随时进行抽查和调取视频回放进行检查；本簿资料规范化，重点是要求各种本簿必须设置到位，在记录各种台账清单时必须要求字迹清楚，整齐规范。

休闲区主要打造为音乐书吧。为缓解售票作业人员紧张的作业情绪，在作业间休时播放舒缓的音乐，让售票人员能得到身心的放松，使作业人员有一个好的心情上岗作业。

【设立遗失物品库】 2019年，针对临汾西站车站遗失物品多的问题，车站专门设立一间房屋做为遗失物品库。将遗失物品的流程和制度进行明示，对每日的遗失物品按月分层进行登记、贴标、入库，便于对遗失物品的管理和交接。

【反恐防暴展示】 2019年，针对高铁站旅客流动性大、人员情况复杂多样的特点，车站与公安进行不定期的反恐防暴的演练，以保证遇有突发事件时，能及时形成联动机制，制止不法行为。

【感人事迹】

1.4月5日，惠先生和即将临产的妻子在临汾西站乘车转院到外地，临汾西站检票口一名40岁左右的工作人员看到惠先生一家紧急情况后，悉心照顾，护送上列车；惠先生和家人上了D5342次列车后，列车长和工作人员对惠先生一家也关怀备至，联系到站，太原南站工作人员提前推着轮椅等在车门口，帮助并带领他们一起从绿色通道快速出站，护送惠先生及家人坐上开往医院的出租车。后孩子平安降生，母子平安，惠先生及家人特致电感谢太原南站、临汾西站和D5342次列车的全体铁路工作人员亲人般周到的服务。

2.8月7日，旅客陈女士致电称，7月31旅客乘坐G1953次列车，下车时把行李落车上，回到家后联系临汾西站的工作人员杨丽达，工作人员在20分钟后找到，安排转运车次送回临汾西站，遗失物到达临汾西站的时间是22:20分，值班员杨丽达安排客运加岗工作人员栗卫华，利用休息时间，把旅客的双肩包送到家里，旅客备受感动，特致电表扬。

3.9月17日，白先生预约临汾西站重点旅客服务，当日白先生乘坐一辆私家车到临汾西站，私家车把白先生放在一个离车站比较远的路口。临汾西站工作人员段文彬与白先生取得联系后，得知对方离车站还远，走到路口接到白先生。

（何富平）

临汾尧都机场

【概况】 2019年冬春航季，临汾尧都机场共开通运营14条航线，通达“北、上、广、深”等一线城市在内的20座城市，其中，北京、上海、天津、杭州、武汉、温州、银川、呼和浩特等8座城市实现“每天一班”；广州航线从原来的“每周三班”增加为“每周五班”；恢复、新开通三亚、南京、南宁、昆明、长春等航线，航线网络布局的完善，满足经济开放和市民出行所需。

在航线开发成本和航班运营收益方面。临汾机场开展实施“全员营销”活动，实行“免费停车、免费贵宾、机票奖励”等优惠政策，鼓励全体员工，通过微信朋友圈、公众号等媒介宣传航线、航班。全年临汾机场航线均班补贴额为85499元，比上年均班下降22285元，降幅21%；人头补贴300元，比上年下降80元，降幅21%；本站进出港人头补贴370元，比上年下降120元，降幅24%。航线补贴使用率和航线培育的发展潜力得到提升。

【生产数据】 2019年，临汾尧都机场完成旅客吞吐量76.82万人次，同比上年增长98.3%，全年全国机场排名第121位，较上年的149位进步28位；完成起降架次10063次，同比上年增长84%；受经济下行形势的影响，货运吞吐量连续两年低迷，全年完成货邮吞吐量422.5吨，同比下降17%。

【运营收入情况】 2019年，临汾机场航空性和非航空性收入在达到43004万余元，与2018年同期相比增加收入1000万元，增长率达

2019年，开通临汾=深圳航线　　（临汾尧都机场供图）

28%。其中，非航收入成效显著，特别是利用运输航班间隙，先后引进中国国际航空、东方航空、河北航空3家公司飞行训练，1至12月，安全保障飞行训练1523架次，保障急救、降雨、航拍以及公务机等290架次。临汾机场先后与地方两大企业集团以及建行、交行、工商行等4家银行签订商务出行服务协议，两项非航空性收入成为全年的亮点。

【固定资产投入】 至2019年，临汾尧都机场增加固定资产投入累计达2222万元，安全运行投入526万元，除必要特种保障车辆外，安装ADS-B和空管自动化系统，投入使用后的新设备扩大空域容量，改善空域利用率，提高飞行的安全性。配套投入临时身份证自助办理机和自助登机牌办理机，推进智慧机场建设，解决好旅客服务“最后一公里”问题，其中，空管自动化系统和临时身份证自助办理是省内支线机场安装使用的第一家。对标对表“平安民航”建设，投入安装机场出入口监控视频和登机廊桥监控视频，确保空防安全、道路安全的全覆盖、无死角。（令狐赵波）

交通运输管理

【概况】 2019年，临汾市交通运输局全年完成交通固定资产投资77.05亿元，完成年度任务50亿元的154%，比上年44.2亿元增长74%。其中，高速公路及连接线34亿元、“四好农村路”29.25亿元、黄河一号旅游公路13.8亿元，项目建设走在全省前列。全市公路通车里程达19167千米，全省排位第一；公路密度94.53千米/百平方千米，高于全省平均水平。全市新增通客车建制村37个，完成年度任务30个的123%。具备通车条件的建制村通客车 2776个，具备条件建制村通客车率达到99.82%。全市10个贫困县具备通车条件的建制村通客车率达100%。

【“四好农村路”建设】 2019年，临汾市新改建“四好农村路”3940千米，占年度目标任务2500千米的157%。推荐的蒲县被省交通运输厅、省农业农村厅、省扶贫办联合命名为“四好农村路”全省示范县，在蒲县组织召开全市“四好农村路”建设现场推进会。在全市组织评出大宁县、襄汾县、永和县3家“四好农村路”市级示范县，起到示范带动作用。完成三大板块黄河一号旅游公路续建77千米，新开工299.2千米。启动完成黄河一号旅游公路“0km”标志文化驿站项目的设计方案。隰吉高速公路正在进行房屋拆迁、补充耕地和路基施工；黎霍高速公路已全面启动；霍永高速公路蒲县连接线、长临高速安泽连接线、古县连接线已基本完工。长临高速公路临汾民航机场连接线、东贾互通项目、洪大高速公路正在加紧进行前期工作。

【农村公路管养】 2019年，临汾市交通运输局对贫困县交通基础设施建设投入约16亿元，完成撤并建制村通硬化路98千米、窄路基路面加宽改造141千米、农村旅游路资源路产业路新建32千米、安全生命防护工程改建38千米，危桥改造8座、“油返砂”公路改造304千米，其他农村公路建设605千米，制约永和、吉县、大宁、隰县、汾西等贫困县农村交通发展不平衡不充分的瓶颈问题得到有效解决。加快推进农村公路管养体制改革，实施“农村公路管养示范工程”，先后组织人员到辽宁抚顺、四川郫都进行考察学习，在蒲县探索推行县、乡、村三级“路长制”，实行精细化、规范化、人性化管理，公路管养有起色。全市农村公路列养率达到100%，县乡公路年末优良中路率达到81.62%。

【规范城市客运管理】 2019年，“公交都市”创建，临汾市交通运输局聘请第三方研究机构进行总体策划，推进创建工作。年底临汾市区有423辆公交车，全部为纯电动公交车；市区现有29条公交线路，线路总长887千米；市区公交专用道29.6千米；市区公交首末站、停保场15个、停靠站344个。公交企业借力互联网技术，研发公交手机e卡通，安装128个电子站牌，实现微信、美团、支付宝、公交云卡等多种支付方式坐公交，临汾公交进入“智慧交通”新时代。11月6日，交通运输部主办的“我的公交我的城”重大主题宣传活动在临汾市举行，展示全市在推进公交优先、创建公交都市、提升公交服务方面取得的成就。

出租车管理。加强窗口建设，强化行业监管，发挥主体作用，注重品牌打造，开展“诚信服务、争创五星”文明创建活动。推进出租汽车电动化，在市区更新93辆纯电动出租汽车。

公共自行车管理。对市区公共自行车进行“升级”改造，推出“二维码”租车、授权租车及免押金租车等模式，提高使用效率，方便群众租车用车，为解决城区“最后一公里”出行发挥重要作用。

【交通行业治理】 2019年，临汾市交通运输局开展全市规范道路客运市场秩序百日专项行动，共查处非法营运车辆42辆，纠正违章车辆362辆，违法从事道路客运经营行为得到有效遏制。牵头开展全市柴油货车和散装物料运输车污染治理联合执法专项行动，全市设立31个固定执法点，组建49支流动执法队，联合执法管控，有效减少市区柴油车尾气氮氧化物等污染物排放。全市超限超载率控制在0.2%以内，尤其在重污染天气下，重点实施道路扬尘专项治理、敞篷运输车辆专项治理、汽车维修市场专项治理等。重点开展道路运输、水上交通、危货运输、工程建设“四个领域”安全生产大检查、大排查、大整治活动，开展“平安公路”“平安车”“平安站”“平安船”“平安工地”建设活动，组织开展高边坡坍塌事故应急救援演练。

【安全管理】

1. 二青会安全应急保障。6月16日，组织企业在市区设置安全生产宣传点6个，开展宣传咨询活动，向过往群众发放宣传资料4000余份，接受群众咨询50余人次，微信平台推送安全生产知识16条，滚动播放安全警示标语10000余条次，扩大宣传覆盖面和影响力。

2. 安全生产隐患排查治理。成立安全生产检查督导组，采取突击检查、明察暗访、随机抽查等方式，深入经营企业，对照安全生产大检查内容及标准，出动检查人员55人次，对市区9家城市客运经营企业进行检查督导，共排查安全隐患23起（均为一般隐患），现场整改15起，限期整改8起，按要求明确整改责任人、整改措施和整改时限，责令企业按照“五落实”要求组织整改，彻底消除安全隐患。整改率达100%。

3. 提高应急管理水平。建立完善安全生产应急体系，各企业结合自身特点成立安全应急分队，对安全生产应急预案进行适时修改和完善，市区9家城市客运企业均按要求开展安全生产应急演练。

（庞燕东）

·货运管理·

【城市货运“绿色配送”服务体系建设】 2019年，临汾市交通运输局推进全市道路运输企业组织结构调整，50辆车以上的企业逐步增多，有240家。新能源车和清洁能源车辆占比逐步提高，全市货运车辆42949，其中，新能源车和清洁能源车辆数市18547，占比43%。加快推进和探索城市货运“绿色配送”服务体系的建设。

【货运车辆检验检测改革】 2019年，临汾市交通运输局落实交通运输部、公安部、质检总局关于加快推进道路货运车辆检验检测改革工作的通知精神，全市已公示的21家综检机构实现安检综检“一次上线、一次检验、一次收费”，统一检验检测标准，货车的综检、安检实行统一的检验检测周期，实现省内货车异地检测，全面取消4.5吨及以下普通货运从业资格证和营运证。（庞燕东）

·客运管理·

【客运与旅游发展的融合】 2019年，临汾市运管局为优化道路客运班线配置，激发道路客运企业发展活力，推动道路客运与旅游发展的融合，根据市委、市政府“加快文旅深度融合，加快三大旅游板块建设”的要求，5月，临汾市运管局会同山西汽运集团临汾汽车运输有限公司赴晋城、长治两地就“城际旅游公交”的开通和运营进行专项调研，临汾—长治城际公交于8月28日开始试运行，将为黄河、太行旅游板块的互联互通，加快两地在经济、商贸、旅游等方面的合作发

2019年8月28日，临汾至长治城际公交正式开通

（市交通运输局供图）

展提供支撑。

【开放包车、旅游客运经营许可】 2019年，临汾市运管局全面开放包车、旅游客运经营许可，凡符合法定条件的均可以依法进入市场，公平竞争，全年有2家道路客运企业提出扩大经营范围的道路客运企业申请，准予其从事省内道路包车客运，激活客运市场活力，扶持企业转型升级发展，走出经营困境。

【道路春运工作】 2019年，临汾市运管局春运期间全市共投入道路客运运力1189部（其中包车客运228部）、座位34059个，共发送49357.5个班次（其中包车2237个班次），运送旅客75万人次，完成春运工作任务，未发生一起道路运输事故。

【建制村通客车工作】 2019年，对全市各县（市、区）建制村通客车进行量化分配，明确全市建制村通客车任务为30个，截至年底,新增建制村通客车37个，完成123%。全市2825个行政村，具备通车条件的是2781个，通客车的是2776个，具备通车条件建制村的通车率为99.82%。

【规范网约车平台】 2019年，根据国家七部委《网络预约出租汽车经营服务管理暂行办法》和市政府《临汾市网络预约出租汽车经营服务管理规定实施细则》，组织市处各相关科室负责人成立审核组，对市区申请从事网约车服务的平台公司进行严格审核，严把准入关。全年共许可网约车平台3家，斑马快跑科技有限公司临汾分公司、深圳市中交出行科技有限公司临汾分公司、捎点宝技术有限公司临汾分公司。已培训合格网约出租车驾驶员15人。

【交通运输服务监督】 2019年，临汾市共接收12328电话量82441件，咨询类81816件，投诉类625件，办结598件，办结率95.68%，保障12328交通运输服务监督电话畅通高效运行，提升交通运输行业治理能力和公共服务水平，更好地为广大群众提供优质、高效、准确的信息咨询。

【汽车维修行业转型升级】 2019年，临汾市运管局推进汽车维修行业转型升级，保障消费者权益，督促企业加强汽车维修电子健康档案系统建设，上传汽车维修电子健康档案实时数据，确保在一类100%、二类80%的覆盖率的基础上提升。

【机动车排气污染治理】 2019年，临汾市运管局贯彻落实交通运输部和省市主管局有关要求，有18家符合条件的机动车维修企业通过省交通厅组织的机动车排气污染治理维修企业（M站）资质验收，操作人员业已多次参加专项业务培训，为尾气治理I/M制度建设奠定基础，机动车尾气治理工作在环保部门的牵头下即将展开。

【平台宣传】 2019年，临汾市运管局通过微信公众号平台宣传及时将政务信息、民生信息推送基层，发挥平台宣传的作用。微信号刊登稿件265起。被市运管局转发17起。全市通过山西省运政服务平台，实现道路货物运输经营、道路旅客运输经营、机动车维修经营、汽车租赁经营的“网上受理、网上审批、网上办结、在线服务”。对新增“机动车维修经营备案”模块权限，通过申请向襄汾县、曲沃县、洪洞县进行分配。

【运政稽查】 2019年，临汾市运管局在春运、五一、端午节、庆祝中华人民共和国成立70周年活动、国庆旅游黄金周期间，加强对旅游包车车辆的管理和市内旅游车辆的稽查力度，各县（市、区）组织稽查人员重点查处客运车辆无证经营、乱窜线路、抬价刹价、超员超载、乱停乱靠和货运车辆的无证经营、使用不符合条件的车辆拉运特种货物等违法、违章行为。截至年底，全市出动执法人员19885人次，出动执法车辆4350余辆次，纠正违法违规车辆362起、罚款103.77万元，查处非法营运车辆42起，罚款23.8万元。

【道路运输隐患排查】 2019年，临汾市运管局分五个督导组采取“四不两直”方式对全市道路运输行业的安全生产及隐患排查治理工作开展情况进行督导检查，出动检查人员115人次，检查运输企业109家，汽车客运站15个，抽查客运车辆110余部，出具检查卡25份，查处立查立改不规范行为30余起，发现隐患8起，均已整改完成。加强运输车辆动态监控管理，重点检查“两客一危”企业动态监控主体责任落实情况和企业自查自纠开展情况，及时发现和解决企业监控工作存在的突出问题，消除安全隐患，确保整改落实到位，推动专项整治工作。通过整治，全市企业监控平台上线率达到92.61%，重点营运车辆入网率达到100%。推进“两客一危”重点营运车辆加

装智能视频监控报警系统，截至年底，2139辆重点车辆安装1520辆，完成71%。（庞燕东）

·驾驶员培训管理·

【概况】 2019年，临汾市有机动车驾驶员培训机构41所，其中，一级驾校4所，二级驾校17所，三级驾校20所，其中从业资格培训单位11所，培训教练员1926人，教练车1724辆，全年完成机动车驾驶员培训9万余人，道路运输驾驶员培训2436人。

【驾培分科目培训分科目考试和计时培训计时收费工作】 2019年，临汾市运管局下发《关于转发〈机动车驾驶分科目培训分科目考试和计时培训计时收费制度的通知〉的通知》，提高推进机动车驾驶分科目培训分科目考试和计时培训计时收费工作的责任感和主动性，加快推进车载计时终端安装和使用，加强与县级公安交警部门的沟通协调，推进驾培模式改革，促进临汾市驾培市场健康有序发展。

【驾培市场专项整治】 2019年，临汾市驾培市场乱象主要以“黑驾培”反映较为强烈。6月，下发《临汾市道路运输管理局关于开展规范驾培市场集中整治的通知》，自2019年6月20日起，在全市范围内开展为期一百天的暑期集中整治专项行动。8月，转发《山西省道路运输管理局关于开展机动车驾驶员培训市场整顿规范百日专项行动的通知》，对全市各运管机构开展驾培市场整顿规范百日专项行动提出具体要求。截至10月底，全市运管机构出动执法人员800余人次，出动执法车150辆次，查扣非法培训教练车6辆，取缔违规报名招生点、违规培训场（点）26处，清除非法招生广告条幅、标识标牌等59块，处罚金额8000余元，有效遏制“黑驾培”的滋生和蔓延，维护消费者合法权益和驾培机构正当利益。

【驾培机构质量信誉考核】 2019年，按照省运管局《关于开展2018年度全省机动车驾驶员培训机构质量信誉考核工作的通知》文件要求，下发《关于开展2018年度全市机动车驾驶员培训机构质量信誉考核工作的通知》，自5月17日起，对全市41所驾培机构开展2018年度机动车驾驶员培训机构质量信誉考核。考核工作按照培训机构自评，县级管理部门初评，市级管理部门“先申请、先考核，后申请、后考核”的考核程序展开，强化各方考核主体责任落实。考核结果为AA级6所，A级34所，B级1所，将考核结果进行公示。

【优化服务措施】

1. 从2018年8月1日起，将道路运输驾驶员诚信考核计分职能下放至县级运管机构，由各运管局（所）根据道路运输驾驶员计分分值标准规定的违反诚信考核指标的情况进行计分，方便从业人员、强化属地管理，在县局（所）被计分的道路运输驾驶员有14114名。

2. 增加资格证注销可恢复业务。道路运输驾驶员从业资格证超过有效期180日而被注销的，在原证件超过有效期2年内（含2年），可在完成24学时的继续教育，申请参加相应类别从业资格理论考试合格后，恢复其原有从业资格，截至12月10日，对符合注销可恢复条件的40名道路运输驾驶员通过培训考试，重新为其换发从业资格证。

3. 依据法律法规及道路运输驾驶员从业资格有关规定，结合工作实际，制定出台10项便民服务措施。包括取消“两客一危”从业人员换证时提供的驾驶员“三年无事故证明”，简化业务流程，取消道路运输从业人员“从业资格证”丢失补证证明；取消外籍驾驶员户籍证明。全年为7551名道路运输驾驶员办理从业资格换证、补证业务。

【从业资格管理】 2019年，按照省运管局便民服务措施，通过微信等方式，向从业培训机构发布补考通知，收集补考信息，合理安排考试，分别在临运、侯运设两个考点对2018年考试未合格的学员进行补考，考核200余人次，合格86人。于1月16日召开全市从业培训机构负责人宣贯新大纲会议，通报补考情况，宣贯新大纲内容，安排部署驾校应对新大纲应用能力项目的设置及教学方案，主要采取以下措施：（1）从业资格培训机构重新申报从业教练员，按照新的考试大纲编写基本知识教学教案和应用能力教案；（2）出台《临汾市道路运输驾驶员从业考试工作制度》，加强对相关培训机构及考试点长效化监管；（3）制定“临汾市应用能力考核标准及要求”，于4月11日举办“全面提升我市道路货物运输驾驶员从业培训教练员综合素质和能力”培训班；（4）在考试前，深入从业资格培训机构进行检查，指导应用能力考场建设，重新对基本知识考场考试电脑进行授权，符合考试标准电脑516台，进行系统升级。于4月29日按照新的从业资格考试大纲标准开始组织考试，截至12月，累计培训危货驾驶员230人，普通货运驾驶员1942人，客运驾驶员264人，考试合格1969人，合格率达81%。

（庞燕东）

·海事管理·

【概况】 2019年5月，召开全市海事工作会议和第二季度全市水上交通安全工作例会，分析全市水上交通安全监管形势。临汾市交通运输局与尧都区、曲沃等9个地方海事处签订工作目标责任书，县级海事处与1个水运企业签订安全目标责任书，企业与37名安全管理员、船员签订安全目标责任书，对25名船员在船舶明显处张贴公开承诺书。全市确定水上交通安全分级监管名录和监管企业名录，完善分级管理、整体联动的水上交通安全管理责任体系，落实党政同责“五个全覆盖”。截至年底，县级海事部门安全检查巡查96次，出动海事人员420人次，排查治理安全隐患20项；市地方海事局领导带队督查9次，排查治理隐患6项，整改率100%。向各地方海事处提出工作指导意见5条，保持全市水上交通安全形势持续稳定。

【春季开航前培训和检查】 2019年，市县两级海事部门针对临汾市冬季船舶封航时间长的特点，把春季开航前培训和检查作为海事部门的必修课，深入水运企业组织管理人员、船员进行安全培训和安全教育，组织考试提高船员安全意识和业务常识；对所有经营船舶资质和船员资质以及营运船舶、码头趸船、消防救生、充电加油装备等相关安全设施进行全面检查，帮助督促水运企业消除一切安全盲点，确保开航前船舶适航、船员适任。

【水上交通安全知识宣传】 2019年，临汾市地方海事局把“安全生产月”活动和水上交通安全知识“七进”活动相结合。（1）进校园。组织尧都区、曲沃县地方海事处在汾河公园、浍河水库周边小学开展水上交通安全知识宣传活动，开辟水上交通安全教育课堂，赠送《小学生水上交通安全读本》120余册。（2）进社区。在所辖水域社区宣传栏和公交站点张贴水上交通安全宣传海报，宣传水上交通安全知识。（3）进企业。结合工作实际，进入到水运企业给安全管理员、船员上了水上交通安全开航第一课，给每名船员发致广大船员的安全提醒信。（4）进乡镇（村）。重点是在沿黄河乡镇（村）张贴安全宣传海报，发宣传单进行宣传。（5）进机关。将水上交通安全宣传首先进入交通部门机关、进应急预案组成部门机关；进社会。在安全咨询日，水运企业码头设立咨询台、悬挂标语、设置版面、张贴海报、下发宣传单、示范穿系救生衣、讲解安全知识进行水上交通安全大宣传。市县两级海事部门建立海事微信群，实时发布水上交通法规政策信息和水上交通安全知识。

【船舶检验工作】 2019年，临汾市地方海事局按照船舶规范化总体要求，完成船舶检验工作并对辖区内采砂船舶进行管理。下发《关于对临汾市既有采砂船的检验管理通知》的文件，要求对原有采砂证的船舶进行中间检验，对无证船舶进行初次检验。截至年底，检验船舶50艘，其中，对采砂船舶进行建造检验13艘，年度检验29艘。坚持“谁检验、谁签字、谁负责”的原则，提高船检质量，确保船舶适航。上半年检验旅游营运船舶9艘。对新购无产品合格证等相关资料的船舶一律停发船检证书，从源头消除安全隐患。

【水路运输市场管理】 2019年，临汾市地方海事局重点把好水运市场准入关和水运企业及所属船舶年度核查关，打击非法违法经营行为。加大“打非治违”力度，做到“三个一律”，即不具备水运企业资质条件的经营者，一律不能进入水路运输市场从事经营活动；对未进行准入许可的非法违法经营者一律关停取缔；对未参加2019年度核查和核查不合格的经营者一律停产整改，经过整改仍达不到资质条件的，取消其经营资格，退出水路运输市场。

【企业核查】 2019年5月下旬，临汾市水运企业（业户）向其所在地交通运输主管部门填报《年度核查报告书》，各县（市）交通运输局对经营者在2018年度是否存在违法、违规经营行为；经营者的经营资质情况；运输船舶是否具有经营资格和相关证书是否齐全、有效，在2018年度有无违章行为，是否有安全生产事故等相关事项作核查、审核，并加注意见后上报市局。6月上旬，对水运企业（船舶）进行核查、资质评估。并对所属3艘运输船舶证书是否相符有效，有无篡改证书内容、船舶入保险情况等进行了审查。通过审查对3艘船舶进行到期换证。永和县乾坤湾水运企业正在筹备中。

【船员培训管理】 2019年，临汾市地方海事局提高船员适任能力。

船员必须在正规培训机构，保证学时后，才能进行报考；保证考试流程的专业化；对不合格学员，增加再教育和补考机会。全年共培训船员41人次，取得适任证书船员41人。对现有船员进行安全业务知识培训，通过合法机构和安全管理部门加强在职船员学习，保障广大船员的素质提升。

【防汛工作】 2019年，临汾市地方海事局成立防汛工作领导小组，安排部署水上交通防汛工作。启动与气象部门的联动机制，由气象部门每天将天气情况以短信方式发送到海事部门及水运企业；各地方海事处结合辖区水域情况，主动与水利局、黄河水利委员会等相关单位和部门建立沟通、协作、联动机制，完善预警预报，掌握雨情、水情、汛情动态；海事部门增加巡查次数、扩大巡查范围，加强对营运船舶系泊、锚固设施的安全检查，特别是对重点水域、重点船舶实行严密“盯防”，严禁船舶超载超员和在大风、大浪、暴雨、洪水期等恶劣天气情况下航行；水运企业收到恶劣天气信息后，采取各种可行措施，及时召回或通知已经出航的船舶进行紧急避险，通过以上措施、临汾市水上交通安然度汛，未发生一起安全事故。

【辖区内水污染防治】 2019年，船舶垃圾接收点、船舶油污回收点建设均累计完成建设任务。下发《关于建立设立船舶垃圾接收点油污回收点的通知》，要求各海事处组织完成辖区内船舶垃圾接收点、船舶油污回收点设立情况的排查工作，建立船舶垃圾接收点，油污回收点清单。截至年底，汾河公园码头设立垃圾接收点3处、油污回收点3处，浍河水库设立垃圾接收点2处、油污回收点1处，船舶设立垃圾接收点4处、油污回收点2处。无新增船舶。临汾市营运船舶都进行年度检验，确保营运船舶的技术状况、防污染指标符合国家有关要求。 （庞燕东）

·城市出租汽车管理·

【概况】 2019年，临汾市有出租车经营企业36家、出租汽车4423辆。市区有出租车经营企业6家、出租车1862辆。3月，对市区出租车企业、出租车、驾驶员进行2018年度的服务质量信誉考核评定工作，在城市客运管理工作信息系统上进行出租车考核、报废、更新后的信息及时输入。

【核实燃油补贴发放】 2019年4月，根据山西省财政厅《关于下达城市公交、农村客运、出租车成品油价格补助资金和增长性补助资金支出预算的通知》和市财政局《关于对中央（省）项目资金尽快安排的函》的文件要求，2018年度享受全年运营油补的车辆是3893辆（侯马市除外），其中，市区1862辆，县市2031辆，平均4339元/辆。市区全部发放到位。

【推行出租车电动化】 2019年，根据临汾市人民政府办公厅《临汾市推进出租汽车行业改革发展的实施方案的通知》和市委、市政府关于打造绿色环保电动城市的要求，10月8日，组织市区6家出租企业负责人开展市区纯电动出租汽车调研会，会议明确推进全市出租汽车电动化工作。在征求出租企业及经营者意见后与银行沟通对接，为出租车经营者提供换车资金贷款。全年市区完成更新纯电动出租车100辆，超额完成责任目标任务11.2%。县市出租车报废、更新是由当地城市客运主管部门核定后以文件形式备案，霍州市更新纯电动出租车辆105辆、乡宁县更新纯电动出租车38辆、曲沃县更新纯电动出租车4辆、襄汾县新增纯电动出租车10辆。截至年底，全市更新纯电动出租车共计360辆。

（庞燕东）

·城市公交管理·

【概况】 2019年12月底，临汾市有城市公交企业21家，公交车辆1368辆（1544.7标台），其中，新能源公交车1211辆，新能源公交占比达89%，公交充电站42座，充电桩354个，公交线路202条，线路总里程4330.7千米，停车场面积31.3061万平方米，行业从业人员2000余人，其中，驾驶员1533人。全市17个县（市、区），均成立公交企业，达到公交企业县级城市全覆盖。

市区公交企业1家，公交车辆423辆，（折合549.9标台），全部为纯电动新能源车辆，公交线路29条，线路里程862.7千米，停车场面积15.4万平方米。对公交车站亭、公交车驾驶员区域安装隔离设施，提高安全物防标准。

【提升公交服务】 2019年，临汾市公交公司为展示新中国成立70周年以来，各地在推进公交优先、创建公交都市提升公交服务等方面取得的成就与经验，结合“最美公交司机”推选宣传等主题活动，由交通运输部主办的2019“我的公交我的城”重大宣传活动，在临汾市隆

2019年9月6日，临汾公交10路被推选为全国“新能源公交高品质线路”（市公交公司供图）

重举行。交通运输部、省交通运输厅、市委、市政府、市人大、市政协领导出席启动仪式。中央广播电视总台中国交通广播、交通运输报、新华网、第一财经等中央及省、市媒体进行宣传报道。

【聘请专家团队进行指导】 2019年，临汾市公交公司聘请国家级的专家团队，对临汾市的公共交通中长期规划；公交线路场站站点布局；公交优先发展政策和规划制定出全方位的详规。该项工作已经市政府同意并进入招标阶段。

【开创“电子站牌”新模式】 2019年，临汾市公交公司在市内主要线路首批100个站点各安装一个电子站牌，2019年6月6日临汾公交与深圳景峰科技电子公司就此项工作签订合作协议，土建和电路工程已经完成。（庞燕东）

·治理超限超载·

【概况】 2019年，临汾市交通运输局采取措施加强治超监管，全市长途超限超载车辆得到有效治理，短途超限超载车辆平稳可控，高速公路超限超载现象基本杜绝，非法超限超载率稳步控制在0.2%以内，全市运输市场秩序运行良好，公路好路率提升。全市经县级人民政府公示的货运源头企业为692户，出动运管治超执法人员巡查11555次，巡查企业6702户次，驻站企业12家，驻站人员37人，印制、发放宣传单5万余份，源头企业悬挂条幅上千条。组织“源头治超培训”，共培训执法人员及治超企业相关人员577余人次。通过宣传培训、落实制度、严厉打击短途超限超载活动等，将源头管控落实到企业、落实到人头,遏制源头超限超载，确保非法超限超载控制在0.2%以内。（庞燕东）

·物流管理·

【概况】 临汾市培育的无车承运人试点企业山西聚鑫物云电子科技有限公司整合区域闲散运力，截至2019年10月，聚鑫物云56用车智慧物流平台共承运车次27.9万次，总承运量796.1万吨，运输总金额8.64亿元，带动晋南区域大宗物资运输的集约化、信息化、规模化、智能化，辐射整个华北地区，促进物流行业提质增效、转型升级。培育的陆港集团工业品交易中心、16飕云指尖上的发货平台基本具备网络平台道路货运资质，正在准备申报资料。

【保税物流】 2019年，山西方略保税物流中心有限公司作为全国第二批多式联运示范工程项目，是国家“一带一路”倡议物流大通道的节点上设立的极为重要的保税物流中心。借助临汾市被列为全国66个流通性节点城市和国家41个陆港型物流枢纽城市机遇，从首开中欧班列以来，开行临汾中欧班列9趟，总箱量533个，总货运量9964.221吨，货值约1009.69万美元。已经形成面向国内国外的多式联运服务体系和良性机制，做到“门到门”一站式运输，在服务效率、层次、范围等方面帮助客户提升竞争力，拓展市场，增加效益，通过减少排放、降低消耗，服务供给侧改革，凸显出很好的经济、社会效益。

【兴荣物流】 2019年，临汾兴荣物流首创电商平台+实体展销模式，通过货源优势，吸引中小物流联盟、车辆加盟，形成覆盖市、县、乡、村各类经营主体终端网点，达到跨联盟的高标准化和信息化合作。联盟平台注册会员达到近12万余户，其中，联盟商户会员8.7万多户、生产企业会员2.3万户、物流企业会员5.6万户、联盟车辆63750辆，涉及36个区域167个行业。

【现代物流发展】 2019年，临汾市运管局按照陆港型国家物流枢纽承载城市建设要求，巩固无车承运、多式联运的成果，将试点企业做大做强，加快推进以兴荣物流为龙头的物流联盟发展，建立现代物流体系。推进乡村综合运输服务站建设，全市初步形成“外联周边市，内通县城区，辐射各乡镇，覆盖行政村”，以县乡道路为纽带，纵横交织，点线结合的城际、城市、城乡、乡（镇）村四级城乡道路客货运输网络，群众出行、物流运输更加便捷。临汾民航机场开通14条航线，通达包括“北、上、广、深”等一线城市在内的20座城市，全年旅客吞吐量达到76.82万人次。

【县乡村三级农村物流服务网络建设】 2019年，临汾市运管局推进县乡村三级农村物流服务网络建设，2018年建成的物流节点建设的县、乡、村分别是7、89、872，2019年分别是17、109、1722，同比增长142%、22%、97%。依托客运站、邮政所、农资站等开展农村物流服务，实现物流县乡村一体化。

（庞燕东）

高速公路管理

·临汾南高速公路分公司·

【概况】 临汾南高速公路分公司成立于2017年12月29日，管辖临汾至吉县（G22）、吉县至河津（G59）、长治至临汾（G22）三条路段，主线共计279.5千米。共有桥梁359座，隧道28座，其中特大桥6座，特长隧道4座。

2019年，临汾南高速公路分公司通行费收入为62447.12万元，完成本年征收任务的101.87%，各项指标全部达到交控集团要求和行业标准。其中，临吉段20262.23万元（日均55.51万元），同比增长10.79%，完成本年征收任务的106.64%（临吉段本年任务为19000万元）；吉河段11255.37万元（日均30.84万元），同比下降0.51%，完成本年征收任务的97.87%（吉河段本年任务为11500万元）；长临段累计收入为30929.51万元（日均约115.41万元），完成本年征收任务的100.42%（长临段本年任务为30800万元）。

【路政治超】 2019年，临汾南高速公路分公司路政大队共查处各类路产赔付案件144起，收回路赔款203.33万元。路政案件发现率、查处率、结案率均达到98%以上。全年壶口黄河特大桥省界超限检测站及辖区内匝道治超站检测各类货车275.2万余辆，持证及特种车辆1954辆，超限超载率控制在0.2%以下。有效维护路产路权，全面提高治超检测速度和放行速度。

【养护管理】 2019年，临汾南分公司所辖路段总里程达259.548千米，根据《2019年高速公路路面技术状况检测评定分析报告》，分公司所辖临吉路段MQI值96，PQI值91.06；吉河路段MQI值97.4，PQI值94.2；长临路段PQI值96.49，各路段路面指标均高于山西交控集团标准。

【美丽高速创建】 2019年，临汾南高速公路分公司围绕“畅、安、舒、绿、美”的主题，开展3段共计15千米的标准示范建设，“美丽高速”成效凸显。特别是在交通运输部2019年桥梁监测中，壶口黄河特大桥中取得全国第三的好成绩。

【专项行动】 2019年，临汾南高速公路分公司开展打击偷逃通行费专项行动，联合高速交警、驻地公安部门，共查处偷、逃、漏费车辆242辆；宣传差异化收费政策，安排走访周边20余家企业及物流公司，制定精准措施引导货车上高速；开展ETC营销活动，推广安装新用户8000余户，提升ETC覆盖率和使用率。

【省界收费站撤销】 2019年，临汾南高速公路分公司完成取消省界收费站各项工作。优质高效地完成36套ETC门架建设、54条ETC车道改造、1个省界收费站拆除以及正线范围内路面改造等；对接交科集团完成联调联试工作。

【长临高速通车运营】 2019年，临汾市实现长临高速通车运营。仅用10天时间，克服长临路段新路、新人、新设备以及社会压力等诸多困难，实现2019年除夕零时准时通车，4月8日正式运营收费。

【科技创新成果】 2019年，临汾南高速公路分公司推进科技创新，制定《科技创新工作管理办法》，激励全员创新；建立壶口黄河特大桥健康状况监测及结构安全预警系统，利用大数据科学指导桥梁管养工作；完成污水处理绿化回用新技术改造2处；推广CBMS微信小程序、二维码报警系统等QC及“五小”创新活动，获得“全国优秀质量管理小组”称号3个，“山西省优秀质量管理小组”称号1个。

·临汾北高速公路分公司·

【概况】 2019年，临汾北高速公路分公司推进管理理念和运营模式向市场化、现代化、科学化转变，确立以营销理念（以用户为中心，变“等车上路”为“引车上路”）、营销策略（由全方位营销转为精准营销）、营销协作（建立与地方政府、交通、交警等部门的协作机制）为核心的费收营销标准化管理体系，创新实施“六大增效”工程，制订《2019年通行费促收实施方案》，推行以路段为单元的分路段营销模式，开展精准营销、主动营销、技术营销、政策营销。全年完成通行费收入5.12亿元。通过区域路网联动稽查、严厉打击ETC逃费、加大绿通稽查、联勤联动等方式追缴通行费，全年稽查406余次，累计审核录像1680小时，审核抽班报查168次，夜间稽查100余次，纠正不规范行为102起，借助录像严格审核投诉事件37起，均为无理投诉，各项收费业务管理指标均达到行业标准。

【高速公路养护管理】 2019年，临汾北高速公路分公司推行自主养护作业机制，提升自身专业化养护水平，结合现有的养护机械设备配置情况，以路产维护站为单元，从做好养护工程及日常维修保养两方面着手，全面提升路况水平。全年共实施专项养护工程5项：对临侯、环城、霍永段9处水毁进行处治；对环城、霍永西段中央分隔带新增、更换防眩板；对路网命名编号进行调整，实现所辖路段高速公路技术状况指数MQI和路面使用性能指数PQI均超过任务目标要求，优良路率、桥隧技术状况评定等级三类及以上比率、四类及以下桥隧处治率均达到100%；与交科集团新技术发展有限公司合作，引进“钢花管高压铝粉水泥注浆工法”“锚喷结合植物种植治理弱膨胀土路堑边坡工法”“花管注浆原位加固浆砌片护面墙工法”等新工艺；对13个收费站、4条ETC车道、27条治超车道进行升级改造；与太原理工大学合作研究沥青路面结构性能快速无损精准诊断技术，全年技术投入达647万元，在2019年上半年全省养护管理工作考核中获得第三名，在集团公司高速公路养护管理系统2019年年度考核32个单位中取得第一名。

【成本控制】 2019年，临汾北高速公路分公司以降本增效为导向，制定年度经费包干分配方案，出台《成本控制管理办法》，与机关各部室和基层单位签订年度成本控制责任书，削减刚性费用支出，降低一般项目支出，控制养护成本，半年进行一次内部审计，严格将“三公”经费控制在预算范围内，实现全方位降低运营管理成本。

【改革发展】 2019年，临汾北高速公路分公司推进机关建设、“三项制度”、收费、养护、信息监控等改革，出台《加强服务型机关指导意见》，确立“机关服务基层、基层服务司乘、全员服务客户”的工作理念；完成省界收费站人员的分流安置，实施工勤人员全员外包；下发《关于收费治超一体化管理的通知》，将匝道治超检测纳入收费站日常管理，实现收费治超人员“坐下能收费、站起能治超”的目标；出台《路产养护自主实施暂行办法》，利用互联网+、大数据、人工智能、微信等前沿技术，应用到智慧高速中，提高快速通行能力，探索机电联合运维，实现委托维护占30%，自主维护占70%；转变监控模式，实现霍永西（收费监控、隧管）、霍永东（收费监控、隧管）、临侯环城（收费监控、信息中心）分路段集中监控，信息互通更加高效，管理方式更加科学，业务输出更加标准。

【取消高速公路省界收费站工作】 2019年，临汾北高速公路分公司制订《推进取消高速公路省界收费站工作任务分解方案》，通过顶层设计、门架质量、基础浇筑、现场管控、施工质量、安全管理6个方面的工作，按时保质完成所辖路段42套门架建设、界面移交、省界收费站主体拆除等工作任务。

【ETC推广发行工作】 2019年，临汾北高速公路分公司按照“政府主导、市场引导、社会参与”的原则，加大宣传推广力度，调动合作银行的积极性，健全奖励激励机制，推进ETC用户发行，完成机动车ETC安装任务目标。

【安全生产】 2019年，临汾北高速公路分公司开展“安全生产五大体系”建设，落实安全生产主体责任，突出工程建设、高速公路运营、人员密集场所等重点领域，强化地质灾害、危化品车辆、风险较高路段、桥隧等主要风险管控，开展隐患排查和专项整治，完成《突发事件应急预案》修订工作，报集团主管部门和地方相关部门备案，完成霍永东段“雾区引导防撞系统”项目等工作。

【综合管理】 2019年，临汾北高速公路分公司出台和完善机关事务、收费治超、路产维护、信息监控、人事考核、安全生产和成本控制等方面管理办法，内控管理体系更加完善；依法治企工作逐步走向规范化，“三项法律审核”率达100%，合同履约率达100%；全年处理路赔案件109起，办理行政许可案件4起，办理超限运输许可证2789次，路政案件发现率、查处率、结案率均达到98%以上，建筑红线控制率、损坏路产恢复率均达到100%，乾坤湾公路超限检测站检测车辆30.94万辆，车辆超限率控制在1‰以下；全年接听客服电话3.3万次，上报政务信息57次，填报TIMS系统事件2173次，利用可变情报板发布信息3629次，视频监控图像完好率99.66%，机电系统信息化巡检率、通信骨干网完好率、收费网络完好率均达100%。

交通运输执法局

【概况】 2019年，临汾市交通运输执法局根据省厅、省局安全生产工作部署，修订完善五项应急预案，强化突发事件应急处置能力。每季度部署安全生产集中检查专项工作，成立督导检查组，赴各基层单位开展消防安全大检查、安全隐患排查整治、安全生产月、安全生产大检查等专项行动，市局机关投资近万元购置配备微型消防站，各单位的消防灭火器全部进行检查更新。通过拉网式、无死角、全覆盖的安全隐患排查，及时发现问题，建立完善隐患整治工作自查表和工作台账，限期立整立改，维护全局安定有序的发展环境。

【法制宣传和业务知识学习考试】 2019年，临汾市交通运输执法局开展“安全生产咨询日”活动和学法用法活动，重点学习《宪法》《监察法》《地方党政领导安全生产责任制规定》等法律法规，进行宪法、监察法和安全生产宣传教育“七进”答题考试，优秀率达到100%。邀请临汾市安全管理专业人士进行安全知识讲座，组织干部职工观看“交通运输部2018年公路水路行业安全生产典型事故警示录”和“3·1”岩后隧道安全事故整改视频，弘扬“生命至上，安全第一”的思想。选派60余名干部职工参加省局组织的5次执法业务考试，组织80余名干部职工参市局业务考试。

【创新载体拓展方式】 2019年，临汾市交通运输局及时更新完善党建、文明创建工作宣传版面，制作4块安全生产、主题教育版面和遵德守礼提示牌、讲文明树新风公益广告牌进行宣传教育，扩大活动的影响，拓展活动的参与面和覆盖面。累计编发高质量的简报300余篇，其中，多篇被省交通厅网、黄河新闻网、《山西交通报》、省局执法信息、《临汾日报》《临汾晚报》等报刊媒体采用。

【公益事业】 2019年，临汾市交通运输局执法局响应临汾市委万名干部进村入企精神，带领干部职工深入蒲县黑龙关镇扶贫联系点进行结对帮扶。投资1.5万元支持扶贫工作队建立扶贫作战室，同蒲县交通局协调270万元专项资金为3个自然村拓宽改造道路。走访慰问贫困户、老党员34人，通过开展一系列义务义诊、植绿护绿、文艺汇演、电影下乡、捐赠衣物、秋收玉米等活动，使贫困村民驶入脱贫致富的快车道。

城乡建设与管理

住房和城乡建设

【概况】 2019年，临汾市住建局加强房地产市场分类调控，因城施策做好房地产去库存工作，提前实现新建商品房买卖、存量房买卖、房屋抵押、房屋租赁四类房屋交易合同的网签备案数据全国联网。全年全市完成房地产投资108.77亿元；商品房销售面积246.7万平方米，同比增长33.6%；全市商品房待售面积99.25万平方米，房地产库存消化周期4.83个月，处于合理可控范围。与市委网信办、市发改委、市市场监管局等五部门建立联动机制，对住房租赁中介行为进行全面检查和规范整治；组织开展住宅专项维修基金集中清缴专项行动，累计清缴资金2.1亿元；实现17个县（市、区）商品房预售资金监管全覆盖。

【建筑业发展和工程质量监管】 2019年，临汾市实现建筑业产值突破百亿，施工总承包一级企业实现零的突破。全市累计完成建筑业产值122.5亿元，同比增长24.8%，排名全省第二。弘泰城建集团、临汾市政工程集团和山西路桥第二工程公司被评为2019年度山西省骨干企业，霍州煤电集团云厦建筑工程有限公司晋升为施工总承包一级企业，填补全市无一级企业资质的空白，建筑业发展质量和效益提高。乡宁县新医院工程荣获鲁班奖和中国安装工程优质奖，全年获“汾水杯”（山西省工程质量最高奖）工程4项、山西省优质结构工程12项、山西省优良工程7项、山西省建筑业新技术应用示范工程2项，临汾市优质结构17项、临汾市优良工程7项。平稳承接消防设计审查验收工作，实现顺利过渡。

【建筑节能】 2019年，临汾市新设计项目193个，建筑面积238.11万平方米，新建建筑节能65%标准执行率100%。执行绿色建筑项目149个，建筑面积180.82万平方米，新建建筑绿色建筑标准执行率达到75.94%。太阳能应用项目149个，建筑面积125.45万平方米，新建建筑中可再生能源应用比例达到52.69%。新建装配式建筑项目19个，新建装配式建筑面积25.39万平方米，新建装配式建筑占新建建筑比例10.66%。

【科技进步】 2019年，临汾市申报科学技术计划项目5项，科技成果证书16项，获得发明专利21项，获得实用新型专利8项。

【建筑施工安全】 2019年，临汾市严格落实安全生产责任制和各项安全生产管理制度，从制度上保障安全生产各方责任的落实。开展建筑施工安全生产专项整治，做好“危大工程”中涉及专项施工方案各环节的具体实施工作，加强全过程管控，加大处罚力度，确保安全生产。市直项目全年累计查出安全隐患1900余条，下发限期整改通知书120余份，停工整改30余份，罚款13.6万元。

【扬尘管控】 2019年，经山西省人大批准，《临汾市建筑工程施工扬尘污染防治规定》自2019年10月1日起正式施行。这是山西省出台的首部专门针对建筑工程施工扬尘污染防治的地方性法规，标志着临汾市建筑工程施工扬尘污染防治工作正式进入法制化轨道。在全省住建系统率先制定《拆迁工地扬尘防控办法》，实现施工工地扬尘防控监管全覆盖。利用源头上预防、网格化管理、制度化规范、信息化跟进等手段，提高建筑工地扬尘防控的落实效能。“一城三区”138个建筑工地监测设备全部安装并实现联网，市区共对125起违法行为进行处罚，罚款441万元。

【农村人居环境改善】 2019年，

按照临汾市农村人居环境整治三年行动工作部署，督促各县（市、区）创新工作举措和机制，加快推进农村垃圾治理和建制镇污水处理设施建设。农村非正规生活垃圾堆放点整治率达到99.37%，蒲县6个乡镇63个村、侯马市3个乡20个村开展农村生活垃圾分类工作。吉县屯里镇、翼城里砦镇、南梁镇、尧都区刘村镇、襄汾古城镇、汾城镇6个建制镇污水处理设施完成年度建设任务，洪洞县赵城镇和广胜寺镇污水处理厂完成提标改造。全市农村危房改造任务2444户于11月底按期竣工。通过实地督办、集体约谈、开展培训、定点盯办四项措施，一体推进农村危房改造巡视问题整改落实。开展农村危房改造鉴定、质量排查整改工作，累计完成鉴定排查16.26万户、质量排查6.27万户。完成永和、汾西、大宁农村危房改造核查工作，确保3个县顺利完成脱贫攻坚任务。

【城市基础设施建设】 2019年，临汾市区以建设生态宜居城市为目标，以“促增长、治环境、补短板”为出发点，启动实施一大批道路桥梁、保障住房、绿化游园、垃圾污水处理等城市基础设施建设项目。滍汾小学、城南排水工程完工交付使用；规划三街道路及管廊、山西师范大学新校区等项目正在加紧推进；河汾一路跨铁路立交桥、水塔棚户区改造、水塔游园、市第二中心学校、临汾市环境产业园区等项目前期工作有序推进。

【城镇居住条件改善】 2019年，临汾市争取专项债券开展棚户区改造，发行棚改专项债券3.73亿元，新开工棚户区改造5319套，完成目标任务的135.69%；分配公共租赁住房2450套，发放租赁补贴3643户，改善中低收入家庭住房条件。加大住房租赁市场发展工作力度，指导成立临汾五洲城建开发有限公司、山西省经贸房地产开发有限公司两家专业化、机构化住房租赁企业；建成住房租赁综合服务平台，临汾盛年置业有限公司购买房源改造后开展住房租赁业务，多渠道解决城镇居民和新市民住房困难问题。

【工程建设项目审批系统上线】 2019年，临汾市推进工程建设项目审批制度改革，是贯彻落实国家、省关于深化“放管服效”和优化营商环境部署要求的重要举措。住建系统率先实行建筑工程施工许可证核发与工程质量、安全监督注册手续合并办理，完成统一审批流程、信息数据平台、审批管理体系、监管方式“四统一”工作任务，临汾市工程建设项目审批管理系统于8月14日正式上线运行，实现与国家、省审批管理系统的对接，实现17个县（市、区）、2个开发区全覆盖，受理网上报建事项105项。通过此次改革，全流程审批时限压缩在100个工作日以内，其中，一般工业性工程建设项目38个工作日、社会投资备案类工程建设项目88个工作日、社会投资核准类工程建设项目92个工作日、政府投资审批类工程建设项目97个工作日，申请材料表单数量减少20%。

城市管理

【概况】 2019年3月10日起，临汾市城市管理局针对市区脏、乱、差、堵现象和不文明行为，组织开展城市环境大提质行动。通过实施“小联合执法，大提质出彩”，打造清新整洁、舒适优美、文明靓丽的城市形象。

【环境卫生】 2019年，临汾市城市管理局推行市区“133”生活垃圾不落地工程、道路机械化“1223”作业模式，生活垃圾收集率、转运率、处理率均达到100%；开展城市“大清洁”，自3月1日开始每月对市区主次街道进行一次大清洗，全年完成八轮大清洗，累计出动人员66750余人次，清洗车14490余车次，湿扫车7190余车次。采用“借雨洗城”“重污染天气后重洗”等多种方式，确保路面见本色，设施见基色，有效改善市区环境卫生面貌；对责任范围内的裸露场地进行全面排查整治，采取集中清理、苗木绿化、绿网覆盖等措施，确保无扬尘污染。共督促责任单位对裸露场地进行绿网覆盖21处，义务覆盖无主裸露场地9处，对具备条件的裸露场地绿化1.4万平方米。

【渣土车管理】 2019年，临汾市城市管理局对67家在建建筑工地实行清单管理，按照要求在工地出入口配备清洗降尘设施，驶出工地车辆必须进行车身车轮清洗，严禁渣土运输车辆带泥带土驶出工地。督促各在建工地配备专职保洁员，每天早6点前将出口路面清洗干净，路面恢复整洁，全天候清扫保洁，确保建筑工地门前20米责任区路面清洁卫生，周边30米范围内无积存垃圾。4月，对渣土运输车辆实行全过程管控。对所有达标渣土运输车辆进行统一标识、编号，严防无资质、不0达标车辆私拉乱倒。5月起，利用2个月时间进行逐一规范，核发渣土运输企业资质24家，核发渣土车辆运营资质241辆，淘汰国三、国四环保不达标渣土运输车辆84辆，初步实现对渣土运营企业和车辆的规范化管理。从严查处“抛洒滴漏”。组建60人的稽查队伍，通过明察暗访、跟踪调查、集中整治、随机抽查等方式，加大督查力度。利用渣土运输数字化监控平台与道路巡查线下管理相结合，使渣土运输做到“全过程、全监控、全覆盖”管理，源头杜绝渣土车辆“抛洒滴漏”的现象，有效防控道路扬尘。

【市容市貌】 2019年，临汾市城市管理局按照“清理取缔一批、高压淘汰一批、规范设置一批”的原则，以规范、教育为手段，联合交警、市场监管、交通、规划和自然资源等部门，集中整治解决五乱问题。印发各类宣传材料1万余份，进店宣传1710次，清理、粉刷“野广告”12万余张，清理流动摊贩6.8万余人次，清理店外堆放、店外经营5.5万余处，规范各类摊点180余个，清理灯箱、移动广告牌420余块，拆除各类违规私设（地锁、墩子、爬坡、地柱等）881处和违章搭建（架子、棚架、活动房等）111处，规范非机动车停放1.35万辆，先行登记保存非机动车4880辆。

【市政设施建设】 2019年，临汾市城市管理局修补路面6985平方米、人行道3160平方米，铺设人行道彩砖51平方米。疏通下水道49处，掏井清淤1793座，清除淤泥466立方米，更换井盖103套、升级更新井盖智能系统70套。维修路灯1735盏，亮化2431盏，更换架设线缆7339米。

【园林绿化】 2019年，临汾市城市管理局对市区所有的绿化设施进行全面的垃圾清掏、场面清洗、绿化补栽、行道树刷白除害、苗木修剪，实现绿化提质全覆盖。清掏各类垃圾30余车，春浇、清洗绿地苗木190余万平方米，刷白树木1.77万株，裸地绿化及苗木补栽5.3万平方米。加强对滨河路南延、秦蜀路南延、五一东路等10个管养单位的考核，考核结果与管养经费挂钩，奖惩兑现，全面提高管养水平。

【“二青会”周边环境整治】 2019年，按照“二青会”组委会安排，采取“一补、二修、三拆、四清、治五堆”措施，完成“二青会”比赛场馆及周边整治工作。一补，即对裸露黄土补植补栽。对滨河东路、滨河西路、迎宾大道、秦蜀路南延等重点路段的裸地、缺株进行补栽，补栽42076平方米。二修，即对道路及附属设施进行修补、对破旧围墙围栏进行修补翻新。砌筑标准围墙1321米，铁艺围栏250米。修复“二青会”场馆周边道路人行道3161平方米、整修树坑板142套、道路硬化18000平方米。对同盛实验中学北路和西路进行拓宽改造。新建雨水、污水排水管道和自来水管道，增加路灯和行道树。三拆，即拆除破旧围墙围栏、破旧建筑、大型广告牌。拆除围墙围栏1161米；拆除破旧建筑1067平方米；拆除大型广告牌7处。四清，即广告清理、道路清扫、设施清洁、苗木清洗。清理乱贴乱画7172处，粉刷墙面广告3306平方米，清理流动摊贩、露天烧烤3125个（次）。增加保洁频次，延长保洁时间，应急清洗污染路面2160余处。累计清洗下水道井篦16000余个次，垃圾桶、果皮箱14610余个次。对190余万平方米绿地苗木进行浇灌和清洗。治五堆，对辖区内积存垃圾、死角垃圾进行地毯式排查，全部清理。累计清理死角垃圾790余处、580余立方米。

【市容环境卫生“清乱”行动】 自2019年8月3日起，临汾市城市管理局联合交警、市场监督等部门开展市区市容环境卫生专项“清乱”行动，对临街的店外堆放、店外经营、乱贴乱画、乱停乱放进行全面整治，打造解放路示范精品街道，以此为标杆，逐步向其他十条街道推进。截至年底，规范非机动车停放13537辆次，先行登记保存非机动车4880辆次，在临街道路两侧划定非机动车停放点625处。针对非机动车乱停乱放行为，坚持柔性执法，采取“微信点赞”的模式，非机动车被暂扣后，将非机动车停放规定发送至微信，集够50个赞后，凭身份证和保证书就可免费领取车辆，市民参与人数超过25万人次。

【餐饮业油烟整治】 露天烧烤整治。自9月4日晚开始，每天出动50余人，错时上岗，集中对古城路、向阳路、平阳北街、兵站路、鼓楼广场步行街、车站西街、福利巷、平阳南街、南外环、五中路、水门街口、临钢夜市口、尧贤街文理学院后门、康庄堡夜市等区域的露天烧烤摊点进行巡查整治，市区临街100余处烧烤摊点全部予以取缔。餐饮业油烟排放整治。9月26日，联合市生态环境局、市市场监督管理局、尧都区政府、临汾开发区管委会等部门组成200人执法队伍，联合执法，形成合力，按照“清理取缔一批，整治规范一批”的要求，以街道为单位，分类分区分组集中开展地毯式排查整治。摸排第一批需要取缔的餐饮经营单位192家，下达文书（含封条）96家、查封物品71件，关停餐饮经营单位31家。

【高速公路沿线广告设施清理】 2019年，临汾市城市管理局对照省政府开展全省高速公路沿线广告设施清理规范专项行动确定的清理范围，对全市需要清理的广告设施进行全面摸底排查，上报省联席办任务79块。临汾市增加“全面清理全市高速公路出入口及进入城市沿线的广告设施”的内容，经过各县（市、区）排查摸底“回头看”，除省定79块任务外，还需清理225块。组织市交通运输局、市规划和自然资源局、市市场监督管理局等部门，组成4个调研督导组，对相关县（市、区）清理规范高速公路沿线广告设施的机构成立、方案制定、信息报送、摸底排查和清理拆除等工作进行督导。截至年底，全部完成省定79块任务，自加压力的225块任务完成216块。

【靓城提质“三大行动”】 2019年，临汾市城市管理局作为靓城提质“三大行动”（三拆，拆除违法违章建筑、拆除不必要的围挡、围墙、拆除有碍观瞻的建筑；三下，广告下墙、附着物下墙、管线下地；三进，停车进位、停车进库、洗车进场）的牵头单位，具体负责“三下”整治行动。舆论宣传。市电视台、临汾日报社等新闻单位抽调专人全程跟踪报道。通过微信、电视、报刊、宣传车、电子屏、发放和发布通告、发放宣传单等方式，宣传靓城提质“三大行动”的有关政策和整治进度。累计张贴发放通告、宣传彩页6000余份，省、市电视台新闻报道10余次，在今日头条、微信公众号等互联网媒体推送各类新闻稿件200余条，营造舆论氛围。推进实施。整治行动前，各分指挥部就对“三大行动”9大类31项整治内容进行详细调查摸底，保障靓城提质“三大行动”的快速推进。助推城市品质大提升。从街道和区域开始整治，广告下墙行动从平阳广场入手，管线下地行动从最严重的解放路、平阳北街、万寿巷率先启动。截至12月底，拆除违章建筑32处共10973平方米，整改有碍观瞻建筑31处共5708平方米；广告下墙1238处共4.82万平方米，附着物下墙103处共面积2074平方米，管线下地各类架空线路863条共61.32万米，规范捆绑620条共7.52万米，新建通信管道143处共1.23万米，铺设通信线22.86万米；停车进位1524个，停车进库427个，规范整治路边洗车场13处。

【市政基础设施投资】 2019年，临汾市完成城市市政基础设施建设投资44.9亿元，完成省定目标任务的89.8%；新建和改造城市道路82.7千米，完成省定目标任务的103.4%；新建和改造城市供水、供气、供热管网471.2千米，完成省定目标任务的174.5%；新建城市污水管网88千米，完成省定目标任务的110%；改造雨污合流制管网94.2千米，完成省定目标任务的117.7%；新增绿化面积197.91万平方米，完成目标任务的104.16%；建设城市绿道绿廊15.47千米，完成目标任务的154.7%；新增城市集中供热面积301.7万平方米，完成省定目标任务的150.9%。

【污水处理】 2019年，临汾市本级、侯马市、霍州市共10个城市水体均不是黑臭水体，经两次排查，均未发现其他黑臭水体。临汾市本级、侯马市、霍州市整治生活污水直排口16处，基本实现生活污水全收集全处理。汾河流域13座城镇生活污水处理厂COD、氨氮、总磷三项主要指标均稳定达地表水V类标准；其余6座（安泽县、蒲县、大宁县、吉县、隰县、永和县）城镇生活污水处理厂全部启动改造工作。全年全市污泥产生量5.42万吨，全部实现无害化处置。

【应急演练】 2019年，临汾市城市管理局制定《临汾市城市管理局市区防汛应急抢险预案》，成立6支重点地段综合抢险队、6支专业抢险队、3个重点单位抢险队。6月5日，组织应急救援队伍进行防汛演练，通过演练增强应对汛情的处置能力。城市防洪排涝工作共排查整改隐患30处，重点地段抢险队响应出动4次，保障市区安全度过汛期。

【安全培训】 8月23日，临汾市城市管理局组织各县（市、区）城管（住建）部门相关人员和全市19座城镇污水处理厂相关人员，针对有限空间作业安全管理进行集中培训，提高全市污水管网、污水处理安全运营和作业能力。

【安全监管】 2019年，临汾市城市管理局制定《对燃气经营企业开展天燃气经营许可“清零”行动实施方案》，加大无证经营行为的查处力度。5月初，出动50余名执法队员、5辆执法车辆对市区燃气企业进行突击检查，现场查封3个无证违规经营燃气企业，实施经济处罚6.8万元，取缔（拆除）1家，责令停业2家，正在处理案件1家。全市对燃气企业共出动65个检查组，出动执法人员231人次，检查企业35家，排查一般隐患23处，整改22处，正在整改1处，规范燃气市场经营秩序。加强对农村“煤改气”运营监管，定期进行安全隐患排查整治工作，消除各类安全隐患，确保农村用气安全。截至年底，全市出动39个检查组，出动执法人员56人次，检查企业6家，排查一般隐患39处，整改39处。

（张志铭）

·园林事业·

【加强绿化管养】 2019年，园林事业发展中心从“清、剪、补、刷、提”五个方面加强园林绿化的管理和养护。“清”，就是卫生清理，对绿地、绿篱中常年积累的枯枝落叶、陈年垃圾、杂物等形成的垃圾死角进行大清理、大清掏，确保绿地、绿篱、绿化带干净整洁；“剪”就是及时修剪苗木，对行道树和绿篱进行全面整形修剪，美化景观效果；“补”，就是绿化补栽，对已建成绿地的边角裸露地、短缺苗木进行全面补栽，确保绿地无黄土裸露；“刷”就是对主要街道行道树进行刷白，既美观又预防病虫害；“提”，就是提高品质，对绿化品质较差的绿地进行提升改造，提升绿化品质，通过“五字方针”使园林绿化管养达到“养护精细化、管理常态化、绿地精品化”。

【黄土裸露专项整治】 2019年，园林事业发展中心重点对南外环东段、秦蜀路南延等街道黄土裸露地段进行集中整治，绿地景观效果得到整体提高。

【景观工程再利用】 2019年，园林事业发展中心实施草花上街工程，对滨河南、平阳桥、西关桥等市区节点处摆放的1400余个木制和玻璃制花箱花钵，按季度进行花卉更换，提升城市品位，丰富城市色彩。对2018年旅发大会期间制作的大型立体造型，用假草坪进行装饰，国庆节期间，通过本地培育草花进行二次制作，营造喜庆欢乐的节日气氛。

【实施“万株月季进平阳”工程】 2019年，园林事业发展中心坚持“增绿、添彩”的工作思路，从打造提炼特色出发，实施“万株月季进平阳”工程。主要在迎宾大道和景观大道栽植树桩月季和紫薇5500余株，丰富城市色彩，提升城市品位。（刘文龙　杨　鑫）

·市政公用事业·

【概况】 2019年，临汾市政基础设施完成投资27198.46万元，其中，政府投资9463.36万元、社会资本方投资17735.1万元，市区三个污水处理厂保温增效工程、市污泥处置中心新增90吨处理单元建设工程、市区路灯远程控制系统升级工程、市河西（第三）污水处理厂外网（北段）管线工程等建设完成；西赵路东段（秦蜀路—中大街）道路工程、尧天大道综合管廊和道路工程、市区三个污水处理厂提标改造工程正在加紧实施中。

2019年处理井盖、井篦542块，疏通下水井65座，修补人行道3393.37平方米，修补沥青砼道路5932.45平方米、砼道路722.56平方米，清理雨检井3045座、清除淤泥791.7立方米，维修东关立交桥慢车道路面1453.9平方米；维护路灯5585盏、亮化2600盏，更换各类线缆9985米，翻新迎宾大道等七条道路594基路灯、6台箱变、133台控制柜。“靓城提质”管线下地工作开展以来，在花果街、解放路等十条街道新铺设联建通信管道12290.5米，新建通信检查井101座；拆除计划内市区12条街道架空线607200米，整治（捆绑）通信光缆85201米，新铺设通信光缆228600米；拆除计划外9条街道架空废旧通信光缆22080米，整治（捆绑）通信光缆7270米；加强市区道路挖掘管理，按照市城管局制定的审批程序进行监管，做到事前勘察、过程监管、竣工验收，并要求施工单位制作施工标志牌，注明施工概况、项目负责人、监管人员、施工人员，确保文明施工，恢复及时，确保市区人行道、主次干道年度设施完好率达到98%，亮灯率达到98%，井盖井篦完好率达到100%，道路的巡查处理率达到100%。

【三供企业运行】 2019年，临汾市区累计供水2910万吨，按新标准修正后公共供水管网漏损率8.17%、同比上年降低0.98%，销售收入7895万元，新建供水管网6074米，维修各类直径管道718次。供应天然气5471万立方米、同比增长17.96%，销售人工煤气2984万立方米，新建供气管网12.2公里、管网改造98处、改造阀门7座、改造调压器4座；销售液化石油气3182吨。新建及改造供热管网9.43公里，新投入换热站9座，市区主管网注水于9月1日全面启动，9月20日开始向二网注水。

【污水处理】 临汾市区3个污水处理厂2019年累计处理污水3309.56万立方米、COD消减8929.098吨、NH_3-N消减1298.207吨、TP消减105.084吨；绿化浇灌、电厂生产、景区补水回用中水1989.19万立方米；利用电厂焚烧、污泥处置中心处置、垃圾场填埋等方式将市区3个污水厂全部20809.209吨污泥进行无害化处置，9月，污水保温增效工程完工后，经各污水处理企业对水质实验室化验数据分析，COD、氨氮、总磷三项指标均稳定达地表水Ⅴ类标准。按照环保要求，杜绝沿河污水直排，投资约917.5万元，实施临汾市汾河城区段汾河入河排污口整治项目，利用无人机进行地下管线勘探，对大唐电厂排水口、汾河东岸暗涵南排口（污水处理厂排水口）、汾河西岸锣鼓桥南排水口、泊庄村排水口、沙桥村一号排水口、屯里镇屯里桥排水口、南卢一号排水口、双山排水口（二手车市场）进行集中整治。为防范出现黑臭水体，对建成区内的水体建立台账，结合水体现状制定监测及排查方案，发放调查问卷600份，根据住建部《城市黑臭水体整治工作指南》，对透明度、溶解氧、氧化还原电位、氨氮等4项指标进行取样化验，通过分析对比，六大水体均不属于黑臭水体，亦无黑臭水体发展迹象。

【重点企业监管】 2019年，临汾市自来水公司每天对龙祠水源、土门水源进行10项日常检测，检测水样1586份，检测14274项次；对33个管网和管网末梢点进行7项常规检测，检测水样792份，检测5544项次，确保出厂水水质综合合格率为100%，管网水水质综合合格率为100%。市热力公司利用非采暖期对供热设施进行隐患排查，建立安全隐患名录、整改措施及治理台账，完成非采暖期检修任务2194项。组织临汾燃气公司开展防震演练、金达丰公司开展防泄漏演练、市液化气公司开展消防演练等近10次应急救援演练，其他单位组织5次根据本行业特点的应急救援演练，队伍得到锻炼，应急物资得到完善，应急责任和应急能力得到提升。

【提升汛期处置能力】 6月5日，临汾市市政公用服务中心组织人员力量参加市城市管理局防汛应急演练；6月19日，召开防汛工作会议；为做好解放路、东关、南环、睑谱大桥防汛工作，市政设施管理处完善《泵站值班人员岗位职责》《桥下积水应急处理工作流程》《泵站安全操作规程》《防汛值班牌》《防汛物资管理制度》，修订《立交桥泵站防汛应急预案》；结合全年市区防汛情况，给市区四座立交桥安装监控设施和对应的水位刻度尺，可随时在手机上观测到立交桥下最低点是否积水，制作安装14块电子屏，提醒过路行人积水情况，提升防汛应急处置能力。

【升级路灯自动控制系统】 2019年，临汾市区路灯监控管理系统现有监控节点200余个，单灯控制2000余个。临汾市市政公用服务中心对路灯监控系统和单灯控制系统进行升级，共改造控制柜165台、安装视频监控头18套，给市区每个路灯杆都配备自己的“身份证”二维码，新系统正在调试使用中。该系统可实现遥控、遥信、遥测、遥调、遥视的远程五遥全方位管理，可兼容现场PLC电力线载波通讯方式的单灯控制器，实现与最新的物联网技术相结合的目的，将前沿物联网通讯技术如LORA无线通讯模块、NBioT模块都可以纳入到监控平台系统管理中，应用到单灯漏电检测、线缆被盗检测设备上，确保根据使用需求的变化和社会发展的需要合理扩展延伸。平台可以合理设置临汾路灯照明亮灯时间，及时准确合理调节开关时段，在某些时段根据实际情况合理控制，不同时段采用不同的亮灯方式、不同的节能运行模式，使“城市亮起来”，让“电费降下来”。

【升级改造城市供热服务体系】 临汾市热力公司在2018年至2019年采暖季设置3000处实时温度自动监测点，根据用户室温变化进行远程温控调节。公司落实“一站式”服务，在所辖范围内合理布置17个中心站便民服务点，设立两处客户服务大厅，设置5条电话服务热线，实行24小时服务制和包片上门服务制，企业整合供热软件系统，完善临汾热电、大唐热电热源参数，制作水、热、电数据与室外温度对比趋势分析图和日、周、月能耗对比分析、单平米能耗与室外温度对比曲线，建立报警概览页面、热源概览页面、高层决策页面、电能值按建筑形式分析页面等，提高平台系统的集成和沟通程度，建立更全面供热数据库，实现管理的一体化、智能化。

【搭建增值服务平台】 2019年，“福气宝”APP增值服务平台是临汾燃气公司从单一燃气输配向综合运营服务转变的重要举措，是企业的重点工作之一。加强增值产品市场的开发和维护，强化销售管理而开发、建设并推广的线上平台。2018年12月1日平台正式上线，2019年企业对线上平台进行优化，实现用户燃气缴费、燃气报装、业务咨询、燃气具商城、燃气保险预约办理等24小时在线便民服务，自平台上线以来，共注册燃气用户3万余户。（常志刚）

·环境卫生·

【概况】 2019年，临汾市环境卫生服务中心负责市区环境卫生管理工作，担负市区主次干道清扫保洁，主干道快车道清洗、湿扫，生活垃圾收集清运、压缩转运，公厕清洁、维护、管理等作业任务和市区渣土运输管理任务。市区日清扫保洁面积674万平方米，日机械化湿扫面积512万平方米，道路湿扫率达到76%，日收集清运、压缩转运、填埋处理生活垃圾450吨。

【主次干道机械作业】 2019年，临汾市环境卫生服务中心按照市区道路机械化“1223”作业模式，即每天对市区主次干道进行地喷冲洗1次，对市区主次干道2遍喷雾降尘作业，对市区重点道路2遍洒水降尘作业，对市区主次干道3遍湿扫作业，加强市区道路扬尘污染治理，有效提升市区道路洁净度。

【市区主次街道大清洗工作】 2019年，临汾市环境卫生服务中心本着“清一条街、净一条街”的原则，采用错峰作业的工作方式，结合清洗道路实际情况，每天4个时段，对市区主次街道进行清洗。完成非冰冻期市区54条主次街道的八轮大清洗，截至年底，累计出动人员66750余人次，清洗车14490余车次，湿扫车7190余车次。

【重点区域洒水降尘】 2019年，临汾市环境卫生服务中心组织人员对辖区南外环、技工学校、市委、工商学校、临钢医院等重点区域周边83条道路中的46条道路进行洒水、喷雾降尘作业，日均频次不低于4次。截至年底，累计出动洒水降尘车1690余车次，喷雾降尘车1550余车次。

【道路人工清扫保洁】 2019年，临汾市环境卫生服务中心增加重点区域、重点地段保洁人员和作业频次，重点地段人工清扫保洁由原来的5次至6次，增加到8次至12次。严格作业标准、作业质量，人工清扫保洁做到“六无六净”，有效提升市区道路洁净度。

【环卫基础设施清洗】 2019年，临汾市环境卫生服务中心每周定期对市区垃圾桶、果皮箱、下水道井篦等环卫设施进行全面清洗，确保市区垃圾桶、果皮箱及下水道井篦干净整洁。定期对市区小型垃圾中转站进行清洗，对小型垃圾中转站、移动式垃圾箱及垃圾桶定期喷洒药物，除臭除蝇。截至年底，累计清洗下水道井篦27820余个次，垃圾桶果皮箱、移动式垃圾箱28330余个次。

【三联机制应急清污】 2019年，临汾市环境卫生服务中心落实联防、联控、联动“三联”机制，24小时应急值守，道路抛撒物及时清扫、及时清运，污染路面及时清洗，及时湿扫，确保路面干净整洁。截至年底，累计应急清洗污染路段4200余处。

【渣土车辆整治】 2019年，临汾市环境卫生服务中心加大对市区渣土运输准入、现场、运输、处置的监管力度，确保市区渣土运输车辆管理达到5个100%；渣土运输车辆驶出工地时必须达到顶盖密闭达标、定位系统正常、准运手续随车、车轮冲洗干净、车身清扫干净、后厢板无缝隙“六个标准”；对渣土运输车辆进行源头管控、过程管控和终端管控，统一管理、统一颜色、统一标识。年底，市区规范渣土运输企业24家，达标渣土运输车辆241辆；实行线上监管线下辖巡查相结合的办法对渣土运输车辆进行实时监管，确保渣土运输车辆达标上路，按照规定路线，到指定消纳场进行消纳处置；建立渣土运输车辆责任倒查机制，对违规车辆进行停运整改，追溯上游建筑工地或渣土运输企业责任。

【建筑工地整治】 2019年，临汾市环境卫生服务中心按照“四定”岗位责任制，严格建筑工地出入口监督管理，确保施工现场扬尘治理“6个100%”中涉及建筑工地出入车辆100%冲洗和驶出工地车辆100%密闭运输达到要求；督促建筑工地必须对出入口路面进行硬化，达到路面硬化长度为30米至50米，宽度不少于6米的要求，建筑工地外围必须严格按照规定标准设置围挡；督促建筑工地出入口安装监控设备，监控设备纳入环卫监管平台，有37家建筑工地出入口监控设备纳入环卫监控平台；督促建筑工地出入口建立清洗平台，配备环保达标清洗、降尘设施，设立污水沉淀池，渣土车辆驶出工地，必须对车轮进行清洗、车身进行清扫，严禁车身不整洁、车轮不干净车辆驶出工地污染环境；建筑工地必须配有专职保洁员和应急保洁队伍，及时对建筑工地出口路面进行清扫和清洗，确保建筑工地门前20米责任区路面清洁卫生；确保建筑工地周围30米范围内无积存垃圾。每天早上6点前，完成对工地口路面的全面清洗；发挥一线清扫工、清运工、管理员的清扫保洁、监督管理作用，全局动员，市区布控。截至年底，督促67家建筑工地累计清洗工地出入口1700余次。

【规范处置建筑垃圾】 2019年，临汾市环境卫生服务中心组织人员对已覆盖防尘网的建筑垃圾积存场地进行巡查，防止因大风等因素影响防尘网覆盖，督促相关单位对破损的防尘网重新覆盖；在确保防尘网全覆盖的基础上，督促责任单位对积存建筑垃圾进行清理；加大对市区沿街单位、小区、门店装璜垃圾管理力度，杜绝装潢垃圾露天堆放和私拉乱运，泡沫板等轻质装璜垃圾运至市区生活垃圾填埋场，其他建筑垃圾运至经核准的建筑垃圾消纳场；为解决市区建筑垃圾规范消纳处置问题，使市区建筑垃圾消纳处置符合环保要求，不污染环境，根据住建部《建筑垃圾处理技术规范》（CJJ134-2009）和《城市环境卫生设施规划标准》（GB/T50337-2018）有关建筑垃圾消纳场建设的要求，规范设置两处建筑垃圾消纳场地（尧庙镇神刘村建筑垃圾消纳场和山西鑫聚祥固体废弃物处理股份有限公司）。

【改进生活垃圾收运服务方式】 2019年，临汾市环境卫生服务中心在市区全面推行“133”垃圾不落地工程，市区生活垃圾收集率100%，转运率100%，处理率100%，确保市区生活垃圾日产日清不落地无缝隙全覆盖。垃圾收运。推行市区“133”生活垃圾不落地工程，即每天对单位小区进行一次桶装密闭收集，对沿街门店进行、中、晚三次巡回上门收集，市区489条小街小巷居民生活垃圾每日早、中、晚三次巡回上门收集，确保管理范围内生活垃圾应收尽收，无遗漏、日产日清；垃圾排查。在保证清扫保洁、垃圾清运等日常作业任务完成的基础上，加班加点、连续奋战，对管理范围积存死角垃圾进行地毯式排查。截至年底，累计清理死角生活垃圾960余处、690余立方米，责任范围无积存死角生活垃圾。

【对裸地（堆场）进行密网覆盖】 2019年，临汾市环境卫生服务中心对辖区无责任主体裸地（堆场）进行全面覆盖，督促辖区有责任主体裸地（堆场）进行覆盖。3月1日以来，义务覆网无主裸地（堆场）9处3100平方米，累计督促责任单位覆网裸地（堆场）21处15.74万平方米。辖区责任范围裸地（堆场）全部覆盖。

【市区餐厨垃圾收运管理】 2019年，临汾市环境卫生服务中心委托社会企业赊购8辆餐厨垃圾收集车，对市区2789家餐饮经营单位的餐厨垃圾进行统一收集、统一运输、统一处置；加强餐厨垃圾干湿分离力度，做到能排尽排，细化市区餐饮门店台账；餐厨垃圾收集完毕后，按要求进行再次干湿分离处置，干式垃圾转运至垃圾填埋场进行卫生填埋处理；湿式垃圾按规定排入市政污水管网处置；加大餐厨垃圾宣传管理力度，在组织管理员上门宣传、上门讲解的基础上，与餐饮门店签订责任书，督促餐饮门店定期对餐厨垃圾桶进行清洗，实现市区餐厨废弃物常态化管理。

【生活垃圾分类试点工作】 从2017年开始，临汾市环境卫生服务中心在市区10个机关、单位、学校开展生活垃圾简易分类试点工作；在尧庙镇伊村西建设一座大件生活垃圾堆放点，对居民家具等大件垃圾进行集中收集和存储；2018年12月，委托社会企业在日出东方、东昇华府、紫誉蓝3个小区作为试点开展生活垃圾分类工作。

生活垃圾分类投放。实行生活垃圾可回收与不可回收分类投放，先后在市区主次干道设置分类果皮箱947个，其中通过社会企业商业运作投放480个灯箱广告分类果皮箱；实行生活垃圾与餐厨垃圾分类投放，由政府财政投入，购置5600个餐厨垃圾干、湿分离收集容器，统一规格、颜色、标识，发放到市区餐饮单位和门店，规范餐厨垃圾存储；实行垃圾资源化利用分类投放，在社会废品回收企业对金属、纸张、塑料等可利用废品进行回收利用的基础上，积极联合市民政局逐步在市区居民小区安装100余个旧衣物回收箱，用于捐赠和再利用。

生活垃圾分类收集。实行市区生活垃圾定时定点上门收集，确保生活垃圾按时收集，实现市区生活垃圾不落地；实行餐厨垃圾集中收集，8辆餐厨垃圾收集专用车对市区2789家餐饮饭店、酒店产生的餐厨垃圾进行收集，实现市区生活垃圾和餐厨垃圾分类收集；实行大件垃圾单独收集，组织专用收集车辆对居民家具等大件垃圾进行单独收集；对市区十个垃圾分类试点单位可回收垃圾进行定时专门收集。

生活垃圾分类运输。市区生活垃圾由专用生活垃圾收集车辆运输至生活垃圾转运站，经压缩后由大型生活垃圾转运车运输至生活垃圾处理场；餐厨垃圾由8辆餐厨垃圾收集专用车进行密闭运输;配套建设市区餐厨垃圾收集转运平台，实现餐厨垃圾无污染转运；组织2辆专用收集车辆对居民家具等大件垃圾进行单独运输；组织2辆专用收集车辆对市区十个垃圾分类试点单位可回收垃圾进行单独运输。

生活垃圾分类处理。市区生活垃圾经收集运输和压缩转运后，采用无害化卫生填埋处理；市区餐厨垃圾经干湿分离后，固体垃圾采用无害化卫生填埋处理；建设大件生活垃圾堆放点对居民家具等大件垃圾进行单独存储。

生活垃圾宣传管理。组织管理人员深入街巷、小区、居民区、单位及门店，发放垃圾分类宣传单22700份，提高市民自觉维护城市环境卫生的意识。组建专项宣传队伍，出动5台宣传车，在市区主次干道及商业集中区域巡回宣传，发放宣传材料18300份。与市区餐饮门店、单位签订《市区餐厨废弃物管理责任书》，实现市区餐厨废弃物常态化管理。

【公厕标准化管理】 2019年，临汾市环境卫生服务中心保持临汾公厕建设和管理全国领先水平，按照优先化、标准化、人性化、公益化的原则，提高管理服务水平，成为推动现代化城市建设和管理理念的示范平台。巡查员检查管理。按照“十净”“四通”“四无”“一整洁”的管理标准，每天对公厕进行不定时卫生、安全巡查；分管副主任带队，每天对公厕卫生进行不定点抽查。加强市区公厕保洁力度，保证公厕内外干净整洁；专人负责保洁维护。市区每座公厕配备专职管理、清洁人员，配备维修人员对市区公厕进行不定期检修维护和24小时应急维修，确保市区公厕设施设备运行正常。截至年底，累计大小检修公厕1230余次。

【重点项目工作】 市区生活垃圾和餐厨垃圾收运政府购买服务项目。该项目分为三包（市区南城生活垃圾收运、市区北城生活垃圾收运、市区餐厨垃圾收运）采用政府购买服务的方式，由中标单位负责市区南城、北城主次干道和小街小巷生活垃圾的收集清运、压缩转运作业任务，负责市区餐饮经营单位产生的餐厨垃圾的收运、转运作业任务。编制完成资产评估报告，正在办理财政评审手续。

临汾市区餐厨垃圾转运平台建设项目。该项目位于市环卫局生活垃圾压缩转运站内，主要建设内容为日处理量110吨餐厨垃圾转运作业平台，配套购置清洁能源餐厨垃圾转运车1台，转运箱体2个，招标预算1652952.9元，经费来源为市财政资金，该项目建成使用后，将承担市区餐厨垃圾转运工作。市政府采购中心在中国山西政府采购网发布招标公告，将于11月13日开标，确定中标企业。

清洁能源道路湿扫车购置项目。该项目主要内容为采购8辆清洁能源（LNG天然气）道路湿扫车，采购价格为692万元。8辆湿扫车于9月27日进行验收，已投入使用。

临汾市医疗废物处置设施扩能改造项目。该项目位于临汾市尧都区大阳镇上阳村村西临汾市环康医疗废物置有限公司现有场址内，技术工艺为微波消毒，建设规模为日处置医疗废物5吨。按照市领导批示，计划将采取ROT模式实施。

·市容监察·

【概况】 2019年，临汾市容支队组建综合执法队伍，开展业务教育培训，强化市区市容市貌的监管，推行联合整治和专项整治。按照“城市环境大提质”行动要求，组织人员、动员商户对临街的乱贴乱画、广告牌匾、乱搭乱建等开展清洗整治；保障“二青会”，安全稳妥做好拆违工作；对管辖区域内四处监测点周边500米范围内的占道经营、店外堆放实施管控；在临街道路两侧科学划定非机动车停放点，全面规范非机动车停放。

【市容市貌示范街道创建】 2019年，临汾市容支队联合交警部门对临街非机动车乱停乱放、店外经营、占道摊点进行“清乱”整治。开展市区露天烧烤、油烟专项治理和“三进三下三拆”专项整治行动，加强市区市容市貌管理。截至年底，累计清理、粉刷“野广告”12万余张，清理流动摊贩68000余人次，清理店外堆放、店外经营55000余处，规范各类摊点180余个，规范非机动车停放13537辆，先行登记保存非机动车4880辆，拆除楼顶、墙面破损广告牌、擎天柱

491块，广告下墙行动中拆除楼顶楼面广告1477处，51338平方米，清理灯箱、移动广告牌420余块。在业务管理和审批中，提升临街广告牌匾设置标准，牌匾业务办理357件，临时占道办理193件。省级文明城市创建活动中，进店宣传1710次，设置大型公益宣传牌7块，深化文明城市创建工作。全年组织开展防汛应急演练2次，安全防范集中检查10次，处理群众反映的各类问题2700余件，印发各类宣传材料1万余份，在临街500余块电子屏进行宣传，微信公众号宣传35期，新闻媒体宣传报道90余次。

【市容宣传】 2019年，临汾市容支队工作中注重创新宣传形式。通过向临街单位、门店发放宣传材料、开展文明劝导及利用门店LED飘字等多种形式，宣传“二青会”赛事和省级文明城市创建工作相关内容。开展市容志愿日和《倡议书》发放宣传活动宣传市容法律法规，借助微信、QQ、新闻媒介和学校宣传栏等宣传平台，加大宣传力度，引导广大群众自觉维护市容环境和秩序，发挥示范带动作用。

【规范便民服务摊点】 2019年，临汾市容支队坚持疏堵结合，依法取缔各类违章摊点，规范便民服务摊点，在市区范围内寻找适合流动摊、占道经营入市经营的便民疏导区，与二中路佰零汇市场协调沟通，免费提供200个经营摊位用于疏导流动经营摊点，让市民的出行、生活更便捷，使流动摊贩有了固定稳定的经营场所，市容面貌得到有效改观。

· 城市绿化 ·

【概况】 2019年，临汾市绿化二队主要负责滨河东路道路、生态区、滨河西路道路、三源文化广场、锣鼓广场及苗圃范围内花卉苗木的栽植、浇灌、养护、修剪、除草、打药、绿化保洁等工作；负责辖区内花池侧石的维修、更换等工作。

【日常绿化管护】 2019年，临汾市绿化二队对辖区100余万平方米绿化苗木做好修剪整形、浇水养护、施肥打药、苗木栽植、卫生保洁等日常管护任务；对损绿、毁绿行为及时制止，以确保绿化环境的整体美观。在辖区内种植垂体绿化苗木藤本月季、种植美人蕉、西番莲等美化彩化类植物，在部分路段采用见缝插绿、见空播绿的管理模式播种草坪，提升辖区整体的绿化管护水平，改善全市整体的绿化环境。全年完成对辖区绿篱、草坪的修剪整形工作，做好辖区绿化苗木除菌、除螨、杀虫等方面的病害防治；做好枯枝、残枝、病害枝、多条枝的修剪工作，以网格化管理模式开展绿地整治、卫生保洁等工作。

【“二青会”场馆周边绿地整治及景观提升】 2019年，“二青会”召开前夕，专门成立工作领导组，做好“二青会”场馆周边绿地整治及景观提升工作。组织人员对辖区内的雕塑、苗木、花砖、侧石、围栏等进行全面清洗，对绿化苗木进行修剪整形，对行道树粉刷一新，对场馆周边的绿地新铺种草坪，对绿化带花砖侧石进行加固修缮，提升辖区整体绿化环境，以全新面貌迎接“二青会”的顺利召开。

· 广场服务 ·

【“舒心广场”创建】 公共卫生：2019年，临汾市广场服务中心保持场面环境整治，加强日常保洁；加强卫生死角清洁治理；针对重大节日及重大活动，加大清洁力度；加强监管检查，从小、从细抓落实；加强广场公共设施（垃圾橱窗）的擦洗；发动群众参与广场保洁活动。

公共秩序：结合扫黑除恶、

2019年4月，临汾市容监察女子队巡查　（临汾市容支队供图）

行业治乱专项斗争的开展，集中对流动摊点、店外经营、小商小贩、杂耍卖艺等扰乱广场公共秩序的行为进行整治，教育引导5人，暂存30辆电动游戏车及其他儿童玩具；对车辆乱停乱放、攀爬设施、音高扰民、猫狗宠物和活动秩序等进行规范引导。

公共设施：加强日常管护、维修，严格落实维修工序，严控维修预算，执行财经制度，制订施工方案、安全管护方案，确保设施良好高效运行；加强设施巡查，对于地砖塌陷、缺失、剥落、松动及设施损坏等现象，及时上报处置。

公共服务：丰富便民活动内涵，创新服务方式，提升服务标准，做好便民药箱、物品存放等便民服务工作；邀请团体负责人召开座谈会，倾听群众心声，共叙广场发展，收集意见卡100余份；全年共配合、服务政府公共活动、社会公益活动53场，做好用电、会议室、化妆间等服务工作。

【“文化广场”创建】 2019年，临汾市广场服务中心坚持以人民为中心的发展理念，采取政府引导，社会搭台，群众参与，开展群众文化活动。与秦皇岛盛国文化传播有限公司合作，举办为期3天的“大美临汾、盛世中国”庆祝中华人民共和国成立70周年广场群众文化活动，为期3天的“助力靓城提质、共建文明临汾”广场群众文化活动和为期1天的广场跨年演唱会；以文化为引导，提升市民的文明素质，倡议广大市民遵守城市文明公约，争做文明市民；发挥广场的宣传平台优势，利用灯杆、墙体、宣传栏、电子屏、标识标牌宣传社会主义核心价值观、中国梦、中国传统文化和临汾道德模范，在广场公共宣传栏内张贴《广场文明公约》《临汾市民公约》，在电子屏上播放《广场文明公约》和城市管理局宣传片，发挥正能量，弘扬主旋律，提升市民文明程度和道德水平。

·城市照明·

【概况】 2019年，临汾市城市照明维护中心同灯杆设置广告、监控等非照明设施的企业、单位召开市区灯杆非照明设施管理工作会，要求各家单位配合“城市大清洁”和“城市环境大提质”两项行动，对在路灯灯杆上设置的广告牌、监控等设施进行全方位的清洁、安全排查，对褪色严重的广告牌、有碍观瞻的机箱等进行更换、翻新；完成鼓楼南北等8条主要街道照明设施共计540基的清洗工作；在国庆节对三源文化园的三源文化雕塑亮化进行提质升级改造，对鼓楼南北街亮化设施进行第三次全面维修。

完成滨河东路等四处架空电缆入地工作和五一西、鼓楼南北、解放路路灯设施上拆除临时亮化茶台152套、黑橡胶垫皮176块。

实施小巷亮化工程，通过市民热线、街道办事处联络沟通等方式，分别在建设路东一巷、东关路明光巷、青年路北四巷、乡贤街办事处东侧等胡同小巷新装了37套路灯，新架线缆1625米。

【路灯维护】 截至2019年年底，维护工作维修路灯2035盏、亮化2463盏，更换各类线缆7907米；更换灯罩116个、玻璃罩74块、接触器2台；更换灯具12套；更换手孔门螺丝610个；清理48台箱变、144台控制柜，加固控制柜37台；滨河路西延加固灯头9套、滨河东路215基灯杆加固；完成景观大道、锣鼓桥7组高杆灯维修保养、更换钢丝绳工作；完成辖区内33条主次干道及小巷路灯设施安全巡查工作。

完成滨河路南延、西延、北延、新高中南路、五一东路、南洪家楼路灯设施螺栓除锈加防锈套1653个；滨河东路、景观大道、锣鼓桥420基路灯地脚锈蚀螺帽更换和106台路灯控制柜锁芯的更换工作。

【工程建设】 2019年，临汾市城市照明维护中心按照市政府、临汾市市政公用服务中心对市区春节亮化工作的安排部署，配合完成对市区7条街道、2个广场等13个节点的春节、元宵节亮化工程；完成2018、2019年亮化工程资料整理、签证、决算上报审计等工作，于节后完成临时亮化线路拆除工作；照明控制系统升级工作完成升级方案、施工方案、预算、财政评审、政府采购手续、招标公示、签订合同、机房装修、设备安装等工作；升级改造控制柜165台、安装视频监控头18套，新系统在调试使用中；贡院街、平阳南北街路灯改造工程设计方案、编制预算完成并上报，待市政府确定项目；完成迎宾大道等7条主次干道594基路灯、6台箱变和133台控制柜进行翻新、喷涂防粘贴油漆工作。

【存在的问题】 2019年，贡院街、平阳南北街路灯锈蚀较为严重，存在较大的安全隐患，虽然拆除一些锈蚀最严重的灯杆，对部分灯杆做了临时加固，但问题始终不能彻底解决，建议加快推进贡院街、平阳南北街的路灯改造工作。

·市政设施维护·

【概况】 2019年，临汾市市政设施维护中心以城市环境大提质行动和二青会为整治提高节点，加强道路排水设施、桥梁泵站、地下综合管网设施管理工作。全年发现和受理市长热线、随手拍和“12319”城建热线反映的设施异常情况310起，处理井盖、井箅丢失损坏440块；井盖井箅加固102处；疏通下水井堵塞65座；人行道破损补砖44处；督促修复外部井盖缺损30块；4月，督促海姿热力公司对迎宾大道沙桥村至规划三街路南慢车道敷设热力管道施工现场慢车道进行修复；监管通信单位敷设管线18处；监管设置公交车电子显示牌109处，热力施工5处，燃气抢修63处，水厂抢修3处；监管管线下地施工众鑫益37处，公交公司27处，联通公司8处。

【道路、人行道维护及市区排水系统维护】 2019年，临汾市市政设施维护中心组织巡查人员对市区53条主次干道损坏情况进行检查统计，安排专人负责道路补坑和清淤工作，4月，人行道修补面积3393.37平方米。5月和9月分两次进行集中维护，沥青砼道路补坑面积为5932.45平方米，砼道路补坑722.56平方米，雨检井清淤3045座，791.7立方米。东关立交桥慢车道路面维修1453.9平方米。

【市区道路挖掘管理】 2019年，临汾市市政设施维护中心按照城市管理局和市政公用服务中心制定的审批程序进行监管，做到事前勘察、过程监管、竣工验收，并要求施工单位制作施工标志牌，注明施工概况、项目负责人、监管人员、施工人员，确保文明施工，安全施工。

【桥梁管理】 2019年，根据临汾市政设施维护中心制定的本年度《桥梁安全工程实施方案》《城市防汛工程（立交桥泵站）实施方案》，为桥梁和泵站运行安全提供制度保障。加强桥梁日常巡检，针对日常巡检和重点排查出的桥梁问题隐患，及时进行抢修和维护。对市区桥梁安全隐患进行排查，维修平阳大桥第一道伸缩装置；9月中旬至10月中旬，配合公用服务中心对东关挡土墙脱落墙面进行拆除、挂网、抹面；对东关立交桥慢车道路面进行维修；对东关和睑谱大桥栏杆进行油漆粉刷；9月29日，对上樊桥限高杆进行加固抢修；7至9月，对解放路立交桥三次栏杆损坏进行应急抢修；10月，对解放路、东关立交桥泵站过墙管道进行维修改造。

【泵站管理】 2019年，临汾市市政设施维护中心完善解放路、东关、南环、睑谱大桥4座泵站《泵站值班人员岗位职责》《桥下积水应急处理工作流程》《泵站安全操作规程》《防汛值班牌》《防汛物资管理制度》及“闲人免进”“请勿靠近”等工作制度和警示标志；四座立交桥泵站分别调整抢险联动人员各两名；修订《立交桥泵站防汛应急预案》，汛期前组织集中开展隐患排查，对防汛物资进行储备；组织人员对四座立交桥泵站设施设备进行全面的检修维护，对泵站蓄水池、雨污管道及雨水口进行清淤和修补工作，保证排水系统能够高效运行。配合市政公用服务中心在解放路、东关、南环、睑谱大桥4座立交桥安装8个监控摄像头和对应的水位刻度尺，随时在手机上可以观测到立交桥下最低点是否积水，制作14块电子屏，汛期桥下积水时显示“桥下积水、敬请绕行”，平时显示文明城市创建标语，确保显示屏在桥下积水第一时间内通知行人注意桥下的路面状况；完成对立交桥水泵、变压器的检修维护；5月5日组织开展防汛应急演练。6月5日和8月3日，解放路和南环立交桥两次积水，积水后中心应对及时，第一时间排出积水，恢复交通。

【地下综合管沟管理】 2019年，临汾市市政设施维护中心与通讯、供电、供水、路灯等管线单位配合对12条城市综合管沟开展联合巡检，发现并整改安全隐患28处，下达整改通知单督促消除隐患，避免重大安全事故的发生。6月26日，发现煤化巷综合管沟内严重积水，水位涨到60厘米，经过连续2天抽水，修复管道，避免安全事故的发生；对南外环、煤化巷、五一西路、贡院西街四条综合沟进行集中维护，抽排积水，清理淤泥，整理线路。更换贡院街洪家楼南口损坏盖板5块，更新防坠网28个，更换DN700毫米重型铸铁检查井盖31套。10月27日夜间鼓楼西综合管沟着火，由于发现及时，经过灭火和抢修，恢复各类管线正常运行。

·城市供水·

【概况】 2018年12月至2019年11月的任务量2888万吨、实际售水量2477万吨（不包含免费用水量50万吨）；实际销售收入7895万元；漏损率8.17%，比上年同期降低0.98%；回收率98.21%，比上年同期降低0.52%；水资源税征收465万元。

【供水生产完成情况】 2019年，1月至12月供水计划为2750万吨，实际完成2910万吨（其中，东亢供水102万吨），完成计划的105.8%；全年总供水比上年同期多供160万吨。对各厂站照明系统进行检修；对二厂澄清池搅拌机进行大修；对涉电岗位及班组长以上人员进行安规考试，加强用电安全教育；对一级站31#井、19#、32#变压器、二分厂2#罗茨风机、加药车间二氧化氯发生器，二厂泵房2#泵进行大修；对二级站低压配电柜、1#、2#供水机组变频启动柜、二分厂出水仪表间电导率仪、澄清池电动阀门就地控制箱等进行更新改造；完成847、315、444、907高压线路春检工作。

【管道施工完成情况】 2019年，临汾市自来水公司启动贡院街和鼓楼北管网改造，两项工程正在施工之中，贡院西街改造接近尾声，鼓楼北主管网置换完成。解放东路敷设管道4796米；交警巷给水管道改造安装管道174米；贡院街17号至47号楼地沟内给水改造安装管道820米；学府熙院改线284米；对中心城仕林苑、山西荣君房地产等大用户新增管道进行施工。

【水质检测情况】 2019年，临汾市自来水公司每天对龙祠水源、土门水源、龙祠水厂、土门水厂进行10项日常检测，检测水样1586份，检测14274项次；对33个管网和管网末梢点进行7项常规检测，检测水样792份，检测5544项次；完成龙祠水源地表水48项，土门水源地下水49项，土门浓水检测23项，龙祠水厂、土门水厂和4个管网末梢点生活饮用水56项指标的检测，检测水样108份，检测3776项次。本季度出厂水水质综合合格率为100%，管网水水质综合合格率为100%。

【安全生产情况】 2019年，临汾市自来水公司安全生产事故应急预案于5月修编完成，并报送市政公用服务中心备案。为有效应对突发事件的发生，检验应急预案的有效性、科学性及操作性，10月29日，开展2019年度供水安全生产事故应急演练活动，效果明显。重点狠抓龙祠和土门两个水源地的安全；保障龙祠和土门两条输水管线的运行安全；保障制水生产设施设备运行安全。每月2次对重点部位加大隐患排查力度，一季度由公司班子带队对公司各厂、站、所进行一次全覆盖安全生产大检查，杜绝安全事故的发生。

【管网抢修情况】 2019年，临汾市自来水公司受理抢修热线1059次；维修关闭阀门529次；更新维护井体、井盖321套；维修DN100以下管道674次；维修DN100以上管道39次；维修DN500以上管道5次。

【社会服务】 2019年，临汾市自来水公司共新增用户575户，新增水表581块，（其中户表改造441户），户名变更928份，水价变更100份，地址变更464份，水表过户29份，水价变更111份，地址变更464份，变更水表位数31份，受理用户申请198份，组织勘查116户，组织验收61户。

市长热线工单回复1370项，随手拍工单回复22项。其中，涉及供水设施报修的494项，缺水缺压的1197项，水质问题投诉的8项，转办件18件；年底前，临汾市自来水公司完成收费系统上线，实现微信、支付宝收费工作。

【三供一业】 2019年，临汾市自来水公司与全部49家移交企业签订正式分离移交协议；9家央企供水管道工程全部开始施工，12月底，完成供水管道施工；省企共16家，开工3家（临通机械资金到位75%，临汾煤运资金到位75%，省工业设备安装公司资金到位65%）；小区加压设备完成招标工作，泵房正在进行招标准备工作。预计2020年2月底完成施工。

【龙祠净水厂改扩建工程】 2019年，临汾市自来水公司输水管线建设，完成90%，剩余工程建设正在协调中。

【管道老化和管道占压情况】 2019年，临汾市自来水公司管道破裂事件频发，引起的赔偿纠纷不断，针对这一情况，公司部分通过司法途径解决纠纷赔偿问题；部分与保险公司洽谈公众责任险的赔偿问题，给公司正常经营造成很大损失。全年涉及赔偿纠纷有裕祥花园、福利巷、育英小学、南外环（2户）、郭家庄共6处。处理2处，未处理4处，正在协调处理中。建议尽快协调落实龙祠净水厂改扩建工程输水管线建设资金、加快施工进度，争取尽快实现供水；314地质队、邮政公司两家央企、16家省属企业资金支付比例未达到分离移交协议约定的90%；“三供一业”供水管道施工存在渣土外运、商混进场等问题，由于临汾市处于环保橙色预警阶段，需要上级协调临汾市大气污染防治行动指挥部办理手续，允许土建施工。

·城市供热·

【概况】 临汾市热力供应有限公司为临汾市投资集团控股子公司，主要负责市区集中供热建设和经营，公司以治理市区环境污染、安全为民供热为己任，推进市区集中供热工程建设。2019年，新建一网主管道4450.1米，二网主管道313米，配套建设换热站13座。

【供热能源输配站】 2019年9月，临汾市热力公司根据临汾供热运行情况，配合实施市区供热能源输配站项目，此项目的建设可提高供热安全性，增加热电厂的供热输送能力，解决东城区近期及远期供热需求，实现热电厂与燃气锅炉并网联合供热，提高东城区的整体供热能力，保障热用户达标供热。

【球墨铸铁新型热力管道】 2019年，临汾市热力公司与新兴铸管股份有限公司就球墨铸铁大口径DN1200管道用于供热管网签订技术战略合作协议。滨河东路至工业路工程施工使用的DN1200大口径球墨铸铁供热管道是国内热力行业首次应用的试验项目，该管道的应用简化施工中管网焊接的安装工艺，使工程施工周期缩减，使用寿命提高。

【供热安全隐患预防治理】 2019年，临汾市热力公司全面开展拉网式排查整改，确保市区供热运行安全稳定。全年完成换热站设备及管道检修维护1679处，完成自控及电气设备检修共计1644处；在非运行期开展安全专项整治活动，为采暖期安全稳定运行提供保障。

【供热智能化】 2019年，临汾市热力公司自主研发多项先进技术。分布式变频输配系统与多热源联网供热；建立供热信息化大数据平台，整合供热数据、供热方式、运行策略，通过结合互联网+、5G技术实现换热站结合天气自调节；一次管网混水技术和应急泄水技术，提高供热效率、减少水资源，确保市区供热安全高效。

2019年，临汾市热力公司实施的供热管廊桥跨河工程
（市热力供应有限公司供图）

【提高供热系统供热能力】 2019年，临汾市热力公司对市区供热重点部位、关键环节的管网实施互联互通，形成优势互补循环网络。实施供热管廊桥跨河工程、平阳北街与车站街管网连通工程，完善多热源联网供热格局；在市区供热调度中心的统一调控下，确保全市供热系统均衡供热，保障市区、河西区及东城区的冬季供热安全稳定。

【访民问暖活动】 2019年，临汾市热力公司组织开展“访民问暖”专项活动，根据室内温度采集数据及热线中心统计的用户情况对华盛小区、朝殿二巷、御景四期、紫金花苑、威斯汀公馆、向阳华府、北孝一巷、青年路北四巷等40个小区（单位）用户进行入户走访。了解用户室内温度和存在的问题，为用户答疑解惑，解决用户供热问题。

【首次市民开放日】 2019年9月29日，临汾市热力公司举办以“绿色供热、温暖临汾”为主题的“走进热力市民开放日”活动，见证热力发展、汇报热力成果、展示企业形象，请市民走进供热一线换热站，了解供热设施设备运行及供热流程。让用户了解供热、理解供热，促进社会和谐共融。

【培训学习】 2019年，临汾热力公司外派考察学习共计10次：参加清华大学建筑节能周论坛、中国国际供热展、山西供热协会活动等。

接待同行考察10次：接待华北设计院、河北省热力企业、太原热力公司、运城热力公司等考察交流。组织公司全员进行拓展培训并组织内部专业知识培训20余次，从换热站设备检修、客户服务、一二网注水、换热站试运行、自控检修、调度安全，到业务知识、运行操作规程及专业技能等方面进行全方位培训，强化员工基础技能及整体素质。（倪　震）

2019年6月3日，临汾燃气公司进行应急演练　　（临汾燃气公司供图）

·城市供气·

【概况】 2019年，临汾燃气公司坚持科学预测，合理调配气量，针对冬季上游气荒造成的气源短缺，逐日观察气量变化情况，分析各类用户具体需求，加紧与上游单位和政府部门的沟通协调，确保气量的充足稳定供应。全年发展新用户12240户；完成天然气销量6260万立方米，人工煤气销量2984万立方米（由于气源厂顺泰公司停产，人工煤气为1月至7月销量）；两类燃气供销差率均控制在3%以内;全年实现营业总收入22286万元，经营亏损468万元。

【实施市政道路改造】 2019年，临汾燃气公司针对市区6条道路中低压管网腐蚀漏气严重的现状，协调市政公用局等部门，抓住市政道路改造的契机，提前制定改造方案，确保市政道路配套改造同步进行，为安全供气打下基础。

【燃气设施维护保养】 2019年，临汾燃气公司对全市燃气管线及输配设施进行全面的维护和保养，强化燃气设备设施的运行管理，提高设备完好率，提升燃气输配能力。面对新增的3万多煤改气用户点多面广线长的特点，加强公司主体管理责任，结合外聘协管人员开展联合巡检的方式，确保煤改气用户安全用气。全年累计新建管网12.2千米，管网改造98处，改造阀门7座，改造调压器4座，保障市区天然气安全稳定供应。

【新技术应用】 2019年，临汾燃气公司制定出台相关文件，对现有小区专属调压器、阀门以及户内设施进行升级改造，对所有用户全面推广更换新型波纹软管，推广新型表、灶具、燃气报警器；在煤改气工程中使用无线远传智能燃气表和PE管燃气管材，降低公司经营成本，加快施工进度；引入燃气管网综合智能管理系统、SCADA调度指挥应用系统、GPS定位巡检系统、调压站泄漏报警系统、智能井盖管理系统等手段，提升管理效率和安全管控能力，增强企业竞争能力。

【完成煤改气扫尾工作】 煤改气工程是临汾市政府推进的重大环保民生工程。2019年，公司克服煤改气扫尾协调难度大、施工任务紧等实际困难，按照剩余各村施工情况，细化任务，明确职责，倒排工期，加班加点，严守安全、质量、规范、廉洁四个底线，完成剩余村庄的收尾送气工作，保障煤改气扫尾工作落到实处。

【创新安全管理模式】 2019年，临汾燃气公司初步完成双重预防机制体系构建，通过集团公司验收。公司确定7个管控部门，共计辨识和评估安全风险点1996项，分别按照风险等级排序，制定相应的管控措施，形成自上而下、分级管控的工作格局。重点在管线所和管理站等基层单位开展安全风险分级管控具体工作，将安全风险管控与隐患排查治理相工作相互结合，相互促进，推进整改落实，形成良性循环。

【应急管理】 2019年，临汾燃气公司组织实施全年应急预案演练计划，在公司内部开展3次突发事故现场处理应急演练，参与临汾市组织的地震应急演练和市城管局组织的防汛演练，提高消防灭火、警戒疏散、管道修补、漏气抢修等多个项目的作战能力，提升公司对突发事故的反应处置能力。

【安全隐患排查】 2019年，临汾燃气公司将安全检查工作贯穿生产全过程，保持高强度的安全检查和除患排查力度，实现安全重点项目的常态化管理。全年累计开展8次全方位的安全专项检查活动，巡检燃气管线4万余千米，手推车精密巡检6200余千米，户内安检18万余户，检查作业现场和办公地点78处，检查各类安全项目400余项，发现并整改一般隐患41项，确保公司生产运行平稳有序。

【安全宣传教育】 2019年，临汾燃气公司加大安全资金投入，累计投入安全专项资金110余万元。开展安全宣传教育活动，通过各种形式走入社区乡村，发放安全用气宣传资料6万余份，对市区40余千米低压管道安装不锈钢警示地标2000个，营造安全文化氛围。增强员工安全基本能力，重点开展特殊岗位人员的安全能力和安全素质培训，全年累计培训超过600人次，员工技能得到普遍提升。

· 古城遗址公园 ·

【概况】 2019年，临汾市古城公园实行24小时巡逻制度，根据客流量的不同，及时调整工作时间及人员；强化安全措施，实行动态巡查与静态值守相结合、人防与技防相结合，开展消防知识培训、消防安全演练，先后进行4次安全隐患大排查，共排查隐患11项，全部造册登记并彻底整改；定期与海事部门、社区、辖区派出所联系沟通，信息共享，及时对接，做到管控结合、齐抓共管。全年园区内未发生任何安全责任事故。

【设施维护】 2019年，临汾市古城公园先后进行基础设施及设施设备维护维修50余次。其中，监控系统的维护维修6次，亮化维修30余次，更换亮化主次电缆358米、地埋灯62套、洗墙灯14套、线条灯9处、装饰灯3套、LED灯7套、城墙灯带55米。对仿古建筑长廊、四方亭木结构防腐油漆保养维护，卧牛亭牌匾加固，青铜展台交接缝、展厅顶面进行防水处理，对人工湖水全面防污治理。结合创建文明城市活动，增设指示牌13块、固定式公益广告18块、移动式双面公益广告牌8块、门型展架5块、移动式告知牌4块、改造11块警示牌为公益广告牌，完成母婴室建设，设立学雷锋志愿者服务站。

【卫生管理】 2019年，临汾市古城公园根据园区内游客多、流量大、作业面窄、清扫面广、沿路落叶乔木多的特点，采取划分区域、分组清扫、责任到人，无缝衔接的清扫方法，确保普扫和保洁有机结合，在每天两次普扫、保洁的基础上对园区内的雕塑、展台、灯杆等重点设施进行专项擦拭保洁；实行垃圾日产日清，坚持每天清掏、擦洗果皮箱2次；根据季节和特殊天气的不同情况，调整作业时间，加大清扫力度，提高保洁频率，确保路面无大面积水洼、无枯枝落叶、无杂物尘土等；开展“城市环境大清洁”专项活动，本着先植被后设施、先高处后地面、先园路后广场、先园内后外围的原则，对东西两园的地面、树木、雕塑全面清洗9次，达到干净整洁、见底色、见本色的效果。

【绿化监管】 2019年，古城公园共有绿化面积9.5余万平方米，各类苗木近17万株。严格审核管养单位的养护方案，提出意见和要求；跟踪监督，严格考核；严格执行合同，确保管养质量；加强协调配合，确保无缝对接。全年绿化管养工作中全面浇水、个别补充浇水累计100余天；施肥45袋共2250千克，喷洒各种农药13次共47箱（袋），新栽各种乔、灌木等植物1585株、移栽156株，补种植被20平方米；对绿篱、草坪全面修剪5次；乔木、花灌木及竹子进行零星修剪11次。集中清理、外运绿地内枯枝落叶等垃圾30余吨。

【服务工作】 2019年，临汾市古城公园义务为市民提供失物招领、针线包、创可贴、速效救心丸等便民服务，全年协助抢救生病老人2人次，帮失主寻找失物4次，协助公安交警部门查找案件线索2次。倡导群众共建共管，招聘热心公益的义务管理员11人参与园区管理。接待的机关单位、社会组织、学生团体100余个。

房地产管理

【概况】 2019年，临汾市房地产中心组织拟定《临汾市区2019-2020年住房发展规划》《临汾市区2019年度住房发展实施计划》，修订《临汾市区商品房预售资金监督管理暂行办法》；核实商品房预售许可总规划建筑面积178.72万平方米；商品房预售资金监管协议备案项目53个，监管面积（预测）185.25万平方米，资金监管总额170.27亿元；建立商品房房源发布制度，发布商品房预售许可项目信息20个；严格执行商品房预售价格申报许可制度，在商品房合同备案时完成价格调控，截至12月底，市区商品房住宅销售备案均价为5708元/平方米、非住宅销售备案均价为7870元/平方米，较2018年同期相比，市场运行整体平稳；加强房地产市场统计监测和分析研判，执行房地产市场分析月报制度，发布相关信息63条；市区非住宅商品房销售备案903套、销售面积8.36万平方米。

【住房保障管理】 2019年，“滴汾花园”公租房及配套公建项目累计完成投资1.6亿元。北城壕（西段）棚户区改造项目到位资金6900万元。完成项目地块土地出让，正在进行方案设计及价格测算。第一批货币化安置龙潭社区34户，安置面积1.3万平方米，安置资金6572.595万元；经上级部门批准，完成对市区公租房、经适房、限价商品房申报家庭人均可支配收入标准适时调整；2019年共受理核准新增保障对象1406户，其中，公租房保障对象1255户、经适房保障对象55户、限价房保障对象96户。完成2018年度4236户公租房保障家庭年度核准工作，其中核准4189户、取消47户。全年分配公租房2506套、累计分配5162套，公租房租金补贴发放765户、233万元，占目标任务的156%。经适房认购55套、累计认购2531套。限价房认购96套、累计认购262套；对市区6个公租房项目1862套公租房进行专项检查，发现38户存在问题，其中清退10户，再审核符合标准14户，暂未退出14户将按照相关规定予以处理。严格履行公租房安全使用主体责任，维修公租房19套。

【房屋网签备案实现“四个全覆盖”】 2019年，临汾市房地产中心加强商品房买卖和存量房交易合同网签备案制度，在全省率先开展房屋抵押和房屋租赁合同网签备案工作，完成存量房交易及房屋租赁网签备案系统与房地产中介机构的联网，实现房屋抵押网签备案与银行的联网，9月，提前完成房屋网签备案系统与住建部联网。全年完成商品房买卖合同网签备案15131套、175.58万平方米，存量房交易合同网签备案3736套、37.1万平方米，房屋抵押合同网签备案6484套、71.92万平方米、抵押合同金额27.32亿元，房屋租赁合同备案416套、3.9万平方米。

【专项维修资金管理】 2019年，临汾市房地产中心修订《临汾市区住宅专项维修资金管理实施细则》，升级完善专项维修资金管理系统，实现个人账户收支、计息及查询功能和财务电子化管理。全面开展住宅专项维修资金集中清缴行动，对2004年以后交付使用的142个房地产开发项目进行集中清缴，立案查处11个擅自挪用住宅专项维修资金和10个未归集首期住宅专项维修资金将房屋交付使用的房地产开发项目。截至12月底共催交维修资金约1.04亿元，正常归集1.43亿元，归集资金2.47亿元。

【房屋租赁市场发展】 2019年，临汾市房地产中心多渠道增加租赁住房供应，指导临汾盛年置业房地产开发有限公司购买恒安新东城76套商品房，在改造后开展住房租赁试点；指导成立临汾易嘉和临汾市恒永汇2家专业化、机构化房屋租赁机构；引导山西经贸房地产开发有限公司和临汾五洲城建开发有限公司2家企业推进开展住房租赁业务；确定市区住房租赁租金参考价格，向社会进行公布；配合市建行完善住房租赁综合服务平台建设，实现平台五大系统上线运行；与市区备案的11家经纪机构联网,实现房屋租赁合同网签备案全覆盖，全年网签备案累计416宗，备案房屋租赁面积3.9万平方米，办理房屋租赁登记证108份。

【物业管理市场监管】 2019年，临汾市房地产中心推进物业管理“四级分工”体制全面落实，发挥主管部门指导、协调和监管职能。完善前期物业服务招投标和物业承接查验制度，推进物业服务诚信体系建设。制定《临汾市区住宅物业管理招标投标管理试行办法》等6个规范性文件。监督指导国色天香、华门1号等13个住宅小区完成前期物业管理招投标，新建住宅小区物业管理覆盖率达100%，物业服务招标率达100%。监督指导2个小区成立业主委员会。两次下发通知，督导检查物业服务小区开展环境卫生大整治工作。履行物业服务企业安全生产监管责任。向市区物业服务企业下发有关安全文件12个，入小区巡回检查300余次，联合消联应急部门对物业服务企业及业主进行消防安全培训，督导企业制定《消防应急预案》并进行消防及电梯安全应急演练。全年处理市长热线1084件、信访投诉8件、电话投诉263件，接待来访人数200余人，回复人大、政协提案议案5件。

【住宅全装修工作】 2019年，临汾市房地产中心结合市区住房发展规划和年度计划，制定出台《临汾市新建商品房住宅全装修建设实施细则（试行）》，明确实施范围、目标任务、基本建设程序及全装修住宅建设管理等内容。

【安全生产】 2019年，临汾市房地产中心成立直管公房安全排查小组，加强直管公房日常安全巡查检查，建立房屋安全巡查、排查台账及影像资料。对存在危险的房屋及时下发危房通知书、限期搬离通知书共计22份，对先后维修五一路红楼、体育北街60号、姚家胡同9号院、席家胡同4、5号院、老百汇西、辛寺街小学南院等直管公房进行维修加固。汛期通过巡查，及时发现并排除姚家胡同、席家胡同等4处险情，有效保障国有资产安全和承租住户的人身财产安全；履行物业服务企业安全生产监管责任，督导物业服务企业严格落实小区安全主体责任。向市区物业服务企业下发有关安全文件12个，累计360次入小区进行消防、电动车停放、高空坠物及电梯安全等巡回检查，对发现的安全生产隐患问题及时进行督促整改。

【房地产市场执法】 2019年，临汾市房地产中心共对市区85个在建在售房地产开发项目、65家房地产经纪机构、9家房地产估价机构、142个交付使用的物业服务小区进行执法检查，对110例房地产市场违法违规行为进行分类处置，立案查处35例违法违规行为，对53个房地产开发项目张贴禁售通告或严禁超范围预售通告，规范市区房地产市场秩序；开展住宅专项维修资金集中清缴行动，对2004年以后已交付使用的142个房地产开发项目进行集中清缴，截至12月底，催交维修资金约1.04亿元。立案查处11个擅自挪用住宅专项维修资金和10个未归集首期住宅专项维修资金将房屋交付使用的房地产开发项目；开展整顿和规范市区房地产中介市场秩序专项检查，立案查处违法违规行为30例，下发整改通知书107份；对市区172个物业服务小区侵占公共资源收益情况进行全面摸排。

【直管公房管理】 2019年，临汾市房地产中心按照《固定资产出租出借管理办法》有关规定和程序，对市区4.12万平方米直管公房进行招租经营，全面推行使用《房屋租赁合同》（示范文本），其中，营业房全部进入公共资源交易平台进行公开招租。直管公房租金标准依据财政评审金额执行，租金收入严格执行“收支两条线”管理，确保国有资产的保值增值。全年共收缴租金约418万元，较2018年同期增收37.28万元，增幅9.8%。

【房屋交易管理】 2019年，临汾市房地产中心严格执行市行政审批大厅各项管理制度，加强与不动产、税务等有关部门的协调配合，推进“三网融合”，优化业务流程，压缩办理时限，先后开展实施房屋抵押合同备案业务和“互联网+房屋确认”工作模式，倡导不动产登记、房屋交易、税收征缴三部门“一张表”受理、一套资料内部流转运行模式，做到房屋交易手续不超1个工作日办结，方便办事群众。全年接收不动产告知单19157件，与不动产交接抵押注销、司法解封信息1218件，办结各类房屋交易确认手续13151件，登记注销1132件，出具预告查询证明6500件，存量房买卖合同备案3655份，抵押合同备案5401件。

【房地产领域信访】 2019年，临汾市房地产中心有效预防化解社会矛盾全面排查房地产开发企业、经纪机构、估价机构、物业服务企业在经营过程中存在的违规预售、商品房预售资金使用不规范及未按规定时间缴存维修资金等矛盾纠纷和历史遗留问题，超前做好政策、法规解释和思想疏导工作，变群众上访为干部下访，对苗头性、倾向性问题做到早处理、早落实，把可能上访的苗头消除在萌芽状态。全年受理处置各类信访件51件，市长热线1464件，接待来人来访75次。

环境保护

综　述

【机构改革基本情况】　临汾市生态环境局于2019年1月30日挂牌成立，为市政府正处级工作部门。市生态环境局机关核定行政编制31名，处级领导职数一正3副。内设机构10个，为办公室（宣传教育科）、法规与应急科、人事科（机关党委）、科技财务科（内审科）、自然生态保护科（综合科）、水生态环境科、大气环境科（应对气候变化科）、土壤生态环境科、固体废物与化学品科、行政审批管理科。市生态环境局设各县（市、区）分局，为市生态环境局派出机构，均为正科级，各设局长1名，副局长2名，共核定行政编制130名。

【完善水污染治理机制】　2019年，临汾市生态环境局制定并印发《临汾市地表水生态环境治理攻坚方案（2019—2020）》《临汾市水污染防治2019年行动计划》，明确全市地表水环境治理攻坚5方面20项重点工作，确定责任单位，完成任务时限，建立调度机制，定期通报工作进度，全面压实地表水治理主体责任。

【落实专项工作】　2019年，临汾市生态环境局完成扫黑除恶、防范化解重大社会风险、违规高尔夫球场整顿、庭院式公墓治理、尘肺病治理、司法衔接、市委环保重点工作督查组协调、部省挂牌督办案件整改、国务院大督查、防范化解“黑天鹅、灰犀牛”重大社会事件风险、环保部强化监督帮扶人员抽调、强化监督帮扶交办问题整改、互联网+监管平台信息录入、监管事项认领等专项工作任务。

（吴中涛）

2019年1月30日，临汾市生态环境局举行揭牌仪式

（市生态环境局供图）

环境状况

【大气环境质量】　2019年，临汾市区环境空气质量持续改善，特别是环境质量综合指数在全国168个重点城市中排名前进4位，摘掉多年全国末位的帽子，取得历史性突破。按照《环境空气质量标准》（GB3095-2012）评价，2019年临汾市区综合质量指数6.75，二级以上天数174天。临汾市区细颗粒物PM2.5年均浓度值为62微克/立方米，可吸入颗粒物PM10年均浓度值为103微克/立方米，二氧化硫年均浓度值为28微克/立方米，二氧化氮年均浓度值为39微克/立方米，一氧化碳第95百分位值为3.1毫克/立方米，臭氧第90百分位值为204微

克/立方米。其中二氧化硫、二氧化氮和一氧化碳监测指标达国家二级标准，可吸入颗粒物、细颗粒物、臭氧监测指标超过国家二级标准。

所辖16县（市）中，除大宁县空气质量达到国家二级标准，其余15县（市）空气质量均未达到国家二级标准。细颗粒物PM2.5：隰县、吉县、大宁县、蒲县、永和县和乡宁县6个城市细颗粒物年均值达国家二级标准（35微克/立方米），其余10个城市均超标。颗粒物PM10：蒲县、乡宁县、大宁县、隰县和吉县5个城市可吸入颗粒物年均值达国家二级标准（70微克/立方米），其余11个城市可吸入颗粒物年均值超标。二氧化硫：16个城市二氧化硫年均值均达国家二级标准（60微克/立方米）。二氧化氮：16个城市均达国家二级标准（40微克/立方米）。一氧化碳：侯马市一氧化碳第95 百分位数超标，其余15个城市一氧化碳第95百分位数均达国家二级标准（4.0毫克/立方米）。臭氧：永和县、大宁县2个城市臭氧八小时第90百分位值达国家二级标准（160微克/立方米），其余14个城市臭氧八小时第90百分位值均超标。

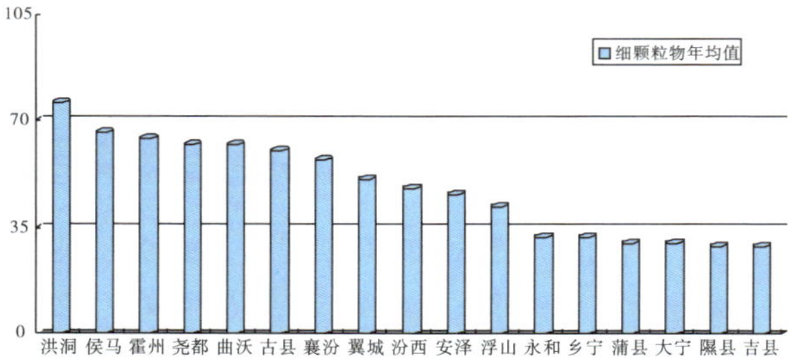

17城市空气中细颗粒物年均浓度值（微克/立方米）

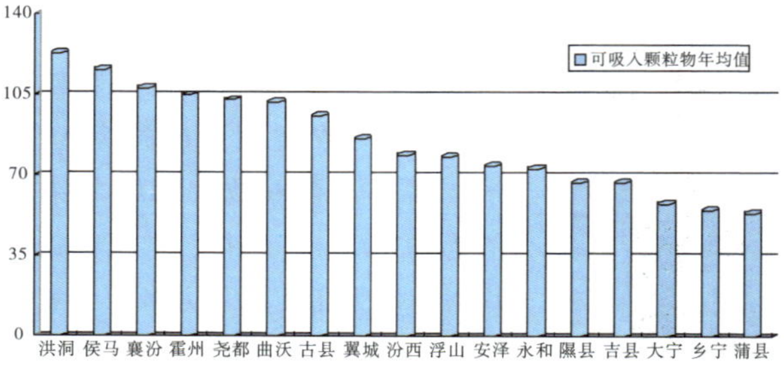

17城市空气中可吸入颗粒物年均浓度值（微克/立方米）

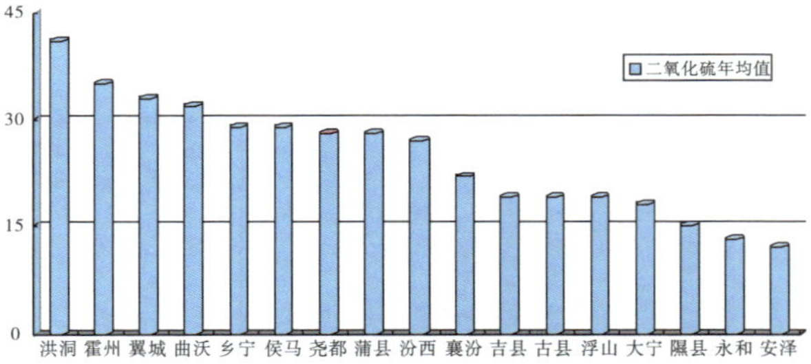

17城市空气中二氧化硫年均浓度值（微克/立方米）

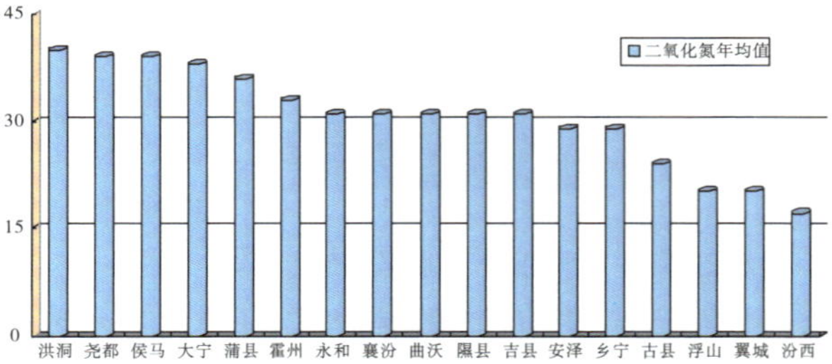

17城市空气中二氧化氮年均浓度值（微克/立方米）

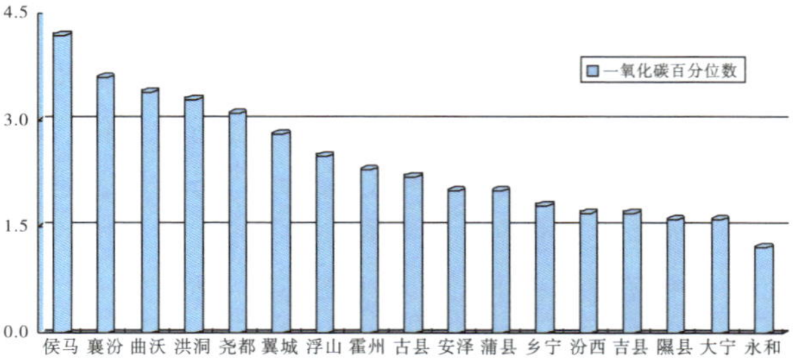

17城市空气中一氧化碳第95百分位值（毫克/立方米）

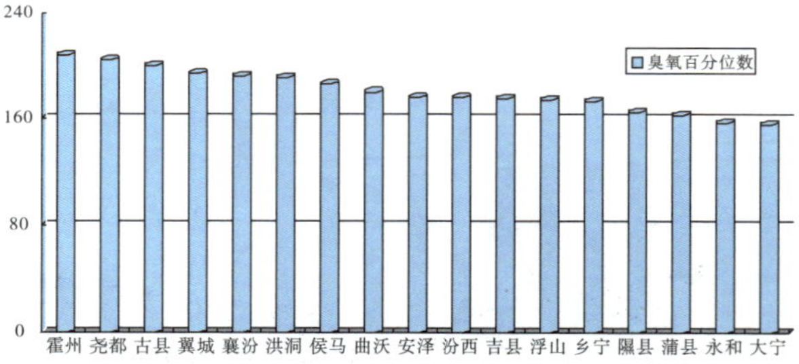

17城市空气中臭氧第90百分位值（微克/立方米）

按照《环境空气质量标准》（GB3095-2012）评价，2019年临汾市区环境空气一级天数24天，二级天数150天，三级天数114天，四级天数50天，五级天数19天，六级天数8天。达标天数174天，占比47.7%。

全市16县（市）中，二级以上天数比例在45.6%至87.1%之间。大宁县二级以上天数最多，达317天；洪洞县最少，为166天。

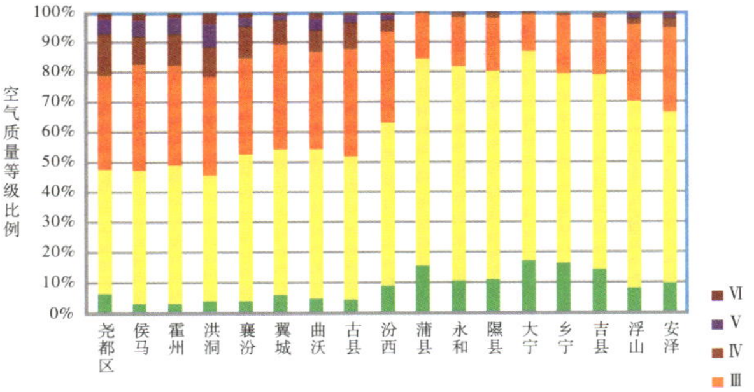

17城市空气质量级别分布情况

【地表水环境质量】 2019年，临汾市有8个地表水监测断面，即汾河临汾断面、汾河上平望断面、沁河张峰水库入口（海东村）、昕水河黑城村断面、鄂河万宝山（下宽井河）断面、芝河佛堂村（下刘台）断面、州川河县川口（荆门沟）断面、浍河小韩村（国考西曲）断面。

断面水质评价结果表

表17

河流名称	断面名称	水质类别	水质状况	粪大肠菌群
汾 河	临 汾	劣Ⅴ类	重度污染	劣Ⅴ类
	上平望	劣Ⅴ类	重度污染	---
沁 河	黑城村	Ⅳ类	轻度污染	---
昕水河	张峰水库入口(海东村)	Ⅱ类	优	Ⅱ类
鄂 河	万宝山(下宽井河)	Ⅳ类	轻度污染	Ⅲ类
芝 河	佛堂村(下刘台)	Ⅱ类	优	Ⅲ类
州川河	县川口(荆门沟)	Ⅴ类	中度污染	Ⅳ类
浍 河	小韩村(医考西曲)	劣Ⅴ类	重度污染	---

汾河临汾段仍属于有机污染，主要污染物为氨氮、化学需氧量（COD）、生化需氧量（BOD5）、高锰酸盐指数、总磷等。与2018年相比，2019年汾河临汾断面氨氮上升幅度为22.1%，上平望断面下降幅度为8.3%；化学需氧量（COD）临汾断面下降幅度为14.3%，上平望断面下降幅度为3.7%；高锰酸盐指数临汾断面下降幅度为8.0%，上平望断面下降幅度为6.3%；生化需氧量（BOD5）临汾断面下降幅度为12.6%，上平望断面上升幅度为1.6%；总磷临汾断面上升幅度为33.3%，上平望断面无变化。

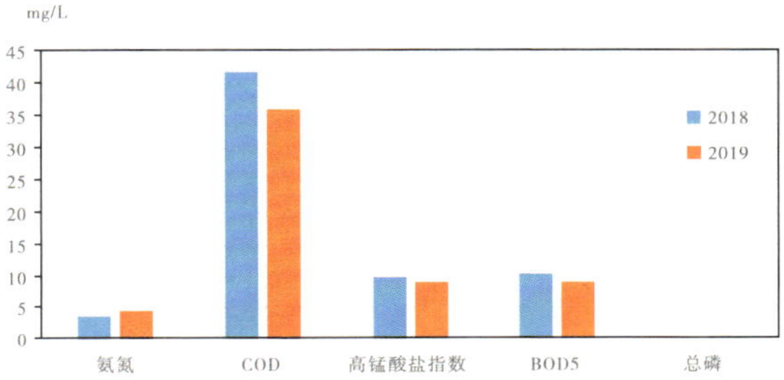

汾河临汾断面主要污染物变化趋势图

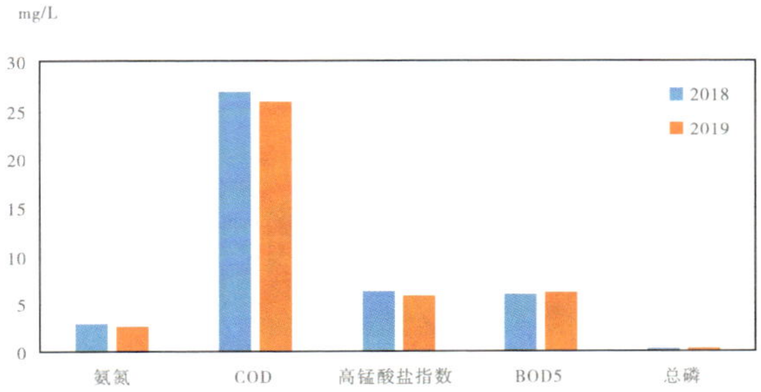

汾河上平望断面主要污染物变化趋势图

2019年，汾河临汾出境上平望断面与汾河临汾入境王庄桥南断面相比，化学需氧量下降28.3%、氨氮下降23.7%、总磷下降13.2%，汾河流经临汾市水质明显好转。（吴中涛）

生态保护

【矿山生态修复】 2019年，临汾市完成山西安鑫煤业有限公司矿山生态环境恢复治理工程、洪洞县山西陆合集团煤业有限公司矿山生态环境恢复治理工程、乡宁县区域矿山生态环境恢复综合治理工程矿山生态恢复治理项目。三个项目总投资4654万元，治理矸石约170万吨，治理面积达到16万平方米，实现经济效益、社会效益、生态环境效益的同步提高和可持续发展。

【自然保护区监管】 2019年，临汾市生态环境局开展“绿盾2019”自然保护区强化监督工作专项行动，下发《临汾市“绿盾2019”自然保护区强化监督工作方案》。对自然保护区内采石采砂、工矿用地、核心区旅游设施和水电设施等四类聚焦问题进行再次排查，重点解决卫星遥感反映的问题和整改工作。

【生态保护红线】 2019年，确定蒲县为山西省生态保护红线勘界定标试点县。在省生态环境厅的指导下，制定《蒲县生态保护红线勘界定标试点工作方案》，开展生态保护红线勘界定标试点工作。

（吴中涛）

节能减排

【省定任务完成情况】 2019年10月16日山西省大气污染防治工作领导组下达临汾市2019年大气污染物总量减排任务目标为：二氧化硫排放量较2015年下降28.8%，二氧化硫排放量较2015年重点工程减排2.15万吨；氮氧化物排放量较2015年下降20.7%，氮氧化物排放量较2015年重点工程减排量1.72万吨。经核算，二氧化硫排放量较2015年下降30.16 %、氮氧化物排放量较2015年下降21.55 %，二氧化硫、氮氧化物较2015年重点工程减排量均超额完成上级下达的减排任务。

2019年化学需氧量排放量41820.89吨、氨氮排放量5006.76吨，与2018年相比，化学需氧量减排2504.11吨、氨氮减排234.24吨。

【省生态环境厅任务完成情况】 2019年，省生态环境厅下达临汾市主要水污染物总量减排任务为：在2015年基础上，化学需氧量下降15.89%、重点工程减排量8500吨，氨氮降幅13.82%、重点工程减排量1200吨。2019年化学需氧量较2015年削减18.17%、重点工程累计减排12385.89吨，氨氮较2015年削减16.61%、重点工程累计减排1596.1吨，全面完成省考核任务。

（吴中涛）

污染防治

【推动重污染企业退出】 2019年，临汾市对一城三区焦化钢铁塑料制品等企业实施退出搬迁。其中，佛塑股份临汾经纬分公司于6月底全面停产；东方恒略精密铸造有限公司钢铁部分7月5日全面停产，500立方米高炉、2×40吨转炉拆除完毕；山西三维瑞德焦化有限公司和山西陆合集团远中焦化有限公司于7月20日全面停产，焦炉全部推空，其他附属生产线全部停产。关停市区规划区内铸造企业4家，汽修企业89家，家具制造、石料加工、木制品加工等企业57家，废品收购站19家。

【工业企业深度治理】 2019年，12家钢铁和19家焦化企业均在全省率先启动超低排放改造；按照取缔一批、整合一批、提升一批的要求，实施铸造、洗煤行业专项整治；按照《临汾市煤焦发运站环境综合整治方案》要求，对煤焦发运站进行环境综合整治；开展工业炉窑、挥发性有机物专项整治。6家火电均完成无组织治理和超低排放改造；3家大型钢铁企业、4家焦化已完成超低排改造；9家铸造企业完成治理；4家水泥企业完成治理；37家洗煤企业完成整治。

【“散乱污”企业及集群综合整治】 2019年，临汾市生态环境局建立“散乱污”动态管理机制，压实网格化管理责任，发现一处，整治一处。全年排查整治“散乱污”企业909家，其中，取缔563家，改造226家，剩余159家全部停产整治。

【水污染防治重点工程项目实施】 2019年，临汾市确定31个水污染防治重点工程，完善配套机制，采取周调度、月通报，电话、微信工作群常态化督促，现场检查，预警、约谈等方式加大督促推进力度。

【流域生态环境综合治理】 2019年，临汾市生态环境局推进“携手清四乱、保护河流生态”专项行动，对河道管理范围内乱占、乱采、乱堆、乱建等“四乱”问题进行重点摸排，梳理排查“四乱”问题487处，完成整治销号468处；推进跨界断面水质自动监测站建设，完成全市14座自动监测站建设，为强化环境监管、厘清属地责任提供有效支撑；进行入河排污口排污口整治，对排查出的225个入河排污口，进行全面彻底整治，整治任务全部完成；推进生态湿地建设，吉县州川河人工生态湿地建成投运，侯马市浍河水质改善治理工程（铜厂段）调试运行，汾河吴村段人工生态湿地、浍河曲沃县东韩段深度提质治理项目正在建设，翼城县人工湿地建设工程完成前期手续。

【水源地保护工作】 2019年，临汾市生态环境局组织完成17个县（市、区）城镇水源地评估和全市乡镇级及以下水源地信息采集软件填报工作；对古县三合一水源地一级保护区内存在的环境问题，进行全面彻底整治。

【土壤污染防治】 2019年，临汾市生态环境局完成《全国农村环境综合整治“十三五”规划》要求的五县（曲沃县、翼城县、浮山县、安泽县、乡宁县）31个行政村的农村生活污水治理工作。其中，建设小型污水处理站的13个村庄、通过管网接入城镇污水处理厂的10个村庄、采用其他收集方式处理生活污水的8个村庄。通过农村生活污水治理，改善乡村人居环境。

（吴中涛）

环境监管

【专项执法活动】 2019年，临汾市生态环境局深入开展违法排污大整治“百日清零”、打击违法采砂、工业企业排水执法、汾河流域入河排污口整治、环境风险隐患排查整治、焦化行业检查整治行动、“三监联动”执法检查、“散乱污”企业排查、粗酚生产企业排查整治、消耗臭氧层物质专项检查等17项专项行动，各项工作均按照要求完成，其中，“百日清零”专项行动中市生态环境保护综合行政执法队被省生态环境厅评为“先进集体”，6月，被市直工委评为“2018—2019年度五星级党支部”。

【开设“大讲堂”】 2019年，为提高执法人员的综合素质能力，临汾市生态环境行政综合执法队开设“执法大讲堂”，开讲36次。通过开设“执法大讲堂”，提高全体执法人员对环保法律法规条文的理解、适用能力，提高全体执法人员执法能力和综合素质，为规范执法工作奠定基础。

【落实“双随机”制度】 2019年，实行“双随机、一公开”，每月随机抽取执法人员、检查对象，进行随机检查。全年抽取检查执法人员326人（次），抽取企业163家（次），其中，重点污染源企业91家（次），一般污染源企业72家（次），对随机检查中发现的9起环境违法行为，进行立案查处，检查结果通过网络公开，增加执法工作的透明度。

【环境监管执法】 2019年，临汾市生态环境局加大地表水环境保护执法力度，对重点河流开展专项执法行动，严厉查处超标排放、违规倾倒、偷排偷放、数据造假等环境违法行为，坚决做到发现一个，查实一个，严处一个，全年临汾市对水污染违法行为立案82件，处罚2849万元，水环境执法的高压态势初步形成。

【科技监管】 2019年，临汾市生态环境行政综合执法队针对执法工作存在的检查目标不明确、问题发现不及时等问题，推动实施企业用电监管系统、智能热点网格监控平台建设。截至12月底，智能热点网格监控平台已进入市财政局专家评审阶段；企业用电监管系统已签约402家企业，安装360家，安装监控设备5625套。

【铁腕治污】 2019年，临汾市生态环境领域立案处罚868件，罚款11657.4万元，其中，市本级查处环境违法案件215起，较2018年增长226%；罚款3076万元，较2018年增长43%；五类案件89件，较2018年增长641%，全市案件总数、罚款总额均位居全省第一，被评为“全省环境执法大练兵先进集体”。

【严查举报案件】 2019年，临汾市“12369环保举报管理平台”接到公众举报723件。其中电话举报137件，微信举报420件，网络举报97件，生态环境部转办案件19件，省应急中心转办案件50件。公众举报的654件案件中，已办结482件，不予受理161件，其余11件正在办理。省、部转办的69件已全部办结。在省厅2019年开展的举报案件公众满意度调查活动中名列全省第一，受到省生态环境厅的通报表扬。 （吴中涛）

教　育

综　述

【概况】　2019年，临汾市共有各级各类学校1799所，其中，小学778所、普通中学261所、幼儿园714所、中等职业学校38所、特殊教育学校8所。有在校学生622873人，教职工62494人，其中专任教师51293人。

民办学校共494所，其中幼儿园384所，小学43所，初中32所，普通高中21所，职业高中14所。

全年临汾市教育经费总收入达80.16亿元，国家财政性教育经费68.92亿元，其中，一般公共预算安排的教育经费68.13亿元；政府性基金预算安排的教育经费7821万元；企业办学中的企业拨款30万元；民办学校中举办者投入2815万元；事业收入10.64亿元（学费收入9.68亿元）；其他教育经费3238万元。

全市各级各类学校教育经费总支出为80.52亿元，在事业性经费中，人员经费支出56.35亿元，其中，工资福利支出52.66亿元，对个人和家庭的补助支出3.71亿元；公用经费支出24.05亿元，其中，商品和服务支出13.84亿元，其他资本性支出9.45亿元；基本建设支出5868万元；其他支出1674万元。

【党管教育】　2019年1月，临汾市委成立教育工作领导小组（以下简称领导小组）。领导小组增强落实教育优先发展战略的自觉性和坚定性，坚持社会主义办学方向，坚持加强党对教育工作的领导，遵循教育规律和人才成长规律，把立德树人贯穿到教育工作的各领域、各环节，以凝聚人心、完善人格、开发人力、培育人才、造福人民为工作目标，结合临汾实际，破解教育发展难题，加快推进临汾教育现代化发展，培养德智体美劳全面发展的社会主义建设者和接班人。领导小组先后12次专题研究教育工作，在领导小组的领导和协调推进下，9月，召开全市教育大会，出台《临汾教育现代化2035》《加快推进临汾教育现代化实施方案（2019—2022年）》和《关于全面深化新时代教师队伍建设改革的实施意见》三个文件，擘画临汾教育发展蓝图。

【教育惠民政策】　2019年，临汾市教育局严格实施各项惠民政策，学前教育资助（经济困难学生每生每年1000元）、义务教育“两免一补”（从2019年秋季学期起，将义务教育阶段建档立卡学生，以及非建档立卡的家庭经济困难残疾学生、农村低保家庭学生、农村特困救助供养学生等四类家庭经济困难非寄宿生纳入生活补助范围。家庭经济困难寄宿生补助国家基础标准为生均小学1000元，初中1250元；按照基础标准的50%的比例核定家庭经济困难非寄宿生生活补助标准）、普通高中建档立卡等家庭经济困难学生按收费标准免除学杂费、普通高中国家助学金（家庭经济困难的学生，标准为每生每年2000元）、中等职业学校免学费（职业高中每生每年2000元的标准免除）、中等职业学校国家助学金（家庭经济困难的学生，标准为每生每年2000元）及“雨露计划”（对考取二本B类以上的贫困学生资助5000元）全部落实到位。

（王惠琴）

学前教育

【公办园建设】　2019年，全市新改扩建公办幼儿园6所。全市公办园占比达51.4%，3岁至6岁学前教育毛入园率达94%，高于全国、全省平均水平。全省学前教育重点工作推进会在乡宁县召开，肯定临汾市学前教育经验。

【规范办园行为】 2019年，临汾市先后对200多所问题园下发限期整改通知，明令取缔或张榜公布41所有重大安全、质量等隐患的幼儿园，取缔无证园41所，颁发办园许可证48个。全年认定普惠性民办幼儿园87所，超额完成年初制定的目标，普惠性民办幼儿园达到210所。全市32个具备配建幼儿园的小区，全部完成配建任务。

（王惠琴）

义务教育

【城乡学校布局调整】 2019年，临汾市推进市区学校建设三年行动计划。2018—2019年的13个项目学校中，整合完毕1所，新建移交2所，基本完工1所，其他9所项目校正在办理相关手续。优化义务教育阶段农村学校布局调整。修订完善17个县（市、区）农村义务教育学校布局规划，全市共新建6所，整合13所，撤并学校44所，农村义务教育学校由1191所调整为1136所，布局更加合理。

【乡镇寄宿制学校建设】 2019年，临汾市教育局对全市427所乡镇寄宿制学校进行摸底，结合各地生源变动、乡村学校布局、城镇化进程及现有资源布局等因素，完成新建、改建75所乡镇寄宿制学校的任务。

【全面改薄收尾工作】 2019年，临汾市“全面改薄”工作进入收尾阶段。根据《关于做好全面改薄2018年年度计划填报工作的通知》（全国改薄办函〔2019〕2号）要求，对16个项目县做全面系统培训。根据省厅要求，对新增资金的11个项目县2014—2018年规划进行调整，对曲沃县、襄汾县、洪洞县、汾西县、侯马市5个县市的2018年年度计划进行指导。16个县（市、区）“开工率”“竣工率”和“设施设备采购率”均已完成。

【控辍保学】 2019年，临汾市教育局按照《临汾市教育局关于进一步落实控辍保学工作实施意见》要求，抓好全市的控辍保学工作，实行“一县一策、一人一案、台账管理、月报制度”。山西省教育厅反馈的16个县市区（除侯马）319人疑似辍学儿童，已复学153人，无法上学但送教上门136人，康复中心11人；超龄离校17人，因病死亡2人。其中建档立卡学生111人。

【区域内教师校长交流】 2019年，临汾市教育局推进校长、教师交流工作，全市符合交流条件的校长共365名，已交流79人，占比21.6%；符合交流条件的教师共4693人，已交流693人，占比14.8%；符合交流条件的优秀骨干教师共670人，已交流160人，占比23.9%，超额完成省定目标。

（王惠琴）

高中教育

【高中阶段集团化办学模式改革】 2019年，临汾市教育局为全面贯彻落实全国、全省、全市教育大会精神，发挥优质普通高中学校的引领示范作用，合理配置教育资源，提高薄弱普通高中学校管理水平，缩小普通高中校际差距，促进全市高中教学质量整体提升。率先在全市部分公办普通高中学校推行集团化办学模式改革，探索构建普通高中集团化办学模式。建立“四三二一”工作目标体系，通过以优质示范高中为龙头，跨区域、跨层次吸收普通高中学校、薄弱高中学校组建教育集团，实现整体提升。依据“积极主动、双向自愿”的原则，初步建成4个教育集团（临汾一中教育集团、临汾三中教育集团、襄汾中学教育集团、翼城中学教育集团）。

【高考质量】 2019年，临汾市高考成绩再创新高，本年高考成绩实现突破，达二批本科B类线人数18928人，比2018年增加899人，达线率54.04%，比2018年提升3.17个百分点，跃居全省中上游，考入北大、清华达12人。 （王惠琴）

职业教育

【概况】 2019年，临汾市共有38所中等职业学校，其中，普通中专5所（含1所民办、1所高职中专部），公办职业高中和职业中专学校19所，民办学校14所，5所国家级重点职业学校，4所省级重点职业学校，有8所省级中等职业教育发展与改革示范校，全市开设有计算机应用、数控技术应用等专业70余种。在校生23324人，其中，公办学校学生有16064人，民办学校学生有7260人，中等职业学校共毕业6201人，升入高一级学校共3661人，机关和企事业单位就业1362人，合法从事个体经营354人，其他方式就业613人。全年共注册新生8528人，其中普通中专1571人，职业中专4516人，职业高中2441人。

【现代职教体系完善】 2019年，临汾市教育局完成中等职业教育学校招生资质核查工作，初步认定具备中等职业学历教育招生资质的学校共有30所，其中，高等职业院校普通中专部1所，普通中专学校5所，职业高中、职业中专学校24所。2019暂时允许招收中等职业学历教育学生的学校10所；取消中等职业学历教育招生资质的学校1所。全市14所学校新增专业35个，涉及老年人服务与管理、社会文化艺术、航空运输、智能机器人等多个热门专业，专业布局与经济社会发展需求人才契合度提高。成立“临汾职业教育集团”，标志着临汾市职业教育在规模化、集团化发展上迈出坚实的步伐；印发《临汾市现代职业教育改革发展行动计划》；鼓励支持各学校申报“1+X”证书制度试点院校，经省教育厅审核认证，共确定全市8所学校开展试点，参与试点专业为13个。

【职教中心建设】 2019年，安泽、隰县县级职教中心建设通过省级验收，全市17县市职教中心建设全面完成。

临汾市中等职业学校参加省级技能竞赛的学生335人，参赛教师89人，学生组获一等奖5个，二等奖15个，三等奖81个，共101个。教师组获一等奖2个，二等奖8个，三等奖26个，共36个。全市共获奖137个，取得良好成绩。

（王惠琴）

教师队伍建设

【概况】 2019年，临汾市共有中小学、幼儿园教职工59679人，专任教师49059人。专任教师中，城区13366人，镇区22281人，乡村13412人。各学段教职工人数分别为：高中教职工13361人，初中教职工14414人，小学教职工21330人，学前教育教职工10335人。

【师德师风建设】 2019年，临汾市教育局为全面加强师德师风建设，下发文件《临汾市教育局关于转发〈山西省教育厅关于建立教师师德承诺书和师德档案的通知〉的通知》（临教师函〔2019〕4号）。全员建立师德档案，各年度师德考核结果确定后，由教师本人签名确认，由单位或部门统一归档保存；查处违反师德行为情况。全年接到反映教师问题案件21起，落实并处理相关人员8人，所有举报信息按照要求核查办理完毕。

【教师培训】 从2019年起，全省中小学幼儿园教师全员培训工作实行省级宏观指导、市级规划实施、县级组织落实、学校具体落实的管理体制。市级教育部门负责制定本市中小学幼儿园教师全员培训工作规划和年度具体组织实施办法，安排部署指导所属县和直属学校做好贯彻落实工作，督查县（市、区）和学校贯彻落实情况。全市共有27705名教师参加全员培训。

对大宁县、永和县、隰县、汾西县、古县、蒲县、浮山县、吉县8个国培项目县和曲沃县、霍州市、洪洞县3个信息技术能力提升项目县进行前期工作安排，拟参加全员培训的教师、新入职和期满留任的“特岗教师”及新入职的公费师范生人数，各县（市、区）报回的相应信息表，上报省厅，组织参加相关培训。全市有7737名教师参加国培计划。

【学科带头人和骨干教师的培养管理】 2019年，临汾市教育局组织各县（市、区）教科局和市直学校认真选拔、审核、推荐2019年省、市级学科带头人和骨干教师候选人，确定省级学科带头人31人（高中9人、初中12人、小学10人）；省级骨干教师29人（高中6人、初中7人、小学16人）；市级学科带头人74人（高中13人、初中26人、小学27人、幼儿8人）；市级骨干教师104人（高中31人、初中27人、小学34人、幼儿12人）。

【“三优”活动实施】 2019年，临汾市教育局根据“三优”评选工作的有关要求，评选注重过程、分层推进，2018学年度在全市教育系统开展争创“优秀班主任、优质高效课、优秀教研团队”活动。通过层层选拔，评选出优秀班主任99名，优质高效课198节，优秀教研团队57个，于教师节之际进行表彰，调动教师的积极性，形成争先创优的良好氛围。为发挥优秀班主任的示范引领和辐射带动作用，打造临汾市德育工作品牌，创建首批中小学名班主任工作室，遴选出李晋等9名名班主任工作室主持人，为其颁发证书，正式授牌。

【乡村教师支持计划】 2019年，临汾市组织隰县等6个老区县申报支持老区教育奖评选，经过学校推荐选拔并公示、县教育部门审核，市教育局确认，报送省教育厅等程序。赵成平等30名教师受到省厅表彰。

【公费师范生就业】 2019年，临汾市下发《关于召开2019届山西师范大学临汾生源公费师范毕业生就业工作双向见面选择会的通知》，组织2019届山西师范大学临汾生源公费师范生双向见面会，为用人单位和毕业生搭建双向见面选择平台。临汾市有7名部属、17名省属临汾籍公费师范毕业生学生和用人单位签订就业协议，全部完成公费毕业生就业工作。

【特岗招聘】 2019年，临汾市组织实施洪洞县、霍州市、翼城县、安泽县、汾西县、吉县、隰县7个区县特岗教师名额申报、批复、岗位设置上报、网上公布及报名考试工作，为7个县招聘286名特岗教师，2019年9月1日前全部上岗，特岗教师的招聘为山区贫困县增添新鲜血液。

【教师资格认定】 2019年，针对教师资格认定的新方式，申请人“教师资格考试信息”“普通话证书信息”“学历学籍信息”材料由原来现场确认审查变为网上核验审查，审查申请人“无犯罪记录证明”等变化，市教育局教师工作科积极应对，提前召集山西师大和山西师大文理学院教师资格认定工作负责人开会研究部署认定工作，对新情况提前预判，制定预案，要求各县（市、区）按通知要求组织确认、认定工作，在县（市、区）各级认定机构的严谨工作下，教师资格认定工作按要求顺利完成。全市共认定高中（中职）、中小幼教师资格人员共8201名。

【语言文字评估工作】 2019年，临汾市语委组织专家评估团对洪洞县、隰县进行三类城市语言文字工作评估。市语委评估团在听取两县政府自评报告的基础上，按照评估要求，在省语委观察组专家的全程指导下，分4个小组到两县四大领域16个抽检单位进行实地检查评估，对评估验收情况进行汇总分析和量化评分。评估团认为两县均达到国家三类城市语言文字工作评估标准。洪洞和隰县顺利通过国家三类城市语言文字工作评估的验收，标志着临汾市三类城市语言文字评估工作全面结束，临汾市语言文字工作进入一个新时期。

【“县管校聘”管理改革】 2019年，临汾市教育局会同市编办、市人社局、市财政局下发文件《中共临汾市委机构编制委员会办公室 临汾市教育局 临汾市人力资源与社会保障局 临汾市财政局关于加快推进义务教育县管校聘管理改革工作的指导性意见》（临教师〔2019〕12号），试点工作启动，2019年全市实施“县管校聘”试点改革的有大宁县、乡宁县、古县、洪洞县、尧都区、霍州市、吉县和永和县8个县（市、区）（含2018年5个县）。

【全市中小学校长专业化能力提升培训】 2019年，由市委组织部、市委教育工委、市教育局联合举办为期一周（7月28日到8月3日）的临汾市100名中小学校长专业化能力提升专题培训班，培训发挥北京的专家资源优势，整合国内外优势资源，汇聚北京师范大学及国内其他高校、科研机构的教育学、管理学、心理学界的知名专家，以及公办、民办小学的资深校长和教学副校长等担任研修专家，共同助推专家型校长的培养。培训方式采取集中研修的方式组织实施，以实际问题为导引，以鲜活案例为载体，坚持理论与实践相结合，专题学习与广泛研讨相结合，全程突出全员参与、切实体验和丰富互动，通过一周培训，让校长们思想素质、业务能力、教育理念有了提高，提升临汾市中小学校长的角色适应能力和教育管理水平，最终提高临汾市教育教学质量。

（王惠琴）

教育管理

【教育信息化建设】 2019年，临汾市建成覆盖全市学校的教育城域网，建成覆盖全市学校的临汾市基础教育资源公共服务平台，全市各级各类学校宽带全覆盖。临汾市拥有多媒体教室11521个，占91.40%，其中，具有交互功能的：9,768个占77.493%，具备展示功能：1,753个占13.907%。建成计算机教室867个，录播教室211个，拥有教师用终端29995（台、套），每10名教师拥有终端数7.233台。拥有学生用教学设备终端46562台（套），配备学生终端学校882所，每百名学生拥有终端数10.491台。启动中小学数字校园建设试点工作。确定临汾三中，第一中心学校，第三小学，尧都区五一路学校等四所学校为数字化校园试点，四所学校分别赴上海、济南、北京等地对口学习，接受专家指导组的一对一培训，完善学校数字化校园实验方案，申报成为省教育厅数字化校园试点校。

【安全能力建设】 2019年，临汾市教育系统以创建“平安校园”为抓手，确保教育系统安全稳定。发挥“临汾市学校安全教育平台”的优势，结合重大活动节点，组织师生学习安全知识与技能，全市开通区县账号44个、学校账号1677个、班级账号15724个、教师账号15602个、学生账号422801个。加大“三防”投入，提高校园安防水平：人防方面，各县（市、区）加大与保安服务公司的联系；物防方面，全市学校完成挡车石、三脚架等防冲撞设施的安装；技防方面，中小学幼儿园校门口防冲撞设施安装率达99.1%，城市学校监控安装覆盖率达100%。总覆盖率达98.8%。对学校开展拉网式排查和综合评定，通过安全隐患排查整治，全市学校排查出安全隐患1186条，其中一般安全隐患1184条，整治1153条，整改率为97.4%；重大安全隐患2条，已整治2条，整改率为100%。

【专项整治】 2019年，临汾市教育系统配合其他部门开展专项整治行动274次，出动检查人员1962人次，收缴各类不健康音像制品和出版物10册，查封违规违法网吧5个，查封违规违法电子游戏厅2个、棋牌馆5个，新设减速带175条，新设交通标志牌1625块，取缔学校及周边餐饮店和流动摊点169个，整治学生接送车157辆，依法拆除校园周边各类违章建筑3处，依法取缔非法黑出租、黑校车、载客机动三轮车54辆。推进教育系统扫黑除恶专项斗争，截至年底，全市教育系统共摸排上报15条涉黑涉恶线索，已办结线索13条，其余2条正在通过司法程序办理中；没有发现“黄赌毒”线索；摸排整治329条治安乱点；接收整改2条风险提示函、2条检察建议；开展扫黑除恶专项斗争教育培训887次，开展宣传活动3381次，发放应知应会手册139552册，组织应知应会考试60373次，制作展板3171张。截至年底，共创建省级平安校园57所、市级427所、县级1062所。 （王惠琴）

招生考试

【概况】 2019年，临汾市招生考试中心共组织全市九类14次招生考试，参考177052人次。其中，高考38442人（应届毕业生报名30429人，往届毕业生报名8013人；文史类9230人，艺术文科4873人，体育文科1158人；理工类19543人，艺术理科2322人，体育理科1316人）；中考47457人；学考27023人；学考补考1519人，10874科次；自考上半年1576人，4492科次，下半年1666人，4824科次；对口升学2464人（参加对口升学10类专业职业技能考试的1532人）；专升本3290人；成考10623人；教师资格面试9387人（2018年笔试通过的考生），教师资格笔试22084人。

【考试安全保障】 2019年，临汾市教育局会同公安、保密、网信、无线电管理等部门对考点周边环境进行联防联治；市政府组织市、县两级招考委有关部门召开全市高考安全工作会议，对近两年发生的高考安全问题进行分析研判，风险梳理，对考试安全防范、设备更新作出具体部署安排；考前，对考点及保密室的设施设备进行实地检查。对试卷押运、考点环境、交通安全、净化涉考网络环境等方面加强专项治理；把好“思想关、责任关、舆情关、考风考纪关、检查关、培训关、服务关、纪律关”八个关键环节，采取一岗多控、人技联防、多证合一、人机比对、交叉巡视等多种措施严防替考，确保考务工作“零事故”；利用新闻媒体、网站、学校等平台，对考生及涉考人员进行考试法律法规的宣传教育，向高考、中考考生印发《公开信》，引导考生诚信应考。开展志愿者服务，运用媒体宣传，倡导全社会低碳绿色出行。发挥部门联动制，开设“绿色通道”，对考生证件即丢即办。

【招生考试阳光工程】 2019年，临汾市招考中心在组织考生报名资格审核、现场确认、考试录取等工作中，公开工作流程，公布举报信箱和举报电话，自觉接受社会监督。落实招生考试“十公开”制度，执行教育部和省市招生考生政策和工作禁令，设立服务热线电话，由专人负责为考生解惑答疑，全年接受咨询、答复近千余条。报名资格审核通过的考生名单在所确认点进行为期一周的公示。刊登播发招考政策、计划、信息100余篇，开展政策解读工作，彰显招生考试政策的阳光透明。

【考生信息管理】 2019年，临汾市教育局对全年九类14次考试的177052名考生的基本信息全部使用身份证识别仪进行现场采集；严格操作规程，签订责任书，实行岗位责任追究制，对考生报名确认信息的录入统计、实行专人专机管理，确保考生信息准确、规范、安全。普通中考网上报名、网上阅卷、网上填报志愿、网上录取系统均实行进行提前测评，组织考生提前网报演练，确保系统在工作期间运行正常。

【考试技防水平提升】 2019年，临汾市考试中心加大投入，提升考试技防水平。年初，对各县（市、区）的标准化考点建设工作进专项调研、安排。全市共投资4154.4万元用于17个县（市、区）的高清数字化标准考场和市级网上巡查平台的升级改造。除蒲县、洪洞、襄汾县、汾西、尧都区5个县（区），其余县（市、区）到2020年普通高考前完成考场高清数字化改造升级并投入使用，17个县（市、区）所有考点在高考期间均投入使用“三位一体”识别系统，对高科技作弊进行有效防范。

市招考中心投资65万元对市保密室及原有市级网上巡查平台模拟系统全面改造升级。购置密码保密柜、报警系统等设备，新建LED液晶拼接屏电视墙，全面升级改造为高清数据化网上巡查平台。满足多场考试时试卷的分别存放和多方位、多区位安全防范的需要。

【中考、学考组织管理】 2019年，临汾市中考、学考继续实行网上报名、网上评卷、网上录取。两次考试全市抽调评卷教师650名，评阅试卷521360份，所有的科目全部实行双评，最大限度地保证评卷过程的公正、公平。市招考委与各招生学校签订《临汾市2019年招生工作责任书》，整个招生过程接受全社会、教育纪检部门的监督，营造公平公正、和谐有序的招生环境。

为促进普通高中教育教学资源均衡发展，中心对招生办法进行微调：取消部分平川县（市、区）优质高中面向其他平川县（市、区）50个统招计划；取消三所民办普通高中（平阳中学、同盛中学、新华中学）面向全市所有初中学校招收指标到校生计划；外市在临汾市招生（太谷二中）生源范围由原来的面向全市调整为面向平川7个县（市、区）招生。

【空军招飞工作】 2019年，临汾招生考试中心下校宣传、营造氛围、组织初复检等招飞工作。××人被空军招飞局北京选拔中心录取为飞行员，××人被东航录取为飞行员，在全省名列前茅，被空军招飞局评为“山西省招飞工作先进单位”。

【教师资格面试考务改革】 2019年，临汾市共有8563名考生分别参加幼儿园、小学、初中、高中、中职5个学段的面试，全市设5个考点、189个考场，参评考官585人、工作人员428人。针对2019年度教师资格面试考务工作，中心探索新的考务实施管理程序，首次对考官及考务工作人员实行“全封闭管理”，制作“依法执考公正选才”的视频片，对面试工作重点环节进行详细记录。规范有序、科学高效的管理模式使全市2019年度的教师资格面试工作更加公平公正、安全平稳。（王惠琴）

广播电视大学

【概况】 2019年，临汾广播电视大学发挥远程开放学历教育、继续教育培训和服务社会功能，推进农村干部学历提升工程，“社区教育工作”跻身全省第一方阵，教学管理推进，教师队伍素质工程收效明显，推进建校40周年校史编纂及成果展览工作，招生规模实现新突破，春季招收新生1027人，秋季招收新生982人，农村干部学历提升

2019年，升级改迁后的临汾市招生考试中心网上巡查平台　　（市教育局供图）

工程招收2009人，开放教育全年招生2808人，奥鹏教育招生395人，联合办学招生41人，成人教育招生594人，招生人数位列全省第一。

【农村干部学历提升工程】 2019年，临汾广播电视大学推进农村干部学历提升工程，春季完成霍州、襄汾、曲沃、翼城、汾西5个县市招生报名工作，秋季完成隰县、永和、蒲县、大宁、侯马、乡宁、吉县7个县市招生工作，举办开班仪式。对学员采取“县级设点、市级直接管理”和“县级设点、县级直接管理”两种模式，基本完成市委组织部下达的“全市用三年左右时间培养3000名左右农村干部大学生，实现每个行政村至少有1名村干部是大学生”的目标。农村干部学历提升工程项目，注重实践环节，全年外出实践参加人次累计600余人次。

【社区教育】 2019年2月，在市人代会上，社区教育工作列入市《政府工作报告》。从4月开始，市电大与临汾日报社共同开辟《社区教育》专栏，每周一期，反映动态营造氛围；利用社区清风阅报栏，开展社区教育动态广告宣传，涵盖市区180个小区，每年经费投入10万元。6月，启动全市社区教育动员大会，特邀山西电大张耀斌书记指导工作，临汾日报社、临汾电视台特邀会议报道。7、8月间，对全市社区教育工作情况进行一次基本情况摸底。9月，挂牌成立临汾社区大学，建立社区大学—社区学院—社区分院—社区学校四级网络，初步实现全员、全面、全覆盖的目标。11月12日，山西省首届全民终身学习周启动仪式暨社区教育临汾现场会，本次会议由省教育厅主办，山西广播电视大学、临汾市人民政府承办，临汾广播电视大学协办，参会人数约240人，呈现高质量的专题纪录片、展板及经验材料和资料汇编，在构建体系、全员推动起到示范带动作用，会上启动临汾社区教育网开通仪式。全年利用电大开放大讲堂，对辖区居民开展健康养生、消防知识、就业培训等丰富多彩的社区教育活动7场，赢得驻地办事处、社区组织和居民好评。

【教师队伍素质提升】 2019年，临汾广播电视大学有重点落实高级专业技术人员的课题，落实副高职称教师的研究方向，2019年，学校教师在北大核心期刊《电影评介》《电影评介》刊发2篇学术论文，在《名作欣赏》刊发1篇论文；校长担任课题组长，聘请三晋英才专家启动以生命教育为课题的山西电大科研立项工程，项目组在浮山开始进行调研试点；学校一名副教授受邀参加全国第二届社会教育论坛，会上做《互联网视域下临汾社区教育的理论与实践》主旨报告。

【教务管理】 2019年，临汾广播电视大学针对教务、教学、考务、辅导员工作等对全市范围的教学点、工作站教师进行集中培训，对各站点进行“一对一”“手把手”的常规性教务教学管理工作，完成省校教务处2019年教学课程的改革。编写印制《临汾电大“农村干部学历提升工程”实操手册》，对现行教学管理制度进行全面的整理和归纳，完善规章制度，将繁杂的教学规程简化，为开展教学管理工作打下基础。

【校园文明建设】 2019年，临汾广播电视大学组织志愿者服务、公益大讲堂、社区教育服务等项工作，举办评选身边的好人、敬老孝老模范等活动，弘扬社会主义核心价值观教育，和谐文明风尚氛围浓郁。（孙建平　李全晓）

临汾学院

【概况】 2019年，临汾学院推动立德树人贯穿到全程、全员、全方位育人之中，构筑“课程思政+思政课程”育人机制和育人环境；加强人才队伍和新专业建设工作，合理整合教学资源；抓好专升本、教师资格证、新专业拓展三张“名片”，提升学院办学软实力；推进内涵建设工作，夯实迎接评估的各项准备工作。组织参与“临汾市学雷锋志愿服务集中活动”“临汾市残联第二十九次全国助残日系列宣传活动”“第二届青年运动会”花样滑冰比赛开幕式、义务献血及各种社会实践活动，强化学生的爱国主义和集体主义教育。召开2018年至2019年度学生奖学金颁奖大会，对791名同学予以表彰奖励。

【办学水平提升】 2019年，临汾学院日常教学管理中，通过教案检查评比、教学问卷调查、教学专题座谈会等多种方式进行教学质量检查督促，通过以老带新、结对帮带等方式提高年轻教师教学水平。全年学院专升本考试报名1330人，首批达线人数729人、达线率54.8%，稳居全省榜首；教师资格证考试笔试参考人数1618人、通过人数1027人，通过率63.5%的。开展新专业申报工作，申报新专业8个，获批智能产品开发、物联网应用技术、社会体育（健美操教练方向）、歌舞表演等4个专业。

【师德师风建设】 2019年，临汾学院将师德师风作为评价教师队伍素质的第一标准，将社会主义核心价值观贯穿师德师风建设全过程，树立学院“教书育人，立德树人，爱岗敬业，无私奉献”的先进教师典型，开展第二届“师德模范”和“教学名师”评选活动，推动学院师德师风建设。

【科研工作规范】 2019年，临汾学院对原有科研文件进行修订完善，制定《山西师大临汾学院教科研成果奖励暂行规定》和《山西师大临汾学院学术活动管理暂行办法》，编辑《教研通讯》30期，全院在岗教职员工在国家正式学术刊物发表的论文67篇，正式出版社出版论著4部，1项省级科研课题顺利结题，评为优秀课题。

【技能比赛】 2019年，临汾学院举办师生教学技能大赛，评选出教学水平高、业务能力强、形象全能力好的优秀教师和学生36人。组织师生参加第十三届全省师范教育专业师生技能大赛，取得一等奖2项、二等奖13项，斩获各类奖项54项。组织参加全国职业院校信息化教学能力大赛，学院教师李惠敏获高职组三等奖；参加山西省职业院校技能大赛中，学院教师成斌、张学、杨晓华、张永红荣获专业课程三等奖。学院健美操队参加省赛，6个项目荣获4个一等奖，1个第一名，一个二等奖的成绩，参加全国大众健美操决赛，4个项目获得特等奖2项、一等奖2项。

【校企合作】 2019年，临汾学院采取在校学习与企业实践相结合的方式，与北京迈迪克公司、金都花园大饭店、曲沃小太阳幼儿园加深校企合作，打造学校与企业资源、信息共享的双赢模式。坚持“引进来”，鼓励师生“走出去”，4月，学院受邀参加武汉城市职业学院主办的小学教育专业教学资源库共建共享联盟成立大会。

【招生就业工作】 2019年，临汾学院完成招生计划，普通专科录取1507人，实际录取报到1434人，三年制中专录取64人。组织动员毕业生参加“专升本”“三支一扶计划”“特岗计划”“西部计划”及公务员选拔，动员毕业生应征入伍。举办企业与人才的双选会、校园招聘会，为毕业生提供1800余个就业岗位。为新疆吉木乃县、托克逊县、吐鲁番市高昌区、新疆建设兵团十四师等单位举办专场招聘会，签署就业协议36人。

【新校区建设】 2019年，临汾学院推动新校区建设工作。成立新校区项目建设领导小组，召开新校区建设设计方案、PPP项目参与服务的有关单位工作情况汇报、新校区建设工作领导小组会议，向省、市政府上报新校区项目建设进展情况，先后36次就新校区建设进行协调推动。4月10日举行PPP项目合同签约仪式。 （刘玉龙 申 贤）

科学技术

地方病防治研究

【概况】 山西省地方病防治研究所（以下简称地病所）在2019年水源性高碘地区病情普查的基础上，形成《山西省水源性高碘病区确认结果报告》，推进饮水型氟砷中毒病区改水工作，加强燃煤型氟中毒改良炉灶的后期管理工作。

【监测评价全覆盖行动】 2019年，地病所组织开展地方病各病种监测全覆盖工作，完成2018年度地方病国家监测项目，按时进行上报；完成2019年度地方病国家监测现场工作。

【提高群众防病意识】 2019年，地病所制定《全省群众防病意识提高行动工作指导方案》，组织召开群众防病意识提高行动工作交流会，各市县按照方案开展健康教育活动。

【现症病人救治救助行动】 2019年，地病所查清患者底数和救治救助对象人数，完成现症病人普查和建档工作，协调有关部门将大骨节病等纳入城乡居民门诊慢性病和重特大疾病保障范围，开展专项救治、救助，开展大骨节病患者病情及手术情况调研。

【防治能力】 2019年，地病所召开“全省地方性氟砷中毒防治工作技术培训班”等七次培训会议，加强基层防治人员知识和基本操作技能建设，确保防治人员技术到位，整体提高业务水平。

【中期评估】 2019年，地病所制定“地方病防治专项三年攻坚行动年度评估方案”，召开评估工作培训会，完成全省攻坚行动年度评估数据网络审核、整理、上报工作。

【健康教育宣传】 2019年，地病所参加全省“5·15”防治碘缺乏病日现场宣传活动，委托芮城线腔剧团编排碘缺乏病宣传戏剧《岭上人家》，在临汾市首次成功公演，制成光碟在基层宣传。组织开展全省健康教育进学校进病区活动，全省共计完成79所学校的校园健康教育宣传活动。完成全省《防治地病造福三晋》宣传片的制作与拍摄。

【防治监测】 2019年，地病所防治人员到各市对5种地方病的监测工作进行现场督导和技术指导，完成对忻州等5市17县的甲状腺B超支援工作，完成5种地方病的监测工作任务。

【地方病防治科研项目】 2019年，地病所协助中国疾病预防控制中心地方病控制中心开展砷中毒国家自然基金课题现场工作，联合山西医科大学第二医院开展大骨节病基因层面研究课题预调查工作；完成1项山西省重点研发计划项目，组织申报2项省卫健委科研课题。申报1项省科技厅科学技术奖，获得山西省科学技术奖科技进步类三等奖1项。全年发表论文23篇。

（李　军）

地质勘探

【地质勘查】 2019年，二一三地质队实施的地质勘查项目共15个。累计完成钻探工作量11458.22米。其中，隰县午城煤炭预查和偏关县草垛山铝土矿预查完成综合验收；沁水煤田浮山县佐家沟煤炭详查完成野外验收；翼城县打鼓山金矿普查、襄汾县新民铁矿普查、襄汾县李家庄金矿普查、临汾市十村山金矿深部普查、曲沃县万户铁矿普查、蒲县席家沟铝土矿预查、乡宁县阳坡铝土矿预查、襄汾县东峰顶金矿南段深部普查、稷山县转曲铜金钴矿普查、临汾市乔山—塔尔山

2019年8月，二一三地质队在汾西县对竹镇康和村供水井施工现场　　（二一三地质队供图）

地区“三稀”矿产1∶5万水系沉积物测量、乡宁县老君庙矿区铝土矿普查、洪洞县马家坪铝土矿预查等12个项目在施工。从见矿情况来看，襄汾县新民铁矿普查项目预计可提交磁铁矿石资源量0.43亿吨。

【地质支撑服务】　2019年，二一三地质队主动适应市场需求的变化，利用现有的专业资质、装备和技术，抢占社会地质市场，完成工程勘察、地质灾害治理、矿山环评及土地复垦、储量核实、压覆报告等各类项目565项。成立临汾市地质技术服务中心，参与乡宁“3·15”山体滑坡灾害救援工作，受到省自然资源厅表扬。为自然资源部门提供日常以及应急技术支撑服务，提供地质灾害防治知识培训服务16次1613人。派出技术力量开展汛期核查66次1358点，完成地质灾害应急调查30次，彰显地勘队伍专业优势和职能作用。开展深度贫困县公益无偿找水打井工作，实施大宁县和汾西县打井服务，解决当地农村生活生产用水短缺问题。与山西师范大学合作开展岩石覆绿物种组合研究，完成《山西省石灰岩矿山生态恢复治理工程植被物种选育与植被重建》结题报告。组织技术专家对临汾市域钻孔、地质矿产、地热及地下水等资料进行汇编和开发综合利用，拟建临汾盆地三维地质数据模型，为城市地质、地热资源、城建规划、重点工程建设、旅游地质提供基础资料和技术服务。　　（李晓仙）

小麦研究所

【概况】　山西省农业科学院小麦研究所始建于1948年，属山西省农业科学院主管，2019年10月，山西农业大学和山西省农业科学院合署改革，合署后单位名称为“山西农业大学”，保留山西省农业科学院的牌子，一个党委、一套班子。管理机构设：党委办公室、所办公室、科研办公室、人事科、计划财务科、后勤科、开发管理科、离退休职工管理科、保卫科、农业试验场等10个管理服务科室；科研机构设：水地小麦育种室、旱地小麦育种研究室、综合化验室、植物保护研究室、小麦栽培研究室、经济作物与杂粮研究室、果树蔬菜中心、农业信息研究室等8个科研科室。实验基地拥有试验田95公顷，办公、实验楼、库房面积8300平方米。

2019年，小麦研究所主要从事小麦新品种选育、配套高产高效栽培技术研究、科技成果转化推广应用工作，兼顾普通玉米、鲜食玉米、糯小麦、黑小麦、大豆、向日葵、花生、大麦、甘薯、蔬菜、果树等作物研究，以应用研究为主，有重点地开展应用基础研究，着重研究解决全省小麦和晋南地区玉米、杂粮、经济作物和果菜生产中的重大科技问题。组织全省小麦方面重点科技项目协作，参加全国小麦科技重点研发项目，开展国内外学术交流。编辑出版《小麦研究》专业刊物。

【科研项目与经费】　2019年，全所承担各级各类科研项目90项。其中国家级项目12项，省级项目20项；院级项目45项；横向课题13项；争取到山西省青年拔尖人才支持计划1项。新增科研经费614.5万元，横向课题与成果转化到位经费98万元。

【科研成果】　2019年小麦研究所

科研情况：

1.获奖成果1项。鲜食玉米白甜糯102选育与应用，获山西省科技进步三等奖。

2.审定（登记）作物新品种9个。其中小麦品种6个：品育8155通过国家品种审定委员会审定，品育8012、沃麦608、临旱9号、金麦919、临糯88等5个小麦品种通过山西省品种审定委员会审定；玉米品种2个：大槐99、彩甜糯1965通过山西省品种审定委员会审定；花生品种1个：临花9号通过国家品种审定委员会审定。

3.授权国家专利14项。其中，发明专利4项：一种谷子机械收割免谷穗缠绕的条带种植方法；一种利用叶片冻害鉴定小麦耐春霜冻的方法；小麦蛋白TaMYB7A及其编码与应用；利用错期播种鉴定水地小麦灌浆期耐高温耐干热风方法。实用新型专利10项。

4.发表学术论文46篇。其中，SCI论文5篇，国家一级学报4篇。

5.获植物新品种保护权2个。晋麦99号、临糯88。

【重大科研进展】 2019年小麦研究所取得的重大科研进展：

1.旱地小麦一优（稳）四改绿色高效栽培技术。以小麦体系首席科学家肖世和研究员为组长的专家组在临汾市尧都区示范点实打实收，亩产332.8公斤，较对照田亩增收162.4公斤，实现雨养旱地小麦绿色高产高效。

2.通过远缘杂交创制抗条锈优质种质资源。获得对条锈病具有广谱抗性的新材料CH4131和CH4132，其1BS染色体端部含中间偃麦草3Ee基因组小片段易位，所含新抗条锈病基因被国际上临时命名为YrCH-1BS，开发出特异性SCAR标记，为培育高产、抗病、优质小麦新品种提供了中间材料。该研究于2019年9月发表于SCI一区期刊Plant Disease。

3.云芝多糖硫酸酯免疫诱抗剂研发取得重要进展。通过发酵优化，提取纯化、硫酸化修饰技术研制出云芝多糖硫酸酯，解析修饰前后构效关系。200ppm云芝多糖硫酸酯水剂防玉米矮花叶病毒病效果达61%以上，较未修饰的防效提高25.3%以上，对大斑病有一定防效。该植物免疫诱抗剂可防植物病毒病害，兼真菌病害。

4.晋麦95号评为优质强筋小麦品种。在国家小麦良种重大科研联合攻关、国家小麦现代产业技术体系“首届黄淮麦区优质强筋小麦品种质量鉴评”会上，选育的晋麦95号被评定为“面包、面条、馒头”优质强筋小麦品种。

【科技成果转化】 2019年，小麦研究所邀请省信息产业研究院专家到所开展科技成果转化知识产权交易服务平台培训。走出去，主动与企业对接，承担研发任务。4个作物新品种（品育8012、品育8155、沃麦608、大槐99）实现技术转让，转让费89万元，按照本所成果转化分配方案，已兑现科技成果主要贡献人员70%的收益分配62.3万元。

【科企合作】 2019年，大麦课题组与山西杏花村汾酒股份有限公司签订协议，定向培育酿酒制曲大麦新品种。汾酒集团向研究所提供20.5万元科研经费，已到位经费6.5万元。特色玉米育种课题组与山西省大丰种业有限公司、桂福园农业科技有限公司协议开展特色玉米新品种选育，两公司分别提供连续5年的年经费10万元和5万元支持。

【院县共建】 2019年3月，在浮山县召开“院县共建”农业科技合作座谈会，由小麦所牵头，联合农科院经作所、畜牧所、谷子所、果树所等有关专家，就浮山县“五大”特色产业深入调研、合力攻关，先后对接完成32个项目，涉及14个专业合作社、4个龙头企业、3个村集体经济和6个种养殖大户。真正使“院县共建”工作融入到浮山县农业产业的方方面面，获全县各级政府的肯定。

【国家小麦产业技术开展学术交流】 2019年4月26日至28日，国家小麦产业技术体系首席科学家、中国农科院研究员肖世和在小麦所开展学术交流。肖世和做“中国小麦产业现状与展望”报告，分析中国小麦产业特点、技术水平和未来发展方向，与参会人员开展深入交流。肖世和考察研究所试验基地和临汾综合试验站示范县小麦生产情况。在所部、韩村和洪堡实验基地及尧都区岳壁村旱地栽培实验基地考察黄淮北片大区试验、节水试验、新品系对比试验、转基因新品系试验、旱地栽培试验和小麦生产，指出山西省小麦产业应加强一二三产业融合发展。 （张凤琴）

防震减灾

【“一县一台”建设】 2019年，临汾市防震减灾中心推进“一县一台”建设工作。截至年底，完成符合国家入网标准的15个台站新建任务和6个市属台站的升级改造。其中，全年共投资近300万元，完成市级两个痕量氢台站和乡宁县、古县、永和县、汾西县、尧都区5个县级台站的新建任务。全市实现"一县一台"全覆盖。

【"四位一体"推进】 临汾市防震减灾中心自2017年开创以台站建设为依托，同步建设前兆台站、监测中心、震情会商系统和应急指挥平台的"四位一体"模式。至2019年，市、县两级共筹措资金近1000余万元，完成市级及14个县的"四位一体"建设任务。其中，2019年完成古县、乡宁县的建设任务。

【台网运行管理】 2019年，临汾市列入《山西省市县地震前兆监测台站名录》的国家级、省级和市县级的台站有17个，均按规范、制度要求开展工作，保障台网正常运转。市属台站通过每日三次查看仪器运行情况，确保第一时间发现故障、第一时间维修维护。全年完成台站巡检、设备维修70余人次，保障台网的正常运行。加强网络安全防范工作。定期对单位所有计算机进行病毒查杀、补丁下载及系统更新，完成全市入网设备弱口令及高危漏洞的修复。截至11月17日，临汾市国家级考核的监测台站平均运行率达99.94%，省级考核的达99.7%，市县级考核的达100%；信息节点连通率达99.948%，均远远超过国家标准（98%）。

【震情监视跟踪】 2019年，临汾市防震减灾中心严格按照《山西省2019年度震情监视跟踪工作方案》的要求，做好震情监视跟踪工作。共核实微观异常1起，宏观异常3起，均按规范要求，完成异常核查，向省局提交报告。截至11月17日，上报宏微观异常零报告320份。

【震情会商工作】 2019年，临汾市防震减灾按《震情会商制度改革实施方案》开展各类会商，共上报周例会报告36份、月会商报告10份、半年会商报告1份和年度会商报告1份。由中心编写的《2019年度震情趋势会商报告》获省评地市组第三名。

2019年10月，尧都区痕量氢观测台站外观 （市防震减灾中心供图）

【地震监测台站设施和观测环境】 2019年，临汾市防震减灾中心保护地震监测台站设施和观测环境，全市建成的21个台站，均按中国地震局《地震台站标准化内部规范设计图册》的要求，统一设计台站保护标示、台站保护范围、运维制度；利用台站巡检、设备维修等时间，对台站周边群众进行普法宣传；投资约8万元，对9处市属台站安装安防监控设备，用于实时监控台站周边环境，对仪器工作状态进行监控。由于保护有力、措施得当，全市未发生破坏台站地震观测设施和观测环境事件。

【"国家地震烈度速报与预警工程"项目】 2019年，为完成"国家地震烈度速报与预警工程"项目（山西分项），临汾市防震减灾中心2016年成立工作领导组陆续开展前期工作。协调国土、林业、供电等部门，配合完成浮山、吉县2处地震预警基准站的基建工程和31个学校的地震预警台站、预警信息服务系统。配合省司法厅和省地震局完成《山西省地震预警管理办法（草案）》的实地调研和座谈工作。

【地震应急演练及应急综合培训】 2019年，临汾市防震减灾中心组织开展市级地震现场工作队实战演练1次、县级综合演练2次、县级桌面推演2次，企业演练14次。全市教育系统开展学校应急疏散演练千余次。

市应急局开展以地震事件为背景的临汾市综合应急演练。此次演练，中心全方位参加并做技术指导。

11月上旬，举办为期一周的防震减灾业务综合培训，全市各县（市、区）应急管理局负责人、防震减灾中心负责人、业务骨干及市防震减灾领导组成员单位相关人员120余人参加，提高全市地震应急管理能力和水平。

【地震应急指挥系统建设】 2019年，临汾市地震应急指挥依托震害预测项目系统、应急基础数据库、市级震情会商系统和指挥平台，在全年各级演练中均发挥重要作用，提供技术依据。

全市震情会商系统和指挥平台共建成15个，其中，市级1个、县级14个。

【地震灾害风险评估】 2017年以来，临汾市共完成霍州市、尧都区、侯马市等9个县的地震灾害风险评估相关工作。2019年，乡宁县、古县、蒲县3个县地震灾害风险评估工作全部完成。

【震后应急处置】 2019年，机构改革人员变动较大，中心及时修订防震减灾领导组应急通讯录，新增购置约30万元的地震现场工作队应急装备，完善市县两级应急预案和破坏性地震应急处置流程。

【震害防御基础工程】 2019年，临汾市投资近2000万元，完成“临汾市城区地震小区划项目”“临汾城区活断层探测及危险性分析项目”“临汾市城区震害预测项目”和“洪洞县地震小区划项目”。市推进项目成果运用。项目成果提交国土部门，应用于《临汾市国土空间总体规划（2020—2035）》，为城市建设化解地震风险提前打好基础，提供数据和技术服务；项目成果移交市住建局，应用于建设工作抗震设防审查；利用活断层探测成果，应用于优化监测台网建设布局。

推进地震小区划项目实施向重点县（市、区）拓展延伸。继尧都区、洪洞县之后，霍州市城区地震小区划项目在2018年底完成招投标、签订合同基，2019年第一笔资金90.4万元已到位。

【开展《中国地震动参数区划图》（GB18306-2015）的宣传、贯彻和检查】 2019年，临汾市防震减灾中心利用“5·12”“7·28”等重要宣传时段，对新一代区划图进行宣传。市县两级共展出新一代区划图相关知识版面100余块、条幅50余幅，播放宣传片20余场，发放宣传折页约1万份、知识挂图约500套。

全市防震减灾领导组成员单位和各县（市、区）对2019年地震应急准备和抗震设防工作进行自查及集中整改。5月27日至29日，山西省防震减灾局副局长李杰带队抽查尧都区、蒲县、曲沃县3个县（区），对部分重大建设工程和人员密集场所落实新一代区划图工作给予肯定。

【抗震设防事中事后监管】 2019年7月，临汾市防震减灾中心完成抗震设防审查职能移交全部工作。在职能移交过程前，坚持行政审批大厅不撤岗、坚持工程审批不推诿，严格执行《建设工程抗震设防要求审批办理规程》《危害地震监测设施和地震观测环境建设工程项目审批办理规程》两个抗震设防管理标准。

【优化台网建设】 2019年，临汾市防震减灾中心根据临汾地震地质条件特点，优化台网布局。12月，初步形成在平川区以地下流体观测项目为主（升级改造地下流体物理观测台站6个），建成地震地下水物理观测网；在东西部山区以形变类观测项目为主（新建四分量钻孔应变台站9个），建成地震形变观测网；在断裂较发育的地区以断层气观测项目为主（新建痕量氢观测台站6个），建成断层气观测网。三大监测网络的建成，增强全市地震监测能力，为地震预报提供可靠的基础数据和科学依据。

【提升地震应急能力】 2019年11月27日，联合临汾中心地震台、尧都区、洪洞县地震局在洪洞县塾堡村开展地震现场工作队11个科目的（模拟）实战演练。12月初，为地震现场工作队购置新装备。通过增装备，练队伍，中心在机构改革应急职能转变情况下，探索应急管理体系下地震应急队伍和应急能力提升的新路子。

【防震减灾科普宣传】 2019年，临汾市防震减灾中心及时下发《关于做好2019年防震减灾科普宣传工作要点的通知》。全年共开展12次防震减灾主题宣传，14场“不忘初心、防灾为民”防灾减灾千场科普讲座活动。“5·12”期间，以“提高灾害防治能力，构建生命安全防线”为主题，推进防震减灾科普知识“七进”活动。“7·28”期间，重点开展防震减灾法普及活动，在全市范围内更好地贯彻防震减灾有关法律法规。侯马市、襄汾县、曲沃县、洪洞县、霍州市、隰县等各县（市、区）都开展规模较大、形式多样的集中宣传。

中心利用媒体扩大宣传面，提高普及率，临汾电视台和《临汾日报》对宣传活动进行多次专题报道。举办地震局（台）开放日活动，拓展社会公众参与互动渠道。

【科普竞赛活动】 2019年3月，临汾市防震减灾中心选派四名选手参加“第三届全国防震减灾科普讲解大赛选拔赛”，获得两个三等奖和两个优秀奖，中心获优秀组织奖。参加第二届全国防震减灾科普作品大赛，3个作品获得优秀奖。翼城县汇丰中学代表队参加全省“第二届中学生防震减灾知识竞赛”活动，获得二等奖。

【科普基地建设】 2019年，在临汾市襄汾、乡宁、蒲县、古县和汾西5个县级科普教育基地获得“省级科普教育基地”认定的基础上，11月中旬，省局专家组对新建的浮山、隰县两所科普教育基地进行实地查看和验收。大宁县在其青少年活动中心建设面积200平方米、投资100万元的防震减灾科普教育基地项目正式进入财政招投标程序。

【科普示范创建】 2019年，翼城县丹阳小学、古县第三中学校和汾西县凤祥小学被正式认定为省级科普示范学校。临汾市推荐浮山县第三中学为国家级示范学校的申报正在审批中。

指导综合减灾示范社区创建工作。10月，由省地震局、省应急厅、省气象局专家组成的检查组，对襄汾县龙山社区、吉县东关社区、乡宁县营里社区、洪洞县常二社区、安泽县文欣社区和月亮湾社区的创建全国综合减灾示范社区工作进行检查验收，正在审批中。

【新媒体信息平台】 2019年，临汾市防震减灾中心相继出台新闻发布制度和舆情监控预案等一系列制度和规范，使防震减灾宣传工作、震情舆情舆论引导逐步进入制度化轨道。截至12月，全年网站发布地震动态80条，微信公众号发布86条，微博发布临汾地震资讯83条。严密加强“两会”“二青会”及建国70周年舆情监控，成功应对5月22日晚上“地震警示，山西”的谣言，回应公众关切，有效避免地震谣言的扩散。 （杨立尧）

地理测绘

【职能划转】 2019年，按照机构改革的要求，临汾市测绘地理信息中心进行职能转移，按期、按要求进行交接。根据《关于临汾市测绘管理处更名的通知》精神，临汾市测绘管理处更名为临汾市测绘地理信息中心。做好参公单位的重新认定工作。

【涉密基础测绘成果的移交】 2019年，临汾市测绘地理信息中心对21925幅涉密图纸一一进行清点，涉及1：1000、1：1万、1：5万、1：10万4个比例尺、均查清底数，逐一进行登记造册，已移交至市局测绘地理信息科。

【测绘法律法规宣传】 2019年，临汾市测绘地理信息中心参加“8·29”测绘法宣传日活动，宣传测绘法律法规建设。

科技管理

【高新技术企业认定指标】 2019年，临汾市承担一项省定区域经济转型升级考核指标，即高新技术企业总数达到66家，完成目标需要重新认定9家高新技术企业、新认定13家高新技术企业。采取一系列措施，落实考核指标任务，全年分三批组织推荐32家企业申报高新技术企业，截至年底，有23家企业通过省厅组织的专家评审会，等待公示通过。

【培育机制和培育库建立】 2019年，临汾市科技局把科技型中小企业入库登记列入对各县（市、区）年度考核指标，促使各级政府重视科技企业培育工作，组织开展科技型中小企业评价工作，全市共有96家企业参与评价，其中，84家企业获得入库编号，推动高新技术企业“育苗计划”。从科技型中小微企业、众创空间、孵化器中选择符合高新技术企业认定条件的企业作为重点培养对象入库登记，一对一辅导培训。

【高新技术企业专业培训】 2019年4月11日，临汾市科技局举办“临汾市2018年度高新技术企业授牌暨2019年高新技术企业培训会议”，对2018年度认定的23家高新技术企业进行公开授牌，邀请省厅有关专家围绕高新技术企业认定、科技型中小企业评价、知识产权基础知识和知识产权管理等内容，对全市已认定、拟认定和培育中的高新技术企业负责人300余人进行培训。

【开展“一对一”精准培育】 2019年，临汾市多次到洪洞、汾西、侯马、翼城等县拟认定和培育中高新技术企业（山西平阳重工机械有限责任公司、中信机电制造公司科研设计院、科澳特石油工程技术有限公司等）服务对接，把企业研发费用归集、知识产权与高新技术产品相关性、高新技术企业认定等政策和规定送到企业，为参加申报的企业提供全程“上门”精准辅导服务。

【省、市级科技研发项目管理】 2019年，临汾市科技局及时把省重大办科技研发项目要求传达给市11家有关企业（山西华翔集团股份有限公司、山西光宇半导体照明股份有限公司等），组织4家企业（山西光宇半导体照明股份有限公司等）申报省重大专项项目，组织全市2017年度重点研发计划项目验收、2018年度项目审核和2019年度项目申报工作，全年共有4家企业立项，签订计划任务书。

【科技创新券和奖励资金】 2019年，临汾市共有17家企业申领科技创新券，其中，12家企业使用，与高校、科研院所开展合作研发、购买科技数据、检验检测等科技创新合同金额合计62.03万元。对2018年首次认定的高新技术企业每家奖励10万元，连续三次通过认定的企业每家奖励20万元。通过落实资金奖励，减少科技创新成本，增强企业积极性。

【科技扶贫】 2019年，围绕永和、大宁两个深度贫困县，开展科技精准扶贫专项项目，其中，永和县“苹果有机旱作示范园”项目争取到专项资金100万元；大宁县“矮砧苹果旱垣节雨高效栽培示范”和“新优商品花卉种质资源引进及产业化种植技术研究与示范”项目争取专项资金190万元；根据永和、大宁两县13个乡镇主导特色产业的科技需求选派39名乡镇科技特派员；5月赴大宁、永和县调研深度贫困县科技精准扶贫专项进展情况，涉及到贫困户149户。

【“三区”人才专项计划】 “三区”人才专项计划是实现农业科技成果转化，帮扶农村经济的重要载体。临汾市科技局于2019年3月开展2017年至2018年度“三区”人才计划成效评价工作，8月召开2018年度山西省“三区”人才计划结题验收会，共验收29个项目。全年全市共申报2019年度山西省“三区”人才支持计划30项和农村技术承包计划3项，涵盖全市10个县种植、养殖等农业关键技术领域，从177位省、市、县三级科技人员中，推荐上报4名“三区”优秀人才，大宁县科技发展中心贺建生被科技部授予全国“三区人才”先进个人称号。10月上旬，“山西省2019年三区人才计划项目乡土人才培训班”在农大开展，脱产培训70天，有20名学员参训。

【“星创天地”建设】 2019年，临汾市科技局打造一批融科技示范、技术集成、成果转化、融资孵化、创新创业、平台服务为一体的“星创天地”。4月上旬，全市四家国家级星创天地（隰县“电商孵化众创空间”、乡宁“戎子酒庄星创天地”、大宁“山西政拓星创天地”和隰县“野里垣农特产品星创天地”）完成2018年度创新能力数据采集填报工作，截至9月底数据，星创天地提供就业岗位1940个，带动农民10966人，带动贫困村135个。通过征集全市星创天地培训需求，11月7日至9日举办“2019年临汾市星创天地建设与运营管理培训班”，来自各县（市、区）的126位科技管理部门、星创天地和新型农业企业负责人参加培训会议。

【“双创空间”建设】 2019年，临汾市科技局组织2家省级科技企业孵化器（侯马经济开发区科技企业孵化器、隰县授渔科技企业孵化器）和10家众创空间（聚鑫智云大宗物流互联网众创空间、颐高万创众创空间、山西临汾杏林众创空间、山西前店后厂众创空间、华翔金属成型专业化众创空间、汇友众创空间、中联万创·3W众创空间、山西马上购电子商务众创空间、大道众创空间、乡宁县纵横众创空间）进行2019年度绩效评价工作；组织2018年新认定的2家省级科技企业孵化器（侯马经济开发区科技企业孵化器、隰县授渔科技企业孵化器）和5家省级众创空间（聚鑫智云大宗物流互联网众创空间、颐高万创众创空间、山西临汾杏林众创空间、山西前店后厂众创空间、华翔金属成型专业化众创空间）进行奖励资金的申报，已落实350万元奖励资金；组织4家众创空间（网易尧都双创科技园山西师范大学众创空间等）进行2019年省级众创空间认定，已向省科技厅提交认定材料；组织2019年度临汾市市级众创空间认定工作，正在公示中。通过加强和规范众创空间建设，激发全市创新创业活力，营造“大众创业、万众创新”的社会环境。

【科技项目申报、宣传、培训工作】 2019年，临汾市科技局完成2019年度山西省科学技术奖提名工作，对全市4个项目进行提名（“临汾市鑫锐机械设备有限公司”“山西华翔集团股份有限公司”“山西临龙泵业股份有限公司”“真空灭弧室真空度的检测方法”）；完成省、市级重点研发项目申报和评审工作，组织上报2019年度山西省重点研发项目15项，其中，农业领域9项，社会发展领域6项，受理市级农业与社会发展领域重点研发项目20项，最终立项12项。组织申报2019年度山西省中央引导地方科技发展专项资金项目，组织申报12个项目，“隰县电商孵化众创空间”通过立项；完成省级科技成果转化引导专项项目申报工作，组织报送7个项目；完成山西省科技成果转化示范企业认定工作，全市3家企业（山西汤荣机械制造股份有限公司、山西飞虹微纳米光电科技有限公司、山西戎子酒庄有限公司）被认定为山西省科技成果转化示范企业；做好2019年度市级成果转化引导专项项目申报工作，“高亮度GaN基LED外延片和芯片制备技术研发”等3个项目确立为2019年度市科技成果转化引导专项项目，项目资金共90万元；完成全市软科学项目评审和结题验收工作，受理软科学研究项目21个，最后立项6个，对到期科技计划项目进行结题验收。

【临汾市科技活动专家库建立】 2019年，临汾市建立科技活动专家库，确保科技活动公开、公平、公正，发挥专家在各类科技活动中的作用，经推荐、自荐、审查和公示等程序，聘任安捷等315人为临汾市科技活动专家库人员，在临汾市市级科技计划项目评审中，首次从专家库中抽取专家进行活动。

【参加第八届中国创新创业大赛（山西赛区）比赛】 2019年，临汾市科技局组织企业参加第八届中国创新创业大赛（山西赛区）比赛，动员、组织全市符合条件的企业报名参赛，共有27家企业报名参赛，共5家企业获奖（日祥科技有限公司“深海用水密连接器”获一等奖；山西好利阀机械制造有限公司“泵阀行业工业云服务平台开发”、山西三水能源股份有限公司“D@D傻瓜绿色供热技术”、临汾博利士纳米材料有限公司“新型蓝宝石抛光液的设计制备及产业化”获二等奖；山西飞虹微纳米光电科技有限公司“高性能照明用GaN基LED外延片和芯片制备技术研发”获三等奖）。

【举办《山西科技成果转化和知识产权交易服务平台》培训会】 11月21至22日，邀请山西省信息产业技术研究院专家，在山西农科院小麦研究所、山西师范大学举办全市“山西科技成果转化和知识产权交易服务平台”专场培训会，共计140余人参加培训会，使全市科技工作者准确把握国家、省、市相关科技创新政策，促进全市科技成果转移转化。

【“全省百万农民冬季培训”任务落实】 1月25日，举办“全省百万农民冬季培训”临汾培训班，培训17个县（市、区）共计110名农业相关专业技术人员，各县科技部门通过召开专题培训班、专家授课、实地指导等形式共计培训农业专业技术人员370人，新型农业经营服务主体、服务主体421人，农村实用技术10000余人。

【科技人才带头人培养】 2019年，临汾市科技局针对各贫困县主导产业、区域优势产业，组建由省市农业专家、本土“土专家”“田秀才”等组成的多元化、多层次“农业专家宣讲团”，先后组织开展200余期各类专题培训班，完成入户咨询指导10000人次，选派177名科技特派员，培养乡土技术人员1800人，接受培训指导的农民累计20000余人次，依靠技能脱贫人数达到4000人，培养高级乡土人才36名。

【科技宣传】 4月12日，临汾市科技局与翼城县委宣传部共同组织市县联动翼城县南梁镇牛家坡村翔滦古会示范宣传服务活动。4月15日，组织参加平阳广场举办的主题为“坚持总体国家安全观防范化解重大风险 庆祝中华人民共和国成立70周年”暨2019年全市“4·15”全民国家安全教育日宣传教育活动。4月29日，组织参加在尧庙华门新天地广场举办的全市文化科技卫生“三下乡”活动启动仪式。5月24日，在隰县举办主题为“科技强国 科普惠民”临汾市“科技活动周”示范活动暨西山果业土壤生物改良技术专题培训。

【科技服务】 2019年，临汾市科技局为翼城县北常村农民职业技术学校赠送适合农村读者阅读的实用科技图书资料400余册。在科技志愿者宣传服务活动中，免费向群众赠送科技宣传材料，为群众答疑解惑，提供科技政策咨询服务。在全民国家安全教育日宣传教育活动中向群众发放《宪法》《国家安全法》《反间谍法》《核安全法》《国家情报法》，和专门编印的《一图读懂国家安全法》《一图读懂反间谍法》书册，引导市民深刻认识到科技创新在保障国家安全上的重要作用。

2019年7月29日，临汾市召开2018年度“市长创新奖”总结大会

（市科技局供图）

【科技特色期刊】 2019年，为服务临汾经济发展，宣传报道国内外科技动态和科技法律法规知识，临汾市科技局筹办内部宣传资料《临汾科技讯息》，确定十个栏目：科技动态、政策法规、科技广角、创新创业、科技能人、科技成果、党建宣传、科普知识、学习园地、科技观察。

【技术合同认定登记】 截至11月，临汾市市技术吸纳合同156项，合同成交额3.6亿元，输出合同7项，合同成交额792万元。

【“市长创新奖”】 2019年，临汾市把“市长创新奖”作为临汾科技创新的一个品牌，使之成为激励企业创新、推动产业转型、引领临汾发展的一个标杆。7月29日下午，2018年度临汾市“市长创新奖”总结大会召开，市领导董一兵、陈小洪、李朝旗、陈忠辉、杨益民等出席总结大会并为获奖单位颁发奖项，总结大会以VCR播放形式向参会人员展示本届“市长创新奖”获奖单位事迹，现场采访各获奖单位领奖代表。本届“市长创新奖”授予山西通才工贸有限公司临汾市“市长创新奖”一等奖，乡宁县云丘山旅游开发有限责任公司等5个单位临汾市“市长创新奖”二等奖，山西三水能源股份有限公司等9个单位临汾市“市长创新奖”三等奖，一等奖获奖单位奖励50万元，二等奖获奖单位各奖励30万元，三等奖各奖励10万元。

文　化

文化事业

【公共文化服务】　2019年，临汾市文化和旅游局推进曲沃、洪洞、尧都、古县、安泽、蒲县、隰县文化馆、图书馆总分馆建设推进；2019年积极争取中央和省级专项资金320万元，用于资助县级公共文化场馆设备购置和基层综合性文化中心建设；配置流动图书车4台、流动文化车2台、流动美术车4台；为全市17个社区文化中心、337个行政村配送文化设备，资金总额610万元。公共文化服务水平得到提升。

【图书馆建设】　2019年，临汾市文化和旅游局开展地方文献征集，确定图书馆馆徽及功能布局、运行维护、软硬件设施设备配置方案及图书配备规划方案。图书馆专业运行维护工作人员全部就位并完成岗前培训，开馆前验收、上架，安保，清洁全部到位，即将正式开馆运行。将成为临汾市继博物馆之后的文化地标。

【艺术创作】　2019年，临汾市新摘5朵“小梅花”，小梅花”总数达59朵，稳居全国地级市首位；《泪洒相思地》《反潼关》参加第二届山西艺术节、第十六届山西省杏花奖评比展演，为临汾市摘得新剧目、导演、戏曲表演三项大奖；首部眉户电影《父亲啊！父亲》成功首映，戏曲获临汾市“五个一工程”文艺作品创作优秀奖。

戏剧演出与研究

【概况】　临汾戏剧研究院下属三个艺术研究中心分别是临汾市蒲剧艺术研究中心（原临汾蒲剧院蒲剧团）、临汾市眉户剧艺术研究中心（原临汾市眉户团）、临汾市小梅花蒲剧艺术培训中心（原临汾蒲剧院小梅花蒲剧团），2019年三个演出中心参加下乡演出共计500余场，到山区、厂矿、农村、乡镇、学校、社区等，甚至远赴晋南、晋东南、河南、陕北等地演出，丰富全市各地区人民的文化生活，扩大蒲剧、眉户剧的影响力。

【戏曲研究与资料整理】　8月上旬，国家非遗课题项目《〈土炕上的女人〉对蒲剧的传承与发展》正式出版；8月中旬，《蒲州梆子传统剧本汇编》重新校勘出版。两项图书均获临汾市第八届精神文明建设“五个一工程”文艺作品创作优秀奖，该图书的出版对蒲剧艺术的传承、保护和研究起到重要作用。

《蒲剧艺术》杂志按期出版发行，对临汾市及晋南重要戏曲活动进行宣传报道。

【艺术交流与展演】　2019年6月下旬，临汾市戏剧家协会志愿者服务队走进华州社区惠民演出，参加第二届尧都旅游文化节宣传演出。

9月中旬，庆祝“新中国成立70周年、临汾戏剧研究院建院60周年”暨蒲剧现代戏《土炕上的女人》创排首演20周年“戏曲演出周”活动成功举办。

9月下旬至10月上旬，小梅花蒲剧艺术培训中心和蒲剧艺术研究中心分别携蒲剧《泪洒相思地》和《反潼关》参加第二届山西艺术节暨第十六届山西省“杏花奖”评比演出，《泪洒相思地》获“杏花”新剧目奖，王晓彤获“杏花”导演奖，崔鹏升获“杏花”表演奖，崔宁宁、李志英获“杏花”提名奖。通过参加艺术展演比赛，提升院团的知名度和演员的艺术水平。

10月1日，任跟心、郭泽民、许爱英、潘国梁应邀参加第二届山西艺术节“晋韵华彩·山西省梅花奖演员精品集萃”戏曲晚会。

眉户戏曲电影《父亲啊！父

2019年10月31日，眉户戏曲电影《父亲啊！父亲》首映礼
（临汾戏剧研究院供图）

亲》首映。10月31日，由眉户剧艺术研究中心精心打造的眉户戏曲电影《父亲啊！父亲》在临汾市博纳影城盛大首映，该影片的成功首映是晋南眉户戏曲的一大突破，填补临汾眉户戏曲电影的空白，是对临汾戏曲文化的宣传，通过电影这种艺术形式将眉户这一地方剧种推向全国。该影片先后参加第三届“平遥电影展”和全国第二届戏曲电影展播，12月底获临汾市第八届精神文明建设“五个一工程” 文艺作品创作优秀奖。

【人才培养】 2019年1月下旬，小梅花蒲剧艺术培训中心优秀青年蒲剧演员梁静入选“国家艺术基金2019年度青年艺术人才创作项目（舞台艺术表演）”资助。

3月，研究院22人入选2018年度山西省“三晋英才”支持计划，入选“高端领军人才”，郭泽民、杨峰、潘国梁等7人入选“拔尖骨干人才”，梁静等16人入选“青年优秀人才”；5月至10月，杨峰、张志平、郭双奎、崔鹏升、杨晓萍、曹志华、程雅琨、王倩、张涛、张瑞、张蕾共11人分别赴北京、厦门、太原等地参加国家、省、市级文艺培训班学习。通过外出学习，开拓演职人员的视野，增长见识，提高专业技术技能。

【剧目传承与复排】 1月18日，蒲剧艺术研究中心改编创排的蒲剧传统戏《战潼台》在临汾影剧院“周末剧场”首演。任跟心为青年演员传承复排蒲剧折子戏《烤火》《杀狗》，为小梅花蒲剧艺术培训中心辅导蒲剧本戏《土炕上的女人》《麟骨床》等；郭泽民为蒲剧艺术研究中心恢复蒲剧本戏《意中缘》、折子戏《杀驿》；潘国梁为眉户剧艺术研究中心传承复排眉户剧本戏《祥林嫂》《状元与乞丐》、移植折子戏《四差捎书》《如意店》《杀嫂》等。

【新创剧目】 2019年，临汾市戏剧家协会编排蒲剧《春暖蒲子山》。该剧讲述主人公赵赢通过选拔被组织派到贫困村听水湾担任第一书记，带领村民实现勤劳致富的感人事迹。2016年至2019年间，赵赢面对村里贫困落后的面貌、村民大事小情的纷扰，家庭事业不可兼得的内心挣扎，没有气馁，而是鼓足干劲，深入农户走访调查、耐心疏导群众情绪、精心推广“道德银行”，通过统一思想、集思广益、因人施策，赢得群众的信任，开展卓有成效的扶贫工作。该剧贯穿以党建为统领，以“道德银行”为载体，听水湾村在三年内发生的新变化，从侧面展现“扶贫先扶志、扶贫必扶智”，描绘出一幅脱贫攻坚、勤劳致富、共赴小康的美好画卷。主创人员：编剧—柴北记，导演—白云峰，作曲—马典屯，主演—赵赢、李丽华。

【移植改编剧目】 2019年，临汾市戏剧家二人转会移植改编剧目蒲剧《泪洒相思地》。该剧讲述少女王怜娟与书生张青云一见钟情后，又惨遭遗弃，忿而怒骂负心汉以死明志的故事。该剧的主体故事源自《警世通言》中的《王娇鸾百年长恨》，曾被越剧、豫剧、花灯戏、河南曲剧、黄梅戏等众多剧种搬演到舞台。自20世纪80年代初蒲剧移植搬演以来，广受观众喜爱。2019年，临汾市小梅花蒲剧艺术培训中心从视角、主题的创新与拓展，技法、舞台样式的探索等方面重新加以整理改编，以期符合现代观众审美需求。主创人员：整理改编—张凌羽，导演—王晓彤，音乐设计—马典屯，舞美设计—周泽伟，主演——崔宁宁、李志英。

（付增芝）

临汾市文化艺术学校

【概况】 2019年，临汾市文化艺术学校参加全市各项重大文艺演出。蒲剧《表花》、舞蹈《俏花旦》等节目参加市委宣传部、文旅局举办的全市非遗进景区启动仪式文艺演出活动；学校300余名师生参加市委、市政府主办的临汾市庆祝中华人民共和国成立70周年“唱响时代赞歌”群众文化系列活动《我和我的祖国》大型合唱活动；参加市文旅局、市教育局组织的“戏曲进校园”活动，为全市17个县（市、区）中小学开展30场送戏、送教进校园惠民演出活动。教师张青虎的水彩画作品《幸福生活之二》入选第十七届山西省美术作品展；刘国薇的漆画作品《满秋》入选山西省第四届漆画展。

【国家资助政策规范】 2019年，临汾市文化艺术学校执行国家资助政策，按统一要求和程序执行，评选前将细则告知学生，评选后张榜公示，确保资助评选公开、公平、公正。收集相关资料，及时办理学生资助卡，确保学生助学金足额顺利的发放到学生手中。全年为179名困难学生发放临时补贴4万余元，保障学生的正常就学。

【参加第23届小梅花荟萃活动】 2019年，临汾市文化艺术学校参加第23届小梅花荟萃活动，戏曲表演专业2016级学生程康获第23届中国少儿戏曲小梅花金花奖。

【学生学籍管理】 2019年，学校严格执行《学生学籍管理办法》，规范管理流程，要求新生入校采集信息务求准确、真实，做到班主任、学生管理部门各持一份，对于变更的信息要及时更新，做到学籍管理无盲区。

【参加全市“文明风采”竞赛学校】 2019年，临汾市文化艺术学校参加全市“文明风采”竞赛学校获得优秀团体奖，有9件作品获奖，其中一等奖5件，二等奖2件，三等奖2件，7名教师获得优秀指导教师荣誉称号。

【参加全省第十一届“文明风采”活动】 2019年，临汾市文化艺术学校参加全省第十一届“文明风采”活动，有8件作品获奖，其中一等奖3件，二等奖4件，三等奖1件，获奖率高达88.9%，4名教师获得优秀指导教师荣誉称号。

【文艺教学实践】 2019年，学校坚持理论与实践结合的教学原则，注重提高学生的艺术实践能力，加强教学研究。音乐科师生通过声乐、器乐等形式展现学生学习成果。戏曲学科举办专业教学汇报，共演出《提刀》《挂画》等10个折子戏。舞蹈科举办第七届个人舞蹈大赛，共23个参赛，《彩蝶飞舞》等六个节目分获一、二、三等奖。学前教育科美术、手工、书法展新颖别致，内容丰富，体现学前教育科“一专多能”的培养特色。

【办学条件改善】 2019年，学校重视学生养成教育，全面培养学生良好的行为习惯。通过开展“三好学生”“优秀团员”等评比，各种形式主题班会、文明风采等活动，促进学生思想道德素质的全面提高。做好学生公寓管理工作，坚持做到日日查，周周查，培养学生讲文明、讲卫生的良好习惯。加大学校基础设施建设，改善办学条件。争取上级部门支持，完成学校200米标准跑道操场维修改造和校园道路建设，戏曲表演专业被省教育厅批准为高水平重点专业建设，对部分教室和公寓进行维修。

【招生宣传】 2019年，学校结合全年“戏曲进校园”活动扩大宣传。到全市17个县市送戏、送教30场，扩大学校的知名度；与临汾学院开展学前教育合作办学，与山西戏曲职业学院、山西艺术职业学院开展“3+2”联合办学，拓展办学领域；利用微信公众号和校园网站进行全方位宣传，扩大社会影响力。

三晋文化研究

【概况】 临汾市三晋文化研究会，成立于1990年3月27日，是在临汾市委和市政府领导下的社会学术研究团体，主要任务是进行临汾地域历史文化研究与宣传。2012年，经市委批准，三晋文化研究会与尧文化研究与开发委员会实行两块牌子一套人马办公机制。有理事100余人，其中，多为退休干部，对全市17个县（市、区）三晋文化研究会进行业务指导。2019年，研究会组织专家学者，参加第二届尧都旅游文化节尧文化高峰论坛、到古县参加蔺相如文化高层论坛、到运城市绛县参加尧文化研讨会、到山东曲阜参加世界儒学大会、到太原参加全省三晋文化研究会春节年拜总结大会，获得表彰。研究会向关工委、老促会、诗词学会等十多家单位赠送最新出版的临汾历史文化图书。出版《陶寺考古实录》等学术著作。研究会理事们在省级以上报刊发表论文20余篇。

【临汾博物馆调研】 2019年3月1日上午，会长刘合心，老同志仇振刚、王醒安与研究会有关专家学者到临汾博物馆调研。座谈会上，专家学者们就丰富展览内容，提高博物馆社会宣传教育功效，弘扬优秀历史文化、促进文旅融合发展发表见解看法，提出建设性意见。刘合心还代表市三晋文化研究会，向临汾博物馆赠送《文化知行录》《三晋石刻大全》等26类、126册文史研究类图书。

【常青调研临汾市三晋文化研究会】 2019年8月27日，临汾市委常委、常务副市长常青到临汾市三晋文化研究会调研并召开座谈会。市委老干部局、市政府办公室、市民政局相关负责人一同调研。常青指出，临汾市三晋文化研究会的工作走在全省前列，多项工作可圈可点。各位老领导退而不休、发挥余热，在文化强市建设中做出了不懈努力，是在挖掘当地文化资源上，笔耕不辍，精神非常可贵。临汾市三晋文化研究会所做的工作饱含正能量，传播临汾的好声音，取得颇具影响力的研究成果。临汾市政府将继续在政策范围内为市三晋文化研究会做好服务保障和支持，希望老同志们老骥伏枥，为临汾文化强市建设再立新功、再做贡献。

【尧都区大阳镇调研】 2019年6月13日，会长刘合心一行到尧都区大阳镇调研，与镇、村干部进行座谈，向村干部赠书。刘合心一行到陈埝村观看村民的八音盒表演，在南郊村马跑泉与郑家庄尧陵叠翠等地进行考察调研。在与大阳镇政府举行的座谈会上，刘合心指出，尧陵是尧文化的重要载体，尧陵开发前途无量、任重道远。大阳镇要挖掘尧陵的历史资源，把尧文化旅游开发作为主导产业，做大做强。

【乡宁县关王庙乡三晋文化研究会揭牌】 2019年12月26日，乡宁县关王庙乡三晋文化研究会第一届理事会成立大会在关王庙乡政府召开。市三晋文化研究会常务副会长石耀辉、秘书长李梅秀出席会议并为关王庙乡三晋文化研究会揭牌。

（石耀辉）

法显文化研究

【概况】 临汾市法显文化研究会（以下简称研究会），于2018年6月11日依法注册成立，会址设在临汾市尧都区解放西路51号，审批机关是临汾市民政局，业务主管单位是临汾市文化和旅游局，该会是由热爱法显文化、弘扬法显精神的单位和个人自愿结成的地方性、联合性、非营利性的社会团体。

会长由弘泰城建集团董事长贾雪梅担任，研究会成立以来，组建国内外专家学者有释禅海（斯里兰卡）、K·拉特那西里博士（斯里兰卡）、袁维学、陆树林、冯巧英、郝唯民、姚宝瑄、谢惠生、车校梅、侯慧明、董文达、张梁等37人，绝大多数研究法显文化多年。

法显简介：法显（334—420年），平阳郡武阳（今山西临汾西南）人，东晋高僧。法显65岁开始西行游学（当时的天竺），历时14年，途经30余国，他是陆去海还、携经而返的第一人，是中国到天竺取经求法的第一人，杰出的佛学家、旅行家和翻译家。

【建设网站和公众号】 2019年，正式备案的网站域名为http://www.fa-hsien.com，公众号名称为“临汾法显文化研究会”，所有活动和研究论文及时于网站和公众号发布，已发布新闻、论坛活动等报道20余篇，专业学术论文16篇，一般作品30余篇。

【《佛国记》出版】 法显从海路回国后，将自己西行游学见闻撰写成《佛国记》一书。《佛国记》是一部重要历史文献，是研究当时西域和南亚诸国历史重要史料在学术史上占有重要地位。为学习法显精神，推动精神文明建设，法显文化研究会特聘专家袁维学于2017年对原著进行校注并翻译为白话文，出版了《佛国记》和英文版《佛国记》，该书是执行会长冯春海出资，三晋出版社出版，该书创新点是增加“有史可查的法显同行者”“法显粗略年表”“法显评说”以及“法显所游历国家现状”等内容。

【小说《法显》出版】 小说《法显》由法显文化研究会特聘专家袁维学撰写，研究会负责校对，执行会长冯春海出资，三晋出版社出版。《法显》原名为《灵鹫山——东晋高僧法显传奇》，于1993年中国旅游出版社出版，是袁维学用五年时间完成的。此书于2003年由巴基斯坦民间遗产研究所出版乌尔都文和英文版，在海外影响颇大。原书早已售罄，为更广泛宣传法显文化，传承法显精神，2017年更名《法显》重新出版。该书40万字。袁维学长期从事对外文化交流工作，对佛学、历史、地理等有较深研究。该书内容丰富，扣人心弦，还原了法显法师游学之路整个过程的艰辛，补充了很多有趣故事，可读性较强。

【《法显文化》会刊出版】　《法显文化》会刊的主办单位是临汾市法显文化研究会，本着“学习法显文化，传承法显精神”，以“求真、务实做学术，普及、服务社会”为宗旨。会刊印制周期（每年2期），作为内部刊物，内容主要以打造法显故里文化和相关学术研究文章。

【法显文化论坛活动】　2019年5月22日（农历四月十八法显诞辰日），举行“纪念法显诞辰1685周年”活动，以“弘扬法显精神，助推‘一带一路’文旅繁荣”为主题。市文化和旅游局、市民族宗教事务局、市政府外事办公室主要领导讲话，来自斯里兰卡、青岛、湖北等地的专家学者近140人出席。以此次会议为契机，由研究会发起的“一带一路法显文旅联谊活动”正式启动，斯里兰卡、临汾、湖北、青岛、太原五方代表举行联谊签署仪式。

【参加国内法显论坛活动】　2019年，研究会受邀分别参加在北京、青岛、太原、福州等地举办的有关法显文化论坛活动，联盟各城市法显文化研究组织和民间团体，虚心学习，共同弘扬法显精神，以促进各地方文旅发展。其中，三晋报刊传媒集团组织的“法显与‘一带一路’座谈会”，主要内容是为省有关部门策划纪录片《‘一带一路’启程篇之法显传》提供相关资料。

【法显出生地《考证方案》编制】　2019年3月，研究会向临汾市文旅局正式递交关于法显出生地考证的申请和《考证方案》。法显，出生地“平阳”即今临汾，这已是绝大部分研究者的共识，最新版《辞海》（1999）中也指出法显出生在今临汾市西南。但法显出生在临汾具体哪个地方，至今仍是一个谜，目前有尧都区金殿镇、襄汾县襄陵镇、曲沃县、侯马市、翼城县、浮山县等地之说，多年来，寻找法显出生地和出家地，也是学术界焦点之一。

【“法显文化馆”设计布展】　法显文化馆坐落在临汾市涝洰河公园的国学馆院内，总占地面积为960平方米，建筑面积为295平方米，设五个展厅和一个影视播放室。2018年8月，临汾市法显文化研究会投资完成“法显文化馆”的全部设计布展工作。从2018年9月19日正式开馆到2019年年底，接待游客近3万人次。

【与斯里兰卡签订文化交流合作】　研究会法人兼执行会长冯春海和斯里兰卡龙华书院董事长郝唯民于2018年11月7日签署《文化交流合作协议》，斯里兰卡市代表团、斯里兰卡龙华书院代表一行7人到临汾进行文化交流，临汾市佛教协会、山西师范学院专家代表、企业家、法显研究爱好人士共计30余人出席并见证签约仪式，为加强中斯两国文化交流合作，整合两地特色文化资源，共同探索文化交流新路径，推动文旅事业的共同发展奠定基础。

【与斯里兰卡合办国际法显文化论坛】　2019年8月28日至9月2日，研究会协调市政府代表团共计20余人，到斯里兰卡参加斯里兰卡龙华书院主办、研究会协办的“法显文化与新世纪海上丝绸之路国际

2019年8月，法显文化研究会与新世纪海上丝绸之路国际论坛研究会代表团合影　（法显文化研究会供图）

论坛”等系列活动，临汾市政府代表赵华、研究会会长贾雪梅等，在斯里兰卡受到中国驻斯里兰卡大使程学源接见。斯里兰卡总统西里塞纳到会，为临汾市法显文化研究会颁发“国际法显文化特殊贡献奖”，贾雪梅、刘翠菊、冯春海、释心如、袁维学、张梁等人获得个人“国际法显文化荣誉奖”。

【临汾对外友好城市缔结促成】 2018年11月至2019年9月期间，以法显文化为纽带，通过研究会的牵线搭桥，斯里兰卡阿努拉德普勒市和临汾市结为友好城市进行并互访，签署友市缔结备忘录。全国对外友协于2019年11月25日同意临汾市与斯里兰卡阿努拉德普勒市缔结友好城市关系。

【“打造法显故里文化”提案提交】 2019年2月，研究会会长贾雪梅以人大代表身份并联名14位人大代表向临汾市人民代表大会提交《关于在临汾市城乡建设中增加法显文化元素的提案》。该提案引起政府有关部门的高度重视，市文旅局于7月作正式答复，明确表示：支持法显文化研究会的工作，建设法显文化标志性建筑，在城市中注入法显元素，包括拍摄舞台剧、微电影、戏曲等，营造法显文化氛围，发展法显文旅产业。研究会终身会长刘翠菊以民盟身份通过民盟组织向临汾市政协及山西省政协提交关于“营造法显文化，推动文旅建设”等方面的建议。

【“腊八浇雪山”被确定为市级非遗】 “腊八浇雪山”是襄陵等地为纪念法显法师的一项民俗活动，每年农历腊月初八举行。2019年春，在研究会推动下，经过襄汾县文旅局申报，临汾市文旅局组织专家评审，10月8日，通过市级非遗项目审核并公示。

【完善百度百科“法显”词条内容】 法显是出生在临汾的东晋高僧，但长期以来，百度搜索“法显”一词，均显示法显出生地为长治襄垣，不符历史事实。为还原法显的真实出生地，研究会多方沟通，提供有力证据资料，使“法显”词条得以纠正和完善。纠正后的“百度百科”显示法显：法显（334—420年），东晋高僧，平阳郡（今临汾西南）人。这与《辞海》1999版、2009版相关内容一致。

（冯春海）

周易学会

【概况】 临汾市周易学会（以下简称“学会”）自1990年10月成立，会长张俊峰。学会把易学学术研究和传播交流作为一项重要任务，确立“依法办会、服务社强会、诚信立会、绩效树会、制度建会”的原则，在长期办会过程中，形成自己的特色。

【弘扬社会主义核心价值】 2019年，学会副会长魏峰海参加市委宣传部举办的《好基地讲好故事》爱国主义教育基地专场故事会，获“最佳选手奖”。学会评选苏法魁、冯政晖为道德模范、冯政晖“模范乡村干部”，号召全体会员向道德模范学习，并举办德孝文化研讨会，印刷出版德孝文化丛书1000本，免费赠送，扩大宣传。

【学术研究】 2019年6月28日，学会在古县宾馆举办全市易学与传统文化论坛，60多位代表参加会议，来自于洪洞、襄汾、霍州、汾西、尧都等县、市代表在大会作重点发言，该届会议主题是易学与传文化，以习近平为核心的党中央高度重视中华优秀传统文化的传承与发展，为弘扬传统文化指明方向。大会举办不忘初心、继续前进大型图片展、书法展。以此活动纪念中华人民共和国成立70周年，纪念学会建会30周年，扩大临汾市易学研究的影响力、知名度。

【举办临汾市第八届关公文化研讨会】 2019年7月9日，学会在襄汾襄陵镇举办全市第八届关公文化研讨会，会长张俊峰情系家乡，捐款1万元，获得社会各界好评。

（石耀辉）

出版　传媒

出版管理

【概况】　2019年，新闻出版工作由市文化局划归市委宣传部管理，市委宣传部成立出版科，专门负责出版版权和“扫黄打非”工作。全市“扫黄打非”和出版战线保持和巩固全市“扫黄打非”和出版工作高压态势，净化网上网下文化环境，捍卫意识形态安全和政治安全。

【普法宣传】　2019年3月18日，临汾市委宣传部联合市文化综合行政执法队开展文化市场“12318”举报电话宣传活动。此次宣传共展出以“文化、旅游、文物、广播电视、新闻出版、网络市场法规知识和举报电话”为题材的版面8块，重点宣传“12318”文化市场举报监督体系、“扫黄打非”的重大意义和主要内容、打击侵犯盗版违法行为等，工作人员向过往行人发放法律法规宣传资料2000余份，接受群众咨询60余人次，活动现场展示部分非法出版物和音像制品等。

【版权保护】　2019年4月26日是第十九个世界知识产权日，为加强临汾市知识产权宣传普及，提升全社会知识产权意识，打击侵犯知识产权和制造假冒伪劣。4月25日上午，由市委宣传部、市市场监管局、科技局、商务局、公安局、农业农村局、尧都区市场监管局等单位联合在生龙国际时尚广场开展的2019年知识产权宣传周活动。此次活动围绕“严格知识产权保护 营造一流营商环境”主题，各参与单位结合职能，重点突出知识产权保护和发展等特色宣传。现场通过摆放咨询台、宣传展板、发放宣传页，解答群众咨询等方式，重点宣传知识产权保护和打击侵权盗版及打击假冒伪劣等法律法规相关内容。5月，下发《临汾市2019年软件正版化工作计划》，重新调整“临汾市正版软件工作领导组”，为全市软件正版化提供工作计划和制度保障。

【集中示范活动】　4月23日上午，临汾市委宣传部联合市文化和旅游局、市总工会、市妇联、市文联、临汾电视台、临汾日报社、市邮政公司、市图书馆等部门在临汾市平阳广场举行以“书香三晋·文化临汾”为主题的2019年全民阅读月暨“绿书签”主题宣传示范活动。全市17个县（市、区）各类图书馆、读书会等开展主题读书活动5400余场，受众120余万人次，形成全民阅读，蔚然成风的良好氛围。通过开展优秀书目推荐、优惠售书、公益专题讲座、开设广播电视专题节目、读书征文等一系列举措，在全市形成“爱读书、读好书、善读书”的新风尚。

【“我的书屋我的梦”读书征文活动】　2019年，暑假期间，利用农家书屋开展阅读活动，组织开展“我的书屋我的梦”读书征文活动。9月，经过认真筛选，向省新闻出版局推荐优秀作品204篇，其中，小学组125篇，中学组79篇。

【“绿书签”活动】　4月23日，临汾市委宣传部结合“全民阅读”活动和“扫黄打非护苗”专项行动，制作宣传版面、宣传海报，制作发放“绿书签”，开展“保护知识产权”、抵制侵权盗版、增强版权意识等宣传活动。在“绿书签”活动期间，共发放绿书签10000余个，宣传海报5000余张。凭“绿书签”在全市各新华书店门店购买“绿书签”优秀少儿读物书目（含各类优秀少儿图书2000种）内的图书，可享受8折优惠，活动优惠力度大，书目内容丰富。

【专项巡查】　2019年，临汾市委宣传部根据市“扫黄打非”领导组工作安排，制定护苗2019、净网2019、秋风2019等“扫黄打非”五大专项行动方案；在重要时间节点组织开展“扫黄打非”专项巡查，组织开展两节期间文化出版物市场环境安全检查专项行动、“两会”期间出版物市场安全专项检查行动、3·18法制宣传活动、开展校园及其周出版物发行专项治理行动、中小学教科书课前倒数情况专项检查行动、暑期文化市场维护未成年人合法权益专项整治行动、全市私人影院版权执法以案施训活动等系列专项行动；2019年是中华人民共和国成立70周年，“二青会”火炬传递及四项赛事在临汾举办，联合市文化行政综合执法队不间断的开展专项巡查，确保活动期间市文化安全和意识形态安全，形成良好的文化和舆论氛围。

【案件查办】 2019年，按照年初拟定的工作思路，突出以案件查办为重点，树立“不办案就是没作为”的理念，坚持高举高打、持续推进，推动各大专项行动深入开展，对省“扫黄”办转办案件和群众举报案件高度重视，坚决做到事事有回复、件件有落实。全年组织核处全省扫黄办交办的线索4起，查处各类“扫黄打非”案件12起，向全省扫黄办申报重点案件2起，其中，列入全省挂牌督办案件1起，坚决遏制和打击“扫黄打非”领域违法违规行为，保持高压态势，形成有力震慑。

【清朗网络】 2019年，临汾市委宣传部召开网上“扫黄打非”联席会议6次，通过定期分析研判、网上日常巡查、专项集中整治、联合封堵删除、定期约谈企业等手段，强化网络监测查删，提高依法依规管网治网能力。各成员单位主动作为、积极履责，全年共封堵政治谣言1517条，清理其他类有害信息4624条，处置违法违规网站10个，营造风清气正的网络文化环境。

【进基层】 为深入贯彻落实中央、省市关于“扫黄打非”进基层的工作要求，10月，在曲沃召开“扫黄打非”进基层现场推进会，通过编印工作指导手册及组建完善信息员队伍等方式，推进“扫黄打非”基层站点规范化标准化建设。截至2019年12月底，全市乡镇级联络站、村级信息点全部挂牌，在全省率先实现达标率100%的年度建设目标；新增曲沃县曲村镇、洪洞大槐树寻根祭祖园2个省级“扫黄打非”进基层示范点。

【行政管理】 2019年，临汾市委宣传部全面完成全市印刷企业年度报告工作。利用年度报告和换证期间，督促全市印刷企业完成《印刷品承印五项制度》版面上墙。全市共有印刷企业122家；指导各县（市、区）完成发行零售单位网上填报及年度核验工作，全市现有出版物发行零售单位254家。12月30日前，按照省市审批机制改革“一枚印章管审批”的要求，将所属印刷企业审批、一次性及连续性内资审批等权限完整划转市行政审批局。

【市场检查】 2019年，临汾市委宣传部共开展各类出版发行专项检查行动9次，共检查出版市场各类经营单位400余家次、出动行政执法人员3000余人次，执法车辆400余辆次。其中，检查印刷复制单位52家次，出版物发行单位81家次，互联网上网服务营业场所90余家次、娱乐场所70余家次、卫星地面接收单位13家次、电影放映单位40余家次，共收缴各类非法出版物3000余册，删除违禁曲目40首、取缔无证发行非法出版物摊点3家，查办各类案件60余起，在春节、两会、国庆等敏感时间节点，对全市出版物市场进行5轮次暗访检查，发现问题线索20余条，及时反馈督促整改，形成高压态势，确保出版发行市场安定有序。 （武经纬）

新闻中心

【概况】 2019年，临汾市新闻中心围绕庆祝中华人民共和国成立70周年、“不忘初心、牢记使命”主题教育、“唱响时代赞歌”系列活动、“改革创新、奋发有为”大讨论，以及二青会、靓城提质、文明城市创建、脱贫攻坚、环境治理、扫黑除恶等市委、市政府重大决策部署，组织《临汾日报》、临汾广播电视台在重要版面、重要时段开设“壮丽70年、奋斗新时代”“扎实开展不忘初心、牢记使命主题教育”“精准脱贫、合力攻坚”“持续推进扫黑除恶专项斗争”“生态环境治理攻坚行动”等专题专栏，多层次、多角度、全方位地宣传报道全市学习宣传贯彻习近平新时代中国特色社会主义思想的生动实践和典型经验，记录临汾市改革发展生动实践和丰硕成果，集中展示干部群众干事创业、奋发有为的优良作风和精神风貌。特别是“壮丽70年、奋斗新时代”专题宣传，坚持央媒省媒市媒三级联动，高起点、多角度、全方位、内宣外宣、线上线下，全媒体立体式宣传，截至2019年末，全市各级各类媒体共刊发稿件6990余篇（条），提升临汾的知名度和影响力。

【主题教育宣传】 2019年，临汾市新闻中心制定宣传方案。制定印发《临汾市“不忘初心、牢记使命”主题教育宣传报道方案》，印发至各县（市、区）、市直新闻宣传有关单位、省驻临记者站。

主题宣传。《临汾日报》、临汾广播电视台在头版头条、重要版面、重要新闻栏目、重要新闻时段，开设“扎实开展不忘初心、牢记使命主题教育”“不忘初心、牢记使命”主题教育进行时等专栏专题，针对“查处群众身边的腐败问题和不正之风还有差距”的问题，配发开栏语，通过消息、专访、综述、通讯、侧记等多种形式进行宣传。截至年底，《临汾日报》共刊发相关稿件288件；临汾广播电视台在《临汾新闻》《正在进行》《直播临汾》等栏目，相关新闻133条，首复播931条次；在山西电视台《新闻联播》中播出相关新闻23条，发稿量名列全省各地市前列。

典型宣传。《临汾日报》、临汾广播电视台推出“共产党员郑仙荣的故事”“我要给村里挣一个未来”（洪洞县辛南村党支部书记连金平）“我和大山有个约定”（古县沟北村第一书记王伟）等主题教育先进典型的专题24期，通过讲述自身的奋斗故事，在全市营造学习典型、见贤思齐的浓厚氛围。

融媒体宣传。临汾新闻网、临汾广电网、临汾新闻早知道、《临汾日报》、临汾广播电视台微信公众号，在首页首屏设置“不忘初心、牢记使命主题教育进行时”等专版网页，截至年底，临汾新闻网主题教育共推送转发相关稿件149篇；临汾广电网推送主题教育相关资讯133条；临汾广播电视台微信公众号共制作刊发相关资讯104条。

【新闻工作者推送】 2019年，临汾市新闻中心加强同中央、省级主要媒体联络与沟通，主动和各级媒体记者交流与合作，商讨宣传主题，做好采访服务，向中央和省级主流媒体提供新闻素材，推送新闻作品，打造影响全省、叫响全国的好稿件、好视频、好图片，传播好临汾声音，讲好临汾故事，提升临汾的美誉度和影响力。临汾广播电视台做好“头条工程”“联播工程”，主攻《山西新闻联播》和央视新闻报道，延伸新闻触角，拓展讯息来源深耕本土资源，发挥县市台“更接地气”的特点，加大与各县市、各部门、各平台的联动约稿，建立通讯联动机制，从第一源头践行主体教育要求，第一现场发现鲜活素材；成立对上报道组，加强同上级媒体的沟通联络。截至年底，全市在中央和省级主要媒体共刊（播）发各类稿件2530余篇（条），其中，在《人民日报》、新华社、中央人民广播电台、中央电视台等中央主要媒体发稿710余篇（条），在《山西日报》、山西广播电视台、黄河新闻网等省级主要媒体发稿1820余篇（条），均创历史新高，位居全省前列。

【县级融媒体中心建设】 2019年初，临汾市宣传部长会议将县级融媒体中心建设作为“十大创新”工作任务之一。制定《临汾市扎实推进县级融媒体中心建设实施方案》，下发《关于扎实推进县级融媒体中心建设考核工作的通知》，明确全市县级融媒体中心建设的工作标准和操作规范，首批启动县级融媒体中心建设试点为6个县市，分别为：侯马市、曲沃县、翼城县、洪洞县、安泽县、吉县。

市委宣传部于5月13日至14日在曲沃县举办“临汾市县级融媒体建设培训班暨工作推进座谈会”，邀请全国先进县福建省尤溪县，浙江省长兴、安吉，江苏省邳州等有关负责人进行现场授课。

7月18日至19日，市委常委、宣传部部长李朝旗带领7个县（市、区）宣传部、临汾日报社、临汾广播电视台、市新闻中心等单位负责人，到浙江省长兴县、安吉县考察学习融媒体中心建设，就建设发展中遇到的实际问题和困难进行座谈。侯马市到陕西富县参观学习；翼城县与晋城沁水进行交流沟通，邀请人民日报、中新社专家进行指导；安泽县到长治市上党区参观学习，邀请山西广电、省融媒体建设专家组指导工作；吉县到北京、湖北武汉、运城垣曲等地学习考察。

各县（市、区）坚持“破立”结合，提升建设标准，明确功能定位，探索符合自身实际的新路径。曲沃县重置机构采用“6+1”模式，侯马市建立青年创新工作室，吉县开设网上村德村史馆，翼城县创新广电网络建设等。截至年底，6个试点县融媒体中心建设已基本完成，建好统一采编中心，建立运营管理激励等配套机制，建立各自移动客户端，基本形成全媒体矩阵，与省级平台对接成功。

【新闻管理规范】 2019年，临汾

市新闻中心接待新华社、新华网、中央电视台等中央级媒体记者15次，就“我的公交我的城”、脱贫攻坚等方面进行专门采访和报道。举办临汾新闻战线首届好记者讲好故事演讲比赛。举办2019年度庆祝第20个记者节颁奖活动，对山西日报社临汾分社等28家先进集体、十佳记者、43名优秀新闻工作者、62件临汾新闻奖、新闻战线首届“好记者讲好故事”演讲比赛19名获奖选手及17家组织奖予以表彰奖励。编印《2018年度临汾新闻奖作品集》《2018媒体看临汾》。

广播电视台

【主题宣传】 2019年，临汾广播电视台以主题宣传、内容创优、编排创新、节目评审为抓手，在强化宣传主业上出成效。围绕生态环境治理、脱贫攻坚、扫黑除恶、二青会、中华人民共和国成立70周年、“不忘初心、牢记使命”主题教育等重大主题，加强宣传策划，全方位、多层次、全媒体报道，履行主流媒体职责，营造浓厚舆论氛围，全年播出新闻32200条次，专题5000期次。

【内容创优】 2019年，临汾广播电视台结合宣传重点和栏目特色，加大节目创优力度，全年共有46件作品获省级以上奖励，获奖数量和质量在全省地市台中名列第一。另外，加大新媒体原创内容生产传播，多条短视频在中国国际电视台、央视新闻移动网、央视新闻客户端播放量达10万+，其中《新兵训练手榴弹滑落，老兵3秒果断处置》在央视官方抖音号、人民网等官方抖音号点赞量超过500万。

【编排创新】 2019年，临汾广播电视台综合考虑受众收视、栏目特质等各方因素，参照中央、省级媒体编排方式，9月1日起对全台节目编排进行科学调整，精准定位，科学编排，提升视听服务体验；通过良性互动激励各部门提升节目质量。

【经营创收】 2019年，临汾广播电视台以项目制为抓手，在挖掘创收潜能上出成效。面对广告市场的激烈竞争和硬广的断崖式下滑，主动变革经营体制，推行项目制改革，稳固存量，挖掘增量。形式上，项目制盘活运营机制，捋顺传媒公司和项目代理平台之间的关系，规避经营风险调动经营项目责任人的积极性、创造性。效果上，经营创收顶住压力、稳步阵脚，连年小幅增长。

【广播作品推送】 2019年，临汾广播电视台在提高对上宣传质量上出成效。发挥对上报道组和各节目生产部门的联动性，调整完善考核奖励办法，瞄准省台和央视，聚焦重点工作，加强考核督促，提升对上报道的质量和效果。全年共在省级媒体发稿676条（广播289条，电视387条），国家级媒体发稿126条（广播49条，电视77条）。其中，央视各新闻频道播发新闻77条次，同比增长22.2%；《山西新闻联播》播发363条次，同比增长17.2%。对上发稿统计排队位列全省地市台第一，展示大好临汾、大美临汾的正面形象。

【媒体融合】 2019年，临汾广播电视台以智慧广电跨代通信网工程和“网微工程”为抓手，在提升传播效果上出成效。智慧广电网按照单向、双向用户齐头并进，居民、集客业务双向发力，市级网络带动各县发展的思路，推进项目建设和业务拓展，14万用户具备双线业务开通条件，市区共发展双向用户16000余户，推出智慧人大、智慧社区、智慧医院、智慧酒店等智慧服务业务，智慧广电平台优势逐步显现。2月，智慧广电全IP融合业务网建设获国家科技成果应用与技

2019年1月，临汾广播电视台揭牌仪式　（临汾广播电视台供图）

术革新奖。广电网站按照细分受众、精准推送的原则，推进改版升级扩容，在融媒体中心尚未搭建的过渡阶段，发挥媒资集成平台的初始作用。临汾广播电视台、FM88.9、FM95.1、FM94.6、TV直播临汾、LFTV魅力临汾等微信公众号，发挥集群效应，与传统媒体业务联动，图、视、音、文二次编辑、融合传播，营造声势。

（王 强）

年度播出节目

·电视类·

【《临汾新闻》】 《临汾新闻》是临汾电视台联播类新闻栏目，集政务平台、百姓平台、服务平台于一体，主要承载全市的主要时政要闻、主题性报道、百姓生活和咨询服务等新闻。播报特点既庄重大方又简洁明快，既体现主流媒体的权威性和公信力，又不失亲和力和服务性，始终坚持正确的舆论导向，倡导社会正能量。

【《尧都新闻》】 《尧都新闻》作为以时政报道任务为主的综合新闻类栏目，主要承载尧都区主要时政要闻、主题性报道、百姓生活和咨询服务等新闻。

【《直播临汾》】 传递最鲜活的新闻资讯，直击最真实的新闻现场，搭建最广阔的新闻平台。民生大看台，生活大百科。

【《直通尧都》】 《直通尧都》主要是宣传尧都区在经济社会发展中的新思维、新举措、新经验、新成就，集中讲好尧都发展故事，增强尧都区委、区政府媒体传播影响力，展示尧都发展风采、汇聚尧都发展能量的一档新闻类专题节目。

【《正在进行》】 《正在进行》栏目以“人品加作品就是我们的生命”为座右铭。“正”字象征着正义正直正道，围绕中心、服务大局进行舆论监督、弘扬主旋律是这档节目的主要特征。

【《身边》】 《身边》栏目一档立足于当前融媒体的新栏目，表现手法以短视频的方式记录新闻、记录事件，以人的视角来丈量生活的进步、政策的实施、民生的改善、社会的善恶。通过方言类、故事性为特色的电视栏目，来配合市委市政府的中心工作。大到各个单位抓落实，小到一个百姓的日常，取材现实生活事件，无论宣传目标与目的是什么，都紧紧围绕当前工作，以人为核心、事件为本体，通过讲故事的方式呈现给观众，同时在演播室加大评论力度，弥补现场可视性强但是深度不够的短板，从而在发挥新闻的信息性、贴近性的同时，凸显主流媒体的影响力。用新媒体的方式，讲好身边故事，传递临汾好声音。

【《路上那些事》】 《路上那些事》是一档全新的交通类栏目，节目用全新视角，针砭时弊，对发生在道路上的不文明交通行为和交通违法行为进行曝光，对一些政策、法律热点进行解读，对交通参与者遇到的困难进行有效帮助。栏目以普及交通安全法规，抨击交通陋习和交通违法行为为核心，全面提升市民的文明交通意识，搭建起一座交警与市民相互沟通的桥梁。

【《律政俏佳人》】 《律政俏佳人》将真人真事和真事案例进行真人秀改编，以纪录片的形式呈现。在解决有代表性的心理个案的同时，侧重于普及心理知识，提倡心理健康，旨为更广大的观众提供服务。《律政俏佳人》是一档对已有的事件类的电视素材进行重新整合、二度创作、以全新角度阐述故事立体呈现，可以说是目前法律节目的2.0版。

【《初心》】 《初心》是中共临汾市委组织部和临汾广播电视台共同开办的一档党建电视栏目。紧紧围绕全市党的建设和组织工作大局，及时传递党的声音，深入报道党建成果，展示党员时代风采，激励广大党员干部守初心、悟初心、践初心。

【《魅力临汾》】 《魅力临汾》以旅游为载体，以文化为核心，以故事为基础、以情感为纽带，努力打造美丽临汾对外宣传的窗口，为推介当地经济社会发展、城市形象、文化产业、旅游资源提供一个新的舞台。

【《梨园堂》】 生旦净丑锦秀梨园竞争艳，梆声琴韵戏里戏外《梨园堂》。《梨园堂》一档具有浓郁地方特色的文化戏曲谈话类栏目；《梨园堂》一档令广大观众和戏迷朋友喜闻乐见的名牌栏目；《梨园堂》一档夺得全国电视戏曲栏目最高奖“兰花奖”的品牌栏目。

·广播类·

【《临汾新闻》】 《临汾新闻》节目播出频率：FM95.1，节目旨在围绕临汾市中心工作，把握正确的舆论导向，彰显广播传播特点，弘扬主旋律，坚持“三贴近”，为人民群众鼓与呼，为建设富裕、文明、绿色、幸福美丽新临汾提供舆论支持。

【《综广早声音》】《综广早声音》节目播出频率：FM95.1，是一档早间生活服务类节目，节目涵盖morning call、951帮帮团、营养早餐、微笑早晨、大城小事在你身边、红灯唱等板块。

【《综广热线》】《综广热线》节目播出频率：FM95.1，是一档与《市长热线》联合开办的热线服务类节目，秉承为政府分忧为百姓解难的服务理念，通过热线答疑解惑，引导社会热点，在政府和群众之间架设一座沟通了解的桥梁。

【《娱乐新客栈》】《娱乐新客栈》节目播出频率：FM95.1，是一档娱乐脱口秀节目，讲述奇闻趣事，搭建展示平台，营造轻松氛围，娱乐社会大众。

【《心花怒放》】《心花怒放》节目播出频率：FM95.1，是一档情感传递娱乐类节目，开设《爱要大声说》《刷刷朋友圈》《生活大搜索》《吃香喝辣》等版块，通过电波建起繁忙都市人们的情感桥梁，分享有爱的时光。

【《最爱乐生活》】《最爱乐生活》节目播出频率：FM95.1，是一档轻松温馨、贴心互动型的音乐广播节目。旨在为大家推荐好听的音乐，提供点歌送祝福的平台。

【《综广夜动听》】《综广夜动听》节目播出频率：FM95.1，是一档包含美文、音乐、情感交流的情感音乐类节目。

【《阳光早班车》】《阳光早班车》节目播出频率：FM88.9，是交通文艺广播颇受欢迎的一档早间交通资讯类节目。气象、路况、资讯、交通政策法规等，服务出行早高峰。

【《一路好心情》】《一路好心情》节目播出频率：FM88.9，是一档伴随性音乐节目。一周设定不同的音乐主题，给听众不一样的聆听感受，不一样的音乐心情。

【《阳光快车》】《阳光快车》节目播出频率：FM88.9，是一档集交通服务、宣传、推介、解答为一体的综合性交通类节目。

【《动感889》】《动感889》节目播出频率：FM88.9，是一档音乐互动类节目。用音乐开启听众的午后动感时光。

【《平安回家》】《平安回家》节目播出频率：FM88.9，是一档晚间出行高峰的交通服务、休闲娱乐节目，让听众在下班路上不再无聊。

【《夜有书香来》】《夜有书香来》节目播出频率：FM88.9，是一档晚间读书类节目。设置新书推介、文化届人士访谈、叮叮当当开讲啦、经典诵读等板块，为听众提供丰富的精神食粮。

【《音乐早出发》】《音乐早出发》节目播出频率：FM94.6，清晨，我们用新鲜的资讯，热辣的话题，伴随律动的旋律、在互动中开启欢乐的一天，让你活力满满。

【《带你聆听》】《带你聆听》节目播出频率：FM94.6，重温民族经典，感受流行的魅力，时光中，回味歌曲中的人生故事；旋律里，品味时间沉淀的味道。

【《乐听乐爱听》】《乐听乐爱听》节目播出频率：FM94.6，总有一个人，让你在心底默默的牵挂，总有一段情，让你魂牵梦绕，总有一首歌拨动你的心弦，在日记本里、在发黄的照片上，在电台的老歌里，我想问你，我的祝福你还记得吗？

【《乐动全城》】《乐动全城》节目播出频率：FM94.6，盘点最新影视资讯、传播娱乐热点，分享上线好歌，精选潮流音乐，下班晚高峰，动感时尚的活力，点亮城市夜晚的精彩。

【《非同凡响》】《非同凡响》节目播出频率：FM94.6，每天一个音乐主题，让听众在享受音乐慢时光中分享情感故事和美文，感悟爱情、生活。嘉宾才艺展示环节，主持人与现场展示的嘉宾和听众互动，形成晚间收听高潮。

（王　强）

临汾日报

【概况】　2019年，临汾日报社推出“在习近平新时代中国特色社会主义思想指引下——新时代 新作为 新篇章”“改革创新、奋发有为”大讨论、“不忘初心、牢记使命”主题教育等系列主题宣传报道，通过开设栏目、配发评论员文章、刊发动态信息等形式，营造出浓厚的舆论氛围。全年刊发“在习近平新时代中国特色社会主义思想指引下——新时代 新作为 新篇章”93篇；“不忘初心、牢记使命”主题教育各类稿件390余篇；“生态环境保护”各类稿件160余篇；《生态环境治理专刊》50余期，公益广告45期；“改革开放、奋发有为”大讨论各类稿件310余篇；“新中国成立70周年”各类稿件160余篇；“二青会”各类稿件230余篇；靓城提质“三大行动”各类稿件49篇；十九届四中全会相关稿件25篇。

【新型传播平台】 2019年，临汾日报新媒体中心利用临汾新闻网、临汾日报微信、微博、临汾日报手机版等平台，制作微视频、H5、动画、图解新闻、移动直播等多种形态的新闻产品200余篇，提升临汾日报作为主流媒体的宣传水平和传播形象。在系列主题宣传中，临汾新闻网共刊发稿件17428篇，微博刊发稿件4483篇，微信刊发稿件3500余条。其中，《加油！临汾MV》《我的名字叫建国》《一图读懂临汾市区靓城提质“三大行动”》等作品被受到市委、市政府以及市委宣传部等领导的肯定。

【《临汾日报》改版】 2019年7月1日，《临汾日报》进行全新改版，实现全彩印刷，将原来的周六刊改为周七刊，使其成为真正意义上的日报。新版《临汾日报》推出财经、安全、法治、健康、环保、脱贫攻坚等12个专（副）刊，打通职能部门与群众信息共享的渠道。12月底，实现区域新闻版全覆盖，实施延伸式、精准式的党媒服务。

【调整科室职能】 2019年7月，临汾市日报社坚持科室职能调整向采编一线倾斜的原则，对全社27个科室职能进行全新调整，调整后的采编与行政岗位比例从48%提高到68%，重新核定各科室人员编制，采取双向选择办法配备中层干部和科室人员，实现采编科室设置更加合理充实、保障科室设置更加精干高效、人才流动更显活力、工作流程更加顺畅、报业经营更加壮大“五大目标”。

【建立健全考核制度】 2019年，临汾市日报社从4月起，先后推出《临汾日报社采编人员量化考核办法》《临汾日报新闻奖评选办法》《临汾日报社管理岗位考核办法》等十多个考核办法，月度新闻奖的设立，调动采编人员创作高质量作品的积极性主动性。10月，在原有制度的基础上，制定和完善采编绩效考核制度、融媒体部考核制度、视觉新闻部考核制度、采编科室选题讨论例会制度等一系列制度。

【融媒体建设】 2019年，临汾市日报社创新推出《临汾新闻早知道》栏目。9月16日，正式上线《临汾新闻早知道》时政简讯及语音播报栏目，将市委（市政府）时政要闻、各县（市、区）新闻、社会新闻、生活提示等内容进行集纳，以图文+音频形式每天定时推送，社会反响巨大。全媒体报道力量增强。硬件设施实现更新。10月，向市政府申请120万元资金，为视觉新闻部购置一批功能先进、性能优越的影像制作设备，加强融媒体技术力量。为融媒体队伍注入新生力量。由市委组织部组织，面向社会公开招聘5名大学生，壮大全媒体采编队伍。

【网络信息安全】 2019年，采取自查与抽查相结合、常规检查与重点检查相结合、定期检查与突击检查相结合的方式，确保网络信息安全管理制度落实到位。加强对报社所属网站、微博、微信公众号的监管。投资300余万元的网络三级保护工程竣工验收投入使用，从硬件条件上为网络安全提供保障。

【报纸安全出版制度】 2019年，临汾日报社严把报社报刊、新媒体发布的三大关口：即日报、新媒体、广告。制定“二四三”管理办法，即采访“二级审稿”、编辑“四审见报”、校对“三校付印”，新闻稿件从采访到定版交付印发之前经过九道工序。为确保报纸出版质量，实行“两会一课”制度，即：每天编前会，确定次日见报的重要稿件和重要版面的头条稿件；每天评报会，对当天已出版的报纸整体质量进行评估，评出稿件、版面的优劣，指出差错和事故，按月进行相应的奖罚；每月开展一次业务培训课，对当月报纸的案例进行分析，杜绝差错或瑕疵再次发生。（陈　华）

图书发行

【概况】 截至2019年11月底，临汾市系统营业总收入1.89亿元，利润总额完成790万元。其中，教材完成2009万元，教辅完成9926万元；大中专教材完成1010万元；

POS机销售3179万元，其中，一般图书完成2337万元，传媒产品完成842万元。

【重点书发行】 2019年，《习近平新时代中国特色社会主义思想学习纲要》临汾市系统发行13万册，码洋270万余元；第五批《全国干部培训教材》全市系统发行2381册，码洋116万元；农家书屋招标工作中，全市系统各公司共中标77.6万元，其中，吉县分公司中标14.6万元，永和分公司中标12.7万元，乡宁分公司中标35万元，安泽分公司中标15.3万元，曲沃分公司正在参加招标活动，如中标，码洋在31万元左右；大中专教材招标工作中，市公司中标山西师范大学2019年、2020年两年的教材配送，码洋260余万元，临汾警校2020春季教材15万、临汾职业技术学院2020年、2021年两年900余万的招标项目正在进行中。

【“两教”发行】 2019年，临汾市系统各公司从9月开始，与当地教育局、学校沟通、联系，在全市系统开展“进校园 赠图书 献爱心”活动。向全市小学一、二年级赠送《新编小学生字典》9万余册；11月底，蒲县分公司将部分教辅品种纳入县财政免费教材项目之内，全年“两教”销售可增加260余万元；乡宁分公司全年可为公司增加140余万元的收入；下半年在全市系统中小学中开展的“古诗文朗诵”活动用书由临汾市系统各公司发行，已销售收入97万余元；翼城分公司新增《书法》（7–9年级），《写字》（1–6年级）两个品种；大宁分公司新增《法治教育》一个品种，8000余册的销售收入；霍州分公司“两教”征订发行比上年增长76.4万元，其中，大中专教材首次收回订数，销售3.3万元，幼儿教材销售收入18.5万元；配合宣传部、关工委、教育局等政府部门做好“爱我中华”读书教育活动，全市系统共征订发行活动读本13万余册，码洋160余万元。

【经营质量年活动】 2019年，临汾市各分公司响应集团门店经营质量年活动号召，在连锁门店内开展相关阅读活动、营销活动、公益活动、业务培训活动。翼城分公司连锁门店专门为办理绘本借阅卡的读者开办绘本课堂，在借阅区安排专人为办卡会员及其孩子讲绘本、读故事，办卡收入7万余元；隰县分公司连锁门店通过扫微信赠送借阅卡、霍州分公司在寒、暑期间针对学生群体办理借阅卡，培养读者阅读习惯。

【举办各种阅读活动】 2019年“全民阅读月”期间，临汾市系统各连锁门店相继开展“书香临汾经典诵读公益读书会”朗诵、“世界读书日爱心传递与书同行”图书捐赠、“小小图书管理员”“成长自己，托举未来–非常父母爱智力成长营”公益讲座、“一路书香 一生阳光”读书节启动仪式和“同城同声”寻找最美朗读者等几十场不同主题的阅读活动，活动带动门店的人气，带动图书的销售。

【“好书进基层 献礼七十年”系列活动】 2019年，临汾市系统共开展“好书进基层 献礼七十年”系列活动百余场，受益读者达万余人，销售图书30余万元。

【“美丽书店”】 2019年，临汾市系统有5家门店挂牌“美丽书店”，吉县分公司连锁门店申报“美丽书店”，等待集团验收。

【企业文化】 2019年，临汾市系统履行社会义务，不忘文化企业的担当与责任。翼城分公司为当地学校艺术节捐赠图书、为当地特教学校捐赠图书千余册，被授予翼城县

2019年6月，《习近平新时代中国特色社会主义思想学习纲要》发行
（临汾新华书店供图）

第二十九个“心灵之翼 阳光助残”先进集体；浮山分公司为当地红十字会、新时代文明实践中心捐赠钱物1万余元，在县文明办的倡议下捐赠棉衣等物品50余件；市公司在年初市政府组织的“文化、科技、卫生”三下乡活动中，捐赠图书8000余元。

驻临汾记者站

【山西法制报临汾记者站】 2019年，山西法制报驻临汾记者站围绕临汾市政法系统的中心工作，为政法系统创造良好的舆论氛围。全年围绕报社的宣传思路，围绕政法系统的重点工作，采写出大量有影响的新闻稿件，其中，在报纸刊发出新闻稿件426篇，在山西法制网临汾频道、法治临汾头条号等发表稿件738篇。

多次深入基层，挖掘基层政法干警无私奉献的典型事例，用大量生动的文字，将这些典型人物、典型事例见诸与报纸以及网络新媒体。从不同角度讴歌临汾政法系统全体干警公正执法、无私奉献的高尚品德，弘扬社会正能量。

（刘雅静）

【山西广播电视台临汾记者站】 2019年，山西广播电视台驻临汾记者站走遍临汾的农村厂矿、深入基层一线，和工人农民同吃同住同劳动，记录人间百态、时代潮流，多次完成重大活动的报道任务。

制作新闻《西去东输——能源命脉上的红衣卫士》大年初一在山西卫视《山西新闻联播》播出；3月，临汾站记者首批冲进乡宁山体滑坡事件现场，第一时间发回省台大量广播电视报道，发回多条直播报道；在全国道德模范评选中，参与策划采写翼城县道德模范《张美静——花季少女勇挑家庭重担》在中央电视台和中央人民广播电台播出；采访制作十分钟专题《植绿护绿三十年》，记述40年接力的造林攻坚战被誉为业内“绿色教科书”的永和乾坤湾，从毕业工作到现在，一待就是三十年的工程负责人之一的王爱民，在山西卫视播出；采写电视专题《新房子改变精气神，吉县搬迁扶贫取得大进展》，介绍西掌村民搬迁后的幸福生活；采访记录政府有关部门免费资助良种绒山羊、梨树苗、危房改造等一系列帮扶政策组合拳，助推贫困户李春生过上好日子的过程。立足“脱贫攻坚”的大主题，依托新闻事实，记录扶贫工作队和村干部帮助李春生一家脱贫的过程。李春生这个个体的脱贫路，是脱贫攻坚、乡村振兴等宏大历史命题的微观注脚。

对临汾市委市政府安排的重点报道全程参与。围绕庆祝新中国成立70周年、“不忘初心、牢记使命”主题教育和临汾市委、市政府转型发展、靓城提质、脱贫攻坚等重大决策部署，采访报道并在山西广播电视台山西卫视《山西新闻联播》《记者调查》和《黄河新闻》《看山西》等电视频道以及山西新闻综合广播《山西新闻》《经济新闻》等广播频率播出。 在山西新闻奖评选中，采写的广播消息《煤黑子变白领》、电视专题《高本增——用生命记录时代典型》分别荣获二等奖，系列报道《省政府六件民生实事》荣获三等奖。

在记者节表彰中，山西广播电视台临汾记者站被评为先进集体，站长被评为临汾十佳记者，工作人员被评为优秀新闻工作者。

（马秀丽）

【山西画报临汾记者站】 2019年，山西画报临汾记者站共发网络新闻450条，新闻专题22条，图片新闻37个。参与曲沃、吉县、襄汾、翼城等县市活动的宣传报道。在二青会体育活动期间，全程参与临汾市17个县市的全域火炬传递，并全方位多角度的参与报道花样滑冰、空手道和飞碟射击三项在临汾举办的二青会赛事。

加强与上级新闻单位和社会新闻媒体的协作和合作，创造良好的资源共享环境，加大对基层特约通信员及特约摄影师的组建和联系，确保信息互联，增加高质量的稿源和稿量，保证稿件质量，提高上稿率。

新闻作品《永和红军小学授旗授牌》被评为2019年度临汾新闻奖三等奖；山西画报临汾记者站被评为2019年度临汾新闻宣传工作先进集体。

（张怀玉）

【山西经济日报临汾记者站】 2019年，山西经济日报临汾记者站重点宣传好市委、市政府的中心工作，主要围绕当地的政治、经济、文化、社会、生态等全面发展的新格局，结合本报自身的特点，策划一些重大活动及深度报道，提升《山西经济日报》的影响力及知名度。

临汾记者站发稿量较往年大幅增多，有质量的稿件纷纷被各大媒体转载，头条稿件连连被“学习强国”平台推送。在新中国成立70周年之际，《山西经济日报》精心策划的特刊受到临汾市委、市政府的高度好评，全年共刊发近百余篇新闻报道。刊登在《山西经济日报》2019年8月27日头版的作品《乡宁："多业并举"激发经济发展新动能》获得2019年临汾市"好新闻"奖。《山西经济日报》临汾记者站被评为2019年临汾市"优秀记者站"。（张文华）

【山西日报社临汾分社】 2019年，山西日报社临汾分社围绕省委、省政府工作部署和临汾市中心工作，做好宣传报道，全年发稿370篇，出版临汾新闻版24块。

临汾分社坚持用习近平新时代中国特色社会主义思想武装头脑、指导实践、推动工作，全体记者对标人民日报，结合基层实际，用心、用情、用功写稿。围绕全市中心工作，发表《临汾产业转型升级跑出加速度》《临汾市高质量发展迈出坚实步伐》《临汾华人"老家"唱响文旅新歌》《临汾蹚出新时代党员管理新路径》《临汾聚焦精准尽锐出战》等重点稿件。在第二批"不忘初心、牢记使命"主题教育活动中，发表《临汾突出重点一把尺子量到底》《襄汾对标对表找差距》《让山区农民在建设绿水青山中脱贫》《新思想之光照亮了大学课堂》等9篇报道，受到好评。乡宁县3·15山体滑坡后，分社全体人员第一时间赶往现场，将夜以继日搜救群众的新闻一条条发往编辑部，《党始终和人民群众在一起，生命始终放在第一位》系列报道被省委宣传部评为一季度优秀新闻奖。二青会期间，分社记者加班加点采访写稿，发表《花样滑冰临汾开赛》《二青会实体火炬开始在临汾传递》《射击飞碟项目决赛在临汾鸣枪开赛》等34篇赛事稿件，营造全民喜迎二青会的舆论氛围。

2019年，山西日报社临汾分社被临汾市委宣传部评为先进集体，分社社长李宏伟、记者郭玉琴被评为优秀新闻工作者，通讯《聚焦精准 尽锐出战——临汾市强力推进贫困地区农村饮水安全边巡边改》被评为"临汾新闻奖"特等奖，消息《临汾产业转型升级跑出加速度》被评为"临汾新闻奖"二等奖。（杜春春）

【山西晚报临汾记者站】 2019年，山西晚报临汾记者站参与和完成临汾市多项重大活动的采访报道工作，大家长期关注当地时政大事、民生动态，坚持在基层采访，跑遍临汾市的17个县（区、市），行程达两万公里，奔走在新闻采访一线。分别采写《2019年6月号山西晚报封面人物、党的十九大代表、白求恩奖章获得者贺星龙——一个乡村医生的赤子情怀》《"5·26"国际艾滋病反歧视午餐日活动在临汾红丝带学校举行 陈道明、金玉婷、胡海泉、马苏等到场与孩子们互动》《永和红军小学正式授牌》《乡宁3·15山体滑坡救援取得积极进展》《凝心聚力，敢于担当，敢于作为，永和县干部群众开创创新扶贫之路》《"壮丽70年、奋斗新时代"——山西华翔集团：传承工匠精神 引领中国装备制造"滑翔"世界》《霍州男孩2岁时被跨省拐卖，19年后终与家人团聚》等200余篇稿件，大量新闻作品被国内主流媒体和门户网站转载。其中，记者站采写、本报推选的临汾洪洞小伙张鸣——为国出征，远赴非洲维和；20岁山西女"神枪手"，亚运会射击冠军赵若竹等分别荣获2018年度"感动山西"十大人物称号得到极大的社会关注。（刘 江）

卫生健康

医 疗

【概况】 2019年，临汾市卫生健康系统以建设“健康临汾”为目标，各项工作取得显著成绩：全省预防接种技能竞赛总决赛团体第一名，山西省卫生健康监督执法技能竞赛团体二等奖和优秀组织奖，山西省职业健康知识竞赛三等奖，荣获山西省“妈咪小屋”建设工作优秀组织奖，“我和祖国共奋进”主题宣传服务活动优秀组织奖。

【分级诊疗服务】 2019年，临汾市成立以4个三级医院为龙头、294所医疗机构参与的医联体建设体系以及2个城市医疗集团，全市17个县医疗集团全部完成医防融合，9个县实现医疗集团内部信息互联互通，分别是安泽、大宁、乡宁、隰县、曲沃、吉县、襄汾、永和、古县；三级医院全部建立远程会诊中心；通过构建优质高效的整合型医疗服务，推动医疗资源合理配置和纵向流动，促进优质医疗资源下沉，提升分级诊疗服务能力。

【现代医院管理制度】 2019年，临汾市人民医院和中心医院被确定为现代医院管理制度建设省级试点；三级公立医院绩效考核全面开展，市妇幼保健院、市第三人民医院、市中心血站实行公立医院薪酬制度改革；各级公立医疗机构全部实现基本药物在省级平台上按比例采购，零差价销售；各级公立医院落实党委领导下的院长负责制，党建工作水平大幅提升。

【医疗卫生机构服务】 2019年，临汾市强化“五大中心”建设，建立2所“标准版”市级胸痛中心、6所“基层版”县级胸痛中心、2所卒中中心、1所创伤中心、2所危重孕产妇中心、1所危重新生儿中心；新增设3个质控部，总数达32个，完善质控体系建设；2所三级医院启动日间手术工作；市级三级综合医院试点开展住院患者无陪护服务；襄汾县古城镇卫生院被列为全省首批社区医院建设合格机构。

【全民健康促进工程】 2019年，临汾市建立市、县、乡、村“健康大讲堂”阵地网络，全年共举办讲座1535场，6.45万余人现场听知识话健康；开辟《临汾日报·健康专刊》，全年刊发24期，共计报道210余篇；官方网站、微信公众号共发布新闻宣传、健康知识1000余条；市县两级联动，开展庆祝中华人民共和国70周年“与健康同行与文明同”在职业人群健走活动，全市以各个卫生健康日、全民健康生活方式行动月等主题活动为契机，开展义诊宣传。通过多角度、多层次的宣传，提升全民健康素养，推动“以治病为中心”向“以人民健康为中心”的理念转变。

【重点学科建设】 2019年，临汾市拥有1个国家级重点学科，29个省级重点学科，78个市级重点学科，组建18个市级专科联盟，市人民医院成为山西省首家肺癌诊疗一体化中心；市中心医院成立肿瘤多学科诊疗医师专业委员会，启动MDT（多学科诊疗）培训工作，刘辉团队进行心外手术年突破300例。

【城乡环境卫生整洁行动】 2019年，临汾市“三县五镇”国家卫生城镇创建通过省爱卫办技术评估，“一县一乡”通过国家复审；2019年重新确认命名省级卫生县城12个。推进“厕所革命”，累计完成改厕74555座，城乡环境卫生面貌焕然一新。

【疾病预防控制】 2019年，成立临汾市地方病职业病防治中心，地方病、传染病、职业病“三病”防治有机构、有队伍、有抓手，推动“预防为主”方针的贯彻落实。侯马、曲沃分别成功创建国家级、省级慢性病综合防控示范区；全市“三减三健”专项行动开展率达100%；死因报告率达5.13‰；严重精神障碍患者规范管理率、面访率及规律服药率等多项管理数据位列全省首位；传染病及时报告率、审核率、有效证件完整率均为100%；全市“八苗”报告接种率、调查接种率均超过90%。参加山西省预防接种技能竞赛荣获团体一等奖。

【高端医疗技术人才引进】 2019年，临汾市成立葛均波院士工作站、6个博士工作站、2个名医工作站、5个“九临合作”临汾名医工作室，临汾市人民医院建立临汾市博士工作站，专家团队共来临出诊100余次，接诊1300余人次，通过出诊、手术、授课、教学查房、开展科研项目、外派医师赴合作医院进修培训等形式，带动提高全市的医疗技术水平。

【公共卫生服务】 2019年，临汾市卫健委培训“山西护工”1323人；分层次、分级别培训基层医疗卫生机构人员5000余人，实现乡村两级卫生管理人员、医护人员、村医培训“三个全覆盖”；全年完成继续医学教育培训90余期，培训人员2.40万余人次。组建家庭医生团队2637个，参与签约家庭医生4123人，一般人群、重点人群、建档立卡贫困人口、计生特殊家庭签约率分别为75.80%、89.78%、99.45%、100%，推进建档立卡贫困户、计生特殊家庭、65岁以上老年人、孕产妇签约四个全覆盖工作，群众健康“守门人”作用凸显。14家医疗机构设立老年病科，80%以上医疗机构开通老年人绿色通道，确立2家省级医养结合试点单位、3家省级村卫生室与乡村老年人日间照料中心融合发展试点以及3家省级“安宁疗护”试点。

【中医药工作】 2019年，临汾市创建2个省级基层中医药工作先进单位；18家医疗卫生机构达到创建全省中医药特色社区卫生服务中心、乡镇卫生院和社区卫生服务站标准；完成6家中医馆建设工作，确定7个市级中医药重点专科。全市中医药卫生机构建设水平和服务能力提高。

2019年11月，临汾市人民医院博士工作站揭牌仪式

（市卫健委供图）

【惠民政策】 2019年，临汾市超额完成省定民生实事，城乡怀孕妇女免费产前筛查和诊断34789人，完成率112.22%；贫困县农村妇女宫颈癌、乳腺癌筛查、全市0—6岁儿童残疾筛查和诊断分别完成省定任务100.12%、102.6%、150%；新生儿“三项疾病免费筛查”为全市十大民生事实之一，全市共筛查41157人，筛查出阳性病例34例，均得到及时诊断和治疗；推进贫困地区儿童营养改善项目，10个贫困县营养包共发放91554人，完成省定目标，建成母婴设施124个，“妈咪小屋”建设工作被省卫健委授予“优秀组织奖”。出生人口信息登记、住院分娩信息核查比对、出生证明登记信息比对实现应查尽查，落实计划生育奖励政策，13.86万人（户）获得9590.82万奖励资金。

【优化医疗服务环境】 2019年，临汾市出台《医疗乱象专项整治行动实施方案》《关于做好医疗机构抗菌药物备案管理工作的通知》《规范医药生产经营企业代表接待暂行办法》《关于严格控制医疗费用不合理增长的通知》《关于加强民营医疗机构管理的若干规定》等专项文件，规范行业秩序。完成“双随机一公开”国家监督抽查任务；全市医疗卫生监督覆盖率99.6%，举报案件查处率100%；组建职业病监管和执法队伍、技术支撑队伍及职业健康专家库和体检诊断专家库，成立全省首家市级职业病专科联盟。执法监管水平提升，在全省尘肺病攻坚行动知识竞赛中荣获团体三等奖、获得全省卫生监督执法技能大赛团体二等奖和优秀组织奖。深化“放管服”改革，所有审批事项的办理时限压缩50%，医师注册、护士注册、放射人员工作证核发由承诺件改为即办件，全面实施印鉴卡电子化管理和审批许可，行政效能提高。

【健康扶贫】 2019年，临汾市采取全面托管、对口帮扶、建立医联体、派驻专家等方式快速提升贫困县县级医疗机构管理水平和医疗技术。建立健康扶贫工作“一月一主题、一月一研判、一月一调研、一月一通报、一月一见面”制度，补齐工作中的短板和不足，10个贫困县1118所村卫生室（村医、药品、器械、面积）全部达标，79所乡镇卫生院设施配备、全科医生配备全部达标。大病集中救治病种扩大到33种，集中救治10312人，慢病管理39040人，兜底保障364人，全市建档立卡贫困人口自付比例为4.56%，21200人享受先诊疗后付费“一站式”服务，贫困群众就医负担明显减轻。

【行业先进模范典型】 2019年，临汾市医疗卫生领域涌现出众多的先进模范人物：刘辉，临汾市中心医院心脏大血管外科主任，2019年度先后获得“山西省百千万卫生人才培养工程临床高端领军人才”“山西省青年五四奖章”“山西省五一劳动奖章”“第一届中国医师奖”，获“全国五一劳动奖章”。

贺星龙，大宁县徐家垛乡乡村医生，2019年度先后获得“山西省特级劳动模范”“全国脱贫攻坚奖贡献奖”“最美奋斗者”“百名好医生”、第三届“白求恩式好医生”等荣誉。

王学诗，原永和县中医院院长，获“全国中医药杰出贡献奖”。

张瑞廷，大宁县昕水镇史家坪村乡村医生，2019年度先后获得“山西省卫生系统先进个人”“2018年度十大暖心村医”“2018年度感动山西”提名奖、“山西乡村爱心大使”“临汾好人 敬业奉献好人”“大宁县敬业奉献道德模范”等荣誉。先进模范在行业内树立起医者典范，带动更多医务工作者修医德、行仁术，唤起社会各界理解医生、信任医生和尊重医生，引领尊医重卫的社会氛围，做好医患沟通的桥梁和纽带，营造医疗新风尚，让更多医者享有应得的尊敬与荣耀。

疾控预防

【概况】 2019年，临汾市疾控中心加强晋陕豫黄河金三角区域公共卫生协作与技术交流，提高疾病预防与控制学术水平，举办第二届晋陕豫黄河金三角区域公共卫生学术交流暨培训会议。来自三省四市的12名专家进行学术论文交流。乡宁县枣岭乡发生山体滑坡，临汾市疾控中心出动12人，共计70人天，奋战8天7夜，完成救援现场卫生防疫指令任务。制定《二青会疾病防控工作预案》《二青会疾病预防控制保障工作手册》《二青会疫情报告与处置流程》《二青会传染病保障工作制度》，成立二青会公共卫生保障队伍，组织进行应急人员培训会和推进会，开展二青会公共卫生专题风险评估。

【艾滋病防控】 2019年，临汾市疾控中心开展各类人群艾滋病哨点监测，加强自愿咨询检测、被监管人员HIV抗体检测及艾滋病扩大检测工作，最大限度地在各类人群中发现艾滋病病毒感染者和病人。抗病毒治疗“一站式服务”管理工作全省领先。开展大众人群宣传教育和高危人群行为干预工作，开展形式多样的咨询检测宣传活动。完成各项考核指标。联合临汾市总工会开展“职工红丝带健康行动”系列宣传活动，联合共青团临汾市委开展“美好青春我做主”青春红丝带校园行宣传演出和“防艾进社区、团团在行动”等宣传活动，调动工会和团委在各部门的宣传作用，收到良好的宣传效果

【免疫规划】 2019年，临汾市疾控中心开展全市预防接种知识“家长课堂”。17个县（市、区）完成对辖区接种医生相关培训工作。通过系列培训的开展，各县（市、区）更加认识到开展预防接种知识“家长课堂”的重要性，组织推广以预防接种家长课堂为主的预防接种宣传，构建与儿童家长交流平台，宣传普及免疫规划相关知识。9月上旬，临汾市预防接种技能竞赛活动再动员再部署会议召开。11月25日至27日，举办临汾市免疫规划规范管理暨预防接种技能竞赛，17个县（市、区）代表队、二百余名来自基层的参赛选手参加活动。次活动，提升免疫规划工作科学化、规范化管理水平，激励广大免疫规划和预防接种专业人员钻研业务、勤于学习的积极性，推动全

市免疫规划工作长足发展。12月26日，在全省免疫规划规范管理暨预防接种技能竞赛活动中，临汾市荣获团体一等奖。

【结核病防控】 2019年，临汾市疾控中心开展“3·24”宣传活动，发放宣传手册8万多份、宣传折页7万余份。主动开展监测，认真进行研判，控制学校结核病疫情。全市结核病查痰率、网络报告患者总体到位率等指标较往年都有较大幅度提高。开展结核病防控工作培训，先后培训各类人员330余人次。

【慢性病防控】 2019年，临汾市新建合格的健康支持性环境24个，包括健康单位8个、健康小屋4个、健康主题公园和健康学校各3个、健康步道和健康一条街各2条、健康酒店和健康社区各1个。其中，侯马市卫生健康和体育局、秦村北社区和柴三牛肉被中国疾控中心授予示范性健康支持性环境，占国家为山西省授牌总数的42.90%；尧都区金殿镇卫生院的健康小屋和曲沃县西南街社区等5个健康支持性环境被省卫健委授予示范性健康支持性环境，占全省授牌总数的16.70%。突出健康支持性环境的品牌效应，扩展全民健康生活方式的行动效应，为全市居民践行健康生活方式提供支持性环境。侯马市、永和县、蒲县参加全国第四届“万步有约”健走激励大奖赛取得骄人成绩，临汾市疾控中心获得全国第四届“万步有约”健走激励大奖赛山西赛区金奖。

【食品安全风险监测】 2019年，临汾市疾控中心采集食品开展化学污染物及有害因素和食源性致病菌监测，包括谷物及其制品、蔬菜及其制品、水果、焙烤食品、茶叶、蛋与蛋制品、肉与肉制品、蜂蜜、水产及其制品和果冻等，监测项目为生物毒素、农药残留、兽药残留、禁用药物、卫生指示菌及致病菌等，均未检出异常。食源性疾病病例和食源性疾病事件报告实现县、乡、村全覆盖，针对两起因食用甲苯噻嗪污染的牛肉引起中毒的事件，及时发现安全隐患。举办“医卫双优下基层活动——食源性疾病暴发事件流行病学调查技能培训班”；食品安全宣传周期间，联合市卫健委等相关部门，开展以“尚德守法，食品安全让生活更美好”为主题的食品安全宣传系列活动，进社区、进学校；组织临汾日报社小记者座谈会，通过观摩食品安全实验室、观看科教影片、标本展览、知识讲座等一系列健康教育活动。

【职业病监测】 2019年，临汾市疾控中心通过业务培训和技术指导，提高对职业病防治工作重要性的认识，增强责任意识，明确工作职责；构建联防联动机制，加强沟通协作，齐抓共管；加强防治工作技术能力建设，强化监测数据的质量控制。对接触重点职业病危害因素的劳动者进行监测，审核健康检查机构报告的个案1.5万余例；蒲县人民医院作为职业健康核心指标主动监测试点，对200例粉尘危害严重的小微企业的接尘劳动者，开展免费高仟伏或DR胸片、肺功能评估检查；对1986年以来全市确诊的1500多例尘肺病人开展随访与回顾性调查，摸清尘肺病人存活情况及工伤保险待遇落实情况；对用人单位开展工作场所职业病危害因素监测，初步掌握全市重点行业职业病危害现状，分析不同规模、不同类型用人单位工作场所中职业病危害因素分布及浓度（强度）水平，评估职业病危害因素暴露对劳动者健康的影响，为研究制定职业病防治法规、标准和政策措施提供科学依据。

【地方病防治】 2019年，17个县（市、区）全部按时完成碘缺乏病监测并将数据上报碘缺乏病监测信息管理系统。17个县（市、区）共监测盐样5136份其中不加碘盐份数105份，碘盐5031份，合格碘盐份数4674份，不合格碘盐357份，碘盐覆盖率97.69%，合格碘盐食用率88.18%盐碘中位数21.8。根据《2019年山西省大骨节病监测方案》要求，12个病区县全部开展大骨节病监测，收集监测县和监测村的基本资料等完成全部的监测任务。克山病监测。7个病区县全部开展克山病的病例搜索工作，组织可疑病例进行临床查体、心电图描记等工作，对克山病的现症患者进行随访工作。各县（市、区）完成全部监测任务。饮水型氟中毒监测，13个病区县全部开展饮水型氟中毒监测，分别收集监测村的基本情况、测定生活饮用水氟的含量，检查病区村8岁至12岁儿童的氟斑牙患病情况，随访氟骨症患者，了解氟骨症患者的治疗情况。完成全部的监测任务。17个县（市、区）全部完成布鲁氏菌病的监测工作并上报监测系统。

【实验室检验检测】 2019年，临汾市疾控中心加强实验室质量和安全管理，实验室检测工作更加规范和科学，为疾控工作开展提供科学依据。完成流感、手足口病、麻疹、风疹病毒检测以及食品安全风险检测、水质卫生检测、地方病检测、土壤卫生监测等工作任务。在参加流感病毒、食源性致病菌盲样考核、水质检测质控考核和麻疹、风疹质控考核中，取得优异成绩。在流感病毒监测方面，总结近5年的流感检测结果，分析临汾地区流感病毒在人群流行趋势，在国家级核心期刊发表论文一篇，为北方地区流感监测工作，提供一定的理论依据。农村饮水安全方面，分析临汾市地区水质状况，为农村饮水安全工程提供数据支撑。麻疹、水碘尿碘等检测工作任务，完成国家考核任务。

妇幼保健

【概况】 2019年，临汾市妇幼保健院承办“全国地市级危重新生儿救治中心经验交流会议”；“九临合作”临汾市妇幼保健服务能力项目完成签约，名医工作室成立；省级新生儿疾病筛查中心通过认证；首次国家三级公立医院绩效考核数据上报完成；山西医科大学实习医院晋级教学医院；市级惠民项目新生儿“三病”筛查完成；全年共完成门诊209215人次，出院9319人次，手术例数4001例，住院分娩3786人次。

【服务基层】 2019年，临汾市妇幼保健院发挥全市妇幼保健联合体龙头作用，优势医疗资源下沉到基层。派专家15人次帮助各县（市、区）进行业务知识培训指导；接受吉县、永和县、曲沃县、洪洞县、蒲县合作单位11人免费进修学习；派专家8人对9个县（市、区）妇幼保健业务工作进行实地指导，妇幼保健院作为省级妇幼保健机构能力建设项目培训基地，与蒲县、襄汾县妇幼保健计划生育服务中心签订技术支持协议，制定工作方案，派专家专业技术人员实地帮扶，提升基层妇幼保健服务水平和服务能力。

【危重新生儿救治】 2019年，临汾市妇幼保健院将新生儿转运、院内救治与重症监护整合一体，转运、接诊、检查、治疗高速高效，新生儿急危重症临床救治打通急危重症患儿抢救的“绿色通道”。全年院前转运新生儿309例，较上年增加116例，其中23例为气管插管下极危重新生儿，全市分娩机构转运救治全覆盖。亚低温技术对治疗新生儿缺氧缺血性脑病有非常好的效果，全院新生儿缺氧缺血性脑病治疗工作在省内处于先进水平，真正发挥临汾市危重新生儿救治中心的重要作用。

【病案管理规范】 2019年，临汾市妇幼保健院从核心制度落实、病案质量管理、科室医疗质控等多方面加强监管，通过医务科质控信息管理平台和门诊医生工作站，强化三级查房，规范病历书写，完善管理组织和制度。对妇科内镜、小儿外科内镜、儿科呼吸内镜、鼻科内镜和咽喉科内镜5项限制类技术临床应用能力审核，加强医疗技术临床应用管理工作。

【产前诊断】 2019年，临汾市妇幼保健院产前诊断中心作为本市唯一的产前诊断和全省7家产前筛查机构之一，建立院内产前诊断技术服务网络，开展产前诊断技术服务连环式运行模式，由产前门诊、遗传咨询室、功检科、检验科、遗传实验室等多学科相互协作，全年共筛查17102人次，产前筛查任务完成率达103.79%；进行羊水细胞染色体核型分析56人，其中异常核型19例；无创检测3947人，无创高风险30人；功检科筛查孕妇20065人，畸形数99例；遗传咨询室门诊为90人出具产前诊断证明。

【新生儿疾病筛查】 2019年，临汾市政府将“新生儿三项疾病免费筛查”定为十件民生实事之一，妇幼保健院成立项目领导组和技术组制定实施方案，参加国家、省级新生儿疾病筛查业务培训和学术交流，举办全市新生儿疾病筛查业务培训班，全市17个县（市、区）的新生儿疾病筛查项目管理人员、医疗机构检验科人员100余人参加培训，提高全市新生儿疾病筛查技术。实验室进行新生儿三病筛查16453人，阳性36例，通过筛查，使患儿得到早期诊断和治疗，避免和防止残疾儿的发生，对提高人口质量、减轻患儿家庭负担和推动社会发展具有重要意义。

【三级公立医院绩效考核】 2019年，临汾市妇幼保健院加强三级公立医院绩效考核工作，成立考核领导组，对照标准，填报绩效考核数据，分阶段完成三级公立医院绩效考核数据质控报告，形成病案首页数据科学、完整、准确。病案首页数据作为医疗质量、医保DRGs付费改革和三级公立医院绩效考核的重要举措，邀请病案管理专家定期进行病案首页填报培训，建立临床医师培训机制和编码员培训机制，结合病历内容进行病案首页数据编码，减少编码漏报、错报率。完善医保系统，实现跨省异地就医医保结算，逐步推进DRGs病种付费，向市医保局报送2016年至2018年病案首页信息。

【智慧医院建设】 2019年，临汾市妇幼保健院推进预约诊疗服务，让患者就诊更便捷，全年院门诊量达209215人次，预约人数为97840人次，平均预约率为46.80%，比上年增长31.30%。信息化建设升级更新，完成HIS、LIS、PACS、电子病历等系统的更新换代，配合完成三级公立医院绩效考核数据和医院流感监测数据上传工作，完成电子票据系统工程，实现线上“健康山西”“晋医通”和线下微信支付宝扫码缴费，凭生成的二维码至相应检验检查科室或药房取药，减少患者排队等待时间，让患者就医更加便捷。

【技术创新】 2019年，临汾市妇幼保健院依托重点专科建设，强化新技术、新项目的开展，打造发展特色品牌，优势专科、优势技术，积点为面。申报超声医学科为市级重点专科；临汾市护理学会儿科护理专业委员会主任委员落户本院；承办中国妇幼保健协会主办的“全国地市级危重新生儿救治中心经验交流会议”；与九三中央医药卫生专门委员会签署“九临合作”临汾妇幼保健服务能力提升项目，成立“九临合作”名医工作室，从学科建设、医疗技术、科研立项等方面对给予全方位的支持和帮助。

【人才引进】 2019年，临汾市妇幼保健院申报新技术新项目10项，在国家级、省级核心期刊发表论文25篇，新技术应用水平和医疗保健服务能力提高。全年招聘录用10名优秀专业技术人才，面向社会公开引进高层次紧缺人才19人。先后选派业务骨干到北京儿童医院、北京三院、北大人民医院等上级医院分别进修儿内科、妇产等专业共计15人次；派出各类短期学习班、研讨会、学术交流会及专题培训100余人次。

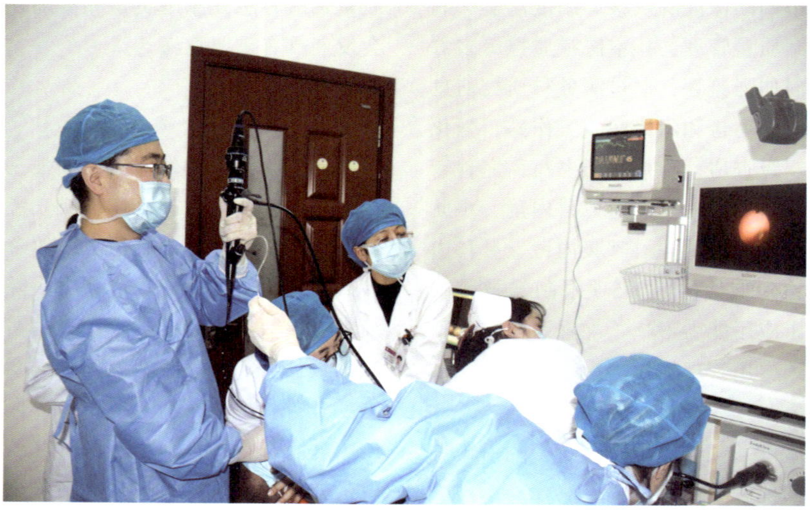

2019年，市妇幼保健院儿科在开展呼吸道异物取出的同时，开展纤维支气管镜肺部灌洗术　　（市妇幼保健院供图）

【公益事业】 2019年，临汾市妇幼保健院将“大健康理念”贯穿于发展的各个环节，以爱耳日、三八妇女节、世界无烟日、12323卫生热线、世界献血日、世界艾滋病日、减盐周等活动为契机，开展健康知识宣传，促进全民健康。开展2019年“服务百姓健康行动全国义诊活动周”活动，分别大宁县和永和县进行义诊服务，同大宁县医疗集团和永和县医疗集团签署《对口帮扶合作协议书》；对口支援永和县、大宁县、汾西县乡镇卫生院开展健康扶贫工作；12月9日，举办“送温暖、献爱心”社会捐助活动，共捐款25250元，送温暖到贫困群众心里。　　（张永萍）

血液管理

【概况】 2019年，临汾市中心血站新增职工6名，其中正式工4人，合同工2人，岗位调整的有2人。完成各类人事报表及工资造表316项内容。完成全年培训计划，档案室整理放行文件及归档461卷，录入52585条数据，返还用血记录等其他记录158卷。全年强检校准设备按计划实施，检定校准设备271台，全年收集处理感染性废物24716.35千克，比上年多8435.05千克，增加51.8%，损伤性废物1528.5千克，比上年多655千克，增加74.99%。全年污水处理检测余氯480次，入库358次，出库1337次，出库多131次，增加9.80%。

严格车辆管理，完成采血车下乡接送及行政用车任务，全年安全无事故。中心站被共青团临汾市委授予“2018年度青年文明号”。

【采供血工作】 2019年，临汾市中心血站献血服务超额完成年度工作目标，全年采血量11.90吨，共采集38420人次，相比上全年增长0.80吨，增长人数为1739人，增长6.10%。2019年共采集团体145个，人数为6723人，2019年采集血小板15906个治疗量，共8141人，平阳3746治疗量，共1908人，站内12160治疗量，共6233人。2019年增长2729人，增长率为50.40%。

【质量体系建立】 质量体系的建立，为采供血过程的质量保障提供支撑，2019年全站质量目标完成情况良好，各科室基本完成制定的质量目标。管理评审结论血站质量管理体系运行适宜、充分、有效。坚持每月对各业务科室进行质量检查，全年检查共104次，共查出159项问题，发现问题下发通知并督促及时整改。全年对采血量、血浆容量、滤白效果检测相关项目抽检，共抽检全血132袋，结果全部符合要求，未出现质量问题。医疗器械类试剂、药品类试剂共抽检，关键物料的确认全部符合要求。全年共开出“不合格品（不合格项）处置”共101份，发现迟发性献血不良反应16起，收到受理投诉3起，均妥善处置。

【血液安全检测】 2019年，随着采血量的增加，检测量大幅上升，全年血清学共检测样本44542份，合格样本44110份，占检测总数的99.03%；不合格样本432份，占检测总数的0.97%。检验科核酸实验室共检测样本39848份，核酸试剂使用率为64.50%。2019年参加卫生部临检中心室间质评、参加省临检中心室间质评，成绩汇总得分100%，性能解释均为满意，累计性能解释均为成功。参加卫生部临检中心病毒核酸室间质评、省临检中心病毒核酸室间质评，成绩汇总得分100%，参加省疾控中心HIV能力验证评价，评为优秀。

【信息安全提升】 2019年，临汾市中心血站利用媒体宣传，无偿献血活动电台、电视台等新闻媒体进行跟踪报导，全年微信公众平台共计发送163条，临汾电视台《直播临汾》节目播放无偿献血活动65次，拍摄制作完成2个短视频，《一袋血的爱心旅程》公益宣传片和献血者日宣传短视频，营造良好的舆论氛围，配合日常采血工作，有序进行。随着血站信息现代化建设的推进，全站的信息化建设落后的状况均有所改变，全年主要强调信息安全，血站信息安全等级保护评测工作于3月开展，主要内容包括机房物理环境、网络安全、主机安全、安全管理4方面，按等保要求对机房进行环境改造，新增6个安全设备，9月复测通过。在3月完成全国血液管理信息系统数据采集系统调试工作，同穿越、血之源全合作上线无偿血积分系统，方便献血者在网上自选平台选择纪念品。

医药销售

【概况】 2019年，国药集团临汾有限公司围绕“夯基础、扩规模、求发展”的工作思路，重点关注市级医疗原有份额优势的保持和扩展，实现品种渠道归拢与品牌保障提升；加快县域市场业务快速提升，顺应国家强基层政策方针，配合各区域医疗集团的推动和完善，重点在关注医疗集团改革及提升基层市场品种满足度方面做工作，为客户提供管理提升、招标采购、SPD等工作支持，加深彼此合作契合度；抓住社会办医发展机遇，注重客户培育，与优质民营医疗客户达成深度合作。

【“4+7”带量采购政策落实】 2019年，国药集团临汾有限公司落实“4+7”集采扩面，对整个医药行业产业链的各个环节均带来不确定性，流通企业趋向物流化、金融化、集中化、末端化。公司响应山西省集中采购政策的实施，为2020年集采品种的扩容、公司份额的再提升奠定良好基础。

【器械业务市场拓展】 2019年，器械板块作为公司未来新的经济增长点，补足专业短板，提升协调效率，合理优化区域布局，重新调整人员配置，断归拢优质产品资源的居间人。新中标太原市中心医院、运城市中心医院2019年第二、三批医疗设备采购招标、洪洞县人民医院高、低值耗材独家配送等项目。

【零售业态专业服务】 2019年，国药集团临汾有限公司创新工作模式，推进线上电子处方平台、DTP药房、慢病定点药店及直报工作，开展特药品种的增补和配送工作。

【器械采购】 2019年，国药集团临汾有限公司围绕着增加上下游企业的授信工作，通过降毛利、承诺账期内支付、增加采购业务类型等措施，提高工作效率，规避经营风险。细化采购审批流程，采购渠道管理及预付款管理，针对重点上游客户及品种，给予重点关注以及客情维护，包括战略目标的制定；着重于独家原研，新药研发、DPT产品、中成药原研，急抢救药品等板块的关注，明晰公司的主打品牌和资源优势，带动增量业务。

【销售配送】 2019年，各县市医疗集团成立后，公司各业态的配送已全面覆盖，据统计配送客户数为4000家，根据各客户的需求结合公司实际，提高配送满载率，优化配送路径，合理调度车辆，形成运输沿线集中配送。全年共出车3639次，配送客户数37353家，配送药品294168件、行驶399690千米。

【信息化建设】 2019年，国药集团临汾有限公司确保CMS系统、物流信息等系统运行稳定；推进微信订单系统的实施，有11家客户在正常使用，显著提高公司业务办理效率和信息化水平；推广SPD项目实施，完成洪洞医疗集团、乡宁医疗集团SPD项目合作；与洪洞县人民医院、洪洞县中医院达成SCM项目（药械采购供应管理系统）的合作。提升销售占比及公司服务价值，加深与基层医疗客户合作的契合度。

重点医院选介

【临汾市人民医院】 临汾市人民医院始建于1946年，前身是晋南专区人民医院、临汾地区人民医院，2001年撤地改市后更名为临汾市人民医院。国家级爱婴医院、全国百姓放心示范医院、山西医科大学附属临汾医院（第七临床医学院）、山西省高等医学院校教学医院、国家首批住院医师规范化培训基地、全科医生临床培养基地、全国中医药工作示范单位、全国立信示范单位、山西省医疗联合体核心医院。临汾市城镇职工基本医疗保险、工伤保险、生育保险定点医院；临汾市城乡居民基本医疗保险、生育保险定点医院；临汾市军人医保、太铁医保定点医院。

2014年10月，新院区投入使用后，全院以内涵质量建设为重点，顺利通过三甲复审，各项医疗质量运行指标增幅迅猛，年门急诊量94.10万人次，手术与操作4.30万台次，出院病人6.35万人次。现已成为本地区规模最大、专业齐全、设备先进、技术力量雄厚的集医疗、教学、科研、保健、预防、康复于一体的大型综合性三级甲等医院。

医院占地24.733公顷，累计投资20亿元，编制床位1800张。在职职工2502人，班子成员7人(挂职副院长1人)，高级职称人员480人，博士生2人，在读博士7人，硕士研究生382人。牵头成立36个市级专业委员会，36人在市级医学专业委员担任主任委员，93人担任副主任委员。医院骨科、心血管内科、神经外科、普通外科为省级重点学科，神经内科、呼吸科、麻醉科、检验科是临汾市重点学科，耳鼻咽喉科、消化内科、皮肤科、泌尿外科和急诊科是院级重点学科。国家卫生计生委脑卒中防治工程委员会认定的“高级卒中中心”；国家胸痛中心总部认定的“胸痛中心”；中国心肺复苏培训中心。

2019年，医院拥有晋南区域首台PET-CT，有飞利浦Achieva3.0T核磁共振、飞利浦1.5T核磁共振、美国GE HD750宝石CT、64排螺旋CT、CR及DR数字化X光成像系统、C型臂、GE Innova 3100-IQ血管机、Vivid E9高端四维彩超、Voluson E8超高档实时四维彩超、20人高压氧舱等国内乃至国际一流的诊疗设备。检验科为华北地区唯一一家美国贝克曼库尔特示范实验室，拥有世界先进的生化免疫全自动流水线、血凝血球全自动流水线、尿液分析流水线等设备。先进的医疗设备为确保医疗质量提供坚实基础。

医院先后荣获“全国百姓放心百佳示范医院”“年度全国医院后勤管理创新先进单位”“改善医疗服务示范医院”“管理创新医院”“2018年度中国医院百强院”等国家级荣誉称号，以及“山西省模范单位”“山西省五一劳动奖状”“山西省卫生系统先进集体”“山西省双学双比精神文明单位”“山西省医政工作先进集体”“山西省优秀价格监测定点单位”“全省医院建设暨后勤管理示范单位”等省级荣誉称号。荣获具有建筑界最高荣誉的“鲁班奖”以及中国绿色医院建设成就奖“十佳绿色医院”。

【临汾市第二人民医院】 临汾市第二人民医院始建于1970年，创建初期为临汾卫校门诊部，曾用名临汾卫校附属医院。2012年7月增加“临汾市职业病防治院”名称，2005年、2009年、2012年、2016年四次通过“二级甲等医院”评审，是一所集医疗、科研、教学、预防保健于一体的综合性二级甲等医院，是通过省、市卫健委验收的“爱婴医院”。2019年，经临汾市人民政府批准正式与临汾市骨科医院合并创建三级综合教学医院。

医院占地面积6654平方米，建筑面积28000平方米，开放床位510张。设职能科室18个、临床科室28个、医技科室10个，其中，临汾市重点学科3个（心血管内科、泌尿外科、检验科），院级重点学科3个（妇产科、儿科、神经内科）。现有职工576人，正高职称30人，副高职称77人，中级职称136人。

2019年，临汾市第二人民医院拥有GE 1.5T 医用磁共振成像设备，飞利浦数字化血管造影系统，西门子16层螺旋CT，贝克曼DXC800及Au5811全自动生化分析仪，贝克曼生化免疫流水线，IQ-200全自动尿液分析仪、SYSMEX全自动血液分析仪、罗氏化学发光免疫分析系统、BD全自动细菌培养系统、BD全自动微生物分析系统、西门子ACUSON S2000彩超、GE LOGIQ E9彩超、GE VOLUSON E8彩色多普勒超声诊断仪、飞利浦EPTQ5彩色多普勒超声诊断仪，奥林巴斯宫腔镜、腹腔镜、支气管镜、喉镜、医用钬激光、飞利浦心脏中央监护系统、奥林巴斯电子胃、肠镜等先进的医疗设备，设有重症医学科（ICU）及CCU病房，综合技术水平居全省同级医院前列。

2019年，临汾市第二人民医院秉承“用心服务，服务到位”的宗旨，践行“厚德精医 教学相长 仁心至诚缔健康”的院训，先后被定为全市首批“城镇居民、职工基本医疗保险定点医院”“临汾市职工工伤保险定点医院”；荣获省级“青年文明号”、市“劳动模范集体”，全省“先进医院”“全省卫生系统先进集体”、全省“医德医风建设先进单位”；被省劳动竞赛委员会荣记集体一等功一次；2017年被授予临汾市“十业百星”诚信示范单位，2018年获“山西省巾帼文明岗”称号，2019年获“全国巾帼文明岗”称号。

【临汾市第三人民医院】 临汾市第三人民医院（市传染病医院）始建于1985年，开设病床700张，在岗631人，下辖3个病区和1个社区卫生服务中心。位于秦蜀路43号的“传染病区”，占地面积3133平方米，建筑面积9320平方米。以治疗结核、肝病、艾滋病等39种国家法定传染病为特色，肩负着全市430万人民群众各种突发传染病疫情的医疗急救重任。2011年12月经临汾市卫生局验收、山西省卫生厅备案，批准为“二级甲等医院”。

位于五一东路48号的“综合病区”，占地面积8667平方米，建筑面积13928平方米。设有功能齐全、设备先进的普外科、骨外科、妇产科、肾内科、康复科、体检科、老年病科和风湿病科等十余个专业医疗科室，医疗技术一流、就医环境优美。该病区是2005年经山西省卫生厅和临汾市政府批准修建的“突发公共卫生事件应急病区”。

医院异地新建项目，是市级重点推进民生工程，建设地点位于南外环路与规划枣林街交叉口，总建筑面积3.20万平方米。建设内容包括：门诊医技综合楼A、B栋、消化科住院楼及科研教学、附属用房。第一标段“门诊医技综合楼B栋工程”（应对新冠肺疫情应急工程）已完成建设，其余建设内容未开展；位于在临汾市尧都区解放西路朝殿五巷口处的“水塔街道办社区卫生服务中心”，服务社区人口2.40万人。占有办公、医疗用房1100余平方米，在岗人员22人。设置预防保健区、医疗服务区、中医药诊疗服务区、行政财务办公区。配备有中西医副主任医师、主治医师、医师、助理医师、主管护师、护师、护士、药剂师（士）和检验师、B超等工作人员。

按照公安部、国家卫健委公安监管场所医疗卫生专业化建设工作的部署要求，医院于2019年分别和临汾市看守所和尧都区看守所签署协议，成立临汾市第三人民医院驻临汾市看守所分院和驻尧都区看守所分院，共有医技人员21人，基本满足市看守所和尧都区看守所关押人员的医疗保障需求。

全院共有卫生专业技术人员501人，其中，高级职称54人，中级职称159人，初级职称275人。

2019年，临汾市第三人民医院拥有美国GE螺旋CT机、上海联影uCT530型CT机、美国通用电气GE LOGIC E9型彩色超声诊断仪、上海联影u DR370i型移动式数字放射成像系统、日本美迪克Plasauto B型血液净化装置、奥森巴斯电子胃镜、电子支气管镜、希森美康uF4000型全自动尿有形成分分析仪、奥森巴斯CLV-290SL型冷光源、欧蒙中国EUROStar III Plus型荧光显微镜、MDS-101型血液透析滤过机、VG70型有创呼吸机、以色列飞特Flight 60型呼吸机、DS01-G型便携式中医体质辨识健康管理系统、日本宾得FI-16RBS型气管镜、GE数字胃肠造影机、贝克曼全自动生化分析仪、全自动凝血分析仪、自动粪便处理分析系统、全自动生物芯片阅读仪、肝癌三联检测仪、全自动特种蛋白仪、雅培血气分析仪、荷兰菲利浦公司DR X光机、血液透析机37台等各型先进的医疗设备百余台。

【临汾市中心医院】 临汾市中心医院始建于1950年，是一所集医疗、科研、教学、预防保健、体检、康复为一体的三级甲等综合医院，是山西医科大学、长治医学院教学医院，是山西省卫健委“优质护理服务示范工程”重点联系医院，是国家高级卒中中心、中国胸痛中心、中国心肌梗死规范化救治项目分中心，国家药物临床试验机构，国家住院医师规范化培训基地，国家医师资格实践技能考试基地，心肺复苏培训基地和脑卒中筛查与防治基地，全国综合医院中医药示范单位，爱婴医院，母婴友好示范医院。医院占地面积6.30万平方米，建筑面积10.40万平方米，3.30万平方米的心脑血管综合楼建设项目正式开工。年门诊量70万人次，年出院4.80万人次，医院各项指标位于全省前列。

医院在职职工1935人，卫生技术人员1734人，其中高级职称246人，占14.18%；中级职称501人，占28.90%；初级职称987名，占56.92%，硕士研究生以上学历228人。

医院分设一院三区（解放路、平阳北、侯北院区），编制床位1760张，设有35个临床科室(46个病区)和18个医技科室，先后成立葛均波院士工作站，樊代明院士国家消化疾病临床医学研究中心、8个博士工作站和15个省市重点学科。

医院配备有飞利浦3.0T核磁共振成像系统，GE大宝石自由之星动态500排能谱成像CT和64排螺旋CT，美国GE公司ECT，西门子直线加速器，奥林巴斯胃肠镜系统、腹腔镜、宫腔镜、胸腔镜、支气管镜、前列腺电切镜，人工心肺机，飞利浦心脏四维彩超和美国GE腹部四维彩超等先进医疗设备。

医院的管理、技术和服务得到社会各界和人民群众的一致好评，先后获得山西省科教文卫体系统五一劳动奖状、山西省三八红旗集体、山西省助残先进集体、山西医科大学优秀教学基地等省市荣誉60余项,为人民群众提供务实高效的医疗服务。

【临汾市第五人民医院】 临汾市第五人民医院创建于1962年，1980年经山西省人民政府批准收归临汾地区卫生局管理，更名为临汾地区精神病医院。1999年医院由襄汾县赵曲村迁至临汾尧庙，2000年临汾地区改市，医院随之更名为临汾市精神病医院。2016年12月，医院通过编办批准正式更名为“临汾市第五人民医院”。

临汾市第五人民医院是市卫健委直属的一所公立专科医院，担负着国家严重精神障碍管理治疗项目以及残联精神病救助项目的实施，被山西省卫生厅确定为“新农合重性精神疾病定点救治医院”，被临汾市卫健委确定为“临汾市城镇职工基本医疗保险定点医院”和“临汾市新型农村合作医疗定点医院”。医院负担着全市17个县（市、区）精神病患者的预防、治疗、康复及精神卫生知识普及工作。

临汾市第五人民医院共有两个院区，尧庙院区位于临汾市尧庙镇政府北侧，医院占地0.33公顷；建筑面积3333平方米，门诊楼三层，住院楼三层。南外环院区建设地址为南外环与规划枣林街交叉口东南角，占地2.70公顷，门诊楼三层，住院楼六层，建设规模1.20万平方米，后勤服务楼总面积为3709平方米，共计床位480张。医院现有职工248人，其中，具有国家认证的初级、中级、高级称职达210余人。

2019年，临汾市第五人民医院拥有一流的精神专科医疗设备和医疗技术，在治疗上除原有的中西医结合治疗特色外，辅以专业的心理治疗，院拥有专业的治疗仪器：脑波体感音乐放松系统、情绪与行为障碍干预系统、3D心理数字沙盘虚拟仿真系统、情景互动训练系统、智能呐喊宣泄系统等，音乐治疗、工娱治疗等方式。

医院先后购置500毫安X光机、脑电图机、脑血流图机、B超、心电图机、大型医疗设备有DR、生物反馈仪、无抽搐电休克仪、脑地形图仪、B超、心电图机、五分类血糖仪、抢救车、呼吸机、除颤仪、多参数监护仪、脑电地型图机等一批先进诊断仪器及全套化验检测设备。

【临汾市妇幼保健院（儿童医院）】 临汾市妇幼保健院 儿童医院始建于1976年，建院44年以来，由一所占地仅2400平方米的妇幼保健所发展成集妇幼卫生、妇幼保健、临床医疗、慢病康复、科研教学为一体的“三级甲等妇幼保健院”，2009年12月乔迁现址，现住院门诊大楼占地面积0.73公顷，总建筑面积2.10万平方米，有7部专用电梯和多个保健康复休闲区域，全楼中央空调和集中供氧。2018年1月，医院新开设鼓楼院区儿科门诊，有效提升医院的医疗保健服务能力和服务水平，为全市妇女儿童保健康复提供舒适、便利的就诊环境。

医院承担本院的医疗任务及全市17个县（市、区）国家基本公共卫生项目、重大公共卫生妇幼项目和其他专项工作的督导、培训任务。1994年被授予国家级爱婴医院，2000年被评为二级甲等妇幼保健所，2006年被评为三级乙等妇幼保健院，同年增设临汾市儿童医院，实行两个机构，一同管理。2012年9月被评为三级甲等妇幼保健院，2015年通过国家级爱婴医院复审，2018年通过国家级三级甲等妇幼保健院评审。2019年有职工450人，高级职称32人、中级职称77人，编制床位300张，开放229张。年门诊量22万余人次，年住院病人1万余人次，年分娩量5000余人次。

2019年，医院发展成为山西省产前诊断中心（全省仅6家）、山西省新生儿疾病筛查中心（全省仅6家）、山西省儿童早期发展示范基地、临汾市妇幼保健联合体核心单位、临汾市危重新生儿救治中心、临汾市儿科质量控制部主任单位、临汾市儿科医疗保健专科联盟理事长单位；临汾市医学会儿科医学、儿童保健、妇儿超声、新生儿、围产医学、临汾市护理学会儿科护理六大专业委员会主任委员落户单位；全市首家省级分子遗传实验室通过验收；申办山西医科大学实习医院通过验收，已晋级教学医院。

2019年，医院承担着全市危重新生儿的转运救治、产前胎儿缺陷诊断及新生儿遗传代谢疾病工作，对降低全市新生儿死亡率、出生缺陷率起到重要作用，产科、儿科、新生儿科、儿保科、超声医学科是临汾市临床重点专科。医院是全市妇幼保健联合体核心单位，在指导帮扶提升基层妇幼保健能力、推动优质资源下沉等方面发挥着重要引领作用，属临汾市重大民生事业单位。

2019年，医院拥有螺旋CT、移动DR、数字胃肠机、德国斯蒂芬呼吸机、飞利浦四维彩色多普勒超声波诊断仪、奥林巴斯超高清晰度电子腹腔镜、奥林巴斯宫腔镜检查镜、美国GE新生儿暖箱、美国GSI耳声发射筛查仪、飞利浦胎心监护仪中心站、脑电仿生治疗仪、德国罗氏生化分析仪、小儿腹腔镜、支气管镜、奥林巴斯纤维支气管内窥镜等先进的医疗设备。

【临汾市中医医院】 1982年建立，位于尧都区五一西路47号，占地0.41公顷，建筑面积5000平方米；编制床位100张；固定资产3114万元。是临汾市唯一一家集中医治疗、科研、教学于一体的国家二级甲等中医医院，是临汾市、尧都区医保、农合、工伤定点医院。

医院临床科室有内科、外科、康复科、肿瘤科、妇产科、针推科、灸疗科7个。门诊科室：设有消化内科、神经内科、心内科、呼吸内科、内分泌科、肾脏内科、肿瘤科、风湿免疫科、精神科、中医科、儿科、小儿推拿科、普外科、泌尿外科、神经外科、肛肠科、妇科、疼痛科、皮肤科、耳鼻喉科、眼科、口腔科、针灸推拿科、康复科等；医技科室设有放射科、CT室、检验科、功检科、药剂科、胃镜室、麻醉科7个。其中重点科室有康复科、肿瘤科；中医特色科室有针推科、灸疗科。设有院办公室、医务科、护理部、总务科、设备科、人事科、财务科、宣传科、信息科、病案室等职能科室。

医院打造重点科室康复科、肿瘤科，努力将其建设成为省级重点专科。发展针推科、灸疗科等独具中医特色的优势学科。

医院中医人才聚集，拥有一支由中医、西医组成的专家队伍。医院职工有182人，其中，高级职称22人，中级50人。临汾市名老中医4人，全院中医类别执业医师占比为62%。

2019年，医院诊疗设备先进，拥有美国原装双层GE螺旋CT、美国原装飞天6000DR、芬兰乳腺钼靶机；飞利浦HD-11彩超和开立-5500彩超各一台、麦迪逊动态血压监测仪、麦迪逊动态心电图机；新进的国产迈瑞全自动BS-860生化仪、贝克曼DXI800全自动化学发光仪；日本宾得纤维胃镜；手术室拥有深圳神州腹腔镜、宫腔镜、C型臂、麻醉机、呼吸机等，配备除颤仪、全自动洗胃机等急救设备；康复科拥有先进的全套康复设备；治未病科配有中医经络监测仪、中药体质辨识软件、舌诊监测仪、红光治疗仪等。药房配有十功能自动煎药机、颗粒机、中药汤剂包装机、循环煎药包装组合机、膏方机等先进设备。

体　育

综　述

【概况】　2019年，临汾市体育局由原市文化局体育职责整体划转组建而成。主要职责有开展全民健身、加强竞技体育、发展体育产业等。设办公室、群众体育科、竞赛训练科、科教法规科、体育产业科5个科室，局机关行政编制13名。下辖市体育运动学校、市射击射箭运动中心、市体育场馆服务中心3个事业单位，业务指导17个县（市、区）体育工作，主管29个协会和12个青少年俱乐部工作（截至2019年底）。

【国家体育锻炼标准达标测验】　2019年，临汾市体育局与市文明办、市直工委、市卫健委、市总工会、团市委共同开展市直文明单位国家体育锻炼标准达标测验活动，自11月25日启动以来，共有市直151个单位的5734人，分3批参加测验活动，各县（市、区）共68人同时参加测验活动，为在全市推开达标测验活动培训骨干力量。国家体育总局青少司有关领导现场指导工作并推广临汾市经验，各级媒体第一时间进行宣传报道，在全省体育局长会议上临汾做经验介绍。

【体育设施建设】　2019年，临汾市体育局新建射击射箭运动基地，改建临汾冰世界乐园滑冰馆、二青会主题公园，扩建临汾网球公园，临汾具备承办全国和洲际单项赛事的能力，提升体育品位，完善城市功能。各县（市、区）围绕“五个一”目标，新建或改造一批体育设施，尧都区的体育中心主体完工，侯马市对国民体质监测中心进行改造升级，吉县新建公共体育场、塑胶篮球场，汾西县翻新奥体中心，安泽县建成沁河健身步道1.80千米，曲沃县全民健身中心工程进展顺利。推进农民体育健身工程，共为17个县（市、区）的18个行政村配备体育器材，为148个移民点申报移民新村全民健身路径普及工程，提升“全覆盖”质量。为乡宁县体育馆、蒲县奥林匹克中心体育馆、尧都区体育馆争取免费和低收费中央财政补助资金150万元，完成全市体育场地统计调查工作，促进公共体育服务。

【人才队伍建设】　2019年，临汾市体育局加强竞技体育后备人才队伍建设，组建空手道、女子摔跤、射击飞碟3个运动队。与教育局联合在全市认定20所小学、4所中学、3所高中、3所少体校共30所学校为市级青少年体育后备人才基地，临汾海涛游泳馆被省体育局游泳运动管理中心授予“山西省游泳训练基地”“山西省游泳后备人才基地”。与山西师范大学体育学院建立“体育+产学研”战略合作，重点提升竞技体育后备人才训练水平。在临汾冰世界、吉县人祖山举办青少年体育冰上运动冬令营、项目推广系列活动，普及冰雪项目，培养后备人才。健全全民健身组织队伍，成立太极拳、马拉松、跳绳、户外运动、毽球5个单项体育协会，市级体育社会组织发展到29个，发展社会体育指导员1000名，评定裁判员500名。浮山县新成立健步走等协会，加强对体育社会组织的管理。2019年，市体育局共选派机关干部、教练员、裁判员、社会体育指导员近200人次参加国家体育总局、省体育局等组织的培训班。选派优秀干部4人任农村第一书记或驻村扶贫。在二青会比赛和火炬传递中选拔机关干部和市体校专业人员担任助理裁判、工作人员，在实践中培养本土专业人才队伍。　（李　岩）

承办第二届全国青年运动会

【概况】　2019年，临汾市体育局

组织承办第二届全国青年运动会（以下简称“二青会”）花样滑冰、射击飞碟、空手道三项赛事共6次比赛，共有163支代表队的1756名运动员参加比赛，覆盖全国28个省、市、自治区（包括香港和澳门），是临汾有史以来举办的规模最大、规格最高、参赛人数最多、时间跨度最长的全国性大型综合运动会。市体育局被评为“第二届全国青年运动会组织筹办工作先进集体”。

【花样滑冰比赛】 2019年4月25日至28日，第二届全国青年运动会花样滑冰赛在临汾冰世界乐园举行，来自全国16个省（市、区）的37支代表队350余名运动员在24个项目上展开激烈角逐，最后决出72块奖牌。

【二青会临汾火炬传递】 2019年，临汾市体育局组织二青会临汾火炬传递活动，5月15日，火炬传递起跑仪式在尧庙举行，5月22日，完成17个县（市、区）的传递活动，在曲沃晋国博物馆举行收火仪式。火炬传递共有各级各行业400名火炬手历时9天，转战1400千米，贯穿临汾市的17个县（市、区）。火炬传递期间，组委会特意推荐湖北省观摩团到临汾市观摩学习。

【射击飞碟比赛】 2019年5月22日至31日，二青会射击飞碟预赛暨测试赛在临汾市射击飞碟靶场举办，来自全国各地23支代表队358人参赛，决出个人项目的前24名、团体项目的前12名进入决赛。8月10日至15日，射击飞碟决赛举行，来自全国18个省市自治区的20支代表队153名运动员，共决出9块金牌。射击飞碟预赛和决赛是临汾市射击飞碟靶场落成后第一次举办赛事，高标准的场地和一流的赛事保障服务受到各代表队的一致好评。

【空手道比赛】 2019年7月6日至12日，山西省空手道锦标赛暨“二青会”测试赛于在临汾同盛实验中学艺体馆举办，来自全省各地的9支代表队206人参赛，决出31枚金牌。8月2日至8月6日，二青会空手道决赛举行，共有来自全国26个省市自治区（包括香港和澳门）的93支代表队、736人参赛，共决出52枚金牌。其中，临汾市代表队共摘得4枚金牌，4枚银牌，3枚铜牌。通过比赛，全面检测场馆运行及保障水平，证明场馆的消防安全设施、赛事组织、后勤接待等是经得起实战检验的。 （李 岩）

举办赛事

【概况】 2019年，临汾市以“喜迎建国70周年”“强健体魄·阳光生活·共享青运”为主题，市直和各县（市、区）开展形式多样的全民健身活动，举办多项品牌赛事。先后举办“CBA中国发展联盟”篮球赛、全国友好城市中老年足球赛、首届全国杨氏（式）太极拳精英赛、全国花样滑冰少年系列赛暨U系列比赛、全国U系列青少年航空航天模型锦标赛、全国航模公开赛、全国冬夏令营系列活动等；侯马市中国飞镖公开赛、霍州市全国老年门球赛、乡宁县第二届中国云丘山越野赛、翼城县山地半程马拉松赛等比赛，参与面广，影响力大，起到很好的辐射带动作用；洪洞县承办山西省柔道锦标赛，隰县举办吕梁山片区男子篮球赛。全市全年共举办各类赛事和活动33次，其中，全国性16次，省级9次，市级8次。全年临汾市运动员在国际国内比赛中共78金71银120铜，其中，国际比赛1金1银2铜，国家级比赛12金8银14铜，省级比赛65金62银104铜。

【临汾市第五届运动会】 2019年，临汾市体育局举办临汾市第五

2019年6月30日，翼城历山天然氧吧山地半程马拉松赛
（翼城县融媒体中心供图）

届运动会。运动会从5月开始，到9月下旬结束，历时5个月，分别在尧都区、侯马市、霍州市、洪洞县、翼城县、蒲县、乡宁县7个赛区举办，共有来自全市17个县（市、区）和市直单位的383支代表队、6552名运动员，角逐3个组别20个大项，全面检阅和展示临汾市体育工作发展成就。

【赛事交流】 2019年，临汾市体育局先后组队参加全国八段锦交流比赛、第一届全国健身气功马王堆导引术交流比赛、2019年全国围棋之乡联赛、黄河金三角武术邀请赛、全省“三晋友谊杯”乒乓球比赛、山西省最美社会体育指导员电视大赛、山西省健身气功交流比赛暨全国健身气功站点联赛等，均取得优异成绩。尧都区参加全国啦啦操联赛等活动外，到韩国首尔参加“2019舞与伦比广场舞”交流比赛，临汾体育影响走出国门，走向海外。（李　岩）

体育产业

【概况】 2019年，临汾市体育局组团观摩广州中国体育文化博览会和中国体育旅游博览会，精心组织参加山西省举办的首届体育赛事博览会暨体育赛事展交会，开阔视野，宣传推介临汾体育赛事。

【“体育+旅游”融合发展】 2019年，临汾市体育局探索“体育+旅游”融合发展模式，二青会期间，组织运动员参观洪洞大槐树、临汾博物馆，与火炬传递活动共同留住“二青记忆”，宣传临汾旅游；引导旅游健身休闲一体化，打造永和乾坤湾户外运动公园、吉县人祖山户外拓展基地、大宁翠微山体育健身休闲公园等多元化景区的同时，把品牌赛事办在景区，翼城历山天然氧吧山地半程马拉松赛、乡宁云丘山景区中国云丘山越野赛等，古县“北凌线”骑行线路被国家体育总局授予“中国体育旅游精品线路”。

【体育彩票】 2019年，临汾市体育彩票发挥体育产业主力军作用，发展旗舰店19个，标准示范店58个，专营店147个，完成实体渠道战略转型224个，全年实现销售额3.54亿元，尧都区、襄汾县、侯马市位列前三名。

【体育制造产业培育发展】 2019年，临汾市体育局培育发展体育制产业。襄汾山西力士机械铸造有限公司健身器材销售额达到650万元，侯马山西平阳重工机械有限责任公司年产DB-6软式飞镖靶盘2000台。

【创新融合】 2019年，临汾市体育局启动“体教融合”，与山西师范大学体育学院建立战略合作，与教育部门遴选认证竞技体育后备人才培训基地；引导“体旅融合”，将体育赛事和活动办在景区；与卫健部门和临汾职业技术学院谋划“体医融合”。这些工作，都是改变既有思维和单打独斗模式、打破部门壁垒、实现资源共享和优势互补、在创新融合方面的有益探索和生动实践，盘活体育资源，拓展体育功能，聚集齐抓共管体育工作的社会力量。（李　岩）

体育监管

【体育市场监管】 2019年，审批制度改革前，市一级4项高危行业审批项目进驻大厅，简化审批流程，一次性告知、一次性办结，提升审批效率，全年共审批游泳馆7个，没有发生一起行政申诉。年底根据审批制度改革要求，移交全部审批项目，与有关部门建起事中事后监管、联席会议等机制。举办全市体育执法队伍培训班，对市县两级行政执法人员进行审批流程和执法程序培训。两次对全市游泳、滑雪、攀岩等高危项目进行集中检查整治，共检查场所35个，对不符合要求的14个场所下发整改意见书，促进市场规范和公平竞争。临汾市体育局建立体育局门户网站，及时更新政务信息，主动公开重要文件。

【安全生产】 2019年，临汾市体育局根据市安委会阶段性工作任务，召开专题会议研究和安排。突出消防安全、学校安全、赛事安全和施工安全，对体育场所、直属单位的安全生产情况进行检查，对市体校师生进行安全生产宣传与培训。每次赛事都制定安全预案，为运动员和工作人员办理保险，多次到射击射箭运动基地建设工地督查安全生产工作，下发整改意见书，确保全年没有发生一起安全生产事故。（李　岩）

·体育运动学校·

【概况】 2019年，临汾市体校开设公共必修课（文化课5门）：政治、语文、数学、英语、计算机基础。开设专业必修课10门，其中，专业基础理论课（6门）：人体解剖、心理学、人体生理、体育保健、教育学、学校体育学；专业技术课（4门）：田径、体操、球类、武术。开设选修课7门，其中，必选课（2门）：社会体育指导讲座、书法；自选课（5门）：音乐、美术、游戏（游泳）、场地及编排、学校选定课程。

学校有10个教学班，共有文化课教师30人，其中，高级讲师7人，讲师8人，助理讲师15人。全年共有8名教师参加执业院校教师素质提高计划国家级培训，2名教师参加临汾职业教育集团教学能力培训会，5名语文教师参加临汾市中等职业技术学校语文教师教学能力提升培训会。

2019年，临汾市体校共有23名学生参加体育单考单招考试，文化科和专业科全部达线，分别被北京体育大学、西南交通大学、山西大学、西安体育学院等高等院校成功录取。对口升学考试中，28名学生参加对口升学考试，分别被山西体育职业学院、山西职业技术学院等专科院校录取。

【竞技体育训练】 截至2019年底，临汾市体校共有在校运动员508人，教练员34人。其中，高级教练7人，一级教练13人，助理教练14人。开设运动项目：田径、举重、摔跤、女子摔跤、柔道、跆拳道、空手道、足球、篮球、乒乓球、游泳、射箭12个运动项目。全年选派8名教练员参加全国教练员通识知识更新轮训，7名教练员参加岗位培训。

【训练成效】 2019年，临汾市体校共有59名运动员通过比赛获国家二级运动员证书，20名运动员获国家一级运动员证书，3人获国家级运动健将证书，1人获国际运动健将证书。

【比赛成绩】

2019年全国第二届青年运动会比赛中学校有126名运动员参加花样滑冰、空手道、射击飞碟、柔道、国际式摔跤、中国式摔跤、射箭、田径、乒乓球、篮球、跆拳道等二青会单项比赛的预赛和决赛，共取得6枚金牌5枚银牌5枚铜牌的好成绩。刷新临汾市在全国青年运动会上比赛的成绩。有12名教练员被国家体育总局选调参加二青会柔道、乒乓球、空手道、射击飞碟的预决赛裁判工作。

在2019年山西省第十六届运动会单项冠军赛暨二青会测试赛和单项锦标赛中，分别获得35金29银33铜和22金22银41铜的好成绩。

赵若竹在2019年国际射联世界杯新德里站比赛中，以634环的成绩打破女子10米气步枪资格赛世界记录，决赛中获得亚军，在10米气步枪混合团体决赛中与队友联手，以503.6环的成绩获得混合团体冠军，并打破该项目决赛世界记录。

2019年，张雯在全国柔道锦标赛中取得57公斤级亚军，在全国柔道冠军赛中取得冠军。田径队孙婧在全国第十四届冬季运动会上与队友合作夺得混合团体小跳台第三名，是临汾市参加全国冬季运动会雪上项目首枚奖牌。在世界大赛上，张雯、吴红桃代表中国分别参加亚洲柔道锦标赛、亚洲公开赛、世界柔道大师赛、世界柔道大奖赛、世界柔道公开赛等奥运会积分赛，取得1银、2铜、两个第七名。国家体育总局授予张雯国际运动健将、授予吴红桃国家级运动健将。

（郭　凯）

·射击射箭运动中心·

【概况】 临汾市射击射箭运动中心于2012年11月经临编发（2012）18号文件核定成立，隶属市体育局，为正科级全额事业单位。中心的主要职责是：研究拟定全市射击射箭项目的发展规划，负责射击射箭运动项目的指导和管理与训练，负责射击射箭运动队的建设及后备人才培养，推动射击射箭运动的普及和产业化发展；指导社会群团和组织参与射击射箭运动，推动射击射箭运动项目的群众性活动，开展国防教育培训活动和全民健身运动的开展。

【比赛成绩】 2019年2月27日，在国际射联世界杯新德里站的收官战中，赵若竹搭档陕西选手刘宇坤，以503.6环的成绩打破世界纪录，并夺得混合团体赛冠军。赵若竹同队友刘宇坤、史梦瑶、徐红、张靖婧为中国射击队赢得2020年东京奥运会的参赛入场券；6月13日，在山西省射击冠军赛上，中心代表临汾参赛，共获得4金、2银、5铜，6个第四名、2个第五名、8个第六名、4个第七名、5个第八名的好成绩，总积分160分名列全省第三；10月13日，在江苏南京进行的全国U18射击锦标赛上，中心队员吴振华和杨诗蕾搭档，获得10米气步枪混合团体乙组的第六名；10月19日，在江苏南京进行的全国重点学校射击锦标赛中，中心队员韩熙凯以244.8环的成绩获得男子10米气步枪的金牌；中心队员单静茹和吴振华搭档，获得10米气步枪混合团体的金牌。

【承办二青会射击飞碟预、决赛】 二青会是中华人民共和国成立以后山西省举办的规模最大、规格最高的综合性体育赛事，临汾市将二青会射击飞碟比赛的承办作为2019年的重点工作。场馆建设方面，中心按照市执委会的要求，协调施工方与各有关部门，联系权威专家对靶场建设提出指导性意见，最终确保飞碟靶场建设按时完工，并通过各部门验收，承办二青会射击飞碟比赛的预赛和决赛；组队参赛方面，中心与市体校合作，多次赴各地选材，组建临汾市体育运动学校射击飞碟队，作为全省历史上第一支射击飞碟队伍参加二青会。二青会射击飞碟比赛的顺利承办，填补山西省射击飞碟项目的空白，完善中心训练条件，为中心在承办赛事方面积累经验。

【社会活动】 2019年，中心在临汾市五一路学校开展的“射击射箭体育社团”进展良好。8月，与临汾市皇家健身俱乐部合作，开设激光枪射击培训班，吸引社会各类人员参与射击项目。9月28日，与北京速得尔科技有限公司和临汾速力体育文化有限公司合作，举办参加2019年山西省学生射击锦标赛“速得尔激光枪”选拔组队活动，选拔全市各中小学学生参加2019年山西省学生射击锦标赛，让众多学生亲身体验射击比赛的紧张和刺激，为后备人才的选拔打下基础。

（李　岩）

临汾市2019年获得省级以上比赛前三名运动员名单

表18

姓名	比赛名称	级别	成绩
赵若竹	2019国际射联世界杯	10米气步枪混合团体赛	金牌
张　雯	亚洲柔道公开赛	57公斤级	银牌
张　雯	世界柔道公开赛	57公斤级	铜牌
张　雯	世界柔道大奖赛	57公斤级	铜牌
张　雯	2019全国柔道锦标赛	57公斤级	银牌
吴红桃	全国青年柔道锦标赛	–78公斤级	金牌
郭松瑞	全国青年柔道锦标赛	–100公斤级	铜牌
乔钰莹	全国青年柔道锦标赛	52公斤级	铜牌
张耀庭	全国中国式摔跤大奖赛	65公斤级	银牌
张源宇	全国中国式摔跤大奖赛	66公斤级	铜牌
李　俊	首届全国柔道退役运动员公开赛	90公斤级	金牌
李　俊	首届全国柔道退役运动员公开赛	混合组	银牌
王沛尧	“到位”杯全国道馆俱乐部柔道锦标赛	66公斤级	铜牌
孟炜博	“到位”杯全国道馆俱乐部柔道锦标赛	73公斤级	铜牌
张　雯	2019全国柔道冠军赛	57公斤级	金牌
孙　婧	全国第十四届冬季运会	混合团体小跳台	铜牌
吴红桃	2019年全国柔道大师赛	78公斤	金牌
唐文倩	全国第二届青年运动会柔道预赛	女子52公斤	金牌
邢珈宁	全国第二届青年运动会花样滑冰	自由舞	金牌
陈溪梓	全国第二届青年运动会花样滑冰	自由舞	金牌
陈晓东	中华人民共和国第二届青年运动会“领先户外大屏杯”空手道比赛	体校组男子甲组+76公斤	金牌
徐瀚青	中华人民共和国第二届青年运动会“领先户外大屏杯”空手道比赛	体校组男子甲组–61公斤	金牌
张潇芳	中华人民共和国第二届青年运动会“领先户外大屏杯”空手道比赛	俱乐部女子甲组–66公斤	金牌
张潇芳 关彤彤 王煜蕊 郭晨茜	中华人民共和国第二届青年运动会“领先户外大屏杯”空手道比赛	临汾阳光女子团体	金牌

续表18

姓名	比赛名称	级别	成绩
唐文倩	全国第二届青年运动会柔道比赛	女子52公斤	银牌
张源宇	第二届全国青年运动会中国式摔跤体校组男子乙组	56公斤	铜牌
徐瀚青 杜家明 于博文 陈晓东	中华人民共和国第二届青年运动会“领先户外大屏杯”空手道比赛	团体男子	银牌
郭晨茜	中华人民共和国第二届青年运动会“领先户外大屏杯”空手道比赛	俱乐部女子甲组+66公斤	银牌
辛俊亭	中华人民共和国第二届青年运动会“领先户外大屏杯”空手道比赛	俱乐部女子乙组-61公斤	银牌
杨　茹	中华人民共和国第二届青年运动会“领先户外大屏杯”空手道比赛	俱乐部女子乙组+61公斤	银牌
吕文轩	中华人民共和国第二届青年运动会“山西焦煤杯”乒乓球比赛	女子团体	银牌
吕文轩	中华人民共和国第二届青年运动会“山西焦煤杯”乒乓球比赛	混合双打	银牌
关彤彤	中华人民共和国第二届青年运动会“领先户外大屏杯”空手道比赛	俱乐部女子甲组-59公斤	铜牌
王晋壕	中华人民共和国第二届青年运动会“领先户外大屏杯”空手道比赛	俱乐部男子甲组-63公斤	铜牌
王　硕	中华人民共和国第二届青年运动会“领先户外大屏杯”空手道比赛	体校组男子乙组-52公斤	铜牌
李海冰 吉威凡	全国第二届青年运动会柔道混合团体	混合团体	铜牌
韩熙凯	全国重点学校射击锦标赛	男子10米气步枪	金牌
吴振华 单静茹	全国重点学校射击锦标赛	气步枪混合团体	金牌
任鹏飞	山西省中国式摔跤锦标赛暨二青会测试赛	男甲40公斤级	金牌
赵振雄	山西省中国式摔跤锦标赛暨二青会测试赛	男乙30公斤级	金牌
刘勇勇	山西省中国式摔跤锦标赛暨二青会测试赛	男乙34公斤级	银牌
李静怡	山西省中国式摔跤锦标赛暨二青会测试赛	女子30公斤级	银牌
郝志亨	山西省空手道锦标赛暨二青会测试赛	男子-76公斤	金牌
崔晋豪	山西省空手道锦标赛暨二青会测试赛	男子-55公斤	金牌
关彤彤	山西省空手道锦标赛暨二青会测试赛	女子-59公斤	金牌
孔淑菲	山西省空手道锦标赛暨二青会测试赛	女子-47公斤	金牌
杜佳明	山西省空手道锦标赛暨二青会测试赛	男子-61公斤	金牌
陈晓东	山西省空手道锦标赛暨二青会测试赛	男子+76公斤	金牌
刘仙烩 王煜蕊 任书谊	山西省空手道锦标赛暨二青会测试赛	青年女子团体型	金牌
柳鑫帅	山西省空手道锦标赛暨二青会测试赛	青年男子个人型	金牌
陈晓东	山西省空手道锦标赛暨二青会测试赛	团体男子	金牌
苏洲宏	山西省空手道锦标赛暨二青会测试赛	男子+76公斤	银牌
文金涛	山西省空手道锦标赛暨二青会测试赛	男子+70公斤	银牌
王晋壕	山西省空手道锦标赛暨二青会测试赛	男子-61公斤	银牌
闫江波	山西省空手道锦标赛暨二青会测试赛	男子-76公斤	银牌
王思蔓	山西省空手道锦标赛暨二青会测试赛	女子+61公斤	银牌
恒泽彬	山西省空手道锦标赛暨二青会测试赛	少年男子个人型	银牌
刘仙烩	山西省空手道锦标赛暨二青会测试赛	青年女子团体型	银牌

续表18

姓名	比赛名称	级别	成绩
樊海滨 陈雅彬 张鸿运	山西省空手道锦标赛暨二青会测试赛	青年男子团体型	银牌
闫鹤瑶	山西省空手道锦标赛暨二青会测试赛	女子-54公斤	铜牌
辛俊亭	山西省空手道锦标赛暨二青会测试赛	女子-61公斤	铜牌
李云飞	山西省空手道锦标赛暨二青会测试赛	男子-57公斤	铜牌
吕妮妮	山西省空手道锦标赛暨二青会测试赛	女子-61公斤	铜牌
张艺凡	山西省空手道锦标赛暨二青会测试赛	女子+61公斤	铜牌
慕容瑞奇	山西省空手道锦标赛暨二青会测试赛	男子-65公斤	铜牌
关郎郎	山西省空手道锦标赛暨二青会测试赛	女子-59公斤	铜牌
肖　迪	山西省空手道锦标赛暨二青会测试赛	女子-59公斤	铜牌
王煜蕊 关彤彤 张潇芳 郭晨茜	山西省空手道锦标赛暨二青会测试赛	女子团体	铜牌
刘仙烩 王煜蕊 任书谊	山西省空手道锦标赛暨二青会测试赛	女子团体型	铜牌
任书谊	山西省空手道锦标赛暨二青会测试赛	女子个人型	铜牌
樊娟娟	山西省空手道锦标赛暨二青会测试赛	女子个人型	铜牌
张鸿运	山西省空手道锦标赛暨二青会测试赛	男子个人型	铜牌
樊海滨	山西省空手道锦标赛暨二青会测试赛	男子个人型	铜牌
王煜蕊	山西省空手道锦标赛暨二青会测试赛	女子个人型	铜牌
临汾篮球代表队	山西省青少年篮球锦标赛	男子组篮球	银牌
临汾篮球代表队	山西省青少年篮球锦标赛	女子组篮球	铜牌
临汾篮球代表队	2019年Nike三人篮球联赛	篮球	银牌
陈泽翔	2019年山西省田径冠军赛暨二青会测试赛	男子甲组200米	金牌
林宇杰 许芸魁 茹彦博 陈泽祥	2019年山西省田径冠军赛暨二青会测试赛	男子4×100米接力	金牌
梁丽媛 杜　鑫 宋佩霓 宋姝霓	2019年山西省田径冠军赛暨二青会测试赛	女子4×400米接力	金牌
赵浮君	2019年山西省田径冠军赛暨二青会测试赛	男甲100米	金牌
乔舒恒	2019年山西省田径冠军赛暨二青会测试赛	男乙跳高	金牌
孔冯露 张彩梅 马乐瑶	2019年山西省田径冠军赛暨二青会测试赛	女乙跳高团体	金牌
王佳卉	2019年山西省田径冠军赛暨二青会测试赛	女甲100米	金牌

续表18

姓名	比赛名称	级别	成绩
宋佩霓 宋姝霓 徐雅丽 杜 鑫	2019年山西省田径冠军赛暨二青会测试赛	4×100接力	金牌
李博文	2019年山西省田径冠军赛暨二青会测试赛	男乙200米	金牌
王佳卉	2019年山西省田径冠军赛暨二青会测试赛	女甲200米	金牌
李博文	2019年山西省田径冠军赛暨二青会测试赛	男乙400米	金牌
贾璐芸	2019年山西省柔道冠军赛暨二青会测试赛	女甲48公斤级	金牌
段艳茹	2019年山西省柔道冠军赛暨二青会测试赛	女乙48公斤级	金牌
吉威凡	2019年山西省柔道冠军赛暨二青会测试赛	男甲100公斤	金牌
吉威凡	2019年山西省柔道冠军赛暨二青会测试赛	无差别级	金牌
李海冰	2019年山西省柔道冠军赛暨二青会测试赛	甲组73公斤级	金牌
杨喆森	2019年山西省柔道冠军赛暨二青会测试赛	乙组73公斤级	金牌
张 莹	2019年山西省柔道冠军赛暨二青会测试赛	女甲63公斤级	金牌
张久胜	2019年山西省柔道冠军赛暨二青会测试赛	男甲60公斤级	金牌
史志杰	2019年山西省柔道冠军赛暨二青会测试赛	男甲90公斤级	金牌
王 雪	2019年山西省柔道冠军赛暨二青会测试赛	女乙57公斤	金牌
杨艺涵	2019年山西省柔道冠军赛暨二青会测试赛	女子乙组42公斤	金牌
祁煜婷	2019年山西省柔道冠军赛暨二青会测试赛	女乙+70公斤	金牌
王广智 陈玫玲	2019年山西省射箭冠军赛暨二青会测试赛	男女混合团体30米淘汰赛	金牌
陈玫玲	2019年山西省射箭冠军赛暨二青会测试赛	女子个人单轮全能	金牌
陈玫玲	2019年山西省射箭冠军赛暨二青会测试赛	女子个人40米双轮	金牌
陈玫玲	2019年山西省射箭冠军赛暨二青会测试赛	女子丙组个人淘汰赛	金牌
张凯波	2019年山西省自由式摔跤冠军赛暨二青会测试赛	男子甲组55公斤级	金牌
张源宇	2019年山西省自由式摔跤冠军赛暨二青会测试赛	男子甲组60公斤级	金牌
王飞龙	2019年山西省古典式摔跤冠军赛暨二青会测试赛	男子甲组55公斤级	金牌
常博雅	2019年山西省乒乓球冠军赛暨二青会测试赛	甲组女子单打	金牌
王熙杰	2019年山西省跆拳道冠军赛暨二青会测试赛	男子-73公斤	金牌
王伟韬	2019年山西省跆拳道冠军赛暨二青会测试赛	男子+68公斤	金牌
赵马婧	2019年山西省跆拳道冠军赛暨二青会测试赛	女子-68公斤	金牌
李欣瑶	2019年山西省田径冠军赛暨二青会测试赛	女子甲组200米	银牌
石健育	2019年山西省田径冠军赛暨二青会测试赛	男甲三级跳	银牌
茹彦博	2019年山西省田径冠军赛暨二青会测试赛	100米	银牌
茹彦博	2019年山西省田径冠军赛暨二青会测试赛	200米	银牌
宋佩霓	2019年山西省田径冠军赛暨二青会测试赛	100米	银牌
宋姝霓	2019年山西省田径冠军赛暨二青会测试赛	400米	银牌
张 原	2019年山西省田径冠军赛暨二青会测试赛	男甲200米	银牌
王梓敬	2019年山西省田径冠军赛暨二青会测试赛	男甲铁饼	银牌
杜梦凡	2019年山西省田径冠军赛暨二青会测试赛	女乙800米	银牌
高瑜仲	2019年山西省田径冠军赛暨二青会测试赛	男甲400米	银牌

续表18

姓名	比赛名称	级别	成绩
曹素华	2019年山西省田径冠军赛暨二青会测试赛	女甲400米	银牌
张禄霆	2019年山西省田径冠军赛暨二青会测试赛	男乙400米	银牌
陈一鸣	2019年山西省柔道冠军赛暨二青会测试赛	男甲-81公斤	银牌
霍凯鹏	2019年山西省柔道冠军赛暨二青会测试赛	男甲-100公斤	银牌
徐江丽	2019年山西省柔道冠军赛暨二青会测试赛	女甲-70公斤	银牌
刁圆群	2019年山西省柔道冠军赛暨二青会测试赛	女甲-78公斤	银牌
刘雨萱	2019年山西省柔道冠军赛暨二青会测试赛	女乙+70公斤	银牌
陈京硕	2019年山西省自由式摔跤冠军赛暨二青会测试赛	男子乙组69公斤	银牌
王亮亮	2019年山西省自由式摔跤冠军赛暨二青会测试赛	男子乙组76公斤	银牌
王艺达	2019年山西省自由式摔跤冠军赛暨二青会测试赛	男乙76公斤级以上	银牌
王德凯	2019年山西省自由式摔跤冠军赛暨二青会测试赛	男子甲组60公斤级	银牌
魏林艳	2019年山西省自由式摔跤冠军赛暨二青会测试赛	女子甲组48公斤级	银牌
潘若彤	2019年山西省自由式摔跤冠军赛暨二青会测试赛	女子乙组66公斤级	银牌
张泽林	2019年山西省古典式摔跤冠军赛暨二青会测试赛	男子甲组50公斤级	银牌
王广智 潘笑帆 贺国强	2019年山西省射箭冠军赛暨二青会测试赛	丙组男子团体30米淘汰赛	银牌
杨　松	2019年山西省举重冠军赛暨二青会测试赛	男甲67公斤级	银牌
徐锡峰	2019年山西省举重冠军赛暨二青会测试赛	男乙81公斤级	银牌
王凯	2019年山西省跆拳道冠军赛暨二青会测试赛	男子-68公斤	银牌
张中一	2019年山西省跆拳道冠军赛暨二青会测试赛	男子-78公斤	银牌
杜　鑫	2019年山西省田径冠军赛暨二青会测试赛	女子甲组400米	铜牌
陈泽翔	2019年山西省田径冠军赛暨二青会测试赛	男子甲组100米	铜牌
乔舒恒 刘振宇 贺　江	2019年山西省田径冠军赛暨二青会测试赛	男乙跳高团体	铜牌
马乐瑶	2019年山西省田径冠军赛暨二青会测试赛	女乙三级跳	铜牌
秦兢成	2019年山西省田径冠军赛暨二青会测试赛	100米	铜牌
曹司丞	2019年山西省田径冠军赛暨二青会测试赛	200米	铜牌
霍凯鹏	2019年山西省柔道冠军赛暨二青会测试赛	男无差级	铜牌
史志杰	2019年山西省柔道冠军赛暨二青会测试赛	男无差级	铜牌
卫柯欣	2019年山西省柔道冠军赛暨二青会测试赛	女甲-48公斤级	铜牌
刁圆群	2019年山西省柔道冠军赛暨二青会测试赛	女甲无差	铜牌
席慧慧	2019年山西省柔道冠军赛暨二青会测试赛	女甲-63公斤级	铜牌
任梦洁	2019年山西省柔道冠军赛暨二青会测试赛	女甲-70公斤级	铜牌
李荣荣	2019年山西省柔道冠军赛暨二青会测试赛	女甲-52公斤级	铜牌
夏碧悦	2019年山西省柔道冠军赛暨二青会测试赛	女乙+70公斤级	铜牌
张欣悦	2019年山西省柔道冠军赛暨二青会测试赛	女乙-52公斤级	铜牌
王鹏权	2019年山西省柔道冠军赛暨二青会测试赛	男甲-81公斤级	铜牌
王正正	2019年山西省柔道冠军赛暨二青会测试赛	男乙-52公斤级	铜牌
赵少东	2019年山西省柔道冠军赛暨二青会测试赛	男乙-66公斤级	铜牌

续表18

姓名	比赛名称	级别	成绩
庞龙龙	2019年山西省柔道冠军赛暨二青会测试赛	男甲–81公斤级	铜牌
范勃辉 尉泽彤	2019年山西省射箭冠军赛暨二青会测试赛	男女混合团体70米淘汰赛	铜牌
范勃辉	2019年山西省射箭冠军赛暨二青会测试赛	男子甲组70米淘汰赛	铜牌
王广智	2019年山西省射箭冠军赛暨二青会测试赛	男子丙组个人全能	铜牌
苏灵娜	2019年山西省自由式摔跤冠军赛暨二青会测试赛	女子乙组61公斤级	铜牌
王 婧	2019年山西省自由式摔跤冠军赛暨二青会测试赛	女子甲组55公斤级	铜牌
谷俊峰	2019年山西省自由式摔跤冠军赛暨二青会测试赛	男子甲组74公斤级	铜牌
史亚卫	2019年山西省举重冠军赛暨二青会测试赛	男甲96公斤级	铜牌
张绍恩 许好阳 赵汉青 郭克岳 邓瑜威	2019年山西省乒乓球冠军赛暨二青会测试赛	甲组男子团体	铜牌
许好阳 郭克岳	2019年山西省乒乓球冠军赛暨二青会测试赛	甲组男子双打	铜牌
王宏瑞	2019年山西省乒乓球冠军赛暨二青会测试赛	乙组男子单打	铜牌
关彤彤	2019年山西省跆拳道冠军赛暨二青会测试赛	女子–55公斤	铜牌
袁旭薇	2019年山西省跆拳道冠军赛暨二青会测试赛	女子–49公斤	铜牌
张潇芳	2019年山西省跆拳道冠军赛暨二青会测试赛	女子–63公斤	铜牌
王佳鑫	2019年山西省跆拳道冠军赛暨二青会测试赛	女子–44公斤	铜牌
刘炳贤	2019年山西省射击冠军赛暨二青会测试赛	男子甲组50米步枪3×40	金牌
苗婉茹	2019年山西省射击冠军赛暨二青会测试赛	女子甲组50米步枪3×40	金牌
吴振华	2019年山西省射击冠军赛暨二青会测试赛	男子丙组10米气步枪	金牌
吴振华 王垚祎 张益宁	2019年山西省射击冠军赛暨二青会测试赛	男子丙组10米气步枪团体	金牌
苗婉茹 刘炳贤	2019年山西省射击冠军赛暨二青会测试赛	甲组10米气步混合团体	银牌
吕帛芳 单静茹 郭天乐	2019年山西省射击冠军赛暨二青会测试赛	女子乙组10米气步枪团体	银牌
徐程龙	2019年山西省射击冠军赛暨二青会测试赛	男子甲组10米气手枪	铜牌
吕帛芳	2019年山西省射击冠军赛暨二青会测试赛	女子乙组10米气步枪	
褚志杰 郭天乐	2019年山西省射击冠军赛暨二青会测试赛	乙组10米气步枪混合团体	铜牌
王泽伟 杨舣冉 卫煜峰	2019年山西省射击冠军赛暨二青会测试赛	男子丙组10米气手枪团体	铜牌
吴振华 杨诗蕾	2019年山西省射击冠军赛暨二青会测试赛	丙组10米气步枪混合团体	铜牌

社会保障

社会救助

【最底线的民生保障】 2019年，临汾市民政局提高城乡低保保障标准。从1月1日起，将城乡低保保障标准每人每月提高70元。调整特困人员救助供养标准。截至12月底，支出52395.32万元；农村低保对象中纳入扶贫建档立卡对象的有26315人，占农村低保对象的46.62%。开展城乡低保、特困人员复核工作，动态管理退出城乡低保1716户3050人，新增低保对象和特困供养人员2489人。引导社会组织参与脱贫攻坚。总扶贫金额794.65万余元，受益人数8.8万人。全年全市临时救助救助38461人次，支出3183.77万元。

【特殊群体关爱】 2019年，临汾市民政局做好农村留守儿童和困境儿童数据动态更新工作，做好儿童信息系统上线、落实孤儿补助标准、收养登记等工作。全市农村留守儿童4668人，困境儿童1597人，孤弃儿童754人。落实残疾人两项补贴，全年全市确定困难残疾人14681人，发放补贴资金4531万元。全年救助流浪乞讨人员8203人，包括未成年人12人。临时安置22人，医疗救治22人，护送返乡160人，机构托养5人。截至12月底，接收112家单位捐款526242元。

（郭彦博）

医疗保险

【职工基本医疗保险】 2019年，临汾市基本医疗保险基金收入196486.31万元，其中，统筹基金收入115389.16万元，个人账户收入81097.15万元，收入较上年同期增长2.03%；基本医疗保险支出204581.66万元，其中，统筹基金支出117902.65万元，个人账户基金支出86679.01万元，支出较上年同期增长15.5%；基本医疗保险基金累计结余261700.92万元，其中，统筹基金累计结余139864.45万元，个人账户累计结余121836.47万元。

【城乡居民医疗保险】 2019年，临汾市城乡居民医疗保险收入265377.83万元，其中，基本医疗保险费收入为84288.03万元，财政补贴收入176776.62万元，利息及其他收入4313.18万元，收入较上年同期增长13.78%；城乡居民医疗保险支出341839.32万元，其中待遇支出296386.65万元，大病保险支出45452.67万元，较上年同期增长35.07%；城乡居民基金累计结余77536.87万元，其中统筹基金累计结余21552.52万元，个人账户累计结余55984.35万元。

在采取多项控费措施后，2019年全市城乡居民统筹支付同比增长率逐渐下降，由1月至5月的55.67%下降到1月至12月的18.78%。6月至12月-0.29%，7月至12月的同比增长率为-2.96%。

【医保基金实行总额控制】 2019年，临汾市对各县（市、区）和市直医疗机构实行总额控费，节余分成，超支自负。对大病保险实行总控，2019年终核算时，以上年度医疗机构全年城乡居民大病实际发生额度的122%给予清算，超出不予支付。

【转诊管理】 2019年，临汾市出台规定自7月1日起，对于不办理转诊手续者，报销费用下浮15%，县域外减少的医疗费用，其70%用于支付县域内增加的总控额度。

【医疗保险调整】 2019年，临汾市将职工个人筹资标准由3元/月调整为5元/月。乙类自付医疗费用不再纳入城乡居民大病保险报销范围（建档立卡人员除外）。出台《关于进一步规范基本医疗保险医用材料管理的通知（试行）》，针对脊柱内固定器等30种常用高值医用材料设定医保支付标准，对医保支付标准外的其他医保医用材料进行限价。

【基础管理】 2019年，临汾市下发《临汾市医疗保障协议医师管理办法》，加强对一线医保医师的管理与考评，建立健全医保医师监督、激励机制，使控费手段直触源头。带量采购落地执行，12月1日起25种带量采购药品在全市公立医疗机构执行全国统一的采购价格销售，中选价平均降幅52%，最高降幅96%。

【打击欺诈骗保】 2019年4月，临汾市医疗保障局启动打击欺诈骗保宣传月活动以来，对定点医药机构进行检查，覆盖率100%。共处理两定机构778家，约谈404家，限期整改201家，暂停医保服务76家，解除医保服务1家，在全市范围内通报25家严重违规定点医药机构，共扣除违规违约金2066.17万元，整体规范经营氛围初步形成。出台《欺诈骗取医疗保障基金行为举报奖励暂行办法》，鼓励社会各界举报欺诈骗取医保基金行为，收到举报线索4条，均已查实结案。

【医保扶贫】 2019年，临汾市建档立卡人员慢性病待遇享受179502人次，费用7379.51万元。全市建档立卡人员住院待遇享受68858人次，费用72359.01万元，其中，个人自付5165.98万元，综合保障率92.86%。与民政部门沟通衔接，自3月1日起实现医疗保险和医疗救助的无缝对接，市域内住院实现基本医疗保险、大病保险、补充保险和医疗救助"一站式"结算服务。

【医保支付方式改革】 2019年，临汾市医疗保障局印发《关于进一步开展按病种付费工作的通知》确定150种单病种和对应定额标准。与市卫健委联合印发《关于在我市开展日间手术按病种付费的通知》。根据省医保局、省卫健委《关于将省级医保定点医院日间手术治疗费用纳入按病种付费管理的通知》，做好全市参保群众赴省级医保定点医院298种日间手术费用按病种付费的医保结算系统改造。

【"两病"门诊用药】 2019年12月，临汾市"两病"工作启动，为参保患者实现"一站式"服务，让患者无须垫付，直接享受待遇，减轻用药负担。截至年底，全市享受"两病"门诊待遇人数421人次，资金支出6170.45元。

【DRG国家试点工作推进】 2019年，临汾市被确定为山西省唯一的全国30个DRG国家试点城市之一。由市政府印发《临汾市DRG付费国家试点工作方案》，成立由市长任领导组组长，分管副市长任副组长的工作领导小组。领导小组办公室设立综合协调组、编码规范与病案质控组、分组测算和信息技术组等7个工作组。选派人员到北京、沈阳等城市参加培训和实地学习。先后邀请12位国家级专家在临汾市举办4次大型DRG培训，涉及全市各级医保部门、医疗机构等700多人次。通过单位推荐和业务考核建立本地试点工作专家库，向国家医保局推荐12名专家，向省医疗保障局推荐3名专家，为推进工作提供智力支持。启动3轮数据采集工作，完成区域内50多家医疗机构近90万份数据的采集与整理。根据各医疗机构病案质量、信息管理等情况，第一批选取15家医院开展DRG付费。明确时间表、路线图，建立微信群每日对进展进行通报。

【药品耗材带量采购】 2019年，更名成立临汾市医疗机构药品耗材集中采购工作领导小组，组长由分管副市长担任，下发《临汾市医疗机构医用耗材联合集中带量采购工作方案（试行）》《关于明确临汾市医疗机构药品耗材集中采购工作领导小组办公室组成人员和职责分工的通知》等文件，通过召开联合采购办公室会议，选举专项工作小组成员，压实工作职责。

通过发布公告、抽取专家、磋商谈判等各个阶段工作，在谈判中设立限价报价、竞价报价和面对面议价三个重要环节，选出临床使用效果好、价格较低的医用耗材。集中签约2种3个采购目录，中选耗材一次性留置针最高降幅达72.38%、血液透析器最高降幅达44.40%。组织50家医疗机构与4家中选企业签订采购合同2000多万元，预计可节约资金600余万元。

【长期护理保险】 2019年，临汾市医保局在试点的基础上，针对经办能力不足的情况，完善工作机制，深入调研，积极论证，借鉴外地经验，引入政府购买第三方服务。对临汾市长护保险委托第三方经办进行公开招标，确定3家联合体商保公司承担此项工作。截至年底，12家医疗机构承担临汾市长期护理保险服务，全市共受理评估1046人，享受待遇918人，支出

302.39万元，为临汾市失能人员解决实际困难。

【智能审核系统】 2019年3月开始，临汾市医保局在全市17个县（市、区）全部实现医保智能审核，智能监控系统覆盖率100%。全年进行4次知识库升级、7次规则升级共启用305条规则。共确认违规条目数8584条，扣款金额403万元。一定程度上遏制"过度医疗""不合理用药"等现象，有效解决人工稽查效率低、覆盖率低等缺点。

（赵雪明）

住房公积金管理

【概况】 临汾市住房公积金管理中心成立于2003年11月，是直属于临汾市人民政府的不以营利为目的的副县级事业单位，主要负责全市住房公积金的归集、提取、使用和管理。内设综合科、党委办公室、人事教育科、归集管理科、贷款管理科、公积金财会科、住房资金财会科、信息技术科、监督科等9个科室，下设20个管理部和临汾住房公积金稽查大队、临汾12329住房公积金热线服务中心。截至2019年12月底，从业人员258人，其中，在编167人，非在编91人。全市28.91万人纳入住房公积金制度体系，缴存总额达到213.11亿元；累计提取427791笔106.37亿元；累计向67611名职工发放贷款135.80亿元，个贷率达到77.26%。

【"放管服效"改革】 2019年，临汾市住房公积金管理中心陆续开通微信公众号、网上业务大厅、手机APP、支付宝城市服务、12329短信、12329热线、门户网站、微博等8个服务渠道，方便缴存单位和职工办理和查询各项业务。

【实名认证功能建立】 2019年，临汾市住房公积金管理中心为确保网上用户注册的真实性，在多个服务渠道启用人脸识别、短信验证等多种方式为缴存职工信息安全保驾护航。

【网厅注册方式创新】 2019年，临汾市住房公积金管理中心创新单位网厅注册方式，在传统数字认证的基础上增加扫描二维码登录方式，为单位专管员提供安全便捷的服务。

【线上业务办理流程优化】 2019年，临汾市住房公积金管理中心优化线上业务办理流程，陆续实现缴存、提取、贷款等三大类31项业务全程网上办理。市中心住房公积金综合服务平台自2019年6月上线试运行，12月2日以全省优异的成绩通过验收，开启临汾市住房公积金业务随时办、随地办、马上办、一次办的服务新常态。截至年底，中心综合业务离柜办理率达到79.59%，实现线上业务与线下业务的互补，方便缴存职工办事。在2018年接入山西省住房公积金数据共享平台的基础上，2019年与省内11个市公积金中心及工行、农行、中行、建行等商业银行完成信息对接工作，开通省内异地缴存职工公积金信息核查、异地公积金转移、异地公积金贷款和公积金偿还商业住房贷款等网办服务，实现省内公积金业务办理"零跑腿"。9月与市房产局达成合作意向，形成建设方案，于11月完成接口开发工作，进入接口测试环节，上线后可实现缴存职工网上办理现购房提取及贷款购房信息审核功能。（晁 倩）

养老保险

·城乡居民基本养老保险服务中心·

【概况】 2019年，临汾市城乡居民基本养老服务中心坚持以防范化解经办风险为主线，严守风险防控底线，压实社保扶贫政治责任，推进社保卡在养老保险待遇领取方面广泛应用，提高经办服务水平和质量。全年城乡居民参保扩面目标任务为2059400人，截至12月底，临汾市城乡居民参保人数达2081618人，完成全年目标任务的101%。全市通过税务部门征缴保费32278万元。全市城乡居保待遇发放508830人，月发放金额6335.42万元，全市基金滚存结余258674.81万元。

【城乡居民保险规划】 2019年，临汾市城乡居保中心结合实际，制定《2019年临汾市城乡居民基本养老保险经办管理服务工作重点》和《2019年度临汾市城乡居民基本养老保险管理服务中心重点工作细化分解方案》，在全市城乡居保三基建设暨扶贫工作推进会进行详细解读，明确目标，细化任务，推动工作落实。

【社保费征收职责划转】 2019年，按照国家关于社保费征收职责划转工作作出的调整，支持配合，确保临汾市城乡居保征管职责划转工作平稳有序、按时高质的完成。临汾市城乡居保中心召集17个县（市、区）经办机构负责人与税务局相关科室负责人召开征管职责划转推进座谈会，疏导移交难点，确立沟通机制，厘清职责边界，优化办事流程；分批次配合税务部门到基层开展调研，协助推进征收工作，提高征缴效率；建立信息交换机制，梳理与税务部门信息共享平台对接中存在问题，及时向上请示反馈，向下疏导解决，确保信息交换机制的及时、顺畅、准确；联合税务部门印发宣传资料，加强政策宣传与引导，确保群众正确缴费。

【助力脱贫攻坚】 2019年，截至12月底，临汾市应参加城乡居保贫困人口共294277人，其中，建档立卡227474人，低保、特困66803人，全部实现应保尽保；全市参加城乡居保贫困人口应由政府代缴208598人，其中，建档立卡应代缴168824人，低保、特困贫困人员应代缴39774人，全部实现应代尽代；全市贫困人口应享受待遇领取88179人，其中，建档立卡应享受60703人，低保、特困应享受27476人，全部实现应发尽发。

【养老保险待遇提高】 2019年，临汾市城乡居保中心提升缴费档次，从1月1日起，全市各县（市、区）全部将最低缴费档次提高到200元及以上，加大对多缴多得、长缴多得的宣传引导，提升城乡居民参保积极性。养老金调标到位及时发放。临汾市基础养老金提高到103元，惠及享受对象507911人。古县、乡宁、蒲县、翼城、安泽5县地方政府加大对基础养老金补贴的支持，其中，古县每人每月138元、乡宁县每人每月118元、安泽县每人每月118元、蒲县每人每月118元、翼城县每人每月108元。对参加城乡居民养老保险65周岁以上的老年居民增发基础养老金，每人每月增发5元，对长期缴费累计缴费满15年的，每多交1年，在其领取待遇时，每月加发年限基础养老金1元，其中，蒲县对65周岁以上老年居民每人每月加发50元，曲沃对80周岁至89周岁老年居民每人每月加发100元，90周岁至99周岁老年居民每人每月加发200元。在全市建立统一的城乡居民基本养老保险丧葬补助费制度。执行标准不低于2000元，提高全市城乡居民基本养老保险参保人员的综合待遇，减轻参保人员去世后家庭丧葬费用负担，提高城乡居民参保积极性。

【志愿服务】 2019年3月4日，临汾市机关事业养老服务中心携手养老金代发行赴退休人员集中的车站街社区开展送服务、送温暖、送政策三上门的“党员服务进基层”活动。活动中教老人下载使用“民生山西”APP进行认证，宣传防范金融诈骗知识，为老人讲政策、听建议、听诉求，把志愿服务活动变成面对面、心贴心交流的过程。

【社保卡发放】 2019年，临汾市城乡居保中心通过月通报、下乡调研、集中座谈、与信息中心、合作银行联席会、政策宣传等多种形式，分享经验做法，疏通难点堵点，实现系统直连发放，提高社保卡知晓率，确保社保卡有序推广应用。截至12月，全市当期发放人数507396人，使用社保卡发放人数493291人，使用社保卡发放率达97%。

【基金风险防控】 2019年，临汾市城乡居保中心加强社保基金风险防控，落实全面取消现金业务、全面取消手工办理、全面取消社银手工报盘“三个全面取消”工作，借三代电子社保卡换发契机，与银行建立直连系统，实现养老金从基金账户中直接发放到老百姓社保卡中，有效减轻办事群众的负担，提高办事效率，杜绝滋生基金腐败的土壤，维护社保基金的安全。开展基金管理专项检查，下发《关于开

2019年3月4日，临汾市机关事业养老服务中心携手养老金代发行开展“志愿服务进社区”活动　　（市机关事业养老服务中心供图）

展社会保险基金管理风险专项检查的通知》文件，在全市城乡居保经办机构开展基金管理风险专项检查，主要对内部控制、业务经办、基金财务、信息系统、政策制度、基金监督、组织实施7个方面采取自查和抽查相结合的方式，开展专项检查，推动全市城乡居保基金管理风险防控工作全面落实，确保基金安全有效运行。（宁　郁）

·机关事业养老保险·

【概况】　2019年，临汾市机关事业养老服务中心以待遇计发各项政策落实为重点，推进全市机关事业养老保险制度改革，截至年底，全市机关事业单位在职128736人，退休64592人，参保人数共193328人，完成省定目标任务193200人的100.06%。

【征缴职能划转工作】　2019年，临汾市机关事业养老服务中心为推进社会保险征管职能划转工作，主动对接税务部门，4月上旬,双方就职业年金对账问题达成一致方案，推动职业年金对账问题的解决；对进展慢的县（市、区）进行业务指导，5月上旬，组织业务骨干赴基金业务水平薄弱的霍州市、浮山县、曲沃县、古县等县市上门培训指导业务，解决实际问题；积极沟通协调，与税务部门专程前往霍州、洪洞等地，与当地经办机构及税务征缴部门就机关事业养老保险征缴业务信息与税务部门直传数据等问题进行座谈，研究解决实现数据直传存在的具体问题，提出针对性的解决方案，为实现业务信息在线直传扫清障碍。

【减税降费】　2019年，临汾市机关事业养老服务中心开展前期政策宣传，在中心征缴业务工作群和微信公众号推送相关宣传信息，工作人员在办理业务时向市直参保单位专管员积极宣传降费率政策；4月底，联合税务征管部门到市中心医院、汾西水管局、霍侯一级路管理处等几家有代表性的单位上门宣传解读政策，发放宣传册，进行座谈交流，研究制度改革过程中存在的各类问题，推动征管职能划转；根据降低社保费率安排，严格执行政策文件，自2019年5月1日起，全市机关事业养老保险单位缴费比例统一由20%降至16%，全年减费2.6亿元，有效缓解存在缴费困难的差额、自收自支事业单位的缴费压力，降低全市机关事业单位的缴费负担。

【调研欠费参保单位】　2019年，临汾市机关事业养老服务中心深入欠费参保单位开展调研，于10月10日会同税务部门先后赴市中医医院、水利机械工程局、军粮供应站等几家欠费单位开展调研座谈，对几家单位缴费基数等情况进行现场稽核，了解参保单位的缴费困境，帮助研究制定可行的缴费计划。

【待遇业务培训】　2019年3月12日，临汾市机关事业养老服务中心组织召开待遇业务培训会，对全市100余名业务人员进行培训。即时登录机关事业养老保险管理信息系统进行现场演示授课，有问题当场提出、现场解答、当下解决，有效提升全市业务经办能力；对工作进行统筹安排，采取“统一通知、分批次安排”的方式通知参保单位前来办理业务，避免因同时接待人员过多、等待时间过长，影响工作质量；在认真细致的基础上注重服务态度，耐心与参保单位专管员进行沟通，确保市直1500余名中人待遇核定任务如期完成。6月中旬，邀请各县（市、区）业务经办人员累计120余人次到市中心进行业务轮训，随后抽调市中心业务骨干赴进展缓慢的县（市、区）进行业务指导。

【社银待遇发放数据加密直连】　2019年，社银手工报盘是基金安全的重大风险点，临汾市机关事业养老服务中心于10月15日对整改落实进度缓慢的县（市、区）经办机构负责人进行集体约谈，要求在10月底前全面启用新系统进行待遇发放，全面取消社银人工报盘无条件完成整改工作。会上对《机关保业务系统过渡期发放配置流程》进行培训，确保各县（市、区）待遇经办人员掌握数据加密传输相关操作流程及设置，分享市中心的相关工作经验，对各县（市、区）开展工作可能遇到的问题进行分析，讲解具体处理办法，全市包括市本级在内18家经办机构于11月7日全部实现加密直连。

·企业养老保险·

【概况】　2019年，临汾市企业养老保险经办工作推进企业养老保险中央调剂金制度和省级统筹。落实省《关于完善企业职工基本养老保险省级统筹制度的通知》，完善信息，做好统收统支准备工作。加强数据共享和比对，夯实缴费基数，执行全省统一的企业职工基本养老保险单位缴费比例政策。严格基金预算编制管理，加大对基金预算执行的监督力度，明确基金实行统收统支后市县政府的责任。按照人社部和山西省关于降低社会保险费率的具体安排，临汾市从5月1日起，将单位缴费费率降至16%；对企业养老保险缴费基数和征缴系统进行调整。截至12月底，全市企业养老保险参保人数为30.37万人，完成省下达全年任务的102.15%；全年共征缴企业养老保险费27.55亿元；落实降费率政策，全年实际为企业减负1.83亿元；落实降基数政策，全年实际减负1.2亿元，两项合计3.03亿元。

2019年12月，临汾市企业养老保险在山西省首家开通灵活就业人员养老线上缴费系统　　（市企业养老保险中心供图）

【企业退休人员待遇调整】　2019年，临汾市各级企业养老保险经办机构科学编制、严格执行基金预算，争取财政支持，确保企业离退休人员养老金按时足额发放。截至12月底，全市共为14.63万名企业离退休人员和遗属发放养老金和遗属补助50.75亿元，养老金按时足额发放率100%。该次待遇调整工作涉及全市12.8万名企业退休人员，共筹集发放资金1.5亿元。

【“互联网+企保”行动推进】　2019年，临汾市企业养老保险全面推进新时代企业养老保险事业健康发展，创新经办管理工作方法，针对经办服务滞后“不便缴”的情况，制定“互联网+企社”工作计划，以方便新业态从业人员以及流动性较大群体参保缴费为目标，将经办服务向互联网、移动终端等便民化载体延伸，打通经办服务最后一公里。

【基金安全专项检查】　2019年，从8月开始重点就养老保险待遇发放业务为主要内容开始专项检查。重点就建立健全基金管理内控制度和机制，基本覆盖经办工作的所有环节，做到全程控制，基金管理环节实现“三个全面取消”，即：全面取消现金业务、全面取消手工经办、全面取消社银人工报盘，从源头防范经办风险的发生。做好基金稽核和养老保险待遇资格认证工作，通过扩大部门数据共享和信息比对范围，规范资格认证规程，加大对欺诈冒领行为的打击力度，从源头上查处、堵塞冒领养老金及重复领取待遇行为。

【社保卡发放待遇】　2019年，临汾市各级企业养老保险经办机构按照《山西省在养老保险工作中全面开展社会保障卡应用的实施方案》要求，以三代社保卡推广使用为契机，要求在6月底前，全市养老保险新增领取待遇人员全部采用社保卡发放待遇，推动已领取待遇人员领取方式逐步由银行卡、存折向社保卡过渡转变，从11月起，全部使用社保卡发放待遇。各级经办机构做好业务流程制定、业务系统改造、用卡环境优化、社保卡运用宣传推广等各项工作，市本级企业离退休人员社保卡使用率已达到100%。　　（李　阳）

失业保险

【概况】　2019年，临汾市失业保险参保人数为36.71万人，完成全年任务的100.96%，征缴失业保险费7.78亿元。发放失业保险金及各类补助8329.71万元；职业技能培训、职业技能鉴定、一次性求职创业补贴共计649.38万元；企业稳岗补贴5729.34万元，应急稳岗补贴3803.90万元，在岗培训补贴207.90万元，职工职业技能提升补贴92.20万元。滚存结余8.60亿元。

【征缴稽核】　2019年，临汾市失业保险服务中心对130余户企业开展征缴稽核工作，涉及银行、保险、铁路、钢铁、电力、煤炭、通信等多个行业。在稽核过程中，稽核人员严格执行《社会保险费征缴条例》和《社会保险稽核办法》，据实提取用人单位的财务账簿、凭证、工资发放表、失业保险申报表等资料、坚持原则、认真审核，对稽核中发现的漏报、瞒报、基数不实等问题，及时下达整改通知书，进行限期整改。通过开展稽核工作，使得参保单位掌握全员参保和足额申报政策，规范参保缴费行为，促进保费征缴。全年失业保险参保人数为36.71万人，完成全年任务的100.96%。清理欠费2076万元，共征缴失业保险费1.90亿元。

【待遇发放】 2019年，临汾市失业保险服务中心在失业金发放上，推行互联网+政务服务，优化失业保险经办业务的流程，提高工作效率，使失业人员在最短的时间内足额领取到失业金及各项待遇。在失业保险待遇申领程序上做到“三个取消”，即取消失业人员提供参保缴费证明、取消失业保险手册、取消失业人员在享受待遇期间按月指纹签到，于12月首次实现失业人员通过手机APP申领失业保险待遇，简化和方便失业人员办事程序。“三个取消”和网上经办，让办事群众和企业实现“马上办、网上办、就近办、一次办”，确保失业保险“畅通领、安全办”。在参保企业申请享受稳岗补贴和应急稳岗返还政策方面，按照政策要求，精减申报材料，精减办事流程，随时申报，随时审核上报公示，审批拨付补贴资金，快速把国家优惠政策落实到位。全年共计拨付失业保险金及各项待遇8329.71万元；职业技能培训、职业技能鉴定和一次性创业补贴649.38万元；参保企业稳岗补贴8729.34万元，应急稳岗返还补贴3803.9万元，在岗培训补贴207.9万元，职工技能提升补贴92.2万元。

【政策宣传】 2019年，临汾市失业保险经办机构开展加大政策宣传力度，编印“两项行动”的宣传手册一万册、宣传彩页3万张，市、县两级组织工作人员走上街头、深入企业，通过微信、电台、报刊、网络等形式开展政策宣传活动。深入到太钢临汾钢铁有限公司、大秦铁路公司、山西焦化集团公司、华翔集团公司等百余家企业进行现场宣传，让参保企业和参保职工真正了解国家的扶持优惠政策。截至年底，向354户参保企业拨付稳岗补贴5729.34万元，向10户企业拨付应急稳岗补贴3803.90万元，有617名职工享受技能提升补贴92.2万元。

【技能培训】 2019年，临汾市失业保险服务中心及时下拨职业培训补贴、职业技能鉴定补贴和求职创业补贴资金，发挥失业保险促进就业的职能作用。市、县经办机构根据就业市场需求和失业人员意向，与定点培训机构科学设定开展培训的相关专业，从师资力量到组织实施，再到结业考试和技能鉴定，严格程序，严格管理，强化监督。全市共组织30个班次失业人员再就业技能培训班，培训专业包括计算机操作、中式烹饪、中式面点等专业，培训失业人员1160人，职业技能鉴定1894人，拨付职业培训补贴281.77万元，职业技能鉴定补贴 67.91万元，求职创业补贴299.7万元。

工伤保险

【概况】 2019年，临汾市工伤保险巩固和扩大参保覆盖面，落实阶段性降低费率政策，做好工伤预防和康复试点工作，规范劳动能力鉴定，提高伤残待遇，完善经办管理。截至12月底，全市工伤保险参保用人单位9332户，参保544260人，完成省定任务53.35万人的102%。全市基金征收14681.5万元，支付各项工伤保险待遇2665.2万元，基金滚动结余3.5亿元。受理劳动能力鉴定申请1742人，出具劳动能力鉴定结论1698人，其中1—4级伤残58人，5—6级伤残63人，7—10级伤残1511人，无级别66人。

【创新征收保险基金】 2019年，临汾市工伤保险加强部门沟通、协作，巩固和推进项目参保，重点推动交通、铁路、水利、能源和机场等工程建设按项目参加工伤保险；推进小微企业和有雇工的个体工商户参加工伤保险，探索灵活就业人员职业伤害保障办法。截至年底，全市按照项目参保的企业达到311家，24427人。

2019年是社保和税务部门协作征收第一年，市工伤保险各级经办机构与税务部门有效沟通，积极作为，保障工伤保险基金的顺利征收。全面落实阶段性降低费率政策，市工伤保险费率为用人单位现行费率的基础上下调50%。1月至12月，各级工伤保险经办机构为全市各参保单位降低工伤保险参保成本共计14681.5万元，减轻企业的运营负担。

【工伤保险稽核】 2019年，临汾市工伤保险加大对参保单位的稽核力度，加强对不全员参保、不如实提供缴费基数、事故发生率高的单位的审查，尤其是加大对不按时缴纳工伤保险费甚至长期欠费以致影响职工待遇发放的用人单位的稽核力度；加强工伤辅助器具使用的调查与回访，提高辅助器具的使用效果；对于上肢的使用情况进行随时抽查，有发现多次不使用者，到期后不予更换；开展职工职业病病情复查工作。6月，市中心共对全市71名劳动能力鉴定结论作出满一年并定期领取伤残津贴的1级至4级尘肺病职工进行病情复查，通过复查，经办机构能够及时掌握职业病人员动态，为提升职业病预防和管理服务打好基础。

为提升用人单位的经办效率，市中心工作人员到多家企业稽核，现场指导企业管理人员明确工作流程，熟悉业务经办，规范管理档案，提升用人单位的工伤管理水平。

【工伤保险宣传】 2019年，根据《关于印发〈临汾市2019年“工伤保险走进扶贫车间”主题普法宣传活动实施方案〉的通知》文件精神，全市各级工伤保险经办机构在5月自主开展形式多样的主题宣传活动：走进贫困企业，深入项目工地；站在街头巷尾；其中，市人社局领导和市工伤保险中心工作人员到山西路桥第二工程有限公司实地宣传，分发政策资料和宣传品，解答实际问题，进行授课培训，为企业职工在思想上强化安全意识，让职工早日享受到应有的待遇，保障职工的伤后生活。

【工伤医疗服务】 2019年，临汾市规范工伤保险协议机构管理，能够使工伤职工获得更加及时的救治和良好的医疗服务。按照《工伤保险条例》规定，市局领导和中心工作人员于年初对全市工伤保险医疗机构、康复机构、辅助器具配置机构进行的审核评估。经考核验收，全市共有52家医院、2家康复机构、5家辅助器具配置机构和2家零售药店与市中心签订服务协议，定期接受市中心的监督考核。

【工伤康复管理】 2019年，临汾市推进工伤康复试点工作，各级经办机构落实“先康复、后评残”的机制，建议在临床治疗终结后有康复价值的工伤职工早介入、早住院进行康复。加强对协议康复机构的指导，加强工伤康复综合管理，完善康复服务举措，与省、国家康复标准看齐，让工伤职工感受到工伤康复的实际效果。从康复业务开始，全市共接收83名工伤康复职工，全部康复出院，康复效果良好。

【劳动能力鉴定】 2019年，临汾市工伤保险鉴定中心规范和优化劳动能力鉴定流程，推进劳动能力鉴定信息化建设；执行鉴定前报备，鉴定时承诺，鉴定后公示的一体化审批流程，以缩短鉴定办理时限，改良服务方式，方便职工和用人单位申请劳动能力鉴定并进行监督。针对公示期间职工对鉴定结论提出异议的情况，中心完善和优化劳动能力鉴定结论异议处理工作规程，确保此类情况经办的科学合理。加强劳动能力鉴定标准的培训，提高鉴定专家和工作人员的专业化水平，力求使劳动能力鉴定标准更加科学规范地指导鉴定机构的实际工作。

【年审年检】 2019年，临汾市为推进工伤保险工作，确保用人单位参保信息的真实、完整，市中心于3月至6月对市直参保单位的缴费基数、人数、费率等内容进行核定，全年共核定市直参保单位基数1400余户，12万余人。

为保证基金的安全运行和合理利用，市中心在年初对全市603名工亡职工供养亲属，523名1级至6级伤残人员进行身份、指纹核验，对外省、外市、县行动不便人员进行QQ视频认证，发现定期待遇职工死亡未及时审报者14人，追回多领抚恤金5589.60元，确保基金安全，挽回不必要的损失。

【工伤服务流程精简】 2019年，临汾市中心重新梳理全部的业务流程和所需提交资料，精简在校就读证明、主要生活来源证明等不必要的证明材料，改由内部核查的方法，让信息多跑路，让职工少上门，提升全市工伤保险的服务效率和水平。

【定期工伤待遇调整】 2019年，临汾市工伤保险鉴定中心按照市局关于调整2019年工伤保险待遇的文件精神，对一千多名定期领取工伤待遇的职工进行待遇标准的调整，年底将实现工伤待遇的15连调。调整之后的伤残津贴、生活护理费、供养亲属抚恤金都较上年有所提高，保障职工伤残后的基本生活。

人　物

逝世人物

张兰诚

张兰诚，男，1925年7月出生，江苏省丰县顺河人民公社张口村人。原临汾市五交化（集团）有限公司书记。1938年参加八路军游击队，1941年11月加入中国共产党。1939年1月至1940年6月在苏鲁支队四大队十一中队服役，1940年6月至1941年1月在八路军115师教导一旅政治部任通信员，1941年1月至1942年5月在苏北新四军第三师政治部任通信员，期间由于表现出色，1942年5月至1944年9月先后在苏北新四军党校、苏北盐东总队担任警卫员，机关党支部副书记、班长，1944年9月至1945年9月调至苏北阜宁县抚大五分队四队，同年至1946年11月在盐阜独立旅通信队任排长，1946年11月至1948年4月调至苏北三野十二纵队、侦察队、102团侦查通信连、教导大队五队及直属通讯队担任党支部委员、副队长、副连长、队长等职，1948年4月至1949年4月调至山东青州华东军区参谋训练大队一队任党支部委员、排长，1949年4月至1951年1月先后在三野第八兵团警卫团、南京华东军政大学警卫团、南京市公安总队司令部担任党支部组长、通信参谋，1951年1月至1957年3月分别在南京公安总队侦查通信科、南京公安总队通信科、江西南昌防空第二师通信科担任党支部组长、副科长、科长。自1938年参加革命后，先后参加过苏鲁豫边区守备战，苏北涟水保卫战，苏北盐城解放战，陇海路东段解放战等战役。立三等功四次，四等功两次，多次获得物资荣誉嘉奖。1955年在南昌荣获国防部授予的“独立自由”“解放”勋章各一枚。1957年3月至1959年1月在南昌人民解放军45文化速成中学进修学习，1959年1月至1960年7月调至北京北空高炮某师通信科任党支部委员、科长，因参加整顿人民公社工作成绩显著，受到全师通令嘉奖一次，为新中国建立和发展做出卓越贡献。1960年7月至1961年6月任北空司令部通信枢纽部党支部委员、副主任，1961年6月至1964年5月升任北空通信团副团长，1964年5月至1971年12月担任山西晋南专区五金交电化工公司党支部书记，1971年12月至1973年12月调至山西临汾地区土产公司党支部书记，1973年12月调回山西临汾专区五交化公司任党支部副书记、公司副经理至1984年离休休养。

2019年，获中共中央、国务院、中央军委颁发的“庆祝中华人民共和国成立70周年纪念章”。

2019年5月17日去世，享年95岁。

先进人物

王红云

王红云，女，1974年4月出生，汉族，中共党员，山西汾西县人，大学本科学历，教育学学士。2000年12月加入中国共产党，现任临汾市体育局群众体育科科长。2019年，被山西省人力资源和社会保障厅、山西省体育局、第二届全国青年运动会组织委员会办公室授予第二届全国青年运动会组织筹办工作先进个人。

1997年12月，山西大学体育系毕业分配至临汾市体育局（原临汾行署体委），先后在办公室、竞赛训练科工作，投身于竞训工作近20年时间，2014年主持竞赛训练科工作后，开展青少年训练工作，培养本土运动员，向省训练各中心输送优秀体育苗子。临汾市竞技体育实现了全运会、亚运会金牌零的突破，在省十五届运动会比赛中也取得进步。在二青会的参赛、筹备、竞赛、宣传工作中也做大量的工作。工作调整到群体科后积极投入全民健身工作，积极推动我市全民健身活动的开展。

2012年，被山西省体育局授予2008—2012年度山西省优秀竞赛管理工作者。

冯玉亭

冯玉亭，男，1974年出生，汉族，中共党员，河北省涉县人，大学本科学历，国家级社会体育指导员。1995年参加工作，现任临汾市体育局竞训科科长。2019年，荣获由第二届全国青年运动会组委会、省人力资源和社会保障厅、省体育局联合颁发的“第二届全国青年运动会组织筹办工作先进个人”称号。

冯玉亭投身体育工作25年，工作严谨认真，勤奋务实，履责担当。2019年2月3日，临汾市体育局正式挂牌成立；春节刚过，就带领一班人进入“白+黑”“5+2”、长达7个月的“二青会临汾时间”。冯玉亭重点负责市级和17个县（市、区）实体火炬传递及二青会射击（飞碟项目）、空手道比赛的竞赛组织和综合协调工作。沟通协调各职能部门54个，逐一对接，辗转17个县市、行程1400余千米；工作安排、推进、督导会议近百次；各种方案、预案57个；深入一线检查比赛场馆、赛事筹备、食宿安排、兴奋剂检测等上百次。冯玉亭始终用饱满的热情坚守在自己平凡的岗位上，谦虚谨慎、务实担当、创新工作、大胆实践，以勇挑重担的信念，完成二青会省委、省政府交给临汾的任务。

薛 晟

薛晟，男，汉族，1988年3月出生，山西吕梁人，中共党员，2006年9月入伍，历任学员，排长，连长，副营长，旅作训科参谋，现为武警临汾支队勤务保障大队副大队长代理大队长，少校警衔。2019年荣获个人二等功。

薛晟先后荣立个人二等功一次，三等功一次。2018年5月，全军统一组织，其由陆军81集团军交流至临汾支队任参谋部作训股参谋。2018年9月，为尽快适应武警部队各项工作，根据组织安排和个人申请，薛晟担任新训三团一中队中队长。2018年12月12日，在组织新兵手榴弹实弹投掷训练中，新兵郝文标投出的手榴弹滑落撞击到防弹墙上沿，滚落至不到2米处的右前侧墙顶，但其并未及时察觉，而是随即按照预定规避动作要领弯腰下蹲。千钧一发之际，在郝文标身旁、担任安全员的薛晟奋不顾身，果断猛拉郝文标的外腰带拽向左后方，迅速将其抱住扑倒、压在身下，成功化险为夷，把郝文标从死亡线上夺了回来。事后，郝文标安然无恙，薛晟左臀部受伤，经医院手术，从其左臀部6.5厘米且接近坐骨神经处取出1枚钢珠。为褒奖薛晟在紧要关头沉着勇敢、不怕牺牲，保护战友生命安全的英雄壮举，总队党委决定给其记二等功。

张国林

张国林，男，1981年4月出生，中共党员，共青团安泽县委兼职副书记、安泽县和川镇上田村驻村扶贫工作队长、安泽县公安局交警大队女子岗班长。2019年5月，被中华人民共和国第二届青年运动会组委会选举为火炬手；7月，荣获“山西省最美退役军人”称号。

自退伍参加公安交管工作19年以来，张国林始终坚持全心全意为人民服务的宗旨，兢兢业业、恪尽职守、清正廉洁、勇于奉献，参与和完成各项重大道路交通安全保卫任务500余次，截获盗抢违法犯罪车辆10余辆，抓获各类犯罪嫌疑人13人，成为全县全市乃至全省公安交警的典范。

在执行国庆60周年交通安全保卫工作中，由于他工作严谨认真，处置得当，受到公安部和省公安厅交管局现场督察人员的表扬肯定，为全市公安交警国庆60周年交通安保工作赢得荣誉。特别是在侦破“7·14”绑架人质案中，张国林认真严谨、慧眼识奸、机智周旋，成功侦破案件，受害人得以成功解救。此案的成功告破得到省、市公安机关领导的高度评价和通令表彰。他带领全班用实际行动切实解决安泽几十年以来群众反映的秩序乱、街道堵，城乡公交车占道拉客、小商小贩乱摆摊点等热点问题。在担任城关小学“护学岗”民警期间，他多次深入学校给孩子及其家长沟通、讲课，放学时安全护送孩子过马路，被家长称为“最美交警”“马路天使”。在担任驻村工作队长期间，他时时处处为老百姓办实事、办好事，心贴心、心连心。尤其是怀抱90岁老人驱车30千米为其办理身份证一事在荀乡大地传为佳话。

张国林先后荣获第二届十大“感动安泽”人物荀乡卫士模范、首届山西“最美青工”荣誉称号、“山西敬业奉献好人”荣誉称号、“优秀协管员”等；2016年5月，被山西省劳动竞赛委员会授予山西省“五一”劳动奖章；2017年12月，被安泽县脱贫攻坚领导小组评为脱贫攻坚“3+X”帮扶队伍“优秀青年志愿者”；2018年6月，被安泽县委授予“干部驻村帮扶工作标兵”。2019年5月,被中华人民共和国第二届青年运动会组委会选举为火炬手；7月，荣获“山西省最美退役军人”称号。

张建国

张建国，男，1961年7月出生，中共党员，本科学历，1979年12月，山西省太原市入伍，2004年12月，由原广空司令部军务处士官管理办主任岗位上转业，选择自主择业。现任山西省临汾市尧都区贺家庄乡漫天岭村党总支书记兼东下庄村党支部书记和村委会主任。2019年，荣获“全国模范退役军人”称号，是临汾市唯一获此殊荣者。

2005年，张建国转业后开始在广州做生意，2007年，回乡照顾父亲，目睹家乡的贫穷，他毅然返乡回村，成立互助协会，担任村支书和村主任职务，投入到农村建设。

张建国拿出自己300多万元的积蓄，帮助村集体和村民办实事：垫资为村里建起生活饮水池和建设党支部、村委会阵地，为村里修建出村路、田间路，改善出行难问题，解决机械耕作机械进不去问题。为鼓励年轻农民回乡创业；出资为村民建鸡舍发展养殖；购置设施建起蘑菇棚；为改变村民劳动条件，购买两套农机设备，让父老乡亲们从繁重的体力劳动中解脱出来。

张建国用一颗真诚帮助别人的心，报效家乡，使贫穷的小山村成为远近闻名的省级生态文明村；农民增收；村容村貌等都有了翻天覆地的变化。

多少年来，村民家中出现的突发困难，张建国总是第一时间提供经济上的帮助。创建的互助协会，让学生上学有鼓励金；70岁以上老人生日有祝福金；生病或有困难村民有资助金；村里基础设施出现突发问题为及时抢修提供资金保障等。更重要的是通过一个互动互助，传承了一个“大爱无疆”的美德，培养后辈能发扬互帮互助，学会关心他人，热爱这个社会的好品质、好思想。

张建国先后荣获“市级劳模”“省级劳模”“省特级劳模”“山西省最美村官”“感动山西十大人物”“省优秀共产党员”“全国优秀党务工作者”等等。

道德模范

齐青兵

齐青兵，男，汉族，1973年12月出生，山西浮山县梁家河人，现任浮山蓝天救援队队长。荣获2019年下半年“山西好人”见义勇为荣誉称号。

齐青兵本着在“各种危机面前竭尽所能的挽救生命”的宗旨，2015年开始筹备浮山蓝天救援队，从最初队部的选址及建设，到后来救援经费较为匮乏等实际问题，他都亲力亲为，带领大家齐思共想，和大家一起自筹救援资金，购买救援装备。

自2016年成立蓝天救援队以来，齐青兵秉承“奉献、友爱、互助、进步”的志愿者精神，用自己的实际行动传递着促进社会进步的正能量，致力于紧急救援服务，服务于社会，挽救保护群众的生命和健康。他带领队员们参加中国国际救援6次，爆炸坍塌埋压救援2次，寻找走失人员38次，大大小小的救援安保共计117场次。他和队员们长途跋涉，远赴甘肃岷县深入泥石流现场进行救援等地，参与九寨沟地震救援等异地救援；还多次冒着生命危险，深涉黄河和汾河，搜救打捞落水者；配合闻喜公安局，携带竖井打捞设备在大邓上西梁村打捞证物。

他积极参与失联老人和未成年人城市救援，成功找到走失老人、小孩16余起；为临汾地区大型户外活动、群众性跑步、徒步、骑行等大型活动做应急救护救助服务保障共计12余次；多次进社区、学校开展讲座、陪训队员们70余次，推广普及公共安全常识、提高群众防灾减灾意识及自救互救能力。2019年，被评为“山西好人”见义勇为荣誉称号。

世界冠军

赵若竹

赵若竹，女，1998年8月7日出生，本科在读，现任国家女子步枪射击队运动员。2019年2月27日，在国际射联世界杯新德里站的收官战中，赵若竹搭档陕西选手刘宇坤，以503.6环的成绩打破世界纪录，夺得混合团体赛冠军。

2012年，赵若竹进入临汾市射击射箭运动管理中心从事专业射击训练，2014年进入省体工队。

2017年天津全运会上，获得一金、一银；2018年雅加达亚运会中夺得一金、一银并打破亚洲记录；2018年国际射联世界杯获得两枚金牌并打破10米气步枪个人世界纪录；2018年第52届射击世锦赛上夺得金牌，获得2020年东京奥运会入场券；2018年亚洲射击锦标赛赛上，获得两金、一铜并打破10米气步枪混合团体的世界纪录。

2019年2月27日，在国际射联世界杯新德里站的收官战中，赵若竹搭档陕西选手刘宇坤，以503.6环的成绩打破世界纪录，并夺得混合团体赛冠军。另外，赵若竹同队友刘宇坤、史梦瑶、徐红、张靖婧为中国射击队赢得2020年东京奥运会的参赛入场券。

全国冠军

王煜蕊

王煜蕊，2003年出生，临汾市尧都区人。2018年8月，进入临汾市体育运动学校空手道队，师从苏培杰教练。2019年8月，全国第二届青年运动会空手道女子团体冠军。

2019年7月，参加山西省空手道比赛，女子团体型第一名和女子个人型第三名，女子个人组手第三名和团体第三名。

关彤彤

关彤彤，出生于2003年，临汾市尧都区人。2015年12月，从临汾市金殿二中被市体校苏培杰教练选中，开始跆拳道训练。2019年8月，全国第二届青年运动会个人女子–59公斤级季军，女子团体冠军。

2016年8月，参加全国青少年锦标赛，获得女子 – 52公斤级季军。2017年4月，参加全国中学生锦标赛，获得女子–55公斤级冠军。2018年，在全国中学生跆拳道比赛中取得女子–55公斤亚军。

2018年9月，从山西省跆拳道队回到临汾市体校，开始空手道训练，2019年5月二青会预赛中，成功打进二青会决赛。2019年7月，参加山西省空手道锦标赛，获得个人女子组手–59公斤级第一名，团体第三名的成绩。

陈晓东

陈晓东，临汾市尧都区人。2013年9月，入选临汾市体育运动学校跆拳道队，师从苏培杰教练。2019年8月，全国第二届青年运动会男子+76公斤级冠军。

2015年9月，被选拔到山西省空手道队。2017年5月，陈晓东参加全国空手道锦标赛，获得青年男子+76公斤级冠军，男子团体+76公斤级冠军。参加中国澳门第七届东亚空手道锦标赛，获得少年男子+76公斤级别冠军。2017年11月，在西班牙参加第十届世界空手道青年锦标赛，获得第七名。

2018年2月，陈晓东被选拔到中国空手道队。2018年4月，在韩国参加第八届东亚空手道锦标赛，获得青年男子+76公斤级亚军。2018年5月，在日本参加第十七届亚洲青年锦标赛，获得青年男子+76公斤级别第五名。2018年6月，参加2018年全国U18系列锦标赛，获得青年男子+76公斤级别冠军。2018年11月，全国U18冠军总决赛中获得男子+76公斤级别冠军。

2019年9月，陈晓东参加全国空手道系列锦标赛第四站，获得成年男子+84公斤级亚军和成年男子团体亚军。2019年12月，参加全国空手道冠军总决赛，获得成年男子+84公斤级亚军。

吴红桃

吴红桃，女，1999年出生，山西河津人。2013年9月，入选临汾市体育运动学校柔道队。2015年11月，输送到北京体育大学附属竞技体校柔道队。2018年9月，进入国家青年柔道队。2019年9月至今，攻读北京体育大学柔道专业本科。2019年11月，全国柔道大师赛–78公斤级冠军。

2016、2017年，两次参加山西省运动会柔道赛，均获得冠军。2017年，参加全国青年赛柔道赛，获得女子–78公斤级冠军。

2018年，参加山西省第十五届运动会，获得–78公斤级和无差级两个级别的冠军；2018年6月，获得全国青年柔道锦标赛–78公斤级冠军。

张 雯

张雯，女，1991年5月出生，临汾蒲县人。2004年9月，入选临汾市体育运动学校。2007年9月，选派到北京体育大学竞技体校。2012至2016年，就读于北京体育大学本科。2016年9月至今，北京体育大学攻读硕士研究生。2017年9月，进入国家柔道队；2019年9月，获得全国柔道冠军赛57公斤级冠军。

2011年，获得全国道馆杯柔

道比赛63公斤级亚军；2013年，获得全国女子柔道锦标赛63公斤级冠军；2014年，获得全国女子柔道锦标赛63公斤级亚军、全国女子柔道冠军赛季军；2016年，获得全国女子柔道锦标赛63公斤级冠军；2017年，获得全国女子柔道锦标赛63公斤级亚军。

2018年5月，获得全国柔道公开赛57公斤级冠军；2018年8月，参加第十八届亚运会，获得男女混合团体第三名；2018年9月，获得全国柔道冠军赛57公斤级亚军；2018年12月，获得亚洲柔道公开赛57公斤级亚军。

张潇方

张潇方，2002年出生，山西临汾人。2019年7月，全国第二届青年运动会“领先户外大屏杯”空手道女子-66公斤级冠军。

2017年进入临汾市体育运动学校，2017年12月被抽调山西省跆拳道队，开始跆拳道训练。2018年参加全国跆拳道青年锦标赛，阶段赛中取得三次第五名的好成绩。随后按照教练要求开始转训空手道项目，经过自己刻苦训练和教练的悉心指导，与队友齐心协力，拿下女子团体赛冠军，获得两枚金牌，为临汾人民争光，为山西争光。

2019年12月，在全国空手道冠军总决赛中，获得第七名的好成绩。

单静茹　吴振华

单静茹，女，2002年出生，2016年进入临汾市射击射箭运动管理中心训练。2019年，江苏南京全国重点射击学校锦标赛10米气步枪混合团体冠军。

吴振华，男，2005年出生，2017年进入临汾市射击射箭运动管理中心训练。2019年，江苏南京全国重点射击学校锦标赛10米气步枪混合团体冠军。

2019年10月，单静茹与吴振华搭档出战江苏南京全国重点射击学校锦标赛10米气步枪混合团体的比赛，齐心协力，默契配合，凭借稳定的发挥，二人以17:13的总比赛夺得该项目的冠军。为临汾竞技体育赢得荣誉，为临汾市增添光彩。

郭晨茜

郭晨茜，2002年出生，临汾市尧都区人。2017年9月，选入临汾市体育运动学校跆拳道队，师从苏培杰教练。2019年8月，全国第二届青年运动会“领先户外大屏杯”空手道女子俱乐部甲组+66公斤级第二名，同时获得女子团体组金牌。

2018年1月，被选拔到山西省空手道队。2019年3月，代表山西省参加全国青少年U18系列空手道赛，获得女子青年组+59公斤级铜牌和女子团体组冠军。

2019年9月，在全国空手道锦标系列赛（第四站）中，获得女子+68公斤级第三名。

韩熙凯

韩熙凯，男，2001年出生。2019年，江苏南京全国重点射击学校锦标赛男子10米气步枪冠军。

2016年，韩熙凯进入临汾市射击射箭运动管理中心训练。2019年10月19日上午，在江苏南京进行的全国重点射击学校锦标赛男子10米气步枪的比赛中，韩熙凯以预赛第七名的成绩闯入决赛。决赛中，韩熙凯凭借稳定的发挥，一路领先，以244.8环的成绩夺得冠军。

县（市、区）简介

尧都区

【概况】　尧都区位于山西省南部、临汾中部。东临浮山县、古县，西与蒲县、乡宁、吉县为界，南与襄汾县接壤，北与洪洞县毗连。境内东为太岳山脉，西为吕梁山余脉，中部为断陷盆地，汾河纵贯南北，全区分为河西、河东两个基本对等的部分，形成东西两山夹平原的地貌。全区总面积1316平方千米，行政区划为16个乡镇、10个街道办事处，263个行政村、84个社区居委会，总人口992548人。

2019年，全区地区生产总值完成333.4亿元，同比增长7.3%；社会消费品零售总额完成281.5亿元，增长6.8%；城镇居民人均可支配收入达到37414元，增长8%；农村居民人均可支配收入达到16347元，增长9.9%；一般公共预算收入在减税降费6.3亿元的情况下，突破18亿元大关，达到18.3亿元，增长6.8%。

【现代农业】　2019年，尧都区农业五大基地发展稳定，10大特色农业示范区成效显著。贾得新兴产业园亨瑞达制药等5项目投产达效，大阳高端装备制造产业园康腾威10万件精密铸造项目投入生产。鼎晨现代物流园建成运营，华夏国际商贸城一期完工。

【现代文旅业】　2019年，山西省首家“对台交流基地”挂牌，加深与国际友城日本秩父市交流互动。举办第二届尧都文化旅游节，全年接待游客1760万人次。

【新兴产业】　2019年，尧都高新技术产业开发区获批，13家高新技术企业获得省级认定。全区高新技术和战略性新兴产业增加值分别增长4.7%、3.7%。

【污染治理】　2019年，尧都区设立环保“博士工作站”，引入“街乡吹哨、部门报到”工作机制，推进国控监测点“一点一策”精准治理。落实空气质量改善20条，强化散煤管控，出台清洁取暖阶梯式补贴政策，财政补贴资金2.5亿元。市区空气质量在全国168个重点城市位次前移四位，结束全国倒一的历史。

【城乡建设】　2019年，尧都区坚持“西进东优”。解放东路拓宽改造工程竣工通车。涝洰河台地市政工程开局起步，星河湾、平阳中学等优势项目落地实施，推进“做熟土地、做活城市、产城融合”发展战略。启动总投资112亿元的22个棚改城改项目，完成拆迁165万平方米。“两园三街”等12项工程取得突破，河西片区师大搬迁等重点项目征地拆迁进展顺利。依法拆除水塔街游园、汾东二期东关片、尧庙西赵等长期违法建筑，化解二中路、汾东路、五一东路拓宽改造等还迁安置遗留问题。清理沿汾“四乱”37处，实施“四好农村路”50千米，建设美丽宜居示范村6个。

【转型项目建设】　2019年，尧都区落实四大班子“八包”责任制，出台重点项目考核奖惩办法，总投资748亿元的81个重点工程完成投资105亿元。加快招商引资。创新招商方式，坚持精准招商，全年签约项目20个，签约资金143.6亿元，落实资金18.9亿元。优化营商环境。办理企业投资承诺制试点项目16个，226项审批事项“一枚印章”集中审批。深化重点领域改革。完成政府机构改革，实施“河长制”改革，农村集体产权制度改革通过省级验收。

【民生事业】　2019年，尧都区发展教育事业。滳汾小学、第四幼儿园投入使用。组建五一路学校、解放路小学两大教育集团。启动

130名教师公开招聘工作，落实班主任津贴944.5万元。推进文化惠民工程。举行庆祝新中国成立70周年系列活动，完成“谁都说咱尧都好·请人民阅卷”电视竞演活动。图书馆、群艺馆免费开放。提升医疗服务水平。区级医疗集团平稳运行，全区家庭医生签约68万人，43家基层医疗机构开展中医特色服务。开展就业创业工程。城镇新增就业7145人，创业就业915人，转移农村劳动力6145人。推动社会保障。全区参保人数达105万人次。实行领导包联孤儿制度。为困难群众免费发放米面42.5万千克，为贫困家庭学生筹集捐款347万元。加强创新社会治理。狠抓安全生产、信访维稳和扫黑除恶工作，网格化服务中心提质运行，全市首家矛盾纠纷多元化解中心挂牌。

【政府建设】 2019年，尧都区落实政府系统全面从严治党主体责任，开展“不忘初心、牢记使命”主题教育，推进意识形态和精神文明创建工作。接受人大工作监督、法律监督和政协民主监督，办理人大代表建议77件，政协委员提案116件。坚持依法行政，完善决策机制，推进政务公开，强化法治政府建设，深化“放管服效”改革，全区行政审批时限缩短至5个工作日，提升政府效能。（杨逵峰）

【区领导班子成员名单】

中共临汾市尧都区委员会

书　记：陈　纲

副书记：吴　勇（1月任）

杨保春（1月免）

郭云平（女，1月任）

常　委：李青彦　乔永生

郭忠义　薛向阳

晋红峰　任丽岗

周勇军

任伟民（1月任）

尧都区人大常委会

主　任：杨午生

副主任：邓力儒　张李平

史大胜　杨胜明

尧都区人民政府

区　长：吴　勇

副区长：郭忠义　马跟云

师安平　范志军

孔令泽　汤晓燕(女)

卢燕飞（挂职）

王　瑞（女，挂职）

政协尧都区委员会

主　席：鲁立波

副主席：王翠苹(女)

贾国杰　朱云龙

侯马市

【概况】 侯马市位于北纬35°34'～35°52'，东经111°23'～111°41'。地处山西省南部，临汾盆地南端，总面积220.10平方千米，行政区划为3个乡（新田乡、凤城乡、高村乡）和5个街道办事处（张村、上马、路东、路西、浍滨），户籍人口250379人。

2019年，全市地区生产总值完成115亿元，一般公共预算收入5.29亿元，固定资产投资34.14亿元，社会消费品零售总额101.43亿元，城乡居民人均可支配收入分别达到32000元和17500元。获评全国最具投资潜力百强市、全国新型城镇化质量百强市、全国电商示范百佳县等称号。

【农业工作】 2019年，侯马市小麦播种面积0.767万公顷，总产量47610吨；玉米种植面积0.733万公顷，总产量44990吨，粮食生产稳定。发展中药材种植，以半夏、远志、黄芩、白芍等为主要品种的中药材发展迅猛，面积达到533.33公顷，其中，新增半夏53.333公顷，达206.667公顷，实现收入5088万元。培育瑞河食用菌、祥丰蔬菜、文杰蔬菜、丰馨源蔬菜、山西茂州

2019年3月25日，阿里巴巴与华夏国际商贸城网商节峰会在尧都区金都花园大饭店举行（尧都区党史方志研究中心供图）

牛业、鑫鸿皓蛋鸡养殖等一批现代农业企业和专业合作社。基本完成土地确权登记颁证工作，发放土地承包经营权证书2.1万本。

【新型产业】 2019年，侯马市产业转型升级、新旧接续步伐明显加快，“2+N”现代产业体系初步形成。推进汤荣、平阳、东鑫等骨干企业为支撑的装备制造业彰显优势，被列为山西省首批“特色产业（汽车零部件）集聚区”；推进正大制管、汇丰水泥、双慧玻璃、平阳保温装饰一体板等重点新型建材企业形成聚合效应，完善供应链；推动紫金山风电、益通液化天然气（LNG）、菲尔曼智能穿戴等新兴特色产业项目相继落地。推进远大装配式建筑生产基地及示范园区、旺龙医药园区等产业集群建设，强化创新驱动，全市工业企业拥有省级技术研发中心8家，临汾市级15家。东鑫衡隆公司成为全国《铁型覆砂球墨铸铁曲轴铸件》行业标准制定者。

【商贸物流】 2019年，侯马市巩固“三园区、一中心”物流体系，方略保税物流中心“通道+枢纽+网络”运作模式成效显著，中欧班列常态化运行；综合保税区进入国家部委审批层面；完成公路枢纽货运中心项目二期规划，项目资金到位1.08亿元，启动全面招商；建成振通电商产业园二期3000平方米跨境电商展区，正在进行招商；推动厚德兴盛医药物流园建设，实现药品采购、储车、配送全链条管理。推进电商进农村综合示范县（市）建设，“赤焰辣椒”“晋南娇葡萄”等区域品牌影响力增强。启动1701地下商业街、上海百联华翔时尚中心项目建设，招引居然之家等一批品牌化连锁商家落户主城区。

【重点改革】 2019年，侯马市推进省直管县财政管理体制改革、国企国资改革、开发区“三化三制”改革、现代物流业集聚区试点等45项年度改革任务，取得显著成效。党政机构改革顺利完成；农村集体产权制度改革全面完成，土地承包经营权确权登记颁证工作完成；22户驻侯企业“三供一业”改革有序推进；政务服务标准化建设顺利通过国家终期评估验收，企业投资项目承诺制改革得到国家、省级层面认可。企业投资项目承诺制改革，优化形成新的“21221”服务机制，改革成果受到《光明日报》《经济时报》等国家级媒体关注和省委通报表扬。

【城乡建设】 2019年，侯马市完善城乡基础设施建设，完成城市东城公园、大西高铁侯马西站扩建规划设计；新建或改造程王路东延、侯张街拓宽等主干街道和循环路网工程，城市道路通达能力增强；推进农村“六个全覆盖”，实现城市自来水、垃圾集中处理全覆盖，47个村接上大暖，28个村用上天然气，32个村实现污水集中处理，8875户完成旱厕改造；全市有12个村实现“六个全覆盖”目标。

【环境建设】 2019年，侯马市推进联动治污、深度治水，打好“蓝天”“碧水”保卫战。强化企业减排、能源替代、运输管控、污水处理等一系列有效举措，全市大气质量在全省排名位次前移，浍河西曲断面水质退出劣五（Ⅴ）类。做好固体废物、危险废物规范化专项执法检查，全市非正规垃圾堆放点整治率达80%，规模化养殖场粪污处理设施实现全配套。

【文化旅游】 2019年，侯马市启动《侯马市全域旅游创建总体规划》编撰工作。举办“中国飞镖公开赛”“垤上红色旅游文化活动”；挖掘红色教育资源，启动八路军北上抗日纪念碑设计和建设工作；加大文化惠民力度，开展文化下乡活动，举办系列文艺活动，丰富群众文化生活；组织开展“万步有约”健走激励大赛，被评为全国健走示范市；彭真故居纪念馆被中国关工委、山西省关工委确定为“关心下一代党史国史教育基地”。

【民生事业】 2019年，侯马市推动教育由基本均衡向优质均衡迈进，全市高考二本（B）达线率55.4%，同比增长5.2个百分点；启动新二中、东城小学、市府路幼儿园等建设项目。深化医疗卫生改革，优化医保结算流程，实现就医花费出院即时结算；新人民医院正式启动搬迁。被评为国家慢性病综合防控示范区。城镇登记失业率维持在较低水平，新增城镇就业6109人，其中，农村劳动转移就业3450人。

【侯马市商贸市场党委获“双强六好”省级示范党组织称号】 2019年1月，侯马市商贸市场党委被山西省委组织部、省非公和社会组织工委授予全省非公经济组织和社会组织“双强六好”省级示范党组织荣誉称号。市商贸市场党委推行“一带双强”工作模式，发挥非公党组织政治核心和政治引领“两个作用”，扩大党的组织和工作“两个覆盖”，做到“市场建到哪里，党组织就延伸到哪里，党的作用就发挥到哪里”，实现党建工作与市场发展良性互动、共促双赢，非公党建工作走在临汾市前列。

【张建敏家庭当选全国最美家庭】 2019年5月15日，全国妇联在北京举办全国“最美家庭”揭晓会，揭晓999户全国“最美家庭”。其中，山西省25户家庭上榜，临汾市3户家庭上榜。“首季临汾好人”、侯马市高村乡庞祁村村民张建敏家庭光荣当选。张建敏一家人，皆有爱心，长期帮助邻里，哪里有需要好事就做到哪里，获得村民和社会好评。丈夫张建敏被评为侯马市“道德模范”“首季临汾好人”，妻子宋海绵被评为“好媳妇”，女儿张荣誉被推荐入围“2015最美乡村人”候选人。

【二青会实体火炬在侯马市传递】 2019年5月22日，中华人民共和国第二届青年运动会实体火炬传递临汾市侯马站起跑仪式在彭真故居纪念馆启动。9时，现场请出国旗手，展示中华人民共和国国旗，奏唱中华人民共和国国歌。随后，3名火种护卫队队员列队进场，用采火棒从灯中引出火种，侯马市委副书记、市长黄晓君点燃火炬，交给第一棒火炬手——全国优秀志愿者刘蓉。侯马市委书记王煦杰宣布：“中华人民共和国第二届青年运动会临汾市侯马站实体火炬传递开始！”火炬传递活动有25棒接力进行，其中8名侯马籍火炬手，分别是：侯马市志愿者联合会秘书长、全国优秀志愿者、临汾市“十佳文明形象大使”刘蓉；国家一级田径、羽毛球裁判，国家二级篮球、足球、乒乓球裁判，侯马六中优秀青年教师陈佳鹏；“中国好人”“侯马市道德模范”、侯马市美好先进青年、侯马市见义勇为先进个人、侯马市和平汽车出租公司司机吴泽奎；侯马一中学生张超然、付晗玉；侯马二中学生王宇超；高村乡中学学生王冬华；荣获华北五省第十七届体育舞蹈锦标赛少年公开组第二名、参加山西省2019年春节联欢晚会、优秀青年歌手、《山西姑娘》演唱者刘聪。传递路线由彭真故居纪念馆仪式台开始，沿故居大道向东，至紫金山南街折返，到达终点彭真故居纪念馆，全程2.5千米。10时，火炬回到终点。

【赤焰辣椒全国订货会】 2019年6月12日，赤焰辣椒全国订货会在侯马市举办，来自浙江、山东、湖南等14个省市的特约经销商、出口业务合作商以及赤焰辣椒洪洞、运城等21个县市合作分社代表参加。山西芝麻开门农业开发有限公司是本市孵化的本土电商企业，注册的农产品“赤焰”辣椒商标，采用“互联网+合作社+农户”模式，实现“农户挣种植费，合作社挣加工费，企业挣销售费”多赢格局。推广到临汾、运城的21个县，种植面积达0.23万公顷，帮助1.7万户农民增收。会上，山西赤焰辣椒种植合作社、山西国新电子商务有限公司负责人、经销商代表先后发言。签约授牌仪式上，现场签约2.05亿元，为广东、天津、出口业务合作商等14个省市赤焰辣椒经销商授予“省特约经销商”荣誉牌匾。

【全国和全省关心下一代党史国史教育基地在彭真故居纪念馆挂牌】 2019年9月1日，全国和全省关心下一代党史国史教育基地在彭真故居纪念馆挂牌。彭真同志亲属傅彦女士、周援远先生、省关工委主任李政文、省关工委常务副主任张铁锁，临汾市委常委、宣传部长李朝旗，临汾职业技术学院党委书记傅遵师，临汾市关工委主任张作明，彭真生平暨中共太原支部旧址

2019年6月12日，赤焰辣椒2019全国订货会会场
（侯马市党史方志研究中心供图）

纪念馆馆长杨士彪，侯马市委书记王煦杰、市委副书记、市长黄晓君，市委副书记、市委秘书长李俊胜，市关工委主任邱建屏及市四套班子成员和副县级以上干部，临汾市部分县市关工委主任和教育局局长参加。仪式上，傅彦、周援远，李政文、李朝旗、张作明、杨士彪、黄晓君、邱建屏向彭真同志铜像敬献花篮。参加仪式全体人员向彭真同志铜像行三鞠躬礼。傅彦与省关工委主任李政文共同为“全国关心下一代党史国史教育基地”揭牌。省关工委常务副主任张铁锁与彭真生平暨中共太原支部旧址纪念馆馆长杨士彪共同为“山西省关心下一代党史国史教育基地”揭牌。

彭真故居纪念馆丰富的历史文物、翔实的文史资料，全面生动地再现了彭真同志的坚定理想信念、忠诚政治信仰、英勇精神气概、崇高精神风范和无私为民情怀。纪念馆开放以来，发挥了感染人、教育人、激励人、警示人的作用，成为省、市、县三级爱国主义教育基地、党性教育课堂、国防教育场馆、法制教育平台，每年有近10万名党员干部到这里接受革命传统教育。彭真故居纪念馆赋予“关心下一代党史国史教育基地”这一新的使命和任务。

（郑　岐　耿文静）

【市领导班子成员名单】

中共侯马市委员会

书　记　王煦杰

副书记　黄晓君

秦海玉（1月免）

李俊胜（5月任）

常　委　张瑜庆　刘俊贤

白向阳（5月任）

郝爱民　张清江

卢正中

史洪彦（12月免）

侯马市人大常委会

主　任　马兴民

副主任　郭旭东　卫希荣

白爱华

侯马市人民政府

市　长　黄晓君(1月任)

副市长　卢正中(5月任)

闫志伟(1月任)

张红玉　梁明军

郭建伟　王　勇

政协侯马市委员会

主　席　秦海玉(3月任)

副主席　马淑焕　卫玉贵

朱冬梅

高雪玲(12月免)

霍州市

【概况】　霍州市位于山西省中南部，地处临汾盆地北端，东依霍山临沁源，西跨汾河连汾西，南扼白壁关接洪洞，北隔韩信岭交灵石，以其山清水秀、物阜民丰和地利优越，交通便利，素有“中州重镇”“河东屏障”之美誉。地理坐标为北纬36° 26'~ 36° 42'，东经111° 38'~112° 03'，全域总面积765平方千米，境内东西长约40千米，南北宽约30千米，行政区划为3乡（三教乡、师庄乡、陶唐峪乡）4镇（辛置镇、白龙镇、大张镇、李曹镇）和5个街道（鼓楼街道、开元街道、北环路街道、南环路街道、退沙街道），有18个社区，189个村。年末全市总人口294731人，其中男148879人，女145852人，城镇197263人，乡村97468人。全年出生人口1826人，死亡人口1223人。

2019年，全市地区生产总值完成79.7亿元，同比增长1.4%；规模以上工业增加值完成29.5亿元；固定资产投资完成22亿元；社会消费品零售总额完成36.9亿元，增长7%；城镇常住居民人均可支配收入达到32915元，增长8.2%；农村常住居民人均可支配收入达到15026元，增长9%；一般公共预算收入完成5.46亿元。

【工业转型】　2019年，霍州市以建设三大新型产业园为目标，加快产业升级步伐。装备制造产业园，以霍东新产业园区为依托，重点布局以煤矿机电设备制造、中汽商用环保车辆和设备制造、激光熔覆技术等为代表的现代装备制造业和新型技术产业。投资7000万元的中汽商用环保汽车生产线投入使用；投资2.6亿元的鑫钜出行新能源汽车发展分公司成功申请国家网约车证照；投资1亿元的激光熔覆项目签订协议，初步形成带动转型发展的产业集群。绿色建材产业园，山西建筑产业现代化绿色建材（霍州）园区项目投资5.53亿元，为省级重点项目，正式投产，由山西建投装饰产业有限公司、天津建筑建材有限公司和山西兆光发电有限责任公司三方联合建设，主要利用电厂排放出的粉煤灰、脱硫石膏等固体废弃物，生产新型绿色建材，实现工业固体废弃物从末端治理到源头控制质的转变，加快新旧动能转换，打造全省绿色新型建材生产基地。特色食品产业园，以航空食品加工为龙头，对接海航等航空企业，引进先进技术和管理模式，对枣夹核桃、年馍、烧饼、苹果等特色食品进行深加工，打造航空食品加工基地。

【乡村振兴】 2019年，霍州市完成乡村振兴战略“1+6”规划编制，李曹镇美丽乡村集中连片项目全面推开，陶唐峪乡义城村成为临汾市唯一省级“美好环境与幸福生活共同缔造”试点村，退沙办许村和大张镇小张望村成功创建省级美丽宜居示范村。与陕西咸阳市杨陵区人民政府、杨凌示范区科技创新和转化推广局、西北农林科技大学科技推广处签订“两地四方”战略合作协议，与山西农业大学签订校市联建农业科技合作协议，构建新型共建合作关系，加快转变发展方式，推动霍州市乡村振兴战略全面实施。

【现代农业】 2019年，霍州市重点实施“一园五基地”建设，示范带动全市农业产业化发展。全市以苹果、核桃等为主的干鲜果种植面积达到0.467万公顷，年销售额近4亿元，规模养殖企业达到60个，小杂粮种植面积达到0.267万公顷，文冠果种植面积达533.333公顷。北京中商构能公司投资20亿元，在三教乡打造国家级构树田园综合体，流转土地133.333公顷，栽植构树46.667公顷。北京新发地霍州分市场落户退沙办，一期投资达5000多万元，打造农产品冷藏集散中心。枣夹核桃、干鲜水果等农副产品与海航集团等企业签订常年供货协议，实现销售收入2000多万元。扶持裕鑫博康、鸣梦老粗布、绿和祥福等特色农产品品牌，推动现代农业发展壮大。

【文旅商贸】 2019年，霍州市坚持文旅互动发展总体思路，推动文化旅游和商贸服务业全面协调发展。七里峪森林康养小镇项目有序推进，投资8200万元的七里峪旅游公路正式开工。霍州鼓楼和祝圣寺成为全国重点文物保护单位。朱家大院、贾村娲皇庙、蝴蝶谷等文旅“新八景”重点项目基本完工，成为霍州旅游新名片。设立霍州文旅产业发展基金，与临汾市政府城投公司合作，成立文化旅游发展有限公司。居然之家入驻霍州，鼓楼地下商业街日趋繁华，南街商贸城成为商业新地标，金融物流、网络运输、健身休闲等新型服务业日新月异。

2019年5月15日，霍州市绿色建材产业园揭牌
（霍州市党史方志研究中心供图）

【城市建设】 2019年，霍州市开展工业污染治理、散乱污企业整治、散煤污染治理、水环境治理等综合整治工作，打造山清水秀、天朗气清的宜居宜业城市。推行“公改铁”，开通霍州兆光电厂运煤专列，每年可为兆光、国电两个电厂“公改铁”运输煤炭200万吨、粉煤灰100万吨，减少汽运30万车次，减少扬尘3000余吨，粉煤灰销售额增加3000多万元。启动总投资3.5亿元的汾河、南涧河、对竹河城区段生态治理工程。实施汾河沿线433.333公顷的荒山绿化工程，把汾河流域打造成绿色景观带、滨水休闲带、生态经济带。投资1.7亿元，建成城市垃圾处理场、城市污水处理厂，城市垃圾无害化处理和污水处理率均达到100%。投资3亿多元，实施热电联产、集中供热、天然气扩户等工程，全市集中供热总面积达到860万平方米，天然气扩户工程在市区全覆盖的基础上，延伸到9个乡镇（街道）26个村居，近4.5万住户，广大群众的生产生活环境得到改善。

【民生事业】 2019年，霍州市推进“八大扶贫专项行动”，建成4个100千瓦大型光伏电站和41个30千瓦小型光伏电站，对311名建档立卡贫困人员进行厨师、家政、母婴护理等免费技能培训，累计安置67名贫困人口就业，完成36户建档立卡贫困户危房改造，落实

"136"保障制度，报销比例达到96.35%。开展"爱心助学"，累计为711名贫困学生发放救助金158.4万元。运用"低保""五保"等实行政策性兜底，全市建档立卡贫困户中共有低保542户1274人，五保户167户171人。社会事业，投资2亿元的全民健身中心正式开工。举办全国老年人门球交流赛活动。拓展就业渠道，全年新增就业人员4600余人。连续11年举办爱心助学活动，累计筹集各类款项3100余万元，资助学生近3万名。开展急难救助、助学救助、低收入家庭中重残重病人员生活补助、农村80岁以上高龄人员等临时救助共计1277人次，发放救助补助金211万元。城镇新增就业4620人，创业带动就业705人，城镇失业人员再就业1463人。教育事业，新建改扩建公办幼儿园6所，新认定普惠性幼儿园7所。组建辛置教育集团，实现教育资源优势互补、深度融合，促进教育集团健康可持续发展。面向社会一次性公开招聘教师186人充实教师队伍。

（王晓英）

【市领导班子成员名单】

中共霍州市委员会

书　记　崔山原

副书记　黄晓君（女，1月免）

李青雁（女，1月任）

高雅铭

常　委　郭宏生　田晋川

刘国平

程　军（1月免）

牛福生（5月免）

李　强（5月任）

丁春明（1月任）

郭丽华(女)

高　峻（12月免）

王　强（12月任）

霍州市人大常委会

主　任　陈占平

副主任　安志勇　朱源洪

张根生　孟援斌

霍州市人民政府

市　长　李青雁（女，1月任）

副市长　刘国平　张伟兴

张发宁　晋学斌

刘元(女)吕文博

栗　军（挂职）

曹宇广（挂职）

政协霍州市委员会

主　席　薛泽会

副主席　薛有生　沈晓静(女)

薛云彪　王英才

曲沃县

【概况】　曲沃位于山西省中南部，界于北纬35° 33'～35° 51'，东经111° 24'～111° 37'之间，隶属山西省临汾市。北依塔儿山（崇山）、桥山、垆顶山和襄汾县为界，南靠紫金山（绛山）同绛县为邻，东与翼城县接壤，西北隔汾河和襄汾县相望，西南与侯马市毗连。县城北距临汾61千米。县境南北长29.5千米，东西宽15.4千米，总面积437.9平方千米，行政区划为5镇2乡，149个行政村，总人口达24.8万人。曲沃史称"天府雄风，三晋重地"，素有"桐叶封唐地、三晋发端处"之美誉，历史上曾是"武公据之以兴晋，文公依之而称霸"的晋国建都之地。拥有20多张国字号名片和"千年古县"称号。

2019年，全县地区生产总值完成110.3亿元，同比增长14.5%；规模以上工业增加值完成63.74亿元，同比增长32.3%;固定资产投资完成52.75亿元，同比增长66.2%；一般公共预算收入完成4.29亿元，同比增长9.8%；城镇居民人均可支配收入达到35348元，同比增长8.8%；农村居民人均可支配收入达到16590元，同比增长9.6%。其中，地区生产总值、规模以上工业增加值、固定资产投资和城镇居民人均可支配收入等4项指标增速位列临汾平川县（市、区）第一。在全省2019年度区域经济转型升级考核评价中，曲沃县位列33个限制开发的农产品主产县第9名，比2018年跃升18名。

【农业】　2019年，曲沃县打造国家现代农业示范基地，推进农业产业全链条升级。举办首届中国·山西曲沃国际蔬菜博览会，推动"智慧菜谷"项目落地实施，促成8家农业科研院所进驻曲沃，全年认证无公害产地0.233万公顷、无公害农产品5个、绿色食品3个，"三品一标"产品达到42个。曲沃县被农业农村部确定为"国家农产品质量安全县"和"国家农村产业融合发展示范园创建县"，获得"一带一路·中国优质蔬菜生产基地"和"乡村振兴·中国农产品流通创新示范县"称号。

【工业】　2019年，曲沃县支持园区企业深化转型、发展壮大，立恒、通才两家企业蝉联。全年编制完成生态工业园区发展规划，晋南钢铁集团2座1860立方米高炉、2座150吨转炉，立恒公司170万吨焦化和杭氧6.5万立方米空分及一批环保提标改造项目相继竣工，沃能化工年产30万吨乙二醇联产LNG项目进入扫尾阶段，晋南钢铁集团100万吨型钢、通才公司60万吨优特钢等项目加紧建设，立恒、通才两家企业蝉联中国民营企业500强和中国民营企业制造业500强。

【旅游】 2019年，曲沃县发展文化旅游业，创建国家全域旅游示范区，推进景区提档。启动全域旅游总体规划编制工作，30个特色场馆建成投用，举办“来晋都曲沃过大年”“文化旅游系列活动月”等主题宣传推介活动；与国内知名文旅企业洽谈合作，加快推进景区市场化运营。西明德村地坑院和西吉必村浍贤庄进入全省首批“黄河人家”之列，晋园被评为国家AAAA级景区。继晋国博物馆后，晋园被评为国家AAAA级景区，曲沃县A级景区数量占到全市三分之一。

【生态治理】 2019年，曲沃县探索实施大气污染防治“区域联防联治”和“五集中”工作举措，开展18个生态环境治理攻坚专项行动，4家重点企业全部达到超低排放限值标准，清洁能源和新能源车辆置换完成80%以上。补贴资金4390万元，推进集中供热、“煤改气”和“煤改电”工程，全县清洁取暖新增供热覆盖面积86.33万平方米，总覆盖面积达到391.78万平方米。全年大气综合质量指数下降6.9%，先后有24天空气指数排名位列全市第一。水体生态向好。污水处理厂保温提效治理、黑河河道修复等工程建成投用，浍河（东韩段）深度提质治理三期工程基本完工，县域出境断面水质达到V类标准。土壤环境改观。推进土壤风险管控、固体废物整治、危险废物规范化管理和矿山生态修复治理，开展国土绿化行动，天蓝地绿水秀的美丽曲沃逐步展现。

【城镇建设】 2019年，县城建设上，曲沃县实施曲郑路改造和东城全民健身中心、工业园区还迁房等建设工程。打造大县城，研究制定西城区建设方向性意见，按照“对外大连通、对内大循环”的思路，精心谋划千万吨级晋南钢铁基地物流通道和108国道（曲沃段）改线工程；镇村建设上，涉及58个行政村4.4万人的农村饮水安全巩固提升工程建设完成，投资560余万元为各乡镇购置垃圾压缩收集车，涉及39个行政村11350户的农村改厕工作和总长162千米的“四好农村路”整治提升工程有序推进，7个村分别被评为省级改善农村人居环境示范村和全省AAA级乡村旅游示范村；城乡管理上，国家卫生县城创建通过省级技术评估，被省爱卫办作为拟命名单位推荐至全国爱卫办；推进全国文明城市创建，全县省级以上文明单位和村镇达到13个。

【扶贫工作】 2019年，曲沃县开展产业、金融、健康等各项扶贫工程，为393户1100余人发放金融扶贫贷款660.31万元，为135户499人提供产业扶贫支持，对13户贫困家庭危房进行重建、修缮、置换，25户66名建档立卡贫困户有序退出。

【教育】 2019年，曲沃县高考达二本B类分数线507人，达线率为39.36%，比2018年提高2.46个百分点；中考成绩600分以上人数达332人，比2018年增加159人，同比增长91.9%，高出全市平均水平47.9个百分点。

【卫体事业】 2019年，曲沃县推进人民医院综合楼建设和县中医院住院楼内部装修、县口腔医院完成改建，举办“二青会”火炬传递及临汾市收火仪式，推进“医疗、医药、医保”三医联动、开展全民健身活动。

【社会保障】 2019年，曲沃县公开招聘事业单位人员111名，各项社会保险覆盖面扩大。为机关、企事业单位离退休人员调整养老金待遇，人均月增资160元、研究启动为曲沃籍80周岁至99周岁的非离退休人员发放高龄补贴。

（张淑霞）

【县领导班子成员名单】

中共曲沃县委

书　记　杨保春（1月任）
副书记　吴　滨
　　　　石前进（5月任）
常　委　焦宏文　高剑云
　　　　李晓龙
　　　　孙惠生（5月任）
　　　　王克勤　杜　斌
　　　　高志欣（11月任）

曲沃县人大常委会

主　任　刘　伟
副主任　祁文学　赵常见
　　　　崔权利（3月任）
　　　　王利军

曲沃县人民政府

县　长　吴　滨
副县长　王博君（2月任）
　　　　魏　波　崔永慧
　　　　刘　泳　祁　升(挂职)
　　　　陈　卓（挂职）

政协曲沃县委员会

主　席　费向前

副主席　李继红　张凤兰
　　　　王希武（3月免）
　　　　孟海河

翼城县

【概况】　翼城县位于山西省的南部，临汾盆地南隅，东邻沁水，西接曲沃，南与绛县、垣曲接壤，北与浮山、襄汾相连。地势东高西低，北东南三面环山，最高处舜王坪北峰为2283米，最低处为下阳村西南浍河为472.5米。翼城县总面积1170平方千米，行政区划为6镇（唐兴镇、南梁镇、里砦镇、隆化镇、桥上镇、西阎镇）、4乡（南唐乡、王庄乡、中卫乡、浇底乡），202 个行政村，202个村民委员会，6个社区居民委员会。总人口323517人。

2019年，全县地区生产总值完成71.4亿元，同比增长4.1%；规模以上工业增加值完成18.8亿元，同比增长0.5%；一般公共预算收入完成3.3亿元，同比增长6.6%；固定资产投资完成15.5亿元，同比增长8.8%；社会消费品零售总额完成38.2亿元，同比增长7.4%；城乡居民人均可支配收入分别增长6.9%、9.3%。

【农业】　2019年，翼城县坚持质量兴农、效益优先，粮食总产量稳步提升，新发展苹果353.333公顷，连翘1333.333公顷，农产品销售总收入达到12亿元，申报实施有机旱作农业整县推进、“省级农产品质量安全县”、省级现代农业产业园和全市唯一的国家绿色循环优质高效农业促进等项目，现代农业生产发展的基础更加牢固。全面深化农业农村改革，全县农村土地确权登记颁证基本完成，202个行政村集体产权制度改革全部完成成员身份确认和清产核资，探索的农业生产托管服务“三级体系”得到农业农村部的充分肯定，被列为全国20个典型案例之一。

【产业建设】　2019年，翼城县狠抓煤炭、铸造等传统产业不放松，6座生产型煤矿正常生产运营，上河、东沟2座煤矿矿井建设加紧推进，晋源公司铸造烧结机改造技改项目、年产30万吨水渣微粉生产线技改项目投产运行，投资3000万元的山西锻造厂前轴机加线技术改造项目和3000千瓦中频加热炉项目建设完成。推进高端装备制造、铜合金新材料产业园建设，高端装备制造园区详规设计完成，完善“六通一平”基础设施条件，可行报告、申报设立、整合调规、产城融合、项目入园等各项工作同步推进，春雷高性能高精度铜合金板带材、腾达3万吨专用铜合金棒材、高铁用合金钢辙叉、汽车前轴机加工生产线等项目相继落地。

【改革创新】　2019年，翼城县推进投融资体制改革，6个PPP项目全部落地，运行管理机制完善。启动相对集中行政许可权改革，首批划转行政职权207项。深化农业农村改革，土地确权登记颁证基本完成，集体产权制度改革成员身份确认和清产核资全部完成，成立农村集体股份经济联合社123家。国资国企、质量标准、商事制度等重点领域改革推进，融媒体中心建设取得进展。推动科技创新，重点企业自主研发项目21个，与省内外大专院校和科研院所对接技术合作3项，新认定国家高新技术企业3家，省级民营科技企业7家，隆化小米专业合作社获“市长创新奖”二等奖。

【旅游】　2019年，翼城县以创建全域旅游示范县为目标，将历山作为全域旅游发展的龙头，在2018年被授予“历法之源”称号之后，翼城历山又成功创建“中国天然氧

2019年7月18日，翼城历山获评中国天然氧吧称号
（翼城县党史方志研究中心供图）

吧”，“大美历山”的知名度更加响亮。苇沟—北寿城遗址、南梁故城遗址、大河口霸国遗址被列入全国重点文物保护单位，翼城县国保单位增至10处。推进基础设施建设，武池乔泽庙—故城遗址旅游公路主体工程和相关附属设施全部完成，桥上王良纪念馆—西阎四圣宫旅游公路前期工作有序推进，佛爷山、翼城古城2个AAA级景区接待中心即将投入使用，乡村旅游多点开花，里砦神沟、隆化史伯被评为省级旅游扶贫示范村，唐兴封壁、城内2个村入选全省首批100个乡村旅游示范村。举办一系列各具特色的文旅节庆活动，特别是第三届“翼城花鼓”大赛气势如虹，全民支持参与文化旅游发展的热情高涨。

【城乡建设】 2019年，翼城县补齐基础设施短板，绵山大街、新华路北段改造完工通车，绛源路、翔翼大街、解放西街、新民路道路改造工程开工建设。新增集中供热9700户187万平方米，实施农村“煤改电”2089户、“煤改气”4963户。新建、改扩建“四好农村路”99.5千米，完成乡村道路绿化60千米，革命老区道路建设主体工程基本完工。农村人居环境改善八大专项行动取得阶段性成效，农村改厕经验做法得到国务院督查组肯定。完成垃圾处理厂渗滤液改造工程，6个乡镇垃圾中转站达到运行条件。里砦镇创建“国家卫生乡镇”通过技术评估。

【精准脱贫】 2019年，翼城县实施脱贫“八大工程”，全年减贫177户、431人。实施18个贫困村危房改造和饮水安全巩固提升工程，完成3个贫困村电网扩容改造，闫村、史伯被评为省级旅游扶贫示范村。

【污染防治】 2019年，翼城县完成21家工业企业深度治理，取缔“散乱污”企业13家，集中开展劣质散煤四个“清零”专项行动。里砦、南梁2个乡镇污水处理厂基本完工，县城周边11个村的污水管网接入城区主管网。完成浍河北冶至辛庄段河道治理，县城生活污水处理厂提标改造和保温增效工程竣工投用，出水水质达到地表水五类标准。完成58处固废堆场整治和30家企业废渣填沟造地。

【教育卫生】 2019年，翼城县中考成绩继续领跑全市，高考二本B类以上达线人数再创历史新高，全市高考理科状元花落翼城。建成3个乡村幼儿园，完善翼城中学、翼城二中基础设施。县医院迁建项目主体工程、中医院新住院楼建设基本完工，完成3个乡镇卫生院业务用房达标改造，县中医院被省卫健委核定为三级中医医院。翼城县被授予“全国计生基层群众自治示范县”称号。

【社会事业】 2019年，翼城县完成第四次经济普查和第三次国土普查。各项社保基金按时足额支付，实现城乡低保和特困人员按标施保、应保尽保。就业和社会保障服务中心完成主体工程建设，7家农村老年人日间照料中心建成投用。完成395套城镇棚户区改造和387户农村危房改造。退役军人服务保障体系基本实现全覆盖。北关村被国务院授予“全国民族团结进步模范集体”，里砦“小巷总理”模式被2019年《山西法治蓝皮书》收录。

【文体事业】 2019年，翼城县成功举办首届山地半程马拉松赛，承办临汾市第五届运动会青少年五人制足球赛。翼城琴书《我是你的眼》获第十八届群星奖，传统琴剧《家风》受邀参演山西省第二届文化艺术节。翼城县在第十一届全国民运会上获一等奖1个、二等奖3个、三等奖1个。成功举办第三届“翼城花鼓”大赛，打响“中国花鼓之乡”文化名片。

【防范化解重大风险】 2019年，翼城县政府债务风险被省财政厅评定为绿色等级，农信社改制化险工作推进。开展“三个专项行动”，推广“移风易俗、文明祭扫”，消除火灾隐患，完成东关村塌陷区综合治理，首旺煤业被评为“一级安全生产标准化煤矿”，道路交通事故预防工作被全市通报表扬。推进“平安翼城”“法治翼城”建设，扫黑除恶专项斗争获市公安局通报嘉奖。（刘晓霞）

【县领导班子成员名单】

中共翼城县委员会

书　记　杨春权

副书记　高永贤（10月免）
刘　锋（11月任）
解　涌

常　委　董　玲（1月免）
许拥军（1月免）
李放明（1月任）
熊伟星　郑　磊
赖兴国
刘生明（8月任）
郭　亮　章守文

翼城县人大常委会

主　任　李殿梁（3月退休）
李　伦（3月任）

副主任　张晋翼（3月任）
　　　　师香丽（3月任）
　　　　李兴智　王存良

翼城县人民政府

县　长　高永贤（10月免）
代县长　刘　锋（11月任）
副县长　许拥军（2月免）
　　　　李放明（2月免）
　　　　赖兴国（5月任）
　　　　范钦国　杨文明
　　　　杨　勇（2月任）
　　　　于　乐　胡国华
　　　　申　珂（挂职）
　　　　辛　磊（挂职）

政协翼城县委员会

主　席　李　伦（3月免）
　　　　董　玲（3月任）
副主席　李文元（1月退休）
　　　　张新民　聂　华
　　　　贾永强（3月任）

浮山县

【概况】　浮山县位于山西省中南部，临汾盆地东缘。西接临汾、襄汾，南临翼城，东连安泽，东南毗沁水，北接古县。总面积940.6平方千米，行政区划为2个镇、7个乡、173个村民委员会、2个居民委员会、652个自然村。总人口131493人，其中，城镇人口56295人。

2019年，全县地区生产总值完成41.5亿元，同比增长2%；一般公共预算收入完成0.93亿元，同比增长8.1%；固定资产投资完成8.9亿元，同比增长60.3%；社会消费品总额完成10.47亿元，同比增长6.6%；城镇居民人均可支配收入完成3.22万元，同比增长7.1％；农村居民人均可支配收入完成1.03万元，同比增长10.1%。

【项目建设】　2019年，浮山县年初确定的30个重点项目和10件惠民实事，累计完成投资7.06亿元。长临高速浮山县城联络线项目，完成可研报告、土地预审报告、选址意见报告的编制工作，列入省交通运输厅重点推进项目；推进经济技术开发区申报工作，总投资57亿元的转型项目落地；臣南河水库完成泄洪洞、进水塔等重点设施建设任务；引沁入汾浮山供水工程完成总工程量的80%。对外推介，实施精准招商，先后签约招商引资项目9个，总投资61.85亿元，为全县经济发展注入新的动力。

【产业转型】　2019年，浮山县坚持把产业转型作为推动经济社会高质量发展的主攻方向，优化经济结构、转换增长动能，经济发展质效提升。园区建设。坚持“减优绿”工业转型思路，立足“双新”产业园区基础优势和功能定位，承接一批平川地区产业转移项目。华恒环保科技有限公司年产1万吨活性炭项目，完成深度治理，正式调试运行；太原煤气化新能源项目和山西海兰农业科技公司年产2000吨种衣剂迁建项目。新兴产业。威盛达通防火建材公司等2家企业年收入达到2000万元以上，实现“小升规”；尧田杂粮醋、富达陶瓷微珠等一批具备一定产业基础和地域特色的新兴产业正式投产达效；华润二期风电项目开工建设；国和风力发电项目取得重大突破。第三产业。举办深圳旅游招商引资专场推介会，开展2019年全域旅游、第六届广场文化消夏月、中国农民丰收节等系列旅游主题活动，全年累计接待游客约88.44万人次，实现旅游综合收入4.07亿元，同比增长30%。完善源源旺物流配送系统建设，培育琮琦电子商务服务，电子商务和城乡物流体系覆盖所有乡镇。

【现代农业】　2019年，浮山县与省农科院签订“院县共建”农业合

2019年4月10日，浮山县全域旅游活动开幕式现场
（浮山县党史方志研究中心供图）

作协议，开展“南果北移”、浅耙硬茬玉米播种等11项农业新技术试验示范，建立谷子提质增效、苹果老树提质等21个科技成果转化基地，围绕32个产业项目开展技术对接，培养新型职业农民1048人，完成“三品一标”认证6个。全县共种植蔬菜4333.333公顷，杂粮2000公顷，中药材266.667公顷，新增水果133.33公顷，全年粮食总产量完成8.3万吨。农村集体产权制度改革完成清产核资、成员身份确认和行政村折股量化工作，98%的村成立股份经济合作组织，通过省级验收；完成农村土地承包经营权证的颁发工作，全县农村土地登记确权颁证工作基本结束；培育农民专业合作社国家级示范社2个、省级19个、市级15个，清理“空壳社”100余个，农村基本经营制度改革取得实效；粮食类农业政策性保险完成赔付696万余元，在大旱之年保证农户的基本收益；先后流转城乡建设用地增减挂钩指标33.333公顷，交易金额达到7506万元，补充耕地质量，缓解耕地占补平衡压力和县财政压力。带动效应更强。古桓牧业投资2300万元，完成新建养殖场主体工程；徐民牧业黄牛生产基地扩建项目推进；尧田杂粮醋、汉中洋食品饮料、神山土特产等企业积极参加各类国际糖酒会和投资贸易洽谈会，累计签订贸易合同1700余万元。各企业通过原料订单、代养代种等模式，帮助2000余户农民实现年均增收3000元以上。

【脱贫攻坚】 2019年，浮山县完成223户498人的年度脱贫任务，贫困发生率由21.86%降至0.08%。投资139.96万元，实施涉及3个乡镇450余名贫困人口的饮水安全提升工程；完成23户贫困户危房改造任务；先诊疗后付费、“一站式”结算、“136”医疗保障等各类健康扶贫政策精准落地，建档立卡人口住院报销比例达到92.55%；全县学前适龄儿童入园率达到99.5%，义务教育阶段无辍学学生。强化扶贫项目入库管理，统筹整合资金9680万元，实施各类扶贫项目137个；投资1920万元，支持24家农民专业合作社带动群众发展产业；投资363.7万元实施生态扶贫，带动4727名贫困户实现增收；推进消费扶贫，帮助贫困户销售农产品500余万元。全年发放各类教育资助金247.49万元，惠及贫困学生2132人；为贫困人口代缴城乡居民基本养老保险费和各类医疗保险费1170万元；为660名低保对象发放低保金82万元，为410名农村特困对象发放生活补助200余万元，为536名80岁以上老人发放补助16万元，临时救助161人4.9万元。

【生态治理】 2019年，浮山县全年二级以上天数256天，空气质量优良率70.1%，综合污染指数同比下降10.2%。组织开展柴油货车治理、城乡大清洁、散煤清缴、入河排污口整治等专项行动。全年完成工业企业深度治理23家，累计整治或取缔“散乱污”企业69家，关停或拆除35蒸吨以下燃煤锅炉133台，县城集中供热面积达到175万平方米。启动实施农村生活污水治理工程，完成9处排污口整治和25处固体废物存量点治理工作。

【城市建设】 2019年，浮山县先后投资1249万元，完成县城集中供水设施维修改造，日供水量从3000立方米提高至5000立方米；投资2980余万元，完成尧山路人行道改造、杜老凹巷等街巷改造、承天门及东环路街道美化工程；投资1150万元，实施城北路防涝排水工程。开展露天摊点专项整治和城乡清洁绿化行动，加大对城中村、城乡结合部、背街小巷的监管治理；开展交通秩序专项整治，加大对各类交通违法行为的教育处罚力度，营造安全有序的出行环境。投资150余万元购置吸尘、抑尘车辆，先后对城区8条主街道和21条巷道的街面、垃圾点开展精细化、全方位清洗维护，加大对城区餐厨废弃物的收集力度，城区环境卫生明显改善。

【民生福祉】 2019年，浮山县投资331万元完成东张、梁家河、北王小学，寨圪塔中学宿舍楼和城关小学操场改造，办学条件改善；投入108万元奖励中高考取得优异成绩的集体和个人，教育资源供给扩大；依托优质民办资源，成立浮山汉德三维实验学校，教育多元步伐加快；集中打造乡镇中心寄宿制小学，加强撤校并点工作，学校布局优化。医疗卫生一体化改革，与市人民医院实施“院县共建、健康浮山”托管项目，实现市县乡村四级医疗机构联动；逐步优化就医环境，投资127.9万元完成县医院住院楼修缮；强化基本公共卫生服务能力，投资85万元实施贫困户关爱行动，为全县4635户贫困患者家庭发放健康实用工具；加大健康扶贫、健康教育义诊力度，累计服务群众2万人次，居民健康素养显著提高。累计完成全民技能提升培训2668人，实现城镇新增就业1202

人，农村劳动力转移就业1749人，城镇登记失业率控制在3.3%以内；发放低保金1165万元，发放各类特殊群体补助1317万元，社会救助实现“应助尽助”，五大险种基本实现全覆盖。

（李春燕　陈聪聪）

【县领导班子成员名单】

中共浮山县委员会

书　记　乔飞鸿

副书记　栗俊昌

任吉龙（8月免）

王　栋（8月任）

常　委　李学良　刘云生

尹明星（5月免）

马　波（5月任）

赵顺兆（8月免）

苏政锦（8月任）

吕百新（12月免）

程　斌（12月任）

浮山县人大常委会

主　任　李　凡

副主任　段文明　刘永生

梁生强

柏云奎（4月免）

浮山县人民政府

县　长　栗俊昌

副县长　刘云生　常庆宇

王建斌　李秋生

周　兴（2月免）

盖　勇（2月任）

李　晶

政协浮山县委员会

主　席：段玉明

副主席：高洪波　李千钧

李英杰

丰志华（3月任）

洪洞县

【概况】　洪洞县位于临汾盆地北端，东隔霍山与古县为邻，西靠吕梁与蒲县交界，北与霍州、汾西相连，南与尧都区接壤。总面积1493.8平方千米，行政区划为7个乡、9个镇、432个村民委员会、1个居民委员会。2019年末常住人口766579人，其中，城镇人口349902人。

2019年，全县地区生产总值完成1514976万元，按可比价格算，比上年增长2.7%；财政总收入222827万元，同比增长9.6%；一般公共预算收入完成97092万元，增长0.9%；固定资产投资完成405669万元，增长11.2%；规模以上工业企业增加值同比下降8.5%；社会消费品零售总额完成703241.4万元，增长7.5%；城镇居民人均可支配收入完成30848元，比上年增长8.7%；农村居民人均可支配收入完成13025元，增长9.1%。

【动能培育】　2019年，洪洞县以服务实体为抓手，做优二产、做强三产，加快培育产业转型新动能。依托洪洞经济技术开发区、甘亭工业园区，扩大对外交流，招商引资，引进埠瑞联特煤机制造、华翔智能制造产业园（一期）、智能阀门装备制造等一批优质项目落户洪洞。把文旅产业作为战略性支柱产业来培育，坚持文旅产业融合发展，整合文化旅游资源，全域统筹、全域谋划、全域推进，创建首批国家全域旅游示范区。“洪洞经验”在全国全域旅游培训班上得到介绍推广，文旅产业助推转型发展的效应持续放大。产业结构反转呈积极态势，三产比重优化为6.4∶45.9∶47.7。

【项目建设】　2019年，洪洞县落实省委、省政府“深化转型项目建设年”部署要求，实行项目定期调度、约谈通报、问责问效机制，为项目建设提供保障。洪崖煤矿正式投产，西山光道、晋圣荣康煤矿基建工程有序推进；瓦日铁路洪洞煤焦集运站及煤运通道、国耀兆林1×30兆瓦生物质发电、安顺达激光熔覆技术处理等项目稳步实施；佑德文化产业基地、飞虹微纳米外延片、柏之源有机肥等一批新型产业项目投产达效。

【污染防治】　2019年，洪洞县抓好工业企业深度治理和“散乱污”企业整治，落实企业错峰生产政策；推进清洁能源取暖改造和散煤治理，农村“煤改气”用户达到6.6万户，供应洁净煤19万吨，实现禁煤区无煤化、禁燃区无劣质煤，大气污染防治取得新成效。推进汾河流域治理，汾河断面水质明显改善。

【化解重大风险】　2019年，洪洞县出台《洪洞县坚决打好防范化解重大风险攻坚战方案》，紧盯8个领域、49项重点任务，压实责任、精准发力。开展安全生产大排查、大整治行动，打击非法违法生产行为，生产安全死亡事故起数和死亡人数实现“双下降”。信访工作从源头上化解矛盾纠纷，完成重大活动、重大时段期间维稳任务。开展扫黑除恶专项斗争，打掉黑恶势力集团6个、团伙14个，抓获犯罪嫌疑人129人，破获各类案件102起，收缴文物920件。

【脱贫攻坚】 2019年，洪洞县围绕“六个精准”，推动政策、责任、工作“三落实”。在巩固提升脱贫成果的基础上，加大扶贫工作力度，产业扶贫、健康扶贫、金融扶贫、教育扶贫等举措落实落细，带动脱贫面扩大，完成年度脱贫任务。围绕“两不愁三保障”全面排查问题，逐项整改销号。开展扶贫领域腐败和作风问题专项治理，确保脱贫质量成色。

【各领域改革】 2019年，洪洞县全面深化改革，推深做实“三个三”工作法，定期召开县委全面深化改革委员会会议，研究改革议题，审议改革方案，加强改革顶层设计、协调推进、落地见效，年度6大领域43项改革任务按序时进度顺利推进。党政机构改革，调整配备51个班子351名干部，党的领导体系、政府治理体系得到重构性健全，党的领导力、政府执行力得到系统性增强；开发区改革，洪洞经济技术开发区“三制”改革完成，开发区经济牵引作用更加明显；“放管服效”改革，初步建立“互联网+政务服务”体系，审批流程优化，行政效率提高；融媒体融合改革，作为全省首批试点县，融媒体中心在全市率先建成，实现与省级技术平台的互联互通；农业改革，探索推行农业生产“五位一体”托管改革，经验在全国推广。

【民生事业】 2019年，洪洞县实施教育振兴计划，投资6.4亿元的河西新区完全中学进展顺利，乡镇中心幼儿园和薄弱学校建设改造相继完工，327名新招录教师步入工作岗位，高考二本以上达线人数、达线率实现双突破。推进医药卫生体制改革，完善基本医疗卫生制度，全民医疗卫生水平提升。实施全民技能提升工程，全年新增就业4900余人，转移农村劳动力6000余人。城乡居民基本医保制度实现并轨提质，城乡居民大病保险制度全面建立，全民医保制度日趋完善，全县共发放城乡低保、城乡医疗和各类救助金8000余万元。

【乡村振兴】 2019年，洪洞县按照产业兴旺、生态宜居、乡风文明、治理有效、生活富裕的总要求，深化乡村振兴战略。粮食生产稳定在4亿千克左右，水地小麦最高单产再次刷新全省记录，被省农业厅确定为“粮食生产功能区划定”试点县。加快推进有机旱作农业，实施有机旱作农业示范工程，建成3个省市示范片。全面落实农作物政策性保险、农机购置补贴、农业支持保护补贴等惠农政策，累计落实补贴6500万元。学习浙江“千万工程”经验，坚持六沿带动、全域整治，深入推进乡村环境卫生整治，彻底清除一批长期积累的农村“脏乱差”顽疾，全市现场会在洪洞召开，经验做法在全省推广。 （胡俊平）

【县领导班子成员名单】

中共洪洞县委员会

书　记　郑步电
副书记　杨建军
　　　　赵双宝（12月免）
常　委　樊如荣(女)　张晓晖
　　　　周希斌
　　　　程　军（1月任）
　　　　高　涛(女)　刘春林
　　　　程永伦（12月免）
　　　　王　欣
　　　　刘贵平（12月任）

洪洞县人大常委会

主　任　张玉龙
副主任　王甲荣　文林红(女)
　　　　狐东锁（1月免）
　　　　温　泉（3月任）
　　　　崔保喜（3月任）

洪洞县人民政府

县　长　杨建军（3月任）
副县长　刘春林
　　　　师香丽（女，2月免）
　　　　邱　波　敬三平
　　　　徐　玉　张志君
　　　　梁　栋（2月任）
　　　　刘东波（挂职）
　　　　郭文礼（挂职）
　　　　刘小维（女，挂职）

政协洪洞县委员会

主　席　程延平
副主席　史学著　宋高社
　　　　马春丽(女)　张峰山

襄汾县

【概况】 襄汾县地处临汾市南部，东临浮山、翼城，西傍乡宁，南接曲沃、侯马、新绛，北连尧都区。地理坐标为北纬35°40′05″～36°03′20″，东经111°06′38″～111°40′55″。总面积1034平方千米。最高海拔1495米，最低海拔391米。县境东依塔儿山，西靠姑射山，汾河纵贯南北。行政区划为7镇、6乡、1个社区委员会。333个村民委员会。全县总人口503917人，其中城镇134464

人、乡村369453人。

2019年，全县地区生产总值完成132亿元，同比增长4.5%；社会消费品零售总额完成50.4亿元，同比增长7.8%；一般公共预算收入完成6.7亿元，同比增长41.5%；城镇居民可支配收入完成30812元，同比增长5.8%；农村居民可支配收入完成13392元，同比增长6.6%；规模以上工业增加值完成42.9亿元，同比下降24%；固定资产投资克服诸多不利因素，完成34.9亿元，同比下降27.3%，降幅逐月收窄。

【现代农业】 2019年，襄汾县启动0.48万公顷高标准农田建设，建成智旺牧业年出栏1万头生猪和众高养殖年存栏5万只蛋鸡项目，引进总投资1.9亿元的绿色循环农业项目。万之源香菇菌棒出口韩国，尧京酒庄获“中国酒庄酒”证明商标，林乡四季田园综合体项目获全省农业农村创业大赛一等奖，襄汾县跻身全国农村创新创业典型县，举办全国农民丰收节。

【工业转型】 2019年，襄汾县新金山265平方米带式烧结机项目基本完工，万鑫达150万吨干熄焦项目建成投用。光大焦炉封闭项目通过验收，成为全国首家全封闭焦炉，受到生态环境部认可。与泰富重装集团合作，引进总投资35亿元的高端散料输送装备智能制造基地项目。促成万鑫达同马钢公司合作，投资50亿元建设500万吨精细化工项目。星原、中升等8家企业启动组建钢焦铸新能源集团，与上海大学合作建立联合创新中心，建设中试基地。开展入企服务，新培育“小升规”企业10家，帮助企业解决融资、用地等问题32个，碧云天生物科技等7家企业成功登陆山西股权交易中心，襄汾企业正式进军资本市场。

【文旅产业】 2019年，襄汾县出台旅游奖励办法，启动陶寺、丁村等十大研学营地建设。荷花小镇同山西师大、市教育局合作，建立大学生创业就业培训基地和中小学生社会实践活动教育基地。光大焦化成为全国首家AAA级焦化工业旅游景区。双龙湖国家湿地公园通过验收，龙澍峪景区完成晋南第一瀑建设。中科院无人机综合验证基地项目落户襄汾。全年接待游客392万人次，旅游总收入40亿元，分别同比增长279%。

【城乡建设】 2019年，襄汾县新改建“四好农村路”572千米，完成农村改厕1200座，实施115个村清洁取暖改造，搬迁108户地质灾害隐患户，建成12座农村垃圾中转站和汾城、古城2个建制镇污水处理厂，农村基础设施改善。开展省级文明县城创建，重点解决乱堆乱放、乱搭乱建、环境脏乱等城市“顽疾”，全年取缔违章占道经营、流动摊点3200起，规范流动摊点入市300余个，清理占道广告牌400余块。打击违法规用地行为，集中开展土地清理整改行动，拆除违法建设26处。

【重点改革】 2019年，襄汾县优化创新环境，推进企业投资项目承诺制改革，实行“互联网+项目审批”和并联审批机制，正式开启“一枚印章管审批”政务服务模式，全年办理各类审批事项15.6万件，期内办结率100%。加快建设创新载体，把开发区作为全县改革创新发展的主战场，将93项行政管理权授予开发区，完成总体规划、控制性详细规划，组建管委会班子，设立投融资平台，依托十方泽科技创新产业，打造众创空间、科技孵化器两大基地，启动“标准地+承诺制”试点，吸引北京至诚科技、迪奥普无人机等60余家新业态新企业入驻开发区，全年完成固定投资13亿元。加大创新引领型企业培育力度，对接中科院、上海大学、山西大学等知名科研院所，达成“产学研”战略合作。深入实施创新驱动发展战略，实施技改项目17个，2家企业通过省级高新技术企业认定，让科技助推全县经济高质量发展。

【重点领域风险防范】 2019年，襄汾县防范化解重大风险，严厉打击非法集资，推进互联网金融风险专项整治。有序化解政府性债务，组织财政收入偿还到期债务3.8亿元，一般债务率同比下降45%，债务风险化解工作取得实效。开展各类安全生产专项整治行动，引申“三个专项行动”，全县生产安全事故起数和死亡人数实现“双下降”，连续24个月未发生重大安全生产事故，安全生产形势明显好转。

【扫黑除恶专项斗争】 2019年，襄汾县打掉黑恶势力犯罪团伙4个，破获刑事案件35起，抓获违法犯罪嫌疑人36人，全县安全环境明显改善，群众安全指数大幅提升。化解各类信访问题，为群众提供法律咨询5067件，化解15起信访积案，彻底扭转信访工作的被动局面，实现二青会、新中国成立70周年大庆和十九届四中全会期间“零非访”。

【精准脱贫】 2019年，襄汾县围绕脱贫155人的年度目标任务，出台《襄汾县2019年脱贫攻坚行动方案》等文件，抓问题整改和政策、工作、责任“三落实”，坚持把周例会开在乡村一线，推进危房改造、安全饮水、产业扶贫等工程，全县1589户3678名建档立卡贫困人口实现脱贫。

【改善生态环境质量】 2019年，襄汾县实施“八大工程”，打好“秋冬防”攻坚战，对钢铁、焦化、铸造等行业实施差异化管控，狠抓道路扬尘治理，推行全封闭公路运输，完成污水处理厂提标改造主体工程建设，开展入河排污口排查整治，汾河出境断面水质明显好于入境断面，全年营造林面积1093.333公顷，植树120万株，二级以上天数达到192天，空气质量综合指数6.42，同比下降7.4%。

【民生事业】 2019年，襄汾县坚持办人民满意教育，取缔无证幼儿园14所，全县公办幼儿达122所，学前教育实现普惠安全发展。县域初中实现集团化办学，深化县城优质学校对结帮扶农村薄弱学校机制，缓解“乡村弱、县城挤”的热点问题。公开招聘145名教师，师资队伍结构向年轻化、专业化方向发展。普通高考二本B类以上达线2386人，两名同学分别被清华北大录取。县职教中心被评为“全国教育先进集体”。全国第2家“少年硅谷”人工智能中心落户襄汾，填补山西省人工智能中心的空白。合理配置医疗资源，县中医院新院区建成使用，县医疗集团与山西大医院、西安市红会医院签订医联体协议，方便群众就诊。创新文化服务模式，成功举办临汾市非遗物质文化遗产进景区，完成农村公益电形放映4176场，送戏下乡200场，丰富群众精神文化生活。开展全民健身，完成全国二青会火炬在丁村景区传递，举办乒乓球交流赛、干部职工篮球赛、“健康中国·你我同行”健步走等10余项赛事活动，群众的健康素养持续提升。促进创业就业，新增城镇就业6758人。“襄汾家政”“丁陶月嫂”“绣娘巧匠”等劳务品牌影响力扩大，“襄汾烧饼”被确定为省级劳务品牌。完善救助保障网络，新增各类社保参保人员5985人，发放各类低保金、救助金4708万元。发展养老事业，新增老年养老机构1个，养老床位总数达640张。

【山西光大工业旅游景区被授予国家AAA级旅游景区】 2019年12月20日，襄汾县文化和旅游局在山西光大工业旅游示范园区举行国家AAA级旅游景区授牌仪式。山西光大焦化气源有限公司是以“工业+旅游”的跨界融合为核心主线，以工厂为载体，聚合产业链、供应链、创新链、要素链、制度链，大力培育企业多元化发展的新动能。坚持开放共享理念，让普通大众走进厂区，了解焦化工厂的历史和生产流程，把“焦化厂区”变“旅游景区”，把“冷工厂”变成“生态园林工厂”，让工业旅游成为新时代的靓丽名片，成为山西创建全域旅游示范区中工业旅游新业态的代表。在山西光大焦化工业旅游示范园区，游客可以了解到煤炭是如何通过高效利用转化为焦炭、化工产品、电力、热能等的工艺过程，看到企业原料库、环保广场、文化小广场、煤化工与生活科普馆和能源控制中心等重要景点。

【襄汾经济技术开发区党工委、管委会正式成立】 2019年12月18日，襄汾经济技术开发区举行揭牌仪式。市政协主席张建平、市商务局局长吴吉红参加。襄汾经济技术开发区于2018年11月批复设立的省级开发区，总规划面积19.95平方千米，按“一区三园”模式建设“高端装备制造产业园、现代服务产业园和星原传统优势产业提质园”3个园区。授予93项行政管理权。中科院无人机综合验证基地、山西通用航空无人机应用中心、迪奥普科技等一批项目落地开发区，襄汾经济技术开发区已成为全县招商引资的主平台、改革开放的主窗口、转型发展的新高地、县域经济发展的增长极。

【襄汾县兴民三产融合农业产业化联合体正式挂牌】 2019年12月16日，全省首家三产融合农业产业化联合体——襄汾县兴民三产融合农业产业化联合体正式挂牌。省农业农村厅乡村产业发展处调研员郭跃明、省休闲农业协会副秘书长龚朴等出席挂牌仪式。该联合体由襄汾县兴民林业开发有限公司、襄汾县鼎顺种植合作社、襄汾县农佳园种植合作社、襄汾县四通卉林果科开发专业合作社、临汾市林乡四季农业开发有限公司、襄汾县农富合作社、襄汾聚源良农新产品有限公司、山西世尊源农业科技开发有限公司、山西海灵芝农业科技有限公司、襄汾县北关村永昌源米醋厂、襄汾美味源食品有限公司、襄汾县万喜乐枣树种植专业合作社等组成。该联合体将依托襄汾资源优势，促进一二三产业融合发展，以农业为基本依托，以新型经营主体为引领，以利益联结为纽带，通过产业联动、要素集聚、技术渗透、体制创新等方式，将资本、技术以及资源要素进行跨界集约化配置，使农业生产、农产品加工和销售、餐饮、休闲以及其他服务业有机地整合在一起，使农村第一二三产业之间紧密相连、协同发展，增强联合体成员抗风险能力，保障联合体资产的增值增效，实现农业产业链延伸、产业范围扩展和农民增收。

【襄汾县与上海大学成立联合创新中心】 2019年11月23日，襄汾县与上海大学成立联合创新中心暨生态环境治理再提升座谈会在市生态环境局襄汾分局召开。上海大学研究员祝凯，太原市高新技术产业协会会长张联珠，上海大学教授张玉文、程红伟、郭曙强，山西晋民律师事务所主任田钊等出席。襄汾县将依托上海大学这一平台，通过借人、借智、借力开展深度合作，为全县钢铁、焦化、铸造行业的科学发展提供专业咨询服务，为产业升级改造提供坚强技术支撑，推进全县工业经济高质量发展。

【汾城古镇旅游开发项目签约】 2019年11月25日，襄汾县中源文化旅游公司与湖南中惠旅集团就汾城古镇旅游开发项目正式签约。湖南中惠旅集团董事长盛建华，中惠旅集团投资部总经理曾社武，县领导刘浩、白建成等出席签约仪式。双方签署《战略合作协议书》。双方约定，以双方项目资源、品牌资源、产业资源、金融资源、社会资源等为基础进行多方位整合，建立健全优势互补、信息共享、诚实互信、互利多赢的合作机制，搭建更高层次、更具创新能力和可持续发展的旅游产业投资建设平台、旅游景区运营管理平台、跨区域营销资源互信共享平台，通过点面结合的全面合作，实现文旅产业长期高水平经济效益和社会效益的可持续发展。

【山西襄汾陶寺北两周墓地入围“2018年中国考古新发现”】 2019年1月10日，由中国社会科学院主办、中国社会科学院考古研究所和考古杂志社承办的“中国社会科学院考古学论坛·2018年中国考古新发现”在北京举行。山西省考古研究所、临汾市旅游发展委员会与襄汾县文化局共同主持发掘的山西襄汾县陶寺北两周墓地入围“2018年中国考古六大新发现”。陶寺北墓地位于山西省襄汾县县城东北约7公里处的陶寺村北，墓地总面积约24万平方米，从发掘情况推测，墓葬数量近万座，时代从两周之际延续到战国时期，由早到晚从西北向东南排列，发现的大量青铜器，为研究春秋晚期历史提供重要信息。

【中科院无人机综合验证基地落户襄汾】 2019年4月29日，中科院无人机综合验证基地应用与管控研究中心与襄汾县政府签署无人机综合验证基地规划项目合作备忘录。临汾市副市长张翔等出席签约仪式并讲话，襄汾县委副书记、县长白建成与中科院无人机应用与管控研究中心执行秘书长、教授谭翔签署协议。双方约定，无人机产业项目长远规划将聚焦推动襄汾县新旧动能转化，构建无人机综合验证基地，带动建设管控试验基地、青少年科技实训基地、特色产业小镇、新兴科技成果转化基地、职业培训营地、院士康养基地等产业链，全面引导襄汾县无人机相关产业大发展。无人机综合验证基地项目落地，可以带动相关产业的发展，有利于挖掘、发挥好襄汾现有的产业优势和资源禀赋，加快推动

2019年4月29日，中科院无人机综合验证基地落户襄汾

（襄汾县党史方志研究中心供图）

襄汾“大市场、大旅游、大发展”的战略目标，对全县经济社会发展产生重大而深远的影响。

【山西省第一个“少年硅谷”人工智能中心在襄汾县揭牌】 2019年6月19日下午，山西省第一个“少年硅谷”人工智能中心在襄汾县揭牌。第十届全国人大常委会副委员长、中国关工委主任顾秀莲，省人大常委会副主任、市委书记岳普煜共同揭牌。中国关工委副主任、教育部关工委副主任王萍，省关工委主任李政文，省直属机关事务管理局局长毛益民，中国儿童少年基金会原秘书长、少年硅谷项目顾问宋立英，中科院计算技术研究所研究员、计算机体系结构国家重点实验室副主任冯晓兵，省人大常委会办公厅副巡视员郑秋喜，省关工委副主任张铁锁、邓永明，临汾市委副书记、市长董一兵，临汾市委副书记、统战部部长李云峰，临汾市关工委主任张作明，襄汾县主要领导出席。中国关工委、教育部、中科院、中国下一代教育基金会、省关工委、陕西、重庆、湖南等11个省市区关工委有关负责人和北京、上海等地企业家代表参加揭牌仪式。揭牌仪式上，王萍代表中关委向“少年硅谷”人工智能中心捐赠价值60万元的教学设备。冯晓兵向“少年硅谷”人工智能中心授予“人工智能示范教育基地”铜牌。襄汾县“少年硅谷”人工智能中心占地面积1300余平方米，配有42台、306套价值近百万的精密高科技教学设备和具有教学活动、设计制作、作品展示功能的机器人、无人机、3D打印等8个专业教室，并拥有一支整体优化、业务精良、结构合理的师资队伍，以设计、编程、制作、训练等重点课程为突破口，开展人工智能科普教育活动。襄汾县建有20间创客教室。

【襄汾县首个新时代文明实践点揭牌】 2019年12月16日，襄汾县首个新时代文明实践点——县财政局新时代文明实践点正式揭牌。新时代文明实践工作是党中央立足新时代发展特点，着眼基层工作实际作出的一项重要决策，目的是为广大基层干部群众提供学习好、传播好、践行好习近平新时代中国特色社会主义思想的场所和载体，打造聚人聚心的“百姓之家”。县财政局将通过新时代文明实践点平台深入学习宣传习近平新时代中国特色社会主义思想，继续讲好财政故事；面向全县开放现有场所，从财政与文明、财政与中国梦、财政与县域经济发展三个角度，运用图片、影像、实物，从历史、现实、未来三个维度宣传普及财政知识；围绕文明局风、良好家风、淳朴民风，融合财政党员志愿服务队、“三关爱”志愿服务队等品牌志愿服务队项目，导入文化创建，创建点科学分类、统筹协调、层层推进，将帮扶弱势群体、困难学子、爱心暖人等活动延伸到城市、乡村、社区；采取订单式定制、分类化服务，充分收集、分析不同服务需求、针对咨询、留言网上互动等方式的“点单”，提供文明实践菜单，为群众提供定制服务。

（王建刚）

【县领导班子成员名单】

中共襄汾县委员会

书　记　刘　浩

副书记　李青雁（1月免）

岳　磊（1月任）

常　委　刘　浩　白建成

李青雁（1月免）

岳　磊（1月任）

亢大勇　曹　佩

杨建廷　杜许堂

傅德明

张连昌（12免）

张振武（12任）

曹丽娟

襄汾县人大常委会

主　任　贾安民

副主任　毛婉英（2月免）

陈津龙（12月免）

贾景山

乔德才（12月免）

张　峰（3月任）

襄汾县人民政府

县　长　白建成

副县长　杜许堂　张淑玲

李明星　李文耀

鹿剑英　曹国刚

政协襄汾县委员会

主　席　张全管

副主席　赵楼生　张青云

赵子龙　何爱琴

安泽县

【概况】 安泽县位于山西省东南部，太岳山东南麓，是临汾市的东大门。东与长治市屯留县毗邻，西与临汾市古县、浮山县交界，南与晋城市沁水县接壤，北与长治市沁源县相连；位于临汾、长治、晋城三市交界，临汾与长治两个开放城市的中心地带。南北长91千米，东西宽43千米，国土面积1967.3平方千米，行政区划为4镇3乡102个行政村，4个社区居民委员会，513个自然村。全县常住人口为85582人。因北魏置冀氏、义宁二县，同时于西部安吉、泽泉之间置县，取两地首字，定名安泽。

2019年，全县地区生产总值完成63.8亿元，同比增长3.5%；规模以上工业增加值完成42.3亿元，同比下降1.7%；固定资产投资完成12.5亿元，增长13.2%；一般公共预算收入完成6.7亿元，增长11.1%；社会消费品零售总额完成11.2亿元，增长7.2%；城镇居民人均可支配收入完成31358元，增长7.2%；农村居民人均可支配收入完成11205元，增长13.8%。

【三农工作】 2019年，安泽县推进农业转型和美丽乡村建设。坚持走特色化、精细化、功能化农业发展之路，加快以连翘为主的中药材产业发展，全国连翘产业联盟成立大会在安泽召开，国内首家连翘产业博士工作站、山西师范大学博士工作站在安泽挂牌，创建“安泽连翘”国家级特优区。加大农产品品牌创建，发展鸡枞菌、连翘茶饮品及蜂蜜等农特产品，拓展农产品销售渠道，提高农业产业化、标准化、品牌化水平，申报省级樱桃有机旱作农业、市级谷子有机旱作农业封闭示范片。夯实基础设施建设，实施耕地质量提升、农机配套融合等工程，控制化肥农药使用量，实施农药瓶等农业废弃物回收工作，提升耕地质量，打造绿色健康食品供应地。实施农村饮水巩固提升工程55处，解决7个乡（镇）、73个自然村、2.17万人的饮水问题。加强农村人居环境整治，推进下水道、旱厕改造等工程，主要交通干线沿线环境整治工作在全市交叉检查中排名第一。

【“煤焦”产业】 2019年，安泽县提高煤炭先进产能占比，全县4座煤矿2座达到国家一级安全生产标准化、2座达到国家二级安全生产标准化；蔺鑫10万吨/年LNG清洁能源配套170万吨/年焦化项目、科鑫8万吨/年针状焦配套30万吨/年焦油加氢处理项目推进顺利。

【新兴产业】 2019年，安泽县推进能源革命，发展新兴产业，永乐区块等三大煤层气勘探项目建设全面加快，中石油马壁东煤层气勘探项目年生产能力达到4亿立方米，安泽成为临汾清洁能源主要输出地。微波能应用战略同盟研发基地落户安泽，安泽能源革命迈出崭新步伐。

【开发区建设】 2019年，安泽县开发区管委会正式组建成立，开发区四至范围调整已上报省商务厅同意，总体规划、产业发展规划、规划环评正按照调整后的四至范围进行修改完善。浙江品达元拾5G高性能铝镁合金材料、石家庄鸿锐集团丁腈乳胶新材料等项目签约。

【城乡建设】 2019年，安泽县打造“青山环城、沁河穿城、绿园缀城”的“山水田园城”。长临高速连接线工程建设基本完工，城市“动脉”畅通。启动实施县文教街路南等7个片区棚户区改造项目，新安花园、新泽花园等住房项目推进。推进源头治水，全面完成县城段污水管网改造、义唐河县城段治污、污水处理厂扩容提标等重点工程项目，县城污水处理率提高。实施供热供气综合利用工程，完成马壁东里至县城输气管道建设35.2千米，新建县城热源站2座，提升县城集中供热质量。划分“八大片区”，实施“八大工程”，冲刺国卫迎检，安泽县城、冀氏镇、马壁乡通过技术评估、暗访评估，国家卫生县城（乡镇）创建迈出决定性步伐。实施县城网格化管理，健全和完善城市管理长效机制，加快“智慧城市”建设，“智慧安泽”一站式便民政务智慧应用平台1.0测试版上线。

【民营经济】 2019年，安泽县优化营商环境，出台《安泽县关于支持民营经济发展的意见》等文件，各级领导干部定期深入包联民营企业，了解生产经营情况和发展需求，解决发展问题，加大财税、信贷、融资、用地、人才等方面支持力度，民营企业健康蓬勃发展。

【改革开放】 2019年，安泽县坚持改革推动、开放带动、创新驱动“三力联动”。以供给侧结构性改革为主线，抓好财税金融、“放管服”、商事制度等改革，累计减税降费1.24亿元。3个多月时间完成机构改革方案、三定方案、人员转隶等改革任务。深化医疗体制改革，县乡一体医疗卫生服务体系基本形成。公共文化服务领域改革、社会综合治理改革等方面均取得阶段性成果。打造北京世界园艺博览会山西展园安泽荀子生态文化广场板块。借助平遥国际电影展“一市一县”推介平台对安泽进行全方位宣传推介，提升安泽知名度。打造“六最”营商环境，制定出台《安泽县投资促进优惠政策（试行）》《安泽县招商引资重点产业指导目录》，参与省、市各项招商活动，成功引进招商引资项目8个，总投资77.8亿元，完成市定签约任务的129.7%。实施创新驱动战略，发挥创新推动发展的乘数效应。深化与山西省环科院、山西省农科院、山西师范大学、山西财经大学、山西传媒学院等科研院所的战略合作，推动产学研深度融合。建立健全高新技术企业孵育长效机制，引进山西绿建科技有限公司落地安泽。

【脱贫攻坚】 2019年，安泽县对产业、保障、智志双扶等扶贫工程进行巩固提升，打造可持续脱贫、稳定脱贫的“安泽样本”。发挥“3+X”帮扶队伍作用，全县“第一书记”和驻村工作队员落实“五天四夜”驻村帮扶要求，开展帮扶工作，第一时间帮助解决实际问题，制定增收措施，确保贫困户不返贫、能致富。在用好旅游、光伏加连翘“三件宝”的基础上，发展蔬菜、果树、中药材、食用菌等特色产业，探索扶贫广告牌、煤层气输气管线等资产收益扶贫新模式，健全完善“村委会+公司+贫困户”的利益联结机制。在全县适时开展收入监测和动态调整，启动实施“返贫险”等保险，更多地覆盖贫困“边缘户”，防止返贫现象发生。加快易地扶贫搬迁工作，全县20个易地扶贫搬迁集中安置点全部搬迁入住。全县贫困人口减少到10户23人，贫困发生率下降到0.04%。

【大气污染防治】 2019年，安泽县推进工业企业综合整治，完成永鑫焦化深度治理改造工作，全县16家涉气重点企业基本完成深度治理。落实建筑施工工地六个百分之百要求，加强对建筑工地、道路扬尘等扬尘主要污染源管控力度。推进柴油车污染治理，加强过境柴油货车及散装物料车辆流动检查力度。推进煤改电、煤改气工作，完成清洁取暖改造420户，打赢蓝天保卫战，全县空气质量改善。

【水污染防治】 2019年，安泽县制定《安泽县地表水生态环境治理攻坚方案（2019-2020）》，抓好地表水防控，水污染防治能力持续提升，沁河水质始终保持在三类水标准。

【净土保卫】 2019年，安泽县完善土壤环境信息平台安泽县土壤污染方面信息，完善7个乡镇的垃圾中转站和垃圾处置点，农村“四堆”得到有效治理。严格固废堆存和处置标准，对全县煤矿矿山生态恢复治理项目进行全面监督。完成太行山、重要水源地绿化造林560公顷，三级河长巡河6300余人次。

【公共服务体系】 2019年，安泽县实施全民技能提升工程，打造“安泽技工”品牌，全县城镇新增就业、下岗失业人员再就业、就业困难人员就业、转移农村劳动力就业人数，均超额完成市定目标任务。累计投资2000余万元，完成职业中学改扩建、唐城小学维修改造等工程；调整学校布局，优化教育资源，将三所乡镇初中合并成立安泽一中初中部，让乡村孩子享受到更优质的教育；迎接省政府职教中心达标验收，安泽一中与晋城一中开展为期三年的结对帮扶，开展学生、教师双交流，有效提高办学水平。推进医疗保障各项工作，实现出院即时结算，开展城乡医疗救助1217人次，发放救助金122.23万元。完善社会保障体系建设，全县养老保险、工伤保险、失业保险参保人数和征缴基金均超额完成市定目标任务。

【文化建设】 2019年，安泽县作为全省39个融媒体中心建设试点，县融媒体中心建设加快推进，实现与省级技术平台互联互通。免费开放各类文化、体育场馆，开展“文化消夏月系列晚会”等各类文化惠民活动，丰富群众精神生活。挖掘太岳革命精神，丰富拓展太岳革命根据地等党性教育基地功能，打造独具安泽特色的红色文化名片，小李村太岳行署旧址入选第八批全国重点文物保护单位名录。

【社会治理】 2019年，安泽县完成县乡村三级综治中心国家标准建设，探索网格长“六六六”工作法，全县三级综治中心共受理诉求事项6219件，办结率99.93%，全县城乡基层社会治理水平提升。做好退役军人服务保障工作，安泽县交警大队城市中队女子岗班长张国林被评为山西省“最美退役军人”、山西公安“最美基层民警”，为全县退役军人和公安民警做出榜样。树立红线意识和底线思维，开展“安全生产责任落实年”、安全生产集中检查、安全风险防范化解等行动，有效防范和遏制各类事故的发生。

【人才队伍建设】 2019年，安泽县把政治标准作为首要标准，坚持事业为上、人岗相适，严格选任程序，分7批次调整配备218名科级干部。贯彻落实激励、容错“两个办法”，为干事创业干部“撑腰打气”。研究制定《安泽县“沁河英才”109行动计划（试行）》，支持扶持各类创新创业人才。

（尚晓玲）

【县领导班子成员名单】

中共安泽县委员会

书　记　李　强

副书记　牛庆国（1月免）

　　　　赵晨伟（1月任）

　　　　郭婷慧(女)

常　委　李峻石（2019年9月4日因涉嫌严重违纪违法和职务犯罪被市纪委监委留置）

　　　　魏书亮　连忠武

　　　　张曙光　张朝晖

　　　　杨巨松（12月免）

　　　　索海滨（12月任）

安泽县人大常委会

主　任　韩建辉

副主任　张俊宏

　　　　尹淑兰（女,3月退休）

　　　　崔斗庆　苏国珍

　　　　张建福（3月任，11月免）

安泽县人民政府

县　长　牛庆国（1月免）

　　　　赵晨伟（1月任）

副县长　李峻石（2019年9月4日因涉嫌严重违纪违法和职务犯罪被市纪委监委留置）

　　　　张可新　刘合生

　　　　盖　勇　张　建

　　　　刘　剑

政协安泽县委员会

主　席　高成锁

副主席　李树清　宋晓琴(女)

　　　　党爱珍(女)　娄和玮

古　县

【概况】　古县地处临汾市东北部，东与安泽县毗邻，南与浮山县相参，西南与尧都区接壤，西与洪洞县交界，西北与霍州为邻，北与长治市的沁源县相连。境域南北长53.85千米，东西宽20.05千米，总面积1206.38平方千米。行政区划为4镇、3乡，4个社区居民委员会，111个行政村。总人口95615人。

2019年，全县地区生产总值完成49.9亿元，同比增长5%；社会消费品零售总额完成12.3亿元，同比增长7.7%；城镇居民人均可支配收入完成34036元，同比增长6.7%；农村居民人均可支配收入完成11951元，同比增长12.2%，超全市平均水平2.1个百分点；规模以上工业增加值完成30.9亿元，同比增长1.5%；固定资产投资完成11.1亿元，同比增长9.3%；在落实减税降费近1亿元的情况下，公共财政预算收入完成4.7亿元，同比增长10.4%。

【生态旅游】　2019年4月27日至5月27日，第十二届“天下第一牡丹”文化旅游节举办。贾寨太岳区第一军分区旧址修复工程主体完工。热留关帝庙申报为国家级文物保护单位。国有林场祖师顶荣获全国首批“森林康养林场”称号和“全国森林康养基地试点建设单位”，并获准开展森林康养国家级试点建设。

【两大产业】　2019年，古县国新正泰年产1000万立方米高纯氢技改项目可研编制完成。正泰煤气化、利达焦化合作筹建200万吨焦化项目，产能案。宏源200万吨焦化项目土地手续办结。古县新源盛能源材料公司特种微纤维项目厂房建成，部分生产线投入生产。“古岳古树”核桃品牌注册，投资3500余万元建设年加工核桃仁500吨的核桃精深加工项目。

【城乡建设】　2019年，古县投资2783万元对教育街、小河街等8条街巷进行全面提质改造。投资2490万元，对相如公园、十里长廊等市民主要休闲场所进行修缮改建。利用城市边角地、闲置地等小区域打造“口袋公园”，新增绿化面积5.49万平方米。完善人行道、盲道、消防通道及公共区域“无障碍”设施。

【四件大事】　2019年，古县西山鸿兴60万吨改扩建项目竣工验收，东瑞煤业60万吨改扩建井下二期工程完工，金谷煤业配套120万吨选煤厂建成投运；全长15.8千米的长临高速古县连接线完成工程量的95%，全长54.689千米的国道341线改建工程经省发改委立项并开始“两阶段”设计，新建续建四好农村路271.56千米；城市集中供热扩容40万平方米，清洁取暖改造18.92万平方米，大气污染综合指数下降9.1%。重新划定畜禽养殖禁养区11个，出境断面水质达到地表水四类标准；5月21日，山西省政府公示批准古县退出贫困县。统筹整合涉农资金7200余万元，实施特色产业、基础建设等扶贫项目85个，全年128户322口人脱贫，贫困发生率降至0.07%。

【基础建设】　2019年，古县

220千伏输变电工程开工建设。洪安涧河跨界断面水质自动监测站建成。上杨庄村至涧上村段河道治理工程基本完工。正泰、利达、锦华、国新正泰、顺杰、金翔龙、金谷、老母坡、安吉欣源、登福康、古鑫、兰花宝欣、鸿兴、东瑞、泓翔、蔺润、圪堆等沿河企业参与“清河”行动，发挥“企业河长”作用。古县国有林场被评为全国“十佳林场”。完成天保二期工程和中幼林抚育600公顷、通道及荒山绿化133.333公顷亩、四旁植树65万株，全县森林覆盖率达到40.5%，全省排名第9，全市第2。完成农村改厕5083座，卫生厕所普及率达到58.85%。启动农村垃圾中转站建设。五马岭、松树坡被评为省级改善农村人居环境示范村。古县司法局被司法部授予“全国公共法律服务工作先进集体”称号。成功创建省级食品安全示范县。古县被国家信访局授予全省唯一“信访工作‘三无’县”称号。《中国影像方志·古县篇》在央视科教频道播出。

【民生事业】 2019年，古县一中、三中与北京师范大学亚太国际培训中心合作，实施“创新型学校打造项目”。高考达二本B类以上156人，比上年增加26人；中考达600分以上75人，比上年增加28人。“爱心助学”“金秋助学”资助434名困难学生。引用中国扶贫开发协会资金7000余万元，自筹1900余万元，购进64排CT、数字化血管造影机、健康一体机等县、乡、村三级医疗设备，完成远程医疗服务、健康信息管理、县乡信息化等系统建设。新建城市供水深井一座。实施建筑节能改造8300平方米。建成保障性安居工程205套，公租房累计分配入住392套，完成采煤沉陷区治理搬迁968户。1160名残疾人得到政策服务，临时救助638人次。

【改革推进】 2019年，古县取消、下放、承接行政审批事项11项，241项审批及关联事项集中办理，统一封存24个单位29枚印章，全面开启“一枚印章管审批”。培育“小升规”企业3户。新增省级农业龙头企业1户。县级财政拿出1.1亿元清偿政府存量债务，政府性债务风险有效化解。推进平安古县、法治古县建设，全县社会大局保持安全稳定。

【困难与挑战】 2019年，古县农业特色优势没有充分发挥，经营性收入占农民人均可支配收入仅为14.02%；煤焦传统产业占比较大，新兴产业支撑能力不足。全县GDP完成49.99亿元，占全市1452亿元的3.43%，在全市17个县（市、区）中排名第11，落后于蒲县、安泽等与条件相近的地区。生态环境治理改善基础不牢，涧河出境断面水质不够稳定。开放平台小，投资潜力弱，营商环境仍需改善。

（蔺燕艳）

【县领导班子成员名单】

中共古县委员会

书　记　郝献民（1月免）
　　　　庞明明（1月任）
副书记　刘舒华
　　　　常立智（8月免）
　　　　贾晓文（8月任）
常　委　李荣强　元福明
　　　　牛永福（5月免）
　　　　曹　樯（5月任）
　　　　韩东军（12月免）
　　　　任　臻　赵贤慧
　　　　张立洪（12月任）

古县人大常委会

主　任　张金虎
副主任　李　秀　赵安平
　　　　柴保林
　　　　韩红霞（3月）

古县人民政府

县　长　刘舒华
副县长　元福明　吉文奎
　　　　杨晋栋　崔　艳
　　　　史　澎　周　兴

政协古县委员会

主　席　阴和平
副主席　李红专（9月免）
　　　　阴锁云　杜　琦
　　　　陈　卓

大宁县

【概况】 大宁县位于山西省吕梁山南端，地理坐标为北纬36°16′40″–36°36′25″，东经110°27′55″–110°0′44″之间。东西长50千米，南北宽38千米，总面积967平方千米。县域东与蒲县、隰县为邻，西与陕西省延长县隔黄河相望，南同吉县毗连，北与永和县接壤。行政区划为2镇4乡，1个城区街道办，84个自然村，3个社区，297个村民小组，309个自然村。常住人口66866人。

2019年，全县地区生产总值完成9.43亿元，同比增长17.1%，增速全市第一；一般公共预算收入完成6199万元，同比增长64.3%，增速全市第一；规模以上增加值同比增长57.4%，增速全市第二；全社会固定资产投资完成17.9亿元，同比增长19%，增速全市第三；社会消费零售总额完成3.92亿元，同比增长7.8%，增速全市第四；城镇居民人均可支配收入完成21375元，同比增长8.4%，增速全市第四；农村居民人均可支配收入完成4485元，同比增长18.6%，增速全市第一。

【脱贫攻坚】 2019年，大宁县坚持周例会研判形势、强化措施，实行脱贫攻坚一线工作法，部署开展脱贫攻坚基础工作整改专项行动；建立战时机制，成立7大战区、15个专项工作组，30名县级领导分片包联、一线办公，2612名省市县三级帮扶单位干部进村入户、结对帮扶，瞄准“两不愁三保障”“51314”贫困退出指标和“三率一度”推进任务落实。27个移民搬迁集中安置点全部完成，1539户4689人全部搬迁入住；实施农村危房改造696户、饮水安全工程117处、通村公路改造23条，购置客运班车13辆，84个行政村实现标准化卫生室、综合文化活动场所、通动力电、通互联网全覆盖，基础设施指标全面达标；县财政为建档立卡贫困人口缴纳基本医疗、补充医疗、意外伤害、大病、长期护理五类保险和最低标准养老保险费，落实“三保障三救助”“136”“先诊疗后付费”“一站式”服务、“双签约”“两免一补”、贫困中小学生资助、大学生助学贷款、“雨露计划”、低保、养老等惠民政策，民生社保指标全面提升；全县80个贫困村全部退出，累计脱贫6343户17470人，贫困发生率下降至0.4%，14项指标全部完成，脱贫摘帽实现决战决胜。

【改革创新】 2019年，大宁县坚持把改革创新作为推动新时代大宁高质量发展突破口，组建县委全面深化改革委员会，打造更多大宁“改革样板”。“两山”转变有效实现途径得到完善，形成购买式造林、资产化管护、生态效益补偿、林业资产性收益、建立森林市场、林业碳汇开发、创建“园艺大宁”“有机大宁”、赋予股份经济合作社资源开发权9条“两山”转变有效实现途径。全年完成购买式造林0.547万公顷，群众获得收入2257万元，带动1640户4920人经济脱贫。

2019年第17期《求是》杂志《新中国70年创造人类减贫奇迹》作为典型案例刊登，入选第二届中国优秀扶贫案例十大产业扶贫典型案例和中国扶贫网“脱贫攻坚100计”，省委书记楼阳生亲临现场指导，予以高度肯定。探索将黄河采砂权交由股份经济合作社承办，发动村集体和群众入股635万元，2018年6月以来采砂20万吨，产值600万元，利润370万元。深化农村改革，“中央农村集体产权制度改革试点县”任务基本完成，全县84个村成立股份经济合作社，组织群众承接工程、发展产业、实行自治。2018年至2019年80个贫困村的造林、修路、安全饮水等工程投资1.5亿元，群众获得劳务收入3474.9万元，参与工程建设的3096户10588人户均增收8897元、人均增收3282元；带动村集体增收908万元，村均11.35万元。成立全省首家乡村振兴研究院，聘请著名“三农”问题专家温铁军为名誉院长，中央党校徐祥临、中国人民大学周立等31名教授担任顾问，中国人民大学乡建中心、西南大学中国乡村建设学院等11家高等院校为共建单位，下设“三农”政策研究、生态经济研究、城乡融合发展研究、乡村振兴人才培养等5个中心，围绕全域旅教、有机农业进行探索实践，大宁乡村振兴研究院被评为“市级乡村振兴战略智库人才工作基地”。

2019年，大宁县移民搬迁集中安置点　（大宁县党史方志研究中心供图）

【转型发展】 2019年，大宁县优化结构，加快转型，推动经济高质量发展。实体经济发展步伐加快，实施相对集中行政许可权改革，启动“一枚印章管审批”，营商环境更加优化。鸿锐集团新建8条手套生产线，实现产值1.8亿元，出口创汇2780万美元；隆泰花卉投产3万平米连栋温室，建设1.23万平方米连栋温室，被评为市级“花卉培育人才工作基地”；新大象生猪养殖投入运行1个种猪场、2个育肥场，规划新建3个种猪场；签约太德农业废弃物综合处理利用项目；轻工业园区入住企业达到4家，实现产值约3200万元；中石油煤层气勘探、宁扬煤层气液化项目进展顺利。“有机大宁”创建进入新阶段，推广“六不用”有机农业生产技术，布局有机苹果、蔬菜、小杂粮等示范点0.14万公顷，在省城太原举办“大宁红”区域公共品牌发布会，与乐村淘签署平台入驻协议，与国家卫健委、山西国贸签署消费扶贫协议，推动农业转型、农民增收。布局推动全域旅教，与宏源公司签订开发笊篱寨合作协议，与北京共仁基金会合作建设大中小学生地质地貌教学实践基地。

【民生事业】 2019年，大宁县发展民生事业，县直机关幼儿园、县直第二幼儿园、幸福小学建成投入使用，深化教育教学改革和“县管校聘”人事制度改革，优化资源配置，提高教学质量，全县二本B类以上达线率提升；大宁县医疗集团高效运行，大宁人民医院新医院建设有序推进，北京大学第三医院全方位对口帮扶，三甲医院定期巡回义诊、远程会诊、捐赠药品，县乡村三级医疗机构医疗服务能力水平显著提升；加强全民技能培训，新增就业807人，转移就业1413人，城镇登记失业率控制在3.8%以内；文化馆、美术馆、图书馆建设进展顺利，举办元宵节、黄河仙子文化旅游节、桃花节等大型文化活动30余场，开展文化惠民活动1100余场次，丰富群众文化生活。创优生活环境，推进工业企业治理、散煤治理、柴油车污染治理、扬尘治理，完成新昕污水处理厂提标改造和第二污水处理厂建设工程，新增集中供热面积约12万平方米，打好大气、水、土壤污染防治三大战役，优良天数比例全市排名第一，集中式饮用水源地水质达标率100%，昕水河出境断面水质稳定在Ⅳ类水质标准。化解重大风险，统筹推进8个领域48项重点工作，做好重点人群矛盾化解和稳控工作，信访事项化解率达到100%。 （申玉华 王海平）

【县领导班子成员名单】

中共大宁县委员会

书　记　王金龙

副书记　樊　宇　李永升

马保平（挂职）

李　波（挂职）

常　委　武艳娟(女)贺晓东

任鹏伟　张振荣

刘开元　许华伟

大宁县人大常委会

主　任　张新平

副主任　贺荣青　李太平

房隰平　冯曹宁

大宁县人民政府

县　长　樊　宇

副县长　许华伟　薛晓东

葛　毅　樊霍平

张　浩　乔　前

石晓东　杨英文

李仕彬

政协大宁县委员会

主　席　杨对明

副主席　任福平　张鹏华

冯永生

汾西县

【概况】 汾西县位于山西省中南部，临汾市北部，吕梁山南麓，汾河西岸，因地处汾河以西，故名汾西。北连吕梁市交口县、晋中灵石县，南接洪洞县，西依姑射山与隰县蒲县接壤，东临汾河与霍州市相望。总面积880平方千米。行政区划为5镇（永安、勍香、和平、僧念、对竹）、3乡（佃坪、团柏、邢家要），一个社区管理委员会，120个行政村6个居民委员会，418个自然村。年末，全县常住人口为150522人。全年全县出生人口1411人，出生率为9.37‰；死亡人口922人，死亡率为6.12‰，自然增长率为3.25‰；人口性别比为108.15。

2019年，全县地区生产总值完成22.4亿元，增长3.6%；社会消费品零售总额完成14.5亿元，增长7.3%；一般公共预算收入完成8617万元，增长9.8%；规模以上工业企业增加值完成4.9亿元，增长0.4%；城镇常住居民人均可支配收入完成29024元，增长7%；农村常住居民人均可支配收入完成4962元，增长16.3%。

【脱贫攻坚】 2019年，汾西县以脱贫攻坚统揽经济社会发展全局，统筹“五个一批”，聚焦“六个精准”，全方位、立体式推进脱贫攻坚，120个贫困村13947户40473人稳定脱贫，贫困发生率由33.7%下降到0.42%以下。“两不愁三保障”的目标基本实现，17个计划脱贫摘帽县退出调查研判汾西县在全省排名第2，通过贫困县退出市级初审、第三方评估验收和省际交叉考核。重点实施8个乡镇易地移民的搬迁，改造危房454户；实施覆盖全县120个行政村农村供水工程210处，实现120个贫困村村级卫生室全覆盖；成立126个医疗团队，开展“双签约”服务，贫困人口覆盖率100%；贫困户享受“先诊疗后付费”“一站式”服务政策7481人（次），医疗报销6979万元，报销比例达91.17%；落实教育扶贫六项政策，全县农村3至5周岁适龄儿童入园率99%，达到全省平均水平；实现贫困村九年义务教育阶段无因贫辍学学生。

【基础设施】 2019年，汾西县推进“六城联创”，投资6亿元的汾西中学、汾西大医院主体工程完工，投资2700万元的汾西大道东延工程竣工通车，投资5500万元的马沟河流域治理三期工程、县城旧街巷改造、古楼公园建设阳光大道绿化等工程全面完工；投资4亿元，启动实施马沟村城中村、古郡新区西八街改造、第二热源厂建设等城市建设项目；桃临公路汾西段改造竣工通车，北掌水库和联接线建设工程完成，“四好农村路”建设基本完成，申家庄水库、城市供水工程和北掌水库灌区项目纳入国家财政部PPP项目管理库。特别是府底移民新区2000户贫困户喜迁新居。“三拆三下三进”、靓城提质“三化”行动成效明显，城市基本功能增强，市容环境改善。

【农业产业】 2019年，汾西县发展特色农业，发展肉鸡养殖深加工产业，投资2.4亿元，建成63个3万只规模的标准化、现代化肉鸡养殖大棚，年产1.8万吨的熟食调理品生产线投产运行，鸡肉食品进入香港市场，通过俄罗斯、马来西亚和中东国家出口认证；新建核桃经济林200公顷，总面积1.307万公顷，挂果0.533万公顷，产值6000万元，纯收入5000万元，全县农民人均增收420元。光伏总装机容量186.7兆瓦，年收益2.2亿元，扶贫收益6300万元。新建玉露香梨基地133.333公顷，总面积0.08万公顷，挂果266.667公顷，产值3200万元，纯收入2000万元，推进特色产业提档升级，推出“绿塬汾西”品牌；实施黄粉虫养殖项目，汾西康瑞莱公司被认定为国家高新技术企业，产品远销美国和欧洲国家。招商引进天惠江风、协鑫智慧两个40兆瓦风能发电项目，并落地开工。“一村一品一主体”产业项目92个，实现“村村有产业、户户有项目、人人有帮扶”。

【环境治理】 2019年，汾西县推进生态环境治理攻坚行动，开展违法排污大整治“百日清零”专项行动、全县“散乱污”企业专项排查整治。投资1.2亿元，实施垃圾处理、污水治理、造林绿化等11项生态环境治理项目，整改完成各类环境问题913个；取缔“散乱污”企业106家，深度治理工业企业16家；收缴散煤5000吨、置换销售5800吨；集中供热、“煤改电”等清洁取暖面积新增27万平方米。开展绿化、亮化、美化活动，修补沿街沿道残垣断壁2174.2平方米，建设围栏、围墙安全防护1.3万平方米，粉刷墙壁25万平方米、刷白树木2万棵，设置文化墙1371平方米;建设大小垃圾池230个、配备垃圾桶1051个，垃圾车117辆，实施农村厕所改造489座，城乡面貌焕然一新。

【文旅融合】 2019年，汾西县开展文化、科技、卫生“三下乡”活动，实施“农家书屋”、送戏曲、送图书、送电影等文化惠民工程，送戏下乡130场次，送电影下乡1440场次，举办专场文艺晚会30余场，为全县120个行政村“农家书屋”配备学习辅导读物。挖掘开发汾西民歌70余首，推动汾西干口、威风锣鼓等“汾西声音”走向更大舞台。实施真武祠保护及环境治理、师家沟古建筑群二期保护修缮、窑洞文化公共服务设施建设等项目，启动佃坪至姑射山旅游公路建设。推进文旅融合，创作“天下第一村，古韵师家沟”实景剧本，成功举办师家沟“五一”传统文化展演、“二青会”火炬传递、庆祝新中国成立70周年等系列活动。开展招商引资，在第四届山西文化产业博览交易会上与山西电影制片厂成功签约电影《山桃花》拍摄项目。制作《千年古邑美丽汾西》宣传片和画册，打造好汾西名片，全方位展示汾西形象。

【安全稳定】 2019年，汾西县建立健全防范化解重大风险工作制度机制，开展风险隐患排查化解工作，排查重点风险隐患53个，化解47个。打击非法采矿，建立全天巡查、“零点”巡查制度体系、完成

“二青会”火炬传递、70周年大庆等重大活动期间安保任务。开展高陡边坡隐患排查、森林防火和安全生产“三个专项行动”，排查隐患970余个，全部整改到位。落实信访接待、包案调处制度，推行信访维稳“网格化”管理，开展退役军人走访慰问等活动，信访形势平稳可控。加强社会治安防控体系建设，投资1750余万元实施“雪亮工程”，投资450余万元实施综治中心标准化建设。开展扫黑除恶专项斗争，打掉涉恶团伙1个，抓获犯罪嫌疑人3人，收缴枪支1支。

（蔡小红）

【县领导班子成员名单】

中共汾西县委员会

书　记　任天顺

副书记　张安文

尹明星（5月任）

杨晓舟（1月免）

常　委　赵志红　武耀忠

王志刚（1月任）

李国锋（5月任）

郭砚宾（5月任）

曹启仁

梁秋菊（女,5月免）

丁春明（1月免）

宋大鹏（5月免）

汾西县人大常委会

主　任　贾文魁

副主任　乔旭兵　张双花(女)

薛荣华　郭　大

汾西县人民政府

县　长　张安文

副县长　杜浩强　葛晋洁

王红林　郭　凯

张绪言　刘　亮

陈　伟（5月任）

李国峰（5月免）

政协汾西县委员会

主　席　乔建平

副主席　侯建忠　赵建中

鱼晶明

蒲　县

【概况】　蒲县位于山西省西南部、吕梁山南端西麓，隶属于临汾市。东与洪洞县接壤，南与吉县、尧都区相连，西与大宁县毗邻，北与隰县、汾西县交界。全县总面积1510.61平方千米。行政区划为设4镇5乡，93个行政村，526个自然村，总人口112146人。

2019年，全县地区生产总值920500万元，比上年增长6.6%；超年度目标0.3个百分点，全市第5名。全社会固定资产投资183431万元，增长13.3%；社会消费品零售总额96504.2万元，比上年增长6.9%；地方财政总收入完成313400万元，比上年增长15.36%；一般公共预算收入完成118200万元，比上年增长22.06%;居民人均可支配收入18674元，比上年增长10.4%；全县人均GDP为82083元。

【脱贫攻坚】　2019年，蒲县投入1000万元，实施32个持债经营项目，兑现特色产业奖补资金2953万元。推进脱贫攻坚“八大工程”，“3+1”保障动态清零，社会保障“四方面”政策提标落实，巩固提升1.8万人脱贫成效，全年脱贫147户400人，全县贫困村全部退贫，贫困人口从18933人减至33户102人，贫困发生率降至0.126%。全县共派出93支县级以上帮扶工作队、279名工作队员，实现驻村帮扶全覆盖，实施县级项目89个；新增扶贫小额信贷3735.63万元。“道德银行”继续激发“文明担当”，百姓存道德，党员存党性，开辟精神扶贫“蒲县路径”，获全省脱贫攻坚组织创新奖，在全国扶贫论坛作主旨发言。

【特色农业】　2019年，蒲县加快发展循环农业、有机农业、特色农业，集中打造具有蒲县地域特点品牌，实现“循环农业，绿色蒲县”目标。“巩固提升生猪、肉牛、核桃、连翘四大产业，全县发展核桃6666.67公顷、连翘6666.67公顷，全县猪存栏4.5万头、牛存栏1.9万头，规模以上养猪场22个、规模以上养牛场37个。发展苹果、马铃薯产业，发展苹果900公顷、马铃薯733.33公顷。发展食用菌、小杂粮、中药材、蔬菜等时令性、区域性特色产业，发展中药材658.4公顷、食用菌270棚、设施蔬菜168棚，全县食用菌大棚共有416个，特色农业发展迅速。2019年，完成农林牧渔业总产值51000万元，同比增长1.56%。粮食播种面积14834.57公顷，实现粮食总产量7.48万吨，比上年减少15.9%。夏粮产量0.3吨，比上年减少62.5%；秋粮74771.8，比上年减少15.9%；薯类14853吨，比上年减少24.7%；油料639.8吨，比上年减少18.54%；蔬菜10397.7吨，比上年增长3.3%；烤烟343吨，比上年减少39.6%。

2019年，全年完成营造林3400公顷（人工造林2400公顷、封山育林1000公顷）。其中：“三北”防护林建设工程人工造林1400公顷、吕梁山生态脆弱区人工造林工程666.67公顷、荒山绿化工程333.33公顷、国家天然林保护造林工程封山育林1000公顷。实施完成4个村新农村绿化工程，绿化率达到100%。年度造林任务完成率100%，全县森林覆盖率达到40.18%。完成义务植树20万株。

【工业转型】 2019年，蒲县以制造业为主攻，拼抢产业转移，引进奥鑫博、煜盛、建邦、华翔等铸锻企业，形成集群发展，转型迈出第一步。年末全县规模以上工业企业达到36家，全年全县工业增加值712881万元，增长5.2%。工业对GDP贡献率为60.5%，拉动GDP增长3.9个百分点。全年规模以上工业实现销售产值1430243.2万元，增长2.58%；规模以上工业实现主营业务收入1419997.1万元；实现利税318041.1万元；实现利润176558.5万元。全年全县规模以上工业企业生产原煤1203万吨，增长0.5%。洗精煤905万吨，增长1.0%。全县资质以上建筑企业4家，建筑业总产值15444万元，增长5.9%，建筑业增加值10395万元，增长3.1%。房屋建筑施工面积6.3万平方米，增长5.7%。

【固定资产】 2019年，蒲县固定资产投资完成183431万元，增长13.3%。其中，更新改建和技术改造投资73246万元，增长31.6%。工程施工项目达52个，下降13.0%；其中，新开工项目47个，下降7.8%；投产项目个数28个，下降24.3%。

全县工业固定资产投资额93661万元，占全县固定资产投资的比重为51.06%；交通运输、仓储和邮政业固定资产投资额13502万元，占全县固定资产投资的比重为7.4%；水利、环境和公共设施管理业固定资产投资额23387万元，占全县固定资产投资的比重为12.7%。

【社会用电】 2019年，蒲县全社会用电总量71439.5万千瓦时，增长12.6%。其中，第一产业用电977.9万千瓦时，下降4.1%，占全部用电量的1.4%；第二产业用电54110.1万千瓦时，下降0.5%，占全部用电量的75.7%，其中工业用电53866.4万千瓦时；第三产业用电11561.7万千瓦时，增长187.6%，占全部用电量的16.2%；城乡居民用电4790.7万千瓦时，增长18.9%，占全部用电量的6.7%。

【商贸服务业】 2019年，蒲县实现社会消费品零售总额96504.2万元，比上年增长6.9%。按销售单位所在地分，城镇消费品零售额79756.2万元，增长1.8%；乡村消费品零售额16748.0万元，增长40.3%。

全年全县服务业增加值174998万元，增长13.1%，其中规上服务业企业主营业务收入达到6888.1万元。

【交通邮电】 2019年，蒲县交通运输和邮政业增加值18665万元，比上年增长11.4%。公路线路年末里程1048.8千米，其中按行政等级分国道51.8千米，省道16.7千米，县道137.7千米，乡道401.0千米，村道441.8千米。按技术等级分一级34.2千米，二级189.0千米，三级123.1千米，四级641.7千米，等外60.8千米。全年全县街道、巷道硬化2260.5平方米。

全年全县完成邮政业务总量1154.7万件，电信业务总收入5188.1万元。

全年接待国内外游客299.63万余人次，实现旅游收入309400万元。

【城乡建设】 2019年，蒲县推进旧城改造，投资42000万元，实施府前街、滨河路西延联通、翠屏山旅游路跨线桥等项目12个，昌平东街、昕水湾等4个小区完成，锦绣广场建成开放。新建“四好农村路”26.5千米、达到1076千米，获“四好农村路”全省示范县，全省、全市现场会在蒲县召开。全县城镇化率达到49.44%。

【环境保护】 2019年，蒲县开展城区环境综合整治“六个专项行动”，“垃圾不落地，城市更美丽”。创建省级卫生乡镇1个、卫生村3个，农村人居环境持续改善，黎掌村获首批全国乡村治理示范村称号。创新科学治污，昕水河出境断面地表水达到Ⅲ类标准，集中饮用水源地水质达标率100%。为推动黄河流域水生态好转、保护母亲河、打造幸福河，昕水河人工湿地纯物理净化水质做法，得到肯定，蒲县昕水河污水处理模式得到推广。全年全县空气质量优良天数308天，优良率为84.4%。

【教育科技】 2019年，蒲县小学在校学生6650人，小学适龄儿童入学率100%；初中在校学生2986人；中等职业教育在校学生184人；普通高中在校学生1505人，二本B类以上达线人数259人，达线率36.0%。高考二本达线率、升学率位居全市山区县第二。科技事业财政投入258万元，全年共申请专利12项，专利授权12人，其中实用型专利10项，发明专利1项。

【文化卫生】 2019年，蒲县拥有各类艺术表演团体3个，文化馆1个，公共图书馆2个，档案馆1个。

全县有广播电台1座，广播辐射半径50千米，实际覆盖率90%，电视台1个，电视人口覆盖率95%，有线电视用户3.3万余户，放映农村公益电影1358场。

卫生事业。全县拥有各类卫生机构23个，其中，医院2个，医疗集团卫生院及分院15个，妇幼保健院1个，疾病预防控制中心1个，医院、卫生院、妇幼机构床位540张。

【人民生活】 2019年末，蒲县年末常住人口为112146人，比2018年增加288人，增长2.6‰，其中男性人口58206人，女性人口53940人，城镇人口55449人，乡村人口56697人。全年出生人口1282人，死亡人口978人，常住人口出生率11.43‰，死亡率8.72‰，自然增长率2.71‰。

全年全县居民人均可支配收入18674元，增长10.4%。城镇居民人均可支配收入29792元，增长7.5%。农村居民人均可支配收入10421元，增长13.0%。

【社会保障】 2019年，蒲县企业养老保险人数为12172人（退休2434人），基金累计结余突破35000万元，年末各项社会保险基金征缴9305万元，发放养老金9231万元；机关事业养老保险参保人数4711人，基金累计结余23000万元，年末基金征缴7275万元，发放养老金12603万元；城乡居民养老保险参保人数为55810人，为9533名农村老人，发放基础养老金144万元；工伤保险参保人数为34975人，发放工伤待遇1433.21万元；失业保险参保人数6850人，发放失业金380余万元；参加城镇职工医疗保险人数为17298人，医疗费用支出12509万元；参加生育保险人数为14178人；参加城乡居民合作医疗保障人数为85700人；2019年末，全县城市最低生活保障的居民986户2304人，累计发放城市低保资金1547万元；农村居民得到政府最低生活保障的居民1369户2713人，累计发放农村低保资金1093万元；城乡医疗救助2084人，发放资金605万元。

【水生态环境治理】 蒲县昕水河是黄河的支流之一。2019年6月，蒲县抓好生态环境治理，利用昕水河自东向西千分之八的天然落差，把沿河荒地改造成人工湿地。

昕水河人工湿地位于蒲县城西河西村，项目于2017年9月开工建设，2019年6月竣工。投资1400万元，实现蒲县水生态环境的改善。昕水河人工湿地以21000立方米/天的处理能力，持续净化着昕水河河水。原来的水质只能达到地表V类水的标准。蒲县按照“污水治理+生态修复”的方式，打造出昕水河人工湿地，河水水平经过浆砌石坝、进水闸及输水管、平流沉砂池、稳定塘、湿地，最终排入河道，在流经昕水河人工湿地时垂直经过种植土层、三道砾石层及中粗沙层五层净化，这种“水平潜流+垂直潜流”相结合的立体式净化模式是昕水河湿地的创新，垂直的五层净化，使3.25万平方米的昕水河湿地净化面积扩大到5倍，拉长水的净化旅程，水质更干净。

湿地最大特点是原生态、纯物理模式。纯物理运行节能，湿地内东西走向千分之八的落差，水流自然流动，不消耗一度电。原生态整个净化过程不添加任何化学还原制剂，生态化全处理。昕水河的水通过人工湿地，经监测氨氮含量是0.060毫克每升，总磷含量是0.021毫克每升，优于国家地表水III类水质标准。让河水V类水质进入，III类水质流出，荒山土坡变成田园美景，人工湿地持续改善着昕水河水质。并投资200万元在周边栽植各类绿植1万平方米，四季常绿、山清水秀，引来大量候鸟前来栖居觅食，河水清澈，环境优美，生态宜居。

【省级“四好农村路”示范县】 蒲县县委、县政府立足山区县实际，举全县之力推进“四好农村路”建设，成立“四好农村路”建设领导机构，出台《蒲县推进“四好农村路”建设实施方案》《蒲县农村公路养护管理办法》等规范性文件，将“四好农村路”建设纳入乡镇和县直相关部门年度目标责任考核。高标准、高质量“建好、管好、护好、运营好”农村公路，建立了“十字出境、干支互通、乡村循环、四通八达”的交通网络，实现行政村通硬化路、通客车、通物流三个全覆盖，五年投资60000万元，新改建农村公路300余千米。全县93个建制村公路全部为沥青混凝土路面，路基宽度均在5.5米以上，路面宽度均在4.5米以上，实现建制村拥有安全可靠顺畅通行的农村客车硬化路。

2019年8月，蒲县被命名为“四好农村路”山西省级示范县，成为临汾市首个省级示范县。12月6日，临汾市“四好农村路”建设

2019年8月，蒲县被命名为“四好农村路”山西省级示范县。图为蒲县“四好农村路”　　（蒲县党史方志研究中心供图）

现场推进会在蒲县召开。为改善农村群众生产生活条件、服务助推脱贫攻坚和乡村振兴战略实施提供坚实的交通运输保障。

【“煤改电”居民清洁取暖】2019年，蒲县根据煤改电补贴相关政策，助推清洁取暖工作。引进北京永正电器设备有限公司入驻县城建厂，组建蒲县永正清洁能源科技有限公司生产永正牌超低温空气源热泵，提供蒲县“煤改电”设备终身包修、包换。蒲县给予财政补贴。设备补贴：按照每户采暖面积不超过100平方米的标准，对改造住户设备购买费用予以70%的补贴，居民可根据自身住房实际选择适用机型。采暖面积超过100平方米的部分，设备采购费用由住户自行承担。电费补贴：给予17元/平方米用电补贴，补贴上限不超过100平方米。全年完成全县822户“煤改电”任务，清洁取暖设备全部安装完毕。两大补贴政策让“煤改电”清洁取暖走入寻常百姓家中，受到居民的支持。

【举办广场文化消夏月活动】2019年7月15日至8月14日，蒲县举办第十五届广场文化消夏月活动。消夏月活动以“庆祝中华人民共和国成立70周年——唱响时代赞歌”为主题，历时一个月，节目涵盖歌舞、戏剧、电影三大形式。包括文艺晚会9场、戏剧演出12场、优秀影片展播10场等一系列文化活动。调动广大干部群众参与文化活动的积极性，起到“全民参与、全民娱乐”的效果。

（曹立华）

【县领导班子成员名单】

中共蒲县委员会

书　记　薛凤奎

副书记　赵志慧（3月免）
杨晓舟（3月任）
吴吉红（5月免）
陈东楷（5月任）

常　委　薛凤奎
赵志慧（3月免）
杨晓舟（3月任)）
吴吉红（5月免）
陈东楷（5月任）
*李有红（出版前被市纪委监委《清风临汾》平台通报被开除党籍和开除公职）
宋蒲刚　崔文学
张宁红　黄生宁
刘俊绒

蒲县人大常委会

主　任　陈金庄

副主任　刘向平　弓兰凤
范维胜　窦建林

蒲县人民政府

县　长　赵志慧（3月免）
杨晓舟（3月任）

副县长　*李有红（出版前被市纪委监委《清风临汾》平台通报被开除党籍和开除公职）
席菊玲　董　斌
张　鹏（2月免）
席江红　刘亚敬
张金龙（2月任)）
赵立曦（4月免)
黎　浩
郝育庭（4月任）

政协蒲县委员会

主　席　席建国（3月免）
张　鹏（3月任）

副主席　张金龙（2月免）
亢鹏飞　贺振英
*李永剑（出版前被市纪委监委《清风临汾》平台通报被开除党籍和开除公职）

乡宁县

【概况】　乡宁县位于黄河中游，山西省西南，临汾市西隅，其地理坐标介于北纬35° 41′ 30″ —36° 09′ 07″ ，东经110° 30′ 18″ —111° 16′ 57″ 之间。东依秦王山脉与临汾、襄汾毗邻，西隔黄河与陕西省韩城、宜川相望，南跨马首山、云丘山与新绛、稷山、河津为邻，北以高天山、云泰山为界与吉县接壤。全县土地总面积为2029平方公里。行政区划为5镇5乡、130个行政村、7个社区，共1063个自然村，总人口24万。

2019年，全县生产总值131.6亿元，增长10%；财政总收入58.16亿元，增长19.74%；一般公共预算收入18.98亿元，增长9.81%；规模以上工业增加值105.6亿元，增长10.2%；社会消费品零售总额25.4亿元，增长8.1%；固定资产投资30亿元，增长10.2%；城镇居民人均可支配收入32458元，增长7.9%；农村居民人均可支配收入11509元，增长11.3%。获省级双拥模范县、创建省级文明县城先进县、全省采煤沉陷区综合治理搬迁安置先进县等荣誉，38项工作受到国家和省市表彰。

【产业转型】 2019年，乡宁县在产业转型方面开展“深化转型项目建设年”活动，重点项目完成投资20.77亿元。其中，煤炭产业改造提升，元甲煤业一期完工，通合煤业竣工验收，全年生产原煤1510.39万吨，先进产能占比达70%，原煤入洗率达80%。新兴产业加快发展，乡宁生态文化旅游示范区通过省级评审，云丘山国家AAAAA级旅游景区创建通过文化和旅游部景观质量评审，胡村至云丘山旅游公路主体完工；紫砂陶小镇开工建设；延川南煤层气勘探开发项目持续增产，中电投风力发电、贝林清洁能源光伏发电等新能源项目加快推进。减税降费3.1亿元，5家企业挂牌“晋兴板”，5家企业小升规，1家企业被评为省级优秀“专精特新”小巨人企业。

【乡村振兴】 2019年，乡宁县创建省级现代农业产业园，打造枣岭全国农业产业强镇，认证有机、绿色、无公害产品23种0.415万公顷。启动高标准农田建设2.937万公顷，粮食总产量7.65万吨。培育农业龙头企业32个，3家农业产业化联合体在全市率先挂牌。开展农村土地确权“回头看”和农村集体资产清产核资工作，对农村承包地确权登记颁证重新梳理排摸，对存在问题及时整改，高度关注确权颁证信访问题，确保事关农民切身利益的实事落到实处。开展农村人居环境整治“五大专项行动”，创新推进“三治”融合的乡村治理体系建设。

【创卫工作】 2019年，乡宁县推动县城扩容提质工作，城中村拆迁改造等项目稳步推进，民俗广场、杨笃广场、城市亮化等市政工程完工投用。第二热源厂工程启动实施，县城集中供热面积达到275.5万平方米，新增天然气用户1800余户。光华至关王庙35千伏、王蟒沟至光华110千伏输电线路完工投用。开展城乡人居环境卫生整洁行动，县城建成区和管头镇高标准通过创建国家卫生城镇技术评估验收，4个乡镇、19个行政村分别成功创建为省级卫生乡镇和省级卫生村。

【安全工作】 2019年，乡宁县推进安全生产责任县、乡、村三级“五个全覆盖”，排查整改隐患10576条。打击非法违法用地用矿，立案查处土地违法39案、非法采矿13案。开展高陡边坡隐患排查、护林防火专项督查和安全生产大检查“三个专项行动”，建设地灾防治监管平台和预警网络体系，实施地质灾害应急治理，提前完成枣岭“3·15”山体滑坡灾后重建。防范金融风险，推进扫黑除恶专项斗争，完善社会治安防控体系，推进“平安乡宁”“法治乡宁”建设。

【生态环境】 2019年，乡宁县坚持“转型、治企、减煤、控车、降尘”五管齐下，精准治污、标本兼治。完成焦化企业和煤炭洗选企业产能压减和关停工作。

推进工业企业深度治理，实施提标升级创A行动计划，对达到A类的企业免于错峰，重污染天气可自主减排，推动企业由被动错峰向主动治理转变。狠抓砖瓦行业和采石场专项整治，开展“散乱污”企业大排查大整治，加强散煤管控，实施清洁取暖改造。加强柴油货车污染治理，推进清洁运输。强化道路运输和施工工地等扬尘管控。严格秸秆露天焚烧和烟花爆竹禁燃禁放措施，改善空气质量。筹建县城第二污水处理厂，推进4个乡镇污水处理站及配套管网建设，推进农村生活污水治理。严格落实水源地保护措施。实施黄华峪（乡宁段）河道生态治理工程。贯彻落实“河长制”，组织开展“清河行动”及河道“清四乱”整治行动，强化入河排污口监督性监测，确保鄂河断面水质稳定达标。

开展矿山和煤矸石专项整治，鼓励引导企业推进煤矸石综合利用。实行重点行业企业用地土壤污染调查，突出重点区域和重点行业的污染物管控。加强危险废物规范化管理，推进生活垃圾减量化、资源化和无害化处理。抓好环保督察反馈问题整改工作，解决生态环境突出问题。

推行“林长制”，开展国土绿化行动，完成退耕还林0.267万公顷、宜林荒山造林0.06万公顷。完善生态环境监管执法机制，推行领导干部自然资源资产离任审计。

加强开发建设项目水土保持工作，打击人为造成水土流失行为。弘扬生态文化，倡导绿色生活方式，让绿色消费、绿色出行、绿色居住成为全社会的自觉行动。全面推进生态治理，69家企业完成深度治理，农村生物质取暖改造6262户，植树造林1万亩，全年二级以上天数288天。县城污水处理厂完成提标改造，鄂河万宝山断面水质稳定达到地表水Ⅳ类标准。

【民生事业】 2019年，乡宁县新建幸福湾小学、幸福湾幼儿园，完成迎旭小学、新城区幼儿园改扩建，实施义务教育学校薄弱环节改善与能力提升项目。落实农村义务教育寄宿制学生营养改善计划。实施普通高中集团化办学模式改革，开展城乡结对帮扶，统筹推进城乡教育一体化发展。加强职业教育“校企合作、产教融合”，培养实用人才。推进教师“县管校聘”管理改革，实施“双挂”工程，深化“三优”和“名师”评选，优化中小学校教育教学质量综合评估，促进校长潜心办学、教师静心育人、学生专心学习。

加快推进中医院建设，完成乡镇卫生院和村卫生室达标工作，完善三级医疗服务网络。深化县乡医疗卫生机构一体化改革，推动医防融合纵深发展，完善全县重大疫情防控体制和公共卫生应急管理体系。实施人才引进和优秀骨干医师培养工程，关心关爱医护人员，依法严惩医闹。加快推进社会心理服务体系示范点和慢病综合示范区建设。

全面启动全民健身中心项目，开展全民健身活动，推动以治病为中心向以人民健康为中心转变。建成投用县城图书馆，建设爱国主义教育基地。实施融媒体中心建设项目，农村“双向网”光纤入户9000户。

实施文明守望工程、文物安全及保护利用工程、乡村文化记忆工程和文化惠民工程，促进基本公共文化服务标准化、均等化。加快非遗项目“进校园、进社区、进机关、进企业、进景区、进农村”，开展送戏下乡、送电影下乡等文化惠民活动，让城乡居民精神文化生活更加丰富多彩。

加快樊家坪公租房2#楼建设，新建公共租赁住房96套，做好农村危房改造“动态保障”工作，改善群众居住条件。按照“人人持证、技能社会”要求，对全县14周岁以上劳动力建档立卡，职业技能培训3000人以上，新增就业1800人。深化机关事业单位养老保险制度改革，推进生育保险和职工基本医疗保险合并实施，为城乡重度残疾人、低保户等缴费困难群体代缴养老保险。

【脱贫工作】 2019年，乡宁县推进脱贫攻坚工作，狠抓脱贫成效的巩固提升，坚持“四不摘”，全年共投入资金2.29亿元，在巩固脱贫成果方面抓重点、补短板、提成色，使贫困发生率降至0.01%。发展特色扶贫种植产业0.087万公顷，提质增效林果业0.207万公顷，栽植野生连翘453.467公顷，实施42项贫困村提升工程，建成3个服装加工车间和35个扶贫爱心超市，转移贫困劳动力20656人次。依据农业农村农牧大数据平台，建成脱贫成效“一张网”，对脱贫工作实行全方位的管理。狠抓驻村工作队实施的帮扶“六大行动”，使全县的脱贫工作得到提升。 （郭　峰）

【县领导班子成员名单】

中共乡宁县委员会

书　记　范洪平

副书记　王林波

常　委　周晓文　高国荣　郭玉龙　任国栋　阎　鹏　安　娜　李军杰

乡宁县人大常委会

主　任　张春龙

副主任　卫建平　贺申发　杜吕科　赵继宁

乡宁县人民政府

县　长　王林波

副县长　李　伟　马　平　卢　冬　张保平　王向辉

政协乡宁县委员会

主　席　张欢虎

副主席　王仁虎　薛　峰　高军峰　刘科军

吉　县

【概况】 吉县位于黄河中游，山西省吕梁山南麓。东以石头山、金岗岭、姑射山为界与蒲县、尧都区、乡宁接壤；西濒黄河与陕西宜川相望；南以下张尖为界与乡宁昌宁镇相连；北以处鹤沟为界与大宁毗邻。地理坐标，北纬35°53'10"～36° 21'02"，东经110° 27'30"～111° 07'20"。东西跨度最长62千米，南北宽度48千米，总面积1780平方千米。行政区划为3镇5乡，77个村民委员会，总人口11万人。

2019年，全县地区生产总值完成22.9亿元，同比增长4.7%；社会消费品零售总额完成91043万元，同比增长6.5%；公共财政预算收入完成13825万元，同比增长10.1%；城镇居民可支配收入完成22572元，同比增长6.8%；农村居民可支配收入完成6426元，同比增长14.7%；固定资产投资完成102547万元，同比增长12.9%。

【脱贫攻坚】 2019年，吉县坚持以脱贫攻坚统领经济社会发展全局，按照“四不摘”总要求和“三坚持、四不变、五提升”工作思路，全年统筹整合财政涉农资金19267.23万元，巩固提升脱贫成效。投入2037.1万元，加快推进苹果产业提质升级增效，发展特色种植、养殖业，确保农村群众稳定增收；投入16837.29万元，完善农村道路、饮水、移民安置点配套设施等基础建设；投入392.84万元，精准落实社保、健康、教育、生态扶贫等政策措施；开展精神扶贫“六大行动”，巩固提升脱贫成效。剩余19户48名贫困人口全部脱贫退贫，全县贫困发生率为零。

【旅游产业】 2019年，吉县深化壶口景区体制机制改革，引进山西宏源集团开发建设、经营管理景区，加快AAAAA级景区创建步伐。壶口景区全年接待游客161万人次，门票收入9656万元。举办2019“春华秋实”文化旅游系列活动，世界大河文明国际旅游论坛会址与秘书处落户吉县，推进国家全域旅游示范区创建工作。

【工业经济】 2019年，吉县远景屯里风电一期50兆瓦项目基本完工；3个大型光伏电站、79个村级光伏电站和9兆瓦多村联建光伏扶贫电站全年共发电7959万千瓦时，结算电费4253.21万元，惠及4600余户贫困户。临汾西（吉县）500千伏输变电工程竣工运营。中石油、中石化新增钻井215口；实施大宁—吉县、吉县—延川输气管道和隰吉高速（吉县段）等重点工程。

【苹果产业】 2019年，吉县新栽果树100公顷，实施减密间伐373.333公顷，办理苹果生产保险0.533万公顷，新搭建防雹网66.667公顷，新建5座防雹炮台；开展涉及栽培管理、整形修剪、病虫害防治、土肥水管理、市场营销、期货保险等内容的县乡村技术培训100多场，培训果农1万余人；推出“吉祥吉县、吉地吉品”农产品区域公共品牌，举中国苹果年会暨山西吉县苹果品牌发展高峰论坛，提升吉县苹果的知名度和影响力。

【基础建设】 县城建设：在老城区，重点推进新华、小府两个棚户区改造项目，拆迁补偿已近尾声，工程建设步伐加快；桥南农贸市场建设完成，中心广场至小河畔片区、交电公司片区等改造项目顺利实施。在新城区，重点推进中医院、体育场等建设工程实施新城绿化、硬化、美化工程。完成污水处理厂提标改造、垃圾无害化处理等项目工程，引进北控公司管理城区环卫工作，县城环境面貌大为改观。

乡村基础设施改善：重点完成农村窄路基路面拓宽改造及撤并建制村道路硬化22.7公里，整村提升道路硬化85.5公里，完成农村供水提质改造工程32处，农村基础设

吉县苹果

施和公共服务设施完善提升。

【污染防治】 2019年，吉县贯彻落实中央、省、市关于环境保护的决策部署，打好大气、水、土壤污染攻坚战。加强燃煤管控，收缴置换劣质散煤610吨，推行清洁能源，完成清洁取暖1394户、14.77万平方米，超计划任务53%。空气质量主要约束性指标全部实现同比下降，全年二级以上优良天数达289天，特别是秋冬季重污染天气为0，全市排名第一。州川河人工湿地公园、污水处理厂提温提效和提标改造、城区污水管网配套、垃圾处理场渗滤液处理4项工程完工投入使用，6处入河排污口污水全部实现达标排放。落实奖补政策，回收农业生产废弃物700余吨。完成“三北”工程黄土高原综合治理人工造林建设项目0.16万公顷。

【社会事业】 2019年，吉县统筹推进教育均衡发展，全年共投入21327万元，同比增长6.2%，投资431万元改建农村寄宿制学校4所，新招聘农村特岗教师30名，东关幼儿园搬入新园。精准落实健康扶贫“136”政策，贫困人口住院治疗全部享受“先诊疗后付费”和“一站式”服务。完成可集中供养100名特困人员的敬老院主体工程，新建日间照料中心7个。全年累计发放城乡低保金2439.86万元，保障1994户4043人的基本生活。10件惠民实事全部完成。连续7年获“全省双拥模范县”称号。

（强爱武　白新萍）

【县领导班子成员名单】

中共吉县委员会

书　记　郝忠祥（10月免）
崔绍民（10月任）
副书记　崔绍民（10月免）
赵松强
王晓千（4月挂职）
常　委　王志宏　李桂萍(女)
李勇宏
刘晓军（1月任）
刘　炜（5月任）
庞大懿（5月任）
陈东楷（5月免）
王小华（5月免）

吉县人大常委会

主　任　李晓民
副主任　冯吉平　陈晓爱(女)
李吉廷　贺　庚

吉县人民政府

县　长　崔绍民（11月免）
代县长　赵松强（11月任）
副县长　王志宏（2月任）
邱肖宾　任云智
王吉荣　强晓辉
王习梅（女，挂职）
张国鹏（2月任）
王　云（4月免）
刘晓军（2月免）
徐天明（挂职,11月免）
李勇五（挂职,11月免）

政协吉县委员会

主　席　梁国刚（3月任）
副主席　秦志富　杨建新
杨启亮
郭东舟（5月免）

永和县

【概况】 永和县隶属于山西省临汾市，地处吕梁山脉南端，黄河中游晋陕大峡谷东岸，临汾市西北边缘。东邻隰县，南连大宁县，北与吕梁市石楼县接壤，西与陕西省延川县一河之隔。县境东西最长横距41千米，南北最长纵距46千米，总面积1214.38平方千米。行政区划为2镇5乡，4个社区，75个村民委员会，306个自然村。

2019年，全县地区生产总值完成10.56亿元，同比增长6.3%；财政总收入达到3.04亿元，同比增长9.37%；公共财政收入完成1.26亿元，同比增长13.17%。城镇居民人均可支配收入24508元，同比增长8.5 %；农村居民人均可支配收入4774元，同比增长16.5 %；其余各项经济指标增速也都居于临汾市前列。

【农业】 2019年，永和县深化“院县合作”，推进林果业提质增效。实施红枣、核桃提质增效41.667公顷；投资220万元新栽植苹果树50公顷，投资229.3万元实施66.667公顷果园旱作节水工程；投资4300余万元实施1467公顷高标准农田建设；阁西塬沿黄提水灌溉工程成功调试上水，发展高效节水灌溉面积0.08万公顷；发挥“三区”人才作用，每个乡镇选派3名科技特派员，开展示范基地建设和田间指导工作，经济林常规病虫害无公害防治率达到95%以上。完成县级电商公共服务中心、53个村级电商服务站建设，县域物流快递服务体系初步建成，农特产品助农增收成效显著。

【能源工业】 2019年，永和县加大天然气转化利用和招商引资力度，延伸产业链条。投资4.44亿元，新增钻井46口，日产能达到300万立方米，年销售天然气12.67亿立方米；铺设集气管线20.5千米、长输管线35千米，县域集气管线112.34千米，全县长输管线达到175千米，年输气能力达到38.5亿立方米，县域天然气管道融入全省管网，与周边县市实现互联互通；国新能源公司在永和县注册入驻，上缴税收1122万元（县级留存293万元）；石油压裂支撑剂、LNG液化调峰站、CNG母站和LNG加气站项目竣工调试，天然气勘探开发、管道输送、转化利用全产业链初步形成，天然气全年上缴税收2.12亿元，占县财政总收入的70%。

【文化旅游】 2019年，永和县围绕黄河乾坤湾、红军东征永和纪念馆旅游资源，挖掘文化内涵，推动文旅深度融合发展。全省“黄河一号”旅游公路率先在永和县开工，完成投资5.5亿元，一期工程基本完工，二期工程完成征地拆迁39千米，乾坤湾被山西省委书记楼阳生确定为“黄河一号”旅游公路“0公里”起点。开展重走《黄河大合唱》创作之路“寻根活动”暨永和专场音乐会、2019健行者公益徒步等促进文旅融合发展的特色亮点活动；实施乾坤湾景区于家咀服务区、白家山服务区等旅游基础设施项目。东征、石家湾等6个村入选“山西省旅游扶贫示范村”。奇奇里村和东征村成功入围2019年山西省首批100家AAA级乡村旅游示范村。全年永和县接待游客人数达22.82万人次，旅游收入增幅30%以上。

【脱贫攻坚】 2019年，永和县“贫困户退出5项指标、贫困村退出13项指标、贫困县退出14项指标完成。全年脱贫2001户4952人，累计脱贫78个村6492户17753人。光伏扶贫累计投入4.12亿元，建设2136座个户屋顶光伏、103座村级光伏和1座集中式光伏。累计发电3217.83万千瓦时，占考核指标的118%。全年整合资金3.4亿元，实施脱贫攻坚项目140个；全年投放扶贫小额贷款1523户7603.2万元；签订银企融资意向1.35亿元，落地资金1.04亿元。通过参与生态扶贫工程，带动3981户贫困户年均增收6681元。探索“旅游+农家乐”“旅游+主题教育”等永和模式。支持201户农户兴办“窑洞农家乐”“民俗体验地”，户均增收8000元左右。打造红色主题教育培训，带动100余户贫困户年增收4000余元。通过线上营销、主体助销、基地订销、旅游促销、推介展销等渠道，累计销售农特产品约3600余万元。全年发放农村低保金1052万元、五保金277.61万元、护理补贴45.67万元、临时救助214.47万元。全年投资2750万元，实施饮水安全工程186处；投资1.4亿元，建设“四好农村路”149千米。异地搬迁工程累计投入2.04亿元，易地扶贫搬迁1639户4925人；累计投入1.56亿元，实施危房改造8069户、地质灾害搬迁665户。累计投入4020万元实施基站建设、改造提升等工程，79个行政村实现网络全覆盖。投资1.46亿元新建的县医院投入使用，引入山西白求恩医院实行全面托管。挂牌成立“中国工农红军山西永和红军小学”，成为全国第260所、山西省第6所、临汾市第1所红军小学。投入887万元，建设37个行政村综合文化活动场所，实现行政村全覆盖。开展文体活动1370余场，丰富农村群众文化生活。支持引导贫困户发展特色产业和外出务工，为761户农户发放特色种植业、养殖业补贴549.3万元，为231人兑付外出务工补贴36.76万元。

【污染防治】 2019年，永和县开展大气、水、土壤污染防治行动。大气污染防治。新增清洁取暖面积5.45万平方米，清洁取暖面积达到71.43万平方米，城区清洁取暖覆盖率达到93%，集中供热改造263户，“煤改气”126户；散煤治理，加大过境运煤车辆的检查，划定城区约1.55平方千米为禁煤区；对全县6家混凝土拌合站、2家砖厂进行提标改造，5家企业燃气锅炉实施低氮改造；整治建筑工地2家，新增湿扫车、雾炮车各1辆，城区机扫率达83%；推广电动公交车20辆，占公交车总量的63%；清理道路两侧售沙点18家；县域内餐饮服务单位全部使用油烟净化装置和清洁型能源，7个加油站全部安装油气回收装置。水污染防治。投资2000余万元，实施污水处理厂提标改造工程；投资110万元，建成水质自动监测站；对全县7个养殖场实施粪污处理配套设施建设；开展河道直排污口和河段四乱问题整治，清除各类垃圾2万余立方米。土壤污染防治。投资14万元，对20公顷耕地实施质量提升和化肥减量增效；投资229.3万元，实施千亩果园秸秆覆盖增肥项目。

（李保成　冯瑞红）

【县领导班子成员名单】

中共永和县委员会

书　记　加天山（10月免）

　　　　高永贤（10月任）

副书记　范洋平

　　　　郝　巍（5月免）

牛永福（5月任）
胡小濛（挂职,5月免）
宋林根（挂职,4月免）
马爱丽（女,挂职,4月任）
李国强（挂职,4月任）
常　委　王卫成　刘元福
马　健　白永明
张淑明
迟大鹏（12月免）
唐　勇（12月任）

永和县人大常委会
主　任　马连青
副主任　韩凤莲(女)刘双龙
药虎奎
连永梅（女,1月免）
赵惠明（3月任）

永和县人民政府
县　长　范洋平
副县长　王润贵　周　宏
李占军
王丽霞（女,2月免）
段　波（2月任）
靳亚伟（6月免）
郭东舟（6月任）
刘　宇（挂职,6月免）
薛新平（挂职）
王勇强（挂职）
赵　毅（挂职）

政协永和县委员会
主　席　宋新亮
副主席　冯书霞(女)樊蒲霖
师　卿　马　进

隰　县

【概况】　隰县位于临汾市西北部，东临汾西县，西接永和县，南与蒲县、大宁接壤，北与吕梁市交口、石楼两县相邻。总面积1415.3平方千米。行政区划为3镇（龙泉、午城、黄土）、5乡（城南、阳头升、寨子、陡坡、下李），70个村民委员会，409个村民小组，364个自然村。共有党组34个，基层党组织295个，其中党（工）委19个，党总支17个，党支部259个。全县共有党员6271名。年末全县常住人口为107958人。全年全县出生人口1215人，人口出生率为11.28‰；死亡人口715人，死亡率为6.64‰；自然增长率为4.64‰。出生人口性别为107.83。2019年，全县地区生产总值完成18.74亿元，增长0.38%；全社会固定资产投资完成4.18亿元;公共财政预算收入完成9565万元；规模以上工业企业达到4家，增长值同比增长148.6%；社会消费品零售总额完成12.13亿元，同比增长8.2%；城镇常住居民人均可支配收入完成25323元，同比增长7%；农村常住居民人均可支配收入完成7418元，同比增长15.2%。

【脱贫攻坚】　2019年，隰县累计投入30.5亿元实施精准脱贫，抓好问题整改，强化产业、生态、光伏、电商、消费扶贫措施，落实教育、健康、兜底、就业扶贫政策，完成一批农村公路建设、饮水安全、果水配套等脱贫巩固提升项目；建立返贫预警和动态帮扶机制，落实“四个不摘”，对脱贫户、未脱贫户、深度贫困户、边缘户分类管理、分类监测、精准帮扶，累计完成79个村、7114户、20112人脱贫任务，综合贫困发生率从25.6%降至0.15%。

【强化领导】　2019年，隰县加强和改进党对经济工作的领导，坚持以脱贫攻坚统揽经济社会发展全局，围绕供给侧结构性改革、生态主体功能区建设两条主线，构建玉露香梨全产业链、农业产业园区、新能源、休闲生态康养四大产业体系，增强抵御防范风险的能力水平，做好脱贫成果巩固提升、乡村振兴战略实施、生态环境保护、民生事业改善等重点工作，推动实现经济提档升级、民生持续改善、党建全面加强三大突破。

【梨果产业】　2019年，隰县实施品牌战略，抓好梨果产业升级。管理上，拓展院县合作，加强果农培训，推广标准化管理，完善果水、果库、果肥、果路配套，玉露香梨产量2500万千克，商品果率93%。供应链上，由北纬36度、北京地中宝、善品公社等18家企业和合作社，组建供应链联盟，形成集分选分拣、仓储物流、电商服务等为一体的玉露香梨供应体系。品牌建设上，加强宣传推介，拓展销售渠道，举办梨花节、采摘节，参加北京精品生活、北京千企万品、北京一县一品、上海盒马生鲜、浙江杭州云集消费扶贫推荐会等活动，与中国证券业协会等20家企业、电商平台签订销售合同。隰县玉露香梨荣登中国农业品牌目录，评估品牌价值87.43亿元。电商发展上，完善生态要素，优化运行架构，建起农村电商运营综合服务体系，实现网络覆盖、快递通达、人才培养、金融支持、网货发掘、品牌塑造、数据分析、政务服务，电子商务交易额达2.03亿元。隰县获批设立省级现代农业产业示范区，获批创建国家现代农业产业园、中国特色农产品优势区。

【新兴产业】 2019年，隰县坚持绿色发展，培育新能源产业，盾安98兆瓦风电一期项目49台机组全部并网发电；云畅15兆瓦分散式风电项目取得建设指标；昌盛日电30兆瓦农光互补集中扶贫电站项目并网发电；隰县新能源公司地热能开发利用进展顺利，建成地热井7口，供热面积50余万平方米。依托梨果资源，支持发展农产品加工业和农村电商，好乐佳建成年转化3.5万吨果蔬冻干食品生产线，孵化出野里垣、善品公社、广鑫农业等“农”字号企业，培育出授渔、玉露香网络科技等电商企业。以新能源为支撑、梨果全产业链为主导的民营企业发展态势良好，产业转型升级初见成效，经济高质量发展迈出新步伐。

【城乡建设】 2019年，隰县推进城乡一体化，启动东外环道路、县城弱电入地等市政项目，新建、改造城区道路6条、供水、供气、供热、污水管网45.5千米，县城综合服务功能提升。开展大气污染防治专项行动，空气质量优良天数达311天，综合指数全市排名第一。落实“河长制”，开展确权定界，实施清河行动，治理河道采砂，完成县城污水处理厂二期、湿地生态修复一、二期工程，启动下李污水处理厂项目，改善水环境。实施农村水、电、路、网基础设施提升项目，推进农村拆违治乱、垃圾治理、污水治理、厕所革命、卫生乡村“五大专项行动”，改善农村人居环境。

【民生事业】 2019年，隰县统筹推进城乡教育均衡发展，职教中心通过省级督导评估验收；落实新高考制度改革，引进北京“新越领航百校双提升”计划，高考二本B类大文大理达线82人，创历史最好水平。推进医药卫生体制改革，新医院项目进展顺利，疾控中心业务用房主体完工，基本公共卫生服务和医疗卫生服务水平提升。五项保险参保总人数达19万人次，实现社保全覆盖。实施全民技能提升工程，转移劳动力3305人，城镇登记失业率控制在4%以内。全县道路交通领域死亡人数同比下降71.4%，工矿商贸领域未发生较大事故。开展信访矛盾纠纷大排查、大化解“百日攻坚战”活动，化解信访积案40件。严厉打击黄赌毒、黑恶势力，刑事案件发案率下降19%，破案率同比提升21%。 （赵兵兵）

【县领导班子成员名单】

中共隰县委员会

书　记　李亚丽(女)

副书记　王晓斌
　　　　张锐锋（挂职）
　　　　李睿煜

常　委　黄海华　马健民
　　　　马兰明　王志华
　　　　刘贵平（12月免）
　　　　杨海林
　　　　鲁志江（12月任）

隰县人大常委会

主　任　任　静

副主任　田春明　王玉武
　　　　冯海清　范敏正

隰县人民政府

县　长　王晓斌

副县长　王志华　李　伟
　　　　秦慧民　苏大立
　　　　周建明　韩继峰
　　　　王　磊（挂职）
　　　　史高川（挂职,9月免）
　　　　王东林（挂职,9月免）

政协隰县委员会

主　席　薛小平

副主席　卢天蓉　景生龙
　　　　刘俊平　孙志萍(女)

2019年9月10日，隰县第三届玉露香梨采摘节开幕式　　（隰县党史方志研究中心供图）

开发区和壶口风景区

临汾经济开发区

【项目建设】 2019年是山西省、临汾市确定的“转型项目推进年”，临汾开发区出台《临汾经济开发区深化转型项目建设年行动方案》《关于2019年重点项目包联工作的通知》和《关于领导班子包联挂牌推进重大项目的通知》，全面加强转型项目建设。

建立重点项目领导包联和跟踪服务机制，对36个项目实行“一对一”入企帮扶，26个重点项目包联挂牌推进，当年完成固定资产投资15.62亿元，当年新开工项目8个，包括甲骨文（临汾）信息产业园、甘亭工业园110千伏输变电工程、甘亭工业园220千伏输变电工程、工业园南外环东延道路工程、临汾经济开发区第六大道、临汾移动公司2019年建设项目、中骏国际社区三组团（南区）项目、中骏国际社区三组团（东区）项目、中骏国际社区三组团（西区）项目，其中亿元以上重大项目4个，包括甲骨文（临汾）信息产业园、甘亭工业园220千伏输变电工程、临汾移动公司2019年建设项目、工业园南外环东延道路工程。

临汾开发区谋划1个省级重点项目和2个市级重点项目。分别为材料成型工业自动化及信息化技术改造项目、“互联网+”协同制造机加工智能化工厂升级建设项目、年产10万台（套）智能汽车零部件生产项目。三个项目当年计划投资额合计5.77亿元，达到全年固定资产任务的26.23%。

【基础设施】 2019年，临汾开发区完成市区东大街（河汾路至河汾四路）工程，打通“断头路”，完成对该部分临时建筑的拆除，完成剩余40米段道路工程建设，彻底打通东大街南段道路，增加向阳西路至河汾路的另一条主干通道，方便周边居民的出行。

启动甘亭工业园基础设施道路项目前期手续办理工作，完成南外环东延道路工程、东外环南段道路工程、第九大道南段道路工程等基础设施道路项目的部分手续。加快推进甘亭新型工业园孵化基地标准化厂房和新能源产业园厂房续建工程，完成4座厂房15600平方米、配套用房573平方米，以及地下管网、道路的建设任务。新能源产业园厂房续建工程筑巢引凤，签约进驻“烯炭复合动力锂电池项目”，该项目由临汾经济开发区烯谷能源有限公司投资22.77亿元建设。

【招商引资】 2019年，临汾开发区修订完善临汾开发区招商引资办法，出台“黄金十条”，采取精准招商、全员招商、以商招商、中介招商、股权招商、基金招商等多种形式，提升招商效率，扩大招商范围。开展“走出去”招商，增强招商主动性，承办推介活动，实行会议招商。11月28日，在深圳举办“智能制造 共享未来”为主题的招商引资推介会，会上与14家企业达成合作意向，签订合作协议。

在科技孵化、企业上市、高新技术、招才引智、招商中介等方面给予一定的奖励，推动产业结构优化升级，提升区域产业核心竞争力。

全年临汾开发区共签约项目7个，总投资额115亿元，分别是，投资98亿元的游侠智能汽车临汾超级工厂项目；投资10亿元的山西华翔智能制造产业园项目；投资2.3824亿元的移动公司2019年网络基础建设投资项目；投资2.0869亿元的中骏国际社区三组团；投资1.3364亿元的220千伏变电站建设项目；投资0.5848亿元的110千伏变电站建设项目；投资0.7亿元的南海石化能源山西总部中心项目。开工项目5个，签约项目开工率达到71%。

【优化营商环境】 2019年，临汾

开发区将建区纪念日10月18日，设立为“临汾开发区企业家日”，让区内企业家有实实在在的归属感和获得感，激发企业家的创新活力。

1. 放宽市场准入条件。推进“先照后证”“证照分离”改革，严格执行国家工商总局公布的《工商登记前置审批事项目录》，消减200多项工商登记前审批事项，放宽市场准入门槛，降低市场主体成本，解决“准入不准营”难题，推进照后减证，调动企业和社会创业创新积极性；坚持“非禁即入”原则。凡是市场主体基于自愿的经营商事行为，不属于法律法规禁止进入的领域，不危害国家安全，不损害第三方和社会公共利益，一律不设置审批限制、审批障碍，不以任何形式限制准入；在推进注册登记便利化方面，推进网上行政审批改革、名称登记、设立登记全程电子化，逐步建立健全“零见面”企业登记工作机制。在政务大厅内设立企业自助登记专区，配备电脑和指导人员，指导企业办理全程电子化登记。提高市场主体登记管理的信息化、规范化水平，加快推进工商登记便利化步伐；落实市场主体住所（经营场所）申报登记制，企业凭市场主体住所（经营场所）申报承诺表即可申请登记，不再提交房产使用证明等证明材料；实行“审核合一”登记制度及简易事项当场登记；探索容缺审批制度，在基本审批条件具备，主要申报材料齐全且符合法定形式接受前提下，缺少非关键性材料，或非关键性材料存在缺陷、瑕疵，登记机关一次性告知补正的材料、时限，申请人做出在期限内补正材料的书面承诺。

2. 完善市场主体退出机制。在保障市场交易秩序和交易安全的基础上，推进企业注销便利化，提高行政服务效率，将企业注销公告登报制度改为统一在国家企业信用信息公示网由企业自主公示，优化企业注销流程，减少注销登记提交材料，依托一体化在线政务平台，引导使用企业注销“一网通”服务，网上办理注销登记，方便企业退出市场，实现市场主体退出的便利化。

3. 临汾经济开发区税务局实现“整体业务入驻政务大厅”，打造“多部门、前后台，多区域、两中心”一体化布局的智能型综合办税服务区。

4. 政务大厅内，在设置咨询辅导区、办税服务区、自助办税区、等候休息区四个基本区域的基础上，将自助办税区划分为自助申报区和发票自助区两个部分，指派专人负责两个区域的办税辅导及设备维护。指定三名业务骨干在税务窗口负责跟进解决疑难涉税（费）业务，为纳税人节约办税时间，提升纳税人满意度。

5. 主动改变传统窗口办件方式，在省税务局“办税服务容缺制”的基础上，推出容缺受理、容错免责的“如意双十条”办税服务新模式。“如意双十条”规定现场可以容缺办理的十项内容外，规定窗口人员免责的十种情形，让纳税人享受到便利，提高纳税人的满意度和获得感，为办税人员减压松绑，创造良好的工作氛围。

6. 政务中心强化政务服务意识，提升服务效能。第一，深化“放管服效”改革,软、硬件“两手抓、两手硬”。优化“互联网+政务服务”平台“一张网”和“临开政务在线”公众号，完善服务功能，方便客户了解政务动态和办事情况。并实行首问负责制、一次性告知制、服务承诺制、限时办结制等，清理事项，简化程序，优化流程，及时更新公开《服务指南》，提高服务能力。第二，推行特色服务，提升服务效率。发挥导办作用，开通重点项目绿色通道，实行全程代办、预约服务、上门服务、延时服务，为客户提供“需求式”服务，最大程度便民利企。第三，强化服务礼仪和业务培训，打破窗口壁垒，做到人人精通入厅所有业务，随时帮办导服，全方位提供便利服务。第四，优化窗口设置，将原来按部门设置窗口转变为三类一区，分别为项目类、市场准入类、事务类综合窗口和涉税服务区，涉及职能部门8个，使客户办事更加集中便利，尽量少询问、少跑腿。第五，实行“朝九晚五”工作制，方便客户利用有效时间办事。第六，压缩企业开办时间。协调刻章公司进驻大厅，实现厅内一小时刻章完成，企业开办手续一天内办结。第七，打造“一体化”“一站式”大厅。行政审批局综合审批科于2019年10月入驻大厅，推进相对行政许可权改革工作，为入区企业提供最高效便捷服务。

7. 临汾经济开发区在全市率先实现企业开办3个工作日、登记1个工作日完成。推广“需求式”服务，全面加强政务服务标准化建设，全年共办理审批和其他服务事项48606件，办结率100%。

【改革创新】 2019年，临汾开发区与清华启迪有限公司、大同证券公司、中国现代集团有限公司、上海邦尔德企业管理咨询有限公司等开展合作，聘请国内专家教授和企业高管担任开发区经济顾问和管委会主任助理，提升临汾开发区专业化管理水平；与太行基金公司等开展合作，成立产业引导基金，开展多元化融资；“三制”改革全面完成，按照“领导班子任期制、全员岗位聘任制、绩效工资考核制”要求，临汾开发区制定工作方案，规范机构设置。修订完善《临汾经济开发区绩效考核办法（试行）》《临汾经济开发区绩效工资管理办法（试行）》，激励先进，鞭策后进，调动干部干事创业的积极性和创造性。制定《临汾经济开发区干部职工考勤办法》，严肃考勤纪律，并将考勤工作纳入绩效考核管理体系。行政审批制度改革深入推进，相对集中行政许可权改革任务完成。

【行政审批改革】 2019年，临汾开发区成立临汾经济开发区关于推进相对集中行政许可权改革工作领导组，负责改革工作的统筹协调和整体推进，制定《临汾经济开发区推进相对集中行政许可权改革实施方案》，明确临汾开发区相对行政许可权改革的工作任务。科学划转审批事项；合理选定划转人员；设计优化组织架构；设立综合服务窗口；加强事中事后监管。

探索企业投资项目审批服务模式，制定企业投资项目审批服务体系，对企业投资项目审批过程进行跟踪服务，制定企业投资项目审批服务台账，为投资项目早开工、早建设、早生产、早运营提供保障；制定首办负责制、一次性告知制、服务承诺制、限时办结制、上门服务制、重大项目跟踪服务制等相关制度，增强服务意识，提高办事效率、提升服务质量；出台《临汾经济开发区“一窗受理”实施办法》《临汾经济开发区行政审批事中事后监管办法》《临汾经济开发区行政审批专家管理办法（试行）》《临汾经济开发区行政审批重要事项联席会议制度（试行）》《临汾经济开发区行政审批联合核查和勘验工作管理办法（试行）》等制度，为加强审批服务，推进审批过程跟踪服务体系奠定基础。

【生态文明建设】 2019年，临汾开发区开展秋冬季大气污染综合治理攻坚行动、“散乱污”综合整治、建筑工地扬尘治理、违法排污大整治“百日清零”专项行动、城市大清洁专项行动、燃气锅炉低氮升级改造等工作，建立大气污染防治工作机制和重污染天气应急联动机制，按照全市统一安排部署，对佛塑企业进行关停，使关停工作平稳进行。配合全市靓城提质行动，提高城市管理水平，改善城市面貌。

【开展扫黑除恶专项斗争】 2019年，临汾开发区成功侦破“1·16”“3·03”涉黑套路贷集团案。全年破获各类刑事案件482起，抓获犯罪嫌疑人129人；查处行政案件87起，处理违法人员79人；打掉违法犯罪团伙16个；化解各类矛盾纠纷20余起，维护人民群众的生命和财产安全。 （白　静）

侯马经济开发区

【概况】 侯马经济开发区是1997年经省政府批准设立的省级开发区，2000年挂牌运行，总面积24.78平方千米。侯马经济开发区在全省率先搭建起山西方略保税物流中心、加工贸易梯度转移重点承接地、中国现代物流产业基地、国家电子商务示范基地、国家级绿色园区五个国家级发展平台，成为全省唯一享有保税物流、加工贸易、电子商务等多重国家优惠政策的经济开发区。借助“五个国家级”平台效应，侯马经济开发区重点发展智能制造、医疗健康和现代物流等优势产业，现已引进各类企业1800余家。

2019年，全区GDP完成19.5亿元，同比增长2.7%；财政总收入完成2.15亿元，同比增长5.35%；一般公共预算收入完成0.94亿元，同比增长8.08%；固定资产投资完成10.1亿元，同比增长31%；进出口额累计完成1568万元，同比增长190%。

【招商引资】 2019年，侯马经济开发区在天津承办2019山西临汾市（环渤海）产业合作对接会。全年引进项目320个，签约总投资113.86亿元，其中工业项目14个、现代服务业项目306个。特别是总投资30亿元的中信机电科研试验生产基地项目，是建区以来规模最大、投资最多、影响最广的龙头项目，将提升智能制造产业数字化、网络化、智能化水平，形成全新“生态圈”。

【项目建设】 2019年，侯马经济开发区实施“五个一批”重点项目工程。谋划的22个重大项目，投资到位8.51亿元。海星智慧标准厂房、晋航重工标准厂房等20个项目按计划开工、顺利推进，昱贤磁电、福特沃德等8个项目当年竣工、当年投产，三大产业集聚发展持续提速。

【“三化”改革】 2019年，侯马经济开发区在专业化上，培养本土人才，好利阀公司5名骨干入围“三晋英才”。市场化上，先行引入第三方机构，为企业提供“环保管家”公共服务；柔性引进招商大使，对接洽谈一批重大项目。国际化上，与德国德中创新联盟签订产业园区合作协议，聘请2名高级顾问，中外合作步伐更加坚实。

【发展平台完善】 2019年，侯马经济开发区被工信部授予山西唯一的国家级“绿色园区”，被省发改委授予“省级双创示范基地”，被省中小企业发展促进局授予“省级大中小企业融通型创新创业特色载体”，与临汾职业技术学院共建产教融合实训基地，搭建校企人才对接平台。拥有5个国家级和8个省级发展平台，支撑经济发展的平台体系日益壮大。

【优化营商环境】 2019年，侯马经济开发区全面复制综改示范区做法，打造“六最”营商环境，建立窗口式政策兑现机制，完善政务服务、企业服务、中介服务等六大服务体系，兑现企业扶持资金598万元。在全省优化营商环境评价中排名第一。

【对外开放】 2019年，侯马经济开发区为融入国家“一带一路”战略，深化国际合作交流。6月，组织经贸代表团赴德国马格德堡市、匈牙利巴拉顿伯格拉尔市，开展产业合作交流。9月，邀请德国萨安州中国中心主任一行考察开发区。10月，邀请德国中国研发创新联盟秘书长尹航参加山西省商务厅举办的中德合作经济论坛，并赴开发区考察，签订中外合作产业园合作协议。11月1日，参加“2019年青岛德国商务周暨中德隐形冠军企业投资与合作论坛”，并与德国Transfact软件公司、青岛德创重工、德国隐形冠军企业协会等进行深入交流洽谈合作。12月18日，赴北京拜访中国德国工商大会总部，就2020年合作举办中德产业推介论坛、参加国际展会展览、组织德资企业代表团考察开发区等事宜达成共识，加快推进中德合作园区建设。

壶口风景区

【概况】 壶口景区是1988年被国务院列为国家级重点风景名胜区，2002年被评为AAAA级景区。壶口管委会成立于1998年3月，副处级建制，2005年升格为参公管理的正处级单位，2017年12月新“三定”方案明确为临汾市人民政府派出机构，由吉县人民政府代管，核定事业编制25名。机构有：办公室、财务票务管理科、规划建设科、安全监督管理科、市场营销科、监察室。

【体制改革】 2019年4月12日，吉县人民政府、壶口管委会与宏源文旅集团签署正式合作协议，开发建设壶口景区进入全面实施阶段。6月14日，管委会与宏源文旅集团举行交接仪式，在县财政、国资委、文物等部门监督下对景区财物及管理权限进行移交；7月1日，宏源文旅公司全面开展运营和管理，健全公司架构，聘请专业副总，各部门协同配合，公司运营顺利。

【规划编制】 2019年，壶口风景区推进总规、详规的修编工作，历时2年时间，总规修编文本已上报国务院，详规编制多次修改，已具备上报条件。

【基础设施建设】 2019年，壶口风景区完成景区沿街门店升级改造项目，改造门店28户。对景区3个交易市场（南垣小吃市场、水果市场、马王庙纪念品市场）进行升级改造，南垣小吃市场改造1300平方米，投资65万元，建成21个摊位。水果市场改造900平方米，投资110万元，建成96个摊位。马王庙纪念品市场改造800平方米，投资100万元，建成70个摊位。对街道管网进行改造，共投资725.4万

吉县壶口瀑布　　（壶口风景区管委会供图）

元，其中线路管网、雨污分流、街面绿化、亮化投资362.47万元，10千伏884线路改迁、电缆敷设入地投资362.93万元。更新景区消防设施、购置机械化清扫车、对第三卫生间、景区医务室进行改造，对景区的标识系统进行完善。除清扫车厂家在订货制作外其他均完成，景区的停车场硬化改造、智慧化体系建设、VI体系、污水处置等设施均完成招投标，正在实施。2016年6月，壶口景区启动创建国家AAAAA景区工作，被列为全省创AAAAA的重点景区，2019年，相关资料上报至国家旅游局。

【宣传营销】 2019年，壶口风景区配合县政府举办歌唱黄河文化艺术周、青运会的接棒和火炬传递等各项活动。利用官方网站、微信公众号、自媒体等工具，加强与同程网、驴妈妈网、去哪儿网等多家旅游网站的合作，打造壶口景区高端旅游产品。在北京国贸地铁一号线做LED屏壶口广告宣传；在太原高铁站设立壶口宣传灯箱广告牌两块，印刷三折页5万册、单页20万册、海报1万册、易拉宝200个、制作光盘1000个。以广告置换的方式，在山西洪洞大槐树和皇城相府等兄弟景区实现LED大屏广告和电视台广告飘字宣传。在中央电视台播放次数达到45次，其他频道播放次数达到80多次。共参加北京、上海、重庆、郑州、杭州等地举办的专场推介会8次，推介壶口景区，提高壶口的知名度和影响力。1月19日，在太原举行壶口景区宣传推介暨旅行社签约会以及客户答谢会，近50家旅行社代表和省内外20余家新闻媒体记者参会，签约旅行社达到53家，全年为景区输送游客近30万人，同比增长10%，对其中27家省内外旅行社进行奖励，奖励金额98万元。对省内二级市场，包括大同、朔州、忻州、阳泉、运城、长治、晋城签约旅行社进行走访，并参加临汾市各景区营销座谈会，商讨达成区域联合营销意向18家，拓宽壶口景区客源市场。

【安全监管】 2019年，壶口风景区完善安全设施，在原来的基础上增加安全防爆设施10组、救援器材20组，加高加固加密瀑布周边和龙桥防护栏，安装安全宣传喇叭，增设安全警示牌，配齐救生圈等装备。新增7个微型消防站。增加灭火器、消防器投入240组，增加安全巡逻车3辆，共投资30余万元。对景区地质灾害隐患区域进行全方位排查，消除地质灾害隐患，严防事故发生。节假日旅游高峰期和汛期组织开展应急演练，确保安全度假、安全度汛。景区全年共投入安全专项资金115万元，出动30个检查组220人次，排查整改各类隐患66个，有效预防安全事故的发生，实现连续九年安全生产无事故的工作目标。

【景区大气环境】 2019年，壶口风景区18台燃煤锅炉全部淘汰；取缔金瀑路沿街酒店、饭店烧烤摊位12处；景区范围内未安装油烟净化装置的9家酒店、饭店油烟净化装置安装完毕，使景区餐饮油烟治理达到100%；景区洒水车定时对景区内4千米游览道路和景区建筑工地进行洒水；铺设防尘网82000余平方米，景区内的扬尘污染得到有效治理。

【景区水生态环境】 2019年，壶口风景区新建5个污水处理厂，共投资670万元，日处理能力460吨，实现景区污水处理收集全覆盖。实行景区道路全天候保洁，及时清理积存垃圾。生活垃圾处理严格落实生活垃圾日产日清机制，教育、引导景区群众自觉维护公共卫生。确定专人负责，景区厕所全天候清扫保洁。景区投资40万元采购垃圾清扫车一辆，投资15万元采购垃圾清运车一辆，投资 2万采购小型清运车一辆。

【游客接待及门票收入】 2019年，壶口风景区管委会在全省实行60岁以上免票政策下，沿黄公路的修建，通往景区的道路受阻等因素的影响，造成大量游客流失。壶口景区全年接待游客1611929万人，门票总收入95656875元。

（李　宇）

重要文献选载

市委常委会工作报告摘要

——2019年11月18日在市委四届七次全会上

岳普煜

市委四届五次全会以来，在省委的正确领导下，市委常委会高举习近平新时代中国特色社会主义思想伟大旗帜，全面贯彻党的十九大和十九届二中、三中、四中全会精神，深入学习贯彻习近平总书记视察山西重要讲话精神，统筹推进“五位一体”总体布局，协调推进“四个全面”战略布局，坚持稳中求进工作总基调，认真落实省委“一个指引、两手硬”工作思路和要求，以“改革创新、奋发有为”大讨论为牵引，大力实施“345”发展战略，团结带领全市党员干部群众真抓实干、攻坚克难，努力推动全市改革发展稳定各项事业取得新进步，在“两转”基础上全面拓展临汾党的建设和党的事业新局面。

常委会坚持用习近平新时代中国特色社会主义思想坚定信仰信念、统揽工作大局、指导决策部署、衡量工作成效，带头增强“四个意识”，坚定“四个自信”，做到“两个维护”。我们按照中央“学懂弄通做实”和省委“融会贯通、学以致用、全面覆盖”的要求，组织市委中心组集中学习22次，召开第二次学用习近平新时代中国特色社会主义思想经验交流会，在不断学习实践中，感知感悟这一思想的真理力量和实践伟力。我们教育引导全市党员干部深学笃行，开展习近平新时代中国特色社会主义思想学习纲要进基层、“不忘初心、牢记使命”主题教育等宣讲近1200场。全市“学习强国”平台注册率位居全省第一、活跃度位居全省第二。我们坚持把习近平总书记重要批示作为党内政治要件，全力落实习近平总书记对临汾重要批示精神，积极开展乡宁“3.15”山体滑坡抢险救灾和灾后重建。在谋划重要工作、作出重要决策时，认真对表习近平总书记重要论述，对标中央决策部署要求，结合实际形成思路举措，召开31次常委会、2次全会对重点工作作出安排部署，推动习近平新时代中国特色社会主义思想和党中央决策部署在临汾落地生根。

一、精心组织安排，深入开展“不忘初心、牢记使命”主题教育

常委会认真落实中央和省委关于开展“不忘初心、牢记使命”主题教育的部署要求，把开展主题教育作为重大政治任务，聚焦主题主线，坚持把学习教育、调查研究、检视问题、整改落实有机融合、一体推进，全市党员干部守初心、担使命的自觉明显增强，找差距、抓落实的成效初步显现。

我们提早谋划安排，先后7次召开专题会议学习中央、省委有关要求，谋划推进全市主题教育。市县两级提前组建成立了主题教育领导小组及办公室，市委抽调骨干力量组成14个巡回指导组，各级党组织共组建208个巡回指导组，提前制定工作规则、明确工作职责、建立管理制度，对各级各部门主要负责同志进行思想动员和业务培训，为主题教育扎实开展奠定了坚实的组织、思想和工作基础。

常委会以上率下，率先制定主题教育工作安排，明确了集中学习研讨、专题党日活动、专题党课等23项重点工作；带头开展了9次集中学习和3次学习交流研讨，带头深入基层调查研究，带头对照党章党规检视剖析问

题，带头推动整改落实，为各级党组织作出了表率，发挥了良好的示范带头作用。

我们按照中央指导意见和省委“1+4”文件规定，在省委第6巡回指导组的指导帮助下，聚焦重点措施，同步推进落实。一是扎实抓好学习教育，坚持学原文读原著悟原理，全市各级领导班子第1次、第2次集中学习研讨全部完成，正在进行第3次集中学习研讨；累计开展革命传统教育、形势教育、先进典型教育和警示教育1.5万余次；召开学用交流会693场，持续推动理论学习入脑入心。二是深入开展调查研究，摸透实情、发现问题、推动整改，共确定调研题目7952个，形成调研报告6623篇，召开调研成果交流会1629次；深入基层开展“三服务”，力戒形式主义、官僚主义，完成服务事项1137个，发放明白卡11.2万张，向党员群众公布服务项目1895项，通报进展情况1124项。三是认真检视剖析问题，坚持开门搞教育，采取“群众提、自己找、上级点、集体议”等方式，拓宽问题采集渠道，公开专线电话、征求意见箱，广泛征集意见建议。通过召开座谈会、个别访谈、新媒体留言等形式，努力把问题找全、找准、挖深，从政治、组织、思想、作风等层面解决违背初心和使命的问题。四是狠抓整治整改落实，发扬自我革命精神，坚持刀刃向内、“改”字当头，召开全市主题教育领导小组专项整治推进会，聚焦“8+5”专项整治整改内容，上下联动，实行清单制落实、项目化管理，以问题整改成效体现主题教育的实效。目前，各级领导班子及党员干部共列出问题清单1.5万个，查找问题5.5万余条，已经整改3.4万余条。

二、聚焦高质量发展要求，坚定不移推动经济转型发展

常委会深入贯彻新发展理念，坚决落实中央和省委、市委经济工作会议部署，坚定转型决心不动摇，紧紧围绕“示范区”“排头兵”“新高地”三大目标，切实加强对经济工作的组织领导，召开8次常委会、4次财经委会议专题研究经济工作，出台《支持民营经济发展的意见》和《关于落实市委经济工作会议相关目标任务的分工方案》，及时提出指导经济工作的思路要求、重点任务和重大举措，统筹做好稳增长、促改革、调结构各项工作,经济发展的质量效益进一步提升。前三季度，全市GDP完成1096.5亿元，同比增长6.9%，增速全省第3；规上工业增加值同比增长6.5%，增速全省第4；一般公共预算收入完成115.6亿元，同比增长8.3%，增速全省第3；固定资产投资、城乡居民人均可支配收入等均高于预期，位于全省中上游。

我们紧紧抓住山西建设国家资源型经济转型综合配套改革试验区和能源革命综合改革试点的政策机遇，加快推进转型升级步伐。积极推动传统产业改造升级，加快培育壮大新兴产业，大力发展前沿产业，加快构建“4+6+N”现代产业体系。认真落实“三去一降一补”政策，累计关闭退出矿井18座，退出煤炭产能1395万吨，退出铁产能82万吨，退出钢产能170万吨。大力实施平川区域焦化、钢铁等企业“退城入园”“退川入谷”，鼓励焦化、钢铁等产能向产业优势明显和环境容量充足的山区县转移。晋南钢铁集团2×1860高炉及转炉、沃能化工30万吨乙二醇联产LNG、正大制管等一批大项目相继开工建设。前三季度，全市装备制造业和战略性新兴产业工业增加值分别增长6.2%和5.2%。加大“小升规”培育力度，一批“专精特新”企业成为拉动我市经济发展的新引擎。大力实施乡村振兴战略，加快发展有机旱作农业，粮食播种面积742万亩，预计产量22.6亿公斤，超额完成考核任务，位居全省前列；着力打造农产品精深加工十大产业集群，实施高标准农田改造、特色种植基地建设等项目，一产累计完成投资8.7亿元，同比增长4.7%，增速由负转正。加快文化旅游和现代物流业发展，前三季度，全市服务业增加值完成531.2亿元。加快沿黄现代农业文化旅游带建设，重点实施了11个旅游项目，创建了10家AAA级乡村旅游示范村。截至10月底，全市旅游总收入673.96亿元，同比增长22.78%。

我们以啃硬骨头精神全面深化改革，成立市委全面深化改革委员会，召开3次市委深改委会议，年度48项重大改革任务和14项先行先试任务顺利推进。党政机构改革顺利完成，国资国企改革、开发区改革、农业农村改革等持续深化，能源革命综合改革试点破题，全市改革推进态势更加强劲，改革对经济社会发展的牵引作用更加凸显。

我们树立内陆和沿海同处开放一线的理念，积极扩大对外交流合作，深度融入“一带一路”、黄河流域、关中平原城市群等国家战略，积极组织外贸企业参加各类出口交易会。前三季度，共签约项目149个、总投资923.1亿元。加强与澳大利亚杰尔顿市等国际友好城市的联系，与斯里兰卡阿努拉德普勒市结为友好城市，与柬埔寨拜林省拜林市签订发展友好城市关系备忘录。

三、坚决打好三大攻坚战，为决胜全面建成小康社会奠定决定性基础

常委会深入学习贯彻习近平总书记关于扶贫工作的重要论述,以“打不赢脱贫攻坚战，就对不起这块红色土地”的态度和决心推进脱贫攻坚。进一步健全完善目标责任和工作落实“两大体系”，全面推行“两清单两表格”制度。聚焦“三落实”“两不愁三保障”“三精准”和“三率一度”，紧盯中央脱贫攻坚专项巡视、省委脱贫攻坚专项巡视、2018年脱贫成效考核问题、省脱贫攻坚督导组交办的问题和我们自查发现的问题，精锐尽出，狠抓落实。加快易地扶贫搬迁步伐，激励搬迁群众加快入住与腾旧复垦，有效提升入住率；加强基础设施建设，保障群众饮水安全；加大摸排力度，加强数据对比，实行动态管理，不断提升基础数据的准确性和群众满意度。成立临汾市打赢打好永和脱贫攻坚战领导组，组建5个工作组进驻各县市区蹲点指导，统筹抓好责任、政策、工作落实。深入开展“四级书记”遍访贫困对象行动、主要领导干部驻村深度解剖活动和万名干部下乡进村入户十帮扶活动，协调解决实际问题，提升群众满意度。加强驻村帮扶干部队伍管理，引深驻村帮扶“六大行动”。“1+X”产业扶贫、消费扶贫等重点工程稳步推进。3个计划摘帽县加快摘帽步伐，7个已摘帽县严格落实“四个不摘”要求，巩固脱贫成果，7个非贫困县精准查找问题，补短板强弱项，全市脱贫攻坚质量成色有效提升,贫困发生率下降到0.7%，为2020年交好总账奠定了坚实基础。

我们深入贯彻习近平生态文明思想，全面落实中央、省委关于生态文明建设的重大部署，从政治高度谋划和推进环境治理工作。坚持把中央、省环保督察及“回头看”、生态环境部强化监督帮扶、省生态环境厅百日清零专项行动等督察、监督反馈问题整改工作作为重要政治任务来抓，开展重点企业、重点区域和重点问题环境整治，对“一城三区”内未完成深度治理的5家企业实施关停退出，实现市区及周边10公里范围内焦化、钢铁等企业全部“清零”。对钢铁、焦化和水泥企业采取季节差异化生产管控措施，实施“错峰减排”。扎实开展秋冬防工作，加大工业治理力度，完成治理涉气企业215家，散乱污588家，19家焦化企业全部完成特别排放限值改造，5家钢铁企业完成超低排改造；大力实施散煤治理，17个县市区均划定了禁煤区和禁燃区，完成清洁取暖改造1607.8万平方米、7.8万户；开展城市“大清洁”、市区道路交通综合整治“清乱”行动、靓城提质“三大行动”等集中整治行动。空气质量明显改善，SO_2、PM_{10}和$PM_{2.5}$浓度值同比下降，改善率位居全省前列，环境空气质量综合指数在全国168个重点城市中位次前移。同时，深入贯彻落实习近平总书记在黄河流域生态保护和高质量发展座谈会上的重要讲话精神，狠抓地表水治理、水源地保护、水污染治理等工作。新建14座跨界断面水质自动监测站，实施了31项水污染防治重点工程，对全市225个入河排污口逐一排查整治，全市地表水水质明显改善。扎实开展全市固体废物专项执法检查和产废企业的危险废物规范化工作专项检查，稳步推进矿山生态修复工作。

我们增强底线思维和忧患意识，制定出台《临汾市坚决打好防范化解重大风险攻坚战方案》，扎实做好8个领域49项重点工作。统筹加强政治安全风险排查预警，严密防范、坚决打击敌对势力渗透颠覆破坏活动，防范化解暴恐活动、宗教渗透、邪教破坏、策反窃密等重大风险。统筹做好非法集资、政府和企业债务、房地产等方面风险隐患防范化解工作，严防各类风险叠加联动。稳妥处置群体性上访和涉军群体性事件等问题，扎实做好民生领域工作、食品药品安全工作和“二青会”、70周年大庆等重大安保工作。深入开展高陡边坡隐患排查、森林防火、安全生产大检查三个专项行动。前三季度，全市各类经营性生产安全事故和死亡人数实现“双下降”，经济社会大局保持和谐稳定。

四、加强民生保障和改善工作，不断增强广大群众的获得感幸福感

常委会始终坚持以人民为中心的发展思想，着力推动民生事业发展，不断增进民生福祉。我们统筹推进城乡就业，大力实施全民技能提升工程，城镇登记失业率1.5%，维持在较低水平。我们全力推进城镇保障性安居工程建设，棚户区改造开工率86.7%；积极培育住房租赁市场，建立了住房租赁综合服务平台。我们加快推进教育现代化，着力推动第三期学前教育行动计划和市区学校建设三年行动计划，2019年全市二本B类以上达线人数1.9万人，同比增长3.2%。我们持续巩固医药卫生体制改革成效，全面落实基本公共卫生服务项目，统筹医保基金，保障群众看得上病、看得好病。我们持续加大全市交通固定资产投资，稳步推进陆港型国家物流枢纽承载城市建设，积极构建绿色公共交通体系，交通运输部在我市启动了“我的公交我的城”大型主题宣传活动。我们大力发展体育事业，成功承办第二届全国青年运动会三项赛事，竞技体育再创佳绩，全民健身事业蓬勃发展。

五、发展社会主义民主法治，扎实推进“法治临汾”“平安临汾”建设

常委会充分发挥总揽全局、协调各方的领导作用，定期听取市人大、政府、政协和法院、检察院党组的汇报，把党的领导体现到各领域各方面。

我们积极支持市人大及其常委会依法履行宪法法律赋予的职权，突出地方特色加快立法。实现了乡镇（街道）人大代表联络站全覆盖。制定出台《临汾市建筑工程施工扬尘污染防治规定》和《临汾市大气污染防治条例》，搭建起具有临汾特色的治理污染地方法规框架。聚焦生态环境、民生领域，开展执法检查和监督工作，集中解决了一批突出问题。

我们大力支持政协履行职能，聚焦全市大局和中心工作，组织开展各类专题协商议政和视察调研活动，提出一系列针对性操作性较强的建议。围绕人民政协成立70周年，开展大型书画摄影展和政协志编纂等相关庆祝活动，得到社会各界一致好评。

我们认真做好新形势下统战工作，积极支持民主党派履行参政党职能，分级分类建立了党外干部队伍数据库。加强对民主党派、无党派人士和新的社会阶层人士的思想政治引领。深入开展“九临合作”。举办“千企谋发展·百亿助转型”活动。在全市开展民族团结进步创建“七进”活动，积极推进中央专项巡视整治整改工作，切实做好防范和抵御宗教渗透工作，依法打击各类邪教活动，进一步规范宗教活动场所管理，有力维护了民族宗教和谐稳定局面。

我们扎实推进“法治临汾”“平安临汾”建设，认真学习“枫桥经验”，做好信访工作，群众进京上访人次同比下降，国庆期间进京到重点地区实现“零上访”，“四员五老”调解工作机制得到中央领导的肯定。全力推进市县乡村四级综治中心标准化建设，探索建立了“一格一员”“多格一长”的综治网格化管理模式。加快推进“雪亮工程”。深入开展扫黑除恶专项斗争，“打伞破网”“打财断血”，共打掉黑恶犯罪组织162个，破获各类案件1570件，抓获犯罪嫌疑人1453人。

我们全面落实党管武装重大要求，召开市委议军会议，开展军事开放日活动，开展平战转换演练，着力提升我市国防动员和后备力量建设水平，促进军民融合深度发展。

六、深入推进全面从严治党，保持党内政治生态的风清气正

常委会认真履行管党治党政治责任，把严实标准和措施贯穿于管党治党全过程和各方面。我们坚持以党的政治建设为统领，认真贯彻落实省委十一届八次、九次全会精神，召开市委四届六次全会对推进全面从严治党向纵深发展作出针对性部署。认真践行新时代党的建设总要求，大力实施“红色矩阵”工程，提高工作标准，狠抓工作落实。依托清华大学继续教育学院平台，举办“一把手”政治能力提升专题培训班。严格执行《新形势下党内政治生活若干准则》，市委常委班子召开2次专题民主生活会。认真抓好中央第十五巡视组巡视山西反馈意见整改工作，制定《关于落实省委深化中央巡视整改工作第二轮整改任务清单》，提出了10条整改措施，与第一轮53条整改任务一起统筹推进落实。以张茂才违纪违法案件为反面典型，深入开展专题警示教育，全面肃清腐败流毒影响。

我们将意识形态工作纳入全市工作大局、党建工作责任制、年度目标考核体系和市委巡察范围。召开4次意识形态分析研判会，对意识形态领域形势进行分析研判，积极稳妥做好舆论引导。开展爱国主义教育，全力打造“好基地讲好故事”品牌。全面启动省级文明城市创建工作。以庆祝新中国成立70周年为主线，以“唱响时代赞歌”为主题，举办了20项系列庆祝活动，营造浓厚氛围。洪洞县新时代文明实践中心被列为全国试点，蒲县被列为省级试点。全市6个县级融媒体中心试点顺利通过省级验收。

我们以“三基建设”为抓手，全面加强各领域基层党建。制定深化“三基建设”进一步加强基层工作50条工作措施，配套出台8个分类指导意见办法，全市共排查出软弱涣散基层党组织474个，采取领导干部“五包三联”、挂牌督办、以强带弱等工作措施，集中力量整顿软弱涣散基层党组织，目前已全部完成整顿。加强和改进全市城市基层党的建设，街道、社区党组织建设得更加坚强有力。加强社区工作者队伍建设，建立专职社区工作者“三岗十八级”岗位序列和待遇正常增长机制，有力调动社区工作者热情，得到省委充分肯定。大力发展村集体经济，基层党组织政治功能、服务功能明显提升。

我们扎实推进“基层减负年”工作，大力弘扬求真务实、真抓实干作风，着力解决形式主义、官僚主义突出问题。加强干部队伍建设，落实省委“两大行动”和“三年计划”要求，大力发现培养选拔优秀年轻干部；选派优秀年轻干部到困难艰苦地区、关键吃劲岗位挂职锻炼，进一步壮筋骨、长才干。坚持严管和厚爱原则，加强干部监督管理；认真落实职务与职级并行和职级与待遇挂钩制度，打通公务员发展新通道；激励广大干部新时代新担当新作为，选树了397名担当作为表现突出的干部，形成干事创业的鲜明导向和良好环境。

我们一体推进不敢腐、不能腐、不想腐，巩固发展反腐败斗争压倒性胜利。召开6次市委反腐败领导小组会议，加强对反腐败工作的全过程领导。深入推进监察体制改革，推动监察职能向村居延伸，实现对行使公权力的公职人员监察全覆盖。持续开展巡察工作，认真落实中央八项规定精神，驰而不息纠治“四风”。1—10月份，全市纪检监察机关共立案2040件，结案1979件，给予党纪政务处分2049人。查处违反中央八项规定精神问题368件，处理552人。公开通报曝光52批次153起225人。

近一年来，市委常委会高度重视自身建设，自觉增强“四个意识”，坚定“四个自信”，带头做到“两个维护”，以实际行动同以习近平同志为核心的党中央保持高度一致。坚持在理论联系实际上下功夫，不断提高学以致用的能力和水平。坚持抓好自身主题教育，严格执行《市委常委开展“不忘初心、牢记使命”主题教育的工作安排》。坚持认真执行民主集中制，巩固发展了团结奋进、积极向上的良好氛围。坚持谋划重大思路、部署重大改革、推出重大举措，努力为全市改革发展把好方向、管好大局、作好决策。坚持以“革命加拼命”的精神状态，履职尽责、开拓创新。坚持严格遵守党规党纪，自觉接受各方面监督，大兴务实之风，不断增强班子的凝聚力、战斗力。

我们清醒认识到，临汾改革发展还面临诸多困难和问题，工作中还有不少差距。全市经济转型发展的任务依然艰巨；部分干部抓改革的意识和能力尚有欠缺；生态环境治理形势依然严峻，环境质量持续向好的态势还不稳固；脱贫攻坚任务艰巨，民生领域还有一些短板；影响社会和谐稳定的隐患还比较多，扫黑除恶专项斗争仍需进一步推进；党的建设还存在薄弱环节，全面从严治党任重道远，等等。对这些问题和差距，常委会将高度重视，采取有效措施，加以解决。

临汾市人民代表大会常务委员会工作报告摘要

（2019年2月25日　）

陈小洪

过去一年的主要工作

2018年是全面贯彻党的十九大精神的开局之年，也是本届常委会依法履职、接续奋斗的重要一年。一年来，常委会高举习近平新时代中国特色社会主义思想伟大旗帜，全面贯彻党的十九大精神，在市委的坚强领导下，坚持一线定位，瞄准一流标准，聚力实干担当，依法履职行权，全年召开常委会会议12次，主任会议12次，制定地方性法规1件，完成初审1件，听取审议“一府两院”专项工作报告13项，作出决议决定、审议意见12项，调研视察55项，任免国家机关工作人员60人次，组织宪法宣誓41人次，圆满完成市四届人大四次会议确定的各项任务，为拓展全市改革发展新局面发挥重要保障和促进作用。

一、坚持党的领导，把牢人大工作正确政治方向

坚持党的领导是做好人大工作的根本保证和关键所在。市委高度重视人大工作，市委常委会定期听取市人

大常委会党组工作汇报，多次研究人大工作中的重大问题和重要事项。省人大常委会副主任、市委书记岳普煜在去年年初对人大工作进行专题调研，走访人大代表，视察代表小组活动室、联系点，在人大机关召开工作座谈会，对人大工作提出明确要求，有力支持和推动人大工作开展。

常委会始终坚持重大事项、重要工作、重要会议、重要活动主动及时向市委报告，自觉把人大工作放到全市改革发展大局中科学谋划、务实推进，确保人大工作始终在党的领导下前行。

常委会党组坚持把深入学习贯彻习近平总书记关于坚持和完善人民代表大会制度的重要思想作为履职担当的首要任务，召开市县乡人大学用交流会，持续在学懂弄通做实上下功夫，全面建设担负起宪法法律赋予各项职责的工作机关，同人民群众保持密切联系的代表机关，以实际行动带领常委会组成人员和全体代表进一步树牢“四个意识”，坚定“四个自信”，坚决维护习近平总书记核心地位、坚决维护党中央权威和集中统一领导，做到知行合一，在政治立场、政治方向、政治原则、政治道路上同以习近平同志为核心的党中央保持高度一致。

二、加强重点领域立法，有效发挥立法引领推动保障作用

常委会充分发挥立法主导作用，结合我市转型发展实际，聚焦生态环保领域，努力提升立法能力和水平，扎实开展立法工作。

加强重点领域立法。环保问题是我市迫切需要解决的重点问题，按照市委对生态环境治理和打好污染防治攻坚战的总体部署，我们将生态环保方面立法列入立法计划，着力补齐环保基础法规短板。针对饮水安全问题，常委会历经10次调研论证、多次讨论修改，审议通过《临汾市饮用水水源保护条例》，已经省人大常委会批准；针对扬尘污染问题，常委会认真开展《临汾市建筑施工工地扬尘污染防治规定（草案）》立法，现已完成初审工作，今年完成再审，上报省人大常委会批准，早日颁布实施，为我市环境污染治理继续提供法律支持。

注重立法能力建设。常委会高度重视立法基础工作，制定立法咨询专家工作细则，完善立法研究咨询基地，规范立法联系点工作程序，充实立法专家库，为立法工作提供专业指导和智力支持。扩大公众有序参与,为社会第三方参与立法提供制度保障；举办立法工作培训会，积极参加全国和省人大组织的立法业务培训和工作交流，指导基层人大参与立法工作，不断提升立法能力和水平。

推进法规贯彻实施。为充分掌握2017年制定的《临汾市禁止燃放烟花爆竹规定》《临汾市旅游资源保护和开发办法》《临汾市非物质文化遗产保护管理办法》《临汾市燃煤污染防治规定》贯彻实施情况，常委会组织执法调研队伍，用两个月的时间深入多个部门、多个领域，对4部法规进行执法调研，形成调研报告，指出存在问题，提出意见建议，转交市政府及有关部门予以办理，进一步推动地方性法规贯彻实施。积极配合全国人大、省人大就《中华人民共和国环境保护法》《山西省汾河流域生态修复与保护条例》等9部法律法规开展执法检查和立法调研。

三、拓展深化监督方式，推动全市经济社会全面发展

常委会把保障和推动市委重大决策部署的贯彻落实作为监督工作的重中之重，紧紧围绕全市重点工作和人民群众关注的热点难点问题，务实开展监督。

突出推动生态环境治理加强监督。围绕打好大气、水、土壤污染防治攻坚战，就环保执法检查发现问题整改情况、燃煤污染防治工作情况等进行跟踪监督，推动我市生态环境持续改善。按照新环保法要求，听取审议了全市环境状况和环境保护目标完成情况报告，督促政府强化节能减排、源头防控，实施科学治理。开展“平阳环保行”活动，到霍州、尧都、襄汾的11个企业和项目工地，重点对环境影响评价责任等8项内容开展执法检查，集中解决一批突出污染问题，切实推动环境保护法律法规全面有效落实。

突出推动脱贫攻坚加强监督。常委会高度重视精准脱贫和乡村振兴工作，对脱贫“摘帽”的贫困县进行了专题调研，组织部分常委会委员和人大代表先后深入全市8个县（市、区），47个乡镇、121个贫困村，走访相关企业37个，形成有效建议和帮扶措施65项，推动扶贫产业发展和基础设施完善。着眼惠民利民，高度关注教育、医疗、饮用水安全等事关群众切身利益的事项，就城乡教育一体化改革、县乡医疗卫生机构改革等进行专题调研、听取审议专项报告，促进农村基础设施和公共服务明显改善。

突出推动经济转型加强监督。常委会密切关注全市经济运行情况，听取审议国民经济和社会发展计划执行情况、市本级预算执行情况，听取审计工作报告和审计整改情况的报告，听取审议全市转型重点项目建设情况的报告，及时分析和查找经济运行中出现的困难和问题，并依法作出审议意见；开通市预算联网监督平台，切实提升预算监督信息化水平。为助力民营经济发展，开展服务民营企业活动，走访联系民营企业人大代表，调研企业减税降费政策，推动市委市政府支持民营经济发展政策落地。常委会就我市创新创业工作情况、营商环境、文化产业等情况，进行重点视察和跟踪督办，督促政府要以“综改”与“供改”相结合为主线，优化全市产业发展战略规划，发展接续替代产业，不断形成新的优势和新的增长点。

突出推动城乡环境整治加强监督。积极推动市委决策部署贯彻落实，常委会依法作出市县乡三级人大联动开展城乡环境卫生整洁行动专项监督的决定。成立了由常委会主任会议成员任组长的督查组，三级人大坚持方案统一、标准统一、步调统一，主任会议成员各带一队、各奔一路、各把一块，直达一线搞督查，盯住问题促解决。先后开展了“助力旅发大会，共建清洁家园”“市区环境大清洗行动”等活动。一些“盲点”“漏点”“污点”问题得到重视，一些常态化、制度化清洁机制初步建立，一些直接影响市容市貌的顽症得到解决，推动全市卫生环境大提升，以良好的环境面貌为省旅发大会等重要活动举办增光添彩，实现人大工作的上下互动、互补、互促。本届人大常委会将把督查环境卫生整治作为监督工作的一项重要内容，持续监督，跟踪问效，抓住不放，一抓到底，抓出成效。

突出推进法治临汾建设加强监督。常委会加强对机构改革和“放管服效”改革的监督，通过听取专项报告，提出意见等方式，促进依法行政、优化行政服务、提高效率效能；围绕促进司法公正，听取审议市中级人民法院关于全市法院执行工作情况的报告、市人民检察院关于全市检察机关公益诉讼工作情况的报告，出台《关于进一步加强人民法院执行工作的决定》《关于加强检察机关公益诉讼工作的决定》，在司法工作监督常态化、制度化上迈出坚实步伐；着眼维护社会和谐稳定，听取审议市人民政府扫黑除恶工作情况专项报告并作出审议意见；把解决信访问题作为解决群众实际问题的重要抓手，全年共依法受理群众来信来访275件次，接待来访人员480人次,为促进社会和谐稳定发挥了积极作用。

常委会把敢于担当的改革精神植入工作，坚持把审议决定重大事项与推进全市经济社会发展紧密结合起来，及时批准2018年度市本级预算调整方案，推动政府更加科学管理和使用财政资金，提高资金使用效率。常委会坚持把党管干部原则同依法行使人事任免权统一起来，按时、高效、依法完成人事任免工作，确保市委推荐的人选通过法定程序成为国家机关工作人员。

四、夯实代表履职基础，切实发挥代表主体作用

常委会立足“代表机关”定位，尊重代表主体地位，全力支持和切实保障人大代表依法履职行权、充分发挥作用。

加强代表履职服务保障。实现代表列席常委会会议、参加常委会活动常态化,先后邀请319名省、市人大代表列席人大常委会会议及参加视察、专题调研、执法检查等活动。通过自办媒体《临汾人大》期刊、“临汾人大”微信公众号等渠道，及时向代表通报常委会和“一府一委两院”重要工作及重大活动情况，为代表履职创造条件。组织开展省、市代表轮训，邀请专家、优秀代表进行专题讲座，强化代表日常学习。坚持为代表订阅报刊、杂志，为无固定收入代表发放误工补助，保障代表依法履职。

拓展代表履职渠道。开展市人大常委会主任会议成员“走基层、访代表、听民生”活动。组织市人大代表跨行政区域交叉视察。围绕全省旅发大会，在代表中开展“助力2018年全省旅发大会，人大代表在行动”主题实践活动。围绕乡村振兴、脱贫攻坚和民生热点，组织省、市人大代表进行专题调研、集中视察，畅通民意表达和反映渠道。坚持重点监督议题、重要立法项目、重大调研课题吸收代表参加、倾听代表意见，代表主体作用得到充分发挥，使常委会工作更接地气。

增强代表建议办理实效。把做好代表意见建议办理工作作为支持代表行使职权的重要内容，紧抓不放。年初，常委会从市四届人大四次会议提出的建议、批评和意见中，确定10件重点建议，采取常委会主任会议成员领衔督办、常委会机构对口督办和常委会集中督办的方式持续跟踪落实，全部办结。代表提出的163件建议、批评和意见，办复率100%，一批群众关心关注的突出问题得到有效解决。

五、不断加强自身建设，努力提升履职能力和水平

常委会坚持高标准定位，固本强基，激发活力，全面展现新时代人大工作新气象新作为。

全面加强政治建设。坚持把政治建设摆在首位，扎实推进“两学一做”学习教育常态化制度化，持续深入开展“强化责任、严守纪律、树好形象”专项治理活动，强化常委会组成人员和机关干部的政治责任和政治担当，为做好新时代人大工作提供坚强政治保证。严肃党内政治生活，开展主题党日活动，组织宪法学习、意识形态教育、党纪党规等专题讲座，提升运用政治思维、法治思维指导实践、推动工作、解决问题的本领。

全面优化工作环境。在市委市政府的高度重视和关心支持下，完成常委会和机关新址搬迁工作，解决多年来租房办公的老大难问题，工作条件明显改善，常委会和机关面貌焕然一新。推进“临汾人大”网站改版，完善“智慧人大”操作系统，提升人大机关信息化水平。扎实开展市级文明单位创建，进一步提振精神，形成和谐共事、活力干事、用心成事的良好工作氛围。

全面开展交流指导。成功承办全省南部六市五年立法规划座谈会，我市在保护生态环境和文化遗产方面取得的立法成效，走在全省前列，受到了省人大常委会的肯定和表扬。接待全国人大常委会副委员长及全国、省人大常委会视察调研活动16次。加强对县（市、区）人大工作的指导，主任会议成员指导县（市、区）人大工作常态化、制度化、规范化，定期召开全市人大常委会主任工作交流座谈会，加强交流，上下互动，促进工作，全市各级人大联系更加紧密，工作水平整体提高。加强与我市省人大代表的联络服务，在省十三届人大二次会议上，我市代表共提出议案7件，全部被采纳，占全省议案总数的1/4，实现零的突破，提出建议102件，送发简报13期，双双位列全省第一，为全省发展履职尽责，为我市发展赢得支持，展示我市代表的良好形象。

成绩需要总结，问题更需面对。改革创新，奋发有为，给我们提出更高的要求。我们的立法能力和经验不足，依法监督质量还需提升，代表履职服务保障机制有待改进，代表履职平台有待进一步拓展延伸，常委会及机关自身建设需要持续强化等等。我们将认真听取各位代表和各方面意见，切实加以改进。

今年的主要任务

2019年是新中国成立70周年，是全面建成小康社会的关键之年。市委四届五次全会暨市委经济工作会议对我市今年改革发展做出了总体部署。常委会工作的总体要求是：坚持以习近平新时代中国特色社会主义思想为指导，围绕中心，服务大局，坚持党的领导、充分发扬民主、严格依法办事有机统一，围绕全面建设“两个机关”新要求，对标一流，改革创新，奋发有为，为全市改革发展稳定做出应有贡献。

“改革创新、奋发有为”大讨论是省委着眼全局，立足长远作出的总体部署，市委已经作出全面安排，常委会机关已经动员，常委会党组要把大讨论作为牵引全年工作的总引擎，扛起主体责任，切实加强领导，确保高效推进。常委会组成人员和全体代表要发挥先锋模范作用，坚持问题导向，紧密联系工作实际，带头学习研讨，带头查摆问题，带头深入实践，努力在思想理论武装、提高立法质量、增强监督实效、创新工作机制、提高履职能力上有新提升，在解放思想中推进人大工作有新发展。

*在政治建设上要有新高度。*要学深悟透习近平总书记关于坚持和完善人民代表大会制度的重要思想，把“十个坚持”贯穿到人大工作的全过程，在分层次开展专题学习培训的基础上，适时召开市县乡三级人大学习交流会，进一步提高政治站位，在思想上更加统一、政治上更加坚定、行动上更加自觉，把常委会机关建设成一流的政治机关。

*在立法质量上要有新提高。*对《临汾市建筑施工工地扬尘污染防治规定（草案）》进行二审，加快制定《临汾市大气污染防治条例》，着手制定城乡环境卫生管理方面的法规，为推进我市大气环境质量持续改善提供法治保障。发挥“法律巡视”利剑作用，加强执法检查力度，深入开展《临汾市禁止燃放烟花爆竹规定》等5部地方性法规的执法检查。开展《中华人民共和国水污染防治法》执法检查，配合省人大开展《山西省汾河流

域生态修复与保护条例》《山西省城乡环境综合整治条例》实施情况执法检查。配合省人大检查老年人权益保障法律法规实施情况，检查职业教育法律法规的执行情况，促进民生改善。配合省人大检查科学技术普及、旅游法律法规实施情况，支持经济转型升级。

*在依法监督上要有新成效。*今年，要听取和审议市政府关于“十三五”规划纲要实施情况中期评估、国民经济和社会发展计划及财政预算执行、环境状况和环境目标完成、县乡医疗卫生机构一体化改革、“扫黑除恶”推进工作、乡村振兴工作等方面的报告。听取和审议市中级人民法院诉讼服务工作，市人民检察院刑事执行检察工作情况报告。建立市政府向市人大常委会报告国有资产管理情况报告制度，推动人大预算审查监督重点向支出预算和政策拓展。全面建成县（市、区）预算联网监督平台，加快推进市县两级预算联网监督工作。积极回应人民群众对优美卫生环境的期待，听取市政府农村人居环境三年整治行动专项工作报告，并进行满意度测评。持续开展三级人大联动对城乡环境卫生整洁行动的专项监督，必要时启动刚性监督程序。针对发展环境不优问题，对全市营商环境状况进行全面调研，并依法加强监督。

*在发挥代表作用上要有新作为。*高质量做好代表培训工作，不断提高代表的政治理论水平和法律素养。继续开展10件重点意见建议办理，并选择一至两件适时开展办理情况专题询问。开通代表履职APP，以信息化手段提升代表建议办理质量和水平。抓好人大代表活动阵地建设，积极推进代表直接联系群众平台建设，实现乡镇人大和街道人大工委代表联络室全覆盖，并确保阵地平台发挥应有作用。各级代表要通过大讨论，践行“人民选我当代表、我当代表为人民”的承诺，发挥广泛联系人民群众的优势，争当改革排头兵、创新带头人，奋发有为、作出表率。

*在提升履职能力上要有新突破。*进一步加强常委会会议制度建设，不断提高常委会会议的审议质量，特别是要对常委会会议作出的决议决定、审议意见及规范性文件的贯彻落实情况进行跟踪问效，持续监督。要通过大讨论找准自身存在问题，坚持问题导向，不断探索常委会立法、监督、重大事项决定、人事任免和代表工作的新机制，使常委会工作更务实、更规范。加强对县乡人大的指导和支持，切实增强全市人大工作合力。

政府工作报告摘要

（2019年2月24日）

刘予强

一、2018年工作回顾

刚刚过去的一年，是临汾经济社会发展中极其艰难的一年，也是临汾饱受涅槃之痛、奋力克难攻坚的重要一年。一年来，在省委、省政府和市委的坚强领导下，在市人大、市政协的监督支持下，市政府坚持以习近平新时代中国特色社会主义思想为指导，深入贯彻党的十九大精神和习总书记视察山西重要讲话精神，紧紧围绕省委“三大目标”，聚焦“345”发展战略和“12345”工作思路，全力打好防范化解重大风险、精准脱贫、污染防治“三大攻坚战”，统筹推进稳增长、促改革、调结构、惠民生、防风险，全市经济运行总体平稳，社会事业稳步发展。

*经济质效持续提升。*地区生产总值完成1440亿元，比上年增长2.8%；全社会消费品零售总额完成687.1亿元，比上年增长7.5%；一般公共预算收入完成126亿元，比上年增长29.8%；海关进出口总额完成19.8亿元，比上年增长20.1%；规模以上工业增加值完成483.9亿元，规上工业企业利税比上年增长28.1%。

*产业结构不断优化。*煤炭先进产能占比达到75%，全市制造业、战略性新兴产业、高新技术产业占全市工业增加值比重达到30%以上。全年实现旅游总收入634.1亿元，比上年增长31%。三次产业比重由2017年的7.2∶46.3∶46.5进一步优化为2018年的6.5∶45.9∶47.6。

环境质量明显改善。市区环境空气质量综合指数为7.73，比上年下降10.1%；二级以上天数137天，比上年增加9天。六项监测指标中四项浓度值同比下降。劣Ⅴ类水体断面比例为37.5%，达到或优于Ⅲ类水体比例为25%。

发展布局更加合理。不断加大布局规划和调整力度，形成百里汾河、百里黄河、百里太岳“三个百里”功能突出、各具特色、协同发展的规划战略，纳入全省区域协同发展指导意见。加快产业发展布局调整，对分布在市区周边的同世达、欧环等一批焦化企业实施关闭，全面启动退城入园工作。

基础设施日趋完善。持续加大城建、交通、水利等基础设施建设力度。向阳西路改造提升、锣鼓桥西延等一批城建工程按期竣工；中大街贯通、迎春街南延等部分道路完工通车；华门光影秀、汾河音乐喷泉、滨河东路道路绿化亮化等惠民工程如期完成；霍永高速西段、长临高速建成通车，环城高速全线贯通；“四好农村路”完成2287公里，尧都区、隰县被评为“四好农村路”全国示范县；沿黄旅游公路永和乾坤湾试验段全面完工；引沁入汾浮山供水工程基本完成，中部引黄、禹门口东扩涉临骨干工程扎实推进。

民生事业稳步发展。城镇居民人均可支配收入完成30692元，比上年增长6.3%；农村居民人均可支配收入完成11630元，比上年增长8.3%，连续三年高于城镇居民人均可支配收入增幅。吉县、乡宁、安泽3个贫困县成功“摘帽”，隰县、蒲县、古县、浮山4个贫困县进入脱贫“摘帽”程序，全市163个贫困村退出、5.2万贫困人口脱贫，贫困发生率降至0.7%，脱贫攻坚实现连战连胜。全市城镇新增就业和农村劳动力转移就业分别达到54911人和50917人，城镇登记失业率为2.87%。五大保险参保人数和基金征缴全部超额完成省定目标任务。34.6万农村人口稳定解决饮水安全问题。建成农村老年人日间照料中心50个。省政府六件民生实事和我市十件民生实事基本完成。

政务服务全面升级。创建政务服务标准2.0体系，政务服务“一张网”建设成为全省样板；市长热线荣获全国“12345”政府服务热线“稳步攀升奖”；侯马企业投资项目承诺制“一次两会”工作法在全省推广；政府系统实现OA协同办公全覆盖；“13710”督办系统实现市、县、乡三级连通。

一年来，我们顶着巨大压力，在艰难中跋涉，在困境中前行，重点抓以下几方面工作：

（一）抓产业、谋转型，全面加快动能转换。紧紧围绕争当“全省转型发展排头兵”的目标，把产业转型升级作为经济工作的重中之重，强力予以推进。工业方面，编制实施《争当能源革命排头兵实施方案》，出台煤炭、焦化、钢铁等7个行业转型升级三年行动计划，全面实施煤炭产业升级改造，加快推进焦化、钢铁产业优化布局、减量置换，强力推进铸造和装备制造、新能源、新材料、大数据等新兴产业发展。现代服务业方面，大力推进第三产业振兴行动计划，商贸物流、电子商务、文旅产业等现代服务业蓬勃发展。我市被确定为“陆港型国家物流枢纽承载城市”；兴荣物流园区智慧平台成功加盟全国物流大体系；苏宁易购入驻隰县，成为全省首家苏宁易购扶贫实体店。紧紧抓住承办山西省旅游发展大会的机遇，全力打造黄河、根祖、太行三大旅游板块，深入实施“百项文旅活动”和“百项提升工程”，洪洞大槐树寻根祭祖园成功创建AAAAA级景区，晋国博物馆、吉县人祖山成功创建AAAA级景区，克难坡等8家景区成功创建AAA级景区。尧庙·华门文旅融合示范区试点起步，成功举办早期都邑文明的发现研究与保护传承暨陶寺四十年发掘与研究国际论坛，世界大河文明国际旅游论坛会址与秘书处落户我市。现代农业方面，编制实施《乡村振兴战略总体规划（2018—2020）》，6个县、30个乡镇、100个村试点工作扎实推进。粮食总产量达到25.7亿公斤，秋粮是历史上的第二个高产年。新发展（改造）水果8.8万亩、中药材8万亩、设施蔬菜0.5万亩、露地特色蔬菜4.2万亩。肉、蛋、奶类产量分别达34万吨、17.7万吨、6万吨。汾西洪昌养殖入选国家级龙头企业，填补全市“空白”。

（二）抓改革、增活力，持续增强发展后劲。牢固树立争先意识，以时不我待的紧迫感，全面深化改革增动力，不断扩大开放激活力。扎实推进“三去一降一补”。压减煤炭产能375万吨；工业产成品存货比上年下降5.6%；商品房待售面积消化周期为5.7个月；工业企业资产负债率降低1.6个百分点；工业企业每百元主营业务收入成本降低1.3元；全市累计减免税27.3亿元，普遍性降费政策措施得到全面落实。深入推进重点领域改革。国企国资、国有林场、集体林权、金融、科技、医药卫生、财税体制等重点领域改革均取得新突破，襄汾、安泽经济技术开发区设立获批，沿黄现代农业文化旅游开发区建设在全省率先破题。实施创新驱动战略。深入开展高端产学研合作，与九三学社山西省委签订《“九临合作”战略合作框架协议》，李兆申院士专家工作站落户市人民医院，李德发院士工作站落户蒲县。扎实推进“双创”活动，侯马市、华翔集团成功获批省级“双创”示范基地，隰县授渔众创空间、侯马经济技术开发区被认定为省级科技企业孵化器，临汾杏林、乡宁颐高万创等5家平台成功创建省级众创空间。“市长创新奖”持续实施，15家科技创新优秀企业获奖。全面加快对外开放步伐。加快构建内陆地区对外开放新高地，签署《关中宣言》，加快融入关中平原城市群，与斯里兰卡阿努拉德普勒市建立国际友好合作伙伴关系，侯马市与美国核桃市缔结为国际友好城市。创新“五大招商”模式，在北京、广州等地举办招商引资推介会10场，全年签约项目290个，总投资额1591亿元。中欧班列实现常态开行。

（三）抓项目、强机制，不断夯实基础支撑。按照全省“转型项目建设年”活动要求，坚持把项目工地当阵地，持续加大项目建设力度。完善项目机制。在全面贯彻落实省六项常态化机制的基础上，不断健全完善并联审批、协调调度、领导包联、项目化管理等10项工作机制，促进项目建设的科学化、规范化。优化项目审批。加大企业投资项目承诺制改革试点工作力度，全力打造“六最”营商环境，一批项目实行承诺制和并联审批。加快项目建设。先后四次召开高规格、大规模的工作部署会、观摩会和推进会，开展项目集中开工月活动，全市共铺开重点项目777个，年度完成投资371亿元。推进实施产业转型项目479个，其中，新兴产业项目424个，完成投资215亿元，传统产业改造升级项目54个，完成投资42亿元。晋南钢铁集团2×1860立方产能减量置换、曲沃年产30万吨乙二醇联产LNG、山西盾安隰县风电、大宁鸿晋一次性防护手套等一批转型项目进展顺利。

（四）抓治理、优环境，逐步筑牢生态屏障。深入贯彻落实习近平生态文明思想，在全省率先出台《党政领导干部生态环境保护责任制实施细则》，更大力度、更高层次推进生态环境治理。认真整改突出问题。深刻汲取环保数据造假案件和三维事件教训，6个国控监测点位9大类问题及时整改完成，中央环保督察等上级督察反馈及我市自查自纠的1561个问题已完成整改1518个，整改率97%。强力推进“八大工程”。大力实施环境容量管控、大气环境治理等“八大工程”，全市完成工业企业深度治理661家，整治“散乱污”企业2524家。完成“煤改气”“煤改电”、集中供热清洁取暖改造15万户，成功申报国家清洁取暖试点城市，争取到9亿元中央财政资金支持。扎实开展大气专项行动。邀请中国环科院柴发合专家团队、“一市一策”专家团队对我市进行污染源解析和跟踪服务，先后制定打赢蓝天保卫战三年行动计划、大气污染防治年度行动计划、秋冬季大气污染防治攻坚行动方案和$PM_{2.5}$、SO_2等专项治理方案，深入开展固废大排查、柴油车和散装物料运输车联合执法等10个专项行动。积极实施水土污染防治。率先在全省建立“河长+巡河员”河道巡查管理体系，整治入河排污口393处。龙祠水源地一级保护区范围内龙祠、晋掌村环境综合整治等项目基本完成，洪洞汾河国家湿地公园通过验收，大力实施涝洰河生态治理工程。新增水土流失治理面积65.9万亩，完成营造林49.7万亩，全市森林覆盖率达31.4%，三北防护林体系建设工程被评为全国先进。89家煤矿企业启动矿山生态环境恢复治理，全面筑牢生态保护屏障。

（五）抓扶贫、打硬仗，着力提升脱贫质量。深入贯彻中央、省的脱贫攻坚决策部署，紧紧围绕全市“1351”脱贫攻坚思路，下大力气推进精准扶贫、精准脱贫。健全完善脱贫工作体系。创新构建脱贫攻坚目标责任和工作落实两个体系，在全市实行“周例会月报告季总结”和“五清单两标准一档案”制度，制定《坚决打赢全市脱贫攻坚战三年行动的实施意见》，专门派出驻县工作组进行跟踪指导、巡回督导，确保责任到人、措施到位。加快实施十大扶贫工程。市县两级投入扶贫资金6.1亿元，全力推进“十大扶贫工程”。特色产业扶贫“8311”重点项目超额完成省定任务。易地扶贫搬迁7个贫困县57个集中安置点主体竣工。光伏扶贫新建的332座村级光伏电站全部建成并网。10个贫困县建档立卡贫困户完成退耕还林4.2万亩。贫困村提升、健康扶贫、金融扶贫等工程也取得明显成效。集中攻坚深度贫困。聚焦深度贫困，在政策举措、资金投入、工程项目、帮扶力量等方面，加大向大宁、永和两个省级深度贫困县倾斜力度，强力推动“10+1”共享政策和专享政策落地见效。“五联五帮”责任制持续深入，形成攻坚深度贫困的工作合力。大宁县“村社一体”改革推动脱贫攻坚的做法得到省委、省政府肯定，蒲县“道德银行”扶贫扶志模式成为全省典型，黎掌村两次登上央视新闻联播。

（六）抓安全，控风险，全力确保社会稳定。牢固树立总体安全观，按照“三个坚决防止”和“四铁”要求，防范化解重大风险隐患，全力加强安全生产、社会治理等工作。在防控重大风险上，加大政府债务和金融风险防控力度，把全部债务纳入地方全口径债务监测平台系统，实行网上监控，严厉打击恶意逃废金融企业债务和非法集资行为，市县两级政府债务规模均在可控范围之内。在狠抓安全生产上，制定《贯彻落实〈地方党政领导干部安全生产责任制规定〉实施细则》，切实强化“五化一杜绝”，深入开展安全生产执法年活动，扎实推进安全生产大检查和专项整治，严肃查处生产安全事故，工矿企业连续9年未发生重大事故，其中煤矿企业连续6年未发生较大以上事故，百万吨死亡率控制在省控指标以内。在维护社会稳定上，强力开展扫黑除恶专项斗争，打掉黑恶势力犯罪团伙110个，破获各类刑事案件815起。持续完善社会治安防控体系，推进“平安临汾”“法治临汾”建设，全市社会大局和谐稳定，为经济社会发展提供坚强保障。

（七）抓民生、提品质，努力增进民生福祉。民生支出累计执行320.7亿元，占一般公共预算支出的83.1%，比上年增长19.3%，人民群众幸福感、获得感、安全感不断增强。文化方面，市博物馆建成开馆，市图书馆、国学馆、射击飞碟靶场等项目顺利推进，县级“四馆一场一院”建设取得积极成效，古县图书馆荣获“国家一级图书馆”，公共文化设施建设不断完善。“平阳记忆”“印象临汾”工程成果显著。“尧王杯”系列赛事圆满举办，竞技体育在亚运会上实现金牌“零”的突破。教育方面，全市认定普惠性民办幼儿园68所。市区新（改、迁）建的8所中小学（幼儿园）进展顺利。尧都区通过国家义务教育均衡验收。完成中小学薄弱校改造156所。高考实现达线人数、达线率、清北人数“三个历史性突破”。立德树人、“三优”评选以及校长、教师交流等工作扎实开展。卫生健康方面，医疗医药医保联动改革扎实推进，109个病种实现按病种收（付）费。永和、曲沃、安泽、古县成功创建县乡医疗卫生机构一体化改革“省级示范县”。医联体建设实现所有县市区全覆盖。市中心医院、市妇幼保健院顺利通过“三甲”复审。建成16家中医馆，中医药服务能力稳步提升。3个县、5个乡镇创建国家卫生城镇工作取得积极进展。

（八）抓班子、强队伍，高效推进政府建设。依法接受人大监督，自觉接受政协民主监督，主动接受社会和舆论监督，全年共办理全国政协提案2件，省人大代表建议11件、省政协提案2件，市人大代表建议156件、市政协提案242件、意见11件，办结率达100%。深入开展“强化责任、严守纪律、树好形象”专项治理活动，严格落实中央“八项规定”精神，坚决反对形式主义、官僚主义，驰而不息纠正“四风”。全面压实从严治党主体责任，认真履行“一岗双责”，修订《临汾市人民政府党组关于落实意识形态工作责任的实施细则》，全年开展集体约谈、提醒谈话和诫勉谈话800余人次，党员干部“四个意识”“四个自信”“两个维护”显著增强，保持良好的政治生态和干事创业氛围。

与此同时，国防动员、双拥共建和优抚安置工作扎实推进。外事侨务、残疾人、红十字会、妇女儿童等事业取得新进步，人防、统计、审计、气象、住房公积金等工作取得新进展，对口援疆工作取得新成绩。

安不忘危，兴不忘忧。在肯定成绩的同时，我们也清醒地认识到，全市发展绝非一路坦途，前进的道路上，依然面临着不少困难和问题。主要是：产业结构单一。煤焦冶电四大传统产业占比仍高达90.9%，除装备制造业外，其余新兴产业和“N”个前沿产业推进都不够快。发展动能不足。项目储备不优，落地、开工不足，大项目好项目少；工业经济新旧动能转换不快，新产业、新业态、新模式依然较少，支撑经济发展的动能不足。环境问题突出。我市空气质量综合指数等指标在全国、全省和汾渭平原排名仍处在后位，全市环境基础能力建设相对滞后，能源消耗和排放仍然很大，节能减排任务艰巨。基础设施薄弱。水、电、路、网建设不同程度地存在“短板”，特别是全市农村公路技术等级普遍偏低，人均水资源占有量仍低于全省、全国均值。发展环境不优。服务项目、企业的政策措施落实还不到位，并联审批机制有待优化，开放平台支撑比较弱，营商环境、引智环境仍需改善，等等。这些问题与新时代发展的要求、与群众日益增长的对美好生活的向往还不相适应。对此，我们将直面问题，勇于担当，尽心竭力加以解决。

二、2019年工作安排

2019年是新中国成立70周年，是决胜全面建成小康社会、实现第一个百年奋斗目标的关键一年，也是我市经济转型发展的关键一年。今年政府工作的总体要求是：以习近平新时代中国特色社会主义思想为指导，全面贯彻党的十九大和十九届二中、三中全会精神，深入贯彻习近平总书记视察山西重要讲话精神，按照“巩固、增强、提升、畅通”八字方针要求，在市委的坚强领导下，坚持稳中求进总基调，坚持新发展理念，坚持高质量发展，坚持把深化供给侧结构性改革与深化转型综改区建设相结合作为经济工作的主线，坚持深化市场化改革，扩大高水平开放，继续打好三大攻坚战，统筹推进稳增长、促改革、调结构、惠民生、防风险工作，进一步稳就业、稳金融、稳外贸、稳外资、稳投资、稳预期，紧紧围绕“示范区”“排头兵”“新高地”三大目标，深入推进“345”发展战略，坚定信心，排难而进，努力打造新优势、培育新动能、树立新形象，争当全省转型发展“排头兵”，推动从严治党向纵深发展，激励各级干部改革创新、奋发有为，为全面建成小康社会收官打下决定性基础，以优异成绩迎接中华人民共和国成立70周年。

主要预期指标是：地区生产总值增长6.3%左右，全社会固定资产投资增长10%左右，社会消费品零售总额增长7.5%左右，一般公共预算收入增长6.3%以上，城乡居民人均可支配收入分别增长6.5%和6.5%以上，城镇新增就业47000人，居民消费价格涨幅控制在3%左右，城镇调查失业率、城镇登记失业率分别控制在6.5%、4.2%以内。资源节约、环境质量、民生改善等约束性指标完成省定目标。

围绕以上目标，今年重点抓好以下十项工作：

（一）在产业转型上狠下功夫，推动高质量发展取得新突破

坚持区域协调高质量发展战略，强力推进百里汾河、百里黄河、百里太岳“三个百里”经济带建设，把构建“4+6+N”现代工业产业体系作为主攻方向，持续优化调整产业结构，争当能源革命“排头兵”，不断提升我市经济发展的“含金量”“含新量”“含绿量”。

强力推进“三个百里”建设。坚持把“三个百里”作为产业转型“主战场”。百里汾河经济带“腾笼换鸟”。推动传统产业优化升级，逐步转移，腾出转型发展空间。依托临汾、侯马陆港（侯曲）、洪洞、襄汾、霍州等经济技术开发区和尧都高新技术产业开发区，按照不同的功能定位，因地制宜，突出特色，承接国外和沿海发达地区产业转移，加快发展现代高效农业，培育壮大战略性新兴产业，优先发展高端服务业，建设资源型经济转型发展创新高地。百里黄河经济带“双轮驱动”。充分发挥国家重点生态功能区优势，坚持生态优先、尊重自然，依托丰富旅游资源，大力发展“文旅+农业”，依托优良自然禀赋，大力发展“传统产业+新能源”。围绕西山7县，整体创建沿黄现代农业文化旅游开发区，打造黄河经济带新的增长极。百里太岳经济带“多点突破”。在生态优先前提下，积极承接百里汾河经济带及区域外产业转移。依托安泽、翼城经济技术开发区和古县涧河、浮山中强等工业园区，建设工业转型升级和资源循环发展利用示范基地。依托太岳山区生态环境优势，培育壮大现代特色农业，大力发展生态休闲旅游。

加快改造传统产业。推动传统产业在“长高”上下功夫，坚持走“减、优、绿”之路，通过高新技术注入，脱胎换骨，提档升级，强力实施煤炭、焦化、钢铁等行业转型升级三年行动计划，实现以旧换新，老树发新枝。煤炭产业，坚定不移提高先进煤炭产能比重，持续走深加工、清洁高效利用之路，培育壮大延伸煤炭绿色转化产业链条，增加煤炭的附加值，全市生产煤矿全部达到二级以上安全生产标准。焦化产业，着力提高焦化产业集中度，上大关小，减量置换，退城入园，实现焦化产业优化升级。稳步推进大机焦建设，延伸焦化下游化产深加工产业链，重点推进安泽蔺鑫30万吨/年（5亿立方米/年）LNG清洁能源、同世达SNG清洁能源等项目。钢铁产业，以减量置换升级为主要途径，推动存量产能向优势企业集中，走集约型、集团化之路。推进晋南钢铁集团建设，实施曲沃通才产能减量置换项目，加快打造精品钢基地。电力产业，持续优化调整电源结构，积极发展风电、水电以及太阳能等新能源，重点推进吉县远景、隰县盾安、乡宁中电投等一批风力发电项目。

大力培育新兴和前沿产业。推动新兴和前沿产业在“长大”上下功夫，坚持做“扶、引、育”文章，积极培育一批新的优势产业聚木成林，实现集群化、规模化、高端化发展。重点发展高端装备制造业。充分利用我市精密铸造、锻造等产业基础，大力扶持一批铸造、装备制造、智能制造企业发展，加快建设“制造强市”，重点打造5个铸（锻）造基地。以华翔为依托，打造以“装备制造+信息化自动化”为特色的中美国际产能合作产业园。在翼城县和侯马市分别打造以“装备制造+军民融合”为特色的翼城高端铸（锻）造军民融合产业园和侯马汽配产业基地。充分发挥临汾职业技术学院教科研优势，在尧都区打造以“装备制造+产学研”为特色的中韩国际产能合作产业园。在襄汾县整合现有铸造企业，打造以“集约化、集团化”为特色的绿色铸造园区。重点推进华翔3D打印产业化和V法自动化改造、汤荣双金属复合一体式制动毂改造等项目建设。大力推进新能源、新材料产业发展。重点依托我市丰富的煤层气资源，加大开发力度，发展关联性产业，加快推进永和丰百能源LNG液化调峰站、大宁鸿晋一次性防护手套二期项目建设。加快打造新材料产业集群，重点推进汾西其亚氧化铝及高精铝板带箔、侯马北铜铜精矿处理、浮山嘉鑫4万吨超高功率石墨电极等项目建设。支持乡宁紫砂小镇（紫砂紫陶产业园区）建设。瞄准国家先进战略，发展大数据、物联网产业，重点推进大数据产业园、飞虹微纳米、光宇LED等项目建设。

大力发展民营经济。坚持“两个毫不动摇”，深入贯彻习总书记在民营企业座谈会上提出的大力支持民营企业发展壮大6个方面政策举措，认真落实省委、省政府支持民营经济发展30条意见，着力破解民营经济发展中的问题。扎实开展“政策兑现活动”，持续加大财税、信贷、融资、用地、人才等方面支持力度。利用市产业引导发展基金，引导和带动社会资金支持初创期中小微企业创业创新。完善领导干部联系民营企业制度，健全企业家参与涉企政策制定机制，构建“亲”“清”政商关系。扩大市级企业应急周转资金规模，撬动引导社会资本解决融资难题，鼓励民营担保公司参与支持小微企业发展。积极引导推动民企上市，加快推进华翔集团在主板上市，鼓励支持企业在山西股权交易中心挂牌交易，争取在“新三板”上市。加快推进民营企业集群发展，采取并购、战略联盟、相互持股等方式实现强强联合，着力解决民营企业产业规模小、布局散、层次低等问题。

健全完善创新体系。坚持把创新摆在核心位置，加快推进高新技术产业园区建设，新增高新技术企业5家。推动产学研深度融合，加快推进与中科院、中国人民大学、太原理工大学、山西师范大学等院校合作项目落地，培育省级及以上重点实验室和工程技术研究中心5家，科技企业孵化器2家，众创空间12家。全面提升中小微企业核心竞争力，新培育小微企业5000户。持续用好“市长创新奖”，积极推广华翔集团“双创”经验，大力培育“平阳工匠”，将科技成果转化为现实生产力。健全完善人才引进机制，积极引进一批适合临汾民企发展的尖端创新人才和高层次创新团队，培育100名科技型领军人才、500名创新型技术人才、2000名技能型实用人才。

（二）在激发活力上狠下功夫，推动改革开放开创新局面

改革关乎国运，创新决胜未来。我们要坚定不移地用好改革开放“关键一招”，全力破解影响制约发展的体制机制障碍，拓展发展空间，厚植发展优势，全力构建对外开放“新高地”。

扎实推进供给侧结构性改革。巩固“三去一降一补”成果，重点在破、立、降上下功夫。大力破除无效供给，化解过剩产能，引导煤炭、焦化、钢铁企业加强技术改造、加快优化升级，实现创新、绿色、集聚发展。全面落实各项税收优惠政策，持续清理规范涉企收费，打好降成本“组合拳”，让企业卸掉重负、轻装上阵。加快建立多主体供应、多渠道保障、租购并举的住房制度，因城因地去库存，优化供需结构，促进房地产业持续健康发展。

加快推进开发区改革创新。坚持把开发区作为转型综改“示范区”建设的主阵地，加快临汾侯马综合保税区设立及建设，推动临汾经济技术开发区升级，争取早日获批国家级经济技术开发区。加快完成临汾、侯马、洪洞、襄汾、安泽5个经济技术开发区总体规划、控制性详细规划和规划环评报告，加快推进侯马、安泽、襄汾经济技术开发区扩区步伐，高标准推进起步区建设。加快霍州、翼城、汾西和沿黄现代农业文化旅游开发区的申报和设立。深入推进开发区“三化”改革，积极创建中外合作园区。

强力推进重点领域改革。国企国资方面，制定市属企业处置“僵尸企业”工作方案，通过兼并重组、债务重组、清理淘汰等方式，全面推进企业“处僵治困”，力争完成“三供一业”维修改造。营商环境方面，全面深化“一门一网一次”改革，推行“一窗受理、集成服务”模式，建设覆盖全市、联通全省的一体化服务平台。加快市场监管改革，全面推行市场主体注册登记全程电子化和电子营业执照应用，推进“双随机、一公开”监管统一化、常态化。深化商事制度改革，持续推进“证照分离”，降低准入制度性成本。建立免费帮办、银企代办等服务机制，为市场主体提供多渠道高效便捷服务。财税体制方面，加快推进省以下财政事权和支出责任划分改革，争取在基本公共服务领域取得突破性进展。深入推进预算、资产、绩效等管理改革，使财政资金花得其所、用得安全。质量标准方面，大力实施质量强市战略，全面加强质量监管，建立标准化体系，提升质量标准。统筹推进金融体制、集体林权制度配套、电力体制等改革，推动全市各项改革实现新突破。

大力提升对外开放水平。深度融入“一带一路”、京津冀、环渤海、黄河金三角、关中平原城市群等区域交流合作。积极组织企业参加第二届中国国际进口博览会、中国国际贸易洽谈会等国内涉外展会，着力开拓国际市场。加快与澳大利亚杰拉尔顿市、美国核桃市的友好城市建设。加快培育跨境电商和外贸综合服务企业，建设市级跨境电子商务公共服务平台，认定一批跨境电子商务示范园区、示范企业和公共海外仓。加快推进中欧班列市场化运作、常态化开行，构建更高层次对外开放新格局。

（三）在污染防治上狠下功夫，推动生态治理取得新进展

牢固树立“绿水青山就是金山银山”的发展理念，紧紧围绕环境质量改善目标，坚持治标治本并重，强力推进“八大工程”，统筹推进气、水、土治理，加快建设天蓝地绿、山水相融的美丽临汾。

突出大气污染防治。实施优化产业结构工程。着力破解我市“一煤独大”的产业结构问题，持续优化产业布局特别是工业布局，严格环境准入，加快推进工业企业转型升级，深入推进重点行业深度减排，持续开展“散乱污”企业整治，不断强化工业无组织治理，提高污染防治水平。实施优化能源结构工程。千方百计降低煤炭消耗总量，加大散煤管控力度，持续开展燃煤锅炉整治，紧紧抓住我市入选北方地区冬季清洁取暖试点城市的机遇，持续扩大集中供热、“煤改电”“煤改气”范围，按计划完成清洁取暖改造任务。实施优化交通结构工程。加快推进车辆结构升级，加强车用油品监管，鼓励推广使用新能源汽车，积极推进清洁运输，不断强化机动车和非道路移动机械污染防治，加强常态监管，形成长效机制。实施优化用地结构工程。优化产业用地、城市建设用地结构，加快城市绿道绿廊建设，提高城市建成区绿化覆盖率。加大扬尘源头治理，严格建筑工地管理，加强生活源管控力度。

统筹水土污染治理。打好“碧水保卫战”。深入实施“水十条”，全面落实河长制，加快修复河流生态系统，加强饮用水源地环境保护，强化县、乡两级水源地规范化建设和入河排污口管理。加强工业废水深度处理，大力推进工业企业中水回用工程建设。全面完成污水处理厂提质改造和保温提效工程，确保出水稳定达地表水Ⅴ类标准。打响“净土保卫战”。大力实施“土十条”，全面推进固体废物整治，扎实开展危险废物规范化管理年活动，加快推进生活垃圾焚烧发电厂、餐厨垃圾处理厂建设。建立健全农村垃圾村收集、镇（乡）转运、县处理体系，完成非正规垃圾堆放点80%的整治工作。

加强生态保护修复。全面提升国土绿化质量和水平，大力推进西部生态脆弱区、东部水源涵养区、中部百里汾河经济带湿地植被恢复区三大生态屏障建设，完成营造林34.2万亩。加快推进煤炭开采企业矿山生态环境恢复治理工作，全面启动灭失主体矸石山治理，严肃查处煤炭企业矸石违法处置、违法倾倒等破坏生态问题。续建实施汾河流域生态修复尧都区吴村段、侯马市浍河生态修复综合治理等工程。申报实施乡宁县马壁峪、翼城县浍河、吉县清水河、洪洞县洪安涧河、汾西县团柏河和蒲县昕水河等6个中小河流治理项目。推进实施固沟保塬、淤地坝除险加固、小流域综合治理等水土保持项目。

提升环境监管水平。启动生态保护红线、环境质量底线、资源利用上限、环境准入清单编制。加快推进环境基础能力建设，建立市县乡三级生态环境监测监控体系，完善环境空气质量监测网络，启动污染防治信息化指挥中心建设，完成机动车尾气遥感监测、河流自动监测等系统建设。强化跨区域、跨部门联合执法，加大环境违法行为依法查处力度，保持铁腕治污的高压态势。充实基层环保工作队伍，加强生态环保工作网格化管理，实现环境监管全覆盖。

（四）在精准施策上狠下功夫，推动脱贫攻坚夺取新胜利

坚持精准扶贫精准脱贫基本方略，强化目标导向、问题导向、严实导向，夯实脱贫基础，聚焦深度贫困，推进十大工程，实现脱贫攻坚决战决胜。

全面夯实脱贫基础。健全完善脱贫攻坚目标责任和工作落实“两大体系”，持续强化动态、精细、台账“三个管理”，引深推行“五清单两标准一档案”“周例会月报告季总结”制度，夯实精准扶贫基础。坚持问题导向，对中央巡视、国考、省考等发现的问题进行“大起底”“回头看”，建立整改台账，坚决整改到位。深化脱贫攻坚作风建设年活动，引深“四级书记遍访贫困”活动，继续实施驻村帮扶“六大行动”，持续提升广大群众的获得感和满意度。强化2020年“交总账”意识，按照摘帽子不摘责任、不摘政策、不摘帮扶、不摘监管“四不摘”要求，加强已“摘帽”贫困县后续政策配套，做好非贫困县基础工作，建立返贫预警机制，巩固脱贫成果。

集中攻坚深度贫困。全面落实《临汾市聚焦深度贫困集中力量攻坚三年行动计划（2017—2019）》，坚持用足用好用活省委攻坚深度贫困“10+1”政策，在资金、项目等方面集中向永和、大宁、汾西3个贫困县倾斜，重点做好脱贫“摘帽”基础工作，逐县研判，逐项对标，逐个突破。确保永和、大宁、汾西3个贫困县“摘帽”，81个贫困村退出，2万名建档立卡贫困人口脱贫。

持续推进“十大工程”。特色产业扶贫工程。大力构建“1＋X”产业扶贫新格局，推动干鲜果、畜牧、蔬菜等特色产业规模化、集约化、品牌化、效益化发展，巩固提升“五有”成果。培育引进一批实力强、规模大的新型经营主体，不断完善新型经营主体与贫困户利益联结机制。推进电子商务进农村综合示范工作，加快推进“快递下乡”，完善乡村物流配送体系，实现全市151个乡镇快递网点全覆盖。按照“县建县管”原则，强化光伏电站运维管理，管好用好收益资金。易地扶贫搬迁工程。完成大宁、永和、汾西3县9087人易地扶贫搬迁任务，77个深度贫困自然村实现整体搬迁。大力推进拆旧复垦工作，跟进产业就业帮扶，激发搬迁户内生动力，确保“搬得出、稳得住、逐步能致富”。生态扶贫工程。持续实施“五个一批”林业生态建设扶贫工程，扩大退耕还林范围，深化林地流转、资产收益改革，规范发展造林合作社，落实选用贫困群众担任护林员等制度，实现生态建设与脱贫攻坚“互促双赢”。贫困村提升工程。以永和、大宁、汾西3个县贫困村为重点，加快补齐水电路网等基础设施和学校、医疗、文化等公共服务“短板”。推进已退出贫困村基础设施和公共服务提档升级。健康扶贫工程。全面落实“三保险三救助”、医保目录内住院医疗费用“136”报销、先诊疗后付费“一站式”服务等政策，确保城乡居民基本医保100%覆盖农村贫困人口，贫困人口就医自付比例控制在10%以内。社会保障政策落实工程。继续精准落实社会保障4方面24项政策，按照“一家一案”制定家庭经济特殊困难学生扶贫方案。继续推动农村低保和扶贫开发“两线”衔接，将符合条件的老年人、残疾人、重病患者、丧失劳动能力人口以及因学致贫、因病致贫等人口纳入低保，落实好重度残疾人护理补贴发放工作。消费扶贫工程。研究制定我市开展扶贫消费的指导意见，开展“百千万”消费扶贫大行动，建立“五进九销”活动长效机制，组织引导本地区农产品批发市场、商贸流通企业和机关、学校、医院、企事业单位等与贫困地区建立长期稳定的供销关系。金融扶贫工程。加大金融部门扶贫贷款力度，创新产业扶贫信贷产品和模式，支持保险机构在贫困地区开发和推广特色农业险种，开展扶贫小额贷款保证保险等业务，着力解决贫困农户贷款难题。扶志扶智工程。强化政策引导、教育引导、典型引导，持续开展“孝亲敬老”“扶贫公益专岗”“倡导新风”等六大行动，推广蒲县“道德银行”先进做法，有效激发贫困群众的内生动力。社会力量帮扶工程。加大企业帮扶、商会帮扶、协会帮扶、结对帮扶力度，继续发挥共青团、妇联、工会、工商联、慈善协会等群团组织和社会组织的桥梁作用，深化“双心双实”、民营企业“百企帮百村”精准扶贫行动和“三晋巾帼脱贫行动”。

（五）在积蓄后劲上狠下功夫，推动项目建设迈出新步伐

发挥有效投资对经济增长的推动作用，扎实开展“深化转型项目建设年”活动，以项目带动争取转型主动，以精准引进实现发展快进，以优质服务保障建设任务，努力为经济转型提供强有力支撑。

扩大项目投资。充实完善项目储备库，实现年度“项目储备库总投资达到6000亿元以上”目标，为固定资产投资稳步增长提供不竭动力。紧抓国家加大基础设施领域补短板力度、国家支持民营经济发展、开发区改革创新等机遇，加强与国家和省直部门对接，引导鼓励民企积极投资，在产业转型、基础设施、生态环保、社会民生等领域，谋划实施一批打基础、利长远、补短板、增动能的重点项目，实现产业接链补环，增强转型发展后劲。今年动态监测产业转型、基础设施、社会民生3大类560个项目，总投资2400亿元，年度计划投资600亿元。

完善推进机制。健全完善领导包联、项目库择优遴选动态调整、督办考核等机制，构建环环相扣、有序衔接、动态管理的项目推进体系，全力保障项目组织实施。不断强化重点工程调度机制，干部下基层到一线，帮助项目单位解决“难点”“堵点”“痛点”问题，确保重点项目、重点工程顺利推进。推行“承诺制+并联审批”模式，推进“承诺制+标准地”改革，实施“区域评估”，试行“告知承诺制”和“容缺受理”制度，大幅压缩核准类项目审批评估时限，加快项目前期手续办理。

加强要素保障。强化土地保障，严格土地利用总体规划管理，重点做好“整案制”，加快推进批而未供和闲置土地清理工作，切实提高土地使用效益。强化资金保障，按照“保重点”的原则，强化项目资金筹措，积极探索投融资新模式，多渠道解决项目融资难题。强化基础保障，做好项目水、电、路、网等“九通一平”工作，破除制约项目开工建设的实质性障碍，为项目早开工、快推进提供有力保障。

实施精准招商。健全完善产业链招商指导目录，瞄准京津冀、长三角一体化和粤港澳大湾区等产业发展优势区域，确定重点招商对象，采取小分队、专业化等方式，引导外来投资向战略性新兴产业、现代服务业等领域倾斜，开展精准招商。发挥开发区引领作用，以临汾、侯马经济技术开发区为主，精心组织大型综合性招商推介活动，加强与国内500强和行业50强领军企业对接合作，引进一批能提升产业链、创新链、价值链的优质项目。充分发挥工商联和商会积极引导作用，加强与临汾籍在外企业家沟通交流，激发临汾在外企业家的投资热情，推动晋商晋才回乡创业创新。

（六）在乡村振兴上狠下功夫，推动“三农”工作实现新发展

坚持以《乡村振兴战略总体规划（2018—2020）》为总抓手，按照产业兴旺、生态宜居、乡风文明、治理有效、生活富裕的要求，统筹推进“五个振兴”，推动农业提质增效、农村文明进步、农民增收致富。

做强特色现代农业。围绕发展现代农业，大力实施粮食安全、杂粮振兴、果业提质、中药崛起、绿色蔬菜“五大工程”，全年粮食播种面积稳定在750万亩以上，粮食产量保持在20亿公斤以上；杂粮播种面积稳定在95万亩以上；新发展和改造老果园6万亩，加快创建一批标准化果园；新发展中药材6万亩；新（改）建设施蔬菜0.3万亩，开发露地特色蔬菜2万亩。开展农产品深加工提升行动，推进养生保健、功能食品开发，培育储备一批国家级、省级、市级农产品加工龙头企业，示范创建一批产业化联合体，力争农产品加工销售收入达到110亿元以上。实施农业标准化战略，加快推进“三品一标”认证，积极申报创建“吉县苹果”“隰县玉露香梨”国家级现代农业产业园和“安泽连翘”国家级特优区。各县市区依托产业优势创建“1+N”个区域公用品牌。加快推进耕地质量提升、农水集约增效、旱作良种攻关、农技集成创新、农机配套融合和绿色循环发展等建设，创建5个省级、10个市级“有机旱作农业封闭示范片”。加强非洲猪瘟防控工作，确保生猪产业健康发展。

加快发展新兴业态。以尧都、侯马、霍州“一区二市”为重点，辐射带动曲沃、襄汾、洪洞等县，打造百里汾河三产融合发展带，创新流通方式和流通业态，推进鲜活农产品冷链物流，提高互联物联信息技术水平。重点推进尧都城郊农业示范县（区）、襄汾农林文旅康养试点县、曲沃农业产业强镇建设。推动农业与旅游、教育、文化、康养等产业深度融合，打造一批农业主题公园、休闲观光采摘园、特色风情小镇、田园综合体和高端民宿聚集区，不断丰富“一小时经济圈”内涵。

改善农村人居环境。学习借鉴浙江“千村示范、万村整治”经验做法，深入开展“百村示范、千村整治”活动，推动农村人居环境三年集中整治向纵深拓展，强力推进农村拆违治乱、垃圾治理、污水治理、厕所革命、卫生乡村“五大专项行动”，促进农村基础设施建设提档升级。充分发挥典型引领作用，持续推进美丽宜居乡村创建，按照“四美三宜”标准，因地制宜打造不同类型、不同特点、不同模式的美丽宜居乡村，推进乡村特色化、景区化、规范化、标准化建设。继续清理整治“大棚房”，坚决遏制“农地非农化”。

深化农业农村改革。推进农村改革再出发、再深化，突出抓好农村基本经营制度、农村土地制度、农村集体产权制度、农业支持保护制度、农业科技体制、乡村治理体系、脱贫攻坚与乡村振兴衔接机制、有机旱作农业和城郊农业发展体制等8项重点改革任务，分门别类在县乡村三级试点推行，典型引路，全面铺开。着力构建农村新型经营体系，围绕农民新型化、专业化、职业化的发展趋势，大力培育专业大户、家庭农场、专业合作社等新型主体。着力构建农业社会化服务体系，积极推行统防统治、土地托管、代耕代种、机种机收等服务模式。着力构建乡村振兴人才体系，大规模、高质量培育新型职业农民。

（七）在文旅融合上狠下功夫，推动三产发展实现新提升

坚持高端化、生态化、特色化、智慧化发展方向，加快文旅深度融合，大力发展现代商贸物流业，实现第三产业高质量发展，打造推动临汾经济发展的新引擎。

加快三大旅游板块建设。以建设国家全域旅游示范区为目标，强力打造根祖、黄河、太行三大旅游板块。加快景区创建工作，推进壶口瀑布、云丘山、尧庙·华门国家AAAAA级景区创建和永和乾坤湾、中镇霍山七里峪等国家AAAA级景区创建。加快旅游基础设施建设，围绕优化提升“中线根祖文化游、东线太行山水游、西线黄河风情游”3条精品线路，进一步加快旅游道路、厕所、集散中心、咨询服务中心、汽车营地、水电气暖、标识标牌等旅游基础设施建设。持续开展旅游从业人员素质培训，落实好“六字”要诀，强化旅游行业监管，提高景区管理和服务质量。

全力推动文旅深度融合。叫响叫亮“中国根·黄河魂”天下华人故里品牌，坚持以开展文化旅游“五个年”活动为抓手，加快推进文旅融合步伐，真正让临汾厚重的历史文化、丰富的文物资源活起来、火起来。统筹推进文化和旅游在发展理念、公共服务、行政审批、市场监管、行政执法、宣传营销等领域全方位对接，大力推动文化市场综合行政执法改革、涉旅文物保护单位“两权分离”改革。高标准制定沿黄现代农业文化旅游开发区总体规划，启动实施沿黄七县全域旅游、特色小镇、田园综合体等重点文旅融合项目，建设具有黄河风情、黄土高原特色的旅游景区，努力打造国际旅游目的地。依托华门光影秀和尧庙·华门景区“两街两馆两中心”，加快实施尧庙·华门文旅融合示范区建设。推进“旅游+”“文化+”，培育发展文化体验游、休闲度假游、康养体育游、自驾房车游、研学游等新业态，推动文旅产品融合、业态融合和产业重构，实现文化和旅游神与形的有机统一、血与脉的水乳交融。

大力发展现代商贸服务业。按照新商贸、新物流、新制造的思路，扎实推进侯马市国家服务业综合改革试点工作。加快推进“互联网＋物流”发展，加大对侯马方略国际物流港的支持引导，发挥海关优势，提升利用效率。积极整合物流资源，降低物流成本，支持推动兴荣物流、晋南电商物流园区等企业大力发展甩挂运输、多式联运，打造全省交通物流发展示范基地。作为全国首批城乡高效配送试点城市，积极构建高效集约、协同共享、融合开放、绿色环保的城乡配送体系，培育骨干供配企业。深入推进侯马、隰县、大宁等县市区“电子商务进农村综合示范县”建设。全面推广隰县电商模式，着力构建市县乡村四级联创机制。加大消费市场的培育，提升城市消费，扩大乡村消费，推动“工业品下乡，农产品进城”。创新流通方式，培育现代供应链，推动流通企业线上线下融合发展，促进供需有效衔接。发展服务消费，推动家政、餐饮、健康、养老等服务向标准化、便利化、精细化发展。

（八）在基础建设上狠下功夫，推动城乡协同发展走出新路径

全面贯彻落实以人为核心的城镇化发展理念，实施板块联动，坚持市域统筹，加强基础建设，加快行政区划调整，提高城乡一体化发展质量。

坚持规划先行。以先进理念规划中心城市建设，加快推进我市《市域城镇体系规划》《城市总体规划》修编工作。坚持统筹协调、优化布局，尽快编制市区“生态修复、城市修补”规划和清洁供热、垃圾处理、电动汽车充电基础设施等专项规划，为中心城市发展奠定基础。扎实推进区划调整，不断提升我市城市规模、城市承载能力、人口和资源要素吸纳能力，努力把我市打造成“区域中心城市”。

提升城市品质。以建设生态宜居城市为目标，坚持“经营城市”理念，大力发展“城市经济”，以“促增长、治环境、补短板”为出发点，围绕“建设新城、改造老城、提升东城、绿色绕城”的发展思路，启动实施35项市区城建项目，当年完成投资45.2亿元。加快推进尧天大街、迎春街南延、体育街南延、汾东立交桥、解放路立交桥等道路建设改造项目，完善城市道路框架；重点推进道路绿化、游园绿化、公园绿化等绿化建设项目，加快国家园林城市创建步伐。积极推进涝洰河片区、万通社区、刘村、段店等21个棚改项目，把城市的“棚户区”打造成城市的“精品区”。加强城市供水、供气、供暖管网改造，不断改善城市人居环境。提高城镇化质量，积极推进农业转移人口市民化，全面放宽落户限制，推动居民证制度全覆盖，实施城镇建设用地增加规模与吸纳农业转移人口落户挂钩机制，提高户籍人口城镇化率。

完善基础设施。统筹推进路网、水网、电网、互联网等建设力度，加快补齐基础设施“短板”。加快路网建设。积极创建“全国性综合交通枢纽城市”。开建隰吉高速，完成霍永高速蒲县连接线、长临高速古县连接线等项目，完成沿黄旅游公路100公里。扎实推进临汾民航机场改扩建，加快推进永和、隰县、乡宁、侯马通用机场和瓦日铁路连接线前期工作。以创建“公交都市”为契机，加快全市纯电动公交车更新替换的步伐。加快水网建设。加速大小骨干水网工程建设，重点实施引沁入汾浮山供水工程，力争完工达效。加快引沁入汾尧都专线水质提升工程，推进尧都区仙洞沟、隰县南峪等4座水库建设，启动吉县腰西、汾西申家庄等3座水库立项工作。加快电网和互联网建设。加快推进市区电网升级改造，全面提升供电服务水平。围绕打造“智慧城市”，加快通讯网络建设，提高光纤宽带覆盖率，超前谋划布局5G基站，抢占制高点，推动互联网快速发展。

（九）在风险防控上狠下功夫，推动社会治理迈上新台阶

牢固树立总体安全观，坚决打好防范化解重大风险攻坚战，高度警惕“黑天鹅”，密切防范“灰犀牛”，重心下移，力量下沉，强化安全生产监管，推进社会治理创新，为全市经济转型发展提供可靠的安全保障。

防控各类重大风险。坚持用斗争的精神直面风险，用发展的眼光防范风险，用改革的思维应对风险，用科学的办法化解风险，积极稳妥做好防控风险工作。加强金融风险源头管控，支持银行不良贷款处置化解，加强对影子银行、互联网金融等薄弱环节监管，依法严厉打击各类非法集资行为，促进金融市场平稳健康运行。严控政府债务规模，正确处理好上项目、抓发展与防风险、化债务的关系，本着“量力而行”的原则，坚决遏制隐性债务增量，稳妥处置债务存量，确保债务风险得到有效管控。以严防各类矛盾交织叠加为基点，全力做好矛盾排查调处和风险防范化解工作，完善涉稳因素源头化解和涉稳事端稳控处置机制，坚决防控区域性、系统性风险。

守牢安全生产底线。加快推进安全生产领域改革，严格落实地方党政领导干部安全生产责任制，不断健全完善安全生产责任体系，提高安全监管执法效能。深入开展安全生产大检查，深化重点行业领域专项治理，提高安全生产隐患风险防控能力。推进安全生产标准化创建工作，加大安全生产教育培训力度，持续开展“反三违”活动，强化现场管理，提高企业本质安全水平。规范安全监管执法行为，健全常态化暗查暗访机制，强化过程执法，严格落实“四个一律”和“五个一批”要求，依法严厉打非治违。加强应急救援体系建设，推进应急管理信息化，提升各类突发事件应对处置能力，加大防震减灾教育宣传力度，新建市防震减灾科普教育馆，夯实防灾减灾基层基础工作。推动安全红线意识持久化、安全生产标准化、排查治理制度化、监督管理规范化、应急管理信息化、社会监督常态化，有效防范一般事故，切实遏制较大事故，坚决杜绝重特大事故，努力实现事故总量、死亡人数“双下降”。

加强和创新社会治理。紧扣新中国成立70周年大庆安保维稳主题主线，部署开展“践行新使命、忠诚保大庆”主题实践活动。严密防范、严厉打击境内外敌对势力各种渗透颠覆破坏活动，坚决捍卫以政权安全、制度安全为核心的国家政治安全。坚决贯彻落实习总书记关于扫黑除恶专项斗争的重要指示精神，深入开展扫黑除恶专项斗争，严厉打击各类黑恶势力违法犯罪活动，铲除黑恶势力“保护伞”。持续开展打击文物犯罪，食药、枪爆领域犯罪，盗抢骗、黄赌毒违法犯罪专项行动。加快完善立体化、信息化社会治安防控体系，全面落实重要目标和人员密集场所的安全防范措施，提升社会整体防控能力。巩固加强执法全流程智能管理平台建设，提升规范执法能力水平。大力实施改革强警战略和公安大数据战略，积极构建现代警务体制机制，加快公安大数据应用中心建设，着力打造“数字警务、智慧公安”。

（十）在改善民生上狠下功夫，推动民生事业取得新成果

民生无小事，当求细与实。坚持把人民利益摆在至高无上的地位，紧扣人民群众日益增长的美好生活需要，把新增财力优先用于保障和改善民生，多办利民实事，多解民生难事，兜牢民生底线，让改革发展成果更多更公平惠及全市人民群众。

优先发展教育事业。贯彻落实全国教育大会精神，巩固义务教育发展基本均衡成果，统筹推进城乡义务教育一体化发展。加快推进洪洞县、霍州市、乡宁县学前教育改革发展省级试点工作，认定普惠性民办幼儿园

60所。积极应对新高考改革，支持高中学校多元化发展，实现高考成绩新突破。加大中高等职业院校资源整合，加快推进山西师范大学整体搬迁一期工程，全力推进山西师范大学临汾学院新校区建设。加快推进社区教育工作，努力实现17个县市区社区教育全覆盖。持续深化“三优”评选活动，加强师资队伍和师德师风建设，努力办好人民满意的教育。

加快建设“健康临汾”。巩固公立医院改革成果，扩大公立医院薪酬制度改革试点。坚持“三医”联动，统筹推进现代医院管理制度建设和公立医院绩效考核，提升公立医院管理水平。持续深化县乡医疗卫生机构一体化改革，推动医疗卫生机构提质增效。实施人才强卫工程，不断提升医疗卫生、基本公共卫生服务、中医药和妇幼健康服务能力。加强医防、医养融合发展，推动以治病为中心向以人民健康为中心转变。持续推进国家卫生城镇创建工作。

大力繁荣文化事业。培育和践行社会主义核心价值观，深入实施公民道德建设工程。全面完成市图书馆、射击飞碟靶场建设并投入使用，启动临汾戏剧研究院非物质文化遗产传承培训基地建设工程。持续实施“平阳记忆”“印象临汾”两大文化工程，打造一批与时代接轨的精品力作，为群众提供更多更好的精神食粮。深入推进文明守望工程、乡村文化记忆工程和文化惠民工程，创新文物保护利用机制。广泛开展全民健身和竞技体育运动，举办马拉松、汾河骑行、五人制足球赛等体育品牌赛事。承办好全国二青会射击飞碟、空手道和花样滑冰项目，举办好全市第五届运动会。

稳定就业和拓宽社保。广泛开展岗位练兵、技术比武和职业技能竞赛活动，不断增强“临汾技工”影响力。落实各项补贴政策、开发购买公益性岗位、加大劳务输出、实施兜底援助，持续开展好就业援助专项行动。完善劳动合同和劳动用工备案制度，有效维护和谐劳动关系。巩固全民参保登记计划工作成果，加强社会保障卡建设，稳步提高社会保障待遇水平。加快推进机关事业养老保险制度改革，健全完善工资制度，保障工作人员工资待遇及时兑现。提升城乡社会救助水平，织牢困难群众基本生活安全网。落实好个人收入所得税专项附加扣除等政策。

在做好上述工作的同时，还要深入开展双拥共建活动，做好国防动员、退役军人、人民防空、民兵预备役工作；支持工会、妇联、共青团、工商联等人民团体工作；统筹审计、统计、气象、水文、外事、残疾人和关心下一代等各项工作；继续做好对口援疆工作。

今年，市政府将在完成好省政府“八件民生实事”任务的基础上，继续办好“十件民生实事”：

一是继续实施《临汾市2018—2020年市区学校建设三年行动计划》，在2018年的基础上，续建、新建或改扩建中小学（幼儿园）13所，解决入学难、入园难问题。

二是继续为全市农村放映公益电影3.5万场，为农村寄宿制学校放映爱国主义教育影片3800场，免费送戏下乡1000场，进一步丰富群众文化生活。

三是建设市老年康养福利中心，更好满足社会养老服务需求。

四是对500名残疾人开展免费职业技能培训，进一步提升残疾人就业能力。

五是投资7100万元完成市区36条小街巷的硬化、美化，进一步改善城市环境。

六是新（改）建“四好农村路”2500公里，进一步改善群众出行条件。

七是为市区公交车配备乘务管理员200名，确保群众乘车安全。

八是全面实施新生儿疾病免费筛查3项，进一步提高我市出生人口质量，降低出生人口缺陷。

九是继续实施全民技能提升工程，打造“临汾技工”品牌，再培训7万人。

十是进一步加大清洁取暖工作力度，完成清洁取暖改造1900万平米，建筑节能提升改造130万平米，惠及居民5000余户。

三、加强政府自身建设

人民满意是政府工作的永恒追求。我们要始终坚持党的领导，按照信念过硬、政治过硬、责任过硬、能力过硬、作风过硬的要求，切实加强政府自身建设，全面提升政府治理现代化水平。

强化党的领导。坚持把党的领导作为最高政治原则，切实提高政治站位，牢固树立“四个意识”，忠实践行“两个维护”，坚决维护习近平总书记党中央的核心、全党的核心地位，坚决维护党中央权威和集中统一领导，始终做到忠诚核心、拥戴核心、维护核心、看齐核心。坚持以习近平新时代中国特色社会主义思想为指导，深入贯彻落实习近平总书记视察山西重要讲话精神，不折不扣执行省委、省政府和市委的各项决策部署，有力推动各项工作在临汾落地生根。

激发创新活力。全面准确把握省委部署和要求，扎实开展“改革创新、奋发有为”大讨论，加强组织领导，周密安排部署，细化工作责任，认真落实好“十个规定动作”，在“六个破除、六个着力、六个坚持”上用实功、见实效。坚持把大讨论与推动经济社会发展紧密结合，增强大讨论的针对性，实现两提高、两促进。总结好、运用好、转化好大讨论的成果，切实提升政府工作的创新力和执行力。广泛宣传“改革创新、奋发有为”大讨论的重大意义，深入挖掘一批好做法、好经验、好典型，在全社会营造改革创新的浓厚氛围。

优化政务环境。全面深化、拓展、延伸“13710”工作制度。完成市县乡各级政府和部门的OA协同办公系统应用建设，实现全覆盖。坚持马上就办、真抓实干，大力优化“六最”营商环境，全面深化“一门一网一次”改革，推行“一窗受理、集成服务”模式，重点打造全省“政务服务一张网”示范市，加快建设覆盖市县乡村四级“互联网+政务服务”平台。持续压减和下放行政许可事项，大幅压缩企业开办、水电气报装、获得信贷、不动产登记办理时间。坚决清理群众和企业办事的各类证明，凡是没有法律法规依据的一律取消，让群众办事“最多跑一次”。严格落实公平竞争审查制度，有序清理妨碍统一市场和公平竞争的各类显性和隐性障碍，坚决打破“卷帘门”“玻璃门”“旋转门”。规范政府权力运行，崇尚企业家精神，支持企业家发展，营造公平公正的法治环境、规范守信的市场环境、重商亲商的社会环境。稳步推进机构改革工作，坚持做到队伍不乱、人心不散、工作不断。

提升能力本领。加强干部队伍能力建设，持续开展领导干部能力提升讲座，把推动经济高质量转型发展、全面深化改革、扩大对外开放等列入必修课程，不断增强学习、政治领导、改革创新、科学发展、依法行政、群众工作、狠抓落实、驾驭风险等“八个本领”，引导干部克服“本领恐慌”，优化知识结构，拓宽眼界视野，丰富工作思路，努力建设高素质的专业化干部队伍。

严格依法行政。加强法治政府建设，严格依法用权、依规履责、依章办事，完善依法决策、科学决策、民主决策机制，推进严格规范公正文明执法，加大行政督查和问责力度。依法接受人大及其常委会法律监督和工作监督，自觉接受人民政协民主监督，主动接受社会和舆论监督，广泛听取人大代表、政协委员、民主党派、工商联、无党派人士和人民团体意见，让权力在阳光下运行。

加强廉政建设。始终保持政治定力，严字当头、一严到底，拧紧责任链条，层层传导压力，推动政府系统全面从严治党向纵深发展。严格落实中央“八项规定”精神和省委实施办法，持之以恒克服形式主义和官僚主义，久久为功祛除享乐主义和奢靡之风。深入推进反腐败斗争，坚持无禁区、全覆盖、零容忍，努力营造我市良好的政治生态。

政协第四届临汾市委员会常务委员会工作报告摘要

（2019年2月23日）

张建平

2018年工作回顾

2018年，在中共临汾市委的坚强领导和省政协的有力指导下，市政协及其常委会坚持以习近平新时代中国特色社会主义思想为指导，全面贯彻党的十九大精神、习近平总书记视察山西重要讲话精神，深入学习贯彻习近平总书记关于加强和改进人民政协工作的重要思想，始终坚持政协工作性质定位，牢牢把握团结和民主两大主题，切实发挥协商民主重要渠道和专门机构的作用，紧扣市委、市政府工作大局，认真履行政治协商、民主监督、参政议政职能，勇于担当、积极作为，求真务实、开拓进取，扎实推进各项工作，为全市改革发展稳定做出积极贡献。

一、强化思想政治引领，坚定正确政治方向

常委会强化思想引领、提升政治站位、筑牢思想基础，确保政协事业始终沿着正确方向前进。

着力加强思想政治建设。始终坚持把习近平新时代中国特色社会主义思想作为统揽政协工作的总纲和灵魂，加强理论学习，强化思想武装，坚守政治底线，提升履职质量。重点围绕学习贯彻党的十九大精神、习近平新时代中国特色社会主义思想、习近平总书记关于加强和改进人民政协工作的重要思想、中共中央和中共山西省委、临汾市委重要会议、重要文件精神和重要决策部署，组织党组中心组、党组扩大会议学习16次，专题讲座、专题辅导学习5次，机关党委、各党支部学习30余次，市政协机关“干部讲堂”集中学习61次，引领推动全市各级政协组织、政协各参加单位、广大政协委员和政协工作者全面系统学、带着问题学、联系实际学，切实在学懂弄通做实上下功夫，做到入脑入心、真学真信、立学立行。按照全国政协、省政协的统一部署要求，在全市政协系统深入开展习近平总书记关于加强和改进人民政协工作的重要思想学习研讨活动。举办全体政协委员和政协机关干部专题学习培训班，召开全市政协系统理论研讨会，征集研讨论文66篇，其中5篇论文入选省政协优秀论文。在学习过程中，注重把学习新思想与学习新修订的《宪法》《政协章程》结合起来，与学习中央和省委、市委重大决策部署结合起来，与政协的履职实际结合起来，推动思想理论学习往深里走、往心里走、往实里走，思想共识持续巩固、履职能力不断提升。

牢牢把握政协工作方向。中共临汾市委高度重视政协工作，把人民政协事业纳入市委整体工作布局，研究审定年度协商工作计划，制定出台《中共临汾市委关于完善工作机制，加强人民政协协商民主建设的实施意见》，大力支持政协依法依章发挥作用。市政协始终把坚持党的领导作为必须恪守的根本政治原则，坚持做到“市委中心工作推进到哪里，政协履职就跟进到哪里”，重要事项及时向市委请示，重要工作、重要活动及时向市委汇报，使政协的一切工作都在市委领导下开展和进行，努力把中共临汾市委的重大部署转化为政协履职实践。

认真落实从严治党要求。认真学习贯彻中共中央办公厅《关于加强新时代人民政协党的建设工作的若干意见》，贯彻落实全国政协系统党建工作座谈会精神，充分发挥政协党组把方向、管大局、保落实重要作用，压实全面从严治党主体责任，不断提高党建工作质量。注重加强机关党组织建设，将政协机关党支部由原有的4个调整增设为9个，加大对专委会和党员委员的管理力度。执行“三会一课”、组织生活会、主题党日、民主评议党员、党风廉政建设责任制等规定要求，把从严治党的要求落到实处，政协履职的组织保证更加坚强有力。

二、推进协商民主实践，深入开展建言资政

常委会聚焦全市改革发展和社会民生重大问题，深入调查研究、认真协商议政、积极建言献策，努力做到与市委、市政府同频共振、同轴共转，围绕中心议大事、服务大局谋良策。

聚焦经济转型、产业升级积极献智出力。紧扣推进产业转型，加快发展第三产业开展专题调研，召开常委会议专题协商议政，形成《关于加快我市生产性服务业高质量发展的建议报告》，提出一系列针对性的对策建议。围绕转型项目建设落地情况，组织相关界别委员开展专项视察监督，及时向党政反馈视察情况，提出工作建议，助力市委、市政府相关部署落实推进。受市委委托，由市政协主席任督查组组长，就全市固定资产投资和转型项目建设推进情况进行调研督导检查，先后深入到全市17个县（市、区），全面了解重点转型项目开工投资、落地建设等情况，督导贯彻市委、市政府总体部署要求，助力全市项目建设年活动向纵深推进。根据市委安排，6个县（市、区）政协主席担任环保督查组组长，深入扎实地开展督查工作，为助力打胜污染防治攻坚战做出政协的贡献。配合省政协就打造能源革命排头兵开展专项调研视察，形成专题调研报告，为推进我市能源产业优化升级提供参考借鉴。组织市政协常委、委员就全省旅游发展大会推进实施情况开展专项视察，积极与政府有关职能部门联系沟通、协商座谈，务实建言、倾力助推，为成功举办全省旅发大会，推动我市文化旅游产业发展发挥积极作用。配合全国政协港澳台侨委员会，圆满完成全国政协海外列席侨胞回国考察团在临考察工作，对提升临汾形象，促进我市对外开放和转型发展产生积极效应。

聚焦乡村振兴、脱贫攻坚积极献智出力。围绕“科学制定规划，推动乡村振兴战略实施”，以规划编制为切入口，组织开展专题调研，召开常委会议进行专题协商，形成《关于推进我市乡村振兴战略规划编制工作的建议报告》，提出加强组织协调、打通规划“最后一公里”、彰显临汾地域特色、完善考核机制等对策建议，为市委、市政府科学决策、有效施策提供有价值的参考。围绕“产业扶贫与易地搬迁工作”，发挥民主监督职能作用，依托专委会组织开展监督性视察，及时向党政反馈情况问题，提出意见建议。围绕“省委省政府脱贫攻坚系列决策部署贯彻落实情况”，配合省政协就深度贫困地区脱贫攻坚工作开展专项视察监督，组成3个调研组，深入我市深度贫困县，实地了解精准扶贫、脱贫政策落实情况，形成专项视察监督报告，提出一系列有较强针对性的对策建议，为助力打赢脱贫攻坚战发挥积极作用。

聚焦民生改善、社会建设积极献智出力。紧扣就业这一最大民生议题，深入开展调研议政，召开常委会议专题协商，形成《关于积极稳定和促进就业的建议报告》，就促进经济增长与扩大就业联动、稳定重点群体就业、支持民营企业发展、提升职业技能培训、加强公共服务体系建设等提出针对性建议。围绕深化县乡医疗卫生机构一体化改革组织开展调研，召开专题议政会议，认真协商议政，积极建言献策，助推深化医药卫生体制改革。着眼强化法治宣传、推进法治建设，就推进七五普法规划进行调研议政，召开专题议政会议认真进行协商议政，并先后组织5批次25名委员参加市中院召开的座谈会和新闻发布会，组织12批次30名委员旁听市中院庭审活动，组织3批次14名委员参加市检察院召开的座谈会及开放日活动，积极助力法治临汾建设。就“加强体育社会组织建设，推动全民健身”课题，配合全国政协教科卫体委员会圆满完成在临汾的视察调研工作，展示临汾全民健身活动丰硕成果，展现政协组织履职尽责良好形象。围绕“深度挖掘与开发历史文化资源”调研议政，形成28份专题报告，召开专题议政会议集中建言献策，为推动我市文化事业发展、加强临汾文化软实力建设发挥积极作用。

一年来，常委会坚持聚焦党政中心、务求履职实效、倾力助推发展，召开党组（扩大）会议11次、主席会议9次、常委会议6次，组织开展年度重点协商活动10项，组织专项调研、视察16批50余次、参与委员300多人（次），形成建议报告3个，专题调研视察报告39个，议政发言材料149份，不断提升建言质量，扎实推进协商民主，彰显人民政协在推进改革发展和各项事业中的独特优势和重要作用。

三、弘扬团结、民主主题，广泛凝聚人心力量

常委会充分发挥政协爱国统一战线组织作用，广泛团结各党派团体和各族各界人士，努力为临汾改革发展和社会进步凝聚人心、汇聚力量。

增进合作共事氛围。坚持民主协商、平等议事、求同存异原则，加强团结合作，营造良好氛围，确保各民主党派、工商联和无党派人士在政协履职有平台、优势能发挥、意见受重视。市政协领导带头走访党派、界别、常委和委员，深化沟通协商，广泛凝聚共识。积极支持各民主党派市委开展“学党史、听党话、跟党走”“坚持和发展中国特色社会主义”“纪念五一口号发布70周年”等一系列学习教育和主题活动，引领推动全市各民主党派、无党派人士、党外代表人士及新的社会阶层代表人士进一步凝聚政治共识，不忘多党合作初心、继续携手前进。通过安排大会发言、联合开展调研视察、邀请参加各类协商座谈会、督办重点提案、反映社情民意信息等多种形式，不断拓宽各方履职担当的平台和载体。一年来，各党派团体提交议政发言材料33篇，提出集体提案72件，反映社情民意信息316条（篇），展现新时代党派团体的新担当新作为。

促进民族团结、宗教和睦。走访宗教活动场所和民族宗教界代表人士，宣传解读相关政策法规，加强团结教育和服务引导。协同省政协民宗委走访看望民族宗教界驻临省政协委员，了解委员“一岗双责”履职情况，就委员更好履职尽责进行深入交流。围绕“以社会主义核心价值观为引领，坚持我国宗教中国化方向，积极引导宗教与社会主义社会相适应”，配合省政协进行专项调研视察，积极促进宗教和谐，推进宗教规范化管理。配合省政协就“充分发挥政协港澳台侨委员和海外侨领社团桥梁纽带作用，促进对外开放和转型发展”开展专项调研视察，全面了解我市侨资侨属企业生产经营情况和海外侨领社团开展情况，切实增进交往交流、加强团结联谊。围绕新修订的《宗教事务条例》学习贯彻情况，组织开展专项视察，深入我市基督教、清真寺等宗教场所实地了解宗教活动开展情况，深入座谈交流、广泛协商探讨，积极助力做好我市宗教工作。

四、坚持强化提质增效，推进履职能力建设

推进政协履行职能建设，是适应新形势、完成新使命的必然要求。常委会坚持全面加强自身建设，大力推进政协工作提质增效，为新形势下人民政协更好地履行职能奠定坚实基础。

切实加强提案和反映社情民意信息工作。强化主席督办领办重点提案、带案视察、办理评议等工作，深化协商办理，推动提案办理工作由“答复型”向“落实型”转变，不断提升提案服务水平和办理实效。市政协四届三次会议以来，共征集委员提案327件，立案263件，目前，已全部办复完毕。特别是认真开展10件重点提案的督办协商，有力促进提案办理落实，助推市政府相关工作，增强政协社会影响力。切实将反映社情民意信息作为政协工作提质增效的有力抓手，强化组织领导，健全工作机制，加大培训力度，加强信息员队伍建设，推动此项工作取得扎实进展。全年共征集社情民意信息2112条，编辑报送1104条，被全国政协、省政协采用98条，被省领导批示2条，市领导批示33条，在全省政协系统量化积分排名中，市政协位居第 三，进入全省优秀行列，彰显政协信息参政的独特优势、作用。

切实加强市县政协整体合力。坚持指导联系、强化上下联动，推动全市政协工作共同进步。市政协主席深入到县（市、区）政协机关调研，深化探讨交流、增进联系合作。市政协全年各项重要专题调研、重大专项视察活动，都联合各县（市、区）政协共同参与，各县（市、区）政协都结合各自实际同步开展相关调研视察活动，有力提升全市政协工作整体合力。

切实加强政协文史宣传工作。完成省政协年鉴临汾篇的组稿工作。打造精品力作，启动约500余万字的《临汾政协志》编纂工作。召开启动大会，成立专门机构，举办专题培训，组织开展考察学习，扎实推进各项前期筹备工作，目前编纂工作进展顺利。这部文史著作的编辑出版，将填补我市政协史册的空白，极大地丰富和提升我市政协文史资料工作的内涵品质。

切实加强政协机关建设。重视改进政协机关作风，扎实推进“两学一做”学习教育常态化制度化，严守中央八项规定精神实施细则和省委、市委实施办法，持续反“四风”、树新风。从严加强机关人员教育管理，彰显鲜明用人导向，激励引导机关干部职工勤勉敬业、担当作为，提振机关干部精神面貌，树立政协机关的良好形象。

在总结成绩的同时，我们也清醒地看到，同新时代新任务的要求相比，同市委和全市人民的期待相比，我市政协工作还存在一些不足：协商议政建言的质量还需进一步提高，一些重点问题的调研议政还需进一步深入，民主监督的力度还需进一步加大，团结联谊的范围和渠道还需进一步拓展，委员履职的服务管理工作还需进一步加强等等，这些都需要认真研究，在今后的工作中切实加以改进。

2019年工作部署

2019年，是中华人民共和国成立70周年、人民政协成立70周年，是决胜全面建成小康社会的关键一年。市政协工作的总体要求是：高举习近平新时代中国特色社会主义思想伟大旗帜，深入学习贯彻习近平总书记关于加强和改进人民政协工作的重要思想和习近平总书记在庆祝改革开放40周年大会上的重要讲话、视察山西重要讲话精神，在中共临汾市委的坚强领导下，牢牢把握新时代人民政协的新方位新使命，紧扣市委四届四次全会、四届五次全会暨市委经济工作会议的决策部署和任务要求，紧紧围绕全市中心大局，认真履行三大职能，深入调查研究，广泛凝聚共识，坚持把提质增效贯穿政协履职全过程，更好发挥专门协商机构的作用，团结带领全市政协委员和政协系统广大政协工作者改革创新、奋发有为，为奋力开创我市新时代改革发展新局面贡献智慧力量，以优异成绩迎接中华人民共和国成立70周年、人民政协成立70周年。

一、筑牢思想基础，着力加强思想理论武装

做好新时代政协工作，必须不断加强政治理论学习，坚持以习近平新时代中国特色社会主义思想为指导，坚定不移用新思想定向领航，增强“四个意识”、坚定“四个自信”、践行“两个维护”，不断巩固团结奋斗的共同思想政治基础。

不断深化习近平总书记关于加强和改进人民政协工作的重要思想学习研讨。着力推动学习研讨入脑入心，切实加强对政协重大理论和实践问题的研究探讨，对标对表、深入查找差距与不足，清醒认识新使命、准确把握新定位、主动适应新形势、积极追求新作为，切实做到学思用贯通，知信行统一。

扎实开展“改革创新、奋发有为”大讨论。开展大讨论是当前的一项重要政治任务、重点工作。全市各级政协组织、政协各参加单位和广大政协委员要切实增强政治自觉、思想自觉、行动自觉，充分认识开展大讨论的重大意义，全面准确把握省委、市委的部署和要求，积极投入到这项重大活动中去。要强化组织领导，坚持以上率下，抓好关键环节，扎实有序推进，切实把活动搞细致、搞扎实，切实把大讨论抓紧抓实，确保取得实实在在的成效。要把大讨论与政协工作实际紧密结合起来，以改革创新为动力，汇聚思想共识和精神力量，树立与新时代要求相适应的开放性思维，推进政协工作思路理念、方式载体、制度机制创新，切实增强政协工作的生机与活力。

拓展学习渠道丰富学习载体。统筹抓好党内和党外学习、委员和机关学习、集中和自主学习，完善以政协党组中心组学习为引领，党组会议、主席会议、常委会议集体学习和学习讲座、委员培训、机关干部讲堂等相配套的学习体系，探索建立学习座谈会制度，提高学习针对性和实效性。

切实加强政协系统党建工作。深入贯彻中共中央、全国政协、中共山西省委和省政协关于加强政协系统党的建设部署要求，着力解决思想认识有偏差、政治引领不够、组织设置不健全，党建工作覆盖有盲区、党员委员作用发挥不充分等主要问题，从实际出发积极探索创新，以务实举措抓好政协系统党建工作各项任务落实，更好发挥各级政协党组在政协工作中的领导核心作用、基层党组织的战斗堡垒作用、政协组织中中共党员的先锋模范作用。

二、深化协商议政，着力推进重点履职工作

坚持围绕中心、服务大局这一政协履职根本原则，把推动高质量发展作为第一要务，自觉践行新发展理念，不断提升建言资政质量，紧紧围绕市委市政府重大决策部署和中心工作任务，谋划和组织好全年各项重点履职工作。

紧扣全市工作重点认真履职。聚焦市委四届五次全会确定的“稳定经济增长、深化能源革命、加大项目建设和招商引资力度、大力支持民营经济发展、强化创新驱动、扎实做好‘三农’工作”这六项重点任务和“产业转型、改革开放、民营经济发展、生态治理、脱贫攻坚、项目建设、乡村振兴、城乡融合、风险防控、民生事业”这十项重点推进工作，选准政协履职切入口，通过提案、反映社情民意信息、调研视察等履职方式，深入开展协商议政，精准建言，务实献策，积极助力市委市政府各项重点工作任务推进落实。

全面完成好年度协商工作计划任务。坚持问题导向，注重质量实效，精心组织实施，扎实推进各项重点协商活动。围绕“打造名优品牌，发展农业特色产业”“加强职业教育，深化职业教育产教融合发展”等组织开展专题调研，进行常委会议协商；围绕“进一步优化营商环境，促进我市对外开放和转型发展”“推进社会治理能力现代化，加快公共法律服务体系建设”等开展专题议政会议协商；围绕“优化提升民营企业发展环境，促进我市民营经济发展”“加强同港澳台侨联谊，助力深化改革扩大开放”等开展对口协商；围绕“做强做优文旅产业”“推进家事审判制度改革”“实现基层综合性文化服务中心标准化全覆盖”“加强宗教活动场所安全管理”等组织开展监督性视察调研。今年要重点抓好以上十项协商活动，通过扎实推进协商民主实践，不断丰富协商层次，拓展协商范围和内容，提升协商水平和实效，发挥好协商民主重要渠道和专门协商机构作用。

三、弘扬求真务实，着力提升履职质量实效

突出提质增效，提高建言资政质量，是新时代人民政协工作的价值追求。要坚持把履职质量导向放在更加突出的位置，建立完善制度程序机制，创新履职方式载体，以求真务实的态度努力提高工作质量，推动实现各项工作从注重“做了什么”“做了多少”向“做出了什么效果”转变，切实做到“看得准、说得对”。

大兴调查研究之风。把调查研究作为提质增效的必经环节和坚实基础抓紧抓好，不断改进专题调研的思想作风和工作作风，着力破除调查研究中存在的形式主义、官僚主义现象。

提高提案工作质量。将协商理念贯穿于提案工作全过程，从源头上把好提案质量关，加强重点提案协办督办协商，探索提案办理协商新形式，促进提案工作高质量。

抓紧抓实反映社情民意信息工作。进一步健全信息收集整理、专报快报和定期通报、表彰奖励等工作机制，进一步加强培训指导和联系交流，进一步深化调查研究和重点选题研讨，着力打造精品信息，更好发挥社情民意信息舆情汇集和民意表达功能。

进一步加强政协文史工作。扎实做好《临汾政协志》编纂工作，加强文史工作者队伍建设，更好发挥文史资料“存史、资政、团结、育人”的独特作用。

四、坚持凝心聚力，着力强化团结联谊功能

顺应统一战线内部构成、外部环境和工作任务的新变化，凸显团结联谊功能，着力增强凝聚共识新成效，为临汾改革发展汇聚力量。

加强合作共事。建立健全联动调研、联合监督、联谊联络等工作机制，积极为各民主党派、工商联和无党派人士在政协更好履职创造条件，更好发挥政协这一多党合作和政治协商重要机构的作用。

加强同民族宗教界代表人士的联系。做好经常性沟通工作，及时反映少数民族和宗教界人士的意见建议，为促进民族团结、宗教和睦、社会和谐做出应有贡献。

加强联谊交流。密切与党外知识分子、非公有制经济人士、新的社会阶层人士、出国和归国留学人员等的联系交流，搭建沟通交流平台，做好团结联谊工作。扩大与港澳台同胞和海外侨胞的联系交往，发挥政协联系面广的优势，加强联谊交流，大力宣传临汾、推介临汾，为海内外各界人士来临参访讲学、商洽合作、投资兴业牵线搭桥、搞好服务。

五、注重强基固本，着力加强政协自身建设

主动适应新时代新任务新要求，努力推动人民政协自身建设上新水平，不断夯实履职基础。

进一步加强委员队伍建设。更好发挥委员主体作用，优化委员教育培训，完善履职量化考核评价，宣传表彰优秀委员履职实践，抓实委员履职服务与管理工作，大力教育引导委员做到懂政协、会协商、善议政和守纪律、讲规矩、重品行，担负起政协制度参与者、实践者、推动者的政治责任。

进一步加强专委会建设。更好发挥专委会在政协工作中的基础性作用，健全专委会联系指导界别和服务委员制度，完善以专委会为依托的政协专题调研、视察、协商等工作机制，积极营造争先创优的良好氛围，确保扎实有效地开展工作。

进一步加强政协机关和干部队伍建设。坚持从严要求、从严教育、从严管理，持之以恒强素质，驰而不息抓作风，努力打造忠诚、担当、干净的干部队伍，以优质服务推动政协工作提质增效。

进一步加强市、县政协联动协作。强化工作指导，密切工作交流，互相学习借鉴，联合开展调研视察，实行整体联动，形成履职强大合力，进一步提升全市政协工作整体水平。

附　录

临汾十大新闻事件和十大新闻人物

·临汾十大新闻事件·

1. 举行庆祝新中国成立70周年大型合唱活动

唱响时代赞歌·《我和我的祖国》大型合唱活动在市博物馆广场设立主会场，在各县（市、区）设立分会场，市县联动唱响时代赞歌，共同庆祝中华人民共和国成立70周年。

紧紧围绕庆祝中华人民共和国成立70周年，临汾市以“唱响时代赞歌”为主题，部署了20项文化活动、20项重大项目推进工程。一年来，全市上下把开展庆祝活动作为凝聚共识、推动工作的重要抓手，以更加饱满的热情、更加昂扬的姿态，共同唱响爱祖国、爱家乡的主旋律，奏响了新时代临汾奋进的最强音，汇聚起推动临汾转型发展、高质量发展的强大力量。

2. 扎实开展“不忘初心、牢记使命”主题教育

2019年9月10日，临汾市“不忘初心、牢记使命”主题教育部署会召开后，临汾市坚持把开展主题教育作为首要政治任务，严格按照中央部署和省委要求，在省委主题教育第六巡回指导组的有力指导下，按照守初心、担使命，找差距、抓落实的总要求，把学习教育、调查研究、检视问题、整改落实贯穿主题教育全过程，努力实现理论学习有收获、思想政治受洗礼、干事创业敢担当、为民服务解难题、清正廉洁作表率的具体目标，推动学习贯彻习近平新时代中国特色社会主义思想往深里走、往心里走、往实里走；把开展主题教育同贯彻落实中央、省委、市委各项决策部署结合起来，同完成改革发展稳定各项任务结合起来，奋力开创新时代临汾工作新局面。

3. 成功举办二青会三项赛事

2019年，第二届全国青年运动会三项赛事——花样滑冰、射击飞碟和空手道比赛在临汾市举行。作为三项比赛的东道主，临汾市以一流的赛事组织、一流的服务保障、一流的环境氛围，全方位服务广大运动员。截至2019年8月15日，随着二青会三项赛事圆满结束，二青会“临汾时间”完美收官。三项比赛的成功举办，对全市体育工作跨越发展、社会事业全面进步、城市形象整体提升起到积极的推动作用，影响深远，意义重大。

4. 明确打造省域副中心城市

2019年12月23日至24日，省委经济工作会议在太原召开，会议指出，以大都市大县城建设统筹城乡发展，按照“一主三副六市域中心”空间布局，强力打造太原都市区核心引擎，加快打造大同、长治、临汾三个省域副中心城市。12月26日，市委常委会召开扩大会议，学习传达省委经济工作会议精神，要求全市上下把思想和行动统一到中央和省委决策部署上来，凝聚起把转型综改进行到底、开创临汾各项事业新局面的高度共识和强大力量。

5. 开展靓城提质“三大行动”

2019年9月29日开始，临汾市在市区深入开展靓城提质“三大行动”，并成立了领导小组和3个整治分指挥部、6个工作组，共确定了“三拆、三下、三进”3大类9大项31个小项整治任务，每一项任务都明确了具体的责任单位。整治范围为中大街、鼓楼南北街、平阳南北街、迎春南北街、河汾路、向阳东西路、解放路、鼓楼东西街、贡院街、五一西路、五一路、环城南路12条主干道。“三大行动”共分动员部署、集中整治、总结验收三个阶段，至2020年1月31日结束。靓城提质“三大行动”将为临汾市加快省级文明城市创建步伐，进一步改善城市面貌，提升城市形象起到积极的推动作用。

6. 经济发展再添新引擎

2019年1月12日，山西大地华基建材科技有限公司揭牌，标志着大地控股和临汾华基混合所有制重组全面完成，也标志着全省建筑垃圾资源化平台正式建立。

2019年5月5日，山西建筑产业现代化绿色建材（霍州）园区揭牌暨40万立方米ALC（蒸压粉煤灰加气混凝土）生产线投产仪式在霍州市兆光发电有限责任公司厂区举行。该项目从2018年5月签约到ALC生产线正式投产仅一年时间，创造了同行业领先的建设速度。项目的实施和运营实现了工业固体废弃物从末端治理到源头控制的转变。

2019年11月27日，山西焦煤集团飞虹化工股份有限公司在洪洞县明姜镇举行60万吨/年烯烃及焦炉煤气制甲醇一体化项目开工仪式，深入推进市政府与山西焦煤集团战略合作框架协议落地生根，标志着双方在携手助力能源革命、推动高质量发展探索中迈出了坚实一步。

7. 4个县脱贫摘帽

2019年4月，根据中共中央办公厅、国务院办公厅《关于建立贫困退出机制的意见》等相关规定，山西省人民政府批准临汾市国家扶贫开发工作重点县隰县正式退出贫困序列。

2019年5月，根据中共中央办公厅、国务院办公厅《关于建立贫困退出机制的意见》等相关规定，山西省人民政府批准临汾市省定贫困县蒲县、古县、浮山正式退出贫困序列。

8. 评选出首届“最美社区干部”

2019年1月23日，临汾市首届“最美社区干部”颁奖晚会在市影剧院举行。颁奖晚会由市委组织部主办，市民政局、市文化局、市广播电视台协办。晚会在大合唱《汾河在我心上流》中拉开序幕，专题视频《临汾市社区党建工作》使观众深入了解了临汾市近两年来社区基层党建工作情况。整场晚会分为三个篇章，第一篇章《聆听美》以讲述人讲述为主要形式，呈现出社区工作者刘卫星、赵慧敏、高怀德、张志坚干事创业、服务居民的故事；第二篇章《欣赏美》通过情景再现、语言类节目等形式，再现了社区工作者杨好、王素梅、李红艳的感人事迹；第三篇章《感悟美》以朗读书信、日记等形式，展现了社区工作者贾海生、王泽耀、杨淑云的人格魅力。

9. 洪洞县入选首批国家全域旅游示范区

2019年9月，文化和旅游部公布首批国家全域旅游示范区名单，洪洞县成功入选。

自2016年11月被列为国家全域旅游示范区创建单位以来，洪洞县制订了《全域旅游示范县创建工作方案》，明确了目标任务和责任分工，持续推进旅游品牌开发，旅游产业的支柱地位日益凸显。在创建国家级全域旅游示范区工作的强力带动下，该县游客人数逐年大幅增长，2018年全年游客936万人次，较2016年增长26%；旅游综合收入93.7亿元，较2016年增长37%。

10. 曲沃县“菜谷效应”生成新矩阵

在2019年5月举办的首届中国·山西曲沃国际蔬菜博览会期间，曲沃县共签订技术转移、战略合作和贸易采购等协议19项，签约总额11.636亿元，现场交易和电商销售总额达到2000万元。截至目前，曲沃县蔬菜种植面积占到耕地面积的40%，蔬菜人均收入占到农民人均收入的38%，蔬菜标准化种植面积达到90%，“三品一标”农产品认证达到34个，蔬菜产业步入黄金季，成为全县发展最快、效益最高的农业支柱产业。

近年来，曲沃县委、县政府以乡村振兴战略为引领，先后获得全国蔬菜重点县、全国农村创业创新典型示范县、国家现代农业示范区、国家级出口食品农产品质量安全示范区、国家设施蔬菜种植综合标准化示范区等9张“国字号”农业“金名片”。

·临汾十大新闻人物·

1. 贺星龙　最美奋斗者

2019年9月25日，“最美奋斗者”表彰大会在北京人民大会堂举行，大宁县徐家垛乡乐堂村乡村医生贺星龙荣膺“最美奋斗者”称号。

为隆重庆祝中华人民共和国成立70周年，广泛开展先进模范学习宣传活动，中共中央宣传部、中共中央组织部、中共中央统战部等部门共同组织开展“最美奋斗者”学习宣传，产生了300名“最美奋斗者”建议人选，包括278名个人、22个集体。这次受表彰的个人和集体，是新中国成立70年来各个时期的先进分子、各行各业的杰出代表。

作为一名乡村医生，19年来，贺星龙以“24小时上门服务”的出诊承诺，守护着黄河岸边28个村4600名乡亲的健康，先后骑坏了7辆摩托车，背破了12个药包；精准扶贫工作开展以来，他逐村逐户为527户建档立卡贫困户建立了健康档案，为“五保户”减免医药费4万多元，配备了500余种基本目录用药，打通了服务患者“最后一公里”。

2. 张美静　第七届全国道德模范提名奖获得者

2019年9月5日，中央文明委公布了第七届全国道德模范及提名奖获得者名单，翼城县西阎镇堡子村村民张美静获提名奖。

1998年出生的张美静自小与养父母生活在一起。13岁那年，为了照顾养父、养母、爷爷3位重病亲人，张美静主动辍学，用稚嫩的肩膀挑起了家庭重担。养父去世后，她对患有神经性肌肉萎缩症并伴有间歇性癫痫、丧失劳动能力的养母不离不弃、悉心照顾。19岁那年，在社会各界的帮助下，张美静带着重度残疾的养母进入翼城县职业技术学校读书。乡亲们亲切地称呼她为“最美孝心女孩”。2018年8月，中央文明办发布8月“中国好人榜”，张美静荣登助人为乐榜和孝老爱亲榜，2019年4月，她被评为第七届山西省道德模范——孝老爱亲模范。

3. 赵若竹　赢得2020年奥运会参赛入场券

2019年2月28日，2019年国际射联世界杯新德里站决赛中，临汾姑娘赵若竹与搭档刘宇坤发挥出色，以503.6环的成绩打破世界纪录并夺得10米气步枪混合团体赛冠军，为中国队赢得2020年东京奥运会参赛入场券。这也是中国队在本次比赛中获得的唯一金牌。最终，在世界杯新德里站的比赛中，中国射击队总计获得了1金6银3铜，以10枚奖牌成为获得奖牌数最多的队伍。

4、刘　辉　全国五一劳动奖章获得者

山西省高端领军人才、山西省“五四”青年奖章、山西省“五一”劳动奖章、第一届中国医师奖、2019年全国“五一”劳动奖章……荣誉背后，是市中心医院心脏外科主任刘辉10余年如一日，为百姓生命健康保驾护航的执着坚守。

为让临汾的心脏病患者在家门口能够得到及时、优质的诊疗救治，填补临汾市不能独立完成心脏外科手术的空白，刘辉拒绝了众多一线城市大型心脏中心的邀请，回到临汾，成为市中心医院心脏外科的一名医生。从2014年至2018年，他带领团队完成了近800台手术，包括全市第一例体外循环下先天性心脏病畸形矫治术、山西省第一例急诊非体外循环下冠状动脉旁路移植术等一系列高难度手术，填补全市多项空白。

5. 何亚军　全国自强模范

2019年5月16日，洪洞盲人按摩师何亚军参加了第六次全国自强模范暨助残先进集体和个人表彰大会，并与全体代表一起受到党和国家领导人的亲切接见。

全国自强模范暨助残先进集体和个人表彰大会每五年举办一次，是我国给予残疾人事业战线突出贡献者及集体的最高褒奖。

出生于洪洞县明姜镇南社村一个普通农民家庭的何亚军因患有先天青光眼、白内障，导致眼底坏死，13岁时摘除眼球。2000年，何亚军考入省特殊教育中等专业学校，立志用奋斗证明自己一点也不比健全人差。他开办按摩店，并延伸医疗保健服务链，对患者进行心理疏导；他倡导组建“小草爱心团”，为贫困残疾家庭献爱心，还资助6名残疾孩子，帮他们圆了大学梦。从努力求学到创业，再到帮残助残，何亚军把自己活成了一束光，照亮了自己的前行路，也激励了更多残疾人自强自立。

6. 张建国　全国模范退役军人

2019年1月12日，山西大地华基建材科技有限公司揭牌，标志着大地控股和临汾华基混合所有制重组全面完成，也标志着全省建筑垃圾资源化平台正式建立。

2019年5月5日，山西建筑产业现代化绿色建材（霍州）园区揭牌暨40万立方米ALC（蒸压粉煤灰加气混凝土）生产线投产仪式在霍州市兆光发电有限责任公司厂区举行。该项目从2018年5月签约到ALC生产线正式投产仅一年时间，创造了同行业领先的建设速度。项目的实施和运营实现了工业固体废弃物从末端治理到源头控制的转变。

2019年11月27日，山西焦煤集团飞虹化工股份有限公司在洪洞县明姜镇举行60万吨/年烯烃及焦炉煤气制甲醇一体化项目开工仪式，深入推进市政府与山西焦煤集团战略合作框架协议落地生根，标志着双方在携手助力能源革命、推动高质量发展探索中迈出了坚实一步。

7. 贺国照　全国无偿献血奉献奖金奖获得者

“血液可以再生，生命不能重来。当有人生命危在旦夕时，我所献的血，可以让他重燃生命之火……”43岁的贺国照坚持献血20年，献血小板58个治疗量，献全血量超过10000毫升，相当于两个成年人全身的血量之和。他先后获得全国无偿献血奉献奖金奖、银奖，入选2019年“爱满人间 红动中国”全国无偿献血群英谱，山西省仅两人。

贺国照是临汾市春秋出租车公司的一名普通的哥。20年间，他不仅每年按时献血，还参加了蓝天救援队，和队友一起跋山涉水，找人、抢险、救援等，在无偿献血和志愿服务的路上越走越远。

8.李　岗　庆祝中华人民共和国成立70周年纪念章获得者

年逾30改行，从吕梁市临县发电厂汽机车间的检修工，成为霍州煤电集团吕临能化公司庞庞塔矿机分厂防爆电器检修工，李岗化压力为动力，勤奋学习，精益求精，成为一名优秀的技术“多面手”。

转岗11年间，他先后被省煤炭系统荣记一等功，荣获省劳动模范、三晋技术能手、全国青年岗位能手、全国劳动模范、全国青年“五四”奖章提名等荣誉；2019年3月，他入选“三晋英才”支持计划拔尖骨干人才，其专利项目荣获国家知识产权局实用新型专利证书；以他的名字命名的技能大师工作室、劳模创新工作室先后挂牌；2019年国庆节前夕，他还获得中共中央、国务院、中央军委联合颁发的“庆祝中华人民共和国成立70周年”纪念章。

9.赵跃先　教育部思想政治理论课教师影响力提名人物

2019年3月18日，北京人民大会堂东大厅，在习近平总书记主持召开的学校思想政治理论课教师座谈会上，时任山西师范大学马克思主义学院院长的赵跃先作为山西省参加座谈会的三名代表之一参会。

1987年，赵跃先大学毕业后，成为一名思政课教师。他主持的课被评为山西省精品资源共享课，促进了山西思政课改革创新；他参加了全省思政宣讲团，作为“全国高校优秀思想政治理论课示范课百人巡讲团”成员，他积极致力于把习近平总书记的殷切嘱托传播到全省各个角落，为学生人生发展的“拔节孕穗期”做好正确的思想引领和价值观指导。

全国优秀教师、全国优秀思想政治理论课教师、教育部思想政治理论课教师影响力提名人物……荣誉等身的他，工作重心依然在课堂上、在思政育人上。他说：“我要上好每堂思政课，因为它影响着学生们的一生！”

10.郭朋朋　全国农村青年致富带头人标兵

2019年11月29日，由共青团中央、农业农村部主办的第十一届“全国农村青年致富带头人”表彰活动暨乡村振兴青年先锋首场事迹报告会在北京林业大学举行。古县石壁乡五马岭村青年农民郭朋朋荣获第十一届“全国农村青年致富带头人标兵”荣誉称号。

“全国农村青年致富带头人”称号由共青团中央、农业农村部共同授予，是专门表彰“三农”领域青年典型的全国性奖项。

郭朋朋是五马岭村一个普通的青年农民，16年前，因疾病导致双耳失聪、四肢变形、行动迟缓，成为一名残障人士，但他凭着坚强的意志从没向命运低过头。2010年，他注册了自己的网店，专营古县的核桃、小米、蜂蜜、苹果等土特产，2019年，网上交易额已达160余万元。他把乡亲们的“山货”卖到了全国各地，乡亲们亲切地送他外号“郭大拿”。

临汾市第五批市级非物质文化遗产项目名录表

表19

项目类别	项目名称	保护单位
民间文学	石姑娘山的传说	翼城县里砦镇神沟村委会
民间文学	霍州民间谚语	霍州市群众艺术馆
民间文学	大槐树传奇故事	洪洞县大槐树迁民遗址文物管理所
民间文学	人祖山娲皇传说	山西吉县人祖山文化旅游开发有限公司
传统音乐	洪洞传统锣鼓	洪洞县文化馆
传统音乐	隰县民歌	隰县文化馆
传统舞蹈	吉壁腰鼓	翼城县里砦镇吉壁村委会
传统体育	游艺与杂技古彩戏法	霍州市群众艺术馆
传统体育	游艺与杂技青萍剑术	山西尚尧文化艺术有限公司
传统美术	平阳香包	临汾市群众艺术馆
传统美术	侯马皮影刻纸	侯马市宋成风皮影工作室
传统美术	安泽剪纸	安泽县人民文化馆
传统技艺	毛姥姥手工刺绣	毛姥姥工艺品制作有限公司
传统技艺	面雕	临汾市尧都区十德堂指尖文化创意有限公司
传统技艺	平水雕版印刷技艺	临汾市尧都区众和轩文化艺术有限公司
传统技艺	曲村驴肉制作技艺	曲沃县曲村太平五香驴肉店
传统技艺	曲沃面酱制作技艺	曲沃县永强酱品厂
传统技艺	霍州老粗布	霍州市鸣梦老粗布有限公司
传统技艺	锻造技艺	蒲县人民文化馆
传统技艺	蒲县布艺	蒲县人民文化馆
传统技艺	神山双头虎制作技艺	山西神山风文化艺术有限公司
传统技艺	打铁技艺	乡宁县云丘山旅游开发有限责任公司
传统技艺	植物染布	乡宁县云丘山旅游开发有限责任公司
传统技艺	陈曲制作技艺	尧都区龙泉神曲厂
传统技艺	葫芦画制作技艺	临汾园子里葫芦艺术品有限公司
传统技艺	平尧麻笺制作技艺	山西平尧麻笺有限公司
传统技艺	侯马北派核雕	侯马市鸿兴核雕有限公司
传统技艺	木雕佛像	山西心之匠文化艺术有限公司
传统技艺	侯马王子面塑	侯马市俊艺王子面塑工艺有限公司
传统技艺	乡宁民间紫砂工艺	乡宁金砂紫陶工艺美术有限公司
传统技艺	鄂邑葫芦	乡宁县文化馆
传统技艺	平阳窑传统陶瓷技艺	尧都区红陶坊陶艺工作室

续表19

项目类别	项目名称	保护单位
传统技艺	平阳拓印工艺	临汾画院
传统技艺	传统古件修复技艺	襄汾县新城公晋古艺家居文化经销部
传统技艺	晋南手绣	襄汾县宇彤布艺有限公司
传统技艺	新田绣花手工枕	侯马市梦美工艺品有限公司
传统技艺	侯马文生恒金银错(金镶玉)	侯马市全发金镶玉玉雕珠宝玉器有限公司
传统技艺	浮山面塑制作技艺	浮山县神山手工制作工作室
传统技艺	平阳卷卷	临汾市尧都区胡同砂锅店
传统技艺	平阳木雕	平阳木雕坊
传统技艺	老关家带把肘子	山西老关家食品开发有限公司
传统技艺	汾城油粉饭制作技艺	襄汾县汾城镇东坡村村民委员会
传统技艺	霍州市胡萝卜酿醋技艺	山西工匠传承醋业有限公司
传统技艺	霍州宴	霍州市霍宴餐饮管理有限公司
传统技艺	翼城圪烙饦制作技艺	山西同颖文化传媒有限责任公司
传统技艺	手工空心挂面制作技艺	翼城县老赵家空心面有限公司
传统技艺	中垛子福花馍	吉县中垛乡中垛村民委员会
传统技艺	浮山拨面	浮山厨师协会
传统技艺	浮山“六六宴”	浮山厨师协会
传统技艺	隰县糁粉制作技艺	隰县文化馆
传统医药	马氏理筋	浮山马氏理筋馆按摩馆
传统医药	陈氏疮愈膏	侯马康年综合门诊部
传统医药	许氏透骨丹疗法	洪洞县济世中医疼痛病研究所
传统医药	柴氏二十四节气中医疗法	襄汾县陶氏柴氏中医文化服务有限公司
传统医药	刘氏大针腰间盘突出疗法	襄汾县邓庄镇卫生院张礼分院
传统医药	赵氏祖传膏药	襄汾县邓庄镇卫生院张礼分院
传统医药	七分散	临汾市尧都区冯亚平中医门诊部
民俗	腊八浇雪山	临汾市法显文化传媒有限公司
民俗	乡宁四月八古会	乡宁县文化馆
民俗	花弯灯会	乡宁县文化馆
民俗	云丘山傩文化	乡宁县云丘山旅游开发有限责任公司
民俗	人祖山人胜节庙会	山西吉县人祖山文化旅游开发有限公司
民俗	马册打铁花	翼城县南梁镇马册村委会
民俗	小西天晒经节	隰县小西天景区旅游服务中心
民俗	历山与七十二候历	翼城县大河文化旅游有限责任公司

统计资料

2019年临汾市行政区划

表20

	单位	指标值
市　辖　区	个	1
县	个	14
县　级　市	个	2
街道办事处	个	20
镇	个	75
乡	个	76
村民委员会	个	2818
社区居民委员会	个	179

2019年临汾市土地面积、自然资源

表21

	单位	指标值
土地面积	平方公里	20302
森林覆盖率	%	25.5
水资源总量(2018年)	亿立方米	10.16
地表水资源量(2018年)	亿立方米	7.57
煤炭累计查明资源储量(2018年)	亿吨	465.13
铁矿石累计查明资源储量(2018年)	亿吨	1.96
石膏累计查明资源储量(2018年)	亿吨	5.24
水泥用灰岩保有储量(2018年)	亿吨	1.06

临汾市人口

表22

	单位	2019年	2018年
总人口	人	4508387	4500264
男	人	2288188	2280650
女	人	2220199	2219614
性别比	%	103.06	102.75
出生率	‰	8.56	8.78
死亡率	‰	5.71	4.61
自然增长率	‰	2.85	4.17
城镇人口	人	2414686	2364433
比　重	%	53.56	52.54
乡村人口	人	2093701	2135831
比　重	%	46.44	47.46

临汾市国民经济主要指标（一）

表23

	单位	2019年	2018年	2019年为2018年%
地区生产总值	亿元	1452.6	1364.5	106.00
第一产业	亿元	103.5	93.9	102.30
第二产业	亿元	628.4	596.2	104.70
第三产业	亿元	720.7	674.5	107.60
农林牧渔业总产值	亿元	198.05	179.5	102.43
规模以上工业增加值	亿元	549.7	483.9	103.50
公路通车里程	公里	19167	18941	101.19
固定资产投资	亿元	462.3	404.0	114.43
财政总收入	亿元	288.4	258.3	111.65
#一般公共预算收入	亿元	138.1	126.0	109.60
一般公共预算支出	亿元	411.28	385.9	106.58
社会消费品零售总额	亿元	736.9	687.1	107.25
居民消费价格指数	%	102.7	102.0	–

说明：1. 地区生产总值、农林牧渔业总产值、规模以上工业增加值发展速度按可比价格计算。
2. 2018年地区生产总值数据为根据四经普结果调整后数据

临汾市国民经济主要指标（二）

表24

	单位	2019年	2018年	2019年为2018年%
海关进出口总额	万元	151416	197916	76.5
住户存款余额	亿元	1948.4	1763.4	110.5
城镇常住居民人均可支配收入	元	32895	30692	107.2
农村常住居民人均可支配收入	元	12809	11630	110.1
在岗职工平均工资	元	67590	63695	106.1
粮食总产量	万吨	200.6	256.8	78.12
#小麦产量	万吨	78.6	89.2	88.16
水果产量	万吨	85.8	58.3	147.10
肉类总产量	万吨	9.7	15.44	62.85
原煤产量	万吨	6201.6	6006.1	103.3
发电量	亿千瓦时	241.6	236.5	102.2
焦炭产量	万吨	1687.9	1616.7	104.4
钢产量	万吨	1206.6	1150.1	104.9
成品钢材产量	万吨	1287.3	1118.9	115.0
洗精煤产量	万吨	2649.9	2776.4	95.4

临汾市国民经济主要指标占全省比重（一）

表25

	单位	山西省	临汾市	占山西省 %
常住人口	万人	3729.2	450.8	12.09
户籍人口	万人	3533.6	431.4	12.21
地区生产总值	亿元	17026.7	1452.6	8.53
人均地区生产总值	元	45724	32250	70.53
规模以上工业增加值增速	%	5.7	3.5	–
公路通车里程	万公里	14.4	1.9	13.31
固定资产投资	亿元	6612.6	462.3	6.99
一般公共预算收入	亿元	2347.7	138.1	5.88
一般公共预算支出	亿元	4710.8	411.3	8.73
社会消费品零售总额	亿元	7909.2	736.9	9.32
海关进出口总额	亿元	1446.9	15.1	1.04
住户存款余额	亿元	22636.0	1948.4	8.61
居民消费价格指数	%	102.7	102.7	–

2019年临汾市国民经济主要指标占全省比重（二）

表26

	单位	山西省	临汾市	占山西省 %
城镇常住居民人均可支配收入	元	33262	32895	–
农村常住居民人均可支配收入	元	12902	12809	–
粮食总产量	万吨	1361.8	200.6	14.73
小麦产量	万吨	226.2	78.6	34.77
玉米产量	万吨	939.4	111.6	11.88
油料产量	万吨	13.7	1.1	7.86
水果产量	万吨	862.7	85.8	9.94
原煤产量	万吨	97109.4	6201.6	6.39
焦炭产量	万吨	9699.5	1687.9	17.40
生铁产量	万吨	5557.1	1168.4	21.03
钢产量	万吨	6039.1	1206.6	19.98
钢材产量	万吨	5594.2	1287.3	23.01
发电量	亿千瓦时	3228.7	241.6	7.43

说明：工业产品产量、发电量均为规模以上口径

全市生产总值（按当年价格计算）

表27　　单位：万元、%

	2019年	2018年	2019年为2018年%
全市生产总值	14526282	13645406	106.0
第一产业	1034797	938503	102.5
第二产业	6284152	5962228	104.7
第三产业	7207333	6744675	107.6
农、林、牧、渔服务业	22653	21267	105.1
交通运输、仓储和邮电通信业务	836718	829190	105.7
批发和零售业	1093610	1088018	102.6
住宿和餐饮业	162167	150112	106.1
金融保险业	781039	710035	108.5
房地产业	1026667	928036	110.4
其他服务业	3284479	3018017	108.8
营利性服务业	627733	579188	109.2
非营利性服务业	2656746	2438829	108.6

说明：2019年为季报数据，发展速度按可比价计算

全市生产总值构成

表28　单位：%

	2019年	2018年	2019年比2018年增减
全市生产总值	100.0	100.0	-
第一产业	7.1	6.9	0.2
第二产业	43.3	43.7	-0.4
第三产业	49.6	49.4	0.2
农、林、牧、渔服务业	0.2	0.2	0.0
交通运输、仓储和邮电通信业务	5.8	6.1	-0.3
批发和零售业	7.5	8.0	-0.5
住宿和餐饮业	1.1	1.1	0.0
金融业	5.4	5.2	0.2
房地产业	7.1	6.8	0.3
其他服务业	22.6	22.1	0.5
营利性服务业	4.3	4.2	0.1
非营利性服务业	18.3	17.9	0.4

说明：2019年为季报数据

临汾市农林牧渔业总产值（当年价格）

表29　单位：万元

	2019年	2018年	2019年为2018年%
农林牧渔业总产值	1980479	1795013	102.43
农　业	1305755	1236494	104.0
林　业	94422	89021	96.41
牧　业	522232	412688	102.14
渔　业	11398	13100	101.78
农林牧渔服务业	46672	43710	105.06

农林牧渔业总产值构成

表30　单位：%

	2019年	2018年
农林牧渔业总产值	100.00	100.00
农　业	65.93	68.88
林　业	4.77	4.96
牧　业	26.37	22.99
渔　业	0.58	0.73
农林牧渔服务业	2.35	2.44

农林牧渔业增加值（当年价格）

表31　单位：万元

	2019年	2018年	2019年为2018年%
农林牧渔业增加值	1057450	959770	102.51
农　业	705526	667909	103.99
林　业	47187	44718	96.41
牧　业	275934	218830	102.31
渔　业	6150	7046	101.87
农林牧渔服务业	22653	21267	104.77

农林牧渔业增加值构成

表32　单位：%

	2019年	2018年
农林牧渔业增加值	100.00	100.00
农　业	66.72	69.59
林　业	4.46	4.66
牧　业	26.09	22.80
渔　业	0.58	0.73
农林牧渔服务业	2.15	2.22

主要农作物播种面积

表33　单位：千公顷

	2019年	2018年	2019年为2018年%
总播种面积	532.22	543.17	98.0
#粮食作物	498.68	507.99	98.2
谷　物	474.89	484.81	98.0
#小　麦	204.04	210.75	96.8
玉　米	242.98	251.73	96.5
谷　子	14.80	14.83	99.8
高　粱	8.56	2.71	315.7
豆　类	13.10	13.56	96.6
薯　类	10.69	9.61	111.2
油　料	6.34	7.64	83.0
棉　花	0.04	0.10	40.0
烟　叶	0.34	0.36	94.4
药　材	6.79	6.99	97.1
蔬　菜	16.69	17.04	97.9
瓜　类	2.47	2.11	117.1
其他作物	0.87	0.94	92.6

说明：粮食部分数据由国家统计局临汾调查队提供

主要农产品产量

表34　　单位：吨

	2019年	2018年	2019年为2018年%
粮　食	2006483	2238566	89.6
谷　物	1955274	2184630	89.5
#小麦	786394	808106	97.3
玉　米	1116433	1327638	84.1
谷　子	22173	33711	65.8
高　粱	24174	8566	282.2
豆　类	21983	23248	94.6
薯　类	29226	30689	95.2
油　料	10765	14383	74.8
棉　花	37	79	46.8
烟　叶	596	849	70.2
药　材	57792	62305	92.8
蔬　菜	884962	874010	101.3
瓜　类	57162	56320	101.5

说明：粮食部分数据由国家统计局临汾调查队提供

林业生产情况

表35　　单位：千公顷

	2019年	2018年	2019年为2018年%
当年造林面积	32.37	34.07	95.01
经济林	1.61	14.28	11.27
防护林	30.76	19.79	155.43
零星植树（万株）	1201.0	1200.0	100.08
育苗面积	7.03	7.19	97.77
森林抚育面积	2.49	2.43	102.47
木材产量（立方米）	23787	53006	44.13
核　　桃（吨）	38736	21595	179.37
花　　椒（吨）	1470	1491	98.59

说明：本表数据除核桃、花椒外，其余指标由规划和自然资源局提供

水果生产情况

表36

	单位	2019年	2018年	2019年为2018年%
水果总产量	吨	857622	583230	147.0
#苹 果	吨	652082	443017	147.2
梨	吨	65214	37955	171.8
葡　萄	吨	59142	45666	129.5
红　枣	吨	24327	24052	101.1
柿　子	吨	4048	3546	114.2
桃	吨	45646	24892	183.4
杏	吨	1026	834	123.0
果园面积	公顷	58528	51769	113.1
#苹果园	公顷	36228	33405	108.5
梨　园	公顷	8207	4987	164.6
葡萄园	公顷	2525	2465	102.4
其他园	公顷	11568	10912	106.0

主要牲畜年末存栏情况

表37　　单位：头、只

	2019年	2018年	2019年为2018年%
一、大牲畜年末头数	74863	77081	97.1
牛	71615	74240	96.5
二、年末猪存栏头数	586558	592997	98.9
#能繁殖母猪	66698	59089	112.9
三、年末羊存栏只数	704324	697758	100.9
#山羊	373503	351164	106.4
绵羊	330821	346594	95.4
四、家禽	13514328	10769799	125.5
五、养兔	296300	240400	123.3

说明：主要畜禽数据由国家统计局临汾调查队提供

畜牧业主要产品产量

表38　　单位：头、只、吨

	2019年	2018年	2019年为2018年%
当年出栏的肉猪	889590	895522	99.3
猪肉产量	68391	69071	99.0
当年出栏的肉用牛	36633	35043	104.5
牛肉产量	4870	4707	103.5
当年出栏的肉用羊	311894	311033	100.3
羊肉产量	3702	3743	98.9
当年出栏的家禽	12929766	10048534	128.7
禽肉产量	18846	13314	141.6
肉类总产量	97042	91673	105.9
奶类产量	33214	31670	104.9
#牛奶产量	30914	27280	113.3
山羊毛产量	153	143	107.1
绵羊毛产量	402	442	91.0
羊绒产量	54	51	106.1
蜂蜜产量	379	451	83.9
禽蛋产量	119427	112934	105.7
蚕茧产量	9	8	106.3

说明：主要畜禽数据由国家统计局临汾调查队提供

农业现代化水平

表39

	单位	2019年	2018年
农村用电量	万千瓦时	108606	105494
化肥施用量（实物量）	吨	429298	452617
氮　肥	吨	143476	158325
磷　肥	吨	89515	102491
钾　肥	吨	16670	17302
复合肥	吨	179637	174499
农用塑料薄膜使用量	吨	4593	4960
农用柴油使用量	吨	51109	53237
农药使用量	吨	3640	3976
农业机械总动力	万千瓦	216.9	208.1
大中型拖拉机	混合台	16959	15995
小型拖拉机	台	35879	35873
农用排灌动力机械	台	12126	12067

中小企业发展情况

表40

	单位	2019年	2018年
中小企业单位数	个	18831	16730
中小企业职工人数	人	432010	417184
中小企业工业总产值	万元	7879554	7647585
中小企业营业收入	万元	12131241	11605534
农业企业	万元	235955	239248
工业企业	万元	7677747	7415444
建筑业企业	万元	449902	402752
交通运输企业	万元	706966	663041
批发零售贸易业	万元	1974100	1817732
上缴税金	万元	762287	712255
出口产品交货值	万元	54829	52220

说明：本表由临汾市中小微企业发展中心提供

工业企业单位数

表41　　单位：个

	2019年	2018年
规模以上工业企业	384	384
#国有及国有控股	95	97
按轻重工业分		
轻工业	34	38
重工业	350	346
按隶属关系分		
中央企业	9	8
地方企业	63	62
其他企业	312	314
按登记注册类型分		
国有经济	4	4
集体经济	5	6
其他经济	375	374
按企业规模分		
大型企业	26	26
中型企业	90	91
小微型企业	268	267

说明：数据均为月报口径

工业总产值（当年价格）

表42　　单位：万元

	2019年	2018年
规模以上工业企业	16658884	15996034
#国有及国有控股企业	5086929	5277360
按轻重工业分		
轻工业	229274	238787
重工业	16429609	15757248
按隶属关系分		
中央企业	1443823	902303
地方企业	31349145	3463277
其他企业	24825884	11630454
按登记注册类型分		
国有经济	182330	461316
集体经济	15310	61785
其他经济	16461244	15472934
按企业规模分		
大型企业	8312983	7506309
中型企业	4827074	5537459
小微型企业	3518827	2952266

说明：数据均为月报口径

工业增加值

表43　　单位：万元

	2019年	2018年
规模以上工业企业	5497164	4839216
# 国有及国有控股	2330782	2075997
按轻重工业分		
轻工业	73191	72148
重工业	5423973	4767068
按隶属关系分		
中央企业	721912	421352
地方企业	3524030	1281449
其他企业	12412942	3136416
按登记注册类型分		
国有经济	37071	204679
集体经济	9440	33648
其他经济	5450654	4600890
按企业规模分		
大中型企业	4109174	3353229
小微型企业	1387990	1485987

说明：数据均为月报口径

工业企业利税总额

表44　　单位：万元

	2019年	2018年
规模以上工业企业	2261328	2595998
#国有及国有控股企业	1228546	1225414
按轻重工业分		
轻工业	4409	-11215
重工业	2256918	2607212
按隶属关系分		
中央企业	291788	232338
地方企业	760550	761817
其他企业	1208990	1601843
按登记注册类型分		
国有经济	4750	-5588
集体经济	1220	7076
其他经济	2255358	2594510
按企业规模分		
大型企业	1063473	1343075
中型企业	1010218	1068307
小微型企业	187637	184615

说明：数据均为月报口径

规模以上工业主要产品产量（一）

表45

	单位	2019年	同比增长%
轻工产品			
纱	吨	1040.0	-26.3
布	万米	1012.2	9.7
塑料制品	吨	15332.0	23.5
饮料酒	千升	1366.0	99.1
饲料	吨	99083.0	-11.8
中成药	吨	421.5	-2.3
重工产品			
原煤	万吨	6201.6	1.2
洗精煤	万吨	2649.9	-7.0
焦炭	万吨	1687.9	-4.4
发电量	亿千瓦时	241.6	-1.0
铁矿石原矿	万吨	144.5	-4.8

规模以上工业主要产品产量（二）

表46

	单位	2019年	同比增长%
生铁	万吨	1168.4	-1.8
钢	万吨	1206.6	4.9
成品钢材	万吨	1287.3	15.6
铸铁件	万吨	49.0	-6.7
水泥	万吨	596.0	22.6
精甲醇	万吨	73.8	-5.2
粗苯	万吨	11.8	-7.2
纯苯	万吨	5.5	-25.6
合成氨	万吨	5.8	-15.7
化肥	万吨	0.8	-11.8
光缆	万芯千米	94.6	-31.2

2019年煤焦产销存情况

表47　单位:万吨

	年初库存	生产量	销售量	年末库存
原　煤	115.1	6201.6	4074.0	169.0
无烟煤	3.3	281.7	281.0	3.9
炼焦烟煤	89.8	5226.0	3178.2	153.5
一般烟煤	21.9	693.9	614.8	11.6
洗精煤	54.7	2649.9	3028.3	71.5
其他洗煤	122.7	1064.9	998.5	177.2
焦　炭	28.6	1687.9	1633.8	21.3

说明：统计口径为规模以上工业企业

运输、邮电情况

表48

	单位	2019年	2018年	2019年为2018年%
公路通车里程	公里	19167	18941	101.2
高速公路	公里	663	663	100.0
一级公路	公里	438	431	101.6
二级公路	公里	1931	1856	104.0
三级公路	公里	3283	3137	104.6
四级公路	公里	12552	12391	101.3
民用汽车	辆	732863	664908	110.2
载重汽车	辆	86229	79563	108.4
载客汽车	辆	639776	578753	110.5
邮电业务总量	亿元	236.70	132.42	178.7
固定电话	万部	24.90	24.63	101.1
固定电话普及率	部/百人	5.53	5.48	100.9
移动电话	万部	442.60	446.42	99.1
移动电话普及率	部/百人	98.30	99.41	98.9

固定资产投资完成情况

表49　单位：万元、个

	2019年	2018年	2019年为2018年%
一、固定资产投资完成额	4622702	4040043	114.4
按建设性质分：			
新建	1925431	1658964	116.1
扩建	387523	286557	135.2
改建和技术改造	1096427	860161	127.5
按构成分：			
建筑安装工程	3269579	3108783	105.2
设备、工具、器具购置	872790	570859	152.9
其他费用	480333	360401	133.3
按产业分：			
第一产业	126167	112759	111.9
第二产业	2066379	1600866	129.1
采矿业	599042	488879	122.5
制造业	890799	644010	138.3
电力、燃气及水的生产和供应	576777	468517	123.1
第三产业	2430156	2326418	104.5
二、施工项目个数	861	809	106.4
本年投产项目个数	400	383	104.4
三、新增固定资产	2208718	1402677	157.5

财政预算收支

表50　　单位：万元

	2019年	2018年
财政总收入	2884123	2583216
一般公共预算收入	1380625	1260191
#税收收入	1000480	892749
一般公共预算支出	4112833	3858998
#一般公共服务	388506	330579
教育	581994	547229
科学技术	8210	11174
文化体育与传媒	109497	75905
社会保障和就业	587665	547961
医疗卫生	431630	417773
节能环保	244315	201712
城乡社区事务	414735	313288
农林水事务	585314	594971

金融机构信贷

表51　　单位：亿元

	2019年	2018年
银行各项存款余额	2708.61	2501.61
住户存款	1948.42	1763.36
#活期存款	542.70	500.85
定期及其他存款	1405.72	1262.51
非金融企业存款	408.50	415.27
广义政府存款	334.94	322.72
银行各项贷款余额	1649.35	1426.10
住户贷款	462.61	420.69
#短期贷款	192.40	180.09
中长期贷款	270.21	240.61
非金融企业及机关团体贷款	1186.73	1005.41
#短期贷款	423.30	415.13
中长期贷款	539.56	408.64
票据融资	219.50	177.07

社会消费品零售总额

表52　　单位：万元

	2019年	2018年	2019年为2018年%
社会消费品零售总额	7369320	6870592	107.3
1.城镇	6161747	5768503	106.8
其中：城区	3605336	3343307	107.8
乡村	1207573	1102089	109.6
2.限额以上	1323364	1352844	97.3
限额以下	6045956	5517748	109.6

限上企业(单位)商品零售类值表

表53　　单位：万元

	2019年	2018年	2019年为2018年%
限额以上单位分类合计	1290669	1321750	97.1
粮油、食品类	66864	68320	96.9
饮料类	9536	9462	100.8
烟酒类	50615	48932	104.4
服装、鞋帽、针纺织品类	127001	125602	101.0
化妆品类	6974	6487	106.9
金银珠宝类	21311	20282	104.7
日用品类	27022	26194	100.0
五金、电料类	7617	6928	109.9
体育、娱乐用品类	300	415	68.2
书报杂志类	22846	23514	97.1
电子出版物及音像制品类	117	147	76.3
家用电器和音像器材类	55140	44970	123.6
中西药品类	76754	67311	112.9
文化办公用品类	1959	2489	77.5
家具类	29553	25999	108.8
通讯器材类	5621	5333	106.1
石油及制品类	2776	153	1811.7
建筑及装潢材料类	316782	312432	101.4
机电产品及设备类	16014	17321	93.2
汽车类	439583	498881	87.5
棉麻类	414	706	58.6
其他类	4938	8048	54.4

价格总指数

表54　　单位：%

	2019年	2018年
居民消费价格指数	102.7	102.0
食品	107.9	102.0
烟酒	103.5	100.4
衣着	97.8	100.5
居住	101.6	102.6
生活用品及服务	100.0	100.7
交通和通信	98.4	101.6
教育文化和娱乐	101.0	102.2
医疗保健	103.9	104.9
其他用品和服务	102.2	101.3
工业生产者出厂价格指数		112.1
#轻工业		102.9
重工业		112.3
#生产资料		112.2
工业生产者购进价格指数		110.9

说明：1.本表数据由国家统计局临汾调查队提供；2. 2019年开始，省调查总队不再反馈地市级工业生产者价格指数

对外贸易和旅游

表55

	单位	2019年	2018年
海关进出口总额	万元	151416	197916
出口	万元	142232	157588
一般贸易	万元	151052	155110
加工贸易	万元	362	2193
进口	万元	9184	40328
新批三资企业协议资金	万元	65514	4900
新批三资企业项目	个	4	1
接待旅游者人数	万人次	8346.9	6880.6
接待海外旅游者人数	人次	42954	42310
接待国内旅游者人数	万人次	8342.6	6876.4
旅游总收入	亿元	768.0	634.1
旅游外汇收入	万美元	1787.4	1790.7
国内旅游收入	亿元	766.8	632.9

说明：新批三资企业协议资金，2018年单位为万美元；2019年口径调整，单位为万人民币

社会从业人员

表56　　单位：人

	2018年	2017年
总　计	2270119	2257087
按城乡分		
乡村	1610696	1620302
城镇	659423	636785
城镇国有单位	194235	199412
城镇集体单位	7634	12041
城镇其他单位	138657	133097
城镇私营单位	163732	159958
城镇个体	155165	132277
按三次产业分		
第一产业	849270	892137
第二产业	466041	485926
工业	313214	325243
建筑业	152827	160683
第三产业	954808	879024
#交通运输、仓储和邮电业	134690	127657
批零贸易、住宿餐饮业	427314	371627

说明：2019年社会从业人员数据尚未反馈

城镇非私营单位在岗职工平均工资

表57　　单位：元

	2019年	2018年
全市在岗职工平均工资	66670	63695
按企业事业机关分组		
企业	70987	66051
事业	65493	61812
机关	61459	61734
民办非盈利组织	39300	
其他	75167	
按国民经济行业分组		
农、林、牧、渔业	29395	42397
采矿业	81727	78707
制造业	55292	44309
电力、燃气及水的生产和供应业	63034	85747
建筑业	48219	41224

说明：2019年数据为初步统计数据，最终数据以国家认定数据为准

城镇非私营在岗职工平均工资（续）

表58　单位：元

	2019年	2018年
批发和零售业	51855	46613
交通运输、仓储和邮政业	55516	46071
住宿和餐饮业	28951	28436
信息传输、计算机服务和软件业	87420	77901
金融业	114599	92363
房地产业	44122	37116
租赁和商务服务业	46558	47495
科学研究、技术服务和地质勘查业	57648	57253
水利、环境和公共设施管理业	41730	30819
居民服务和其他服务业	43677	48441
教育	68459	68623
卫生、社会保障和社会福利业	70852	68522
文化、体育和娱乐业	54038	49385
公共管理和社会组织	58926	59772

教 育

表59

	单位	2018年	2017年
高等学校数	个	5	5
高等学校专任教师数	人	2948	3014
高等学校在校学生数	人	46759	46272
中等职业学校数	个	38	39
中等职业学校在校学生数	人	24201	23675
中等职业学校专任教师数	人	2234	2166
普通中学数	个	261	269
普通中学在校学生数	人	215258	218566
普通中学专任教师数	人	20666	20942
小学校数	个	778	788
小学校在校学生数	人	270944	269486
小学校专任教师数	人	22015	21741

环 保

表60

	单位	2018年
工业废水排放总量	万吨	1339
工业废气排放总量	亿标m^3	3471
二氧化硫	万吨	1.4
烟 尘	万吨	3.1
工业固体废物产生量	万吨	2375
工业固体废物综合利用量	万吨	1193
当年完成环保验收项目环保投资基金	万元	24344
生态影响类项目	万元	1000
城市基础设施项目	万元	836
工业企业类项目	万元	17594
其他类项目	万元	663
新增处理废水能力	吨/日	18
新增处理废气能力	万标m^3/时	27368

说明：本表为生态环境局提供的初审数据，仅供参考

2019年分县市区行政区划及国土面积

表61　单位：个、平方公里

	办事处	镇	乡	村民委员会	社区居民委员会	国土面积
全 市	20	75	76	2818	179	20302
尧都区	10	10	6	354	84	1307
曲沃县		5	2	149		437
翼城县		6	4	202	6	1168
襄汾县		7	6	333	6	1031
洪洞县		9	7	434	1	1495
古 县		4	3	93	6	1196
安泽县		4	3	102	4	1960
浮山县		2	7	185	2	940
吉 县		3	5	77		1780
乡宁县		5	5	175	7	2025
大宁县		2	4	80	3	963
隰 县		3	5	91	3	1413
永和县		2	5	75	4	1214
蒲 县		4	5	88	4	1513
汾西县		5	3	115		875
侯马市	5		3	76	30	220
霍州市	5	4	3	189	19	765

2019年分县市区生产总值

表62　　　　单位：万元

	2019年	2018年	2019年为2018年%
全　市	14526282	13645406	106.0
尧都区	3334150	3164816	107.3
曲沃县	1102964	953092	114.5
翼城县	713507	657412	104.1
襄汾县	1258485	1174694	106.1
洪洞县	1514976	1473072	102.7
古　县	499911	480219	105.0
安泽县	638474	612199	103.5
浮山县	414613	400703	102.0
吉　县	229370	218429	104.7
乡宁县	1315771	1194350	110.0
大宁县	94280	82204	117.1
隰　县	187448	172785	103.8
永和县	105649	101138	106.3
蒲　县	920532	859627	106.6
汾西县	223588	216145	103.6
侯马市	1152131	1131534	103.3
霍州市	797036	758700	101.4

说明：2019年为季报数据，发展速度按可比价计算

2019年分县市区交通邮电情况

表63

	公路通车里程（公里）	邮政电信业务总量（万元）	固定电话用户（户）	移动电话用户（户）
全　市	19167	2367219	248959	4425718
尧都区	1789	388920	86531	1423328
曲沃县	609	65896	9602	229159
翼城县	1379	82134	11528	281805
襄汾县	1445	115495	18117	414409
洪洞县	2181	177919	26895	594525
古　县	984	28207	4690	80443
安泽县	944	27161	3881	71960
浮山县	862	30268	4188	102252
吉　县	1532	33756	4753	86322
乡宁县	1256	75385	6582	193359
大宁县	841	16387	2958	41592
隰　县	1036	32775	3774	98194
永和县	1014	21156	1913	46917
蒲　县	1049	35863	5980	91693
汾西县	703	33377	4051	102237
侯马市	435	94538	26407	280344
霍州市	1109	93672	27109	287179

说明：邮政电信业务总量与分县（市、区）合计不一致的原因是铁通公司2019年临汾分公司主要业务在于移动代理维护、工程建设、宽带固话转网后的补偿分成，无法分批至各县

2019年分县市区财贸经济指标

表64　　　　单位：万元

	财政总收入	一般公共预算收入	一般公共预算支出	社会消费品零售总额
全　市	2884123	1380625	4112833	7369320
尧都区	514460	182923	449953	2814927
曲沃县	104945	42883	186800	277567
翼城县	73139	33196	213899	502314
襄汾县	192425	75502	311875	543599
洪洞县	222827	97092	385804	703241
古　县	142587	47691	118864	123585
安泽县	193996	66828	131578	111812
浮山县	13947	9255	112062	104702
吉　县	33115	13825	138662	91043
乡宁县	581638	189760	311909	254152
大宁县	10653	6199	140450	39231
隰　县	19454	9565	153199	121295
永和县	30240	12617	138015	56313
蒲　县	313435	118235	188155	96504
汾西县	12522	8617	152404	145157
侯马市	100691	52923	177188	1014303
霍州市	129826	54668	167921	369576

2019年分县市区海关进出口总额

表65　　　　单位：万元

	海关进出口总额	进口额	出口额
全　市	151416	9184	142232
尧都区	50789	137	50652
曲沃县	2960	70	2889
翼城县	2769	68	2700
襄汾县	694		694
洪洞县	50090		50090
古　县			
安泽县			
浮山县	432		432
吉　县	665		665
乡宁县	218	213	5
大宁县	18688	16	18672
隰　县	3		3
永和县			
蒲　县			
汾西县	28		28
侯马市	22403	8677	13726
霍州市	110		110
临汾开发区	49972		49972
侯马开发区	1568	3	1565

说明：本表数据由市商务局提供

2019年分县市区固定资产投资完成情况

表66

单位：万元

	2019年	2018年	2019年为2018年%
全　市	4622702	4040043	114.4
尧都区	843339	950059	88.8
曲沃县	527536	317501	166.2
翼城县	155134	142650	108.8
襄汾县	406528	349315	116.4
洪洞县	405669	364721	111.2
古　县	111167	101698	109.3
安泽县	124769	110180	113.2
浮山县	88648	55296	160.3
吉　县	102547	90834	112.9
乡宁县	300364	272658	110.2
大宁县	179120	150392	119.1
隰　县	41831	76553	54.6
永和县	163553	143543	113.9
蒲　县	183431	161931	113.3
汾西县	61219	79425	77.1
侯马市	254535	228395	111.4
霍州市	217043	223276	97.2

2019年分县市区城镇常住居民人均可支配收入

表67

	人均可支配收入（元）	增长（%）
全　市	32895	7.2
尧都区	37414	8.0
曲沃县	35348	8.8
翼城县	32404	6.9
襄汾县	32845	6.6
洪洞县	30848	8.7
古　县	34036	6.7
安泽县	31358	7.2
浮山县	32219	7.1
吉　县	22572	6.8
乡宁县	32458	7.9
大宁县	21375	8.4
隰　县	25323	7.0
永和县	24508	8.5
蒲　县	29792	7.5
汾西县	29024	7.0
侯马市	31248	7.7
霍州市	32915	8.2

科技、文化、卫生

表68

	单位	2019年	2018年
*文化产业增加值	亿元	22.93	22.48
*文化产业增加值占GDP比重	%	1.68	1.7
*全社会R&D经费支出	亿元	5.90	5.84
*全社会R&D经费支出占GDP比重	%	0.43	0.44
*规模以上工业企业R&D经费支出	万元	5.13	4.66
*规模以上工业企业R&D经费支出占GDP比重	%	0.38	0.35
电视人口覆盖率	%	99.46	99.44
医院数	个	194	186
医院床位数	张	18808	17482
执业医师和执业助理医师	人	11729	11602

说明：带*号的指标为2018年和2017年的数据

2019年分县市区农村常住居民人均可支配收入

表69

	人均可支配收入（元）	增长（%）
全　市	12809	10.1
尧都区	16347	9.9
曲沃县	16590	9.6
翼城县	12796	9.3
襄汾县	14718	9.9
洪洞县	13025	9.1
古　县	11951	12.2
安泽县	11205	13.8
浮山县	10322	10.1
吉　县	6426	14.7
乡宁县	11509	11.3
大宁县	4485	18.6
隰　县	7418	15.2
永和县	4774	16.5
蒲　县	10421	13.0
汾西县	4962	16.3
侯马市	16413	9.1
霍州市	15026	9.0

2019年规模以上工业总产值及工业增加值行业构成（一）

表70

行业名称	单位个数	现价工业总产值（万元）	产值占比（%）	工业增加值（万元）	增加值占比（%）
总　计	384	16658884	100.00	5497164	100.00
煤炭开采和洗选业	165	5694471	34.18	3511211	63.87
黑色金属矿采选业	22	196442	1.18	38562	0.70
非金属矿采选业	1	3770	0.02	2733	0.05
农副食品加工业	8	74044	0.44	26043	0.47
食品制造业	3	13308	0.08	4344	0.08
酒、饮料和精制茶制造业	1	5004	0.03	3126	0.06
纺织业	3	8758	0.05	1502	0.03
纺织服装、服饰业	1	2830	0.02	2748	0.05
石油加工、炼焦和核燃料加工业	24	3313802	19.89	546930	9.95
化学原料和化学制品制造业	13	268589	1.61	75179	1.37
医药制造业	9	81359	0.49	22101	0.40

说明：本表数据均为生产月报口径

2019年规模以上工业总产值及工业增加值行业构成（二）

表71

行业名称	单位个数	现价工业总产值（万元）	产值占比（%）	工业增加值（万元）	增加值占比（%）
橡胶和塑料制品业	4	25759	0.15	5286	0.10
非金属矿物制品业	32	330614	1.98	93937	1.71
黑色金属冶炼和压延加工业	16	5061475	30.38	791624	14.40
有色金属冶炼和压延加工业	1	0	0.00	0	0.00
金属制品业	12	141892	0.85	14846	0.27
专用设备制造业	11	185428	1.11	34472	0.63
汽车制造业	8	268441	1.61	101149	1.84
电气机械和器材制造业	6	34889	0.21	9114	0.17
计算机、通信和其他电子设备制造业	1	7036	0.04	1057	0.02
电力、热力生产和供应业	18	692740	4.16	140822	2.56
燃气生产和供应业	13	212249	1.27	58602	1.07
水的生产和供应业	1	9170	0.06	3065	0.06

说明：本表数据均为生产月报口径

2019年规模以上工业企业主要经济指标（一）

表72

单位：千元

	资产合计	流动资产合计
规模以上工业企业	321135068	120490254
#国有及国有控股企业	183771131	54060623
按轻重工业分		
轻工业	6366262	3914484
重工业	314768806	116575770
按隶属关系分		
中央企业	14164507	2971712
地方企业	136894668	43018689
其他企业	170075893	74499853
按登记注册类型分		
国有经济	3691876	504757
集体经济	142157	103593
其他经济	317301035	119881904
按企业规模分		
大型企业	144414300	62455294
中型企业	113708745	30269260
小微型企业	63012023	27765700

说明：本表数据均为月报口径

2019年规模以上工业企业主要经济指标（二）

表73

单位:千元、人

	应收帐款	产成品	负债合计	主营业务收　入	利润总额	从事工业生产活动的从业人员平均人数
规模以上工业企业	23517649	4694806	235680293	171565704	13207437	143227
#国有及国有控股企业	8623629	1421505	139950082	50517328	6600721	75249
按轻重工业分						
轻工业	1620054	264611	4829457	2292420	−15848	5514
重工业	21897595	4430195	230850836	169273284	13223285	137713
按隶属关系分						
中央企业	585423	47710	7908272	7203673	1965559	4390
地方企业	7512307	1106567	101094328	34862965	3784079	57238
其他企业	15419919	3540529	126677693	129499066	7457799	81599
按登记注册类型分						
国有经济	148867	36772	2517818	1779076	−55491	1995
集体经济	35412	4069	152282	427183	−502	218
其他经济	23333370	4653965	233010193	169359445	13263430	141014
按企业规模分						
大型企业	8798734	1795127	99460649	84738381	6745058	66761
中型企业	5730688	1563826	85237211	48571921	5531939	50073
小微型企业	8988227	1335853	50982433	38255402	930440	26393

说明：本表数据均为月报口径

2019年分县市区人口

表74

	总人口（人）					城镇人口比重（%）	人口自然增长率（‰）
	合计	男	女	城镇人口	乡村人口		
全市	4508387	2288188	2220199	2414686	2093701	53.56	2.85
尧都区	992548	497685	494863	719436	273112	72.48	3.70
曲沃县	248694	124995	123699	109773	138921	44.14	4.30
翼城县	323517	161971	161546	137500	186017	42.50	2.85
襄汾县	461630	230862	230768	204803	256827	44.37	1.58
洪洞县	764781	390860	373921	349902	414879	45.75	2.65
古县	96211	49778	46433	43513	52698	45.23	0.74
安泽县	85697	44654	41043	38464	47233	44.88	3.73
浮山县	131493	65779	65714	56295	75198	42.81	2.53
吉县	110693	57055	53638	44655	66038	40.34	2.67
乡宁县	243718	128013	115705	100939	142779	41.42	2.71
大宁县	67285	34663	32622	32151	35134	47.78	0.28
隰县	108058	55601	52457	51103	56955	47.29	3.20
永和县	66284	34462	31822	29987	36297	45.24	4.46
蒲县	112146	58206	53940	55449	56697	49.44	2.71
汾西县	150522	78207	72315	71924	78598	47.78	3.25
侯马市	250379	126518	123861	171529	78850	68.51	2.80
霍州市	294731	148879	145852	197263	97468	66.93	2.05

2019年分县市区农村主要经济指标（一）

表75

	禽蛋产量（吨）	奶类产量（吨）	肉类总产量（吨）	大牲畜年末存栏（头）	猪存栏（头）	羊存栏（只）	禽存栏（只）	棉花产量（吨）	水果产量（吨）
全市	119427	33214	97042	74863	586558	704324	13514328	37	857622
尧都区	16564	6392	7783	5330	54405	62168	1707925	5	69072
曲沃县	8802	3236	9036	3595	50189	50423	1332066		90705
翼城县	5470	11178	14984	9788	68364	43456	532664		155646
襄汾县	26959	1024	13991	2952	96255	72923	2455200		90313
洪洞县	24857	4923	9998	9306	78141	77350	2319646	1	5172
古县	1049	107	1532	1426	15940	16632	101756		1089
安泽县	2783	0	1147	3053	7530	46809	296489		599
浮山县	4008	690	3243	3524	19433	50517	214497	10	19055
吉县	1953	23	2435	1024	16485	14971	122056		236619
乡宁县	9591	927	4644	11818	32314	63915	1000097		26936
大宁县	682	18	847	1678	19849	8087	75334	15	12225
隰县	3442	275	2759	2914	29012	18678	287474		107535
永和县	1713	45	1391	3006	3143	56074	215701		16005
蒲县	1406	25	2955	8142	27806	3252	232184		3076
汾西县	3577	111	11507	2978	22591	61281	1712450		4743
侯马市	2693	1789	2592	1515	11592	22265	176261		4765
霍州市	3879	2451	6199	2814	33509	35523	732528	6	14068

说明：粮食畜牧数据由国家统计局临汾调查队提供

2019年分县市区农村主要经济指标（二）

表76

	粮食总产量（吨）	小麦产量	秋粮产量	油料产量（吨）
全 市	2006483	786394	1220089	10765
尧都区	192435	98104	94331	456
曲沃县	159298	73571	85727	850
翼城县	173465	97106	76360	615
襄汾县	418566	205259	213307	2225
洪洞县	348237	158490	189747	361
古 县	36600	2240	34360	714
安泽县	109456	0	109456	447
浮山县	77567	30276	47291	582
吉 县	26503	10	26493	914
乡宁县	76822	22793	54029	1436
大宁县	22023	4	22019	475
隰 县	52157	0	52157	333
永和县	37621	15	37605	122
蒲 县	72630	0	72629	640
汾西县	69511	27215	42295	442
侯马市	86140	43479	42662	40
霍州市	47451	27830	19621	112

说明：粮食畜牧数据由国家统计局临汾调查队提供

2019年分县市区规模以上工业主要经济指标（一）

表77

单位：千元

	单位数（个）	现价工业总产值	资产合计	流动资产合计	应收账款	产成品
全 市	384	166588835	321135068	120490254	23517649	4694806
尧都区	53	11035048	32142449	7560234	1913877	482806
曲沃县	26	38397622	45831205	21301544	3201764	858543
翼城县	28	4289179	6597152	1745641	573765	294071
襄汾县	33	25623063	19971903	9795477	1832096	660154
洪洞县	62	19501430	62687588	23405496	2843582	847641
古 县	23	8540237	13185220	4750339	1645851	148319
安泽县	10	9211767	13580222	6440143	2729279	56866
浮山县	19	2567926	3835184	1208993	346207	1620
吉 县	3	788694	1168242	474390	79028	12976
乡宁县	33	16022428	31250740	11113211	3886551	163296
大宁县	1	182960	225024	68912	45726	6512
隰 县	2	88995	1442404	37287	2603	150
永和县	3	260567	1150796	592658	1590	86
蒲 县	36	14271844	31579290	9455631	909490	239016
汾西县	6	1116761	1262059	651855	273061	36989
侯马市	28	6469092	9247190	4153941	927740	558697
霍州市	18	8221222	45978400	17734502	2305439	327064

说明：本表数据为月报口径

2019年分县市区规模以上工业主要经济指标（二）

表78 单位：千元、人

	负债合计	营业收入	利润总额	利税总额	从事工业生产活动的从业人员平均人数
全　市	235680293	171565704	13207437	22613276	143227
尧都区	25537956	11193768	314876	1082791	12475
曲沃县	35939848	40863976	1885843	2249578	15041
翼城县	5390836	4132969	209506	484137	5000
襄汾县	11591560	26637897	1434478	2137404	16505
洪洞县	49113919	21478091	930399	1967973	28470
古　县	9125407	8769247	707570	1316933	5475
安泽县	6662943	9258555	1702944	2817063	5869
浮山县	3001087	2316915	135136	172653	1586
吉　县	451326	673794	102708	221536	1222
乡宁县	16991420	14725702	4307703	6460804	14311
大宁县	187295	192653	-8643	-12553	532
隰　县	1290184	73748	96	5332	572
永和县	882215	251924	108893	120286	151
蒲　县	24546201	14199971	1765585	3180411	9534
汾西县	1021871	1098556	47544	42048	674
侯马市	8112957	6320274	-43555	81325	6102
霍州市	35833268	9377664	-393646	285555	19708

2019年全省分市主要经济指标排序（一）

表79

	行政区划面积（平方公里）		常住人口（万人）	
	指标值	位次	指标值	位次
全　国	9596960		140005	
山西省	156270		3729.22	
太原市	6988	10	446.19	3
大同市	14112	6	346.30	6
阳泉市	4559	11	141.75	11
长治市	13955	7	347.81	5
晋城市	9425	9	235.30	9
朔州市	10625	8	178.45	10
晋中市	16392	4	338.95	7
运城市	14183	5	537.26	1
忻州市	25152	1	317.28	8
临汾市	20302	3	450.84	2
吕梁市	21000	2	389.09	4

2019年全省分市主要经济指标排序（二）

表80

	城镇人口（万人）	乡村人口（万人）	城镇人口比重（%）	生产总值（亿元）		规模以上工业增加值增速（%）	
	指标值	指标值		指标值	位次	指标值	位次
全　国	84843	55162	60.60	990865.0		5.7	
山西省	2220.75	1508.47	59.55	17026.7		5.3	
太原市	380.36	65.83	85.25	4028.5	1	4.5	6
大同市	227.23	119.07	65.62	1318.8	8	6.0	3
阳泉市	98.48	43.27	69.47	718.9	11	3.4	10
长治市	190.88	156.93	54.88	1652.1	2	4.5	6
晋城市	143.05	92.25	60.79	1362.4	7	7.6	2
朔州市	102.62	75.83	57.51	1061.7	9	8.9	1
晋中市	192.67	146.28	56.84	1460.0	5	4.2	8
运城市	275.27	261.99	51.24	1562.9	3	5.4	4
忻州市	167.50	149.78	52.79	1001.6	10	2.1	11
临汾市	241.47	209.37	53.56	1452.6	6	3.5	9
吕梁市	201.22	187.87	51.72	1512.1	4	4.6	5

2019年全省分市主要经济指标排序（三）

表81

	三次产业结构比（%）			固定资产投资（亿元）		一般公共预算收入（亿元）	
	第一产业	第二产业	第三产业	指标值	位次	指标值	位次
全　国	7.1	39.0	53.9	551478		101011	
山西省	4.8	43.8	51.4	6612.6		2347.6	
太原市	1.1	37.7	61.2	1341.7	1	386.6	1
大同市	5.4	37.2	57.4	606.9	4	130.1	7
阳泉市	1.6	45.5	52.9	231.4	11	57.4	11
长治市	3.8	53.0	43.2	746.5	3	161.9	4
晋城市	4.1	54.0	41.9	523.0	8	138.2	5
朔州市	5.7	39.8	54.5	270.6	10	92.3	8
晋中市	7.9	44.8	47.3	756.2	2	163.0	3
运城市	15.9	34.6	49.5	574.7	5	86.6	10
忻州市	8.6	43.5	47.9	539.1	6	90.9	9
临汾市	7.1	43.3	49.6	462.3	9	138.1	6
吕梁市	4.6	59.8	35.6	523.3	7	192.7	2

说明：一般公共预算收入全国数为地方本级一般公共预算收入

2019年全省分市主要经济指标排序（四）

表82

	社会消费品零售额总额（亿元）		进出口总额（万元）		城镇常住居民人均可支配收入（元）		农村常住居民人均可支配收入（元）	
	指标值	位次	指标值	位次	指标值	位次	指标值	位次
全　国	411649		315446（亿元）		42359		16021	
山西省	7909.2		14468887		33262		12902	
太原市	1952.8	1	11195625	1	36362	1	18377	1
大同市	755.0	3	516589	4	32252	8	10725	9
阳泉市	371.8	10	103038	10	33582	6	15390	2
长治市	715.1	5	122320	9	34426	5	15151	3
晋城市	490.3	8	729042	3	34627	4	14809	4
朔州市	364.3	11	80980	11	35100	3	14717	6
晋中市	709.2	6	207016	6	35187	2	14720	5
运城市	857.0	2	735803	2	31241	9	11997	8
忻州市	419.8	9	176205	7	30375	10	9183	11
临汾市	736.9	4	151416	8	32895	7	12809	7
吕梁市	536.9	7	450852	5	29181	11	9963	10

2019年全省分市主要经济指标排序（五）

表83

	粮食总产量（万吨）		原煤产量（万吨）		焦炭产量（万吨）		发电量（亿千瓦时）		粗钢产量（万吨）		钢材产量（万吨）		生铁产量（万吨）	
	指标值	位次	指标值	位次	指标值	位次	指标值	位次	指标值	位次	指标值	位次	指标值	位次
全　国	66384.0		374552.5		47126		71422		99634.2		120477.4		80937	
山西省	1361.8		97109.4		9699.5		3228.7		6039.1		5594.2		5557.1	
太原市	22.4	10	3572.8	10	1123.4	6	319.0	4	1307.6	2	1242.0	3	1032.4	3
大同市	123.2	6	12250.0	3			440.9	1	110.8	8				
阳泉市	20.8	11	4874.2	9	81.9	9	159.5	11						
长治市	107.4	7	13041.7	2	1486.5	3	315.4	5	608.1	4				
晋城市	62.1	9	11107.2	5	116.7	8	260.2	7	474.6	5	461.0	4	482.0	4
朔州市	126.0	5	18010.3	1			381.7	3						
晋中市	145.4	4	8511.1	6	1218.4	4	234.2	9	305.3	7	223.3	6	304.8	6
运城市	265.4	1	981.2	11	1189.8	5	199.4	10	1605.9	1	1440.4	1	1394.9	1
忻州市	192.8	3	6717.9	7	219.2	7	390.9	2	65.3	9	64.0	7	56.0	7
临汾市	200.6	2	6201.6	8	1687.9	2	241.6	8	1206.6	3	1287.3	2	1168.4	2
吕梁市	95.6	8	11841.3	4	2575.7	1	285.8	6	355.0	6	347.7	5	478.9	5

索　　引

说明：

1.本索引采取主题分析方法，按汉语拼音字母顺序排列。

2.本索引名称后的数字表示内容所在的页码、数字后的拉丁字母（a、b、c）表示该页自左至右的栏别。